MÚSICA   CULTURA POP   ESTILO DE VIDA   COMIDA
CRIATIVIDADE & IMPACTO SOCIAL

MARTIN POPOFF

TRADUÇÃO
CANDICE SOLDATELLI

Belas Letras

Este livro é o resultado de um trabalho feito com muito amor, diversão e gente finice pelas seguintes pessoas:

Gustavo Guertler (*publisher*), Germano Weirich (edição), Candice Soldatelli (tradução), Cê Oliveira (preparação), Maristela Deves (revisão) e Celso Orlandin Jr. (capa e projeto gráfico).
Obrigado, amigos.

2023
Todos os direitos desta edição reservados à
Editora Belas Letras Ltda.
Rua Visconde de Mauá, 473/301 – Bairro São Pelegrino
CEP 95010-070 – Caxias do Sul – RS
www.belasletras.com.br

Dados Internacionais de Catalogação na Fonte (CIP)
Biblioteca Pública Municipal Dr. Demetrio Niederauer
Caxias do Sul, RS

P829r	Popoff, Martin
	Rush: através das décadas / Martin Popoff, tradução de Candice Soldatelli. - Caxias do Sul, RS: Belas Letras, 2023.
	1216 p. il.
	ISBN: 978-65-5537-298-4
	ISBN: 978-65-5537-293-9
	Tradução de: Rush: across the decades
	1. Rush (Grupo musical) - História.
	2. Música canadense. 3. Heavy metal. 4. Hard rock.
	I. Título. II. Soldatelli, Candice (trad.).

23/40   CDU 784.4(71)

Catalogação elaborada por Rose Elga Beber, CRB-10/1369

Rush

ATRAVÉS DAS DÉCADAS

SUMÁRIO

ANOS 90

ANTHEM
ANOS 70

INTRODUÇÃO

A COMPARAÇÃO É BOBA, MAS ENGRAÇADA, ENTÃO AQUI VAI.

Sob o céu do *black country* canadense de Trail, Colúmbia Britânica, meados dos anos 1970, o metal pesado reinava absoluto. Era o grande negócio da minha cidade natal assim como nos dois berços da civilização do metal – Detroit e Birmingham. Enquanto nessas cidades havia aço e peças automotivas, nós tínhamos fundições de chumbo e zinco que empregavam milhares de trabalhadores da nossa cidadezinha, além de um moinho satânico na colina que parecia se agigantar sobre o centro da cidade. De fato, era o local onde nos agrupávamos quando terminávamos o colégio e não queríamos ir para a faculdade: acabávamos indo trabalhar "lá em cima da colina".

Tudo bem, comparar Trail às cidades onde bandas como Black Sabbath, Judas Priest, The Stooges e MC5 foram criadas é só para dar risada mesmo. Além disso, meu pai era professor, minha mãe era enfermeira e tive uma infância sem passar qualquer necessidade numa casa espaçosa construída pela família em 1970 no idílico subúrbio de Glenmerry. Mesmo assim, eu e todos os meus amigos éramos jovens metaleiros raivosos, e tenho certeza absoluta de que ouvimos o Rush de Rutsey com 11 ou 12 anos, antes de 1975.

Trabalhadores como o da música "Working Man", mesmo que não fosse exatamente o caso para mim e meu círculo de amigos mais próximos. Essa canção de fato se conectava com Cleveland e fazia todo o sentido para os camaradas operários da Cominco. No final de minha adolescência, como gerente do departamento de discos e vendedor de aparelhos de som estéreo em diferentes lojas, conheci muitos desses caras (mantendo certo distanciamento cauteloso). Eles eram assustadores e não ligavam para nada, e muitas vezes gastavam 10 mil pratas em som automotivo das marcas Klipsch, JBL, Bose 901 ou os Cerwin-Vegas revestidos de carpete, em geral reforçados por um Yamaha 3020, para a alegria do meu chefe Gordon Lee, que ainda comanda a Rock Island Tape Centre quatro décadas depois.

É claro que todos esses caras também eram fãs do Rush, tocando "Bastille Day" a todo volume em seus Camaros e Mustangs (sim, Gord me jogou lá no pós-vendas como instalador de som) e pontificando com *2112* enquanto se nutriam dos estoques de maconha guardados no armário. Eles conheciam o Rush porque eu vendia as porras dos discos da banda para eles, mas também porque nós tínhamos a estação de rádio rock perfeita chamada KREM-FM, que transmitia beirando a gloriosa alta-fidelidade diretamente de Spokane, Washington, onde idolatravam esses sábios *swamis* do som canadenses. De fato – e que lembrança terna – tocaram *2112* na íntegra quando o disco saiu, e é claro que estávamos com os dois dedos prontos para acionar as teclas "play" e "record" ao entardecer.

Mas havia outro grupo de cabeludos bebedores de cerveja que se debruçou sobre os sete álbuns do Rush que celebramos neste livro: os futuros músicos. Eu era um desses caras. O dia em que entrei no meu "baby Mustang" roxo de 1977 (um Toyota Celica) e dirigi 120 quilômetros até Nelson para buscar minha bateria Pearl preta com nove peças, inspirado pela qualidade de Neil Peart e Peter Criss, foi mágico. (Quarenta anos mais tarde, mostrei o recibo da bateria para Peter enquanto ele autografava alguns discos meus numa mesa-redonda sobre livros na *Rock'N'Con* em London, Ontário.)

Sem dúvida, foi um prazer imenso escrever este livro, lembrar a camaradagem das bandas, mesmo que de curta duração, conversar sobre as viradas de Neil Peart com Darrell e Marc, as linhas de baixo de Geddy com Pete e Sammy, e os licks de Alex com Mark e Garth – e, sim, ele é realmente igualzinho ao Garth de *Wayne's World* – *Quanto Mais Idiota Melhor*, e eu confesso que não estava muito longe de ser o Wayne. O Rush foi nosso livro didático sobre música, místico e refinado, ao mesmo tempo em que Neil desafiava nosso cérebro por sua arte com as palavras (tenho certeza de que por muito tempo achamos que era Geddy quem rabiscava todos aqueles biscoitos da sorte). O Rush nos levava a querer alcançar a excelência em muitos níveis simultâneos, e juro que era *seu propósito* fazer os garotos do colégio se preocuparem com o que viria em seguida.

Nossa, cara, eles eram perfeitos. O prog rock em si era sinistro demais. *Tales From Topographic Oceans* podia ser o equivalente aos Moonies vindo te pegar. Na outra ponta, todas as nossas bandas de metal – Sabbath, Purple, Nazareth, Rainbow, UFO, Thin Lizzy, Kiss, Aerosmith, The Nuge e, numa extremidade obscura, Legs Diamond, Riot, Angel, Starz, Moxy and Teaze – eram boas demais para nós. Mas o Rush fazia todos se esforçarem além. Educadamente pediam que direcionássemos nossas energias para algo mais positivo. Coma direito, use aqueles pesos no porão.

Neil nos empurrava para a filosofia e a literatura de um lado, e como músicos, cara, o que fizeram com a autoestima dos garotos é imensurável. Nós tínhamos um propósito, um hobby que era uma tarefa interminável para ser concluída. E ainda assim tenho algo a dizer sobre o Rush: fizeram tudo de forma alcançável. Acho que se tivéssemos a fórmula e a calculássemos usando *Close to the Edge*, *The Inner Mounting Flame*, *Aja*, *Red*, Brand X ou Buddy Rich, teríamos concatenado a coisa toda. Mas Neil com seus rulos regulares nos tom-tons afinados? E com certa frequência a bateria montada com apenas um dos dois bumbos? Muito do que Rush fez... bem, dava para chegar lá quando se era garoto. *Eu* mesmo consegui chegar lá quando era garoto.

Sem dúvida, esta é uma reminiscência pessoal do Rush nos anos 1970. Mas pelo que ouvi de amigos do mundo inteiro (admito, a maioria homens brancos cinquentões), trata-se praticamente de uma experiência universal.

Quero contar um pouco sobre a história deste livro. Como você já deve saber, esta é minha quarta obra sobre o Rush, seguindo *Contents Under Pressure: 30 Years of Rush at Home and Away*, *Rush: The Illustrated History* e *Rush: Album by Album*. Desde então, houve vários desdobramentos interessantes que me fizeram querer escrever este aqui. Para começar, só um dos três livros, *Contents*, era uma biografia tradicional – autorizada, devo dizer –, mas muito curta, e como saiu em 2004, antes da aposentadoria oficial da banda, precisava de uma atualização. Pensei em fazer isso, mas não tinha muita certeza, porque precisaria de alguns acréscimos importantes.

Isso, felizmente, acabou acontecendo. No começo de 2010, comecei a trabalhar com Sam Dunn e Scot McFadyen da Banger Films no premiado documentário *Rush: Beyond the Lighted Stage*. Quem trabalha com documentários sabe que entre os diferentes entrevistados e as imagens sem diálogo que entram na edição para se chegar a um filme de 90 minutos, apenas uma porcentagem mínima das gravações é usada: o restante acaba repousando num arquivo e é raramente visto ou ouvido por alguém. Para encurtar a história, consegui usar esse arquivo, junto com outras entrevistas que realizei ao longo dos anos, além de algumas citações na imprensa especializada, para fazer com que este livro chegasse ao ponto de trazer algo novo e significativo à prateleira de volumes do Rush.

Então, graças em grande parte àqueles caras – assim como ao gentil consentimento de Pegi Cecconi do escritório da banda – aqui está o livro que complementa *Contents Under Pressure* com competência e se apresenta como a análise mais detalhada e completa do catálogo do Rush em seus primórdios.

Martin Popoff

"A GENT
NÃO TIN
SUPORT
O MICRO
ENTÃO
USAMOS
LUMINÁ

A
PARA
FONE,

UMA
IA."

CAPÍTULO 1

OS PRIMEIROS ANOS

Não há dúvidas de que os Beatles foram e ainda são os santos padroeiros do rock 'n' roll. E em 9 de fevereiro de 1964, a primeira de três apresentações consecutivas no programa de televisão *The Ed Sullivan Show* seria o *nexus* dessa santidade: naquela noite, os Beatles inspiraram um grande número de adolescentes a se unirem à causa do rock, incluindo os heróis da nossa história.

Mas se alguém quisesse detalhar o processo, ir mais a fundo e descobrir quem poderiam ser os santos padroeiros dos *músicos*, não seria incorreto atribuir tal título a esses heróis – Geddy Lee, Alex Lifeson e Neil Peart e seu coletivo *canuck* chamado Rush.

É claro, Neil, "o Professor", sorrindo com a modéstia canadense, diria que tal premissa não passa de um absurdo, talvez citando como os próprios santos padroeiros da música nomes como The Who e Cream, talvez Jimi e sua banda, Led Zeppelin, ou ainda roqueiros origami do "underground" como Yes, Genesis e King Crimson. Mas retornando a Neil, alguém deveria dizer ao titã da bateria que o tempo não para. Ao longo das gerações, movimentos e bandas do rock passam por altos e baixos, como ondas. Estrelas de cinema dos anos 1930 e 1940 são esquecidas, orquestras de big bands são esquecidas, bandas de doo-wop são esquecidas, as playlists de rádio dos anos 1960 e 1970 são implaca-

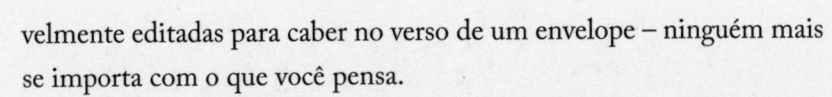

velmente editadas para caber no verso de um envelope – ninguém mais se importa com o que você pensa.

E assim, à medida que o tempo passa e os grandes nomes dos anos 1960 são esquecidos, os membros do Rush parecem prontos para se tornarem os novos "santos padroeiros da música". E talvez permaneçam lá. Na segunda metade dos anos 2000, o mundo se voltou para o pop e o hip hop com som feito cada vez mais por máquinas. Se o rock de fato morreu muito pela paralela contração precipitada da indústria musical, marcada pelo fato de a música gravada ter se tornado essencialmente grátis, então nós podemos apontar de uma vez por todas e de forma definitiva esses santos padroeiros.

Como bateristas estão acostumados a observar, nenhum pai teve de forçar o filho a praticar com a bateria, e numa referência indireta, é por isso que os padroeiros não são uma escolha sensata como Mahavishnu Orchestra, Gentle Giant, Kansas ou Brand X. É necessária uma chama interior, uma emoção, um pouco de distorção no pedal para iluminar um adolescente e seus sonhos. E por isso o Rush, mais que qualquer outra, é a banda que redigiu o manual para nossos ídolos roqueiros dos anos 1980 e 1990. Eles inspiraram todos aqueles que fizeram rock antes que o gênero sofresse uma miniaturização rápida a partir dos anos 2000. Por mais controverso que o tema seja – como claramente são essas reduções –, se o rock mais produtivo, amplo e adorado desde a echarpe esvoaçante de Steven Tyler até o fim da guitarra, baixo e bateria vai de, digamos, 1977 até 2007, pode-se dizer que as músicas do Rush são aquelas trabalhadas com mais afinco entre os músicos que viveram essa época, as canções que fizeram avançar os recursos de centenas de suas estrelas do rock favoritas, tornando-os bons o suficiente para serem ouvidos.

Mas antes de tudo isso, os Beatles explodiram como um foguete deixando um rastro incandescente ao redor do mundo, e isso incluía o Canadá, onde Geddy Lee e Alex Lifeson (vamos ouvir falar do "novato" mais adiante) estavam educadamente fazendo anotações nos cadernos escolares em Willowdale, Ontário, um indistinto subúrbio a noroeste de Toronto. Os colegas de sala mal tinham entrado na adolescência quando o rock mudou o conceito de indivíduos para grupos. E já estavam lá certa maturidade e algum foco forjados pela experiência canadense da dupla, que teve de lidar com a mudança cultural que tomava os corredores dos colégios no planeta inteiro.

Gary "Geddy" Lee Weinrib nasceu em 29 de julho de 1953, em Willowdale, portanto estava na idade perfeita para entender a dimensão desse passe livre da prisão que lhe foi entregue, como se pode imaginar, por Ringo. Ele também tinha um irmão e uma irmã numa família chefiada por dois sobreviventes do Holocausto, Morris Weinrib e Manya Rubenstein, agora Morris e Mary Weinrib, do norte de Toronto.

"No começo, os dois trabalhavam no que chamavam de 'schmatta', um negócio", explica Geddy sobre os pais, "que era uma linha de montagem, costurando peças de roupas e coisas assim. Mas eles progrediram até ganhar uma renda familiar equivalente à classe média baixa e me criaram nos subúrbios. Então fui um produto da vida suburbana. Ouça a música 'Subdivisions': era assim onde fui criado. Era um bairro sem árvores, sem emoção. Uma nova subdivisão".

Geddy conta que ser um dos poucos garotos judeus do lugar fazia com que ele se destacasse. "Quando chegamos a esse bairro, nós tínhamos que pegar o ônibus para a escola e, quando se é criança, é algo bem aterrorizante. Era um bairro complicado. Aquela parte de Toronto fica bem na fronteira entre a zona rural e os subúrbios, então ficava num território de transição. Havia uma mistura de diferentes tipos de classe social, então havia muitos garotos bem durões – os chamávamos de *greasers* na época – que não tinham muito o que fazer a não ser bater nos mais novos. Então, era uma época bem emocionante. Eu odiava morar nos subúrbios e, na primeira oportunidade, caí fora. Acho que muitos garotos com quem eu saía se sentiam da mesma forma. Tudo acontecia no centro da cidade. Nós queríamos ir para o centro – e víamos indo até lá."

"Meu marido tinha uma irmã no Canadá, e não tínhamos para onde ir", conta a mãe de Geddy, Mary. "Ela providenciou os papéis para nós, e chegamos aqui em 1948. Meu marido e eu ficamos com ela por um tempo; não tínhamos qualquer trabalho ou profissão, então foi muito difícil no começo. Meu marido tinha um amigo de muitos anos antes, quando eram apenas crianças na escola, e ele se ofereceu para nos ensinar – Morris passaria as roupas a ferro, e eu faria os acabamentos das peças. Então, em cerca de duas semanas, ele nos deu algumas aulas, e nós aprendíamos todos os dias. Depois outro primo conseguiu para nós uma vaga na fábrica. Vestuário. Meu marido ganhava um dólar por hora, e eu ganhava 50 centavos por hora. Depois de um tempo, eu era tão rápida que eles me davam amostras para que trabalhasse por empreitada, assim passei a ganhar mais.

"Então finalmente nos mudamos para nossa casa, e dois anos depois, minha filha nasceu. Eu lembro quando começamos a procurar um lugar para morar, a primeira coisa que dizíamos era 'Nós temos uma filha'. Tendo uma criança, era mais difícil – não conseguíamos alugar nada. E depois que nos mudamos, Geddy estava a caminho, e com dois filhos, a proprietária, essa senhora loira, não quis nos aceitar mais. Não tínhamos dinheiro para dar a entrada numa casa, mas meu marido foi até essa associação que ajudava as pessoas, e eles nos emprestaram o dinheiro, e compramos uma casa e aguardamos a chegada de Geddy. Eu me lembro de cada cômodo daquela casa; aluguei cada um deles só para juntar dinheiro e pagar os 5 mil dólares que devíamos. Geddy nasceu, e meu marido ficou tão animado porque era um menino, e nós já tínhamos uma menina.

"Era um bairro agradável", continua Mary, "na Charles Street. Era um bairro muito bom, tranquilo. Havia uma mistura de jovens e velhos. Depois, nos mudamos para Willowdale. Na verdade, primeiro fomos para Downsview, depois Willowdale. Allan nasceu em Downsview. Meu marido vendeu a casa do dia para a noite: fomos a um casamento, e o primo dele estava lá e disse: 'Sabe, Morris, eu tenho um interessado pela sua casa'. Era um bangalô. Então meu marido pediu um preço exorbitante e falou: 'Se ela pagar, eu entrego o bangalô'. Chegamos em casa depois do casamento, duas da manhã, e o primo dele estava aguardando na entrada e disse: 'Assine aqui'. Então, no dia seguinte tivemos que procurar uma casa, e foi assim que chegamos a Willowdale.

"Todo mundo conhecia todo mundo, e era um lugar agradável – bons vizinhos, ótimo lugar para se morar, porque todas as crianças tinham a mesma idade, com muitos amigos por toda parte. Era um bom bairro: fácil de ir ao mercado, tudo era fácil. Lembro que, quando compramos uma loja em Newmarket, íamos até lá de carro, era uma estrada bem traiçoeira. Não havia rodovias, não havia nada, tudo era lamacento, e se chovesse, mal se conseguia trafegar. Então meu marido dizia: 'Você vai ver, em poucos anos tudo isso estará pronto'. E foi o que aconteceu, em poucos anos tudo estava construído." Típico de sua personalidade luminosa, Mary Weinrib se lembra de Willowdale de uma forma mais positiva que Geddy.

"Era bem chato", diz Geddy. "Não havia muita coisa para fazer. Então foi por isso que a música se tornou tão importante para nós, porque íamos até o porão da casa de alguém ouvir música, e todo mundo tinha bandas favoritas diferentes. Um resumo da nossa vida social. Não havia muita coisa além disso. Ir a um show de vez em quando, ir até o centro, esse tipo de coisa. Quando eu tinha 12 anos, meu pai faleceu. E nós éramos uma família religiosa, uma família judia, e nesse tipo de residência, quando o pai morre, o filho, o primeiro filho homem, tem que... assumir muitas responsabilidades no processo de luto."

Morris nunca se recuperou por completo dos danos sofridos no campo de concentração nazista. Como parte dos deveres de Geddy no luto familiar, ele conta que teve de ir até a sinagoga duas vezes por dia, de manhã e à noite, durante 11 meses e um dia, e precisou se afastar do rock 'n' roll, até mesmo abandonar as aulas de música da escola.

"Ainda há canções que foram populares naquele ano e que o pessoal fala que todo mundo deveria saber do que se trata, e eu fico pensando 'O quê?'", continua Lee. "Houve simplesmente uma lacuna no meu aprendizado. De qualquer maneira, quando aquele ano terminou, eu meio que mergulhei de cabeça para tentar acompanhar meus amigos e ser um garoto normal, tocar com os outros caras da vizinhança. Com frequência me pergunto se foi isso que me tornou tão ávido por me tornar músico, o fato de que isso me foi privado durante um ano inteiro."

A mãe de Geddy afirma que ele era "um ótimo garoto, tranquilo; tinha mesmo um ótimo senso de humor, e era um menino feliz. E realmente demonstrou muito respeito desde criança, era bom aluno na escola, tinha muitos amigos; ele era muito bom. Até seu pai morrer. Foi difícil. Nós nos mudamos, e dois anos depois, meu marido morreu. E Geddy tinha, eu acho, perto de 12 anos. Ele foi realmente de grande ajuda para mim porque depois que meu marido morreu fiquei em choque. Além disso, tínhamos uma loja, e duas semanas depois, eu pensava que não conseguiria voltar lá. Não podia ir. Me davam todo tipo de comprimidos, isso e mais aquilo. Uma vez, quando eu estava chorando muito, de verdade, Geddy me escutou. Ele entrou, se sentou ao lado na minha cama e disse: 'Mamãe, eu sei por que você está chorando. Não sabe o que fazer com a loja, não é? O papai gostaria muito que você abrisse a loja e tentasse, e se não conseguir, pelo menos sabe que tentou'. E o resto é história. Ele saiu, levou todos aqueles comprimidos embora, ligou para a garota que nos ajudava na loja, porque ela tinha uma chave em Newmarket, e disse 'Estou saindo'. Só quero explicar para você que tipo de pessoa solícita esse menino foi. Mesmo mais tarde, naquele mesmo ano. Era dezembro, época de Natal, e eu precisava de alguém para me ajudar na loja. Eu tinha duas garotas, e Geddy se ofereceu. E ele ficava no caixa o dia inteiro. Nem mesmo saía para almoçar."

Voltando de carro para casa na véspera de Natal, Mary decidiu que o filho merecia um presente por trabalhar tanto. Geddy disse que Terry, o vizinho, tinha uma guitarra à venda por 50 dólares. Assim que sua mãe se recuperou do choque e eles chegaram em casa, ela deu o dinheiro para Geddy.

"Estávamos dizendo para ele que agora ele era o homem da casa", continua Mary. "Você agora é o homem que chefia esta família. Então este menino, depois de cerca de três meses que eu estava de volta ao trabalho, me disse: 'Estou tão contente, tão feliz, mamãe, que você está trabalhando e eu posso ir para a escola, porque eu achava que ia ter que trabalhar em vez de estudar'. Veja bem, o pai dele na verdade tinha sido músico na juventude. Naqueles anos, não havia como se tornar uma grande estrela. Se alguém precisava de um baterista num casamento, ele tocava bateria. Se alguém precisava de um violonista, ele tocava violão. Quando estávamos na Alemanha, morávamos com uma velha senhora alemã e tínhamos um quarto. Ela tinha um bandolim, e ele sempre falava sobre música, até que essa senhora disse: 'Aqui, fique com o bandolim. Toque!'. Então ele costumava ir todas as manhãs até minha janela e tocar todos os tipos de música com um bandolim. E quando estávamos de mudança para o Canadá, eu disse: 'Você não vai levar aquela coisa enorme?'. E hoje eu gostaria que ele tivesse trazido o instrumento. Então Geddy puxou ao pai dele, de verdade."

Sobre as obrigações religiosas de Geddy após a morte do pai, Mary explica: "Durante o ano todo, ele fazia as orações para o pai, duas vezes ao dia, de manhã e no final da tarde. Eu tinha um amigo que o levava à sinagoga, depois o levava para a escola, e novamente o levava à noite e depois o trazia para casa. Sim, ele era muito jovem. Na verdade, aprendeu sozinho a Torá, aprendeu sozinho a fazer as orações. Uma semana antes de seu *bar mitzvah*, chamei o rabino e disse: 'Veja, estamos perto do *bar mitzvah*, não sei se este garoto sabe alguma coisa, porque não tivemos um professor para ensiná-lo'. Mas, é claro, o rabino estava sentado ao meu lado. Eu estava chorando por uma boa razão, do fundo do meu coração, e ele colocou a mão sobre o meu ombro e disse: 'Senhora Weinrib, eu queria ter o dom do seu filho. Seu filho recebeu um dom de Deus'. Quem acreditaria nisso? Sabe o que quero dizer? Eu achava que ele estava me dizendo aquilo só porque eu estava chorando.

"Mesmo antes, quando meu marido estava vivo, a primeira coisa que ele comprou para esta casa foi um piano. Nós não tínhamos um centavo, nada, nem mesa, nada, e pagávamos aulas de piano para Susan. Certo dia, num domingo, a professora veio e ensinou a ela uma coisa nova. E eu a convidei para tomar chá, e de repente escutamos música, e a professora disse: 'Sabe, tenho que ir até lá e parabenizar Suzie. Ela tocou muito bem'. Nós entramos na sala, e era Geddy. E a professora me disse: 'Não pode deixar isso desaparecer. Esta criança tem um ótimo ouvido para música. Ele precisa fazer aulas'. E ele tinha só 10 anos de idade. Mas, na época, só tínhamos dinheiro para as aulas da Suzie.

"Na verdade, todos os professores me falavam isso, então eu sabia. O pai dele tinha o mesmo ouvido para música. Este homem, de manhã, acordava com o rádio ligado, ia dormir com o rádio ligado, e na loja sempre havia música tocando. E sabe o quê? Ele costumava debochar dos Beatles. Meu marido dizia: '*Yeah, yeah, yeah* – como esses rapazes vão vender discos?'. Sempre que eu ouço os Beatles, lembro que ele falava isso para mim."

Logo Geddy estaria ouvindo os Beatles de novo, mas neste meio-tempo foi difícil para ele abrir mão da música.

"Sim, foi, foi muito difícil. Não era permitido ouvir música. Na minha presença, ao menos, ele nunca ouvia música no rádio. Estava realmente cumprindo com seu dever porque tinha que ir fazer as orações. E, depois de um ano, ele desabrochou. Geddy se tornou ele mesmo. Depois de um ano, você pode começar. Ainda mais porque ele já tinha o violão. O pai dele tinha morrido em outubro, e eu comprei o violão em dezembro, no dia 24 para ser exata. Então eu lembro que ele teve que fazer um ano de aulas de nivelamento para acompanhar a turma, que ficava num bairro diferente. Depois, no ano seguinte, foi para a Fisherville Junior High School, e às vezes ele sabia mais do que o professor. Porque já tinha os fundamentos. E foi então que conheceu Alex. Ele costumava trazê-lo para nossa casa. Eu adorava o Alex. Era um rapaz tão agradável e bonitinho, muito educado, muito gentil e uma boa companhia."

Na verdade, foi um alívio cômico para Geddy quando veio esse novo amigo, Alexandar "Lifeson" Živojinović , nascido em 27 de agosto de 1953 em Fernie, Colúmbia Britânica. "A primeira vez que vi Alex foi na R. J. Lang Junior High School, ele era bem saliente na época porque era o queridinho das professoras", brinca Lee. "Eu também tinha um amigo, Steve Shutt, que se tornou um jogador de hóquei bem conhecido, e nós íamos para a escola juntos. Ele era um dos poucos caras que conheci no colégio que na verdade eram muito mais legais do que aparentavam. Steve era engraçado porque deixava o cabelo crescer no verão, quando não podia jogar hóquei, e assim que voltava para o hóquei, ele cortava o cabelo, então era uma espécie de esquisitão secreto. Nós nos dávamos muito bem naquele tempo, e ele foi o primeiro cara que me fez reparar no Alex.

"Como eu tocava violão e procurava outros caras com quem tocar, ele me disse: 'Bem, tem esse cara que toca guitarra muito bem. Você deveria conversar com ele'. Steve conversava comigo porque sabia que eu gostava de música e tocava um instrumento, e falou sobre esse cara, Alex Zavonovich – ele falava assim, dizia o nome dele errado. 'Você deveria chamar essa cara, vocês poderiam tocar juntos'. Então essa foi a primeira vez que ouvi falar de Alex. Mas eu não fiz contato até o ano seguinte, quando ficamos na mesma turma na escola Fisherville. Era um garoto muito engraçado, um palhaço, e sempre me fazia rir. E foi assim que ficamos amigos no colégio. Além disso, gostávamos das mesmas bandas, e ainda havia o fato de que ele era guitarrista. Eu já tocava baixo, então foi um encaixe natural para nós dois. Sentávamos nos fundos da sala de aula. Acho que ele foi o primeiro amigo que tive naquele bairro onde meio que nos tornamos irreverentes juntos.

"De qualquer forma, a realidade é que foi sugestão de Steve que eu conversasse com Alex. E então, nunca vou esquecer, no ano seguinte ficamos na mesma turma, e ele sempre usava uma camisa de lã escocesa com uma estampa chamativa e o cabelo bem penteado, e sempre puxava o saco dos professores, me lembro disso claramente. Mas foi assim que nos conhecemos, e depois descobrimos que éramos ambos músicos e no final das contas acabamos tocando juntos. E era fácil gostar dele, Alex era muito engraçado. Até hoje é o ser humano mais engraçado que já conheci na vida. Ele tem esse charme, sabe. Quando você o conhece, apenas passa a gostar dele. Então eu gostei dele, e nos tornamos bons amigos."

Os pais de Alex, Nenad e Melanija "Milla" Živojinović, também chegaram ao Canadá depois da Segunda Guerra Mundial. Haviam se conhecido na antiga Iugoslávia: "Meu pai foi enviado para a Colúmbia Britânica para trabalhar nas minas, assim como muitos cidadãos do Leste Europeu naquela época", começa Lifeson. "A família da minha mãe... meus tios queriam procurar um trabalho melhor, então acabaram em Fernie também, e nós partimos quando éramos muito jovens. Acho que eu era um bebê de dois anos quando partimos – e eu realmente não tenho lembrança alguma daquela época. E depois nos mudamos para o centro de Toronto, eu cresci lá e na zona norte da cidade.

"Comecei a me interessar de verdade por música com 12 anos e ganhei meu primeiro violão. Meus pais me compraram um Kent japonês bem barato. Acho que custou dez ou 12 dólares. Sabe, as cordas ficavam duas polegadas acima do braço e eram da espessura de um fio de telefone. Mas fiquei muito feliz. Eu estava tão maravilhado com a música e o som daquele violão. Eu ouvia os Beach Boys, os Rolling Stones, os Beatles e todas as bandas daquela época. E, no ano seguinte, ganhei uma guitarra, de novo uma guitarra japonesa barata, presente de Natal dos meus pais."

Foi combinado que, para Alex conseguir a guitarra – sua primeira –, teria de apresentar boas notas no boletim escolar. Os pais, satisfeitos com as notas, cumpriram a promessa, embora tenham precisado pedir dinheiro emprestado para comprar o instrumento. Milla conta: "Ele queria montar um conjunto com nosso vizinho, mas nada aconteceu. Então compramos a guitarra. Ele tocava o tempo todo, de manhã, de noite, depois da escola, o tempo todo."

Assim como Geddy, a criação de Alex foi bastante étnica, nada incomum numa cidade e num país construídos por imigrantes.

"Nossa comida era tradicional, todos os pais dos meus amigos também eram da Iugoslávia, Sérvia, Croácia, uma mistura e tanto. Como era comum para uma família de operários imigrantes do Leste Europeu em Toronto, não havia dinheiro para um chalé ou para vivermos aquele estilo de vida que muitos dos meus amigos viveram. Era muito normal ter uma casa na zona norte, ou leste ou oeste da cidade. Costumávamos ir até o lago Simcoe, em Sibbald Point, e todos os caras jogavam futebol enquanto as mães cozinhavam e cuidavam dos lanches, estendendo colchas sobre o gramado. Havia um museu onde nós íamos e nadávamos no lago. Passávamos todos os finais de semana de verão lá porque era grátis e dava para ir de carro, e havia muito espaço aberto. Lembro que sempre parávamos na Dairy Queen a caminho de casa. Típico de Ontário, sem dúvida.

"Basicamente pertencíamos à classe média trabalhadora", continua Alex. "Passávamos o verão brincando com os amigos e correndo por aí. Havia a escola e os esportes de inverno e hóquei, igual a todo mundo. Eu diria que foi uma infância bem normal. Meus pais eram muito trabalhadores: não reclame, vá e faça alguma coisa. Eu realmente respeitava meu pai por isso. E minha mãe foi enfermeira a maior parte da vida dela e trabalhou no hospital Branson por 20 anos ou mais, e até hoje faz trabalhos voluntários. Ela ainda tenta se manter bastante ativa. Sim, foi uma infância muito boa. Com certeza não guardo más lembranças de quando era criança.

"Quando me mudei para Willowdale e deixei a área central da cidade, eu tinha 10 ou 11 anos, e John Rutsey era meu vizinho. Ele morava do outro lado da rua e nós dois tínhamos um grande amor por música, jogávamos beisebol e futebol americano. John tinha outros dois irmãos mais velhos. Costumávamos nos divertir muito praticando esportes, mas nos apaixonamos por música na mesma época, e ele meio que vivia grudado na bateria assim como eu não desgrudava da guitarra. De fato, começamos uma banda chamada Projection, que eu ainda acho um ótimo nome. Era formada por alguns amigos da vizinhança, sabíamos as mesmas seis ou sete canções, a maior parte dos Yardbirds, e tocávamos nessas festas que fazíamos no porão da casa de alguém. Não ganhávamos nada por isso, mas nos apresentávamos. Tínhamos amplificadores pequenos e basicamente zero equipamento, mas tocávamos essas sete ou oito músicas sem parar. Era muito, muito legal e ainda consigo me lembrar daquilo... Fizemos um show – se é que posso chamar aquilo de show – no porão da casa dos meus pais, estava escuro e tínhamos uma luz negra e todo o aparato. Continuamos a fazer essas coisas e montamos uma banda com outros caras, mas John e eu éramos o centro do grupo. Na mesma época, naquele ano, conheci Geddy no colégio, no nono ano."

A mãe de Alex, Milla, complementa a história sobre como a família foi morar no distrito de East Kootenay da Colúmbia Britânica.

"Vim para o Canadá em 1951, no dia 18 de junho, com meus pais e meus dois irmãos", explica a mãe de Alex. "Eu tinha 16 anos e meus irmãos 15 e 17. Meu pai era descendente de russos, e em 1949, Tito, o presidente da Iugoslávia, deu um ultimato às pessoas oriundas de outros países para tirarem a cidadania. E se não quisessem se tornar cidadãos iugoslavos, precisavam se mudar. Meu pai tinha uma irmã em Nova York que ele não via há uns 20 anos, e decidiu que não queria a cidadania, ele quis se mudar. Então tivemos que ir para Trieste, na Itália, e ficamos lá por seis meses num campo de refugiados em Provogo.

"Esperamos para saber quais eram as cotas para imigrantes, e nos ofereceram Austrália, Nova Zelândia ou Canadá. Não podíamos ir para os Estados Unidos, mesmo que tivéssemos pedido o visto por causa da minha tia. Então decidimos vir para o Canadá em vez de ir para a Austrália, que ficava muito longe e meu pai não poderia ver a irmã com frequência. Assim viemos para cá trabalhar na agricultura. Para poder vir para o Canadá, era preciso trabalhar na agricultura. E nós ficamos numa fazenda por, eu acho, pouco mais de um mês. Na verdade, foi sorte não ter que terminar de colher as beterrabas, porque era muito árduo. Tínhamos recém começado, e o dono das terras nos falou: 'Vejo que vocês não têm jeito para trabalhar na agricultura', então foi bastante generoso ao nos deixar ir embora.

"Depois encontramos um amigo sérvio e nos mudamos para uma pequena cidade mineradora. Meu irmão mais velho trabalhava na mina de carvão, meu irmão mais novo trabalhava na serraria e eu trabalhava num restaurante. Lavava pratos 12 horas por dia. Meu pai era um senhor de idade que tinha sido ferido na Primeira Guerra Mundial. Ele tinha uma prótese ocular, não estava muito bem, então não trabalhava. Mas depois de alguns meses lá... há uma religião chamada Doukhobors. Eles são ucranianos, russos na verdade, e como meu pai era russo, pediram que ensinasse russo aos filhos deles na escola, e esse foi o único emprego que ele teve por alguns meses. Em seguida conheci meu marido Mac, o pai de Alex. Ele foi trabalhar lá na mina de carvão depois que a esposa morreu. Após um ano de namoro, nós nos casamos.

"E um ano mais tarde, Alex nasceu", continua Milla. "Ficamos lá até ele ter quase dois anos de idade. Fiquei grávida da nossa filha Sally, e viemos para Toronto. Meus pais e meus irmãos estavam aqui. Nós nos mudamos em abril de 1955, e era lindo, de verdade. Fomos para perto de Harbord e Bathurst. Sally nasceu um mês mais tarde, e meu marido ainda procurava um emprego. Depois que ele achou um trabalho – ele trabalhou na cervejaria O'Keefe, sabe – nos mudamos mais algumas vezes. Era difícil com crianças, e quando meus pais compraram uma casa fomos morar com eles no andar de cima, e ficamos lá por cerca de dois anos. Mais tarde compramos uma casinha em Glencairn, perto de Bathurst, e moramos lá até Alex começar a ir para a escola, primeira e segunda séries, e depois nos mudamos para Pleasant Avenue.

"Quando estava na primeira série, ele se preocupava muito. Na época em que compramos a casa, meu marido se feriu e foi para o hospital fazer uma cirurgia. E Alex me escutou dizendo que não tínhamos dinheiro para pagar a hipoteca. Foi para a escola e a professora perguntou: 'Alex, você está tão triste. O que aconteceu?', e ele disse: 'Minha mãe não tem dinheiro para pagar a hipoteca'. Então a professora me escreveu uma carta, e ele trouxe a carta para casa, assim passei a ter mais cuidado ao telefone para que ele não ouvisse nada. Porque se preocupava muito com as coisas."

Apesar das dificuldades financeiras, Milla, assim como Mary, tem lembranças felizes da vizinhança. "Era agradável, bem diversificada. Quando moramos em Pleasant, havia judeus. Acho que éramos os únicos cristãos naquela rua. Mas quando nos mudamos, para uma rua chamada Greyhound, havia italianos, chineses, canadenses, gregos, então havia nacionalidades mistas. Em Fernie, aquela pequena cidade mineradora, eu não gostava muito de morar lá, era meio deprimente, porque não tinha nada para fazer. Era uma mina de carvão, então tudo era sujo, e só havia um teatro, um banco e um restaurante. Mas quando viemos para Toronto, parecia tão diferente. Principalmente quando chegamos. Chegamos em maio, vindos de uma cidade que ficava na fronteira entre Alberta e a Colúmbia Britânica, e maio é uma época linda, ótimo clima, as flores estavam desabrochando e tudo era lindo."

Quanto a Alex, Milla conta: "Ele era um menino muito, muito bom. Criei meus filhos para respeitar as pessoas, amar as pessoas, não ter qualquer tipo de ódio contra qualquer outra nacionalidade. Eu venho de um país onde havia croatas e sérvios, mas nunca quis saber dessa diferença. Tive muitos amigos croatas. Alex sempre teve amigos de diferentes nacionalidades – eu me lembro de um garotinho húngaro, quando nós morávamos na Brunswick Avenue, perto de Bloor. Alex era um bom menino. As professoras me mandavam boletins muito agradáveis sobre ele. Era muito calmo, mas na adolescência, bem, este era o sonho dele: se tornar uma estrela do rock. Meu sonho era que ele estudasse – e então ele desistiu do colégio no começo do Ensino Médio. Mas me disse: 'Bem, eu vou terminar mais esse ano então'. E foi, e se tornou representante de classe e presidente da turma. Ele se saiu muito bem, e os professores gostavam muito de Alex, e certa vez até vieram à nossa casa e falaram muito bem dele."

Tanto Milla quanto Mary não queriam que seus dois anjinhos entrassem para o mundo do rock 'n' roll. Mas quem pode culpar os garotos por desejarem isso? Felizmente, para as relações familiares, Mary não culpava Alex, assim como Milla não culpava Geddy por tal escolha.

"Eu gostava dele", ri Milla. "Para falar sobre Geddy, eu me lembro das conversas com a mãe dele. E a avó era uma senhora muito doce; ela costumava telefonar e perguntar: 'Meu Geddy está aí? Sabe o quê? Ele está saindo com uma *shiksa* agora'. Geddy namorava uma *shiksa*, uma garota cristã. Nancy era uma *shiksa*. Ela parecia tão aborrecida. E eu falava para ele: 'Sua avó disse para você ir para casa'. Nós nos divertíamos com eles. E então começamos a ir aos shows que faziam juntos em Toronto."

"Um dia, Geddy trouxe Alex para casa", lembra Mary. "E ele parecia um rapazinho inteligente e agradável. Tranquilo, não era como um animal selvagem. Eu gostei dele imediatamente. E ainda gosto. Tinha um bom senso de humor, como Geddy, e eles se dão muito bem. E foi assim que aconteceu. Lembro um dia que fui dizer alguma coisa para ele de manhã cedo, entrei no quarto e vi aquela cabeleira loira no chão, uma pessoa coberta de cabelo loiro. E pensei – será uma garota? Fechei a porta com cuidado e pensei, uau, Geddy deixou a garota dormir no chão, e saí para trabalhar. Uma hora mais tarde liguei para ele – estava acordado – e disse: 'Geddy, como você pode deixar a garota dormir no chão do seu quarto?', e ele: 'Mãe, não é uma garota. Se fosse uma garota, ela não estaria dormindo no chão'. Era o Alex! Veja bem, Geddy amava a cama dele. Nunca conseguia dormir na casa de outra pessoa. A cama dele era tudo pra ele."

Milla não culpava Geddy por levar Alex para o caminho perigoso do rock 'n' roll. "Eu me dei conta de que era isso que Alex queria. Quero dizer, ele era autodidata. Nunca fez aula de música na escola, nem aprendeu com outra pessoa. Simplesmente aprendeu tudo sozinho. E isso é mais uma coisa da qual eu tinha muito orgulho. Eu sabia que

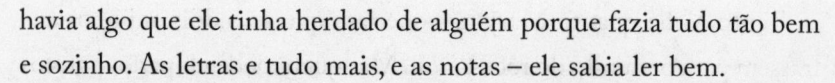

havia algo que ele tinha herdado de alguém porque fazia tudo tão bem e sozinho. As letras e tudo mais, e as notas – ele sabia ler bem.

"Mas era mais preocupação minha do que do meu marido", diz Milla, sobre a tentativa de endireitar o filho. "O pai dele, tudo estava bom para ele, era muito positivo. Eu tinha um pouco de preocupação com o futuro. Se ele não terminasse o Ensino Médio, o que iria acontecer? E se a banda não tivesse sucesso, o que iria acontecer com o futuro? Porque vou lhe dizer, eu trabalhava à noite, trabalhei em fábricas, fui para a escola de enfermagem em 1970 para terminar o curso e me esforcei bastante, trabalhei com eletrônicos e em todos os lugares. E o pai dele tinha dois empregos, era encanador e eletricista, e trabalhou para a Massey Ferguson como engenheiro de manutenção segunda classe por 25, quase 26 anos. Ele ia para o trabalho até nos dias de folga também. Acho que foi por isso que Alex sempre respeitou gente trabalhadora. E é por isso que hoje às vezes tenho que lhe dizer 'Estou bem', pois ele sempre pede para me ajudar financeiramente. Eu digo 'Estou bem', e ele diz: 'Mãe, a senhora trabalhou tanto, eu só quero que fique muito, muito confortável'. O pai dele morreu há cinco anos [esta entrevista ocorreu em fevereiro de 2009], e Alex o respeitava muito por causa disso, de todo o trabalho duro. Ele também o amava muito. E todo aquele esforço. É por isso, sabe, que eu mesma quando era criança, quando era adolescente antes de vir [para o Canadá], ia para a escola, mas também tinha que trabalhar. Nós queríamos que Alex fosse alguém, que se formasse, e oras, ele escolheu outra coisa e se saiu muito bem."

Alex reconhecia o valor do trabalho não relacionado ao rock 'n' roll. Assim como Geddy ajudava a mãe na loja, fazia o tipo de serviço que os adolescentes geralmente detestam mas, tempos depois, lembrando o passado, se dão conta de que foi uma experiência formadora de caráter.

"Sim, trabalhei no açougue do mercado Dominion por um tempo; foi no primeiro ano do Ensino Médio, bem na época em que começamos a banda. Depois também trabalhei com meu pai. Ele teve muitos empregos. Era engenheiro na Massey Ferguson e tinha o próprio negócio de encanador, como autônomo. Mas me levava junto. De fato, tempos depois, quando eu ainda trabalhava com ele e tocávamos no Gasworks e em todos aqueles clubes do começo dos anos 1970, ainda o ajudava de tempos em tempos. Ele me pegava na frente do Gasworks à uma e meia da manhã, quando terminávamos de tocar, e eu o acompanhava pelo resto da madrugada em algum serviço de encanamento. Depois ele me levava para casa às oito da manhã, e eu apagava completamente até cinco da tarde e ia para o local do show daquela noite. E depois era a mesma coisa.

"E eu tentava fazer de tudo para me livrar daquilo sempre que podia, porque era difícil. Sim, aqueles eram os dois empregos principais que eu tinha. Sempre havia coisas a fazer em casa que eu me oferecia para ajudar. E quer saber? Era uma pequena fonte de renda, e pagava o aluguel do amplificador Marshall e o combustível para a van e coisas assim, então todos nós contribuíamos com um pouco. Porque, bem no início, não ganhávamos dinheiro algum de verdade. Talvez 100 dólares, 150, e antes disso 50 – no primeiro show que fizemos ganhamos dez dólares. Mas dez dólares até era bastante grana em 1968. Bem, nem tanto.

"Mas meus pais vieram de uma Europa devastada pela guerra", diz Alex, explicando seu modo de ver as coisas. "Sobreviveram a seis anos de guerra. Os pais de Geddy estiveram em campos de concentração. Os meus foram para campos de trabalho forçado na Áustria, mas os pais de Geddy estavam no mais notório dos campos – e sobreviveram, por pouco. De fato, Geddy perdeu o pai tão cedo por causa do que ele tinha sofrido nos campos de concentração e dos danos físicos que isso lhe causou. Eu me lembro do meu pai… acho que nunca fizemos uma única refeição em que ele tenha começado a comer antes de nós. Era só o hábito dele de cuidar dos filhos e se certificar de que eles ficariam bem. E isso é a raiz de tudo. Eu quero ter certeza de que meus filhos fiquem bem. Todo pai é assim, na verdade, mas há alguma coisa sobre os pais do Leste Europeu que precisaram passar por aquele pesadelo, está nos genes deles. Olham para séculos de guerras e dificuldades, de famílias que perderam os filhos de maneiras horríveis. Então acho que está enraizado em sua psiquê ser desse jeito. Meus pais queriam que eu fosse dentista, porque era uma profissão que ganhava bem. As pessoas sempre precisam arrumar os dentes, e é uma carreira profissional."

Geddy também comenta: "Minha mãe queria que eu fosse qualquer coisa – desde que tivesse uma profissão. Nem sempre era médico, mas médico/advogado, como uma frase composta. Sabe, ela queria que nós fôssemos bem-sucedidos. Era uma sobrevivente do Holocausto – sua possibilidade de estudar lhe foi tirada. Eles nunca puderam realizar seus sonhos, não importa que sonhos fossem esses. De fato, meus pais provavelmente foram impedidos de sonhar antes mesmo de saber quais eram seus sonhos. Acho que minha mãe tinha 12 anos no começo da guerra. Era uma coisa natural para os imigrantes que chegavam aqui. Não creio que houvesse qualquer diferença entre uma família judia e uma família italiana – queriam que os filhos fizessem o que eles nunca tiveram oportunidade de fazer. Então minha mãe era assim. E depois que meu pai morreu, comecei a sair com esse delinquente juvenil chamado Alex Živojinović, e eu estava cada vez mais ligado à música, e ela se preocupava comigo. Porque eu estava deixando o cabelo crescer e ficava acordado até tarde e não voltava para casa. Eu era um bom garoto e muito tranquilo em casa, e de repente meus hábitos estavam mudando. Então é claro que ela tentou impedir isso, como qualquer mãe faria, mas era impossível. Quero dizer, ela provavelmente não vai admitir isso agora, porque tudo está bem, mas acho que na época pensava que Alex era uma má influência para mim. E ele era mesmo."

Dando mais detalhes sobre o que fazia na loja da mãe, Geddy conta: "[Eu] trabalhava aos sábados e no verão ia com frequência. Mas era esquisito para mim porque era uma cidade pequena, a cidade de Newmarket, um ambiente muito diferente de onde eu morava. Havia esta pequena rua de comércio, um tipo de centro de compras. Era meio descolado, de certa forma, porque era estranho. Minha mãe comandava a loja, e basicamente eu era um estoquista, subia e descia as escadas e ficava repondo a mercadoria nas prateleiras e abrindo caixas no subsolo. E havia alguns garotos em Newmarket que também trabalhavam de vez em quando com a gente, então eu os conhecia bem. Era um ambiente bem diferente, mas tenho muitas boas lembranças de lá.

"As pessoas eram muito gentis comigo e gostavam da minha mãe. Meu pai já tinha morrido, mas ele também era uma pessoa benquista, e eles de fato sentiram muito por ela, e muitas pessoas a ajudaram a dar continuidade ao negócio depois que ele se foi. Eu lembro que havia algumas pessoas que trabalhavam naquela área. Costumavam dividir um carro e davam carona para o meu pai. E havia esse cara que era barbeiro, talvez italiano, e antes de meu pai morrer eu ia com eles bem cedo de manhã. No caminho paravam numa lanchonete e tomavam café da manhã, pediam uma *toasted western*, um tipo de misto quente típico canadense, e eu achava aquilo tudo maravilhoso. Porque quando eu era criança, minha família nunca saía para jantar fora. Nós comíamos sempre em casa. Com a maioria dos garotos era igual. As mães cozinhavam e comer num restaurante era um grande acontecimento. Então era como uma longa viagem de carro, sair dos subúrbios de Toronto e fazer todo o trajeto de 45 minutos até Newmarket, e eu adorava aquilo. E, é claro, à medida que fui ficando mais velho, era cada vez mais difícil querer passar os sábados trabalhando na loja."

O choque de gerações começou a interferir, e na família de Geddy, tornou-se complexo.

"Ah, sim, havia muitos conflitos na minha casa, porque minha avó morava conosco. Ela era uma mulher incrível, manteve vivas minha mãe e minha tia em dois grandes campos de concentração diferentes. E aqui estava ela, todos esses anos depois, tendo sobrevivido simplesmente à coisa mais horrenda que qualquer um pode imaginar, vivendo num mundo novo. Meu pai tinha morrido havia pouco tempo, então a família estava de luto, e um dos filhos de repente se comportava de um jeito incompreensível para elas. Estava deixando meu cabelo crescer, ouvia esse tipo de música, tocava numa banda com esses caras.

Agora, tantos anos depois, olho para trás e entendo o que as deixava preocupadas. E minha avó gritava com a gente em ídiche, em polonês, e atirava coisas, e ficava muito aborrecida. Claro que nós achávamos tudo aquilo engraçado. Mas provavelmente estávamos torturando a pobre mulher.

"Mas eu me sentia culpado, porque meu pai tinha morrido, e lá estava eu não fazendo nada que minha mãe queria que eu fizesse. Naquela idade, a cabeça fica meio nas nuvens. Quero dizer, olhando para trás anos depois, compreendo o que eu realmente estava passando. Sentia, quando tinha 13 ou 14 anos, que eu tinha tanta experiência com morrer e coisas relacionadas à morte, que me desconectei de certas questões da vida real. Acho que disse que precisava fazer aquilo, queria fazer aquilo, e não iria prestar atenção excessiva à minha consciência ou culpa com relação à dor que eu estava causando a minha mãe. Fiz minha mãe sofrer muito. Ela ficou bem triste que saí da escola e escolhi isso como carreira. Ela não enxergava nada a não ser coisas ruins quanto ao meu futuro, então testemunhar tudo aquilo foi muito duro para ela. E minha irmã também era bastante rebelde naquela época. Uma mãe viúva e imigrante tentando manter três filhos por perto, era uma vida difícil, e ela se dedicava muito.

"Mas sei que Alex e eu nunca fazíamos corpo mole com relação a trabalho", continua Geddy, "principalmente com música. Éramos preguiçosos, como a maioria dos jovens. Mas eu acho que é da natureza humana – quando se trata de alguma coisa que você gosta mesmo de fazer, não há preguiça nenhuma. E acho que isso vale até hoje. Quando estou de folga e não tenho nada interessante para me ocupar, fico muito preguiçoso, mas quando se trata de algo que amo fazer, não há nem o que discutir. Felizmente, ainda amo tocar, então isso nunca vai ser uma coisa que vai me dar preguiça. Alex também era assim. Nós apenas curtíamos o que dava. Você pode achar que isso seja egoísmo, hedonismo juvenil, não sei, ser completamente irresponsável e tocar numa banda de rock. Foi necessário ter algum sucesso para provar que a) eu iria sobreviver; e b) seria uma coisa da qual minha mãe não se envergonharia. E talvez ela então pudesse de fato se orgulhar de algo que fiz."

"Meio que orbitávamos em torno um do outro", acrescenta Alex. "Temos um histórico familiar parecido. Éramos os esquisitões da sala, mas acho que isso foi mais escolha própria do que qualquer outra coisa. Realmente gostávamos da companhia um do outro. Começamos a nos interessar por música. A música já fazia parte de nossas vidas, mas a conexão entre nós dois começou quando estávamos aprendendo a tocar nossos instrumentos. Acho que a formação musical de Geddy aconteceu de um jeito parecido com a minha, com a música pop dos anos 1960, a invasão britânica, todas essas bandas como The Searchers, os Rolling Stones e os Beatles, é claro. E, para mim, e com John Rutsey, nosso primeiro baterista, ficamos voltados para a costa oeste, para as bandas que estavam surgindo na Califórnia naquela época. Não apenas por causa da psicodelia, mas também os Beach Boys. E depois ouvíamos Jimi Hendrix, e acho que tanto para Geddy quanto para mim isso mudou tudo, e começamos a explorar outros tipos de música. The Who era a novidade do momento e teve um impacto imenso no modo como queríamos tocar. Baixo vigoroso e obviamente ótimos guitarristas. Foi o ponto de partida para o que mais desejávamos alcançar adiante e o padrão que estabelecemos."

A sra. Weinrib dá uma risada: "Ele ouvia um tipo de música diferente do que eu costumava escutar, sabe? Mas era – ele era jovem, e por que não? Mas era muito alta. Minha mãe costumava ficar no porão, e eles estavam lá com esse negócio, e minha mãe cozinhava num cômodo, havia uma cozinha pequena, e ela sempre me falava: 'Sabe, é difícil para ficar ouvindo, mas eles estão chegando a algum lugar'. E os vizinhos também foram muito gentis. Lembro que pediam para a banda parar às oito da noite. E eles paravam. Às vezes reclamavam: 'Por que vocês têm que tocar aqui? E por que tão alto?'. Mas um dos meus vizinhos, o sr. Sniderman, conversou com Geddy e disse: 'Geddy, nós o amamos, não vamos dizer mais nada se você parar de tocar às oito da noite'. E eles paravam. Paravam às oito da noite."

Ao que parece, os vizinhos tinham lá suas razões. "Havia uma cristaleira", continua Mary. "E vou lhe contar, o impacto do volume fez o vidro inteiro da porta se desprender. Lembro que a minha mãe me telefonou na loja: 'Você tem que ver, o vidro inteiro da cristaleira caiu no chão! Eles estão tocando aqui! É muito barulho!'. E foi só por causa da música. Era tão alta, e a casa inteira vibrava tanto que fez o vidro da cristaleira cair. Muitas coisas aconteceram. Nem consigo lembrar, porque aconteceram muitas coisas. Mas minha mãe foi muito tranquila quanto a isso. Ela era muito boa com Geddy. Depois de um tempo, achei que quanto mais alto melhor para mim. Já estava acostumada com a música, era inacreditável. Alguns vizinhos me diziam: 'Como você pôde ouvir essa música tão alta?', e eu respondia: 'Quanto mais alto melhor'."

Mary reconhece que ela e a mãe costumavam discutir por causa do barulho. Às vezes Mary ficava do lado de Geddy. Para ela, era fácil, talvez porque passava o dia na loja, longe da confusão toda. Ainda assim parece que a avó dele tinha o coração mole e que a relação era mais complicada do que parecia num primeiro momento.

"Sim, minha mãe não gostava muito da música", esclarece Mary. "Quando Allan ainda era bem pequeno, sempre tinha gente nos visitando. Havia muitas pessoas, e ela geralmente ficava cozinhando no porão, e todos se reuniam lá com música e tudo mais, e ela ficava triste de verdade. Me telefonava umas dez vezes ao dia. Geddy teve problemas com a minha mãe, porque ela queria que ele parasse, mas Geddy queria tocar. Mesmo assim, ela dava comida para eles e tudo mais. Minha mãe dizia: 'Você tem que comprar esse tipo de carne porque tal menino gosta desse jeito, e aquele outro gosta de outro jeito'. Ela preparava almoço e jantar e tudo mais, mesmo aborrecida e brigando com Geddy! Por que ele traz todas essas pessoas aqui em casa? Mas cozinhava para todos eles. Não conseguia evitar. Sexta-feira era a grande noite de shows dele.

E minha mãe não o deixava sair de casa até que ele fizesse as orações ao lado dela. Porque na noite de sexta, nós rezamos. E ele rezava, só depois ele podia ir. Ela o deixava sair."

Quando Geddy não estava criando a própria música, estudava os melhores, que logo incluíram nomes ainda mais provocativos do que os Beatles, como The Who, Kinks, Yardbirds, Cream e Jimi Hendrix. Tal qual muitos roqueiros de sua geração, ele relata com saudosismo que estava na idade certa para testemunhar o que foi provavelmente o maior avanço do rock 'n' roll: dos Beatles até o ano de 1969.

"Sim, ele estava sempre ouvindo música", conta Mary, "compondo música, mesmo quando eles iam para a escola. Ele ia para o colégio e voltava para casa, ia tocar, ou seja lá o que tinham que fazer, retornava e escrevia música à noite, e depois ia para a escola de novo no dia seguinte. E lá, ficava dormindo na maior parte do tempo. Um dia, recebi um telefonema do diretor do colégio: 'Temos que marcar uma reunião. Quero falar com a senhora', e eu pensei comigo mesma: 'O que será que esse garoto fez?'. Fizemos a reunião, com o diretor e o professor conselheiro, e eles conversaram comigo: 'Geddy tem que sair da escola'. E Geddy não queria sair da escola por minha causa. Não queria me magoar. Então decidiram conversar comigo, o diretor do colégio e o professor conselheiro, e me explicaram que ele era um bom menino que queria correr atrás de seu sonho e que eu deveria permitir que desistisse da escola. Disseram que ele não precisava da minha permissão, mas isso mostrava o quanto era um bom garoto. Ele queria minha permissão."

O diretor disse que, como Geddy fazia shows à noite e ia para a escola no dia seguinte, estava sempre dormindo em aula, não conseguia estudar. Como Lee lembra: "Quando penso no Ensino Médio parece um borrão, porque eu estava totalmente concentrado em me tornar músico. Então nós fazíamos shows à noite em colégios de Magnetawan, sabe, destinos exóticos em Ontário, e eu dormia muito e perdia toda a aula. Eu tive simplesmente o melhor professor conselheiro que qualquer estudante poderia ter, e ele tentou me manter na escola por muitos anos, reorganizando meus horários com base na minha agenda de shows de modo que eu pudesse continuar no colégio. Mas no final de tudo tive que tomar uma decisão, então não fui muito além do segundo ano do Ensino Médio."

Mary acrescenta: "O professor conselheiro me disse: 'Aposto até meu último dólar que Geddy vai ser bem-sucedido'. Eu achava que ele apenas estava experimentando. Só queria que terminasse o colégio e conseguisse um trabalho. Porque Geddy não tinha pai, quem iria aconselhá-lo sobre o que fazer? E de qualquer maneira, eu olhava para ele e dizia ok, entendo, e depois ele começou a ajudar em casa e tentava tocar em clubes pequenos, e havia milhões de bandas lá fora, e foi assim que aconteceu, tudo porque alguém disse algo positivo sobre ele. Mesmo meus vizinhos... quando ele deixou o cabelo comprido. 'Como pode deixar seu filho sair por aí com esse cabelo comprido?', e eu dizia: 'Geddy, todo mundo está falando do seu cabelo comprido, por que você não corta o cabelo?'. E ele me dizia: 'Mãe, seu vizinho nem me conhece. Eu tenho que ter o cabelo assim por causa da minha profissão'. E se eu falasse sobre drogas ou algo desse tipo – isso era o que me dava medo – ele me dizia: 'Mãe, ninguém pode me obrigar a fazer nada, e eu prometo que jamais vou te decepcionar'. E ele nunca me decepcionou."

Quanto ao cabelo comprido, Mary fala: "Eu realmente não gostava, mas depois de um tempo me acostumei. Todo dia, eu falava: 'Por favor, corte o cabelo, por favor, corte o cabelo'. E ele me dizia: 'Eu preciso do cabelo. Este é meu tipo de música – e você precisa ter o cabelo certo'. Uma noite levantei e resolvi que iria eu mesma cortar o cabelo dele. Então peguei a tesoura e fui até o quarto, ele estava dormindo, e eu iria cortar o cabelo. E quando estava me preparando com a tesoura na mão, Geddy virou a cabeça, e eu vi que poderia machucá-lo. Será que estava louca, parada ali para cortar o cabelo dele? E eu nunca cortei o cabelo dele.

"Mas eu estava muito preocupada. Porque, principalmente no rock, as pessoas, Ged costumava me dizer: 'Mãe, você sabe que bandas como a nossa duram apenas cinco anos. Se terminarmos depois de cinco anos, eu volto a estudar'. E eu sabia que ele faria mesmo, entende? E isso foi depois que ele lançou o primeiro álbum, o primeiro single. Eu comprava todos os discos que podia e vendia em Newmarket, havia uns garotos me ajudando, e entregava o disco para eles tocarem no intervalo, e tinha todos os tipos de pôsteres na vitrine, fazia bastante propaganda e falava muito de Geddy.

"É claro que eu queria que ele fosse médico ou advogado", ri Mary. "Porque eram carreiras sólidas. Como eu disse antes, criar os filhos sozinha foi muito difícil para mim porque meu marido sabia ser rígido, mas amoroso ao mesmo tempo. Quando ele estava vivo e algo acontecia, os garotos vinham até a mãe e tudo ficava bem. Mas quando se está sozinha, não dá para fazer isso. E era muito, muito difícil. Mais tarde, quando Geddy foi atrás do que queria, eu quis ajudá-lo, ajudei mesmo, da forma como podia, e me orgulhava dele. Meu momento de maior orgulho foi quando ele ganhou o primeiro prêmio Juno como banda revelação. Eu lembro que estava no sofá e pulei tão alto que precisaram me dar um tapa para eu me acalmar, porque não podia acreditar que eles realmente iriam ganhar. Porque todo mundo era tão contra o Rush, era inacreditável, desde o começo."

"Eu não era um cara bem enturmado, digamos assim", acrescenta Geddy, avaliando seus últimos anos de educação formal. "Meu colégio era o Newtonbrook e ficava em Willowdale, e havia poucas pessoas com quem eu simpatizava lá que ainda conheço, mas na maior parte do tempo me sentia bem deslocado e não me encaixava. Estava me descobrindo como parte desse grupo de músicos, que realmente foi a primeira coisa com a qual eu me identificava de verdade, e eu era muito bom nisso. Então acho que esse foi o principal motivo, e foi um jeito de ser descolado sozinho e um modo de escapar do meu passado *nebbish*, de pobre coitado. Acho que é a clássica história da disciplina Psicologia 101. Sim, eu não tinha muita afinidade com estudos naquele tempo, era um aluno mediano. Mas se olhar para as aulas que eu frequentava no meu último ano no colégio, escolhi todas as matérias relacionadas à arte – artes gráficas, artes cinematográficas, artes dramáticas – com exceção de história e inglês. Desisti de todas as matérias práticas, e depois é claro que os professores me disseram que eu jamais entraria na faculdade. Mas eu de fato não me importava porque, bem lá no fundo, sabia que estaria envolvido com arte de alguma forma."

O mesmo drama acontecia na casa de Alex, e parece que a única razão pela qual não se chegou a um ponto de ruptura na família é que ele levou uma boa parte do próprio conflito familiar para dentro da casa dos Weinrib.

"A mãe de Alex sempre reclamava dele para mim", diz Mary sobre o charmoso amigo loiro do filho. "Falávamos ao telefone constantemente. Estávamos as duas numa situação difícil. Mas ela sempre dizia que gostava de Geddy, tão calmo, tão agradável. Alex se comportava quando vinha à minha casa. Sempre que eu o via, muito educado e gentil, então não conseguia entender o que ela estava me dizendo. Na minha opinião, ele era bom. Às vezes dormia lá em casa, e Geddy lhe oferecia algo para comer. Eu realmente não sei onde ele dormia. Mas eles se destacaram, os dois; chegaram lá. E minha mãe conversava. Ela conversava com a mãe de Alex e dizia que a casa inteira estava se despedaçando por causa do barulho contínuo. Reclamava. Sei disso porque a mãe de Alex costumava me dizer: 'Sua mãe ligou para mim', porque ela tinha o número deles, sabe?

"Sim, a mãe de Alex e eu costumávamos falar ao telefone, oferecíamos apoio mútuo, porque ela queria que o filho fosse dentista. Eu queria que meu filho fosse médico. Então tivemos outra grande conversa, chorando, e eu mal conseguia falar porque meu porão estava tremendo. A música era tão alta, tão barulhenta que nem dava para conversar. Pareciam explosões. E eu ficava preocupada. Também me preocupava com Alex, que brigava com a mãe dele. Foi um período muito difícil para mim – criar os filhos sozinha era muito difícil, e eu tinha três. Além disso, meus vizinhos criticavam o cabelo de Geddy, que tipo de mãe que eu era, deixando meu filho usar aquele cabelo comprido e fazer aquele barulho que incomodava o bairro inteiro."

Mary é reticente ao falar sobre como estavam as coisas na casa de Alex, mas deixa implícito que era um pouco mais desesperadora do que a situação quase cômica nos estúdios de ensaio Weinrib.

A mãe de Alex, Milla, também se lembra desse período tenso da história da banda. Ela conta: "E todo esse barulho que havia na casa. Os garotos da rua se aproximavam para ouvir, e meu marido trabalhava à noite, e eu descia no porão e dizia: 'Já chega, Alex, por favor!'. E Ged, é claro, já estava lá quando nos mudamos para Greyhound. Ged morava na Pleasant Avenue, mas em Greyhound nós tínhamos uma casa menor, e eu podia ouvir tudo. Na Pleasant tínhamos uma casa grande, e havia bastante espaço. Eu descia no porão e passava um sermão neles. Mas começaram a tocar nos colégios, começaram a tocar nos clubes e bares, e Alex não conseguia estudar, ia dormir tarde, não conseguia levantar, e ficamos muito aborrecidos quando ele saiu da escola. Mas disse que iria voltar no ano seguinte, e voltou mesmo. Mas não dei muito apoio a ponto de dizer 'Sim, filho, vai ficar tudo bem'. Provavelmente deveria ter feito isso. Mas disse para ele: 'Vai estudar, isso não é para você', essas coisas todas. Porque te digo, ele costumava sair, e eu ficava sentada na sala e o esperava voltar até duas, três da manhã. E ele dizia para mim: 'O que a senhora está fazendo aí, mãe? Quer ver meus olhos?', porque eu queria ver se ele estava usando drogas. Então era complicado. Alex sabia que estávamos muito preocupados com ele."

Felizmente, a banda progredia depressa e se tornava mais atraente como negócio. Mas foi um início humilde, incluindo as primeiras jams de Geddy com Alex.

"Eu me lembro disso muito claramente", diz Ged. "Eu não me lembro de muita coisa nesse meio-tempo, mas me lembro dos primeiros dias com muita clareza. Ele me ligava o tempo todo para pegar meu equipamento emprestado porque eu era um dos poucos caras que tinha amplificador. Minha mãe ficava na loja o tempo todo, então eu trabalhava lá com ela nos finais de semana e no verão, e ela me pagava um salário, e com o dinheiro que economizei trabalhando para ela comprei um amplificador. Eu lembro o dia em que o comprei – foi fantástico. Fui até a Long & McQuade e comprei um Trainer. Não tinha como ir para casa, então um amigo meu e eu arrastamos aquela coisa para dentro do ônibus do centro de Toronto até Willowdale. Era um dia de inverno muito frio, e nós arrastamos aquela coisa no gelo, era o único jeito de levar aquilo até a minha casa."

Alex complementa: "Nós costumávamos ir a lojas de música o tempo todo e tirávamos uma Gibson da parede para tocar em vez daquelas porcarias de Canoras que tínhamos. Sonhávamos em ter esse tipo de equipamento e amplificador. Fazíamos essas coisas juntos quando éramos garotos. Como muitos milhares e milhões de outros colegas músicos fazem. É ótimo: é uma parte de um pedacinho específico da vida, e é uma coisa da qual todos os músicos compartilham. Se conversar com qualquer músico que teve uma carreira bem-sucedida, não tem erro, todos vieram do mesmo lugar. Não se tornaram famosos automaticamente, nem ótimos e incríveis. Eram apenas garotos em dado momento que babavam por um equipamento que não podiam ter ou comprar. Ou queriam tocar como aquele cara ou aquela pessoa. Todos viemos desse mesmo caldo, dessa mesma família, em que a música nos invade bem dentro da gente e acaba dominando tudo."

"Então Alex sabia que eu tinha esse amplificador", continua Geddy, "e ele sempre me ligava para pegar o amplificador emprestado. Um dia ele me ligou, e eu achei que queria o amplificador emprestado de novo, e ele disse que não, que o baixista deles não tinha aparecido ou não ia conseguir chegar a tempo para o show daquela noite na cafeteria, e perguntou se eu podia tocar no lugar dele. Então eu disse que sim e fui até lá. Tocávamos nesse ponto de encontro em Willowdale chamado The Coff-In, eu acho. E nós tocamos, eu meio que aprendi as músicas de qualquer jeito, a gente só sabia tocar algumas. E então tocamos nesse café que era um ponto de encontro dos jovens. E foi divertido, acho que ganhamos seis ou sete dólares pelo show, depois fomos até a delicatéssen e compramos batatinha frita com molho – me lembro desse dia perfeitamente."

Corroborando com a história, Alex conta: "Ele tinha um amplificador, então, sim, era um ativo importante. Era uma das poucas pessoas que tinha um amplificador. Porque ele tinha esse emprego excelente na Times Square Discount, a loja da mãe dele. E eu pegava o amplificador emprestado de vez em quando; era muita generosidade da parte dele. Então conseguimos esse show quando John Rutsey estava na banda; Jeff Jones era uma cara que eu conhecia. Era baixista e depois foi tocar com o Red Rider. Eu toquei com ele algumas vezes porque tínhamos amigos em comum, depois ele veio tocar nesse show.

"Então fizemos o show e tocamos cerca de meia dúzia de músicas que conhecíamos duas vezes cada uma. Foi bem divertido, e fizeram uma proposta para tocarmos novamente na semana seguinte. Ele tinha outro compromisso. Não poderia tocar, e eu não sei se ele estava muito interessado. Não era nosso amigo, era mais um conhecido que fazia jams com a gente. Mas Jeff disse: 'Olha, eu tenho outra banda e não posso tocar com vocês'."

Alex conta que tudo isso aconteceu em setembro de 1968. O Coff--In ficava no porão de uma igreja local, e sem poder contar com Jeff Jones, Alex pediu a Geddy que tocasse com eles, o que, segundo ele, foi diante de um público de 35 pessoas. E receberam 10 dólares de cachê.

"A gente não tinha suporte para o microfone, então usamos uma luminária", conta Alex. "Simplesmente passamos uma fita adesiva em torno do microfone e o prendemos ao lado da luminária. E acho que usamos um único amplificador para nós dois. Alugamos um amplificador Bogen de 50 watts e duas colunas – eram alto-falantes de seis polegadas ou algo assim. O som era horrível. E havia um amplificador Bogen para a voz. Então tudo foi feito da forma mais simples. Hoje é equipamento vintage, com certeza; custaria milhares de dólares ter essas coisas hoje. Mas nós fizemos o show e foi muito empolgante.

"As músicas eram basicamente as mesmas que tínhamos tocado com Jeff e eram as que todos nós com 15 anos de idade tocávamos naquele momento. Você sabe, 'Sunshine of Your Love' e talvez 'Spoonful' e 'Fire', esse tipo de coisa. Não era um repertório muito extenso, talvez uma dúzia de músicas que todos conhecíamos. Provavelmente tocamos lá uma dúzia de vezes. Por um tempo parecia que íamos até lá toda sexta à noite. Passamos de 10 dólares para 35 dólares no final. Na verdade, era bastante dinheiro, sabe? Porque me lembro de trabalhar no posto de gasolina, no verão de 1971, ganhando 59 dólares semanais, trabalhando cinco dias por semana. E a gente ganhava 35 dólares por um único show. Então era bastante dinheiro, 35 dólares.

"Gastamos fácil os 10 dólares em batatinhas fritas e Coca-Cola", continua Alex. "Conversávamos sobre como iríamos conquistar o mundo. E nós realmente acreditávamos nisso lá sentados na lanchonete. E eu já era amigo de Geddy um ano antes disso, e fazíamos jams toda semana. Então estávamos bem confortáveis tanto com nossa relação musical quanto com nossa relação pessoal. Mas pensando lá atrás, preciso dizer que aquele momento pouco depois do show... Lembro bem como era o restaurante, como estávamos lá sentados ao redor da mesa e o quanto estávamos animados. Foi realmente – não acredito que vou dizer isso – um grande momento para nós ter vivido aquilo, aquele show. Foi nosso primeiro show como banda, e nos tornamos uma banda naquela noite. E nos comprometemos com isso, ele e eu."

Alex explica que esse encontro não aconteceu no famoso e lendário Pancer's Original Delicatessen, cuja placa anuncia "desde 1957". Apesar de haver fotos do Rush na parede, Alex conta: "Há o Moe Pancer's, que fica ao sul de Sheppard em Bathurst, mas também há o Red Pancer's, que é o restaurante para onde fomos depois do show. Acho que o Red Pancer's nem existe mais já há muito tempo. Eram parentes, mas acho que não se davam bem. Tinham um negócio juntos, mas depois se separaram. E o Red deve ter fechado anos atrás, não sei. Mas nós nunca fomos ao Moe's. Eu já fui ao Moe's, mas nunca fomos lá como banda.

Primeiro de tudo, seria longe demais para ir caminhando. Saindo do show no Coff-In, era só caminhar oito quadras pelo subúrbio até chegar ao Red's, e o lugar ficava aberto até tarde, por isso fomos lá depois do nosso primeiro show juntos naquela noite.

"Mas, sim, ainda me lembro do lugar; consigo lembrar como era dentro do restaurante e como estava sentado no banco ao redor da mesa. Acho que os assentos eram revestidos de vinil vermelho. Foi tudo emocionante. Era como um sonho se tornando realidade, embora nós não fôssemos ninguém, sequer tínhamos um repertório. Mas era um começo, e desse ponto em diante continuamos a fazer, acho, um ou dois shows por mês no mesmo local, naquele ponto de encontro dos jovens. E começamos a compor nosso próprio material e a levarmos a coisa toda mais a sério."

Uma parte de se tornar sério era Alex adotar um tipo de nome artístico. "Meu sobrenome começa com Z e tem todas essas vogais e 11 letras", explica Lifeson. "E a minha vida inteira meu nome foi pronunciado errado. Não conseguia imaginar pegar a estrada e passar o resto da vida com meu nome sendo mudado. Lifeson é apenas uma tradução literal de Živojinović. Meu pai certa vez pensou em mudar nosso sobrenome basicamente pelas mesmas razões, depois desistiu. Então, na verdade, para assuntos profissionais, uso Lifeson, e para minha vida pessoal e privada, eu uso meu sobrenome verdadeiro. É apenas por conveniência, a conveniência de não ter meu nome destroçado toda vez. Mesmo assim, com Lifeson, já fui chamado de Leafson, Lifeberg, todos os tipos de sobrenomes diferentes, mas parece ser mais conveniente ter um nome artístico. Eu não esperava que, 40 anos depois, ainda estaria usando esse nome."

Alex confirma que ele e Geddy não mudaram os nomes ao mesmo tempo. "Com Geddy, Lee é seu nome do meio, então ele apenas deixou de usar o sobrenome."

Outro passo foi começar a composição de músicas originais. Recorda Alex: "A primeira música que escrevemos juntos – e isso foi provavelmente duas semanas depois de decidirmos que seríamos uma banda, no começo de outubro – era chamada 'Losing Again'. Era uma música animada, com uma pegada blues e cheia de riffs. Ainda me lembro dessa música: era muito, muito básica, então é provável que ainda conseguiria tocar, acho. Lembro bem que esta foi a primeira música que tocamos. Ficamos muito entusiasmados com isso porque só estávamos juntos havia algumas semanas oficialmente como banda e já estávamos compondo nosso próprio material. Era algo muito emocionante para nós. Não tínhamos que ser iguais às outras bandas que havia na época, que eram apenas bandas de bar, ou nem isso, apenas bandas que tocavam nos bailes de colégio e que conheciam um monte de material da lista de músicas pop da época. Nós tínhamos nosso próprio material que as pessoas acabavam odiando quando fazíamos esses shows."

"Isso com certeza era parte da nossa motivação", continua Alex. "Era meio arriscado porque muitos não queriam ouvir esse tipo de coisa. Eles queriam ouvir músicas já conhecidas, particularmente nos bailes na escola. Queriam poder dançar as músicas que conheciam, não uma sessão instrumental blueseira de oito minutos de duração, sabe, não entendiam aquilo. Mas se não tivéssemos feito isso, não seríamos quem somos. Havia muitas bandas que tocavam naquele circuito e conheciam todos os hits, e eles eram os caras que ganhavam 300 dólares nos bailes. Nós conseguíamos fazer um show por 150 dólares, mas dois terços do nosso set era material original. Foi um bom período de treinamento para nós."

"O circuito dos colégios era o único jeito para muitas bandas de Toronto se manterem em atividade", acrescenta Geddy. "Bandas de Ontário, não só de Toronto. E não era só em Toronto. De fato, a maioria delas vinha de fora, dos lugares mais distantes que se podia imaginar. E havia esse setor da escola chamado departamento social que era muito importante porque organizava esses bailes, que precisavam de entretenimento. Então muitos de nós éramos contratados para tocar nesses eventos, sabe, como Halloween, Sadie Hawkins Day. E isso era um modo de continuarmos vivos, principalmente quando não tínhamos idade suficiente para tocar num bar. Mas os garotos sempre gritavam pedindo as músicas que conheciam, e nós estávamos determinados a tocar só nosso próprio material sem nos importarmos com o quanto era ruim na época."

"Em geral era um grupo pequeno de alunos do Ensino Médio ou mais jovens ainda que ficavam escorados na parede dos fundos, o mais longe que podiam do palco", ri Alex. "Porque nós sempre tocávamos nossas próprias músicas. Começamos a compor bem no início de tudo, de forma simples. Na época em que fazíamos esses shows, depois dos primeiros anos aprendendo a tocar e ensaiando o tempo todo, não éramos mais um tipo de conjunto de baile. Dois terços ou três quartos da nossa música eram composições próprias, e algumas bem compridas, com 10, 15 ou até 20 minutos de duração, e nós meio que só ficávamos fazendo jam durante esse tipo de coisa, e era muito difícil para as pessoas encontrarem um ritmo que pudessem dançar. Então essas apresentações eram muito bizarras. Algumas até não foram tão esquisitas, é claro. Lembro uma vez que nosso PA explodiu, literalmente. Chamas e faíscas saíam dos alto-falantes, e nós fizemos o show sem PA, nem voz. Acho que foi em Cochrane, Ontário."

Também como parte de formar e se tornar uma banda havia as peregrinações que os garotos tinham de fazer até o centro de Toronto para o descoladíssimo distrito de Yorkville. O Rush sofria com o estigma de ser uma banda de subúrbio.

"Sim, a gente ia para o centro", lembra Geddy. "Havia um amigo meu, o pai dele tinha um restaurante pequeno no centro, na verdade em Yorkville, chamado Cabbage Roll. E às vezes íamos até lá lavar pratos. Na verdade, havia um clube em Yorkville chamado Flick, eu acho. De qualquer forma, ficava no andar de cima e o restaurante nos fundos. E me lembro de no intervalo subir até lá para dar uma olhada na banda. Havia uma banda bem conhecida em Toronto chamada Stitch in Tyme, e eles só tocavam covers. Não queriam escrever as próprias músicas, mas eram muito bons. E então o equipamento deles ficava sempre montado, e me lembro de entrar lá num intervalo do trabalho e ver todos aqueles instrumentos montados no palco, era muito legal, eu ia até lá e fumava um cigarro com todos aqueles hippies de Yorkville achando tudo muito incrível. Mas é claro que eles eram hippies de verdade, e eu era esse garotinho insignificante. Então comecei a frequentar aquele lugar com Alex e John e toda a turma. Mas os hippies, é claro, esses eram caras reais vivendo a vida deles, e nós éramos só garotos. Achávamos que éramos descolados, mas que garoto que não se acha legal? Todo garoto se acha maneiro, todo garoto se acha engraçado, mas isso não tem como ser verdade. É apenas o que mantém nossa sanidade quando se é adolescente."

"Éramos ambos meio deslocados na nossa turma da escola", acrescenta Alex, "e eu suponho que isso acontecia porque nos achávamos muito mais legais do que todos os outros. Então meio que ficávamos só nós dois e não saíamos com os outros colegas de sala, e é claro que John estudava em outra turma. Havia outras pessoas com quem tínhamos amigos em comum, então éramos parte do que considerávamos o grupo de elite da Fisherville Junior High School. Sim, tínhamos muito em comum, e fazíamos jams na casa dele ou na minha, sempre para lá e para cá. Mas havia muitas outras coisas além disso, interesses comuns. Nós realmente, de verdade, crescemos juntos. Passamos por toda a experiência de ter a primeira namorada e todas essas outras coisas que se vive na adolescência, e compartilhamos mesmo uma longa vida juntos, ele e eu, de verdade."

Parte do progresso de Geddy e Alex para se tornar uma banda séria foi o estudo das melhores bandas, geralmente britânicas, que mostravam aos adolescentes do mundo inteiro quanto barulho era possível fazer e como parecer incrível fazendo isso.

Alex fala sobre Geddy: "Como baixista, ele teve ótimos exemplos. John Entwistle, Noel Redding... Eram baixistas incríveis naquela época. E Jack Bruce, é claro: o Cream teve uma influência enorme na gente no começo. Isso meio que estabeleceu o padrão de como queríamos tocar – queríamos ser músicos muito ativos. Ele tocava guitarra pouco antes, então a transição foi bem fácil, creio eu. E, é claro, como vocalista houve certo impacto. Havia muitos vocalistas excelentes, e ele, eu acho, tentava imitá-los, ou pelo menos se inspirar neles. Acho que assim que passamos a ouvir Led Zeppelin, o modo como Robert Plant cantava teve uma influência gigantesca em Geddy. Teve uma influência enorme em todos nós. Eles de fato eram nosso exemplo, acho, no período em que começamos a nos unir como banda e como músicos."

Como Geezer Butler no Black Sabbath, Geddy realmente começou com a guitarra. Alex, contudo, perdeu essa parte da evolução de Lee.

"Eu não conhecia Ged quando ele tocava guitarra", diz Alex, "então a transição já estava concluída quando começamos a tocar juntos. Porque era o que fazíamos depois da escola. Nós plugávamos os instrumentos no amplificador dele e tocávamos. Havia uma guitarra e um baixo. Então não tenho muita certeza sobre como foi essa transição. Estou certo de que ele se interessava por guitarra como todo mundo. Mas assim que começamos a tocar e aprender de verdade sobre instrumentos, esta foi a escolha dele. Era como John Rutsey no começo – a bateria era uma coisa dele, mas não sei se ele realmente queria do fundo do coração ser baterista. Acho que também queria ser guitarrista. Mas todo mundo tinha uma posição para a qual foi atraído."

Geddy conta: "Fui escolhido como baixista quando, na primeira banda da qual participei, o baixista não pôde tocar. Acho que os pais dele o proibiram ou algo assim, e nós não tínhamos baixista, então eles disseram: 'Você vai para o baixo', e eu disse ok. E foi simples assim. Isso acontece com muitos baixistas. Todo mundo quer ser guitarrista, mas eu fiquei feliz em ser baixista. Ser baixista é como ser o *catcher* da liga principal de beisebol, o apanhador. É o meio mais rápido para ser titular. Ninguém quer ser baixista. É um ótimo instrumento, de verdade, um jeito estupendo de se passar o tempo. Eu tive professores, sabe: estou apenas seguindo a tradição de Jack Bruce, Jack Cassidy, Chris Squire, uma tradição refinada de baixistas barulhentos que se recusaram a ser coadjuvantes. Então sinto que este é o meu dever sagrado, dar continuidade ao que eles começaram."

"O senso de melodia intrincada dele é muito único", concorda Alex. "E acho que ele tem influenciado muitos baixistas por causa disso. Uma das coisas mais desafiadoras para mim como guitarrista tocando com ele – e com Neil nesse sentido – é o quão complexos os dois sempre foram. Acho que agora nos últimos tempos mudou um pouco, é um pouco mais simplificado. Mas se você ouvir o baixo de Ged tocando internamente, e a forma como ele toca, todas as pequenas nuances que requerem um foco bastante detalhado, é incrível, as pequenas melodias que ele incorpora e as pequenas coisas que ele faz e que muitos outros baixistas talvez não façam. Ou alguns até fazem, eu diria, tentando imitá-lo.

"Ele vem dessa escola, Jack Bruce e John Entwistle. E Chris Squire foi uma grande influência para ele no começo. Mas Geddy desenvolveu o próprio estilo e toca muitos acordes que outros baixistas não tocam e me forçam a desempenhar um papel de contraponto. E é ótimo porque me dá um rumo que é diferente e desafiador. Mais tarde ele se tornou um pouco mais básico na raiz da forma como toca. De novo, isso ocorreu porque ele sentia que era o que a música exigia. Sabe, tudo se resume sempre à música e a oferecer o melhor arranjo para ela. Acho que todos nós entendíamos dessa maneira. Muitas vezes os baixistas podem ser de um jeito ou de outro, mas ele consegue mesmo reunir tudo. Acho que porque ele também canta – o que é uma vantagem."

Geddy atribui sua evolução à reverência aos mestres do baixo *big e buzzy*, começando com Roy Orbison, quando o rock incorporou sua visão geral do instrumento.

"Quais foram as músicas que me fizeram querer tocar?", ele se pergunta. "A primeira coisa que me vem à mente é 'Pretty Woman' – um excelente riff clássico. Tenho certeza de que muitos músicos vão citar essa canção como influência, mas ela penetra na alma, não é? Por que ela faz isso? É o riff que penetra, e os riffs são uma parte importante do rock e do rock progressivo, certo? E do metal. E então eu penso em

'For Your Love', dos Yardbirds, e aquela progressão de acordes poderosos quando ressoam – *Kerrang* –, esse som está lá naquela música. Eu escutava essas músicas, e todas elas são canções que me fizeram querer tocar. Eu queria tocar aquilo. Então há alguma coisa visceral nessas músicas mais antigas.

"Os primeiros trabalhos do Kinks, com certeza, o início do metal, na falta de um termo melhor. É claro que ninguém sequer tinha ouvido falar nesse termo naquela época. Eles realmente grudavam nos seus ouvidos. E a melhor coisa era que só tinha um tipo de estação de rádio. Então, se uma dessas músicas chegasse ao rádio, no meio de um milhão de músicas da Motown e Mantovani e todas aquelas coisas que costumavam tocar, se no meio de tudo aquilo você ouvisse 'You Really Got Me', um desses riffs, era como se de repente a música tivesse ganhado vida. E para mim e os meus amigos, nós reagimos àquilo, e foi isso que nos fez querer começar a encher o saco dos nossos pais para comprar uma guitarra.

"Mas não era apenas o som da guitarra, era o modo como tudo se estruturava usando a guitarra como tema. Acho que dá para voltar ainda mais no passado, para algumas das bandas instrumentais que costumavam tocar no rádio. Como a Booker T. & The M.G.'s, que tocava 'Green Onions' e todas aquelas coisas, e então havia aquela banda que tocava com aquelas guitarras Mosrite. The Ventures, não era? 'Pipeline', essas músicas. E então os Yardbirds adotaram essa atitude com relação à guitarra e começaram a usar temas de guitarra, que era algo novo e realmente colocava o guitarrista em destaque."

Além das inspirações abstratas vieram os fundamentos, forças da natureza como The Who. The Ox foi Geddy antes de Geddy Lee, e Keith Moon foi o Professor antes do Professor. Mesmo se o Cream, outro esboço do que se tornaria o Rush, representasse mais vigorosamente o conceito de *power trio*, foi o The Who que trouxe a proposta progressiva, já que se manifestou no rock progressivo e depois no metal progressivo do Rush. E como Alex já fez questão de salientar, havia um papel obscuro, precioso, quase desvirtuado do guitarrista no topo de uma seção rítmica como esta. É por isso que tanto Townshend quanto Lifeson passam muito tempo acrescentando texturas e artifícios, avançando aqui e ali e depois recuando.

"Havia duas coisas no The Who que se destacavam", continua Geddy, "dois aspectos que me deixavam totalmente fascinado. Um era Keith Moon. Nunca houve um baterista tão explosivo e complexo quanto Keith Moon antes. Os padrões de bateria dele eram chocantes. E apareciam em canções pop que tocavam nas rádios AM. E as composições! Aqueles acordes de guitarra! E ainda assim era uma banda estranha porque a gente ouve 'Happy Jack' e parece uma música tão esquisita. É quase um jingle, e mesmo assim há certa fúria subjacente. Mas acho que as rajadas amplas da guitarra de Townshend e as viradas complexas e explosivas de Keith Moon na bateria eram os dois aspectos que separavam o The Who dos demais.

"Além disso, há toda a imagem que eles projetavam, não é? O fato de que destruíam os instrumentos, se falava muito nisso. Keith Moon chutando a bateria no palco. Uma das primeiras bandas em que toquei tinha um baterista que era um grande fã do Who, e eu lembro que fizemos uma audição num colégio local para tocar no baile de Sadie Hawkins na era pré-Rush. E no final da apresentação, ele chutou a bateria no palco. E nós estávamos numa sala de aula, sabe? Estávamos fazendo a audição para três professores dentro de uma sala de aula. E no final, o cara chutou a bateria, tambores e pratos saíram voando pela sala, e é claro que isso deixou os professores totalmente horrorizados. O guitarrista e eu ficamos só olhando para ele, como se disséssemos 'Você acabou com nossas chances, cara'. No que ele estava pensando? Eles não dão bola para o The Who, são professores. Mas isso era uma parte importante da imagem deles. E pareciam mesmo o máximo, as capas dos álbuns eram muito criativas, foi uma das primeiras bandas, acredito, que levava tudo isso ao extremo. O conceito todo de arte de capa. As ideias deles eram muito avançadas."

Quanto ao Cream, Geddy diz: "Para mim, pessoalmente, eles foram muito importantes. Antes do Zeppelin. Faziam essas jams longas, inovadoras. Foram a primeira banda a fazer jam nos discos. Guitarra, baixo, bateria, só seguiam o fluxo. Ninguém fazia isso. Considerávamos uma banda de blues, na verdade, mesmo assim não se comportavam como uma banda de blues. Eles se comportavam como uma banda de jazz, como algo que ninguém jamais tinha feito antes. 'Spoonful', essa é uma ótima versão que costumavam tocar... é claro que quando nos tornamos o Rush tocamos 'Spoonful' por 10, 15 minutos. Estávamos fazendo uma jam. Não tínhamos as manhas de fazer uma jam de forma adequada, mas os imitávamos. Então era algo impressionante. A disposição deles de fazer uma música e simplesmente ir até lá todas as noites e só tocar. Três caras tocando. Por isso, foram o protótipo do Rush de muitas maneiras. Nós amávamos o que eles faziam. O jeito de Clapton tocar, mas não só ele – Jack Bruce tirou o baixo do papel de coadjuvante e ousou alcançar um som mais agressivo e distorcido. Era um ótimo músico. E Ginger Baker era um deus para os bateristas – ele fazia solos de 20 minutos. Ninguém fazia isso. Portanto, ainda estávamos seguindo a tradição do Cream e levando aquilo além. Há muitas coisas que aprendemos com o Cream e ainda fazemos. O tipo de posicionamento de um *power trio* no palco, eu acho."

Tecido conjuntivo – ou mais parecido com um couro resistente – entre Cream e Led Zeppelin era o Blue Cheer, uma banda proscrita de São Francisco, que equivale ao Cream levado ao extremo.

"Para mim, o Blue Cheer, de muitas maneiras, foi a primeira banda de metal", reflete Geddy, usando a palavra que só entraria por completo no vocabulário em 1975 e depois, com certa precisão, passou a ser aplicada ao Rush. "Mas eles não pensavam em termos de metal. Essa terminologia sequer existia, certo? O que buscavam era volume; parte do truque era ser a banda mais barulhenta que já existiu. Não importava onde tocavam, ou quando tocavam, tinham amplificadores em profusão. É interessante como o volume no final das contas meio que evoluiu para ser um triturador do metal, e as bandas aprenderam com essa evolução toda que se podia alcançar um som pesado sem ser alto demais. O metal foi domado nesse sentido.

"Mas era volume e fúria que buscavam. E como um jovem músico, é claro, isso nos fez perder a cabeça. A versão deles de 'Summertime Blues' e algumas de suas primeiras músicas eram... a gente simplesmente tinha que tentar tocar daquele jeito. Precisávamos aprender aquilo. Tinha aquele tom porque gravar uma banda naquele volume acabava gerando um som distorcido na fita. E então havia esse som novo, que se assemelhava ao Kinks mas era muito, muito alto. Mas havia outra coisa – e acho que foi sua derrocada –, é que eles não eram bons compositores, não mesmo. Nunca tiveram a habilidade de ir além desse único momento. Então havia essa imagem, Paul Whaley com o cabelo loiro muito comprido, a coisa dos três integrantes, do volume superalto, superdescolados, mas as músicas não vieram, entende? Por isso não havia nada que de fato os fizesse continuar, que os sustentasse. Eles foram uma ideia que passou como um relâmpago.

"The Who também costumava tocar 'Summertime Blues'", continua Geddy – como todos sabem, o Rush fez uma cover desse clássico de Eddie Cochran em seu EP de 2004, *Feedback*.

"Há algo nessa música. Bem, é claro, ela fala de garotos entediados durante o verão. Simplesmente perfeito para o rock, certo? Então não sei como eles visualizavam isso. Talvez tivessem ouvido The Who tocar essa música e decidiram fazer a própria versão, o que me parece mais provável. Mas, sim, Eddie Cochran, e havia também esses antigos caras do blues. Nós fomos apresentados ao blues por esses ingleses que imitavam os caras do blues. Através de Led Zeppelin, John Mayall & the Bluesbreakers, todas essas outras bandas de que gostávamos. Conhecemos Buddy Guy, Willie Mason, todos esses caras, aprendemos os nomes deles por causa dos ingleses. Aí você ouve o original e não gosta tanto como gostava das versões eletrificadas. A gente ia aos shows e gostava, tinha respeito por eles, mas quando chegava em casa não colocava os discos para ouvir. Acabava ouvindo as versões britânicas, mais barulhentas, desses mesmos discos. Era o que você queria curtir.

"Mas John Mayall sempre teve os melhores guitarristas. Alguns dos melhores guitarristas britânicos vieram dessa escola. Acho que no Canadá tínhamos Ronnie Hawkins, e no Reino Unido eles tinham John Mayall. Ele contratou os melhores músicos. Assim, se você escolhesse um dos álbuns e ouvisse como tocavam de modo excelente... Tudo acabava se resumindo à forma de tocar naquela fase da minha vida. Então, é claro, Beck e Page e mesmo Mick Taylor – guitarras matadoras. Nós todos seguíamos os guitarristas naquela época, eles eram as criaturas mágicas da minha adolescência."

E foi assim que alguns desses clássicos acabaram no setlist da banda. Geddy recorda: "Fizemos uma versão para 'For What It's Worth'. Costumávamos tocar também essa velha canção da Motown chamada 'Roadrunner', mas não parecia em nada com 'Roadrunner'. Não sei por que nós chamamos a música de 'Roadrunner'. Criamos a canção dentro de uma longa jam. Alex costumava fazer um solo muito longo, mas é claro que todos eram assim. A gente tocava 'Crossroads' ou 'Suffragette City', de David Bowie. Não sei se chegamos a tocar Zeppelin nos bares. Sei que quando éramos apenas uma banda de colégio, a gente tocava 'Living Loving Maid'. Bem lá no início, tocávamos 'Let Me Love You', de Jeff Beck, do álbum *Truth*. Também tocamos 'Morning Dew' e algumas músicas dos Yardbirds, como 'Shapes of Things'."

"Bad Boy" (que ficou popular com os Beatles), de Larry Williams, tocava bastante no rádio em dezembro de 1974. Daqueles dias como banda de porão até o nascer de uma nova década, outras apresentações do Rush (e do pré-Rush) incluíram covers dos Stones, Eric Clapton, Ten Years After e Traffic. Composições originais como "Keep in Line", "Morning Star", "Child Reborn", "Love Light", "Slaughterhouse" e "Feel So Good" também surgiram.

Da fonte seminal fornecida por The Who, Pink Floyd e The Moody Blues, assim como a postura conceitual dos Beach Boys, Pretty Things,

The Mothers of Invention e Beatles, um novo gênero conhecido como rock progressivo nasceu, e este novo gênero se alimentaria do que o Rush continuou a fazer. Para todos os efeitos, esse tipo de música – e seu ponto de convergência em 1969 e 1970 – se tornou o gênero adotado pelo Rush, e com certeza em definitivo quando Neil Peart se juntou à banda.

"Quando retomo a fase progressiva", explica Geddy, "e as bandas que me impactaram – e eu penso que os outros caras do grupo foram igualmente influenciados por eles –, tudo começa com Jethro Tull, Yes e Genesis. A primeira vez que os ouvi, fui nocauteado por eles e desafiado pela música que estavam criando. E isso levou a um grande número de outras bandas com o Strawbs, que meio que surgiu a partir da música folk inglesa e se desenvolveu até se tornar uma banda progressiva melódica. E também outras como Van der Graaf Generator, que era muito popular no Canadá, talvez nem tanto em partes dos Estados Unidos. A Van der Graaf, em particular, tinha um som bem mais sombrio, meio parecido com o ELP, mas quase como uma irmã gêmea perversa dele. Era menos impressionante em termos de instrumentação e virtuosismo, mas havia coisas interessantes e um astral ótimo.

"A primeira vez que ouvi Yes eu era adolescente, e foi um camarada meu que me apresentou. Ali estava uma banda que tinha um som agressivo de certa maneira. Mesmo com o tom do baixo de Chris Squire bem agressivo, e a bateria poderosa de Bill Bruford, ainda assim havia essas melodias complexas e as mudanças de tempo. Acho que a primeira coisa que me conquistou foram as mudanças de tempo. Eram imprevisíveis, difíceis de contar, e como jovens músicos, é claro, me senti desafiado e adorei aquilo.

"E o som da voz de Jon Anderson, a natureza das letras, abertas à interpretação. Ainda há muitas músicas do Yes que eu não faço ideia do que tratam, mas *imagino* o que estavam construindo. Pelo menos para mim estavam construindo, e acho que essa é uma parte da música agressiva que passa despercebida, o fato de que você tem a permissão de imaginar do que trata uma canção e como ela dialoga com você de uma maneira pessoal. As letras são enigmáticas, e isso é sedutor para um jovem adolescente, entende? 'O que isso significa?'. Já era desafiador para um músico iniciante até mesmo tentar imitar, e isso acabou me jogando numa viagem em termos do que a música falava. Era quase como se houvesse um quebra-cabeças, e cabia a mim tentar decifrá-lo, musical, poética e conceitualmente. Agora se isso era o caso ou não, de fato não importa, mas é a forma como me senti atraído e que me levou para essa jornada em busca de mais música progressiva e de tentar copiar aquilo como um jovem músico."

Por mais que possa parecer incongruente, os roqueiros progressivos tendem a sentir uma afinidade meio estranha com música clássica. "Sim, o tipo de coisa que fez os críticos odiarem rock progressivo", concorda Geddy, "porque eles não gostavam do que consideravam um filho bastardo dos clássicos. No geral, os críticos parecem preferir música pura, não música de fusão. E o rock progressivo não é nada sem fusão. É a fusão por excelência para os roqueiros, certo? Então, sim, e acho que para garotos suburbanos como eu, que não ouviam música clássica na infância, isso era, da nossa maneira, nossa introdução aos clássicos por meios eletrônicos, e isso praticamente legitimou o processo."

"Então, é claro", continua Geddy, "você pode olhar para alguém que tem mais conhecimento sobre música e ouve essas bandas ao mesmo tempo que um garoto de 14 anos e ter reações bem diferentes. O ouvinte mais educado musicalmente vai pensar que as bandas apenas copiaram os clássicos, mas os jovens vão ficar maravilhados diante desse novo som. Isso era meio desafiador para mim. Não se conheciam os fundamentos disso, então se começava a pesquisar. A primeira vez que ouvi falar em Erik Satie foi por causa do Yes. Depois começaram a aparecer nomes em profusão para nós, suburbanos incultos, nomes que nos intrigavam. E começamos a comprar os discos clássicos, a ouvir música clássica. Então não acho que foi uma má influência. Foi uma influência excelente, na verdade. Tenho muitos amigos que também começaram a se interessar por música clássica. É interessante porque, com outras bandas, como John Mayall & The Bluesbreakers e até mesmo Zeppelin, você começa a ser apresentado aos velhos caras do blues, às versões originais das músicas que o Cream tocava. E não é muito diferente de ser apresentado a Beethoven ou Bach ou Tchaikovsky, como aconteceu com o Yes, o Genesis e outras coisas que estivéssemos ouvindo. Ou Mussorgsky por meio do ELP."

Foi assim que o Rush adquiriu o próprio senso de drama, o arrebatamento épico que aconteceu tão logo o primeiro álbum saiu, em músicas como "Finding My Way" e "Working Man". Em *Fly by Night*, eles já dominavam essa arte, ainda mais quando surgiu *Caress of Steel*.

"Muitas bandas progressivas queriam acrescentar drama ao seu som", explica Geddy. "Não apenas texturas, não apenas melodia, mas drama. Era algo cheio de pompa, uma coisa bombástica do prog rock naquele período. Um pouco mais de grandeza. Então, sim, havia essa atração por peças dramáticas. Muitos roqueiros prog – sei que era o que fazíamos na época – preferiam olhar para nossas peças como vinhetas. Como se estivéssemos criando trilhas sonoras para filmes que não existiam. De certa forma, éramos contadores de histórias por meio da música. E, é claro, os títulos sombrios e conceitos obscuros eram divertidos. Eles acrescentavam muitas cores diferentes à paleta porque não era maneiro de verdade fazer músicas muito alegres, muito pop, muito dançantes. Era bem mais legal ser obscuro e taciturno, em especial na adolescência."

Mas a versão puramente *art rock* do Rush teria de esperar. No início, a banda era um amálgama de rock de bar, riffs roqueiros do pós-*blues boom* britânico (por exemplo, o hard rock primordial de bandas como Cactus e Mountain), *Midwest rock* (seja lá o que isso significava) e enfim o *glam rock* britânico. E tudo isso é personificado pelo baterista da banda, John Rutsey, que geralmente é descrito como um símbolo do antigo Rush. John, nascido em 23 de julho de 1952, era um ano mais velho do que Alex e Geddy, e como Geddy, também era órfão de pai. O patriarca Rutsey, Howard, repórter policial do *Toronto Telegram*, morreu em decorrência de um ataque cardíaco, então John vivia com os irmãos e a mãe, Eva. O próprio John mais tarde sofreu um ataque cardíaco causado por complicações de sua longa batalha contra o diabetes e morreu enquanto dormia em 2 de maio de 2008.

"Acho que conheci John em 1964", lembra Alex. "Nós nos mudamos para o bairro, e o conheci no colégio, na quinta série. Ele morava do outro lado da rua, perto da minha casa. Era só mais um garoto da nossa rua, e ficamos amigos logo depois que me mudei para lá. Ele tinha dois irmãos mais velhos que eram muito legais, Bill e Mike, e eles jogavam futebol e beisebol com a gente, coisas assim. Eram muito gente boa. John e eu compartilhávamos o amor e o interesse pela música, ouvíamos os álbuns de Bill e Mike o tempo todo. E eu lembro quando saiu o álbum *My Generation* do The Who, e o primeiro disco do Hendrix, e tudo acontecia graças aos irmãos dele, o que foi uma ótima introdução à música para nós, escutar os discos naquela pequena vitrola no porão da casa deles.

"Queríamos aprender a tocar e montar uma banda, e nós montamos uma banda juntos. Acho que era o verão de 1967. Nossa banda, The Projection, tinha outros dois caras, mais um vizinho, Gary Cooper, e Alan Grandy, irmão do Ian – Ian foi nosso engenheiro de som por muitos anos, um dos nossos roadies. A gente tocava apenas nessas festas de porão que organizávamos com nossos amigos, sem cachê, é óbvio. Mas você podia comer quantos salgadinhos quisesse e tomar Coca-Cola. Pode imaginar que tipo de som a gente fazia, porque tínhamos só 14 anos de idade. Mas estávamos muito empolgados, e isso nos levou diretamente para o Rush. Nesse meio-tempo, quando comecei a estudar no outro colégio e conheci Ged, todos tocávamos instrumentos, mas em grupos separados. Não acho que chegamos a tocar juntos com John em qualquer outro momento antes de começarmos a banda de verdade."

Ian Grandy, que se tornou o chefe da equipe de turnê do Rush dos tempos de porão até o começo dos anos 1980, acrescenta: "Rutsey foi a gênese daquela banda. Meu irmão caçula estava numa banda com John e Alex chamada The Projection – isso todo mundo sabe. E eles tocavam 'Heart Full of Soul'. Outro dia vi uma coisa: Geddy e Alex tocando 'Heart Full of Soul' exatamente do jeito que tocavam no Coff-In quando eram garotos. Mas meu irmão estava numa banda com eles, e Rutsey e meu irmão estudavam no quarto ano juntos, acho. Então foi assim que tudo aconteceu. Em dado momento, passaram a ensaiar no porão da minha casa, e meus pais deixavam o carro lá fora na neve porque o equipamento deles ocupava toda a nossa garagem."

Por isso há o agradecimento especial na contracapa do primeiro álbum para "Sr. e Sra. G. Grandy".

"Exato, devia ser o verão de 1971 ou 1972", continua Ian. "É uma das razões pelas quais agradeceram meus pais no primeiro álbum. Minha mãe e meu pai iam para o trabalho, e a banda chegava por volta de dez e meia, 11 horas, e tocava até duas da tarde. E era muito barulho, então nós levávamos o cachorro para o quintal, e o gato também ficava lá fora. Eles tocavam no porão, só guardávamos as coisas na garagem. Mas a mãe de Geddy dizia para ele: 'Vai para a escola, arruma um emprego, tenha boas notas, não toque música, arrume outros amigos'. E ele retrucava: 'É só isso, mesmo?'."

"John era um dos caras mais engraçados que conheci", continua Alex. "Ele tinha esse senso de humor peculiar e incrível. Mas também era bem temperamental, e podia ficar bravo com você assim, do nada. E eu lembro que isso magoava muito, porque ele te jogava no ostracismo, e por um mês ficava sem falar com você – não telefonava, nem recebia suas ligações. John também jogava os outros contra você ou os ameaçava dizendo que não seria mais amigo deles ou coisas desse tipo. Muito infantil. E então, num dia qualquer, você recebia uma ligação dele como se nada tivesse acontecido. E isso acontecia a cada oito ou dez meses. Acontecia com uma pessoa, depois com outra, em seguida com mais outra. Você ficava fora do círculo por cerca de um mês. Mas um dia, de repente, ele telefonava e dizia: 'E aí? Como vai?'. Era a coisa mais bizarra. E aconteceu com todos nós; aconteceu comigo, com Geddy. Era simplesmente uma coisa ligada ao temperamento dele. Às vezes era bem difícil ficar por perto. Eu não sabia o que estava acontecendo com John e o que o levava a se comportar assim. Mas acho que mais tarde ele reconheceu que havia um problema, que era uma questão pessoal dele, e se arrependia."

Rutsey era essencialmente o líder da banda. Descoberta há pouco tempo, uma filmagem do grupo quando eles tocaram na Laura Secord Secondary School mostra John falando com autoridade de trás da bateria, e a liderança dele fica muito clara.

"Bem, sim, ele era o líder de fato nos nossos contratos com o sindicato. John era o cara que falava pela banda, e ele tinha um microfone. E lembrei que em alguns desses shows, particularmente quando estávamos no meio do nada tocando nesses bares no norte de Ontário, ele repreendia o público de forma dura, se colocando acima de todo mundo. Era hilário, mantinha o controle daquele microfone a noite inteira e fazia alguns comentários realmente cheios de estrelismo da parte dele. Quero dizer, John era muito engraçado e pensava muito rápido. Acho que fazia parte do caráter dele, de sua personalidade. Ele estava mais para líder do que para um seguidor, e talvez por isso tivesse essas questões de querer controlar as pessoas, os amigos e coisas desse tipo."

"John sabia ser o cara mais engraçado de todos", explica Geddy, "mas também podia ser o cara mais mal-humorado de todos. O humor dele variava imensamente. Acho que ele era um tipo de cara problemático, perdeu o pai cedo, assim como eu. Não sei se é um fator que possa ter contribuído para isso. Era um cara bem independente, mas muito difícil de se manter uma amizade. Alex e ele tinham uma ligação mais próxima porque meio que cresceram juntos, moravam na mesma rua. Eu era sempre um forasteiro perto dele, então nossa relação era cheia de altos e baixos. John era um cara muito esperto, estiloso, se vestia bem e tinha raciocínio rápido. Mas podia te deixar para baixo muito rápido também e fazer você se sentir bem pequeno. Ele tirava a gente do pedestal de uma hora para outra. Mas era um cara muito engraçado e, quando era afetuoso, era uma ótima pessoa. Portanto ele tinha essa personalidade meio inconstante."

Sobre as habilidades dele como músico, Geddy observa: "Não sei se ele era tão peculiar como músico. Era o tipo de cara que fica na defesa durante um jogo de hóquei, um baterista sólido e constante. O oposto de Neil. Um estilo de baterista como Simon Kirke ou Bonham. Esses eram os caras que realmente sabiam manter a batida e não gritavam 'Olhem para mim' – John era assim. Era bom nisso, mas não sei se isso o tornou único de alguma maneira como músico. Era um baterista bom e sólido num sentido mais tradicional. Mas de muitas formas, era o líder da banda. John era o cara mais engraçado do grupo, e isso foi antes de Alex se tornar a pessoa mais engraçada do planeta. Acho que Alex aprendeu alguns de seus esquetes cômicos com John, porque Rutsey era um cara superengraçado."

Dê um microfone para Rutsey num show, diz Alex, e "ele vai falar alguma coisa ridícula. E você tem que lembrar que estávamos tocando em muitos bares, e às vezes havia matinês com caras sonolentos arrotando no fundo do salão. Você precisava ter muita atitude. Só para ver se as pessoas estavam prestando atenção, John assumia o microfone e falava as maiores besteiras, e nós três caíamos na gargalhada, é claro. Infelizmente, ele teve o azar de estar conosco na parte mais difícil da nossa carreira, quando a gente se arrastava pelos bares e tocava em colégios e pegava a estrada numa van durante três horas todas as noites sem ganhar dinheiro algum. Mas também éramos jovens, portanto muito resilientes. O fato de que ele era diabético e tinha algumas restrições físicas, acho que isso tudo era pesado para ele. Sabe, John tinha que aplicar injeções em si mesmo, fazer todas essas coisas, então isso também o isolava."

John levava muito a sério seu papel como líder da banda, conta Geddy, apresentando os caras para coisas de que nunca tinham ouvido falar antes. Ele "era muito obstinado quanto à música que tocávamos. Era o primeiro a se interessar por qualquer coisa nova. Foi o primeiro cara que curtiu Zeppelin. Era um grande fã do Grateful Dead. Trazia muita música para Alex e para mim, dizendo 'Ei, olha isso'. Era muito antenado, e não tomávamos qualquer decisão sem que ele desse a opinião dele. No começo também escrevia as letras das músicas da banda. O que eu cantava era ele quem escrevia. Até que John começou a se rebelar contra isso do jeito dele, mas se tratava de um reflexo de seu conflito interno. Meio que estava em guerra consigo mesmo, é assim que eu descreveria John. Um cara que podia ser uma ótima pessoa e muito engraçado, mas que em seguida virava o oposto disso sem dar qualquer aviso. Ele não se abria muito, tinha um lado bem obscuro. Alex e eu sabíamos exatamente o que estávamos fazendo. Com John, ninguém sabia de verdade. Ele desaparecia depois dos shows, ou nem comparecia aos ensaios. E acho que isso era algum tipo de conflito interno."

Como se sabe, foi o irmão de John, Bill, que deu a ideia do nome Rush. "Estávamos tentando criar um nome para nossa banda, e ele sugeriu Rush", diz Alex. "É uma conotação da moda para o ambiente das drogas, a cena hippie da época. E a definição literal da palavra, porque nós éramos músicos que tocavam muito rápido, e era um nome legal, curto, incisivo. Então nós pensamos, é isso, ok."

Ao longo do caminho, a banda já havia usado o nome de Hadrian, e Geddy tinha tocado em bandas chamadas Ogilvie e Judd e até mesmo numa chamada Lactic Acid's Jeff Jones.

"Continuamos na mesma por grande parte do tempo, até 1971, acho, quando reduziram para 18 anos a idade mínima para beber álcool", diz Alex, se referindo aos bailes nas escolas. "Então, de repente, havia todos esses bares onde podíamos tocar. Passamos por alguns períodos difíceis. John teve problemas de saúde, depois houve um tempo em que fomos parar numa espécie de limbo. Tivemos algumas mudanças na formação da banda. Joe Perna tocou baixo por um tempo, Geddy saiu e voltou em seguida. O cunhado de Geddy fez parte do grupo na primavera de 1969 por alguns meses, tocando piano e guitarra. Ainda tocávamos muita coisa de blues. Mitch Bossi veio mais tarde [ficando de fevereiro a maio de 1971]. Lindy Young esteve na banda por um tempinho e depois saiu [Young ficou de janeiro a julho de 1969]. Mitch entrou, acho, assim que começamos a nos apresentar nos bares, deve ter feito alguns shows nos bares."

"John Rutsey era um jovem de saúde frágil", acrescenta a mãe de Alex, Milla. "Ele tinha diabetes e precisava de insulina, e a mãe dele sempre me ligava e perguntava se ele estava lá em casa, porque tinha que ingerir certa quantidade de comida na hora certa. Lembro que John Rutsey saiu de casa certa vez e ficou com a gente, eles ficavam ensaiando sem parar, e eu disse para Alex: 'Sabe, John tem que ir para casa agora. A mãe dele está preocupada'. Mas acho que o próprio Alex estava preocupado com John, porque ele não comia na hora certa, essas coisas."

"Eu lembro que fizemos um show no Thunderbird Motor Inn em Thunder Bay, em outubro de 1973", diz Alex, contando uma história de turnê da época dos clubes noturnos. "Fazia um frio de congelar. Eles nos colocaram no pior lugar de um hotel de beira de estrada. Não havia aquecimento lá, devia estar fazendo uns 10 graus. Toda noite se escutava um 'zzzzzz', porque nós ligávamos os secadores de cabelo debaixo das cobertas para nos mantermos aquecidos. E depois daquela primeira semana, o cara não pagou nosso cachê. Nós não tínhamos dinheiro algum, então comíamos no restaurante dele. E uma noite, eu lembro, ele nos chamou para uma conversa e disse: 'Vamos lá, rapazes, vamos beber alguma coisa'. Tomamos todas aquelas bebidas e nos divertimos, e depois recebemos a conta! Ele realmente nos apresentou a conta! Mas a gente se divertia pra valer naquela época.

"Também me lembro de fazer um show no Meet Market. Era no velho Colonial Tavern na Yonge Street, bem em frente ao Eaton Centre em Toronto. Era um clube de jazz, mas no andar térreo havia um bar de rock. E dá para imaginar, naquela localização, que tipo de público eles atraíam. Lembro que eu tinha feito uma cirurgia – tirei o dente do siso – e estávamos lá fazendo o show; eu tinha 18, 19 anos. Estava sentado numa cadeira no palco porque tinha tomado um analgésico forte, minha boca estava me matando, e tinha fumado um pouco de haxixe. Aí começou uma briga. Todo mundo que estava lá se meteu na confusão, e tudo acontecia bem na minha frente enquanto eu continuava lá sentadão na cadeira, tocando. Eu só me lembro de olhar para Geddy, e ele ficou olhando para mim como se perguntasse 'O que está acontecendo?'. Para completar, estávamos tocando uma música chamada 'You Can't Fight It' ('Você Não Pode Lutar')."

O próximo passo importante na evolução do Rush foi contratar um empresário. Ray Danniels foi o primeiro – e único – empresário da banda, uma raridade inacreditável na indústria musical. Ray comandou o navio até o final, na maior parte do tempo direto dos escritórios da banda, que ficava numa casa no número 189 da Carlton Street, a leste do centro de Toronto, uma área que já foi bastante degradada no passado.

"Bem, ele era um garoto", diz Alex, sobre a primeira vez que falou com Ray, que tinha abordado a banda com uma proposta para fazer uma daquelas apresentações numa escola, pois conhecia o Rush dos shows lotados no Coff-In. "Quero dizer, nós tínhamos 15 anos, e o Ray tinha 16. Ele havia saído de casa um ano antes. Se mudou para Toronto, foi morar em Yorkville, que era um ponto de encontro de hippies, e fez amizade com algumas pessoas. Havia uma banda chamada Sherman & Peabody. Greg Godovitz fazia parte dela naquela época, e Ray morava no porão deles, dormia num colchão na casa da banda em Willowdale. Não lembro como nos conhecemos, talvez por meio de um amigo em comum. Depois de um tempo, Ray disse: 'Vocês querem um empresário? Eu gostaria de ser o empresário da banda'. E é claro que ele não tinha habilidade alguma, nem experiência, mas era um cara batalhador. Então começou a nos agenciar e a marcar alguns shows, fazia cartazes e nos dava carona na moto de um amigo para pendurá-los nos postes de telefone da cidade, essas coisas. No final das contas, Ray passou a atuar mais como produtor; começou a produzir outras bandas e depois abriu uma agência, a Universal Sounds, e mais tarde essa agência cresceu. Ele estava pronto bem lá no início no sentido de saber aonde queria chegar no mercado musical em termos de negócios. E nossa relação existe desde aquela época."

"Acho que provavelmente conheci John Rutsey primeiro, no bairro em que eu morava, depois conheci os outros caras", começa Danniels. "As personalidades deles não mudaram muito ao longo dos anos. Geddy sempre teve um lado mais sério, embora fosse muito divertido. Alex sempre foi comediante em primeiro lugar, e em segundo guitarrista – era assim quando garoto e é assim até os dias de hoje. Todos gostávamos das mesmas bandas, como Cream, Buffalo Springfield, o primeiro disco do Led Zeppelin, todos eles, não as bandas mainstream daquela época. Éramos fãs de The Who. Naquele ponto, os Rolling Stones eram gigantes, surfando o enorme sucesso dos Beatles. O Creedence Clearwater era uma das maiores bandas mainstream, mas estávamos mais ligados nessas mais progressivas. Havia todo um elemento hippie de que gostávamos, mas não acho que qualquer um de nós fosse muito fã do Grateful Dead da mesma forma que os demais. Gostávamos mais de artistas que acabavam nos levando para as bandas britânicas, como Buffalo Springfield."

É difícil imaginar hoje em dia, nesta época em que vivemos, mas Ray fazia todas essas coisas com 16 anos de idade: morava sozinho, promovia e gerenciava as bandas e também atuava como roadie para o grupo hippie local Sherman & Peabody.

"É verdade, por cerca de três semanas ou algo assim, eu morei na mesma casa que esses caras; era como uma casa da banda. E fiz alguns trabalhos como roadie para eles. Na verdade, foi assim que consegui ver como o empresário deles trabalhava e o que ele era capaz de fazer e o que não sabia fazer. Alguns dos caras da banda faziam faculdade de Direito e se tornariam advogados. Um deles hoje é procurador de vários negócios da indústria musical. Então foi um modo fascinante de aprender o que eles faziam. E uma parte de mim observava tudo e ficava pensando 'Ora, eu saberia fazer isso, e faria melhor'. Eu me senti atraído por aquele ambiente e meio que me encaixei nesse tipo de trabalho. Naquela época, comecei com uma pequena produtora para agendar shows e passei a marcar apresentações para as bandas. Eles foram uma das primeiras bandas que agendei, e é claro que ainda estavam no colégio. Ainda moravam com suas famílias, e eu já morava sozinho. Portanto, era um estilo de vida bem diferente: eu estava tentando pagar a conta do telefone e ganhar alguma grana para transformar aquilo num negócio, e eles faziam mais o tipo de banda de meio período, que tocava nos colégios nos finais de semana, e só mais tarde vieram os clubes.

"Eu queria ser bem-sucedido nos negócios e que eles tivessem sucesso", continua Ray. "Nós ficamos amigos logo no início. Sim, era uma grande vontade minha ver esses caras alcançarem o sucesso. Eu vivia por conta própria desde os 16 anos. Toronto e Yorkville, São Francisco e Haight-Ashbury, Nova York e o Village – havia todo aquele apelo em se viver naquela era dos anos 1960, fazer parte de tudo aquilo. Eu estava vivendo aquilo. Onde hoje fica o único hotel cinco estrelas de Toronto era o prédio onde eu morava. É engraçado como as pontas da vida acabam se encontrando. Foi muito divertido. Havia certa inocência. Aquele momento dos anos 1960, lá havia uma inocência real. Havia uma inocência, mas também havia a realidade da Guerra do Vietnã e os recrutas que fugiam do alistamento militar e vinham morar em Toronto. E o pessoal fumava muita maconha. A pílula anticoncepcional tinha se popularizado naquela década, e isso mudou totalmente a relação entre homens e mulheres. Foi uma época muito divertida. Foi um tempo em que não se pegava nenhuma doença que a penicilina não curasse, diferente do que veio mais tarde, quando de repente... eu tenho filhos, tenho quatro filhos, e a geração deles tem que lidar com doenças que podem matar e que a penicilina não cura. Então naquela época havia certa inocência."

Mas Ray não se importou em deixar o hub hippie de Yorkville e seguir para os subúrbios desalentadores para lidar com suas novas responsabilidades.

"Não, minha vida com eles ficava mais ao norte, em North York, onde ensaiavam. Havia um quarto membro da banda naquele tempo, Lindy. O ensaio era na casa dele, que era a casa da esposa de Geddy. Geddy se casou com a irmã de Lindy, Nancy. Depois nós fomos para a casa do Alex, a casa dos pais dele. Então nosso mundo ficava mais lá em cima, em North York. Mas sim, eu já agenciava algumas bandas e os achava muito bons. E tínhamos praticamente a mesma idade. Então era uma combinação de gostar das mesmas músicas e termos a mesma idade, e eles eram tão jovens que não podiam tocar no circuito de bares. A idade mínima para se beber álcool em Ontário naquela época era 21 anos, então não podiam tocar lá, nem eu podia agendar as bandas. Não tinha idade suficiente para entrar nos bares. Então, como um cara muito jovem iniciando uma carreira, isso me limitava a eventos que não tinham licença para vender bebidas alcóolicas: colégios, igrejas, essas coisas."

Mas antes de mudarem a idade mínima para beber, as festinhas nas escolas eram os melhores shows. "Sim, em geral chamavam de bailes", diz Ray, "mas na verdade a maior parte desses eventos era mais parecida com shows. Dependia de qual banda estivesse lá, seria ou um baile ou um show. Mas geralmente aconteciam num ginásio que tinha um palco permanente. Quase sempre as escolas permitiam que outros três ou quatro colégios participassem do evento, e alguns desses shows tinham cerca de 400 alunos, outros chegavam a mil. Alguns aconteciam duas vezes por ano, outros a cada três ou quatro semanas. E aconteciam por toda a província de Ontário. Você podia ir de norte a sul fazendo shows. Mas não eram bailes de verdade. Quero dizer, vendiam como isso, e tenho certeza de que alguns alunos compravam ingresso achando que haveria uma banda com música para dançar… Mas como o Rush ficou conhecido e se tornou famoso dentro daquele circuito, eles tinham fãs que certamente sabiam o que a banda era, que tipo de música iriam ouvir."

Espelhando os contos das guerras de panfletos da era do hair metal em Hollywood, Ray percorria as ruas promovendo o Rush, colocando cartazes nos postes de telefone.

"Bem, esse era o nosso meio de propaganda naquela época", conta Ray dando risada. "O grampeador era nosso melhor amigo. Sabe, a regra número um era primeiro rasgar o cartaz de outras bandas e depois colocar o nosso. E eu sempre era multado por causa disso. Havia um estatuto que impedia de se colocar qualquer coisa no poste de telefone. Mas fazíamos mesmo assim, e de vez em quando vinha uma multa. Nós recebíamos uma multa de 50 dólares e pagávamos, mas entrava nos custos do negócio. Não havia como pagar propaganda num sentido mais tradicional, ou havia recursos só para um pouco de mídia, então era assim que divulgávamos os shows. Além disso havia o boca a boca. Os colégios promoviam o evento internamente, mas havia outros lugares que alugávamos, em geral salões de igrejas. Nós alugávamos e organizávamos o evento lá, ou havia dois promotores que faziam shows em escalas menores com 300, 400, 500, 600 pessoas. Mas, sim, o meio para se chegar a isso era colocar um anúncio no jornal local. Não dava para pagar um anúncio no *Toronto Star* ou num jornal importante. Na maioria das vezes, o mais garantido era ir colocando cartazes onde quer que fosse."

Como Alex mencionou, as apresentações eram uma mistura de composições originais e covers, a banda ajustando o setlist conforme as circunstâncias exigiam.

"Era uma combinação", conta Ray. "O material do primeiro disco deles era o que tinham escrito quando eram muito jovens, coisas nas quais estavam trabalhando. Faziam as covers de que gostavam, e tocavam algumas fenomenalmente bem, e outros acabaram no álbum *Feedback*. Havia coisas de que me lembro e queria que tivessem feito parte desse álbum, como 'Suffragette City', de David Bowie. Algumas coisas que eles tocavam naquela época eram sensacionais."

Ian Grandy concorda. "Eles abriam com 'Suffragette City', era um sucesso. No terceiro ou quarto set, todo mundo já estava totalmente bêbado e era um agito só. Mas era raro que só tocassem as covers sem mudar nada. Também acrescentavam um toque pessoal a cada versão."

Então, em 1971, diminuíram a idade mínima para beber, e a cena da música ao vivo explodiu.

"Ficou imensa – do dia para a noite. Não houve muito debate sobre o assunto pelo que eu lembro. Foi algo que aconteceu muito depressa – o governo de Ontário decidiu que a idade mínima para beber deveria ser 18 anos [em vez de 21]. De repente, clubes que talvez não estivessem indo tão bem quanto outros viram surgir um mercado gigantesco. Podiam ir atrás do público de 18 anos. E estamos falando da geração *baby boom*, então havia um grande número de garotos com essa idade naquela época, o que significou que, de uma hora para outra, me tornei um agente bem-sucedido. Muitas bandas que tocavam nos colégios de repente podiam entrar nesses clubes e bares e se apresentar para um público que estava mais do que ávido para vê-los. É claro, o efeito colateral disso é que o negócio com as escolas começou a minguar. Houve provavelmente uma transição de três anos até que as coisas começassem a decolar nos clubes e bares... Bem, os clubes decolaram bem rápido, mas o negócio com os colégios começou a ruir depois disso.

"Havia dois ou três lugares em Toronto onde passamos a tocar regularmente", continua Danniels. "Às vezes tocávamos a semana inteira, que era como esses clubes agendavam as bandas. Mas comecei a mudar isso, e só marcávamos três ou quatro dias de cada vez, ou uma ou duas noites, e virou mais do que um acontecimento quando tocávamos nesses lugares. Deixamos de tocar covers sem cachê para, de repente, vender ingressos e apresentar esse pequeno show. Era um rascunho do projeto que temos hoje quando a banda sai em turnê."

Ray afirma que os rapazes ficavam exaustos, faziam shows num raio de 500 quilômetros ao redor de Toronto, tendo em London, Ontário, seu mercado mais forte. Mas, mesmo que estivessem exauridos, nunca se queixavam para ele. "Não, acho que quem reclamava eram os pais deles, suas famílias", conta. "A banda sempre veio em primeiro lugar. A menos que o Yes estivesse tocando no Massey Hall – não tocariam porque iriam para o show. Mas a mãe de Geddy sempre os apoiou de

verdade, assim como o irmão e a irmã dele, mas sei que ela ficava preocupada. É o tipo de mulher que Mary é. Ela ama os filhos e vive por
eles. Mas quando viu o sucesso e como Geddy era bom no que fazia,
acho que o apoio passou da escola para a banda bem rápido."

"PARA ELE PA UM TIF MAGO

NÓS,
RECÍA
O DE
"

CAPÍTULO 2

RUSH

Perto da virada da década, pegando todos de surpresa, a namorada de Alex, Charlene McNichol, ficou grávida. Ela deu à luz o filho deles, Justin, em março de 1971.

"Eu sempre quis que Alex se casasse com Charlene", lembra a mãe dele, Milla, "e que ficassem com Justin por perto. Um dia ele veio para casa – tinha 21 anos – e disse: 'Sabe, mãe, pai', nós estávamos assistindo à TV, e ele falou: 'Vou morar com Charlene. Ela está se mudando de um apartamento para outro'. E disse: 'Também vou levar ela para jantar'. Era aniversário dela ou algo assim. E eu fiquei muito feliz. Vi uma maturidade em Alex, porque antes disso ele não ficava muito em casa. Sustentava o filho, mas não via Justin com muita frequência, porque estava sempre fora em turnê. Mas depois vi que ele se tornou mais maduro com relação a tudo, e em seguida eles moraram juntos por um tempo, e anos depois fizeram uma cerimônia de casamento.

"Lembro que, quando ele tinha 16 anos, pegava nosso carro emprestado", acrescenta Milla, recordando outro exemplo do comportamento responsável de Alex mesmo muito jovem. "Nós tínhamos um velho Chevrolet Pontiac, e ele saiu com alguns professores a fim de tocar para crianças; era num chalé ou algo assim. E bateu o carro. Houve uma briga. Ele abriu a janela, foi agredido e acabou indo direto para um poste.

Mas quando isso aconteceu, chegou em casa e disse: 'Mãe, pai, olha, eu fiz isso. Me desculpem'. Falou: 'Vou pagar pelo conserto do carro com o primeiro cheque que receber do show'. E sabe o que aconteceu? Foi o que ele fez. Quando recebeu o primeiro cheque, veio até nós e disse: 'Aqui, dois mil dólares'. Era muito responsável nesse sentido. E também responsável com o filho, Justin. Trabalhava na oficina, no posto de gasolina, ganhava seu dinheiro e pagava direitinho as despesas de Charlene e Justin."

Para recapitular, o final dos anos 1960 e começo dos anos 1970 foi um tempo de mudanças constantes para o Rush – de ganhar experiência a duras penas, por assim dizer. Esse período teve uma série de etapas marcantes para a banda. Em 18 de setembro de 1968, aconteceu o que podemos chamar de primeiro show profissional da história do grupo, e em 25 de setembro foi a primeira apresentação com Geddy – ambos no Coff-In. Na primavera, Alex e John tocaram como Hadrian, com Joe Perna no baixo.

Aqui está o relato de como Geddy recorda o fracasso da Hadrian. "Foi assim que Ray entrou na banda. Ele era um cara batalhador, esse rapaz que não tinha sequer moradia fixa. Tinha fugido de casa e na época morava num bairro em Yorkville, e era meio hippie, tentava ganhar uma grana do jeito que fosse. Ele abordou os outros caras pedindo para ser o empresário, na verdade não conversou muito comigo. Então, de repente, me disseram que a banda estava acabando. Ele vai odiar que eu esteja contando a você esta história, mas vou contar mesmo assim. Eu lembro que estava indo para o ensaio certo dia, quando éramos quatro integrantes. O irmão da minha esposa, Lindy Young, era nosso tecladista. Então eu me encontrei com ele no caminho, e falei: 'Achei que a gente tinha ensaio', e ele disse: 'Não, a banda acabou'. Ao que parece tinham decidido que eu não era mais adequado para estar na banda. E acho que isso aconteceu por orientação do Ray. Eles recriaram o grupo com outro baixista e depois mudaram o nome. Fiquei de fora e comecei outra banda, depois toquei com outros caras por alguns meses."

Neste ponto, Geddy se juntou a uma banda chamada Ogilvie, com Sammy Rohr e Xavier "Sam" Dangler, seguido por um período curto com a banda Judd, mesma formação, mas com o acréscimo de Lindy Young. Em certo ponto, a Hadrian incluiu entre seus integrantes Bob Volpi.

"De qualquer maneira, fui tirado da banda, eles começaram outro grupo, não deu certo, e em seguida recebi um telefonema de John Rutsey: 'Por favor, volta pra banda'. Aí eu voltei pra banda. A essa altura, o tecladista já tinha ido embora e fomos reorganizados como trio, e foi assim que conheci Ray Danniels. Ele ficou constrangido por causa disso por muito tempo. Mas era apenas um cara batalhador e tinha a malandragem das ruas necessária para saber que dava para ganhar uma grana como agente, então ele se tornou nosso empresário. Ray era empresário de muitas bandas, e depois decidiu que havia mais dinheiro a ganhar num nível corporativo e empresarial. Então fez a transição. No começo, não era muito brilhante, mas aos poucos se transformou num excelente negociador."

Geddy conta que Ray no começo "estava lá para marcar shows e ganhar dinheiro. E depois de anos de discussões e de sermos teimosos e obtusos, no final das contas nos entendemos... Foi um tipo de casamento perfeito de certo modo, porque não queríamos ser conduzidos. Queríamos fazer as coisas do nosso jeito e ele não estava interessado em nos dar ordens. Queria conseguir datas de shows e agendar turnês. E é claro que tudo isso mudou à medida que evoluímos como pessoas e nossa relação também evoluiu, e agora ele é um bom amigo, alguém confiável e um ótimo conselheiro.

"Mas a razão pela qual nossa relação deu tão certo foi porque ele nos deixava em paz. Quero dizer, acho que houve uma única vez em toda nossa história que ele realmente ouviu um dos nossos álbuns antes que estivesse pronto. Isso é uma grande demonstração de confiança por parte de um empresário. Mostra muito respeito e que confiamos no trabalho dele e que ele confia no nosso. Se houvesse um problema, nós conversávamos, mas até que haja um problema não se supõe que exista um. Acho que é nisso que muitos empresários acabam falhando com os artistas que representam. Ao se intrometerem demais e manipularem demais, eles – a banda – perdem a noção de quem são e do que estão fazendo. Você tem que deixar uma banda cometer erros e aprender com isso, e depois eles se dão conta do que querem se tornar. Não é muito diferente da função de um pai. Você tem que estar lá, mas não pode ser controlador em excesso. De qualquer maneira, era uma equipe improvável, ter ele a bordo, e certamente não começamos com o pé direito. Mas ao longo dos anos eu o perdoei, e agora as coisas dão muito certo."

Na sequência do retorno melindroso de Geddy para recompor os quadros do Rush, fizeram alguns shows em escolas até que a banda pudesse tocar pela primeira vez sob a nova idade mínima para se beber álcool: o já célebre show no pub Gasworks na Yonge Street, em Toronto, na primavera de 1971. Seguiram-se uma combinação de shows em bares e escolas, incluindo seis noites seguidas em julho de 1972 no Abbey Road Pub, depois em agosto uma residência de duas semanas no Gasworks.

Liam Birt, que encerrou seus dias com o Rush 40 anos depois junto com Geddy, Alex e Neil, juntou-se à equipe em 1972. Trabalhando como técnico de guitarra e com a iluminação, foi promovido ao importante cargo de diretor de turnê, o cara que precisa resolver todos os problemas na estrada.

"Na verdade, eu tinha recém saído da escola", começa Birt, "e havia trabalhado nos últimos dois anos de colégio com meus amigos que tinham uma banda. Como estava meio inseguro sobre o que iria fazer da vida depois de sair da escola, ficava perambulando pelas lojas de música, e acho que um dos figurões de Toronto daquela época estava no departamento de aluguel de equipamento conversando com um amigo meu que trabalhava lá. Foi ele quem me disse que os caras do Rush estavam procurando um técnico, um roadie, e perguntou se eu sabia quem eles eram. Respondi que sim, que tinham tocado no meu colégio um ano antes, e ele me recomendou que fosse até um dos clubes locais de Toronto, o Abbey Road, onde estavam se apresentando, porque um dos roadies deles tinha desaparecido.

"Assim, mais tarde, à noite, fui até o Abbey Road e conheci John, que era, acho, o líder da banda naquele momento, e o outro roadie, Ian. Tivemos uma rápida conversa, muito básica. Tudo se resumiu a 'Você pode trabalhar para nós por 75 dólares por semana?'. Naquele ponto da minha vida parecia bom, e eles falaram: 'Certo, pode vir sábado à noite e nos ajudar a descarregar o equipamento?'. E foi assim que tudo começou. Foi meio repentino. Eu tinha 17 anos, e eles já eram conhecidos, embora basicamente nos bares e colégios. Mas faziam jus à fama. Usavam sapatos de plataforma, jaquetas com lantejoulas, pareciam estrelas do rock. Eu me sentia como um garoto do subúrbio com um conhecimento muito limitado do que estava fazendo. Mas eles pareciam dispostos a me ter na equipe, e ao longo de muitas décadas, fomos aprendendo juntos.

"O mais engraçado é que a idade mínima para beber álcool era 18 anos, então eu passei os primeiros nove meses trabalhando para eles, entrando e saindo sorrateiramente dos bares, usando o que só posso descrever como roupas para parecer mais velho. E me assegurava de entrar com a banda para não ser barrado. Assim, todas as noites era arriscado não saber se daria mesmo para entrar no bar e trabalhar. Nós trabalhávamos seis noites por semana, em geral fazíamos cinco sets, começando perto das oito horas e terminando à uma da manhã. Era muito chato, eram longas horas, um horário que era o oposto do que eu estava acostumado quando ia para o colégio. Mas ou você se acostumava rápido ou iria sofrer muito."

Aprofundando a questão de Rutsey como líder da banda, Liam conta: "Alguém sempre tem que assinar os contratos, e acho que era John quem estava nessa posição naquela época. Cuidava para que a banda recebesse o pagamento no final da noite, antes das transferências bancárias e de como tudo acontece eletronicamente nos bastidores num passe de mágica. O pagamento ou era em dinheiro ou em cheque, e John ficava responsável por garantir o recebimento, naquela época aparecia identificado como o líder da banda nos contratos, creio eu".

Liam diz que Geddy e Alex eram "amigos muito próximos, e ainda são até hoje. São pessoas muito, muito diferentes, mas que se dão muito bem. Eles brincam um com o outro de um jeito impressionante. Alex é provavelmente o cara mais engraçado que você vai conhecer na vida; apenas tem um talento natural para isso. Se não fosse músico, poderia ter sido comediante. Consegue fazer qualquer pessoa rir, fazer qualquer um se sentir à vontade. Os dois são pessoas estupendas de se ter por perto. E trabalham duro. Quero dizer, esse é o fator principal que de fato os criou. Raramente tiveram apoio das rádios, fizeram tudo por conta própria. Trabalhavam seis dias por semana. Faziam o maior número de shows que podiam. Mesmo nos primeiros tempos de turnê, literalmente ficávamos na estrada meses a fio, nunca sabíamos quando voltaríamos para casa de novo. A única coisa que os mantinha vivos era estar lá fora apresentando sua música, fosse para meia dúzia de pessoas ou centenas delas. Foi essa perseverança que enfim trouxe retorno para eles a longo prazo.

"Na verdade aceitei esse emprego pensando que o trabalho me daria um tempinho para descobrir o que eu queria fazer com a minha vida", conta Liam. "Mas era interessante e empolgante. Fazia poucos anos que eu me interessava em música, e estava ganhando tempo, acho, tentando encontrar um propósito para mim mesmo. A ponto de imaginar chegar ao topo? Não. Creio que de início estávamos todos dispostos a tentar. Com certeza na época não esperava ainda estar aqui quatro décadas depois. Então, não, eu não imaginava o que viria, se é que daria em alguma coisa, e à medida que os anos passavam parecia cada vez menos provável que alguma coisa séria resultaria de tudo aquilo."

O Rush se apresentava regularmente no pub Abbey Road ao longo de 1973, com destaque naquele ano para dois shows no final de outubro como banda de abertura do New York Dolls no antigo Victory

Burlesque Theatre, na esquina da Queen com a Spadina, em Toronto. "Por volta daquela época, passamos a conseguir esse tipo de show, como banda de abertura", diz Geddy. "Nosso empresário abriu uma produtora para promover outras bandas também, e eles costumavam fazer shows no Victory Burlesque Theatre em Toronto, que era esse antigo clube de striptease, uma casa de shows venerada dos tempos de *vaudeville*. O New York Dolls, isso sim foi uma viagem e tanto. Ser como uma mosquinha num canto enquanto os caras entravam no lugar cambaleando foi uma coisa que jamais esquecerei. Não tínhamos muito em comum musicalmente, mas nós abrimos aquele show, o que nos rendeu nossa primeira crítica, ruim, é claro. Foi a primeira de muitas críticas ruins que viriam."

Ray explica: "Eu passei a atuar como produtor, assumi o Victory Theatre, que era uma antiga casa de shows burlescos. Havia 800 lugares na pista e mais 400 no balcão. Não estava em uso havia anos, mas nós abrimos o balcão e começamos a fazer shows lá."

Também no final de outubro, até metade de novembro de 1973, houve a residência no Thunderbird Motor Inn, em Thunder Bay, Ontário.

Naquele momento, haviam chegado reforços para Ray com Vic Wilson. Wilson, assim como o "novato" que logo chegaria à banda, Neil Peart, era nativo de Ontário, mas havia feito a peregrinação para a Inglaterra a fim de tentar fazer parte do estrelato do rock onde realmente importava. Ele tinha voltado para casa em 1971 e tentava entrar na área empresarial da música.

"Eu era o presidente da agência Concept 376 em Toronto, e Ray era um dos proprietários da Music Shoppe", explica Wilson. "E a gente estava competindo o tempo inteiro. Se não trabalhasse com Ray ou comigo, não tocava nos clubes de rock de Toronto. Então, certa noite eu estava dando uma volta com o gerente do Piccadilly Tube. Nós jantamos, e ele me convidou para ir até o bar dele e disse: 'Seu concorrente vai estar lá nesta noite, Ray Danniels'. E eu disse: 'Nunca me encontrei com ele'. Então fomos até lá, ficamos só conversando e bebendo, como fazíamos quase sempre, e Ray disse: 'Vamos almoçar amanhã'. Então veio me buscar e fomos ao Julie's, um restaurante bem chique que ficava numa mansão. E foi nesse almoço que a SRO Productions começou. Chegamos à conclusão de que uma empresa para administrar tudo isso era necessária. Havia muitos agentes representando as bandas ao mesmo tempo, mas não havia uma representação administrativa. Então decidimos que abriríamos essa empresa. E, em dezembro de 1972, abrimos o escritório na Eglinton Avenue, e foi assim que começamos.

"Ray era jovem", continua Wilson. "Eu tinha 27 anos, era sete anos mais velho do que ele. E já estava no negócio desde 1960. Não sei há quanto tempo ele já trabalhava com isso. Conheci o Rush quando abrimos o escritório, provavelmente um pouco antes do Natal. Ou deve ter sido no início de janeiro, quem sabe? Eles trabalhavam com Ray na Music Shoppe, e ele era empresário e agente ao mesmo tempo. Entraram pela porta e passaram direto pelo meu escritório para entrar no do Ray, e acho que ficaram pensando 'Quem é esse cara?'. Na verdade, acabamos ficando bem próximos. Eram três caras jovens, e também havia dois roadies. Liam Birt era roadie naquele tempo, assim como Ian Grandy. Portanto, eram cinco pessoas com quem lidávamos, como uma equipe. Mas era bom trabalhar com eles, faziam o que pedíamos. Seguiam muito bem nossas orientações. Tudo o que tinham que fazer era dar seu melhor no palco e deixar o resto do negócio com a gente. E foi o que nós fizemos. Nós cuidamos dos negócios.

"Eles tinham em mente o que queriam fazer", reflete Wilson, destacando a ética de trabalho dos rapazes. "Se há uma mentalidade, ou se concorda com ela ou se discorda. Então nós os deixávamos à vontade. Tinham domínio completo sobre o que criavam e o que gravavam, e não interferíamos nisso de forma alguma. Rutsey era legal, era bem falante. Já Geddy não era muito de conversa. Quero dizer, ele falava bastante com Ray. E Alex costumava me trazer sopa no almoço. A mãe dele fazia sopa, e ele trazia para o escritório. A SRO era uma família feliz. A maior parte da liderança ficava com Rutsey. Mas não era só isso, havia três caras, eles se davam muito bem fazendo música. No final das contas, queriam gravar e estavam em busca da grande oportunidade."

Sobre assistir ao Rush se apresentar ao vivo pela primeira vez, Vic tem muita certeza de que foi no Abbey Road no começo de 1973. "Eu vi essas botas enormes, as calças justas e os cabelos compridos, e um pouco de maquiagem. Sabe, venho de uma escola diferente, não chegou a ser um choque, porque eu fazia parte da indústria musical, mas sim, eles tinham o visual e a atitude certa para o papel. Dava para ver a semelhança entre Geddy e o Led Zeppelin. Foram divulgados dessa forma por causa da voz de Geddy, e foi basicamente isso o que entendi que aconteceu. A voz dele era com certeza única no Canadá, sem dúvida. E eles tinham ambições. Queriam chegar lá, e nós vimos isso na banda. Então se alguém quer só sair no sábado à noite e tocar, isso é um tipo de situação. Mas quem quer ter sucesso na vida tem que se dedicar muito, o que eles todos fizeram. Eram como três irmãos, como uma família. Trabalhavam juntos, estavam sempre juntos e davam um duro danado.

"O primeiro grande show que fizeram conosco foi no Ano Novo", acrescenta Vic. "Ray e eu entramos no negócio de produção, e começamos a produzir shows de rock no Victory Theatre, que era um clube de striptease na esquina da Dundas com a Spadina. Nossa primeira apresentação foi o New York Dolls, e o Rush abriu pra eles. Então apareceram todos esses malucos que viram os cartazes escrito New York Dolls ("Bonecas de Nova York") e acharam que seria ótimo. Bem, quando chegaram lá, tiveram o grande choque de suas vidas. Então todos eles se mandaram e tivemos que devolver o dinheiro. Mas os garotos estavam fazendo o circuito que todos faziam naquela época. The Coal Bin, Abbey Road, The Generator, aquele bar que Roel Bramer tinha, o Gasworks, Piccadilly Tube. Começamos a ter um pouco de movimento fora da região do Colonial Tavern naquele tempo, mas era apenas como Mike Elias arremessando a bola de beisebol contra um paredão, só para ver se dava certo. Eu conheço Mike muito bem e ainda falamos sobre isso hoje."

Liam lembra que a Yonge Street era uma espécie de centro das atividades relacionadas ao rock 'n' roll naquele tempo. "Era bem isso, embora o Abbey Road ficasse meio fora dessa região, na Queen Street, perto do campus universitário. A maioria dos bares provavelmente tinha a capacidade para 50 a 200 pessoas no máximo. Mas havia todos esses lugares da Yonge Street. No Gasworks, o Rush era quase a banda da casa depois de tantos anos tocando lá. O Piccadilly Tube era outro clube um pouco mais adiante na Yonge. O Meet Market – não vou analisar o nome muito mais a fundo do que isso – era um tipo de beco da Brass Rail, onde acho que tocamos uma única vez. Mas havia vários clubes por toda Yonge Street onde se podia assistir ao Rush – ou mesmo seus rivais, como Triumph –, todos eles tocando pelos mesmos dólares e esperando atrair uma multidão todas as noites e ser agendados para a semana seguinte de novo. No Victory Burlesque havia uma atmosfera diferente. Eles abriram para o New York Dolls lá uma vez, mas de fato não tinha aquela atmosfera de barzinho.

"O mais emocionante eram os shows nos colégios e nas universidades, ir para a Universidade de Windsor, onde se passava o final de semana inteiro. A gente ficava hospedado no hotel 'insira aqui um nome qualquer' de beira de estrada por duas noites, e isso já era o máximo porque não tínhamos mais que pegar a rodovia de volta para casa às duas da manhã. A gente ia até as florestas no norte de Ontário e parecia que iríamos cair da beirada do planeta. Não tinha como ir ainda mais ao norte do que aquilo. Com frequência, tivemos casos de úlcera de frio lá."

De volta ao calor relativamente aconchegante do escritório, "eu era mais o administrador", explica Vic. "Cuidava da divulgação e contabilidade durante os primeiros anos. Mais tarde, fazia tudo fora da América do Norte, e Ray cuidava da América do Norte. Marcava turnês, lidava com as gravadoras, cuidava de tudo isso. A parte criativa era com eles. Eu achava que tinham a própria direção, e nós permitíamos que seguissem seu caminho. Sempre falávamos 'Escrevam um hit Top 40', mas eles se recusavam a fazer isso, então tivemos que aceitar. Bob Seger certa vez disse que o Rush era a banda mais popular das Américas sem tocar nas rádios."

O próximo marco temporal do Rush foi o lançamento de um single, embora nenhuma das músicas no compacto Moon Records MN-001, nem lado A, nem lado B, tenham representado o melhor movimento da banda. O lado A era uma versão de "Not Fade Away", creditada a Petty/Hardin, mas que ficou famosa na voz de Buddy Holly. O lado B era "You Can't Fight it", creditada a Geddy e John. O Rush original não é exatamente um LP, e meio que merecia ser.

"Queríamos gravar alguma coisa, então eles disseram para a gente fazer 'Not Fade Away' e um lado B, acho que escrita por John Rutsey", lembra Wilson. "Assim entraram no estúdio e gravaram. E a Moon Records começou, e foi distribuído pela London Records, Alice Currie direto de Montreal. A única razão pela qual fomos até lá é que estavam dispostos a fazer a distribuição. Não fariam a promoção, mas pagariam a prensagem e depois receberiam pelas vendas. Então, era um ótimo negócio – e foi assim que demos sequência. Gravamos 'Not Fade Away' como single, o antigo hit de Buddy Holly, que também tinha sido gravado pelos Rolling Stones.

"Estávamos prestes a lançar, e um dia antes de soltarmos o single, alguém perguntou: 'Vocês têm a licença mecânica?'. E eu perguntei: 'O que é uma licença mecânica?'. Tinha que passar pela editora e ter uma permissão para gravar. Era uma licença obrigatória naquele tempo, então estávamos tranquilos. Mas eu precisava falar com a editora responsável, que era a Pure Southern. Matt Heft, de Montreal, cuidava da Pure Southern no Canadá. Então eu o procurei por todo o Canadá, ligando aqui, telefonando ali. Enfim ele retornou minha ligação e disse: 'Sim, Vic, o que posso fazer por você?'. Eu disse: 'Estou numa situação complicada. Vou lançar esta coisa amanhã. Preciso de uma licença mecânica agora'. E ele me disse: 'Sim, pode lançar. Eu ligo para você quando chegar em casa'. E Matt Heft e eu mantivemos uma longa amizade até sua morte alguns anos atrás. Ele tinha 93 anos."

"Você pode perguntar para minha esposa", riu Vic quando questionei como a empresa financiou a sessão de gravação. "Nos seis meses seguintes, depois que abri a empresa, ela me disse: 'Tem como trazer algum dinheiro para casa?', porque tínhamos que pagar a hipoteca. Então tudo o que ganhávamos ficava no negócio. Cada centavo, tanto Ray quanto eu. Não tinha orçamento. Apenas investimos e pagamos, acho, duzentos dólares por noite, da meia-noite até a sessão seguinte, que começava ao raiar do dia. Fizemos um acordo com a Eastern Sound. Eu conhecia alguém que trabalhava na Eastern Sound, John Stewart, que convidamos para produzir o primeiro álbum do Rush. Ele recusou o convite. Dave Stock trabalhava de engenheiro de som lá, e nós entramos, ele acionou os controles, nós gravamos e 'Not Fade Away' ganhou vida."

"Inicialmente eu estava tentando conseguir um contrato com a gravadora, e ninguém queria assinar com eles", conta Ray, falando também sobre como financiaram o álbum. "Eu não podia ser preso. Parecia óbvio que aquilo exigiria tudo de mim. Acho que tinha uma hipoteca na minha casa na época, e meu negócio estava indo bem o suficiente, eu estava indo bem. Não era rico, mas estava bem de vida. Por isso consegui juntar o dinheiro, tudo foi feito com uma sobra que tínhamos no orçamento, e lá fomos nós. Depois tentamos colocar o disco no mercado, e tão logo fizemos isso, não havia compradores, então acabei fundando uma gravadora. O que, pensando em retrospecto, foi um jeito maravilhoso de fazer as coisas acontecerem. Começou como Moon Records, depois se tornou a Anthem."

Danniels tem absoluta certeza ao afirmar que o dinheiro não foi um empréstimo da mãe de Geddy, e ficou aliviado que ela mesma tenha negado qualquer envolvimento com isso. "Ainda bem, porque se eu pedi dinheiro emprestado a ela, nunca devolvi. Apesar de que – e isso é bem interessante – a mãe de Geddy era dona de uma loja de artigos variados na época e demonstrou muito apoio colocando o primeiro single à venda em sua loja. E eu acho que ela forçava os garotos a comprar, logo, foi nossa primeira vendedora. Colocava adesivos na vitrine. Ela é maravilhosa, sempre demonstrou apoio de forma inacreditável. E sobre as preocupações com ele na escola quando era mais novo, conheço bem a mãe de Alex e conheci o pai dele, e era impossível encontrar pais mais encorajadores – pais imigrantes, em ambos os casos, normais, de classe média, que vieram para cá ver os filhos terem uma vida boa, uma vida melhor. Impossível serem melhores do que isso. O número de vezes que esses caras tiveram que aguentar ensaios de três horas de duração em seus porões vai além do que eu poderia suportar já adulto. Na época, não pensava muito nisso como penso agora – eram muito encorajadores."

"Bem, na verdade era menos pelo Buddy Holly e mais pelos Rolling Stones", descreve Geddy, quando perguntei por que a banda pensou que 'Not Fade Away' era legal o suficiente para gravar, ainda mais em 1973. "E John era um grande fã dos Stones. Quando tomamos a decisão de que queríamos arrumar trabalho e conseguir tocar nos bares, tínhamos que tocar algumas canções de outros artistas, porque era preciso submeter uma lista de músicas que tocávamos para conseguir ser contratado nesses lugares. Havia essa música no meio do nosso material. Nós tínhamos que citar alguns nomes de bandas, então a gente procurava músicas obscuras de outras bandas, das quais pudéssemos fazer nossas próprias versões e ganhar algum dinheiro.

"E eu não lembro quem sugeriu essa música – boas chances de que tenha sido John –, mas ela se tornou muito popular quando tocávamos ao vivo, então é claro que não sabíamos que músicas deveríamos tocar no disco quando chegou a hora de gravar aquele primeiro single. As pessoas ao nosso redor, Ray e o cara que ia produzir, disseram: 'Bem, vocês devem tocar essa música porque se deve sempre fazer uma cover'. E foi o que fizemos. Mas, sim, não era Buddy Holly. Nenhuma conexão com os primórdios do rock 'n' roll. Nós gostávamos do rock depois que ele tinha chegado à Grã-Bretanha e feito todo o caminho de volta."

"Estávamos tocando essa música no set quando passamos a fazer shows nos clubes", confirma Alex. "Nossa versão era bem mais pesada e intensa. E, é claro, os detentores do poder na época achavam que essa seria a música mais provável para tocar no rádio. Uma cover de uma canção bem conhecida nos daria uma chance maior. Nós gravamos essa... tocávamos no Gasworks. Mesmo acabados depois do show, seguíamos à uma da manhã até o estúdio Eastern Sound, que já não existe mais, e gravávamos depois do horário porque era mais barato das duas até as nove da manhã. Gravamos durante alguns dias, e foi quando fizemos a primeira versão do nosso primeiro álbum.

"O engenheiro/produtor na época, David Stock, era inglês e trabalhava no nosso escritório, e vinha dessa escola mais pop inglesa. Quando entramos no estúdio, foi assim que a gravação ficou. Era muito leve e havia problemas com o modo como o disco foi gravado, e ficamos muito insatisfeitos com o resultado. A bateria estava fora do ritmo, acho que eles gravaram em apenas dois canais. Havia coisas faltando, os sons eram horríveis, simplesmente uma bagunça. E foi quando pedimos socorro para Terry Brown, e gravamos várias músicas, músicas originais incompletas, regravamos outras e em resumo fizemos o álbum com ele em poucos dias."

Alex esclarece que a mixagem foi uma parte considerável do problema com as gravações originais. Eles não ficaram felizes com o fato de que Stock tenha mixado tudo sozinho e não puderam acompanhar o processo. Sentiram-se desconectados.

"O álbum foi praticamente todo financiado por Ray e seu sócio Vic na época", continua Alex. "Acho que custou cerca de 10 mil dólares para fazer o disco. Eu queria que ainda se gastasse essa quantia hoje para fazer um álbum. Mas naquele tempo, tiveram que se esforçar muito para conseguir o dinheiro e tudo era uma grande aposta."

A estrutura inicial de Wilson para "Not Fade Away" como single deliberado não deu muito certo. As duas músicas do compacto foram uma parte do processo de gravação que resultou no subsequente álbum de estreia batizado com o nome da banda.

"Sim, essa música estava no álbum original", confirma Alex. "Estava no primeiro álbum, mas quando regravamos o disco, a deixamos de fora. Acho que acrescentamos 'Finding My Way' e outras duas músicas. Mas essa originalmente fazia parte do primeiro álbum. Nós não gravamos como uma faixa separada. Tudo foi feito na mesma época. Deixamos algumas de lado, acrescentamos mais composições próprias e gravamos algumas faixas, depois consertamos as músicas que tinham sido mal gravadas e em seguida mixamos tudo. E foi assim, creio eu, com Terry, em apenas cinco dias. É o que eu recordo. Não entramos no estúdio para fazer apenas um single. Entramos e gravamos o álbum inteiro em dois dias. E ficamos muito insatisfeitos com o resultado."

"Garden Road" e "Fancy Dancer", gravadas na mesma época, também não entraram no álbum de estreia. "Sim, eram canções cheias de riffs", diz Alex sobre as duas faixas, "muito repetitivas, aquela coisa básica de 12 compassos. Acho que essas músicas não teriam sobrevivido ao teste do tempo."

Felizmente, o Rush não teve de usar essas gravações para o primeiro álbum. Os caras se reuniram com o produtor inglês Terry Brown, que melhorou consideravelmente as fitas já existentes enquanto acrescentava qualidade substancial a elas.

"Nós tocávamos no circuito de bares, e foi por volta dessa época que nosso empresário, Ray Danniels, estava tentando abrir a própria gravadora", começa Geddy, confirmando a história contada por Alex. "Ele pesou que a melhor forma de nos promover seria ter uma gravadora, então abriu o próprio selo chamado Moon Records basicamente por nossa causa, e colocamos a mão na massa gravando à noite, na verdade nas madrugadas, depois dos shows nos bares. Como Alex contou, tocávamos no Gasworks no centro da cidade. Cinco sets por noite, então carregávamos o equipamento à uma da manhã e levávamos tudo para o Eastern Sound, em Yorkville. Era um tipo de estúdio de oito canais, um estúdio pequeno, gravávamos a noite inteira e depois transportávamos todo o equipamento de volta para o bar, dormíamos algumas horas, voltávamos para fazer o show e depois seguíamos para o estúdio.

"Mas éramos garotos. A gente não se importava, sabe, éramos muito resilientes naquele tempo. Estávamos muito animados por gravar num estúdio de verdade. Mas foi assim que o primeiro álbum foi criado. E me lembro de voltar lá para ouvir a mixagem. Esse cara com quem trabalhávamos era inglês, antes trabalhava como engenheiro de som na Inglaterra, e ele mixou o álbum inteiro em três horas. Quando escutamos o resultado, ficamos muito desapontados, porque parecia um disco sem personalidade. Na época, tudo se resumia a acordes poderosos e grandiosos e todas essas coisas, então foi desanimador.

"Contudo, nosso empresário tinha um sócio, Vic Wilson, que conhecia Terry Brown, um bem-sucedido produtor local e engenheiro de som que tinha o próprio estúdio, o Toronto Sound. E Vic levou nossas fitas até ele e disse: 'Dá para consertar isso?'. Eles tinham ido nos assistir ao vivo no Gasworks ou outro bar e Terry disse: 'Sim, essas fitas não parecem o som da banda'. Fomos até o estúdio com ele e ficamos lá durante três dias, regravamos partes da guitarra, deixamos algumas músicas de lado e gravamos algumas músicas novas que escrevemos nesse meio-tempo. Ficamos mais animados porque finalmente parecia nosso som. Então foi assim que o primeiro álbum foi criado. Feito num prazo curtíssimo com um orçamento muito limitado."

"Minha lembrança de toda aquela linha do tempo", conta Liam, "é que trabalhávamos no Gasworks, fazíamos cinco sets, até seis por noite, terminávamos à uma da manhã, carregávamos o equipamento e saíamos do bar às duas ou três da madrugada, e o horário mais barato do estúdio que conseguimos foi das três até as seis da manhã. Ficávamos no estúdio de três a quatro horas, lá em Yorkville, e os caras tocavam por algumas horas. Saíamos de lá ao nascer do sol e repetíamos essa rotina por duas semanas, até que nossa agenda no Gasworks terminasse e o tempo contratado de estúdio acabasse. Foi brutal, de verdade. À medida que o tempo passou, ficou sob minha responsabilidade negociar com os estúdios, marcar horário, enviar o orçamento para nosso escritório e, você sabe, de uma hora para outra, passei a ficar conhecido como o

Presidente. Parecia que eu cuidava de tudo, e simplesmente estava lá cuidando deles de todas as formas possíveis."

"Acho que as circunstâncias em que conhecemos Terry marcaram o tom do nosso relacionamento com ele", reflete Geddy. "O fato de que tínhamos feito esse álbum com outro cavalheiro e que tenha sido um desastre completo diante dos nossos olhos, com um som tão ruim, tão sem estilo, nos deixou de coração partido. Nosso empresário disse: 'Bem, por que vocês não vão conhecer Terry Brown e o estúdio dele, o Toronto Sound, tocar umas músicas, conversar como sujeito?'. Assim criamos algumas músicas novas e tocamos, e ele escolheu A, B e C, e nós pensamos como esse cara era bacana e como ele sabia o que estava fazendo.

"Depois entramos no estúdio dele e começamos a regravar algumas partes e gravar as músicas novas, e elas ficaram com o exato som que queríamos. Aquilo tudo nos deixou impressionados, e ele se tornou uma figura paterna a partir daquele momento. Terry transformou um desastre terrível numa coisa da qual nos orgulhamos – sabia exatamente o que fazer. Para nós, ele parecia um tipo de mago. Achávamos Terry incrível. E ele era tão agradável e tão atencioso que conseguia extrair o melhor de cada um, e na mesma hora despertou esse sentimento afetuoso em nós. Ele se tornou nosso mentor por muitas razões semelhantes a essa. Com relação a nós, sempre foi muito decidido. E sempre tinha uma atitude segura de 'Esta é a coisa certa a fazer; esta não é a coisa certa a fazer'. Era muito responsável com relação ao trabalho e trabalhava horas a fio. Simplesmente uma ótima pessoa, sabe?"

Geddy continua: "Não havia dúvidas de que o sotaque dele fez com que o respeitássemos mais, e nem tivemos que ir até a Inglaterra para encontrá-lo. Ele estava bem aqui em Toronto. Como vinha daquela cena musical, bem, basta lembrar o quanto éramos imaturos naquela época. Quando conhecemos Terry, tínhamos participado de uma única sessão de gravação na vida, e havia sido péssima. Então ele nos salvou. Vinha do mesmo país de onde todos os nossos ídolos vieram. Todas as bandas que ouvíamos naquela época, todos os grandes guitarristas, artistas do rock – todos eram britânicos. Então Terry incorporava essa cultura em toda sua integridade, a mesma da qual queríamos muito fazer parte. De fato, queríamos aprender mais sobre o mundo de onde ele vinha. Mas Terry não tinha muito conhecimento sobre prog rock, nem mesmo sobre hard rock. A formação dele não era tão intricada, mas ele com certeza tinha muito mais experiência do que a gente na época, então era muito intrigante para nós. Além disso, tinha um ótimo ouvido e podia nos dar o som que escutávamos nas nossas cabeças. Nossas experiências anteriores com engenheiros não foram tão bem-sucedidas nesse sentido.

"Ele aparentava saber das coisas, mas também entregava resultados", continua Ged. "Não só sabia conversar sobre música, mas também conseguia fazer com que chegássemos ao som que queríamos. Ele nos ajudou a criar o som que ouvíamos aqui [aponta para a própria cabeça] e não tínhamos ainda entendido como fazer. Não sabíamos como chegar ao nosso som – da forma que imaginávamos que deveria ser – e colocá-lo na fita. E mesmo assim, Terry conseguiu. Acontece que ele era britânico. Ganhou nosso respeito em todos os aspectos, de um ponto de vista imaginário e também do ponto de vista da realidade. E tinha muito talento."

"Nós não gostamos do resultado final", confirma Vic, se referindo às gravações com David Stock. "Realmente não deu certo, era uma mixagem ruim. Então fui até Terry Brown, com quem já tinha trabalhado antes. Ele havia gravado com a Downchild Blues Band, que trabalhava comigo, e a Greaseball Boogie Band, havia muitos artistas que gravavam no Toronto Sound. Então levei o material para Terry e perguntei: 'Pode fazer alguma coisa com isso?'. E ele disse: 'Sim, dá para remixar'. Já tinha experiência naqueles dias, e até hoje esta é sua profissão. Tinha experiência com mixagem. Ele tinha trabalhado com Dr. Music, Doug Riley e todas essas pessoas. Então sabia qual era o problema e fez um ajuste que deu certo. E esse foi o álbum que acabou conseguindo o contrato com a Mercury Records."

Terry Brown ganhou experiência atuando como auxiliar na produção de vários artistas britânicos, trabalhando nos estúdios Olympic e Morgan. Mas o Canadá provou ser uma boa oportunidade para crescer.

"Eu nasci na Inglaterra, em Watford... um começo humilde", diz Terry. "Fiquei lá até o final da adolescência. Depois trabalhei em Londres, em dois ou três dos melhores estúdios, portanto tive a chance de trabalhar com muitos músicos profissionais, incluindo Jimmy Page. Ele trabalhava como músico de estúdio e tocava em álbuns de vários artistas, como Dusty Springfield, P.J. Proby e muitas outras pessoas que nós conhecemos quando éramos garotos e tinham todos aqueles hits. Passei a atuar com muitas bandas pop e também consegui um trabalho com The Who. Conheci John Entwistle, que foi muito prestativo trocando as cordas Rotosound para os baixistas. Mais tarde, é claro, essas cordas se tornaram as preferidas de Ged e uma espécie de assinatura do som do Rush. Isso meio que ficou comigo desde então – se estou trabalhando com alguém que usa cordas flat-wound e toca com palheta, preciso ir ao banheiro vomitar.

"Continuei trabalhando com isso até meus 20 anos. Em 1969, fui para Toronto e conheci Doug Riley, que se tornou meu sócio. Infelizmente ele já faleceu. Éramos bons amigos. Abrimos um estúdio juntos com a tecnologia que se usava em Londres, bem à frente naquele momento. Nós trouxemos essa tecnologia para Toronto e abrimos um estúdio grande multicanal em novembro de 1969. Essa foi a razão principal para eu estar aqui, construir o estúdio. Eu não tinha muita experiência como produtor. Havia começado a entrar nessa área. Tinha produzido um artista solo, Dave Nichol, aqui na cidade – fiz muita coisa como engenheiro de som e meio que me envolvi na produção –, mas não oficialmente. Então, nesse ponto, era a hora de começar a assumir o papel de produtor musical e me envolver mais. Mas eu não tinha de fato muitas credenciais em produção naquele tempo.

"O Rush atraiu minha atenção primeiro por causa de seus empresários, Vic Wilson e Ray Danniels. Vic me ligou e disse que tinha uma banda, três caras que estavam tentando criar uma coisa. Trabalhavam no turno da madrugada, fazendo um álbum, e precisavam de ajuda para reunir tudo. Tinham praticamente concluído a maior parte da gravação, e eu perguntei: 'Vocês podem trazer os caras até aqui no estúdio?'. Ele trouxe a banda, e começamos a trabalhar no disco. Mas, sim, Vic Wilson basicamente tinha uma conexão, uma conexão britânica, e falou: 'Conheço um inglês no Overlea Boulevard, ele tem um estúdio novo, vou trocar uma ideia com ele'. E essa foi a primeira vez que nos encontramos: eles apareceram no estúdio e trabalhamos três dias juntos", conta Terry. Sugerindo uma história um pouquinho diferente, Geddy conta que Brown "foi assistir à banda no Gasworks algumas vezes".

"Não passamos pela etapa de nos conhecermos melhor", explica Terry. "Foi assim: entraram no estúdio e começamos a trabalhar. Foi mesmo muito rápido, havia muito pouco tempo disponível. Mas foi bem divertido, e tínhamos muitas coisas em comum, simplesmente nos entendemos bem e gravamos. Eu já tinha certa experiência naquele tempo. Então ficaram muito confortáveis ao saber que conseguiriam o que queriam. E também tocavam muito bem. Foi uma ótima combinação, de verdade – a musicalidade deles e a minha experiência. Nós reunimos as duas coisas e em apenas três dias chegamos a um disco com um som excelente.

"Eu não deveria dizer que eles não estavam contentes", diz Terry, sobre o resultado das sessões com David Stock. "Simplesmente chegaram a um ponto em que não sabiam o que fazer com aquilo. Tinham gravado todas aquelas coisas, e eu não achava que soubessem de verdade como chegar a um resultado melhor com o que tinham naquele ponto. Por isso vieram até mim. Haviam gravado, acho, sete ou oito músicas, e nós ouvimos tudo, selecionamos algumas coisas e preparamos pequenas partes e trechos que precisávamos refazer e mixamos a coisa toda. Basicamente, era uma questão de mixagem. Mas também gravamos três músicas novas: 'Finding My Way', 'Here Again' e mais uma – 'Need Some Love', acho. Lembro quando ficou tudo pronto e com um ótimo som. Era óbvio que havia algo muito bom lá."

Terry fala de seu novo negócio: "Tivemos muitas bandas surgindo graças ao Toronto Sound. Éramos um dos melhores estúdios da época. Fomos o primeiro estúdio multicanal do país, então muitas bandas cruzavam nossa porta. O Rush naquela época era só mais uma banda. E depois daqueles três dias, lembro que fiquei bastante entusiasmado, principalmente pelo virtuosismo, como Geddy cantava bem e Alex tocava guitarra bem. E John Rutsey também era muito competente na bateria. Os vocais de Geddy eram uma coisa de outro mundo, simplesmente impressionante.

"E a guitarra de Alex era incrível", continua Brown. "Ele duplicava as coisas, duplicava os canais da guitarra, dava para jurar que havia só uma tocando. Era bom nesse nível – bastava um take. Nunca vou esquecer o dia em que coloquei a guitarra original no fone esquerdo e colocamos a parte nova da guitarra no fone direito, e Alex duplicava tudo do começo ao fim, sem erros, em um único take. E parecia uma única guitarra poderosa, de tão preciso que era. Eu fiquei com um sorriso enorme no rosto, e que guardei comigo para sempre, de tão bom que ele era naquilo. Lembro que a guitarra parecia estar em mono porque ele a duplicava com tanta precisão. Era eletrizante, de verdade. Porque às vezes eu tentava fazer isso em situações diferentes e virava uma verdadeira batalha, levava horas.

"Além de tudo havia a composição. A composição era boa, e uma energia intangível emanava da banda. Foi o que me pareceu especialmente bom. Quero dizer, a coisa toda se encaixava muito bem. Gostei muito mesmo de trabalhar com eles. O material parecia excelente, pensei que havia ali um potencial tremendo. O mais irônico é que as pessoas com quem eu trabalhava na época diziam para mim: 'O que você vê nesses caras?', e eu dizia: 'Bem, vejo um sucesso estrondoso ali'. Então me diziam: 'O que você vê nesta banda? É só barulho e não dá para escutar nada', e eu dizia: 'Bem, acho que você está equivocado. Ouço melodias poderosas,

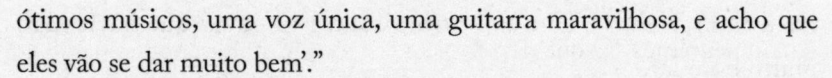

ótimos músicos, uma voz única, uma guitarra maravilhosa, e acho que eles vão se dar muito bem'."

A maturidade e a responsabilidade que provavelmente se desenvolveram porque os caras tiveram de crescer muito rápido foram percebidas no estúdio. "Eram ótimos rapazes", diz Terry. "Eles amavam o que faziam e estavam muito focados na música e em se tornarem estrelas do rock. O que era muito bacana, sabe? Uma experiência realmente incrível em todos os aspectos. Com certeza me deram a impressão de que eram *rock stars*. Quero dizer, eu tinha trabalhado com muitos astros antes disso, e eles não pareciam diferentes. 'Esses caras estão destinados ao estrelato', pensei. Ninguém concordava comigo na época. Bem, não quero dizer ninguém, ninguém mesmo, mas meus pares torciam o nariz para o Rush."

Terry tenta descrever com exatidão o que fez com o álbum do Rush, dizendo: "Bem, uma boa mixagem era muito necessária. Quero dizer, havia apenas faixas cruas. Nós tivemos que criar alguma coisa que parecesse mais contemporânea. Então, na verdade, esse foi meu trabalho naquele momento. E eu era o engenheiro do estúdio, o engenheiro principal. Fui contratado para montar tudo. Não fui contratado como produtor. Me disseram apenas: 'Conserta isso pra gente. Precisamos de ajuda'. E foi o que fizemos. Também gravamos três faixas novas, então nesse caso acho que assumi o cargo de produtor. Mas, na época, nunca conversamos sobre isso nesses termos."

O período de gestação do álbum *Rush*, lançado pela Moon Records no final de março de 1974, foi longo. As gravações originais do Eastern Sound aconteceram em abril de 1973, com o single "Not Fade Away" saindo no verão. Depois que a banda gravou com Terry em meados de novembro, o disco ficou pronto para ser lançado por volta de dezembro de 1973, mas sofreu um atraso por causa da falta de vinil na indústria. Além disso, Ray e os rapazes ainda buscavam um contrato adequado.

"Ofereceram para nós um contrato com a Daffodil Records", observa Vic Wilson, "que na época era comandada por Frank Davies. Tudo o que queríamos era recuperar nosso investimento, mas ele não tinha dinheiro, então pensamos: 'O que devemos fazer?'. Assim surgiu uma ótima ideia: 'Por que não abrimos nossa própria gravadora?'. E foi o que fizemos. Isso nos levou a Alice Currie, da London Records, em Montreal. Alice pagou a prensagem, e assim lançamos o primeiro álbum do Rush. Foi uma grande emoção. Não havíamos ainda alcançado o auge naquela época, mas para nós, tínhamos atingido nossa meta, que era colocar o Rush nas ruas com um álbum. Essa era a intenção por trás de tudo, dar a eles um disco. E depois vendê-lo nos Estados Unidos. Na SRO, de qualquer forma, todo mundo pensava que era o melhor caminho. Mas, quer saber, quando se investe dinheiro, a gente se arrisca. Colocamos a grana, e eles gravaram, nós acreditávamos que era possível fazer e ter sucesso. Mas foi difícil vender depois."

"A criação da Moon Records realmente foi uma jogada inteligente", reflete Terry. "Sabe, há sempre muitas maneiras diferentes de se fazer algo, então se não se conseguiam os resultados de um jeito tradicional, a gravadora foi um bom jeito de se começar."

No final, 3.500 cópias foram prensadas como o passo inicial do selo próprio da banda em dois tons de azul da Moon Records, como MN-100, a capa exibindo "Rush" em vermelho, em contraste ao rosa amplamente distribuído pelo contrato posterior com a Mercury. Contudo, mais discos se tornaram necessários, com o lançamento independente vendendo acima de 5 mil cópias no Canadá e outras 7 mil cópias exportadas para os Estados Unidos, a maioria nos arredores de Ohio, graças à execução na rádio WMMS em Cleveland.

Rush, lançado apenas no Canadá no final de março de 1974, abre de forma dramática. "Finding My Way" é uma das canções compostas e gravadas nas sessões com Terry Brown. Primeiro ouvimos Alex sem firulas e totalmente elétrico. Um grito clássico de Geddy deixa o ouvinte alerta, ao mesmo tempo com o baixo e a bateria. Antes que 45 segundos se passem, Geddy se desgarra em dois poderosos e agudos "Ooh yeahs" – a coisa mais Led Zeppelin que o Rush fez ao longo de todos esses anos. Isso provavelmente gerou algumas críticas de que a banda era derivativa demais, mas também acabou ajudando – em 1974, quem não queria mais Zeppelin em suas vidas?

Sem dúvida, o Led Zeppelin ainda estava na cabeça de todo mundo. A banda era imensa, já havia lançado cinco discos, o mais recente deles era *Houses of the Holy*, de 1973. Mas havia uma sensação de que uma troca de guarda se fazia necessária. O Deep Purple estava se despedaçando, e o Black Sabbath parecia cansado. O azarão das grandes instituições britânicas mas prestes a ser esquecido, Uriah Heep , estava no seu modesto auge, tendo lançado *Sweet Freedom* e um aclamado álbum duplo ao vivo, *Heep*. Eles desempenhariam um papel de destaque nos primórdios do Rush.

No mundo do prog, todas as grandes bandas – Tull, ELP, Yes, Genesis, e com menos relevância o King Crimson – haviam lançado uma penca de álbuns e estavam indo muito bem. Na América do Norte, bandas como Mountain e Cactus ficavam relegadas a Lugar Nenhum. O New York Dolls estava prestes a sumir, apesar do segundo álbum lançado em maio de 1974. O Kiss lançou o álbum de estreia em fevereiro daquele ano. O Aerosmith lançou seu segundo álbum, o aclamado *Get Your Wings*, no mesmo mês em que *Rush* saiu, embora como um lançamento independente canadense. O Bad Company estrearia em junho, tocando o tipo de hard blues rock que o Rush estava prestes a deixar de lado.

No Canadá, o April Wine havia recém lançado seu terceiro álbum, *Electric Jewels*, mas com mais pertinência, o Bachman-Turner Overdrive colecionava sucessos com seus primeiros dois álbuns. Como o BTO era canadense e vendia discos ao sul da fronteira, isso favoreceu o Rush na assinatura do contrato com uma gravadora importante, a Mercury Records, em Chicago. De fato, os releases enviados à imprensa dos EUA para divulgar *Rush* bradavam: "Com o lançamento do terceiro álbum do Bachman-Turner Overdrive e o álbum do Rush simultaneamente, queremos deixar uma coisa bem clara: a Mercury tem *duas* bandas canadenses".

De volta à faixa de abertura do álbum *Rush*, há algo que lembra o Led Zeppelin na introdução de guitarra eletrizante de Alex. O estilo dele, sem dúvida, mas principalmente a ideia de acordes solo assumindo o protagonismo. Além disso, para fazer jus à comparação, os caras do Rush adoravam Led Zeppelin.

"Um dos discos que de fato se destaca é o primeiro álbum do Led Zeppelin", diz Alex respondendo sobre suas principais influências. "Esse álbum só estava disponível na versão importada quando nós pedimos – ou quando eu pedi. Fui até a loja, e apenas seis ou oito cópias tinham chegado. E me lembro de pegar o disco à noite, por volta das oito horas, e ir correndo para casa chamar Ged. Nós olhamos para o disco, meu Deus, era ouro puro. Ouvimos juntos, e foi uma experiência marcante para nós dois."

"Tudo estava certo naquela banda", concorda Geddy, embora discorde num ponto-chave. "Deus, o que era aquilo? Na hora… Eu lembro a primeira vez que John Rutsey trouxe aquele disco para a minha casa, estava sentado lá com o Alex, e nós três… Ele colocou aquele primeiro riff para tocar e parecia mágico. Os sons da guitarra eram impressionantes, ninguém nunca tinha ouvido Robert Plant antes. Ninguém tinha ouvido um cantor com aquela audácia, aquele controle, aquela energia. O som da bateria de John Bonham, tudo ancorado pelos licks de baixo superdescolados e fortemente enraizados de John Paul Jones. Quero dizer, eles simplesmente formavam a banda perfeita. Quando ouvi Led pela primeira vez, nós três ficamos nos olhando, era o tipo de coisa que sonhávamos criar, e ali estava a banda que criou e tinha tudo para ter êxito.

"E eles eram progressivos, sabe? A raiz estava no blues, havia aquela habilidade para fazer longos solos, mas começaram a acrescentar outras influências, e as influências não tinham a ver apenas com instrumentos diferentes, mas acrescentaram diferenças culturais. Execuções diferentes, tonalidades diferentes, e Jimmy Page era o tipo de guitarrista que tinha muita segurança em sua composição, não tinha medo de criar um solo de guitarra que não fosse pesado. Aquilo tinha um som menor. Ficamos chocados, é claro. Page tinha diversidade e segurança dentro das próprias habilidades de compositor, certo? Eles jogavam todas essas nuances diferentes dentro dessa coisa roqueira, e isso era uma ideia progressiva. Uma ideia nova."

Trata-se de um ponto crucial. Embora o Rush deixasse logo de lembrar o Led Zeppelin, o espírito de álbuns como *Caress of Steel* ou *2112* tinha essa noção de surpresa, de altos e baixos, de luz e sombra, como Jimmy notoriamente descreve o Led Zeppelin.

"Ah, chamaram o evento de Mighty Monday", continua Ged, sobre ter assistido ao poderoso Zep ao vivo. "Ficava bem na esquina, no Masonic Temple. Compramos os ingressos e aguardamos; John, Alex e eu, nós três fomos juntos. Deve ter sido uma das poucas vezes que fomos a um show juntos. Mas ficamos aguardando lá na frente de pé por horas. John já tinha visto o Zeppelin – era a segunda apresentação da banda em Toronto. Eles tinham vindo, acho, havia seis meses, antes de o álbum ser lançado no Canadá. E acho que estavam tocando com o Faces, abrindo para eles ou algo assim. E John costumava ir a um clube chamado Rock Pile, que agora é o Masonic Temple. Dava para ser membro. Acho que ainda tenho minha carteirinha de sócio do Rock Pile em algum lugar. Tudo tinha uma atmosfera muito parecida com o distrito Haight-Ashbury de São Francisco."

A primeira apresentação do Led Zeppelin em Toronto, nessa casa de shows na Yonge Street, mais ao norte de Bloor, aconteceu em 2 de fevereiro de 1969. O segundo show, esse a que Alex, Geddy e John assistiram, foi em 18 de agosto do mesmo ano.

"John disse que, se o Led voltasse a Toronto, tínhamos que assistir aos caras. Mas nessa época, é claro, já estavam estourando nos Estados Unidos. E nós ficamos na fila e aguardamos, e conseguimos ficar perto do palco, sentados lá no chão do Masonic Temple. Acho que eles abriram o show com "Train Kept A-Rollin", e nunca se tinha ouvido um som como aquele. Era como se Page não tivesse entrado no palco caminhando, parecia que ele flutuava. Ficamos totalmente embasbacados com aqueles caras. E fazia tanto calor. Houve uma onda de calor em Toronto na época, e estávamos derretendo. Não importava. Até o reboco caía do teto enquanto eles tocavam sem parar. Foi um show impressionante. Ficamos totalmente arrebatados por eles. Nós nos tornamos fãs por toda a eternidade depois daquilo. Mas todo mundo adorava aquele álbum. Não importava o que fariam depois. E aquela música, "Communication Breakdown", era a música. Ao menos para nós, no nosso grupo de amigos, era matadora. E ficamos pensando: 'Uau, não somos dignos disso tudo'."

Ian Grandy conta que depois que John viu o Led Zeppelin pela primeira vez, os caras da banda compraram o disco e escutaram sem parar por alguns dias, aprendendo três ou quatro músicas para incluir no set. Alex chegou até mesmo a adotar a ideia de Jimmy de usar o arco do violino. Quando foi ao show do Led, se lembra de ter dado um pulo e de Jimmy Page ter notado e acenado para ele com a cabeça.

Apesar das insistentes comparações na imprensa, Terry Brown refuta a ideia de que o Rush fosse o Led Zeppelin canadense. "Não tenho tanta certeza disso. Eles pareciam o Led Zeppelin, segundo a imprensa. Eu não escutava isso, devo ter perdido alguma coisa porque não percebia dessa forma. E, trabalhando com eles, sem dúvida não era a banda que me vinha à mente. Mas se falava muito nisso. Então havia muita propaganda negativa na imprensa. De fato, quando o álbum saiu, foi difícil de vender. No que diz respeito à cena musical, não creio que pudessem ter tido resultados melhores na Inglaterra. Falando francamente, acho que não teriam. Do que sei por ter trabalhado na Inglaterra, havia algumas bandas incríveis saindo dos estúdios todos os dias. Talvez eles tivessem sido um peixe pequeno dentro de um grande lago. Havia composições únicas acontecendo que eu não ouvia no Led Zeppelin, que era uma banda mais fundamentada no blues. Por isso creio que, na minha visão, jamais faria tal comparação. Era uma coisa distante do meu pensamento."

RUSH: ATRAVÉS DAS DÉCADAS

Em seguida no álbum *Rush* vem "Need Some Love", outra gravação inédita das sessões com Terry Brown. Em 2:19 há esse rock rápido e cheio de energia, firme e rígido em contraste a um refrão de meio tempo que se encaixa de forma perfeita. Essa atmosfera de meio tempo segue até o solo impregnado de reverberação de Alex, que é muito profissionalmente integrado ao que está rolando, em resumo canais múltiplos de guitarra. De fato, os caras parecem estar curtindo tanto a batida de John no prato que a segunda metade da música é toda conduzida nesse ritmo, com Alex nos levando para passear com sua bomba Gibson/Marshall texturizada em acordes que são puro Jimmy Page.

"Take a Friend" é basicamente um hard rock de bar, nada especial, bem 1974, exceto pela introdução que é uma sequência de prog rock dramático, reprisada brevemente no final. Para essa faixa, a banda usou as gravações originais do Eastern Sound e não há de fato qualquer diferença significativa entre elas e as novas gravações – o som é bom, mas a composição é datada e relativamente esquecível. Ainda assim, "Take a Friend" é bem pesada para uma banda canadense em 1974. Está imersa em guitarras, e ainda há esse vocalista, que nós ouvimos vociferar sozinho depois de uma parada absoluta, e Geddy vai ainda mais além chocando o ouvinte com o eco aplicado à voz. No resto do tempo, faz harmonias consigo mesmo. Atrás da bateria, John se mantém admiravelmente intrincado.

O lado A do vinil original fecha com "Here Again", aos 7:34, um longo lamento que evoca imagens não apenas das futuras passagens suaves da era prog do Rush, mas também de casamentos parecidos do *boom and doom* do blues que ouvimos nos *big four* britânicos: Black Sabbath, Deep Purple, Led Zeppelin e Uriah Heep. Essa faixa vem das sessões do Toronto Sound e apresenta texturas múltiplas da guitarra de Alex, incluindo violão. Geddy canta de forma aguda e extrema, e novamente, para fazer jus às comparações, seu fraseado blueseiro evoca Robert Plant. Mas é interessante observar que, ao passo que o heavy metal pode ser uma forma pós-*blues boom* britânico, o mesmo pode se dizer sobre essas baladas soturnas e poderosas.

"Eu escrevi a letra de 'Here Again', mas todo o resto meio que foi criado em conjunto", lembra Alex. "O engraçado é que John era o letrista da banda na época, e ele não apresentou a letra de nenhuma dessas músicas. Então Geddy teve que rabiscar depressa uma letra para cada música. Acho que John provavelmente se arrependeu disso a vida inteira. Havia letras que estávamos usando para essas músicas ao vivo, mas ele não queria que fossem as das canções. A gente perguntava: 'Bem, por quê?', e ele dizia: 'Eu não quero e pronto', e a gente dizia: 'Ok, certo'. Então as letras foram escritas às pressas, e isso fica claro."

Geddy tem uma lembrança um pouco diferente. "Nós costumávamos compor as músicas, e John escrevia as letras. Às vezes ele dizia para nós: 'Ainda não terminei', então eu falava: 'Bem, vou inventar alguma coisa. Vou cantar parte da letra de improviso até que você tenha isso pronto' quando íamos tocar nos bares e coisas assim. Mas quando chegou a hora de gravar essas músicas que eu cantava de qualquer jeito, falei: 'Ok, onde estão as letras?', e ele disse: 'Bem, eu não gostei delas e joguei tudo fora'. E eu tinha que começar a gravar naquele dia. Então me sentei lá no estúdio e comecei a rabiscar e a escrever o máximo que podia. Essas acabaram sendo as letras das músicas do primeiro álbum. E tudo foi feito num período de dois dias, porque a gente não tinha letra alguma. Não sei o que estava passando pela cabeça do John. Tudo o que eu sabia é que eu ficava pedindo as letras, e ele ficava dizendo que estava escrevendo, até que um dia falou: 'Eu joguei tudo fora. Não vai dar'. Ele não era… Havia momentos em que ele não era nada lógico."

E assim, desde o primeiro dia do lançamento original da Moon até hoje, os créditos para todo o material dizem "Lee & Lifeson", com exceção de "In the Mood", em que Geddy é creditado sozinho. Os de produção vão para RUSH (assim, em letras maiúsculas), com um crédito sem sentido de produção executiva para a SRO. David Stock não é citado, e Terry é mencionado como engenheiro de remix.

E para mostrar como o álbum se encaixa na esteira do *blues boom* britânico, o lado B abre com "What You're Doing", que demostra como parte considerável do heavy metal ainda abriga conexões evidentes com o blues. De fato, a estrutura inteira dessa música é a mesma de uma canção de blues e mesmo assim se trata da canção mais pesada do disco. Compare com "Wicked World", do Black Sabbath – ambas são sinistras, talhadas em riffs do heavy metal moderno, mas as duas se situam dentro da estrutura do *sturdy blues*. "What You're Doing" é uma das músicas do álbum *Rush* que usa as faixas-base das sessões de David Stock, mas que foi depois retrabalhada por Terry e pela banda, que fez alguns *overdubs*.

Em seguida no álbum há a completamente pegajosa "In the Mood", que abre no estilo dos anos 1970 com um pequeno *cowbell*. Geddy diz que essa, além de ser a primeira música que ele e Alex escreveram juntos que ele "até gostou", também é a primeira música do Rush a tocar no rádio – embora ele e Alex também tenham dito que "Finding My Way" foi a primeira música do Rush que ouviram no rádio, cortesia de Dave Marsden e da CFNY. Mais uma vez, "In the Mood" vem das sessões originais do Eastern Sound, e tem uma boa sonoridade.

"Before and After" é uma balada instrumental lânguida na primeira metade, e de repente se transforma num rock agressivo na parte final – com a banda adquirindo contornos tanto do Led Zeppelin quanto do Black Sabbath. Aqui, John Rutsey criou uma linha de bateria cheia de detalhes, parecida com o que Neil Peart faria no começo. Como "What You're Doing", essa é outra música foi trabalhada no "antes e depois", em ambas as sessões de gravação.

A faixa que fecha o álbum é "Working Man", que se tornou um dos mais aclamados e amados hinos da banda. "Finding My Way" e, em menor proporção, "In the Mood" e "What You're Doing" também seguiram em frente com uma estatura mais módica, mas foi "Working Man" que se tornou o primeiro clássico.

"As músicas foram compostas durante um longo período de tempo, assim como aconteceu com o primeiro álbum de muitas bandas", observa Geddy. "Para muitas bandas, o primeiro álbum é seu melhor álbum porque é uma coletânea do material em que estiveram trabalhando durante toda a infância, por toda a pré-história do grupo. As pessoas não levam a existência de uma banda em consideração até que ela grave um álbum. Então nosso primeiro disco, todas essas músicas já circulavam por aí há bastante tempo. Como estávamos tocando nos bares, a gravação foi rápida, pois as músicas já existiam. É meio estranho considerar que essa história ainda paira ao nosso redor, ainda parece que está nos perseguindo. Acho que há algumas faixas como "Working Man" e "Finding My Way" que simplesmente são identificadas como nossas, então vieram para ficar."

"Fazia três anos que tocávamos essas músicas quando as gravamos", continua Alex. "De fato, entramos no estúdio, começamos a gravar e tocamos, e foi isso. Gostaria que fosse assim o tempo todo, foi tão simples. Nós sabíamos as músicas de cor, então foi bem fácil. Essas gravações se mantêm e essas músicas se mantêm, e gravávamos em oito ou 16 canais. Agora há um número ilimitado e a gente fica tão envolvido que, creio eu, às vezes acabamos perdendo o rumo. Se é possível alcançar ótimos resultados num ambiente tão limitado, por que não continuar fazendo isso em vez de tornar as coisas extremamente complicadas e caras?"

A arquitetura do riff de Alex em "Working Man" é interessante. É parecida com o Black Sabbath e sedimentar, chega ao cérebro como algo lento, e ainda sim tecnicamente é uma música bem acelerada. Reforçando o clima mais vagaroso, há a duração da faixa, sete minutos, as longas sequências de notas descendentes, sua conclusão como se fosse o final épico de um show grandioso, assim como o fato de que grande parte da música parece uma jam. (É válido observar que, se após tantos anos você se sentir entediado com as partes mais parecidas com uma jam, em 2008 o Rush desenterrou uma versão de "Working Man" com um solo de guitarra completamente diferente, designada como "versão guardada a sete chaves". Isso permite ao fã de longa data se apaixonar por "Working Man" mais uma vez.) Mas, sim, é fácil comparar "Working Man" a "Dazed and Confused" ou "Strangehold", de Ted Nugent, ou, num sentido tanto filosófico quanto musical, a "Simple Man" do Lynyrd Skynyrd. Mas, de novo, ela se movimenta num corte rápido. Dito isso, muita coisa acontece na canção, e no topo de tudo, há a letra de Geddy, que capturava um recorte das dificuldades enfrentadas pelos trabalhadores em todos os lugares e, muito importante para nossa história, especialmente em Cleveland.

"Existem esses momentos marcantes, eu acho, e um deles foi quando nosso disco foi enviado para os Estados Unidos", explica Geddy. "Um amigo nosso que trabalhava para uma gravadora que não era ligada a nós, mas que era só um amigo que tinha gostado do disco, mandou o álbum para uma mulher chamada Donna Halper, na WMMS, em Cleveland. Ela começou a tocar como disco importado... nossa, naquela época as rádios costumavam fazer isso. E recebeu muitos telefonemas, o telefone não parava, e realmente esse foi o momento da virada para nós."

Alex acrescenta: "Donna era a diretora de programação da WMMS em Cleveland, e Bob Roper, um amigo nosso que trabalhava na Warner Brothers na época, entregou o disco para ela. 'Aqui está uma banda de Toronto que pode te interessar; aqui está o disco, dá uma olhada'. Ela tocou o álbum e recebeu muitos telefonemas até bem tarde da noite, esse tipo de coisa".

"Aquele primeiro disco da Moon, o álbum que Bob Roper me enviou, coloquei no toca-discos e toquei 'Working Man'", lembra Halper. "E até hoje, quando olho para ele, ainda consigo me ver falando 'Isso não está na programação. Por que ele está me enviando isso?'. Simplesmente baixei a agulha em 'Working Man' e pensei 'Meu Deus, esse é o disco perfeito para Cleveland'. Naquela hora, não fazia ideia de que iria estourar daquele jeito, mas, cara, eu sabia que era um disco com a cara da cidade. E foi assim – esse era o álbum!"

Rindo ao se lembrar de como era a capa do disco, Donna observa que de fato era um pouco melhor que o lançamento subsequente da Mercury, onde o logo deixou de lado o vermelho original para ficar num tom de rosa. "Ah, Deus, momentos de dor. Momentos de sofrimento. Eles apenas mudaram a cor para provavelmente o tom mais horroroso de fúcsia que já vi na minha vida. E, devo dizer, também não gosto das fotos na contracapa do álbum – não gosto mesmo. Para mim parece um tipo de produção caseira. Parece que disseram: 'Rápido, pega a Polaroid. Aqui está uma foto sua e uma foto sua e uma foto sua'. Não me lembro de achar que aquelas fotos refletissem quem eram os rapazes de verdade. Olhei aquilo e pensei que parecia mesmo como se alguém no porão da casa de outro alguém tivesse tirado as fotos. Mas, de novo, naquele tempo, às vezes aconteciam coisas desse tipo."

Contando em detalhes como a estação de rádio de Cleveland basicamente apresentou o Rush aos Estados Unidos, Donna explica: "Era uma vez, num reino muito distante, eu era a diretora de programação da WMMS em Cleveland. E isso era algo importante. Naquele tempo, Cleveland era conhecida por ser uma cidade bem roqueira, e a WMMS tinha recém assumido o posto de estação de rádio número um dali, num tempo em que o diretor musical e o de programação podiam adicionar músicas sem ter que passar pelo crivo de um comitê localizado em outra cidade e não precisavam ouvir ninguém. Em resumo, nós tomávamos nossas próprias decisões.

"Então eu estava no meu escritório ouvindo as novidades… Nós realmente fazíamos isso, realmente ouvíamos músicas novas! E estávamos decidindo o que queríamos tocar naquela semana, e nem éramos os chefões. Era um comitê formado por membros da equipe. Eu era a profissional de referência como diretora musical, e John Gorman era o diretor de programação, ele é quem dava a palavra final, mas nós tínhamos a mesma opinião sobre muitas coisas. Sabíamos o que daria certo em Cleveland. Como sempre, eu estava dando uma olhada nos discos e de repente pego esta coisa do Canadá – vinha da A&M (setor de programação) do Canadá. Eu tinha um amigo que trabalhava na A&M de lá, e como eu trabalhava havia muitos anos como diretora musical, conhecia vários promotores de gravadoras, e sempre toquei música canadense. Acho que talvez eu seja um pouco canadense de espírito. Passei muito tempo em Montreal e Toronto, amo as duas cidades, então não foi uma surpresa ver algo da A&M do Canadá. Contudo, quando abri o pacote, não era um disco da A&M de lá. Havia um bilhete de Bob Roper. E Bob Roper na época era promotor de discos para a A&M do Canadá. O bilhete dizia basicamente: 'Nosso selo passou este adiante, mas acho que é um bom disco para Cleveland. Me diga o que você acha'."

Como Donna já mencionou, ela tocou "Working Man" primeiro. Sua impressão inicial foi "essa parece ter mais de sete minutos de duração – ok, música de banheiro". Quer dizer, se alguém precisasse correr para o banheiro enquanto estivesse no ar, tinha tempo o suficiente para atender ao chamado da natureza antes de a música terminar.

"Mas então ouvi os primeiros dois acordes", continua Donna. "Não sabia que banda era aquela. Não fazia ideia. Rush. Se era alguém que conhecia Bob Roper, por mim estava tudo certo. Mas percebi imediatamente que esse disco era um disco excelente, ok? Baixei a agulha em outras faixas. Encontrei 'Finding My Way' e encontrei 'Here Again', que eu achei uma ótima música. Ninguém fala muito dessa música, mas ela é excelente. Ouvi algumas coisas que pareciam coisa básica de banda de barzinho, como 'In the Mood'. Não importava. 'Working Man', pensei, seria a canção. Essa era a faixa principal do álbum.

"Corri até o andar de baixo e falei com o cara que estava no ar. O nome dele era Denny Sanders. Denny é um ser humano maravilhoso com um ótimo ouvido para música. Nós também concordávamos em muitas coisas. Eu disse: 'Denny, você tem que ouvir isso'. Então ele baixou a agulha e falou: 'Sim, isso é muito bom. É o novo do Zeppelin?'. E eu disse: 'Não, não é Zeppelin. É uma banda canadense, Rush. Ninguém ouviu falar deles'. Já tínhamos ouvido uma banda de Montreal chamada

Mahogany Rush, que nenhum de nós dois suportava. Sem ofensas, mas eles não eram muito bons. Tocamos alguma coisa deles, mas o público nunca reagiu bem. Mas esse álbum, nós sentimos imediatamente que o público iria adorar. Não apenas porque a música era boa, mas porque a letra era algo com o qual poderiam se conectar. Cleveland é uma cidade de operários. *'They call me the working man/ that's what I am'* ('Me chamam de trabalhador/ é o que eu sou') e tudo mais."

Assim, eles tocaram o disco e os ouvintes começaram a telefonar querendo saber mais sobre o novo álbum do Led Zeppelin.

"Sim, isso acontecia toda vez que o disco tocava", lembra Donna. "Perguntavam: 'Onde podemos comprar o disco? Onde consigo isso?', e a gente dizia: 'Não tem como. Só temos uma cópia'. Bob Roper me colocou em contato com a Moon Records, e com Vic Wilson e Ray Danniels, e eu disse para eles: 'Ei, caras, vocês têm um hit aqui em Cleveland'. E eles falaram: 'Temos?', e eu disse que sim. Não sabiam que Bob Roper tinha enviado o disco. Então mandaram uma caixa de discos para a WMMS, e nós os levamos para uma loja chamada Record Revolution. A Record Revolution sempre vendia discos importados, e este, é claro, era um álbum importado do Canadá."

"Eu me lembro de conversar com ela naqueles primeiros dias, e Donna estava muito animada com o disco e o feedback positivo", lembra Ray. "Entenda, estamos falando de Cleveland quatro décadas atrás, antes de ter se tornado parte do chamado Rust Belt – o Cinturão da Ferrugem. Era um dos mercados mais importantes dos Estados Unidos. Assim como Pittsburgh na época. Essas cidades tinham duas vezes mais habitantes 35 anos atrás do que têm hoje. E eram mercados muito importantes para uma banda estourar. Então tivemos sorte de contar com as duas cidades. E depois St. Louis foi provavelmente o terceiro maior mercado que conquistamos. Era assim que o mundo da música funcionava. Os tipos de bandas que o Rush teria sucedido com certeza teriam feito sucesso nessas regiões. Eram ótimas áreas para o hard rock. Na época, não se esperaria que o Rush estourasse no sul dos Estados

Unidos ou se tornasse uma banda popular na Costa Oeste. De fato precisávamos que o nordeste e o Meio-Oeste viessem primeiro, e foi isso que aconteceu."

Styx, Ted Nugent, REO Speedwagon, Blue Öyster Cult, Uriah Heep, Kiss, Aerosmith… todas essas bandas fizeram sucesso primeiro no Meio-Oeste, no Cinturão da Ferrugem. De fato, quando o Aerosmith chamou seus fãs de "exército azul", falava sobre o público da região central dos Estados Unidos se referindo ao uniforme, calça e jaqueta jeans.

Donna disserta sobre o motivo de uma música como "Working Man" ter sido tão bem recebida no berço da indústria norte-americana. "Bem, em primeiro lugar, os ouvintes da WMMS conheciam música muito bem. Não procuravam apenas aquele rock de três acordes, bang, bang, bang. Procuravam um rock de três acordes que tivesse algo a dizer. Eles se deixavam levar muito pelas letras, era surpreendente. Nós tocávamos alguns discos que não haviam feito muito sucesso, trazíamos de volta à programação e se tornavam hits. Foi o que aconteceu com 'Dream On', do Aerosmith. Essa música teve uma morte dolorosa na primeira vez em que foi lançada. A WMMS deu o suporte necessário, e a canção virou um sucesso absoluto, não é? Tenho a sensação de que o motivo principal foi a letra, ela comoveu as pessoas, sabe, '*Dream on, dream until your dreams come true*' – 'Sonhe, sonhe, até que seus sonhos se tornem realidade'. As pessoas que trabalhavam nas fábricas, a classe média, uma cidade de classe média baixa, só havia uma única coisa para fazer, que era ir a shows ou ir a bares. Não estou insultando Cleveland, só estou dizendo que a cidade não tinha se desenvolvido como um centro importante. Hoje você vai até lá, e é uma cidade incrivelmente cosmopolita. Mas, naquela época, era uma cidade industrial. Quero dizer, a Republic Steel era a principal empresa. O céu ficava laranja por causa da poluição, e eles tinham um prefeito que era uma piada, o nome dele era Ralph Perk. Certo dia ele estava fazendo alguma coisa com um maçarico na inauguração de uma fábrica e o cabelo dele pegou fogo. Era um troço assim. Cleveland era uma piada. Eu não tinha nada a ver com isso, eu era de Boston.

"Mas e a música 'Working Man'? *'I get up at seven, got to work at nine. Got no time for living, yeah, working all the time. Seems to me I should live my life a lot better than I think I am. I guess that's why they call me the working man'* ('Levanto às sete, vou para o trabalho às nove. Não tenho tempo para viver, é, trabalhando o tempo inteiro. Parece que eu deveria viver minha vida muito melhor do que penso que vivo. Acho que é por isso que me chamam de trabalhador'). Cleveland não era uma cidade com 600 faculdades e universidades, certo? Não estou dizendo que não havia universidades. Havia algumas universidades maravilhosas em Cleveland. Mas a maioria dos ouvintes da WMMS queria algum tipo de catarse, queriam escutar músicas que falassem de suas vidas. Queriam ouvir canções que os fizessem pensar que aquilo falava exatamente da experiência deles. O primeiro álbum do Rush, sim, era muito mais primitivo em termos de musicalidade. Neil ainda não tinha se juntado à banda, e não estou falando nada ruim sobre John Rutsey, mas era muito mais um rock 'n' roll de três acordes naquele momento. Contudo, as pessoas escutavam e ouviam a própria experiência. Elas ouviam suas vidas.

"Aos poucos, os ouvintes começaram a pedir mais e mais", continua Halper. "Queriam ouvir mais músicas do disco. Começamos a tocar 'Finding My Way', que foi muito bem. Aquele acorde de abertura, até hoje não consigo ouvir 'Finding My Way' sem ficar arrepiada. Me levou de volta a uma determinada época e a um determinado lugar, e parecia que fazia o mesmo com os ouvintes. Mas, sim, no final das contas consegui convencer um produtor local a chamá-los para um show com outra banda."

"Ainda é gigantesca", concorda o empresário Ray Danniels sobre a importância do Meio-Oeste estadunidense. "Mas tem havido uma mudança demográfica. Quando você olha agora, pensa, caramba, o Rush é gigante na Flórida e em lugares assim. Bem, sim – adivinhe quantas pessoas de Milwaukee e St. Louis se mudaram para a Flórida nos últimos 15 anos? Então isso é parte da explicação. Eu testemunhei essa mudança. Não éramos uma banda popular em Phoenix nos primeiros anos. Hoje em dia, Phoenix é um grande mercado para nós. E isso é uma grande mudança do então chamado Cinturão da Ferrugem, pois as pessoas abandonaram o norte do Meio-Oeste e se mudaram para o sul."

A essa altura dos acontecimentos, o Rush estava fazendo turnê na esteira do lançamento canadense do disco, basicamente cobrindo toda a província de Ontário. Contudo, Cleveland não seria o primeiro show da banda nos Estados Unidos. Em 18 de maio de 1974, eles tocaram no Northside Drive-In, em Lansing, Michigan. O show de Cleveland foi o segundo, portanto, e o Rush tocou com o ZZ Top e Locomotiv GT em 28 de junho.

Geddy confirma: "Nosso primeiro show nos Estados Unidos foi em Lansing, Michigan, num drive-in que tinha uma atmosfera parecida com a de um festival, mas em escala bem menor. Fizemos aquele show, e foi muito bom. Depois, graças à nossa popularidade em Cleveland por causa da execução no rádio, conseguimos um show abrindo para o ZZ Top no Allen Theatre. Foi muito louco. John ainda estava com a gente, e fomos até lá, tocamos nosso set. Acho que tocamos um set de 30 ou 40 minutos, e essa foi nossa primeira experiência nos Estados Unidos. Um show de verdade, e foi incrível. Foi de arrepiar. O público realmente achou o máximo estarmos lá, e isso parecia muito estranho para nós."

"Eu tinha ido a Nova York", acrescenta Ray, "e estava fechando alguns shows, e no final acabei me aproximando de um agente e consegui arrumar uma apresentação para o Rush em Cleveland, com o ZZ Top. Isso combinado com o fato de que havia um pouco de execução na rádio e que estávamos a caminho, enviamos alguns discos importados para lá em número suficiente para chegar no Top 30 em vendas. Depois, fomos até Pittsburgh tocar e também em outro lugar da região, e tudo começou ali. Donna ficou com o disco e tocou a segunda e a terceira faixas. Não foi em todo o país que a coisa pegou, mas pouco a pouco nós ganhamos mercado após mercado e começamos a fazer turnê nos Estados Unidos, e o resto todo mundo sabe."

"Tudo o que eu sei é que quando chegaram à cidade, as pessoas sabiam quem eles eram", continua Donna. "Não vou dizer que todo mundo conhecia a banda, mas as pessoas os viam e relacionavam com a foto da contracapa do álbum, e os fãs faziam fila em frente ao Allen Theatre e aplaudiam e cantavam algumas músicas. Pareciam nervosos, e ainda assim, por outro lado, havia alguma coisa especial com relação a eles. Dava para ver que não era o caso de 'Ah, eles têm um disco e nunca mais vamos ouvir falar deles'. Simplesmente eu tinha a sensação de que seria uma carreira de sucesso. O empresário, Vic Wilson, estava lá nos fundos do teatro, eu estava ao lado dele, e Vic me disse: 'Não se preocupe, Donna, não vamos te desapontar'. E eles nunca desapontaram. Jamais desapontaram."

Donna Halper também teve um papel importante para o Rush ao chamar a atenção de Cliff Burnstein, que na época trabalhava com a Mercury Records em Chicago.

"Sem dúvida, sim, é claro. Há cerca de 90 pessoas que alegam ter feito isso. Mas obviamente, quando se é a diretora musical de uma estação de rádio importante, e quando essa rádio é conhecida por tocar novidades e fazer uma música nova estourar, outras rádios ficam de olho no que você está tocando. Às vezes, também começavam a tocar as mesmas coisas. Logo começo a receber ligações. Ligações dos produtores. E não estou falando sobre promotores de discos, estou falando de produtores de shows. Havia uma empresa de produção, a Belkin Productions, produtores dos maiores shows da cidade, e eles foram os caras que, no final das contas, colocaram Rush no mercado. Fizeram isso em parte por meio do empresário, mas em parte porque as músicas tocavam na WMMS, e eles ouviam a WMMS.

"A mesma coisa aconteceu com as gravadoras. Eu lembro muito claramente que quatro gravadoras me ligaram, e cada uma delas dizia: 'Ei, nós ouvimos dizer que você é amiga dessa banda e sabemos que tem certa influência sobre eles'. E eu falava: 'Tenho? Ok'. Então me perguntavam: 'Você diria para eles assinarem com a gente?'. Ficavam explicando quais eram suas motivações, o que não é tão incomum quanto parece. De novo, naquela época, os diretores musicais e de programação eram muito influentes. Nada era feito por meio de comitês para discutir quem deveria ser contratado naquele tempo. Por outro lado, se você realmente pudesse conseguir um nome para o diretor de artistas e repertório ou sei lá o quê, poderia acabar em contrato. Então havia esse interesse da parte deles."

"Dava para saber que isso aconteceria, uma vez que a rádio de Cleveland começou a tocar nosso disco com frequência", lembra Geddy, sobre o interesse da gravadora. "Donna Halper, da WMMS, foi uma grande apoiadora, ela gerou mesmo todo esse burburinho, e o disco recebeu uma ótima resposta dos fãs. Acho que se pode dizer que ela nos deu a oportunidade, mas foram os fãs que criaram o alvoroço telefonando e pedindo 'Working Man' e 'Finding My Way' sem parar. Foi isso que chamou tanta atenção, e depois quase assinamos com a Casablanca Records. Estávamos muito próximos de fazer isso. Foi algo muito impactante para nós. Estávamos nas alturas. Era a mesma gravadora do Kiss, e estávamos perto de assinar com eles. Tínhamos uma oferta e iríamos aceitar.

Mas no último instante recebemos um telefonema de Chicago de Cliff Burnstein, que trabalhava para a Mercury Records, e ao que parece não havia mais ninguém no escritório. Ele recebeu uma cópia do disco e adorou, mas ninguém que tinha autoridade para assinar com a gente estava lá... Ele era só o cara da promoção, o diretor nacional de promoção, acho, promoção em rádios. Ninguém com autoridade para assinar o contrato estava por perto. E ele soube que estávamos prestes a assinar com outra gravadora. Acho que ligou para o Ray e disse: 'Não assinem, esperem, por favor esperem. Não façam isso. Eu vou apresentar uma proposta para vocês'. E em muito pouco tempo, nós assinamos com eles."

Continua Halper: "Cliff e eu tínhamos uma ótima relação. E toquei alguns dos discos dele no passado. Ele tinha o BTO e outros que não eram tão bons, mas às vezes você toca os álbuns porque gosta dos promotores e talvez a banda tenha um pouquinho de potencial. E Cliff era um amor de pessoa. Nós nos dávamos muito bem, e ele me disse: 'Eu quero mesmo assinar com essa banda para a Mercury'. E eu perguntei: 'Por que quer assinar com essa banda para a Mercury? Eu adoro você, mas tem certeza? Vocês não têm muitas bandas de rock. Há outras gravadoras que querem assinar com eles'. E Cliff explicou: 'Este é o ponto, nós não temos muitas bandas de rock. Daríamos prioridade a eles'. E isso realmente me impressionou. Porque eu não queria que fossem contratados por uma gravadora onde ficariam completamente perdidos, como a CBS, a Columbia daquele tempo ou a RCA. Não havia nada de errado com essas gravadoras, mas eu apenas sentia que eles seriam só mais um número ou um nome. Contudo, numa gravadora menor, teriam prioridade, acho que isso de fato faria diferença.

"Primeiro ele tinha que ouvir", disse Donna quando perguntou o que Cliff achava do Rush naquele tempo. "E quando ouviu, ficou agradavelmente surpreso, assim como aconteceu com muitas outras pessoas. Mesma coisa: ouviu 'Working Man' e o que ele falou não é possível publicar num livro para famílias. Acho que disse que era ótimo, e você pode preencher as lacunas a partir disso. Mas Cliff ficou mesmo muito entusiasmado. Ele partiu de 'Vamos conseguir atrair muita atenção graças à WMMS' para 'Uau, agora sei *por que* estamos atraindo tanta atenção por parte da WMMS com isso'. E, fiel a sua palavra, ele realmente priorizou o Rush e fez de tudo para promover a banda."

"Não sei se Cliff sabia naquela época", reflete Ray, "mas havia duas gravadoras nos Estados Unidos interessadas na banda ao mesmo tempo. A Columbia também estava interessada neles, mas a pessoa que se interessava no disco era um produtor renomado, e é claro, ele visualizou seu carimbo naquilo tudo. Queria produzir a banda. Não acho que isso fosse uma coisa à qual a banda estava disposta a ceder. Tenha em mente, era um ambiente muito, muito diferente. Havia 30 gravadoras distintas. Olhe para a Universal hoje. A Universal agora tem cerca de 14 ou 16 selos diferentes que, ao longo dos anos, foram todos comprados, adquiridos num negócio bem consolidado. Então havia muitos lugares para ir, empresas que estavam bastante interessadas. E Cliff era definitivamente um grande apoiador da banda na Mercury. O chefe de artistas e repertório lá não era fã de rock como Cliff, mas entendeu que havia algo ali. E o negócio aconteceu muito depressa. Eu achava que eles estariam melhor servidos lá, num selo menor, que havia tido muito sucesso com o Bachman-Turner Overdrive. Tinham provado que poderiam pegar uma banda de rock canadense e promovê-la além das nossas fronteiras. Parecia o movimento certo, e o entusiasmo de Cliff era imenso."

Anteriormente, de volta ao Canadá, "ninguém dava a mínima, ninguém nos via", debocha Ray, "exceto a London Records na época, que era uma das gravadoras com sede em Montreal em vez de Toronto. Eles me propuseram um acordo de distribuição, o que basicamente significava que não seriam a gravadora, apenas colocariam o disco nas lojas se eu financiasse a prensagem. Mais uma vez, o que tínhamos que fazer – ou o que eu tinha que fazer – era achar dinheiro para a prensagem e fazer tudo por conta própria. E eles, por uma porcentagem, venderiam os discos nas lojas. Mas eles não pareciam dispostos a assinar um contrato direto com a London sozinhos. Foi uma época interessante. É engraçado que agora, 50 anos depois, esse modelo de negócio tenha voltado."

"Eu estava na gravadora havia menos de um ano", diz Cliff, que conta ter ouvido falar do Rush pela primeira vez em junho de 1974. "Meu trabalho era promover álbuns nas estações de rádio de rock em Chicago, onde ficava a Mercury. Era uma manhã de segunda, e eu cheguei antes das nove horas, como sempre fazia, e havia um bilhete de uma assistente do presidente, o nome dela era Marion Reese, pedindo que ele ouvisse um álbum, porque tinha sido submetido para avaliação em busca de um contrato. E não havia mais ninguém lá naquele dia. E isso não era meu trabalho, sendo eu o cara da promoção. Mas o bilhete dizia: 'Você pode ouvir isso e depois dizer ao presidente o que achou?'. O presidente também estava fora da cidade, estava na Costa Oeste.

"Então olhei para o pacote, e havia uma carta de apresentação de Ira Blacker, que era agente na ATI, em Nova York, uma agência bem famosa naquela época pelo catálogo de bandas de rock. Eram 8h45 da manhã numa segunda, e eu tinha lido na revista *Creem* que uma banda chamada Mahogany Rush, de Frank Marino, canadense, estava em busca de um contrato. Mas eles já eram famosos. Diziam que Frank Marino era um guitarrista incrível, mas eu nunca tinha ouvido Frank tocar. Então talvez fosse mesmo a Mahogany Rush, ou a Mahogany Rush tivesse trocado o nome para Rush apenas. Eu não tinha certeza. Não fazia sentido algum para mim.

"Mas, apesar disso, coloquei o disco para tocar, e isso foi em 1974, então eram discos de verdade, vinis de 12 polegadas, e coloquei a primeira música, ouvi 'Finding My Way', a primeira faixa do primeiro álbum do Rush, e fiquei tão entusiasmado que nem quis continuar a escutar. Liguei no mesmo instante para Donna Halper, que era a diretora musical da WMMS em Cleveland, porque Ira Blacker disse que o disco estava vendendo bem em Cleveland – e ela poderia confirmar. Então chamei Donna ao telefone, provavelmente pouco depois das nove horas, e perguntei a ela sobre o Rush, e ela disse: 'Sim, estamos tocando o disco aqui. E já venderam cerca de mil cópias importadas. Está indo bem'. E eu falei: 'Sim, "Finding My Way" é matadora'. Então Donna perguntou: 'Já ouviu o álbum inteiro?'. Falei que não. Ela me disse: 'Espera até chegar a "Working Man" – é inacreditável. É a última faixa do álbum, lado B'. E eu disse: 'Ok, vou desligar o telefone agora e ouvir o resto do álbum'."

"E 'Working Man' era incrível mesmo", continua Burnstein. "Quando você ouve, e se trata de uma banda de três caras fazendo aquilo, lembra um pouco o Cream, uau, *power trio*, e tive que me esforçar para voltar a raciocinar direito. Foi muito empolgante ver o quanto aqueles caras eram bons. Parecia que havia essa habilidade musical em todos os níveis. Claro, é sempre a música que chama a atenção num primeiro momento, e a voz de Geddy fisga o ouvinte na hora. Mas quando se ouve 'Working Man', se escuta apenas aquela forma de tocar intrincada, muito progressiva, e isso é o máximo. É estimulante ouvir que há uma banda de três integrantes capaz de fazer esse tipo de coisa. Assim, fui até a assistente do presidente da gravadora e disse: 'Ei, Marion, chama o Irwin Steinberg'. Insisti um pouco com ele: 'Nós temos que contratar esses caras sem dúvida'. Na verdade, fiz minha primeira teleconferência na vida com Ira Blacker em Nova York, na ATI, e Irwin Steinberg, o presidente da Mercury, e eu intermediando. No final do dia, já havia o esboço do contrato."

"O contrato previa uma determinada quantia por álbum, e dois álbuns por ano, que precisávamos entregar", diz Vic. O adiantamento era de 75 mil dólares, como parte de um total de 200 mil. "E era um contrato de cinco anos. Mudou depois quando o renovamos. Acho que foi depois de *2112* que renovamos e assinamos um novo acordo com eles. Naquele tempo, qualquer contrato era um bom contrato... Quero dizer, ninguém parecia interessado nesse tipo de banda. Estávamos seguindo a linha de bandas como o BTO. Eles tinham todos aqueles artistas da música negra pelos quais a gravadora era bem conhecida. E música country. A Mercury tinha um catálogo respeitável de artistas country. Então nós ficamos felizes por simplesmente termos conseguido um contrato com uma gravadora. E era dinheiro suficiente, sabíamos que poderíamos fazer álbuns com aquilo, então estava tudo dando certo. Estávamos no céu."

"Eles tinham pressa", diz Donna, com relação à reembalagem do disco para venda nos Estados Unidos. "Queriam o álbum nas lojas na mesma hora. Assim, só trocaram a cor do 'Rush' na capa e todo o resto ficou igual". Exceto, como se sabe, pelo acréscimo de uma linha de texto nos créditos da contracapa que dizia: "Com um agradecimento especial a Donna Halper, da WMMS, em Cleveland, por colocar a bola em campo."

"Eu não esperava", acrescenta Donna. "Fiquei muito surpresa que eles tenham feito aquilo. Me senti profundamente grata, tenho que lhe dizer."

"Foi muito emocionante conseguir o contrato", relembra Alex. "Quero dizer, o simples fato de ter alguém interessado. Havia profissionais de artistas e repertório das gravadoras assistindo a nós nos bares e bailes, coisas assim. Mas ninguém nunca parecia interessado de fato. E quando Donna Halper tocou o primeiro álbum, e Cliff Burnstein ouviu falar do disco e fez uma oferta tão rápido, isso tudo foi muito, muito emocionante. Alguém realmente queria a gente. Parecia que nem estávamos sofrendo tanto para conseguir um contrato. Alguém quis a banda. E houve o adiantamento, então fomos às compras. Fomos até a Long & McQuade em Toronto e compramos todo o equipamento novo, amplificadores novos, e eu tinha esse pequeno gabinete e um cabeçote, e era isso, aquilo foi alugado por anos e anos antes que eu pudesse comprar um combo. Poder ir até a loja e comprar amplificadores Marshall e duas guitarras extras parecia um sonho se tornando realidade. Isso foi um dos pontos altos da minha vida, aquele dia na loja de instrumentos musicais, me sentir completamente realizado com tudo o que compramos. Foi muito bacana. Não era um adiantamento tão grande, mas nós demos um jeito de comprar muita coisa."

E isso foi um passo adiante bem significativo. Sem dúvida um contrato canadense teria sido melhor para lançar um disco de forma independente, mas há muitos depoimentos que afirmam o seguinte: assinar um contrato no Canadá poderia ter atrasado em anos os planos da banda de entrar no mercado dos Estados Unidos.

"Além disso, não havia ninguém no Canadá para assinar com a gente", diz Alex. "Não consigo sequer lembrar quais gravadoras nós abordamos, mas eram empresas como a K-Tel, que esperavam conseguir algum tipo de vantagem. Primeiro de tudo, ninguém estava interessado em nós. Tínhamos que conseguir um contrato nos Estados

Unidos se quiséssemos fazer qualquer coisa. Era imperativo, tinha que ser assim. Mas quando se está desesperado, e se quer muito assinar com uma gravadora, e se quer muito ver os discos vendendo nas lojas, acho que quase qualquer coisa seria aceita. E isso acontece com muitos músicos. Aceitam qualquer negócio porque simplesmente precisam aceitar. Então tivemos muita sorte. Cliff Burnstein é um gênio, e ele tinha a visão para compreender que havia na nossa banda algo especial que poderia ser permanente, e ele estava certo. Eu não via isso naquela época, mas ele viu, sem dúvida. Cliff é mesmo brilhante, e tenho certeza de que se lembra das coisas com clareza. É um cara muito inteligente e conhece a indústria musical em suas entranhas, cada aspecto do negócio. Quero dizer, trabalhou com muitas pessoas importantes e foi empresário de alguns dos maiores artistas da história da música."

Simultaneamente à assinatura do contrato com a Mercury, o Rush trabalhava para encerrar o ciclo de 33% de sua sociedade – que não era uma porcentagem pequena, mas esse é um dos problemas de um trio.

"Eu me lembro de ser chamado de lado pela banda e pelo empresário deles", conta Liam Birt. "Explicaram para mim e para o outro técnico na época que John estava saindo da banda, queriam saber se nós estávamos de acordo com isso. Não nos deram qualquer escolha, mas acho que foi uma cortesia da parte deles nos informar que ele estava de saída. John tinha problemas de saúde. Quando a banda decidiu que precisava mesmo fazer turnês uma atrás da outra, entenderam que ele provavelmente não tinha condições físicas para aguentar o tranco. Houve rumores de que outras questões entraram em pauta, mas sendo sincero não sei em qual versão acreditar, isso se de fato houver outras versões. Acho que foi uma questão de que ele não queria continuar fazendo shows pelo desgaste físico, aquilo estava exigindo demais de John fisicamente.

"A questão de proximidade era diferente naquela época, as coisas aconteciam e só se seguia em frente. Éramos muito mais jovens. Eu também era próximo de John, mas só o conheci mesmo durante dois anos. Portanto, foi uma mudança de equipe, uma nova pessoa foi apresentada e a entidade continuou. De novo, a princípio, naqueles primeiros dias, você acompanhava a jornada. A impressão geral que eu tive foi de que pensavam que, a menos que John fosse substituído, não teria condições de aguentar a turnê fisicamente. Mas não houve uma comunicação. Não é como hoje que se pega o celular e se liga para alguém. Sequer tínhamos máquinas de fax naquela época, o que é difícil de imaginar. Mas não éramos necessariamente as pessoas mais bem informadas naquele tempo. Só nos disseram: 'Há uma mudança em andamento' e 'Vai ficar tudo bem para você ou não?'. Bem, claro que ficou tudo bem."

"John Rutsey era diabético", conta Donna Halper. "Ele não conseguiria ficar na estrada por muito tempo. Hoje nós esquecemos, mas lá atrás, em 1970, se você precisasse de insulina, tinha que ir até um hospital. Quero dizer, ali está você, na estrada com uma banda de rock, e ele não conseguiria acompanhar aquilo. E eles queriam tomar um novo rumo."

"Trocar de baterista dez dias antes do começo da turnê – isso foi empolgante", conta Vic dando risada. "Foi emocionante conseguir o contrato com a gravadora. Estávamos simplesmente todos nas nuvens, mas quando se tem que tirar alguém de campo e contratar outra pessoa, e você tem apenas… Bem, tínhamos um pouco mais de tempo, mas depois que fizemos audições com alguns bateristas e até Neil aparecer, isso foi de fato dez dias antes do começo da turnê."

"Ah, sim, foi uma loucura", lembra Geddy. "Foi louco. Por mais empolgados que estivéssemos com o contrato, ao mesmo tempo a banda meio que estava implodindo porque ficou claro que havia problemas com John. Ele não estava feliz, e havia uma mistura de emoções. Eu estava em êxtase porque tínhamos conseguido o adiantamento e poderia comprar um baixo novo e todo mundo podia comprar equipamento novo. Sabe, essa foi a parte mais emocionante de tudo. Mas também houve problemas com John. O lado mais reticente dele se tornava cada vez mais dominante, e ele estava se desconectando de nós cada vez mais, desde quando gravamos o disco e os problemas que tivemos com as letras e tudo mais, o fato de que ele tinha jogado tudo fora... Foi difícil de processar. E criava conflitos como se não estivesse bem certo sobre o tipo de vida que queria seguir. Então foi uma alegria com um toque de tristeza. Alex e eu ficamos extasiados porque essa situação se resolveu rápido quando ele meio que se retirou da jogada.

"Para ser franco, já esperávamos isso havia algum tempo. Porque era óbvio que John não estava feliz e nós não estávamos felizes, e então isso não foi novidade para ninguém. Sabe, o incidente com a gravação do álbum e as letras e tudo aquilo criou uma sensação ruim entre a gente. E, como disse antes, ele estava se distanciando cada vez mais de nós. Aí nos resignamos com o fato de que John provavelmente não iria ficar na banda. Cedo ou tarde, ou ele tomaria uma decisão ou nós iríamos tomar uma decisão. Portanto, estávamos à procura de alguém, e isso era assustador porque não sabíamos o que iríamos encontrar. Tentamos roubar um cara de outra banda, e não deu certo. E isso também despertou sentimentos conflitantes, porque o cara meio que falou que ia se juntar a nós e de repente mudou de ideia. Então a gente apenas continuou procurando até que, de fato, John saiu da banda. Ficamos contentes que alguém havia tomado uma decisão. E então só fizemos... audições. O que era complicado porque, quero dizer, era uma banda de três integrantes. Então, quando se perde um dos caras, é uma parte considerável da banda. Foi assustador, e não sabíamos o que iria acontecer. Mas éramos tão jovens. Tudo é dramático quando se é jovem e, de novo, apenas tivemos que lidar com aquilo. Simplesmente se dá um jeito, entende? Acho que esse tipo de coisa seria ainda mais dramática hoje em dia do que foi naquela época. Não sei, quando se é mais jovem, apenas lidamos com as situações difíceis.

"Acho que faz parte da linha da empresa", diz Geddy, sobre a história conhecida de que o problema foi o diabetes de John e a total falta de cuidado dele consigo mesmo. "Há certa veracidade nisso, e é claro que nos preocupávamos com a saúde dele, mas John não queria realmente continuar. Ele não parecia feliz e estava enfrentando os próprios problemas. Portanto, como eu disse, estávamos à procura de alguém. Alex e eu sabíamos que alguma coisa iria acontecer, e acho que a saída foi algo meio que de comum acordo. Acredito que todos querem falar do cara de um modo positivo, logo… Foi difícil, mas ele estava bem afastado de nós naquele período.

"Ele não queria mesmo ir para a turnê nos Estados Unidos", explica Ged. "Essa ideia toda não era agradável para ele. Então não havia escolha. Por suas ações e seu estado de espírito, ficou claro que nós tínhamos que seguir caminhos separados. Se você pudesse conversar com ele, John teria explicado as coisas de modo semelhante. Não estava na mesma sintonia que nós. Estávamos animados e prontos para sair em turnê, prontos para seguir adiante com nossas carreiras, e ele parecia bem hesitante. Talvez em parte por causa de seus medos com relação à própria saúde, e talvez em parte pelo fato de que não se sentia tão comprometido com o tipo de música que estávamos tocando quanto Alex e eu. Já tínhamos começado a compor algumas coisas mais complicadas, e acho que ele sabia disso e, portanto, todo mundo sabia que a melhor coisa a fazer era cortar os laços."

"Primeiro de tudo, quando John saiu da banda, tínhamos shows agendados para um ou dois meses", acrescenta Alex. "E é claro, disse ele, tudo certo, vou ficar até terminar os shows marcados. E vou lhe dizer, nós nos divertimos muito. Aquelas últimas apresentações juntos foram bem divertidas. Na verdade, o verão estava terminando, iríamos para outro lugar, e John ficaria para trás, ou seguiria o rumo dele, todos sabíamos que era o fim. Depois conseguimos manter contato por um tempo, mas os anos foram passando e ficamos muito tempo sem nos ver.

"Mas isso estava se desenrolando havia um tempo. Sim, John ficou doente um ano antes, e havia uma pessoa que o substituía. Jerry Fielding era o nome do cara, e ele era uma pessoa muito legal e um bom baterista. Nós tocamos juntos por um tempo, e ele foi a primeira pessoa na qual pensamos. Jerry tinha outros compromissos na época. Ficamos preocupados. Tocamos com John por seis ou sete anos. Então foi bem estressante. Nós sempre soubemos que poderíamos provavelmente contar com alguém como Jerry, por exemplo, que assumiria o posto, mas não era bem o que queríamos fazer. E havia outro baterista em quem estávamos de olho e que tocava em outra banda e era nosso amigo. Mas ele acabou ficando naquela banda. Então precisávamos fazer audições com bateristas. Tínhamos alguns nomes e entramos em contato com eles por meio da nossa agência."

É provável que o baterista a que Alex se referia seja Paul Kersey, da Max Webster. "Nós abrimos um show deles", conta Kersey. "Tenho tudo isso anotado. Foi em 1974, porque o Rush estava à procura de um baterista. Eu lembro que Ray ou Vic Wilson falou alguma coisa para mim sobre dar tudo no palco ou algo assim, que eu era mais esforçado que outros caras. E eu disse: 'O que isso quer dizer?'. Não entendia o que ele estava falando. Simplesmente estavam me elogiando muito, e eu pensei: 'De onde saiu isso?'. Então, duas semanas depois, a investida começou, eles me ligavam todos os dias tentando me convencer a entrar no Rush."

Mas Kim Mitchell, vocalista e guitarrista da Max Webster, ficou bem descontente com os esforços para roubarem seu baterista. "Kim ouviu falar sobre o que estava acontecendo. Não levou muito tempo, e foram semanas meio conturbadas, talvez três semanas, em que fui bombardeado por aqueles caras. Kim Mitchell estava ficando bem irritado por eles ousarem separar a banda dele. E Kim ficava dizendo 'Isto está afetando nossa banda' e 'Isto não está certo', ele estava realmente chateado com tudo. E eu ia sair, de verdade. Quase saí. Estava muito, muito perto disso, mas então disse não."

No final das contas, Paul nunca chegou a tocar com os caras, mas conta: "Eu me reuni com eles, me encontrei com Ray e Vic, que disseram: 'Garoto, você quer ser uma estrela?', coisas assim. 'Nós vamos garantir a você determinada quantia, e vamos fazer isso, e vamos fazer aquilo. Temos as coisas organizadas dessa forma' e assim por diante, apenas detalhando o plano. Eles tinham um agente de Nova York que me ligava: havia pessoas me ligando de todos os lugares. Encontrei os caras: 'Sim, vamos tocar aqui por uma semana, ensaiar, e enquanto estivermos tocando, vamos organizar e já sair em turnê'. E então anteciparam o prazo em uma semana. 'Ah, temos pouco tempo. Precisamos de você agora mesmo'. De novo, Kim estava furioso. E isso afetava nossos shows porque eu estava confuso. Foram duas semanas bem esquisitas."

Quanto a Geddy e Alex, Paul conta: "Ah, eles eram apenas os caras da banda. Só falavam assim, nós sabemos tocar. Vamos ficar bem. Vamos lá. Eram Ray e Vic que estavam botando pilha. Os administradores fazendo o trabalho deles."

"Tínhamos um baterista muito bom na nossa banda chamado Paul Kersey, e eles perguntaram se ele queria se juntar ao Rush", confirma Kim, vocalista e guitarrista da Max Webster. "E ele veio até nós e disse: 'O Rush me convidou para fazer parte da banda', e eu falei: 'Bem, o que você vai fazer?'. E ele decidiu recusar o convite. Aí a gente pensa, cara, a carreira do Rush teria seguido um rumo bem diferente se Paul Kersey tivesse entrado na banda, porque Paul Kersey, nosso baterista, não era letrista de modo algum. Só tocava bateria. Então toda aquela coisa... Eles teriam escrito um punhado de 'In the Mood'?, *Hey, baby, it's a quarter to eight, I feel I'm in the mood* ('Ei, gatinha, é 15 para as 8, sinto que estou no clima'). Acho que todas aquelas outras coisas não teriam acontecido. Como é o destino, tudo acabou dando muito certo."

Parece que as coisas nunca mais foram as mesmas entre os caras e Rutsey. "Eu conhecia John desde que tínhamos 10 anos de idade, então foi bem estranho", diz Lifeson sobre como foi lidar com o parceiro depois que ele saiu da banda. "E quando o encontrávamos, quando voltávamos durante as folgas, a cada dois ou três meses, a gente se via numa festa ou algo assim, era sempre meio constrangedor. Porque a gente não sabia o que dizer. 'Sim, está tudo ótimo, estamos tocando em todos esses lugares…', era sempre muito difícil conversar com ele sobre a banda. E eu realmente nunca soube qual era o sentimento dele quando decidiu sair. Não pareceu certo para ele. Havia algumas diferenças musicais, mas ele tinha diabetes tipo 1 e estava muito ciente da própria condição, e eu acho que talvez não sentisse que tinha forças para encarar as dificuldades de se estar na estrada."

Mais especificamente, com relação à música, Alex conta: "Geddy e eu estávamos interessados em bandas como Yes, King Crimson e Jethro Tull. Queríamos levar nossa música para uma área mais progressiva, e ele era mais ligado ao rock 'n' roll – Bad Company, esse tipo de coisa –, que era mais um corte transversal das coisas que tocávamos nos bares. E acho que um ano antes de ele sair da banda, já estávamos bem cansados daquilo tudo. John ficou muito, muito doente; tinha outros problemas, com drogas. Mas foi nessa época que ele ficou bem doente, e nós começamos a fazer testes com outros bateristas e simplesmente tocar com outras pessoas. Mas então ele voltou, e quando surgiu a possibilidade de assinarmos o contrato com a Mercury – a turnê, essas coisas todas – ele ficou assustado com a dimensão de tudo."

Talvez por não compartilhar do complicado relacionamento passivo-agressivo que John tinha com Geddy e Alex, Vic acredita firmemente que Rutsey teve de sair da banda por causa de problemas de saúde. Ele conta que John bebia e não cuidava muito bem de si mesmo, que parecia doente e tinha tomado para si a decisão de sair.

"Pelo que sei", diz Vic, "ninguém duvidava de que John pudesse dar conta do recado. John era compositor naquela banda. Então era parte integrante da família, e não era por falta de habilidade na bateria. Quem sabe se as coisas iriam se desenrolar como aconteceu com Neil? Mas eu não queria ser responsável por levá-lo para casa dentro de um caixão. Então eu disse que precisávamos substituí-lo. Pela saúde dele, ou ele estaria acabado.

"Mas John era o líder porque recebia o pagamento nos shows, levava a grana para o escritório. Nós depositávamos numa conta do Rush, pagávamos as contas deles, e cuidávamos dos pagamentos dos roadies e de Ian Grandy. E, se sobrasse dinheiro, eles recebiam. Se não sobrasse, não haveria pagamento. Porque viviam com os pais na época. Naquele tempo trabalhavam duro e por muito pouco dinheiro. Havia dias em que recebiam apenas cinco dólares. Não tenho como falar sobre o que sentiam, mas todos sentamos e conversamos sobre isso, e eles concordaram que não queriam agir de forma errada com John. E se isso significava substituí-lo, então tudo bem. Não que fosse o que queriam. Quanto a mim, eu o conhecia havia pouco tempo. Para mim, era apenas um baterista numa banda – não apenas um baterista, era um cara legal –, e nós tínhamos que substituí-lo. Por muitos anos depois disso, John passava no escritório para me ver. Então não ficou muito abalado. Vinha e conversava sobre algumas coisas comigo, sobre o que estava fazendo, e eu conversava com ele, depois ele ia embora. Tenho certeza de que havia certo arrependimento. Principalmente quando se tornaram tão bem-sucedidos. Mas naquele tempo, não havia sucesso. Havia apenas um contrato de gravação, do qual ele recebeu royalties – até hoje, o espólio dele recebe royalties da Anthem Records."

Ian Grandy tem absoluta certeza de que John foi demitido, dizendo que não dá para se divertir e ter diabetes ao mesmo tempo. Também diz que a habilidade dele na bateria estava irregular e que confiava demais nos pratos de ataque. Sobre o que estava acontecendo com ele próprio naquele momento, Ian explica: "Você precisa entender que, com 23 anos, eu já tinha saído do colégio e estava ganhando 50 dólares por semana, estava comprometido com aquilo. Então não queria que a banda acabasse. Quando John foi mandado embora, os outros dois caras vieram até mim, me contaram e disseram: 'Nós queremos que você fique,

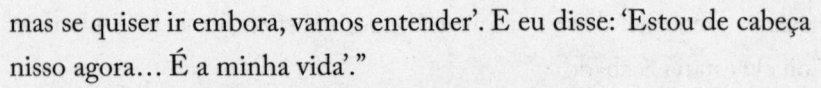

mas se quiser ir embora, vamos entender'. E eu disse: 'Estou de cabeça nisso agora... É a minha vida'."

Mesmo que John e Ian fossem amigos próximos, em certo momento Ian foi morar com Ray, o que o consolidou mais firmemente na equipe do Rush. "Ah, eles eram animais", ri Ian, ao responder sobre Ray e Vic. "É engraçado, Danniels, quando se tornou empresário da banda, tinha só 17 anos. Na verdade ele nasceu no mesmo dia e no mesmo ano que meu irmão, então eu sei. E em 1969, arrumamos um apartamento. Era para morarmos juntos eu, John Rutsey, um outro cara e Ray. Mas o outro cara e John não se mudaram para lá, então ficamos apenas Ray e eu morando no apartamento durante três meses. Vic Wilson era o tipo de empresário que pensava que nós todos deveríamos dormir numa van com um reboque da U-Haul atrás em vez de nos hospedarmos em hotéis. Sabe, um daqueles caras. Éramos profissionais, Vic. Como eu era amigo de John, eles ficaram meio apreensivos sobre o que me contar. Mesmo quando me falaram que John estava de saída, disseram: 'John está saindo, mas não queremos que você saia'. Eu disse: 'Bem, este é o meu trabalho. O que vou fazer? Vocês finalmente saíram do porão dos meus pais para embarcar numa possível turnê pelos Estados Unidos e justo agora eu iria sair?'."

Assim como Geddy e Alex, Ian confirma que John às vezes excluía certas pessoas. Ele também falou com mais detalhes sobre alguns hábitos de Rutsey que não eram nada saudáveis: "Quero dizer, eu era amigo dele, e de vez em quando não era mais amigo dele, mas nem me importava mais. Ele era diabético e se envolveu com metanfetamina, com speed. Naquele tempo, nem havia cocaína. Nunca se via cocaína ou se ouvia falar desse tipo de droga. Mas de speed sim, com certeza. Havia pílulas que deixavam o cara acordado por 15 horas. Se você não dormisse durante quatro ou cinco dias, não comesse direito e fosse diabético, iria desabar. Eu estava sempre preocupado. Falava para ele: 'Ok, e se você apagar, o que fazemos?', e John dizia: 'Bem, chamem um médico'. 'Sim, mas e se o médico estiver a duas horas de distância, o que fazemos?'. 'Nesse caso, me ofereçam um suco de laranja', e era isso. Eu estava preocupado. Se voltarmos lá atrás e olharmos a famosa foto depois do show em London, Ontário, parece que ele estava prestes a desmaiar."

Mas Ian conta que o show seguiu em frente e a banda não perdeu qualquer apresentação por causa dele. "Não que eu saiba. Algumas vezes, nos bares, aparecia outro baterista. Há essa história sobre um cara, que eles tinham ensaiado com ele e usaram a bateria de John num estúdio qualquer. Veja bem, fui eu quem montou aquela bateria todas as vezes que ela foi usada. E se tivesse sido transportada para um estúdio, eu saberia. Então é difícil acreditar nessa história, porque ninguém usava a bateria de John a não ser ele mesmo."

Muita coisa que se falou sobre John não deve ser levada a sério. Até que então, certo dia, uma dica muito boa surgiu no caminho da SRO.

"Eles já tinham testado alguns bateristas", continua Vic, "e continuaram perguntando aqui e ali, até que Johnny Trojan, da Curtis Lee, que também fazia parte do nosso catálogo na época – tínhamos cerca de 15 artistas – me falou: 'Conheço um cara, ele mora em St. Catharines. Acabou de voltar da Inglaterra – Neil Peart. E ele provavelmente se encaixaria bem na banda'. E eu disse: 'Bem, onde encontro esse tal Neil Peart?'. Johnny foi se informar e voltou dizendo: 'Ele está trabalhando no setor de peças da concessionária do pai, eles vendem tratores'. Então eu disse: 'Ok, entra no carro, vamos até lá ver esse cara'.

"E assim fomos até St. Catharines num Corvette branco, e Neil estava trabalhando. Ficamos conversando e demos uma volta pelo lugar, e eu disse para ele: 'Você não quer tentar ir até lá e fazer um teste para a banda?'. Ele tinha acabado de voltar da Inglaterra e não sabia o que queria fazer. Neil sendo Neil. Era um cara meio vago, independente. 'Sim, talvez eu vá. Sim, sim, eu vou'. Era muito cauteloso. E acho que sempre foi desse jeito. Foi assim durante todo o tempo em que trabalhei com eles, muito cauteloso. Então, de alguma forma, consegui convencê-lo a ir até lá e tentar, ver como se sentiria."

"Era um dia quente de julho", começa Neil "o Professor" Peart, lembrando quando os dados do destino foram jogados na escrivaninha da concessionária International Harvester, de seu pai. "Não há muito o que contar, na verdade. E eu lembro que fazia muito calor, minha camiseta estava encharcada de suor. Eu tinha que usar uma espécie de jaleco da loja com meu nome nele, para os clientes. E debaixo daquilo minha camiseta ficava empapada de suor. Havia uma velha máquina de Coca-Cola, e eu sempre pegava uma garrafinha nos dias quentes. Então esse Corvette branco estacionou, e um outro baterista local que eu conhecia, John Trojan, entrou na loja e me apresentou a Vic Wilson. John tinha recomendado meu nome para ser o baterista que o Rush estava procurando. Então eles foram até lá de carro, e John, servindo de intermediário, trouxe Vic para conversar comigo. Imagine uma imensa mudança de paradigma.

"De repente havia esta proposta, e eles pagavam 125 dólares por semana! Eu nunca tive salário numa banda antes. Por isso trabalhava na loja de implementos agrícolas do meu pai durante o dia e tocava nos bares à noite. Imaginem começar a trabalhar às 8h da manhã, e depois tocar num bar até 2h da madrugada. Estava fadado, de uma forma ou de outra, a ser um modo de vida de curta duração. Mas era onde eu me encontrava naquele momento. Eu tinha ido para a Inglaterra e tocado em bandas tanto lá quanto na região de St. Catharines. Mas, bum, de repente, ali estava uma banda que tinha um contrato assinado com uma gravadora e uma turnê, e eu só pensava que eles pagariam um salário – para eu tocar música!

"Foi um momento que me deixou desnorteado, sem dúvida. E meu pai suspeitou do que se tratava. Era o seguinte: pagariam 125 dólares por semana para tocar música numa banda – era a mesma quantia que eu ganhava na concessionária da International Harvester. É como aquela fala do filme *Uma equipe muito especial*: 'Bem, vamos ganhar dinheiro por isso; é mais do que ganhamos na fábrica de laticínios'. Quando o assunto veio à tona, meu pai foi sábio o suficiente e disse que era melhor falar com minha mãe; ela era sempre consultada em assuntos importantes. Principalmente sabendo que eu era gerente de peças da empresa, e ele não parecia muito contente com a ideia de eu sair em busca disso, só via essa oportunidade na música como algo frívolo, de curta duração. Então este é o ponto central da questão de como tudo começou."

O próximo passo seria uma reunião com Geddy e Alex, em que pairava a ameaça de tocar com eles. Neil teve de usar o Ford Pinto da família para ir até o local onde aconteciam as audições, levando um kit de bateria que incluía dois bumbos Rogers de 18 polegadas. Sem dúvida, o Ford Pinto marrom da família quase não deu conta. Era um veículo de duas portas, um hatch. O pai de Neil diz que, embora a empresa tivesse duas ou três caminhonetes, elas não eram usadas para transportar a bateria. "Na época eu tinha um Lotus Europa onde não cabia minha pequena bateria. Surgiu a oportunidade de fazer a audição na Liverpool Road, em Ajax, eu lembro, região leste de Toronto. Era um conjunto com salas de ensaio, algo comum nos dias de hoje, salas de ensaio num parque industrial. Começamos a conversar, e as primeiras coisas de que falamos, o que foi interessante, foram livros e humor. Eu me lembro de conversarmos sobre – você sabe, éramos caras de 22 anos de idade em 1974 – *O Senhor dos Anéis* e *Monty Python*. Na verdade, essas foram provavelmente nossas primeiras referências em comum. Os livros que líamos e as coisas que nos faziam rir."

"Lembro que tocamos juntos por um tempo, e eles tocaram para mim algumas músicas em que estavam trabalhando desde que tinham lançado o primeiro álbum no começo daquele ano. Depois tocamos juntos mais um pouco e ficamos lá sentados no chão, conversando. Pensando bem, nós nos reunimos, tocamos rock por um tempo e depois ficamos lá estirados no chão rindo. Obviamente estávamos destinados a dar certo apesar das minhas apreensões, da minha falta de segurança e tudo mais. Mas esse sempre foi um traço da minha personalidade. Em retrospecto, foi muito bonito o fato de tocarmos bem juntos e rirmos muito juntos – esse é o tipo de coisa que faz uma banda durar 40 anos."

"John saiu, tinha saído ou foi convidado a se retirar, ou seja lá como querem descrever o que aconteceu", inicia Geddy, lembrando o dia em que Neil entrou em sua vida. "Mas precisávamos de um baterista – vamos colocar assim – e tínhamos essas audições, e foi meio isso. Não sei se você já esteve numa audição, mas é humilhante para todos os envolvidos. É simplesmente terrível fazer alguém passar por isso, e nós nunca tínhamos feito uma audição antes, então lembro que foi bem constrangedor para Alex e para mim. Por isso combinamos que não iríamos falar sério sobre qualquer um dos bateristas até terminarmos de ver todos eles."

Liam lembra: "Naquele dia, a última pessoa que entrou na sala foi Neil. Eu lembro que Ian, o outro técnico da época, e eu estávamos sentados do lado de fora da sala de ensaios com um gravador de fita de dois canais que pertencia a meu pai, tentando gravar o máximo que podíamos para a banda caso quisessem ouvir o teste novamente para ter um ponto de referência. Estávamos do lado de fora da sala, e sem admitir que estávamos de ouvido colado na parede, o que eu não me lembro de ter feito, apenas esperávamos que eles fizessem barulho para acionarmos o botão de gravação. Não conseguíamos ouvir qualquer conversa que acontecia lá dentro.

"De qualquer forma, Neil entrou na sala de ensaios e era um cara alto, meio desengonçado. E a coisa de que mais me lembro quando ele chegou com a bateria era uma lata de lixo de metal ou de alumínio cheia de ferragens. Nós ficamos cochichando atrás dele e pensando, bem, esse cara não tem chance alguma. Acho que os caras, num primeiro momento, também pensavam que ele não teria chance. Creio que já estivessem meio decididos. Mas assim que Neil se sentou e começou a tocar, ele simplesmente deixou todo mundo embasbacado, e eles já estavam lá havia horas. E o resto todo mundo sabe."

"Alguns caras tocaram, e foram bem, mas nada espetaculares", continua Geddy. "Você sabe, há essa lenga-lenga de tocarem sua música. O álbum já estava nas ruas, então era possível ouvir as faixas e chegar preparado, e então fazíamos uma jam no final para ver se rolava uma química ali. Aí chegou esse cara meio desengonçado, e ele tinha essa bateria caindo para fora do carro dele, era uma figura. O cara montou o kit com dois bumbos bem pequenos de 18 polegadas, uma coisa que eu nunca tinha visto, mas ele tinha dois, o que era legal. Mas achei que era um garoto de aparência muito estranha. Era tão alto que se curvava sobre esses dois bumbos minúsculos. E tão logo começou a tocar, eu fiquei admirado, na hora, ele era tão melhor que qualquer um que tinha se apresentado até então que comecei a me animar.

"E nós fizemos uma jam com algumas músicas, depois tocamos umas coisas que Alex e eu tínhamos escrito e nunca interessaram a John. De fato, uma delas era 'Anthem'. O começo daquela música é uma fórmula de compasso estranha, e isso não era mesmo a coisa do John. Ele realmente fazia o tipo de padrão quatro por quatro. Então Neil começou a improvisar em cima da música, e pensei: 'Meu, você é o cara'. Aí comecei a levá-lo mais a sério – 'Do que você gosta? Adorei o jeito como você toca, que roupas você usa no palco?' – coisas estúpidas assim só para manter o papo.

"E Alex ficou puto comigo porque nós tínhamos concordado em não conversar sobre o assunto até que tivéssemos ouvido todos os bateristas, e havia mais um para fazer audição. Então ele permaneceu calado durante todo o nosso primeiro encontro. Mas, assim que saímos, eu simplesmente sabia que aquele era o cara com quem tínhamos que tocar. Depois o baterista seguinte entrou, e o coitado do cara tinha as partituras do nosso primeiro álbum, era muito educado e correto, e foi meio sofrível tocar com ele depois de termos tocado com aquele monstro. Depois que o cara saiu, eu disse: 'Ok, podemos concordar que Neil é o cara?', e Alex disse: 'Ah, sim, sem dúvida'. E foi assim que o dia terminou."

"Depois que ele saiu" conta Liam, "estavam superanimados e não paravam de falar: 'Você viu as tercinas que ele tocou?' e coisas assim. Estavam simplesmente enlouquecidos com o estilo dele, e acho que compreenderam que a essa altura precisavam reconsiderar qual seria sua decisão. Felizmente, fizeram a escolha certa."

"Neil foi uma das pessoas mais incomuns que conheci naquela época", diz Geddy, refletindo sobre aquele primeiro encontro. "Não havia ninguém no nosso círculo de amigos que fosse tão eloquente quanto ele era, nem tão culto. Era assertivo e tinha opiniões sobre muitas coisas. Não sabíamos no começo, mas isso começou a aparecer depois das primeiras semanas em turnê juntos. E Alex e eu estávamos sempre juntos, foi difícil para Neil, se pararmos para pensar. Mas ele é um cara forte.

"Nós reparamos que ele lia muito, e foi quando Alex e eu começamos a falar: 'Deveríamos fazer Neil escrever as letras', porque a gente odiava fazer isso. Só queríamos compor música. Então sugerimos que ele tentasse, e deu muito certo. Mas, sim, quanto à nossa primeira impressão, ficamos meio desconfiados dele, levou um período para nos aproximarmos de Neil. Mas quando se passa muito tempo juntos, isso acontece bem rápido. Ele era engraçado e gostava de dar risada, e você sabe, o senso de humor se torna a coisa mais importante na estrada, todas as bobagens que fazemos um com o outro durante os longos períodos de espera. Éramos os caras da cidade, e ele era um cara do interior, de St. Catharines. Só que depois de uma semana soubemos que ele tinha morado em Londres e já tinha passado por muita coisa. E não nos sentimos mais tão descolados depois disso. Neil havia viajado muito mais e tinha muito mais experiência de vida que nós, então imediatamente paramos de bancar os caras bacanas da cidade."

Alex conta uma história semelhante: "John tinha saído da banda; nós tínhamos recebido essa proposta da Mercury Records, acho, em julho de 1974, e tudo aconteceu muito rápido", diz Lifeson. "Estávamos indo para a estrada abrir os shows de bandas que admirávamos e crescer com elas nos Estados Unidos. Era algo muito importante. John decidiu que não queria fazer parte daquilo, acho que fechamos a agenda de dois meses de shows com ele e depois começamos a fazer testes com outras pessoas.

"Havia três bateristas que tinham feito teste, e Neil estava no meio daquele grupo. Foi bem engraçado porque ele apareceu – você sabe, Ged e eu, nós tínhamos cabelo comprido até a cintura, calças de veludo e sapatos de plataforma, e éramos de Toronto e superbacanas – e ele era de St. Catharines, tinha cabelo curto porque trabalhava para o pai no negócio de implementos agrícolas dele. E apareceu e ficou montando a bateria. Era uma Rogers pequena. Como a bateria era minúscula, ficamos desconfiados, coçando a cabeça. 'Ah, como vai ser isso?'. E ele era muito bom. Neil batia naquela bateria com muita força. E era um kit bem pequeno – tom-tons pequenos, bumbo pequeno, mas barulhenta! E tocava forte. Tocava muito parecido com Keith Moon o tempo todo. Você pode ver de onde vem o jeito de tocar de Neil. Havia essa energia no modo como Keith Moon tocava, uma movimentação constante. Ele nunca tocava seguindo o tempo, o Keith Moon. E acho que é dali que Neil pegou muito dos seus fundamentos. Até hoje, dá para ouvir muita atividade na forma como ele toca. É mais sutil agora, mas é constante.

"Mas lembro que pensamos: 'Será que ele vai parecer descolado o suficiente para estar na nossa banda?', quero dizer, naquela época se levava isso em conta. Mas quando ele começou a tocar, foi surpreendente. E nós tínhamos um interesse comum em música. Quando começamos a tocar, nós realmente nos alimentávamos um do outro, em especial Geddy e Neil. E foi ali que tudo começou, na seção rítmica. Eles se conectaram. Acho que, provavelmente, fui um pouco mais hesitante. Não sei se fiquei tão entusiasmado logo de cara. Mas sem dúvida acabei assimilando a ideia bem rápido.

"Mesmo na época, atuando como baterista local, ele era muito apaixonado por tocar bateria, fazer música e ter um futuro como músico", continua Alex. "Tinha passado dois anos em Londres esperando que alguma coisa acontecesse. E aqueles anos foram muito difíceis para ele, de muitas dificuldades, ele voltou para a realidade sabendo que precisava arrumar um emprego. Então essa era uma grande oportunidade. Fizemos uma jam e tocamos umas coisas – ele se dedicou a aprender algumas faixas do disco –, e então fizemos um intervalo e nos sentamos para conversar sobre todos os tipos de assunto, você sabe, livros e o que estava acontecendo no mundo e com certeza na música. Depois tocamos mais um pouco e fizemos mais um intervalo, fumamos um baseado, acho, e conversamos um pouco mais. Tenho que admitir que na hora não tive certeza se era o cara certo só por causa dessa ideia que eu tinha de quem nós éramos, da imagem da banda e do que queríamos fazer. Mas no final da noite, definitivamente estava impressionado com o músico que Neil era, e Geddy simplesmente adorou o jeito como ele tocava."

Além disso, havia a possibilidade de usar o "novato" para escrever as letras. "Sim, porque o cara não só era um ótimo baterista, mas parecia disposto a escrever as letras, coisa que nem Geddy nem eu gostávamos muito de fazer. Nós realmente queríamos nos concentrar na música. Então havia essa oportunidade maravilhosa de ter uma organização democrática dentro da nossa estrutura. Nós compomos a música, ele escreve as letras, depois nós três juntamos tudo. E até hoje é assim que trabalhamos. E Neil foi muito além com suas letras. Ele abordou muitas áreas diferentes. Com certeza é uma das partes mais importantes da banda."

"Foi assim que eles o trouxeram para a banda", lembra Vic Wilson. "No primeiro dia em que retornamos ao nosso escritório, foi dito: 'É isso, vamos ficar com Neil'. Todos os três estavam lá sentados, prontos para seguir em frente, e ensaiaram o dia inteiro. Ensaiaram todos os dias até que estivessem prontos para sair em turnê. E deu certo. Naqueles dias, o show tinha meia hora ou 40 minutos de duração, porque éramos a banda de abertura, uma entre três atrações. Não havia muito tempo de palco, nem se tinha PA adequado disponível, e seria muita sorte se conseguíssemos três luzes na iluminação. Mas nós perseveramos, eles trabalharam duro, e se pode ver os resultados hoje."

"Acho que só conheci Ray quando as negociações estavam bem adiantadas", lembra Neil, falando sobre a dinâmica do Rush em que cada um tem seu papel. "Ele tinha essa operação enorme na época, uma gravadora, uma agência, uma produtora de shows, e já era um empresário nato do ramo de entretenimento, acho, quando tinha sete anos de idade... Enfim, naquela época ele comandava um escritório gigante com vários funcionários. Então, novamente, foi uma experiência grandiosa entrar naquele escritório pela primeira vez, ver um empreendimento daquele tamanho que girava em torno de bandas de rock."

Mas como já se falou, Neil tinha a própria trajetória, que incluía uma experiência considerável com rock 'n' roll muito além de chefiar o setor de peças na empresa do pai. Neil Ellwood Peart nasceu em 12 de setembro de 1952, em Hamilton, Ontário, no hospital mais próximo da fazenda da família na zona rural em Hagersville.

"Na verdade, na fazenda de laticínios da família, pelos primeiros anos da minha vida, eu ficava numa manjedoura enquanto eles tiravam o leite das vacas", começa Neil. "E nos mudamos para St. Catharines antes de eu entrar na escola, quando tinha quatro anos. Cresci numa área da cidade chamada Port Dalhousie, junto ao lago Ontário, um velho porto dos primórdios do canal Welland. Então esse era o tipo de ambiente: uma cidade pequena, cercada de fazendas e florestas, e tudo era perfeito para fazermos trilhas e passeios de bicicleta. Costumávamos chamar de trilha de bicicleta. E tínhamos o lago lá, então aprendi a nadar e a me afogar no lago Ontário, ainda tenho infecções no ouvido que comprovam isso.

"Comecei a me interessar por música, acho, quando tinha cerca de 10 anos de idade. Minha mãe me deu um radinho de pilha, e simplesmente poder ter minha própria música era algo fantástico. Aí ela disse: 'Eu vou mostrar para você onde fica a Parada de Sucessos'. Isso dá uma ideia de quanto tempo faz. Havia as estações de rádio AM de Buffalo e Toronto, e comecei a ouvir a Parada de Sucessos e fiquei totalmente extasiado com aquilo. Uma das minhas memórias mais antigas dessa época é pegar no sono com o radinho colado na orelha e depois perguntar ao meu pai certa manhã: 'As pilhas duram mais se eu não ouvir num volume muito alto?'. Porque, é claro, mesmo com aquela idade, achamos que uma pilha é algo caro e precioso. Então eu estava preocupado em poupar as pilhas do meu radinho.

"Mas isso com certeza foi o gancho que me fisgou para a música pop. E ritmicamente me lembro de uma música chamada 'Chains'. Acho que Carole King escreveu e algum grupo feminino gravou. Mas havia esse ritmo misturado, e foi a primeira vez que me lembro de ser conquistado pelo ritmo. Isso foi bem no começo dos anos 1960. Foi tudo antes dos Beatles. Era o tipo de música popular do final dos anos 1950, começo dos anos 1960, que tocava no rádio naquele tempo. E meu tio tocava bateria. Eu tinha esse tio que era só um ano mais velho do que eu, e ele tocava bateria numa banda de R&B naquela época, começo dos anos 1960. A música pop no sul de Ontário, por mais estranho que pareça, era R&B, e todo mundo tocava James Brown, Wilson Pickett e Otis Redding. Me lembro de ouvir 'Hold On, I'm Comin', de Sam & Dave, pela primeira vez e tocar essa música – cinco garotos brancos do subúrbio – e apenas ficar atônito com ela e a linha de sax de 'Hold On'. Uma Fender Telecaster tocando, essa mesma melodia, é a primeira vez que me lembro de uma melodia de pop rock ter a mesma pegada que James fazia no ritmo.

"Assim, com tudo isso acontecendo à minha volta, assisti a um filme chamado *The Gene Krupa Story – O Rei do Ritmo*. Sal Mineo interpretou Gene Krupa e chegou a fazer aulas de bateria com ele. Recentemente, assisti ao filme várias vezes de novo e vi que Sal Mineo fez um trabalho fantástico de sincronia com a bateria, um *air drumming pro*, como se diz, deve ter trabalhado muito nisso. E há um registro, que eu já vi em DVDs instrucionais, que mostra Gene ensinando o ator. O filme, hoje eu sei, é completamente fictício, mas a parte musical foi muito convincente, o modo como Sal atuou, a bateria de Gene, e aquilo fazia tocar bateria parecer tão glamoroso. Ele estava sempre muito bem-vestido. O filme se passa numa época de muito glamour, exceto quando Gene é flagrado com maconha e acaba tocando em clubes de striptease sob identidade falsa e essas coisas. Então é uma história muito dramática e arriscada, e tudo aquilo realmente me atraiu.

"Foi quando comecei a pensar: 'Quero fazer isso'", continua Peart. "Comecei a persuadir meus pais. Eu tinha 11 ou 12 anos na época, então no meu aniversário de 13 anos eles me deram de presente aulas de bateria, um par de baquetas e um pad de prática, e disseram: 'Se você perseverar nisso por um ano, conversaremos sobre a bateria'. Esse ainda é o conselho que dou aos pais hoje em dia. 'Ah, meu filho parece ter um talento incrível com três anos de idade'. Eu digo para não comprar uma bateria, porque as pessoas compram o instrumento como se fosse um brinquedo. É como comprar um piano de cauda para uma criança porque ela toca 'Brilha, Brilha, Estrelinha' num pianinho de plástico.

"E foi o que meus pais fizeram. Era a coisa perfeita a se fazer. Todo sábado de manhã, eu ia até o conservatório de música Niagara Peninsula, na St. Paul Street, centro de St. Catharines, e subia para fazer aula de bateria numa salinha do andar superior. E tive muita sorte, tinha o melhor professor possível, que me incentivou muito. Semana após semana, ele me conduziu pelo caminho da retidão de ler partitura e aprender os 26 rudimentos básicos. Mesmo no estúdio, não havia uma bateria de verdade. Isso porque eles davam aulas de violão na sala ao lado, e também de saxofone e acordeom, provavelmente várias aulas de acordeom, já que estávamos em St. Catharines. Então havia só um pad de prática montado como bateria – click, click, click. Mas ele me ensinou os rudimentos, por meio de leitura à primeira vista e tudo mais.

"Se eu aparecesse na aula com uma pergunta, por exemplo: 'Como se toca aquele *bop do be bop bop*?', você sabe, rock 'n' roll, ele me mostrava. Então era um professor muito encorajador porque dizia: 'Ok, vamos fingir que você está tocando um solo', então começava click, click, click. E ele dizia: 'Bem, parte disso não vai ficar tão bom numa bateria de verdade. Mas posso ouvir que você tem uma aptidão natural, e entre todos os meus alunos, só há dois de vocês'. Assim as aulas continuaram, e eu não só praticava todas as noites, mas também montei uma bateria com revistas sobre a minha cama e batia nelas imaginando que era uma bateria de verdade. E toquei algumas vezes na bateria do meu tio. Naquele tempo, 'Wipe Out' era o atestado de credibilidade como baterista, e eu sabia tocar. Então me sentava junto à bateria do meu tio ou de um amigo e tocava 'Wipe Out'.

"Um ano depois, quando finalmente ganhei minha bateria comprada por 150 dólares – uma Stewarts vermelho-brilhante: bumbo, tom, caixa e prato – foi isso. Eu me sentei e toquei 'Wipe Out' e 'Land of a Thousand Dances' sem parar, e praticar se tornou mais uma obsessão do que qualquer exercício, regime ou disciplina. Tocava até minha mãe me mandar parar."

Neil era estudioso ao ponto de ser obsessivo muito antes de descobrir a bateria, como lembra sua mãe, Betty Peart. "Ele lia muito", conta Betty. "E mesmo quando era bebê, ficava olhando para revistas de carros em vez dos livros de versinhos para crianças. Neil era louco por carros, e ao longo dos anos percebemos que ele era diferente. Era sempre inteligente demais para a idade dele. Mesmo quando tinha nove meses, olhava para os livros de carros e a revista *Popular Science* em vez dos livros infantis. Simplesmente lia de tudo. Nós o achávamos incrível. E quando ele terminou a oitava série, quis um pássaro, porque estava interessado em pássaros. Então compramos um pássaro, e ele seguiu com isso a vida inteira. Ele de fato se interessa por observação de pássaros. Era complicado para ele porque não se conformava. Teve uma vida mais difícil porque se mantinha fiel ao que pensava, não ao que todos os outros pensavam."

"Seguramente, como Betty contou, ele ficava sempre de olho nas minhas revistas sobre automóveis", explica o pai de Neil, Glen. "Quando alguma coisa despertava o interesse dele, ele mergulhava naquilo não importava o que fosse. Queria ir a fundo e ver o que tinha acontecido. Isso é bem verdade quanto a tudo, ainda mais quando foi para o colégio. Ele ficava entediado na escola, mas se lhe dessem um projeto para fazer, ele mergulhava naquilo e ia a fundo no assunto até o final. Em qualquer momento, tanto durante o Ensino Fundamental quanto no Ensino Médio, em todas as reuniões que tivemos com os professores se falava sempre: 'Neil tem muito potencial. Não conseguimos fazer com que ele alcance todo o seu potencial, sabemos que deveria ir além'. Mas ele não demonstrava interesse em nada, a menos que fosse um desafio."

"Sim, era horrível ir para o colégio", lembra Neil, "porque naqueles dias tinham ideias diferentes quanto ao progresso de alunos numa escola. Se achassem que um aluno parecia meio entediado, decidiam que ele tinha algum dom e o empurravam para a série seguinte – chamavam de aceleração. Eles me tiraram da metade da terceira série e me jogaram na metade da quarta série, depois no ano seguinte me tiraram da quarta série antes do final para a metade da quinta série. Então eu sempre era dois anos mais novo que os meus colegas. E, sim, eu ficava mais interessado no que estava acontecendo e algumas dessas ideias de avanço nos estudos eram boas.

"Durante a sétima e a oitava séries, mandaram um grupo de garotos que achavam ser os mais espertos para um curso de estudos superiores, como chamavam, e nós estudávamos francês e Shakespeare uma vez por semana. Entrei em contato com todos esses garotos inteligentes que sabiam todas essas coisas que eu desconhecia totalmente. E eles pareciam tão urbanos, tinham conhecimento sobre política e sabiam piadas sujas, coisas das quais eu nunca tinha ouvido falar. Mas eu só tinha 12 anos e já estava no nono ano. Comemorei meu aniversário de 13 anos quando todos eram dois anos mais velhos que eu. Não era uma boa ideia, principalmente para um menino que não tinha porte físico para se garantir. Foi difícil."

"Eu não diria que ele era inteligente demais para estar na escola, mas não tinha muito interesse naquilo", conta o pai de Neil. "No verão em que ele estava no colégio público, havia um curso especial, e eles selecionaram, pelo que eu me lembre, talvez dois ou três alunos para frequentar essa escola avançada, e Neil adorou. Achava que seria ótimo porque as pessoas lá seriam inteligentes como ele era e teriam

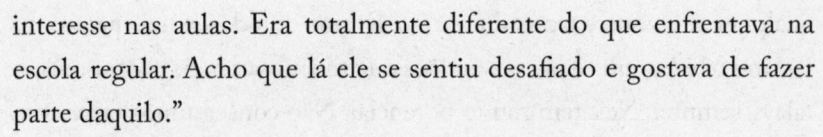

interesse nas aulas. Era totalmente diferente do que enfrentava na escola regular. Acho que lá ele se sentiu desafiado e gostava de fazer parte daquilo."

Quanto à parte atlética, Glen explica que "o irmão mais novo de Neil, Danny, estava bem envolvido com esportes, ao contrário de Neil. Ele gostava de esportes, mas era alto demais, meio desengonçado, e de fato não era nada bom naquilo. Andava de patins, mas não era muito bom, e simplesmente não se enturmava com os outros caras, não do mesmo jeito que o irmão dele. Danny praticava todos os esportes que existiam e até hoje pratica atividades físicas. Neil apenas não conseguia se envolver com aquilo. E a mesma coisa aconteceu quando ele foi para a escola – não se enturmava com os garotos populares. Sempre meio que ficava sozinho. Foi o primeiro a ter cabelo comprido. É irônico saber que na escola ele sempre foi o esquisitão, mas agora, quando se vai a St. Catharines, todo mundo na cidade diz que estudou com Neil e o achava maravilhoso. 'Ah, sim, ele era meu melhor amigo.' Então houve essa mudança, e isso é tudo."

"Ele tinha amigos que gostavam das mesmas coisas que ele, como fazer trilhas", acrescenta a mãe de Neil, Betty. "Ele adorava fazer caminhadas e ficar o dia inteiro ao ar livre. Em qualquer coisa pela qual se interessasse, demonstrava bastante ética de trabalho. Mas os outros garotos o incomodavam porque, é claro, ele era diferente, e não foi uma época feliz para ele, não se enturmava. Mas Neil superou isso, e agora, como Glen falou, todo mundo diz que o conhecia. Mesmo que não tivessem nada a ver com ele, agora estão muito orgulhosos de Neil.

"Mas assim que ele se interessou por música, era estritamente isso – era tudo o que existia para ele, apenas música. Mesmo quando era pequeno foi assim, começou com os lápis, batucava em qualquer coisa, no painel, no bercinho, qualquer coisa. Apenas batucava com os lápis e ouvia as estações de rádio que tocavam as músicas novas de que ele gostava. E quando quis aprender a tocar bateria, só compramos um pad de estudo no começo. O professor achava que ele tinha talento, então Neil passou para a bateria. E uma vez que começou, a bateria se tornou a vida dele – não havia mais nada."

"Ele tinha um quarto pequeno no andar de cima que decorou no estilo dele", continua Glen, "e Neil fingia que estava fazendo solos de bateria. Pegou uns catálogos grossos e umas revistas e espalhou tudo sobre a cama, e aquilo era a bateria dele. Ele tocava nessas revistas e deixou as capas aos pedaços porque batia nelas com as baquetas. Mas aquilo era a bateria imaginária dele, e estava trabalhando em seu solo de bateria. Quando começou a falar sobre fazer aulas, que foi com Walter Ostanek, em St. Catharines, Neil comprou seu primeiro pad. E então, quando sentiu que precisava ter uma bateria, fui até lá e conversei com o professor dele antes de gastarmos o dinheiro. E ele disse: 'Sim, acho que Neil sem dúvida tem uma paixão pela bateria', e também falou: 'Acho que ele tem talento. Seja lá o dinheiro que vocês tiverem, será bem investido – comprem uma bateria para ele e sigam em frente'.

"Eu sabia que ele estava passando por maus bocados porque sabia que se sentia excluído, e foi difícil para ele durante os anos de Ensino Médio. Neil entendia que era necessário ir para a escola, mas não era uma coisa que quisesse fazer. E, de novo, sempre que nos reuníamos com os professores, eles nos diziam: 'Neil tem muito potencial. Poderia fazer qualquer coisa que quisesse na escola, mas não conseguimos forçá-lo a isso'. Conversamos com o vice-diretor do colégio, e ele tinha percebido que Neil estava com problemas, apesar de reconhecer seu potencial, achava que ele não queria seguir a vida acadêmica, que isso não era a paixão de sua vida. Ele era apaixonado por música e bateria. Eu acho que naquela época nós meio que concordamos com isso. Felizmente, o professor também via as coisas da mesma forma e nos disse: 'Bem, acho que vocês estão certos ao encorajarem Neil a seguir os sonhos dele'."

"Ele se iluminava, de verdade, quando estava tocando", conta Betty, "mas quando entrou numa banda, foi difícil para nós porque tínhamos que levá-lo de carro para todos os lugares. Mas sabíamos que va-

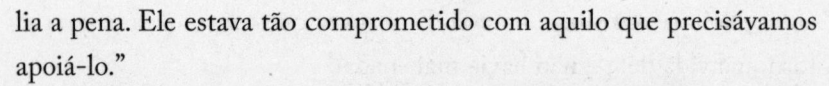

lia a pena. Ele estava tão comprometido com aquilo que precisávamos apoiá-lo."

Glen e Betty apoiavam as ambições de Neil, chegaram até mesmo a ser roadies dele, transportando o equipamento. "Na época, eu trabalhava com implementos agrícolas, e sempre tínhamos uma picape que usávamos no serviço", conta Glen. "Então compramos essa minivan, e às vezes a bateria era transportada no fundo do carro. Onde quer que Neil fosse tocar, é claro que dávamos carona. Até mesmo esperávamos por ele ou combinávamos de buscá-lo na hora que ele achava que teria terminado e carregávamos todo o equipamento no carro e levávamos tudo de volta para casa. Ele deixava a bateria montada na garagem nessa época, e era lá que praticava, dentro da garagem. É claro que não era uma maravilha para nossos vizinhos quando Neil quebrava tudo na garagem. Nós costumávamos receber visitas da polícia de vez em quando, porque havia queixas e coisas assim. Então, na verdade, quando ele se juntou a uma banda num verão, arrumamos um celeiro graças a um cliente meu da zona rural e levamos as coisas deles para lá. Assim podiam fazer todo o barulho que quisessem e não iriam perturbar ninguém.

"Ele já tinha escolhido", diz Glen sobre o primeiro kit de Neil. "Sabia o que queria, começou com aquela primeira bateria pequena e foi adiante. Eu realmente não tinha problema algum com ela. Como eu disse, Neil não se interessava por esportes, não mantinha o foco nos esportes como a maioria das pessoas. A paixão dele, como Betty falou, era tocar bateria. É o que queria fazer. E, mesmo naquela época, não queria comprar um carro, como a maioria dos jovens quer ter o próprio carro. Tudo que Neil queria era uma bateria, e queria tocar naquela bateria, era sua única paixão. Não tem como criticá-lo por isso."

"Eu não tinha muita certeza porque nunca tive qualquer experiência com algo assim", acrescenta Betty. "Mas como Glen disse, ele não tinha um carro, e acho que ele teria gostado de ter um. Mas cada centavo que ganhava ia para a bateria porque, como você sabe, Neil quebrava tudo e também as baquetas. Então não tinha como comprar qualquer outra coisa, porque todo o dinheiro dele ia para a bateria."

"Depois que me interessei pela bateria", continua Neil, "ela se tornou uma marca identitária que entrou totalmente em conflito com a conformidade de St. Catharines e, em especial, com aquela escola. As pessoas se vestiam de maneira igual por vontade própria, e assim que passei a gostar de bandas de rock e a deixar o cabelo crescer um pouco abaixo das orelhas, com a franja penteada de lado, e a usar camisas de bolinhas, surgiu essa sensação constante de não me encaixar, e eu ficava ouvindo comentários maldosos e tudo mais. Mas quando tinha 15 anos, toquei no show de talentos da escola e deixei todo mundo impressionado, e acho que meus pais estavam lá, foi meu primeiro solo de bateria diante do público e tudo mais. Aquilo realmente transformou meu mundo, vejo agora, aquele pequeno show de talentos."

"De repente Neil se tornava um ídolo quando o ouviam tocar", lembra Betty, "e isso foi no Ensino Médio. Foi então que ele ganhou certo respeito. Eu me lembro muito bem disso, foi uma revolução."

Glen acrescenta: "Bem, na verdade, o primeiro show que eles fizeram foi no salão da nossa igreja, o qual ficava num porão, onde dois ou três garotos se reuniram e Neil levou a bateria dele até lá, e eles tocaram nesse lugar pequeno. Mas o show de talentos de que Neil fala foi no colégio, e é claro que pediam que a comunidade escolar participasse. Então Neil se apresentou como voluntário. Não lembro agora quem fazia parte do grupo com ele, mas como Betty contou, de repente se deram conta, ei, esse garoto esteve caminhando pelos corredores com o cabelo comprido e talvez não seja tão esquisito quanto achávamos que ele era. Só sei que estávamos orgulhosos na época, porque podíamos ver a reação do público presente. De repente estavam prestando atenção ao que acontecia no palco, e ele se tornou alguém."

"Aquilo me deu algo do que me orgulhar", continua Neil. "Mas eu já tinha começado a criar isso de várias formas com todos os outros interesses bizarros que eu tinha na infância… Primeiramente, eu queria ser observador de pássaros, depois queria ser guarda-florestal, portanto já tinha minhas próprias ideias. Mas essa foi a primeira vez que me senti admirado por alguma coisa que alguém pudesse compreender e se identificar. Então, é claro, meu histórico acadêmico foi ladeira abaixo. Por ter pulado de série todos aqueles anos, passei raspando pela nona série, reprovei no primeiro ano do Ensino Médio, depois entrei no segundo ano e reprovei também.

"Houve uma reunião com o vice-diretor da escola e meus pais porque eu queria – já tinha idade para desistir do colégio e ser músico em tempo integral –, era tudo o que passava pela minha cabeça. E alguns colegas de banda da época já tinham saído também e ensaiavam todos os dias. Então tive essa reunião com o vice-diretor, e eles concordaram que eu não iria conquistar nada ali, e para minha surpresa e gratidão eterna, o vice-diretor disse: 'Neil não vai chegar a lugar algum aqui; talvez vocês devessem deixá-lo tentar fazer as coisas do jeito dele'. Sabe, foi mais um daqueles pequenos momentos mágicos que poderia ter se desenrolado de muitas maneiras diversas. Mas, felizmente, eu estava numa banda bem séria na época, que ensaiava todos os dias. Não saímos da escola para ser vagabundos. Eu pegava o ônibus até a casa do nosso guitarrista – ele tinha uma mãe muito tolerante. Ensaiávamos todos os dias da semana, e nos finais de semana tínhamos shows em vários lugares. Eu me sindicalizei, de verdade, por causa dos lugares onde tocávamos, acho que tinha apenas 14, 15 anos."

A relação que Neil tinha com o colégio é similar à experiência de Geddy e de muitos roqueiros que eram inteligentes o suficiente e motivados nos estudos, mas mais motivados ainda com relação ao sucesso naquilo que perseguiam com paixão. Como Geddy afirma, se estiver fazendo algo que realmente ama e investir sua inteligência, energia e ambição naquilo, há uma grande chance de se ter sucesso, mesmo se não for na escola. Há algo nessa experiência compartilhada por Neil e Geddy que deixa óbvia uma coisa: esses caras poderiam fazer qualquer coisa bem-feita desde que se dedicassem a isso. Acho que estamos todos felizes que eles decidiram se dedicar ao rock. Alex, por outro lado, parecia que teria se tornado um roqueiro de um jeito mais tradicional.

Enquanto Geddy se dedicava a se tornar um nome importante em Toronto, Neil pensava mais globalmente. "Nunca penso a meu respeito como alguém especial", reflete Neil, continuando a história. "É um traço fundamental da minha personalidade e do meu caráter. Mas a banda estava se deparando com algumas frustrações. E era uma boa banda, lembro, chamada J.R. Flood. Levávamos tão a sério que ensaiávamos o tempo inteiro, e todo mundo estava na mesma sintonia. Fizemos algumas demos para gravadoras em Toronto. Mas recebemos a resposta clássica daquela época: 'Não conseguimos ouvir um single aqui'. Então estávamos encurralados. Eu ficava insistindo: 'Caras, por que não nos mudamos para Nova York ou Londres ou algo assim?', mas eles se contentavam em continuar fazendo shows em colégios e encarar a rejeição das gravadoras.

"Então eu concebi essa ideia de me mudar para Londres e levar minha bateria e meus discos", continua Peart. "Meus pais concordaram em contribuir com a mesma quantia que eu pudesse ganhar por conta própria. Então vendi meu toca-discos e trabalhava nos finais de semana para o meu pai na loja de implementos agrícolas. Juntei 200 dólares, e eles me deram a mesma quantia. Naquele tempo, dava para comprar uma passagem de avião num voo comercial para Londres com 200 dólares. Então meu pai me ajudou a construir um contêiner para minha bateria e a despacharam de navio, e eu me mudei para Londres. Tinha 18 anos – foi no verão de 1971 –, e um amigo meu que morava lá concordou em me hospedar por uns tempos até que eu me estabelecesse.

"Em retrospecto, foi uma decisão e uma tangente muito além de bravura. Quero dizer, foi pura ingenuidade, mas ao mesmo tempo foi uma experiência insuperável ir até lá, passar fome, ter um emprego de verdade e provar a mim mesmo que poderia me sustentar de outras formas. Há algo em que muitos músicos se aprisionam, esta armadilha de que têm que fazer o que o sistema lhes diz para fazer porque têm que se sustentar apenas tocando música. Mesmo entre as jovens bandas nos arredores de St. Catharines quando eu era criança, já existia essa divisão clássica de músicos que eu conhecia que tocariam qualquer coisa só para serem considerados profissionais. Tocariam numa banda de polca, numa banda de música country, fariam covers do Top 40, qualquer coisa. Estariam ganhando a vida tocando bateria.

"Nas bandas de que fiz parte, nós tocávamos apenas músicas de que gostávamos, e se tocássemos covers, seriam covers das músicas de que gostávamos. Essa era uma distinção muito clara na minha mente, apenas parecia o caminho natural a seguir. De novo, em retrospecto, definir como ingênua, idealista e irreal não seria exagero, mas essa foi a visão de mundo que me levou para Londres. Tudo o que eu tinha que fazer era ser bom naquilo e me tornaria famoso. Sucesso era o que eu de fato estava buscando. A fama nunca me atraiu especialmente, mas sem dúvida o sucesso sim, a realização de ser bom no que eu fazia – era simples assim. Eu acreditava mesmo que era assim que o mundo funcionava. Que se eu ficasse bom, teria sucesso – simples."

Com relação à peregrinação para a "swinging London", Betty diz: "A banda favorita dele era The Who, e ele achava que, para conseguir tocar como eles um dia, teria que ir até onde eles estavam, então fizemos tudo o que podíamos para que Neil fosse para lá. E ele chegou lá e teve uma vida boa, mas não conseguiu muitos shows. Ficou dois anos, acho, e depois quis voltar para casa porque não era muito fácil fazer sucesso com música lá."

As bandas de Neil no Canadá estavam indo bem, mas ele não conseguia deixar de lado a sensação de que seu sucesso aconteceria no exterior. "Eles eram relativamente bem-sucedidos na região", diz Glen, se referindo a Neil e sua banda, Hush. "Tocavam em várias escolas e estavam sempre ocupados. Mas Neil queria dar um passo adiante. Queria conseguir um agente em Toronto e mudar o grupo para lá para ver se conseguiriam alguma coisa. Naquele período em particular, dois garotos da banda tinham namoradas que não queriam deixar para ir embora da cidade, e dois deles tinham empregos no verão. Então Neil resolveu que teria que ir embora sozinho. Como Betty disse, as coisas estavam acontecendo na Inglaterra, e ele sentia que era para lá que deveria ir. Então conversamos sobre isso na época e decidimos que o embarcaríamos para a Inglaterra, e lá foi ele."

Numa visita a Neil em Londres, Glen lembra que "ele parecia tão pálido e tão magro depois de todo aquele tempo morando na Inglaterra; eles não viam o sol com muita frequência lá. Ele não parecia muito saudável, principalmente para a mãe dele. Conseguimos viajar para lá, e Neil trabalhava como gerente numa loja em Carnaby Street. Ele teve alguns empregos, mas não havia tido sucesso em conseguir tocar bateria, assim acabou administrando essa loja na Carnaby Street. Conseguiu nos acompanhar durante quase toda aquela semana e visitamos lugares diferentes. Tivemos uma conversa no final da visita, e eu disse: 'Neil, se era para você acabar como gerente de uma loja de souvenirs, tenho uma concessionária de implementos agrícolas lá em casa, em Ontário, que precisa de um gerente do setor de peças, adoraria que você viesse trabalhar comigo'. Ele refletiu sobre aquilo, e recebemos uma carta dele alguns meses depois dizendo que tinha decidido voltar para casa. Foi quando voltou e veio trabalhar comigo na empresa."

"Acabei conseguindo um emprego, primeiro trabalhando nas lojas de souvenirs na Carnaby Street e na região de Picadilly Circus", confirma Neil. "Uma das lojas tinha uma sala no porão onde eu guardava a bateria e tocava. Entrei numa banda e comecei a fazer alguns shows. Parei de trabalhar na loja e, argh, os shows duraram só duas semanas; de repente, não havia mais trabalho. Eu dividia um quarto na região mais longínqua de Londres com meu amigo Brad e, você sabe, não conseguia pagar o aluguel, não dava para comprar comida e realmente estava enfrentando a pobreza.

"Aliás, foi minha avó quem pagou a passagem para que eu voltasse para casa no Natal e ficasse uma semana. Quando retornei a Londres, tinha só 50 centavos no bolso, mas era o suficiente para pegar o metrô até nosso apartamento, portanto a verdade é que eu estava passando necessidade. Bem, é claro, quando confessei isso para as autoridades da imigração britânica, me disseram: 'Como vamos mandar você para qualquer lugar neste país com 50 centavos?', e eu disse: 'Bem, eu posso conseguir um emprego'. No final das contas, levei os agentes na conversa e voltei para o meu antigo emprego depois daquilo, totalmente desiludido. Quando estava no meio do agito de Londres – e o negócio de música profissional era lá – ficou óbvio que as coisas não tinham dado certo da forma como eu achava que seria lá em St. Catharines.

"Então foi uma lição gigantesca. Mas também me forçou a tomar outra decisão que mudou minha vida, que foi, bem, preferir fazer outra coisa para me sustentar e tocar o tipo de música que eu amava – isso tinha ficado claro. Eu preferia ficar sozinho num porão tocando as músicas de que eu gostava, principalmente se pudesse encontrar músicos com uma mentalidade parecida com a minha para fazer isso. Depois, voltei para St. Catharines e fui trabalhar com meu pai em tempo integral na concessionária de implementos agrícolas e tocava com as bandas à noite, porque assim eu poderia tocar o tipo de música de que gostava e me sustentar ao mesmo tempo. Isso me garantiu certa vantagem, porque eu sempre poderia lutar por esse tipo de integração, já que não tinha medo de ganhar dinheiro fazendo outras coisas."

"Ele era mesmo dedicado nos dois casos", conta Glen, referindo-se à bateria e ao trabalho na concessionária. "No nosso departamento de peças na loja de implementos agrícolas, tínhamos passado tudo para um inventário no computador, e eu sabia que Neil poderia cuidar disso. Antes, tudo era feito manualmente. Então Neil ficou bem envolvido nessa tarefa, meio que estava liderando e cuidando daquela parte. Nos finais de semana, tocava o tipo de música de que gostava. Então, na época, acho que ele estava bem contente com o jeito como as coisas caminhavam. Estava perto de se conformar naquela época. Quando entrou no setor de peças, estava na linha de frente, e cortou o cabelo um pouco para parecer mais apresentável diante dos agricultores e fazendeiros – não parecia só mais um hippie de cabelo comprido. E Neil, como já sabemos, é muito inteligente e era ótimo com números, então se encaixou no departamento perfeitamente e logo foi aceito."

Mesmo quando trabalhava no negócio de Glen antes de ir para a Inglaterra, Neil sabia como trabalhar e como parecer adequado.

"Quando estava juntando dinheiro para ir à Inglaterra, ele vinha trabalhar na empresa comigo nos finais de semana. Mas tinha cabelo comprido na época, e eu disse: 'Neil, eu me sinto desconfortável com você trabalhando na loja, porque estamos lidando com agricultores, pessoas do meio rural, que geralmente são muito conservadoras, e eu me preocupo se você vai se encaixar'. Ele disse: 'Sem problemas, pai, vou usar um gorro'. Então trabalhava nos fundos da loja com os mecânicos e usava esse gorro. Durante o verão inteiro, não importava quanto calor fazia, Neil mantinha o cabelo enfiado dentro desse gorro.

"Uma das histórias que eu gosto de quando ele trabalhava na loja: eu não ficava observando muito de perto, mas tínhamos um operador de máquinas na época dedicado num projeto, e tudo era feito com detalhes intrincados e tinha que ser conduzido com perfeição. Neil começou a trabalhar com ele nesse projeto, e eles se davam muito bem. Quando Neil saiu por uns dias, eu disse: 'Bob, Neil vai estar ausente. Você quer alguém para te ajudar neste projeto?', e ele me disse: 'Não, não quero mais ninguém. Só quero o Neil'. Foi então que percebi, bem, que ele era um rapaz impressionante. Se conseguia contentar um cara como aquele, um operador de máquinas tão preciso, se esse homem queria Neil para trabalhar com ele, entendi que era uma ótima recomendação."

Mas o contraste entre os dois empregos de Neil trouxe uma lição para o resto de sua vida. Tinha trabalhado "de verdade" o suficiente para se dar conta de como a música era algo sagrado para ele.

"Sim, quando começamos a abrir caminho com o Rush e passamos a ser pressionados por parte da indústria a nos tornarmos mais comerciais e a comprometermos nossa música, repetir o refrão algumas vezes e compor singles e todas essas coisas, eu pensei: 'Não, não tenho que fazer isso'. Eu realmente me sentia dessa forma. Era um tipo de excesso de confiança, reconheço, mas banquei aquilo. Consegui proteger essa ingenuidade, esse... idealismo, que é a palavra mais acertada. Fui capaz de proteger por não me importar com isso – eu não tinha medo deles. Muitos músicos se deparam com uma situação dessas em seu primeiro contrato com gravadoras, ou seu primeiro passo dentro do grande mercado, e se intimidam. Quando começam a lhes dizer o que fazer, coisas como 'Ah, então é assim que se age por aqui, ok'. Algumas pessoas, suponho, não se importam, mas eu me importava – e ainda me importo –, então fiquei feliz de chegar munido de boas razões para fazer as coisas do meu jeito como meu sistema de apoio.

"Sempre há ironias com relação à J.R. Flood", reflete Neil. "É claro que, quando eu saí, acharam outro baterista e seguiram em frente, mudando de nome para Bullrush. Então, no verão de 1973, acho que foi isso, quando voltei da Inglaterra e comecei a trabalhar na concessionária da International Harvester com meu pai, tinha esse anúncio de um show em St. Catharines com Bullrush, Rush e Mahogany Rush – deve ter sido uma ideia brilhante de algum agente colocar as três bandas juntas. Eu conhecia os caras da Bullrush, mas não fui ver o show. Só vi os cartazes pela cidade. Acho que o Mahogany Rush provavelmente era o headliner, porque tinham um contrato de gravação com Frank Marino, o Jimi Hendrix reencarnado e tudo mais."

Os pais de Neil ficaram contentes quando ele conseguiu o teste para o Rush. Foi no trabalho que ele falou da audição pela primeira vez. "Obviamente fiquei me perguntando do que se tratava", conta Glen sobre aquele dia. "Com certeza não eram agricultores. Mas esses homens chegaram e perguntaram se podiam falar com Neil e levá-lo para almoçar, e falamos que sim, com certeza. Eu realmente não fazia ideia do que se tratava. Não passou nada pela minha cabeça, até que Neil voltou, e enfim tivemos a chance de conversar e ele me contou. Portanto foi fácil juntar as coisas. Mas, sem dúvida, não tínhamos ideia, ou pelo menos eu não fazia ideia do que estava acontecendo quando eles chegaram e o levaram para almoçar.

"Dava para ver que a cabeça dele não parava de girar. Depois que fechamos a porta, Neil me contou que queriam que ele se juntasse à banda o mais rápido possível porque precisavam de um novo baterista. E Neil, é claro, estava muito preocupado porque havia acabado de voltar para trabalhar na empresa e se comprometido em cuidar do departamento de peças. Isso aconteceu na primavera, estávamos prestes a entrar na nossa época mais movimentada. Mas eu não estava nada preocupado por ele", diz Glen, que sabia que Neil precisava tentar realizar seu sonho mais uma vez. "Porque o que ele tinha passado na Inglaterra foi questão de sobrevivência. Cada vez que mandávamos uma carta para ele, Betty ia até o banco e pegava algumas libras, ou seja lá a moeda que tinham na época, e colocava as notas junto no envelope. Nós entendemos que se ele podia sobreviver àquilo, poderia sobreviver a qualquer coisa porque, em muitos casos, morar na Inglaterra era vender o almoço para pagar a janta."

"Acho que foi maravilhoso", conta Betty. "Eu fiquei feliz de verdade que ele estava fazendo exatamente o que amava e teve essa chance, foi ótimo. Quando Neil voltou da Inglaterra, ele alugou um apartamento no centro de St. Catharines, e acho que o manteve enquanto estava fora. Não me lembro, mas sei que quando ele voltou em definitivo, se mudou para aquele apartamento. E não acho que chegou a se mudar para Toronto. Ele entrou em turnê com o Rush e não creio que tenha se mudado para Toronto, pelo menos não antes de se passarem muitos anos."

Uma vez que Neil estava na banda, o Rush conseguiu trabalhar atendendo a todos os pontos estratégicos que Ray e Vic tinham pensado para eles. A construção do império tinha continuado, com ou sem baterista. Havia um disco pronto para uma divulgação modesta nos Estados Unidos, portanto era lá que a banda iria plugar os instrumentos e tocar. O primeiro show de Neil com o grupo o atirou de paraquedas na irmandade já formada por Geddy e Alex. Em 14 de agosto de 1974, o Rush abriu para a Manfred Mann's Earth Band tendo como headliner o Uriah Heep na Civic Arena, em Pittsburgh, Pensilvânia. Não houve tempo para pensar, já que cada uma das três noites sucessivas levaram o Rush a tocar de novo, em Cincinnati e Charleston, na Virgínia Ocidental.

"Foram provavelmente as duas semanas mais movimentadas da minha vida", lembra Neil. "Eu fiz o teste, creio eu, em julho de 1974, e nós ficamos ensaiando até o aniversário de Geddy. Acho que me tornei membro oficial da banda no dia 29. E esse primeiro show foi no dia 14. Tivemos basicamente duas semanas para entrar em turnê porque não era apenas a primeira apresentação, haveria muitas outras depois daquela. Então ensaiávamos porque havia muitas canções para tirar. Tivemos duas semanas de ensaio, depois levamos o caminhão da banda até a Long & McQuade em Toronto e compramos uma bateria. Dá para imaginar isso? 'Vou querer esta Slingerlands cromada e pratos novos'. E os outros caras: 'Vou levar esta Les Paul e estes amplificadores Marshall'. Não tem como ser melhor que isso. Honestamente.

"E eu ainda guardo esse mesmo espírito. De fato, muitos, mas muitos anos depois eu estava caminhando pela rua e passei na frente de uma loja de baterias em Toronto. Olhei a vitrine, vi uma bateria vermelha e amarela e pensei: 'Eu, com 16 anos, iria ficar louco para comprar isso'. Então entrei na loja e comprei a bateria para o meu eu de 16 anos. Mas lá estávamos nós com duas semanas para nos prepararmos e aprender músicas que eu nunca tinha ouvido antes, além de tocar da melhor forma que fosse possível.

"Então trabalhamos duro durante os ensaios, e aquele primeiro show foi impressionante – primeira viagem, primeiro voo, primeiro hotel. Sabe, eu já tinha viajado de avião uma vez, na verdade duas vezes – ida e volta para a Inglaterra, mas sair em turnê e me hospedar num hotel... Isso tudo parecia uma grande aventura. Depois chegar ao local do show, toda aquela atmosfera ao nosso redor... De qualquer forma, tínhamos um set de 25 minutos. E acho que naquela noite foi a primeira vez que recolheram o teto do domo durante a apresentação do Uriah Heep. Estar lá na lateral do palco e testemunhar aquilo foi o marco número um do que se tornaria uma vida inteira. Principalmente naquela idade, aos 22 anos, era a maior aventura de todos os tempos, e é provável que continue sendo até o final.

"A mera intensidade de toda a experiência", continua Neil. "Ken Hensley, do Uriah Heep, foi muito simpático com a gente desde o começo e nos recebia no camarim deles e cuidava de nós de um jeito que se tornou marcante. Quando se fica junto fazendo turnê por um tempo, e se vê o quanto as pessoas são focadas, e o quanto reservadas e fechadas elas têm que ser para sobreviver àquilo, conhecer um cara sociável e gregário como Ken foi outra parte que realmente se destacou. Os caras do Manfred Mann foram bem legais com a gente. Acho que fizemos quatro shows com aquele line-up. O quarto foi a última apresentação da turnê juntos, com o Uriah Heep e o Manfred Mann, e eles tinham se tornado muito próximos, houve essa festa com brincadeiras e chantilly jogado uns nos outros durante o show, serpentina atirada sobre o baterista enquanto ele tentava tocar, todas essas pegadinhas entre as duas bandas. E então tudo acabou com o Uriah Heep saindo do palco coberto de torta.

"O mesmo aconteceu com o Kiss. Nós chegamos ao final da turnê e celebramos com pegadinhas juvenis. Sim, foram turnês emblemáticas que estabeleceram um bom exemplo e se tornaram nosso modelo – como você deve agir quando é headliner acompanhado de bandas de abertura. Deve-se garantir que eles possam fazer a passagem de som, o que se tornou imperativo para nós depois de algumas experiências ruins. Coisas assim nos dão formação. Lembramos o exemplo dado pelas primeiras grandes bandas com quem trabalhamos e a forma como fomos tratados. Assim, ganha-se um bom modelo de referência para o futuro. Portanto, foi uma experiência gigantesca, tudo aquilo, ser doutrinado, bum, dessa maneira. Eu nunca tinha tocado daquele jeito na minha vida, exceto em alguns festivais pop para mil pessoas em St. Catharines. Mas apenas em bares e colégios, esses eram nossos paradigmas. Isso é o que muda de primeira. Seu paradigma vai para um lugar totalmente diferente, e alguém como você, inocente e surpreso, passa a absorver, observar e sentir muitas coisas."

"Eu me lembro de tudo aquilo com clareza", conta Geddy, também sobre o primeiro show com Neil. "Pittsburgh Civic Arena, abrindo um show de três atos para Uriah Heep, que era o headliner, Manfred Mann's Earth Band e nós, e éramos muito inexperientes, tanto quanto se pode imaginar. Mal conhecíamos Neil. Ele estava na banda fazia só duas semanas. Neil entrou, ensaiamos músicas que totalizavam 26 minutos, e lá estávamos nós. Porque era isso que tocaríamos naquela turnê, 26 minutos. Nem mesmo tínhamos cases para nosso equipamento. Chegamos a esse show como pobretões com esse caminhãozinho. Tínhamos dois roadies e todo nosso equipamento. Todos os nossos cabos e materiais estavam em engradados plásticos, aqueles de transportar refrigerante, como Coca-Cola e Pepsi. Éramos muito inexperientes, estávamos bem nervosos, e aquilo era o show business. Era coisa séria."

"Foi um evento de grandes proporções", concorda Liam, "e fomos jogados no meio de tudo aquilo. Nos deram uma quantia em dinheiro para comprarmos equipamento, e compramos todos aqueles instrumentos novos. É claro que, tendo instrumentos novinhos, tudo tinha que ficar perfeito – ou não. Para mim aquela foi provavelmente uma das piores noites da história. As coisas estavam se despedaçando e descobrimos que havia problemas com o equipamento novo, tivemos que correr da mesa de som até o palco, para a frente e para trás – foi um pandemônio. Foi nossa primeira vez tendo que lidar com sindicatos abrindo caminho em meio a um campo minado em potencial. Mas eu realmente me lembro de ficar lá para ver o resto do show, e enquanto o Uriah Heep estava no palco, abriram o teto e deu para ver as estrelas. Foi um grande momento. Naquela hora, enfim tínhamos dado o grande salto. Mas percebemos que havia muito a aprender, e no final das contas

FOI NOSSA PRIMEIRA VEZ TENDO QUE LIDAR COM SINDICATOS ABRINDO CAMINHO EM MEIO A UM CAMPO MINADO EM POTENCIAL.

era necessário ampliar a equipe só para lidar com todos esses problemas que estávamos tendo e não ficarmos parecendo completos amadores."

Geddy conta a história de como o novo diretor de turnê, Howard Ungerleider, explicou a eles como um rider funcionava e a banda podia solicitar bebidas e comida. Alex pediu vinho barato, e Geddy pediu uma garrafa de Southern Comfort.

"Não sabíamos o que pedir. Me lembro de ler uma matéria dizendo que vários cantores costumavam beber Southern Comfort, e nós seguimos para o palco, estávamos lá fazendo nosso primeiro show nos Estados Unidos, e o público ainda se acomodava em seus lugares. O lugar estava com apenas um terço da lotação, e éramos a banda para quem ninguém dava a mínima; eles ainda estavam procurando seus lugares e nós tocando, e eu fiquei tonto. Era pura adrenalina. E eu nunca mais bebi aquela porcaria depois disso. Era uma ideia estúpida."

Geddy diz que tudo passou num flash, e os caras não faziam ideia se tinham tocado bem ou não. "Acho que, quando terminamos, havia cerca de 11 mil pessoas no local. Mas foi um momento grandioso nas nossas vidas. Neil não nos conhecia pra valer, nós mal o conhecíamos, e isso foi o começo da nossa turnê. Foi nosso primeiro show. Eu me lembro de chegar de avião em Pittsburgh e tudo parecia tão emocionante. Dividíamos os quartos naquele tempo, então cada noite havia uma pessoa diferente com você. E estávamos nos Estados Unidos. Viajávamos de carro, num carro alugado. Não era um ônibus ou uma van. A gente dormia no bagageiro. Mas éramos jovens, não nos importávamos, não havia conforto algum, e ninguém se importava.

"Eu ficava nervoso todas as noites, até que um dia não fiquei mais", continua Geddy. "E é assim que acontece. No começo de todas as turnês, ficamos meio nervosos, e então depois de alguns shows passa a ser só o nosso trabalho, e o nervosismo some. Aguardávamos ansiosamente por aqueles 26 minutos, porque o resto do dia era uma tremenda chatice, sabe, ficar esperando, viajar, tentar fazer o tempo passar. Aqueles 26 minutos eram o único momento em que se fazia o que se estava lá para fazer. Então acho que é por isso que muitas bandas se perdem numa turnê, principalmente as de abertura, porque há tempo livre demais. A razão pela qual se está lá, e o propósito de tudo, acaba sendo realizado num curto período de tempo. Adorávamos tocar e ficávamos frustrados, mas grande parte das turnês acontece assim."

"Estavam todos assustados, mas era a oportunidade de uma vida", concorda Vic Wilson. "O ídolo de Geddy era o cara do Uriah Heep. E eles estavam trabalhando juntos e passando tempo juntos. E é claro que o camarim do Rush ficava bem afastado, a uns quatro corredores de distância, mas tudo bem: iam até lá e faziam o show deles. E o camarada do Uriah Heep foi até o camarim conversar com eles, e os rapazes ficaram embasbacados só de olhar para ele. Quando seu ídolo vem dizer: 'Caras, vocês fizeram um bom trabalho', isso dá uma motivação extra. E foi o que ele fez, e acho que tocaram quatro datas com eles."

Avaliando o novato, Vic conta: "Naquele momento, ele copiava o que John Rutsey tinha tocado no álbum. Basicamente, era isso. Mas já começando com o álbum seguinte, Neil passou a ser ele mesmo. Foi quando acrescentou a seção rítmica Peart à banda. Ele basicamente teve que aprender o material de um álbum inteiro. Não dá para dizer que ele se destacou ou algo assim. Apenas fez o trabalho dele. E, depois de dez dias, apenas se fica contente por ter dado conta do recado. Eles só podiam estar com receio. Estavam com medo lá em cima do palco. E o lugar estava lotado. Era uma arena fechada. Devia haver umas 15 mil pessoas lá dentro.

"Eu não estava muito envolvido com a turnê nos Estados Unidos", explica Vic. "Ray e eu não íamos aos shows. Eles estavam lá sozinhos. Howard Ungerleider cuidava da banda, e ele fez um bom trabalho. Tudo ocorreu tranquilamente. Toda a logística era executada por Howard, então não precisávamos estar lá. Não fazia parte do nosso trabalho estar lá. Eles foram e arrasaram. Certa vez recebi de presente um estojo de canetas dos rapazes da banda, e lá havia uma gravação no mármore: 'Podemos ir para casa agora?'. Então, sim, estavam lá trabalhando sem parar. E era o que dava certo para o Rush. Trabalho, trabalho e trabalho. Era assim que vendiam os álbuns – não por tocar no rádio."

"Comecei com uma empresa em Nova York, porque é de onde eu venho", conta Howard Ungerleider, lembrando os primeiros tempos com o Rush. Ele foi incluído na conjuntura e se tornou indispensável para a banda até o final.

"Nossa empresa era chamada na época de American Talent International. Eles eram uma das maiores agências da América do Norte, na verdade, do mundo inteiro. Comecei trabalhando como garoto do café, circulava pelo escritório levando café e chá para as pessoas, e no período de um ano fui sendo promovido até me tornar agente. Eu viajava com as bandas. Certo dia me disseram: 'Você vai para Toronto', e eu disse: 'Por quê?', e eles disseram que eu trabalharia para uma banda que seria o próximo Led Zeppelin, cuidando dos interesses da empresa. E perguntei: 'Ãh, quem é essa banda?', e eles disseram: 'Eles se chamam Rush, e se você não for está despedido'. Então não havia muita escolha. Falei: 'Ok, estou a caminho'. Peguei um voo para Toronto e gostei das pessoas e de toda a operação que havia lá – isso foi em agosto de 1974.

"Minhas primeiras impressões de Toronto é que não parecia realmente Toronto, porque eu tinha aterrissado num aeroporto que ficava bem longe da cidade, e eles me levaram a esse pequeno subúrbio chamado Richmond Hill, que eu achava que era Toronto. Então fiquei pensando: 'Nossa, que lugar pequeno'. Conheci Geddy e Alex logo de cara. Eu me lembro dos dois encostados num Corvette branco, vestidos com roupas de tenistas e segurando raquetes, e pensei: 'Uau, esses caras devem adorar tênis!'. Acho que era o carro de Vic Wilson ou algo assim. Foi meio assustador porque eu tinha sido enviado até lá para atuar como diretor de turnê e cuidar de tudo, e na minha primeira visita ao escritório, entrei lá e vi a contadora, Sheila. 'Oi, sou Howard Ungerleider, estou aqui para cuidar do Rush. Preciso de 10 mil dólares só para as minhas operações, para que possa iniciar meu trabalho.' O que eu não sabia na época é que ninguém tinha dinheiro. Ela achou meu pedido bastante incomum. E atrás das portas fechadas às quais eu não tinha acesso, o pessoal ficou bem apavorado. Esse cara de Nova York quer 10 mil dólares, e não sabemos o que fazer! Mas ao longo do tempo, como se pode ver, conseguimos os 10 mil dólares.

"Mas eles eram muito simpáticos, eram pessoas muito legais", continua Howard. "Quero dizer, até hoje, de todas as bandas com quem trabalhei – e já trabalhei com muita gente –, esses caras são os melhores. São cavalheiros, são justos e compreendem o que está acontecendo. É raro porque, quando se está na estrada com outras bandas e lidando com outros empresários, as pessoas tendem a lidar com as coisas de um modo diferente. Com o Rush, tudo se resume a ser direto e honesto e a lhes dizer o que está em jogo. Eles esperam a mesma coisa. É uma via de mão dupla muito gratificante."

"Conhecemos Howard em agosto de 1974, pouco antes da nossa primeira turnê", explica Alex. "Ele trabalhava para a agência que assinou o contrato conosco na época, como um de seus agentes. Mas o trouxeram para cá como diretor de turnê. Quero dizer, era nossa primeira turnê. Não sabíamos o que estávamos fazendo. Ele esteve na estrada com várias bandas, então fazia sentido que tivéssemos alguém com alguma experiência. Mas, você sabe, todos nós tínhamos 20 e poucos anos na época e realmente não sabíamos o que estávamos fazendo, incluindo Howard. Ele era nosso diretor de turnê e não sabia cuidar da iluminação, que era algo bem simples. Lembre-se, éramos uma banda de abertura e fazíamos um show de 20 minutos na maioria das noites. E tínhamos apenas outros dois caras na equipe. Um cuidava da bateria, e o outro da guitarra e do baixo. Então Howard ficava responsável pela iluminação, e nós meio que mantivemos esse sistema por anos. Eu acho que até… talvez meados dos anos 1980. Foi então que Howard passou a cuidar específica e exclusivamente da iluminação, e modificamos toda a nossa produção e acabamos com um diretor de turnê diferente, um diretor de produção e tudo mais."

Howard chegou ao grupo bem quando a situação do baterista estava se resolvendo.

"Sim, foi incrível. Quero dizer, todos os bateristas de Toronto vinham até nós fazer teste para o Rush. Estavam com um baterista da Max Webster, um baterista de outra banda. Na verdade, Neil apareceu de forma inesperada. Um amigo de um amigo sugeriu que a banda fizesse um teste com ele. Ele havia voltado da Inglaterra fazia pouco tempo. Esteve por lá e as coisas não deram muito certo... mas diziam: 'Vocês têm que ouvir esse cara tocar porque ele é incrível'. E me lembro de quando ele entrou e montou a bateria prateada. Foi tudo muito interessante. Tão logo ele tocou com a banda, não havia mais o que questionar. Todo mundo pensou: 'É isso!', porque antes parecia um show de calouros. Os bateristas saíam, e o pessoal chamava: 'Ok, próximo! Vamos ver o próximo baterista – próximo!', e quando Neil entrou foi assim: 'Esse cara é ótimo', e depois já estávamos na estrada.

"Naquele primeiro show que fizemos em Pittsburgh", continua Howard, "ficamos neste hotelzinho chamado Webster Hall. Também dividíamos os quartos, havia um esquema de rotação de quem ficava com quem. Continuamos fazendo shows como banda de abertura, e foi a única vez, creio, na história do rock 'n' roll, que realmente abriram o domo daquele lugar durante um show, lá na Civic Arena, e aquele ar todo entrou com pássaros e coisa e tal. Isso ficou gravado na minha memória. Não tenho certeza se abriram o teto de novo depois disso, porque nunca mais conseguiram fazer com que ele se fechasse como deveria, quebrou e jamais consertaram.

"Aquilo nos balançou porque, no meio do show, esse teto começou a abrir, e veio uma ventania do lado de fora que pegou todo mundo de surpresa. E, sim, pelo que soube, foi a única vez que aquele domo abriu e fechou. Acho que alguma coisa deu errado, e eles jamais abriram o teto novamente. Mas foi muito bacana tocar com o Uriah Heep, e foi emocionante porque o local estava lotado. Tínhamos saído de shows em lugares pequenos no Canadá para tocar naquele espaço gigantesco.

Para nós, naquela época, tão jovens, a arena parecia imensa. E olháva-mos em volta e víamos que estava lotada, com pessoas amontoadas até o fundo. Cara, foi algo poderoso. E houve uma reação surpreendente para um show de abertura – o Rush sempre fazia tudo vir abaixo. Eles entra-ram no palco e foi maravilhoso, uma sensação incrível, principalmente para os rapazes. Desde o minuto em que subiram lá para tocar, naquela primeira noite, arrasaram, porque estavam diante de 14 mil pessoas en-louquecidas, e estavam acostumados a tocar em lugares pequenos. De repente estavam naquele palco pensando 'Uau'.

"O Uriah Heep sempre tratou o Rush muito bem. Quero dizer, Ken Hensley… Gary Thain estava na banda na época, Mick Box – esses ca-ras eram ótimos. Eram profissionais. Na verdade, eu tinha sido agente deles antes de trabalhar com o Rush, então os conhecia e conhecia o empresário deles naquele tempo, Gerry Bron. Foi realmente uma turnê muito boa, era excelente trabalhar com esses caras."

"Fora dos palcos, ao longo daquela turnê, não nos misturamos muito com os rapazes", lembra o guitarrista e fundador do Heep, Mick Box. "Foi como se o Heep estivesse num bar em algum lugar, e provavelmen-te a gente veria Geddy e Alex por ali, e então eles sumiam. Não havia bem aquele tipo de camaradagem em que se toma uma cerveja juntos, essas coisas. Ficavam na deles, talvez observando como tudo funciona-va, aprendendo as manhas de uma turnê, e se saíram muito bem."

Esse é um tema recorrente entre as bandas que já excursionaram com o Rush. Todos sabem que Neil Peart é um cara bastante reservado, mas certo ar de seriedade e persistência impregnava a banda desde o começo. Notoriamente, quando o Rush estava na estrada, como banda de abertura ou atração principal, nunca havia escândalos à sua volta. Tinha, sim, momentos de diversão, mas mesmo quando eram jovens, havia uma estranha maturidade, uma descontração que conseguia ser até mesmo estruturada, incluindo os esquetes cômicos de Alex, as par-tidas de hóquei e os hobbies de Neil: ciclismo e motociclismo.

"Geralmente, Alex e Geddy circulavam juntos por aí", continua Mick. "Víamos Neil muito pouco. Quase sempre, como eu falo, ficavam na periferia. Se estivéssemos num bar em algum lugar, eles apareciam, davam uma olhada e logo iam embora. A gente dizia às vezes: 'Ei, apareçam', mas se mantinham um pouco afastados disso. Mas havia essa organização muito bem administrada. Fazer shows nas principais arenas dos Estados Unidos deve ter sido uma grande revolução para eles. Contudo, na posição periférica que assumiram, ficavam observando e aprendendo, e não demorou muito para que subissem a escada do sucesso por conta própria, que é – mérito deles – uma trajetória fantástica.

"Acho que, como foi a primeira turnê deles, ficaram de fora de muitas coisas. Estar ao redor do Uriah Heep na época, você sabe... Estávamos bem loucos. Não éramos nada santinhos. Eles já tinham feito as malas, prontos para ir embora. Estávamos aproveitando tudo ao máximo, mas eles provavelmente apenas ficaram olhando para tudo muito impressionados. Você entrava num bar com a gente, e era como uma cena de *Star Wars*, todo mundo pendurado nos lustres se balançando, tudo era exagerado. Acho que provavelmente esse era o motivo pelo qual sempre sumiam."

Vic Wilson confirma a reputação da banda de ter bom comportamento, dizendo: "Neil era quieto. Ficava na dele e foi assim por muitos anos. O estranho em relação à banda é que eles não eram festeiros como todo mundo poderia imaginar quando se fala de uma banda de rock ou de heavy metal. Na maior parte do tempo, ficavam lendo livros. Era um pouco chato e nada parecido com a minha ideia de diversão. Mas era o que eles faziam."

"Eles tinham o próprio *sanctum* interior ou algo assim, e lá permaneciam", diz Mick Box. "Mas tenho que dizer que lidavam com tudo muito, muito bem. E não parecia que Neil era o novato do grupo. O som deles nos fazia pensar que estavam juntos havia muito tempo. Então, há muito mérito em Neil. Eles superaram todas as expectativas. Vi o potencial deles imediatamente, porque como um trio eram muito potentes. Na época, não havia outros trios por perto, então só isso já os distinguia. Além disso havia o fato de Geddy conseguir alcançar todas aquelas notas altas. E, na época, ele cantava tudo de forma bem aguda, embora mais tarde tenha desenvolvido outras variações na voz – ou permitiu que elas surgissem, devo dizer –, dando mais dinâmica aos vocais. Mas parecia que tudo o que ele cantava era a plenos pulmões. Eu faço as harmonias agudas na minha banda, então sei que notas ele conseguia alcançar. Geddy fazia um ótimo trabalho. Quero dizer, houve algumas comparações no começo, diziam que ele imitava um pouco o Robert Plant, que era tudo muito Zeppelin, essas coisas, mas para ser honesto, eu não via dessa forma. Percebi logo de cara que tinham a própria marca."

Mick diz que os vocais de Geddy eram únicos. E essa singularidade "às vezes traz muito sucesso, porque eles se destacam na multidão. E vi o potencial bem ali, sem dúvida. E o fato de que ele também tocava linhas de baixo incríveis enquanto cantava, isso é difícil. Acho que o cara número um para isso provavelmente seria Jack Bruce. Mas você pode colocá-lo ali junto a Geddy em termos de habilidade para cantar melodias agudas, cantar tão agudo, e também conseguir tocar baixo. É incrível. Porque ele precisava dar conta de muitas coisas ao mesmo tempo. Não podia só tocar de qualquer jeito e se safar, porque como eram apenas três músicos tocando linhas bem avançadas, era um rapaz muito detalhista."

Com relação às críticas desagradáveis quanto aos vocais de Geddy, Mick observa: "Sim, existiram, mas o lado positivo disso é que ninguém mais estava fazendo igual – ele se destacava. E acho que ele era ótimo. Era mesmo, e o vocal dele naquele registro, com todas as partes graves do baixo e da bateria, como preferir, e Alex sonoramente dando conta de combinar os acordes, tudo se encaixava, tudo ficava maneiro. Tudo isso mostra que os críticos estavam errados."

O ZZ Top fala com autoridade sobre os desafios específicos de um trio. O baixista Dusty Hill sinaliza que, enquanto Billy Gibbons faz seu solo, ele precisa encontrar uma maneira de projetar a ilusão tanto do baixo quanto da guitarra base.

Mick explica em detalhes: "Eu diria que dinamicamente há lugares em que isso tem que se retrair e não pode entrar com força total. Mas sabe, com o Rush, os buracos que havia eram premeditados, como algo dinâmico. Mas em geral, tudo parecia encorpado, não faltava nada. Era muito bem orquestrado entre eles três. E a guitarra de Alex era ótima, com aqueles *power chords* e coisas assim. Ele conseguia respirar e dar conta do recado. Eletrizante. Alex tinha muito talento, é óbvio. E preenche com perfeição seu papel, se quiser uma comparação, provavelmente da mesma forma que Andy Summers faz com The Police. Havia bons acordes que preenchiam qualquer espaço. Ele simplesmente tinha a habilidade de desempenhar esse papel muito bem. Não poderiam ser eles mesmos sem Alex. Os riffs e as coisas que ele toca… são brilhantes. E os sons que obtém com os efeitos dos pedais e coisas desse tipo, fascinante. Deixa tudo mais vivo. Ele meio que faz parte do panorama."

Tocar com uma banda como o Heep foi uma estratégia inteligente para o Rush, explica Mick, porque se tratava de um público que seria receptivo, pronto para conhecer e aceitar uma banda como a deles.

"Foi como conquistaram uma base de fãs muito depressa. Foi o lugar certo e a hora certa de aparecer. E causaram uma boa impressão junto ao público de rock. Não tiveram que tocar para um público de pop e convencê-los, ou para um público de soul. Era um público de rock talhado especialmente para eles. E usaram isso a seu favor. Aprenderam bem rápido como se comunicar com a plateia, que músicas davam certo, os truques do negócio, e assim começaram os ajustes. Coisas que às vezes se resolvem facilmente num clube não se aplicam quando se está tocando num show maior. Aprende-se o momento de fazer luz e sombra, para onde viajar e vagar se for preciso, onde encaixar melhor um longo solo ou algo do tipo. Você ajusta todas essas coisas, e de repente está com o público na mão."

Mick faz observações adicionais sobre o breve show de abertura da banda: "Bem, 26 minutos pode ser muito tempo se estiver fazendo as coisas do jeito errado, e um tempo muito curto se estiver fazendo tudo certo. E eles obviamente estavam fazendo tudo certo". Mas mesmo com essa duração "era um grande passo à frente. É preciso aprender um pouco mais sobre rock 'n' roll. Como sempre digo, há clubes, teatros, e então se está nessa arena imensa e é preciso se conectar tanto com a última pessoa lá nos fundos da plateia quanto com quem está ali bem na frente, é necessário se projetar lá longe. E tão logo se aprende como fazer isso, é como uma onda, e quando você chega lá no fundo, sabe o que está fazendo."

Corta para maio de 1978, e então é o Uriah Heep quem está abrindo para o Rush. Sobre o sucesso da banda, Mick afirma que "uma coisa que explica a longevidade dos caras é que eles têm boas canções que as pessoas ainda adoram ouvir ao vivo; têm muitas músicas que sobreviveram ao teste do tempo, e isso é maravilhoso. Isso também cria uma plataforma para lançar material novo e seguir em frente. Por isso, embora você tenha muito orgulho de sua trajetória, pode criar músicas novas e fazer com que as ouçam. Não há sentido em ser um ótimo músico sem boas canções, porque ninguém vai se lembrar de um grande instrumentista se não houver música. Alguma coisa tem que inspirar e tocar sua alma. E eles obviamente criaram muitas canções ao longo do caminho que despertavam isso nas pessoas."

Ao atar as duas pontas e resumindo sua trajetória, Alex Lifeson diz: "Saímos de shows diante de algumas dezenas de pessoas num clube ou bar para tocar diante de um público de 12 mil apresentando um set de 20 minutos num palco do tamanho dessa mesa. Sabe, não havia espaço – éramos três bandas. Foi estressante, mas ao mesmo tempo muito emocionante. Acho que tocamos três músicas. 'Working Man' tinha mais de 10 minutos, e depois havia duas outras músicas mais curtas e era isso. E eu me lembro de encontrar Ken Hensley e Mick Box, do Uriah Heep, e eles foram ótimos, principalmente Ken, que era muito gente fina. Ele

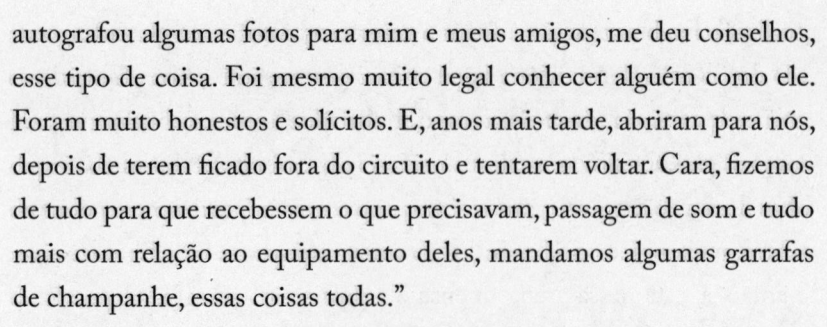

autografou algumas fotos para mim e meus amigos, me deu conselhos, esse tipo de coisa. Foi mesmo muito legal conhecer alguém como ele. Foram muito honestos e solícitos. E, anos mais tarde, abriram para nós, depois de terem ficado fora do circuito e tentarem voltar. Cara, fizemos de tudo para que recebessem o que precisavam, passagem de som e tudo mais com relação ao equipamento deles, mandamos algumas garrafas de champanhe, essas coisas todas."

Depois que o Rush abriu para o Uriah Heep in Pittsburgh, logo em seguida o circo levantou acampamento para ir a Cleveland, cidade da WMMS e de Donna Halper, que, como já sabemos, ajudou a popularizar a banda com a execução no rádio.

"Houve algumas arestas a aparar", começa Donna, lembrando aquele show. "Eles estavam aprendendo a tocar juntos. No começo foi Neil e os solos de bateria, Neil e todas as coisas maneiras que ele fazia, e eu mantive uma atitude meio filosófica diante disso. Pensei que estavam se ajustando, estavam descobrindo que habilidades em particular colocariam no centro de tudo. Neil era o garoto novo, e eu fiquei pensando que, à medida que o tempo passava, seria como um casamento, em que cada um encontraria o papel que iria desempenhar. Portanto, me lembro de não ter ficado muito perturbada com o fato de que, num primeiro momento, pareceu existir um foco excessivo em Neil. Me parecia ok, era o que eles queriam."

Geddy contou a Donna que, embora o estilo de Neil fosse menos convencional, sentiam que era quem eles procuravam. Halper conta: "Geddy conversou comigo – e também Alex – sobre o fato de que sabiam que não queriam ser apenas uma banda de rock de três acordes tocando em bares – 'O caminho que queremos seguir não é 'In the Mood'. Entendemos que precisamos achar uma maneira de tocar nas rádios de Toronto... mas eles não tocam nossas músicas. Sabemos que precisamos fazer algo mais interessante. E Neil vai nos ajudar com isso'. Então estavam contentes em tê-lo lá, e foi como um tipo de batismo de fogo. 'Vamos tentar isso... Agora vamos tentar *isso*.' Não me pareceu que tinham se consolidado, mas sentia que isso aconteceria em breve. E, como diretora musical, estava ansiosa para ouvir o novo material deles e vê-los tocando juntos. Pensei: 'Vai ser incrível'.

"Eles ficaram presos numa única coisa por tanto tempo, e então finalmente vão seguir outro rumo", continua Donna, reconhecendo a importante trajetória do Rush na era Rutsey. "Ficaram um tempão com John. E me pergunto com certa frequência o que teria acontecido se John não tivesse problemas de saúde. Sinto que a banda teria se separado de qualquer maneira. Não que não gostassem uns dos outros, mas mesmo das minhas conversas com eles antes de Neil se juntar à banda, ficou bastante óbvio para mim que sentiam ter levado aquela formação até seu limite. E a resposta que receberam de músicas como 'Finding My Way', 'Working Man' e 'Here Again', que se tornaram bem populares em Cleveland, os deixou pensando: 'Como podemos escrever letras mais interessantes?', 'Como podemos criar progressões de acordes mais interessantes?', 'Como podemos exibir nossas habilidades musicais um pouco mais?'.

"Naquele momento, não havia resposta... E então Neil se tornou a resposta. Geddy se tornou uma resposta, e cada membro da banda trouxe outras respostas. Não começaram a fazer nada realmente interessante ou criativo até *Fly by Night*, quando enfim tiveram algum senso artístico de, você sabe, não queremos apenas aquele fúcsia horroroso."

Cliff Burnstein, que assinou o contrato com a banda junto à Mercury Records, assistiu ao Rush pela primeira vez no sexto show de Neil, em 21 de agosto de 1974, em St. Louis, Missouri.

"Naquela época, havia esses shows com três atrações que apareciam na cidade toda semana, com três bandas incríveis toda semana", lembra Burnstein. "Aí o Rush embarcou na turnê do Uriah Heep, e depois foram para St. Louis abrir para outros caras. Acho que foi o Spirit em nova formação, porque eram bem populares em St. Louis. E St. Louis tinha um voo direto saindo de Chicago. Então fui até lá assistir ao Rush naquela ocasião. Eu estava negociando com Vic Wilson, um dos empresários do grupo, e falei que iria a St. Louis para ver a banda e conhecer os integrantes. Nós já tínhamos assinado o contrato com eles, mas nunca havíamos nos reunido, sequer os vimos, nada, apenas confiamos na força do álbum. Então avisei Vic alguns dias antes.

"E então um dia antes de ir para St. Louis, Vic me telefona e diz: 'Cliff, tenho que te dizer uma coisa, e estou meio constrangido com isso'. Eu disse: 'Ah, ok, o que é?', e ele falou: 'Bem, temos um novo baterista', e eu disse: 'O quê?! O que aconteceu?'. Ele me explicou: 'Bem, John Rutsey tem problemas de saúde, e encontramos um baterista para substituí-lo'. E eu falei: 'É só para esta turnê ou é algo permanente?', e ele me disse que era permanente. E acrescentou: 'Não se preocupe. Não vai afetar em nada a banda'. E eu disse: 'Realmente espero que não'. Porque naquele momento estava por um fio, já que eu mesmo tinha falado para o presidente da gravadora contratar o Rush. Não queria que nada de ruim acontecesse com eles. E isso já era um mau sinal, trocar o baterista.

"De qualquer maneira, fui até St. Louis, e acho que consegui marcar uma reunião com um produtor local para nos encontrarmos com a banda antes do show e sairmos para jantar. Fomos a um restaurante japonês. Eu não conhecia comida japonesa muito bem naquela época, nem os rapazes. E o promotor de eventos de St. Louis disse, quando estávamos terminando o jantar: 'Que tal um pouco de saquê?'. E a banda disse: 'Ah, não, não vamos beber nada. Temos que estar no palco daqui a algumas horas. Precisamos estar com força total'.

"E bem ali, nessa hora, fiquei impressionado com o quanto eles eram sérios. Fomos para o show e os caras foram fenomenais. E Neil… Eu estava assistindo à banda pela primeira vez, mas lá estava Neil, o substituto, e ele era fenomenal. Fiquei pensando: 'Uau'. Não sei se John Rutsey tocava bem, mas esse cara era incrivelmente bom. Foi o que pensei.

"Assim, depois da apresentação, voltei para o camarim, e lá estava essa moça que parecia amiga da banda. Pensei em conversar com ela porque achava que tinha alguma ligação com eles. E de modo inocente, fiquei ouvindo a moça falar e me contar que estava acompanhando a turnê do Uriah Heep e quando viu o Rush decidiu abandonar a turnê deles e seguir o Rush. Foi então que me dei conta do que estava acontecendo. Foi minha primeira pista de que a banda de fato chegaria a algum lugar, porque se você consegue atrair o *entourage* pessoal da atração principal logo nas três primeiras apresentações, alguma coisa certa está sendo feita. Está impressionando fortemente as pessoas."

Além dessa anomalia do rock 'n' roll, Cliff observa: "Eles eram sérios e estavam um pouco nervosos para a reunião com a gravadora, sem saber o que seria mais apropriado, se era para ser mais amigável ou não. Acho que já estavam com a cabeça no show, e tudo acontecia tão rápido que eles não pensavam em mais nada a não ser no que estivesse diante deles naquele momento. Parecia que estavam muito focados em seu trabalho. Quero dizer, acho que estavam mais nervosos quanto a se reunir com alguém da gravadora do que com realmente fazer o show. O show era o trabalho deles e uma coisa que já conheciam e sabiam que podiam executar bem. Mas se reunir com o pessoal da gravadora era algo que ninguém, na verdade, saberia como fazer.

"Tudo o que eu sabia era que esta garota estava seguindo o Uriah Heep na turnê e tinha gostado do Rush, tanto que passou a segui-los. Aquilo significava tudo para mim, entende? Achei a música maravilhosa e, na minha vida, quase sempre que acho a música maravilhosa, muitas outras pessoas também acham a mesma coisa. Eu era tipo um grande fã de música, e um fã de rock mediano até onde meu gosto permitia. Então, se achasse algo realmente ótimo, por que outras pessoas não pensariam o mesmo? E também passou a ser parte das minhas atividades convencê-los de que isso era um fato."

Assim que Neil se juntou à banda e os motores do Rush entraram em rotação máxima, abriram caminho pelo restante do ano de 1974 e cobriram todo o território dos Estados Unidos, abrindo shows de grandes nomes do rock. Voltaram a Cleveland em 26 de agosto para tocar no Agora Ballroom. Foi o primeiro show com Neil transmitido pelo rádio, com toda a produção ficando a cargo da WMMS. À noite, além do aguardado material do álbum de estreia, a banda tocou uma nova música autoral, "Fancy Dancer", e a nada convencional cover dos Beatles (via Larry Williams) "Bad Boy", ambas bem pesadas mas com raízes fortemente fincadas no blues. Muito mais pesada foi a canção original "Garden Road", que não fazia parte do LP. Escolhida para fechar o show, mesmo que tenha buscado sua estrutura do blues, era discernível através do que poderia ser um rearranjo intimidador do Black Sabbath. Enfim, ainda do front que não fez parte do LP, o Rush também ofereceu versões preliminares de canções do álbum *Fly by Night*, "In the End" e "Best I Can", esta última maníaca a ponto de se sentir que a banda já a estava abandonando antes mesmo de colocá-la no álbum.

Uma escuta atenta do show revela que Neil Peart acertava com precisão cada batida, e destaca-se a garganta feroz e descomplicada de Geddy Lee. O mais engraçado é o quanto um Geddy freneticamente ocupado no baixo consegue transformar a agradável "Need Some Love" numa coisa parecida com uma mistura entre Hawkwind, Motörhead e punk rock.

Em 22 de dezembro, houve um segundo show importante transmitido pela rádio, gravado pela WQIV no Electric Lady Studios, em Nova York. A banda retornou ao Agora Ballroom em Cleveland para uma segunda transmissão pela WMMS em maio do ano seguinte.

As poucas datas norte-americanas de agosto de 1974 levaram a uma série consecutiva de apresentações no final de outubro. A primeira aparição da banda na TV, já com Neil, aconteceu em 16 de outubro, quando o Rush foi convidado para se apresentar no programa de hits de Don Kirshner, chamado *Rock Concert*, filmado em Los Angeles. Neste importante marco da carreira, tocaram "In the Mood", "Finding My Way" e "Best I Can". Ao longo de novembro e dezembro, a banda encontrou um lar no Cinturão da Ferrugem norte-americano, também chegando a regiões do leste e oeste dos Estados Unidos. A mais memorável atração principal foi o Kiss, embora o Rush também tenha dividido o palco com Eastwind, Rory Gallagher, Law, Don Preston, Rainbow Canyon, Rare Earth e Sweetleaf.

"Acho que ficamos mais tempo no norte", lembra Alex, tentando mapear a primeira turnê na memória. "Os primeiros shows foram Cleveland, Pittsburgh, Jonestown, na Pensilvânia, e fizemos outras apresentações no intervalo dessas grandes turnês de que participávamos, todas em lugares bem pequenos, abrindo para outras bandas. Não acho que tenhamos ido ao sul até mais tarde naquele ano, depois de alguns meses na estrada. Também fizemos algumas datas com Rory Gallagher naquela primeira parte, e foi ótimo. Eu era fã dele naquele tempo, e ele era um cara muito generoso e educado. E o melhor é que eu podia vê-lo todas as noites."

"Houve um show...", ri Alex, preparando-se para contar os velhos causos da estrada. "Acho que foi em Decatur, Illinois. Nós chegamos lá, e era um show num clube. Chegamos um pouco cedo – o caminhão estava cerca de 20 minutos atrás da gente – e entramos nesse lugar que era minúsculo com um palco de cerca de dois metros e meio de profundidade e nove metros de largura. Não tinha como colocar nosso equipamento lá em cima, muito menos tocar. Procuramos os donos do lugar e falamos: 'Oi, somos o Rush e temos um probleminha aqui. Não vamos conseguir colocar nosso equipamento no palco'. E um dos caras perguntou: 'Por que não? Não é só um violão e umas cadeiras?'. E nós dissemos: 'Não, temos a bateria e amplificadores', e o cara disse: 'Bem, espera um pouco... Tom Rush?! Vocês não são o Tom Rush?', 'Não, somos o Rush'. Então, obviamente, o show foi cancelado. Mas eles nos pagaram mesmo assim."

Em conjunção com o Rush percorrendo a estrada sinuosa, houve um ataque às rádios.

"Sabíamos todos os lugares onde o disco estava tocando", explica Vic Wilson. "É aí onde Cliff entra. Conhecíamos todas as estações de rádio, havia bolsões, como Cleveland, Chicago – e sabíamos o que tínhamos que fazer, se possível: bastava nos concentrarmos nessas áreas e ganhar território a partir dali. É como um castelo – você constrói a base e depois se erguem as muralhas. Foi isso o que fizeram durante todos aqueles anos, construir e construir.

"Mas a vida parece que passa num borrão. De repente, tínhamos um contrato com a gravadora e uma turnê agendada, e os caras entraram nessa van Dodge e se mandaram para a estrada. E não se viu ninguém por um tempo, porque naquela época não tinha como voltar para casa. Se estivesse no Texas, você ficava por lá. Não tinha como pegar um transporte e voltar. Começou com quatro datas com o Uriah Heep logo de cara, e eles seguiram em frente a partir dali. A banda fazia cerca de 200 shows por ano. Nunca se ouviu falar disso. Ninguém faz 200 shows por ano. E eles fizeram durante muito tempo. Como praticamente não tocavam no rádio naquela época, eram obrigados a pegar a estrada para vender discos. Assim, quanto mais faziam shows, mais vendiam álbuns. Bastava sair da estrada e as vendas diminuíam, porque eles não estavam no rádio. A única vez que se ouvia o Rush no rádio era se a banda estivesse tocando na cidade, fosse Cincinnati, Pittsburgh ou qualquer outro lugar.

"Dava muito trabalho", continua Wilson, "é como ter que ir para a escola. Mas nos primeiros dias, o roteiro não era dos melhores porque tudo o que queríamos era exposição. Custava uma fortuna fazer isso, porque estávamos abrindo um show com três atrações. A banda de abertura era contratada por, digamos, 500 ou 700 dólares. E eu lembro certa vez que saímos da Flórida e fomos para o norte do estado de Nova York, agendamos o Rush com o Sha Na Na. Agora, pensa numa coisa estranha. Não se chegou a colocar uma grade na frente do palco de modo que não fossem atingidos por garrafadas, mas chegou bem perto disso."

"Não acho que tenham levado aquele show numa boa", conta Howard, lembrando a data de 13 de setembro de 1974 no ginásio da Universidade de Maryland, em Baltimore.

"Nós tínhamos um agente que simplesmente tentava nos agendar em qualquer lugar, sem se importar se fazia sentido ou não", conta

Geddy. "E, sim, abrimos para o Sha Na Na na nossa primeira turnê, e não podia haver pior combinação possível: o Rush abrindo para o Sha Na Na. Quero dizer, dá um tempo. Fomos vaiados o tempo inteiro. Que diabos estávamos fazendo num show deles? Sabe, era aquele tipo de rock brilhantina dos anos 1950, e lá estávamos nós, esse trio canadense insolente. Foi puro pesadelo."

"Foi no meu aniversário de 22 anos", lembra Neil. "Eles não gostaram de nós. Foi uma das piores combinações da história, até cinco anos mais tarde quando o Blondie abriu para a gente. Má escolha". Blondie, que foi vaiado pelo público até sair do palco, foi um substituto de última hora numa parada na Filadélfia durante a turnê *Hemispheres*. "Houve esses casos de combinação malsucedida. Em 30 anos na estrada, tudo que poderia acontecer acabou acontecendo. Um dos nossos primeiros shows foi num clube em San Antonio, e o promotor estava discutindo com nosso diretor de turnê sobre o cachê e essas coisas. Num dado momento, ele simplesmente colocou uma arma sobre a mesa."

Mas situações como essa, além de mostrar que se fazia o que era esperado deles, formavam caráter e lhes davam forças para superar e se fortalecer.

"Parte de se promover a banda, já que sou um cara da promoção", diz Burnstein, "é que alguém vai até Pittsburgh e diz: 'É um sucesso em Cleveland'. E Pittsburgh não é tão diferente assim de Cleveland. Se conseguirmos que o cara de Pittsburgh compre a ideia, dá para ir até o de Buffalo e dizer: 'É um sucesso em Pittsburgh e Cleveland – isso deve ser o suficiente para trabalhar o álbum'. E tudo irradiou a partir disso. Você vai a Detroit, e funciona da mesma forma. Não funciona tão bem quando se vai a Nova York, porque o cara lá diz: 'Bem, não temos muito a ver com Cleveland'. Eu diria que de alguma forma Donna Halper está certa ao falar que a WMMS foi influente dessa forma com o Rush, porque pude usar Cleveland para influenciar outras estações de rádio dessas antigas cidades industriais – elas tinham muito em comum entre si.

"Tudo acontecia muito depressa naquele tempo. Foi no final de junho que toda a negociação se desenrolou e assinamos com a banda menos de oito horas depois de ouvir o álbum. E lançamos o disco em menos de 30 dias. Acho que foi no final de julho de 1974. Meu trabalho na época era promover o disco no rádio. Foi meu envolvimento inicial, apenas como o cara da promoção. Eu não tive envolvimento algum na questão criativa. Quero dizer, o álbum já estava pronto de qualquer maneira, e nunca me envolveria com eles criativamente. Portanto, era o cara da promoção, o chefe dos líderes de torcida da empresa. Fiz esse trabalho por cerca de dois anos. Acho que promovi os primeiros quatro álbuns do Rush e, depois disso, nos discos seguintes, tive um pouco menos de participação na promoção, porque já não era mais minha atividade principal. Mas cuidei deles durante todo o tempo em que estive na Mercury Records."

Duas noites depois de tocar com o Sha Na Na, o Rush se viu no meio de uma curta turnê abrindo para o Kiss. Ainda não se tratava do famoso Kiss, mas de uma banda tentando se superar e chocando muita gente ao longo do processo. O segundo álbum da banda, *Hotter Than Hell*, sairia dentro de um mês. O sucesso nacional ainda estava a um álbum de estúdio e um álbum duplo ao vivo de distância, embora – dado o ritmo com que tanto o Rush quanto o Kiss trabalhavam – essa trajetória represente apenas um ano das vidas de Gene, Paul, Ace e Peter.

Geddy explica como o Rush foi parar naquela turnê: "Bem no começo da nossa carreira, fizemos um show em London, Ontário, abrindo para o Kiss, e isso acabou sendo um golpe de sorte para nós. Foi perto da época em que estávamos tocando no Victory e em todos aqueles teatros menores, e acho que eles ficaram bem impressionados com a gente. Quando chegou a nossa vez de rodar pelos Estados Unidos, não acharam nada mal em nos ter como banda de abertura, e ficamos amigos e acabamos fazendo turnê com eles várias vezes nos primeiros anos". O show do qual Geddy fala aconteceu no Centennial Hall, em London, em 25 de julho de 1974. O DJ Ronnie Legg também era uma das atrações. Terry Brown, ajudando com o equipamento, e o promotor Nick Panaseiko também foram ao show, que acabou sendo o último de John Rutsey com a banda.

"Foi uma turnê emocionante", lembra Howard Ungerleider. "Fizemos várias datas com o Kiss, e muitas histórias acabaram surgindo disso. Há uma que você deveria perguntar ao Alex, quando ele se transformou num personagem chamado Bag, o Saco. Ace Frehley e Peter Criss adoravam aquilo. Houve algumas noites bem loucas. Lembro certa vez quando Peter Criss jogou uma planta pela sacada do hotel, achando que ficava do lado externo, e o vaso desabou sobre o átrio envidraçado do lobby. Depois disso, não permanecemos naquele hotel por muito tempo.

"E era sempre ótimo porque o Kiss só viajava de limusine, e Ace Frehley chegava cedo ao local do show e sempre chamava todo mundo de Curly. Você sabe como o Ace fala. Ele dizia: 'Quer uma carona para o show? Estou com a minha limo!' Então eu chegava na limusine com Ace, e a caminho do local do evento, dava para ver os fãs na fila, e ele dizia: 'Olha só isso. É como os Stones'. Ficava olhando pela janela para todos aqueles garotos esperando para comprar ingressos, e nós ficávamos no banco de trás com Ace, bem louco, era muito divertido. Nos primeiros dias, todo mundo curtia limusines, essas coisas. Mas foi algo de curta duração, só por um período, até que as bandas se deram conta de que os promotores cobravam por elas. Não era uma cortesia como todos achavam."

"Já estávamos mais experientes naquele ponto", lembra Liam, com relação às datas com o Kiss. "Os caras eram todos ótimos e foi fantástico trabalhar com a equipe deles. Realmente nos ensinaram muito. Sempre foram solícitos e nos davam tudo de que precisávamos porque não havia o que temer com relação a nós – eles tinham o show do Kiss. Tinham aquela pirotecnia toda, as luzes, já o Rush literalmente só subia lá e tocava. Mas acabou sendo uma combinação artística muito boa, e isso ajudou a lançar o Rush numa plataforma maior e melhor. Não foi como aconteceu com outras bandas, quando tratavam as de abertura como se fossem uma ameaça e estivessem fazendo alguma coisa para macular a atração principal ou causar algum tipo de dano na credibilidade deles. O Kiss não tinha medo de ninguém. Tinham o Kiss Army, o exército do Kiss, já mobilizado e um grande show que ninguém iria superar. Como superar a pirotecnia, as chamas, as fantasias e aqueles cuspes de sangue? Então não havia medo algum com relação à banda de abertura. Eles foram extremamente receptivos, e fariam qualquer coisa para nos ajudar."

Howard concorda que a banda tomou essas parcerias como uma oportunidade de aprendizado. Ele diz: "Havia integridade no modo como o Rush lidava com as coisas, e levavam muito a sério as apresentações ao vivo. Mesmo tão jovens, faziam questão de assegurar que o som ao vivo fosse exatamente igual ao disco. Havia algumas bandas com quem se davam muito bem, e o que aprenderam com elas – apesar dos maus hábitos, que todo mundo tem – foi o fato de que eram uma máquina que precisava estar bem ajustada. Tinha que entrar lá no palco e se apresentar. E desde que haja profissionalismo e você conduza a si mesmo como o profissional que é, experiência de aprendizagem é o que te faz decolar e se tornar uma máquina incrível, que é o que tem acontecido ao longo dos anos. Você via as pessoas usando diferentes tipos de equipamento, e isso é uma forma de aprendizado, a própria rua é uma escola porque você pode se meter em muitos problemas quando está circulando por uma cidade que não conhece direito. E se trata de uma formação que surge com certa malandragem e esperteza.

"E sabe de uma coisa? Gene Simmons levava muito a sério o ato de subir no palco, assim como Paul Stanley. Na época, foram bons exemplos para nós porque adotavam essas personas ao se apresentar. Quando os vemos no palco, e depois fora dele, sem a maquiagem, era como se fossem dia e noite. Quero dizer, todo mundo agora sabe que cara eles têm sem a maquiagem, mas na época nunca a tiravam. Isso só acontecia depois que todos tinham ido embora, que o show havia terminado, e era isso. A gente até se acostumou ao fedor das fantasias. Era como estar nos fundos de um vestiário com jogadores de hóquei."

"Nós na verdade tínhamos ouvido o primeiro disco", começa a lenda do Kiss, Gene Simmons, contando como conheceram o Rush. "E as bandas canadenses naqueles dias simplesmente não conseguiam cruzar a fronteira sem... Bem, sem pagar por isso ou, de alguma forma, ter um contato. E nós não nos importávamos com essas coisas. A gente só se importava com o fato de que adorávamos bandas novas, éramos ávidos por ajudá-las a crescer porque tínhamos consciência de que alguém, algum dia, também havia nos dado uma chance. E, é claro, mais tarde, surgiu *Fly by Night* e todas as outras coisas, mas foi aquele primeiro álbum que chamou nossa atenção. Quando tocamos com eles pela primeira vez, lembro que havia pessoas do lado de fora da arena entregando jornais que diziam 'o diabo reencarnado' ou algo assim, e havia uma foto minha. Obrigado por me contar – eu não sabia disso.

"Então o Kiss os levou para a primeira turnê, e sabem de uma coisa? Além da música, além da proficiência musical, eram legítimos bons rapazes. É verdade o que falam sobre os canadenses. E sabiam que nós gostávamos deles, era uma parceria de mútuo apreço: assistíamos ao show do Rush, quando tocavam, e obviamente eles idolatravam nossos saltos de plataforma, é claro, como todos vocês devem fazer.

"Mas quando chegamos a São Francisco", continua Gene, agora sobre as histórias da turnê, "o Rush aparecia em terceiro no letreiro. Era Rush, The Tubes e Kiss. E o Rush passava por maus bocados. Nós viajamos a noite inteira, eles não tinham comida nem bebida, e eu me lembro de Alex vir até nós e dizer: 'Eu não quero incomodar nem nada assim, mas estamos com muita fome; podemos pegar um sanduíche ou algo do tipo?'. E eu perguntei: 'Qual é o problema? Vocês não têm comida no camarim?'. 'Não'. 'Não?'. 'E não nos deixam fazer a passagem de som e coisas assim'. Nem precisei ouvir mais nada. Esculachei todo mundo, e eles conseguiram a passagem de som, a comida, tudo. O Kiss sempre teve a filosofia de que qualquer um que tocasse conosco estava sob nossa responsabilidade, porque estávamos todos no mesmo barco. Quando você compra um ingresso, é para ver todo mundo. Então a banda de abertura tem direito a todas as luzes, a todo o som, nada daqueles improvisos de merda."

Tudo isso, como os caras do Rush podem atestar, se tornou parte de sua própria filosofia quando alcançaram o sucesso e se tornaram a atração principal. "Eu tenho orgulho em dizer que o Rush não foi a única banda que levamos para uma primeira turnê", acrescenta Simmons. "AC/DC, Judas Priest, Bon Jovi, Mötley Crüe, entre outros, Accept, não me lembro de todas elas, Queensrÿche, todo mundo. Porque, no final do dia e no final das contas, é preciso acreditar que o que fazemos no palco não é apenas ser uma banda. É preciso amar tudo que isso envolve. E é uma das minhas coisas favoritas, assistir às bandas novas. O tempo todo. É como seres humanos e bebês. Você vê um bebezinho e sente que tem que cuidar dele. Porque você já foi um bebê um dia, e alguém cuidou de você. Tem que se doar em retribuição."

E ainda havia a comédia. Gene fala do baterista, Peter Criss: "Peter tinha essa conexão profunda com Alex. E eles criaram essa coisa chamada de Bag, que era um saco de papel com um rosto desenhado. Aí o Lifeson sentava no colo do Peter Criss, e eles faziam, como posso explicar, um show de marionetes. E é claro que fazíamos pegadinhas; na última data da primeira turnê deles com a gente, saímos para comprar essas armas de brinquedo tipo Nerf que as crianças usam, e atirávamos neles durante a última música. Tentaram se vingar quando saímos no final da apresentação, mas é claro que os nossos roadies acabaram com eles. Nós não sabemos brincar direito.

"Criss nunca entendeu muito bem por que o Peart tocava daquele jeito tão complicado. 'Por que não toca só uma levada simples?'. E eu dizia para ele: 'Peter, porque não é você que está naquela banda. É o que eles fazem, e não o que você faz'. Era a habilidade deles. Sabe, estar num trio significa que há muitos espaços para se preencher, e não se fica necessariamente preso ao baixo em termos de instrumentação. Então, se você pegar uma banda como o AC/DC, há baixo, guitarra, bateria e pronto – tem sua locomotiva. Com o Rush é diferente. O guitarrista não é obrigado a seguir o que o baixista faz, e eles dois não precisam acompanhar o que a bateria faz. É uma semifusão, por assim dizer. Com certeza, há raízes no rock, mas tudo está aberto a possibilidades, e é por isso que algumas bandas techno têm uma coisa em comum com o Rush que as de rock não têm. Ainda assim, as bandas de rock têm algo em comum com o Rush, que é a guitarra. E, às vezes, quando o baixo e a guitarra se unem e tocam aquele riff que parece uma locomotiva, você sente o poder da banda e ela se direciona mais para o Led Zeppelin. Mas o Rush transita por diferentes gêneros musicais – são destemidos. Não se importam com o que são; apenas são. Uma definição dentro de si mesmos."

Sobre o tópico da semelhança entre seu estilo como baixista e o estilo de Geddy, Gene diz: "Eu me lembro de conversar com Geddy e questionar seus licks de baixo. Sabe, 'quando você faz isso em Lá, por que você termina em Dó bemol, que na verdade é Si?'. E Geddy dizia: 'Eu não sei como se chamam. Só toco as notas'. Quero dizer, literalmente não tinham conhecimento algum sobre que notas eram aquelas. Apenas tocavam de ouvido. Então, em última análise, é o que todo mundo deveria estar fazendo, mas Geddy literalmente não sabia que nota era Lá. E olha, você pode falar o que quiser sobre o Rush – pode amar ou odiar. Mas qualquer banda que faz valer um ingresso, uma página, um capítulo na história, é uma banda animal. Digo isso porque um animal vai mijar por toda parte para marcar território. E não se pode argumentar que o Rush não é o Rush. Há apenas uma única banda que tem um som como o deles, há apenas uma única banda com esse ponto de vista, e isso é essencialmente importante. O que torna o Rush único, como eu digo, é que são destemidos. É aquela característica de quando começam a compor sem se importarem se a música vai ser popular ou se haverá alguma balada pop ou não. Toda vitória é boa. Mas vencer segundo seus próprios termos é ainda melhor.

"Não há nada particularmente canadense com relação ao Rush no palco", reflete Gene sobre a questão das diferenças culturais. "Fora do palco, sem dúvida, havia alguma coisa canadense. Diziam 'por favor' e 'obrigado'. Não eram astros do rock cuzões como Gene Simmons. Eram seres humanos profundamente gentis. E, no palco, não agiam de maneira arrogante como se dissessem 'Vou cavalgar sua namorada enquanto você não estiver olhando'. Eles só estavam lá para se apresentar e tocar sua música. Mas não vejo o Rush como uma banda canadense. Eu vejo como uma banda mundial. Porque se o seu material for bom, não vai apenas atrair gente que gosta de A Foot in Coldwater, essa sim era uma banda canadense – vá se informar. Ou Headpins. Você não quer uma coisa que pareça local demais; quer algo que pareça vasto e universal."

"Eles estavam lá fazendo o trabalho deles", reflete Liam, respondendo sobre como uma típica banda de rock se comporta. "Não quer dizer que não saíamos de vez em quando com as outras bandas, mas naquele momento apenas tínhamos uma postura um pouco diferente com relação à vida. Éramos mais maduros. Éramos canadenses. Não éramos tão radicais, queríamos levar as coisas um pouco mais devagar. Tínhamos observado outras pessoas se queimando e não queríamos fazer parte daquilo. Amávamos ler e todos gostávamos de um estilo de vida mais tranquilo – eu ainda gosto. Às vezes, o que me deixa mais feliz é ler um bom livro num dia tranquilo. Não estávamos lá para cair na farra. Não quer dizer que não nos divertíamos, simplesmente tínhamos nosso próprio conceito de diversão. Mas as festas mais loucas, isso não fazia parte do DNA deles , não era o tipo de lugar onde queríamos estar. Acho que de alguma forma sabíamos ter uma visão mais ampla de tudo, bem no começo, fazia mais sentido para nós. Talvez não nos déssemos conta de por que fazíamos aquilo, mas já estávamos em busca de longevidade. E dá para dizer que isso era uma coisa que certamente havia no Rush – eles sobreviveram mais que muitas outras bandas."

Seguindo as datas com o Kiss, além de shows diversos com artistas como Hawkwind e T. Rex, o Rush teve algumas apresentações em Ontário com a banda de hard rock escocesa Nazareth – que os levaria por todo o território do Canadá no ano seguinte. Na metade de novembro de 1974, o Rush abriu para a lenda do blues rock irlandês Rory Gallagher nos Estados Unidos. "Caras muito legais e um bom irlandês", lembra Ian Grandy. "Tínhamos o National Sound lá, que cuidou muito bem de nós. É uma das razões pelas quais trabalhamos com eles por tantos anos, e Rory era um cara interessante. Eram uma banda realmente profissional. Tocavam em todos os lugares, e o roadie principal deles, Tom O'Driscoll, na verdade se tornou o mentor de quase todos nós."

E então, de repente, já estava na hora de fazer um novo álbum, o primeiro com o "novato". Ian conta: "Voltamos para casa no Natal, e nosso show seguinte seria em 10 de janeiro, acho. E eles entraram no estúdio e simplesmente deram a largada". Para concluir o trabalho, a banda deixou de fazer alguns shows nos Estados Unidos com o Blue Öyster Cult logo depois do Natal, ainda em dezembro. "Há uma foto de três roadies sentados sobre os cases no encarte de *Fly by Night*. Esse foi o show seguinte, aquele que fizemos no meio da produção do álbum, aqui na Humber College. Era a única data disponível. Não sei como fizeram, mas acho que já estavam com as músicas prontas. Não foi como mais tarde, digamos, com o álbum *Hemispheres*, quando passaram a experimentar e explorar sem parar".

"ELE PE
CIGARRO
SEMPRE
MESMO
PONTUA

AVA UM
QUASE
NO
ORÁRIO,
MENTE."

CAPÍTULO 3

FLY BY NIGHT

"Neil é um leitor voraz autodeclarado. Gosta de ler. Depois do show ele voltava... para ler. *Anthem* de Ayn Rand, a *Trilogia da Fundação* de Isaac Asimov, todas essas coisas. E também as letras, ele me mostrava essas coisas. E é engraçado, pois Peter Criss, que era um cara das ruas e praticamente um semianalfabeto – e falo isso no bom sentido –, o chamava de Big Head Morgan, Morgan Cabeção. Não faço ideia do motivo, mas tinha a ver com o fato de Neil ser letrado e um ávido leitor, e Peter não", conta o *frontman* do Kiss, Gene Simmons, sobre aquela que seria a maior mudança para o Rush. A banda estava prestes a criar o crucial segundo álbum, que se chamaria *Fly by Night*. Big Head Morgan seria o autor das sábias palavras, não Geddy Lee. Nem John Rutsey. Nem Peter Criss.

"Mas quem se tornou fã do Rush com o primeiro álbum provavelmente teve um problema com a chegada de Neil Peart", continua Gene. "Em 'Working Man' e em parte dos primeiros trabalhos da banda, havia uma onda mais ligada ao R&B e blues. Mas então é claro que não se pode forçar os caras a fazer o que eles não querem fazer. E, de repente, com um baterista que escrevia as letras, os caras ficaram livres para apenas tocar. E isso estava neles. Olha, não tem como ser convincente ao fazer alguma coisa da qual não se está convencido. E isso não é apenas um jogo de palavras. Não tem como subir lá e ser o Rush se não for. Portanto, se tornaram o que são porque era o que queriam se tornar."

Como foi delineado por Ian Grandy, assim como nos tempos de escola, o Rush aproveitava ao máximo o período longe da sala de aula e, durante o feriado de Natal, fizeram seu dever de casa. Durante todo aquele tempo morto na estrada, ficavam pensando no que dizer dentro dos carros e nos quartos de hotel, mantendo-se ocupados durante as cobiçadas, porém raras passagens de som. A evidência está bem ali no encarte de *Fly by Night* – escrito na estrada, gravado num flash entre os compromissos intermináveis de turnê.

"Enquanto ficávamos viajando por aí, trabalhávamos nas músicas", confirma Neil. "Se alugássemos um carro, de verdade, parecíamos os Monkees. Sabe, Alex tinha um violão e trabalhávamos numa música num carro alugado, num quarto de hotel depois de um show – foi basicamente assim que *Fly by Night* foi criado. Na época, acrescentei minhas páginas com letras rabiscadas à mão. Anotava as cidades em que todas aquelas músicas foram escritas, e elas variavam radicalmente por todo o mapa porque quase sempre partes eram compostas desse jeito *ad hoc*. Assim grande parte do álbum foi com certeza concebido "on the fly", ou seja, indo ou vindo, portanto *Fly by Night* é um título bem propício pensando em retrospecto."

"Eu lembro que eles estavam compondo algumas músicas para *Fly by Night* a caminho de Cleveland um dia", recorda Howard, confirmando o relato de Neil sobre criar as canções dentro do carro. "Eu estava dirigindo, e eles estavam tocando violão dentro carro, organizando as músicas. E eu ia para o sul, não percebi que estava dirigindo para o sul quando na verdade eu deveria estar indo para o norte. Eu realmente me distraí. Estávamos nos divertindo tanto.

"Estávamos rodando havia algumas horas – foi na época em que alugávamos um carro na Hertz e pegávamos a estrada, e trocávamos de carro se quiséssemos – e eu vi uma placa para Cape Gerardo, aí pensei: 'Cape Gerardo? Não me parece familiar'. Estávamos indo para a Costa Leste, e então me dei conta, cara, eu estava na rodovia 55 rumo ao sul havia horas, e agora a gente tinha que dar um jeito de chegar a Cleveland.

"Então tive uma ideia: que tal irmos para Evansville, Indiana? Seguimos até Evansville, Indiana, e depois pegamos um avião de Evansville até Cleveland. Peguei o telefone, fiz algumas ligações e descobri que horas o voo sairia. Mas depois pegamos uma chuva torrencial e trânsito congestionado, não conseguíamos avançar, e eu lembro que chegamos a Evansville a tempo de ver o avião decolar sem nós. Assim, a gente simplesmente teve que pegar a estrada de carro de novo. Foi um processo longo e horrível, mas conseguimos chegar a Cleveland à noite e fazer o show, como sempre. Mas, sim, eles escreveram muita coisa dessa maneira e criaram muitos riffs. E reviravam estrofes e refrões, podiam usar a parte do refrão como estrofe e a estrofe como o refrão."

"Nós não tivemos muito tempo para improviso", continua Neil. "Não havia passagem de som, sabe, como banda de abertura de um show com três, quatro ou até cinco atrações. As passagens de som eram extremamente raras e, mesmo se acontecessem, com certeza não havia o luxo de podermos tocar por muito tempo. Talvez nas datas nos clubes conseguíssemos passar o som, porque era onde tocávamos sets mais longos e havia tempo para nos demorarmos e tocarmos juntos de verdade. Mas, em geral, todos os primeiros álbuns foram uma questão de sair da estrada e gravar num período de duas semanas. Acho que tivemos duas semanas, apenas 10 dias dentro do estúdio para fazer *Fly by Night*, e grande parte do disco teve que ser criada mesmo "on the fly", nessas idas e vindas. Antes disso, provavelmente conseguimos compor e tocar só duas músicas, mas o resto foi todo arranjado e orquestrado, como se viu, com guitarra, baixo e bateria.

"Aprender a tocar com eles todos plugados tinha que ser rápido, assim voltamos direto para a estrada depois daquela intensa efervescência criativa, tentando fazer um álbum do qual gostássemos. E foi simples assim – tentar fazer uma coisa de que gostássemos. Chegávamos a dormir no chão do estúdio e depois íamos tocar em alguma faculdade ou algum colégio naquela noite, repetindo tudo no dia seguinte. Então todos esses álbuns foram feitos dessa forma. Portanto não havia muito tempo, ironicamente, para explorarmos, não como temos agora, o que é interessante. Mas alguém certa vez disse com sabedoria que se tem a vida inteira para fazer o primeiro álbum e seis meses para fazer o segundo. No entanto, a maior parte daqueles seis meses passamos na estrada.

"Como tantas coisas, foi algo inteiramente acidental", pondera Neil ao contar como acabou se tornando o homem das palavras do Rush. "Escrevi algumas letras de música com a J.R. Flood. Eu não levava isso muito a sério, mas sempre gostei de ler, e escrevia poesia de segunda, acho que era apenas outro tipo de expressão que quis experimentar. Como eu já tinha feito isso antes, e nem Geddy nem Alex pareciam muito interessados, começamos a conversar sobre o novo material logo de cara.

"Eles já tinham algumas músicas. Lembro que 'In the End' já estava pronta na época, e tínhamos ensaiado essa música logo nos primeiros dias juntos, portanto já estávamos pensando dessa forma. E a música que se tornou 'Anthem', nós já tínhamos tocado na primeira audição. Então muita coisa estava começando a se estruturar. E assim como na J.R. Flood, pensei: 'Vou mostrar algumas letras para ver se vocês gostam'. E tudo surgiu a partir dali sem qualquer intenção ou desejo profundo da minha parte. Tocar bateria era o que realmente importava, era o principal na minha vida; escrever as letras era questão de poucas semanas, em poucos anos. É claro, hoje penso nisso o tempo todo e fico fazendo anotações, como uma disciplina; mas não, começou mesmo só com 'Acho que consigo fazer isso'. Como na primeira banda: 'Posso desenhar o pôster?'. Foi simples assim, natural.

"Outra coisa que surgiu naquela primeira turnê foi esse sentimento de 'E agora?'", continua Neil. "Sabe, isso não é o suficiente para a minha vida. Além da leitura havia a escrita". Alguém pode deduzir que escrever também ia muito além da bateria e do trabalho maçante da turnê e de estar em contato constante com um batalhão de pessoas. Em outras palavras, para um cara como Neil, sem rodeios, a estrada se tornaria desagradável bem rápido.

"Para ele, o melhor seria simplesmente ficar lendo", explica Donna Halper. "Neil conhecia filosofia, poesia, e como ele mesmo admitiu, era autodidata, mas ainda assim sabia todas essas coisas. E acho que naquele tempo Geddy ainda tentava encontrar o próprio caminho, falando sério. Estava fazendo a transição de 'Ok, somos uma banda de bar' para 'Somos uma banda para pessoas que pensam. Sei fazer isso?'. Acho que resume bem o que estava acontecendo. E a resposta foi 'Sim, eu sei fazer isso', e então houve a transição. Não tenho a impressão de que isso atormentava Alex. Acho que, com o passar do tempo, Geddy e Neil criaram uma parceria muito forte.

"Mas vamos encarar os fatos. Quando surge uma nova direção, é assustador porque se conhece a versão antiga. Você sabe como as coisas funcionam. Quero dizer, conhecíamos John há anos, entende? E John já não estava mais na banda por uma razão qualquer, e havia esse cara novo, e os caras começaram a pensar em quem se tornaram com ele por perto. Eu estava lá durante esse período de adaptação, e provavelmente foi a última vez que tive que fazer o papel de irmã mais velha porque, depois daquilo, surgiram outras pessoas. Eles tinham empresários, roadies, técnicos, de repente estavam rodeados de pessoas. Mas naqueles anos formativos iniciais, eram apenas três garotos de Toronto tentando descobrir quem eram e se tornar quem queriam ser."

O produtor Terry Brown foi convocado mais uma vez enquanto o Rush testava as músicas para o álbum seguinte no estúdio.

"Ele era ótimo", conta Alex. "Era uma pessoa tão legal de se ter por perto. Realmente o respeitávamos, seguíamos seu exemplo. Ele era um ótimo engenheiro de som, um bom produtor e nos compreendia, nós amávamos o pequeno estúdio dele, o Toronto Sound. Era muito aconchegante – não que a gente tivesse conhecido vários outros lugares.

Foi apenas uma relação de fato confortável, e todo mundo estava se dando bem. Parecia lógico que continuássemos trabalhando com ele, assim como a maioria das bandas fazia na época. Sei que passei a gostar dele imediatamente enquanto fazíamos nosso primeiro disco. Acho que ele fez um ótimo trabalho. A gravação estava mesmo uma bagunça, e ele deu um jeito naquelas oito faixas para extrair a coisa toda e consertá-la. E eu pensei: 'Esse cara é um gênio'. Com *Fly by Night*, acho, nos sentimos tão confortáveis com ele como sempre seria. Então, sim, tudo aconteceu muito rápido com Terry."

"Estava completamente além do meu alcance", continua Terry, sobre a substituição de John por Neil. "Quando a banda voltou para fazer *Fly by Night*, era Neil quem tocava bateria, e foram feitas as devidas apresentações. Era uma banda totalmente nova, e nós começamos a trabalhar. Fiquei muito impressionado. Para começo de conversa, tão logo Neil se sentou atrás da bateria, foi um verdadeiro cavalheiro, e foi muito bom ver que os rapazes estavam se sentindo bem e ansiosos para criar alguma coisa com esse novo integrante. Então começamos a ensaiar, e eu fiquei bastante impressionado – na verdade nunca mais olhei para trás."

Quanto ao que Neil trazia além da destreza na bateria, Terry observa que "com certeza contribuía para a composição das músicas, o que John, até onde sei, nunca fez. E de fato, até aquele ponto, estive envolvido com o primeiro disco pelo lado de fora, como eu disse. Então realmente não conhecia muito bem as engrenagens internas da banda. Era difícil para mim. Como músico, acho que Neil tinha habilidades distintas que talvez John não tivesse. Embora John fosse um bom baterista, e com certeza capaz de dar conta do recado na época, dava para dizer que Neil tinha aspirações para levar a coisa toda mais além. Portanto, foi algo realmente positivo. Ele era um ótimo baterista, mesmo naquele tempo. E, é claro, ao colocar suas letras na jogada, além da habilidade de composição, tudo isso fez uma grande diferença e mudou o som da banda desde então. Eles nunca mais olharam para trás."

Fly by Night, lançado no final do inverno, em 15 de fevereiro de 1975, apresentava na capa uma imponente coruja-das-neves, ameaçadora, pousada sobre um pedaço de terra cercado pela neve. Nas entrelinhas, a imagem indicava que o Rush era uma banda do Canadá, uma banda que teve de voar bem longe das longas noites canadenses para visitar a terra da oportunidade. A pintura é de autoria de um sobrevivente de campo de concentração, Eraldo Carugati, também conhecido pelas ilustrações de cada um dos quatro membros do Kiss para as capas dos álbuns solo lançados simultaneamente em 1978. Comparando o primeiro álbum do Rush com o segundo, não houve exposição de marca, não havia o logo da banda – e com um nome de quatro letras, teria sido fácil colocá-lo na capa. Na contracapa, o grupo é retratado como se estivesse congelado no tempo, as fotos impressas lado a lado sobre uma paisagem vasta coberta de neve. *Fly by Night* foi o primeiro álbum da banda lançado no Reino Unido pelo selo azul e prateado da Mercury, acompanhado de encarte com as letras.

Após o impacto criado pela arte da capa, chegamos à sonoridade do disco, quando o ouvinte é confrontado com "Anthem", um redemoinho compacto de instrumental agitado que encontra o Rush inventando o metal progressivo em modo conciso. Trata-se realmente de uma ideia simples, um hard rock misturado com rock progressivo. Quanto à letra, Peart jamais se arrependeria de "Anthem". Desde então, essa música o levou a defender Ayn Rand, a rainha da filosofia do egoísmo, em várias entrevistas. Mas é claro, Neil lia de tudo, e Rand (ou Nietzsche, ou os escritores da geração Beat) foi uma incursão natural para um jovem que procurava celebrar a energia masculina – como qualquer homem pode afirmar olhando para décadas passadas, ele era mais produtivo de diversas maneiras em seus 20 ou 30 anos de idade, mais seguro de si mesmo, criativo e ousado.

Esse é o motivo pelo qual o rock 'n' roll sempre foi a arena dos jovens. Os homens inevitavelmente lembram de seus 20 e poucos anos desejando que tivessem domado toda essa energia com mais foco. Isso combinado com "No que eu estava pensando?". Então aqui está Neil direcionando o público para grandes livros. Estudantes universitários também estão imersos nesse tipo de coisa e fazem isso, mas Neil, bem como Alex e Geddy, foram autodidatas por necessidade, e assim como a brilhante e brilhantemente simples ideia de executar colando riffs para atribuir arte ao rock, por que não usar esse veículo que tinham para fazer o que os universitários faziam?

Quanto à nova diretiva de múltiplas camadas nas músicas, empilhadas como mortos em combate através não de uma, mas de duas introduções em "Anthem", Geddy afirma: "Estávamos interessados em rock progressivo e mais complexo. Não queríamos continuar como uma banda simples e básica. Amávamos essa atitude de bandas como Genesis, Yes e ELP, e ao mesmo tempo gostávamos daquela coisa mais bruta do Led Zeppelin e do som dos álbuns do Jeff Beck e dos Yardbirds – gostávamos de todas essas coisas. Então queríamos deixar nossa música mais ousada, e foi isso que iniciou nossa ruptura com John, e o que tornou Neil uma opção tão atraente, porque ele também estava totalmente interessado nessas coisas."

Terry também estava ansioso para trabalhar com o novo baterista. Ele sentiu que esse sopro de ar fresco trazido por Neil foi necessário para o sucesso longevo da banda. "Eu diria que, dado o estilo de material que faziam na época e para onde estavam indo, a duração da banda teria sido bastante limitada com John. Porque quando Neil se juntou a eles, trouxe um lado inteiramente diferente do grupo que não existia antes e inspirou os rapazes a fazer o que estavam fazendo. Me obrigo a dizer que as chances de fazerem tanto sucesso seriam bem limitadas com a saúde de John do jeito que estava. Não há o que discutir. Não teria acontecido. Teriam se separado. Neil entrou e os salvou.

"Para começo de conversa, ele veio com toda essa expressão lírica que queria dar à banda", continua Brown. "Era um ótimo músico e deu à banda uma perspectiva totalmente nova sobre a vida. Naquele ponto, era quase complicada demais, mas conseguimos fazer dar certo. E sentimos que seria o caminho a seguir. Não foi minha decisão, naquela época eu apenas coproduzia esses álbuns. Fizemos *Fly by Night* em 21 dias, desde o primeiro instante em que entraram no estúdio até quando saíram de lá e Vic recolheu as fitas máster. Foi tudo incrivelmente rápido. Então não tive muito tempo para formar uma opinião. Fiquei muito feliz com o desempenho de Neil, adorei a direção que o som estava tomando e senti que havia um potencial tremendo."

"Percebi isso com a combinação de rap e rock", reflete Neil, falando da ideia de metal progressivo, "achei o Faith No More incrível quando eles apareceram, e depois o Cypress Hill e o Rage Against the Machine, como isso fica recluso a bolhas por aí até estourar de repente. E com o reggae e o rock foi assim também. O reggae ficou dentro de uma bolha fora do radar e então, de repente, no final dos anos 1970 – bum.

"Mas nós simplesmente tocávamos as músicas de que gostávamos. Sempre fomos orgânicos assim, e ainda somos, através de todas aquelas mudanças. Foi sempre uma questão de tentarmos tocar o tipo de música de que gostávamos. Já falei sobre isso antes: 'Amo música de tal maneira que quero tocar'. O que se seguiu foi uma reação química fundamental. Na época, tínhamos um pé em ambos os campos, estilisticamente, enquanto jovens músicos. Crescemos ouvindo The Who, Led Zeppelin, Yardbirds e presenciamos o nascimento do hard rock. E ao mesmo tempo, éramos fãs de toda a cena progressiva. Portanto, para nós, se tratava apenas de uma expressão do que gostávamos. Não houve algo do tipo 'Vamos sintetizar esses dois estilos; se tomarmos esse elemento e combinarmos com aquele elemento, teremos algo novo!'. Não aconteceu nada disso. Nunca fomos tão autoconscientes, muito menos tão calculistas. Foi uma resposta orgânica, simples, que nos levou a fazer o tipo de som que a gente adorava. Gostávamos de tocar com volume alto e energia, e essa nova abordagem complicada e sofisticada também nos atraía".

Haveria outros exemplos da chegada subconsciente desse conjunto de crenças ao longo de *Fly by Night*, mas em menos de cinco minutos "Anthem" dá uma clara ideia de como isso funciona. A música também é abundante em pausas sugestivas e outras distribuições de acentos matemáticos que tornariam o Rush uma das bandas favoritas dos *air drummers*.

"Ah, éramos todos bebês naquele tempo", ri Neil, lembrando aquela primeira faísca de metal progressivo que sentiu com a banda e como ela esteve presente em cada música. "É preciso lembrar que, embora parecesse que eu tocava bateria há muito tempo, fazia apenas seis anos, entende? Era nada. E eu só tinha participado de algumas bandas, dava para contar nos dedos de uma mão. Na verdade, quanto a baixistas e guitarristas, sempre tive muita sorte com as bandas com as quais toquei. Foram instrutores muito generosos comigo.

"Mas a coisa de que mais me lembro foi a intensidade do engajamento com a música, e o quanto conversamos naquele dia também – o quanto Geddy amava as músicas que escutava, era a mesma paixão que eu sentia por aquilo tudo. A interação começou bem naquela hora, foi imediata, e assim que entrei na banda para valer, passamos a tocar juntos mais e mais, com mais propósito. Então passamos a tocar com um propósito e de fato nos entendemos de imediato. Uma das primeiras coisas em que trabalhamos juntos, com certeza, foi o que se tornaria 'Anthem'. As estrofes embaralhadas e tudo aquilo, Geddy e eu apenas nos encaixamos automaticamente e gravitamos em direção aos diferentes tipos de mudanças de que nós dois gostávamos. Houve muitos daqueles 'e se?'"

"Best I Can" é um pouco mais do que uma canção de hard rock de intensidade média e robusta, mas Neil dá energia a ela: com viradas na caixa, trabalho disciplinado no chimbal e no cowbell. Geddy incorpora uma linha de baixo moderadamente constante e precisa, Alex acrescenta um solo cortante com wah-wah, e essa antiga música do Rush, ainda dos tempos de Rutsey, fica elegante o suficiente para combinar com o álbum. Neil exagera na bateria pelo que a música é? Talvez, mas como poucos ousam adotar tal abordagem – disponível em profusão com Keith Moon –, de repente o Rush se encontra numa posição única. Algumas das viradas executadas no final da música seriam o fim para um baterista "elegante-estilo-menos-é-mais", mas ninguém se lembra desses caras tanto quanto nos lembramos do Professor, correto? Caso encerrado.

"Beneath, Between & Behind" é a segunda música mais progressiva de *Fly by Night*, impulsionada por uma muralha de som construída pela bateria atrás dos acordes jazzísticos de Alex.

"Eu estava apenas experimentando algumas coisas", conta Neil dando de ombros sobre as letras do álbum, que em geral resultaram em saltos bastante imaginativos como essa música. "Escrevi as primeiras duas letras ainda na época da J.R. Flood, uma delas era uma espécie de narrativa mitológica chamada 'Gypsy', em que o personagem cura corações partidos, e a outra se chamava 'Retribution', sobre ficar preso na luz eterna. Então o padrão e o formato estavam destinados a crescer a partir disso. Eu adoro história de suspense – como os Hardy Boys, Nancy Drew – e os livros ingleses pelo senso de mistério. Nunca pensei nisso antes, mas me ocorreu agora, e parece tão natural. Desde que eu era um garotinho, aquilo me fascinava. E quando era adolescente, *Eram os deuses astronautas?*, todos esses mistérios e essas teorias da conspiração, todas essas coisas me fascinavam e se tornaram parte do meu modo de pensar. E também passei por uma fase Tolkien. Quando morei na Inglaterra, li *O Senhor dos Anéis* e muitas outras coisas nesse estilo, e Mervyn Peake foi outro autor desse estilo de escrita de que eu gostava. Não é muito conhecido agora, mas era um escritor maravilhoso – escrevia uma fantasia bastante sombria, tortuosa.

"E tudo isso foi uma influência, creio eu, sobre todo um modo de pensar. Não é um modo de ver o mundo de verdade, porque seria esquizofrenia. Mas se torna parte de uma mitologia própria, e você encontra metáforas e outras histórias. *O Senhor dos Anéis* é um ótimo exemplo, uma saga de heróis sobre superar obstáculos, a lealdade de um amigo. Todas essas qualidades que são importantes se tornam me-

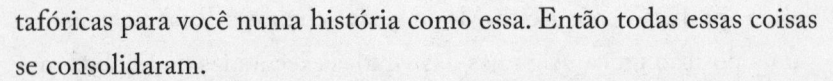

táforicas para você numa história como essa. Então todas essas coisas se consolidaram.

"Outra influência foi observar. A primeira música de viagem, me dei conta neste exato momento, foi 'Between, Beneath & Behind'. Era sobre os Estados Unidos e tinha toda essa inspiração das viagens pelo país, sendo que eu só conhecia Buffalo, as Cataratas do Niágara e Nova York, que visitei quando era garoto. De repente, estávamos cruzando aquele país gigante, imenso. E assim começou toda a minha história com narrativas de viagens no geral. Querer capturar o que eu via foi se tornando cada vez mais importante para mim, o modo como as pessoas se comportavam e a percepção da natureza, e todas aquelas metáforas sobre comportamento humano e comportamento natural que começaram na época. Mas a mitologia era apenas algo natural de quem tinha 22 anos de idade e foi um adolescente nerd que lia não só ficção científica e fantasia, mas também história, mistério e romances. Tudo aquilo era parte do meu ser na época, e eu estava descobrindo como exprimir. Se tratava apenas de aprender a me expressar. Em última análise, as letras de música são um meio de expressão individual. Mas antes é necessário ter uma individualidade."

Com relação a essa canção, em geral subestimada, mas formativa do Rush, Geddy complementa: "Estávamos em turnê com o primeiro álbum, e não fazia muito tempo que Neil estava conosco. Alex e eu reparamos no quanto ele lia e em como o vocabulário dele era bastante amplo. Nenhum de nós dois realmente gostava de escrever as letras das músicas; éramos mais ligados ao som. Então sugerimos que ele tentasse. Acho que a primeira canção – e posso estar errado –, mas acho que a primeira foi 'Beneath, Between & Behind'. Eu leio essa música e penso, uau, era sobre os Estados Unidos. Ele estava viajando pelos país e escreveu essa música com uma abundância de palavras sobre suas observações, pensando sobre o passado dos Estados Unidos, o futuro dos Estados Unidos e a promessa dos Estados Unidos. Era mesmo inspiradora – mas muita coisa para cantar no estilo de rock que fazíamos naquela época. Foi difícil. Quero dizer, se ouvir aquela música, blá-blá-blá, eu só fico… não há qualquer pausa para recuperar o fôlego no meio dela. É uma música de energia alta, mas é uma letra que não para nunca. Às vezes devemos ter cuidado com aquilo que desejamos."

"Eu fiquei bem feliz por não ser o vocalista", acrescenta Alex. "Com certeza, era uma coisa inovadora e diferente. Nos tirou de vez daquela coisa rock 'n' roll e se comunicava de um jeito diferente. Mas ao mesmo tempo, era inegável que iria nos diferenciar do resto."

"Sim, era bom; só era diferente", continua Geddy. "Mas havia muitas palavras. Um bocado de palavras. E como vocalista, era difícil, algumas delas eram muito complicadas. Outras eram ótimas. Algumas simplesmente fluíam. 'Fly by Night' não era difícil. Mas 'Beneath, Between & Behind' tinha um bocado de palavras. Então era algo novo, e tínhamos que compreender como fazer aquilo. E conseguimos fazer dar certo, eu acho, porque é uma música intensa. Fico feliz por não precisar cantá-la todas as noites."

Alex tem outra visão sobre o real motivo de ter dado tão certo para a banda que Neil assumisse a composição das letras. Ele conta: "Foi uma ótima maneira de incluí-lo logo nesse estágio inicial, de modo que ele se sentisse parte do grupo – Neil não era apenas um músico contratado. Queríamos que ele se sentisse como se fosse um de nós desde o princípio". Portanto, não foi apenas pelo fato de que Alex e Geddy não queriam escrever as letras e Neil sim, ou de que Neil fosse bom nisso. Geralmente, os bateristas tomam as rédeas das bandas e cuidam dos negócios. Às vezes são o juiz sábio, a voz da razão. Às vezes são o cara que faz muitas entrevistas e atua como porta-voz oficial. Às vezes são uma força criativa em termos de composição – há muitos bateristas que também tocam um pouco de guitarra. Às vezes, como no caso de Alex Van Halen, são o cara que lida com a arte de capa do álbum. Com o Rush, atribuir a Neil a responsabilidade de escrever as letras simplesmente deu certo e foi um bom modo de delegar tarefas conforme os pontos fortes de cada um e redistribuir o trabalho dentro da banda.

"Bem, isso foi uma grande surpresa", conta Ray sobre a escrita impressionante de Neil. "Quando se ouve o álbum *Fly by Night,* com essas letras, se pensa em quantos álbuns mais teriam sido necessários para se chegar até esse resultado, a essa maturidade que, de uma hora para outra, estava ali. Será que teriam chegado a esse ponto sem ele? Não sei se fiquei surpreso. Estava só muito animado. Não estávamos vendo as coisas com clareza, mas fomos em frente com tudo o que era necessário, e todos estavam dispostos a isso. Sem dúvida os três e eu estávamos dispostos. Ninguém se importava com muitas outras coisas a não ser a banda, em trabalharmos e alcançarmos o sucesso. Eu tinha a veia de empreendedor, e eles estavam muito motivados. Adoravam tocar. Acima de tudo, adoravam fazer música. Até hoje.

"Quando Neil se juntou à banda, aprendi muito sobre ele rapidamente", continua Ray. "Houve algumas resenhas que me incomodaram, e ele me disse – nunca vou esquecer isso: 'Se vai acreditar nas críticas boas, então vai ter que acreditar nas ruins, portanto não leia crítica alguma'. Ou algo nessa linha. E eu guardei isso dentro de mim, e ainda vivo com esse conselho. Você sabe, mais tarde, quando passamos a receber predominantemente críticas boas, ficou mais fácil. Todo mundo tem um ponto sensível, então é muito mais agradável e muito mais fácil num sentido, na última década, do que tinha sido antes."

"Eles escreviam músicas sobre suas experiências e o que estava acontecendo", conta Terry. "Neil trazia tudo isso à mesa, sem dúvida. E então eles adotaram um estilo diferente que desenvolveram muito depressa. Havia apenas oito músicas; não era como se tivéssemos uma lista imensa de canções das quais selecionamos oito. Tudo era muito novo, e tudo foi muito rápido."

Terry aborda um ponto interessante aí. Não se trata de uma banda, álbum a álbum, fase a fase, com um grande banco de músicas de onde pudessem selecionar, retorcer e atualizar para dar forma. O Rush sempre teve material meramente suficiente para entrar no estúdio e gravar, e às vezes nem isso. Não havia um reservatório.

"Não consigo lembrar se alguma vez gravamos uma música que colocamos na gaveta e guardamos no armário", continua Brown. "Posso estar errado, mas não creio que isso tenha acontecido. Era sempre 'O álbum é este', e, quero dizer, o material passava por ajustes e lapidação, todas as músicas passavam, até que ficássemos felizes com o resultado. E foi assim com esse álbum. Era esquisito. Nunca de fato conversamos sobre as razões disso. Foi uma daquelas situações em que, se tivessem chegado até mim com oito ou nove músicas para um álbum específico e houvesse duas faixas ruins lá no meio, eu provavelmente teria dito 'Sabem de uma coisa? Vocês têm que dar um jeito nisso, não está dando certo'. Mas isso jamais aconteceu. Eles sempre chegavam ao estúdio com um material sólido. Sempre havia entusiasmo e energia em torno dessas músicas, portanto era apenas uma questão de fazer ajustes mínimos e apresentá-las da melhor forma possível. Cada uma dava muito trabalho, mas por uma razão muito boa."

Fechando o lado A da versão original em vinil de *Fly by Night* havia o primeiro e completo épico de metal progressivo, "By-Tor & the Snow Dog", muito mais longa que as duas faixas anteriores do álbum, igualmente matemáticas. Todas as três muito mais matemáticas que "Working Man" ou "Here Again", mas não muito mais longas. Agora estavam presentes duas doutrinas do rock progressivo: a longa duração e a estrutura matemática, três se incluirmos os títulos fantásticos.

"É um exemplo perfeito de como usar o veículo da fantasia", diz Peart sobre esse amado clássico do Rush. "Os cães de Ray Danniels, um husky e um pastor-alemão, estavam sempre tentando morder nosso diretor de turnê, Howard. Então lhe demos o nome By-Tor, 'biter', mordedor. E ele tinha esse enorme husky branco. By-Tor & The Snow Dog, o cão que morde e o cão da neve – apenas uma referência aos dois cães do nosso empresário. Então foi divertido. E era realmente engraçado, para quem tem esse tipo de sensibilidade que descrevi há pouco, originada de todas essas leituras de romances de fantasia. Para brincar com isso na música, e com toda a exploração instrumental que fizemos nela pela primeira vez tentando dramatizar uma história com musicalidade e usando todas essas fórmulas de compasso intrincadas e arranjos complicados, tudo nasceu bem ali. Nasceu da diversão e de um real senso de aventura."

Através de trabalhos embrionários do Rush como "By-Tor", Neil começou a ter uma noção das personalidades e habilidades musicais de seus dois novos colegas de banda.

"Ao mesmo tempo apaixonado e metódico" é como Peart descreve Geddy como um estudante do baixo. "Acho que não se pode juntar duas características aparentemente dicotômicas, mas de fato elas trabalhavam muito bem juntas. É o que permite que alguém dedique todo esse tempo para se aperfeiçoar. Quando se é um jovem e apaixonado fã de rock na adolescência, algo com o que me identifico totalmente, não há nada que se prefira fazer além de tocar seu instrumento. Todo o resto era apenas interrupções em torno do foco principal.

"E com certeza Geddy se concentrava no baixo dessa maneira ainda na adolescência. Adquiriu proporções imensas a partir dessa paixão, e depois conseguiu ser metódico com relação às partes e aos riffs, a aprender os elementos de técnica e assim por diante. Tudo isso é construído ao longo do tempo, mas não poderia ser construído sem o elemento da paixão pelo instrumento. É isso que compartilhamos, trazer a mesma dedicação e a mesma inspiração para o instrumento e a partir dele, e depois ter a disciplina de passar muito tempo acertando as coisas.

"Se estivermos trabalhando nas partes juntos, nossa disciplina é infinita. Nós dois ficaríamos para todo o sempre numa parte da seção rítmica, pegando cada incursão das atividades de cada um, e os adornos, juntos, conversando ou num tipo de telepatia, sendo intuitivos um com o outro, seja na composição ou na gravação ou até mesmo no palco. Você sabe, essa parte certamente é a mais avançada... Eu sempre digo que o show ao vivo é o teste mais avançado possível."

"By-Tor" também evidencia o ouvido apurado de Geddy para melodia, explica Neil, quando se trata do baixo. "É claro que muitas vezes, sem dúvida, quem é jovem e fanático por baixo vai se concentrar na técnica. E isso é bastante natural, mas talvez percam a percepção geral da melodia. E Geddy toca baixo como um cantor, porque ele entende a melodia dessa forma, e o fraseado – muito importante. A melodia e o fraseado crescem a partir disso, e o baixo não é apenas um instrumento de apoio para todos os efeitos. É uma parte de sua personalidade musical, portanto reflete com muita força essa noção de ritmo e um senso de fraseado. Da mesma forma que eu escrevo as letras como um baterista, com o senso de síncope, acho que ele com certeza entende o baixo com essa compreensão maior inata que só um cantor pode ter."

De forma curiosa, Geddy usa a mesma palavra para descrever seu novo colega de banda em *Fly by Night*.

"Neil é metódico, e ele poder ser irritantemente metódico... Consistente. Tenho observado que, quando ele vai fumar, pega um cigarro quase sempre na mesma hora, pontualmente. Quero dizer, ele é tão metódico que não dá para acreditar. E é muito organizado. Gosta de ser organizado, tudo é levado em consideração. Neil não diz nada que não tenha sido pensado antes, exceto quando estamos brincando e contando piadas. E até mesmo nessas ocasiões ele pensa muito rápido. O que muitas pessoas não se dão conta a respeito dele é o quanto ele é engraçado. E o quanto é gentil. Sabe, as pessoas chegam até ele, e eu adoro observar pessoas abordando Neil, porque ele é essa criatura que parece um deus, Neil Peart, e eles não enxergam o mesmo cara que eu vejo, porque já o vi em todas as versões possíveis. Já o vi depois de uma viagem de 12 horas na estrada, quando ele estava exausto e acabado, e nós todos dormimos no mesmo quarto. Já o vi nas versões boa, má e feia. Nós todos já vimos uns aos outros nas versões boa, má e feia. Ele é muito mais pateta na vida real."

Um indicativo da natureza brincalhona de Neil, segundo Geddy, é que a letra de "By-Tor" na verdade não passa de uma piada que saiu do controle. Ele conta que os caras deviam estar muito chapados quando conjuraram essa ideia do nada. Também era meio bobo o fato de a música ter quatro partes, e uma das partes também ter quatro partes. Neil conta que batizar o primeiro movimento de "At the Tobes of Hades" – "Nas Tobes de Hades" – foi uma ideia que surgiu por causa do pai de um amigo que costumava dizer "Está mais quente que nas Tobes de Hades". O que também é engraçado e curioso é que nessa primeira seção da música a banda entra instantaneamente numa estrofe com letra. Em geral, com uma jornada musical gigante de rock progressivo – não só do Rush mas de todo o resto –, há uma intro após a outra antes que o sábio se pronuncie.

O produtor Terry Brown deve ter arregaçado as mangas e colocado a mão na massa numa viagem prolongada como essa. "Nem precisa dizer", afirma Terry, "um conceito interessante de ficção científica precisava ser explorado. Foi muito divertido, e acho que fizemos um bom trabalho com ela. Mas levou muito tempo para que ela fizesse sentido para os fãs, eu acho, e sem dúvida para a gravadora.

"Mas sim, eu sempre procurei me envolver para dar uma forma à música, em certo nível, dependendo de quanta lapidação fosse necessária. Não lembro quanto esse álbum precisou disso. Fizemos uma extensa pré-produção, gravando e mixando num período de três semanas, e terminamos o disco em três semanas. Então foi tipo um turbilhão naquele momento. Tivemos meio que baixar a cabeça e trabalhar, e além disso confiar muito no instinto em vez de seguir a lógica e acreditar bastante na experiência que você usa instantaneamente - 'Precisamos fazer isso e aquilo, vamos lá, vamos lá'.

"Foi um verdadeiro experimento com essas novas músicas. Com o primeiro álbum houve muitas críticas – e ainda há de certa forma – com relação à direção que a banda tomava. Ao passo que com *Fly by Night* eles tinham a própria ideia ganhando forma, com clareza. Não havia dúvida de que o som deles não era parecido com nenhum outro, logo isso era realmente uma coisa boa. Foi emocionante me envolver mais com os vocais de Geddy e ouvi-lo cantar naquele estilo inigualável. Quero dizer, naquela hora não eram mais apenas três músicas, era um álbum inteiro, então foi tudo muito impressionante. E também havia os solos. Quero dizer, havia tantas coisas, os sons do baixo, a habilidade deles como músicos que tinha de fato começado a desabrochar. Passei a me dar conta do potencial. Naquele tempo, a voz de Geddy era única. Não consigo pensar em ninguém mais que se parecesse com ele. Algumas pessoas amavam sua voz, e outras a odiavam totalmente. Então era algo especial."

Nesse momento em que o mundo começava a se dar conta de que o Rush estava criando um posto avançado na consciência da cultura pop – ou pelo menos na área de rock pesado da indústria musical, ambiente debatido pelas revistas *Circus*, *Creem* e *Hit Parader* –, haveria um debate franco sobre a voz de Geddy Lee.

Neil explica: "Na época em que entrei na banda, Geddy com certeza estava deixando de ser um cantor de banda de bar para cantar contra um ataque furioso de amplificadores distorcidos e sistemas de PA e amplificação ruim. Então, como ele mesmo conta – e acho que seja verdade –, cantava naquela extensão vocal e intensidade só para conseguir se sobrepor a toda a barulheira. Quando se começa a compor e gravar, o que acontece é que se consegue explorar as nuances do vocal. Naquela época, ele também recebeu muitas críticas por causa da voz estridente. E ficava meio constrangido por causa disso. Entenda, qualquer um ficaria. Não há nada mais pessoal e particular do que sua própria voz, certo? As pessoas podem falar do jeito como você toca bateria ou guitarra, mas sua voz, ela faz parte do seu íntimo de um modo muito real.

"E ele recebia comentários bem desagradáveis sobre sua voz. Até hoje citamos alguns, coisas que foram ditas em críticas horríveis ao longo dos anos, no vídeo de preparação para a turnê e tudo mais. Diziam que Geddy tinha engolido um punhado de lâminas de barbear e coisas assim. Sabe, isso o incomodava. E, ao mesmo tempo, ele tinha a ambição de cantar numa paleta mais ampla e dominar isso, já que estávamos explorando muitas coisas naqueles primeiros álbuns, usando diferentes dinâmicas em diferentes tipos de música sem qualquer limitação. Ele

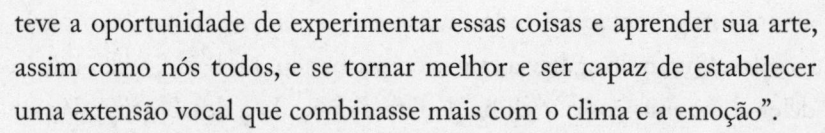

teve a oportunidade de experimentar essas coisas e aprender sua arte, assim como nós todos, e se tornar melhor e ser capaz de estabelecer uma extensão vocal que combinasse mais com o clima e a emoção".

Alex lembra que os críticos diziam que "a voz de Geddy era como o Mickey Mouse sob efeito de gás hélio e que éramos uma banda pretensiosa copiando o Led Zeppelin e acrescentando espadas e bruxaria e todas essas coisas. Provavelmente, a maioria das críticas era ruim. Mas havia algumas que eram boas, e descobrimos que tínhamos um público cada vez maior que não se importava com nada disso. Eles gostavam da banda e gostavam do que fazíamos e do que estávamos tentando fazer. Éramos um pouco mais cuidadosos com o modo como escrevíamos as músicas e com certeza como escrevíamos as letras e juntávamos tudo.

"Tivemos uma forte base de fãs dominada por homens desde o início, mas eles transformavam em cult as bandas de que gostavam. Acho que a maioria das pessoas que gostam de uma banda que ninguém realmente conhece aprecia essa singularidade. Sentem como se tivessem descoberto algo, e foi assim que as coisas se desdobraram naqueles primeiros anos. Não sei se foi desencorajador ler matérias ruins sobre nós na imprensa. Quero dizer que depois de um tempo só pensávamos, 'Ah, tá, tanto faz'. Meio que nos acostumamos com aquilo. Com certeza estávamos abertos a qualquer tipo de crítica, porque a gente aprende com coisas assim. Mas em geral os críticos daquela época estavam apenas tentando parecer inteligentes, descolados e moderninhos.

"Acho que como sobrevivemos a todos aqueles críticos da época e depois de passadas várias gerações, esses caras hoje em dia nos respeitam com certo rancor porque ainda estamos por aí. A banda é diferente do que era no passado. O Rush sempre foi o tipo de proposição 'ame ou odeie'. Quero dizer, o que a imprensa diz não importa de verdade para nós. Tudo tem a ver com os fãs, com a gente e o nosso relacionamento com eles. Os tempos são tão diferentes agora. Com toda essa rodovia de informação, a conexão é muito mais clara. Prefiro ler as resenhas escritas pelos fãs do que por algum cara que sempre nos odiou e sequer assistiu a metade de um show nosso."

"Ah, eram horríveis demais para lembrar", conta Ray sobre os comentários ruins a respeito da voz de Geddy. "Sempre havia isso, quando ele cantava, diziam que estava tentando imitar Robert Plant, mas na velocidade de 78 bpm em vez de 45. Disparavam insultos constantes nessa linha. Mas nunca foi assim com o público. Nunca houve esse clima negativo por parte do público quando estavam no palco, de jeito nenhum."

Virando para o lado B do disco *Fly by Night,* somos convidados a avaliar a faixa-título do álbum. "Fly by Night" é o single meio pop, praticamente um hit com guitarras o suficiente, que salvou o Rush e lhes permitiu mais uma chance de lutar. Foi a primeira música que os membros da banda criaram juntos, composta durante uma folga de três dias em East Lansing, Michigan. É importante observar que muitos fãs consideram "Anthem" como a primeira música que escreveram juntos, mas ela foi composta lá no início, antes mesmo que Neil chegasse ao grupo.

Os resultados foram promissores, deixando claro que antigas canções originais como "Garden Road", "I've Been Runnin'", "The Loser" e "Fancy Dancer" não seriam promovidas para o vinil. Assim como "Best I Can", "Fly by Night" é uma canção de rock tradicional em ritmo acelerado pensada para não agredir, mas então o baterista dispara um monte de batidas, agressivas apenas para ouvidos que precisam de um aperitivo pop na música de modo que ela seja fácil de ouvir do começo ao fim. Neil faz de "Fly by Night" uma faixa levemente excêntrica, um pouco maluca, assim como a voz estranha e aguda de Geddy. Por outro lado, a canção é um exemplo sólido de um cortejo de partes válidas bem escritas e integradas, no agregado, para se tornar o single moderado de um trabalhador. O lançamento holandês do single, tendo "Best I Can" no lado B, constituiu o primeiro compacto da banda com capa.

Quanto às letras, "Fly by Night" traz Neil recordando com saudosismo sua tentativa de bater as asas com o próprio jeito dramático, indo

– voando – para Londres, Inglaterra, a fim de se tornar uma sensação como baterista. É uma música sobre o sonho do rock 'n' roll, mas ele sabiamente se expressa de forma universal, fazendo com que qualquer um que se encontre prestes a iniciar um novo capítulo na vida se identifique com essa faixa. Refletindo a típica modéstia canadense, a música não subiu muito nas paradas, chegando à posição 88 nos Estados Unidos e 45 no Canadá, mas discretamente também serviu como a razão principal pela qual o álbum como um todo tenha vendido bem, chegando à posição 113 na parada Billboard 200 e batendo no número 9 em casa, no Canadá.

Em seguida há "Making Memories", um folk rock curioso e vigoroso parecido com Crosby, Stills, Nash & Young.

Para sua parte com slide, Lifeson usou um tubo de batom feito de metal. Expandindo o que Howard já disse, Alex explica: "Foi escrita numa viagem em que nos perdemos na estrada. Era em algum lugar no Meio-Oeste – Indiana, talvez. Esqueci para onde estávamos indo, mas pegamos uma saída à direita quando deveríamos ter virado à esquerda. Seguimos pelo caminho errado por algumas horas e estávamos dentro do carro com um violão, e era assim que escrevíamos as músicas naquela época. Quase tudo era feito nos camarins e nas passagens de som. As letras de Neil também eram escritas na estrada. Essa música foi toda composta antes de entrarmos no estúdio."

"Rivendell", batizada assim em homenagem à cidade dos elfos em *O Senhor dos Anéis*, é o tipo de música folk medieval tranquila, com a inclusão de vocais em falsete que tacitamente amparam a credibilidade do rock progressivo. Esse tipo de instrumentação com violão acústico se resume a exibir versatilidade e atemporalidade, para não mencionar certo pedigree europeu. Sem dúvida não se ouve nada parecido num álbum do Kiss ou do Aerosmith, mas com certeza se encontra numa indulgência solo de Steve Howe. Nem "Making Memories" nem "Rivendell" se tornaram parte do setlist da turnê que se seguiria, mas todas as outras músicas do álbum estariam presentes.

Fly by Night fecha com "In the End", um rock épico raiz e meio lânguido, que está mais próximo de "Here Again" e "Working Man" do que a faixa Rush 2.0 "By-Tor & The Snow Dog". De fato, assim como "Best I Can", essa faixa faz parte da era pré-Peart, com a letra escrita por Geddy Lee.

Após o lançamento, em 24 de março de 1975, o Rush ganhou o primeiro de muitos Juno Awards (a versão canadense do Grammy), recebendo um título que é considerado, de brincadeirinha, uma maldição: Banda Mais Promissora. A banda, que estava na estrada cruzando o Meio-Oeste dos Estados Unidos, soube do prêmio num telefonema de Ray, já meio bêbado por festejar a notícia; o Rush fez a própria festa mais tarde naquela noite. Duas semanas antes disso, Alex se casou com Charlene, sua namorada desde o final dos anos 1960, e naquele momento já mãe de seu filho primogênito, Justin. Dois anos mais tarde, o casal deu as boas-vindas a outro filho, Adrian.

De volta à estrada – porque essa era a fórmula –, o Rush estava agendado com uma desconcertante série de outras bandas, incluindo os parceiros regulares de shows do ano anterior, o Kiss.

"Ah, nós fizemos milhares de shows com o Kiss", conta Alex. "Em 1975, tocávamos para uma média de três mil espectadores, então eram teatros pequenos. Não éramos bandas grandes de maneira alguma. Essa era a realidade para os dois grupos nas nossas primeiras turnês. E nos tornamos muito próximos, ficamos bons amigos de verdade, estávamos juntos o tempo todo. Nos dias de folga, nos reuníamos, saíamos para jantar. Nos dias de show, ficávamos sempre nos camarins uns dos outros. Mantínhamos contato quando não estávamos na estrada. De fato, éramos bem próximos, e acho que isso aconteceu porque estávamos compartilhando essa experiência completamente nova. A gente sentava e conversava com Paul e Gene sobre música, de onde viemos, para onde estávamos indo.

"E era interessante ouvir os rapazes falando sobre o que o Kiss representava: era um veículo para ganharem muito dinheiro e participarem de todo esse circo do showbiz. A música era só uma parte de tudo aquilo, não estava dentro dos corações deles de verdade. Mas sabiam que o rock era o tipo de música que precisavam criar para as coisas darem certo. Eu me lembro dos dois sentados no meu quarto de hotel certa noite – acho que foi em Louisville, Kentucky – com dois violões, e estavam cantando todas essas outras músicas, e eram músicas muito boas que eles tinham criado, mas que *jamais* seriam músicas do Kiss. E, é claro, vínhamos de uma área totalmente diferente, que não tinha a ver com o showbiz. Tinha mais a ver com música e tocar um instrumento. E nosso relacionamento com eles esfriou depois que o álbum ao vivo foi lançado e o Kiss estourou. Eles se distanciaram. Ficaram indiferentes. Fomos vê-los algumas vezes, e eles simplesmente nos ignoraram, foi esquisito."

Parece que a divisão entre Gene e Paul e "o resto da banda" já estava presente mesmo naquele tempo distante.

"Ace era maluco. Ace era muito, muito engraçado", continua Alex. "E ele adorava ficar bem louco. Gostava de beber e fumar maconha, qualquer coisa para ficar louco. Mas sempre tinha uma piada nova para contar. No aniversário dele, compramos alguns presentes, só umas coisinhas bobas, e o convidamos para vir até um dos nossos quartos. Naquele tempo, também dividíamos os quartos. Compramos um monte de bebida, fumamos uns baseados e celebramos o aniversário de Ace, e ele disse [imitando a voz aguda de Ace]: 'Sabem, caras… Não dá para acreditar. Os caras da banda em que eu toco sequer me desejaram feliz aniversário, e vocês me trouxeram todos esses presentes e me chamaram aqui. Quero dizer, caras, vocês são os melhores! São os melhores.' Eu lembro que perguntei para ele – Ace tinha comprado uma casa nova –, e eu disse: 'Como está sua casa nova, Ace?'. [Imitando a voz de Ace de novo] 'Achei bem nos conformes. Hahahahaha'. Ele era mesmo muito divertido. E Peter também era um cara legal."

A turnê que se seguiu a *Fly by Night*, *Caress of Steel*, foi a última que o Rush faria com o Kiss. "Naquele momento, tínhamos chegado ao ponto em que provavelmente nos tornamos grandes demais para abrir para eles", conta Alex. "Procuravam uma atração menor como banda de abertura, e talvez alguma coisa que estivesse mais alinhada com o que estavam fazendo."

Geddy cita o Kiss ao responder sobre exemplos dos excessos que presenciou em turnê. "Pegamos a estrada com o Kiss antes que eles começassem a ter sucesso. Os caras do Kiss sempre ficavam muito frustrados porque saíam do palco, tiravam a maquiagem, e ninguém sabia quem eles eram. Então era muito difícil para eles serem reconhecidos, e não gostavam nada disso. Aí davam essas festas loucas depois dos shows e convidavam todo mundo que estivesse por perto só para se sentirem deuses do rock. Portanto, aconteceram algumas coisas bem interessantes. Mas éramos bons amigos. Excursionamos juntos durante nossas primeiras duas turnês nos Estados Unidos e tínhamos uma relação muito boa. Não tivemos problemas de maneira alguma. Foi só quando eles começaram a fazer muito sucesso que perderam a conexão com a realidade bem depressa."

Em 7 de junho de 1975, em San Diego, antes de voltar para casa e fechar algumas datas no Canadá, o Rush recebeu uma despedida memorável de Gene, Paul, Ace e Peter. "Tivemos uma guerra de chantilly no final da turnê com eles. Simplesmente nos cobriram com tortas daquilo, foi uma loucura. Eu ainda tinha chantilly nos captadores do meu baixo semanas depois da despedida." No final do set do Kiss, o Rush partiu para a vingança, resultando num palco coberto de creme de barbear e um bis túrgido da atração principal em rápida ascensão.

"Aprendemos muito com eles", continua Geddy. "Em primeiro lugar, independente do que você queira dizer sobre eles, no aspecto musical ou qualquer outro, como suas personalidades, naquele tempo, no início de tudo, não havia banda mais batalhadora em turnê que o Kiss. Não havia banda mais determinada a apresentar um show espetacular e fazer valer o ingresso do que o Kiss. Foi excelente poder testemunhar isso como banda de abertura. Éramos tão impressionáveis, tão imaturos quando fomos aos Estados Unidos para fazer a primeira turnê, e eles também eram novatos. Mas eu tinha muito respeito pela ética de trabalho deles e a habilidade de produzir um espetáculo. De fato, faziam valer o dinheiro que os fãs pagavam, então essa foi uma lição muito importante para nós.

"E como se sabe, naquela época eles eram músicos de rock e estavam interessados em tocar rock, e a música deles era bem roqueira. Assim, não posso dizer que aprendemos muito do ponto de vista musical, mas com certeza aprendemos do ponto de vista de estar na estrada, de produzir um show e da importância de todas essas coisas. Para levar em consideração tudo que está envolvido numa apresentação ao vivo, eles foram incrivelmente ilustrativos, e eram muito gentis conosco. O Kiss nos levou para muitos lugares, então sempre seremos gratos por isso.

"Mas havia muitas festas, aqueles caras gostavam mesmo de curtição, principalmente Gene. O Kiss curtia muito, e os hotéis deles eram sempre divertidos. Fizemos alguns bons amigos naquela turnê. Na verdade, nosso gerente de produção e diretor de palco, C.B., era o cara que cuidava do monitor do Kiss e foi uma das primeiras pessoas que conheci na indústria musical. Hoje eu olho para ele e sempre dou um sorriso. Acho que ele se lembra daqueles primeiros dias com muita clareza também. É tão legal ter compartilhado tantas experiências juntos e ainda contar com essas pessoas presentes em sua vida. É uma verdadeira bênção estarmos juntos por tanto tempo. Se você conversar com a maioria dos veteranos de estrada ou veteranos de música, o mais importante são as pessoas envolvidas. E quando se compartilhou tanto o começo de tudo quanto os tempos atuais, é uma coisa muito bonita. Eu amo poder ver o C.B. porque penso sobre o começo e penso sobre o agora como se fossem uma coisa só."

Alguns outros membros da equipe também estão com o Rush até hoje. Geddy fala sobre Howard: "Ele foi nosso primeiro diretor de turnê. Foi mandado para nós pelo nosso primeiro agente nos Estados Unidos, nosso primeiro agente americano, por assim dizer. Foi mandado até aqui para ensinar aos jovens canadenses como funcionava o show-biz, então sempre foi muito engraçado o Howard tentando nos ensinar as coisas. E ele mesmo era uma figura. Liam trabalha para mim desde que tinha 17 anos de idade. Já estava conosco nos shows nos bares, e isso também é bonito porque passamos nossas vidas inteiras juntos. É realmente legal que ainda gostamos uns dos outros, confiamos uns nos outros. Sem dúvida, são relações forjadas por muitas experiências.

"Por exemplo, dormir em cima de nossas bagagens", conta Geddy, lembrando algumas dessas experiências. "Era divertido, e era horrível. Eu jamais poderia fazer isso de novo, mas quando se é jovem é assim mesmo. Na juventude, pode-se passar por tudo isso sem se importar. Naquela hora, você odeia a situação, mas sobrevive facilmente. Hoje em dia, sem dúvida, ficaria destruído por um mês se passasse uma semana viajando do jeito que costumávamos viajar por meses a fio. E às vezes não se sabia para onde estávamos indo porque acontecia de não haver shows agendados e ficávamos nos Estados Unidos esperando sermos escalados em outra turnê. Sabe, a vida de uma banda de abertura na-quele tempo acontecia de circuito a circuito. Eu lembro uma vez que estávamos no intervalo entre dois shows por duas semanas ou um mês, e pareceu muito mais tempo. Então ficávamos de bobeira em algum hotel em Los Angeles esperando aparecer outra turnê, sem nada para fazer o dia inteiro a não ser jogar *Space Invaders*."

De volta ao Kiss, Geddy observa: "Acho que gostavam quando está-vamos por perto. É claro que devem ter gostado de nós, porque nunca fizeram qualquer objeção a nos ter como banda de abertura. Fomos al-gumas das poucas pessoas que os viram sem maquiagem naquele tem-po. Isso era algo muito sério, hoje não é mais. Acho que nos respeitavam como músicos. Provavelmente pensavam que não éramos muito comer-ciais, ou não comerciais o suficiente. E não sei se respeitavam o modo como lidávamos com as coisas, porque eles eram roqueiros e queriam fazer sucesso. Para ser sincero, é difícil dizer se eles sequer pensavam sobre nós, porque estavam obcecados em chegar ao topo".

San Diego junto com um show completamente lotado como banda de abertura em abril de 1975 para 4.500 pessoas no Michigan Palace em Detroit (a casa longe de casa do Kiss, o que para o Rush seria Cleveland!) por muitos anos foram os pontos altos memoráveis das turnês. Uma apresentação como banda principal no Massey Hall em 25 de junho com a Max Webster também provou ser um marco, sem esquecer que serviu de aquecimento para os shows que seriam o primeiro álbum ao vivo da banda um ano e meio mais tarde, na sequência de dois álbuns de estúdio surpreendentes nesse ínterim. Houve mais uma data no Massey Hall seis meses depois, em 10 de janeiro de 1976, com o artista folk Joe Mendelson abrindo, já que ele tinha o mesmo empresário que o Rush e fazia parte da versão boutique da Max Webster, a Taurus.

"Naquele ano também saímos em turnê com o Aerosmith", conta Alex, para a sorte deles – ou não – de estar ao lado de outro rolo compressor. "As turnês com o Aerosmith não foram as mais agradáveis para nós. Não conseguimos fazer uma passagem de som sequer nas quase 50 datas em que tocamos, deve ter sido isso. Nunca conversamos com eles, nem uma vez. A gente recebia uma bandeja com lanches e uma garrafa de vinho no camarim, e era muita sorte recebermos isso. E a equipe deles também. Lembro uma vez que Neil estava trocando as peles da bateria e tinha que ajustar o instrumento nos bastidores. Precisou fazer isso lá porque não tínhamos acesso à passagem de som. E os caras da equipe deles foram até Neil e disseram: 'Para com essa merda de barulho!'. Sabe, ele sequer podia afinar a bateria. Teve que levá-la para dentro do camarim para afinar.

"Eles realmente foram... Bem, a gente só procurava ficar longe deles o máximo possível. Anos mais tarde, Howard Ungerleider, nosso diretor de iluminação, estava num voo para a Europa, e eles estavam no mesmo avião, e Steve foi até lá falar com ele. Isso foi depois que se separaram e passaram por um período sinistro, depois se recuperaram e voltaram à vida. Steve foi até lá, se sentou ao lado de Howard e disse:

'Sabe, éramos uns filhos da puta. E só tenho lembranças ruins do modo como tratávamos as pessoas naquela época. Diga aos rapazes que sentimos muito sobre tudo aquilo e talvez um dia possamos nos reunir e bater um papo'.

"Achei que foi bem legal da parte dele lembrar aquilo e fazer um esforço para se desculpar. Você aprende muito com esse tipo de coisa. Sempre nos esforçamos para ter certeza de que qualquer banda de abertura que tocasse conosco tivesse direito à passagem de som e tudo mais que seus técnicos solicitassem. De fato, nos desdobrávamos para ajudar todo mundo, e isso aconteceu por causa dessas experiências em que não conseguíamos as coisas. Não parecia certo. É simplesmente uma experiência tão grandiosa e tão divertida, e toda banda em turnê compartilha esse momento. Devemos ser irmãos. Não se deve tentar diminuir os outros. Alguns enxergam isso como algo competitivo. 'Temos que detonar esses caras no palco nesta noite!'. Faça o seu trabalho, só isso."

"Eles foram uma das bandas que se tornaram um bom exemplo do que não fazer", diz Neil a respeito do Aerosmith. "Estavam fora da realidade. Não faziam ideia do que estava acontecendo. Chegavam e faziam uma passagem de som, ficavam implicando com as coisas, e Steven Tyler gritava com o baterista por não acertar o tempo até o momento em que as portas se abriam! Eles simplesmente não se davam conta."

Então qual foi a posição do Rush quando saíram para essa turnê trabalhosa? Em resumo, naquele momento, já tinham se tornado uma banda com uma trajetória considerável. Apesar das vendas modestas de discos e da ausência de execução no rádio, milhares de pessoas assistiam ao Rush tocar ao vivo. A maioria não fazia ideia de que eram canadenses, e aqueles que sabiam pensavam que se tratava de uma curiosidade divertida, porque a banda sempre parecia entrar e sair de alguma cidade do Meio-Oeste americano.

Como se sabe, o grupo tinha estabelecido suas credenciais no hard rock com o álbum de estreia e depois demonstrou disposição para se arriscar com o segundo álbum. Quem repara em coisas como o som da bateria ou lê os créditos percebeu que a banda tinha um novo baterista, mas por trás da marca registrada ofuscante que era a voz de Geddy, seria compreensível sequer se dar conta disso. Mas, sim, a bateria estava mais inventiva e até mesmo mais cativante por todo o disco *Fly by Night*. E as músicas eram mais dramáticas, mais progressivas – ou pelo menos metade delas. "Best I Can", "Making Memories" e "In The End" não estavam muito longe do material do álbum de estreia. Ainda assim, a soma total desses ajustes colocou o Rush no radar das bandas a se observar, bandas que poderiam surpreender, porque eles pareciam mudar depressa. Sob essa luz, faziam o que o Led Zeppelin ou o Queen, ou até mesmo artistas da velha-guarda como os Beatles e The Who poderiam fazer.

Adotando uma visão mais ampla da música daquele tempo, sempre havia pop, soul e R&B. O rock progressivo trilhava seu caminho, o hard rock não tinha mudado muito e o glam minguava, simbolizado pelo fato de que o Sweet tinha se tornado respeitável. Ainda não se tinha ouvido falar de música disco, ou punk ou música eletrônica além de álbuns obscuros que usavam sintetizadores. O rock ainda era uma experiência muito concreta, que repercutia forte pelo Cinturão da Ferrugem, proporcionada por garotos de cabelos compridos com guitarras, baixo e bateria. E o Rush se encaixava bem naquilo, apesar de suas aspirações virtuosísticas. Enquanto banda de abertura do Kiss ou do Aerosmith, a maior parte dessas ambições ficava obscurecida por apagões na eletricidade. Seria necessário alcançar o status de atração principal para que o Rush pudesse ser considerado na indústria de forma adequada, não apenas como uma curiosidade ou um coadjuvante, mas um ecossistema intrincado em si mesmo.

Mas é claro, a vida seguia seu rumo fora do circuito de shows. O presidente estadunidense Richard Nixon tinha renunciado por causa do escândalo Watergate (de fato, isso aconteceu uma semana antes da primeira apresentação de Neil com o Rush), e foi substituído por Ford. E dois meses e meio depois, quando *Fly by Night* foi lançado enquanto a banda ainda estava na estrada com o Kiss, aconteceria a queda de Saigon, o que significou o fim da Guerra do Vietnã. Houve a crise do petróleo e a economia dos EUA patinava. É de certa forma incongruente até mesmo mencionar tudo isso, porque muito da história do rock acontece à margem dos eventos mundiais, mas essa é a realidade. O rock pesado – que o Rush, com bastante sensatez, ajudou a consolidar – estava em ascensão em meio a uma época bastante dura nos Estados Unidos. O que faz muito sentido – tempos duros pedem músicas duras. E assim o Rush, apesar de sua abordagem quanto à forma singularmente progressiva, estava bem-posicionado para tirar vantagem do andar da história.

"UMA BANDA JOVEM, UM PRETENSIOSA CHEIA DE AMBIÇÃO E DE GRANDES IDEIAS."

IDA

M POUCO

OSA,

CHEIA

OES

CAPÍTULO 4

CARESS OF STEEL

Depois das datas com o Kiss em maio e começo de junho de 1975, o Rush voltou para a realidade, tocando na província de Ontário e por todo o Canadá de norte a sul, antes de aproveitar o verão para fazer um esboço de seu disco seguinte. *Caress of Steel* foi gravado no final de agosto, bem a tempo de entrar numa turnê canadense com o Nazareth. Mas não foi exatamente o disco que os empresários ou a gravadora queriam.

"Bem, olhe para os hits da rádio AM, e mais tarde para os hits da FM", explica Vic Wilson. "Os tais singles. Com eles se atinge o status de *superstar*. O Rush é *superstar*, mas há aquele extra… *superstar* no nível de um Elton John. Onde ele estaria sem um hit nas paradas? De volta a um bar qualquer tocando piano. A rádio AM era importante naquela época. Ela transformava você numa estrela. Por isso permaneceu relevante por todos esses anos. Os caras do Rush simplesmente continuaram martelando e insistindo, e eu tiro o chapéu para eles: mantiveram-se firmes no que queriam fazer. Mas no pensamento deles, não queriam tocar na rádio AM, porque eram uma banda de rock ou, entre aspas, uma banda de heavy metal, e eles só foram abrindo caminho. E a única estação de rádio em Toronto na época era a CHUM-FM. Qualquer música que tocasse na CHUM-FM já era uma vantagem, mas basicamente não ia além disso. Havia uma estação em Montreal que tocava Rush. Mas só isso. Alguma vez você já bateu a cabeça na parede? Era desse jeito. Eles tinham essa mentalidade cristalizada, e não iam ceder e compor pensando na rádio AM. Não importava para eles que não tivessem execução em rádio. Me dê um hit do Top 40 da rádio AM! O mais perto que chegamos disso foi com 'Fly by Night'."

Os hits vieram na hora certa, mas mesmo alcançar o status de campeões de vendas aconteceria segundo os termos do Rush. Ainda assim, *Caress of Steel*, e em grande parte seu sucessor, *2112*, seriam conhecidos como os álbuns do Rush que jamais tiveram um single e, por extensão, um hit.

"*Caress of Steel* foi uma história diferente", lembra Terry Brown. "Ainda estávamos desenvolvendo o modo como queríamos fazer as coisas. Fomos parar num limbo com esse disco, é claro, e ele quase custou minha carreira. Mas desde então provou ser um álbum substancial de que muitos fãs gostam. Foi o degrau para *2112*. E depois que terminamos esse disco, realmente trabalhamos num monte de ideias muito boas que incorporamos a *2112*. Era um disco sombrio, não há dúvidas quanto a isso. Mas ainda achava que tinha um potencial imenso, e gostei mesmo do álbum e achei que era apenas outra fase pela qual iríamos passar. Então, na verdade, não me incomodou muito o fato de que não tenha sido um disco supercomercial. Era com certeza um bom disco. Mas essa opinião não é compartilhada por todos. Recebemos um feedback nada entusiasmado, digamos assim, o que eu acho uma pena."

"A maior parte desse álbum foi criada em estúdio", explica Neil. "Chegamos com ideias e esboços, um pouco de material, e eu já tinha algumas letras escritas de antemão. Provavelmente tínhamos algumas ideias compostas no violão e talvez alguns riffs de que gostamos, mas era isso. O resto do álbum foi, você sabe, basicamente três semanas com 18 horas de trabalho por dia até ficarmos esgotados."

Isso é bem distante da abordagem que eles adotaram para os dois primeiros discos. O álbum de estreia surgiu de maneira típica. Em maior parte, as músicas já estavam por aí há tempos. O Rush conseguiu evitar a maldição do segundo álbum usando o tempo na estrada para compor. Com *Caress of Steel* isso não aconteceu, e se houvesse qualquer caminho claro a seguir, seria se livrar dos últimos vestígios do Rush roqueiro.

"Eu acho que, com *Caress of Steel*, Neil apareceu com um conceito, e nós tivemos que juntar tudo e fazer dar certo", continua Terry. "Esse era o trabalho, era o que precisávamos fazer: organizar o álbum e conduzir as músicas à sua melhor versão. Na época, não me pareceu que isso tenha sido difícil. Parecia que eles sabiam para onde estavam indo no final das contas. Não acho que eu realmente soubesse na época para onde estavam seguindo, mas tínhamos esse material, eu gostei dele e achei que havia potencial. Mas a maior parte foi feita no estúdio."

Caress of Steel foi lançado em 24 de setembro de 1975, a capa tão séria e sóbria como todo o disco, a não ser por duas faixas. A arte de capa era para ser impressa em tinta prateada, reforçando o tema do aço e a ilustração do alquimista, mas acabou como uma mistura intrigante de verde acinzentado e cobre. Foi o primeiro design de Hugh Syme para a banda. Syme estava destinado a tornar a parte visual um tema central da experiência do Rush por anos a fio, mas naquele momento ele era só o tecladista da banda de Ian Thomas, também integrante do catálogo da Moon Records. Syme logo trocaria de ramo e se tornaria um profissional das artes gráficas bastante requisitado, criando capas de discos para nomes como Megadeth, Queensrÿche, Fates Warning, Kim Mitchell, Whitesnake, Coverdale-Page, Def Leppard, Aerosmith, Dream Theater e dúzias de outras bandas além do Rush.

O disco abre com "Bastille Day", que, além de ser uma história sucinta sobre a Revolução Francesa, permanece até os dias de hoje como uma das canções mais heavy metal da banda – pelo ritmo, pela estrutura relativamente simples, pelo riff de Alex e sua execução distorcida, pelos gritos chocantes de Geddy nos vocais. Num contraste à velocidade da faixa, a banda corta o ritmo pela metade no refrão. Ambos os ritmos são usados em outras passagens musicais, mas o sentimento predominante é de que essa é uma faixa *headbanger* que vai direto ao ponto com mais veemência do que qualquer coisa de *Fly by Night*, se equiparando em intensidade de heavy metal a "What You're Doing" e "Working Man", mas com a vantagem adicional da velocidade.

Em seguida há o caso curioso de "I Think I'm Going Bald", uma faixa *boogie rock* semelhante a "In The Mood" e anfitriã do hard rock derivado do blues e similares de anos como 1972 e 1974. "Naquela época, passamos muito tempo na estrada com o Kiss", explica Geddy, "e eles tinham uma música chamada 'Goin' Blind'. Então estávamos meio que tirando sarro com aquele título e acabamos escrevendo isso. Pratt [outro apelido de Neil Peart] inventou o verso '*I think I'm going bald*' – 'Acho que estou ficando careca' –, porque Alex sempre andava preocupado com sua queda de cabelo. Mesmo que não estivesse perdendo cabelo, era obcecado com o fato de que talvez um dia isso pudesse acontecer. Assim, experimentava todo tipo de produto para aplicar no couro cabeludo. Acho que isso levou Neil a refletir sobre o envelhecimento, mesmo que não estivéssemos ainda envelhecendo e não tivéssemos lugar de fala sobre esse tipo de coisa. Seria bem mais apropriado falarmos sobre isso hoje em dia. Acabou virando uma música meio engraçada. E mesmo que a canção não fosse cômica, em termos de sentimento, ela é divertida, e uma música claramente boba. Muitas pessoas pensam erroneamente que somos sérios, mas algumas das nossas músicas são apenas bobas."

Por anos, as pessoas especularam que essa faixa falava de um camarada da banda, Kim Mitchell, da Max Webster, que definitivamente enfrentava uma calvície precoce. Além disso, Donna Halper tem plena certeza de que Geddy contou a ela que a música falava dele próprio.

"Lakeside Park" provavelmente era a maior chance de esse álbum ter um single, só que seu sucesso foi impedido por dois fatores. É um pouco pomposa e progressiva demais – com mais suavidade, teria um som parecido com "Fly by Night" ou pelo menos um ritmo intermediário mais palatável para tocar no rádio. Em segundo lugar, é muito canadense, citando o feriado de 24 de maio, Victoria Day no Canadá, que é tradicionalmente celebrado com fogos de artifício. E mesmo que muitos fãs do Rush em potencial pudessem identificar um "parque à beira do lago", este parque da música ficava em Port Dalhousie, em St. Catharines, Ontário. Neil recorda sua juventude e, em particular, um emprego de verão quando ele trabalhou num parque de diversões, por isso a menção a "*midway hawkers*", os vendedores ambulantes do parque. Certo ar de melancolia nostálgica conecta "Lakeside Park" a "Fly by Night", que também narra um capítulo da vida de Neil antes do Rush.

Para Betty, mãe de Peart, essa é a música favorita dela do Rush: "Havia isso em Port Dalhousie, onde morávamos. Pedi que ele escrevesse sobre alguma coisa que eu pudesse compreender, e ele me ligou certo dia e disse: 'Escrevi uma música que a senhora vai entender'. Portanto, naturalmente gosto dessa música. Não entendi '2112' muito bem, havia essa coisa de espaço sideral e buraco negro. Quando Neil tinha tempo, costumava pedir que explicasse as letras para mim. Assim como em 'A Farewell to Kings', eu não fazia ideia de que falava das virtudes de um rei. Só… tinham que explicar para mim, porque era realmente profundo. Tenho muito interesse pelas letras que ele escreve e de onde elas vêm, mas alguém tem que explicar para mim. Achava maravilhoso o modo como eles tocavam e o modo como combinavam as coisas e o som, mas eu não entendia e ainda não entendo".

Fechando o lado A do vinil original está "The Necromancer", a segunda incursão progressiva em essência do catálogo da banda. Haveria uma ainda mais chocante pela frente antes do fim de *Caress of Steel*.

"Sem dúvida funcionou como um degrau", diz Alex sobre a montagem de doze minutos de duração em três partes. "Começou um pouco antes com 'By-Tor & the Snow Dog' em *Fly by Night*. Aquilo foi o início das composições dentro de uma ideia mais temática e em múltiplas peças, e depois com *Caress of Steel* fizemos um lado inteiro dessa forma. Quero dizer, mesmo 'The Necromancer' já era assim. Foi o começo dessas faixas mais longas, e ficamos cada vez mais envolvidos com isso – estávamos em busca de algo."

Atraído pela narração distorcida em ritmo lento, o ouvinte pode escutar o que parece uma profecia do trabalho pesado e debilitante da turnê que a banda iria enfrentar tentando vender esse disco às massas. Três homens de Willowdale cruzando o rio Dawn para uma jornada na terra do Necromancer onde se tornariam "espectadores vazios e irrelevantes". O Rush vinha do subúrbio de Willowdale, a noroeste de Toronto, e um dos maiores rios de Toronto é o rio Don. Geograficamente, para nossos três viajantes, não é necessário cruzá-lo na "jornada rumo ao sul" para os Estados Unidos, mas o que acontece na história com certeza parece o "olhar vazio" que cerca a banda na turnê, principalmente nas fases mais minguadas, uma coisa de que Geddy tem falado com frequência.

A primeira parte de "The Necromancer", "Into Darkness", é a mais lenta que o Rush já tocou. A banda cria uma melodia num clima de blues, com Alex solando através de vários efeitos, exercendo seu talento com texturas. A narração retorna na segunda parte, "Under the Shadow", que também marca o retorno do metal, com Geddy retomando seus gritos agudos um após o outro. Depois do exercício inicial de matemática do rock, eles entram numa jam, com Geddy e Neil tocando continuamente enquanto Alex assume o protagonismo, rasgando um solo marcado pelos pedais e que se movimenta para a frente e para trás, para a esquerda e para a direita. Um riff imenso que lembra o Black Sabbath lidera uma segunda e mais intensa jam que se parece ainda mais com os álbuns *Paranoid* ou *Vol. 4*.

Para a terceira parte, "Return of the Prince" (que teve uma edição limitada como single), a banda opta por acordes saídos diretamente de "Sweet Jane" para representar o final feliz dessa história ao estilo de *O Hobbit*. O personagem By-Tor retorna e mata um inimigo, que não parece ser o próprio Necromancer. Sem narração ou canto, há uma frase em latim impressa na letra do encarte que se traduz como "*As the hour ends the day, so the author ends his work*" – "Como a hora finda o dia, assim o autor finda seu trabalho", extraída da obra *A história trágica do Doutor Fausto*, de Christopher Marlowe.

Isso poderia fazer mais sentido como conclusão do álbum completo, porque neste ponto o trabalho do autor está longe de terminar. O lado B é engolido inteiramente por uma única música, "The Fountain of Lamneth". Apresentada em seis partes e chegando a 20 minutos de duração, é a história da vida de um homem e suas tribulações e realizações do nascimento até um final marcado por um tipo de estado evasivo, uma compreensão de que, apesar da grande sabedoria adquirida ao longo dos anos, há ainda mais coisas que jamais serão conhecidas – e então se fecham as cortinas.

A parte um, "In the Valley", compreende três passagens musicais diferentes, uma sem bateria, uma introdução soft rock que lembra o Led Zeppelin, uma seção de metal progressivo com Geddy cantando a plenos pulmões e depois um tipo de rock idílico da Costa Oeste com uma pegada de *soft prog*.

A parte dois, "Didacts and Narpets", é possivelmente a "canção" mais vanguardista que o Rush já fez. Ela abre com um solo de bateria e então dispara acordes geométricos e agudos sobre os quais Geddy vocaliza palavras soltas, algumas discerníveis, outras não, nenhuma delas voluntariamente impressa nas letras do encarte. Neil já explicou que as palavras representam os pontos de vista do herói ou observador que se opõe a seus "didacts", um anagrama para "addicts", "viciados", e "narperts", um anagrama para "parents", "pais". Peart não consegue lembrar o texto inteiro, mas diz que "Trabalhe! Viva! Ganhe! Doe!" faz parte das idas e vindas. Para todos os efeitos, essa busca pela fonte se transforma numa alegoria para os desdobramentos da vida e das vidas da banda e de seus membros, algo que pode ser lido também em "The Necromancer". O sentimento combativo se intensifica com uma sequência de acordes mais musicais, mas ainda dramáticos e poderosos, seguido de um "Listen!" simultaneamente em alta e baixa frequência.

A parte três, "No One at the Bridge", é uma música sombria e melodiosa com muitas palavras. Para seções das estrofes, Neil toca apenas chimbal e caixa. Geddy canta a maior parte da música a plenos pulmões e num tom bem agudo. Alex diz que a maior influência para seu solo elétrico foi Steve Hackett, que ele andava escutando muito na época.

Gaivotas e ondas do mar abrem caminho para a parte quatro do nosso conto, "Panacea", uma música tranquila que lembra um estilo medieval ou renascentista, primeiro com Alex no violão de cordas de nylon, depois a banda entra eletrificada, colapsando em alguma coisa semelhante ao soft rock mainstream. É interessante notar que essa é uma das duas seções de seis em que a música não é creditada a Geddy e Alex, mas apenas a Geddy.

Assim como "Return of the Prince", a parte cinco de "The Fountain of Lamneth", "Bacchus Plateau" (a segunda seção da canção creditada apenas a Lee) usa padrões ensolarados e previsíveis dos anos 1960 para dar o tom de uma história esperançosa. Muito vinho e muita estrada desgastante depois, a parte seis, "The Fountain", traz a banda de volta à mesma arquitetura musical do metal progressivo do segmento de abertura. Contudo, mudando a ordem, o conto termina com a mesma música acústica sem bateria que abriu a faixa 20 minutos antes. Liricamente, há muitas pistas de que a jornada não se encerrou, que naquele momento há ainda mais perguntas do que respostas, que o nascimento no começo apenas coloca o herói num ciclo de movimento perpétuo.

"Era simplesmente uma coisa que nós tínhamos que fazer", reflete Geddy, resumindo "The Fountain of Lamneth" e reverberando os sentimentos de Alex. "Mas é meio absurdo. Quero dizer, é apenas o ponto onde nos encontrávamos. Éramos uma banda jovem, um pouco pretensiosa, cheia de ambição, cheia de grandes ideias, e queríamos ver se podíamos fazer essas ideias grandiosas se concretizarem. E 'Fountain of Lamneth' foi a primeira tentativa de se fazer isso. Acho que houve alguns momentos lindos, mas muito daquela música parece entediante e fora de tom. Foi também o maior tempo que tivemos para fazer um álbum. Acho que tivemos três semanas inteiras e estávamos apenas sendo autoindulgentes. Simplesmente nos demoramos, nos permitimos experimentar na maior parte do tempo. Você sabe, *Fly by Night* foi feito em dez dias. Naquele momento tínhamos três semanas, além de muitos aromas peculiares na sala de controle."

"Entendo que 'Necromancer' era uma extensão de 'By-Tor'", afirma Alex, "mas 'The Fountain of Lamneth' foi ainda mais experimental, temática, ocupou um lado inteiro do álbum... Não quero chamar de ópera, mas um tipo de álbum-conceito. Quero dizer, estávamos experimentando para ver o que poderia dar certo, e tudo era muito desafiador. Fazer aquele disco foi mesmo importante para nós. A gravadora, acredito, odiou. Foi o disco menos bem-sucedido comercialmente que fizemos.

"Você sorri, balança a cabeça e diz: 'O que eu estava pensando?'", continua Lifeson. "Você olha aquelas coisas e não tem como não sorrir. Tudo se resume a amadurecer durante um período compartilhado com todos os outros. Todos os outros estavam fazendo a mesma coisa, e é uma grande geração que transitou por esses estilos diferentes e essas sensibilidades diversas. Olho para trás com certa nostalgia e bons sentimentos e não consigo prender o sorriso. Mas uma coisa sempre pareceu importante para nós: levarmos a sério a música que fazemos e tocamos. Mesmo quando estamos no palco de bobeira, quero dizer, isso fica à margem. Mas por dentro, estamos ouvindo cada nota que está sendo tocada, e temos consciência de onde estamos com relação a essas notas sendo tocadas por cada um de nós. Isso fica muito claro todas as noites em que tocamos juntos. Mas ser capaz de permanecer tranquilo e brincar um pouco com o público é uma parte importante desse casamento entre ser sério e um pouco mais solto."

Alex lembra que, certa noite, tocou *Caress of Steel* para Paul Stanley dentro da van e se deu conta de que houve certa desconexão. "Era um passo importante para nós, mas dava para ver que aqueles caras pensavam mais em hits de rock e em vender muitos discos para ganhar

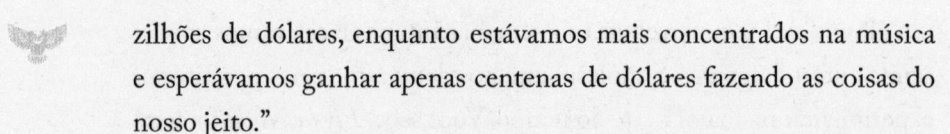

zilhões de dólares, enquanto estávamos mais concentrados na música e esperávamos ganhar apenas centenas de dólares fazendo as coisas do nosso jeito."

Adotando uma visão parecida de quase indiferença, Neil diz: "Aqueles foram anos de amadurecimento, e eu em geral equiparo isso aos desenhos feitos por crianças que colocamos na porta da geladeira e ficam tempo demais lá, sabe? Eu gostaria mesmo que eles simplesmente sumissem. Acho que nós começamos de verdade... Uau, se eu pudesse escolher, *Moving Pictures* teria sido nosso primeiro álbum. Não consigo pensar numa única razão para que não seja! É a mesma coisa quanto a escrever um livro. Provavelmente escrevi dez livros antes de publicar o primeiro. E fico feliz por ter tido esse luxo, ter feito todas as minhas experimentações e tirar aquilo de dentro de mim, fazer minha escrita de fluxo de consciência e usar seis adjetivos para cada substantivo, colocar tudo isso no papel de forma privada. E depois, com o tempo, me senti pronto para publicar porque eu tinha um livro com o qual ainda posso conviver anos depois. Já com a música, infelizmente, não é assim. Você cresce diante do público, e ela fica lá para sempre. Ainda ligo o rádio e lá está uma canção que me causa constrangimento. Mas essa é a realidade. Tenho um carinho pessoal apenas pela época que representava e pelo que estávamos fazendo, os homens que éramos, as pessoas que éramos. Mas isso não quer dizer necessariamente que eu acredite que determinada música deva ser ouvida de novo".

Apesar da pouca vendagem de um álbum, havia algumas resenhas, incluindo um texto escrito por Geoff Barton para o influente semanário musical *Sounds*, do Reino Unido. Barton não tinha ficado particularmente impressionado, apontando a similaridade do vocal de Geddy com Robert Plant e Burke Shelley, o que é interessante, porque Geddy não só canta parecido com o baixista do Budgie, mas se parece fisicamente com ele. Barton destacou ainda as letras inspiradas em Tolkien e sugeriu que Alex também parecia derivativo, embora no texto não o compare de fato a ninguém mais. A rival da *Sounds*, a *Record Mirror*, também resenhou o álbum (mas só em 1977), estabelecendo um debate ao questionar se o Rush continuaria avançando a partir desse ponto, apresentando a banda a muitos músicos que iriam povoar a New Wave of British Heavy Metal (NWOBHM) que estava por vir.

"Eu me diverti muito fazendo aquele disco", contou Terry Brown anos mais tarde. "Fiquei extremamente desapontado quando o álbum recebeu críticas ruins e todo mundo ficou bem abatido. Olhando para trás, foi uma época difícil para a banda poder apenas manter os pés no chão. E era um trabalho um pouco ambicioso. Segundo a indústria musical, o que deveríamos ter feito eram duas covers e um álbum bem comercial, de modo que pudéssemos conquistar um mercado maior. Mas não era isso que os rapazes queriam fazer – nem eu. Tínhamos esse plano louco, absurdo, de que poderíamos criar um material original e todo mundo iria correr para as lojas e comprar nosso disco. Bem, foi um tiro pela culatra. Eu lembro a reação, a recepção não foi muito boa, e ficamos preocupados. Inicialmente esperávamos manter uma trajetória ascendente, mas naquele momento entramos em declínio.

"É um disco sombrio, e essa provavelmente foi a grande razão", continua Brown. "É mesmo difícil saber, às vezes, por que alguns discos levam certo tempo para serem aceitos. Vemos isso acontecer com frequência, quando um álbum é lançado e pode levar um ou dois anos até que, de repente, se torna parte da consciência coletiva e então faz sucesso. Mas às vezes essas coisas levam tempo. Durante esse período, você pode ler todos os tipos de resenhas diferentes, boas ou ruins, e é uma questão de perseverar e batalhar tentando dar ao disco um pouco de cobertura. Eles se recuperaram depressa, o que provou que não estávamos completamente malucos. Mas foi um momento assustador, sem dúvida alguma. Nem tanto para mim, porque eu tinha outras coisas encaminhadas. Não estava envolvido com eles no dia a dia. Mas, com certeza, em retrospecto, do ponto de vista dos empresários e da gravadora, não foi bom para eles."

"Eu só vou estabelecer o registro histórico aqui", começa Cliff Burnstein, oferecendo sua versão quanto ao escritório da Mercury em Chicago. "O primeiro álbum, durante seu ciclo de promoção, vendeu cerca de 70 mil cópias, e depois continuou a vender, chegando a mais de 100 mil. O segundo álbum, *Fly by Night*, que veio seis ou sete meses depois, vendeu cerca de 100 mil cópias no primeiro ciclo de promoção, e depois continuou a vender por um tempo. Então, na verdade, *Fly by Night* foi, numa linha do tempo baseada em vendas, um pouco além do primeiro álbum, *Rush*. *Caress of Steel* veio seis meses depois de *Fly by Night*.

"Quando *Caress of Steel* foi lançado, ninguém pensou que fosse particularmente um disco comercial num certo sentido. Mas preciso dizer que ninguém de fato pensou que *Rush* ou *Fly by Night* fossem particularmente comerciais. O Rush ganhava fãs por causa dos shows, de certa propaganda boca a boca e um trabalho adequado de promoção que fiz com eles. Havia muitas estações de rádio que deveriam tocar a banda, mas não queriam fazer isso porque achavam que a voz de Geddy seria meio irritante para os ouvintes.

"Então, algo que costumávamos fazer – e isso é o tipo de coisa que consegui convencer a gravadora a fazer – foi comprar espaço publicitário nas rádios que não tocavam o disco. Isso é exatamente o oposto do que as pessoas costumavam fazer. Em geral, se faz propaganda onde o disco está sendo tocado. Nós fazíamos propaganda onde não estavam tocando os álbuns e comprávamos um espaço de rádio de 60 segundos para uma música e só se tocava um bom pedaço da faixa no ar, se identificava o álbum e era isso. E imediatamente se recebiam novos pedidos dos distribuidores na maioria dos mercados onde eles nunca tinham vendido qualquer um dos discos do Rush antes. Só por causa da propaganda.

"E acho que no longo prazo foi o que fez o pessoal das rádios se sentir mais confortável com a voz de Geddy. Porque estavam tocando o Rush num comercial e ouvindo o material. E esse foi o primeiro passo para a aceitação. Não creio que alguém… Eu com certeza não pensei, quando *Caress of Steel* saiu, que ele seria mais difícil ou mais fácil de trabalhar que os outros dois álbuns. Se não me falha a memória, foi apenas depois do fato de que o disco não progrediu na curva de vendas do cronograma da banda da mesma forma que *Fly by Night* com relação ao primeiro álbum. Talvez tenha ficado um pouquinho para trás de *Fly by Night*. Mas nesse meio-tempo, o álbum *Rush* ainda vendia toda semana, e *Fly by Night* também ainda vendia toda semana. Então se pode ver que o público ainda crescia de qualquer maneira, mesmo se *Caress of Steel* não parecesse estar progredindo significativamente. O Rush continuava avançando mesmo que o álbum não estivesse vendendo bem."

Esse é um fenômeno que em geral se vê com o álbum seguinte a um grande sucesso. Às vezes, a turnê do álbum que não estourou se torna uma turnê dos álbuns anteriores ou do catálogo em geral. O Rush não estava exatamente demonstrando isso quando levou *Caress of Steel* para a estrada. Ainda atuando como banda de abertura naquele momento, espremeu um setlist que já não era muito longo e mesmo assim incluiu todas as músicas mais curtas do álbum com a adição de "The Necromancer". Voltando para casa e fechando a turnê no Massey Hall em 10 de janeiro de 1976, a banda chegou até mesmo a tocar "The Fountain of Lamneth" ao vivo.

A turnê de *Caress of Steel*, batizada de modo pejorativo como *Turnê Pelo Ralo*, foi misericordiosamente curta, durou três meses bastante intensos – em essência apenas o outono de 1975. Apesar de tudo, o início foi arrebatador, com o Rush abrindo para o Nazareth no Canadá.

"Fizemos uma turnê de costa a costa no Canadá com ingressos esgotados", lembra o baixista do Nazareth, Pete Agnew. "Donald K. Donald, um grande produtor canadense, foi o responsável por aquela turnê. Acho que tínhamos três álbuns nas paradas no Top 20 do Canadá, então não tinha como ficar ainda maior. Então, levamos essa jovem banda para abrir os shows. Nós os conhecemos na primeira apresentação, e o nome deles era Rush. Estavam absolutamente encantados por tocar com o poderoso Nazareth. E quando entraram, estavam arrumando as coisas deles, e nós falamos: 'Bem, vocês podem usar nosso equipamento se quiserem'. E é claro, isso os deixou impressionados. Falamos: 'Vocês podem usar isso', porque tínhamos essas torres de amplificadores imensas. Mas eles ficaram nervosos demais para usar. Então tocaram com o próprio equipamento.

"Quando chegamos a Vancouver, lembro que levamos os rapazes num passeio de barco para caçar tubarões, porque o filme *Tubarão* havia sido lançado havia pouco tempo, e criamos uma bela amizade naquela turnê. Eram jovens muito gentis. Eram rapazes inocentes quando começaram a turnê – não sei como ficaram quando ela terminou. Mas nós começamos no Leste e terminamos no Oeste. E, na vez seguinte, foi bem engraçado, muitos anos depois estávamos na Alemanha, e o Rush tinha um show num lugar com uma acústica horrível em Frankfurt, com aquele domo de vidro enorme, e eles precisavam de alguém para abrir o show. E nós abrimos. Então o Nazareth abriu para eles muitos, muitos anos depois. Na época, eles tinham discos de ouro e eram imensos no planeta inteiro. E depois disso, lembro que levei meus filhos para vê-los em Edimburgo."

Ao responder sobre sua primeira impressão do Rush em agosto de 1975, Pete diz: "Mesmo na primeiríssima noite, achamos que eles eram uma ótima banda de jovens. E o que todo mundo pensou na época é que pareciam o Led Zeppelin, aquele clima, e era o tipo de coisa que buscavam. Bem, era o tipo de coisa que pareciam buscar naquele tempo. Acho que queriam ser o Led Zeppelin canadense. Certo ou errado, era o que nós achávamos deles.

"Mas, sim, eu me lembro da pescaria de tubarão. Um cara que conhecíamos tinha um iate para lazer e costumava levar as pessoas para pescar em alto mar. Foi um ótimo dia, muito divertido."

Ian Grandy conta: "Terminamos em Vancouver, tivemos um dia de folga e gentilmente nos convidaram para essa expedição de pesca. Bebemos muito e pescamos um pouco. Peguei um tubarão de um metro e ninguém pegou nada maior. Mas, de qualquer forma, foi uma bebedeira só. Pegamos alguns peixes, mas não muitos. O que mais fizemos foi ficar conversando e bebendo".

"Definitivamente Dan teve um papel importante na corrupção dos meninos", continua Pete, se referindo ao vocalista do Nazareth, Dan McCafferty – os membros da banda eram notórios beberrões nos anos 1970. "Mas eles eram jovens. Para nós, eram como os garotos da turnê, e sempre foram muito gentis ao nosso redor e se mantinham bastante calados. Nós os tratamos bem. Como eu disse, no começo da turnê, oferecemos a eles o nosso equipamento. Quero dizer, nem toda banda faria isso. Ainda mais naquela época, você tem que lembrar, o Nazareth era provavelmente a maior banda do Canadá naquele tempo. Então, como dá para imaginar, foi bastante inspirador e impressionante para aqueles jovens. Ficaram tão maravilhados em embarcar na nossa turnê porque sabiam o que estava em jogo. Iriam tocar em arenas lotadas por todo o Canadá.

"E se saíram muito bem, isso é outro ponto importante. Eles se ajudaram muito, de verdade. Eram uma ótima banda para abrir os shows porque levantavam o público. E é isso que se quer. Você não quer um bando de otários antes da sua apresentação. Há uma reputação a zelar. Quem compra um ingresso para um show importante como esse espera uma atuação de classe do começo ao fim. E esses caras eram ótimos. Nós assistíamos a duas ou três músicas todas as noites, e dava para ver que se conectavam com o público, e eu pensava: 'Ah, esses caras vão fazer sucesso'. E no final da turnê, receberam uma boa divulgação por parte da imprensa. Dava para ver que as coisas iriam dar certo para os rapazes. Foram citados em todas as resenhas, o que sempre é um bom sinal."

Houve uma agenda ainda mais intensa com o Kiss de novembro a dezembro, com shows ocasionais abrindo para Blue Öyster Cult, Aerosmith, Iron Butterfly e Frank Zappa. Todas as bandas de abertura eram selecionadas dentro da região que o Rush estava visitando, portanto, no circuito em sua terra natal, tocaram com artistas como Leslie West, Artful Dodger, Queen City Kids e Max Webster.

"Nós nos divertimos muito com o Mott", lembra Alex, sobre outra parceria ocasional. "Eles estavam praticamente no fim de sua carreira, Ian Hunter não estava mais na banda naquela época. Apenas tentavam dar um último suspiro. Nós nos demos muito bem com eles e de fato nos divertimos muito. Ted Nugent, fizemos muitos shows com Ted, por todo o país, a maioria em arenas menores e mercados secundários. Ele era um cara muito interessante, mas era louco numa época em que louco significava beberrão, esse tipo de loucura. Ele era pirado, mas totalmente conservador e muito machão. Mesmo que tivesse o cabelo bem comprido, tinha ideias bastante conservadoras sobre as coisas. Mas ele era sempre cheio de energia e foi ótimo com a gente. Saíamos com o Ted. Éramos convidados especiais e outros caras atuavam como banda de abertura. Sempre havia permissão para passagem de som, sempre podíamos fazer bis, nunca houve problemas."

Dando uma ideia sobre como era a logística de transporte daquela turnê, Howard conta: "Tivemos uma série de carros alugados naquela época. Nosso favorito era o Chrysler Newport, no qual havia uma luzinha fluorescente no banco traseiro e todo mundo ficava lendo. Depois que terminamos nossas datas no leste do Canadá, tivemos que voltar para Toronto. E eu lembro que alguém estava vendendo lagostas na estrada. Então resolvi que, bem, seria ótimo levar umas lagostas frescas para casa. Abrimos o porta-malas do carro, enchi com gelo e jogamos as lagostas lá dentro, sem pensar que haveria ainda uma jornada de 24 horas até chegarmos. Quando enfim chegamos a Toronto, aquilo tudo tinha derretido e a situação estava deplorável. Literalmente fedia tanto que nunca mais conseguiram alugar aquele carro para outra pessoa, acho que acabamos tendo que comprar o carro. Foi um horror, mas as lagostas estavam deliciosas.

"Eu era o motorista, e quando ficava cansado, a gente dividia o volante", continua Ungerleider. "Nós fazíamos um sorteio para ver quem iria dirigir, e há um monte de histórias sobre isso. Viajamos de carro por todo canto. Mas era eu quem dirigia na maior parte do tempo, e eu gostava de dirigir. Uma perua... em geral colocávamos abridores de garrafa dentro dela e todo tipo de enfeites no capô, e quando terminávamos a viagem, o carro estava todo decorado. Passamos muitos momentos interessantes naquele carro.

"Atravessamos o Canadá e tocamos em todas as cidadezinhas possíveis, porque é isso que se faz quando se começa uma carreira. Quando peguei o voo em Nova York, eu tinha essa atitude de nova-iorquino, achava que sabia tudo. E lá estava eu no Canadá, indo para um lugar chamado Cochrane. Usava uma jaqueta jeans, e embarcamos nessa perua para pegar a estrada, fazia dez graus negativos. Alex se virou para mim e disse: 'Onde estão suas roupas de inverno?'. E eu falei: 'É isso. Esta é a roupa'. E eles me disseram: 'Bem, se você for ali fora agora... se sofrermos um acidente e alguma coisa acontecer, provavelmente você vai morrer'. E eu falei: 'Nada a ver. Bobagem. Impossível'. E eles me disseram: 'Ok, pare o carro no acostamento, vai ali fora. E quando começar a respirar o ar, inspire bem fundo – vai parecer que alguém pegou uma lâmina e decepou seu nariz'. E eu falei: 'Nada a ver, já enfrentei clima frio antes'.

"Então nós paramos, eu saí do carro e respirei fundo, e vi que ele tinha razão. Parecia que alguém tinha decepado meu nariz com uma lâmina. Fiquei apavorado com o clima congelante. Nunca tinha experimentado aquilo. Fui pegar a maçaneta do carro e minha mão ficou grudada. E eles todos caíram na gargalhada, é claro. Entrei e seguimos em frente. 'Você precisa comprar roupas de inverno. Temos que parar e comprar uma parka ou algo assim.'

"E nós seguimos viagem naquela noite até Cochrane, Ontário, e chegando lá havia essa estátua enorme de um grande urso branco, e ficamos num hotel que não tinha quartos suficientes para todos. Então tivemos que seguir para outro hotel. Eu lembro que se chamava Albert Hotel, e na chegada, no lobby, havia moradores locais batendo uns nos outros com pedaços de lenha, e todos estavam completamente bêbados. Tinha um banheiro por andar, e precisávamos compartilhar. A saída de incêndio eram cordas penduradas na janela, um lugar de muita classe.

"Mas, para nós, era uma experiência. Foi o mesmo show em que o Rush teve que tocar num baile. Depois que tocaram seu set, que durou cerca de uma hora, todo mundo disse: 'Bem, quando vão continuar a tocar?'. E nós dissemos: 'Já terminamos'. E eles disseram: 'Não, vocês têm que tocar mais uma hora'. 'Não, fomos contratados apenas para uma hora de show.' E todo mundo ficou aborrecido e queriam nos expulsar da cidade porque tínhamos tocado uma hora e não era o suficiente. Era um baile, e precisamos tocar por mais duas horas ou algo assim. Esse era o tipo de coisa que tínhamos que aguentar no começo."

A história de Howard se refere ao show da banda no St. Joseph Gymnasium em 8 de fevereiro de 1975, na turnê *Fly by Night*, mas a banda de fato tocou em Cochrane de novo na turnê *Caress of Steel* em 15 de setembro daquele mesmo ano, com a Max Webster abrindo o show antes mesmo de terem lançado um álbum.

"Os caras do Rush eram ótimos", lembra o baterista da Max Webster, Paul Kersey. "Realmente, eles são ótimos. Merecem o que conquistaram, sem dúvida. Batalharam muito, se esforçaram de verdade. A agenda de turnê deles era muito intensa. Eu lembro que fiquei impressionado com a agenda, porque tocamos em Cochrane com eles certa noite. Lembro que saímos direto depois de um show para ir a Cochrane, e houve um pouco de reclamação, dizendo, puta merda, estamos cansados, meio exaustos depois de pegar a estrada até aqui e pensando, sim, isso é duro. Chegamos lá, tentamos dormir na van, sacolejando, deitados no banco traseiro, e o Rush chegou lá, eles tinham vindo de Thunder Bay, e eram a atração principal. Tudo o que tínhamos que fazer era tocar meia hora, 40 minutos. Simplesmente subimos no palco, fizemos nosso trabalho, terminamos e saímos. Eles tinham que brilhar, nós não precisávamos brilhar. Só precisávamos estar lá. Pensei: 'Uau, isso é dureza'. E eles viviam essa rotina. Num primeiro momento, era uma agenda cansativa. Ray os ocupava mesmo o tempo todo. E eu admirava isso. Eles trabalhavam duro."

Paul ficou com a impressão de que os caras da Max Webster ficaram meio ressentidos com os recursos investidos no Rush. Ele disse que "Kim nunca estava feliz. Apenas porque era sempre Rush, Rush, Rush, nunca Max, Max, Max. Isso é tudo o que posso falar sobre o assunto, porque não importava, o Rush sempre foi o número um para Ray. Só porque eles eram amigos e seja lá o que fossem, a Max ficava em segundo plano, simples assim. Kim não gostava disso. Não era certo. Mas nós também sabíamos que Ray era o cara. Então, o que poderíamos fazer?"

"Gostávamos muito deles, e eles gostavam de nós", reitera Pye Dubois, o letrista da Max Webster, sobre a relação com o Rush. Ainda assim, ele admite que foi um começo meio turbulento de um casamento rock 'n' roll, embora não fique muito claro o que aconteceu. "Sim, a primeira turnê da Max com o Rush quase sofreu sabotagem, porque falaram coisas sobre eles no restaurante onde estávamos. Alguém da equipe do Rush estava no restaurante e ouviu o que falamos e contou para os caras, e a Max Webster foi cortada da turnê. Não sei como aquilo se resolveu. Mas alguém disse alguma coisa naquele restaurante. Algo foi dito, e foi considerado pejorativo, e a Max Webster foi cortada da turnê. Depois tudo foi resolvido. Não sei quem falou – mas acho que não fui eu... tenho certeza de que não fui eu. Mas alguém falou alguma coisa."

"Também fizemos muitas datas com Ted Nugent", conta Ungerleider sobre essa época. "Ted me pegou pelo pescoço porque trouxemos nossa própria iluminação e ele não sabia nada sobre aquilo. Não gostou muito, mas foi uma época boa. Naquele tempo, Ted Nugent viajava com um Lincoln Town Car acompanhado do irmão dele, John, e de um rádio amador, e nós nos comunicávamos com eles pelas estradas dos Estados Unidos em nosso carro alugado. Conversávamos uns com os outros a noite toda, nos mantendo acordados enquanto seguíamos de uma cidade para outra."

Mas, como Howard relata, a turnê desse disco trouxe principalmente desapontamento. Era para avançarem, mas o Rush corria o risco de desaparecer. "Foi frustrante", explica Ungerleider, "havia o primeiro álbum seguido de *Fly by Night*, que foi um grande sucesso. E então fizeram um disco experimental com *Caress of Steel*. Tinha muitas músicas excelentes – 'Necromancer' é incrível. Mas com relação ao apelo junto ao grande público, não foi um dos álbuns mais populares depois dos outros dois. E eles ficaram muito desapontados, acho que isso foi o combustível para *2112*, porque não estavam muito felizes. Chamavam o álbum de *Corrosive Steel* porque não fez sucesso depois do lançamento e levantou muitas dúvidas na época – devemos continuar ou não? Não era o que eles tinham se acostumado com os dois álbuns anteriores, principalmente depois de *Fly by Night* foi difícil seguir em frente daquela forma. As músicas que criaram tinham, acho, um tanto de autoindulgência. Mas eu as achava ótimas músicas. Amo o álbum, mas creio que o grande público não gostou tanto quanto gostou dos outros dois.

"Psicologicamente isso pode deixar você confuso, porque nada aconteceu como havia acontecido com os outros discos. Naquele tempo, tudo se resumia a execução no rádio e exposição, então tocar menos no rádio foi desencorajador, porque os caras já estavam acostumados com o que estavam acostumados. Acredito que estivessem pensando em desistir de tudo. Por isso acho que essa situação complicada foi o combustível para *2112*. O álbum saiu e simplesmente deixou todo mundo impressionado. Era justamente o que eles precisavam. Foi o ponto de virada, eu acredito, para conduzi-los ao nível seguinte."

Liam também lembra a campanha de *Caress of Steel* como um suplício. "Era uma banda que trabalhou duro lá fora, abrindo caminho, mas a gravadora não ficou muito impressionada com o terceiro álbum. As rádios, como sempre, não ficaram impressionadas com ele. Acho que estava chegando ao final de um ciclo com a gravadora, porque naquele momento possivelmente seríamos descartados como artistas do catálogo. Os fãs não estavam comparecendo aos shows e não havia execução nas rádios, o que era normal. Então só foi um período em que todos nós ficamos deprimidos. Acho que a equipe devia ter entre três ou quatro pessoas naquele tempo, talvez cinco. Mas entre a banda e a equipe, havia simplesmente um mal-estar generalizado no ar. Era difícil, porque não havia nada que pudesse tocar nas rádios ali", continua Birts. "Eu odeio essa noção, mas era isso mesmo. Não havia nada em que as rádios pudessem se interessar, a gravadora tinha perdido o interesse e parecia que os fãs também tinham perdido o interesse. Parecia mesmo que era o fim da linha. Mas, felizmente, eles se reergueram a partir disso."

Sobre a razão de chamar a turnê de forma pejorativa de *Pelo Ralo*, Liam diz que é "porque literalmente achávamos que tudo estava acabado. Quero dizer, eles como artistas e nós como equipe estávamos todos indo pelo ralo. Dariam a descarga e desceríamos pelo esgoto. Basicamente tudo estava terminado. Esqueci que estávamos na estrada com Ted Nugent, mas sim, as coisas não iam muito bem. Quando tiramos uns dias para fazer nossos próprios shows, sem estarmos abrindo para Ted, ninguém aparecia. Ficamos pensando: 'Bem, acho que acabou e era isso, ficamos sem combustível e agora é empurrar até parar de vez'".

Liam oferece um ponto de vista interessante. Um lugar como Cochrane deveria ter refletido melhor a realidade da turnê para uma banda desse tamanho. Devem ter trabalhado entre os shows "glamorosos", porque, como um tubarão, se você parar de se movimentar, morre. Neil explica: "Felizmente, é claro, atuando como banda de abertura naquela época, nosso set tinha 20 ou 25 minutos de duração. Mas nos dias fora dessas turnês, tocávamos em clubes e também precisávamos de um set mais longo. Então, entre os trabalhos abrindo para outras bandas, é claro que você precisava fazer outras coisas. Quando a atração principal tirava um dia de folga, a gente ia tocar num clube. Essa foi a estratégia que sempre seguimos, sem falar na necessidade econômica que surgiu.

"Eu me deparei com esse tema nos últimos tempos, 'roadcraft' – 'a arte da estrada', e quero mesmo escrever um livro sobre isso.* Não apenas sobre turnê, é óbvio, como músico de rock – porque isso real-

---

* Mais tarde, ele escreveu o livro *Longe e distante*, publicado no Brasil pela Belas Letras.

mente não tem um apelo muito vasto –, mas sobre tudo o que aprendi viajando de moto, de bicicleta, fazendo trilhas, a arte de estar na estrada em geral também como uma metáfora da vida. Você pensa na estrada menos trafegada como uma metáfora, mas há a arte da estrada naquele caminho também. Então esse é um conceito com o qual tenho brincado ultimamente. Mas também foi quando aprendi, pela primeira vez, que só isso não é o suficiente... Não é vida ficar vagando o dia todo e depois tocar só 25 minutos, e então vagar de novo pelas próximas 23 horas e meia para tocar 25 minutos. Em menos de um mês, já pensei: 'Isso não é vida'."

E então Neil iniciou seu bacharelado em artes de forma autodidata, lendo livros pesados e ganhando o título de "o Professor".

"Como mencionei anteriormente, saí da escola bem cedo, então precisava muito me atualizar. A bateria já fazia parte da minha vida havia tanto tempo que comecei a me abrir para outras coisas e querer aprender. E, bem, não há educação portátil mais perfeita do que ter muito tempo livre e livros à disposição em todos os lugares. Assim, pelos anos seguintes, passei a preencher essas horas com leitura. Portanto, isso também foi algo negativo que se transformou numa coisa positiva.

"Ao longo dos anos, adotei muitos outros hobbies para preencher esse tempo. Houve um período em que me interessei por miniaturas de carros e levava uma mala com equipamento para montar os carrinhos e uma pistola de pintura, depois me sentava no meu quarto trabalhando nisso. Tínhamos patins, costumávamos brincar de corrida de carrinhos por controle remoto nos bastidores, e então veio o ciclismo nos anos 1980 – comprei uma bicicleta e a guardava no bagageiro do ônibus, e logo passei a pedalar todos os dias. Se as cidades dos shows ficassem a 100 quilômetros de distância ou algo assim, ia de uma cidade para a outra de bicicleta. Eu pedia que o motorista do ônibus parasse a 120 quilômetros de Denver ou outro lugar, por exemplo, e pedalava o resto do caminho até chegar à apresentação

TÍNHAMOS PATINS, COSTUMÁVAMOS BRINCAR DE CORRIDA DE CARRINHOS POR CONTROLE REMOTO NOS BASTIDORES, E ENTÃO VEIO O CICLISMO NOS ANOS 1980 seguinte, em geral por estradas secundárias, claro. E isso me levou a explorar as cidades e conhecê-las melhor.

"Visitar museus de arte se tornou outra parte da minha educação que aquelas horas vazias na estrada podiam me oferecer. Foi a melhor educação possível, porque provavelmente visitei todos os melhores museus de arte dos Estados Unidos. Se fosse dia de show, eu tirava minha bicicleta do ônibus, dava uma volta pela cidade, terminando no museu de arte e circulando pela área. Além disso, comecei a colecionar livros e saber mais sobre pintura norte-americana, dos Estados Unidos e do Canadá. Então, sim, sem dúvida obtive uma formação de alto nível que ninguém em outra circunstância poderia ter. Ok, sua educação será visitar todos os melhores museus de arte do país – é um ótimo começo.

"Assim, a educação mais abrangente foi estar nas estradas todos os dias com minha bicicleta", continua Neil, abordando novamente o hobby sobre o qual escreveu, seguido de livros similares sobre motociclismo. "Eu estava lá fora no meio das pessoas. É um hábito que ainda preservo até hoje de motocicleta, rodando pelas cidades: todos os dias pego as estradas em que ninguém mais trafega a não ser as pessoas que vivem naquela região, todas essas pequenas partes escondidas dos Estados Unidos e do Canadá que passei a conhecer e ainda me sinto ávido para explorar todos os dias. Eu me deixo guiar pelas pessoas que estão ali trabalhando, e dessa forma mantenho a perspectiva com relação à minha própria vida. E, sim, posso estar com as mãos cheias de bolhas, e o show pode ter sido um suplício físico tremendo, mas todo dia passo por pessoas que trabalham nos campos, nas estradas, todas as coisas que as pessoas normais fazem. É isso que mantém minha perspectiva mais enraizada."

Ironicamente, mais tarde Neil adotou de modo intencional o estilo de vida que era uma necessidade lá atrás na *Turnê Pelo Ralo*. "Paro em postos de gasolina todos os dias. Durmo em hotéis baratos e frequento restaurantes baratos. Só para ter uma ideia, noite passada me hospedei num hotel de beira de estrada com uma diária de 64 dólares e jantei no restaurante da família Smitty. Essas são coisas significativas que obrigam você a manter os pés no chão. E então eu paro num posto de gasolina com área de descanso para caminhoneiros. Durmo dentro do ônibus depois dos shows e acordo numa parada de caminhões. Repito, não tem como existir algo mais democrático que esse tipo de coisa.

"Com certeza mantenho tudo isso sob a abrangência da educação, porque obviamente é disso que se trata. As pessoas dizem que viajar amplia os horizontes. Bem, isso não acontece numa turnê de rock quando se sai de um avião direto para uma arena, depois para um hotel ou para dentro de um ônibus. Você acorda no ônibus dentro do estacionamento do local do show, entra, toca e vai para um hotel. Sabe, fiz isso por 20 anos, então sei do que estou falando, não estou sendo evasivo. Acho que conheço bastante os Estados Unidos, mas depois de 20 anos, quando viajei de bicicleta e depois com minha moto, percebi que não conhecia nada. Não via nada comparado ao país que agora eu conheço."

"QUER SER O TRIO M COMPE DO MU

AMOS

AIS

EXO

NDO."

CAPÍTULO 5

2112

A situação do Rush no final de 1975 não estava fora dos padrões da indústria musical. O Kiss não estava incendiando o mundo com o seu terceiro disco. O Aerosmith só conseguiu seu primeiro sucesso depois de lançar três álbuns. O Blue Öyster Cult também levou ao menos três discos para chegar lá. Ted Nugent precisou de quase uma década para estourar, e depois, finalmente, após ter um hit com *Free-for-All*, foi quase como um anticlímax. Oras, até mesmo o poderoso Van Halen precisou de dois, três ou até mesmo quatro discos na tentativa de retomar a popularidade do álbum de estreia.

Alex explica: "O problema foi que estávamos num estágio muito inicial do nosso desenvolvimento do ponto de vista da gravadora. De repente estávamos no terceiro álbum e as coisas não iam tão bem segundo os planos deles. Talvez fosse melhor voltarmos a fazer algo parecido com o primeiro disco, um pouco mais hard rock, com aquele apelo mais direto. Só sei que tivemos muitas reuniões, mas houve uma em específico de que me lembro. De novo, foi dentro daquela van Funcraft onde vivemos por 800 mil quilômetros."

Isso aconteceu quando os caras da banda resolveram que preferiam voltar para seus antigos empregos a fazer concessões, e que lutariam até o fim para que o novo álbum fosse ainda mais experimental do que

Caress of Steel. Seria isso ou nada. Assim, no findar do inverno – observe que 21/12 é a data que marca o solstício de inverno no hemisfério norte –, saindo direto da *Turnê Pelo Ralo*, o Rush se congregou mais uma vez com Terry Brown em fevereiro nos estúdios Toronto Sound e criou *2112*, que seria lançado em 1º de abril de 1976. Também naquele dia, a banda recebeu seu primeiro disco de ouro por *Fly by Night*. Possivelmente isso foi um lembrete adicional de que *Caress of Steel* tinha sido um fracasso.

"*2112* é um reflexo de tudo isso", explica Alex. "Quero dizer, o álbum é sobre isto: a declaração da nossa independência, da nossa individualidade. Nós nos reerguemos indo à luta... Se caíssemos, desde que estivéssemos em busca das chamas da glória, tudo estaria bem."

"*Fly by Night* tinha vendido mais que nosso primeiro disco", conta Ray, descrevendo o cenário. "O Rush nunca havia tido um álbum malsucedido. Eram degraus rumo ao sucesso. Nessa linha, o primeiro álbum fez um sucesso moderado, *Fly by Night* foi melhor e depois *Caress of Steel* nos levou um passo atrás com relação ao primeiro disco. Então algumas pessoas dentro da gravadora – Cliff já não estava mais lá –, mas algumas pessoas da gravadora viram isso como um sinal de que estávamos em decadência. Mas eu vi isso como um sinal de que tínhamos uma base de fãs. O primeiro álbum vendeu 150 mil cópias, o álbum seguinte vendeu 200 mil, e então o terceiro álbum voltou a vender 150 mil, portanto tínhamos uma base de fãs de 150 mil pessoas, e essas eram as fundações para crescer. Lembro que Terry Brown e eu nos reunimos com a gravadora e conversamos sobre duas coisas: continuar a trabalhar no álbum atual, sem abandoná-lo, porque havia uma sensação de que isso poderia acontecer, e que continuaríamos a turnê e não desistiríamos da banda. Estava dizendo a eles que a banda queria vender mais discos. Mas depois, é claro, um ano mais tarde, tive que entregar um álbum-conceito àquelas mesmas pessoas."

Sobre levar as notícias da reunião com a gravadora para Geddy, Alex e Neil, Ray conta: "Filtrei um pouco do que foi falado... Eles sabiam que havia certa pressão. E eu sabia que a banda não se sentiria confortável com relação a isso. Nunca queriam que alguém ficasse se metendo no que iriam fazer. Acreditavam que se tratava da carreira deles, de sua música e arte, e não aceitavam que houvesse alguém lhes dizendo o que fazer de modo algum. Fiquei encurralado: conhecia os rapazes e sabia que fariam o que queriam fazer e que ninguém mais iria interferir.

"A verdade é que eu não queria ser abandonado pela gravadora", continua Danniels. "A Mercury era uma gravadora decente. Eu me sentia bastante confortável com eles. Estava começando a trabalhar com outros artistas em outras gravadoras e compreendia que essa pressão por um single de sucesso existia em todo lugar. Naquele tempo, não havia uma gravadora que não falasse nisso. Portanto, havia o cenário de preferir um mal já conhecido, e meu objetivo era apenas manter as coisas nos trilhos por mais um disco e ver o que iria acontecer. E, no final das contas, os caras da banda estavam certos, porque era o disco que queriam fazer, era o que sentiam que precisavam fazer artisticamente. Não acho que houve qualquer grande cálculo da parte de ninguém."

"Eu tinha um contrato", conta Vic, sobre a possibilidade de o Rush ser cortado da Mercury. Ele confirma que isso poderia ter acontecido, mas "não sem criar um problemão para eles, ou teriam que pagar para romper o contrato. Isso teria sido um golpe do destino. Mas tínhamos três álbuns lançados, o que já era alguma coisa que se podia apresentar para outra gravadora. Fomos muito cautelosos porque Ray e eu somos donos de uma produtora e somos os donos das fitas máster. Sempre conseguimos ficar com as másters. Então, se qualquer item do acordo fosse alterado, de qualquer maneira elas ficariam todas conosco. Não pertenciam às gravadoras que assinaram os contratos. Isso é ter inteligência nos negócios".

Quando questionado por que a Mercury aceitou tal cláusula, Wilson dá de ombros: "Quem não pede não ganha. Primeiro, eles ficaram com o Canadá – e nós abrimos mão do Canadá. Não estavam atuando lá como empresa, e simplesmente dissemos que queríamos o Canadá de volta, e eles nos devolveram. E conseguimos o Japão de volta porque também não estavam fazendo nada lá. Fui até o Japão e consegui cinco contratos com gravadoras em um único dia. Ficamos com a CBS lá. Não sei se o Rush ainda está com eles ou não, mas estavam em renegociação. Não eram os donos das másters, mas detinham a propriedade sobre alguns territórios no contrato. Mas, no final, começamos a pegar todas as másters de volta."

Como é de conhecimento geral, o Rush gravou *2112* sem que os empresários soubessem muito bem o que a banda estava fazendo. "Com o Rush não há escolha", afirma Ray. "Eles sabem o que querem fazer e são uma das pouquíssimas bandas que eu conheço no mundo que nunca entrou num estúdio sem completar um álbum. Se escrevessem 12 músicas, essas 12 músicas estariam no disco. Não fazia parte da personalidade deles fugir de alguma coisa. Se começassem, teriam que terminar. É a ética de trabalho da classe média operária. Já ouvi o U2 afirmar que compuseram 60 músicas para chegar às 14 que fizeram parte de um determinado disco. Se o Rush escrevesse 60 músicas, elas originariam os cinco álbuns seguintes… Teriam encontrado um modo para que essas canções dessem certo. E sem precisar trabalhá-las num sentido comercial, mas apenas musical."

Ray se lembra de se surpreender com *2112* e conta: "Quando recebi o álbum, não sabia que seria tão conceitual como foi. Você se pega no meio entre o que a banda quer fazer e o que a gravadora espera e está te pressionando a fazer. E então há um terceiro caminho para onde você vai… Sabe, eu amo *Dark Side of the Moon*. O momento em que ouvi aquele disco, eu amei, e quando se viu ao vivo, a reação do público foi muito positiva. Então percebi logo de cara que nosso álbum seria um disco incrível".

"*Caress of Steel* foi um problema para a gravadora", conta o empresário Vic Wilson. "Pessoalmente, eu gosto do álbum, mas a Mercury estava em dúvida se iria continuar com a carreira deles. Tínhamos mais um álbum para entregar, porque foi apenas o terceiro disco – e o contrato previa dois por ano. Então estávamos no segundo ano do contrato, e eles conseguiram. Entregaram *2112*, mas trabalharam muito. Precisavam fazer dar certo. E depois de *2112*, as coisas começaram a acontecer. Deu para ver a luz no fim do túnel a partir dele. Tive que aceitar que não haveria um sucesso do Rush para tocar nas rádios AM. *Caress of Steel* – não havia hits de AM. Acho que a música 'Fly by Night' foi o último sucesso de AM – potencialmente. Mas ainda tínhamos um contrato. Sabíamos que precisávamos entregar outro álbum. Então eles fizeram o que tinham que fazer e criaram o disco. É assim que a fé nas pessoas com quem você trabalha permanece viva. Muito dependia de fé, e deu certo.

"Mas era um contrato para cinco álbuns", explica Wilson. "Se o pior acontecesse, o que se iria fazer? Entregar mais três álbuns irrelevantes ou pegar a grana e cair fora? Essas não eram nossas opções. Queríamos ter sucesso, a banda queria ter sucesso, nós todos queríamos ser bem-sucedidos. *2112* foi um álbum imenso para o Rush. Foi o ponto de virada de suas vidas. Mas a atitude da banda era: 'Vamos fazer o que queremos fazer'. E tinham carta branca quanto ao que queriam gravar. Não interferi na gravação, nem Ray. E então foram para o exterior. Quando a banda foi gravar fora do país, ninguém foi importuná-los. Eles se mandaram, ensaiaram, fizeram o trabalho de pré-produção, gravaram e depois entregaram um álbum."

Destacando a personalidade do quarto álbum do Rush, Geddy explica: "Não sei o quanto sou versado no que meus colegas músicos estavam fazendo em 1976, mas com certeza *2112* foi parte de um avanço para nós. Foi surpreendente como todo mundo recebeu o álbum, porque sentíamos que estávamos rumando para aquela direção já há alguns anos. E tínhamos este conceito em nossas mentes de que adorávamos música progressiva, mas também amávamos rock. Gostávamos tanto de The Who quanto de Genesis e Yes. Para nós, The Who era uma banda progressiva, mesmo que lembrassem mais uma banda de hard rock. Eles não tinham medo de colocar influências desafiadoras em sua música. Então nosso sonho era combinar o sentimento e o potencial do rock visceral do The Who, e mesmo do Led Zeppelin, e trazer a complexidade de bandas como Genesis e Yes.

"E queríamos fazer tudo isso com três integrantes. Queríamos ser o trio mais complexo do mundo, esse era o nosso sonho. Apenas tocar música puramente progressiva não nos deixava satisfeitos. Acho que havia muita gente como nós, muitos músicos como nós, muitos ouvintes como nós que gostavam de música pesada. Mas apenas regurgitar um blues de 12 compassos seria chato. Não era uma coisa que quiséssemos tocar e não era o que queríamos ouvir. Então surgiu a oportunidade perfeita para nós. Vimos essa combinação de todos os diferentes tipos de rock de que gostávamos, o complexo e o simples."

The Who, é claro, avaliando música a música, é mais poderoso e conceitual que a maioria das bandas de rock progressivo. Afinal de contas, essa é a banda que nos apresentou *The Who Sell Out*, *Tommy* e *Quadrophenia*, e tudo isso antes de 1973. Detalhe sua busca até encontrar Pete e seu projeto Lifehouse com sintetizadores, e mais tarde *The Iron Man*, e a banda podia ser também futurística e visionária – "2112" como um conto não ficaria deslocado nos cadernos de Pete.

"Acho que estava de certa forma sendo chamado de progressivo, e sem dúvida era metal", continua Lee. O álbum foi sutilmente configurado para ser mais pesado, mas também para apresentar menos camadas que *Caress of Steel*, ficando mais fácil de ser traduzido para os palcos. Geddy diz: "Acho que resistimos um pouco à ideia de sermos considerados uma banda de metal, só porque sentíamos que nossas raízes estavam mais no hard rock do que no metal, e para nós a distinção era muito clara. Talvez nem tanto para o público, mas com certeza para nós a diferença entre Black Sabbath e The Who era bastante profunda. The Who era rock e o Sabbath era metal, e nós éramos um tipo de amálgama daqueles extremos. Ficamos no meio do poder gutural que aquelas bandas tinham, estávamos no meio daquilo. E ainda assim as influências eram muito mais complexas. Então, é claro, de fato nos considerávamos uma banda de rock progressivo, no sentido estrito e verdadeiro. Queríamos fazer rock, portanto nunca quisemos perder esse aspecto da música, porém não queríamos fazer o tipo de rock mundano, chato e comum, então como definiríamos aquilo a não ser dizendo que o rock estava progredindo? Estava tentando ser mais do que isso. As pessoas interpretaram essa expressão, rock progressivo, como rock pretensioso. Nunca entendemos dessa forma, e acho que nossos fãs e os fãs desse tipo de música não entenderam dessa forma. Era apenas um tipo de rock mais aventureiro.

"Quero dizer que *2112* parecia o álbum que estávamos tentando fazer há alguns discos. Acho que o primeiro disco era, é claro, um amálgama de tantos anos tocando em bares e colégios e gerou um som particular. *Fly by Night* era uma nova influência, porque Neil agora fazia parte da banda e ainda estávamos em busca da nossa identidade. Com *Caress of Steel* acho que buscávamos o som de *2112*, mas ainda não o tínhamos alcançado. O material não estava lá ainda, o estilo de composição era experimental demais, errante demais. Estávamos numa viagem muito louca para entregar aquilo. Mas de alguma forma todos esses experimentos e toda essa ideia do que deveríamos criar, e a habilidade de Terry Brown, tudo isso se juntou com *2112*. Esse realmente parecia nosso primeiro álbum."

O período que culminou em *2112* é chamado por Neil Peart de "um nadir". "Estávamos empolgadíssimos, é claro, ao começar a fazer turnês e tocar em todos esses lugares imensos com bandas importantes, ir a Los Angeles pela primeira vez, eram todas cidades incríveis para se ver pela primeira vez. Então, sem dúvida, foi essa onda que nos levou durante o período de *Fly by Night*. De fato, esses primeiros três álbuns venderam cerca de 125 mil cópias, que naqueles dias era apenas um número respeitável o suficiente para se manter uma carreira. O primeiro foi um começo sólido, o segundo foi sólido, mas o terceiro vendeu a mesma quantidade de cópias, e assim a gravadora não ficou muito

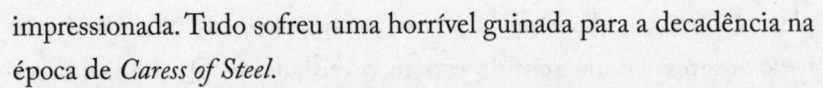

impressionada. Tudo sofreu uma horrível guinada para a decadência na época de *Caress of Steel*.

"Mas, com esse álbum, tínhamos explorado tantas coisas e com tanta profundidade quanto possível em termos de composição e arranjos e instrumentalização. Aquela turnê foi o melhor teste para nos aperfeiçoarmos enquanto músicos, tocar noite após noite, ainda mais quando havia sets mais longos do que meros 20 minutos. Simplesmente se amadurece e se aprende muito. Mesmo nos dias de hoje, ainda sinto esse aperfeiçoamento na minha arte só por tocar ao vivo todas as noites durante dado período de tempo. Portanto, estávamos melhorando, sem dúvida. Tudo era tentativa, e é claro que houve experimentações que não deram muito certo em *Fly by Night* e *Caress of Steel*, mas nós adoramos. Era tudo o que importava, sabe, tendo sucesso ou não, sendo inteligentes ou burros, nós adoramos.

"E depois, perto do final daquele período, as coisas começaram a ficar bem ruins. Primeiro não conseguíamos mais pagar nossos roadies, depois não conseguíamos nos pagar, ou vice-versa: provavelmente não podíamos nos pagar e depois não podíamos pagar nossos roadies. Chegando ao estúdio para gravar *2112*, havia zero confiança por parte de qualquer um, exceto nós mesmos. Nem os roadies – você sabe, foram eles que criaram o apelido *Turnê Pelo Ralo*. Não creio que nós tenhamos inventado isso."

Retomando, Neil conta: "Meu carro já nem andava mais. Tinha que pegar um carro emprestado para poder ir até o estúdio onde estávamos trabalhando em *2112*. Eu ainda morava em St. Catharines, então dormia no sofá da casa de um amigo. Era inverno em Toronto, e eu não tinha dinheiro, nem carro, mas ainda possuía aquela dedicação de fazer o melhor álbum que podíamos. E também muita raiva. Eu já falei sobre isso antes, mas cabe repetir: estávamos com muita raiva quando fizemos aquele disco. É claro, os jovens se identificam com poucas coisas melhor do que raiva e sexo: coloque esses dois motores de propulsão numa música e a conexão vai surgir imediatamente. E com certeza era o que estava ali, apenas essa raiva desesperada para fazer o que quiséssemos e poder extravasá-la.

"De fato, descobrimos mais tarde que a gravadora já havia nos descartado do catálogo por completo. Tinham feito as projeções financeiras para o ano seguinte e nós sequer fazíamos parte da planilha. Foi pura sorte nossa que a gravadora estivesse em meio a uma reviravolta. Acho que na época houve três ou quatro presidentes diferentes na gravadora, o que era muito comum nos anos 1970 e 1980. Então conseguimos passar em meio às rachaduras. Hoje em dia não importa, mas naquela época, depois de três discos, você teria sido simplesmente descartado. O fato de termos conseguido fazer *2112* apesar de tudo foi puro acaso. Meio que fomos ignorados e conseguimos superar esse obstáculo."

"Quando entreguei *2112* para Chicago", lembra Ray, "recordo com clareza, já sabia que naquele ponto não importava mais. Ou o disco faria sucesso – e ele seria bem-sucedido de qualquer forma porque é um álbum muito bom e a banda já tinha um público fiel naquele momento, havia uma turnê por trás – ou não faria. E se não fizesse sucesso, a gravadora desistiria de nós. Eu conseguiria, no melhor dos cenários, gravar mais um disco. Antes de se tornar um *superstar*, um artista só é bom o suficiente de qualquer modo até o álbum seguinte. Do ponto de vista do empresário, portanto, estamos sempre tentando conseguir mais um disco. Não importava o que acontecesse.

"Mas e quanto ao disco? Os caras da gravadora não entenderam. Mas, para ser justo, houve uma sensação na sala de que era bom. Não era bem o que haviam pedido, nem o que queriam ou o que realmente compreendiam, mas não sei como alguém poderia ouvir aquele disco sem pensar: 'Este é um bom disco. Isso é boa música'. Eles ficaram intrigados quanto ao modo de promoção do disco, e se não me falha a memória, fiz o melhor que podia para mostrar como vendê-lo, para onde ir, e que poderíamos conseguir alguma execução no rádio se fosse possível. Pegaríamos a estrada feito loucos, e mesmo tendo recebido críticas terríveis, teríamos que continuar a fazer publicidade nas revistas de rock da época. Havia a *Creem*, a *Circus* e outras que já não existem mais, e buscávamos isso sem muita expectativa, como sempre fizemos."

E, é claro, *2112* foi o álbum que salvou a carreira da banda. Mais enérgico, mas quase tão conceitual quanto *Caress of Steel*, se beneficiou de um som mais denso e quente, um efeito que realmente deixa claro o nível ainda maior de acordes poderosos. De fato, "A Passage to Bangkok", "Something for Nothing" e "The Temples of Syrinx" se colocam entre as composições mais pesadas da banda. Sobre as outras novidades da "Solar Federation", Alex escreveu a letra da canção metida, a princípio pop e depois matadora (vagamente parecida com o som do BTO) "Lessons", enquanto Geddy compôs a letra da balada melancólica de arranjos ambiciosos chamada "Tears".

"*2112* foi escrito na estrada pouco antes de gravarmos", explica Alex. "E, você sabe, o álbum vem de um lugar diferente, de um lugar de resistência e raiva com relação ao modo como as coisas estavam acontecendo ao nosso redor. Estávamos resistindo. É um álbum bastante espontâneo. E, óbvio, houve planejamento e trabalho realizado de antemão. Entramos no estúdio armados com todo esse material. Havia muita pressão, tanto da nossa parte quanto da parte da gravadora e, em certo nível, até dos nossos empresários para voltarmos às raízes roqueiras, fazer outro álbum como *Rush*.

"E nós basicamente falamos: 'Quer saber? Não estamos interessados nisso. Se é o que todo mundo quer, então não vai ser isso que vocês terão. Se fracassarmos, cairemos lutando'. E eu lembro que tivemos essa conversa dentro da nossa van. Estávamos muito desanimados. Pensávamos estar fazendo o certo e estávamos aprendendo, e esse foi o ponto de partida. Mas não havia apoio nenhum. Então estávamos com raiva. Pensamos: 'Quer saber? Vamos só fazer o que fazemos'. E começamos a compor *2112*.

"E há muita paixão e raiva naquele disco", continua Alex, usando a mesma palavra que ouvimos de Neil. "E não poderíamos ter feito esse álbum sem *Caress of Steel* e aquela sensação de estarmos sozinhos.

E *2112* acabou sendo o passaporte para nossa independência. Depois disso, a gravadora disse ok, façam o que quiserem. Vocês provaram por conta própria que sabem o que estão fazendo. Então nunca houve alguém da gravadora presente em qualquer uma das nossas sessões de gravação. Ray jamais participou de nossas sessões. É sempre uma coisa a portas fechadas. Nós compomos a música, tocamos, o que acharmos que é o certo a fazer, e cabe a eles lidar com isso. Mas não acho que poderíamos ter realizado qualquer coisa sem afiarmos o machado com *Caress of Steel*, que foi um disco muito importante para nós em termos criativos."

Explorando um pouco mais a logística do álbum, Alex lembra que "não houve muito tempo para gravar, estávamos sempre em turnê. Então a maior parte da composição aconteceu na estrada. Muito pouco ficou para o estúdio. Pelo menos, havia um esboço bem claro do que queríamos fazer. *2112* foi gravado em cerca de uma semana e meia, algo assim. Bem diferente de um álbum como *Vapor Trails*, que levou 14 meses. Mas estávamos preparados: tudo foi bem direto, apenas encaixamos as partes. Não havia muito espaço para fazer *overdubs* ou dar uma viajada, tudo foi muito direto.

"Mas claro, muita gente tinha investido tempo e dinheiro em nós, e havia uma preocupação real de que não desse certo. Tínhamos decidido que ou poderíamos fazer outro álbum igual ao primeiro, ou apenas sacar nossas armas e fazer o que achávamos que era o certo para nós. Acho que nós todos tínhamos esse sentimento bem concreto de que esse era o tipo de composição que queríamos e que era única para nós e o que queríamos alcançar. Estávamos sintonizados nessa vontade de compor uma peça mais conceitual para o disco inteiro. Portanto, sem a base de 'Fountain of Lamneth' de *Caress of Steel*, que foi nossa primeira investida nesse tipo de composição, não haveria *2112*. E, como eu digo, esse disco realmente garantiu nossa independência. Depois dele, todo mundo nos deixou em paz para fazermos o que achávamos certo."

Tecnicamente, *2112* é menos conceitual e com duração menor que *Caress of Steel*. Aquele disco contém um lado de faixas de estruturas curtas e convencionais e um épico progressivo para completar, e depois um lado B com uma única faixa. Aqui temos uma música longa, mas depois cinco faixas do lado B que ficam perto de uma duração uniforme.

Mas, por várias razões, *2112* tem uma pegada tão conceitual quanto *Caress of Steel* ou ainda mais. Primeiro, o nome do álbum vem da faixa épica de um lado inteiro de duração, e a capa entra em sintonia com esse conceito. O pentagrama vermelho da frente representa a opressiva Solar Federation – a Federação Solar – da narrativa, os anciãos que rejeitam a descoberta de uma guitarra por nosso herói e da música que ela produz. Essa jornada da alma por meio da arte musical perdida é representada pelo que se chamou de "Starman" ("Homem da Estrela") ou "Naked Man" ("O Homem Nu"), totalmente despido para representar um homem sem ornamentos, a humanidade em seu estado puro, que foi suprimida pelos senhores austeros do mundo futurista sobre o qual Neil escreve.

"O que queremos dizer é representado pelo nosso logo com esse cara tentando alcançar a estrela", contou Geddy para o *Record Mirror* em 1978. "Somos uma banda capitalista, viemos de famílias de classe média. Talvez nossos pais não aprovassem o que estávamos fazendo no começo, mas sempre havia uma cama quentinha para nós à noite. Escolhemos o nome Rush porque representa uma força positiva, um sentimento. Quer dizer que você pode alcançar qualquer coisa que realmente queira por meio do próprio esforço, seja na música ou em qualquer outra coisa. Temos forte identificação com o poder do indivíduo, com o direito de que cada pessoa expresse seu próprio pensamento."

Nessa mesma entrevista no Reino Unido, Neil acrescenta, depois de mostrar ao jornalista Robin Smith seu carrinho por controle remoto: "Eu gosto das virtudes nobres, da diferença entre certo e errado. E não gosto que as pessoas me digam o que fazer. Isso pode acontecer com algumas bandas – elas se tornam marionetes das gravadoras. Você tem que tomar as próprias decisões se quiser que seus ideais surtam efeito. A Grã-Bretanha se encontra numa situação estranha nesse momento porque tem um governo socialista. Sou contra o socialismo porque, repito, ele reprime o indivíduo. Tenta amarrá-lo sem deixar que se pense por conta própria".

Mesmo a arte da contracapa, que apresenta os rapazes em túnicas que combinam e parecidas com quimonos, sugere tacitamente que eles são personagens nesse drama. Na contracapa, há uma frase que é tópico da narrativa, escrita em fonte vermelha e combinando com as letras apresentadas numa das páginas do encarte. Por fim, o simples ato de ouvir primeiro a música que ocupa um lado inteiro do disco busca uma continuidade no lado B, onde se encontram músicas que muitos ouvintes sentem que poderiam ser incluídas como parte da narrativa de ficção científica, exceto "A Passage to Bangkok". O próprio Geddy Lee sugeriu em entrevistas que, se observarmos com mais profundidade, "Something for Nothing" pode inclusive ser interpretada como a moral da história.

"'2112' obviamente não foi a primeira ópera rock", afirma Geddy se referindo ao sucesso da primeira faixa do disco, apresentada em sete partes. "Quero dizer, há *Tommy*; houve várias delas antes disso. *Thick as a Brick*. Mas talvez por este ter sido o primeiro tipo de míni ópera rock de um *power trio* do Canadá, talvez isso o tenha tornado incomum. Sempre se referiram a nós como *power trio*, e é uma expressão estranha se você a empregar fora de contexto. O que é um *power trio*? Quando eu penso em um, num primeiro momento penso em Blue Cheer, que foi uma das nossas primeiras influências. Eles eram progressivos? Tentavam tocar rápido. Esse era um dos ingredientes importantes quando se era fã de rock: com que velocidade tocavam? Podiam tocar coisas mais complexas? Acho que, na verdade, não se pode chamar o Blue Cheer de progressivo, ainda assim eram um *power trio*. Então nós éramos um *power trio plus*, com melhorias, tentando tornar tudo mais interessante, mais complexo.

Para mim, é difícil ver por que '2112' é avaliada sob esse prisma, apesar do fato de que talvez fosse a primeira tentativa desse tipo de conceito materializada por um *power trio*."

Como foi citado anteriormente, "2112" é um conto sobre um futuro em que a música foi banida após ser considerada supérflua e sem lógica. Num sentido mais amplo, fala de opressão, da questão da liberdade e de quanto disso deveríamos ter. Essa era uma área de estudo pela qual Neil Peart se interessava muito na época, por causa da obra de Ayn Rand. O livro *Anthem* foi uma inspiração em particular para a narrativa. Num sentido mais pontual, e mais impertinente, "2112" pode ser lida como uma crítica à indústria musical.

A imagem gráfica suprema tanto do disco quanto da turnê foi o assustador pentagrama vermelho, que se tornou o símbolo permanente do Rush. "Se alguém interpretar alguma outra coisa a partir disso, sabe, é problema deles", ri Alex. Para Peart, a imagem não tinha nada a ver com Satã, em vez disso representava a criatividade sufocada pelas autoridades da narrativa carregada de tensão. Antes do lançamento, Geddy falou da música como um conto de ficção científica relacionado à individualidade e sobre como as lideranças da sociedade – formada por sacerdotes e computadores, por isso a placa de circuito integrado no lado esquerdo do encarte – preferem que todos sejam programados para serem homogêneos.

Como Neil explicou em 1976 para a *Circus*: "*2112* é um ciclo de músicas baseado no desenvolvimento e na progressão de algumas coisas que vejo na sociedade. Nós nos deparamos com muitas esquisitices na estrada, e isso se traduz em música. O ciclo começa com uma abertura, 'Overture', depois a descoberta da guitarra e da música. As guitarras não existem na Federação Solar porque os computadores não permitem música – ela não é lógica. Então há a apresentação, 'Presentation', em que nosso herói leva sua guitarra até os sacerdotes nos templos de Syrinx. Mas os acólitos a destroem e o mandam embora. E ele tem um sonho sobre um planeta, estabelecido ao mesmo tempo que a Federação

Solar, para onde todas as pessoas criativas foram. Nunca tinha visto nada parecido antes, esse estilo de vida alternativo, até mesmo o modo como construíam suas cidades era totalmente diferente. E fica cada vez mais deprimido porque se dá conta de que sua música é uma parte daquela civilização e ele nunca poderá fazer parte dela. Mas, no final, descobre que o planeta do sonho é real e as coisas começam a mudar para ele".

Numa entrevista para a *Creem* no mesmo ano, Neil prometeu um "final de duplo significado surpreendente" e em total estilo "Hitchcock matador", enfatizando os paralelos com os tempos modernos. "As coisas não estão tão ruins agora, mas é uma progressão lógica de certas coisas que estão acontecendo. O melhor da ficção científica é em sua totalidade um aviso. Queremos informar as pessoas do que está acontecendo de modo que ao menos exista uma chance de mudar isso. Não vai mudar a vida de ninguém, nem nada, mas se você semear uma ideia na cabeça de alguém, então terá feito seu trabalho."

No folheto de propaganda do show no Massey Hall em Toronto (do qual o álbum ao vivo se originaria), havia a seguinte sinopse: "No ano de 2062, uma guerra galáctica resultou na união de todos os planetas sob o regime da Estrela Vermelha da Federação Solar. O mundo é controlado por computadores, chamados de Templos, que delimitam todas as obras de leitura, música e arte… tudo conectado com a vida durante o ano de 2112 ('The Temples of Syrinx' – 'Os Templos de Syrinx'). Em meio a esse modo de vida que lembra uma linha de montagem, um homem descobre o que anos antes era conhecido como guitarra ('Discovery' – 'Descoberta'). O homem começa a dedilhar as cordas e a mexer nos controles, descobrindo que pode criar a própria música – uma música bem diferente da dos Templos. Ele corre para contar aos sacerdotes sua descoberta ('Presentation' – 'Apresentação'), mas para o desalento do homem, os sacerdotes fazem pouco caso do instrumento, dizendo que não cabe no plano da Federação Solar. O homem retorna à caverna onde descobriu a guitarra e, durante um sonho, é guiado por

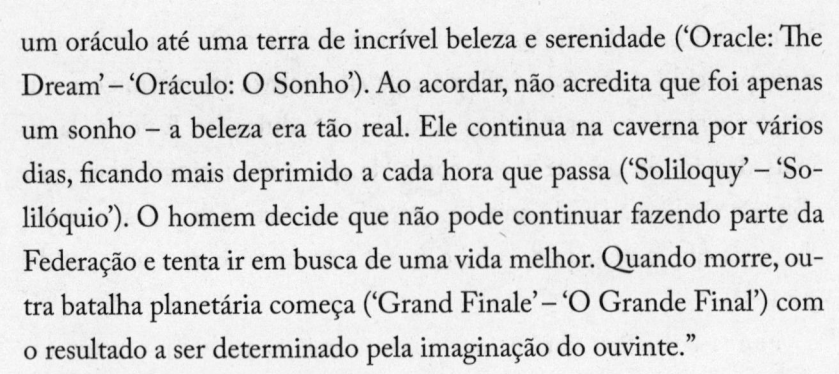

um oráculo até uma terra de incrível beleza e serenidade ('Oracle: The Dream' – 'Oráculo: O Sonho'). Ao acordar, não acredita que foi apenas um sonho – a beleza era tão real. Ele continua na caverna por vários dias, ficando mais deprimido a cada hora que passa ('Soliloquy' – 'Solilóquio'). O homem decide que não pode continuar fazendo parte da Federação e tenta ir em busca de uma vida melhor. Quando morre, outra batalha planetária começa ('Grand Finale' – 'O Grande Final') com o resultado a ser determinado pela imaginação do ouvinte."

Neil reitera que uma das grandes lições do mundo real nesse conto fantástico, que se estende de 2062 a 2112, tem a ver com o indivíduo se impondo contra a multidão, importante não apenas com relação a uma aliança como a Federação Solar, mas *qualquer* psicologia de domínio das massas. "Definitivamente esse também era o nosso sentimento", conta Peart, "esse peso esmagador da indústria musical e mesmo de outros músicos. Todas essas bandas com que tínhamos trabalhado falavam de produto e mercado, e de uma forma cínica sugavam o público para um negócio e diziam as mesmas coisas no palco todas as noites: 'Esta é a cidade mais rock 'n' roll do mundo!' ou 'Vocês são o melhor público que já tivemos!'. E isso funcionava. Eu acabava fazendo um péssimo julgamento dessas pessoas, mas os fãs acabam caindo na conversa deles.

"Esse mundo de cinismo estava nos destruindo. Lembro que Geddy e eu criamos uma expressão: 'the sickness', 'a doença'. Nós dizíamos que essas bandas que exploram a fraqueza dos outros sofrem com 'a doença', ou seja, haviam se vendido ao sistema, para usar um termo dos anos 1960. Nós mantivemos aquela pureza, e muitas vezes foi difícil seguir esse caminho, mas conseguimos manter nossa linha de pensamento, sempre. Esse posicionamento acabou criando a música que tanto amamos de modo que outras pessoas também pudessem gostar dela. Continua sendo a mais pura e simples verdade para mim. Mas hoje em dia é mais fácil dizer isso do que foi no inverno de 1974."

Não é apenas mera especulação que esse trabalho tenha relação com as ideias de Ayn Rand. Neil chegou até mesmo a colocar nos cré-

NÓS MANTIVEMOS AQUELA PUREZA, E MUITAS VEZES FOI DIFÍCIL SEGUIR ESSE CAMINHO, MAS CONSEGUIMOS MANTER NOSSA LINHA DE PENSAMENTO, SEMPRE.

ditos das letras a frase: "Em reconhecimento ao gênio de Ayn Rand". Isso foi feito em parte, como Peart admite, para não ser acusado de plágio. *Anthem* foi a principal inspiração para a música "2112", mas *A Revolta de Atlas* também teve certa influência, e Neil muitas vezes é chamado para entrevistas com o intuito de defender a autora como personalidade, assim como sua política controversa, algo que o incomoda (e também incomoda Geddy Lee). De forma mais ampla, "2112" é principalmente lida como uma narrativa com lição de moral sobre opressão política e cultural e, de um jeito mais sarcástico, como um ataque à gravadora.

"É provável que a música '2112' seja a coisa mais importante que criamos na nossa carreira", reflete Geddy com firmeza. "Porque sem essa música, provavelmente não teríamos continuado como banda. Foi quase toda escrita no estúdio e nos ensaios, e acho que tivemos quatro semanas para fazer o disco. Depois conseguimos uma semana extra além do nosso contrato por causa de *Caress of Steel*. E o álbum foi construído. Mesmo algumas das partes mais pesadas, Alex e eu escrevemos sentados com nossos violões. O conceito foi reunido de forma muito clara, e muito depressa. Tínhamos uns riffs que queríamos organizar, e apenas começaram a se encaixar naquela música. E o álbum inteiro vai bem nessa linha. Alex tinha vontade de se permitir tentar compor sozinho. Nós só queríamos jogar tudo aquilo dentro de um conjunto. Minha lembrança é de que estávamos todos indo para a mesma direção. Sempre que conversávamos sobre como uma música tinha que ser, alguém dizia: 'Sim, é bem isso'. Sabíamos na hora. Não houve muitas dúvidas, não houve muitos momentos pensando: 'Será que devemos seguir nessa linha? Devemos ir para aquela direção?'. Todos sabíamos como queríamos tocar essa música e escrever essa música. E mergulhamos mesmo de cabeça no conceito que Neil trouxe."

A parte mais lembrada da faixa de quase 21 minutos de duração é a segunda, "The Temples of Syrinx", reforçada pelo instrumental igualmente pesado da primeira, "Overture".

"Eu acreditava que poderíamos fazer alguma coisa especial com 'Overture' / 'The Temples of Syrinx', que abriam o álbum", lembra Cliff. "Pensava nessas duas partes como uma coisa que gerava um manifesto gigantesco e seria muito popular no rádio. Acontece que, de fato, a questão era justamente essa. E se você puder apontar qualquer faixa do catálogo do Rush que tenha garantido à banda se tornar uma atração principal capaz de lotar arenas, eu diria que foi 'Temples of Syrinx'. É preciso admitir que ninguém pensou nisso naquela época – ou desde então. Parece algo muito louco. Mas na época em que promovemos *2112* em seu ciclo regular, o disco vendeu 250 mil cópias, bem mais do qualquer um dos três discos anteriores, e depois continuou a vender num ritmo muito mais rápido que qualquer um dos outros três álbuns."

"The Temples of Syrinx" é um clássico heavy metal majestoso e enérgico; "Overture" também seria se os rapazes tivessem pensado num jeito de compor uma letra para essa música, em vez da divertida e irônica frase *"And the meek shall inherit the Earth"* – "E os mansos herdarão a terra". Mas uma vez que "The Temples of Syrinx" explode no palco principal, a banda já se encontra com todos os seus motores em propulsão: Neil está destruindo os pratos de ataque, Geddy canta a plenos pulmões, Alex aparece robusto e poderoso.

Cliff ainda parece meio incrédulo quanto ao desenrolar dos acontecimentos de um disco para o outro. "Eles estavam sob pressão, mas a pressão se manifestou no álbum que se seguiu a *Caress of Steel*. Esse foi o verdadeiro problema para o Rush – *2112*. Reagiram à pressão que receberam depois de *Caress of Steel* criando *2112*, que, eu diria, é bastante contraintuitivo. O que de fato fizeram foi pensar em simplesmente levar tudo aquilo ainda mais adiante. 'Sinto muito, é o que fazemos'. E é sobre isso que trata *2112*. O pânico real, não da minha parte, diga-se de passagem, mas no geral, se instalou na gravadora quando receberam *2112* como o quarto álbum da banda. Com apenas um intervalo de seis ou sete meses entre os dois discos, *Caress of Steel* era um revés, e então surge esse álbum... Não havia qualquer esperança com o disco. Na verdade, eu discordava disso. Tenho lá um pouco de crédito nessa história."

"Acho que a ambição teve um papel importante", continua Burnstein, sobre o que *2112* alcançou que seu predecessor não foi capaz. "Também acho que quando uma banda é realmente boa e diferente, como o Rush, leva certo tempo para as pessoas acompanharem seu trabalho. E há um pouco de – não sei – fator de compensação quando elas pensam: 'Eu sentia falta disso, acho que agora devo embarcar nessa'. 'Temples of Syrinx' era tão pesada e tão incrível que qualquer um que gostasse de heavy metal naquela época não poderia dizer, se ouvisse a música, que aquilo não era uma coisa que precisavam ter."

Seguindo quase sete minutos de metal encorpado e destruidor (a maior parte sendo "Overture" e não "The Temples of Syrinx"), o ouvinte é apresentado a uma cascata de sons e a uma guitarra distorcida com dedilhado pesado. Ambas "Overture" e "Grand Finale" remontam a "1812 Overture" de Tchaikovsky, mas além disso, pode-se descrever "Overture" como flamenco em sua estrutura, embora completamente metalizada. "Discovery", sem a bateria, abre caminho para a quarta parte, "Presentation", que é uma mistura de rock calmo com acordes poderosos, Geddy cantando com ousadia e Neil sendo excepcional com suas viradas memoráveis. Além disso, observa-se a presença de um personagem chamado de Sacerdote Brown.

O tema de "Temples" retorna, e Alex busca um impetuoso solo de guitarra embebido em wah-wah. Isso leva à transição para vocais mais pensativos e guitarra sobressalente, enquanto a quinta parte, "Oracle: The Dream", cresce dentro de acordes progressivos geométricos e dramáticos, permitindo a Neil mais espaço para criar viradas e demonstrar seu serviço de produção em alta fidelidade aplicado a todos os tambores e pratos.

Em seguida há a sexta parte, "Soliloquy", que lembra um heavy blues próximo ao Black Sabbath, com Alex sólido e tomado por eletricidade. "Alex estava o tempo todo procurando alguma coisa nova", observa Terry, "e mudava os amplificadores com certa regularidade entre os álbuns tentando alcançar alguma coisa que talvez não estivesse lá no disco anterior. E não tocaria nada de forma medíocre. Se o som não saísse do jeito que ele ouvia ou que eu ouvia, ficaríamos trabalhando até que alcançássemos o certo. Ele era muito detalhista. Levamos horas para fazer essas coisas, sabe, duplicando as guitarras e construindo as faixas rítmicas. Elas tinham que ficar perfeitas. Eu era muito específico quanto ao que achava que deveríamos fazer com os solos, e Alex trabalhou incansavelmente para materializar aquilo".

"2112" fecha com o "Grand Finale" (título original: "Denouement"), notável pelos obrigatórios sons "ensolarados" de um final épico. Mas logo o ouvinte se encontra imerso num caldeirão de doom metal ritmado, em meio a um redemoinho em alta velocidade, caótico e vigoroso com um solo carregado de efeitos, culminando na icônica destruição da espaçonave e na frase: "*We have assumed control*" – "Nós assumimos o controle". A narração do Big Brother durante essa colagem sônica é do próprio Neil Peart, que também gravou os trechos de narração em "The Necromancer", do álbum anterior.

O lado B do vinil original de *2112* abre com "A Passage to Bangkok", um heavy metal clássico explorando as tonalidades do Oriente Médio também usadas anteriormente por Led Zeppelin e depois pelo Rainbow. Ajudando o Rush a ganhar respeito nas ruas, essa música é um redemoinho global de degustação de haxixe. Alex admite a influência de Kashmir na canção, e subindo um pouco mais na escala intelectual, o título é um jogo de palavras com a obra clássica de E.M. Forster, *Uma passagem para a Índia*.

Geddy observa, incomodado com a referência ao Led Zeppelin: "Se for o caso, estávamos bem conscientes das nossas influências e procuramos obscurecê-las, tentando ser nós mesmos e buscando nos distanciar das comparações óbvias com o Led Zeppelin: o vocalista tem uma voz aguda, então vamos compará-los ao Led Zeppelin e Humble Pie e todas essas coisas. Essas comparações nos persegui-

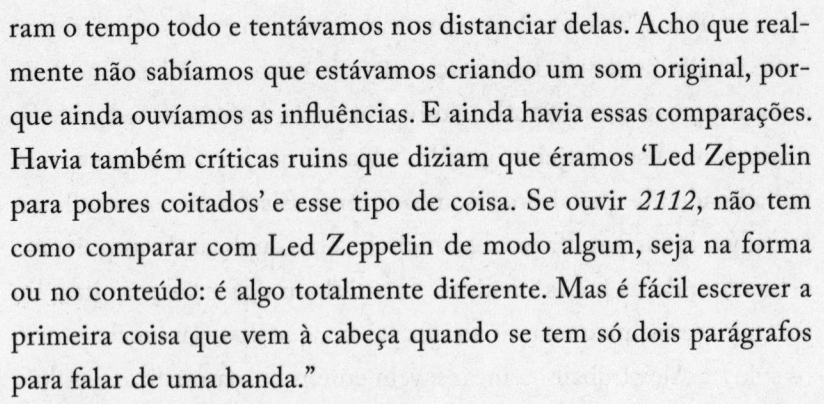

ram o tempo todo e tentávamos nos distanciar delas. Acho que realmente não sabíamos que estávamos criando um som original, porque ainda ouvíamos as influências. E ainda havia essas comparações. Havia também críticas ruins que diziam que éramos 'Led Zeppelin para pobres coitados' e esse tipo de coisa. Se ouvir *2112*, não tem como comparar com Led Zeppelin de modo algum, seja na forma ou no conteúdo: é algo totalmente diferente. Mas é fácil escrever a primeira coisa que vem à cabeça quando se tem só dois parágrafos para falar de uma banda."

Além das críticas quanto à voz, além da ambientação marroquina dessa única faixa, a comparação mais inteligente que ainda tem alguma validade trata de luz e de sombra, do aspecto do sussurro ao rugido compartilhados por ambas as bandas. O Rush acabou fazendo isso tanto em *Caress of Steel* quanto em *2112*, mas estranhamente, como o som da banda foi encontrado no final dos 1970, os níveis de decibéis atingiram uma extensão mais moderada, mesmo com a complexidade sendo retomada aos poucos.

Geddy define os contornos do lado B desse álbum: "Era mais focado, e a composição era muito robusta, acho. Apesar do lado '2112' do disco, as músicas do outro lado eram mais específicas. Foram gravadas melhor, foram tocadas melhor, foram cantadas melhor. *Caress of Steel* foi um disco estranho, não tem como fugir disso; foi um álbum bastante incomum, quero dizer… ainda é. Algumas pessoas amam aquele álbum. Mas *2112* foi mais como um amadurecimento para nós naquele período. Mesmo que uma música ocupasse um lado inteiro do disco, era mais conciso. Nosso som estava mais conciso, e acho que foi o primeiro álbum que realmente teve apenas o nosso som e de mais ninguém. Assim, todas as influências do passado ficaram menos perceptíveis e havia mais da nossa própria personalidade nele".

Em seguida há "Twilight Zone", o Rush fazendo jus à dedicatória a Rod Serling presente em *Caress of Steel* – "um dos nossos melhores professores", diz Ged –, ao escrever uma canção que celebra o clássico programa televisivo de ficção científica do começo dos anos 1960. A dedicatória em *Caress of Steel* foi motivada pela morte de Serling em 28 de junho de 1975, pouco antes do início das sessões de gravação do álbum. "Twilight Zone" é apresentada como um andamento 4/4 com partes sinistras adicionadas em ritmo mais lento. Há sussurros, há um solo extra de Alex que lembra blues, e Neil comprova toda sua habilidade para inserir o *groove* quando requisitado. Essa foi a última música escrita para o álbum, já que tinham se dado conta de que faltava alguma coisa, estabelecendo um padrão de frustração permanente – não apenas por usar tudo o que tinham, mas por *ter que* usar tudo o que tinham. Mais uma vez, segundo Terry Brown, para o Rush nunca foi questão de criar um complemento para o álbum, mas mais de cultivar e desenvolver uma música até que ela ficasse pronta, sabendo que seria usada de qualquer maneira e assim trabalhando-a com maior profundidade. Ainda assim, parece mais sensato recomendar que uma banda tenha músicas suficientes para dois discos a fim de depois reduzi-las para 40 minutos, ou no caso do Rush, menos de 40 minutos.

"Lessons", com letra de Alex, alterna um folk acústico animado e divertido com um refrão que serve como desculpa para Geddy e Neil tocarem de forma intrincada. Ambas as estrofes melódicas e a seção do refrão em carga total apresentam um estridente Geddy rugindo.

Terry fala sobre como era gravar com Neil e Geddy: "Eu também tinha certo conhecimento em bateria, nada perto de Neil, é claro, mas era uma coisa que eu adorava. Então amava gravar a bateria e obter os melhores sons e a máxima energia possível desse instrumento. Ele ficava muito feliz com isso. Porque havia uma coisa que costumávamos fazer: só gravávamos se estivesse realmente incrível. Geddy estava sempre desenvolvendo o som do baixo e conseguia um som maravilhoso sem fazer muito esforço. Então depois era só uma questão de capturar aquilo para um disco. A gente passou bastante tempo ajustando os detalhes de como faríamos isso, como aproveitaríamos os captadores duplos do Rickenbacker de Geddy e colocaríamos me-

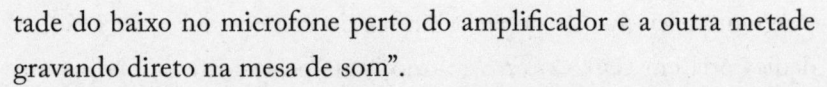

tade do baixo no microfone perto do amplificador e a outra metade gravando direto na mesa de som".

"Tears", com letra de Geddy, é uma balada melancólica e elegíaca que apresenta um trabalho de texturas no Mellotron tocado pelo cara do design gráfico, Hugh Syme. De novo – e tenho certeza de que muitos vão detestar a comparação – vem à mente o Black Sabbath: a canção tem um som que parece um dos muitos lamentos fúnebres quase inaudíveis daquela banda. "Como se tratava de um disco de ficção científica, era necessário acrescentar um teclado desse gênero", brinca Terry. "Se fosse de outro jeito, não teria dado certo. Foi um elemento muito importante para aquele disco. Eu estava totalmente ligado nessa coisa de rock sci-fi na época trabalhando com a Klaatu, então foi uma progressão natural. Aquele teclado era necessário. Os delays também faziam parte do que estava acontecendo, o uso na gravação dessa tecnologia em termos de pedais de delay. Eu usava bastante teclado naquela época, então foi algo que surgiu de forma bem natural. Obtivemos a sonoridade certa, e ela resistiu ao teste do tempo. Hugh também se envolveu com a introdução de "2112". Foi um aspecto vital para um disco de ficção científica. Quero dizer, quanto à textura, não há como alcançar certos efeitos só com baixo, bateria e guitarra."

O álbum termina numa nota mais roqueira. "Something for Nothing" começa como um hard rock acelerado, ancorada em acordes sobrepostos em vez de riffs, exceto pelo refrão, cuja base tem uma pegada nesse sentido. A banda gera tensão com maestria ao longo da música, tocando juntos com urgência à medida que progridem e alcançando as acentuações com mais força. É tão grandiosa para fechar o disco quanto "Grand Finale", e mais uma música que contribui com a ideia de que *2112* é um álbum-conceito do início ao fim. Com relação à filosofia central da faixa, Neil diz que a ideia partiu de um graffiti visto na parede do Shrine Auditorium em Los Angeles que dizia *"Freedom isn't for free"* – "A liberdade não é gratuita".

"Voltamos com tudo com *2112* e nunca mais olhamos para trás", reflete Terry, resumindo sua experiência com o disco, que representou para ele "uma versão mais precisa da direção para a qual estávamos seguindo. Sentimos que iria mudar tudo, e acho que foi exatamente isso que aconteceu. A atitude quando começamos *2112* era muito positiva. Nunca caí de verdade naquela história de que 'Pode ser o último disco' ou de 'Como podemos deixá-lo mais comercial?'. Quero dizer, isso nunca passou pela minha cabeça. Tratei os álbuns como obras de arte individuais. O material de *2112* era um pouco mais sucinto, mais 'pra cima', o clima era muito melhor nesse disco se quiser comparar com *Caress of Steel*. Havia certa similaridade, exceto que acertamos em cheio – caso aceitemos o fato de que não chegamos nem perto disso com *Caress of Steel*. Mas *2112* é um disco clássico de ficção científica e tem um som incrível, é simplesmente um disco muito completo".

Em termos de tecnologia de som no totalmente inovador quarto álbum da banda, não restam dúvidas: *2112* possuía um som mais completo, mais robusto. "Sim", continua Terry, "e isso é um tipo de pequeno detalhe, mas no último dia da gravação de *Caress of Steel*, conseguimos um pedal digital de delay, o que era bem difícil de se obter em Toronto na época. E lembro que tocamos com ele por uma tarde inteira e choramos de rir porque era muito engraçado. Dava para fazer todos aqueles saltos de oitavas com as vozes e outras coisas bem loucas. E isso realmente serviu mais tarde como a ferramenta que nos guiou em *2112*. Assim, quando fizemos o álbum, pegamos um desses delays e usamos como parte da produção. Acho que fez mesmo uma diferença. Era uma ideia muito experimental, mas deu bastante certo. Então aprendemos muitas coisas, é claro, ao fazer juntos os dois últimos álbuns, portanto tornou o processo mais eficiente".

Howard conta: "Quando Neil apareceu com essas letras fortes, e eles deram forma a *2112*, foi quase como um renascimento para a banda. É uma combinação de tudo que havia sido reunido e acabou sendo consolidado. Foi um sucesso, e um sucesso imenso. Simplesmente abriu as portas para quase tudo o que veio depois".

"Chame de teimosia ou qualquer outra coisa, mas acho que os três garotos adotaram a mesma atitude", reflete o pai de Neil, Glen, sobre a reviravolta da banda depois de um período em decadência. "Se perdessem a guerra, cairiam lutando, iriam acabar com tudo conforme os próprios termos. E isso, é claro, foi o que trouxe *2112* para o front de batalha. Fizeram as coisas do jeito deles, e todos haviam tomado a decisão juntos. 'Vamos para a luta tocando o tipo de música que queremos tocar e depois... retomar nossas vidas'. Mas isso não aconteceu, é claro. Neil nunca expressou qualquer pensamento concreto de que 'Talvez não iremos conseguir'. Ao menos para nós ele jamais mencionou algo assim."

Para garantir que as coisas não dessem errado, havia a solidariedade da banda, conta Glen. "Sim, e também a organização deles, e o modo como reuniam as coisas; todos trabalhavam da mesma forma. Tinham essa paixão de fazer as coisas juntos. E isso é uma das coisas que tenho ouvido ao longo dos anos sobre o Rush, o quanto são unidos. O modo como agiram, o comprometimento que tinham, com certeza ganharam meu respeito.

"Um segurança me disse que o único grupo de rock para o qual ele trabalharia seria o Rush, porque eles eram organizados e quando diziam que iriam fazer alguma coisa, essa coisa era feita. Fiquei orgulhoso ao ouvir isso, em saber que esse é o modo como são vistos num negócio que é totalmente diferente quanto a esse modo de operar. Acho que influenciou a equipe ao longo dos anos porque muitos membros-chave estão ao lado deles em todas as turnês."

"Todos ficamos muito felizes que o jogo tinha virado e o público passou a se interessar por nós de novo", explica Liam Birt. "Eu tentava não pensar demais no assunto, de uma perspectiva pessoal, porque depois que se leva uns tombos, a tendência é ver as coisas com um pé atrás. Eu apenas estava feliz com o fato de que as pessoas compareciam aos shows, e nessa perspectiva parecia algo positivo. Era um suspiro de alívio de que talvez houvesse uma luz no fim do túnel. Esse foi o começo de um ressurgimento para nós, mas em retrospecto eu provavelmente deveria ter tido mais noção das coisas. Só anos mais tarde, quando de fato nos estruturamos com mais robustez, é que sentimos que talvez tudo isso tivesse um futuro. Sabe, talvez pudéssemos mesmo pegar a estrada como atração principal. Mas não foi ainda específico com esse álbum, pelo menos não do meu ponto de vista.

"Nunca quiseram fazer as coisas do jeito fácil", continua Liam. "Costumavam brincar entre eles que se algum dia tivessem um sucesso, isso significaria o fim da banda, porque teriam se vendido ao sistema de alguma forma e, naquele ponto, seriam incapazes de viver consigo mesmos enquanto músicos. Assim, como sempre queriam seguir o caminho mais difícil ou o caminho mais elevado, intencionalmente ou não, esse sempre foi o caminho escolhido.

"Mesmo muitos anos depois, indo um pouco mais longe, surgiu o conceito de patrocínio das turnês. Mas a reação sempre foi: 'Como podemos endossar um produto que nós mesmos não usamos? Por que pegaríamos o dinheiro de alguém só por pegar?'. O Rush sempre quis manter sua credibilidade. Não queriam se vender. Porque se tivessem feito alguma coisa que fosse palatável demais, ou algo assim, e vendido muito bem, seria o fim da banda. São uma banda de músicos. São músicos, adoram tocar música. As pessoas me falam sempre: devem ter bastante dinheiro ou recursos suficientes para não precisar continuar fazendo turnês. Seja a resposta sim ou não, é algo totalmente secundário. Eles amam tocar. É o que eles são. São músicos e adoram isso tudo. Amam o desafio, amam entrar no palco todas as noites e testar os próprios limites, e foi isso que tornou ótimo trabalhar com eles."

O álbum *2112* fez sucesso com o público, ao contrário de *Caress of Steel*, vendendo 160 mil cópias até junho daquele ano e ganhando o disco de ouro nos Estados Unidos pela venda de 500 mil cópias em apenas um ano e meio depois do lançamento. No Canadá, o Rush conseguiu seu segundo disco de ouro quando o álbum foi qualificado em 1º de outubro de 1976.

Mas por que se tornou um grande sucesso? Talvez, como afirma Cliff, quando se é assim tão original leva algum tempo para o público assimilar. Pode-se debater também que o público não teve problema algum com um disco como *Caress of Steel*, mas uma versão um pouco melhorada foi necessária para conquistá-lo em definitivo. Porque, na verdade, *2112* não é claramente mais acessível que *Caress of Steel*. As músicas mais atraentes para o grande público – "A Passage to Bangkok", "The Temples of Syrinx", "Something for Nothing" – são longas e barulhentas aos ouvidos dos fãs. Em outras palavras, como Vic explicou, não havia um sucesso de rádio AM. Ao lado de "Bastille Day", "Lakeside Park" e até mesmo a divertida "I Think I'm Going Bald", não parece tão óbvio que *2112* ganharia um disco de ouro e *Caress of Steel* tenha quase feito a banda perder o contrato com a gravadora.

"Acho que tudo se resume às músicas", pondera Geddy. "Acertamos a combinação perfeita de progressões de acordes e estávamos começando a nos tornar mais habilidosos na composição e todas essas coisas. Acho que foram as músicas que criaram aquele álbum. Por que ele perdurou? Temos que nos voltar para as músicas. Sem dúvida é um álbum com ótima sonoridade, nós tocamos bem rápido, e os fãs gostam disso, principalmente jovens músicos, mas o conceito do que ele diz e o som da música mais as progressões dos acordes foram os responsáveis por torná-lo eterno."

"Acho que foi o lugar certo, a hora certa", acrescenta Ray. "Acredito que a Mercury Records na época não reconhecia, ou não se dava conta, de que os primeiros três discos tinham conquistado uma base de 150 mil fãs. E isso significava que o álbum seguinte provavelmente venderia 150 mil cópias – e a melhor notícia: faria isso mais rápido. É um negócio que gratifica o momento. *2112* saiu, e a banda fez vários shows com *Caress of Steel* e os primeiros dois álbuns, e assim passou a vender mais rápido. Acho que qualquer álbum que fizessem iria vender mais rápido porque haviam criado essa base de fãs há pouco tempo – o momento estava do lado deles. E também a propaganda boca a boca. Naquela época, o negócio se baseava muito no boca a boca. Você ouvia os seus amigos, e se fossem fãs de Rush e fosse a vez deles de tocar alguma coisa no carro, havia uma resposta imediata àquilo. Esse álbum ainda vende cerca de 800 cópias por semana, todas as semanas, até os dias de hoje – nunca deixou de vender."

Mapeando ainda melhor essa sensação boa de progresso, Danniels conta: "Havíamos atingido o ponto em que, para alguns mercados, podíamos ser a atração principal dos shows. E isso facilitou tudo porque eles podiam tocar sets mais longos e dar mais exposição para sua música tanto para a base de fãs quanto para o público geral presente que não era necessariamente formado por grandes fãs da banda. Acho que isso aconteceu porque o álbum é muito bom. Como ainda se vende um disco 30 anos depois do lançamento se ele não for bom? É óbvio, foi o lugar certo na hora certa. E, é claro, além de *Moving Pictures* – que foi ainda melhor –, *2112* se tornou o disco que, de repente, tinha vendido três milhões de cópias. Muitas daquelas pessoas se tornaram fãs e buscaram o resto do catálogo tendo *2112* como o disco de referência do Rush. E hoje em dia, na maioria das semanas, *2112* supera *Moving Pictures* em vendas. Esses dois discos sobreviveram definitivamente ao teste do tempo. E ainda assim não há uma música em *2112* parecida com *Moving Pictures*. Você não houve 'Tom Sawyer' num filme ou em outra coisa e corre em busca de *2112*. Ouve falar do álbum porque é uma espécie de rito de passagem da juventude, como *Dark Side of the Moon* ou *The Wall*. É como a primeira vez que se fuma um baseado, esse é um dos discos que se deve ouvir. É um rito de passagem. Está naquela seleta coleção de discos que, quando se é um jovem fã de rock de 20 e poucos anos ou no final da adolescência, você precisa ter em casa."

Mas Ray reconhece que os críticos, mais uma vez, torceram o nariz. "O Rush não era uma banda para os críticos. Tenho certeza de que houve certa divulgação positiva por parte da imprensa, boas resenhas, mas sei que foram mais apedrejados do que o contrário. Era assim que as coisas funcionavam naquele tempo. De vez em quando, encontrávamos um fã inconfesso que escrevia uma resenha, ou um texto sobre os shows, portanto recebíamos algumas críticas objetivas e que falavam sobre o quanto o público realmente gostava da banda. Mas os críticos adoravam apedrejar o Rush."

"Ah, não sei, nada positivo", diz Neil, fazendo pouco caso de como *2112* foi tratado pelos críticos. "Faz tempo que tomei a decisão de jamais ler qualquer coisa. *Skinny Legs and All*, acho que era esse o nome do livro... Eu sou um grande fã de Tom Robbins e li todos os livros dele, e li uma resenha esnobe e mordaz sobre essa obra no *The New York Times Book Review*. Então escrevi uma carta para o autor do livro dizendo: 'Só queria te falar que, seja lá o que esses "inomináveis" disseram, como leitor fiquei totalmente satisfeito com a história e achei que cada livro seu é melhor que o anterior, do jeito que tem de ser'. E ele me respondeu com uma carta muito gentil em que dizia: 'Parei de ler as críticas anos atrás porque me dei conta de que se acreditasse nas boas, também teria que acreditar nas ruins'.

"E, assim, *plim*, o diapasão tocou – que ótima ideia. Dessa forma nunca mais li qualquer resenha e até hoje não leio, porque, bem, por várias razões, mas não por arrogância. Leio o *The New York Times Book Review* todo domingo, e leio todas as resenhas porque são pessoas inteligentes escrevendo sobre pessoas inteligentes. Se os críticos de música soubessem mais do que eu sobre o que eu estava fazendo, é claro que leria – sempre se pode aprender alguma coisa. É como quando trabalhamos com coprodutores, você aprende coisas com eles porque sabem o que você está tentando fazer e talvez até mesmo saibam mais que você – para nós é um processo de colaboração. As resenhas não oferecem isso. Então sei que é claro que não recebemos boa publicidade por parte da imprensa ao longo dos anos 1970 e até por muito mais tempo depois disso. Mas deixou de ser um fator relevante. Honestamente, foi outra coisa da qual dos libertamos – tínhamos nosso público. Não dependíamos de qualquer tipo de mídia. Nosso público estava lá, nós o conquistamos com as apresentações ao vivo porque nos dedicamos muito. Cada show era – retomando o lema da antiga Broadway – viver ou morrer por seu último espetáculo. Sempre tocamos desse jeito: cada apresentação foi a melhor que poderíamos fazer naquela noite. É o nosso jeito de se fazer as coisas. Já vi outras bandas que talvez não trabalhem dessa forma, mas para nós sempre foi assim. Portanto, ganhamos a reputação de trabalharmos duro, de sermos uma boa banda ao vivo que de fato se dedicava em cima do palco todas as noites.

"E as pessoas voltavam para assistir a nós mesmo se não tivessem gostado do nosso último lançamento. Quando começamos a passar por mudanças, os fãs ficavam divididos em facções... 'Ah, gostamos daqueles discos, mas não destes aqui.' Acho que isso foi diminuindo um pouco com o tempo à medida que as pessoas passaram a gostar da nossa música como parte da trilha sonora de suas vidas e houve menos desse tipo de disparidade. Mas houve uma época em que a base de fãs estava muito fragmentada. Mas, de novo, estávamos livres disso, livres dessa restrição e até mesmo dessa preocupação. Estávamos realmente tentando seguir este caminho: fazer a música de que gostávamos, e talvez outras pessoas também pudessem gostar."

E então retornamos à propaganda boca a boca – o Rush é uma banda do povo, avançando além das farpas dos críticos e reagindo a isso vendendo bem nas cidades onde não havia tais revistas. Por anos, nunca se pensou sobre o Rush e as duas costas dos Estados Unidos. "Por que tocam em Omaha e Des Moines e todos esses lugares?", questiona Ray de forma retórica. "Há uma estação de rádio, há um público, não são tão arrogantes nem estão muito alinhados com um tipo específico de música. É um evento quando um artista chega à cidade. Se você pode pagar um ingresso e demonstra interesse, vai querer ir ao show."

"Foi a divulgação boca a boca que nos salvou", concorda Neil. "Foi a mesma coisa quando eu era criança. Foi assim que conheci The

Who, assim que conheci Jimi Hendrix, assim que conheci o Grateful Dead. Quero dizer, tudo o que eu sabia dessas bandas foi graças à divulgação boca a boca. Você não as ouvia na rádio de St. Catharines, Ontário, nos anos 1960. Os garotos é que falavam para outros garotos, músicos que comentavam com outros músicos. Uma metáfora perfeita para aquele tempo... Foi a rede que levou *2112* para seu público. E também o espírito puro da raiva e rebeldia conduziu o álbum até aquelas pessoas – 'Uau, eles realmente querem dizer isso'."

"O que aconteceu foi que o disco vendeu muito bem", conta Alex, com um senso de alívio palpável diante de tal lembrança. "Foi um sucesso tanto artística quanto comercialmente. E de fato garantiu nossa independência da gravadora. Ela nunca esteve presente numa única sessão de gravação que fizemos, de fato nem mesmo Ray esteve no estúdio até *Vapor Trails*, quando marcamos uma reunião e ele foi até lá nos encontrar. Foi a primeira vez que ele esteve dentro de um estúdio conosco. Então, é nosso território; seja lá o que nós fazemos lá dentro, é o que nós fazemos, e quando estamos prontos passamos para o estágio seguinte. Tudo é embalado e vai para a gravadora, e eles aceitam do jeito que é. Não há escolha. Quando ouço histórias de jovens bandas que são influenciadas por nós, acho que isso é muito do que constitui essa influência. Olham para nós e veem uma banda que conseguiu durar décadas e fazer as coisas segundo os próprios termos. E essa é a grande esperança que todo artista deseja ter. É muito raro. É muito difícil fazer isso – hoje em dia é virtualmente impossível."

Neil observa que nessa época a banda começou a subir a escada do sucesso tomando como referência os lugares onde podiam tocar. "The Michigan Palace era um velho teatro de antigos shows de vaudeville em Detroit, e a primeira vez que fomos a atração principal lá foi mágica. A primeira vez que fomos a atração principal no Massey Hall em Toronto... Esses foram momentos marcantes que jamais serão esquecidos. E são os momentos que também estão acima de tudo, sabe, e você fala: 'Toquei no Massey Hall, toquei no Michigan Palace e excursionei pelos Estados Unidos'.

"Eu estava preparado caso tudo terminasse num dado momento. Isso também é um tipo de filosofia de vida para mim, de que todo dia deve ser vivido como se fosse terminar agora, enfim, vivo o hoje da melhor forma possível. Sem dúvida era minha filosofia norteadora também naquela época: bom, pelo menos eu vivi isso. Então as pessoas perguntam: 'Você achava que o Rush ia durar?'. É claro, não se pensava que iria durar 30 anos. 'Havia a ambição de tocar no Massey Hall ou no Maple Leaf Gardens?' Não, minha ambição era tocar no rinque de patinação, nos colégios – essas eram ambições realistas. Quando se é um sonhador, você acha que está automaticamente condenado à ameaça do fracasso. Se estivesse fazendo aulas de bateria num sótão em St. Catharines, Ontário, deveria estar pensando sobre o Madison Square Garden ou o Los Angeles Forum? Seria uma tolice. Eu sonhava em me tornar bom o suficiente para tocar no rinque de patinação e na escola, e à medida que crescemos, foi a mesma coisa: 'Nossa, e se pudéssemos ser a atração principal desse clube ou desse pequeno teatro?'. Esses eram nossos sonhos. Ou até mesmo abrirmos para uma banda numa grande turnê. Todas essas coisas significavam tanto – de verdade – que não se gastava tempo e energia sonhando com o impossível.

"Com certeza *2112* foi o ponto de virada. Ninguém podia mais nos dizer o que fazer", continua Peart. "Antes disso, ficavam dizendo: 'Caras, vocês devem fazer isso' e 'Devem compor esse tipo de canção'. As pessoas achavam que podiam nos dizer o que fazer, e isso me deixava louco porque, como contei antes sobre minha adolescência, não funciono dessa forma. Há a música e há os negócios, mas na realidade nunca aceitei qualquer envolvimento de uma coisa na outra. A música não deveria importunar os negócios e os negócios não deveriam tentar interferir na música. Assim, nunca mais houve qualquer tipo de questionamento, felizmente. À medida que continuamos a crescer a partir disso, as decisões eram nossas."

Geddy complementa: "De fato, tivemos a chance de fazer outro álbum, então entramos no estúdio e tentamos criar o melhor disco possível. Era mesmo nós contra eles na época, e não iríamos ceder. Felizmente, éramos jovens e idealistas o suficiente para manter nosso posicionamento. E, nossa, adivinha? Ninguém odiou o álbum. Bem, muitos odiaram, mas muitos adoraram o disco. E foi uma realização bastante impactante para uma jovem banda porque não tinha como existir *2112* sem *Caress of Steel*. Todas aquelas experimentações do álbum anterior geraram frutos em *2112*. E desde que esse disco passou a receber atenção, a gravadora nunca mais nos importunou, e nossos empresários nunca mais nos importunaram quanto ao nosso direcionamento. Eles entenderam que nós sabíamos o que estávamos fazendo, ou que tivemos sorte para variar e que era possível pagar para ver se teríamos sorte de novo. Mas tudo mudou com aquele disco – tudo.

"Fomos nós enquanto indivíduos dizendo que não queríamos ter o mesmo som que os outros", continua Geddy. "Estávamos preparados do nosso jeito para arriscar tudo, para não sermos obrigados a fazer a mesma música que todo mundo. Então isso era pouca coisa? Não para nós naquele tempo. É um posicionamento marcante porque, sendo sincero, acreditávamos que não importava o que acontecesse com o disco, não iríamos fazer outra turnê e provavelmente a banda acabaria. Então, de certa forma, esse foi nosso canto de cisne, nas nossas cabeças, nos nossos corações.

"É claro, você pensa que sim, vamos convencer as pessoas. Mas num sentido prático, pensamos que fazendo isso estávamos arriscando nosso futuro. Mas fizemos assim mesmo, de qualquer maneira, apenas sentimos que era o que precisávamos fazer. É o que nos representa enquanto banda? Eu não sei, mas com certeza era isso naquele momento, e como esse disco refletiu na nossa carreira como um todo é difícil dizer ou compreender. Mas eu realmente acredito que os sentimentos daquela época são o que muitos fãs captaram a partir daquele disco, e eles foram capazes de relacionar aquilo com as próprias vidas, sentir do próprio jeito que sempre havia essa escolha de se conformar com as regras estabelecidas por outras pessoas ou não. E, de certa forma, essa está longe de ser uma parte pequena do nosso sucesso com os fãs."

"NA
ENCICLO
HÁ UMA
DELE AO
DA PALA
'POLAR

PÉDIA,
FOTO
LADO
VRA
AÇÃO'."

CAPÍTULO 6

ALL THE WORLD'S A STAGE

Já na metade, a turnê do Rush para promover *2112* daria origem às fitas usadas para o primeiro disco ao vivo da banda, um álbum duplo chamado *All the World's a Stage* e lançado em 29 de setembro de 1976. Mas o grupo registrou dezenas de shows antes de voltar para a terra natal e as três noites históricas no Massey Hall que documentaram essa esforçada banda itinerante. Depois de algumas datas em Ontário no mês de fevereiro, o álbum *2112* já tinha sido gravado, mas não lançado. A banda então viajou para a Califórnia, onde tocou durante quatro dias como residente no Starwood, em Hollywood. Foi a largada de uma intensa turnê por todo o território dos Estados Unidos, com uma semana de folga perto da data de lançamento do disco em 1º de abril. Os rapazes tocaram ao lado de artistas como Ted Nugent, Sutherland Brothers & Quiver, Starcastle, Kansas, Aerosmith e Thin Lizzy, com múltiplas datas agendadas com o Styx e o Starcastle.

"Esses caras são três sujeitos muito legais, além de músicos maravilhosos", conta o vocalista e tecladista do Styx, Dennis DeYoung. "Todos os três. Sobre Neil, ele é o baterista dos bateristas. E quanto a Geddy, gostar do jeito como alguém canta é algo muito pessoal e extremamente subjetivo. Algumas pessoas – haverá milhões delas, posso garantir – me disseram que eu sou o melhor cara do mundo, e com certeza vai haver o mesmo número de pessoas ou até mais dizendo que sou o pior. Não tem como contabilizar o que se gosta ou não se gosta num vocalista. E Geddy Lee, na enciclopédia, há uma foto dele ao lado da palavra 'polarização'. O verbete diz: 'Há uma voz que causa polarização'. Geddy é como se fosse o bebê de Robert Plant e Tiny Tim. E então aprendemos a gostar dele, é um cara adorável. Só não faz meu estilo. Não é que eu seja do contra. Sei que agora fãs do Rush irão até a minha página no Facebook e vão ficar me xingando de todas as formas. Poupem seu fôlego. Acho o Rush uma tremenda banda, mas eles com certeza foram e são muito específicos. Também lembro o período em que ficaram muito presos aos sintetizadores, como fizemos com 'Mr. Roboto'. Mas são sensacionais, e sem dúvida Neil Peart é mesmo o baterista dos bateristas."

Geddy comenta sobre o Styx: "Sob certos pontos de vista, eles eram mais pop progressivo do que rock progressivo e pareciam muito operísticos. O Styx era bastante operístico, porque há coisas como 'Domo Arigato', 'Mr. Roboto', sabe? Era algo diferente do que estávamos tentando fazer. Éramos mais soturnos. Acho que essa era a diferença. Mas o Kansas tinha praticamente a mesma mentalidade que nós. Coisas complicadas, mas eram uma banda do Meio-Oeste dos EUA, e as raízes blueseiras deles ficavam bem evidentes em sua música. Éramos grandes fãs do Kansas quando surgiram. Achávamos que eram nossos irmãos em certo sentido, porque havia essa forma de pensar muito semelhante. Na primeira vez que os vimos – fizemos muitos shows com eles –, ficamos impressionados com a precisão e a complexidade da banda, e sim, tinham uma origem muito parecida com a nossa."

"Eu me lembro de Dennis DeYoung no Montcalm Hotel", lembra Howard, "sentado ao lado de Geddy e todo empolgado com beisebol. Foi uma das primeiras vezes que os escutei falando sobre beisebol porque acho que ele era fanático, assim como Geddy. Mas lembro bem daquela conversa naquele hotel, foi muito acalorada. Os caras do Styx eram muito gente boa."

O rock progressivo era um estilo musical bem britânico, com quase todas as grandes bandas originárias do Reino Unido e uma segunda cena surgindo na Alemanha, conhecida como Krautrock. Um território tão vasto e populoso como a América do Norte foi capaz de gerar apenas um punhado de artistas de gravadoras importantes – Styx, Rush e Kansas –, e os três tinham características e peculiaridades que os afastavam do rock progressivo britânico: o Kansas tinha violino, o Styx se aproximou do que na época foi chamado de *pomp rock,* e o Rush apresentava duas diferenças: eram canadenses e fundiram o heavy metal com o rock progressivo.

Além da voz de Geddy, a banda parecia destinada a ser massacrada pelos críticos fora do eixo *Creem/Circus/Hit Parader* por dois motivos: não gostavam de prog rock e também não gostavam de heavy metal. Strike dois, strike três – e estavam fora.

"Na época, sem dúvida, era o que geralmente os críticos detestavam", afirma Cliff Burnstein. "Quero dizer, o Led Zeppelin foi massacrado pela *Rolling Stone.* Houve alguns casos terríveis por aí. Mas eu diria que no geral as revistas nacionais não apoiavam muito o Rush. Mas, também naquela época, havia uma considerável rede de revistas regionais que eram dedicadas apenas à música. Lembre-se, havia esses shows de rock que passavam pelas cidades quase uma vez por semana, ao que parece, com duas ou três ótimas atrações, portanto os negócios estavam indo de vento em popa, mesmo que a economia não estivesse indo muito bem. A indústria musical estava em ascensão. Os *baby boomers* estavam todos com 21 ou 22 anos de idade, em seus primeiros empregos, ganhando os primeiros salários, assim iam para os shows e compravam discos. Logo, havia muita propaganda direcionada àquela faixa etária e ao tipo de jovem que eles estavam se tornando.

"Muitas dessas revistas sobre música existiam apenas em determinados locais, e não havia tantas críticas. O que queriam era dar visibilidade às bandas que se apresentavam na cidade e escrever alguma coisa em apoio a elas. E quem trabalhava nessas revistas não estava de fato preocupado se alcançaria uma reputação de maior abrangência ou seria citado nas revistas de circulação nacional. Essas pessoas se preocupavam mais em dialogar com os fãs de rock locais que escutavam música e a entendiam praticamente sob o mesmo viés. À medida que o tempo passou, e o Rush começou a tocar em mais lugares, muitas dessas revistas, locais e regionais, se interessaram pela banda e acho que a trataram muito bem. O Rush passou de pequenas notas para se tornar matéria de capa. Foi mais ou menos assim que as coisas avançaram."

"No começo, a imprensa os ignorava", concorda Howard. "A mídia sequer queria saber do Rush – e naquela época, o Rush também não queria saber da mídia. Mas com o tempo, superaram os obstáculos tocando ao vivo. Fazer shows e viajar de cidade em cidade acaba sendo a melhor ferramenta de vendas. Foi assim que se estabeleceram anos atrás. Como a mídia não parecia disposta a ajudar, eles fizeram tudo por conta própria. E o Rush batalhou muito. Quero dizer, fomos para todos os lugares. Chegamos até mesmo a tocar em Lake Okoboji, Iowa. Alguém sabe ao menos onde fica esse lugar? Eu sei. Tocamos em Estevan, Saskatchewan. Quero dizer, cruzamos o país inteiro. Estivemos em lugares aos quais, sem dúvida, nenhuma banda norte-americana iria. E foi ótimo! Foi nesses lugares minúsculos que encontramos nossa base de fãs mais fiel. Nos respeitavam pelo simples fato de que íamos até as cidades deles. O Rush é uma banda que quer mesmo agradar seus fãs. Eles se importam, e se importam com sua música. E quando você se importa com a música, acaba indo até esses lugares."

Mais uma vez, como ficou provado com a cobertura do Meio-Oeste dos EUA em abril e maio de 1976, esse era o ganha-pão da banda, e os rapazes voltaram para aquela região várias vezes seguidas. Como Burnstein diz, era uma questão de praticidade aliada à estratégia.

"O circuito era diferente naquele tempo", explica Cliff, "porque havia mais bandas na estrada. O dinheiro andava curto, e ninguém esperava lucrar muito. Tocando cinco ou seis vezes por semana, com equipes menores, havia na verdade menos gente na folha de pagamento. Não era todo mundo que tinha o próprio segurança, estilista ou qualquer outro profissional específico. Era um grupo bem enxuto. E havia mercados que tinham todos esses, digamos, anfiteatros excelentes e memoriais de guerra que foram construídos nos anos 1930 com recursos da WPA (Works Progress Administration), durante o *New Deal*. E esses locais viravam outro ponto de parada na estrada. A agente da ATI que marcava os shows, que acredito ter sido Marsha Vlasic, traçava um circuito muito detalhado. Era possível tocar em mercados – e todo mundo buscava tocar em mercados – como Johnson City, Tennessee, ou Yakima, Washington, e lugares onde hoje quase ninguém mais se apresenta. Você podia dizer: quantos shows vocês farão em Iowa? E agora muitas bandas pulam o estado, ou talvez se apresentem apenas em Des Moines. Mas há outros locais bons para se tocar em Iowa. E também na Dakota do Sul. Todo mundo fazia isso. O Blue Öyster Cult fez. Era o que se fazia quando se levava a carreira a sério."

Para tentar resolver a questão da execução nas rádios, em janeiro de 1977, Cliff elaborou uma espécie de amostra promocional. "Sim, divulgamos um disco criado apenas para promover a banda, o qual eu chamei de *Tudo Que Seus Ouvintes Querem Ouvir do Rush... Mas Vocês Têm Medo de Tocar*, e mandei para as estações de rádio. Era minha própria compilação dos maiores sucessos do Rush desde os primeiros álbuns, e minha ideia era jogar isso na cara das pessoas que não tinham muita familiaridade com a banda, ou que se recusavam a tocá-la, e fazer com que se sentissem desatualizadas. No final das contas, acho que isso acabou sendo de grande ajuda para o Rush. Começamos a vencê-los pelo cansaço, pouco a pouco."

O álbum promocional propriamente dito – com o selo da Mercury, mas uma capa simples em preto e branco – trazia faixas dos três álbuns de estúdio da era Neil Peart, incluindo trechos de "Baccus Plateau", "The Fountains of Lamneth" e "Overture"/"The Temples of Syrinx" de *2112*. A contracapa reproduzia uma manchete da revista *Circus* anunciando que "'Closer to the Heart' é o sexto single da banda".

Como os caras do Kiss e do Styx, o guitarrista do Thin Lizzy, Scott Gorham, tem boas lembranças dessa época.

"Eu nunca tinha ouvido falar do Rush", conta Gorham. "Não sabia quem eram os caras, nem tinha escutado a música deles. Então fiquei bem interessado para ver do que todo mundo estava falando. Lembro que tínhamos feito uma passagem de som, e eu estava ao lado do palco assistindo aos caras construírem – nunca tinha ouvido alguém falar em 'construir' – a bateria. Estavam construindo a bateria de Neil com as ferragens e tudo mais. E fiquei pensando: 'Quem esse cara pensa que é? Meu Deus, olha todos os instrumentos que ele tem ali pendurados. Não tem como esse cara tocar metade dessas coisas, né?'. Então, naquela primeira noite, depois que fizemos nosso show, quis ficar assistindo ao Rush – e eles me deixaram totalmente perplexo. Neil tocou tudo o que havia diante dele, e de forma excelente, e é provável que tenha tocado cada coisa duas vezes. Aquilo realmente fez eu me dar conta da minha insignificância.

"E a coisa mais legal sobre eles é que não se trata apenas de músicos incríveis, eles simplesmente são pessoas muito bacanas de verdade. Sabe, mesmo que não tocassem qualquer instrumento e eu os visse em algum lugar, ia pagar uma bebida para eles porque eram caras bem divertidos. Tinham um ótimo senso de humor, e era muito divertido sair com eles. Tivemos muita sorte que, ao mesmo tempo, os caras do Rush também faziam uma música excelente.

"Vou te contar, certo dia recebi a visita da banda inteira no meu quarto de hotel. Estávamos bem chapados, e havia cerca de oito pessoas no quarto. Alex entrou usando um smoking vermelho e o cabelo penteado para trás com brilhantina. Geddy usava um roupão feminino cor-de-rosa e o cabelo amarrado em duas trancinhas. E Neil estava com uma camisa pequena demais para ele e as calças dobradas até os joelhos. E eles disseram: 'Com licença, Scott, o senhor se importa se nos juntarmos ao seu pequeno convescote social?'. Então eu, meio chapado, disse: 'Hum, sim, ok'. Eles entraram e começaram imediatamente a fazer uma paródia. Não captei logo de cara, e todo mundo que estava no quarto ficou de queixo caído porque ninguém sabia o que estava acontecendo.

"Foi então que me dei conta: estavam imitando o seriado *Leave It to Beaver!* dentro do meu quarto. Assim que entendemos a piada, nós todos caímos na gargalhada. Eles provavelmente atuaram durante 15 minutos. Não consigo lembrar exatamente se foi um esquete todo memorizado ou se apenas fizeram de improviso. Depois saíram – uau. Deixaram o quarto, e foi isso. A primeira coisa que pensei foi: 'Isso foi incrível'. E depois: 'Mas que porra esquisita foi aquela? O que foi que aconteceu?'.

"Mas, sem dúvida, eram ótimos, e eram a atração principal. Foi uma estupidez eu não saber nada sobre os caras. Que tipo de rock fodido eu andava ouvindo na época? Mas foi por causa de 'The Boys Are Back in Town' que embarcamos em todas aquelas turnês e conhecemos bandas como o Rush. Essa canção em particular nos permitiu excursionar com várias bandas diferentes e conhecer muitos músicos ótimos. Foi muito bacana."

Alex comenta sobre o Thin Lizzy: "Ficamos muito próximos deles, adoro aqueles caras. Eram ótimos. Brian Robertson e eu nos tornamos bons amigos, ficávamos juntos o tempo todo. A respeito de bebida, não era incomum virarmos uma garrafa de uísque por noite, mas só porque estávamos a mil por hora e era o que se fazia naquela época. E vinham praticamente da mesma cena musical que nós. Eles se importavam com a música".

O Blue Öyster Cult também estava na mesma posição na escalada rumo ao sucesso, tendo enfim estourado nessa época com seu álbum duplo ao vivo em 1975. "Eles foram bons para nós e eram caras realmente muito bacanas", diz Alex. "Nós nos dávamos muito bem com eles, não tivemos problema algum pelo que eu me lembre. Eu de fato respeitava muito Buck [Dharma]. Passamos muito tempo juntos e tocamos muitas datas com eles. As equipes também se davam muito, muito bem. Acho que durante todo aquele período fomos nós que abrimos para eles. Depois, por volta de 1984, foram eles que abriram para nós numa série de shows no Meio-Oeste. Aconteceu uma coisa: eles têm uma música chamada 'Godzilla', que começava com um estampido e a fita com o som do Godzilla chegando, e eles faziam um rap antes disso: 'Quando ele dobrou a esquina e olhou para baixo, e...'. E nós substituímos essa fita em que o monstro rugia ou seja lá o que fosse por uma fita do cavalo falante Mr. Ed em que ele dizia: 'Olá, meu nome é Mr. Ed'. Todos eles ficaram lá parados no palco boquiabertos, sem conseguir falar, só gaguejando...

"Fizemos alguns shows com Bob Seger que foram quase todos no Meio-Oeste", continua Alex. "Eu lembro uma noite, em Flint ou Saginaw, ou algum lugar assim: fizemos um bis e saímos, tocamos uma música e deixamos o palco, e o público continuava enlouquecido. E os músicos dele estavam na lateral do palco dizendo para nós: 'Vamos lá! Vamos lá!', nos chamando de volta para fazer outro bis. Quero dizer, isso nunca acontecia! Em geral acendiam as luzes na mesma hora. Mas aqueles caras eram muito bacanas. Lembro deles como provavelmente as pessoas mais legais com quem já trabalhamos. Eram todos uns cavalheiros, pessoas muito, muito boas."

Geddy acredita que *2112* marcou a germinação das gigantescas apresentações cinemáticas que iriam acompanhar a música do Rush no palco. "Na nossa trajetória, acho que passamos por todos os tipos de sistema de projeção que já foram usados. Desde os primeiros shows tínhamos um sistema bem parecido com o do Grateful Dead, usando óleo, cores e coisas assim que se originaram nas nossas primeiras turnês quando usamos iluminação. Havia um cara chamado Tim, da Virgínia, que trabalhava com nossa empresa de som, a National Sound, e ele sempre trazia algumas luzes extras. Isso quando estávamos começando a ser a atração principal em alguns shows aqui e ali. Deve ter sido bem no começo da turnê de *2112*. Queríamos projetar o logo do álbum na tela de fundo. E acho que foi assim que começamos a entrar nessa coisa mais visual, com filmes, só com essas poucas ideias.

GEDDY ACREDITA QUE *2112* MARCOU A GERMINAÇÃO DAS GIGANTESCAS APRESENTAÇÕES CINEMÁTICAS QUE IRIAM ACOMPANHAR A MÚSICA DO RUSH NO PALCO.

Na verdade, acho, usávamos um pequeno projetor, como aqueles que se costuma usar nas escolas."

Na época, Geddy afirma que tinham considerado aumentar o número de integrantes da banda, mas que depois de uma votação foi decidido que eles mesmos aprenderiam a tocar mais instrumentos, além de experimentar a exibição de slides nos shows. Geddy cita violões de 16 e 12 cordas, double-necks, vibrafone, carrilhão de orquestra e pedal sintetizador para o baixo. Na época, Neil disse que os pedais do baixo eram para "Lakeside Park". Geddy também lamentou o fato de que as leis de fronteira do Canadá dificultavam para a banda trazer todo o equipamento de iluminação dos EUA para território canadense.

"Eles não paravam de adicionar, aumentar, acrescentar coisas", afirma Vic sobre as turnês nesse ponto da carreira do Rush. "Quero dizer, virou uma bola de neve que crescia cada vez mais. Os locais dos shows ficaram maiores, e as apresentações mais longas, a produção se tornou tremendamente espantosa, assim como o custo. E sabe o quê? Era assim que se vendiam ingressos. Eles tinham carta branca para fazer o que quisessem com som e iluminação nos palcos. Nunca os importunamos de forma alguma. Sequer questionamos se queriam trocar de empresa de som ou contratar uma empresa maior. Nunca insistimos. Pelo menos, eu não insisti. Tinham liberdade total com relação ao que queriam fazer."

Logo depois de tocar com o Thin Lizzy em San Antonio, o Rush terminou a turnê nos EUA e embarcou para três noites no icônico teatro de 2.200 lugares em Toronto, o Massey Hall, onde fariam os shows do primeiro álbum ao vivo da banda.

Terry Brown explica: "Do ponto de vista criativo, é óbvio que as músicas já estavam estabelecidas, assim como os arranjos, a pré-produção e tudo mais. Na verdade, eles não mudaram muito para esse álbum ao vivo. Mas tínhamos que atingir um desempenho mágico e acertar todos os pequenos detalhes. Sobre os álbuns ao vivo que fizemos, muitos fãs me falam: 'Foi o primeiro disco que comprei, foi assim que conheci a banda'. Acho que quando você investe toda essa energia para organizar as músicas de forma adequada e se obtém algo que vira um sucesso, gravar um álbum ao vivo pode ser muito divertido. Não foi um trabalho árduo. Também não foi assim tão fácil, mas certamente foi bem divertido. Agora, se fala em fazer um filme em vez de apenas gravar um disco. Mas é o mesmo tipo de coisa. Há muitos detalhes para se cuidar, e demanda muita energia. Com certeza não é algo entediante".

"Trouxemos a unidade móvel e fizemos uma passagem de som bem criteriosa", relembra Alex. "Acho que montamos tudo um dia antes para fazer uma boa passagem de som, bem consistente. Só me lembro do quanto estávamos nervosos. Tocar na sua cidade natal sempre causa ansiedade, é sempre uma loucura. Só de saber que a unidade móvel está lá fora e que o botão de gravar está acionado, você fica tão nervoso e com tanto medo de cometer erros."

"Não fizemos nada, eu acho", diz Alex com relação aos retoques. "Foi há tanto tempo. Talvez tenhamos feito alguma coisa nos vocais... quem sabe? Mas mesmo isso não parece algo de que eu me lembre". O disco, contudo, de fato passou por três remixagens.

"O primeiro álbum ao vivo era muito cru. Foi a primeira vez que gravamos a banda ao vivo, ao longo de três dias", diz Geddy. "Basicamente pegamos o melhor que tínhamos, o que para alguns fãs é muito emocionante, mas do nosso ponto de vista o disco é um pouco difícil de escutar porque parece meio rudimentar. Mas essa é a natureza daquele álbum. Acho que nós todos estivemos bem envolvidos no trabalho, nós da banda e Terry Brown, porque ele coproduziu."

Neil conta que, na terceira noite, sentiu certa frustração e raiva com relação a como os shows estavam se desenrolando, e isso resultou numa energia extra, durante as faixas selecionadas da última noite, o que os deixou agradavelmente surpresos ao descobrir, quando enfim puderam revisar as fitas.

All the World's a Stage foi lançado com uma capa tripla resplandecente, embora seja um álbum duplo. Apresentado ao público pelo roadie Skip Gildersleeve falando "Quero que, por favor, deem as boas-vindas de volta para casa, Rush!", a banda entra com "Bastille Day", ajustada mas levemente solta, como se costuma falar sobre o som do Led Zeppelin. Cada instrumento e a voz de Geddy estão em seu lugar preciso, a produção é bruta mas correta em essência, exceto por um pouco de abafamento no bumbo e um atraso no solo de guitarra de Alex. Ainda assim, Ian Grandy comenta sobre o álbum: "Eu o ouvi uma vez e pensei: 'Que merda', e nunca mais escutei o disco de novo. Soube que Geddy fala que nem ele consegue ouvir esse álbum". E é verdade: de certa forma esse disco ao vivo é ignorado pela banda, todos eles são na verdade.

Mas não adianta querer bancar o estraga-prazeres, porque *All the World's a Stage* é adorado pelos fãs e se posiciona lado a lado com todos os álbuns ao vivo clássicos daquele tempo, que, dentro do hard rock, incluem obras como *Live and Dangerous*, *On Your Feet or On Your Knees*, *Strangers in the Night*, *Unleashed in the East*, *Double Live Gonzo!* e talvez até mesmo *Frampton Comes Alive!*.

Em seguida vem "Anthem", tocada e cantada com perfeição – assista às filmagens da época e fique chocado ao ver que, para alcançar aquelas notas mais altas, Geddy não precisava se contorcer nem um pouco. Dois minutos de "Fly by Night" fazem uma transição para "In The Mood", em que ouvimos pela primeira vez Neil tocando bateria numa faixa da era Rutsey e obviamente exagerando. Fechando o lado A há uma áspera "Something for Nothing", uma música construída com esse espírito de improviso. Um vez mais, fica óbvio que o solo de Alex não foi gravado muito alto, mas o lado positivo é que o baixo de Geddy apresenta um som apropriadamente inarticulado para as partes regulares do instrumento e se parece um pouco com Lemmy tocando seus licks. "Something for Nothing" foi lançada como single desse disco, tendo no lado B o medley "Fly by Night"/"In the Mood".

O lado B do disco 1 traz "Lakeside Park" (mais da metade do álbum *Fly by Night*, matematicamente, está representada), com Geddy mantendo o lance estilístico de entrar um pouco mais tarde com o vocal ocasionalmente. O resto desse lado é dedicado a "2112", com "Discovery" e "Oracle: The Dream" retiradas e as outras partes renumeradas. Foram necessários 20 anos para, durante a turnê *Test for Echo*, a banda tocar a música inteira ao vivo.

"By-Tor & the Snowdog" vem na sequência, numa versão mais ritmada e improvisada, com doze minutos de duração no total e uma seção de colagem de sons longa e atmosférica, seguida por "In the End", em que Geddy acrescenta *"one, two, buckle my shoe"* – "um, dois, afivele meu sapato". O lado B do disco 2 praticamente inventa um dos conceitos de lado inteiro do Rush, com a banda criando um medley de "Working Man" e "Finding My Way" que também inclui um solo de bateria. Fechando o álbum há "What You're Doing", fazendo desse lado uma dedicatória às três canções mais pesadas do álbum de estreia – um precoce clássico do heavy metal que só voltou a ser ouvido ao vivo na turnê *R40*, de 2015.

"Provavelmente a coisa mais engraçada de fazer com esse álbum foi o modo como o concluímos", diz Geddy. "Tínhamos esse longo aplauso e no final o colocamos em fade para entrar o som de Alex, Neil e eu batendo palmas no estacionamento. Deixamos isso bem no final da faixa, de modo que era preciso deixar a agulha correr até o final para ouvir. O aplauso se esvanece para nós três no estacionamento batendo palmas, e então a gente diz: 'Ok, até mais tarde', depois entramos num carro, e se ouve a porta bater, e o carro dando a partida."

Um reflexo da adoração por álbuns ao vivo em 1976, *All the World's a Stage* estourou nos Estados Unidos. Foi Top 40 (exatamente na posição #40, conquistada em novembro), sendo o primeiro álbum do Rush a entrar na lista, e também recebeu disco de ouro junto com *2112* e *A Farewell to Kings*, o qual conquistou ouro em 16 de novembro de 1977. Tirando duas semanas de folga no final de junho e começo de julho, a banda voltou para a estrada em turnê ininterrupta por quase um ano inteiro até junho de 1977, indo para o Reino Unido pela primeira vez e com o Stray abrindo os shows. No campo das novidades da vida pessoal, um mês após a apresentação no Massey Hall, Geddy se casou com Nancy, irmã de um dos *alumnus* do Rush, Lindy Young, numa cerimônia de casamento tradicional judaica. O casal conseguiu encaixar uma lua de mel de duas semanas no Havaí, em contraste às núpcias de Alex e Charlene em meio à agenda caótica dos dias bem mais soturnos de *Caress of Steel*. Neil e Jackie, por outro lado, mantiveram uma união estável até a morte de Jackie em 1998.

Os pais de Neil, Glen e Betty, não lembram se a primeira vez que encontraram Geddy e Alex foi no Massey Hall ou no primeiro show da banda como atração principal no Maple Leaf Gardens em 31 de dezembro de 1976, mas deve ter sido numa dessas duas ocasiões. Glen acha que foi no Massey Hall, mas Betty questiona: "Não foi no Maple Leaf Gardens? Sei que no Maple Leaf Gardens houve uma festa enorme em homenagem aos pais, a todas as famílias, foi divertido".

"Longe dos palcos são jovens bastante quietos", acrescenta Glen. "Não tínhamos problema algum em visitá-los e conhecê-los um pouco melhor. E acho que, da parte deles, conhecendo os pais de Neil, talvez conseguissem entender de onde ele veio. E nos demos bem desde então, muito bem na verdade."

Glen nunca se preocupou com o filho indo embora para fazer a vida no rock 'n' roll, e com esses shows imensos tudo parecia estar dando certo. "Eu não acho que chegamos a nos incomodar, porque tínhamos total confiança em Neil e na habilidade dele de cuidar de si mesmo. Nunca me causou qualquer preocupação se ele não teria capacidade para fazer isso ou se seria capaz de lidar com as coisas. Definitivamente era uma carreira. Talvez tenha levado alguns anos antes de se tornar algo viável. Estavam ocupados fazendo turnês e pareciam determinados a fazer o que queriam. Então acho que estavam em um rumo. Era apenas uma questão de quando fariam sucesso e a carreira se tornaria viável."

Betty, por outro lado, se preocupou um pouco com Neil "quando soube que ele estava sempre na estrada, sabe, à mercê das probabilidades.

Mas era uma grande oportunidade, e eu sabia que ele conseguiria. Tão logo vi o nome na marquise do Maple Leaf Gardens, soube que ele havia chegado lá".

O "estar sempre na estrada" logo se tornaria internacional. A banda passou a excursionar de forma intensa, e dada a ênfase ao intelecto por parte de Geddy, Alex e Neil, viajar era um meio de expandir suas mentes.

Vic lembra: "Quando fomos pela primeira vez ao Reino Unido com nosso advogado, fizemos Inglaterra e França e chegamos até a Holanda, onde ficava a matriz da PolyGram Records, e discutimos uma possível turnê com eles. Ficaram chocados porque pedi suporte financeiro para os shows. O cara responsável pelo departamento internacional disse: 'O que vocês estão pedindo é o meu orçamento inteiro'. E eu falei: 'Não me importo. É o que precisamos.'

"No final das contas a Mercury veio em nosso auxílio para dar o apoio necessário à turnê. Tínhamos vendido apenas 1.500 cópias no Reino Unido quando chegamos lá, mas fomos muito bem com as apresentações. Estavam lotadas, os rapazes foram muito bem, e em seis meses voltamos para lá. E os shows continuaram lotados. Veja bem, estávamos tocando em lugares com cerca de 1.000, 1.500 pessoas, e depois a terceira turnê já começou em Hammersmith, e fizemos cinco datas em Hammersmith, onde foi gravado o segundo álbum ao vivo. A partir disso, o céu era o limite. Mas toda cidade como Birmingham e Manchester tem um desses anfiteatros rurais que são bem amplos, e eles tocaram praticamente em todos esses locais. A recepção que tiveram na Inglaterra foi dessa dimensão. Depois de vender poucos álbuns no lançamento, acabaram ganhando discos de prata e ouro. Mas fui até lá antes da turnê e de todas as outras coisas que fizemos na Europa e na Inglaterra. Nunca excursionei com eles. Peguei a estrada com a banda só na primeira turnê que fizeram no Reino Unido e na Escandinávia. Acompanhei o grupo só porque cuidava do dinheiro e de todo mundo, eu me certificava de que a hospedagem nos hotéis fosse paga, garantia que ninguém acabasse se metendo em encrenca."

"Fiquei muito impressionado na Grã-Bretanha com o público e como prestavam atenção e escutavam", conta Alex, acrescentando suas impressões daquela primeira miniturnê do outro lado do Atlântico, em junho de 1977. "Durante uma música, eles só ficavam lá parados de pé, ou sentados, só ouvindo, para depois no final da canção soltarem um rugido 'Roarrrr', e então passávamos para a música seguinte. Era muito raro ouvir alguém gritar durante uma música a menos que fosse uma daquelas pausas longas quando o público inteiro grita. Foi isso o que de fato me impressionou na Europa. Na Holanda foi a mesma coisa, o modo como as pessoas reagiam a certas partes de certas músicas – demonstravam um tipo de apreciação totalmente diferente. Quando você conversava com as pessoas sobre música, eram fãs de ABBA ou heavy metal, do Black Sabbath, para usar um exemplo das antigas. Eram tão ecléticos nos interesses musicais que fiquei mesmo impressionado. Também formavam um público muito educado. Já nos Estados Unidos, principalmente se estivéssemos tocando na região de Detroit, haveria coisas voando de um lado para o outro, e as pessoas ficavam enlouquecidas o tempo inteiro."

Essa é a deixa para tratar do tema incontornável dos ferimentos sofridos no palco. O que contam? "Acho que Geddy foi atingido uma vez por um rebite, levou uma garrafada outra vez, também acertaram ele com um cartucho de espingarda. Me acertaram uma vez com um daqueles bastões luminosos. Em termos de ferimentos sérios, houve uma vez que Geddy ficou bastante machucado depois de levar uma garrafada. Acho que a garrafa passou raspando e cortou a testa dele ou algo assim. Tivemos que parar o show por alguns minutos. Não sei se Neil se machucou alguma vez. Houve a queda de um alto-falante tipo corneta bem em cima do palco no Nassau Coliseum. Estávamos tocando com o Blue Öyster Cult. O alto-falante tinha se desprendido da estrutura à direita do palco, caiu e decepou a cabeça da minha double-neck, depois desabou em cima de uma antiga Gibson que eu levava sempre comigo na estrada e que precisei aposentar depois daquilo. Aquela guitarra era valiosa demais para continuar a levar comigo na estrada."

"Esses foram os dias em que tudo era novo e emocionante", reflete Howard, compondo um quadro do Rush em turnê dentro desse contexto. Ele explica que, por volta dessa época, já tinham uma longa parceria com a Max Webster. "Éramos todos muito jovens. Acho que quando se é muito novo, os olhos se mantêm bem abertos e tudo parece ótimo. Quero dizer, tudo ainda é ótimo agora, mas quando se é realmente jovem, acho que se pode apreciar mais porque se pensa que tem muita sorte na vida. Com Kim Mitchell sempre havia músicos maravilhosos, e ele mesmo sempre foi um músico incrível. Por isso, pegar a estrada com a Max Webster naquela época foi excelente. O público dos Estados Unidos não os conhecia muito bem, mas aqui no Canadá eles eram bem populares. As duas bandas competiam uma com a outra."

"Os caras do Rush eram incríveis", lembra o baixista da Max Webster, Mike Tilka. "E eram diligentes. Era ótimo estar na estrada com eles. Mas não saíamos ou passávamos um tempo juntos. Sei que Neil pratica mais do que qualquer baterista no mundo todo. O cara tem uma ética de trabalho que ninguém mais tem. Lembra a grande crise de petróleo dos anos 70? Houve uma grave crise de combustível nos Estados Unidos, e eu lembro que estávamos tocando no Tennessee, fazia um inverno muito rigoroso, e era muito difícil conseguir gasolina. Viajávamos de van e colocávamos um pedaço de papelão em frente ao radiador para que ficasse mais quente, porque estávamos lá dentro com cobertores sobre os joelhos. A frente da van era pura lata. Fazia um frio de congelar! E os caras do Rush às vezes… Kim e Gary às vezes viajavam no ônibus deles."

Depois aconteceram alguns shows junto com o UFO. "Eles eram malucos", comenta Mike. "Phil Mogg era louco. E qual era o nome do guitarrista? Michael Schenker? Ele praticava o tempo todo. Nunca conversava, nem socializava. Nos ensaios, dava para escutá-lo praticando; se você estivesse no local de um show, poderia vê-lo praticando: o cara era assustador. E Pete Way? Sim, estava bêbado o tempo inteiro. Ele costumava desabar no palco."

Howard se lembra muito bem do baixista do UFO: "Ah, Pete Way costumava aparecer e falar para eles: 'Vamos banquetear no orvalho de mel hoje à noite', e fazia troça das longas túnicas de seda que os membros do Rush usavam. Mas o Yes e todas essas bandas progressivas costumavam usar essas roupas esvoaçantes... assim como o Rush. Todo mundo se inspirava em alguém em algum ponto, e os caras do Rush se espelhavam no Yes e no Genesis, e era isso. Eram muito brincalhões, principalmente Pete Way. Eu lembro que havia essas pistas de kart com uns carrinhos, e eles se divertiam nas corridas. Pete Way sempre perdia o controle e saía da pista rodopiando. Naquela época, expulsavam a gente de todo tipo de lugar. Pete Way costumava cair para fora do palco quando estavam tocando. Eles se divertiram muito por aí com o Rush e se meteram em muita encrenca. Tanto o UFO quanto o Thin Lizzy. Quero dizer, foi incrível, a quantidade de bandas clássicas com as quais tocaram. Até hoje parece incrível para mim, ao me lembrar de tantas coisas. Você pensa no passado: 'Uau, que época maravilhosa'. Mas sim, o UFO costumava circular ao redor do palco enquanto o Rush tocava só para distrair os caras, tentavam distraí-los o tempo todo. Os trajes deles eram clássicos. Quero dizer, Pete Way com aquelas calças de circo".

De volta às apresentações do Massey Hall com a Max Webster, Tilka relata: "Foram três dias, e foi fenomenal. Os caras do Rush, mesmo naquela época, eram uma banda muito sofisticada. Não parecia que todo mundo estava nervoso. Eles tinham três noites, o que foi ótimo. O local tinha ótima acústica, não era como o Gardens ou um lugar grande, sombrio e cheio de ecos. Havia três noites de material para selecionar. Não faço ideia de quais delas a maioria das faixas veio, mas realmente sei, depois de ter lido muitas revistas de rock, que quando as bandas tocam várias noites lá, uma sempre é mais mágica do que as outras duas".

"Com o tempo as coisas se encaixaram, como sempre acontece", continua Howard. "Uma catálise e uma combinação acontecem e, de repente, bum, o Rush começa a acelerar e eles atingem um nível de excelência em sua performance. Mas tiveram ótimos mentores. Naquele tempo, observavam muitas bandas diferentes. Só de ouvi-los pela primeira vez, apenas lá tocando, dava para saber que eram especiais. Eles tinham um som poderoso, realmente sabiam tocar, e a energia era inacreditável. Antes disso, trabalhei para muitas bandas como Savoy Brown, Deep Purple, Badfinger, Fleetwood Mac, Rod Stewart, e você vê todas essas e depois ouve o Rush como banda de abertura, e simplesmente dava para saber. Eu me lembro de dizer para a mãe de Geddy: 'A banda do seu filho vai ser imensa'. Até hoje, quando a gente se encontra, ela me fala: 'Eu lembro quando você me disse aquilo na cozinha. Foi muito engraçado'.

"Mas os primeiros dez anos do Rush foram bastante excruciantes. Fazíamos cerca de 200 cidades por ano. Sempre estávamos na estrada e basicamente nunca deixamos de estar em turnê. Porque havia certo vigor para se fazer isso naquele tempo. Sempre nos revezávamos no volante, o que é bem engraçado porque, certo dia, acho que era a vez de Alex dirigir e ele tinha perdido a carteira e não a encontrava em lugar algum. E tinha muito dinheiro nela. Cada um de nós pagava o outro para assumir nosso turno na direção, então a gente dizia: 'Você fica no meu lugar, eu te pago 50 dólares para assumir meu turno hoje à noite, porque não quero dirigir'. E eu lembro que certa noite Alex pegou três turnos só para repor o dinheiro que ele tinha perdido com a carteira. Mas, no final do turno, lembro que eu estava deitado no chão – na época viajávamos com uma van – e abri os olhos, já estávamos quase no final da viagem. Olho para o lado, e atrás do banco do passageiro, no chão, estava a carteira de Alex, depois que ele tinha ganhado todo o dinheiro para dirigir por quase 24 horas."

Subindo de nível no quesito dos meios de transporte da banda, Howard conta: "O primeiro veículo que alugamos foi um Chrysler

Newport, e eu lembro que Neil instalou uma lâmpada fluorescente no banco de trás para que ele pudesse ler enquanto estivéssemos viajando. Então seguíamos pela estrada, em alta velocidade, com uma luz fluorescente dentro do veículo. Era muito fácil para os policiais nos flagrarem. Mas tivemos sorte. Cruzamos o Canadá inteiro daquele jeito.

"Alex e eu saíamos bastante juntos. Costumávamos andar por Regina e Saskatoon. Sem dúvida foi em algum lugar em Saskatchewan. Estávamos dando uma volta a pé e vimos uma Dodge Funcraft numa revendedora. Era uma van em que dava para uma pessoa dormir num compartimento acima do motorista e do banco do passageiro, porque tinha o teto mais elevado. Ficamos dando uma olhada e pensando: 'Uau, imaginem se pudéssemos ter uma dessas. Seria incrível!'. Bem, cerca de um ano depois, conseguimos comprar uma. Tínhamos uma Dodge Funcraft e foi como um sonho se tornando realidade. Rodamos nessa van por mais de 200 cidades."

Alex lembra esse avanço nas viagens da banda com certa nostalgia. "Viajamos num sedã alugado pelo primeiro ano e depois passamos para uma perua, acho que durante todo o ano seguinte. E depois compramos a van, talvez na época de *2112*. Era uma van Funcraft, uma van Dodge com uma cabine e um banco traseiro que virava uma cama. Havia também uma mesa e dois bancos com assento, e esse pequeno compartimento acima do banco do motorista onde dava para subir e dormir. Cabiam cinco de nós lá dentro, acho. E nos revezávamos na direção. Todos dirigíamos em turnos de 400 quilômetros. Aquela van fedia e era uma bagunça, mas sem dúvida foi bem divertido. Ficamos com aquela coisa por dois anos. Seguimos em frente, acho, com motores retificados três vezes e, cara, viajamos cerca de 160 mil quilômetros naqueles dois anos.

"Depois subimos de nível e compramos uma motorhome Barth. Quero dizer, aquilo era o troço mais feio que já tínhamos visto. Era uma grande caixa de sapatos sobre rodas. Vai saber por que razão escolhemos aquela coisa em vez de um modelo mais elegante como o Winnebagos ou aquelas outras com um design mais bonito, uma Gulfstream ou seja

DEPOIS SUBIMOS DE NÍVEL E COMPRAMOS UMA MOTORHOME BARTH. QUERO DIZER, AQUILO ERA O TROÇO MAIS FEIO QUE JÁ TÍNHAMOS VISTO. ERA UMA GRANDE CAIXA DE SAPATOS SOBRE RODAS.

lá que nome tinham. Ficamos com aquela motorhome por mais dois anos e então conseguimos enfim adquirir um ônibus por volta da época de *A Farewell to Kings* ou *Hemispheres*. Sabe, a gente simplesmente não tinha dinheiro. Mas também não havia muitos ônibus disponíveis naquela época. E quando enfim conseguimos embarcar em um… Cara, teria sido bacana ter um ônibus desses todo equipado naquele tempo."

"Pegamos a motorhome Barth em Elkhart, Indiana", diz Howard. "Saímos daquela Funcraft para uma motorhome, e a motorhome era um modelo acoplado de nove metros de comprimento. Eu guiei o veículo por um tempo até que contratamos um motorista, e todos dormíamos nele. Tinha cozinha, ar-condicionado, era ótimo. Acho que ficamos com a motorhome por dois ou três anos. Nós chamávamos o veículo de Homem-Bomba de Beirute, porque era todo pintado de cinza. Houve muitas histórias divertidas com ele. Neil costumava ficar encostado no painel enquanto eu dirigia. Ele ficava olhando pela janela e contando histórias."

Outro upgrade em termos de acomodações itinerantes só aconteceu na era *Moving Pictures*, acredita Howard. "Havia uma empresa chamada Rocket's Silver Train, que fabricava ônibus, daqueles Silver Eagles de madeira. Eram carpinteiros. Pareciam uma comunidade hippie, e eles fabricavam esses ônibus. E nós os víamos nas outras turnês e falávamos: 'Nossa, temos que ter um ônibus desses um dia'. O primeiro ônibus do Rush foi um Silver Eagle que tinha três cômodos construídos lá dentro. Era ótimo e nós viajamos por todos os lugares com ele, foi nosso maior salto. Com o passar do tempo, conseguimos ônibus ainda melhores. Depois de um tempo, a banda só decidiu: 'Estamos cansados de andar de ônibus, agora vamos de avião'. Aí o jogo virou totalmente."

Tudo isso aconteceu por necessidade, porque no começo não havia dinheiro. "É bem assim – em geral se leva de cinco a sete anos", calcula Ungerleider. "Quero dizer, nunca é menos do que cinco anos. Na realidade são necessários cinco anos na estrada até começar a ganhar dinheiro. Não se ganha a vida como banda de abertura. Portanto, nos primeiros dois anos, você está se apresentando e, na verdade, tendo prejuízo. Se perde dinheiro porque se gasta muito em combustível, transporte, equipe, salários, quartos de hotel, e o dinheiro que se ganha como banda de abertura mal cobre esses gastos. Então Ray Danniels bancou o Rush por muitos anos, levou prejuízo e teve que esperar para recuperar o investimento. É um investimento. Quero dizer, ser empresário é coisa de gente grande. Não tínhamos dinheiro para isso, e com um empresário que acreditava na banda, que cuidava de tudo e garantia os recursos necessários para chegar ao sucesso, se há uma hipoteca na sua casa, você sabe que lá no final da jornada ela vai se pagar. E o Rush batalhou muito. Quero dizer, sim, foi incrível. E eu estava lá com eles – nós todos batalhamos muito.

"Houve momentos bem difíceis nessas viagens. Certo dia chegamos a Wichita, Kansas, e entramos num hotel onde havia um bando de caubóis no lobby. Um dos caras falou para os outros: 'Ei, Riley, olha o que apareceu aqui! Bostas de cavalo com pernas!'. E nós todos olhamos em volta e pensamos: 'Humm, bem-vindos ao Kansas'. Estávamos prontos para tocar. Tocamos com o Hawkwind no Kansas.

"Já me apontaram uma arma na cabeça algumas vezes quando cobrei o dinheiro que nos deviam por shows que fazíamos fora do circuito principal. Tocamos num clube em Detroit para um cara chamado Denny McLain, que tinha sido jogador de beisebol. Ele tinha um clube, e o Rush fez tanto sucesso nesse clube dele que o cara colocou um cadeado nas portas e quis que a gente ficasse para tocar mais uma noite. Como iríamos tocar com James Gang em Evansville, Indiana, recusamos. Então ele colocou um cadeado na porta e não nos deixava ir embora. E eu fiquei pensando: 'Não, temos que dar o fora daqui'. Tive que ligar para Nova York, e ele precisou lidar com essas pessoas que eu conhecia lá para nos deixar sair."

"Tocamos lá na sexta à noite", confirma Ian Grandy. "E tínhamos que tocar em Evansville no sábado à noite e depois voltar para tocar de novo neste clube no domingo à noite. Depois daquela sexta, eu não sei, saímos e encontramos Howard com essa história de que o cara apontou uma arma na cara dele e tudo mais. Não foi surpresa alguma. Quero dizer, o cara era mafioso. Sabe Denny McLain? Ganhou 31 jogos para os Tigers em 1969 e desde então só se meteu em encrenca. De qualquer forma, tocamos lá e fomos para Evansville, e o show foi cancelado, depois tocamos no domingo à noite. Uma das coisas mais esquisitas que aconteceu foi que, na primeira noite, alguém se infiltrou atrás dos amplificadores, que ficavam a meio metro do palco, e roubou a Les Paul de Alex. Obviamente ficamos muito estressados. Fomos para Evansville, depois voltamos para esse clube e a guitarra estava lá. Ao que parece, o garoto foi para casa, e o pai perguntou: 'Que porra você está fazendo com uma Les Paul aqui?', e a levou de volta, ninguém questionou nada. Então fomos um dos poucos grupos que teve algo roubado e recuperado dois dias depois."

Ungerleider conta outra dessas histórias de turnê: "No começo havia esse lugar no Texas chamado Randy's Rodeo, e acho que venderam mais ingressos que a lotação máxima permitida. Ficava entre duas cidades grandes. E eles faziam os shows nessa velha pista de boliche que tinha sido transformada num bar country. Chegamos lá uns dias antes, e quando eu cheguei, vi que o palco parecia um daqueles palquinhos para um músico só, típico da cena country. Era um quadradinho. O kit de bateria de Neil sequer caberia lá. O lugar podia provavelmente comportar duas, talvez três mil pessoas, e tinha vários janelões de vidro na frente e um bar enorme que ocupava todo o comprimento do lugar com uma pista ampla e aberta em frente a esse palco minúsculo.

"Diante disso, tivemos que ir até uma escola de carpintaria, e um cara chamado Charlie Applegate e seus alunos construíram um palco do dia para a noite. Depois colocamos o palco lá. Acho que seja lá quem estivesse promovendo o show decidiu vender ingressos além da conta, como sempre, porque estavam vendendo bem. E vendeu muito mais do que caberia no lugar, cerca de mil ingressos a mais. Num dado momento, metade do público estava no estacionamento pressionando contra os janelões de vidro até que começaram a ceder. Vi que os funcionários da bilheteria estavam metendo dinheiro nos próprios bolsos. A coisa tinha saído do controle completamente, e eu peguei um daqueles sacos de lixo grandes e mandei todo mundo da bilheteria esvaziar os bolsos e colocar o dinheiro dentro do saco.

"Depois subi até o escritório e comecei a contar o dinheiro. E os caras que estavam promovendo o show, todos armados até os dentes, subiram até lá e basicamente apontaram os canos das armas na minha cabeça e disseram: 'Entrega o dinheiro!'. As seis horas seguintes foram muito interessantes. Mas a banda estava bem longe de tudo isso porque foram levados para uma festa pelos caras da rádio local KMAC/KISS, Joe Anthony e Lou Roney, que Deus os tenha. E lá estavam eles se divertindo, enquanto o suor corria do meu rosto naquele escritório, eu tentando pegar o dinheiro do cachê.

"E enfim consegui a grana. Saí de lá com a ajuda de algumas pessoas, entrei no meu carro e queria ser parado pela polícia porque estava completamente paranoico, achava que estava sendo seguido depois que saí de lá com esse grande saco cheio de dinheiro. Acelerava com tudo pelo Texas a 150 quilômetros por hora ou mais, e você acha que encontrei um policial sequer? Não, mas me safei e fui para o hotel, e então finalmente me encontrei com a banda na tal festa e contei o que tinha acontecido. Foi bem coisa do Velho Oeste".

"SE PAS
SEMAN
VER O S
BRILHA
NO PAÍS
GALES.

SAM

S SEM

OL

NDO

DE

CAPÍTULO 7

A FAREWELL TO KINGS

"Este álbum significa para nós o fim do começo, é um marco para sinalizar o fechamento do capítulo 1 das crônicas do Rush."

Geddy, Alex e Neil publicaram esse texto em *All the World's a Stage* e depois partiram para ação com *A Farewell to Kings*. Sem dúvida, o quinto álbum de estúdio da banda – com um título que faz um aceno ao livro de Hemingway *A Farewell to Arms* (*Adeus às armas*), e nominalmente à própria canção "A Passage to Bangkok" – marcou a abertura de um novo capítulo em sua história.

Ainda assim, continuaram a operar mais ou menos dentro do mundo que criaram e onde viveram praticamente sozinhos: o mundo do metal progressivo, ou do rock progressivo em que o guitarrista quase está com a pedaleira acionada. Dessa forma, *A Farewell to Kings* não foi bem uma grande mudança. Mas além da semelhança compartilhada entre o disco inédito e os anteriores – e estou sendo um pouco controverso aqui quando digo que estamos mais próximos de *Caress of Steel* –, a música nova estaria muitos passos à frente em termos de sofisticação, principalmente com relação à perícia das texturas sonoras e da nova instrumentação. Em essência, o que se conseguiu com *A Farewell to Kings* foi algo mais parecido com a era *Relayer* do Yes, o antigo Genesis, o pesado Tull e o conservador King Crimson.

"Começamos a ir para a Inglaterra", conta Geddy. "Estávamos tão obcecados com a sonoridade tipicamente inglesa dessas grandes bandas. Procuramos os mesmos estúdios que eles usaram, fomos para o Advision, onde o Yes gravou. Portanto, ainda estávamos tentando absorver toda aquela magia do rock progressivo. Então, onde obtê-la? Fomos buscar no lugar de origem. Não que as coisas fossem ser entregues de bandeja – só uma observação –, mas foi inspirador estar lá, e acho que era isso que importava. Só de estarmos na Inglaterra, de sermos inspirados pelo ambiente, ficamos animados porque tínhamos encontrado um som só nosso e queríamos continuar desenvolvendo esse som. Queríamos continuar expandindo nossos limites, queríamos mais influências.

"Dessa forma, *A Farewell to Kings* foi um grande disco experimental para nós. Começamos a incorporar texturas de algumas das bandas de que gostávamos quando éramos adolescentes, como o Strawbs e até mesmo Amazing Blondel, que era uma banda folk da Inglaterra bem interessante. Ouvimos vários tipos de música inglesa e começamos a colocá-los dentro dessa sonoridade de rock progressivo que descobrimos com *2112* e tentamos expandir cada vez mais. E os sintetizadores estavam começando a aparecer, e no álbum seguinte, *Hemispheres*, incorporamos esses tons cada vez mais. Também estávamos ouvindo mais jazz e fórmulas de compasso mais complexas. Portanto, havia essa voracidade de continuar trazendo mais influências para dentro de nossa música. Esse é o seu papel enquanto músico progressivo, fazer isso e continuar avançando... corre-se o risco de cometer erros, porque nem tudo vai agradar todo mundo. Faz parte do negócio. Mas sim, esses discos seguintes foram muito eletrizantes para nós. Havia tantos sons novos para absorver."

Há também toques sutis de jazz fusion em partes de *A Farewell to Kings*, principalmente em "Xanadu" e até mesmo em "Cinderella Man", além da faixa-título.

"Estávamos ouvindo Weather Report e, é claro, essas coisas já estavam lá", continua Geddy. "Nunca nos afastamos muito do rock, mas o rock progressivo, *per se*, estava meio que desaparecendo naquela época. Eu não me lembro como o Yes andava. Acredito que o Genesis estava evoluindo... Peter Gabriel tinha saído, então a banda acabou se tornando mais pop e intrincada. Havia cada vez menos fontes de onde nos alimentar, então começamos a diversificar bastante o que ouvíamos – um pouco de jazz, um pouco de reggae, ou alguma outra coisa. Só mantivemos nossos ouvidos bem abertos. Estávamos sempre esperando alguma música nova que nos inspirasse. E quando não era a música de outros artistas, eram os novos instrumentos, como os sintetizadores, ou ainda instrumentos acústicos usados num contexto mais rock. Em *Fly by Night* tínhamos uma faixa acústica, e sempre havia essa faixa mais suave, aí pensamos: 'Bem, talvez haja espaço para instrumentos acústicos dentro de um contexto mais pesado, mais agressivo'. Então começamos a misturar tudo isso."

Contudo, para ser franco, apesar da lista de inspirações além do rock progressivo, não há muita influência externa em *A Farewell to Kings*. Existem principalmente acréscimos à variedade de sons, alguns instrumentos diferentes e novas técnicas de gravação. Há também um casamento melhor, uma síntese melhor de instrumentos acústicos (ou de sintetizadores, ou de percussão) com a típica instrumentação do rock. Ao longo de *2112*, não há um meio-termo, assim como no Led Zeppelin, contudo em *A Farewell to Kings* está muito presente.

"Foram dias especiais porque estávamos passando por uma transição, e dava para sentir isso", continua Geddy. "Ao fazer a turnê pela Europa, o mundo começou a se expandir para nós, e foi uma época muito, muito emocionante. Trabalhar nos estúdios na Inglaterra, onde sempre sonhamos trabalhar, e encontrar todas aquelas pessoas que queriam nos ver, tocar no Hammersmith Odeon, foi uma época bem impressionante, um grande momento da nossa carreira. E isso tudo estava construindo as fundações de *Moving Pictures*. Confiança no que você faz é algo muito importante. E quando se é jovem, você é confiante sem ter uma boa razão para isso. Já quando se fica um pouco mais velho, acredito que você precisa de motivos. E esses motivos são experiência, sucesso e conhecimento, coisa que não se tinha quando se era jovem. Mas na juventude a ousadia está ao seu lado. Portanto, toda essa temporada na Inglaterra foi incrível para nós, realmente fascinante, e nos ensinou muito. E tudo foi evoluindo até voltarmos para casa e gravarmos *Moving Pictures*, o primeiro álbum que fizemos inteiramente no Canadá em muito tempo."

Mas estamos adiantando as coisas. *A Farewell to Kings* foi o primeiro de três álbuns gravados no Reino Unido. Foi produzido em Rockfield, no País de Gales, e mixado no Advision – a princípio o plano era usar o Air Studios, de George Martin, mas estava indisponível. Naturalmente, Rockfield foi usado pelo *power trio* galês Budgie, mas também havia sido a casa de álbuns de Peter Hammil, do Van der Graaf Generator, Hawkwind, Black Sabbath e Queen.

"Foi a primeira vez que passamos uma longa temporada no exterior", lembra Liam Birt. "Era uma antiga fazenda que tinha pertencido à família Royce, a outra metade de Rolls-Royce. Formamos um conjunto de figuras interessantes que ficou tempo demais nessa fazenda, longe da civilização. Havia Otto, o engenheiro, um cavalheiro alemão que só aparecia à noite, vestia sempre o mesmo suéter, creio eu, nos três meses que passamos lá. Foi engraçado, quase um clima de clube do Bolinha. Outro dia achei algumas *polaroids* de Neil lá fora, nesse pátio aberto e amplo. Era basicamente um conjunto de construções todas interconectadas. Uma servia para hospedagem, outra ala era a casa de hóspedes, outra construção parecia uma câmara grande, gigante, cheia de eco. Não lembro o que era a quarta estrutura. E Neil estava lá nesse pátio enorme, ao ar livre. Tirei algumas fotos dele: estava lá fora com um monte de microfones ao redor, usava um moletom com capuz e uma jaqueta, parecia estar morrendo de frio. Tenho certeza de que era no meio do verão, mas estávamos no País de Gales.

"Eles tiveram que chegar lá sem ter qualquer material escrito para esses álbuns, então passaram o primeiro mês ou os dois primeiros meses em Gales compondo. Foi muito deprimente. Quero dizer, eu adoro o País de Gales e tudo mais, não me interprete mal, mas foi tempo demais para ficar longe de casa. E aquilo se arrastou por meses. Eles escreviam durante um mês e depois gravavam ao longo de dois meses. Provavelmente, antes disso tínhamos ficado em turnê durante um mês ou mais, portanto foi um período sofrido para todo mundo. Eu não estive lá durante *Hemispheres*, mas ouvi histórias depois sobre o que estava acontecendo, sobre como ficaram muito próximos de perder o controle, e acho que parte da equipe indo para um lado sombrio em dado momento.

"Mas *A Farewell to Kings* foi divertido, porque era uma novidade", continua Birt. "Eles tinham quebrado o molde e tentavam fazer uma coisa nova. Foi diferente porque estavam na zona rural. Você acordava todas as manhãs e havia vacas te encarando pela janela. Era uma coisa totalmente estranha. Mas para alguns de nós, como Neil e eu, que temos antepassados britânicos, foi bem divertido, e queríamos curtir a experiência como um todo. É óbvio que lá tinha sido a casa de muitos artistas que a princípio os atraíram para a música. E das bandas em que se espelhavam – provavelmente foi isso que vivenciaram. Pensar nos artistas que tinham gravado lá antes de nós foi muito emocionante."

"*Kings* foi a primeira vez que de fato dedicamos um tempo só para compor", conta Alex com certa nostalgia. "E o mais interessante é que estávamos compondo com um violão, Geddy e eu. Acho que tudo aquilo foi criado num violão – embora fossem músicas de rock –, sem qualquer tipo de gravação, até que mais tarde arrumamos um aparelho de som e começamos a gravar nossas ideias nele."

"Todas essas músicas foram gravadas em Rockfield, no País de Gales, e gravar lá foi uma experiência incrível", continua Geddy, que não conseguiu deixar de dar uma pista, antes do lançamento do álbum, de que o Rush seguiria uma direção meio semelhante ao Yes misturado com Led Zeppelin. "Foi a primeira vez que trabalhamos longe de casa com uma residência num estúdio. Lá estávamos nós, e se passam semanas sem ver o sol brilhando no País de Gales. Começamos a usar a oportunidade de morar num estúdio para fazer diferentes tipos de experimentos.

"A acústica de *A Farewell to Kings* foi gravada ao ar livre, e todos os sons de percussão e blocos sonoros que Neil usou foram gravados lá fora ao mesmo tempo. Você pode ouvi-los ecoando nos outros prédios do complexo e também dá para ouvir os pássaros gorjeando. Acho que começávamos cedo de manhã. Experimentávamos todos os tipos de coisas esquisitas [observação: os gorjeios misteriosos também foram citados pela banda, provavelmente de brincadeira, como gravações dos pássaros *de estimação* de Neil Peart]. Eles tinham uma grande câmara de eco lá, uma sala acústica. Foi uma imersão bem interessante na vida rural da Grã-Bretanha, estar na fazenda, ter toda essa atitude de haver pessoas cozinhando todos aqueles pratos típicos britânicos para nós e aprender uma cultura diferente por estar trabalhando com essas figuras esquisitonas e interessantes de Rockfield."

As sessões para o novo álbum aconteceram em julho de 1977, logo depois da primeira turnê britânica. Alex conta: "Antes disso, tudo tinha sido feito em Toronto. Fizemos uma turnê curta, foi a primeira vez na Inglaterra, depois voltamos para casa, e voltamos para a estrada. Era emocionante ir para o país onde realmente sentíamos que nossas raízes musicais estavam, com todas aquelas bandas progressivas, e ainda mais distante com as bandas dos anos 60; é como se fosse o coração do rock". Passaram três semanas em Rockfield e pouco mais de uma semana nos estúdios Advision, em West London, onde Terry ficou impressionado ao ver uma mesa de som automatizada. Brown se sentiu aliviado que, quando deixaram a Inglaterra, o álbum inteiro já tinha sido gravado e mixado.

"Monmouth foi uma experiência incrível porque é basicamente uma fazenda", continua Lifeson. "Vivíamos cercados por ovelhas e aqueles odores de fazenda, esse tipo de coisa. Naqueles dias, costumávamos trabalhar muitas horas a fio, ficávamos trabalhando até cada vez mais tarde e acordando no dia seguinte mais tarde ainda. No final das contas, levantávamos às cinco da tarde, tomávamos café e depois ficávamos no estúdio até sete ou oito da manhã seguinte. Mas foi mesmo uma ótima experiência.

"Sabe, até mesmo a luz era outra. Eles usam uns tipos diferentes de lâmpadas incandescentes na iluminação das casas, então há um olhar diverso sobre tudo. A gente sente que está em algum lugar bem diferente. Pelo menos foi essa a minha impressão naquele tempo. E, é claro, a arquitetura e a paisagem rural... Depois seguimos para Londres para mixar no Advision. E mais uma vez nos divertimos muito ao ficar na cidade por três semanas para a mixagem. Frequentávamos os pubs, íamos aos melhores restaurantes indianos da região. E musicalmente estávamos alcançando... outro nível. Ainda tínhamos algumas músicas mais longas como 'Cygnus X-1' e 'Xanadu', mas nos tornávamos mais melódicos e um pouco mais dinâmicos. Temos 'Closer to the Heart' e 'Farewell to Kings', ambas com o uso de instrumentos acústicos. Seis músicas...", diz Alex com um sorriso, provavelmente admirando a contracapa do álbum pela primeira vez em muito tempo.

"Ouvíamos o material e sentíamos que havia coisas que precisavam estar em algum lugar na música", reflete Terry. "Cores diferentes deveriam fazer parte da canção. Era basicamente um esforço em conjunto."

Dessa vez, Brown também se libertou de seus costumeiros deveres como engenheiro, com o auxílio do engenheiro de Rockfield, Pat Moran, que infelizmente faleceu em decorrência da doença de Pick em 2011. A mixagem foi comandada por Terry com Declan O'Doherty e Ken Thomas, assistente do Advision, que logo se tornaria produtor de fato e de direito, trabalhando com nomes como Sigur Rós.

"Não ter que me preocupar com a engenharia de som facilitou para mim de modo que eu pudesse me concentrar na produção", conta Terry. "Além disso, foi um álbum que exigiu muito de nós. Eu precisava ter bastante tempo para me concentrar no que estava acontecendo com exatidão. Então foi a hora perfeita para não trabalhar como engenheiro

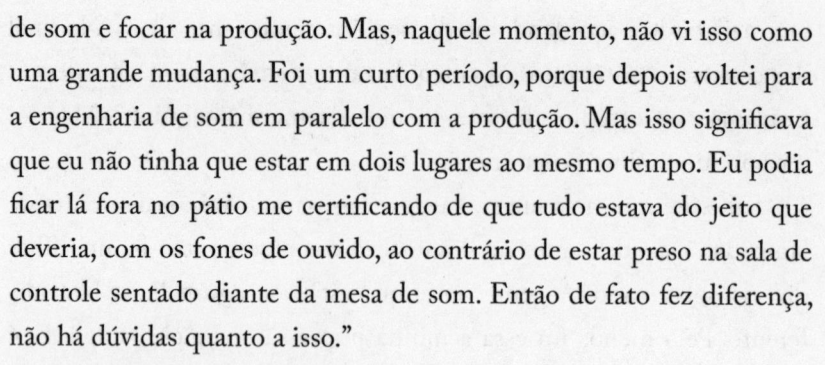

de som e focar na produção. Mas, naquele momento, não vi isso como uma grande mudança. Foi um curto período, porque depois voltei para a engenharia de som em paralelo com a produção. Mas isso significava que eu não tinha que estar em dois lugares ao mesmo tempo. Eu podia ficar lá fora no pátio me certificando de que tudo estava do jeito que deveria, com os fones de ouvido, ao contrário de estar preso na sala de controle sentado diante da mesa de som. Então de fato fez diferença, não há dúvidas quanto a isso."

A ambientação erudita e sofisticada de *A Farewell to Kings* é também marcada pela arte do álbum, tanto externa quanto internamente. Na capa, o guitarrista Josh Onderisin, da Ian Thomas Band, é retratado vestido como um príncipe petulante em frente a um prédio demolido numa autoestrada em Buffalo, estado de Nova York (embora o céu tenha sido fotografado em Toronto), evocando a capa similarmente enigmática do quarto álbum do Led Zeppelin. Hugh Syme era o tecladista da banda de Ian e achou que Onderisin, alto e magro, poderia servir bem para o papel. Ele passou maquiagem na boca, nos ombros e nos joelhos para parecer uma marionete. E se ele era uma marionete, quem estaria no controle? Talvez, em última análise, a Federação Solar, dada a reprise da estrela de cinco pontas de *2112*, exibida aqui com o Starman – o homem da estrela – do encarte. O texto da capa foi renderizado usando a fonte Uncial, escolhida por causa da aparência medieval. Seguindo para a contracapa, a narrativa da marionete é reforçada por meio de uma ilustração usando o vermelho e preto temático do disco antecedente. No interior, a banda aparece numa foto completamente britânica e aristocrática, assim como a apresentação dos créditos e das palavras sábias de Peart. Aqui, estamos a mundos de distância de como foram retratados na contracapa do álbum de estreia.

Deixando de lado a embalagem requintada, o ouvinte é conduzido para trás da cortina de veludo pela faixa-título, um hard rock animado com riffs e reviravoltas, assim como os floreios no final de vários, se não em todos os compassos. O violão da abertura em estilo renascentista foi gravado ao ar livre e ampliado em semitons com carrilhão e sons de fadas. O cenário está montado.

No programa da turnê de *A Farewell to Kings*, Neil escreveu: "Nós achamos a reclusão e a atmosfera branda de Rockfield muito propícia para trabalhar, e fizemos bom uso da estrutura variada, incluindo uma enorme câmara acústica e a oportunidade única de gravarmos ao ar livre. Os pássaros de Rockfield podem ser ouvidos na introdução com notas de jazz elizabetano da faixa-título. Essa música é uma das nossas favoritas do álbum, já que parece encapsular tudo o que queríamos que o Rush representasse".

Peart examina os poderes superiores, os mestres e senhores das marionetes num estilo atemporal que casa com o sentimento tradicional inglês da música além dos gráficos elegantes e da fotografia pastoril ao longo do projeto. De fato, as palavras de Neil pareciam o texto extraído diretamente de um antigo pergaminho. De forma divertida, as últimas quatro palavras dessa música são *"closer to the heart"*, "mais perto do coração".

"Xanadu" vem na sequência e, com 11 minutos de duração, é a faixa mais longa desse álbum, representando certo distanciamento das músicas que antes ocupavam um lado inteiro do disco. Assim como o Iron Maiden fez mais tarde com "Rime of the Ancient Mariner", Neil busca inspiração em Samuel Taylor Coleridge, nesse caso, no devaneio inacabado e fantástico chamado "Kubla Khan".

"Minha ideia original partiu de *Cidadão Kane*", explicou Neil numa conversa com Tom Harrison, do jornal Georgia Straight, na época do lançamento do álbum. "Eu queria mesmo fazer alguma coisa alinhada com *Cidadão Kane*, então pensei nesse título escrito sob esse ângulo. Depois me deparei com o poema, e aqueles quatro versos apenas eclodiram como uma imagem talhada na minha mente. Isso me impactou tanto que, de repente, todo o escopo da temática do álbum mudou. Me fez congelar por dentro; foi assustador. Não me interesso muito por poesia, nunca me interessei, mas simplesmente aconteceu de ler

'Kubla Khan', por causa da conexão com *Cidadão Kane*. Me arrebatou, foi muito forte."

"Os pássaros podem ser ouvidos mais uma vez na introdução da segunda música", escreve Neil no programa da turnê, "que é um exercício de fantasia chamado 'Xanadu'. Quem assistiu à banda na última parte da mais recente turnê norte-americana, ou na turnê britânica, talvez lembre que essa música foi apresentada no nosso show na época. No álbum, ela consiste de um *tour de force* de 11 minutos e com certeza é a obra mais complexa e com maior número de texturas que já tentamos criar. Também contém um dos mais emotivos e líricos solos de guitarra de Alex, assim como um vocal bastante dramático de Geddy".

Muito mais do que em "Tears", nessa música os sintetizadores são fundamentais, intrínsecos da atitude progressiva e roqueira que mantém as mãos do baixo e da guitarra ocupadas como pernas de uma aranha. Nossa atenção é atraída para elas, porque estranhamente metade da canção não passa de uma introdução instrumental ou, graças aos movimentos cheios de ação, uma composição instrumental em essência seguida por uma música mais convencional. Apesar disso, os caminhos musicais em zigue-zague, incluindo as mudanças de tempo e o ritmo desafiador, continuam.

"Tínhamos teclados porque os teclados nos foram apresentados em Rockfield", observa Terry. "Então essa foi a primeira vez. E lembro que foi bem problemático, precisamos reconfigurá-los duas ou três vezes, de modo que pudéssemos usá-los para valer. Mas, sim, há muito mais notas e texturas nesse disco e também tipos diferentes de ritmos. Não era um disco de ficção científica. Mais uma vez, não me envolvi no processo de composição antes de embarcar no projeto. A primeira vez que ouvi essas músicas foi nos ensaios e depois no estúdio. E para mim, muito disso era bem espontâneo porque eu estava lidando com aquilo e construindo o disco à medida que avançávamos."

Há sintetizadores em "Xanadu", mas o que acontece na marca de seis minutos representa o surgimento dos teclados para o Rush, Geddy rasgando um lick curto que passa por um solo de sintetizador fugaz ao estilo de Rick Wakeman.

Crédito do excêntrico mago dos teclados da Max Webster, Terry Watkinson, que ajudou Geddy nesses estágios iniciais. "Eu diria que fui um dos pioneiros dos sintetizadores", afirma Watkinson. "Naquele tempo, havia apenas alguns tipos. Comprei um Arp Odyssey e me diverti muito com ele, e pouco a pouco o introduzi na música. E ficou bom. Desenvolvi formas de tocar um tipo de solo de guitarra ou de interagir com a guitarra. Sim, parece estranho, mas não há muitas bandas que são guitarra, baixo, teclado e bateria." Na estrada, Watkinson ensinou Geddy algumas coisas sobre como tocar o instrumento e respondeu às perguntas dele sobre o equipamento, e observar como a Max Webster usava Watkinson foi bem instrutivo.

De volta a "Xanadu", entre o gorjeio dos pássaros, Neil criou um efeito de floresta com o kit de percussão cada vez maior, a calma idílica logo interrompida por sinos de igreja e então pela banda entrando em ação. "Sim, todos esses elementos de percussão acrescentaram cores muito agradáveis", diz Terry Brown, "e não tínhamos explorado nada disso antes. Então foi bem divertido e não muito difícil de fazer. Foi uma questão de usar esses efeitos adequadamente, nos lugares certos. Acho que conseguimos. Os pedais Moog ficaram ótimos porque adicionaram um som grave estrondoso às faixas quando precisávamos. Foi um acréscimo de fato muito bom à paleta".

A banda não estava apenas reproduzindo o cenário ao ar livre, como mencionado, mas muitas vezes literalmente gravando lá fora.

"Estávamos criando essa peça medieval, e eu pensei: 'Bem, sendo medieval, estaria ao ar livre'.", continua Terry. "Então era uma ideia simples. Achamos que nos traria um clima diferente se estivéssemos gravando lá fora à luz do dia. O som ficaria diferente para começo de conversa, não é? Isso é fato. Criaria uma sensação diferente e provavelmente fortaleceria o astral do que estávamos fazendo. Por isso ficávamos lá fora. Também fizemos algumas gravações bacanas ao ar livre

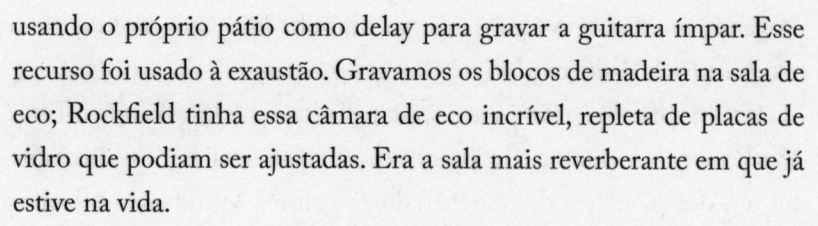

usando o próprio pátio como delay para gravar a guitarra ímpar. Esse recurso foi usado à exaustão. Gravamos os blocos de madeira na sala de eco; Rockfield tinha essa câmara de eco incrível, repleta de placas de vidro que podiam ser ajustadas. Era a sala mais reverberante em que já estive na vida.

"Fomos apresentados aos teclados em *2112*, mas quando chegamos a Rockfield e fizemos *A Farewell to Kings*, acrescentamos mais teclados, novos e mais modernos, portanto estavam bem atualizados na época. E naquele tempo os teclados eram bem mais simples. Lembro que fizemos linhas de cordas com uma nota só, mas já acrescentava uma cor que parecia mais que suficiente, além disso eu não queria exagerar nos teclados naquele estágio. A banda era formada por três integrantes, e não quis incluir teclados em excesso e ofuscar o fato de que se tratava de um trio e que deveria permanecer como um trio. Eu tinha um posicionamento muito firme quanto a isso. Mas não preciso dizer, acrescentamos mais cor ao som com muitos teclados diferentes e pedais de baixo, o que estava acrescentando um pouco mais de força no grave. E depois os teclados passaram a se desenvolver ainda mais cada vez que entravam no estúdio. Sempre eram os últimos lançamentos do gênero – graças a Ged, que se mantinha atualizado. Os teclados foram sempre os mais avançados. O que havia de mais atual, Geddy tinha."

Sobre isso, a semente para um futuro desacordo criativo com Terry havia sido plantada quando as teclas assumiram um verdadeiro papel central em 1982 no álbum *Signals*. "Eu já tinha essa preocupação em não exagerar nos teclados em *A Farewell to Kings*. Da mesma forma, não gosto de colocar muitas harmonias na música. Não funciona para mim. Acho Geddy fantástico como vocalista, e não gosto de muitos backing vocals. Teclados em profusão também não servem para mim, nem para a ideia do Rush. Gosto do formato de trio, isso era importante.

"A questão da apresentação ao vivo não me preocupava", continua Terry, se referindo ao motivo comum de uma banda não querer acumular muitas faixas no estúdio. "Eu não tinha nada a ver com isso.

Pelo que sei, era problema deles. Se quiséssemos colocar mais teclados, daríamos uma jeito de reproduzir isso ao vivo, usar fitas pré-gravadas ou disparar samples. Havia muitas formas de se fazer isso. Mesmo naquela época, havia opções. Não era uma questão de que eles não poderiam tocar, porque sim, poderiam tocar. Mesmo se tivéssemos que contratar um tecladista. Quero dizer, isso não estava fora de cogitação. Alguém poderia atuar como músico de apoio se necessário. Mas não foi esse o motivo. Minha escolha se deve ao fato de que não funcionava para mim harmonicamente, eu perderia a agressividade da banda se os teclados se tornassem predominantes demais. Essa era a minha teoria."

Trata-se de um bom argumento que pode ser ilustrado por "Xanadu". Apesar do fato de que essa é a composição mais integrada e progressiva do Rush até aquele momento, com texturas adicionais trazidas pelos sintetizadores proeminentes, ainda assim é conduzida por um *power trio*. Além disso, começamos a perceber que Neil assume o protagonismo como a gasolina do motor, o componente combustível. As viradas dele em "Xanadu" existem em profusão. O baixo é o baixo – Geddy consegue atrair uma atenção limitada com aquelas quatro cordas, mas bem significativa. Alex aparece mais textural, com menos riffs e tocando mais cordas individuais. Compare "A Farewell to Kings" e "Xanadu" com músicas como "Working Man", "Anthem" e "The Temples of Syrinx", e poderá ver por que a banda estava se tornando excêntrica, um raro caso em que o herói não é o guitarrista, mas o baterista.

Porém, Terry parece estar tramando algo ali. Pense nas influências primordiais do Rush como Cream, Jimi Hendrix Experience, The Who, Led Zeppelin, até mesmo Blue Cheer: em seu cerne, todos são *power trios*. E em *A Farewell to Kings*, a banda presta uma homenagem ainda mais emblemática a essas referências. Neil é, grosso modo, o Keith Moon do grupo. Embora estejam a universos de distância em termos de disciplina, combinam bastante na questão da proeminência.

Mas Alex, já comparado a Pete Townshend, aqui também está buscando uma essência de Entwistle. Em outras palavras, enquanto Neil faz uma música de maior pureza com seus ritmos – é os Beatles dos bateristas –, Alex assume o papel de dar um pouco mais de cor, sombras e texturas, acompanhado nesse sentido por um baixista em ação constante. Em essência, não há um único responsável no comando, mas na maior parte o núcleo da música é a virada rígida, composta, cheia de ganchos, acessível e eminentemente passível de *air drumming*, assim como o baixo convencional (um pouco menos onipresente) e os *power chords* sobrepostos, confiáveis e poderosos (também menos onipresentes). E, assim como Terry sugere, a mágica de fato está nesses três integrantes alimentando uns aos outros, mas nesse ponto da carreira está se afastando da música de um *power trio* para entrar nesse novo som enérgico, borbulhante e animado. Este é o ponto crucial de por que podemos chamar *A Farewell to Kings* de um novo capítulo – antes desse álbum o Rush tinha uma inclinação a misturar rock progressivo com metal. Nesse momento tinham uma sonoridade própria.

É por isso que não tenho certeza se acredito na alegação de Neil e Geddy de que eles encontraram a identidade da banda em *2112*. Talvez seja verdade numa perspectiva literária ou de apresentação, mas às vezes as bandas têm esses sentimentos confusos por causa do primeiro disco de ouro, do número de ingressos vendidos na turnê seguinte ou pelo fato de que poderiam ter o que comer pela primeira vez.

"Xanadu" anunciou a ascensão das guitarras e dos baixos double-neck no Rush, resultando naquelas fotografias icônicas dos shows que os fãs adoram. "Bem, sempre achei que era muito legal Jimmy Page ter uma guitarra dessas", conta Alex. "Sou um grande fã de Jimmy Page. Acho que talvez eu desejasse uma e achava que jamais poderia usá-la para valer. Havia algumas músicas que tinham uma 12 cordas, então uma guitarra dessas se tornou necessária; em 'Xanadu', a 12 cordas desempenha um papel muito importante. Geddy também comprou uma double-neck. E então é provável que em 80% das minhas fotos eu apareça com aquela maldita guitarra. E a uso só em duas músicas. É a mesma coisa com Jimmy Page, a maioria das fotos dele é com a double--neck. É pouco comum, e o pessoal adora."

Geddy concorda: "O double-neck era todo 'Xanadu', o motivo pelo qual começamos a usar double-necks", mas então ele se corrige. "Na verdade, acho que pode ter sido antes disso, com 'A Passage to Bang-kok', porque eu também fazia a guitarra base no meio da música en-quanto Alex fazia o solo, e eu usava os pedais do baixo para fornecer o grave. Então acho que foi quando usei a double-neck pela primeira vez. Mas 'Xanadu' é a música em que nós dois de fato usamos esses instru-mentos, só para que eu pudesse voltar lá atrás e tocar um pouquinho de guitarra. Porque eu também costumava tocar guitarra base no meio de 'Xanadu'." É importante observar que a double-neck de Geddy foi aclamada como o primeiro instrumento double-neck da Rickenbacker, fabricado em Los Angeles especificamente para o Rush. Ele está certo sobre ter tocado com double-neck em "A Passage to Bangkok", mas não foi bem "antes" de "Xanadu", já que a primeira vez que tocaram essa parte de *2112* ao vivo foi na turnê *A Farewell to Kings*. Neil também encorpou a bateria no palco, falando para a imprensa sobre "percussão de teclados" e um "conjunto completo de carrilhões e sinos".

O lado B do vinil original de *A Farewell to Kings* abre com "Closer to the Heart", que talvez esteja empatada com "Tom Sawyer" e "The Spirit of Radio" em popularidade no panteão das obras com a assi-natura da banda. Embora pareça uma balada, e acolhida de modo ca-rinhoso pelas multidões saudosistas dos tempos dos ducados naquele espírito sublime, a música contém blocos furtivos de seções rápidas e trechos progressivos. Mais tarde, quando foi apresentada ao vivo, a banda acrescentou uma parte tingida de reggae com participação do público e depois acelerou para fechar de uma forma semelhante a "The Big Money". Neil afirmou que liricamente a música oferece soluções às preocupações que surgem relativas à faixa-título, e de fato as letras das duas canções se conectam com perfeição. Ainda, "Closer to the Heart", com seus carrilhões, lembra muito uma música natalina, circunstância apropriada, sendo que seu status de sucesso foi mais intenso durante o Natal de 1977.

Com música de Lee e Lifeson, ela traz Neil dividindo os créditos da letra com um amigo dele de Seattle chamado Peter Talbot. A faixa, que Geddy afirma ser "o mais próximo que já chegamos de uma canção pop", foi lançada como single tendo "Madrigal" no lado B. Embora tenha crescido em importância ao longo do tempo, na época "Closer to the Heart" conseguiu apenas chegar à posição 76 na parada da Billboard, ainda que no Canadá tenha alcançado o número 45 e no Reino Unido o 36. Em 28 de março de 2010, foi indicada ao Canadian Songwriters Hall of Fame – Hall da Fama dos Compositores Canadenses, junto com outros quatro clássicos da banda. Alex é conhecido por elogiar a energia e a positividade da música, chegando até mesmo a dizer que "Closer to the Heart" é a "canção máxima do Rush".

Ele observa: "O mais interessante é que Ged sempre gostou de tocar guitarra, e ele tocava guitarra do mesmo modo como toca baixo, sabe, basicamente com um dedo só. E ele sempre soube um punhado de acordes, sempre tocou muitas linhas. Sempre foi uma parte da indivi-dualidade dele como músico. Quando escrevemos 'Closer to the Heart', que tem aquela linha de abertura tão icônica, Ged compôs sozinho num violão acústico. E por causa de suas origens como músico, ele sempre teve um jeito bem interessante de tocar violão. Sabe, tocando com um único dedo de um jeito que eu jamais pensaria em fazer. Sempre achei interessante. Quando ele escrevia uma parte na guitarra, para aprender, eu tinha que tocar do jeito que ele tocava, porque eu não sabia tocar daquela forma.

"De fato, a maior parte desses primeiros discos, criamos juntos no violão. Ele não tocava baixo. Nós compusemos as músicas no violão e gravamos num daqueles gravadores portáteis com toca-fitas, ou seja lá o que fosse. E depois, na fase seguinte, aprendíamos como banda, cada um com seu instrumento. Mas tudo começava com nós dois juntos e dois violões. Então é interessante. Ele tocava as linhas de baixo nas quatro cordas inferiores. Mas de vez em quando, tocava uma melodia mais aberta e ela se tornaria uma parte integral da canção."

"Cinderella Man" contrasta a guitarra elétrica e o violão de uma forma bem dinâmica e utilizada deliberadamente nos anos com Rupert Hine em músicas como "Roll the Bones" e "Presto". É uma faixa muito alinhada com esse novo som do Rush, a ideia de som do metal progressivo, acentuado, mais alegre e quase filtrado. Junto com essa mistura de sons, Alex parece mais distorcido e carnal no solo do que apresenta nos riffs, embora o solo também esteja ofuscado pelo wah-wah e a distribuição entre os canais de áudio. Como foi dito, contudo, dada a instrumentação acústica vigorosa e os ritmos algébricos, há um clima dramático estilo Jethro Tull na canção. "Cinderella Man" foi a música tocada no bis da turnê.

Neil escreveu: "'Cinderella Man' é uma história poderosa escrita por Geddy, com uma ajuda de Alex, e trata de alguns sentimentos engendrados pelo filme *O Galante Mr. Deeds*. Essa música apresenta uma seção instrumental no meio, algo bastante incomum (para nós), que pode até ser definida (calafrios) como funky!"

"Madrigal" é a verdadeira balada do álbum e a única faixa do disco que jamais foi tocada ao vivo. Neil escreveu: "Nós tornamos o material mais brando por um momento com uma baladinha suave chamada 'Madrigal'. É uma canção de amor com retoques de uma melodia melancólica do sintetizador e bateria gravada na sala de eco. Geddy também traz uma voz bonita para essa música".

Os sintetizadores se sobressaem de novo, embora simples e manipulados com habilidade em meio ao violão, ao baixo e à voz (a música, por mais curta que seja, já está na metade quando surge a bateria, que mesmo então aparece mixada bem ao fundo e mergulhada em eco).

"É tão melódica", ri Alex. "Eu me lembro das partes e de como Geddy as criou em torno da melodia. De novo, era uma melodia vocal, e ele adotou um tipo de voz mais suave. É uma música bem mais suave, um tipo de balada. As partes da guitarra foram compostas para emular cordas, então há o volume dos efeitos do pedal com muita reverberação. De fato, gravei a guitarra e o violão na câmara de eco. Entrei lá com minha guitarra e gravei com um amplificador. Esse é um ótimo exemplo de uma abordagem mais melódica, simples, mais ancorada na forma como Geddy toca baixo. Mas ao mesmo tempo é possível ouvir ele subindo todo o braço e tocando várias melodias. Ged deixou o refrão meio parecido com Jaco Pastorius, gerando um rebordado. Sim, ficou um pouco mais branda, mais íntima."

O conto espacial "Cygnus X-1" fecha o álbum com controle rítmico total. Essa faixa pode ser vista como a enteada maligna de "Xanadu". Virtualmente têm a mesma duração, mas essa parece passar mais rápido devido à malevolência e agressão ao estilo de "Necromancer", assim como um senso melódico e rítmico mais conturbado. Na turnê, a música tinha o próprio filme temático, assim como implicações tecnológicas extras com relação à instrumentação.

Também como "Xanadu", além da narração atemorizante, mergulhada em efeitos no início (narrada por Terry e não Neil), a letra só começa da metade da canção em diante.

Uma das lembranças favoritas de Ian Grandy sobre o País de Gales foi quando ele contribuiu com um efeito especial exatamente para essa faixa. "Estávamos no estúdio e tínhamos nosso console de efeitos lá, e eu trabalhava de engenheiro de som para eles. Eles tocavam uma coisa, ele gravava aquilo. E eu tinha uma máquina de eco Eventide Clockworks que eu podia rodar e conseguir que o eco fosse para a frente e para trás, de um lado para o outro, era meio assustador. Acrescentamos esse efeito e fizemos algumas harmonias com ele. Todos ficaram me olhando espantados. Até mesmo Terry Brown me falou: 'Comprei uma dessas para o disco que vamos fazer na sequência, mas ele não faz o que o seu está fazendo'. Então ele me pediu se podia pegar meu equipamento emprestado."

Neil comenta: "Uma rápida mudança de cenário e ambiente, e nós nos encontramos nos limites mais longínquos do espaço sideral, no meio de um buraco negro chamado 'Cygnus X-1'. É a primeira parte de uma história épica que continuará e será concluída no nosso álbum seguinte. A música foi quase totalmente criada lá mesmo no estúdio e foi uma realização muito gratificante para nós todos. Com certeza é uma das coisas mais poderosas que já fizemos. Se não provocar arrepios, é porque você não está escutando alto o suficiente!"

Em entrevista para Tom Harrison, Peart deu mais detalhes sobre essa história, explicando: "Há diversas teorias sobre 'Cygnus X-1'. Minha favorita é que se trata de uma fenda na nossa dimensão, no nosso universo, no nosso plano, e ela leva para algum lugar diferente. Li um artigo na *Scientific American* que tratava da mesma coisa, mas de um outro ponto de vista. São pequenas esferas formadas de poeira, gás e partículas que no final de tudo se tornarão uma estrela. A ficção científica é apenas uma abertura para sua imaginação. Acho que a ficção científica em sua melhor forma permite que a imaginação amplie horizontes. Não há limites."

Por mais estranho que pareça, Neil diz que não era um grande fã do gênero na adolescência e só se interessou pelo assunto depois de encontrar um monte de livros e revistas dentro de um armário no apartamento que alugou em Londres, na era pré-Rush, quando tentava ganhar a vida na Inglaterra. A letra aqui vagamente entra nesse gênero, é mais uma mistura de astronomia com mitologia antiga. Ele também assinala que o uso do nome Rocinante é uma referência ao cavalo de Dom Quixote e ao caminhão do livro de John Steinbeck *Viajando com Charley*.

Inspirado a princípio num artigo da revista *Time*, Neil escreve sobre uma viagem para dentro de um buraco negro, uma dobra no tempo, ou ambas as coisas. A trilha sonora dessa "viagem de todas as viagens" nos desorienta, é ritmicamente confusa e muitas vezes atonal. Os vocais de Geddy também ressaltam uma sensação de claustrofobia. Ele usa uma variedade de microfones e canta a plenos pulmões, chega a parecer maníaco na conclusão caótica, quando a música de fundo é uma forma de *hyper-doom*, abundante e cortante através de um trítono demoníaco.

"Cygnus X-1" termina com o que equivale a uma ameaça, pelo menos no encarte com as letras onde se lê "Continua". O Rush teve sucesso com tal intimidação no disco seguinte e a faixa "Cygnus X-1 Book II Hemispheres", embora a conexão entre elas seja tênue, e no jargão comum simplesmente se refiram à faixa como "Hemispheres", ajudando a reduzir o senso de continuidade.

Anos mais tarde, já há muito tempo sem criar músicas como "Cygnus X-1", Geddy ainda consegue entender o apelo. "Sem dúvida, há sempre parte dos fãs que deseja ser músico, e eles ficam mais intrigados com a música conceitual porque é um pouco mais complicada e difícil. É como quando eu tinha 14 anos, os caras que tocavam rápido eram os que eu queria imitar porque não conseguia fazer aquilo. Acho que, para um jovem músico ou um garoto que imagina um dia se tornar músico, esse apelo ainda existe, e não se encontra isso em qualquer lugar. Podem encontrar no Tool, vão encontrar no Rush. E mesmo que não se depare com isso nas versões atuais dessas bandas, vão encontrar o material em suas antigas versões.

"E ainda há a questão das calorias vazias. Há muita caloria vazia no rádio, portanto sempre haverá uma demanda de ouvir alguma coisa interessante ou desafiadora, se você for esse tipo de pessoa. Seja como quiserem chamar, rock para quem pensa ou qualquer outro termo absurdo que queiram usar, sempre haverá o passado e a música que traz isso em abundância – nossos fãs jovens, quando não conseguem encontrar o que procuram no rádio, vão se voltar para aquilo. É divertido, é interessante, é difícil. São as mesmas razões pelas quais fazemos músicas há 40 anos – divertida, interessante, difícil. Tem que ter todos esses elementos. É um marco do que chamo música progressiva, e que não se aplica apenas ao rock, mas a qualquer gênero musical. Se você for alguém que precisa de mais do que apenas uma melodia grudenta, vai procurar e encontrar o que busca na música clássica, no jazz ou no rock progressivo. Essas são as três fontes legítimas onde procurar. Seja você um ouvinte ou um músico, o mesmo se aplica."

E como "Cygnus X-1" demonstra, o rock progressivo "permite que haja um grande conceito, certo? A grande ideia. A música pop em geral tem a ver com uma ideia menor. Isso pode ser ofensivo aos compositores de música pop. Não quero dizer isso como demérito. Não quero dizer menor em termos de menor importância. Mas é mais daquelas músicas sobre amor e corações partidos e relacionamentos e todas essas coisas. E ainda assim muitas bandas querem abordar uma ideia grandiosa, algum tipo de fantasia. E por alguma razão nosso gênero – se é que eu ainda sou considerado como parte desse gênero – pode dar conta disso. Nós podemos dar conta disso. Podemos criar uma atmosfera sonora para isso. Grandes ideias, grandes conceitos – a música se torna um veículo para lidar com tais ideias. E talvez essa seja a parte que os críticos entendam como pretensioso, a noção completa de uma ideia grandiosa. O mesmo acontece no cinema, com aqueles filmes majestosos *versus* filmes menores, piegas. Mas é por isso que o gênero existe, para os músicos lidarem com esse tipo de ideia."

A Farewell to Kings foi bem recebido num mundo tomado de assalto pela tormenta do punk rock. Mas não passa de um mito, de uma narrativa de jornalismo musical de que o punk rock assumiu o controle de tudo nessa época. Por mais alto e grosseiro que os Pistols, The Clash, The Damned e The Dead Boys fossem em 1977, o rock progressivo ia muito bem, com o Yes lançando um sucesso com *Going for the One*, o Genesis conquistando facilmente o disco de ouro e chegando ao álbum de platina em 1978, o Tull voltando à ativa com *Songs from the Wood*. No Reino Unido, onde a batalha parecia mais acirrada, *A Farewell to Kings* subiu até a posição 22 nas paradas, enquanto nos Estados Unidos teve mais ou menos o mesmo sucesso, com o 33º lugar.

"Críticas? Tenho pouquíssimas a fazer na verdade", escreveu Geoff Barton, da revista *Sounds*, concluindo uma longa e entusiástica resenha. "Eu realmente acho 'Cignus X-1' bem palatável no momento, mas tenho a confiança de que vou gostar ainda mais dela com o passar do tempo. A única coisa que me preocupa mesmo, à qual nunca prestei muita atenção antes, é o fato de que a voz de Geddy Lee talvez represente um empecilho à dominação mundial por parte do Rush. Vou explicar. Toquei *A Farewell to Kings* no escritório, e alguns membros da equipe ficaram bem impressionados com a nova direção musical do Rush, mais complexa, mas confessaram que a razão pela qual particularmente não gostavam da banda era a voz de Lee – 'poeira de fada' ou 'meio elfo', reclamaram. Quanto a mim, sempre achei seu estilo de voz estridente uma parte e um invólucro essencial para o esquema do Rush, mas apesar disso pode servir bem à banda prestar atenção a isso. Verdade seja dita, o velho Geddy de fato parece exagerar nos uivos durante 'Book Three' de 'Cygnus X-1'. Veja aí o que você acha. Isso não passa de picuinha, totalmente insignificante diante da magnificência geral do álbum. Assim como a turnê britânica do Rush, *A Farewell to Kings* é um triunfo. Um triunfo completo, inegável, verdadeiro, cinco estrelas, absoluto, juro por Deus. De verdade."

"Pareceu uma progressão bastante natural", reflete Terry, oferecendo algumas palavras conclusivas sobre o disco. "Mas quando se está tão perto de alguma coisa, é difícil se distanciar e ser bem objetivo. Para mim, fazia sentido. Se está conquistando um público que vai acompanhar a banda e crescer com ela, a banda precisa também crescer musicalmente. Se permanecer no mesmo nível, acabará perdendo o público original. Até se pode conquistar novos públicos, mas penso que haverá prejuízos no quesito longevidade. O Rush sempre foi um pouco progressivo. Pode não ser progressivo em excesso, com certeza não para seu demérito. Mas acho que eram progressivos o suficiente até que conseguiram entrelaçá-lo dentro de um som bem comercial."

A turnê de *A Farewell to Kings* foi particularmente cansativa; tão exaustiva que a banda a chamou de *Drive 'til You Die Tour* – Turnê Dirija Até Morrer. Começando em agosto de 1977, seguiram um cronograma bem detalhado no oeste do Canadá que deu a largada para cinco meses sólidos por todos os Estados Unidos. Passaram um sexto mês inteiro, fevereiro de 1978, tocando duas vezes mais datas no Reino

Unido do que haviam tocado ao longo de seis meses no ano anterior. Uma turnê em meados de março pelo sul dos EUA veio na sequência, seguida de Ontário e do leste do Canadá no começo de abril, de novo com a Max Webster a reboque. Em 29 de março, a banda ganhou seu primeiro prêmio Juno como Banda do Ano, derrotando April Wine, Bachman-Turner Overdrive, The Stampeders e Trooper.

A banda teve um mês de folga começando na segunda semana de abril, que foi seguida por datas no Meio-Oeste dos Estados Unidos com início em maio. Abril foi um mês de folga para a chegada da bebê de Neil e Jackie, Selena, que nasceu no dia 22. Essas datas posteriores foram em essência tomadas como parte da turnê *Archives*, a versão do Rush da turnê *Originals* do Kiss, cada uma delas uma reconfiguração dos três primeiros álbuns, uma reintrodução aos trabalhos iniciais da banda. A falta de apoio promocional para *Caress of Steel*, como se sabe, ainda causava certa mágoa no grupo anos depois. Geddy declarou para a imprensa em 1978 que uma das principais motivações da turnê *Archives* era dar uma sobrevida a *Caress of Steel*, um álbum em que os membros da banda ainda acreditavam. Ele também satirizou os antigos companheiros de turnê de rostos pintados e o álbum *Originals*, afirmando que os fãs não seriam convidados a fazer parte de nada e que eles não deveriam esperar adesivos do Rush Army ao comprarem ingressos para *Archives*.

A chamada turnê *Archives*, de 10 a 28 de maio de 1978, acabou se tornando uma virada. Agora era o Uriah Heep, pouco depois da demissão do vocalista David Byron, que abria para o Rush – se você lembra, o Rush começou a fazer shows nos Estados Unidos justamente abrindo para o Heep.

"Não acho que houve qualquer ressentimento ou algo do tipo", lembra Mick Box, guitarrista do Heep. "O clima era de alto astral. Fiquei muito contente por eles. Faziam sucesso e estavam vendendo bem e todas essas coisas, então eles é que *deveriam* ser os headliners – só nos restava dizer: 'Ok, legal'. Faríamos a mesma coisa. Apresentamos o Kiss pelos Estados Unidos, e depois éramos nós quem abríamos para eles. Não dá para dizer que depois não poderia acontecer o inverso: os negócios são assim. E o mérito é seu – se você se tornou a atração principal, é maravilhoso. Quando estamos nos apresentando, dominamos aquele palco durante os momentos em que estamos lá em cima, e então tudo está terminado. Não importa quem se apresenta primeiro ou por último. Nossa mentalidade é essa. Portanto, não existe animosidade, nem ressentimentos, apenas: 'Parabéns, e que o sucesso perdure'. É óbvio que eles alcançaram muitas pessoas bem rápido. Alguns fãs também eram parte do nosso público. Podem ter conquistado nossa audiência e criado a própria base a partir disso. Quando alguém faz sucesso nesse negócio, eu tiro o meu chapéu, porque não vem fácil. Eles fizeram por merecer."

Comparando Kiss e Rush, Mick comenta: "O mais engraçado com relação ao Kiss é que havia muitas explosões. Era bem divertido, porque nós tínhamos algumas explosões no nosso show naquele tempo, bem poucas e só mais no final da apresentação, e *bang*, um pouco de confete ou coisas assim. E lembro que o Kiss perguntou: 'Vocês se importam se usarmos algumas explosões? Só usamos no final'. Respondemos: 'Façam o que tiverem vontade de fazer'. Queria não ter dito isso. A cada três compassos, *bang, bang, bang*! Era como uma queima de fogos de artifício no palco. Puta merda! É claro que quando chegou a nossa vez, nosso show pareceu bem simplório. Mas é assim que as coisas acontecem.

"Já o Rush nunca precisou disso, não é? Alguns precisam, outros não. O Kiss era muito teatral, com as roupas e tudo mais. Mas acho que, parecido com o Heep, o Rush só se preocupava com a música. Eles não tinham que se fantasiar, arrumar o cabelo, colocar maquiagem, usar roupas engraçadas – a música em si era sua imagem. E ela venceu o teste do tempo. É por isso que continuam fazendo sucesso até hoje. A música sempre veio em primeiro lugar. E acho que essa é a melhor atitude. Com o Heep é a mesma coisa. Outra banda que apresentamos foi o Foreigner... de um modo parecido com o que aconteceu com o Rush. Eles não tinham esses adereços todos, apenas músicas boas, tocavam bem, do fundo do coração, tocavam para um público roqueiro – foram dias felizes. Por isso o Rush nunca precisou de uma imagem. A música sempre foi o principal. E acho que isso diz muito sobre eles, que a confiança era forte o suficiente para fazerem a coisa acontecer. Não tinham que seguir nada que estivesse na moda. Não precisavam fazer penteados ou passar lápis no olho. Deixavam a música fazer o trabalho dela, e esse é o melhor modo de se fazer as coisas – acredite."

Mas nem todo mundo estava interessado no que o Rush oferecia. Alex diz que na época, de certa forma, os shows no oeste do Canadá eram bastante raros: "Bem, tocamos em Vancouver em quase todas as turnês canadenses. Mas para *Farewell*, começamos em Winnipeg e seguimos para o oeste, tocamos em todos os lugares em que podíamos tocar. A não ser por aquelas duas turnês, nunca mais voltamos para locais como Saskatoon, Regina e outras cidades canadenses menores, porque não despertávamos interesse. Tocávamos para 900 pessoas, 1.100 pessoas. É por isso que paramos de fazer shows em Winnipeg, era a mesma coisa lá. Não havia público para nós naquele lugar. E, você sabe, à medida que o tempo passa, se torna muito caro produzir um grande show. E se não há interesse, é difícil justificar uma ida até esses locais. É difícil porque, para os poucos milhares de fãs que vivem lá e querem mesmo nos ver, acaba sendo meio injusto com eles. Mas simplesmente não faz sentido".

Quando perguntaram a Neil por que o Rush não ia muito ao oeste do Canadá, ele respondeu: "Para ser sincero, acho que o oeste do Canadá é que não vem até nós. A verdade é essa. Vamos a Vancouver e tocamos para seis mil pessoas, depois atravessamos a fronteira até Seattle, que não é uma cidade muito maior, e tocamos para 20 mil pessoas. E também há a questão do nível de entusiasmo... Não se trata apenas de números. Não, somos recebidos com certa frieza por todo o Canadá".

Como mencionado anteriormente, os shows de abertura da turnê *Dirija Até Morrer* contaram com os confiáveis conterrâneos da Max Webster, assim como AC/DC, April Wine, Blue Öyster Cult (outra inversão de posição no cartaz da apresentação), Cheap Trick, City Boy, Hush, Lynx, Tom Petty and the Heartbreakers, Crawler, The Pat Travers Band, Head East, The Babys e UFO. No Reino Unido, o show de abertura contou com Tyla Gang.

"Sim, eles eram engraçados", começa Alex, se divertindo ao buscar na memória a lembrança dos lendários beberrões do UFO – em particular um encontro com eles em 16 de setembro de 1977. "Lembro que fizemos um show com eles em Spokane. É incrível que eu me lembre desses lugares. E só me recordo de olhar para cima e lá estavam eles, vestidos com robes. Tinham comprado esses robes de vovó e umas pantufas enormes de pelúcia, e estavam debochando pra valer da gente." Como todos recordam, o Rush usou por um curto período os "aventais chineses", como Alex os chamava, durante um raro período de sincronicidade de figurino entre os três integrantes.

"Se eu tivesse dito para pararem de usar, passariam ainda mais tempo vestidos daquele jeito", conta Ray, dando risada quando perguntado sobre as túnicas, no que pode ser uma brincadeira ou um vislumbre da real dinâmica entre empresário e banda. "Não, eu não fazia comentário algum sobre se alguma coisa caía bem ou sei lá o quê. Mas não, isso era coisa deles. Era como se viam e como se veem até hoje. Não acho que algum dia houve um estilista ou um figurinista ou qualquer profissional desse tipo. De qualquer maneira, não acho que importasse. O Rush era uma banda que tinha 90% de seu público masculino, e ninguém comparecia ao show querendo reparar no visual deles. Os fãs vinham com as camisetas da banda, então naqueles primeiros anos era como um clube do qual se tornaram membros, uma sociedade secreta. Se você observar as vendas de merchandising, competiam de igual para igual com bandas que tinham caras bonitões como alguém gostaria de ser, e mesmo assim o Rush vendia mais que elas. Era esse tipo de clube. Então eles se sentiam bem com as pessoas que os adoravam. Quanto aos outros, geralmente sequer reparavam em sua existência. Mas não eram ditadores de tendências moderninhos. Acho que, mérito deles, isso nunca foi um empecilho para a música. Eu podia citar vários artistas cuja questão da imagem acabou interferindo na música, e eles pagaram um preço alto por isso. Talvez se alcance um sucesso inicial por causa disso, mas mais tarde o tiro sai pela culatra."

"Cara, essas datas que fizemos com o UFO… Argh, não sei como sobrevivemos", continua Alex. "O tanto de bebida! Cada noite com eles era uma baderna, a bebedeira era pesada. Aqueles caras começavam a beber… Eles apareciam para a passagem de som, mas nunca faziam a passagem de som. Chegavam só porque sabiam que as bebidas no local do show eram de graça e assim podiam começar a beber. Sempre encontrávamos os caras do UFO antes de entrarmos no palco. Eles voltavam para o camarim deles, trocavam de roupa e sempre apareciam no nosso antes de entrarmos no palco. E já estavam bebaços naquela hora. Mas faziam o tipo de bêbado engraçado, principalmente Pete Way. Ele era hilário o tempo todo."

Neil alega jamais ter assumido o posto atrás da bateria meio ébrio, mas chegou a tocar mesmo estando muito doente: "Eu me lembro de estar no palco certa noite em Houston com um balde do lado da bateria para poder vomitar entre uma música e outra, torcendo para conseguir tocar a canção inteira ou pelo menos, você sabe, vomitar no escuro. Quero dizer, ficar sem se apresentar está fora de cogitação. Há 12 mil pessoas ali. É o único emprego do mundo que não tem como tirar licença-saúde. É fato, pense nisso. O pessoal pode tirar licença, mas para nós, para nós todos, se há a mínima chance de tocar, nós tocamos. E raramente cancelamos um show. Nenhum show foi cancelado nas últimas turnês pelo que eu me lembre [aqui, ele está falando das turnês *Test for Echo* e *Vapor Trails*], e talvez tenha havido uma vez só, quando a voz de Geddy sumiu por completo. Podemos até adiar uma apresentação em cada turnê. Mas há uma questão quando se fica mais velho. Nós nos tornamos mais consistentes com relação à saúde, pelo menos foi o que aconteceu conosco."

"Abrimos para eles cerca de meia dúzia de vezes entre 1976 e 1977", lembra o baterista Bun E. Carlos, do Cheap Trick. "Começaram como trio, com um equipamento parecido com o Cream. Fazíamos seis ou oito shows por ano com eles, e a cada ano, quando nos reencontrávamos, tinham alguma coisa diferente. Neil tinha adicionado carrilhões na bateria ou algum outro brinquedinho novo. Num show, deixavam dois violões nos tripés, de modo que pudessem caminhar até lá e tocar enquanto mantinham a guitarra e o baixo plugados. Começaram a ficar cada vez mais progressivos e coisas assim, e o pessoal ficava dizendo: "Bem, vamos ver o que vai acontecer com o Rush". Era tudo ou nada ali. Diziam que eles iriam cair de cara no chão. Era o que se ouvia no meio musical. Naquela época, já fazíamos parte dos negócios da indústria."

No que diz respeito à interação com os caras da banda, Bun afirma: "Eles não conversaram muito com a gente nos dois primeiros shows, até que certo dia – acho que foi no Palladium, em Nova York, depois de uma passagem de som, e foi a primeira passagem de som que fizemos com eles –, um dos roadies veio até nós com dois baseados e disse: 'Os caras da banda mandaram para vocês e disseram para passarem lá e darem um oi'. Depois disso ficamos bem próximos. Mas nos primeiros shows, eram mais distantes. A primeira apresentação que fizemos com eles foi aqui em Rockford. Eles não nos deram acesso ao equipamento de som ou deixaram espaço no palco ou qualquer coisa assim, porque éramos ídolos locais. Mas depois vimos que os caras eram gente boa."

Perguntado sobre o que Neil Peart trouxe à profissão, Bun diz: "Muito mais do que a maioria dos bateristas conseguiria dar conta. Ele era um tipo de *über Drummer*, um superbaterista. Deixou as coisas mais complicadas. Mesmo naquele tempo, Neil era bem mais básico do que acabaria se tornando mais tarde. Realmente chegou às alturas com seu estilo de tocar alguns anos depois, acho, quando de repente tudo parecia planejado e coreografado com precisão. Ele tinha mais do que apenas bumbo, dois tom-tons, dois surdos e algumas outras coisinhas de percussão. De repente, tudo foi duplicado, tornou-se de fato complexo. Neil ficou com a Ludwig por um tempo nos anos 1980 quando eu também tinha uma Ludwig, e diziam que lidar com ele era como tentar negociar com Deus ou algo assim. Esperavam duas horas depois de um show só para dizer oi, e algum roadie aparecia e dizia: 'Neil não quer ver ninguém nesta noite'. E eles diziam: 'Nós estamos aqui desde às sete horas'. Sabe, nem sempre as coisas acabavam bem, porque Neil era Neil."

Como já se mencionou antes, a turnê *A Farewell to Kings* foi particularmente exaustiva. "Sim, parecia mesmo que só iríamos morrer lá na estrada", lembra Geddy, por isso o apelido sinistro da turnê. "Foi inacreditavelmente difícil e muito frustrante. Porque, num dado momento, acho que tocamos 17 ou 18 noites em sequência, e cada uma delas tinha depois um trajeto de 300 quilômetros entre um show e outro. Então a gente apenas tocava e viajava, tocava e viajava, tocava e viajava, e estávamos completamente malucos no final da turnê. Fazíamos qualquer coisa para nos mantermos acordados. Todos nós já conversamos sobre certas coisas que nos modificaram. Aquela turnê nos transformou. Fazer *Hemispheres* nos transformou. *Grace Under Pressure* nos transformou. Esses foram discos tão difíceis de fazer, e aquela turnê foi tão dura que extraíram um pedaço da gente. Nunca mais fomos os mesmos de antes dessas experiências todas. Nem tudo foi ruim, mas algumas coisas foram, sabe?"

E quem entre eles conseguiu lidar com isso da melhor forma? "Bem, Pratt estava sempre muito centrado", conta Geddy Lee. "Neil provavelmente é a pessoa mais centrada que conheço. Porque ele se enfiava dentro dos livros dele e ficava lá, sempre foi muito disciplinado. E sabia quando tinha bebido demais ou quando tinha exagerado nisso ou naquilo; sabia quando era hora de ir para a cama. Neil sempre foi muito confiável nesse sentido. Portanto, era um bom exemplo para nós porque ele conhecia os próprios limites.

"Alex nunca conheceu os limites dele. Eu já era um tipo de cara mais conservador, então nunca perdia o controle daquele jeito. Mas acontecia. E esse estilo de vida é propício para coisas assim. Depois de um tempo, já nem mais se sabe qual é o lado de cima ou o lado de baixo. Após seis meses na estrada naquelas condições, continuamos em frente, mas com o tanque na reserva. Tudo se resumia ao show, a chegar ao show, a ficar bem para o show. Não havia outro jeito porque nossas apresentações são muito difíceis de tocar, e tocar bem era muito importante, nos mantinha na linha. Nós nos permitíamos algumas escorregadas, mas sabíamos que a pior coisa que poderia acontecer seria estragar o show, não tocar bem, não conseguir cantar bem.

"Tive mesmo muitos problemas naquela turnê para me manter saudável. Eu ficava gripado o tempo todo e tinha que cantar mesmo com um resfriado. Quero dizer, raramente cancelávamos um show. Isso estava fora de cogitação. Acho que nossa sorte sempre foi o fato de que ficamos constrangidos de verdade com certa facilidade, e não queremos ir até lá nos envergonhar diante de uma multidão. Tocar é tão importante para nós que realmente nos manteve na linha, ou tão na linha quanto precisávamos estar. Eu diria que era nossa prioridade, e esse tipo de instinto profissional foi muito útil."

"A turnê era chamada de *Dirija Até Morrer* porque era só isso que fazíamos", confirma Neil, acrescentando sua visão dessa etapa particularmente difícil e comparando aquele tempo com os anos mais recentes. "Ainda dirigíamos nós mesmos nossa van e fazíamos esses shows de uma noite só em cada cidade por todo o sudoeste dos Estados Unidos, dirigindo 400, 500 quilômetros, nos revezando ao volante, e então tocando noite após noite um set inteiro como atração principal. Ah, sem dúvida, ficamos num péssimo estado, aquilo destruiu nossa alma.

"Mas mesmo agora, estou constantemente com o sono atrasado só por causa do modo como tenho conduzido as últimas turnês... Andando de moto o tempo todo. E quero acordar cedo e sair por aí. Mas quando seu dia se estende até as 11 horas da noite, o tempo nunca

ACHO QUE NOSSA SORTE SEMPRE FOI O FATO DE QUE FICAMOS CONSTRANGIDOS DE VERDADE COM CERTA FACILIDADE, E NÃO QUEREMOS IR ATÉ LÁ NOS ENVERGONHAR DIANTE DE UMA MULTIDÃO.

parece ser suficiente. Então eu fico nos bastidores, na minha sala de aquecimento com um despertador, e falo: 'Ok, 20 minutos', e durmo literalmente por 20 minutos. É uma questão de adaptação. Se você não consegue lidar com a falta de sono, os horários e a dieta irregulares e todas essas coisas, não tem como sobreviver. Mas de volta àqueles primeiros anos, não dormíamos o suficiente e viajámos muito, só havia comida ruim e todas essas coisas."

Quanto aos registros contábeis, as coisas estavam indo bem, tanto que a banda, de forma um pouco irônica, ganhou a própria condução linda de morrer. Alex comprou um Jaguar, enquanto Neil optou por uma Mercedes e Geddy pegou um Porsche. Não era necessariamente um capricho extravagante, já que na metade da turnê, *A Farewell to Kings*, *All the World's a Stage* e *2112* receberam discos de ouro nos Estados Unidos (além de muitos discos de ouro e platina também no Canadá), e a banda enfim começou a colher os frutos de toda aquela jornada cansativa.

O pai de Neil, Glen, lembra: "Estávamos em St. Catharines quando do os três garotos compraram os primeiros carros. Neil comprou uma Mercedes 450-SL, e era um lindo carro. Ele saiu da concessionária e na hora veio para casa e fomos dar uma volta no carro dele. Não havia dúvidas de que os três compraram o carro que cada um desejava. Com certeza foi um momento marcante quando ele voltou para casa com aquilo. Depois acho que o carro seguinte deve ter sido uma Ferrari, quando ele apareceu com a Ferrari vermelha.

"Maple Leaf Gardens foi muito divertido. Antes de mais nada, havia o fato de que eles eram a atração principal do Maple Leaf Gardens, mas também porque toda a mídia estava lá. Os jornalistas imploravam para ver Neil, Alex e Geddy e queriam falar com eles. Nesse meio-tempo, os três rapazes tinham decidido que iriam dedicar essa noite para os pais; já estavam cansados de estar sob os holofotes. E lá no alto do Hot Stove Lounge do Maple Leaf Gardens, colocaram um banner com os nomes dos pais e se certificaram de que os fotógrafos nos seguissem e tirassem nossas fotos. É claro que estavam se divertindo muito ao colocar todo o ônus sobre a gente, e nós também nos divertimos muito.

"Como em geral acontecia nos shows em que estivemos, há essa grande agitação da mídia, e os outros dois rapazes tentam lidar com a imprensa, porque Neil não quer saber de nada disso. Mas depois que tudo acabou, e mesmo naquela noite no Maple Leaf Gardens, os três ficaram num canto lá nos fundos com as famílias e deixaram toda aquela algazarra esvanecer por si só, e eles simplesmente conseguiram aproveitar um tempo com a gente com mais tranquilidade."

Vic lembra: "Certo dia eu saí e comprei um Jag XJS, um 911 Porsche Targa e uma 450-SL para a banda. Quero dizer, sabe o que isso significa? Que estavam ganhando bastante dinheiro? Eles gostavam de seus pequenos luxos. Gostavam de voar de primeira classe, e isso não era possível num primeiro momento. Viajavam nos fundos do avião como qualquer um – nós todos fazíamos isso. Mais tarde, pegaram um voo de Concorde. Pouco antes de eu sair, começaram a fazer exigências. E tinham todo o direito de fazer isso".

"Pegamos um empréstimo para comprar aqueles carros", confirma Lifeson. "Em 1977, não podíamos pagar à vista; eu ainda morava num apartamento na esquina da Bayview com a 401. Mas a banda pagou o apartamento. E eu lembro que tínhamos direito a um telefonema para casa por semana, no domingo, depois da meia-noite, por 20 minutos, e a banda pagava. Fora isso, só escrevíamos cartas uns para os outros. Minha esposa e eu ainda temos guardadas as cartas que escrevíamos um para o outro. 'Mande para o Holiday Inn em Harrisburg, Pensilvânia...'"

"A GRA
MUDAN
ENTRE
E DEMA

NDE
ÇA
OFERTA
NDA."

CAPÍTULO 8

HEMISPHERES

No verão de 1978, o Rush havia vivenciado todas as divagações, emoções e movimentações num ônibus de turnê digno de estrelas do rock, mas como qualquer membro da indústria vai confirmar, realmente é um longo caminho até o topo para quem quiser tocar rock 'n' roll. A banda então era atração principal, no controle do próprio destino – um organismo em funcionamento percebido pelo mundo como uma instituição. Ainda não havia muito dinheiro – há registros de que a banda tinha uma dívida de 325 mil dólares anterior a *2112* – mas ninguém precisava saber disso. O Rush, para o público, eram aqueles caras da capa interna de *A Farewell to Kings*, reunidos num de seus castelos para uma rápida sessão de fotos antes de saírem para uma caça às raposas.

Como se sabe, a realidade era bem diferente, mas ninguém tinha tempo de pensar nisso. Depois de quase dirigir até morrer na turnê *A Farewell to Kings*, era hora de fazer outro álbum. Dado o sucesso e o volume de seu catálogo, provavelmente não se tratava de uma necessidade urgente – era um momento em que os empresários poderiam dizer para continuarem em turnê e venderem mais discos do catálogo que estavam indo muito bem ganhando ouro e platina. Mas Geddy, Alex e Neil eram músicos criativos e incansáveis, e estavam ávidos para voltar a gerar novo material para o Rush, menos porque havia músicas prontas e mais porque o método de fazer o álbum anterior havia sido inspirador. Os caras queriam reviver a sensação de ser estrelas do rock, de sentir novamente que estavam escrevendo a história do gênero musical como aconteceu enquanto trabalhavam em Rockfield e no Advision.

Mas, leais à sua doutrina de dar um passo à frente de alguma forma ou de outra no disco seguinte, os rapazes deixaram para fazer a maior parte da composição no exterior.

"Com *Hemispheres*, fizemos algumas sessões preliminares de composição ainda em Toronto e ensaiamos algumas ideias quando tivemos oportunidade", começa Alex. "Ainda estávamos fazendo muitos shows, e realmente não havia muito tempo livre. Então decidimos compor o disco quando chegássemos à Inglaterra. Alugamos uma casa no campo próxima ao estúdio e ficamos lá durante três semanas. Sentimos que podíamos compor e depois nos mudar para o estúdio e começar a gravar para continuar o processo. Olhando para trás, foi uma ideia maluca porque isso significaria que esse projeto teria seis meses de duração, sem pausas, sem tempo livre.

"E quando eu digo sem pausa, quero dizer sem folga alguma – nem mesmo um único dia. E foi isso que aconteceu. Começamos a trabalhar naquele período de três semanas, e foi tudo o que fizemos durante três semanas. Começamos devagar, com boas intenções... Certa noite, trabalhamos até uma hora mais tarde, e na noite seguinte até duas horas mais tarde. Basicamente terminamos de manhã, por volta das 11 horas, numa manhã de segunda, e todo o equipamento foi carregado e levado para o estúdio de mixagem, então tomamos uma ducha, seguimos direto para o estúdio e começamos a trabalhar. A coisa toda aconteceu dessa forma."

O prazo apertado transformou as sessões num pesado trabalho noturno de rock 'n' roll em que os caras dormiam durante o dia, tomavam café da manhã às sete da noite e trabalhavam até o início da tarde seguinte. "Trabalhávamos cada vez mais tarde da noite e dormíamos cada vez mais durante o dia", conta Geddy, "até que nossos relógios ficaram completamente invertidos, ficávamos acordados a noite inteira e dormíamos durante o dia todo. Não era bom para a cabeça. E então começamos a ficar sem prazo. O disco estava levando tempo demais para ser feito. Tudo estava indo muito devagar. E não contávamos mais com o fator novidade... Já tínhamos gravado antes no País de Gales, então nada era novo. A novidade de se estar num estúdio residencial num país estrangeiro tinha passado e começávamos a sofrer de *cabin fever*, a nos sentir enclausurados, tivemos problemas por causa do isolamento."

Ian acrescenta: "Tudo que sei é que eles trabalharam duro nos ensaios e no estúdio, de verdade. E nós sequer encerrávamos a jornada... Adotamos a expressão 'intervalo' para definir o final de um dia de trabalho, porque não se pode dizer que era noite já que passava das cinco horas da porra da manhã. Era o 'intervalo' até meio-dia. Eles trabalhavam muito".

Era como se os caras estivessem em busca de um barato até descobrir que haviam chegado a um ponto em que nenhuma droga faria efeito. Terry conta: "Na verdade, *A Farewell to Kings* ocorreu bem tranquilamente e foi um disco muito bem-sucedido. Assim, na nossa infinita sabedoria, achávamos que dava para fazer a mesma coisa com *Hemispheres*. Voltamos para Rockfield e meio que adotamos o mesmo cronograma para o trabalho. Sentimos que era possível fazer assim".

"Mas parecia que estávamos caminhando numa esteira", conta Geddy. "Quando compusemos *Hemispheres*, foi um álbum muito intenso, um disco muito difícil de tocar. Era uma dessas coisas que tínhamos esquematizado... Fomos para Gales escrever, porque na verdade havia pouquíssima coisa pronta. Então nos mudamos para essa casa de campo e não fizemos nada a não ser compor todos os dias. Montamos esse álbum pedacinho por pedacinho.

"Foi um processo fascinante. Era a primeira vez que ficávamos longe de casa batendo ponto no relógio para compor, por assim dizer, porque não tínhamos o luxo de estar no nosso próprio quintal. E esse disco se desenvolveu de forma sombria e complexa, o conceito era bastante pesado. Ainda assim eu continuava com a sensação de que estávamos apenas seguindo a fórmula de *2112*, mas de um jeito muito mais complexo. Portanto, em certo sentido, parecia meio formalista para mim e, no final, embora eu goste muito da música que resultou disso, não queria mais ficar repetindo a ideia de tomar um conceito e ter todas essas introduções instrumentais. Parecia que estava se tornando repetitivo de um ponto de vista conceitual. Basicamente se resume a isso."

As sessões de composição e ensaios aconteceram numa área do complexo de Rockfield chamada de Old Mill House, ou Velho Moinho, que ficava a cerca de três quilômetros do estúdio. Com pé-direito alto e sete quartos, em essência parecia um hotel à beira do rio que se tornou um estúdio propriamente dito em 1989. Em 2001, foi vendido. Ian acredita que os rapazes ficaram lá por uma semana ou dez dias "tocando oito horas por dia", enquanto ele saía para pescar para deixá-los à vontade.

Ao fazer a transição para o estúdio, durante as longas horas de trabalho árduo, os rapazes receberam um visitante ímpar. "Havíamos terminado de jantar e talvez estivéssemos tomando um vinho e fumando um baseado, como costumávamos fazer", lembra Ian Grandy. "Ouvimos alguém batendo na porta, e Neil foi até lá, abriu a porta e ficou pensando: 'Quem é esse pobre coitado?'. Estava todo sujo e tinha uma aparência decrépita. O cara só abaixou a cabeça e murmurou alguma coisa para Neil, que foi até seu estoque, pegou algumas gramas de haxixe e entregou para o cara, que foi embora. Ficamos pensando: 'Nossa, não é comum Neil fazer esse tipo de coisa'. Acontece que o cara era Ozzy Osbourne."

Além de Ozzy, a lembrança mais vívida de Ian dessa época tem a ver com dormir. "Eu dormia das três da manhã até três da tarde porque, para começar, Terry não queria ninguém dentro do estúdio. Ele achava que éramos uma distração, embora soubéssemos nos comportar sem distrair ninguém. Eu lembro uma vez que ele me perguntou se eu tinha gostado do take número 14 ou do 31 depois de 35 tentativas, e tudo parecia um borrão. Eu só tentava não atrapalhar. Havia uma Copa do Mundo em andamento. Assisti a todos os jogos, minuto a minuto. E dava maçãs para os cavalos. Jogamos muito pingue-pongue, na verdade; todos ficamos muitos bons em tênis de mesa.

"Não tinha mais nada para fazer. Íamos ao pub e ficávamos lá algumas horas tomando cerveja, mas para eles o trabalho era contínuo, sem parar. Como engenheiro de som – não mais apenas como roadie da bateria –, eu só ficava ouvindo. E vou dizer, as músicas ficavam entranhadas na mente. Eu sabia cada nota, cada mudança de compasso. E na hora que mixávamos tudo isso ao vivo, nas arenas, eu tinha tudo sob controle, porque sabia as músicas de cor. Essa era a vantagem de estar no estúdio – você aprendia as músicas perfeitamente. Com *Permanent Waves* foi diferente, eu não estava lá na gravação porque minha esposa tinha tido bebê havia pouco tempo. Lembro que, logo depois do primeiro show, Geddy perguntou: 'Sabe aquela nota na música?'. E eu disse: 'Geddy, eu não estava no estúdio. Não estive nos ensaios. Tive que implorar ao Ray Danniels para me dar uma cópia da fita, e ouvi tudo quatro vezes, mas por favor ainda não fale comigo sobre notas de música'. Mas com *Hemispheres*, sim, eu sabia cada nota de cor."

Quanto ao trabalho real, Grandy conta: "Encontrava Neil no começo do dia, dava uma olhada na bateria, e ele podia pedir para mudar uma pele. Seja lá o que fosse necessário, eu ficava lá de prontidão. Nunca fui roadie de guitarra, para isso eles tinham o Skip Gildersleeve, técnico de baixo do Geddy. Então basicamente, juro por Deus, eu dormia 12 horas por dia. Porque eu estava longe da minha esposa e não havia literalmente nada que se pudesse fazer. Entrava lá e já tinha ouvido a mesma música 31 vezes antes. Aquilo grudava no cérebro e não tinha como tirar. Até hoje posso ouvir as fitas e dizer: 'Aqui está a deixa para o harmonizador, aqui está a deixa para…'

"É preciso entender que, em ambos os casos, fizemos turnês na Inglaterra e depois entramos direto no estúdio. Então se está longe de casa, eu estava longe, eles estavam longe, acho que no total foram três meses: maio, junho e julho. Quando se é casado... Não é muito bom, não restam dúvidas. Mas acho que eles queriam estar longe. *Caress of Steel* foi gravado a cinco quilômetros de distância de onde eu moro."

"*Hemispheres* – e tenho certeza de que os outros vão concordar – é o álbum que quase nos matou", explica Neil. "De novo, turnê, turnê, turnê, e então nós paramos. E acho que tivemos duas semanas de pré-produção – esse foi nosso novo luxo com *Hemispheres*. Tão experimental e tão puro. Nós adoramos. Sabe, esse foi o ponto crucial em todos aqueles casos. É claro que consigo olhar para trás e posso ouvir as falhas e ver o que poderíamos ter feito diferente. Sabe, cometemos erros ao longo do caminho enquanto fazíamos aquele álbum. Há um livro excelente de Dave Eggers chamado *A Heartbreaking Work of Staggering Genius*: na contracapa, há uma pequena explicação chamada: 'Erros que sabíamos estar cometendo'."

Com relação à compulsão de extrapolar limites, Neil observa: "Parte disso foi circunstancial. Tínhamos começado a fazer sucesso no final de 1976, começo de 1977. Então estavam se interessando por nós havia um ano. A carreira é uma questão de oferta e demanda. Num primeiro momento, há muita oferta, mas não muita demanda. E se essa demanda cresce, de repente dizem: 'Veja bem, sei que vocês estão fazendo cinco shows em sequência, mas podem fazer uma matinê nesta data? E vocês deveriam ter um dia de folga, mas podem tocar em St. Louis nessa data?'

"E então parece arrogância dizer não. Que direito eu tenho de dizer não para isso? É um sonho que se tornou realidade. É claro. Mas, depois de um tempo, tudo se torna tão massacrante que destrói sua alma por dentro. Você se doa demais. E hoje afirmo, e é pura verdade, que o período pós-turnê em geral é duro. Seu desempenho não sofre – você é que sofre. Paga-se um preço enorme por isso. E estávamos completamente embriagados com o fluxo criativo, em meio à turnê e tudo mais com relação a criar *A Farewell to Kings* e partir para a Inglaterra. Foi uma experiência muito rica e gratificante para nós, com muita experimentação e muito trabalho naquela época, por isso pensamos: 'Sim, podemos fazer uma turnê na Inglaterra. Claro!'. E então fomos direto para o estúdio gravar um álbum. 'Sim, claro que vamos conseguir fazer isso!' De novo, não era um erro, era apenas uma questão de circunstância. Então esse foi o momento da grande mudança entre oferta e demanda. Às vezes havia mais demanda do que oferta da parte de nós três. Assim, entramos lá com as mesmas motivações que nos conduziram durante *A Farewell to Kings*, de querer explorar. Mas tudo foi feito ao longo do caminho."

Hemispheres foi lançado em 29 de outubro de 1978, depois que os caras já tinham pegado a estrada novamente, com 12 datas marcadas perto de casa antes de chegar a Alberta para o grande dia. Para a embalagem, a banda optou por algo parecido com o álbum anterior, uma capa dupla com as letras impressas na parte interna. Na terra natal, o disco foi lançado em vinil vermelho. A arte de capa de Hugh Syme ilustrava o equilíbrio entre cérebro/coração do tema da faixa-título, paixão *versus* razão, o homem criativo nu (marcando uma continuidade com relação a *2112*) tentando alcançar um homem de chapéu-coco (tendo como modelo Bob King, que antes havia posado para o 'Starman' de *2112*) representando a convenção e a razão. Ambos estão de pé sobre um grande cérebro. Na verdade, Hugh conseguiu permissão da família de um falecido para fotografar o cérebro do cadáver, mas no final das contas achou isso um tanto perturbador e decidiu usar um modelo anatômico.

O álbum foi gravado a um custo de mais de 100 mil dólares, o valor mais alto que a banda já havia gastado num disco e, felizmente, resultou num som à altura. "Eu estava ciente disso", conta Ray, com relação ao custo. "Fiquei preocupado com quanto tempo estava levando e quanto dinheiro estava sendo necessário para fazer o disco. Cada disco levava mais tempo do que o anterior. Sem dúvida havia se tornado um padrão. Eles tinham se tornado perfeccionistas. Minha preocupação estava com a questão financeira. Eu sempre queria colocar o disco nas lojas. É interessante, a perspectiva do empresário é: 'Me dê logo o disco para que eu possa colocar uma turnê na estrada' e manter a roda girando. Geddy sempre diz que nunca entregou um disco. Apenas teve discos tirados dele. Então somos opostos nesse quesito."

Para todos os efeitos, *Hemispheres* foi o álbum de maior alta-fidelidade na carreira da banda até aquele momento – isso se revela instantaneamente quando "Cygnus X-1 Book II Hemispheres" abre em total esplendor com um fade reverso.

Neil explica por que fez esse álbum: "Eu estava lendo um livro na época, acho, chamado *Powers of Mind* [Os poderes da mente], e um dos capítulos era sobre as divisões dos hemisférios cerebrais; eu achei aquilo fascinante, e outro veículo divertido para a expressão mitológica, o que me intrigava na época. Então era nessas coisas que eu estava interessado. E me lembro de pensar nisso enquanto estávamos em turnê. Me lembro de ficar sentado nos cases criando os esboços de *Hemispheres* para eles. E quando chegamos a Rockfield, tivemos duas semanas na Mill House para compor e depois começar a gravar. Mas a fonte criativa, como qualquer outro aquífero, precisa ser reabastecida, e esse foi o maior problema naquele período – simplesmente não houve tempo para reabastecer. Então continuamos nos doando, nos doando, nos doando, fosse fazendo shows ou compondo canções, e fomos ficando cada vez mais esgotados. Essa foi a parte que destruiu nossa alma".

Powers of Mind é um livro publicado em 1975 por Adam Smith [George Goodman]. Tanto Ayn Rand quanto Friedrich Nietzsche, mais notavelmente em *Humano, Demasiado Humano* e *O Nascimento da Tragédia*, abordaram essa dualidade do lado esquerdo e do lado direito do cérebro usando a alegoria desses deuses gregos.

Apresentada em seis partes (com a titulação inconsistente até mesmo nos trechos impressos da capa dupla original), *Hemispheres* começa com "Prelude", que tem uma introdução de quatro minutos e 29 segundos, seguida de uma segunda introdução de quase um minuto exato. O tempo todo a banda joga um número de formas de heavy metal, o peso dos riffs ressaltados por um som muito mais denso produzido por Alex se comparado com *A Farewell to Kings* e *Caress of Steel* e se tratando de material similar. Assim que Geddy começa a cantar, os três estão numa arquitetura nova, ainda bem roqueira, enquanto Neil nos informa que os deuses imbuíram o homem com quantidades iguais de amor e razão, e que a luta entre os dois seria o resultado inevitável.

De fato, a banda dá um tiro no pé chamando algo assim de "prelúdio", porque não apenas tem voz e partes sensíveis (muitas delas), mas começa com rapidez e termina como uma canção propriamente dita, um último acorde em fade seguido de alguns segundos de silêncio. Em seguida há "Apollo: Bringer of Wisdom", sombria e onírica, mas ainda em potência máxima, repetindo dois dos temas musicais de "Prelude" – agora a ideia de essas faixas serem canções autossuficientes e separadas se desfaz. Estamos num banquete de rock progressivo com 18 minutos de duração.

A história é claramente uma continuação de "Cygnus X-1", presente em *A Farewell to Kings*. Quando o disco foi lançado, Geddy tinha alertado que com certeza haveria uma continuação, mas não necessariamente no disco seguinte. Acabou sendo no disco seguinte, mas como tudo em *Hemispheres*, foi feito sob pressão. Neil tinha apenas metade das letras prontas quando a banda chegou à Inglaterra, tendo começado três semanas antes. Como mencionado, as conexões com a história original são tênues – há um contraste significativo entre antigos deuses e o cenário de ficção científica da "Cygnus X-1" original. Além disso, Cygnus X-1 é um personagem nesse conto antigo, e no original é um elemento da geografia cósmica.

A parte três, "Dionysus: Bringer of Love", usa os mesmos motivos musicais que a predecessora, com Neil apresentando a mesma noção de geometria lírica: o deus fala, explica sua natureza e depois, na segunda parte, vemos o efeito de cada personalidade numa sociedade. "Armageddon: The Battle of Heart and Mind" mantém essa forma distante, com a guitarra carregada e sombria, embora ainda predominantemente progressiva com soluços na fórmula de compassos. Aqui vemos amor e razão divididos, criando rupturas entre as pessoas, para então serem salvas pela chegada de Cygnus em seu Rocinante, outra ligação com o conto original.

"Cygnus: Bringer of Balance" começa com a primeira difusão de energia do álbum para um trecho mais parecido com uma narração. Esse trecho é seguido por um hard rock triunfante sobre o qual Cygnus conserta as coisas e é recompensado com a divindade, sendo declarado o novo Deus do Equilíbrio.

Enfim, depois de 17 minutos do rock dramático e dinâmico do Rush, "The Sphere: A Kind of Dream" nos deixa uma nota de esperança, Geddy canta lastimosamente sobre um violão acústico simples e um pouco de efeito de texturas do pedal. Mesmo assim, aqui a mudança de acorde sela o equilíbrio de melancolia e malevolência. Não é tão feliz e resolutivo como algumas das outras conclusões da banda.

"É o puro senso de diversão", responde Neil ao responder o que leva uma banda a querer fazer uma música tão complicada. "Não seria divertido fazer isso? Ou quando alguém aprende a tocar uma coisa, diz: 'Pessoal, dá uma olhada e vejam se conseguem fazer uma coisa que combine com isso'. Assim eram os pequenos desafios, e precisa ser uma natureza compartilhada entre nós, ficarmos animados com um desafio. Sim, podíamos passar dos limites: 'Não, isso é difícil demais. Quero conseguir tocar isso nos próximos três anos'. Mas também havia outro fator na ocasião. Sabíamos na época que iríamos tocar as músicas noite após noite, então deixá-las difíceis e desafiadoras as tornava prazerosas. Não havia tédio quando tocávamos ao vivo esse tipo de coisa. Então em parte essa era a questão. Mas, na verdade, era algo bem mais simples – era por pura emoção. Isso é uma coisa que todos compartilhamos. Vamos fazer essa coisa juntos."

"Para muitos fãs, esse é seu disco favorito do Rush e sem dúvida em alguns aspectos é o disco mais rock progressivo de todos os discos da banda, mas ele realmente nos esgotou", conta Geddy, que tem reservas quanto ao sucesso de "Cygnus X-1 Book II Hemispheres". "Mas a coisa toda de ser escravo de um conceito por 20 minutos se tornou quase formalista de um jeito estranho. As pessoas o associam a outra coisa, mas estava se tornando uma fórmula para nós. Agora você tem a abertura, agora você tem a... Era redundante fazer isso de novo. E sentimos na época que teve muito sucesso em termos de composição dessa música com um lado inteiro de duração, então apenas não nos pareceu apropriado repetir isso. Seguir em frente, era como nos sentíamos, ok, vamos tentar outra coisa, vamos tentar um tipo de álbum conceitual onde haja um conceito menor, onde há fios conduzindo todas as músicas, um espírito que conecta as canções, não se fica bombardeando ninguém com isso. Deixe-os descobrir por si próprios. Acrescente algum mistério às letras, acrescente algum mistério ao conceito, mas os deixe descobrir os níveis diferentes da música, se isso for importante para eles. Então foi um grande ponto de virada para nós. Foi o que *Moving Pictures* se tornou, o primeiro dos discos conceituais com "c" minúsculo.'

"Mas o conceito inteiro de 'Hemispheres' no lado A, sabe, realmente estávamos tentando ser meio puristas demais, tocando a coisa toda, as faixas base, como uma apresentação ao vivo, para depois fazer os *overdubs*. Mas havia tantas mudanças de tempo e sutilezas e coisas complexas acontecendo naquela música, apenas não conseguimos gravar como uma coisa só. E nos tornamos muito específicos quanto à sonoridade dela. O som que buscávamos, não tenho certeza se sabíamos o que era até que o ouvimos."

"Circumstances" abre o lado B do vinil original, e o tema *power trio* progressivo continua aqui, já começando poderoso de imediato com Alex fazendo os riffs enquanto a seção rítmica acentua com força. Quanto às letras, Neil expressa a grande questão do destino *versus* aleatoriedade (não livre-arbítrio) num conto universal sobre um único garoto. O garoto, na verdade, é Neil narrando a peregrinação humilhante por Londres para tentar realizar seu sonho de rock 'n' roll.

Em seguida há "The Trees", que foi lançada como single do álbum acompanhada de "Circumstances" – e de forma inteiramente apropriada, devo acrescentar, porque depois da introdução muito semelhante à música renascentista de *A Farewell to Kings*, ela urra vivaz e se transforma num rock acessível, apesar de a banda usar tempos 4/4, 6/8 e 5/4. Muitos dizem que uma nova era do Rush começou com "The Spirit of Radio", mas acho que esse espírito começa bem aqui. Como "The Spirit of Radio" e "YYZ", "The Trees" é disfarçadamente progressiva no geral, mesmo assim todas as partes são cantaroláveis e até mesmo fáceis de assimilar pelos novatos na música.

Neil sempre foi bastante vago quanto à letra, dizendo que são "versos burlescos" e "uma declaração muito simples". Como ele disse a Geoff Barton: "A música é sobre uma floresta cheia de bordos e carvalhos. Os bordos começam a se revoltar porque os carvalhos estão ficando muito grandes e altos e bloqueando toda a luz do sol. Então criam um sindicato e tramam para que os carvalhos sejam podados e fiquem de um tamanho razoável".

Peart contou ao jornalista John Hamblett, da *New Music Express* (*NME*), que a canção não fala de trabalhadores sindicalizados, curiosamente, dado que é bem do que trata a última estrofe. "Asseguro que não era essa a intenção. A princípio, essa música surgiu como um desenho animado. Eu me sentei depois de um show em algum lugar e de repente me veio à cabeça essa animação muito nítida visualmente. Foi a letra mais rápida que já escrevi; na verdade, demorei cinco minutos para escrevê-la. Suponho que seja em resumo sobre o modo insano como as pessoas agem. Essa falsa ideia de igualdade que tentam criar. Eu só acredito que certas pessoas são melhores em fazer certas coisas do que outras. Alguns são naturalmente talentosos – têm um dom, ou seja lá o que for – e outras pessoas não são. Isso não significa que essas pessoas sejam seres humanos superiores por causa desse talento; apenas significa que são mais talentosas".

"Hemispheres" e "The Trees", como algumas músicas de *Fly by Night* e *2112*, acabaram arrastando Neil para debates políticos em entrevistas, principalmente no Reino Unido. A frustração dele era palpável quando isso aconteceu, e em geral não acabava muito bem.

Hemispheres fecha com outra composição que poderia facilmente ter sido adicionada à lista de canções do Rush de rock matemático e pouco acessível, até mesmo desafiadora para cair no gosto do público, porque não tem voz. "La Villa Strangiato", com o subtítulo de "An Exercise of Self-Indulgence" – um exercício de autoindulgência –, é um clássico de *air drumming*, assim como um aceno bizarro a um standard do jazz: a gravação de 1937 de Raymond Scott "Powerhouse" – embora a verdadeira inspiração tenha vindo do uso dessa música em vários desenhos animados. Conta Ian: "Assim que ouvi, pensei: 'É de um desenho do Popeye'. Acho que surgiu quando Alex brincava com os seus garotos num sábado de manhã. E eles concordam que qualquer um deles pode ter escrito a música. Mas essa canção, uau, pelo menos não havia voz. Eles trabalharam duro nela. Gosto dessa música, acho que é incrível. E ao vivo, podíamos fazer muitas coisas com eco e outros efeitos".

"La Villa Strangiato" também contém o que Alex considera seu mais notável e adorado solo de guitarra, um exercício de construção de tensão, efeitos e bom gosto indiscutível. O que não deve ser esquecido, já que quase dez minutos se passam entre desenvolvimento e conclusão, é que "La Villa Strangiato" termina mantendo o espírito hard rock *joie de vivre* desse disco. O que se passou foi com certeza um álbum de metal progressivo em todos os sentidos do termo.

"É de fato peculiar, completamente fora da curva e totalmente diferente de tudo que já fizemos antes", observou Alex, em entrevista a Geoff Barton em 1978. "É uma – quem poderia dizer – recriação musical de alguns dos meus pesadelos!" "Sim, é verdade", acrescenta Neil. "Alex tem alguns dos mais bizarros pesadelos, principalmente quando estamos na estrada em turnê. Às vezes, quando estamos todos em sono profundo nos nossos quartos de hotel, ele acorda Geddy ou a mim com um telefonema no meio da noite e começa a nos contar esses pesadelos horríveis que teve. Quando se está mais ou menos consciente, algumas dessas histórias que ele narra podem ser alucinantes."

Geddy conta que a banda tinha se desafiado a tentar fazer a música num único take, como uma coisa só. "É uma música de 11 minutos, e depois de tentarmos durante dias e dias, finalmente tivemos que aceitar a derrota e fizemos em três partes que depois foram reunidas. Não era porque não conseguíamos tocar, mas nós todos somos perfeccionistas e não queríamos ter que voltar e refazer as partes. Como acontece hoje em dia, você faz uma faixa, volta e conserta essa parte, depois outra, gravar é muito diferente agora. De fato, muitas bandas estão retomando o que se fazia no passado. Há algo de bom no modo como costumávamos fazer as coisas. Mas era para ser tudo direto do estúdio, e se mantém a faixa rítmica, depois se mantém a faixa de baixo e se acaba criando a coisa toda. Então era bem difícil. Era muito ambiciosa, considerando nosso nível de musicalidade naquela época. Estávamos sempre nos desafiando, tentando tocar um nível acima, sabe, nos esticando. É claro, a experiência torna você um músico melhor, e também pegar a estrada e tocar essas músicas ao vivo. Agora, se precisarmos tocar 'Strangiato' num único take, fazemos isso sem sofrer. Mas hoje somos mais experientes do que éramos naquele tempo. Então, sim, olhando para trás, foi ridículo sequer tentar fazer aquilo, mas éramos assim e era o que queríamos ser, dar o passo maior que a perna, por assim dizer."

"Era comprida demais para fazer num único take", acrescenta Terry, "porque não caberia numa fita. Então tivemos que fazer em seções, e depois pegávamos uma parte e encontrávamos um lugar conveniente onde poderíamos parar e... Parávamos e depois voltávamos e recomeçávamos a gravar e tentar terminar os oito ou dez minutos seguintes. E depois juntávamos tudo. É um bloco longo e obviamente eles podiam tocar, mas é importante lembrar que estávamos desenvolvendo muitas nuances, muitas partes e muitos detalhes na época em que estávamos gravando. Agora, em retrospecto, eles podem voltar e ouvir porque ela já está incorporada; conhecem cada nuance e nota. Mas naquele momento ainda estávamos desenvolvendo. Para desenvolver uma peça inteira numa única tentativa, certamente para mim, era um desafio para o qual eu não estava pronto. Precisava me certificar de que tínhamos acertado uma parte, depois fazer outra parte, e só então colocar as três partes juntas.

"Mas a música precisava ser ouvida como um bloco só. Não eram três músicas. Não era conveniente que eu dissesse: 'Vamos só acertar esta parte e depois achamos um ponto conveniente para edição, e então fazemos a segunda parte. Depois, quando juntarmos tudo, alcançaremos uma sonoridade como se tivesse sido tocada como uma peça única'. Mas ela precisava ser abordada no detalhe, e o detalhe era um tanto avassalador. Então, não me sentia confortável fazendo a música como uma peça única. Você não joga simplesmente alguns microfones aqui e ali e se apressa dizendo: 'Valeu, caras, vão para casa' Há muito mais detalhes naquela faixa, e detalhes exigem tempo. Levou mesmo muito tempo, mas é uma faixa impressionante que valeu todo o esforço. A experiência toda daquele álbum foi pesada para todo mundo, emocionalmente, não há dúvidas quanto a isso. Ficamos longe de casa por um longo período e isso foi muito duro. Mas, ei, somos adultos, podemos lidar com isso. E chegamos lá."

Nem precisa dar nome a todas as partes dessa música, porque seria meio supérfluo – alguém pode se perguntar se o Rush estava tirando sarro de si mesmo ou de seu passado (e do presente, como três faixas antes!) com um pendor por fazer isso. A parte da canção baseada em "Powerhouse" é chamada de "Monsters!" e os autores moraram na mesma interseção das ruas "Danforth e Pape" (o título da parte sete) por 30 anos, e você jamais vai encontrar uma interseção mais descritiva que essa. Vale observar que o Rush não "concordou" exatamente com relação à inspiração de "Powerhouse". Qualquer possibilidade de ir para os tribunais já passou do prazo, mas a banda generosamente ofereceu um pagamento "compensatório", e todas as partes ficaram felizes. Além disso, o Rush não precisa colocar os créditos a Scott em futuros relançamentos da música.

Se a composição e a gravação das faixas que englobam *Hemispheres* foram ambas difíceis, deixar Rockfield para trás não significou que os problemas da banda tivessem acabado.

"Mantivemos o mesmo cronograma para gravar e fazer a voz", explica Terry, o que significa que o processo foi o mesmo de *A Farewell to Kings*. "Bem, na última noite do mês que passamos em Rockfield, fizemos nossa primeira voz e ela não ficou boa. Estava ok, mas não era o que se esperava... nem o que estávamos acostumados. Ged não se sentiu confortável. Então pegamos o carro na manhã seguinte e partimos para a sessão de mixagem nos estúdios Advision, o que acabou se transformando em sessões de gravação dos vocais. Passamos duas semanas fazendo a voz.

"O disco inteiro estava só um semitom agudo demais para Geddy, o que o deixava desconfortável. Ele não tinha ficado muito entusiasmado com aquilo. Era muito difícil chegar à voz certa. Como deixamos isso escapar, eu não sei. Foi apenas uma daquelas coisas que surgiram e percebemos só no último dia, quando começamos a gravar a voz. Até aquele ponto, estávamos totalmente tranquilos. Todo o tempo em que gravamos as bases, Ged meio que ficava repassando os vocais, pensando em como cantar, e nunca ocorreu nem a ele nem a mim. Estávamos seguindo em frente às cegas e conseguimos essas faixas incríveis, e então passamos essas duas semanas, que seriam para a mixagem, fazendo os vocais. E foram duas semanas bem difíceis, foi difícil para todo mundo. Mas acabou ficando ótimo no final, só que precisamos adicionar mais tempo para mixar, então voltamos para casa e só depois terminamos a mixagem."

Dessa forma, os vocais foram gravados nos estúdios Advision, com o engenheiro de som Declan O'Doherty. Em Rockfield, Pat Moran voltou para a engenharia de som, deixando Terry na produção e para compartilhar os créditos oficiais com a banda. Para a mixagem, tiveram de ir aos estúdios Trident em Soho, Londres, com Terry sendo creditado "com a assistência de valor incalculável" de John Brand. "Era muito ambicioso", acrescenta Brown, "e precisava de um pouco mais de tempo do que tínhamos reservado para tocar da forma que precisava ser tocado. Quero dizer, pegamos as fitas que queríamos fazer, mas não tivemos tempo para os vocais. É difícil antecipar isso, e nós não fazíamos ideia."

Houve ainda outro problema, segundo Terry. "Tenho bastante certeza de que isso aconteceu no meio de *Hemispheres*, quando estávamos mixando, embora eu possa estar errado – a *multitrack* comeu uma das fitas máster. Então tivemos muita sorte. Esta é uma daquelas histórias esquisitas. Estávamos no meio da mixagem. Já tínhamos quatro ou cinco dias de trabalho e estávamos bem no meio de uma música, e a máquina simplesmente começou a fazer um som horrível. Apertei o botão de parar e dei a volta, a máquina tinha só mastigado a faixa. Então eu tive que tirar tudo, colocar no chão e meio que alisar com a mão mesmo, como se estivesse passando a ferro. E quando coloquei de volta na máquina para tocar, depois que nos certificamos de que a máquina estava de fato ok – foi só uma daquelas peculiaridades do destino –, quando ela correu pela máquina, as únicas faixas que não estavam estragadas eram aquelas bem no meio dos cinco centímetros de fita. E era uma parte de violão, que correu inteira porque todas as outras 18 ou 22 faixas estavam fora. Nunca ouvi o som e nunca teria como saber. Conseguimos terminar a música. Nunca chegamos a regravá-la. Nem consigo imaginar regravar um álbum do Rush. Quero dizer, eles são tão intensos e complexos que, para regravar, acho que provavelmente jogaríamos tudo na lata do lixo e começaríamos uma outra coisa."

Geddy contribuiu com suas memórias dos últimos dias de produção de *Hemispheres*. "Quando chegamos ao Advision, ainda não havíamos gravado a voz. Então todo o tempo que era para a mixagem, fiquei fazendo a voz. Nós mesmos tínhamos escrito o álbum e nunca sequer consideramos... Eu meio que tinha esquematizado na cabeça como seriam os vocais, mas ainda não havia cantado em qualquer um dos

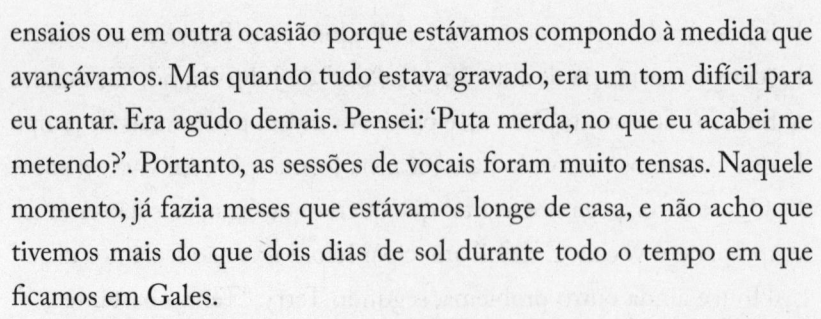

ensaios ou em outra ocasião porque estávamos compondo à medida que avançávamos. Mas quando tudo estava gravado, era um tom difícil para eu cantar. Era agudo demais. Pensei: 'Puta merda, no que eu acabei me metendo?'. Portanto, as sessões de vocais foram muito tensas. Naquele momento, já fazia meses que estávamos longe de casa, e não acho que tivemos mais do que dois dias de sol durante todo o tempo em que ficamos em Gales.

"Foi muito frustrante, e as sessões de voz foram duras, muito difíceis. Simplesmente foi um petardo para gravar. E me lembro de ter discussões homéricas com Terry enquanto gravava a voz, só porque eu estava muito frustrado e precisava sair do estúdio e dar uma caminhada pelas ruas para esfriar a cabeça. Tudo com relação àquele álbum foi o equivalente a ter os dentes arrancados. Tinha se transformado num disco interminável, um verdadeiro teste para nossa paciência e determinação. Quando enfim terminamos de gravar a voz e começamos a mixagem no Advision, não conseguíamos acertar o mix, tudo soava errado. E foi então que mudamos de estúdio mais uma vez e fomos para o Trident, onde tudo pareceu se ajeitar, simplesmente era o espaço certo para isso. Mas em cada fase daquele disco houve problemas e imprevistos, também agravados pelo fato de que fazia meses que estávamos na Inglaterra e longe de casa. Nossas famílias tinham se tornado algo distante."

"Acho que nós todos sentimos como se estivéssemos no fim daquela ideia toda de fazer um álbum, ou ao menos um lado inteiro de um álbum, baseado num único conceito", comenta Alex. "Por mais diversas que aquelas partes fossem… você sabe, ópera rock ou seja lá como quiser chamar. Mas na verdade, a parte mais difícil veio com a mixagem. Entramos no Advision em Londres, onde mixamos o álbum anterior, e gostamos mesmo de trabalhar lá, acho que obtivemos bons resultados com *A Farewell to Kings*. Mas nada estava dando certo. Terry não estava feliz, o som não parecia correto. Enfrentávamos dificuldades e tínhamos ainda gravações pendentes porque basicamente ficamos sem tempo. Enfim, depois de algumas semanas bem frustrantes lá, Terry disse: 'Chega, chega, não consigo mais fazer isso. Preciso tirar uma folga, tenho que sair daqui, e precisamos pensar em ir a outro lugar'.

"Voltamos para casa durante uma semana, e já tínhamos passado meses lá longe, trabalhando o tempo todo, sem uma folga. Então pegamos uma semana de folga, viemos para casa para recarregar as energias. Não tenho como dizer se de fato nos sentimos recuperados, porque aquilo estava sendo pesado demais para nós. Depois voltamos para Londres e nos mudamos para os estúdios Trident e tudo começou a se encaixar. Nós nos sentimos muito melhor e pudemos ter uma noção de que estávamos indo para algum lugar. Mas na verdade foi esse disco que nos fez pensar em mudar de direção, procurar outro lugar para ir. E foi exatamente o que aconteceu."

"A mixagem foi um pesadelo", conta Neil, corroborando a visão de Alex de que a mixagem no Advision em tão pouco tempo simplesmente não estava tendo resultados. "O estúdio onde tivemos tanto sucesso com o disco anterior não estava dando certo, e isso era um mistério – por quê? Antes esse estúdio tinha sido maravilhoso para a mixagem. Por que agora não dava certo? Então saímos, fomos para outro estúdio e recomeçamos. Tínhamos ficado longe de casa por meses a fio em turnê, portanto isso estava cobrando um preço alto demais no lado pessoal – relacionamentos, amizades –, mas não gerou qualquer atrito entre nós, porque ainda compartilhávamos a mesma motivação. Mas, nossa, como isso nos magoou. Ficamos feridos."

Por todas essas razões combinadas, encapsuladas no famoso comentário de que "*Hemispheres* foi o álbum que quebrou a corcova do camelo", a banda tinha decidido que as coisas iriam mudar na próxima vez que fizessem um disco, caso conseguissem ter a energia necessária para fazer outro.

"Tinha se tornado um estereótipo e não estávamos confortáveis com isso", afirma Geddy, refletindo sobre *Hemispheres*. "Todos concordamos. Não era um de nós dizendo que não queria mais fazer algo assim. E não era que tivéssemos algo contra as músicas de dez minutos, mas de certa forma, parecia fácil fazer. Mais fácil do que compor uma canção concisa, ou relativamente concisa, de cinco ou seis minutos que ainda despertasse interesse."

"Falamos que não iríamos mais fazer esse tipo de disco de novo", confirma Neil. "Sabíamos que era o fim da era das epopeias. E tudo bem. Sabe, nós havíamos aprendido tanto com isso que, quando começamos a aprender a comprimir, já tínhamos a noção para fazer arranjos e as habilidades instrumentais entre nós três haviam crescido muito por tocarmos juntos todas as noites e também explorarmos coisas novas quando estávamos experimentando. Havia tudo aquilo que aprendemos sobre a forma de cada um tocar e como entrelaçar tudo. Todas essas coisas estavam sendo absorvidas por nós enquanto banda, mas também enquanto músicos individuais. Portanto essa foi outra era extraordinária de crescimento e mudança. Mas ainda me surpreende agora que já fôssemos tão lúcidos em 1978. 'Ok, chega disso, vamos em frente agora.' A música também estava mudando bastante, o que foi maravilhoso no final dos anos 1970, porque éramos jovens o suficiente para nos adaptarmos às mudanças.

"Como *Power Windows* e *Hold Your Fire*, *Farewell* e *Hemispheres* são muito identificados com um determinado período. São álbuns que representam um período em si mesmos. Foi com *A Farewell to Kings* que começamos a trabalhar com muita experimentação de texturas e levamos isso ao apogeu em *Hemispheres*. Depois decidimos tacitamente – ou melhor, verbalmente – que não iríamos mais fazer aquele tipo de disco. Que *Hemispheres* foi o final, que não queríamos mais fazer faixas com um lado inteiro de duração, nem arranjos exagerados, nada disso. Fizemos um acordo na época, mesmo lá atrás, de que estávamos fartos daquilo e nós, é claro, seguimos com *Permanent Waves*, como uma evolução, mas foi muito mais além."

O itinerário da turnê mais uma vez foi exaustivo, sendo que o Rush pegou a estrada em outubro de 1978 para uma jornada de nove meses (chamada muito apropriadamente de Turnê dos Hemisférios) que levou a banda a tocar por todo o centro do Canadá e mais pontualmente no oeste do país, além de cada canto dos Estados Unidos. Em março, receberam um dos prêmios Juno como Banda do Ano (pelo segundo ano consecutivo), e dois meses antes foram nomeados Embaixadores Oficiais da Música do Canadá.

A essa altura, tinham se tornado uma inquestionável atração principal. "É claro que ficamos felizes em assumir esse posto", reflete Liam, o guardião da sanidade na estrada. "Já não estávamos o tempo todo sob o jugo de outras pessoas e podíamos produzir o show que realmente achávamos que nos representava. Isso nos deu a oportunidade de, em vez de ter um set de 45 minutos, tocar uma hora e meia, ficar de fato no controle da apresentação. E esperávamos que o público pudesse apreciar a duração do set, o que sempre foi um desafio com relação ao Rush. Por isso, nos últimos anos optaram por turnês sem banda de abertura. Isso dava mais tempo para acomodar a multitude de canções que precisavam selecionar para de fato decidir o setlist, o que é provavelmente uma das coisas mais difíceis antes de cada turnê.

"É provável que já tivéssemos quatro ou cinco caminhões nesse contexto", continua Liam, "e um sistema de iluminação de grande porte. Além disso, o sistema de PA não parava de crescer. Nunca houve muita coisa sobre o palco. Eles nunca foram uma banda que gostava de usar adereços. Isso veio bem mais tarde na carreira deles, e sempre carregado de senso de humor. Mas investiram e adquiriram os próprios ônibus, e se chegou a um ponto em que eram proprietários de três ônibus. Isso acabou sendo um erro porque, a menos que se queira entrar no negócio de transportes, não se deve ter os próprios ônibus. Mas foi uma experiência interessante que funcionou por um tempo.

"Mas, sem dúvida, a produção cresceu. Eles se deram conta de que não pareciam muito claramente ativos no palco. É duro, em especial se você for Geddy e estiver cantando, tocando baixo e acionando os pedais, e Neil ficando preso atrás da bateria. Além disso, Alex aumentava o número de pedais e tocava guitarra e cantava. Eles foram assistir a um show do Supertramp. Acredito que tenha sido em Milwaukee, e foi o primeiro show que me lembro de termos visto alguém usando projeções para criar um clima e um meio de se criar espaço e uma sensação de movimento sobre o palco. Eles ficaram tão impressionados com aquilo tudo que decidiram incorporar projeções no fundo do palco para dar ao público alguma coisa a mais para se admirar que estivesse conectada à música. Deu muito certo ao longo dos anos e se tornou uma parte fundamental e bastante ampla do show a partir daquele momento."

Tabulando a evolução do transporte da banda ao longo dos anos, Liam explica que "no começo, era usada uma van Econoline, um veículo da Ford que era completamente carregado até o teto com tudo: nosso pequeno sistema de PA, um pequeno sistema de iluminação e todo o equipamento e os instrumentos da banda. Os três com os próprios veículos ou de vez em quando um amigo lhes dava carona. Alguns anos na estrada a partir dali, começamos a viajar pelos Estados Unidos já com Neil e trocamos para um caminhão de seis metros de comprimento com um reboque e uma cabine para dormir. Havia três ou quatro membros na equipe naquele momento, então nos revezávamos para dormir na cabine. Alguém dormia no chão, e das duas pessoas restantes, uma dirigia o veículo e a outra tentava cochilar do jeito que dava. Naquele momento, como todos sabem, a banda comprou a Funcraft – que é na verdade o nome oficial da van.

"Alguns anos depois disso, trocaram para a Barth, que era uma motorhome completa, parecida com um ônibus. A equipe ficou com a Funcraft como um segundo veículo de transporte junto com o caminhão. E depois de uns dois anos, começaram a viajar de ônibus e a usar caminhões com motoristas contratados, porque estávamos fazendo shows mais longos e tínhamos que nos locomover de uma cidade para a outra. Era muito perigoso, e ainda me surpreendo que nunca tenha acontecido nada de ruim nesses anos todos. No final, na última turnê, havia sete caminhões e cinco ônibus, além do ônibus privativo de Neil. Para nós, tínhamos chegado a um bom nível. Conseguimos organizar um espetáculo legal sem gastar em excesso, e os fãs pareciam bem felizes."

No final de abril de 1979, o Rush fez a maior turnê europeia até aquele momento, dividida entre o Reino Unido e o continente. A turnê foi acompanhada pelo lançamento não autorizado de uma coletânea holandesa chamada *Rush through Time*. Esse lançamento coincidiu com uma rara participação num festival em 4 de junho de 1979, o Holland's Pinkpop Festival, junto com The Police, Elvis Costello, Peter Tosh e Dire Straits. Isso se seguiu após três datas canceladas porque Alex tinha quebrado um dedo, mas num caso extremo de "o show tem que continuar", o guitarrista fez a apresentação do festival sem comprometer sua performance.

Vic Wilson recorda: "Tivemos que cancelar um show em Paris porque Alex esmagou os dedos no painel do carro. Eles estavam viajando com uma Mercedes-Benz e bateram numa placa na *Autobahn*. Contaram isso? Bateram na placa! Atiraram as chaves para o Howard e disseram: 'Arruma outro carro'. Naquela vez estavam viajando de carro em vez de ônibus. Para mim, é perigoso quando não se tem controle de cada um deles".

Ao longo de toda a turnê *Hemispheres*, artistas foram convocados em várias cidades para abrir os shows do Rush, incluindo Ambrosia, April Wine, Blackfoot, Blondie, The Boyzz, Cheap Trick, Falcon Eddy, Golden Earring, Good Rats, Granmax, Head East, Kickin', Madcats, Max Webster (para a perna europeia), Molly Hatchet, The Pat Travers Band, Sad Café, Starz, Stillwater, Toto, UFO, Wild Horses e Wireless, que faziam parte do catálogo da Anthem Records.

Cada uma das faixas do álbum foi apresentada ao vivo, embora "Circumstances" tenha sido incluída mais no final da turnê. "Hemispheres" seguiu num formato piedosamente encurtado. "The Trees" teve o tempo mais longo de execução, com "La Villa Strangiato" continuando bem, dada sua liberdade para improvisos, abreviações e transições.

Em turnê, Alex se voltou para os estudos. "A primeira coisa para a qual me inscrevi foi tirar o meu brevê de piloto, em 1979. Fiz o curso no aeroporto de Buttonville, mas sempre estávamos em turnê. Então levava todos os meus livros comigo e estudava por conta própria, e quando voltava para casa por alguns dias de folga, ia ao aeroporto e fazia algumas horas de aulas práticas. Levou um ano para eu conseguir o brevê. Mas foi a primeira vez que eu de fato me dediquei a alguma coisa que não fosse à banda e que exigiu muito esforço. E eu realmente me orgulho disso."

Ele explica por que a banda sempre fazia alguns shows esparsos em outras partes da Europa se comparado às numerosas e frequentes apresentações no Reino Unido e na Alemanha: "Bem, voltamos até lá e fizemos alguns shows na Suécia. Tocamos em Estocolmo e Gothenburg algumas turnês mais tarde. Mas sim, a Grã-Bretanha sempre foi o foco principal, e havia muitos soldados norte-americanos e canadenses baseados na Alemanha – até mesmo tropas britânicas –, então podíamos tocar num lugar como Frankfurt e ter uma boa renda, com um público de 10, 11 mil pessoas.

"Não é bem esse o caso hoje. Mesmo na última vez em que estivemos lá, em 1992, acho, muitas dessas bases militares haviam sido fechadas, então tocamos para um público majoritariamente alemão, que é o que se espera, mas não havia muitos deles. Então havia um público muito amplo nesses lugares. E mais tarde também tocamos em Paris. Havíamos tentado tocar lá algumas vezes antes, mas sempre surgia algum impedimento. Em geral fazíamos um show em Rotterdam, mas era como tocar na Inglaterra. Na Holanda todo mundo fala inglês perfeitamente. Acho que eles ficam entre os alemães e os britânicos. Mas acredito que éramos muito mais populares na Grã-Bretanha do que em qualquer outro lugar da Europa."

O Rush saiu de sua década de formação – os anos 1970 repletos de ação, por vezes frenéticos e desesperadores – exausto, mas esperançoso. A narrativa mais conhecida é que *Hemispheres* foi o disco que quase levou os rapazes à loucura. Mas, assim que miraram os anos 1980, o entusiasmo da banda pela música moderna, o amor pelo aprendizado e a energia para continuar motivados os colocaria num bom caminho. A década de 1980 começaria com uma explosão, logo depois do Ano-Novo, na verdade, com um compacto de sucesso abrindo caminho para um álbum, *Permanent Waves*, que foi mais uma evolução do que uma revolução. Por si só, "The Spirit of Radio" provou ser um marco na carreira do Rush, mas como um microcosmo da evolução da banda pode ter sido ainda mais importante por abrir o caminho rumo a "Red Barchetta", "YYZ", "Limelight" e "Tom Sawyer". Por causa de um lado inteiro de disco com maravilhas do rádio, eles saíram dos anos 1970 como uma esforçada atração principal para se tornar o que hoje é indiscutivelmente uma instituição aclamada e duradoura da realeza do rock.

DISCOGRAFIA

A seguir encontra-se a discografia norte-americana dos lançamentos do Rush nos anos 1970; estão listadas a posição nas paradas dos EUA, as certificações e, quando saíram os singles, apenas os oficiais nos Estados Unidos (exceto pelo importantíssimo álbum de estreia independente). Tentei fornecer o maior nível de detalhes dos álbuns de estúdio e menos detalhamento com relação aos álbuns ao vivo e coletâneas. Lado A e Lado B são as convenções oferecidas aqui, sendo que todos esses discos foram lançados na era do vinil.

A: ÁLBUNS DE ESTÚDIO

Rush
(Mercury SRM-1-1011, 1º de julho de 1974)
POSIÇÃO MAIS ALTA NAS PARADAS DOS EUA: #105
CERTIFICAÇÃO DA RIAA EUA: Ouro
PRODUZIDO POR: Rush

> LADO A: 1. Finding My Way 5:03; 2. Need Some Love 2:16; 3. Take a Friend 4:27; 4. Here Again 7:30
> LADO B: 1. What You're Doing 4:19; 2. In the Mood 3:36; 3. Before and After 5:33; 4. Working Man 7:07
> OBSERVAÇÕES: Integrantes originais: Geddy Lee, Alex Lifeson, John Rutsey. Lançado primeiramente no Canadá de forma independente em 1º de março de 1974: Moon Records (MN-100). O lançamento original da Moon apresenta um logo vermelho na capa que foi mudado para rosa para o lançamento nos Estados Unidos e lançamentos subsequentes no Canadá. A edição estadunidense inclui

um agradecimento especial a Donna Halper, da WMMS. O lançamento original com oito faixas também usa o logo vermelho.

Fly by Night

(Mercury SRM-1-1023, 15 de fevereiro de 1975)
POSIÇÃO MAIS ALTA NAS PARADAS DOS EUA: #113
CERTIFICAÇÃO DA RIAA EUA: Ouro
PRODUZIDO POR: Rush e Terry Brown
> LADO A: 1. Anthem 4:10; 2. Best I Can 3:24; 3. Beneath, Between & Behind 3:00; 4. By-Tor & the Snow Dog — I. At the Tobes of Hades; II. Across the Styx; III. Of the Battle; IV. Epilogue 8:57
> LADO B: 1. Fly by Night 3:20; 2. Making Memories 2:56; 3. Rivendell 5:00; 4. In the End 6:51
> OBSERVAÇÕES: O baterista John Rutsey foi substituído por Neil Peart.

Caress of Steel

(Mercury SRM-1-1046, 24 de setembro de 1975)
POSIÇÃO MAIS ALTA NAS PARADAS DOS EUA: #148
CERTIFICAÇÃO DA RIAA EUA: Ouro
PRODUZIDO POR: Rush e Terry Brown
> LADO A: 1. Bastille Day 4:36; 2. I Think I'm Going Bald 3:35; 3. Lakeside Park 4:07; 4. The Necromancer — I. Into Darkness 4:20; II. Under the Shadow 4:25; III. Return of the Prince 3:51
> LADO B: 1. The Fountain of Lamneth — I. In the Valley 4:17; II. Didacts and Narpets 1:00; III. No One at the Bridge 4:15; IV. Panacea 3:12; V. Bacchus Plateau 3:12; VI. The Fountain 3:48
> OBSERVAÇÕES: O lançamento em fita cassete nos Estados Unidos apresenta uma ordem diferente das faixas.

2112

(Mercury SRM-1-1079, 1º de abril, 1976)
POSIÇÃO MAIS ALTA NAS PARADAS DOS EUA: #61
CERTIFICAÇÃO RIAA NOS EUA: 3x Platina
PRODUZIDO POR: Rush e Terry Brown

> Lado A: 1. 2112 — I. Overture 4:32; II. The Temples of Syrinx 2:13; III. Discovery 3:30; IV. Presentation 3:40; V. Oracle: The Dream 2:00; VI. Soliloquy 2:23; VII. Grand Finale 2:18. Total: 20:36
>
> Lado B: 1. A Passage to Bangkok 3:30; 2. The Twilight Zone 3:14; 3.Lessons 3:48; 4. Tears 3:29; 5. Something for Nothing 3:56
>
> Observações: Relançado em 16 de dezembro de 2016 como edição de luxo comemorativa do 40º aniversário.

A Farewell to Kings

(Mercury SRM-1-1184, 1º de setembro de 1977)
POSIÇÃO MAIS ALTA NAS PARADAS DOS EUA: #33
CERTIFICAÇÃO RIAA NOS EUA: Platina
PRODUZIDO POR: Rush e Terry Brown
Lado A: 1. A Farewell to Kings 5:49; 2. Xanadu 11:05

> Lado B: 1. Closer to the Heart 2:52; 2. Cinderella Man 4:19; 3. Madrigal 2:33; 4. Cygnus X-1 Book I The Voyage 10:21
>
> Observações: Único álbum do Rush lançado em vinil na Rússia, com uma capa diferente. Relançado em 1º de dezembro de 2017 em edição de luxo comemorativa ao 40º aniversário.

Hemispheres

(Mercury SRM-1-3743, 29 de outubro de 1978)
POSIÇÃO MAIS ALTA NAS PARADAS DOS EUA: #47
CERTIFICAÇÃO RIAA NOS EUA: Platina
PRODUZIDO POR: Rush e Terry Brown

LADO A: 1. Cygnus X-1 Book II Hemispheres — I. Prelude 4:30; II. Apollo Bringer of Wisdom 2:30; III. Dionysus Bringer of Love 4:36; IV. Armageddon the Battle of Heart and Mind 2:52; V. Cygnus Bringer of Balance 5:00; VI. The Sphere a Kind of Dream 1:09

LADO B: 1. Circumstances 3:41; 2. The Trees 4:46; 3. La Villa Strangiato — I. Buenos Nochas, Mein Froinds!; II. To Sleep, Perchance to Dream… ; III. Strangiato Theme; IV. A Lerxst in Wonderland; V. Monsters!; VI. The Ghost of the Aragon; VII. Danforth and Pape; VIII. The Waltz of the Shreves; IX. Never Turn Your Back on a Monster!; X. Monsters! (Reprise); XI. Strangiato Theme (Reprise); XII. A Farewell to Kings 9:35

OBSERVAÇÕES: Relançado em 16 de novembro de 2018 em edição de luxo comemorativa ao 40º aniversário.

B: ÁLBUNS AO VIVO

All the World's a Stage

(Mercury SRM-2-7508, 29 de setembro de 1976)
POSIÇÃO MAIS ALTA NAS PARADAS DOS EUA: #40
CERTIFICAÇÃO RIAA NOS EUA: Platina

DISCO 1, LADO A: 1. Bastille Day 4:48; 2. Anthem 4:48; 3. Fly by Night; In the Mood 4:50; 4. Something for Nothing 3:50

DISCO 1, LADO B: 1. Lakeside Park 4:45; 2. 2112 15.45

DISCO 2, LADO A: 1. By-Tor & the Snow Dog 11:24; 2. In the End 7:50

DISCO 2, LADO B: 1 Working Man; Finding My Way 13:45; 2. What You're Doing 5:44

OBSERVAÇÕES: "What You're Doing" foi excluída no lançamento em CD.

C: COLETÂNEAS OFICIAIS

Archives

(Mercury SRM-3-9200, Abril de 1978)
POSIÇÃO MAIS ALTA NAS PARADAS DOS EUA: #121
CERTIFICAÇÃO RIAA NOS EUA: Platina

> OBSERVAÇÕES: *Archives* é simplesmente uma reembalagem dos três primeiros álbuns do Rush. A edição dos Estados Unidos apresenta uma capa cinza; a edição canadense tinha capa cinza e preta. A coletânea não norte-americana mais conhecida é chamada de *Rush through Time*, com 11 faixas acompanhando o lançamento de *Moving Pictures* na Holanda.

D: SINGLES SELECIONADOS

Quando se trata de singles, talvez seja o que mais lembra que esta lista é uma discografia norte-americana. Dito isso, começamos com um lançamento canadense. Porque, sendo franco, a história dos singles do Rush é bastante apagada, dada a completa falta de faixas fora de LPs (de estúdio) por parte dos integrantes da banda. Então, é óbvio, o single de estreia – duas faixas que não fizeram parte de um LP, mas são canadenses – é o principal item da discografia, e depois disso se torna bem mais técnica. Uma observação adicional: eu incluí todos os lançamentos comerciais a não ser promos selecionadas, já que alguns desses singles promocionais variam pouco uns com relação aos outros, ou há poucas mudanças com relação aos lançamentos oficiais (começando pelo mesmo número de catálogo). A sigla PS indica que havia imagem na capa.

Singles em vinil 7"

Not Fade Away / You Can't Fight It (Moon, MN-001)
Finding My Way / Finding My Way (DJ-407) promo
Finding My Way (edit) / Need Some Love (73623)
In the Mood / In the Mood (DJ-417) promo

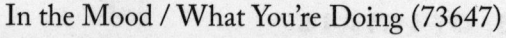

In the Mood / What You're Doing (73647)
Fly by Night / Anthem (73681)
Lakeside Park / Bastille Day (73737)
The Twilight Zone / Lessons (73803)
Fly by Night — In the Mood (ao vivo) / Something for Nothing (ao vivo) (73873)
The Temples of Syrinx / Making Memories (73912)
Closer to the Heart / Madrigal (73958)
Fly by Night / Fly by Night (DJ 553) promo; promovendo o álbum *Archives*
Fly by Night / Anthem (73990); promovendo o álbum *Archives*
The Trees / The Trees (74051) promo
The Trees / Circumstances (74051)

Singles em vinil 12", EPs, LPs (todos promocionais)

Mercury In-Store Play Special (MK-8) PS
Everything Your Listeners Ever Wanted to Hear by Rush… But You Were Afraid to Play (MK-32) PS
The Trees / Prelude, Circumstances (MK-75) PS

© bruce cole

Os rapazes a seu dispor – da esquerda para a direita, Geddy Lee, Alex Lifeson, John Rutsey; sessão de fotos promocionais para o álbum de estreia.

© bruce cole

Rush com o empresário Ray Danniels (sentado), 1973.

© bruce cole

© bruce cole

ACIMA: Alex parecendo jovem e cansado em 1974.

À ESQUERDA: Outra pose em púrpura, mesma jornada em busca da dominação mundial.

ACIMA: J.R. Flood em foto promocional; Neil Peart está abaixo à esquerda.

À ESQUERDA: Neil Peart e seu pai, Glen, apresentados numa página da newsletter anunciando a concessionária de implementos agrícolas de Glen Peart em 1973.

ACIMA: Geddy, 1973.
À ESQUERDA: John Rutsey, começo de 1974.

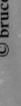© bruce cole

© bruce cole

No escritório da revista musical de Toronto, *Beetle*, 1974.

© richard galbraith

Tulsa Assembly Center, Tulsa, Oklahoma, 24 de outubro de 1975.
A atração principal da noite foi Ted Nugent.

Um sortimento de versões em fita de 8 canais/faixas dos primeiros álbuns do Rush, juntamente com uma edição promo de 7" de "Something for Nothing", a frente e o verso da amostra promocional criada por Cliff Burnstein para educar o rádio sobre a banda, um folheto promocional de *All the World's a Stage*, e um canhoto de ingresso para a primeira noite dos shows do Massey Hall que deram origem ao álbum.

Coleção de Ray Wawrzyniak, exceto o folheto e o canhoto do ingresso, da coleção de Donald Gadziola.

© richard galbraith

Turnê de Caress of Steel (conhecida como Turnê Pelo Ralo), Tulsa, Oklahoma, 24 de outubro de 1975.

© bruce cole

© bruce cole

Toronto, 1976.

© donald gadziola

Alex e Geddy no palco em 31 de dezembro de 1976, Maple Leaf Gardens, Toronto, promovendo o álbum duplo ao vivo *All the World's a Stage*.

Tulsa Assembly Center, Tulsa, Oklahoma, com o UFO e a atração principal Blue Öyster Cult – Mott também estava marcado mas não se apresentou.

O Professor professando, Tulsa Fairgrounds Pavilion, Tulsa, Oklahoma, 16 de janeiro de 1977. Também fazia parte do line-up Artful Dodger e o headliner Ted Nugent.

© donald gadziola

ACIMA E NO CANTO INFERIOR ESQUERDO:
Maple Leaf Gardens, Toronto, 29 de dezembro de 1977.

© donald gadziola

© richard galbraith

À DIREITA: Neil, turnê
All the World's a Stage.

Uma seleção de memorabilia adquirida numa loja Flash Jack em 1977 e 1978. A fivela de cinto acima é original de 1977, com a fivela de cinto abaixo sendo uma reprodução do começo dos anos 2000. Coleção de Donald Gadziola

coleção de ray wawrzyniak

Capas de revistas de música canadenses. *Cheap Thrills* é de janeiro de 1977. *Weekly* é de 9 de dezembro de 1978 e *Canadian Musician* é de junho de 1979.

© richard galbraith

© richard galbraith

14 de outubro de 1977, Tulsa, Oklahoma. As bandas de abertura da noite foram UFO e Max Webster.

© richard galbraith

© donald gadziola

ACIMA E À ESQUERDA:
29 de dezembro de 1978,
Maple Leaf Gardens, Toronto.

© donald gadziola

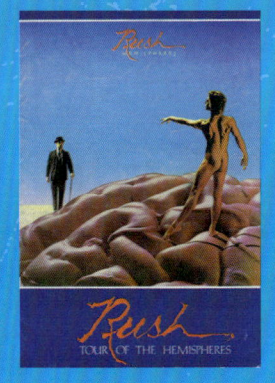

O tour book de *A Farewell to Kings World Tour* impresso nos Estados Unidos; o tour book da turnê europeia de *Hemispheres*, impresso no Reino Unido. **Coleção de Donald Gadziola.** À direita, *The Words and the Pictures*, um raro tour book lançado que ficou disponível apenas no Reino Unido durante a turnê *Hemispheres*. **Coleção de Ray Wawrzyniak.**

© donald gadziola

Varsity Stadium na Universidade de Toronto, 2 de setembro de 1979.

© richard galbraith

State Fair Arena, Oklahoma City, Oklahoma, 24 de fevereiro de 1979. A banda de abertura da noite foi a compatriota canadense April Wine.

© richard galbraith

© richard galbraith

State Fair Arena,
Oklahoma City,
Oklahoma,
24 de fevereiro
de 1979.

Anúncio colorido de *A Farewell to Kings* e o anúncio em preto
e branco alemão para *Hemispheres*. À direita, um anúncio da
gravadora que apresenta a foto original que foi alterada e usada
no lado interno da capa do álbum duplo *Long Live Rock n' Roll* do
Rainbow, em 1978. Canto inferior esquerdo e centro: coleção de Ray Wawrzyniak. Canto inferior
direito: coleção de Douglas Maher.

© donald gadziola

© donald gadziola

© donald gadziola

Os rapazes apresentando um show de aquecimento antes da turnê *Permanent Waves*. Varsity Stadium na Universidade de Toronto, 2 de setembro de 1979. A banda de abertura da noite foi outra "Rush baby" chamada FM.

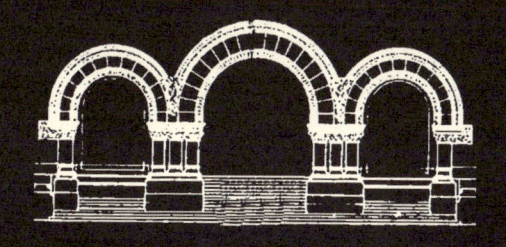

LIMELIGHT
ANOS 80

INTRODUÇÃO

REÚNA QUALQUER GRUPO DE FÃS DO RUSH, DIGAMOS, NUMA DAS MUITAS E LENDÁRIAS RUSHCONS AO LONGO DOS ANOS, E LOGO SE OBTÊM OPINIÕES FORTES SOBRE QUAIS PARTES DO CATÁLOGO DOS ANOS 1980 SÃO CONSIDERADAS VÁLIDAS E QUAIS NÃO SÃO.

Foi uma década movimentada para os integrantes da banda, já que eles enfim se encontraram, por meio dos próprios erros e acertos, no início da década, nem tanto com *Permanent Waves* mas certamente com *Moving Pictures*, o disco vermelho e preto em geral aceito como a obra-prima do Rush.

Com *Signals*, o Rush começou a desafiar as expectativas. Os anos 1980 vão mexer com sua cabeça, e a banda experimentou com entusiasmo tudo o que a década tinha para oferecer, dada a tendência dos rapazes por explorações da modernidade. Com trocas de teclados e penteados uma após a outra, Geddy, Alex e Neil percorreram quilômetros quando lhes ofereceram centímetros, e na época em que chegamos a *Power Windows* e *Hold Your Fire* o Rush havia se tornado um banda pop tensa, austera, com excesso de teclados e sintetizadores que estavam na moda.

A maioria dos fãs embarcou nessa viagem e, mesmo que não tenham ficado satisfeitos com discos como *Presto*, os shows continuaram lotados, já que a banda nunca teve problemas em apresentar todo o poder esperado de um *power trio* durante uma apresentação, auxiliados e amparados por um denso catálogo de sucessos mais analógicos.

E a produtividade também foi impressionante. A maior parte das bandas dos anos 1970 não pode sequer ser comparada aos sete álbuns de estúdio e dois álbuns duplos ao vivo dos anos 1980, mesmo considerando que os integrantes do Rush deram uma desacelerada nas megaturnês. Tocavam regularmente na Europa, mas o Rush nunca foi uma banda de alcance mundial, começaram a pegar a estrada com menos frequência, diminuindo inclusive a lista de locais que visitavam repetidas vezes nos EUA e no Canadá.

Como é de conhecimento geral, ou não, *Limelight: Rush nos anos 1980* é a sequência de *Anthem: Rush nos anos 1970*. A parte anterior cobriu a longa escalada até o álbum de estreia, que lembrava o Led Zeppelin, em 1974, e a chegada de uma força transformadora na figura de Neil Peart, que para nossa tristeza e nosso choque morreu de câncer no cérebro assim que aquele livro ficou pronto para a impressão. Peart, é claro, foi aclamado como um dos maiores bateristas de rock de todos os tempos − e certamente o baterista mais imitado em *air drumming* − já no lançamento de seu terceiro disco com a banda, *2112*. *Anthem* examinou o primeiro álbum ao vivo do Rush, seguido de *A Farewell to Kings* e *Hemispheres*, mas, de repente, os anos 1970 haviam terminado e era hora de algo novo, incluindo inovações técnicas e o surgimento da MTV e da era dos videoclipes.

Limelight: Rush nos anos 1980 é a história desses anos subsequentes, começando com duas semanas dentro dos "haties" (num trocadilho criado por Morrissey, fundindo "eighties" − "anos 80" − com "hate" − "odiar") e o robusto, embora curto, *Permanent Waves*, e encerrando em novembro de 1989 com *Presto*, um disco que abrigou muitas tendências, quando a banda se encontrou meio marginalizada, ou numa visão mais positiva, desafiadoramente singular, com um som diferente de todos os outros mesmo tocando uma espécie de pop mainstream.

Ao longo do caminho, entrevistamos vários produtores que Geddy, Alex e Neil trouxeram para o círculo, nem tanto por desespero mas com avidez e curiosidade, buscando inspiração em seus pares da indústria musical. Em essência, o que Peter Collins e Rupert Hine (e, de forma menos contundente, Peter Henderson) trouxeram para a banda foi a modernidade pop, com os rapazes muito contentes em apertar os botões dos brinquedinhos mais recentes e criar um som mais em conformidade ao que viram como válido e *au courant*, a música de gente adulta. Uma dinâmica controversa deste livro, que eu defendo ter nascido da música e das letras, é que o Rush buscava o respeito de pessoas que consideravam inteligentes, que tivessem bom gosto. Pode--se ver isso como um ponto negativo, ou se pode perceber como os caras participando com entusiasmo das batalhas e da agitação do mundo moderno, crescendo intelectualmente, sem abrir mão da ideia de que eles próprios pudessem ser *"new world men"*.

Tornar-se homens do novo mundo significou que Geddy, Alex e Neil desenvolveriam interesses para além da música porque, afinal, a própria música também não estava se voltando para o conceito de multimídia? Com relação a isso, em busca de se desenvolver como um todo – de fato, homens renascentistas –, à medida que os anos 1980 chegavam ao fim, a banda reduziu as turnês, os rapazes passaram mais tempo com as famílias, viajando e investindo em outros interesses criativos. O Rush enquanto empresa é muito diferente neste livro do que no anterior, refletido na imensa disparidade entre *A Show of Hands* e *All the World's a Stage*.

Mas este não é o final da nossa história, porque é claro que a banda não parou em *Presto*, mesmo que tivesse desacelerado um pouco. Mais alegrias e muita tristeza estavam para cruzar as vidas de Geddy, Alex e Neil, e a narrativa não estaria completa se não continuássemos em frente e encontrássemos os heróis da nossa história com as próprias conquistas individuais. Fique ligado enquanto continuamos esta barulhenta e adorada marcha no tempo em direção a uma conclusão que agora, com a morte recente do Professor, parece muito diferente e mais sombria do que quando essa trilogia iniciou.

Martin Popoff

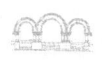

"TECLA
REVEL
DO AN

ADISTA
AÇÃO
O."

CAPÍTULO 1

PERMANENT WAVES

Ao longo de toda a desordem da indústria musical no fim dos anos 1970, incluindo a troca da guarda (do rock, passando rapidamente pelo punk e o pós-punk) para o ano da recessão que foi 1979 (salvo pela chegada de *The Wall*, *In Through the Out Door* e *The Long Run*), Geddy Lee, Alex Lifeson e Neil Peart – mais conhecidos como Rush – continuaram em frente alcançando cada vez mais sucesso. O sexto álbum deles, *Hemispheres*, provou que a banda podia vender bem, com uma turnê excelente, apesar do lançamento de um disco que foi o mais anticomercial possível. Analisado em partes, esse álbum tinha uma canção que ocupava um lado inteiro do disco e falava de deuses gregos, além de uma longa faixa instrumental, sobrando espaço para apenas duas músicas mais curtas, uma delas um heavy metal de escala logarítmica ("Circumstances") e a outra uma canção fácil de cantarolar, mas que falava de árvores que brigam umas com as outras. Os prêmios, porém, continuaram chegando, permitindo à banda atrair ainda mais autonomia e validação. No final da década, sem dúvida alguma, o Rush era a maior banda do Canadá.

Ainda assim, não havia muito dinheiro. Tinham se afastado de sucessos como "Closer to the Heart" e "Fly by Night". Mas a situação financeira não chegava a ser terrível, e havia um senso de generosidade dentro do quartel do Rush. Eles queriam retribuir aos fãs, em geral fazendo shows em centros menos importantes que não eram particularmente lucrativos. A banda também investiu grande parte dos lucros em produzir um espetáculo ainda maior e mais extravagante sempre que houvesse chance para isso. Foi uma estratégia que deu certo: fez com que o Rush, ainda relativamente pequeno em 1979 e 1980, parecesse gigante.

Na esteira da crescente maturidade nas apresentações ao vivo, era visível o crescimento da banda de um disco para o outro. *Permanent Waves* demonstraria um grande número de avanços, embora sutis e em parte motivados pelo fato de os integrantes mudarem o ambiente de trabalho.

"Naquele ponto, tínhamos rompido com o tipo de música que queríamos fazer em termos de duração", lembra Geddy. "Havíamos caído nesse padrão de compor músicas muito longas e que começaram a parecer formulaicas para nós, previsíveis. A parte complicada vai aqui, fazemos o refrão ali, e isso ficou chato. Então pensamos que ainda gostávamos de tocar canções longas e complicadas. Se tivéssemos liberdade de escolha, provavelmente seria tudo o que faríamos. E depois há a questão das letras. Como podemos apreender tudo isso e continuar melhorando? Assim surgimos com a ideia de tentar fazer as músicas longas, mas bem mais rápido. Portanto, criamos canções de cinco, seis minutos, em vez de 20 minutos de duração."

Permanent Waves não economizou em *quick edits*, no virtuosismo progressivo, na chegada rápida e na dispersão dos pontos de ação, mas, como Geddy afirma, é quase como se o resultado fosse canções longas que desafiam o *continuum* espaço-tempo, de alguma forma sendo compridas como sempre foram, mas deixando algum tempo de sobra (talvez seja por isso que *Permanent Waves* pareça um álbum irritantemente curto).

"Foi uma decisão consciente, não compor músicas muito longas", confirma Alex. "E o que resultou disso ficou bom. Lembro que, quando escrevemos essas músicas, parecia que eram canções dentro de canções, apenas músicas menores. 'The Spirit of Radio', por exemplo, a progressão musical era uma parte fundamental dela. Levava ao riff de guitarra que é sua marca registrada logo no começo. Todos nos conectamos a essa coisa como sendo o centro, e todos esses outros pedaços menores brotaram – era a mesma coisa, mas de forma muito mais condensada."

"Havia alguma coisa com relação a esse álbum que foi muito revigorante para nós", continua Geddy. "A composição foi rápida. E as sessões de gravação foram tranquilas – ou talvez só em comparação ao terror que foi gravar *Hemispheres* –, mas tudo parecia tão novo e cheio de energia, e havia também esse astral muito bom. Não estávamos muito longe de casa, não ficamos isolados das nossas famílias, e estávamos num estúdio novo. Quando se entrava nele havia essa linda vista do lago e das montanhas Laurentides. Portanto, se trata de um disco com um astral muito bom, muito feliz. E concluímos tudo muito rápido, acho que em cinco ou seis semanas."

Antes das sessões de gravação no icônico Le Studio, em Morin Heights, zona rural da província de Quebec, a banda tinha feito seu maior intervalo até o momento, com seis semanas para recarregar as energias. Aproveitaram um retiro no campo antes de entrar no estúdio, com a composição e os ensaios acontecendo em Lakewood Farms, perto de Flesherton, Ontário. Isso espelha a abordagem de *Hemispheres*, e o mesmo foi feito também no álbum seguinte. As sessões aconteceram entre setembro e outubro de 1979 com a data de lançamento do álbum marcada para 14 de janeiro de 1980. Na casa de campo, o equipamento foi montado no porão, e Neil tinha espaço para escrever as letras num chalé que ficava ali perto. As músicas foram lapidadas durante uma turnê de aquecimento assim como nas sessões demo no estúdio Sound Kitchen, então comandado por Terry Brown.

"Foi o primeiro álbum que fizemos no Le Studio, e foi um prazer imenso trabalhar lá", observa Alex. "Nós montamos uma rede de vôlei em frente à casa onde estávamos hospedados, que ficava à beira do lago. Colocamos luzes para que, quando voltássemos às duas da manhã, a

hora em que terminávamos de gravar, pudéssemos jogar vôlei por umas duas horas, beber e fazer todas essas coisas. Saindo da casa, o estúdio ficava a um quilômetro e meio de remo do outro lado do lago.

"Isso foi antes do Le Studio se tornar um grande complexo, então curtimos um clima bem caseiro lá. [Os proprietários] Yael e Andre Perry eram pessoas simplesmente maravilhosas. Tivemos jantares incríveis, tenho belas lembranças daquele lugar. Foi um período bem tradicional. Havíamos deixado de lado aquele último conceito, *Hemispheres*, gravado na Inglaterra, mas esse álbum gravamos no Le Studio e só mixamos na Inglaterra, nos estúdios Trident. Foi uma tentativa de condensar nossas músicas um pouco mais, de sermos mais econômicos, de tentarmos conseguir o máximo que podíamos dentro de uma estrutura de quatro a cinco minutos em vez de oito a 11 minutos".

"Isso se tornou uma coisa regular, uma obsessão", diz Geddy, contribuindo com o comentário de Alex sobre vôlei. "Foi uma de nossas primeiras experiências em atividades esportivas [risos]. Terminávamos de gravar por volta de uma da manhã, e acho que aperfeiçoamos a arte do voleibol noturno. Jogávamos até mesmo no inverno. Tomávamos alguns drinques, ficávamos cheios de adrenalina depois da sessão e íamos direto para a quadra de vôlei. Instalamos postes de luz para podermos jogar à noite. Às vezes até jogávamos um pouquinho depois do jantar, e então voltávamos para o estúdio com as mãos inchadas de tanto socar aquela bola idiota. Aí a gente percebeu que não era uma boa ideia jogar vôlei depois do jantar."

"Ficava num lago em formato de rim chamado Lac Perry, em homenagem ao fundador, Andre Perry", explicou Neil, anos mais tarde, enquanto caminhava pelas ruínas do estúdio, que havia sido incendiado, então já tomadas pelo mato. "Na outra extremidade há uma casa de hóspedes lindamente mobiliada, onde ficávamos por meses ao longo dos anos. E estava a apenas seis horas de distância de casa, já que todos morávamos no sul de Ontário naquela época. Então era bem conveniente, nossas famílias podiam inclusive vir nos visitar. Era praticamente nossa casa longe de casa. No inverno, eu ia da casa de hóspedes até o estúdio praticando esqui cross-country. Levantava de manhã e esquiava, depois usava os esquis para ir até o trabalho, porque todas as trilhas levavam até o estúdio. O lugar se tornou um refúgio muito agradável para nós. Uma paixão para a vida toda nasceu ali. O engenheiro assistente me ensinou como praticar esqui cross-country – o saudoso Robbie Whelan.

"Era um belo local para se ir trabalhar todos os dias", lembra Peart. "Quero dizer, de qualquer maneira, sempre fui um amante da natureza a minha vida toda. E poder admirar essa vista que se modifica ao longo das estações... Trabalhamos aqui na primeira vez durante o outono, e foi glorioso. E, mais tarde, no inverno e no verão, e também na primavera. Há uma montanha que se ergue ao fundo do quarto de hóspedes e da sala de jantar, e todas as manhãs observávamos as cores do outono mudando na encosta. Na verdade, nós três chegamos a escalar aquela montanha certa vez. Em geral havia subgrupos formados por nós. E um deles, nosso grupo romântico *new wave*, era chamado de Fabulous Men, homens fabulosos. E nós três escalamos a montanha até uma  trilha de esqui lá no alto chamada Portageur. Eu esquiava lá durante o inverno, então sabia onde era, e guiei os outros até lá e esculpi numa árvore: 'The Fabulous Men'. Provavelmente ainda está lá [risos].

"No verão havia caiaques no lago, ou um pequeno barco a remo", continua Neil. "Ah, e também havia os aeromodelos controlados via rádio de Alex. Há muitas histórias de Alex e aviões perdidos, e a gente ajudando a procurar. Um deles caiu do outro lado do lago, no meio da floresta, e tudo que ouvimos foi '*bzzz, crash*'. Então atravessamos de barco com o rádio-controle, ele fez o servo motor funcionar, e nós todos ficamos nos arrastando pela mata tentando ouvir o 'bip' e, imagine, óbvio que o aeromodelo estava lá bem no alto de uma árvore. Portanto houve todos os tipos de aventuras pessoais e divertidas como essa.

"Estar numa espécie de imersão na paisagem franco-canadense foi uma experiência transformadora para mim em 1980, porque acabei comprando um chalé lá e sempre mantive uma propriedade naquela região desde então. Eu amava praticar esqui cross-country e caminhar com sapatos raquete-de-neve no inverno, e remar e nadar no verão. Ainda tenho muito amor por este lugar. No outono, é claro, as cores são espetaculares. Há muita história ali, tanto pessoal quanto profissional. Penso nesses primeiros discos, *Permanent Waves*, *Moving Pictures*, *Signals* e *Grace Under Pressure*, tantas coisas aconteceram no local."

Sobre *Permanent Waves*, Neil afirma: "Naqueles dias, gravávamos juntos na sala, nós três. Todos aprendendo a música e interagindo com as partes uns dos outros. Então muita coisa foi modelada – e essa é a melhor forma de se dizer – aqui. Sabe, tocando várias vezes repetidas; era assim que trabalhávamos naquele tempo".

"Tudo no disco *Permanent Waves* foi concluído num tempo relativamente curto", acrescenta Geddy, dando uma visão geral de toda a experiência, mas refletindo sobre o quanto a banda estava preparada para aquilo. "De fato, para nós, foi um dos álbuns mais prazerosos e fáceis de gravar. Foi simplesmente uma daquelas sessões de composição excelentes. Na época, ainda éramos nós três sentados juntos, esboçando as ideias e compondo como uma típica banda de garagem. Escrevíamos duas músicas, ensaiávamos, levávamos para o estúdio e gravávamos as faixas-guia. Tudo se encaixava. Morin Heights era um lugar lindo, e o engenheiro de som era excelente. Tudo se juntou de uma forma tão rápida e espontânea que acabou se refletindo nas músicas. Subsequentemente, tentamos manter isso ao longo dos anos.

"É muito mais interessante tentar pegar a ideia de sermos progressivos e não fazer isso do modo que as pessoas esperam que você seja progressivo", continua Geddy, tentando articular de forma mais aprofundada o que havia de diferente nas canções desse álbum. "O que é uma banda progressiva? Ah, você faz um álbum conceitual que fala do espaço, e aqui está a seção instrumental longa, ali está a introdução. Para mim, isso parece menos interessante do que dizer, ok, vamos fazer dez canções individuais e cada uma delas terá um miniconceito dentro de si mesma. E tudo bem se houver um fio que conecta tais canções, e o fio é conceitual, certo? Não são as mesmas linhas melódicas ou os mesmos elementos que continuam ressurgindo. Para mim, isso era um passo adiante. Isso era o Rush progredindo em vez de simplesmente permanecer preso ao mesmo molde em que havíamos criado *2112*.

"Mas foi um desafio. Será que conseguimos compor uma música que tenha cinco, seis ou sete minutos de duração – essas eram canções curtas para nossos padrões –, e ainda assim entregar alguma coisa que seja musicalmente interessante? Há tempo suficiente para sermos musicalmente ousados em cinco minutos e ainda assim contarmos um tipo de história diferente? Essa era a chave de tudo, que deu início a dez anos de experimentações. E é um experimento que nunca termina, na verdade continua até hoje. Estruturalmente foi interessante ver se, num momento, podíamos ser bem agressivos, e bastante melódicos em outro. Ainda há aquelas seções instrumentais que têm um clímax e um pico – esse é o modo que se estruturava uma música de dez minutos –, mas ao encolher tudo para testar… será que fica parecendo que foi montada como um todo? Ainda há um fluxo contínuo? Ainda tem um ritmo que parece bom de se ouvir? Essas são coisas com que cada compositor deste gênero musical precisa lidar, e nós somos obcecados com isso.

"Acho que passamos cinco ou seis semanas fazendo esse disco. E foi simplesmente, pá, pá, pá, e depois fomos para a Inglaterra e mixamos o álbum no Trident. Sem a dificuldade de *Hemispheres*, nunca teríamos encontrado os estúdios Trident. Então tudo acontece por uma razão. Todas as piores experiências da sua vida preparam você para o passo seguinte."

"Eles chegaram muito bem-preparados para esse álbum, com muita pré-produção", conta Terry, obviamente satisfeito com o contraste em relação ao projeto anterior. "Tinham passado uma quantidade de tempo fora do comum ensaiando, então chegaram com algumas coisas já finalizadas. Não passamos tanto tempo gravando quanto eles passaram preparando as músicas. Essa foi a grande mudança. Foi um disco divertido, mas não foi fácil. Foi complicado do ponto de vista musical, mas, repito, eles estavam de fato começando a ultrapassar todos os limites enquanto músicos."

"Houve uma forte divisão entre *Hemispheres* e *Permanent Waves*", reflete Neil com relação às composições. "Mesmo que ainda tivéssemos músicas longas, muitos arranjos estendidos e muita instrumentação e assim por diante. Mas houve uma mudança de atitude no final dos anos 1970, e estávamos reagindo a isso na nossa música. 'The Spirit of Radio' incorpora estilisticamente e, de novo, implicitamente o que tudo aquilo significava para nós.

"E depois de *Permanent Waves*, estávamos prontos para fazer *Moving Pictures*. O que se decidiu ao final de *Hemispheres* foi concretizado com *Moving Pictures*. Quase sempre é assim: é necessário um álbum inteiro para crescermos e avançarmos na direção que queremos seguir. E eu me lembro de um crítico daquela época, dos anos 1970, dizendo que gostaria de nos dar um belo pontapé na direção que estávamos seguindo. Foi uma boa crítica, sabe? E uma das poucas realmente válidas que recebemos na nossa carreira. Foi muito ponderada. Lembro que Geddy a mostrou para mim, porque era muito boa. O crítico reconheceu que estávamos indo para a direção certa, mas de forma muito lenta."

"Quando chegaram com o material para *Permanent Waves*, fiquei bem empolgado", conta Terry, "porque era muito diferente. Mas nunca houve uma conversa do tipo 'Precisamos pensar em algo mais curto, mais conciso ou diferente'. *Hemispheres* foi um disco difícil de fazer e esgotou todo mundo criativamente, então pareceu natural que o álbum seguinte fosse bem distinto. Seria impossível fazer dois discos como aquele em sequência".

Os créditos de engenharia de som de *Permanent Waves* foram para Paul Northfield, que começou ali sua longa parceria com a banda.

"Era setembro de 1979, e eu trabalhava em Morin Heights, no Le Studio. Naquela época, a reputação do estúdio já estava consolidada não só por causa do equipamento, mas também pelas pessoas que trabalhavam lá. A reputação tinha começado a crescer porque já havia muitos álbuns de hard rock excelentes gravados lá. E era conveniente. Ficava no Canadá, numa região linda. Quando as bandas vinham ao estúdio, eu ou Nick Blagona, o outro engenheiro, éramos indicados para sermos responsáveis pela engenharia de som. Seríamos eu e um auxiliar, que neste caso foi Robbie Whelan."

Sobre a própria trajetória, Paul conta: "No caso do estúdio, fui contratado graças às minhas credenciais, porque eu tinha trabalhado antes em Londres por quatro ou cinco anos, e no meu currículo havia trabalhos com artistas como Gentle Giant, Emerson, Lake & Palmer e Yes, e também Steve Howe, em certo grau. Eu tinha um currículo de respeito, então acredito que eles viram uma oportunidade de ter alguém na equipe com uma visão diferente e um ponto de vista de que eles realmente gostaram.

"As bandas em geral usavam os engenheiros do próprio estúdio. Então, quando chegaram, presumi que ficaria no cargo de engenheiro e Terry ficaria na produção – foi o que pensei já no primeiro dia –, aí me sentei lá com eles e falei: 'É assim que as coisas funcionam aqui' e 'Este é um bom lugar para montar a bateria'. Acho que foi provavelmente nesse momento que vendi a eles a ideia de 'Ah, ok, vamos deixar o Paul na engenharia, e Terry fica só na produção, isso já será uma mudança'.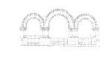

"Só mais tarde me dei conta de que Terry fazia várias coisas de engenharia. Era assim que funcionava. Acho que, no final do dia, eles vieram até mim porque provavelmente perceberam que eu tinha muita experiência e poderia ser um acréscimo ao álbum. Assim, Terry decidiu assumir a cadeira de produtor em vez de fazer as duas coisas ao mesmo tempo, e nós continuamos trabalhando a partir daí. Fiz todo o trabalho mais braçal, e ele ficava observando o projeto numa perspectiva mais holística, como em geral um produtor atua.

"Havia muita camaradagem entre a banda e Terry", continua Northfield. "Era parecido com um clube do bolinha. Tornar-se parte do processo de gravação com o Rush significava ter que entrar no mundo deles. Passaram tanto tempo juntos na estrada, trabalhando tantas horas, e quando não estavam na estrada frequentemente estavam compondo ou gravando. Havia uma espécie de insularidade com relação ao ambiente deles, e é claro que isso incluía Terry e, por consequência, a nós – Robbie e eu. Em geral fazíamos as refeições juntos – na maioria das vezes, na verdade, para jantar –, essencialmente do começo ao fim das gravaçãos, durante dois meses. Gravávamos 12 horas ou mais, sete dias por semana. Esse era o ambiente naquela época."

Sobre seu papel como engenheiro de som em *Permanent Waves*, Paul conta: "Fiz várias sugestões quanto ao melhor posicionamento dentro do estúdio, porque eu conhecia o local e os setups básicos e todas as idiossincrasias do equipamento que tínhamos. Porque, naquele tempo, não havia o mesmo nível de padronização que se tem hoje nos estúdios, e também não havia o aspecto de aluguel para a gravação. Agora é possível ir a qualquer lugar e conseguir qualquer equipamento, e o que estiver faltando se consegue dentro de um dia ou até mesmo em poucas horas, dá para receber no mesmo dia em que o aluga. Isso não existia naquela época. Cada estúdio tinha suas forças e fraquezas em particular, e isso contribuía com relação à sonoridade dos álbuns.

"Mesmo os monitores e as caixas de som que usávamos, quero dizer, mixávamos e gravávamos usando caixas de som muito grandes que eram montadas na parede, no teto, acima do vidro da sala de controle. E isso tinha um impacto profundo no som. Não havia uniformidade. Hoje em dia, há uma relativa uniformidade. Se não gostar das caixas de som quando entrar num estúdio e se sentar junto ao console, é possível sair e comprar o modelo que quiser. Mas essas caixas pequenas, de altíssima qualidade, simplesmente não existiam em 1979. Não digo que não houvesse nada parecido, mas foi só em meados dos anos 1980 que equipamentos como o Yamaha NS-10 se tornaram populares. Mas, na época, parte do meu papel dentro do estúdio era dizer: 'Ok, tenho familiaridade com esta sala, este é o equipamento que temos, estas são as coisas boas que temos, tente isso, tente aquilo'."

NÃO HAVIA UNIFORMIDADE. HOJE EM DIA, HÁ UMA RELATIVA UNIFORMIDADE. SE NÃO GOSTAR DAS CAIXAS DE SOM QUANDO ENTRAR NUM ESTÚDIO E SE SENTAR JUNTO AO CONSOLE, É POSSÍVEL SAIR E COMPRAR O MODELO QUE QUISER.

Paul também compreendeu qual era a narrativa que a banda escrevia para si mesma com relação ao álbum anterior e ao novo disco.

"Tudo estava bastante claro. Acho que tinham decidido se permitir num certo nível fazer qualquer coisa que quisessem musicalmente. Se sentissem que gostariam de esticar certa seção por cinco minutos porque tinham mesmo gostado de tocar aquela parte e queriam fazer experimentos com ela, eles faziam isso. Acho que depois do que fizeram com *Hemispheres*, queriam poder dizer todas as coisas importantes de um modo mais conciso, menor. E, é óbvio, havia benefícios, porque tornava a música mais acessível para as pessoas. Se quisessem tocar no rádio, era muito difícil conseguir ir para o ar com uma música de 12 minutos.

"No entanto, isso parecia algo muito secundário", continua Paul. "O mais importante parecia ser o desafio de poder dizer alguma coisa de forma concisa, mas que fosse interessante para eles. Eles eram uma banda idealista, provavelmente motivados pelo fato de que, no começo, quando tinham que obedecer a outras pessoas, isso sempre dava errado. E quando decidiram fazer o que queriam fazer, receberam uma ótima resposta dos fãs e a carreira deles explodiu. Portanto, eram muito idealistas quanto ao que faziam. Agora estamos fazendo isso porque é o que queremos – essa é a direção que vamos seguir porque gostamos disso.

"O desejo de mudar, ser diferente e se desafiar também impactou o processo de gravação. Lembro que isso me deixou meio louco no começo, tanto em *Moving Pictures* quanto em *Permanent Waves*. Eles tinham essa ideia de que, quando gravássemos alguma coisa, mesmo se acertássemos tudo de primeira e ficasse bom, particularmente a bateria, nós mudaríamos todos os microfones para a música seguinte com a intenção de não se repetir e ser criativo. O que, em teoria, é muito interessante. Na prática, há certos microfones que são de fato excelentes para fazer certos trabalhos, então mudá-los só por razões criativas, só por mudar, me deixava pensando: 'Ah, tá!'. Portanto, até podia ser um pouco de ingenuidade deles em alguns casos, mas havia boas intenções. É o que fazem. Não estão muito interessados em se conformar a ideias preconcebidas de quem quer que seja sobre o que deveriam ou não ser."

Paul conta que Geddy ficou particularmente interèssado na questão da produção. "Sim, Geddy assumiu mesmo uma posição de colocar a mão na massa. Ele estava lá o tempo todo, observando tudo, sentado ao nosso lado, presente em cada passo. Às vezes, quando Alex fazia um solo, ficávamos só eu, Terry e ele na sala de controle. Mesmo assim, acho que Geddy estava lá para observar tudo e fazer parte do processo. Era como uma esponja, tentando absorver o que acontecia no estúdio. Ele ficou lá na sala de controle praticamente todos os minutos de *Permanent Waves* e *Moving Pictures*.

"Há ainda outra coisa sobre Geddy: ele foi o primeiro baixista com quem trabalhei que apareceu com um som amplificado em overdrive. Embora Chris Squire também estivesse fazendo isso naquela época, usando uma cabeça Marshall e um Marshall 4x12 para o baixo mais roncado dele. Isso deve ter sido também parte da inspiração de Geddy, porque ambos usavam Rickenbacker."

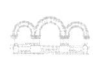

Mas Paul e Geddy nunca conversaram sobre o Yes. Northfield diz que era mais uma coisa "não dita, o fato de que o Rush estava fazendo música progressiva, embora de um tipo mais ligado ao metal. Eles gostavam mesmo da profundidade de arranjo que existia dentro da música progressiva em sua melhor forma, além do experimentalismo e de se permitir fazer o que quisessem, que se complementavam. De um modo negativo, pode não passar de um capricho, mas também é algo libertador. Criativamente falando, apenas se faz o que se gosta em vez de partir para o que é formulaico e se encaixaria numa canção pop ou de sucesso. A ideia é: 'Eu adoro tocar isso, amo tocar esse riff, quero tocar assim durante cinco minutos porque eu gosto dele assim'.

"As jams longas, mesmo que fossem altamente estruturadas, faziam parte do que o Rush se ocupava na época, essa atitude de ignorar por completo as fórmulas das gravadoras, porque eles só faziam o que gostavam de fazer e com isso obtinham uma resposta de seu público. Geddy entrou com a sonoridade de seu baixo, sua atitude e sua maneira de tocar e estava nos procurando – Terry, o novo estúdio e eu – para de fato capturarmos tudo aquilo e talvez surpreendê-los com algo novo."

Com relação ao temperamento de Geddy, Northfield fala de "seu humor e foco, que meio que se alternavam ao longo do dia. Num minuto, ele parecia muito tranquilo e irreverente quando as coisas iam bem – o humor estava lá nas alturas, fazia comentários paralelos e brincadeiras leves. Mas se em algum momento parecesse que as coisas não estavam exatamente onde deveriam estar, ele virava a chave e ficava muito intenso, na ausência de uma palavra melhor. Aconteceu comigo algumas vezes, quando saíamos de um clima mais sereno e então, por alguma razão, parecia para Geddy que algo estava faltando ou tinha sido negligenciado, e a partir disso ele adotava uma personalidade diferente. Não chegava a ser como o médico e o monstro, mas havia essas alternâncias de humor bastante substanciais.

"O humor é importante para toda a banda. Eles encorajam uns aos outros. Alex é um comediante por natureza, mas Geddy vai mais para o lado do absurdo. Um bom exemplo foi quando estávamos gravando a voz de *Permanent Waves*, e ele pegou um banjo. Deve ter sido um que estava lá pelo estúdio. Mas ele gravava a voz segurando o banjo e, cada vez que parava de cantar, tocava aquilo só para tirar sarro da gente. Normalmente, quando se está gravando a voz, se quer manter tudo em silêncio. Portanto o resultado disso é que tivemos muito trabalho. Num dos álbuns foi o banjo, em outro foi uma gaita de boca, e num deles Geddy apareceu com congas. E ele fazia isso só para tirar sarro da gente, sabe?"

Como Paul enfatiza, nesse ponto da carreira o Rush não era exatamente perito quanto à tecnologia de teclados e sintetizadores.

"Não, quando chegaram para fazer *Permanent Waves*, eram um trio com um sintetizador que tocava apenas uma nota, sabe, um 'diiiiii' de distorção das cordas, e os pedais Taurus que faziam um 'ooooohhh' profundo. E Geddy podia acionar e tocar uma nota bem grave nos pedais Taurus e ter um som orquestrado, agudo, quase um som de cordas, que estava pré-programado. Ele tinha esse sintetizador Oberheim, um Oberheim polifônico de quatro vozes, que não é programável. Precisa marcar tudo. E basicamente era ajustado para um único tipo de som. O equipamento até devia ter dois tipos de som nele, mas tudo o que fazia era 'zing', e por isso os pedais Taurus pareciam um grave estrondoso.

"Isso lhes dava esse tipo de dimensão, porque às vezes Geddy queria acompanhar o riff com Alex, tocando bem no alto do braço do baixo. Quando se faz isso, de repente todo o grave fica fora da faixa. Era possível tocar como trio, quase como duas guitarras, mas então os pedais Taurus davam esse som grave estrondoso. E depois havia uma sequência estridente que às vezes entrava no refrão ou numa seção, que dá esse toque orquestral. E isso não é particularmente alta tecnologia. É apenas uma nota do pedal com um agudo complementar. E então, é claro, ele fez umas coisas no Minimoog, melodias simples de Minimoog, não uma instrumentação técnica. Sabia como programar o equipamento para o que ele queria; era apenas um programador básico, não era um técnico especialista.

"Mas conforme o tempo passou, e por vontade dele, acima de tudo, os sintetizadores polifônicos tomaram o lugar em que se poderia tocar instrumentos de corda – e fazer coisas interessantes. O primeiro sintetizador polifônico realmente interessante que ele usou foi o OB-Xa. Foi engraçado, porque isso aconteceu com *Moving Pictures*. E, naquela época, não era bem uma disputa, mas havia uma brincadeira constante entre os caras da banda. Neil ganhava o prêmio de baterista do ano da *Modern Drummer*, bem, quase todos os anos. E Geddy ganhou como baixista do ano, e Alex sempre ficava em segundo perdendo para Eddie Van Halen. E isso era alvo de muita… Sem dúvida, para Alex, era difícil de engolir, mesmo que essas coisas sejam o que são, não passam de concursos de popularidade.

"Mas a coisa mais engraçada foi que Geddy ganhou o prêmio de tecladista revelação do ano", ri Paul. "Por *Moving Pictures*. E isso foi quando o teclado apenas gravitava ao redor do baixo e da guitarra. Provavelmente havia um senso de ironia e humor quanto a isso porque, sem dúvida, Geddy não era o tecladista do ano na imaginação de ninguém.

"Mas o uso dos teclados nos arranjos foi uma questão diferente. É válido argumentar que o senso de arranjo da banda, entre eles três, era de fato poderoso. Mas em termos de técnica, como eu digo, fazia pouco tempo que Geddy tinha avançado de tocar uma nota de cada vez ou criar melodias no Minimoog para realmente tocar acordes. Foi quando, de repente, a tecnologia começou a evoluir. Por isso, durante um tempo, fiquei bastante envolvido porque também costumava fazer a programação. Eu era uma espécie de técnico. Muitos pontos fortes do meu trabalho com gravação e música vinham de uma formação técnica, uma obsessão com tecnologia, se preferir chamar assim.

"Em dado momento, tivemos uma longa reunião. Eu tinha aprendido umas coisas com um cara que era um ótimo designer de eletrônicos, mas da parte visual dos projetos. Conversamos muito e, por um período, surgiu a possibilidade de bolar um jeito programável de tocar acordes com os pedais, o que basicamente aconteceu antes do MIDI. Hoje em dia é uma coisa fácil de se fazer; é só comprar uma pedaleira na loja e programar os acordes em cada um dos pedais. Mas isso foi uma coisa que nós de fato quase criamos naquela época. E foi apenas no último minuto que Geddy decidiu não usar, porque iria custar muito dinheiro criar uma coisa assim do zero. Mas ele ficou bastante intrigado. Na verdade, acho que o que o impediu não foi o custo. Acredito que apenas preferia só tocar baixo e cantar, não ficar apertando um pé, depois o outro, usar essa mão, cantar, tocar baixo. Isto tem sido uma de suas frustrações como músico: o fato de que às vezes ele ficava muito ocupado tocando três ou quatro coisas ao mesmo tempo."

Northfield reconhece Geddy como um baixista nato. "Ele tem instintos muito bons. E há certa agressividade em sua maneira de tocar. O mais interessante é que ele é o único baixista que já vi tocar que arrebentou uma corda do baixo dentro do estúdio. Quando isso aconteceu, pensei: 'O que você fez?!'. Tem muito a ver, acho, com a força de sua mão direita, a forma como ele flexiona a mão. Dá para ver a mão direita dele meio que se retorcendo, e às vezes ele está mesmo atacando as cordas, enquanto outras pessoas que têm uma técnica excelente mal mexem as mãos, e podem tocar insanamente bem ou fazer o *slapping* e todos esses tipos de coisa. Mas a mão dele parece fazer uma rotação quando ele toca, e Geddy põe energia no gesto. Usa todo o pulso para ganhar força, em vez de apenas a ponta dos dedos. Pouquíssimos músicos tocam com esse tipo de aprofundamento, com essa agressividade toda na mão direita. Para mim, é dali que vem a força dele. Além de muita convicção e muito comprometimento. Portanto, é óbvio, nos primeiros dias, aquele timbre roncado do Rickenbacker, com o tipo de *buzz* nos trastes e o particular... eram as cordas Rotosound mais o Rickenbacker e o *buzz* nos trastes e o toque agressivo. Ele construiu esse som encorpado, roncado, parecido com Chris Squire."

Hugh Syme não ficou muito contente com a arte de capa que fez para *Hemispheres*. Em *Permanent Waves*, ele se redimiu de maneira espetacular, criando uma imagem impressionante que se tornou amplamente reconhecida, abstrata e mágica, ajudando a definir o conteúdo do disco, neste caso conjurando palavras como "austera" e "moderna". A capa é ressaltada pela fotografia artística da banda, assim como as fontes escolhidas para os textos.

Mas o verdadeiro deleite é a hipnotizante imagem da capa. A modelo canadense Paula Turnbull é retratada, iluminada de um jeito diferente, despreocupada com a carnificina ao fundo. (Turnbull voltaria para representar essa capa em *Exit... Stage Left*, que apresenta referências a todas as capas dos álbuns até 1981.) Há as ondas permanentes em seu cabelo e uma onda em sua saia. Atrás dela, há uma onda gigante atingindo Seawall Boulevard, em Galveston, Texas, durante o furacão Carla, em 11 de setembro de 1961, uma foto icônica de Flip

Schulke, que costumava se colocar em perigo para conseguir imagens assim. Também ignorando a tempestade está um Hugh Syme minúsculo, acenando para a câmera. Um jornal esvoaçante tremula em meio à turbulência atmosférica, com a famosa falsa manchete do futuro no *Chicago Tribune* anunciando que "Dewey derrota Truman". O jornal fez uma reclamação formal, e Hugh a mudou para "Dewei derrota Truman" (alguns relançamentos posteriores apagaram a manchete totalmente).

O padrão em vermelho de um eletrocardiograma com o nome do álbum incorporado de forma artística é um resquício da ideia original de Syme, relatada a Neil num telefonema em sua casa de campo. Syme queria grudar eletrodos na cabeça dos rapazes enquanto eles estivessem se apresentando e obter a leitura do eletrocardiograma, que seria reproduzida em vermelho e talvez com realces em dourado. Originalmente, o disco seria chamado *Wavelength*, *Comprimento de Onda*, mas a banda achou que esse título já tinha sido usado vezes demais. *Permanent Waves* foi uma espécie de alfinetada na indústria musical, que o tempo todo anunciava novas ondas na música.

Assim que a agulha cai na primeira faixa, estamos instantaneamente diante de um revigorante lick de Alex Lifeson, que parece emular Eddie Van Halen, mas na verdade é Alex tocando rápido com a palheta. Geddy e Neil entram com viradas em uníssono e em cascatas, e assim é dada a largada. Mais alguns riffs de introdução dignos de um estádio lotado, e estamos eficientemente alocados nos versos, em que Neil conta uma história nostálgica sobre a magia do rádio. "The Spirit of Radio" também apresenta um breve aceno ao reggae, na época um sucesso imenso no mundo todo e renascido dentro de um novo contexto pelo The Police, que o Rush admirava. A banda já havia acrescentado uma introdução de reggae em versões ao vivo para "Working Man" e achou que traria um toque divertido a essa canção sobre a magia da música. E a música continua a surpreender – há até mesmo uma parte projetada para simular o dial do rádio girando com uma rápida amostra das diferentes estações que se podia ouvir.

"Sim, deu certo", diz Geddy sobre 'The Spirit of Radio', que chegou à posição número 22 nas paradas do Canadá, 51 nos Estados Unidos e um impressionante 13º lugar no Reino Unido. "Não sei se foi apenas um alívio para as pessoas não ter que esperar 25 minutos para chegar ao final de uma música, mas nós pegamos toda nossa habilidade e todas aquelas experimentações que havíamos feito e concentramos num período de tempo mais curto, e as canções realmente ganharam muita força. Ainda havia uma faixa de longa duração, 'Jacob's Ladder', mas 'Spirit of Radio' foi uma daquelas músicas que nos provaram que poderíamos pegar o formato de cinco minutos e deixar a canção complexa e melódica e fazer tudo dar certo, então foi um momento de grande aprendizado para nós."

Em entrevista para a *Modern Drummer* em 1980, Neil explicou: "Não fala de uma estação de rádio específica ou algo assim, é realmente sobre o espírito da música quando se chega ao seu tema básico. É sobre integridade musical. Queríamos abordar a ideia de uma rádio que toca uma ampla variedade de música. Por exemplo, 'The Spirit of Radio' é um termo que veio de uma rádio local chamada CFNY. É o slogan deles. Tocam todo tipo de música boa, do reggae ao R&B, do jazz à *new wave*, tudo que for bom ou interessante. É uma estação de rádio muito boa a meu ver. Eles me apresentaram muitas músicas novas. Há pequenas partes de reggae na canção e um ou dois versos que penso terem um toque de *new wave*. Tentamos abordar todas as formas diferentes de música. Não há divisões ali. Os refrões são bem eletrônicos. É só um sequenciador digital com um *glockenspiel* e um riff de guitarra para contrabalançar. O verso é um verso padrão e direto do Rush. Um é *new wave*, há dois versos de reggae, alguns riffs pesados e mais todo o resto que poderíamos conseguir colocar ali sem nos tornarmos redundantes."

O diretor de turnê da banda, Liam Birt, afirma que a faixa é sobre "como o rádio pode elevar ou destruir as pessoas. E, é claro, as rádios adoraram a música porque talvez pensassem que era um tapinha nas costas. Não acredito que tenha sido necessariamente isso – dá para interpretar a letra de várias maneiras –, mas as rádios pareceram seduzidas por essa música. Para mim, também era uma crítica às estações de rádio. A banda sempre teve dificuldades com elas para fazer alguma coisa. Se aparecesse um caminho fácil, quase que instintivamente os caras da banda sabiam que era a direção errada a seguir. A piada é que não dá para encontrar uma música do Rush que seja possível dançar – em parte é verdade. Se fosse possível dançar ouvindo 'Tom Sawyer', já se ficaria exausto na metade da música. Quanto ao que de fato atrai o público para a música do Rush, realmente não sei".

"Acho que, em nosso íntimo, nós todos achamos que seria bom fazer mais sucesso nas rádios e vender mais discos", diz Terry. "Porque os discos naquela época eram a espinha dorsal do negócio – para mim, enquanto produtor, era muito importante. Então todos achamos que seria legal, mas não queríamos fazer um 'hit'. Porque ter um hit seria se vender. Goste ou não, é assim que é visto. Mas acho que fomos muito bem com 'The Spirit of Radio'. É um sucesso, mas é um sucesso bem maluco. Foi uma música ajustada de modo a ser um pouco mais comercial. Todas as partes estavam lá, e quando foi terminada, havia uma sonoridade e um apelo que funcionavam para o rádio.

"Eu sempre me encontrava com Ray [Danniels] antes de começarmos um disco. Almoçávamos e conversávamos sobre o novo álbum, e ele sempre me dava a impressão de que gostaria de criar uma pepita de ouro comercial. Mas ele nunca me disse: 'Se não fizer, será demitido'. Ou: 'Faça aqueles garotos darem o braço a torcer'. Nunca houve uma conversa assim. E, com certeza, de tempos em tempos, aparecíamos com essas pequenas pepitas que caíam no gosto das rádios e davam aos rapazes mais uma chance. Mas fazíamos isso de um jeito bem inteligente, creio eu, e mantínhamos a integridade.

"Nós conversávamos sobre o que ele precisava enquanto empresário da banda. Sabe: 'Preciso de alguma coisa para levar para as rádios. Preciso de alguma coisa que toque na FM'. E conversávamos sobre os Estados Unidos e os mercados internacionais, e ele dava uma opinião sobre o que faltou no álbum anterior e para onde iríamos com o novo disco. Eu absorvia tudo aquilo e tentava fazer alguma coisa a respeito. Às vezes, sabia o que vinha pela frente. Depois eu me reunia com a banda, e começávamos a trabalhar. Enquanto trabalhava na produção dos discos, eu ficava pensando no meu almoço com Ray sabendo muito bem meus limites quanto a poder mudar o curso da história.

"Mas o tipo de álbuns que estávamos fazendo, ainda posso escutar e identificar detalhes que me deixam emocionado. Pode ser alguma coisa bem sutil, mas é algo bom. Quando se pode continuar tocando um disco continuamente e ainda se identificar com ele, é isso que se deseja. E essa música é totalmente diferente. Quero dizer, usam o termo 'progressivo' como um eufemismo, mas é uma coisa fora do comum. Vi que se tratava de uma faixa bem comercial, tinha um potencial maravilhoso no rádio, não só por causa do título, mas também porque era ousada em termos de construção. Eu achava que ela tinha o suficiente para equilibrar a balança e transformar o álbum num sucesso."

Como Terry afirma, "The Spirit of Radio" começou estourando no  rádio – afinal, glorificava e legitimava o trabalho dos DJs. "Definitivamente abriu caminho, e as pessoas começaram a prestar atenção na banda, sendo que antes não faziam isso. Estava com tanto tempo de execução que começamos a receber bons relatórios das rádios."

E não tinha só a ver com a letra: qualquer DJ poderia dizer que essa música capta a atenção do ouvinte, e a introdução instantaneamente reconhecida faz de "The Spirit of Radio" uma ótima faixa para radiodifusão. Não apenas por causa do lick de guitarra caleidoscópico de Alex, mas pelo momento *air drumming* que surge depressa e continua até os dias de hoje como um dos mais difíceis de acertar com perfeição em meio ao catálogo do Rush, muito semelhante à introdução de "Rock and Roll", do Led Zeppelin, uma geração antes. A música também se torna rapidamente mais tranquila, ainda assim continua animada e forte, fácil de entender, dançante para os fãs de Rush em qualquer nível de aptidão.

"Já se esperava por isso havia muito tempo, e foi muito bom ouvir algo tão ousado nas rádios pop", continua Brown. "Não sou um grande fã de modulações de compasso entrando e saindo de uma música só para dar a ela aquela força extra. Mas quando feita adequadamente, às vezes pode ser bem eletrizante quando acrescentada à faixa. Se houver uma mudança repentina que segue o movimento da canção, mas não parece dissonante, não é necessário esforço algum para decifrá-la. Acho que isso é uma coisa boa. Se você tem que começar a pensar e se perguntar por que, como e quando, então a música não está funcionando. Mas se ela faz você se sentir bem e te leva a algum lugar e marca um momento da sua vida, é algo especial demais. Ao mesmo tempo, eles tinham essa habilidade de reunir tudo sem transformar numa tolice pop, por assim dizer, uma vez que se escuta a música e há nela uma história sendo contada. E não é uma coisa banal, uma perda de tempo."

Por falar em banal, a faixa termina com a palavra *"salesmen"* (vendedores) cantada uma vez, depois cantada de novo com mais ênfase para em seguida ser gritada em exasperação. Pode-se interpretar isso de múltiplas maneiras. Primeiramente, Neil fala que essa canção é delineada com um toque de ironia, talvez porque quando ele era garoto tudo parecia certo com o rádio, mas uma vez que aquela era de ouro se perdeu, os vendedores tomaram conta, optando por playlists baratas que pareciam um caminho mais fácil para se vender anúncios comerciais.

A ideia de que as arenas de shows ecoam com os sons dos vendedores se alia com o conceito de "doença" citado pelos caras da banda, de artistas que falam as mesmas coisas insignificantes e gratuitas para as plateias em todos os lugares, sendo que mal sabem em qual cidade estão tocando naquela noite. Reforçando esse aspecto, temos a substituição da palavra *'prophets'* (profetas) por *'profits'* (lucro) – Hugh se orgulha de a banda jamais ter feito um trocadilho com a palavra *"rush"* (pressa) nos títulos dos álbuns, mas isso não significa que Neil não os tenha incluído em suas letras. De fato, Peart é um criminoso recorrente. Para redimir o trocadilho dessa seção de alguma forma, parece que esta configuração de palavras é um tributo à canção "The Sound of Silence", de Simon & Garfunkel. E há uma semelhança e um contraste interessantes entre os títulos das duas músicas.

Apesar de qualquer animosidade por parte dos quadros do Rush em relação ao que tocava nas rádios durante a era de *Permanent Waves*, Terry é inflexível quanto à importância do meio.

"Sem dúvida eu tinha interesse no valor comercial. Já tive alguns sucessos ao longo dos anos, e ter uma banda com a qual você está trabalhando regularmente e não ouvir as músicas dela no rádio não parece um sucesso para mim. Se estamos fazendo um disco só para a banda, um material muito criativo que nós todos amamos, mas que ninguém vai ouvir, na minha opinião não se trata de um disco bem-sucedido. Tem que funcionar em todos os níveis. Então foi um desafio reunir tudo para que fosse bastante diferente e ainda assim pudesse ser um sucesso no rádio e inspirar as pessoas, achei fantástico. Muito emocionante."

Aprofundando um pouco mais a questão do equilíbrio, Terry afirma:  "Eu acho que a banda ficou consciente demais do que estava acontecendo. Há dois modos de se fazer as coisas na indústria musical. Ou você compõe pensando no sucesso e no rádio, ou compõe para você mesmo e faz sucesso. E se quiser ter sucesso como compositor, como uma pessoa criativa, então se faz de um jeito, e se quiser fazer pensando na gravadora, se faz de outro. E como é você quem vai ter que conviver com isso pelo resto de sua vida, acho importante fazer por conta própria.

"Porém, se alguém consegue combinar tudo isso e fazer sucesso, obviamente se tem o melhor dos mundos. Trabalhei com muitos artistas ao longo dos anos, e alguns têm feito as coisas não para si mesmos, mas pela carreira, o que em geral acaba sendo um tiro pela culatra. Nem sempre, mas anos mais tarde, quando a carreira estiver em declínio, você tem que conviver com as coisas que criou, coisas que não te fizeram feliz. Para mim, isso não é uma opção. Gosto de fazer coisas com as quais me sinto feliz e com que o artista se sente feliz. É uma atitude muito errada fazer discos e coagir os artistas a criar coisas puramente pelo sucesso comercial. Está destinada ao fracasso. Então tivemos muita sorte com 'The Spirit of Radio'. É uma música que, em todos os sentidos, jamais teria tocado nas rádios. É fora da curva, é comprida e tem essas partes malucas no meio, mas era emocionante e contava uma história. E transmitia sonoridade com cuidado, além da forma como foi mixada, a edição e todas as coisas necessárias para se tornar o que se tornou. Quando foi lançada, ficou comprovado que podia de fato ser um sucesso comercial."

Terry confirma como as rádios acolheram a música: "Achei interessante que eles tenham escrito uma música sobre o rádio, ou que Neil tenha escrito uma música sobre uma estação de rádio em Toronto que não tocava Rush. Pareceu um ponto fora da curva, mas era direito dele enquanto artista fazer isso. Naquele ponto, eu estava me acostumando à ideia de que começaríamos a ter mais e mais radiodifusão. E meu foco não era apenas nas estações em que tínhamos certa abertura, mas naquelas em que isso simplesmente não existia. E creio que não houve uma cidade na América do Norte onde 'The Spirit of Radio' não tenha tocado".

O Rush provou que seu novo sucesso comercial não tinha sido apenas um golpe de sorte com a faixa seguinte de *Permanent Waves*, "Freewill". É enlouquecidamente grudenta, ainda assim complexa, e é relativamente curta, com 5:35 minutos. Assim como "The Spirit of Radio", essa música foi composta com bastante antecedência. Foi tocada ao vivo pela primeira vez no Varsity Stadium, em Toronto, em 2 de setembro de 1979. A canção apresentada nessa ocasião e a versão de estúdio são virtualmente idênticas, inclusive as viradas de Neil (Geddy talvez tenha cantado uma letra um pouco diferente). "The Spirit of Radio", tocada na mesma noite, também era bem parecida, embora um pouco mais solta, em especial na seção de reggae, que é encorpada e solta de um jeito divertido.

"Freewill" é particularmente forte na melodia, até mesmo alegre, com uma melodia vocal que acompanha o riff – que se alterna de 7/4 para 6/4 e é fácil de acompanhar depois de algumas tentativas. "Em conceito, o peso de *Hemispheres* nos fez querer fugir daquele tipo de álbum", afirma Geddy. "Então saímos de *Hemispheres* direto para essas músicas. Ainda eram compridas, mas havia um espírito bem diferente. Apenas evitamos o peso e o clima sombrio de *Hemispheres*, uma reação total às trevas daquele período." Na questão musical, Alex observou que seu solo, o qual acontece durante um intervalo de tempo 3/4 – com Neil atacando a bateria de maneira febril e Geddy disparando licks distorcidos e embaralhados –, é um dos mais desafiadores.

Quanto à letra, "Freewill" (curiosamente usada aqui como uma palavra só) defende o ateísmo, com críticas sucintas e astutas, embora diretas, à crença em vários deuses. Os argumentos pró e contra o ateísmo são muitos, mas aqui o foco está no conceito de livre-arbítrio, na ideia de que o indivíduo tem controle dos seus atos e é responsável por eles. É uma extensão das crenças mais arraigadas de Neil, como já foram demonstradas nos primeiros álbuns. E essa música traz um dos mais celebrados versos dele – que, no cômputo geral, encontra-se entre suas  melhores letras: "*If you choose not to decide, you still have made a choice*" – "Se você escolher não decidir, ainda assim fez uma escolha". É interessante observar que a versão original desse verso era "*If you choose not to decide, you cannot have made a choice*" – "Se você escolher não decidir, não pode ter feito uma escolha" –, que já tinha sido apresentada no Varsity Stadium. Esse verso claramente expressa um sentido contrário e poderia ser lido como uma denúncia do agnosticismo hesitante.

Em seguida vem "Jacob's Ladder", um rock progressivo lindo e habilidoso, com uma melodia sinistra, de certa forma mais alinhado com o espírito do álbum *Hemispheres*. Os sintetizadores são proeminentes, mas entrelaçados de maneira mais sensível no que é uma expressão típica do "metal progressivo" do Rush. Com relação à letra sucinta e requintada, Neil falou à *Modern Drummer* que a banda "construiu a música inteira em torno de uma imagem. Queríamos criar uma canção em torno do fenômeno chamado Escada de Jacó, em que os raios de sol atravessam as nuvens. Eu pensei em pequenos trechos da letra para ajustar às partes musicais. E nós construímos a faixa musicalmente tentando descrevê-la de forma cinematográfica, como se nossa música fosse um filme. Temos um céu luminoso e a atmosfera totalmente tempestiva, soturna, e de repente essas colunas de brilho surgem como uma rajada, e tentamos recriar tudo isso musicalmente".

Acrescentando mais significado além de brincar como homem do tempo, Neil encerra esse poema breve com a ideia de que o ser humano pode buscar inspiração na beleza desse fenômeno. Na verdade, o nome "Jacob's Ladder" vem de uma história do Antigo Testamento de quando Jacó viu anjos subirem e descerem por essas colunas de luz entre o Céu e a Terra. Há uma sutil continuação do debate iniciado com "Free-will", com Neil essencialmente sequestrando um conceito das escrituras em nome do humanismo. Ele lembra que a mãe de Geddy usava esse termo, e Neil também sugeriu que a letra era quase secundária diante do conceito e desafio da música, já que foi adicionada mais tarde para servir de suporte ao cenário pintado. Começando para valer em 7:28 minutos, há uma longa passagem musical sem voz e uma tensão que cresce dramaticamente até o último vocal, evocando semelhanças com a seção do solo de guitarra de "La Villa Strangiato".

No lado B, "Entre Nous" é outra das faixas mais convencionais do disco, uma espécie de amálgama de "The Spirit of Radio" e "Freewill" com um ritmo mais lento e até mesmo mais pop. Há sintetizadores lembrando o estilo do Styx, e Alex se ocupa construindo sua narrativa como um guitarrista que vai transitar entre elétrico e acústico num espaço pequeno, acima de sua propensão de colocar esses dois modos em camadas um sobre o outro. Outro toque refinado é quando a banda toca um verso em meio tempo e Alex deixa de lado os acordes jazzísticos poderosos da primeira metade para tocar notas elétricas individuais. Mais tarde há uma quebra ebuliente, sublime, sobre a qual Geddy aplica um de seus "solos" lânguidos de sintetizador.

A letra de Neil para "Entre Nous" é mais um dos triunfos desse disco. Aqui fica evidente que talvez o maior avanço da banda com

ACRESCENTANDO MAIS SIGNIFICADO ALÉM DE BRINCAR COMO HOMEM DO TEMPO, NEIL ENCERRA ESSE POEMA BREVE COM A IDEIA DE QUE O SER HUMANO PODE BUSCAR INSPIRAÇÃO NA BELEZA DESSE FENÔMENO.

Permanent Waves não tenha sido a ideia de abandonar as músicas com um lado inteiro de duração, mas o amadurecimento de Neil como compositor. Ele fala de relacionamentos, repetidamente criando metáforas para o distanciamento entre duas pessoas, enquanto procura algum tipo de benefício quando "as distâncias entre nós deixam espaço para você e eu crescermos".

Alex fala de "Different Strings", a faixa seguinte: "Em geral há uma música em cada álbum que é produzida de tal forma que nós nunca a tocaremos ao vivo. 'Madrigal' é uma delas; e o mesmo acontece com 'Different Strings'. Há músicas muito boas nesse álbum. 'Natural Science' é uma das minhas canções favoritas para tocar ao vivo nesse momento. 'Jacob's Ladder', 'Entre Nous'. E 'The Spirit of Radio' e 'Freewill' são realmente dois clássicos do Rush".

"Different Strings" é a balada solitária do disco, e a música mais simples do álbum, mas, como Alex explica, ela foi produzida com algumas texturas extras, incluindo sintetizador e piano, esse último cortesia de Hugh Syme. Em essência, contudo, é voz, baixo, bateria e violão. Quanto à letra, essa foi inteiramente composta por Geddy, e é fácil traçar uma comparação com "Tears", de *2112*. Ela faz uma sondagem ainda mais profunda que "Entre Nous" sobre o tema do compartilhamento em uma relação. Quanto à estrutura, há basicamente duas partes: estrofe e refrão, e um trecho com uma dinâmica um pouco mais introspectiva, quase seca, que toma cerca de um quarto da canção, apresentando um solo elétrico de Alex. Um pedido de Terry Brown a Neil para fazer uma mudança de tempo nessa música não foi levado em consideração – ela continuou como havia sido pensada antes de Terry iniciar os trabalhos.

"Naqueles primeiros anos, sempre havia uma música que eles costumavam fazer que não era pensada para uma apresentação ao vivo", diz Paul, embora, contradizendo Alex, acredite que em *Permanent Waves* essa faixa teria sido "Natural Science". (Observação: aqui, Paul está errado e Alex está certo.) "Isso acontecia porque eles podiam criar camadas e tocar partes que não seriam possíveis de reproduzir, já que haveria

partes diferentes em excesso. Diziam: 'Ok, não importa se vamos poder tocar ao vivo ou não. Vamos seguir adiante, simplesmente fazer o que der na telha'.

"Geddy sempre ficava em conflito, queria só tocar baixo, às vezes nem mesmo queria cantar. E dava para sentir isso – porque eu mixei vários álbuns ao vivo do Rush. Quando você ouve o baixo, é visível a diferença de poder e força na forma como ele toca enquanto não está cantando comparada a quando está. E não é surpresa alguma. Porque quando se está tentando cantar, o vocalista se concentra no fraseado e no vocal. Obviamente, o baixo tende a seguir a voz. Mas tão logo ele para de cantar, volta a atacar o instrumento com muito mais vigor. E ele é um baixista agressivo, parte do seu som, como sempre costumava dizer, vem do *buzz* nos trastes e em certo grau de um pouco de *over-drive*. O que não fica tão visível hoje em dia porque usam muito mais *overdrive* no baixo do que costumavam usar no passado."

Permanent Waves fecha com um épico progressivo de nove minutos  que cobre tudo, desde a aleatoriedade do universo à ação da humanidade no mundo, com o Rush talvez antevendo as atuais preocupações com as mudanças climáticas. Tanto a parte um, "Tide Pools", quanto a parte dois, "Hyperspace", tratam desse tema. Na sequência, depois de passagens musicais cada vez mais urgentes, chegamos à parte três, "Permanent Waves", e o senso de melodia se torna triunfante. A música expressa esperança na ciência, na arte e na honestidade do ser humano, o que nos traz de volta à moral de "The Spirit of Radio", passada a nostalgia. Contudo, no final, a mensagem lembra mais "Freewill", com os tremores inexoráveis do universo varrendo a Terra do mapa como uma onda do oceano, apagando todas as realizações humanas e de outras formas de vida – a ciência natural.

Em essência, Neil conclui o álbum com o início. Não apenas a última "canção" de quatro minutos é a faixa-título, mas ela recicla, em ordem, as verdades expressas das faixas 1 e 2, primeiro a importância de ambas criativa e honestamente, mas depois, no final de tudo, como nada disso de fato importa. Reforçando esse ponto de vista está o fato de a música abrir e fechar com sons de água, mas no princípio claramente há a presença de alguém – são Terry e seu assistente Kim Bickerdike fazendo barulhos de respingos com os remos de um barco – e no final, temos apenas o som das ondas do mar.

Neil reflete sobre "Tide Pools": "Músicos, uma banda, eles perderam o poder de sair para um lugar como este onde comem, dormem, bebem, trabalham. Sempre penso no lago, em remar com o barco pelas águas e esquiar em torno dele no inverno, e nos jogos de vôlei. Lá naquele mesmo lago gravamos a introdução de 'Natural Science', chamada 'Tide Pools', usando um remo. Eu lembro que atravessamos o cabo do microfone por todo o terreno até a beira da água.

"Havia um deque flutuante no meio do lago. Eles colocaram minha bateria lá para um anúncio da Tama, um grande banner de lona – acho que hoje virou um item de colecionador. Mas as pessoas diziam: 'Como vocês fizeram aquilo?'. Bem, acontece que o deque tinha o mesmo tamanho do meu praticável naquela época, provavelmente um compensado naval padrão de 4' x 8'. E usamos um barco a remo e um caiaque para levar cada parte da bateria e as bases e montamos o kit lá no meio do lago, aí eu toquei um pouco e gravamos. Em algum lugar deve haver as fitas daquilo. Gravamos da margem, só para conseguir efeitos diferentes que um dia poderiam ser utilizados, já que eu estava lá de qualquer maneira. Na verdade, tudo foi tudo feito de forma bem despreocupada."

Para esclarecer, isso aconteceu no ano seguinte durante uma sessão de fotos liderada pela fotógrafa habitual do Rush, Deborah Samuel.

Terry também se lembra da ocasião com certa nostalgia: "O lago era cercado por uma montanha de um lado e uma colina do outro, então, quando produzíamos algum som, ele voltava segundos depois com uma reverberação imensa em resposta. Pensei que a bateria produziria um som incrível ali. Queria gravar a banda inteira lá no lago, mas isso deixaria os vizinhos incomodados. Colocamos a bateria montada nesse deque flutuante. Ela coube certinho – você sabe que Neil tem esse kit enorme, e o banco ficava bem na ponta do deque, bem na beirada. Nós o levamos até lá de barco. Ele saiu com cuidado e se sentou atrás da bateria. Soube mais tarde que não estava muito contente".

"É uma das minhas músicas favoritas", afirma Geddy com relação a "Natural Science". "É uma daquelas canções que ficaram de fora dos nossos shows por muitos anos [observação: foi tocada na turnê *Moving Pictures* e depois só reapareceu na turnê *Test for Echo*]. E quando a trouxemos de volta, mudamos um pouco o arranjo. Havia coisas no arranjo da versão original que eram meio enganadoras, como a parte dentro do trecho *'wheels within wheels'* – 'engrenagens dentro de engrenagens'. Não é uma música tradicional; não há uma composição estrofe/refrão/estrofe/refrão, mas lembro que certas melodias me pareciam merecedoras de um destaque maior, então pensei que poderíamos dar a essa canção mais ressonância. Portanto fizemos essas coisas e encurtamos a última parte com relação à versão original. Achei que tínhamos exagerado no disco. Às vezes há essa oportunidade de consertar um erro ou um arranjo que talvez tenha passado despercebido de alguma forma. E acho que nossa atual versão ao vivo é a melhor que já tocamos."

Paul observa: "Uma das partes mais interessantes de 'Natural Science' é aquela ponte, com a guitarra e o baixo lado a lado, separados por uma oitava, tocando o mesmo riff. Geddy com o tom agressivo e roncado do baixo , e Alex com um riff de guitarra, sabe, poderoso. Quando se faz isso, se fica tão lá no alto do braço que tudo – metade do som do que está envolvido num arranjo para uma banda de rock – desaparece. Por isso você tem que usar todos esses truques. Acho que Geddy provavelmente decidiu muito cedo que gostava da oportunidade de não ficar restrito aos graves, produzir apenas um som pesado e encorpado. Sei tocar alguma coisa nos pedais do baixo que mantém o grave de modo que ele não se perca. E sei segurar a oitava lá em cima no braço, nas cordas altas, e ficar perto de Alex. Acho que, por causa dos arranjos, eles desenvolveram uma dinâmica interessante. E originalmente isso era bem simplista. Era apenas uma nota, uma nota grave ou uma única nota aguda. Teria sido muito fácil fazer assim. Seria preciso apenas colocar o pé no pedal e segurar a tônica, enquanto estivesse atacando as cordas do baixo. Não precisaria pensar muito".

É provável que "Natural Science" seja a faixa mais parecida com o material de *Hemispheres*, musical e talvez liricamente. Muitas mudanças de compasso são utilizadas, e a estrutura múltipla é bem progressiva. De fato, parte dessa música foi usada por Neil para compor um tema lírico ainda mais progressivo. Ele tinha planejado originalmente escrever uma canção baseada em *Sir Gawain e o Cavaleiro Verde*, que poderia ter deixado Peart exposto a toda forma de ridicularização. O juízo prevaleceu, e em vez disso temos uma letra que fica acima de qualquer coisa que ele já tenha escrito antes.

Continuando o legado das críticas favoráveis ao Rush no Reino Unido, Malcolm Dome fez uma resenha de *Permanent Waves* para o jornal *Record Mirror*. Depois de observar que era o primeiro álbum gravado no Canadá em quatro anos, ele diz: "Felizmente, contudo, a mudança de estúdio não significa uma mudança na direção musical, já que Geddy, Alex, Neil e o coprodutor Terry Brown (praticamente um quarto membro da banda hoje em dia) entregam um set de seis épicos modernos, forjados na batalha, que exibem proficiência técnica suficiente para satisfazer os fãs do Yes, contêm pontos de discussão líricos o bastante para conquistar os fãs malucos por Pink Floyd, e tudo isso sem parecer arrogantes e opressivos. Recomendo totalmente àqueles que acham que heavy metal inteligente é invenção de um crítico meio louco tomado de senso de humor a adquirir uma cópia desse álbum e surpreender seus ouvidos. Se não lhe causar uma boa impressão, então volte e afogue suas mágoas nos sons entediantes do Genesis e do Eagles. Você não merece nada melhor que isso".

A turnê *Permanent Waves* começou em meados de janeiro de 1980, precedida por uma turnê de aquecimento em agosto e setembro de 1979 chamada de *Semi-Tour or Some of the Hemispheres*. As bandas de abertura em datas selecionadas incluíram Blackfoot, Streetheart, New

England e FM – assim como a Max Webster, esses progressivos canadenses também eram uma espécie de "Rush em miniatura". No final da
turnê, foram ao Reino Unido para dois shows em New Bingley Hall,
em Strafford, onde se reuniram com o camarada de bebedeiras Brian
Robertson e a nova banda dele, a Wild Horses. Em 1979, a banda de
abertura que mais tocou com o Rush foi a Pat Travers Band, que também tinha tocado com eles nas duas turnês anteriores.

"Sim, eu adoro o estilo do Pat", diz Alex. "Tem como base o blues,
mas ele é um cara superseguro de si, chega a parecer metido. Eu ficava
bem impressionado. Sabe, agora nem tanto, mas costumava ficar ansioso, me faltava autoconfiança. Quando eu assistia a uns caras como ele,
pensava: 'Ah, eu queria ter colhões para mandar ver'. Nem sempre me
sentia assim quanto ao meu jeito de tocar guitarra. Parecia apenas que
havia muito a melhorar. Sim, eu ia assistir ao Pat, e nós nos dávamos
muito bem com a banda toda: Tommy Aldridge, ótimo baterista. Ele e
Neil se davam muito bem. Era bem divertido conviver com esses caras."

"Essa era uma das coisas de que gostávamos quando tínhamos banda
de abertura", continua Neil. "Sempre gostamos de ter uma boa banda de
abertura, e isso elevava o padrão. Sem dúvida eu gostava de ter bons bateristas trabalhando comigo, o que geralmente acontecia. Tommy Aldridge
era um baterista maravilhoso, sempre gostei de vê-lo tocar. E, repito, ter
uma banda desse calibre no mesmo show era muito mais legal do que ter
uma mais ou menos. Tivemos Rod Morgenstein com a Steve Morse
Band numa turnê. No começo, havia Gary McCracken com a Max
Webster, Marty Deller com a FM, e mais tarde Herb [Tim Alexander]
com o Primus."

A turnê *Permanent Waves* se estendeu por seis meses, de janeiro até
junho de 1980, percorrendo todos os Estados Unidos e o Canadá (de
modo conspícuo, não houve nenhuma data em Ontário). Em junho, a
banda foi tocar na Inglaterra – 19 shows em 22 noites – sem shows na
Europa continental, que acabou ficando de fora dessa turnê. Os shows
de abertura ficaram substancialmente a cargo da Max Webster e da 38

Special, com a Quartz representando a New Wave of British Heavy Metal na Inglaterra.

De volta para casa, o empresário Ray Danniels estava contente que o novo disco tinha tornado a banda "mais competitiva. Havia mais portas se abrindo. Estávamos tocando em locais maiores em alguns mercados. Em algumas cidades, tocamos em grandes arenas. Sem dúvida houve condições favoráveis, mas sempre houve isso com o Rush. Eles tinham discos que não venderam tão bem quanto os álbuns anteriores, mas mesmo quando esses não eram tão populares, não dizíamos: 'Ah, não podemos mais tocar nas arenas da NBA e da NHL, agora temos que voltar aos teatros e às casas de shows menores'. O Rush nunca foi esse tipo de banda. Até chegamos a tocar para 10 ou 11 mil pessoas onde havíamos tocado antes para um público de 13 ou 14 mil. Mas, basicamente, depois que alcançávamos certo patamar, permanecíamos lá".

Apesar de algumas faixas do disco se tornarem carros-chefes do Rush, o sucesso nas paradas dessa vez teve mais a ver com o álbum inteiro. *Permanent Waves* alcançou a posição número 4 nas paradas dos Estados Unidos e número 3 no Reino Unido.

Como diversão extracurricular durante a turnê, a banda e a equipe assistiam a partidas de hóquei sempre que possível. Alex costumava brincar que a passagem de som atrasaria se houvesse algum jogo à tarde. E se as circunstâncias permitissem, os caras tomavam o rinque local para si e jogavam hóquei, às vezes contra os próprios jogadores da Liga Nacional de Hóquei (o ex-jogador do Montreal Canadien, Steve Shutt, é amigo da banda), chegando até mesmo a dominar o gelo da arena onde haviam acabado de tocar, totalmente equipados e uniformizados para um jogo rápido enquanto desmontavam o palco antes de seguir para a próxima cidade. Além disso, havia também as pistas de corrida de kart e os parques de diversão, sem falar da patinação nos bastidores. Para Neil, havia os livros – em geral ele devorava um livro a cada dois ou três dias – e, principalmente para Geddy, muitos filmes, às vezes três por dia.

"Different Strings" e, por mais estranho que pareça, "Entre Nous" não sairiam do álbum para os palcos. "'Natural Science' é sempre um grande desafio para tocar ao vivo", observou Alex anos mais tarde. "Tocar essa música é difícil e intrincado, o tempo é bastante acelerado. Você tem que partir para ação e acertar até o final. Por isso é sempre desafiadora para todos nós. E quando a tocamos bem, nos sentimos ótimos."

Mais uma vez, os conterrâneos e amigos da Max Webster foram chamados para abrir dezenas de shows. A Max, é claro, era o segundo artista mais importante do catálogo da Anthem Records, logo depois do Rush. A banda era produzida por Terry Brown e, em alguns aspectos, era parecida com o Rush. O letrista ocasionalmente colaborava com Neil em músicas do Rush, e o tecladista Terry Watkinson foi peça fundamental para ensinar a Geddy o que ele sabe sobre as teclas de marfim e ébano. Para o álbum final da Max Webster, *Universal Juveniles*, o Rush fez uma parceria com a banda em 28 de julho de 1980, e criaram um som estrondoso com a épica "Battle Scar", uma canção que conheciam muito bem porque a Max tocava ao vivo nos shows de abertura. De fato, o próprio Neil Peart já sabia tocar essa música, porque na época ele tinha o hábito de aquecer acompanhando algumas das últimas canções do set da Max Webster antes de o Rush subir no palco.

"Sim, ele ficava bem atrás do Sticksy", explica Alex, se referindo ao baterista da Max, Gary McCracken. "Havia um tecido que tapava todo o fundo do palco. A Max ficava lá na frente. O kit de Neil ficava bem atrás do Sticksy, e ele subia até lá para fazer o aquecimento. Ficava lá e tocava as últimas músicas acompanhando a Max Webster. Acho que deve ter feito isso algumas vezes mais tarde com o Primus, mas era uma coisa que acontecia todas as noites com a Max. Fizemos muitos shows com eles. De fato, estávamos em turnê quando Kim [Mitchell] alegou exaustão e decidiu voltar para casa. Lembro que cheguei ao local do show e todos os caras estavam sentados no gramado e pareciam muito desanimados. 'O que aconteceu?' 'Kim cansou de tudo. Ele não aguenta mais. Foi para casa'. 'Ele foi para casa?' 'Sim, foi para casa. Ele pegou um voo hoje de manhã'. E eles ficaram lá, perplexos. Nós tínhamos levado a banda para a Europa e por todos os Estados Unidos. Realmente estavam começando a fazer sucesso também no EUA. Estavam começando a formar uma base de fãs. Mas acho que com o Kim... Era demais para ele, viajar tanto e ficar longe de casa, era muita pressão, e não acho que ele lidava muito bem com isso. Penso que ele era muito mais feliz quando tudo era sempre igual. Pelo menos foi essa a impressão que tive naquela época."

O fotógrafo e designer da Max Webster, Rodney Bowes, lembra quando Neil tocava acompanhando Gary nos shows. "Eu adorava Neil Peart. Aqueles caras eram mesmo as pessoas mais legais do mundo. É um exemplo de banda em que havia uma verdadeira irmandade. Eles eram pessoas absolutamente adoráveis, como os caras do U2 – são gente como a gente. O que acontecia é que eles recebiam a Max Webster no palco, e havia uma cortina preta tapando todo o equipamento gigante do Rush que ficava logo atrás, sabe? E Neil costumava fazer o aquecimento, sem amplificador, bem atrás de Gary, bem atrás da porra da cortina preta. E o que ele fazia era tirar Gary do sério. Gary tentava acelerar a batida e duplicar o tempo, e Neil continuava acompanhando. Mas ele simplesmente replicava tudo o que Gary fazia. Parecia que entrava no mundinho Gary McCracken e contava em voz alta. E, depois de tudo, Neil abria um sorriso e dizia: 'Ei, cara, foi bom, só fiz você se perder duas vezes'. E Gary dizia: 'Você tem que parar de fazer isso!'. E Neil respondia: 'Não. Isso faz bem para você'."

"Sim, naquela época, minha bateria ficava escondida por um pano bem nos fundos do palco", esclarece Neil, falando de sua incomum rotina de aquecimento, "assim eu podia subir lá, dar uma volta e ouvir a banda de abertura se apresentar. E às vezes eu simplesmente tocava acompanhando as músicas da Max Webster. Ninguém podia me ouvir, acho que não. Eu ficava nos bastidores e depois entrava no palco. Ninguém sabia que eu estava lá. Havia um tecido grosso que ficava pendendo nos pedestais com todos os meus sinos e blocos, então o tecido ficava caído sobre eles. Não creio que alguém ficasse olhando para uma bateria coberta. Também lembro que, numa das músicas, a Max Webster costumava fazer uma dancinha, e nós vestíamos umas fantasias esquisitas e ficávamos dançando ao redor do palco por uns 30 segundos. Você podia ouvir o chamado nos bastidores: 'Vamos lá, hora da dancinha da Max Webster!', e todo mundo colocava as fantasias ou qualquer coisa que encontrasse e subia lá com eles no palco".

"Battle Scar" sem dúvida é uma música marcante da história do Rush, com a banda inteira tocando – Geddy também participa dos vocais – junto com seus amigos de longa data, e não se trata de uma música qualquer, mas de um hard rock clássico triturador, e o mais interessante é seu ritmo lento em 62 bpms (o Rush logo teria o próprio sucesso 'lento' com "Tom Sawyer").

"Na verdade, foi muito difícil organizar tudo tecnicamente falando", começa Kim Mitchell se referindo a essa música que exigiu muita perícia e muito esforço, e hoje é um dos pontos altos do show como parte de seu projeto solo. "Precisávamos conseguir microfones suficientes, uma mesa de som grande o bastante, canais suficientes; toda a logística foi muito trabalhosa tecnicamente. Abrimos para o Rush, parece uma vida atrás, nos Estados Unidos, e foi maravilhoso para nós.

"Todas as noites, Neil tocava bateria acompanhando nosso set. Ele ficava atrás da cortina, bem no fundo do palco, e tocava bateria. E dizia: 'Cara, temos que gravar "Battle Scar" juntos, precisamos fazer isso'. E sempre pensávamos: 'Ok, sim, certo, um dia'. Aí, quando fomos gravar o álbum, perguntaram: 'Vocês vão gravar "Battle Scar?"'. E nós falamos que sim. E eles disseram: 'Bem, podemos tocar com vocês?'. Foram eles que pediram para participar. Então respondemos: 'Claro, sem dúvida'. Gravamos tudo ao vivo direto da sala para a mesa de som, as duas bandas dando seu máximo, com dois bateristas. Cara, foi divertido. Nada de fones de ouvido, nada disso, apenas os amplificadores na sala e era *bleahhh*! Vamos lá! Foi muito poderoso. Parecia que havia seis motocicletas Harley-Davidson dentro do estúdio acelerando ao mesmo tempo.

"Até hoje sempre tenho que corrigir as pessoas com relação a essa música", conta Kim. "A gente fala, não, foi o Rush que quis gravar com a gente. Eles é que pediram para participar e vieram até o nosso estúdio. Há muito a ser dito sobre o processo criativo, de como parte disso veio do Rush, e de como muitas das ideias deles partiram de nós. Houve um ponto em que estávamos na estrada com eles e começaram a se vestir como a gente, e o empresário deles pegou um avião para dar um esporro nos caras. Mas Alex realmente começou a entrar no palco de capacete e com aqueles macacões de piloto de avião; tudo estava ficando bem louco. E começaram a adotar as mesmas atitudes e os maneirismos que eu e Pye tínhamos."

"Ah, sim, eu estive lá durante quase toda a gravação, e foi simplesmente incrível", ri o letrista Pye Dubois, da Max Webster, que não perderia um encontro do rock como esse por nada no mundo. "O que se pode dizer? A Max tocava essa música ao vivo. Acho que é por isso que o Rush nem titubeou. Eles amavam a música. Tecnicamente ninguém quer colocar 24 canais juntos, mas os técnicos deram um jeito de fazer isso. É uma ótima música. Você sabe que vai ficar pesada. Sabe que vai ser barulhenta. E tenho uma vaga lembrança de como eles montaram o equipamento no local. Tocaram juntos todos ao mesmo tempo. Não houve muita coisa do tipo 'Ok, Geddy, agora faça sua parte', e a banda ficava lá esperando Geddy tocar a parte dele. Foi mais montar tudo e dizer: 'Ok, caras, toquem a música'. Direto da sala para a mesa de som."

"Eu tive igual oportunidade em todas elas para fazer bobagem", afirma Gary ao responder sobre as performances mais explosivas na bateria dentro do catálogo da Max Webster, "mas quando se olha para 'Battle Scar', pensa, você está lá fazendo aquela música com Neil – temos uma ótima performance de bateria bem ali. Se você vai imaginar qualquer coisa que possa ser chamada de um *tour de force* em bateria, ali está. Foi emocionante e é histórico. Mais do que emocionante. Porque ninguém mais se sentou para tocar bateria e gravar uma música acompanhado de Neil Peart. Neil apenas é considerado o melhor do planeta.

Então me sinto muito privilegiado por ser o único cara que tocou com ele e conseguiu registrar isso num disco.

"Foi a primeira vez que duas bandas tentaram gravar com equipamento de 24 canais na história. Jack Richardson trouxe dois equipamentos de gravação de 24 canais e os conectou de modo que pudessem ser sincronizados. E depois gravaram uma banda em uma das mesas de som e a outra banda em outro console, e ficou inacreditável. Gravamos 'Battle Scar' o dia inteiro. Fizemos algo em torno de 15 ou 16 takes. E foi tudo ao vivo."

Prestes a fazer uma pequena comparação com Neil, McCracken explica: "Sim, falando dessa forma, é bem curioso. É simplesmente insano estar na mesma frase que Neil. E imagine alguém pensar que talvez você toque melhor que ele. Não serei eu quem vai dizer uma coisa dessas, mas há pessoas que gostam mesmo do meu estilo. Me falam que sou um baterista musical, um cara musical. E quando se toca no Rush, há só três integrantes, então precisa haver mais espaço para a bateria.

"Quando se está numa banda como a Max Webster, sempre é preciso lembrar que há um quarto cara, e isso faz muita diferença. Há os tons e a guitarra, há sempre aquela quarta dimensão, aquele componente extra. Então quando se está tocando bateria tem que se adequar àquele formato. Já com um trio, há mais liberdade para se deixar levar. Neil não poderia tocar daquele jeito numa banda normal. Nas bandas normais, há caras que tocam bateria normal com um bom vocalista. Mas quando você toca como Neil, é esse o ambiente no Rush, você tem que estar no Rush para poder tocar daquele jeito."

Para se preparar para a sessão, duas semanas antes, Gary ia de carro até a casa de campo de Neil em Beamsville, Ontário, onde, na garagem em que Neil guardava a bateria, eles trabalharam algumas partes que iriam jogar para os companheiros de banda, que não faziam ideia do que viria, algumas em uníssono, outras divergentes. Neil se lembra de ir para a sessão de gravação com sua Ferrari 308 GTS preta e se apresentar para a Fase Um bem na hora que caiu uma tempestade elétrica épica.

O baixista Dave Myles também tem boas lembranças da sessão de "Battle Scar": "Sabe, lá estava eu, peguei carona com Geddy, chegamos ao estúdio, e eu pensei: 'Não vou entrar num tiroteio de licks de baixo com Geddy Lee. Simplesmente não vou fazer isso'. Sei escolher minhas batalhas. Então pensei: 'Vou fazer a base e deixar Geddy brilhar'. Foi uma boa decisão."

"Esse lance com o Rush em 'Battle Scar' foi genial", comenta Mike Tilka, predecessor de Myles. "E foi maravilhoso que os caras do Rush tivessem participado. Se tornou um grande sucesso das rádios FM. Eu pessoalmente não acho uma música tão incrível assim, mas ela é muito boa. A gravação é demais."

"Tínhamos a música pronta, sem a participação do Rush", continua Myles, ao responder se, na ocasião, os caras acharam que se transformaria num clima de festa. "Não, quando se grava daquela forma, não há festa. Você é objetivo e claro; chega lá e dá o seu melhor para colocar a música na fita. E, é claro, eles também são profissionais confiáveis. Cara, eu lembro quando estávamos ouvindo o playback, depois de gravar as faixas-guia, voltamos para a sala e escutamos Geddy cantando. Uau, foi realmente ótimo."

Do ponto de vista empresarial, foi bem fácil reunir as bandas, conta a executiva da Capitol, Deane Cameron. "Tudo foi organizado com a Anthem/SRO, porque ambas as bandas faziam parte do mesmo catálogo. Então eu lembro que aquilo surgiu meio do nada. Quero dizer, foi e não foi assim. Ouvi dizer que iria acontecer. Mas, sim, é realmente mais fácil quando ambos os artistas pertencem à mesma agência."

Apesar da agência e das duas bandas gravarem "Battle Scar", como já mencionado, as coisas não acabaram bem com relação à carreira da Max Webster. Kim logo sairia da banda, seguindo uma carreira solo bem-sucedida no Canadá. Ainda assim, o gesto generoso do Rush de tentar fazer a Max Webster ficar conhecida nos Estados Unidos teria consequências. Ao ver duas bandas canadenses lá fora ano após ano, outros artistas canadenses se sentiram encorajados e inspirados.

O exemplo do Rush foi bastante instrutivo: chegar com força nos Estados Unidos e nunca dar trégua. Servir as bases de fãs canadenses, mas ser razoável; respeitar as limitações populacionais de cada cidade e as longas paradas para abastecer nos postos de gasolina entre elas. Moxy se tornou uma estrela regional no Texas depois que o Rush abriu as portas. Isso em geral começava na cidade hard rock de San Antonio e se espalhava. A mesma coisa aconteceu com o Triumph, outro trio, mas em escala maior. April Wine, com muitos discos antes do Rush, finalmente se encontrou com uma carreira nos Estados Unidos por volta de 1979 com *Harder... Faster* (gravado no Le Studio) até o álbum seguinte, *The Nature of The Beast*, de 1981, que ganhou disco de platina. Até se pode afirmar que Randy Bachman, do The Guess Who, e seu grupo subsequente ainda mais estrondoso, Bachman-Turner Overdrive, foram os primeiros *canucks* a fazer sucesso nos Estados Unidos, mas ninguém teve a recepção que o Rush alcançou tanto comercialmente quanto com relação ao amor – apesar de todas as reclamações sobre as críticas ruins, a banda nunca teve problemas de verdade com a *Circus* ou a *Hit Parader*. E a *Creem*? Bem, eles tiravam sarro de todo mundo.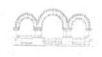

E naquele momento, tendo se consolidado com *Permanent Waves* – no que diz respeito à preocupação da indústria, o disco tinha só uma música –, o Rush se encontrava numa posição de capitalizar seu sucesso. Mas os caras não iriam se vender para aumentar as vendas. O disco seguinte provaria ser tão denso, cheio de ação e intelectualmente desafiador quanto o anterior. Mas ninguém poderia mais dizer que tinha apenas uma única música.

"A HORA O LUGAR A MÚSICA CERTA, A INSTRUM CERTA."

CERTA,
CERTO,
ENTAÇÃO

CAPÍTULO 2

MOVING PICTURES

Satisfeitos com a questão de morar no trabalho durante *A Farewell to Kings*, o Rush tentou fazer o mesmo com *Hemispheres*. Satisfeitos com os arranjos de moradia/trabalho de *Permanent Waves*, a banda tentou fazer o mesmo com *Moving Pictures*. Felizmente, a sequência não desapontou dessa vez, e os caras se descobriram mais canadenses do que nunca. Morando com suas famílias e criando seus filhos no Canadá, compondo em casas de campo canadenses, gravando no meio de uma floresta canadense, fazendo uma ponte entre o Canadá anglófono e o Canadá francês, vencendo prêmios Juno e remando canoas... o Rush estava celebrando tudo o que significava ser canadense.

"Fomos para a fazenda de Ronnie Hawkins, na área do lago Stony", começa Alex, sobre a preparação para o disco que seria para a banda o que *Machine Head* foi para o Deep Purple e *Paranoid* para o Black Sabbath, ou *Fragile* para o Yes e *Not Fragile* para o BTO. "Acho que ficava ao norte de Peterborough. Havia uma linda casinha lá, um chalé com um grande celeiro ao lado. Transformamos o celeiro em estúdio, montamos a bateria de Neil e havia espaço para Geddy e eu. E era um lugar muito bom.

"Passamos o verão lá, e todo mundo estava de bom humor. Havia um astral bom para se trabalhar. Começamos a compor e basicamente criamos tudo nos ensaios lá mesmo, e depois nos mudamos para o Le Studio, no outono, e começamos a gravar. Havia uma energia positiva real, não muito diferente do que experimentamos com *Snakes & Arrows* anos mais tarde. Mas, naquela época, simplesmente havia alguma coisa que era muito forte e positiva sobre onde nos encontrávamos com aquele disco. Não quero dizer que tenha sido sem esforço, mas o esforço pareceu bem suave. Recebemos algumas visitas e nos divertimos muito ao longo de todo o processo. Não era apenas o estúdio – era um lugar bem legal para se estar naquele momento de nossas vidas."

Os caras estavam entusiasmados para dar continuidade ao conceito que tinham iniciado no álbum anterior. "Sim, foi ótimo, realmente incrível", continua Alex. "Porque em vez de uma única história, tínhamos cinco num mesmo período de tempo, mas era possível conectá-las com um sentimento ou uma ideia. Não tão enfático em *Permanent Waves*, mas sem dúvida em *Moving Pictures* – a ideia de uma coletânea de contos era o que buscávamos, e *Moving Pictures* é exatamente isso."

Há um consenso de que *Moving Pictures* é o disco em que Geddy diminuiu em um tom seus agudos potentes. "Eu comprei aquilo numa loja de departamentos", ri Lee ao falar de onde saíram os gritos poderosos e agudos. "Agora deixo tudo guardado lá no andar de baixo da casa, no meu estúdio, caso eu precise deles novamente. A garantia é ilimitada."

"Acho que ainda consigo cantar com a voz bem aguda se a música assim exigir", acredita Geddy. "Não tenho sentimentos adversos conceituais quanto a isso. À medida que a música mudou, se tornou mais interessante compor melodias em contraste aos agudos. Basicamente, era usado para cortar a densidade da canção. Às vezes nós escrevíamos sem levar em consideração o tom usado no começo, e então eu me deparava com 12 faixas gravadas num tom que era muito difícil para cantar e não tinha escolha naquele ponto. Era regravar o disco num tom diferente ou simplesmente deixar assim mesmo.

"Alex começou a ficar obcecado por aeromodelismo", conta Geddy, oferecendo um vislumbre das válvulas de escape do Rush durante o processo de composição e gravação. "Começou quando estávamos fazendo *Permanent Waves*, quando nos hospedamos em Lakewood Farms numa casinha de campo distante da cidade. Até Terry Brown acabou se interessando por isso. Na verdade, nos divertimos muito. Em agosto de 1980, trabalhando em *Moving Pictures*, ficamos na fazenda de Ronnie Hawkins perto do lago Stony, e Alex estava fissurado por esses aeromodelos por controle remoto. Ele passava horas montando os aviões. E, é claro, sempre ficava bem louco, porque eles voavam muito para o alto, ou perdiam o controle, coisas assim. Lembro que houve um avião que se perdeu completamente e acabou caindo e explodindo em cima da caminhonete de Ronnie Hawkins, fez um buraco enorme no teto.

"E Terry Brown tinha esse aeromodelo enorme e fantástico, um avião gigante em que ele estava trabalhando. Era tão grande que precisava ter um tipo de corrente que o mantinha preso e voando em círculos. E tinha um motor imenso. Lembro que finalmente ele deu partida no avião e, cara, o negócio decolou! E de repente todos nós nos jogamos no chão! Parece que uma bateria morreu, e todo mundo deitado no chão abaixado, e o coitado do Broon segurando a corrente, e essa  coisa descontrolada voando e girando em círculos. O aeromodelo ficou girando e girando e girando [risos]. Por fim o avião ficou sem combustível e pousou, e Broon basicamente desabou no gramado. Estava completamente zonzo, foi hilário.

"E isso continuou em Morin Heights. Alex e Tony Geranios, que também é conhecido como Jack Secret, começaram a montar foguetes, e nós tínhamos esses lançamentos de foguetes, às vezes no jantar, às vezes no café da manhã. Lembro uma vez que lançaram um no quintal, e a coisa decolou do lado errado e quase explodiu a Mercedes novinha de Alex, escapou por centímetros. Era sempre muito divertido. E Alex também se interessou por aeromodelos aquáticos em Morin Heights, porque havia um lago. Ele pousava na água e decolava de lá."

Terry relata o modo como a banda estava se desenvolvendo nesse momento: "Fomos em busca de um som mais grandioso. Pensando nos instrumentos, havia mais teclados. Por isso a guitarra tinha que ter uma textura diferente. Fazia muitos anos que usávamos refrãos; isso não era algo novo. Era apenas uma questão de como eram usados. Alex sempre gostou de delays. Eu amava trabalhar com ele por esse motivo. Ele tinha todos esses delays que passavam pelo amplificador, então sempre conseguimos sons estupendos de guitarra direto do amplificador – não adicionávamos o delay posteriormente. Mas sem dúvida o som da guitarra mudou, e precisava ser mudado. O material era diferente. Você não pode voltar e fazer a mesma coisa todas as vezes. Tem que seguir em frente."

"Estávamos trabalhando com 48 canais", continua Terry, "e gravávamos a bateria e algumas guias de guitarra e baixo em uma mesa de 24 canais, depois deixávamos de lado até terminar, e mais tarde colocávamos a faixa-guia em outra mesa de 24 canais e em seguida preenchíamos com todos os nossos *overdubs*. Não foi de fato uma abordagem muito diferente do que tínhamos feito antes, mas havia certa magia no ar, com certeza naquele dia quando carregamos tudo e mixamos os sons de bateria para 'Tom Sawyer', todo mundo ficou impressionado. Foi muito, muito emocionante. Mas é uma coisa difícil de se explicar. É a combinação da hora certa, do lugar certo, da música certa, da instrumentação certa e da energia que nos cercava naquela hora. Mas, definitivamente, há certa magia".

Geddy explicou esse processo com mais detalhes para Rick Ringer, da CHUM-FM: "O que de fato aconteceu foi que fomos capazes de obter um som de baixo e bateria de que gostávamos e colocá-lo numa mesa de 24 canais. Numa das mesas de 24 canais, gravamos as faixas de baixo e bateria, e depois transferimos de uma mesa para dois dos 24 canais da outra numa fita novinha em folha. Depois pegamos a fita original e deixamos de lado de modo que não perdêssemos qualidade por tocar a fita repetidas vezes, porque quanto mais se toca uma fita, mais qualidade se perde, se perde mais óxido. Isso pode parecer meio técnico demais, mas de qualquer forma foi o processo que utilizamos, e ele nos possibilitou preservar as faixas do baixo e da bateria com qualidade mais próxima do som original possível. Esse foi realmente o conceito integral por trás deste álbum, tentar preservar os sons o máximo que podíamos, o modo como haviam sido gravados a princípio. Da forma como a maioria dos álbuns é feita, quando chega ao consumidor, depois de passar por vários meios e métodos de cópia e mixagem num outro pedaço de fita e duplicação disso e daquilo, acaba-se perdendo muita qualidade, e nós queríamos evitar essa perda".

Moving Pictures também representa outro avanço com relação ao uso de teclados na banda. Foi uma evolução progressiva – mais uma questão de textura do que qualquer outra coisa, mas ainda presente em maior quantidade e qualidade. "Tom Sawyer" serve como um perfeito microcosmo desse conceito.

"É exatamente isso", reflete Terry, "e os teclados eram departamento de Ged; ele sempre estava atualizado quanto às novidades. Eram os mais modernos, tinham tudo de que precisávamos. Se quiséssemos um som em particular, só tínhamos que procurar. Os teclados estavam se tornando cada vez mais importantes, e já estavam conosco desde o tempo de *A Farewell to Kings*, acho. Tínhamos muita coisa para trabalhar dentro do estúdio, em pré-produção, e trechos que agora estavam sendo escritos especificamente para os teclados. Eu sei que Geddy os usava para compor."

"Provavelmente o fator mais significativo é que o estúdio tinha mudado", explica Paul Northfield, comparando a gravação de *Moving Pictures* a *Permanent Waves*, "porque tínhamos adquirido um console SSL novinho em folha, um dos primeiros da América do Norte. Que, embora seja apenas um console de gravação, era um passo em direção a uma abordagem de alta tecnologia para gravar. A automação no computador foi superior, estávamos usando 48 canais. Em *Permanent Waves* foram 24 canais. Mudamos para 48, ou duas mesas de som de 24 canais interligadas. Adicionamos mais canais para a bateria, mais canais para tudo.

"Em termos do estado de ânimo, acho que estavam felizes em voltar. *Permanent Waves* tinha sido um disco tão bem-sucedido para eles que havia essa agitação. Chegaram totalmente preparados. A pré-produção tinha ido bem, e tinham um material excelente. Entraram no estúdio e fizemos o disco em dez semanas, trabalhando todos os dias, sete dias por semana, do início ao fim. Gravando e mixando. Como haviam tido uma boa experiência antes, e também por causa das especificações do novo console no estúdio, decidiram fazer a coisa toda desde o primeiro dia. Acredito que se a mixagem não tivesse ficado tão boa, eles teriam feito outras coisas. Mas gostavam tanto do ambiente, e nos dávamos tão bem, que simplesmente fizemos o álbum e foi isso.

"Só em retrospecto é que você desconstrói o disco e pensa: 'Ora, por que *Moving Pictures* foi tão significativo?'. E acho que é apenas uma época e um lugar em que banda estava musicalmente e como eram os gostos musicais. Além disso, há a simplicidade e o poder de um trio ao mesmo tempo que exala sofisticação, o equilíbrio certo entre novas tecnologias e a força bruta da banda. E a abordagem mais refinada para as canções, a descoberta de que era uma direção proveitosa para eles. Então mesmo que houvesse algumas músicas mais longas em *Moving Pictures*, acho que a parte difícil do álbum era mais a questão técnica. Na época, quando se usavam 48 canais de gravação, era preciso alinhar as mesas de som para fazer isso. Toda a tecnologia era relativamente nova e imprevisível, e nós tínhamos pesadelos tentando manter tudo sincronizado."

Quanto ao aumento do uso dos teclados, Northfield tem a teoria de que "todo mundo que fazia música na época estava interessado nas coisas novas que havia no horizonte. Em retrospecto, vemos os teclados como algo conflitante musicalmente em relação à situação rudimentar de três instrumentos: bateria, baixo e guitarra. Mas, na época, não houve sequer uma discussão. Ela aconteceu mais tarde, mas no começo todo mundo pensava: 'Isso é interessante'. Havia certos sons profundamente incomuns, e quando eu digo 'profundamente', alguns desses sons que os teclados conseguiam produzir jamais tinham sido ouvidos. E, por essa única razão, nós todos ficamos muito animados com isso. Está-

vamos todos esperando pelos brinquedos recém-lançados, as novidades que poderíamos adicionar ao nosso arsenal. E isso foi realidade para o estúdio e foi realidade para a banda.

"Foi somente mais tarde que nos demos conta de que talvez tivéssemos feito um pacto com o diabo. Quando a tecnologia começa a se tornar mais importante que a música ou a composição ou a performance em si, então começamos a perceber que há um lugar específico para ela. Acho que a indústria musical amadureceu ao ponto de não mais se importar com os brinquedos mais recentes. Alguns de nossos brinquedos favoritos são antigos, já existiam há 30 ou 40 anos. Mas, ao mesmo tempo, não poderíamos fazer discos sem alguns desses brinquedos novos, já que os computadores são uma parte importante de se fazer música hoje em dia. Mas era simplesmente o jeito que a coisa era. Nós todos aguardando as novidades, os lançamentos, e isso se tornava parte do disco; era bem assim mesmo."

Com o álbum concluído, chegou a hora de embalar e colocar nas lojas, que na cidade natal Toronto significava estar nas grandes redes como Kelly's, A&A, Sam The Record Man e Records on Wheels. A  foto da capa, que mostra funcionários de uma empresa de mudanças movendo quadros de um lugar para o outro, foi tirada em frente ao prédio da Assembleia Legislativa de Ontário, na III Wellesley Street West. Toronto é a capital da província, e essa é a porta da frente do governo – foi tirada no domingo, quando o prédio estava fechado. Os caras gostaram da simetria do edifício, que lembrava um *power trio*, consistindo em três arcos e três pilares entre cada um dos arcos.

Não é possível ver que a cena da mudança dos quadros está sendo filmada até virarmos para a contracapa. O senso de vestígios de uma classe elegante e aristocrática pode ser pareado com *A Farewell to Kings* e *Permanent Waves*, com o ouvinte tacitamente percebendo a qualidade, também representada pelas fontes sólidas e pelo tema em vermelho regal e preto. O custo de produção da capa foi de cerca de 9500 dólares canadenses de acordo com Hugh Syme, e a gravadora não ficou muito feliz com isso, cobrando parte dos custos da própria banda. Hugh foi premiado por essa capa, que lhe garantiu seu primeiro Juno pela arte. Anos mais tarde, ficou evidente que a foto da capa na verdade era um *still frame* de um filme que estava sendo feito da cena (pela equipe de filmagem ao fundo), quando ela foi animada numa montagem de vídeo.

Na extremidade esquerda da imagem está o assistente de design de Hugh, Bob King, que também foi modelo para o Starman de *2112*, assim como o Dionísio da capa de *Hemispheres*. Mike Dixon, o homem com o bigode grande e a testa proeminente, iria reprisar seu papel em *Exit… Stage Left*; ele se envolveu a pedido de King, já que os dois eram amigos. Carregando a pintura do Starman (o que faz King estar duplamente presente na capa) está o vocalista da Crowbar, uma banda dos anos 1970 com sede em Toronto, Kelly Jay. A modelo para o quadro de Joana D'Arc é a fotógrafa Deborah Samuel, que também estava trabalhando na sessão – Neil reconhece a conexão dessa pintura com a faixa "Witch Hunt". Hugh explica que não conseguiu encontrar uma pintura de Joana D'Arc, então criou a cena durante uma sessão de meia hora com Deborah, com a fotógrafa envolta em panos de linho e fluido de isqueiro aceso em pratos de torta diante dela. Outra obra de arte que está sendo transportada é menos séria, trata-se de uma das famosas pinturas kitsch com cachorros jogando pôquer, escolhida pelos integrantes da banda só porque era boba e clichê.

Outro detalhe bonito foi que o disco recebeu selos temáticos da gravadora, como foi o caso de *Hemispheres*. Também incluíram fotos de shows em preto e branco, que perpetuaram a representação aristocrática da banda como se vê também na parte interna de *A Farewell to Kings* e no verso do encarte de *Permanent Waves*.

Moving Pictures abre com uma música que se tornaria uma das mais grandiosas e ousadas do extenso catálogo do Rush. "Tom Sawyer" começou como um lick de sintetizador que Geddy costumava tocar nas passagens de som. Em seu formato final, seria uma vitrine para Neil Peart. Ironicamente, Neil tem que tocar rápido numa canção muito

lenta, pelo menos com relação ao chimbal. A parte dele durante os versos ondulantes e lentos é notável, mas as viradas nessa faixa é que dão propulsão a essa canção ao posto de clássico indiscutível de *air drumming*. "Tom Sawyer" se transformaria num sucesso gigantesco graças ao drama que Peart cria, embora, na verdade, os grandes acordes em suspensão dessa faixa tragam repetidamente contornos dramáticos.

"Eu amo essa música e nunca me canso de tocá-la", afirma Geddy. "O fato de que seja tão popular ainda me deixa meio intrigado. Adoro o fato de que ela comece com um toque alto rítmico e constante e que haja esse tipo de parte em *faux rap*. Para mim, a canção fala de inocência mais do que qualquer outra coisa, e acho que conseguimos passar essa mensagem. Ela ainda é relevante de certa forma; a letra levemente inescrutável passa esse recado às pessoas, e o público se identifica com ela, eles entendem. E há essa ponte muito estranha. Se você consegue colocar tudo isso numa música popular... Nossa, trata-se de uma grande vitória."

Geddy pode adorar "Tom Sawyer" hoje, mas na época da gravação a banda achou que era uma das faixas mais fracas que tinham preparado para o álbum.

"A bateria de 'Tom Sawyer' é infinitamente detalhada – e eu já a toquei cinco mil vezes", ri Neil, que diz ter ficado todo vermelho, assado e dolorido depois de um dia e meio tentando acertar uma versão aceitável no Le Studio. Nunca é fácil para ele. Neil conta que os dedos dos pés ficaram esmigalhados porque ele acertava o bumbo com muita força. Alex também tem bastante consciência disso, maravilhado com a forma como ele toca no começo, quando é essencialmente só bateria e sintetizador, e depois bateria, sintetizador e voz.

Dando uma volta pelas ruínas do complexo do Le Studio, Peart conta: "Eu me posicionava bem ali e tocava a mesma música várias vezes seguidas, e cada vez acrescentava um detalhe, mais outro, ligava esse detalhe a um terceiro... Todas essas coisas aconteceram porque tocamos as canções repetidamente. Hoje em dia minha abordagem é

461

o oposto, procuro ser o mais espontâneo possível. Mas para mim tudo se resumia à composição naquela época. E, é claro, foi um grande meio para me desenvolver, partir da composição para depois buscar espontaneidade. Na verdade, nós tínhamos uma ideia e todos precisávamos conseguir ao menos um take bom. E depois se poderia refazer o baixo, a guitarra e os *overdubs*, e assim por diante. Mas a ideia era que a faixa-guia fosse gravada com nós três tocando juntos. Portanto essas músicas foram tocadas várias vezes seguidas, pelo menos algumas delas, e acho que são justamente as que triunfaram".

Neil confirma que "Tom Sawyer" é uma das canções do Rush mais difíceis de tocar no que diz respeito à bateria. "É mais uma questão de sentir, sempre, as sutilezas da música. Quanto mais sofisticado seu conhecimento e gosto se tornam, mais sutis são as coisas que você busca. E há um sentimento fundamental que sempre procuro nessa e em todas as músicas. É a razão pela qual continuo ouvindo as gravações dos shows ao vivo nos dias de folga durante a turnê: para me certificar de que estou acertando o tempo com precisão. Uma pequena alteração nessa intuição afeta tudo, e eu ouço quando Geddy tem que cantar um verso rápido demais – eu deveria ter recuado o tempo um pouquinho e o deixado respirar. Há sutilezas como essa que só surgem com muito trabalho, com acertar no palco todas as noites.

"Um filme chamado *The T.A.M.I Show*, de 1965, foi uma das minhas primeiras influências. Tinha todo mundo, de Chuck Berry a James Brown, de Lesley Gore aos Beach Boys e Rolling Stones, que eram a atração principal. E eu percebi que as bandas que tocavam ao vivo com os próprios bateristas na TV eram todas um pouco aceleradas, e os vocalistas pareciam ficar meio com falta de ar. Era algo sutil, não quero dizer que tudo estava indo muito rápido. Mas ficava bem no limite. Ao passo que Hal Blaine, que tocava na orquestra de apoio a todos os cantores… Com ele, o tempo era perfeito, simplesmente exato, sabe? Então há certa maestria alcançada com muito esforço por um cara como Hal Blaine, que podia fazer aquilo o tempo todo, em qualquer lugar, em contraste a ter que buscar isso e tentar acertar, ou até mesmo reconhecer, esses tipos de sutilezas. É o tipo de consistência geral, uma sutileza na pegada, que estou buscando.

"Para mim, muito disso tem a ver com a ambição que me faz realizar as coisas", continua Neil. "O fator motivação. Eu realmente quero tocar bateria, então invisto o tempo necessário para tocar bateria. Eu realmente quero escrever um livro, então passo um ano escrevendo o livro, e torno isso o foco da minha vida e a própria recompensa, um trabalho diário e gratificante em desenvolvimento. É uma questão de caráter. Uma vez alguém disse: 'Não é falta de talento, apenas falta de caráter'. São questões relacionadas à personalidade."

A letra de "Tom Sawyer" é maravilhosa, enigmática por definição, como Geddy diz, "levemente inescrutável" e, incidentalmente, uma precursora convincente de "New World Man". Foi a primeira colaboração entre Neil Peart e o letrista da Max Webster, Pye Dubois, e ela pinta um retrato fragmentado de um "outsider" cínico e irascível que talvez tenha encontrado alguma coisa boa dentro de si mesmo.

O título provisório dessa música antes de Pye entregar sua contribuição para Neil era "Louie the Lawyer", "Louie o advogado". "O método de Pye era que ele simplesmente enviava páginas de rascunhos e eu os colocava numa ordem", conta Neil. "Portanto era o casamento perfeito entre duas personalidades diferentes, porque ele se concentra num universo imagístico e impressionista e o expressa como tal, enquanto eu vivo num universo mais ordenado e imponho estrutura e ritmos numa construção paralela a isso. Acho que, a partir dessa base, houve uma colaboração de personalidades, tanto quanto de palavras. Por exemplo, começo pela forma como ele criou a estrutura para uma música como 'Force Ten', e eu respondo a isso. Começo a criar imagens na voz dele, dadas as circunstâncias, só porque se tratava do personagem daquela obra. E adapto como uma linguagem. Traduzo meus pensamentos nessas imagens ou as imagens dele no meu tipo de linguagem, e elas se tornam uma colaboração entrelaçada e interpessoal."

"Acho que seria uma injustiça com a música se começássemos a desmembrá-la", afirma Pye fazendo uma objeção. "Não faz sentido algum. Eram só duas pessoas pintando um quadro, não? A canção original era 'Louie the Lawyer', com 60 ou 70 versos, ou algo assim, muito parecida com o que se vê aqui", confirma, fazendo uma pausa para mostrar os diários. "Eu tinha essa ideia, 'Louie the Lawyer' estava no topo da página, e eu só escrevia alguns versos. Aqui estava 'Louie the Lawyer', e mais adiante talvez 'All We Are'."

Pye atesta que entregou o rascunho da letra quando as duas bandas se reuniram para trabalhar em "Battle Scar". "Sim, foi quando tudo começou com Neil. Mas não foi 'Ah, meu Deus, espero que Neil leia isto'. Estávamos no estúdio, só conversando. Pode ter sido uma simples interação social em que ele me perguntou 'O que você está escrevendo aí?', ou em que eu disse: 'Ei, Neil, quer ouvir esse verso?'. Foi bem inocente. Nunca foi com o propósito de transformar numa canção. Tudo o que posso dizer é que foram quatro ou cinco minutos de 'O que você está escrevendo?', 'Bem, estou escrevendo 'Louie the Lawyer', e Neil me disse: 'Bem, parece legal'. Ele provavelmente não quis dizer que era tão legal assim [risos]. É provável que só houvesse algumas ideias lá no meio de que ele gostou.

"Fiz muitas alterações antes de entregar a ele uma nova versão da letra", continua Pye. "Nunca voltou para mim. Era 'Louie the Lawyer' quando entreguei aquelas páginas a Neil, e então de repente surgiu 'Tom Sawyer'. Ele não gostou de 'Louie the Lawyer'. Ficou completamente diferente. Bem, não completamente. Era a mesma com relação a alguns versos que eu tinha escrito. Eu havia apenas extraído alguns versos da letra original que achava muito bons. Não me lembro de colocá-los em qualquer tipo de ordem específica. Em certo sentido, também foi dessa forma que escrevemos as letras subsequentes. Eu tinha uma ideia geral, mas era tudo muito modular. Mudava apenas a sintaxe ou o verbo, e a letra ressurgia numa nova forma.

"Mas a original tinha, com certeza, 80 versos. Aqueles 80 versos não agradaram a Neil. Eu devo ter dado a ele 25 ou 30 versos, e duas ou três versões de um deles. E então a letra voltava para mim na forma final."

Pye fala sobre a letra clássica finalizada: "Há um maravilhoso toque do Rush, mais metalizado. É uma letra um pouco ambígua, mas bem demarcada. Se usar a palavra 'governo' numa música, abre-se uma porta para opiniões, já que se está fazendo um comentário, uma declaração política. Ou um comentário sobre política. Acho que a letra de fato fala por si mesma. 'Today's Tom Sawyer, today's warrior' – 'O Tom Sawyer de hoje, o guerreiro de hoje'. Tom Sawyer teve as próprias batalhas no passado, provavelmente meras ondulações no rio e o pântano. E eu era jovem o suficiente na época para ter pessoas na minha vida que estavam perdidas e confusas com certas coisas dentro da nossa cultura, ou com o modo como a vida se desenrolava. Amadurecer naquela idade era uma experiência do tipo 'fugir ou lutar'. Entenda, é aquela questão de não se encaixar no sistema ou de como se pode ser diferente dele. É isso."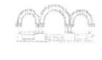

Embora Kim Mitchell por vezes tenha oferecido uma versão diferente do relato sobre a criação de "Louie the Lawyer"/"Tom Sawyer", dando a entender que houve um pouco mais de premeditação, Neil lembra a situação de um modo bem parecido como Pye contou.

"Eu via amor e respeito verdadeiros", lembra o empresário da Max Webster, Tom Berry, sobre a interação entre as duas bandas. "E quanto a 'Tom Sawyer', lembro quando isso aconteceu. Sei que Neil sempre respeitou o que Pye fazia com as letras. E acho, de verdade, que a banda queria fazer uma música com Pye, e eles fizeram, e foi uma das canções mais importantes do Rush."

Geddy fala da própria e necessária colaboração com Neil com relação ao fraseado, levando a inspiração de Peart a adquirir um som rítmica e linguisticamente possível dentro do contexto da canção em questão. "Apenas acho que o estilo mudou ao longo dos anos", diz Geddy. "Mas não é tão simples assim. Nos primeiros anos, a música era ambiciosa e ousada e, sim, às vezes as letras eram difíceis, mas não parecia um problema no contexto do estilo enfático que estávamos criando juntos. Mas é claro que, conforme as canções se tornaram mais orientadas para a melodia e menos para o ataque violento, os requisitos líricos e melódicos também mudaram. É ótimo trabalhar com Neil nesse aspecto. Depois que recebo o primeiro rascunho da letra, obviamente tenho que moldá-la numa coisa mais melódica. E preciso me sentir confortável com ela. Fica óbvio quando não me sinto confortável cantando. Então nós dois sempre trabalhamos muito próximos."

Terry lembra a magia em torno de "Tom Sawyer" quando a banda a apresentou no Le Studio. "Morin Heights é um lugar lindo e combinou com os garotos porque eles não se distraíam. Eu estava conversando com outras bandas que foram para lá, e tudo o que fizeram foi farrear até perder a cabeça e deixar para fazer o disco na última semana – e o álbum acabava ficando com essa cara. Ao passo que, com o Rush, nós  já começávamos trabalhando desde o primeiro dia. 'Tom Sawyer' foi gravada na noite em que instalamos todo o equipamento no estúdio. Estávamos animados com essa música nova, com a bateria nova e o início de uma jornada de cinco ou seis semanas. Ficamos todos impressionados com o som da bateria e apenas gravamos a faixa.

"Tudo estava perfeitamente no lugar desde o momento em que começamos os trabalhos, por volta das duas da tarde, que era o horário de início usual. Trabalhávamos das duas da tarde às duas da manhã todos os dias. Se era gravação de voz, Ged estaria lá e pronto para cantar. Analisávamos os trechos à medida que avançávamos, mas ele sabia as músicas. Havia artistas que chegavam e ficavam me olhando como se perguntassem: 'O que estou fazendo aqui afinal?'. Mas os caras do Rush sempre foram profissionais.

"É óbvio que 'Tom Sawyer' era uma música incrível e tem um legítimo som autoral. Nós a mixamos digitalmente. Sei que isso não muda o fato de que as canções e o material daquele álbum tenham certo som específico. Mas tomamos esse passo adiante, e acho que garantiu uma diferença sutil à sonoridade das coisas, da bateria. Finalmente senti que tinha conseguido captar a bateria de modo mais eficiente. Era algo que já havíamos feito muito bem antes, ainda assim havia sutilezas sobre o modo como a bateria, o baixo e as guitarras se projetaram naquele disco. Quando você escuta o álbum que eles gravaram depois de mim, *Grace Under Pressure*, feito de uma forma analógica, ele apresenta uma sonoridade completamente diferente. Portanto, entenda, nós tínhamos alguma coisa especial em *Moving Pictures*."

Neil falou sobre essa música em entrevista a Jim Ladd em 1981: "Há muitos ingredientes diferentes quanto à letra. Começou como uma letra de outro compositor, um amigo nosso que escreve para uma banda chamada Max Webster. Sempre admiramos muito as letras dele e temos uma relação de trabalho bem próxima com todos os integrantes da banda. Então ele me deu essa letra e sugeriu que talvez fosse adequada para nós. Reescrevi algumas partes, e a autoria acabou ficando 50% minha e 50% dele. A postura dessa faixa com certeza tem uma persona do roqueiro moderno.

"Constantemente me surpreende como certas músicas tendem a se tornar mais populares que outras", continua Peart, "e nunca se pode predizer quais serão. Sempre foi uma das minhas canções favoritas, desde a seção rítmica, porque essa é a parte de que realmente gostei. E essa música exemplifica a mudança no nosso estilo de composição que tentamos instituir neste álbum. Tentamos compor mais do ponto de vista do ritmo; estabelecemos uma pegada rítmica de que gostamos e trabalhamos as mudanças musicais em torno disso. No passado, em geral encontrávamos um padrão musical de que gostávamos e então trabalhávamos as mudanças rítmicas em torno disso, o que tornava as camadas de nossa música muito diferentes nesse sentido porque haveria ritmos mudando o tempo todo, e dava à música certo contorcionismo. 'Tom Sawyer' é um exemplo de uma canção realmente sólida, confiante".

Perguntado sobre qual seria sua música favorita do Rush, o pai de Neil, Glen, escolheu justamente esta: "Gosto de algumas das mais antigas, é claro, mas 'Tom Sawyer' em especial, que realmente faz o público enlouquecer seja lá onde estiverem fazendo um show. Mais umas duas canções mais antigas que todo mundo sabe cantar junto. Gosto mesmo dessas músicas porque você as ouve com frequência, agora já parecem clássicos antigos.

"Há uma história engraçada de quando fui ao dentista na nossa cidade. Quando falei meu nome para ele, o dentista perguntou: 'Alguém da sua família é parente de um baterista?'. E eu disse: 'Bem, sim, creio que sim, é nosso filho mais velho, Neil, ele é baterista do Rush'. E ele disse: 'Bem, o senhor quer ouvir minhas histórias com a banda agora ou na nossa próxima consulta?'. E eu disse: 'Podemos ouvir agora'. Ele realmente tinha estudado as letras do Rush e usado uma delas num trabalho de escola. Disse que o professor era fã da banda e pegou a letra de uma das músicas deles e falou: 'Agora vocês vão estudar essa letra e quero que cada um me traga sua impressão dela'. E eu ouvi essa história mais de uma vez. Talvez fosse mais acadêmico do que Betty e eu pensávamos, não sei, mas obviamente houve um ponto em que as pessoas estavam interpretando o que ele queria com aquelas letras".

Quando informado de que Neil disse que "Tom Sawyer" era sua música favorita para tocar, Glen falou: "Ah, verdade? Bem, o ritmo me deixa animado. Fico surpreso em ouvi-lo dizer isso porque nunca soube desse fato. Acho que é uma daquelas coisas que pensamos de forma parecida".

Na sequência de *Moving Pictures* vem "Red Barchetta", um conto futurista sofisticado, não chega a ser ficção científica, mas uma ficção orwelliana assim como *2112*. Parece que não foi música a ser proibida nessa faixa, mas carros que, em tempos de cobrança de pedágio para entrar no centro das cidades, limitadores de velocidade instalados em caminhões (e agora em Volvos) e carros autoguiados, não parece mais algo tão absurdo assim. Os caras do Rush sempre tiveram uma paixão por carros velozes, e portanto trata-se de sua "ponte de pista única". Não fica claro se o *gleaming alloy air-car* – "o reluzente aeromóvel de

BEM, O RITMO ME DEIXA ANIMADO. FICO SURPRESO EM OUVI-LO DIZER ISSO PORQUE NUNCA SOUBE DESSE FATO. ACHO QUE É UMA DAQUELAS COISAS QUE PENSAMOS DE FORMA PARECIDA.

liga metálica" – que surge sobre a montanha pertence de fato às autoridades policiais, mas é provável. Ainda assim, é bonito esperar que seja meramente outro entusiasta de carros guiando um veículo permitido pela lei apenas conferindo e admirando essa antiga máquina Barchetta.

A história de Neil foi inspirada em "A Nice Morning Drive" – Um bom passeio matinal, um conto de ficção de Richard M. Foster, que foi publicado na edição de novembro de 1973 da revista *Road & Track*. No conto, o carro é um MG, mas Peart escolheu usar uma Ferrari 166 MM Barchetta, que Geddy pronuncia errado na música. Em 2007, Neil escreveu sobre um encontro com Foster (ele tinha tentado encontrá-lo em 1981, mas sem sucesso) em que conversaram sobre motocicletas num artigo intitulado "O baterista, o detetive particular e eu".

Na parte musical, assim como "Tom Sawyer", "Red Barchetta" estabelece uma fundação 4/4 sólida e pesada (com algumas batidas perdidas ou acrescentadas aqui e ali). Essencialmente, é um exercício vigoroso e melódico de hard rock que se junta a "Freewill", "The Spirit of Radio" ou "Limelight", também presente neste disco.

Alex contou à lenda do rádio Redbeard que a intenção com "Red Barchetta" foi "criar uma música tão vívida que despertasse uma sensação, para quem ouvisse e prestasse atenção à letra, de ação. Ela parece mesmo um filme. Acho que funciona de verdade tendo isso em mente. É uma coisa que tentamos levar adiante desde então, de nos tornarmos um pouco mais visuais com nossa música. Mas essa faixa em particular foi muito gratificante. Sempre está entre as minhas favoritas. Acho que provavelmente é a minha favorita daquele álbum. Gosto do modo como as partes são costuradas. Gosto das mudanças. Gosto da melodia da canção. Adoro a dinâmica dela, o modo como abre com a harmonia e cria um clima, depois vai direto para a estrada, direto para a ponte onde ela realmente começa a rugir, onde você realmente sente que está dentro de um carro conversível, e a música é muito vibrante, cheia de movimento. E então termina da mesma forma que começa, com essa dinâmica mais tranquila, e abandona o ouvinte com suavidade. Ela dá uma carona para toda a aventura e depois você desembarca na próxima parada."

O que Alex diz ali está muito alinhado com o conceito definido por Geddy para o álbum na íntegra, de que cada música é como um curta-metragem, por isso o título *Moving Pictures*. "Red Barchetta" não foi lançada como single, mas por causa da popularidade crescente do álbum e do potencial da música para execução no rádio, ela se tornou a faixa radiofônica do disco, juntamente com o restante do lado A.

"YYZ" se coloca como uma das mais populares músicas de rock instrumental de todos os tempos. Ela até mesmo garantiu à banda uma indicação ao Grammy, algo nada surpreendente, já que é inteligente, bem-humorada, um clássico de *air drumming* e misericordiosamente curta. Além disso, é enérgica e elétrica – obra de um *power trio*, uma música progressiva por excelência, indo direto ao ponto e permanecendo nele. Os baixistas em especial adoram essa música porque Geddy realmente está em chamas, às vezes em uníssono com o riff de Alex,  mas na maior parte do tempo partindo para riffs, licks e viradas que são tão centrais e cativantes quanto qualquer coisa que Alex esteja fazendo.

Como Geddy explicou a Rick Ringer, da CHUM-FM: "Nós queríamos fazer uma música instrumental curta. Depois que fizemos 'La Villa Strangiato' em *Hemispheres*, gostamos muito de trabalhar numa estrutura instrumental, então queríamos fazer uma canção mais curta, mais concisa nos últimos dois álbuns, e decidimos que essa era a hora ideal para isso. Basicamente é uma música rítmica. Foi composta por mim e por Neil e, no geral, era apenas a junção de várias ideias rítmicas que estavam perdidas aqui e ali. Tentamos simular a sensação de estar num aeroporto internacional, no caso o Aeroporto Internacional de Toronto, porque era onde sempre pegávamos nossos voos. A abertura da faixa começa com esse ritmo bastante bizarro que nada mais é que o código Morse para YYZ traduzido para baixo, bateria e guitarra. Então jogamos várias coisinhas diferentes para enfatizar os diversos tipos de ambiente e atmosfera dentro do aeroporto. Quero dizer, um aeroporto é uma espécie de porta para muitos, muitos lugares. Basicamente é disso que a música trata".

"Sempre senti que estávamos avançando o tempo todo", comenta Terry, sobre a ideia de fazer canções que fugiam da norma, se é que o Rush tinha uma norma. "E era apenas uma ou duas músicas, não o álbum inteiro. 'YYZ', por exemplo, é uma coisa totalmente diferente para se levar em consideração. Foi uma faixa incrível para se trabalhar, além disso era instrumental e algo totalmente novo. Fazia algum tempo que não fazíamos algo assim, vários anos. Então é apenas uma parte do todo. Eu podia lidar com isso."

"De várias maneiras, 'YYZ' é um estudo de caso interessante", reflete Neil, "e de modos que repercutem há anos. Em geral nossas músicas mais problemáticas são instrumentais, porque queríamos extrair muito delas. Costumávamos brincar que só pegávamos as sobras no final da composição do álbum e jogávamos tudo numa faixa instrumental. O que é parcialmente verdade. É claro, havia uma parte que adorávamos, e decidíamos 'ok, nós adoramos aquele riff, mas ele não pertence a essa música, pode tirar'. E depois isso ficava nos incomodando.

"Sinto isso com relação às letras. Meu jardim de rascunhos. Coisas que odcio deixar de lado, mas que depois resgato. E essas são algumas que guardávamos e costurávamos depois. Mas o combinado era que nós três tínhamos que amar tudo o que fazíamos. Então uma música instrumental pode ser peculiar, pode ser altamente técnica, mas também para nós três precisava ser texturizada e não feita de um punhado de partes. Acho que 'YYZ', se comparada a 'La Villa Strangiato', é com certeza mais compacta e tem arranjos mais bem amarrados. Porque estávamos aprendendo. Isso é uma das coisas mais importantes com relação ao período de *Moving Pictures*: estávamos aprendendo sobre arranjos e dedicando mesmo muito tempo a isso, nos tornando mais concisos e tendo mais propósito no que fazíamos. 'YYZ' definitivamente se beneficiou disso.

"E ela tinha um tema geral, com o ritmo de YYZ no começo sendo o código Morse. Estávamos chegando a Toronto de avião, e eu ouvi esse bip do código Morse, e pensei: hummm. Achei que seria um ritmo interessante. E depois nós pegamos o tema dos aeroportos, portanto há deliberadamente certa personalidade exótica na música. Há essa grande ponte arrebatadora e emotiva no meio que é como a alegria do reencontro, ou a tristeza da separação. Tudo isso foi colocado lá de propósito.

"Depois há outras coisas, como a interação entre o baixo e a bateria. Foi tão divertido quando criamos isso, quando trocávamos os padrões, e eu dizia: 'Você primeiro'. 'YYZ' é um exemplo perfeito do modo como Geddy e eu trabalhamos juntos. E eu meio que penso que isso acontece de três maneiras. Uma é a comunicação direta, quando conversamos sobre as coisas. Ele diz: 'Ok, eu quero fazer essa coisinha; seria ótimo se você pudesse acertar isso pra mim'; ou eu me lembro de como na música 'Force Ten', a interrupção da acentuação. Ele disse: 'Esse em particular, quero deixar a nota vibrar, então, *bum*, não entra'. E nós conversávamos sobre coisas assim.

"O outro tipo de interação tem a ver com prestar atenção. Ouvir um ao outro. E eu ouço Geddy dar uma pista num trecho, e então entro nele. Talvez na próxima vez que tocarmos, eu dê uma dica em alguma coisa e ele vai responder, e então de repente nós dois construímos algo do nada. Sempre consigo capturar essa inspiração de onde ela vier. Nós dois estávamos compartilhando as coisas e, repito, só de tocar repetidamente, várias vezes. Sabe, trabalhando juntos nesses pequenos detalhes. E Geddy é muito ágil nas respostas a essas pequenas coisas. Ele ama isso tanto quanto eu. E se eu colocar uma batida diferente em algum lugar, ou uma acentuação meio fora de lugar, ele vai embarcar nessa de bom grado. Eu estava pensando na primeira vez que tocamos juntos, nas audições de julho de 1974. Consigo me lembrar de Geddy lá do outro lado da pequena sala de ensaios de olhos fechados, apenas imerso no momento. E essa é a minha primeira e mais cara lembrança da relação que construiríamos, sabe, sentindo que ele estava totalmente conectado ao que estava fazendo. E eu também sou assim.

"A terceira é quase telepática. Às vezes olhamos um para o outro, 'Como você sabia que eu ia fazer isso?', ou numa música como 'YYZ', de novo, há tantos pequenos detalhes, os refrãos, as viradas não se repetem. Isso era uma coisa muito importante para nós na época. Não tocar a mesma coisa duas vezes. Bem, e por que deveríamos? Há muito para se tocar. A repetição tem seu valor, e ela aparece nessa música, com o poder dos refrãos voltando. É uma ferramenta, mas também é facilmente usada com exagero. Não há motivo pelo qual eu precise tocar a mesma virada de bateria em três refrãos seguidos quando tenho duas outras perfeitamente boas.

"Há também o aspecto de construção pela qual nós dois nos interessamos de verdade, porque acho que somos bem-organizados nesse sentido. E nós dois emergimos dessa ideia composicional. Nos últimos anos, nós três nos tornamos muito mais espontâneos, adotamos o improviso. Mas principalmente, naquele tempo, quando estávamos tão focados nos arranjos, nós dois apenas olhávamos um para o outro, estávamos sempre escutando um ao outro, e então fazíamos uma pausa para conversar. E então riffs como esses ganhavam vida, se tornavam uma expressão do nosso gosto pessoal, como um reflexo da banda. Sabe, fazemos o que gostamos e esperamos que vocês também gostem.

"Estávamos tentando agradar a nós mesmos ao longo da jornada, com partes que eram tecnicamente divertidas de tocar", continua Neil, "na época, em especial, com 'YYZ'. Não é que sejam difíceis de tocar – são divertidas de tocar. Qualquer jovem músico sabe que, à medida que vai reunindo novas ferramentas, não é apenas uma questão de se exibir ou demonstrar que ganhou esse brinquedinho novo – é de fato divertido. É de fato emocionante. E havia coisas que eu estava aprendendo naquela época ritmicamente, e as influências que estava acumulando, na construção da virada de bateria. Por exemplo, a virada de abertura e a pequena alternância da bateria com o baixo surgiram quando abrimos para Frank Zappa, quando Terry Bozzio era o baterista da banda dele. Tivemos que sair e percorrer 650 quilômetros para o show seguinte,

então vi apenas duas músicas. Mas observei Terry fazendo o trabalho dele, que agora sei que veio de Miles Davis, de Tony Williams. Mas na época pensei: 'o que é isso?!'. Fiquei ouvindo Terry fazer essas tercinas sobre o compasso, e meio que incorporei isso e comecei a usar também. Não é nada parecido com o que Terry fazia, nada como Tony Williams fazia, mas acabou me conduzindo para algum lugar."

Fechando o lado A do vinil original está "Limelight", uma das músicas mais adoradas da banda, apesar de falar sobre o desconforto de Neil com o contato próximo com os fãs e a indústria musical.

Mas como Peart explicou a Jim Ladd, a letra se concentra em boa parte na estranheza e no estresse geral do trabalho de se apresentar diante de milhares de pessoas todas as noites, não apenas de socializar nos bastidores. Perguntado por Jim sobre qual seria "o fascínio, a relação real, o tema subjacente", Neil explica: "De novo, isso nos leva de volta à música. Como às vezes é difícil mantê-la como o foco. Quando se está na estrada, por exemplo, diariamente são duas horas que se passa no palco, e o resto do dia conduz em direção à apresentação ou se resume a uma desaceleração depois do show. E com certeza é o foco de sua vida.

"Quando os dias se tornam mais complicados, surgem cada vez mais demandas sobre o seu tempo. Em vez de ter o tempo em mãos, você tem que colocar as mãos sobre o tempo – eu gosto disso! Essa é a questão abordada ali: é necessário deixar tudo isso de lado, a composição é que é importante, e vai fazer a diferença entre se sentir bem e não se sentir bem. Se eu saio do palco sabendo que não toquei tão bem quanto sou capaz, me sinto mal. E não importa quantas milhares de pessoas me digam que foi bom – não foi. Por outro lado, quando deixo o palco sabendo que toquei bem ou o mais próximo disso possível, então fico muito satisfeito. E é um tipo de paz que nada consegue perturbar, negativa ou positivamente. Você simplesmente se sente bem quanto a isso e não precisa de ratificação externa ou aprovação externa."

Há um subtexto adicional na fala de Neil. Ele se sente desconfortável não apenas com a adulação, mas também com meros elogios. Já escutei isso de muitas pessoas famosas – ficam exasperadas porque todo mundo sempre diz que tocaram bem, que o álbum é ótimo, que arrasaram. É difícil para artistas solicitar qualquer tipo de conselho ou receber críticas torpes. Todo mundo quer ser seu amigo, e ninguém vai arriscar ser impertinente. No caso da interação com os fãs, é em geral muito breve, envolve quase sempre um elogio rápido e talvez uma expressão de conexão ou semelhança. Depois de milhares dessas, Neil disse basta e deixou para Geddy e Alex o papel de fazer sala.

Mais adiante na letra da música, ele diz: "*All the world's indeed a stage*" – "O mundo inteiro é realmente um palco". É como se a referência a Shakespeare, quando foi usada no título do primeiro álbum ao vivo, fizesse tudo parecer feliz, com um olhar maravilhado. Agora, acrescentando a palavra "indeed", "realmente", Neil parece um pouco mais amargo ao refletir sobre isso.

"Ele sempre ficou muito desconfortável com a mídia", afirma Glen Peart. "Ficava bem mais contente aqui visitando a família. Neil é ainda  o tipo de indivíduo que gosta de se sentar e conversar com as pessoas. E, infelizmente, muitos da mídia – e não quero ofender ninguém – tendem a ser bem invasivos. Neil não suporta isso. Não acho que ele tenha mudado ao longo dos anos. Ainda há essa personalidade hoje e há o modo como se sente com relação às pessoas que tentam forçar a barra. Ele se sente desconfortável com isso."

"Definitivamente faz mais o tipo recluso", acrescenta Liam. "Neil apenas aprecia sua privacidade. Somos todos diferentes nessa perspectiva. Ele pode parecer meio reservado ou rude com as pessoas, mas não é o caso. Só não se sente obrigado a ser tão acessível quanto algumas pessoas acham que ele deveria ser, ou estar tão disponível como algumas pessoas acham que ele deveria estar."

"Neil é um supercara", concorda Terry, "mas não gosta de ser forçado a ficar sob os holofotes quando não está no palco. Essa é a prerrogativa dele e eu o admiro por isso."

"Foi uma espécie de ponto de virada para Neil", confirma Alex. "Acho que foi quando ele começou a ter dificuldades em estar na estrada, em viver sob os holofotes, obviamente. Como vocês sabem, eu já sou um pouco mais tranquilo nesse sentido." Numa perspectiva mais positiva, Alex acrescenta que no palco "é provável que o solo em 'Limelight' seja o meu favorito para tocar, e sinto como se realmente tivesse acertado na fluidez, então é muito, muito gratificante para mim. A coisa toda é muito elástica. Nem sempre é fácil fazer com que tudo seja bem circular de uma parte para a próxima. Mas, quando acontece, é uma curtição. Os vocais de Geddy também se ajustaram um pouco. Não eram mais tão estridentes como nos anos 1970. Havia uma energia maravilhosa quando fizemos aquele disco. Ainda éramos bem jovens. Acho que estávamos com quase 30 anos, então havia muitas coisas positivas acontecendo".

Neil contribui falando da música em si: "Não eram canções comerciais *per se*. Talvez só uma – 'Limelight' – tem versos e refrãos de uma forma mais convencional. Mas o ritmo é todo diferenciado; os outros caras tocam em 6/4 e eu toco 4/4 em cima disso".

Sobre o segundo uso da citação de Shakespeare em *As You Like It* [*Como gostais*], Neil também faz referência a essa obra na faixa seguinte desse mesmo disco quando escreve "*caught in the camera eye*" – "flagrado no olho da câmera". Na canção "The Camera Eye", o fotógrafo é celebrado, enquanto em "Limelight" é uma das causas de irritação.

Quatro músicas e, surpresa, o disco é completamente hard rock. "É engraçado que você diga isso porque nunca pensei no álbum dessa forma", continua Neil. "Elas *são* mais pesadas. Mas a atitude sempre foi essa, fazer canções mais encorpadas e duras. Era pesado de um modo bem controlado, penso eu. Os sons não eram feios, eram bem sofisticados. É como o equilíbrio entre o progressivo e o pop – é tudo essencial."

O lado B de *Moving Pictures* abre com "The Camera Eye". Com 10:55, seria a última música do Rush a ultrapassar dez minutos de duração. Saindo pacificamente de um fade com pilhas de sintetizadores,

Neil logo se junta à banda com rudimentos de caixa, construindo devagar o drama com os pratos, os bumbos e os tom-tons. De forma interessante, ele admite "blefar" com o trabalho de rudimentos, apesar de apreciar os tambores marciais.

"Os equipamentos mais recentes tinham essa tendência de estimular a criatividade", observa Paul Northfield, "porque era uma oportunidade de tocar com uma nova paleta, seja com o equipamento de gravação ou os próprios instrumentos. *Moving Pictures* foi a primeira vez que tivemos um sintetizador polifônico, porque Geddy havia adquirido um OBX, cuja presença se faz sentir particularmente em 'The Camera Eye'. Essa foi a primeira vez que os teclados apareceram com maior ênfase. Houve um *overdub* de piano tocado por Hugh Syme em 'Different Strings', em *Permanent Waves*, mas foi quase como um convidado especial. No caso da banda em si, todos os teclados antes de *Moving Pictures* tinham se resumido a apenas uma linha melódica com Minimoog, cordas agudas isoladas e pedais Taurus, os quais forneciam um fundo para o trio. Uma vez que se chega a *Moving Pictures*, o OBX apareceu e lhes deu a oportunidade de ter sons de teclado mais texturizados. Era o que parecia moderno na época. Essa foi uma grande mudança, embora a dinâmica de trio com guitarra, baixo e bateria fosse muito forte naquele tempo."

Quase quatro minutos de música se passam antes que se entre na letra, aplicada sobre um compasso estranho, distinguido pelo toque de Alex no violão. Em relação ao tema do álbum, a canção é bastante cinematográfica, expressando o agito de Nova York na primeira parte e Londres na segunda. A imagem de um fotógrafo na rua congelando o movimento é levemente sugerida. Apoiando o tema dos filmes aqui, a banda fez uso de um sample de multidão do primeiro filme do Superman. O título da música é um aceno de Neil para John Dos Passos, que usou a expressão na trilogia ficcional sobre os Estados Unidos, cujo terceiro livro é intitulado *The Big Money*, também título de um dos sucessos do Rush.

Como Neil escreveu para a *Modern Drummer*: "Um bom exemplo do princípio da edição é o par de longas viradas que introduz cada seção de voz na segunda metade de 'The Camera Eye'. Eu queria alguma coisa realmente especial e emocionante ali, mas não queria que fosse organizada ou pré-arranjada. O único modo de capturar aquele espírito de abandono selvagem é que seja dessa forma. Cada vez que fazíamos um take da música, eu fechava os olhos nessas seções, deixava solto e tocava. Podia ir do ridículo ao sublime, mas fui capaz de escolher as melhores viradas, as mais emocionantes para a faixa final. O que resume mesmo tudo isso é que é sempre você tocando. Editar apenas lhe dá a oportunidade de escolher o melhor que se pode fazer. Uma boa analogia entre tocar ao vivo e gravar no estúdio é a diferença entre conversar e escrever. Quando se está escrevendo, pode-se riscar as palavras imprecisas ou desnecessárias e substituí-las ou trocá-las até que se chegue à essência do que se queria dizer. Ainda são suas palavras. Apenas estão mais refinadas e retificadas dentro da forma ideal. No caso de 'The Camera Eye', eu tive que ir para casa e aprender como tocar ao 'acaso' de modo que pudesse tocar assim ao vivo!".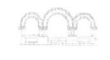

"Witch Hunt" traz o subtítulo "Part III of 'Fear'". Neil estabelece três teatros do medo: essa relacionada à mentalidade de manada, "The Enemy Within" relacionada às fontes internas de medo e "The Weapon" relacionada a "como o medo é usado contra nós". Só depois, em *Vapor Trails*, haveria uma parte IV chamada "Freeze".

Peart observou no programa da turnê de *Moving Pictures*: "'Witch Hunt' foi a vencedora na categoria canção mais reescrita da história, porque era muito difícil de se compreender. Mas nossa intenção sempre foi usá-la como um 'número de produção' do álbum, na tradição de músicas como 'Different Strings', 'Madrigal' e 'Tears'. Isso nos liberta da prática costumeira de compor como se tocássemos ao vivo, mantendo a disciplina de um trio. Serve como um tipo de veículo de experimentação e indulgência. Por exemplo, usamos os talentos de Hugh Syme nos teclados, e toda a bateria foi gravada duas vezes (como se fossem dois bateristas) num único verso, enquanto em outro a percussão foi criada gravando cada som em separado. A introdução foi um empreendimento muito estranho, já que montamos um 'Coro de Turba' lá fora na neve e o som de uma 'criança assustada' no começo. Embora o principal esforço do nosso trabalho sempre tenha sido direcionado para o show ao vivo, é bom tomarmos uma pequena dose de indulgência dentro do estúdio!".

Vasculhando as ruínas do Le Studio em 2014, Neil explicou: "Essas escadas velhas, em ruínas aqui... Foi naquela escadaria onde nos posicionamos numa noite no começo do inverno e gravamos a introdução para 'Witch Hunt'. E eu era o agitador – 'Estamos aqui para proteger nossas crianças!' – e essas coisas todas. Havia várias pessoas entre membros da nossa equipe e funcionários do estúdio e assim por diante, todos de pé na escada gravando essa introdução de 'Witch Hunt' bem ali". Alex lembra que durante essa sessão fazia bastante frio, que logo se tornou suportável graças a uma garrafa de uísque escocês que passou de mão em mão.

Musicalmente, há um riff lento e bem pesado, oscilando entre agonizante e envolvente quando Hugh se junta à banda com o sintetizador. Neil toca e mostra como tornar uma faixa lenta interessante, fazendo as viradas passarem de uma caixa de som para outra, mudando a acentuação.

Ele explicou o efeito para a *Modern Drummer*: "Sendo uma música cinematográfica, 'Witch Hunt' também permite criar uma atmosfera com efeitos incomuns de percussão, dos quais me aproveitei totalmente! Esvaziei meu arsenal usando um bumbo gong, sinos de vento, glockenspiel, carrilhões, conga, cowbell, vibraslap, vários efeitos eletrônicos e em um trecho dupliquei toda a bateria. Foi divertido. O 'conjunto de percussão' no segundo verso foi bem interessante de fazer. Quando gravamos a faixa-guia, deixei esse trecho praticamente todo em branco e retomei para fazer o *overdub* de cada seção de bateria em separado. Usei sons e perspectiva diferentes em cada elemento para criar um efeito dramático das coisas para parecer ora muito distante, ora muito próximo. Também removi as membranas inferiores de cada tom-tom nessa faixa para obter um som mais primitivo, mais sombrio."

Moving Pictures fecha numa nota futurista, com "Vital Signs" parecendo Gary Numan ou Joy Division – um casamento pós-punk entre instrumentação tradicional pesada e eletrônicos. O Oberheim é usado para criar um lick sequenciado que Geddy às vezes imita no baixo, às vezes não. A guitarra é usada para dar à canção uma pegada de reggae, assim como a construção percussiva de Neil um pouco ao estilo de Stewart Copeland.

Neil escreveu no programa da turnê: "Nós tínhamos deixado de propósito uma canção sem composição, com a intenção de escrevê-la direto no estúdio, já que havíamos alcançado bons resultados fazendo isso anteriormente. Músicas como 'Natural Science' e 'The Twilight Zone' se beneficiaram da pressão e espontaneidade desse contexto, embora na época tenham sido concluídas pela força das circunstâncias, sendo que nesse momento nosso plano incluía um espaço para plano nenhum. 'Vital Signs' é o resultado final disso. Eclética ao extremo,  abriga uma variedade de influências estilísticas, indo dos anos 1960 até o presente. Liricamente, é derivada da minha resposta à terminologia do 'Technospeak', a linguagem dos eletrônicos e computadores, que em geral parece um paralelo à máquina humana nas funções e inter-relações que empregam. É interessante, e talvez irrelevante, especular se impomos nossa natureza nas máquinas que construímos ou se elas são meramente governadas pelas mesmas leis inescrutáveis da Natureza assim como nós (talvez Leis de Murphy?). Não importa!"

"Geralmente em cada álbum há uma canção que escrevemos de forma espontânea, bem no último minuto, que foi o caso dessa faixa", confirma Geddy. "Essas músicas em geral acabam nos levando para uma direção totalmente diferente, como aconteceu com 'Vital Signs'. Foi meio que uma precursora por nos envolver mais com sequenciadores. É um som de último minuto, e eu adoro essas músicas feitas de última hora, porque você as escreve e as grava num curto período e requerem mínimo esforço cerebral. Há muita espontaneidade – no estilo 'vai lá e faz' – e acaba sendo muito divertido."

Terry, talvez por já ter visto de tudo no Reino Unido, não estava muito de acordo em incluir a influência do reggae no rock e no Rush – veja o companheiro de turnê e amigo canadense Pat Travers e a vibe ganja aplicada ao álbum de 1980, *Crash and Burn*.

"Não", ri Brown. "Francamente, já tinha sido feito antes. Mas acho que na época em que terminamos de produzir as faixas, elas tinham as próprias qualidades únicas do Rush. O reggae apenas estava lá... The Police estava fazendo, e fazendo muito bem, e tendo muito sucesso com isso, então eu não estava totalmente convencido de que era uma coisa na qual deveríamos investir muito tempo para desenvolver. Mas acho que o que fizemos, fizemos bem feito. Não era aquela coisa mainstream; eu apenas não tinha certeza se era algo singular do Rush e original naquele ponto. Tinha minhas dúvidas, mas as músicas eram boas e foi apenas uma questão de trabalhar essas influências para torná-las mais alinhadas com a banda. Acho que conseguimos acertar tudo isso, no final das contas."

Neil comenta: "Em 'Vital Signs' eu queria um som eletrônico para esse verso em questão. Então, sim, em *Moving Pictures* usei um pad de caixa de bateria eletrônica pela primeira vez; acho que havia pads para tocar aquilo. Antes disso, *Permanent Waves* ainda tinha muita percussão orgânica – nada de eletrônicos". É um gesto interessante que na verdade serve para fazer o estampido em uníssono de Geddy e Alex parecer mais pesado. Realmente é bem interessante, porque é o mais fofinho dos sons de caixa, sem chimbal, componente elétrico ou outro, e só uma sugestão bem de leve de um bumbo. No final da faixa, Peart está de volta ao kit imenso, demonstrando como o reggae heavy metal progressivo se pareceria no futuro.

Neil fala de todos esses novos caminhos musicais: "Não desconsiderando o final dos anos 1970, porque havia muitas coisas fermentando ao nosso redor. O fato de que sobrevivemos a isso só foi possível porque éramos jovens o bastante. Eu me tornei um grande fã quando comecei a escutar Talking Heads, e quando comecei a ouvir The Police e Ultravox e todas essas novas bandas inglesas. Eu adorava. Como fã de música, aquilo era o som da minha geração. Eu tinha ainda 20 e poucos anos na época e era um grande fã de música, ouvia coisa nova o tempo todo. Então entrei na onda de imediato – nós todos – e se tornou parte de nossa percepção. Geddy era um grande fã de Elvis Costello.

"E diferentemente de outros músicos um pouco mais velhos que nós e que pensavam 'Isso é lixo. O que eu tenho que fazer, esquecer como se toca?', nós queríamos compor canções mais curtas, com mais pegada, mas ainda queríamos fazer riffs. Queríamos usar as técnicas que havíamos desenvolvido sozinhos e em grupo. Não víamos isso como coisas mutualmente excludentes. Assim poderíamos desenvolver 'The Spirit of Radio' e músicas mais curtas, mesmo depois de lançar os épicos. Mas o eletrônico e o reggae eram coisas que eu estava ouvindo na época, que estávamos ouvindo.

"Nós todos tínhamos concordado que era o que iríamos fazer. E sim, isso realmente nos levou para *Moving Pictures*, quando, como eu  costumo descrever, nos tornamos nós. E tudo foi ótimo – algo pelo qual tenho um carinho imenso, e ainda tocamos algumas daquelas canções e fico contente que as tenhamos feito daquela forma –, mas *Moving Pictures…* Nós alugamos a fazenda de Ronnie Hawkins em Ontário, trabalhávamos lá durante a semana e íamos para casa nos finais de semana, muito civilizado. E agora, quando retomo essas músicas, consigo me lembrar muito bem de como elas nasceram. A canção emblemática nesse sentido realmente é a última faixa, 'Vital Signs'. Todas as outras músicas, repito, ainda adoramos tocá-las; não há qualquer problema com isso. Sempre é um prazer tocar 'Red Barchetta'. É sempre difícil e gratificante quando toco do jeito certo. Mas a canção mais diferente era 'Vital Signs', em que usamos um sequenciador pela primeira vez e usamos batidas com bastante influência de reggae e ska, e absorvemos o que havia ao nosso redor. Essa é a parte crítica da banda como uma unidade sintetizadora de absorção de tudo o que está ao redor.

"O que aprendi a fazer mais liricamente", continua Neil, "e o que nós fizemos estilisticamente foi ouvir e aprender muito com outros grandes estilos musicais. Eu lembro que li na época uma afirmação de Ray Davies: 'Nunca ouço música porque ela pode me influenciar'. E isso é uma coisa tão bizarra de se dizer. É tão bizarro quanto o que Eric Clapton disse: 'Quando ouvi Jimi Hendrix, quis colocar fogo na minha guitarra', ou algum trompetista dizer que 'quando ouvi Miles Davis, eu quis...'. Isso é tão errado. Quando eu ouço alguém excelente, quero ir para casa e praticar, não porque me sinta intimidado, mas porque penso: 'Quero ficar bom desse jeito'. Realmente me sinto dessa forma."

"Eu me lembro de bandas como Thompson Twins e todas essas bandas britânicas com pretensão artística afirmando: 'Ah, a guitarra morreu'", continua Peart. "Você sabe, nada contra eles, mas era uma coisa transitória. Eu adorava a música pop dos anos 1980 na época, assim como passei por uma fase de orquestrações como Trevor Horn, e também quando os samples surgiram e se podia fazer essas coisas incríveis com produção. Eu adorava tudo aquilo, e parte permanece relevante até hoje. E, é claro, isso nos influenciou de certa forma, mas ainda éramos nós. Éramos basicamente uma banda de rock e ainda usaríamos nossa essência que conquistamos com tanta dificuldade. O material mais intrincado nunca seria abandonado, mas poderíamos estruturá-lo de um jeito diferente. À medida que aprendemos mais sobre arranjos, poderíamos admirar o estilo dos arranjos de algum artista e sermos influenciados por ele.

"Naquele tempo eu estava interessado na música africana, então ouvia King Sunny Ade – que era um artista nigeriano – e trazia esses ritmos para o Rush. Essa é uma razão pela qual havia tão pouca atividade solo de cada um de nós, porque realmente conseguíamos fazer tudo o que queríamos. Se eu me interessava por percussão africana ou reggae, podia trazer isso para dentro da banda. Ou se me interessasse pelas bandas British New Romantic ou pela bateria das big bands, podia ficar à vontade. Se Alex quisesse tocar guitarra clássica, ele podia. Se Geddy quisesse criar uma sinfonia com os teclados, podia fazer isso. Tudo se encaixava.

"Então nenhum de nós tinha aquela frustração de só um ser o compositor, por exemplo. Tudo é colaborativo. Todos se sentem igualmente valorizados e igualmente realizados, e ambas as coisas são importantes. Muitas bandas se separam tanto por uma sensação ressentida de falta de reconhecimento – 'Ninguém me valoriza, eles só ficam olhando o vocalista' – ou pelo fato de, por outro lado, ter todas essas canções que ninguém quer transformar em material do grupo. Todas essas coisas acontecendo na época foram parte do fermento que nos manteve saudáveis enquanto uma banda. Poderíamos absorver coisas amplamente e nos abrir para todos esses experimentos."

"É o trabalho de cada músico manter os ouvidos atentos", concorda Geddy. "Você tem que saber o que está acontecendo, ainda mais se quer se considerar atualizado, moderno. Precisa ouvir e precisa captar. Eu ainda sou influenciado pelo que escuto. Mas minha personalidade é tão dominante no que faço que, à medida que absorvo novas influências,  elas simplesmente acabam sendo engolidas pela minha música. O som do Rush está concretizado, portanto agora podemos trazer influências para dentro e mudar de direção ou nos mover aqui e ali sem ser muito óbvio, porque nossas influências são muito diversas, por vezes obscuras, às vezes nem tão obscuras assim. Mas eu ouço certas coisas. Às vezes, ouço um fraseado vocal e penso: 'Puta merda, cantei igual à Björk'. Mas ninguém vai fazer essa conexão, porque quem associaria as duas coisas? Só que eu amo a Björk e escuto os estilos de vocal dela o tempo todo, então é natural que isso venha à tona subconscientemente. Não é intencional, mas as influências, no geral, não são intencionais. Então acho que é importante ficar atento. Também penso que é importante que não seja óbvio."

Com a conclusão de "Vital Signs", a faixa mais revolucionária e peculiar do Rush até aquele momento, era chegada a hora da mixagem. Nesse ponto, o álbum sofreu um pequeno sobressalto.

"Tivemos problemas com uma fita estragada", explica Paul Northfield. "Na época, usávamos fitas Ampex. No processo de mixagem, começaram a perder óxido. Então, cada vez que a fita passava pelos cabeçotes do gravador, no multitracker, tínhamos que limpá-los, porque precisávamos raspar o óxido deles. E essa é uma situação assustadora porque, quanto mais se tocava a fita, mais ela se deteriorava. Felizmente, isso aconteceu com poucos rolos e demos um jeito de concluir o processo. Mas foi bem preocupante e é o tipo de coisa que causa uma tremenda dor de cabeça. Eu lembro que os últimos dias de mixagem foram terríveis, com muita perda de tempo e muitos problemas técnicos com as máquinas não funcionando direito, e as fitas se deteriorando, a mesa de som fazendo barulhos estranhos."

Continua Paul: "Lembro que Alex e eu ficamos totalmente bêbados quando tudo terminou. Quando estavam colocando o álbum em ordem, eu estava completamente incapacitado. Só fiquei sentado numa cadeira no dia seguinte à finalização da mixagem, enquanto o álbum era colocado na sequência certa e as fitas cortadas e emendadas, porque eu mal conseguia ficar em pé. Quando estávamos fazendo as cópias a fim de levar para casa e todo mundo se preparava para ir embora, foi muito intenso. Foi a combinação de dez semanas de trabalho, 12 horas por dia. Sem levar em conta as 12 horas diárias trabalhando, também jogávamos voleibol até quatro ou cinco da manhã, para no dia seguinte voltarmos ao estúdio ao meio-dia ou uma da tarde. Ninguém questionava a insanidade que era trabalhar de 12 a 14 horas por dia e jogar duas ou três horas de vôlei. Parecia uma boa ideia na época, então era o que fazíamos".

Moving Pictures foi um imenso sucesso, chegando ao número 1 nas paradas canadenses, número 3 na Billboard norte-americana e também no Reino Unido. O álbum atualmente tem quatro discos de platina tanto no Canadá quanto nos Estados Unidos. O Rush tinha atingido uma escala grandiosa, e isso foi reforçado pelo diretor de iluminação da banda, Howard Ungerleider, que tornou o show maior e mais bonito.

Vic Wilson, cofundador da Anthem Records com Ray e empresário responsável pelas turnês na matriz da empresa, observa: "O dinheiro aumentou, e é claro que o custo da produção também. Costumávamos produzir álbuns de maneira bem razoável. Mas então eles começaram a fazer viagens para a Inglaterra, e tudo passou a ficar caro, mas havia dinheiro suficiente para cobrir as despesas. O show foi ficando cada vez mais intenso a cada turnê. O palco era um dos melhores do mercado naquela época. Já usávamos aquelas luzes de pista de pouso de aeroportos antes de todo mundo. Também usávamos flash pots para pirotecnia, embora todo mundo tivesse um desses naquele tempo. Mas Howard era o melhor técnico de iluminação do mercado. E ele fazia toda a parte de iluminação e era diretor de turnê da banda".

"Já sentíamos isso com *Permanent Waves*. 'The Spirit of Radio' foi uma música muito importante para nós, se não em todos os Estados Unidos, mas em áreas dos EUA, Canadá e Europa", explica Geddy, contextualizando o sucesso do novo disco. "Comercialmente e enquanto banda em turnê, nossa reputação estava se concretizando e avançávamos como atração principal em meio a isso. Então quando *Moving Pictures* surgiu, começamos a nos mover mais rápido. Os discos continuavam vendendo e nosso público se manteve unido, e claramente nos tornamos a atração principal nessa época. Foi muito gratificante. Porque esperamos fracassar com tudo o que produzimos [risos]. Não sei se isso tem a ver com a minha criação, como alguém dividido entre pessimismo e otimismo, ou por causa de tantos desapontamentos que tive quando era um jovem músico, mas você para de esperar o sucesso e começa a esperar o pior, e tudo que consegue conquistar faz você se sentir bem. É um jeito bem judeu de ser, tenho que lhe dizer. Acho que é meio deprimente se pararmos para pensar. Mas nós não esperávamos isso, de verdade, e mesmo assim as coisas continuaram a acontecer. Esse disco nunca parou por ali. Não teve como voltar atrás depois desse ponto."

Mas isso não significava que a banda seria aceita pelos críticos. Neil entrou numa discussão famosa com a revista *Creem*, e a guerra fria continuou. Além disso, na época havia certa inveja no ar. O Rush não era só uma banda ridícula, mas os caras eram também ricos e ridículos.

"Sem dúvida, e me refiro às críticas, fomos relegados à categoria de fora da moda", reflete Geddy. "E isso nos impediu de fazer parte abertamente do mainstream, por mais estranho que pareça. Também evitou que recebêssemos qualquer avaliação crítica de fato, porque o fator moda era mesmo importante do ponto de vista dos críticos, do ponto de vista dos jornalistas. Fomos designados como invariavelmente fora de moda, e nenhum jornalista iria mudar para valer sua visão sobre isso. Agora veja só: desde então, tenho recebido cartas de críticos daquela época dizendo que enfim eles nos entenderam. Recentemente, recebi uma carta de um jornalista que trabalhou no *Globe and Mail* pedindo desculpas por todas as críticas ruins que escreveu porque finalmente ele entendeu, levou um longo tempo para isso.

"Então você está imbuído desse invariável rótulo de fora da moda, e isso impede que se alcance divulgação da imprensa mainstream e aceitação da rádio mainstream. Nossas músicas eram longas demais para tocar nas rádios, então o que somos nós? Somos uma banda em turnê que está alcançando cada vez mais pessoas, mesmo que não seja do circuito convencional. E no Canadá, acho que éramos mais vistos como uma banda convencional. Lá não há as mesmas barreiras no rádio por causa da CanCon – a questão do conteúdo canadense."

Geddy se refere aqui a uma lei do governo do Canadá que obrigava as rádios a tocar certa porcentagem de conteúdo canadense, o que foi determinado por alguns fatores. O Rush preenchia todos os requisitos, sendo o mais canadense que se pode ser. Essa lei é uma pitada de protecionismo engenhoso que permitiu o desenvolvimento de muitas bandas do país, embora vários críticos e diretores de programação das rádios reclamassem que certos grupos não mereciam atenção.

"Nossas rádios eram mais simpáticas ao talento canadense, então nos beneficiamos disso", continua Geddy. "Recebemos um impulso graças a essa coisa de CanCon. Sabe, por melhores intenções que tivessem ao legislar sobre a música canadense, para que ela tivesse mais exposição, o que faz essencialmente é apresentar a música local de sucesso com mais frequência. Assim as bandas bem-sucedidas no Canadá tiveram ainda mais sucesso graças à CanCon, mas artistas menores ainda têm dificuldade de conseguir entrar nessa margem de 30%.

"Então você tem uma banda com uma imagem diferente em muitas regiões distintas do mundo e mesmo assim não é capaz de se tornar uma banda mainstream. Trata-se de um ponto interessante, mas de certa forma, não vale a pena lamentar. Deixando os críticos de lado, um modelo para se sentir confortavelmente parte do circuito convencional são as vendas de ingressos, e nesse departamento o Rush sem dúvida é uma banda popular. Eram artistas que estavam tentando se aperfeiçoar, aprender coisas. O que tem de errado com se esforçar seja lá o nível em que você está começando?

"Somos um tipo de corrente própria", reflete Ged, "não é a convencional, mas não fica muito longe disso. De certa forma, sempre gosto de pensar em nós como a mais popular banda cult do mundo. Mas tudo parece estar mudando agora. Estamos presentes em filmes e revistas, e acho que isso se deve simplesmente aos nossos fãs que se tornaram adultos e agora se encontram em posições de poder."

E isso começou com *Moving Pictures*, afirma Terry. "Foi esse disco, não foi? Com certeza, para as massas que não eram fãs radicais do Rush. Esse seria o disco que eles citariam provavelmente acima de todos os outros. É o disco que de fato chegou às rádios e se tornou parte do mainstream. Fez uma grande diferença no modo como a banda progrediria a partir disso."

Mas Alex nos traz de volta à realidade dos fatos. A verdade é que *Moving Pictures* saiu numa época em que a banda estava se livrando de uma montanha de dívidas devido aos gastos para gravar os discos e por investir todo o lucro nos shows. Fazer turnê não apenas tinha um alto custo, como garantia um lucro mínimo em todos os sentidos, e nesse momento a aposta era maior, com altos e baixos e nervos à flor da pele quanto a assumir riscos e aguardar o retorno.

"Dizer que não fez uma grande diferença seria provavelmente incorreto, mas ao mesmo tempo, não me lembro de ter mudado muito as coisas. Sim, começamos a receber um cheque um pouco mais polpudo, mudamos para uma van melhor ou para um ônibus, acho, depois de usarmos uma motor home. Mas ainda trabalhávamos muito. Ainda ficávamos mortos de cansaço no final de uma turnê, como sempre. Foi ótimo tocar em shows lotados e subir um nível, quando se está tocando em arenas maiores e lotando o lugar várias noites seguidas. Isso sem dúvida foi empolgante. Ainda éramos bem jovens. Só estou tentando me colocar de volta naquele tempo. Foi realmente emocionante agora que parei para pensar. Fizemos shows imensos, Texxas Jam e algumas dessas apresentações gigantescas.

"Eu quitei minha hipoteca", ri Lifeson, procurando mais boas notícias. "A casa para onde nos mudamos ficou sem mobília por dois anos. Eu tinha dois filhos na época, então era legal começar a ter algum tipo de segurança financeira. Comprei uma minivan, acho. Como segundo carro [risos]. Não saí por aí comprando Ferraris e coisas assim. Mas sabe, houve seis, talvez quatro anos muito magros. Estávamos bastante endividados naquele período, fazendo o maior número de shows possível. Porque estávamos perdendo dinheiro todas as noites e sendo financiados pelos empresários. Quero dizer, passamos um ano inteiro sem receber pagamento, e isso foi difícil. Com família, aluguel de apartamento, todas essas coisas – no meu caso, vivemos graças aos nossos rendimentos do casamento, sabe, presentes que ganhamos, e sobravam cinco dólares no final de semana para comprar cigarros e outras coisas. Simplesmente não fazíamos nada. Dávamos uma volta no parque e brincávamos com as crianças – era o que a gente fazia. E estava tudo bem, eu estava perfeitamente feliz, era o modo como vivíamos.

"Mas levou um tempo para reduzirmos aquela dívida e criarmos uma base sólida. E isso só aconteceu no final dos anos 1970, quando conseguimos chegar a esse ponto. É claro, nos sentimos ótimos, mas estávamos preocupados. Quero dizer, eu comprei uma casa em 1977 com meu primeiro cheque de royalties, e não era uma casa tão grande. Usei o valor total para dar entrada no imóvel. Não tínhamos dinheiro além do nosso salário, que era bem modesto na época. E lembro que tínhamos cases envoltos em aniagem, caixas de papelão com aniagem dentro delas, e uma TV pequena de 12 polegadas em preto e branco, e havia um sofá na sala, uma mesa de cozinha e duas camas. E, juro, era só isso mesmo. Duas hipotecas, e eu preocupado porque estaríamos enrascados caso alguma coisa acontecesse. Mas, felizmente, tudo deu certo."

Para representar como era duro para a banda continuar na estrada, Vic se lembra de ter recebido um porta-canetas dos caras com uma plaquinha que dizia "Podemos ir para casa agora?". "Sim, meu porta-canetas", ri Vic. "Eles sabiam que precisavam fazer turnê, pois sabiam que era o que vendia discos. Nunca foi um problema. Talvez houvesse algumas exigências como: 'Ok, nós queremos trabalhar só quatro dias por semana em vez de sete'. Sabe, nada absurdo [risos]. Mas era fácil trabalhar com eles."

Havia sinais de que *Moving Pictures* estava gerando um grande impacto, segundo Alex. "Bem, sempre tivemos um bom relacionamento com as produtoras com as quais trabalhávamos. Elas passaram a ser muito generosas naquela época, portanto havia algo tangível que era possível ver – todos aqueles presentes. E não é que ninguém mais faça isso, mas havia os sorrisos. A plateia tinha mudado. Os fãs tinham mudado. Apareciam com mais frequência nos nossos hotéis."

Mas, afirma Alex, a imprensa continuou crítica. "Estávamos acostumados a receber críticas negativas na maioria. Não todas elas, mas aquela coisa típica, comparando a voz de Geddy ao Mickey Mouse inalando hélio."

Quando se conversa com os integrantes da banda, tem-se a impressão de que as críticas ruins os incomodavam. Pelo menos Alex e Geddy, já que Neil sequer as lia. Ao mesmo tempo, Neil entrava em debates com críticos sobre política e uma questão fundamental: o que constitui boa música? Um exemplo clássico disso foi a troca de opiniões sobre os Rolling Stones na revista *Creem*. Essencialmente se resumia ao seguinte: se artistas eram pessoas que experimentavam e se esforçavam muito, como o Rush, ou aqueles que escreviam músicas que se conectavam ao público de uma forma óbvia (do contrário, por que falar dos Stones?). De certa forma, nesse contexto, o Rush era realismo e os Stones eram arte abstrata. É um dilema impossível de resolver. Ainda assim o público claramente estava adorando.

"Acho que *Moving Pictures* entrou nas paradas no número 2 ou algo assim", diz Alex. "O que foi uma grande realização na época. A gravadora estava bastante animada, assim como nossos empresários. Mas honestamente, para nós, no final do dia, estávamos lá dentro do ônibus rumo ao show seguinte. E é isso que importa, ou era nisso que estávamos focados. De muitas maneiras, ainda éramos uma banda de amigos que se reuniram para tocar juntos. É o que parece na passagem de som quando nós três estamos lá em cima fazendo brincadeiras. Tocamos alguma coisa, seja lá o que for, antes de entrar na música para a passagem de som, e isso me lembra de quando éramos mais jovens fazendo palhaçadas. Essa ainda é a essência de quem somos."

Alex continua sobre o novo sucesso da banda: "Ainda viajávamos tanto quanto fazíamos antes. Mas agora podíamos tirar umas férias mais bacanas, ir para as Bahamas ou algo assim, com as crianças. Por outro lado, na verdade não mudou tanto. Apenas algumas coisas ficaram um pouco mais fáceis".

No final das contas, ele também conseguiu ajudar os pais. "Eu não gosto muito de falar sobre isso, mas é algo que se sente, certamente com os pais, você tenta retribuir de alguma forma. Meus pais são do Leste Europeu, fugiram da guerra, sempre foram muito focados em alimentar os filhos e lhes dar um bom lar. O dinheiro sempre era um problema. Depois disso, o dinheiro nunca mais foi uma questão. Retribuir é uma coisa maravilhosa, seja com algo grandioso ou pequeno. É muito gratificante."

AINDA VIAJÁVAMOS TANTO QUANTO FAZÍAMOS ANTES. MAS AGORA PODÍAMOS TIRAR UMAS FÉRIAS MAIS BACANAS, IR PARA AS BAHAMAS OU ALGO ASSIM, COM AS CRIANÇAS.

"*Moving Pictures*, em particular, caiu do céu", reflete Ray Danniels, claramente lembrando o alívio financeiro que o álbum trouxe. "Foi o lugar certo e a hora certa. Quando recebi o disco, Geddy e eu, minha namorada na época e a esposa dele, fomos para Barbados. Eu estava com o álbum gravado numa fita cassete no meu walkman e ouvi o disco por uma semana enquanto estávamos lá. E meu sócio e eu não estávamos nos entendendo muito bem – ele não trabalhava tanto quanto eu, e muitas outras coisas. Escutei o disco e pensei: 'É agora ou nunca'. Voltei para casa, comprei a parte dele, e basicamente tive que começar do zero de novo."

"Eles mudaram", reflete Vic Wilson. "Todo mundo muda. O que posso dizer? Todos mudam. Você começa a ganhar dinheiro e as coisas mudam! Todo mundo... Acontece com todos. Estavam ganhando dinheiro, e nós todos usávamos o mesmo contador. Eles não gostavam disso, então contrataram os próprios contadores. Estava tudo lá. O dinheiro deles estava todo contabilizado."

De acordo com Liam, chegou-se ao ponto em que Geddy começou a aprender contabilidade, dando a entender que talvez não achasse que o negócio estava sendo administrado da melhor forma. "No final dos anos 1970, Ged e eu nos sentamos num quarto de hotel num raro dia de folga. Ele estava praticando com o baixo e acho que eu estava só organizando as notas e os recibos da semana. E Ged se aproximou de mim sugerindo uma troca: se eu ensinasse a ele como fazer a contabilidade na estrada, ele me ensinaria a tocar baixo. E eu pensei: 'Bem, sempre quis aprender a tocar um instrumento musical'. Nunca me senti satisfeito com aquele único ano tocando trombone no colégio, que poderia ter sido bateria se o professor me escutasse. De qualquer forma, por alguns dias, acho que Ged e eu brincamos com a ideia de eu o ensinar um pouquinho de contabilidade, e ele realmente me deu algumas aulas de baixo, mas acho que foi só isso."

"Eles três são assim", continua Birt. "De certo modo, são indivíduos inquietos e estão sempre exigindo de si mesmos ao extremo. Geddy se envolveu cada vez mais com o lado corporativo da banda. Em parte por causa da falta de interesse dos outros dois: preferiam não ter que lidar com isso. Não foi por total falta de interesse, mas eles simplesmente preferiam deixar Ged com essa parte, sabe, deixá-lo lidar com Ray, deixá-lo apertar aqueles botões e voltar para nós com as respostas que gostávamos de ouvir.

"Ged também gosta de ter uma visão geral da turnê antes de pegarmos a estrada, todos os aspectos de pré-produção, lidar com Howard e Alan e os cinegrafistas para se certificar de que todos os elementos estejam no lugar e tudo se encaixe. E lidar com o senso de humor que eles três têm, às vezes criar elementos cênicos diferentes para a turnê. Em certas fases, Geddy conseguiu as secadoras, as máquinas automáticas de doces, as churrasqueiras rotativas de frango. Sempre havia alguma coisa só para fazer o público pensar, e mais ainda para fazer rir. Eles todos meio que se delegaram papéis dentro da banda. Neil trabalha bem próximo de Hugh Syme na arte do álbum e nos créditos, esse tipo de coisa.  Alex é provavelmente o cara mais engraçado que você vai conhecer na vida. É engraçado por natureza. Consegue deixar qualquer um à vontade em qualquer lugar. Ele é o cara mais acessível da banda caso alguém esteja passando na rua e se aproxime para dar um olá. Alex vai se sentar e conversar, ele é muito aberto. Nenhum dos três tem aquela personalidade esnobe de pop star, mas Alex é o Sr. Cara da Rua, de verdade. Eles todos pegam um pequeno nicho e tudo se junta, e o resultado é um produto finalizado."

Para Vic, deixar a nave-mãe da Anthem foi mais uma decisão pessoal. "Dezembro de 1980", começa Wilson. "Nosso filho mais novo, James, nasceu em outubro daquele ano. As duas meninas, Tanya e Heidi… Tanya havia começado a escola e Heidi era dois anos e meio mais nova. E eu simplesmente fiz uma escolha – sair. Porque é sempre bom sair por cima. E é assim que tenho passado o resto da minha vida. Eu estava lá no café da manhã, no almoço e no jantar, com meus filhos. Eles cresceram com um pai presente. E consegui participar de todas as excursões da escola, porque eu tinha uma van naquela época. Levava a garotada de van."

"Mas sou muito mais velho do que eles também", continua Vic. "Simplesmente estava cansado de tudo. Falei para Ray que estava saindo. Então nos reunimos, acertamos um preço e foi isso. Eu saí. Entrei no meu carro e fui para casa. Deixei todos os móveis lá. Não foi nada difícil para mim. Foi uma decisão de negócios. Decisão de família, eu diria, uma decisão pessoal. São poucas as pessoas que podem fazer isso. E tive sorte o suficiente de estar nessa posição."

Quanto à reação de Ray, Vic conta: "Ele tinha tudo na época. Como iria reagir? [risos] Tinha só que conseguir o dinheiro".

A partir disso, era Danniels quem comandava o show sozinho. Ray conta: "Ouvindo aquele disco, ficou óbvio que seria um sucesso. Fiquei embasbacado com aquele álbum – como fã e empresário, eu simplesmente sabia. Não posso dizer que sabia que *2112* seria o sucesso que foi, mas sabia que *Moving Pictures* seria imenso. E as rádios de rock tinham chegado ao ponto em que, para uma banda que precisava implorar para encontrar uma estação de rádio em cada mercado, de repente se tornaram formato dominante no começo dos anos 1980. Para usar Toronto como exemplo, havia duas rádios assim, mais uma que ficava fora da cidade. E em outros mercados havia duas, às vezes três estações em que podíamos tocar na época que a banda entregou um disco que teria 'Tom Sawyer' e 'Limelight' e algumas das canções mais populares do catálogo."

"Começamos a sair do endividamento contraído na era de *2112*", continua Ray. "Ficou melhor, não há dúvida; foi como a noite e o dia. Podíamos tocar em grandes arenas. O Rush não era uma banda mainstream, mas estava começando a se tornar tão grande que havia outros artistas que queriam ter o som deles. E hoje há bandas mais novas chegando que estão citando o Rush como banda favorita, ou como uma de suas influências. Isso começou a acontecer naquela época. Então é possível ver uma mudança. Não estávamos mais no final da adolescência, de repente estávamos mais perto dos 30 anos, e éramos homens, não mais garotos, a banda começava a receber a atenção que costumava dar quando eles eram fãs. Estava começando a receber o retorno dos jovens."

Por outro lado, Neil não parecia tão confiante quanto Ray de que o álbum seria um sucesso. "Não esperávamos que fosse mais bem-sucedido do que os outros", observa Peart com relação a *Moving Pictures*. "Na verdade, nunca se espera isso, sabe? Como eu disse, nós adoramos cada um dos discos que já fizemos, mas não quer dizer que as outras pessoas vão adorar também. Espera-se que sim, colocamos todo nosso esforço no álbum pensando: 'Bem, como podem não gostar? Sabe, amamos tanto, os outros deveriam amar também'. A tendência é ver tudo isso de uma forma simplista. O resultado é que, bem, quando as pessoas não amam, não se espera mais algo diferente, e honestamente ainda não espero. Mas houve uma explosão da popularidade: quando antes tocávamos só uma noite numa cidade, de repente passamos a tocar duas noites seguidas na mesma arena."

Neil essencialmente argumenta que, em 1980 e 1981, o Rush era uma espécie de banda "do momento", a banda da qual todo mundo estava falando. E em certa medida é verdade. O final dos anos 1970 tinha sido de pouco proveito para o rock e o rock progressivo – a velha década dando espaço para a nova de fato representou algum tipo de demarcação. No lado do rock, o Van Halen mantinha a chama acesa, o AC/DC estava renovado e indo bem e, de repente, de maneira improvável, o mesmo acontecia com Ozzy Osbourne. Também havia a New Wave of British Heavy Metal (NWOBHM), e onde o Rush se encaixava nisso era bizarro. Em essência, tinham tomado uma direção totalmente diferente em termos de influência. Mas, de momento, como Ray se referiu anteriormente, eles próprios se tornaram uma influência importante e precursores lendários e adorados.

Com o rock progressivo, o Genesis estava indo muito bem, mas o Yes se encontrava numa transição e não faria um retorno significativo antes de 1983 e do lançamento do álbum *90125*. Mas tanto o Yes quanto o Genesis se modernizariam drasticamente – talvez o rock progressivo estivesse mesmo morto. O Asia não era particularmente uma banda progressiva, e do movimento New Wave of British Progressive Rock, apenas o Marillion alcançou algum sucesso. Correndo em paralelo, houve a criação da MTV em 1981 e depois de dois anos, um aumento massivo no futuro do heavy metal com o surgimento do hair metal e do trash metal, primeiramente na Califórnia. O Rush fugiria de tudo isso (exceto da MTV – da qual participariam), mesmo que estivessem prestes a embarcar nas próprias alegorias oitentistas.

Neil continua sua análise com relação ao momento da banda sob os holofotes: "Realmente foram apenas aqueles dois anos, e meio que tudo recuou com *Signals*, um disco do qual o público não gostou muito porque era um álbum com teclados experimentais e muitas coisas bizarras acontecendo. E dali seguimos para *Grace Under Pressure*, que é outro ainda mais controverso. Mas *Moving Pictures* simplesmente chegou no verão certo com o tipo de música certa. Eu me lembro de estarmos em todos os tipos de lugares e ouvirmos 'Red Barchetta' tocando no rádio, e eu pensava: 'Essa música está tocando nas rádios?!'

"Acho que é a mesma sincronia: *2112* surgiu exatamente no verão de Star Wars e *Moving Pictures* surgiu também na hora certa. A New Wave chegou e matou muitas bandas. Bem como o final dos anos 1960 matou muitas bandas do começo daquela década, e um monte de grupos com quem começamos na primeira metade dos anos 1970 não sobreviveu ao desgaste. Porque a única regra é se adaptar – ou morrer. Estávamos leves porque não tínhamos uma noção pré-concebida do que deveríamos ser. Não éramos uma banda de baladinha rock hard core ou algo assim, e nosso cabelo estava sujeito a mudanças – essas coisas.

"Portanto, muitas bandas dos anos 1970 eram tudo o que pareciam ser num sentido verdadeiro. E se tirarmos isso delas, o que poderiam fazer? Essa é a armadilha em que se meteram. Não podiam fingir ser uma banda punk. Bem, nós também não, mas poderíamos fingir tocar as músicas que amávamos. E foi por isso que pudemos nos adaptar ao longo daquela época quando muitas outras bandas não conseguiram. Conseguimos andar na ponta dos pés por todas as mudanças dos anos 1980. Não éramos nada badalados, mas talvez como uma nota de rodapé com relação a essa ideia de que andávamos sorrateiramente pelo circuito convencional, o mainstream é que era badalado, e muito disso acabou nos ajudando a manter certo público limítrofe entretido, as pessoas que caminhavam em paralelo ao longo da mediana do circuito, assim como nós."

Neil faz uma boa análise aqui com sua reflexão sobre onde a banda se posicionava com relação ao que era convencional. Mas são necessárias diferentes conotações dependendo de qual arco na trajetória do trio estamos observando. Na época de *Moving Pictures*, os discos do Rush eram adquiridos por uma multidão de garotos adolescentes fãs de hard rock. Porém, como Neil explicou, essa demografia estava se juntando à banda nas beiradas do mainstream, com Geddy, Alex e Neil educadamente incentivando os fãs a ler mais, se importar mais com a arte e ter um pouco de progressão em suas vidas. E se aspiravam a se tornarem músicos, bem, os caras ofereciam com entusiasmo uma clínica, mostrando aos garotos não apenas aonde o hard rock poderia chegar mas também como podia ser apenas divertido tocar "YYZ", "Limelight" e "Tom Sawyer".

"ACHO Q
GRAVAM
ÁLBUM A
RAZOAV
ESTÉRIL.

JE

OS UM

O VIVO

LMENTE

CAPÍTULO 3

EXIT...
STAGE LEFT

Talvez outro marco do sucesso crescente do Rush e de seu agora empresário solo Ray foi que, antes de iniciar a turnê de *Moving Pictures*, eles reservaram três noites no Wings Stadium em Kalamazoo, Michigan, para ensaios do seu maior e mais amplo show antes de finalmente se apresentarem ao público na quarta noite. Um mês depois do início da turnê, a banda voltaria para casa em Toronto e para uma triunfal sequência de três apresentações no Maple Leaf Gardens. Logo depois, os caminhões pegariam a rodovia 401 numa viagem de seis horas até Montreal, onde o show seria gravado para ser usado no segundo álbum ao vivo do trio, *Exit... Stage Left*, lançado em 29 de outubro de 1981. Também como parte do material do disco estavam dois shows em Glasgow, Escócia, em 10 e 11 de junho de 1980.

Entre Glasgow, que foi parte da campanha para promover *Permanent Waves*, e a turnê subsequente de *Moving Pictures*, o Rush faria algumas datas esparsas em setembro de 1980 como aquecimento antes de entrar no estúdio e trabalhar em *Moving Pictures*. Houve alguns shows na costa leste norte-americana com abertura da banda novata Saxon representando a NWOBHM. Apresentaram versões preliminares tanto de "Limelight" quanto de "Tom Sawyer", nenhuma delas muito diferente da versão final, inclusive com relação às viradas de Neil.

A razão pela qual o material data de um período tão anterior ao disco é que a banda estava gravando a turnê *Permanent Waves* para usar num álbum ao vivo que supostamente sairia antes de *Moving Pictures*, algo que os membros do Rush mencionaram em entrevistas da época, informando que englobaria apresentações em Glasgow, Manchester, Newcastle e no Hammersmith Odeon de Londres, além do documentário rock que seria filmado ao mesmo tempo.

"Nossa primeira turnê nos Estados Unidos foi abrindo para o Rush", conta o baixista do Saxon, Steve Dawson, trazendo à tona as boas lembranças de tocar com o Rush. "Fantástico, brilhante. Quero dizer, dá para me imaginar, um cara de uma cidadezinha da Inglaterra, abrindo para o Rush, com provavelmente o maior baixista que já existiu, Geddy Lee? Ele veio conversar com a gente quando fazíamos a passagem de som. Eles tinham feito a passagem de som deles e estávamos fazendo a nossa, e Geddy veio até nós e conversamos sobre  baixo, sabe como é. Eu era fascinado pelo som dele, porque Geddy toca com os dedos assim como eu. Não toca com palheta. Toca com os dedos, e eu ficava impressionado com o som que ele produzia. Ficava perguntando como ele fazia aquilo. E Neil era um cara quieto, ficava na dele, e o guitarrista passava o tempo todo no camarim construindo aeromodelos [risos]. Basicamente não tinham muito a ver comigo e os outros caras, mas Geddy foi muito simpático, um cara bem legal. De fato, falamos bastante do UFO, eu e Geddy, porque o UFO abriu para o Rush antes de nós, então estávamos trocando histórias de Pete Way. O tempo passou rápido porque tínhamos muitas histórias para contar."

Em abril de 1981 houve certo drama – embora não relacionado a Pete Way – quando Kim Mitchell abandonou a Max Webster, que estava abrindo para o Rush nos Estados Unidos até aquele momento. Em maio, os companheiros canadenses da FM começaram uma série de shows de abertura assim que o Rush encerrou a jornada no território norte-americano.

Abrindo as datas finais da turnê no começo de julho de 1981 estava a Joe Perry Project, o projeto solo do guitarrista do Aerosmith depois da implosão da "maior banda de rock da América".

O guardião da sanidade na estrada, Howard Ungerleider, lembra muito bem da ocasião. Nos primeiros anos o Rush, é claro, tinha sido a banda de abertura do Aerosmith, e como Howard relata, "o Aerosmith tinha um diretor de turnê que não era um cara muito agradável. Eles tinham 600 luzes e nos deixavam usar apenas 16. Não permitiam que jantássemos com a equipe do Aerosmith. O Rush só podia comer as sobras. Nosso *rider* técnico era modesto, pedíamos um engradado de cerveja canadense, uma marmita e um pouco de água. E certo dia, deve ter sido o diretor de turnê deles, o cara chegou e nos disse: 'Vocês estão nos Estados Unidos agora, vão beber cerveja americana'. Além disso, não podíamos fazer a passagem de som até que os portões abrissem. Quando abriam e a multidão começava a entrar, levávamos o equipamento para o palco e depois ligavam o PA na metade do volume. E isso se prolongou por 70 shows.

"Eles tiveram o castigo merecido quando Joe Perry saiu do Aerosmith anos mais tarde. Ele não conseguia fazer turnê porque não havia bandas na estrada. Havia apenas uma banda em turnê, e essa banda era o Rush. Muitos agentes entraram em contato com o empresário do Rush e disseram: 'Veja bem, o Joe Perry pode entrar na turnê? Vocês estão em turnê'. E nós: 'Claro, Joe Perry, com certeza'. Fui conversar com Geddy, e ele me disse: 'Qualquer coisa que estiver no *rider* técnico deles, quero que façam o dobro'. E eu disse: 'Sério?', e Geddy: 'Sim, e garanta que façam a passagem de som com acesso ao sistema total, e quero que vocês sejam gentis para dar um tapa de luva'. E eu perguntei: 'Geddy, tem certeza?', e ele disse: 'Tenho certeza'. Geddy é um homem de classe.

"Três meses se passaram, e certo dia eu estava no camarim e Geddy perguntou: 'Joe Perry está aqui?'. Eu respondi: 'Sim, está no camarim dele'. E ele me disse: 'Você poderia ir até lá perguntar se posso passar para dar um olá?'. Joe falou: 'Ei, com certeza, claro, ele pode vir'. Geddy e eu fomos até lá, entramos no camarim do Joe, e Geddy disse: 'Oi, Joe, como está?'. E Joe disse: 'Ótimo, cara'. Geddy perguntou: 'Está conseguindo fazer a passagem de som todos os dias?'. E ele diz: 'Ah, sim, tudo ótimo'. 'Estão trazendo comida e essas coisas?'. Ele respondeu: 'Sim, mais do que pedimos. Realmente, tudo está ótimo'. E Geddy perguntou: 'Você está se divertindo?', 'Sim, com certeza'. Geddy então disse: 'Bom, isso é ótimo. Porque eu jamais iria querer que você se sentisse mal como me senti quando fazíamos turnê com o Aerosmith e eu estava abrindo para vocês'.

"Tivemos outras bandas que também diminuíam o PA, 'Foda-se aquela banda do Canadá'. Os caras ficavam paranoicos, pagando o PA, pagando as luzes. Então essa foi a adversidade que mantive em privado antes de nos tornarmos atração principal. Uma trincheira longa e lamacenta. Centenas de shows. Essas são as coisas com as quais tive que lidar diariamente."

Mas Howard tem boas memórias dessa turnê, em termos da própria evolução como diretor de iluminação. "O que me fez mesmo despertar para isso foi quando montei três estruturas sobre a banda durante a turnê *Moving Pictures*. Simplesmente adorei poder usar a estrutura como uma caixa, embora não fosse quadrada, mas sim circular. Pude instalar tudo acima da banda e fazer as coisas."

A apresentação do Rush no palco naquele momento trazia um filme projetado ao fundo, pirotecnia e gelo seco, o que era estimado no total num show de 40 mil dólares. Os cálculos finais da turnê chegaram a 4 milhões de dólares de renda com 905 mil pagantes em 79 shows. Mas naquele ponto havia recursos para custear a despesa extra, como explica Alex: "Quando *Moving Pictures* finalmente foi lançado, conseguimos pagar nossas dívidas por completo. Além disso, nos ofereceram para renegociar e assinamos um novo contrato. Foi quando muitas preocupações se dissiparam".

Tony Geranios, desde 1977 um importante membro da equipe creditado em *Exit... Stage Left* como "manutenção de guitarra e sintetizadores", observa que o Rush "sempre oferecia valor em troca do dinheiro do ingresso. Depois que os teclados começaram a se tornar uma parte habitual do som da banda, Geddy ficava preso ao instrumento com frequência, assim como Alex aos pedais. Acho que existia certa preocupação de que não havia ação suficiente no palco. Eles sentiam que deveriam estar correndo pelo espaço, agitando a galera. Foi então que o vídeo se tornou um elemento importante. À medida que o tempo passava, as coisas começaram a fluir. Os projetos de iluminação de Howard... Não consigo pensar numa turnê em que eu não tenha ficado totalmente embasbacado pelo que ele conseguia fazer. Era uma produção de mídia completa. Havia lasers, havia luzes, vídeos, música, e para mim, tudo isso se alinha à filosofia da banda".

Geranios faz uma analogia interessante entre os shows e a criação dos álbuns: "Cada nova turnê sempre me deixava impressionado. O nível de musicalidade estava num determinado plano, mas então o nível de criação estava num plano 20% mais elevado, e sempre foi desse jeito, de um álbum para outro. Eles tentavam entregar uma coisa que não haviam apresentado antes, firmar musicalmente um posicionamento que não tinham sido capazes de executar ou sequer haviam considerado antes. Tudo estava sempre um estágio à frente. A progressão com a música deles é a mesma que acontece com os shows. Cada apresentação tinha a própria porção de magia ou de adição a ela, mas todos se calibravam em favor da diversão".

Mas isso não significa que as coisas sempre fossem tranquilas. "Nós tivemos momentos bem difíceis com os teclados e também com o projetor do fundo do palco", continua Geranios. "Eu lembro um dos primeiros shows, depois que compramos um projetor de 35 mm. Lee Tenner era o operador dele na época. Estávamos montando o andaime, e acho que os caras que estavam trabalhando cometeram um erro, e o projetor caiu seis metros de altura e se espatifou no chão. Foi um horror."

Depois houve aquela vez durante a turnê *Hemispheres*, em 27 de março de 1979, quando o April Wine abriu para o Rush.

"Sim, tivemos um intervalo de uma semana, uma semana e meia, e iríamos recomeçar a turnê em Salt Lake City. E eu estava com problemas de aterragem com o Oberheim. Então tive que mandar o Oberheim para o conserto, e a assistência técnica iria me mandar o equipamento de volta direto para Salt Lake City. Nós receberíamos o equipamento um dia antes do show começar. Era assim que todo mundo sempre trabalhava, para se certificar de que a equipe e tudo mais estivessem lá um dia antes da apresentação para não haver confusão.

"Liguei para a fábrica da Oberheim, e eles disseram: 'Sim, já mandamos para a transportadora'. Ele me deu um número de rastreamento, e eu telefonei perguntando sobre o teclado, e os caras disseram que não estavam com o equipamento. Passou um dia inteiro, e no dia seguinte, que era o dia do show, telefonei de novo e disse: 'Não consigo achar essa coisa, ninguém tem registro de nada'. E o pessoal da Oberheim falou: 'Já retornaremos para você'. Cerca de uma hora mais tarde eles me ligaram e disseram: 'Bem, ainda está aqui no pátio da transportadora. No aeroporto. O case é grande demais para passar pelas portas dos aviões que voam até Salt Lake City. Olha, podemos colocar num caminhão, mas vai levar oito horas até aí'. E já era meio-dia.

"Então liguei para meu contato lá, um cara legal, que não pensa só em dinheiro, realmente era um ótimo negociante. Ele me contou que havia esse cara para quem eles tinham mandado um Oberheim, um cara na região de Salt Lake City tinha um teclado desses. Peguei o número do sujeito, telefonei e consegui falar com o colega de quarto dele. E falei: 'Preciso desse teclado para hoje à noite. Você pode alugar para nós?'. 'Ah, claro, 100 dólares'. 'Bem, ok'. Cerca de 20 minutos depois, recebi uma ligação: 'Dá para pagar 200 dólares? Eu falei há pouco com o meu amigo. Ele quer 200 dólares'. 'Pode ser 200 dólares, aqui, ok'. Então buscamos o teclado, mas durante a passagem de som eu ainda não tinha conhecido o dono do Oberheim. O colega de quarto dele havia trazido o teclado porque o dono estava trabalhando. Fui até o equipamento com Geddy para mostrar como usar o teclado e fazer tudo funcionar porque não tínhamos a interface. Então pegamos qualquer coisa para dar um jeito naquela noite e tudo ficaria bem.

"Estávamos no começo do show, e eu estava posicionado do outro lado do palco, no lado de Alex, que é onde sempre fico na maior parte do tempo. O dono do teclado começou a se aproximar pela lateral do palco, onde Geddy se posiciona. Ele estava se aproximando, e na época a National Sound era responsável pela sonorização. Havia um cara chamado Dave Berman. Dave olhou para esse sujeito se aproximando e peguntou: 'Cadê seu passe?'. 'No meu bolso'. 'Coloque o passe no pescoço. Não pode subir aqui sem o passe'. 'Posso fazer o que eu quiser'. E subiu mais dois degraus. Dave deu um soco bem no meio da fuça dele, chegou a cortar o lábio. Enquanto o segurança carregava o cara para fora, várias pessoas ao redor ouviram: 'Mas aquele ali é o meu teclado em cima do palco' [risos]. Nós levamos um processo por causa disso."

Sem pegar a estrada naquele verão, o Rush acampou no Le Studio para repassar o que Neil estima terem sido 50 rolos de fita. O crédito de produção também iria para Terry Brown, com engenharia de Paul Northfield. Um bônus daquele retiro de verão idílico foi a composição e a gravação de "Subdivisions", que logo seria a faixa principal do álbum seguinte da banda.

Terry conta: "Havíamos gravado em várias cidades diferentes, e tivemos que separar tudo e encontrar os takes certos, nos certificarmos de não confundir as músicas. Acho que esse álbum ficou bom. Nós nos divertimos muito, viajamos bastante, conhecemos pessoas muito legais, gravamos com essas unidades móveis excelentes usando a melhor tecnologia e depois passamos algumas semanas reunindo tudo e mixando todas as músicas certas e ajustando a continuidade".

Exit… Stage Left foi lançado como álbum duplo com capa dobrável. A perspicaz arte de Hugh para a capa apresentava um personagem ou um elemento de cada álbum de estúdio tanto na frente quanto na parte interna e na contracapa. Homens de macacão estão movendo um quadro que ilustra a arte de capa de *Caress of Steel*. Tanto o homem nu

509

quanto o de terno de *Hemispheres* estão representados, além do jovem nobre de *A Farewell to Kings*. Há uma coruja em pleno voo e estojos de transporte com o logo do álbum de estreia. Bem ao fundo vemos o Starman e o pentagrama de *2112*.

Na frente, a modelo Paula Turnbull, de *Permanent Waves*, está na lateral do placo abrindo a cortina e espiando uma arena lotada de fãs que aguardam o início do show. Hugh lembra que Turnbull, naquele momento já uma modelo famosa na Europa, ficou furiosa porque não havia um trailer exclusivo para ela. A sessão de fotos foi conduzida no Winter Garden Theatre, na época sem uso mas hoje reativado, bem na esquina do Massey Hall em Toronto (embora a multidão da plateia seja a montagem de uma foto tirada numa apresentação em Buffalo). Hugh queria registrar a banda na capa dizendo boa noite e saindo pela lateral esquerda do palco, mas depois de tentar fotografar cerca de 15 shows, ele teve de admitir a derrota.

Quanto ao título, "Exit stage left!" – "Saída pela esquerda!" – é o bordão que o personagem cor-de-rosa do desenho de Hanna-Barbera, o Leão da Montanha, dizia quando se metia em encrenca. Os rapazes até queriam colocar a cauda do Leão da Montanha na capa, mas foram impedidos por questões legais de direito autoral.

Dito isso, há três semelhanças curiosas nos dois primeiros álbuns ao vivo do Rush: (1) ambos têm a palavra "stage" no título; (2) ambos apresentam um palco vazio; e (3) ambos foram fotografados em Toronto, em locações que ficam a poucos passos de distância.

Curiosidades interessantes para o que é um álbum bastante previsível – tanto na instrumentação quanto na lista de músicas –, incluindo a introdução com valsa para "Jacob's Ladder" (na verdade um trecho de uma música de *big band* chamada "Ebb Tide") e uma multidão cantando "Closer to the Heart" em coro. A banda reconhece esse momento mágico dando crédito ao Glaswegian Chorus – o público da Escócia, junto com "Jacob's Ladder", "A Passage to Bangkok" e "Beneath, Between & Behind", as duas últimas sendo as únicas canções de álbuns anteriores a *All the World's a*

Stage. As quatro apresentações em Glasgow incluíram todo o lado B do disco 1 do álbum duplo. Também é particularmente interessante a guitarra clássica de Alex em "Broon's Bane" (Broon é o apelido de Terry Brown), os vocais em ídiche de Geddy em "La Villa Strangiato" e os sinos exagerados de Neil em "A Passage to Bangkok". O solo de bateria foi inserido em "YYZ", onde permaneceria por duas turnês.

Exit… Stage Left ganhou disco de platina, chegando à posição número 10 das paradas da Billboard, número 6 no Reino Unido e 7 no Canadá. Uma versão em vídeo, bem mais curta que o álbum, foi lançada no ano seguinte.

Geddy comenta sobre o disco: "Esse foi uma tentativa de exagerar o quanto um álbum ao vivo poderia ficar perfeito. Houve muito trabalho com as fitas ao tentarmos nos certificar de que tínhamos as melhores apresentações de cada canção. Também fizemos um esforço consciente de diminuir o volume do público um pouco e enfatizar a música. Acho que gravamos um álbum ao vivo razoavelmente estéril. Portanto sim, isso resultou no álbum ao vivo mais trabalhado entre todos os outros. 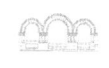 Tocamos de modo a garantir que estivéssemos no tempo certo, retalhando pedacinhos de tempo aqui e ali. Isso acabou virando um pesadelo de mixagem e aperfeiçoamento. E, assim como *All the World's a Stage*, todos nós nos envolvemos com o processo, embora eu ache que Neil tenha se desligado logo no começo".

"Fizemos muitas gravações com *Exit… Stage Left*", confirma Paul Northfield. "Foram realizados vários reparos naquele disco, porque o primeiro álbum ao vivo da banda tinha ficado muito cru, e eles se sentiram desconfortáveis com o som dele. Então partiram para o extremo oposto com *Exit… Stage Left*. A parte da bateria, eles substituíram quase tudo – voz, guitarra, baixo, de modo a se chegar o mais próximo da perfeição. E isso realmente fez do disco um híbrido; é como ter uma faixa-guia ao vivo de um álbum com vários *overdubs*."

Neil, para mérito dele, admitiu à imprensa, de maneira entusiasmada e sem desculpas, que houve esses reparos estranhos. Na época, ele viu isso como uma virtude e, é claro, de certa forma não deixa de ser – o objetivo era criar um bom disco. O interessante é que os três membros da banda confessaram ter certa animosidade com relação a álbuns ao vivo. Neil, na época, chegou ao ponto de dizer que achava que o Rush não faria outro depois desse.

Na verdade, há certa "limitação" e certo "corporativismo" em *Exit... Stage Left*. Chame isso de pé frio de segundo álbum ou maldição do segundo show. Apesar do desconforto inicial da banda com seu primeiro álbum ao vivo, os fãs se sentiram atraídos pela crueza e verdade de *All the World's a Stage. Priest... Live!, Extraterrestrial Live, Yesshows, Three Sides Live, Life/Live, Worldwide Live...* Seria difícil encontrar fãs que achassem que qualquer uma dessas produções infladas das arenas de hóquei tivesse a mesma magia do primeiro álbum ao vivo de qualquer uma dessas bandas. E quando se entrou na era do CD, com a noção de álbuns duplos, álbuns simples e capas duplas sendo trocada por meros álbuns ao vivo "longos", essa magia desapareceu. Muitos artistas antigos  – o Rush incluso flagrantemente – começaram a substituir o processo de criar um disco no estúdio por mais e mais álbuns ao vivo. E há também os setlists temáticos, tocar um álbum antigo na íntegra, além de tentar descobrir qual seria o lançamento oficial: o DVD ou o CD triplo? E o que se faz quando a lista de faixas é diferente? (O próprio *Exit... Stage Left* deixou "A Passage to Bangkok" de fora do lançamento original em CD). Depois de décadas e algumas cordas vocais estouradas, toda essa poluição e diluição do catálogo acabou fortalecendo a natureza de talismã de um *All the World's a Stage*.

Exit... Stage Left marcaria o fim da estrada para Ian Grandy como parte da equipe que esteve desde os tempos daquelas jams no porão.

"Acho que eles estavam cansados de mim, e eu estava pronto para ir para casa", conta Ian. "Nosso segundo filho tinha nascido, já estava com dois meses de idade, e minha esposa falava: 'Preciso de você aqui em casa durante o dia'. E eu realmente não estava sendo bem tratado de forma alguma. É uma daquelas situações em que você sabe que vai ser demitido, e se sair, não recebe dinheiro. Se ficar, vai conseguir algum tipo de acordo. Nos últimos meses, foram os motoristas de caminhão que me disseram: 'Você já era no final da turnê, sabe. Será demitido'. 'Sim, obrigado.' Foi meio desanimador. Mas foi a única vez que fui demitido na minha vida, e fiquei feliz em ir embora. Depois disso, trabalhei como contador durante 20 anos com construtoras. Iríamos para a Europa, e nem emiti meu passaporte porque sabia que não estaria com eles."

Quanto ao motivo pelo qual foi demitido, Grandy conta: "Bem, foi culpa minha, meu abuso de substâncias e tudo mais. Mas quando se está nesse tipo de posição… Vou lhe dar um exemplo… Eles tinham coisas à venda, material promocional, numa mesa de merchandising, com todos os roadies, só que havia 13 roadies e apenas 12 na foto. Eu nem estava lá, e os caras diziam: 'Você é quem está com a banda há mais tempo. Por que não está aqui?!'. E então Neil veio até mim e disse: 'Me dei conta de que você não está na foto. Como essa porra aconteceu?'. Bem, foi um consolo. Principalmente quando ele disse: 'Fiquei muito aborrecido que isso tenha acontecido. Quero dizer, te peço desculpas'."

"Parece que foi aquela era inteira", continua Ian, incluindo *Signals*. "Eles se livraram de mim, se livraram da empresa de sonorização, se livraram de Terry. Fizeram mesmo uma limpeza geral. Não acho que Alex estivesse feliz com *Signals*. Essa foi minha impressão. Ele queria tentar outra coisa. E o que tenho ouvido ultimamente é que todo mundo é livre para seguir a opinião de Geddy. Mas depois de 15 anos, sabe, o que eu sempre digo às pessoas é que na nona vez que se vai a Toledo, Ohio, a empolgação já era. E vejo o itinerário deles, e penso, Columbus, Cleveland, Pittsburgh… Meu Deus, quantas vezes dá para tocar nesses lugares? Eu estava pronto para ir embora. E não havia ressentimentos, fui para casa e não voltei mais. Faz 33, 34 anos que não apareço para conversar com os caras."

"BUSCÁ MAIS."

VAMOS

CAPÍTULO 4

SIGNALS

À medida que a banda crescia em prestígio e o segundo álbum ao vivo era produzido, o Rush começou a usar o tempo extra para expandir e pensar no que viria em seguida. O que se tornaria *Signals* teve início em meio às "sessões" para o álbum ao vivo, que aconteceram no Le Studio. É claro que, com um álbum ao vivo, é costume que a banda não se envolva muito, mas houve diversos ajustes para criar *Exit... Stage Left* no deslumbrante estúdio de gravação em meio à natureza, enquanto Neil juntamente com Tony e Skip, da equipe de roadies, trabalhavam em algo chamado "Tough Break", que nunca foi lançado. Foi ali que a banda criou "Subdivisions".

Do final de outubro até o fim de dezembro incluíram "Subdivisions" no setlist e trabalharam em trechos de outras músicas durante a passagem de som, em especial "Chemistry", enquanto tocavam na Europa tendo como banda de abertura a Girlschool, turnê seguida de uma perna no sudeste dos Estados Unidos com abertura do Riot.

"Todo mundo era ótimo", lembra o guitarrista do Riot, Rick Ventura. "Eu me lembro de que Sandy tocou no lugar de Neil Peart durante uma passagem do som [risos], porque Neil ainda não tinha chegado. E Geddy veio nos visitar quando abrimos para eles no Nassau Coliseum. Algumas vezes, na verdade, ele ficava nos ouvindo na passagem de som, e eu pensava, nossa, Geddy Lee está ali ouvindo a gente – interessante."

O empresário do Riot, Steve Loeb, acrescenta: "Os Scorpions eram legais, os caras do AC/DC se embebedavam no café da manhã e o Blackmore fazia todo mundo sair dos corredores quando estava a caminho do palco. De longe, a mais legal era o Rush – nunca houve uma confusão sequer. Você quer acesso total ao PA e à iluminação? É só pedir. Isso não acontecia com nenhuma outra banda."

"Enquanto estávamos na estrada com o Saxon, nos ofereceram a turnê do *Moving Pictures* nos Estados Unidos, e foi como um sonho virando realidade", conta o líder do Riot, Mark Reale, infelizmente já não mais entre nós. "Então voltamos da turnê inglesa, acho que fizemos duas semanas com a reunião do Grand Funk Railroad, e depois nos juntamos ao Rush, que foi incrível, o melhor. Éramos só nós e o Rush, e acho que em todas as noites tocamos quase uma hora para uma arena lotada."

No final de 1981, Geddy deixou a inibição de lado e decidiu ceder ao seu senso de humor consideravelmente amplo, fazendo uma participação no álbum de comédia de Bob & Doug McKenzie, *The Great White North*. Bob e Doug eram dois típicos "caipirões" canadenses, interpretados por Rick Moranis e Dave Thomas, no esquete de comédia popular da SCTV que seria um equivalente dos anos 1980 ao que chamamos hoje de "viral". Dave é irmão de Ian Thomas, e Ian fazia parte da família da Anthem Records, e Geddy tinha estudado com Rick na escola. O álbum saiu pela Anthem e foi um sucesso, recebendo disco de ouro nos Estados Unidos e disco triplo de platina no Canadá, vendeu mais de 350 mil cópias. Geddy canta (e fala) na faixa musical "Take Off", uma novidade na rádio, junto com a versão da dupla para "The Twelve Days of Christmas". Ele levou a família inteira para a sessão de gravação, que segundo Geddy levou cerca de uma hora.

Durante esse período, o Rush novamente se deu bem nos prêmios Juno, com indicações para Banda do Ano, Álbum do Ano para *Moving Pictures* e *Exit... Stage Left*, e Engenheiro de Gravação do Ano, além de um prêmio por Melhor Composição Gráfica de Álbum para *Moving*

Pictures (*Exit... Stage Left* foi indicado para Melhor Design Gráfico de Álbum e *The Great White North* ganhou como Melhor Álbum de Comédia). Também foi um sucesso o show *Rush Laserium* no planetário de Seattle, e *Exit... Stage Left* foi transmitido simultaneamente na TV e na rádio FM.

A banda enfim teve seu necessário descanso no começo de 1982. Uma sessão de composição de um mês em Grange, na região do lago Muskoka, terminou com duas semanas de shows marcados para o começo de abril, com a abertura da Krokus e da Riggs. As sessões no final da primavera e durante o verão resultariam em *Signals*, mas os três meses de gravações não foram suficientes para equilibrar o som dos sintetizadores e da guitarra, e os rapazes tiveram de fazer hora extra, o que acabou invadindo a temporada de descanso com as famílias que havia sido planejada para julho.

"Eu estava aprendendo a tocar teclado naquela época", inicia Geddy, sendo modesto sobre o caminho que já trilhava havia cinco anos. "Então tinha certa confiança. Acho que estava fazendo aulas de piano naquele tempo para tentar me tornar mais apto. Estava fascinado com a parte eletrônica da música, tentava integrar aquilo ao nosso som de um modo que nos desse mais melodia, sabe, que trouxesse mais emoção para uma canção pelo acréscimo de uma nova textura. Talvez uma nova parte melódica pudesse dar à música mais impacto, mais ressonância. Sempre brincávamos que queríamos ser a menor orquestra sinfônica do mundo. Isso era um modo de tentar tornar esse sonho realidade. Para simplificar, queríamos 'mais'. Buscávamos mais."

"Essas decisões parecem gigantescas quando se fala delas em retrospecto", afirma Geddy sobre aumentar o uso dos teclados. "Mas quando se está fazendo as coisas, não parecem tão significativas. Nós tínhamos esses novos sintetizadores que nos ofereciam novos sons e novas texturas. E em geral tudo que trouxesse algo novo para a música era um estímulo para a composição. Estávamos mixando o álbum ao vivo no Le Studio, completamente entediados, e lá havia esse Oberheim, então começamos a fazer jams. Tínhamos esse brinquedo novo e usamos o brinquedo novo! Criamos "Subdivisions", e essa canção meio que determinou o tom para o novo álbum.

"E, é claro, acabou sendo algo bem diferente, mas na época não parecia que seria assim. Simplesmente pareceu revigorante. Olhando para trás, foi um ponto de partida radical, mas acho que esse é o modo como sempre agimos. Na verdade, não houve uma grande reunião em que falamos: 'Olha, agora temos que mudar!'. Apenas introduzimos uma coisa que parecia nova e divertida de fazer, e fizemos, e antes de nos darmos conta já tínhamos terminado e pensamos: 'Uau, é bem diferente'. Mas vendo do lado de dentro, não pareceu uma mudança tão drástica."

"Não me lembro de sentir que precisávamos nos afastar de alguma coisa", acrescenta Alex, fazendo coro ao que Geddy se referiu como um espírito de exploração. "Foi mais um movimento em direção a alguma coisa, sempre procurando – do meu ponto de vista – um novo efeito ou uma nova maneira de tocar os acordes. Eu estava experimentando e buscando coisas, não por uma necessidade de deixar algo para trás, mas por querer ir a outro lugar. Trazer os teclados, como esse grande Oberheim, foi uma coisa nova bem legal. E os acordes pareciam ótimos, os sons dos sintetizadores eram muito bacanas, havia outros sintetizadores surgindo. Tudo era novidade, eram coisas bacanas que seriam a base da nossa composição."

"Parecia que estávamos fazendo alguma coisa bem inovadora", concorda Geddy. "Sempre fomos culpados por nos deixar seduzir pela tecnologia, como uma mariposa em direção à luz. Chegava algum equipamento novo e pensávamos: 'Olha só, podemos obter um som inédito a partir disso, produzir um som novo, algo totalmente moderno'. Procurávamos essa coisa nova para incorporá-la ao nosso som. E acho que nós todos tínhamos um interesse comum nisso, mas acredito que eu era o cara que criava o alarde, então é justo dizer que estava insistindo nessa direção. Comecei a compor naquela coisa, só por diversão, dizendo: 'Ei, o que vocês acham disso?'. Assim, partíamos disso e todo o resto ficava lá atrás. Todo mundo tem sua contribuição, mas como eu era o 'tecladista', acho que tudo surgiu de tanto eu insistir nessas teclas."

Mais uma vez, a inspiração surgiu não apenas porque havia novos brinquedos, mas também porque havia muita música interessante surgindo ao redor dos rapazes, que sempre foram os primeiros a adotar alguma tendência nova, num sentido mais tradicional, fosse a tecnologia ou os discos de outras bandas. Mas é claro que os primeiros a embarcarem numa tendência também quase sempre assumem alguns riscos, e muito do que digerem e depois devolvem pode parecer badalado mas passageiro. As bandas podem ser o sucesso do momento, principalmente no que diz respeito às publicações musicais do Reino Unido. Syndrums e LinnDrums podiam fazer discos impossíveis de se ouvir pelo resto dos tempos. O Rush aproveitaria algumas das láureas por criar música bem na fronteira, mas também sofreria as consequências disso, sob acusação de mergulhar de cabeça numa tendência, fosse com relação ao corte de cabelo ou ao estilo da bateria.

"Nós realmente sempre ouvimos muitas outras bandas", continua Geddy. "Sempre tentamos manter nossos ouvidos atentos, sempre ouvimos o que estava acontecendo. E naquela época houve um movimento significativo em direção aos sintetizadores, começando na Inglaterra com o Ultravox. Todas essas bandas de que gostávamos estavam trazendo sons inovadores para o rock. Então pensamos: 'Também queremos fazer isso. Vamos tentar'."

Curiosamente, Geddy usa a palavra "sempre", mas se analisarmos os discos de *Fly by Night* até *Moving Pictures*, e mesmo as entrevistas com os integrantes da banda naquele período, não se vê o Rush de fato captando influências da música contemporânea. No começo, tudo tinha a ver com seus ídolos dos anos 1960, mas depois, e até mesmo hoje em dia, eles não citam nomes de bandas. Nunca se ouve os caras falando de Deep Purple, Judas Priest, Angel, Thin Lizzy, Queen, Styx ou mesmo dos álbuns recentes do Yes, Jethro Tull ou Genesis daquela época. No máximo, mais substancialmente, até podemos questionar se captavam mais influências da Max Webster, do FM e da Pat Travers do que qualquer outro artista em paralelo tanto com relação aos rumos da carreira quanto ao estilo que adotaram. Foram inspirados por King Crimson? Gentle Giant? Rainbow? Peter Gabriel em sua aclamada carreira solo? O punk surgiu, e eles correram na direção oposta, criticando a falta de profissionalismo das bandas punk, jogando combustível na fogueira da imprensa britânica (e depois, quando se trouxesse a política para o debate, as coisas seriam duplamente desagradáveis). Porém, houve todos os tipos de desdobramentos interessantes quanto aos teclados ao longo do caminho nessa lista de bandas dos anos 1970. Muito do que se desenvolveu primeiro parece ter surgido de Terry Watkinson.

No caso de Geddy, parece ter sido mais uma comunhão monástica entre ele e o próprio equipamento, até que passou a ouvir as bandas *new wave*. "De *A Farewell to Kings* a *Hemispheres*, havia apenas teclados monofônicos – linhas simples. Linhas de cordas, linhas de melodia acrescentadas aqui e ali, a linha em 'Xanadu' ou ruídos brancos e texturas. Uma vez que se chegou ao mundo polifônico, se realmente pudesse tocar como um piano, isso acabaria trazendo uma variedade ampla de sons para a música do Rush. E também uma variedade de problemas porque, de repente, ali estavam esses grandes blocos de acordes, ou o que os músicos se referiam como pads, encharcando o espectro sonoro. Isso de repente forçou Alex a adotar uma atitude distinta ao que ele tocava."

"Houve muitas coisas de que gostei quanto a esse direcionamento", diz Alex, sobre se voltar ao uso mais pesado dos teclados. "Parecia que estava indo para um lugar bom, mais moderno e emocionante. Tive sim minhas frustrações em termos sonoros – competindo com a densidade dos teclados. Principalmente quando se começa a dispor as camadas. Eles ocupam as mesmas frequências. São bastante densos, e o resultado disso é que parti em busca de um som mais limpo, tentando contornar aquilo. Foi um desafio, mas realmente recompensador na maior parte do tempo. Acho que tudo isso criou um som único. E com certeza, no palco, ter esses teclados como um acompanhamento deixou o som bem mais completo. Além disso, nos faziam parecer bem descolados, com os pedais e as teclas e tocando baixo e guitarra."

Tanto Geddy quanto Alex trazem um bom argumento aqui. *Signals* não soaria como Soft Cell ou Human League porque os tons tinham relação com a guitarra base. Isso significa que se Alex tocasse guitarra base, ambos se anulariam, ou teriam um som como um canal duplicado e esquisito de sons indistinguíveis. Isso levou Lifeson a explorar um novo território, o que, de um lado, gerava certo entusiasmo; de outro, o diabinho no ombro fazia o guitarrista pensar que tinha perdido lugar na banda.

Não é muito diferente de como Fast Eddie [Clarke] teve de se adaptar no Motörhead. Se Lemmy ocupava cada vez mais um território que antes era da guitarra base, então Clarke podia tanto assumir o espaço que seria natural do baixo ou dar uma cor nova ao som. O resultado foi que a banda sacrificou os sons tradicionais e as frequências do baixo, e Clarke tocou mais alto os acordes de duas notas encorpados por outros licks estridentes. O Rush teria uma ligação ainda maior com os teclados à medida que os anos 1980 avançavam, e Alex adotou uma postura mais sibilante e harmônica – sua solução para um problema que compartilhava com Fast Eddie Clarke.

"Repito, isso tudo pareceu bem natural na época em que trabalhávamos no álbum", reflete Geddy. "Estávamos todos muito animados com isso. Eu tocava uma progressão de acordes, e Alex encontrava uma parte que se encaixava nela, e assim seguíamos. Antes mesmo que nos déssemos conta, tínhamos criado uma espécie de som de uma banda com quatro integrantes a partir do som de um trio. Pareceu uma evolução natural, mas é provável que para nossos fãs tenha sido uma mudança bem dramática. E houve certa frustração. Por vezes Alex ficou frustrado porque tinha que ceder um pouco mais de espaço sonoramente para acomodar esse som de pad. Mas a atitude dele era 'Bem, é algo novo, é revigorante', e embarcou na jornada. Caso contrário, jamais teríamos feito.

"Mudamos mesmo o modo como passamos a compor. Tínhamos a letra, e normalmente era guitarra, baixo e letra, e depois bolávamos alguma coisa a partir disso. E então virou guitarra, baixo, letra, teclados – ei! Tão logo eu passava para os teclados, não havia uma linha de baixo que funcionasse da mesma forma, certo? Havia uma progressão de pad, e então precisávamos descobrir uma guitarra que combinasse com aquilo. Ou Alex criava uma parte de guitarra que adorávamos, e então eu tentava acompanhar no teclado. O teclado gera um tipo diferente de música e um tipo diferente de som para a banda."

Geddy admite que a mudança de estilo também foi um ajuste para ele. "Quando começamos a ensaiar para a turnê, fiquei frustrado porque eu não podia mais tocar baixo. Tinha que tocar esses blocos de teclado, e então as partes de baixo acabavam sendo bem rudimentares no pedal. De repente, deixei de ser baixista para me tornar um tipo de tecladista desajeitado [risos] tocando essas partes retumbantes de pedal de baixo. Alex virou um solista meio exagerado com todas as suas partes, e foi assim que as músicas foram estruturadas. Portanto houve alguns problemas de ajuste para mim nas apresentações ao vivo. Foi o início de algo parecido com uma luta livre.

"Nos álbuns posteriores, continuamos testando como equilibrar a nova tecnologia, os novos sons e continuar uma banda de três integrantes. Isso foi o real experimento durante todo aquele período, até chegarmos a *Counterparts* – procurar um equilíbrio do Rush que tivesse o som do Rush, do Rush enquanto banda de rock, com Alex tendo liberdade para tocar o tipo de acordes de guitarra que ele quisesse tocar, e ainda assim usar a linda ideia de trazer todos os tipos de externalidades para o som. Há uma orquestração repentina, há todas essas harmonias, todas essas possibilidades harmônicas que nunca havíamos tido antes. E como compositor achei isso muito empolgante! Havia tanta música a mais em nossa música como resultado. Mas isso cobrou um preço e surgiu como uma discussão, como fazer acontecer tudo o que queríamos ao mesmo tempo. Foi duro."

"Muito desafiador", concorda Alex. "Eu não diria que pareceu orgânico. Realmente tive que pensar no que eu estava tentando fazer e para onde estávamos tentando conduzir a guitarra. Claro que não foi assim com cada uma das músicas. Algumas foram mais difíceis que outras. Mas, no geral, deu tudo certo, acho. E também durante esse período usei bastante o som do refrão, que é um tipo de som entrelaçado, e isso tende a tirar um pedacinho da articulação da sonoridade da guitarra. Quando se combina esses sons com os sons densos do teclado que estão meio que fazendo a mesma coisa enredada, fica difícil colocar a guitarra. Já o som puro dela abre caminho mais facilmente."

Quanto a Neil, ele também achou complicada a criação de *Signals*. "Foi um processo muito longo quando os teclados entraram no jogo. Precisávamos expandir nossas opções sonoras ou conseguir outro membro para a banda. Mas naquele momento nós três já tínhamos uma ótima química, de modo que não parecia certo adicionar mais um integrante, então se criou uma situação do tipo 'Faça Você Mesmo', com todos tentando expandir a paleta de sons.

"É claro que na era do Minimoog e dos pedais Taurus os sintetizadores eram bem primitivos, com limitações. Mas assim que se tornaram polifônicos, surgiram mais possibilidades. Sou pouco afeito ao 'menos é mais' e mais ligado ao 'mais é melhor'. Logo, eu sempre ficava muito animado com cada avanço que surgia, inclusive como baterista. Quanto mais possibilidades apareciam com samples e bateria eletrônica e tudo mais, mais empolgante e irresistível era.

"Isso se aplica também a toda a banda, à medida que cada novo recurso surgia. Algumas coisas, como o sintetizador de guitarra, morreram e ninguém sentiu falta. Mas perto de *Signals*, os sons do teclado se tornaram mais imponentes e ocuparam mais espaço. Por isso, durante toda a década de 1980, começamos a trabalhar com Peter Collins e Andy Richards nos teclados, e esses caras tinham um milhão de ideias e um milhão de sons gigantescos. Foi quando Alex começou a se sentir espremido de verdade."

"Sonoramente, acho que *Signals* é o álbum do qual ele mais reclama, mas sempre havia alguma coisa acontecendo", continua Neil, nos lembrando da guitarra pesada e jubilosa do disco. "Como Geddy estava sempre envolvido com os teclados, às vezes Alex e eu ficávamos na seção rítmica, e conversávamos sobre como nossos instrumentos poderiam se misturar. Foi uma fase bem boa só por esse motivo."

Quaisquer tensões com Alex e seu papel seriam resolvidas pelo trio como equipe, mas a relação com o "quarto membro" do Rush, Terry Brown, chegaria ao fim depois de *Signals*. Nem tanto como amigos – os caras eram sensíveis e canadenses demais para não serem capazes de lidar bem com isso –, mas Terry deixou de ser o produtor. Sem dúvida o motivo teve a ver com diferenças criativas, pois a faca tinha dois gumes.

"Estavam se tornando algo muito importante, os eletrônicos", explica Terry. "Muitos teclados, bateria eletrônica. Quero dizer, Neil duplicou seu kit não muito depois disso, e foi uma coisa com a qual eu realmente não aprendi a lidar. Apenas não funcionava comigo. Ao ler a biografia de Bill Bruford, ele também entra nessa coisa, a tecnologia parecia estar conduzindo tudo naquele ponto. E foi problemático – interessante, mas problemático. Não me atraía toda a coisa de teclado MIDI, isso de tecnologia avançada em teclados e bateria eletrônica, sequenciador, pedais. E com certeza estava se tornando um assunto muito complicado para a banda, conseguir fazer com que esses elementos funcionassem no palco adequadamente e fazendo shows noite após noite."

Contudo, Terry não se lembra de Alex tendo dificuldades por se sentir ofuscado pela tecnologia. "Não senti na época que isso era um problema para Alex. Foi só quando li a respeito depois, mas na época nunca tivemos essa discussão. Não sei se ele simplesmente se calou sobre o assunto, acho que deve ter enfrentado algum tipo de conflito interno. Talvez ele não sentisse que as guitarras estavam assumindo um papel mais predominante, mas eu podia citar muitos exemplos desde então em que me senti muito incomodado com o som delas. Olhando para trás, foi só a ponta do iceberg."

Paul Northfield acredita que houve uma mudança significativa em termos da dinâmica da banda naquela época, em especial se tratando de Terry Brown. "*Moving Pictures* fez tanto sucesso que eles provavelmente ganharam uma confiança muito maior quando entraram no estúdio. Estavam numa turnê incessante. Acho que fizeram 200 shows num ano com *Moving Pictures*, e o disco foi número 1 da Billboard ou algo assim. Estavam em rotação máxima, concretamente, desde o lançamento do álbum.

"Então, quando entraram no estúdio, Terry se deu um tempo para ficar com a família e apenas tirar uma folga da intensidade de fazer discos um atrás do outro. Acho que ele precisava de tempo para acordar, pegar velocidade e voltar a entrar em sintonia com todo o processo. Acho que os caras da banda não tiveram tanta paciência com isso. Porque eles diziam: 'Ok, nós queremos decisões, precisamos saber o que você pensa, precisamos fazer isso, precisamos fazer aquilo'. Foi quando senti pela primeira vez uma ruptura entre as ideias do que cada um queria fazer. Antes nunca tinha sido dessa forma."

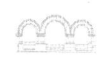

"Nesse ponto a banda estava sentindo a própria força e visão", continua Paul, "e o sucesso foi uma confirmação do que queriam fazer. Terry não estava na mesma página que eles, portanto a consequência disso foi tensão. Frequentemente, queriam um claro e conciso 'Ok, precisamos fazer dessa forma' ou 'Ok, por quê? O que tem de errado com esse take? Seja específico'. Contudo, às vezes Terry não era tão específico como eles queriam. Mas nós avançamos.

"Portanto as tensões e dificuldades para fazer *Signals* estavam lá, embora tenha sido uma evolução. Estavam com Terry há muito tempo, e eram caras muito leais, ao extremo. Em prejuízo próprio, eram leais às pessoas, e acho que de repente se encontraram numa situação em que queriam se diversificar e ser desafiados. A relação com Terry tinha chegado a um ponto em que eles sabiam o que ele iria dizer antes mesmo que falasse qualquer coisa, e isso não era mais o tipo de interação que buscavam."

Mergulhando na tecnologia, Paul afirma: "À medida que os arranjos ficaram mais texturizados, particularmente nos anos 1980, os sons dos teclados direcionavam o tipo interessante de criatividade na cena musical. Passamos por um período em que todo mundo aguardava o próximo teclado. Fosse um Oberheim, um Prophet, um PPG, um Fairlight, o Jupiter 8 – todas essas novas texturas sonoras chegando e de que ninguém tinha ouvido falar antes. Eram fascinantes e interessantes. Assim, de repente, os caras da banda, todos juntos, pensaram: 'Adoramos essas coisas e queremos que façam parte das nossas opções'.

"E nisso a tarefa foi incumbida a Geddy, que tinha uma relação de amor e ódio com a coisa. Era muito estimulante sonoramente, mas se tornou mais complicado. Havia muito mais em que se pensar. Como tocar partes com acordes completos sem tocar baixo? Se estiver usando ambas as mãos no teclado, não é possível tocar baixo. E muita coisa acabou sendo composta com riffs descolados e sons bacanas nas teclas. De repente, nos demos conta de que metade das músicas do disco tinha sido escrita usando teclados, não a guitarra."

Mesmo assim, a banda perseverou e no fim conseguiu produzir um disco. *Signals* chegaria às lojas em 9 de setembro de 1982, envolta numa arte de capa clássica e austera que colocava o Rush o mais distante de suas raízes no heavy metal do que nunca: um tom acinzentado, meio esverdeado, emoldurava a foto de um dálmata cheirando um hidrante, imagem de autoria de Deborah Samuel. Ela tirou a foto num pedaço de gramado artificial no terraço do seu estúdio com um hidrante alugado junto ao poder municipal e pintado de vermelho brilhante. Para fazer o cão cheirar o hidrante, colocou biscoitos de cachorro debaixo dele. Hugh tinha apenas o título do álbum para trabalhar e se sentia frustrado com isso. No final decidiu reforçar o conceito usando um senso de humor bem compatível com a banda. A contracapa é um tributo à marcante "Subdivisions", apresentando um mapa fictício com subdivisões centradas ao redor da Escola de Ensino Fundamental Warren Cromartie. Cromartie era jogador do time de beisebol Montreal Expo, um aceno à paixão de Geddy pelo esporte.

Alex comentou a conexão com o beisebol, falando a Ted Veneman da *Harmonix*: "Há um bar chamado The Commons. Fica num velho hotel em Morin Heights, e é realmente o único bar da cidade. É um lugar maluco, e todos os anos que gravamos lá acabamos conhecendo as pessoas que trabalhavam no bar. Eles tinham um time de softball só de garotas, então quando fomos até lá, elas nos desafiaram para um jogo. Todo mundo pegou as luvas de beisebol – e nos preparamos para a partida. Treinamos um pouco, jogamos contra elas e vencemos. Depois o time dos rapazes se ofereceu para jogar contra a gente. De uma hora para outra, ficamos muito ocupados. Então começamos aqui e ali, depois quando estávamos escrevendo os créditos, pensamos em colocar todo mundo em posição a partir daquela partida, e foi exatamente o que fizemos. E Warren Cromartie, por mais estranho que pareça, gostava mesmo da banda, e por intermédio de alguns amigos em comum de Montreal nos telefonou e perguntou se a gente se importaria se ele aparecesse no estúdio enquanto gravávamos. Então veio nos visitar e foi assim que o conhecemos. Ele gostava mesmo da banda e nós também adorávamos o time do Montreal Expo. Geddy é completamente louco por beisebol e sabia muito bem quem era Warren. Ele é um baterista muito bom. Neil, é claro, era uma grande influência. Cromartie pegou a estrada com a gente por alguns dias em Chicago e St. Louis e nos tornamos bons amigos".

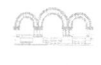

Signals abre com um ruído forte de sintetizadores pós-punk sinistros, obscuros, que lembravam a cena musical de Manchester, talvez um aceno ao Magazine ou ao Joy Division. Alex comenta: "Esse teclado tem um som muito distinto. Quando se ouve aqueles acordes sendo tocados, imediatamente sabemos de que música se trata. É bem marcante. Capcioso. Fisga o ouvinte". Em resposta, Geddy faz uma piada: "Fisgar é coisa de peixe".

Enquanto avança, "Subdivisions" se ilumina, fica mais sombria, depois se ilumina de novo para então escurecer mais uma vez. Ainda assim continua propulsiva e opressiva enquanto Neil conta a história atemporal da incessante alienação adolescente. Ao mesmo tempo, Peart ridiculariza o conformismo da vida suburbana e como ela amplifica a política do que acontece dentro de uma escola de Ensino Médio. Como um bom escritor, ele oferece esperança, especificamente numa fuga à cidade adjacente. Para todos aqueles fãs de Rush em cidades de pequeno e médio porte espalhadas pelo Cinturão da Ferrugem – a casa longe de casa do Rush – a fuga urbana glamorosa talvez fosse uma longa viagem de ônibus, mas a mensagem é a mesma. Universal.

Sem dúvida, Alex podia se identificar com isso: "Eu me lembro de como era ser um adolescente morando no subúrbio. O glamour de ir para o centro da cidade numa sexta à noite, sair com o pessoal bem mais velho, fazer parte de uma cena da qual não fazíamos parte realmente. Todas as inseguranças de ser um adolescente de subúrbio, a escola, essas coisas todas. Posso claramente me identificar com isso. Quanto à letra, foi uma dessas músicas que, quando leio, sinto uma conexão imediata. Existe, é claro, um trabalho árduo em todas as composições do Rush. Mas de vez em quando somos apresentados a letras que tocam de verdade numa questão crucial, e 'Subdivisions' é uma dessas canções".

"Com toda certeza ela fala do lugar de onde viemos, e do que escapamos", confirma Geddy. "Essa é a força da canção, e que oferece uma ressonância duradoura para tantas pessoas em muitos países diferentes. Há muitas pessoas que saem dos subúrbios e conhecem essa sensação, sabem como é esse tipo de terra estéril culturalmente, e essa música os tocou para valer de forma profunda. Não foi a primeira música de Neil com a qual me identifiquei. Sendo o cara que canta as letras dele, há muita coisa antes daquela época que eu não compreendia direito. Mas foi uma transição, porque essa foi a primeira que falou diretamente sobre o lugar de onde nós todos saímos. E por essa razão ela é bem diferente. É uma música sobre alienação. Quando se é adolescente, seja lá onde estiver vivendo, se experimenta um tipo de alienação. Não se consegue identificação com ninguém, nem com o mundo ao seu redor. E penso que em 'Subdivisions' é algo muito específico: causa e efeito. Viver num ambiente insípido, que não inspira, é algo contra o qual se rebelar. E acho que muitas pessoas podem identificar esses mesmos sentimentos, essa sensação encapsulada de estar preso num ambiente insípido."

E os fãs podem mergulhar nessa música e saber que estão vivenciando os mesmos anseios juntos, cruzando as fronteiras imaginárias.

"Acho que faz bem para eles saber que não são os únicos que sentem isso", continua Geddy. "É uma validação. Eu me sinto assim. Acontece comigo quando ouço essa música. Quando há alguma coisa que parece verdadeira na sua vida, cria-se um laço com a canção. E obviamente eu venho de um subúrbio, então quando cantamos sobre isso, não estamos inventando nada. Vivemos isso e falamos sobre isso. Tem uma ressonância autêntica. Mas levou algum tempo para percebermos que essa música foi um tipo de marco para muitas pessoas."

"Toda geração tem isso", acrescenta Lifeson. "The Who com 'My Generation' e 'Teenage Wasteland', toda a década grunge. Você se torna o porta-estandarte, acho, e todo mundo meio que passa a se identificar com você."

Na questão musical, Neil explica que "Alex e eu formamos a seção rítmica em várias partes dessa música, que é um ótimo papel para desempenharmos enquanto Geddy dá conta do teclado. Essa é a primeira música em que Alex e eu entramos em sintonia. Quando ele está tocando o ritmo, basicamente é a parte do baixo, e os pedais de baixo acionam as frequências do instrumento. Mas Alex está tocando guitarra, acompanhando a bateria. Então nós dois nos entrelaçamos como seção rítmica, uma coisa que não havíamos tido a oportunidade de fazer antes. Pequenas coisas como essa te fazem seguir em frente. Você aprende com isso. Então, em geral, com músicas específicas, posso traçar uma linhagem. Tentamos esse experimento lá e na vez seguinte tomamos outra direção e ficou um pouco melhor, e dessa vez realmente fizemos dar certo".

Geddy lembra que brigou com Terry ao gravar essa faixa. "Ele queria obter um som vocal em específico, para brincar com o microfone segundo a ideia que tinha na cabeça, e me segurou no estúdio me fazendo cantar o mesmo trecho várias vezes, repetidas vezes, sem parar. E lembro que pensei que aquilo não beneficiaria meu desempenho no final, porque na hora em que ele finalmente conseguisse o som que desejava, eu já estaria exausto e precisaria de um intervalo. Ou minha voz ficaria prejudicada. Foi apenas uma discordância sobre o modo de se fazer as coisas, e houve algumas discussões conceituais diferentes em que não nos entendemos. Isso começou a aumentar e se tornar mais frequente. Não se tratava de um clima ruim entre nós, era mais um conflito de ideias. Essas coisas acontecem quando se tem intimidade demais. Se você é apaixonado por suas ideias, vai insistir nelas um pouco. E se é cortado, tudo bem. Mas todo mundo tem que estar junto no mesmo barco. Ou nós todos concordamos ou todos discordamos. E se discordamos, seguimos adiante e tentamos outra coisa."

"Realmente me lembro de ser um pouco o foco da discordância", confirma Terry. "Em 'Subdivisions' havia um som de vocal. E em vez de fazer isso depois – em outras palavras, em vez de esperar até que eu tivesse a gravação inteira –, fiz Ged passar por duas horas de ajustes, de modo que, quando gravássemos a voz, ele tivesse o som que agora está no disco, da forma que cantou. Ele não ficou muito contente com isso. Eu queria criar o clima do refrão, e Geddy dizia: 'Bem, por que você não faz isso mais tarde? Não quero ficar aqui e cantar várias vezes seguidas'.

"E eu ficava dizendo para ele: 'Bem, pensa comigo, estamos bem perto, vai valer a pena no final. É uma coisa importante'. Eu achava que era importante cantar como ele fez ali, em vez de apenas ter um vocal seco, por exemplo, com um *reverb* maior nele ou qualquer outra coisa. Então sim, foi um problema. Fico contente que resolvemos tudo, porque é uma parte importante daquela canção, dá uma cor importante, e eu não queria ter que ficar fazendo testes depois. Queria que tivesse o som de um corredor de colégio. E foi o que fizemos. Ele fez o esforço de encarar isso e valeu a pena – é um ótimo refrão. Provavelmente hoje eu faria isso na pós-produção, mas se o processo alcançaria o mesmo drama é algo que poderíamos ficar debatendo por horas."

"Mas fizemos dessa forma em várias outras coisas", continua Terry. "Wah-wah ou delays na guitarra. Por exemplo, se os solos tivessem o delay certo, e se o wah-wah fosse necessário, tudo estaria lá. Não acrescentaríamos isso depois ou faríamos uma coisa acrescentando outra. Foi feito do modo como deveria ser, que eu penso ser algo muito, muito importante. Quando se está tentando criar dinâmica e fluidez num solo ou num vocal, é preciso ouvir o que se está cantando, principalmente se há efeitos dramáticos. E acho que esse refrão de 'Subdivisions' é bastante dramático."

Terry se refere aqui à semirreação sob medida de Geddy à voz mais grave, meio robótica, de "Subdivisions", a qual é um grande gancho e uma parte extraordinária de uma canção memorável. Isso foi amplamente creditado à personalidade da televisão de Toronto Mark Dailey, a quem os caras que viviam perto da região do metrô sempre imitavam por causa do bordão com voz supergrave "City TV – everywhere" ("City TV – em todos os lugares"). De fato, é Neil quem narra essa parte.

Além dessa questão dos vocais, Terry estava alinhado com o papel mais proeminente dos teclados. Nem sempre foi o caso, mas nessa música, não havia problema algum. "É construída em torno do riff de teclado, mas deu certo porque eu me certifiquei disso. Amo guitarra e amo bateria. Então a bateria, o baixo e as guitarras estavam no plano frontal para mim. E o fato de os teclados tomarem muito espaço nesse disco foi uma coisa sobre a qual eu não tinha controle. Mas deu certo nessa faixa. Sem o teclado, não teria funcionado.

"Mas mais tarde, quando as teclas assumiram um papel maior, a guitarra às vezes ficava para trás. E se ouvir todos os discos deles, vai perceber que há uma diferença na perspectiva de um para outro. Contudo, adoro 'Subdivisions'. Eu me lembro de passar de carro pela Kingston Road um dia, em algum Toyota velho, e a música tocou no rádio e pareceu incrível. Ainda ressoa nos alto-falantes – uma canção muito emocionante."

"Bem, sabe, em retrospecto foi nota 10", ri Alex, ao responder se ficou feliz com seu papel nessa música. "Lembro que, quando mixamos 'Subdivisions', eu ficava mexendo nos faders das guitarras, subindo tudo. Porque ao longo de todo o mix pareciam baixas demais para mim. Mas essa era a natureza do modo como a música se desenvolveu. E essa canção meio que se anuncia a partir dos refrãos e das pontes e adota um toque diferente em todos os instrumentos. Mas na época, achei difícil."

"Foi duro para ele", conta Geddy, reforçando a fala de Alex. "Ele fazia a guitarra solo, a guitarra base. Toda a textura criada vinha da guitarra de Alex, e de repente havia esse outro cara na sala, esse cara do sintetizador eletrônico, preenchendo muitos desses papéis. Então Alex teve que redefinir sua abordagem o tempo todo. Eu o coloquei numa posição difícil, e ele sempre se elevou à altura da ocasião. Às vezes, depois que um disco estava finalizado, ele se sentia um pouco 'Bem, não sei se realmente alcancei um som de que eu goste como guitarrista'. Então tinha essa comparação constante com o passado, um desejo dele de criar um supersom. Quando se está fazendo discos, sempre se busca esse supersom, sempre se busca aquele álbum que tenha um som melhor do que qualquer coisa que você já tenha feito. A natureza de nossa colaboração tem a ver com se ajustar.

"Porque você entra com uma ideia do que acha que um álbum do Rush deveria ser. Tenho meu som de álbum do Rush na cabeça, Alex tem o som dele, e com Neil é a mesma coisa. E quando se coloca tudo à mesa e se começa a ouvir a ideia de todos, é preciso mudar. Há o meio--termo, há a adaptação, e se chega a algo que nenhum de nós esperava. Porque não tem como antecipar o que será sugerido pelos caras na sala e pelo produtor. Há uma mudança constante. A razão pela qual o Rush dá certo é que nos permitimos esse momento de adaptação à ideia do outro. Sei que é uma comparação meio trivial, mas no beisebol, digamos que você seja um rebatedor. Você entra no jogo e está rebatendo tudo,

e então o arremessador começa a se adaptar ao seu estilo e você precisa se readaptar. Nós passamos praticamente pela mesma coisa. Estamos o tempo todo cedendo latitude uns para os outros, e então temos que reagir a essas novas ideias e deixar que esse novo ajuste nos leve para onde quer que estejamos seguindo."

O beisebol está sempre no pensamento de Geddy. Os créditos da banda no encarte de *Signals* citam Alex como primeira base, Neil como terceira base e Geddy como arremessador, o que já revela muita coisa, uma vez que ele gradativamente foi assumindo a liderança nesses discos, se tornando em essência um coprodutor à medida que o tempo passava. Outras posições no campo de beisebol foram distribuídas nos demais créditos, com Terry assumindo como campista esquerdo.

"Lembro que estava totalmente conectado a ele, assim como todos os outros", continua Alex, que então faz uma observação interessante. "Mas o que acontecia é que havia uma reação atrasada a um determinado álbum. Sabe, você entra no estúdio para gravar, como aconteceu com *Signals*, faz o álbum – nós todos estávamos na mesma página, adoramos o disco, o concluímos e nos orgulhamos dele. O tempo passa, vem a turnê, e certas coisas começam a te incomodar sobre o álbum, aí você guarda essas coisas incômodas até o disco seguinte. E se entrar no próximo álbum e sentir que está indo para a mesma direção, é ali que a coisa ferve. Você pensa: 'Olhando lá atrás, não fiquei feliz com essa coisa em particular. Não quero fazer isso'. E durante esses discos da era dos sintetizadores, isso se tornou um problema cada vez maior no início de nossas sessões de composição. Que papel os sintetizadores vão exercer? Com o tempo, a importância deles diminuiu, porque parecia que estávamos nos afogando em meio a tantas possibilidades."

"Exato, foi mais ou menos isso que aconteceu", confirma Geddy, declarando que no final tudo se tornou uma fórmula engessada. "Simplesmente surgiu a mesma sensação de sufocamento que tínhamos quando estávamos fazendo aquelas músicas longas. Pensamos: 'Isso se tornou uma fórmula. Está errado e precisa terminar aqui'. E foi quando começamos a procurar meios mais criativos de usar os tons. No final, falamos: 'Ei, é hora de nos livrarmos deles'. Assim como os teclados entraram lentamente nas nossas vidas e nos engoliram, foram saindo de cena da mesma forma. Agora estão sempre presentes caso precisemos de um barulho, um som, uma melodia em particular, mas acho que estamos felizes em voltar ao mundo do *power trio*."

Paul Northfield traz mais informações sobre a questão: "Eu lembro especificamente bem que em 'Subdivisions' foi duro conseguir acomodar a guitarra. Porque toda a canção é orientada pelo teclado, logo o papel da guitarra é de coadjuvante, não fundamental. É claro que isso foi difícil para Alex, porque parecia 'Ok, como eu me encaixo em meio a esse som de teclado colossal?'. Era como uma jornada em busca do tipo de som de guitarra que poderia se encaixar naquilo, e acho que isso era uma coisa com a qual Alex nunca tinha precisado lidar antes. Se tirar o teclado e tentar fazer essa música com a guitarra, seria a mesma música? Eu lembro que nós todos tivemos dificuldades, eu inclusive, para dar sugestões sobre trazer a guitarra de modo que pudesse se acomodar bem e ter uma presença significativa na canção, e ao mesmo tempo permitir que o teclado fosse daquela forma."

E o que foi pensado pela equipe? Bem, Alex está lá constantemente, mas há duas coisas: ele foi mixado mais baixo, e é quase como se suas partes reagissem às do sintetizador, uma mera deferência a ele. Às vezes, está num diálogo direto com os teclados, e às vezes está tocando ao fundo. É um ponto irrelevante, mas em resposta às hipóteses levantadas por Paul, se os sintetizadores forem tirados e se aumentar os faders da guitarra, "Subdivisions" quase *seria* a mesma canção. Há várias maneiras de transformar a música numa configuração simples de guitarra/baixo/bateria, assim como ocorre com qualquer outra faixa dominada por sintetizadores. Mas, de fato, nesse caso, Alex já está incluído nela, só que não particularmente com volume – ou com criatividade. Pode-se presumir que, nessa música, a ideia era deixar a parte inventiva em casa e permitir que os sintetizadores brilhassem.

Em seguida vem "The Analog Kid", que representa uma expressão jovial não apenas da guitarra, mas do riff dela em específico, talvez um exemplo do tipo de correção de que Alex fala, sobre o álbum precisar de mais Lifeson. Só no refrão Geddy faz uma lavagem cerebral de sintetizadores no ouvinte. De resto, é um som denso de guitarras, como aplicado ao rock de ritmo rápido mas ainda assim bastante melódico. Embora sejam as primeiras duas faixas de *Signals*, fica claro que a banda tinha encontrado uma exuberante mistura de todos os seus sons, de guitarras solidárias com sintetizadores simples, direto para um arriscado mas ainda assim não decepcionante baixo por cima de uma bateria fluida... Há algo confortável em *Signals* que faz até mesmo *Moving Pictures* – bastante louvado e digital – parecer uma demo. Deve ter sido a primeira e última vez que cada textura e frequência de um álbum do Rush combinaram com tranquilidade sonora.

A letra de Neil para "The Analog Kid" parece uma continuação da história contada para nós em "Subdivisions", com um garoto deitado sobre a grama sonhando acordado com possibilidades. Há também um interesse amoroso, com *"The fawn-eyed girl with sun-browned legs"* – "A menina de olhos de fada e pernas bronzeadas de sol", escrita em tributo à garota que Neil conheceu quando ele tinha 15 anos durante as férias da família em Ohio e com quem depois trocou cartas pelo resto do verão.

"É o tipo de período pós-adolescência pelo qual passamos", explica Neil, durante uma entrevista para o rádio sobre o lançamento do álbum, "em que tudo menos o lugar onde se está parece maior que a própria vida. Seja nos subúrbios ou numa cidade grande, ou ainda numa cidade pequena, qualquer lugar, tudo parece tão cinzento, enquanto quando você fala sobre lugares longínquos como Londres, Inglaterra, ou Los Angeles e Nova York, que parecem totalmente removidos de sua experiência, mas parecem ser literalmente maiores que a própria vida, essas coisas românticas. E é quase um recorte daquela visão de estar imerso no que se está acostumado e sonhar com o que não se está acostumado."

Neil admite que o trocadilho nesta faixa *"too many hands on my time"* – "muitas mãos no meu tempo" – foi inspirado pela música do Styx "Too Much Time on My Hands" – "Tempo Demais em Minhas Mãos", onipresente nas rádios em 1981.

Musicalmente, "The Analog Kid" é território conhecido para o Rush, e Neil entende a canção dessa forma. "Com certeza, nossos fãs ficam impacientes quando estamos fazendo outra coisa que não apenas 'rock'. Eu até mesmo compreendo todos eles como fã de música que sou, porque nosso gosto tende a crescer e a se desenvolver dessa forma. Nunca prestava atenção às letras quando era garoto – até que comecei a compor, a me interessar pela arte, e me tornei mais sensível. Mas era guitarra, baixo e bateria, sabe? Me conectava a isso quando era adolescente. Adoto uma postura deliberadamente ampla neste assunto porque entendo todos os pontos de vista e os avalio em sua totalidade – e é claro que todos são bem-vindos. É maravilhoso que tantas pessoas gostem de nossa música, e quanto àqueles que não gostam, também é maravilhoso. Criamos algo tão bom quanto podíamos, e essa é a ética de trabalho com a qual me identifico."

Ao responder a Greg Quill da *Music Express* sobre como a letra combina com a canção, Neil afirma: "Muitas mudanças de ritmo e estilo que as músicas passam são na verdade construídas de alguma forma dentro da letra. Outras vezes somos perversos de propósito. Em 'The Analog Kid', por exemplo, Geddy e eu conversamos sobre possíveis tratamentos musicais. Quando se lê a letra, você está certo, poderia ter sido uma linda balada ou um soft rock em meio tempo. Nós falamos, tudo bem, é isso que a letra sugere – mas não vamos fazer dessa maneira. Vamos adotar um ponto de vista totalmente diferente, usando duas dinâmicas de abordagens em diâmetros opostos – um hard rock para os versos e alguma coisa mais fluida, quase angelical para os refrãos, cortar o empuxo da música e o reverso."

Em seguida temos "Chemistry", que poderia muito bem ter sido chamada de "Signals". De qualquer maneira, serve conceitualmente como a faixa-título do álbum. Alex diz que essa canção é uma verdadeira colaboração tanto musical quanto lírica. Em termos de música, a banda a criou durante as passagens de som como um tipo de experimento em que cada membro contribuía com uma unidade de compasso. Neil surgiu com o ritmo que ouvimos nos refrãos, Geddy com sons esvoaçantes de sintetizador na ponte e Alex com os acordes entrecortados que se ouvem no verso. Liricamente, Geddy e Alex tinham algumas frases que enviaram para Neil, que as organizou e acrescentou outros versos, criando uma canção de fato sobre química e suas formas menos conhecidas como relações interpessoais, música e fenômenos paranormais.

Fechando o lado A do vinil original temos "Digital Man", que pode muito bem servir como a melhor expressão do amor que o Rush tinha por tudo o que o The Police estava fazendo. Não apenas os versos e refrãos concebidos como um reggae no estilo do Police, mas até mesmo as partes de rock em 4/4, com a guitarra jazz de Alex despejando licks e acordes parecendo o Police no modo heavy rock. Além disso, há um intervalo instrumental que parece uma jam evocando imagens de "Walking on the Moon". Se não tivéssemos captado que se tratava tanto de um reggae progressivo quanto de um reggae *per se*, Geddy canta sobre Zion, Babilônia e ilhas tropicais.

Essa faixa foi construída tanto nas sessões de reparos de *Exit... Stage Left* e na fazenda em Muskoka, onde Neil escreveu a letra junto ao fogo (era março no Canadá, ainda inverno), enquanto Geddy e Alex criavam a música no celeiro que tinha sido designado para fazer jams. Terry precisava ser convencido quanto à canção por causa de sua óbvia influência reggae.

Paul afirma: "A banda – e particularmente Geddy – ficava contente em se deixar influenciar por artistas de que eles gostavam. Quanto aos fãs, isso é algo que às vezes apreciavam e às vezes não. Mas desde o começo, quando os rapazes eram bastante influenciados pelo Led Zeppelin, e mais tarde, tudo que ia do The Police a Frankie Goes to Hollywood – ficavam bem felizes em tentar integrar isso no que faziam. Na época em que o Police era realmente imenso, o Rush adorava, o que fica óbvio em *Signals*, em 'Digital Man' e 'New World Man', em que não se parecem em nada com o Rush normal. Mas quando eles gostavam de alguma coisa, se permitiam ser influenciados e ver para onde aquilo os levaria. Ao mesmo tempo, é preciso ser objetivo para extrair o melhor resultado. Você quer introduzir ideias de outras pessoas, mas tem que se apoderar delas e chegar ao lugar para onde está seguindo, 'Sim, isso é bom, não só porque é diferente e eu estou entediado, mas é bom porque na verdade é uma afirmação poderosa, significativa'."

"Essa foi a atitude confusa de tentar pegar diversas influências e fazê-las funcionar juntas", observou Neil em entrevista para o rádio no lançamento do álbum. "Começa basicamente como um trio hard rock, depois vai para um estilo próximo ao ska e ao reggae quanto à abordagem rítmica, depois tem um tipo de abordagem contemporânea da Europa moderna para o sequenciador do refrão e depois volta para o trio básico de novo na seção instrumental, e em seguida cresce mais uma vez através das mudanças. É tudo muito confuso [risos]."

"É tudo bastante confuso pra mim também", confirma Geddy. "Passamos muito tempo nisso, tentando fazer com que desse certo. E por muito tempo não levamos fé na música, até que de repente ela desabrochou. Agora, na minha opinião, é uma das minhas músicas favoritas do álbum. Ficou ótima. Foi uma luta pegar todas essas influências para parecerem naturais de alguma forma, que funcionassem juntas. Foi como ter dificuldades com o maquinário durante muitos dias e, no final, de uma hora para outra, tudo se encaixar."

"Digital Man" apresenta uma das letras mais obscuras de Neil – talvez estivesse escrevendo um pouco no estilo *new wave* ou sendo petulante. Ele explicou que essencialmente está se referindo ao que seria um cara futurista, ou um cara "do momento" na vanguarda da tecnologia. Porém, é forçar a barra dizer que há qualquer temática conectada a "Subdivisions" ou "The Analog Kid", como a banda já sugeriu. Essa canção é mais próxima ao personagem oblíquo retratado em "Tom Sawyer" do que qualquer outra coisa em *Signals*. Em qualquer caso, Neil diz que as letras desse álbum são sobre a realidade, sobre pessoas reais, e até mesmo indo ao limite de dizer que se trata de não ficção – já foi sugerido que a inspiração para essa letra foi Peter Jensen, engenheiro da máster digital do álbum *Moving Pictures*.

Geddy acrescenta um ponto ainda mais preciso quanto à conexão com Jensen, contando para Jim Ladd: "A música surgiu em parte por causa de uma situação cômica pessoal. Nós tínhamos o título muito antes de termos um conceito. Tinha um cara que contratamos, acho que foi em *Moving Pictures*, para trazer um equipamento digital de modo que pudéssemos masterizar o álbum digitalmente, e o cara era um tipo meio 'estranho' de homem moderno, sem querer entrar em muitos detalhes. Ficávamos lá conversando, e o Le Studio tinha adquirido o próprio equipamento digital, então na verdade não tinha necessidade de contratar nosso homem digital daquela vez.

"E nós estávamos tentando distribuir os quartos, sabe, quem iria dormir onde, quantos caras da equipe podíamos levar para a casa perto do Le Studio, porque a situação é que você passa a residir na propriedade. Então alguém falou a frase: 'Bem, acho que desta vez não precisamos de uma cama para o homem digital', e todo mundo disse [estalando os dedos] 'Fantástico!'. Então anotamos a ideia, e Neil desenvolveu um conceito sobre a transitoriedade do homem moderno na sociedade em que estamos vivendo. Isso deu um gás na música e trouxe sentimento para aquela canção, mas representava a tecnologia chegando a certo ponto, a facilidade com que alguém pode se mover de uma parte da sociedade para outra, e de uma parte do mundo para outra, a corrida das telecomunicações e todo esse contexto."

Quanto à referência a Zion, Geddy explica para Jim que "Zion são na verdade dois estados mentais. Há a Zion dos rastafáris, e a Sião que acho que é realmente aquilo de que estamos falando, deveria ser a terra natal e ideal. Os rastafáris estão sempre tentando voltar para Zion;

tentam moldar seu estilo de vida conforme o lugar que originalmente sentem como suas origens. Nesse refrão em particular, acho que é tipo uma situação de perplexidade com nosso homem digital. Porque aqui está um cara trabalhando com tecnologia moderna e sendo tão moderno quanto é possível ser, e mesmo assim ele está pensando nesses lugares simples e sentimentais como Zion – '*Lover's wings to fly on*' ('Asas de um amante para voar'). É como se pensasse: 'Não me leve muito para longe com esses bits de computador, deixe alguma coisa para minha alma'. Há esses homens e mulheres digitais correndo pelo mundo, sendo totalmente treinados, e eles pensam: 'Sim, sou o cara digital, sou versado nessa coisa e sou quem sabe tudo e tem que informar todos os outros'."

O reggae angular e elétrico continua no Lado B de *Signals* com "The Weapon", também designada como segunda parte de "Fear". A música deriva de um padrão de máquina de uma bateria eletrônica criado por Geddy e seu amigo Oscar, que Neil então teve de aprender a tocar na bateria convencional.

Como Peart contou a Greg Quill da *Music Express* na época: "Hoje em dia, a letra parece vir por primeiro, simplesmente porque ela estabelece uma estrutura ou um clima. Às vezes, os outros caras entram com várias ideias musicais que não têm lugar até que a canção seja escrita. Um exercício interessante de justaposição aparece em 'The Weapon'. Eu tinha essas imagens realmente sombrias e ameaçadoras ali, e Geddy havia escrito vários trechos musicais para ela em casa, um tipo de eletrobeat, um exercício de dança moderna. Não tínhamos certeza se algum dia usaríamos aquilo.

"Agora, como Geddy precisa cantar as palavras, muito se resume a decisões que ele e eu temos que tomar. Ele insistiu na ideia de que deveríamos abordar o tratamento novamente, de um ponto de vista abstrato, justapondo a dança eletrônica dele com a letra sombria e carregada de ruína que escrevi, e fazer tudo funcionar de alguma forma. Acho que conseguimos. Fico realmente feliz que afastamos essa característica pesada e taciturna da letra. 'The Weapon' é parte de uma trilogia em que estive trabalhando chamada 'Fear'. Tem a ver com a forma como o medo é usado como arma psicológica contra nós todos. Para resumir em meras palavras, estou lidando aqui com religião e governo controlado por ela, não necessariamente com a guerra ou a corrida armamentista nuclear."

Em seguida temos "New World Man", que enquanto single lançado previamente deixou os fãs mais exaltados que "Subdivisions". O confronto dissonante com os valores do passado do Rush não foi tanto a cadência do reggae ou as linhas de guitarra benevolentes de Alex lembrando Andy Summers, mas foi mais com relação ao sintetizador sequenciado, que é quase cômico em sua pegada nerd *new wave*. A música foi chamada de "Project 3:57" porque era o tanto de tempo considerado necessário para que a banda tivesse material suficiente para um álbum completo. Foi escrita e gravada quase espontaneamente, em dois dias para ser exato, o que Neil acredita ter sido um recorde para o Rush.

Geddy explica: "Foi uma coisa que começou a acontecer desde cedo. Nós sempre sentimos isso de que havia mais uma canção que caberia no disco. Começou com *2112*. 'Twilight Zone' foi incluída no álbum no último minuto. Compusemos no estúdio, gravamos, tudo em questão de dois dias. E isso se tornou uma tradição pela qual sempre aguardávamos ansiosamente. Qual será a nossa música de último minuto para este álbum? Como muitas coisas de nosso material são ensaiadas, planejadas, foi legal ter alguma coisa em cada disco que era como uma carta na manga. 'Vital Signs' também foi assim, como foi 'New World Man'."

"A música 'New World Man' pode ser aquela em que pensei: 'Ei, isso se parece muito com o Police'", afirma Terry Brown. "Bem lá no fundo, eu pensava: 'Por que diabos estamos fazendo isso?'. O Police já faz muito bem essas coisas por si só, por que então estamos fazendo o mesmo? Mas fomos em busca disso e fizemos a música se tornar única o suficiente para que tivesse algumas partes interessantes. E a letra tem certa substância. Aprendi a gostar dela ao longo dos anos, mas na época foi difícil me convencer de que essa canção era uma boa ideia. Só me pareceu uma direção esquisita para se seguir. Não sou um grande fã de reggae, portanto isso também afetava a forma como eu pensava sobre a música. Se a banda me dissesse: 'Precisamos de algum tipo de influência, o que você acha que deveríamos fazer?', o reggae não seria a minha sugestão.

"Mas foi um som bem comercial. Percebi isso e me esforcei para garantir que colocássemos todos os elementos na faixa para que ela tivesse o som que deveria ter de modo a se apresentar como uma canção comercial. Não sei se foi conscientemente comercial ou sub-conscientemente comercial. De qualquer maneira, entramos com certo número de canções, e eu vi o aspecto comercial numa delas, assim como em 'The Spirit of Radio', que não era de fato comercial, mas acabou demonstrando tanta energia que simplesmente chegou ao rádio e foi um sucesso. Mas tenho certeza de que se eu a levasse ao departamento de programação das rádios da época e fosse uma banda diferente, eles me mandariam ir para casa e diriam para eu repensar toda a minha carreira."

Liricamente, a ideia de Neil era unir alguns temas do restante do álbum, mas mais do que qualquer outra coisa os personagens pareciam um amálgama de "The Analog Kid", "Digital Man" e "Tom Sawyer". Quanto ao papel dela, Geddy a associa com "Tom Sawyer" e "Circumstances", acreditando que o conceito unificador das três canções é o interesse de Peart por mudança.

A música chegou ao número 1 nas paradas canadenses, permane-cendo lá por duas semanas em outubro de 1982. No Reino Unido che-gou à posição 42 e nos EUA alcançou o número 21, se tornando o único single a entrar no Top 40 do país. A canção logicamente entrou na lista de músicas executadas ao vivo. Mas, para o choque de todos, apesar de ser o único sucesso da banda a entrar no Top 40 norte-ame-ricano, entre 1986 e a aposentadoria da banda em 2015, "New World

Man" só foi tocada em uma única turnê, na campanha de promoção do álbum *Vapor Trails*.

"Losing It" é a única faixa considerada uma balada em *Signals*, e a primeira da banda desde "Different Strings", se é que essa última pode ser realmente considerada uma. Apresentando um padrão de valsa renascentista e régia e o clima de *A Farewell to Kings*, a canção traz um olhar sobre dois profissionais que estão perdendo as habilidades por causa da idade: um escritor e uma bailarina. Para essa última, Neil buscou inspiração em parte na personagem de Shirley MacLaine no filme *Momento de Decisão*. O escritor se parece muito com Ernest Hemingway, e de fato o verso final é "The bell tolls for thee" – "Os sinos dobram por ti".

Perguntado por Jim Ladd sobre essa canção e se temia "perder tudo" por causa do envelhecimento, Geddy disse: "Não sei se necessariamente por causa da idade, mas é claro que acho que quem se considera um pouco criativo tem medo de que tudo desapareça de repente um dia. Não penso muito sobre isso. Espero não acordar um dia e me sentir como, por exemplo, um biscoito, 'Não posso fazer nada a não ser ficar deitado aqui!'

"Acho que se trata de um medo real; para alguns artistas, é um medo devastador. Depois que terminam um disco, pensam: 'Ah, Deus, será que vou ser capaz de fazer isso de novo?'. Eu costumava me sentir assim. Depois de escrever uma música que achava boa, nunca pensava que conseguiria compor algo tão bom assim novamente. Mas você ganha mais confiança em sua habilidade. E quanto mais tempo estou inserido nesse mundo, percebo que fico um pouco mais maluco, com um tipo de autoconfiança lunática. Então penso: 'Ok, vou dar conta não importa a situação'. Eu me sinto feliz desde que tenha alguma coisa para fazer. Contanto que eu tenha um álbum para fazer ou uma música para compor ou um show para tocar, isso me mantém feliz. Acho que há um pouco de medo de envelhecer e não poder mais fazer todas essas coisas. Eu diria que o medo existe. Acredito que provavelmente exista para a maioria dos músicos ou para a maioria das pessoas."

Neil sinalizou que há uma segunda camada de interpretação nesse conto, propondo que, quando se trata de um grande talento, é melhor a inocência de nunca ter sabido. Em outras palavras, o que é mais trágico – nunca ter dominado uma arte ou tê-la dominado só para depois perdê-la?

Ele escreveu o seguinte no programa da turnê de *Signals*: "Como trechos de versos de 'The Analog Kid', o tema principal desta canção vem dos exercícios de férias de Alex (nós todos fazemos nossos deveres de casa!). Trabalhamos os versos e os refrãos enquanto ensaiávamos e fizemos uma demo estrutural dela apenas com teclado e bateria, depois a deixamos de lado até voltarmos para o estúdio. Tínhamos conversado sobre chamar Ben Mink para tocar violino eletrônico em alguma faixa deste álbum, e esta pareceu a música perfeita. Assim que chegamos ao estúdio, desenvolvemos essa seção de solo jazzística, gravamos a faixa--guia e telefonamos para Ben. Felizmente, ele conseguiu uma folga de sua banda, a FM, por alguns dias e trouxe seu instrumento inigualável a fim de tocar para nós com tamanha sensibilidade... Aproveitamos tudo dele, extraímos o suprassumo e o chutamos de volta para a FM. Ele ficou lá parado diante da mesa de som, analisando o material e dando sugestões, abastecido por goles ocasionais de uma garrafa de água. Não apenas fez o monumentalmente fantástico solo que queríamos, mas conseguimos que gravasse em múltiplos canais uma seção de cordas inteira. Isso deve ter lhe dado uma lição sobre o que significa ser nosso amigo!".

Mink lembra como foi trabalhar com Geddy pela primeira vez. Ben também estaria depois envolvido profundamente com o álbum solo de Lee, *My Favorite Headache*. "Foi a primeira vez que trabalhei com ele", lembra Mink, falando de Geddy. "A FM esteve na estrada com o Rush na turnê *Moving Pictures* e foi ali que o conheci. Nós nos tornamos amigos depressa, e depois, quando estavam trabalhando no disco seguinte, ele me disse: 'Sabe, acho que adoraríamos ter violino no álbum. Você toparia fazer isso?'. Eles me mandaram uma fita cassete, que era o método de enviar material naquele tempo, e depois fui para Montreal,

em Morin Heights, e passamos um ou dois dias gravando e nos divertindo. Foi uma experiência maravilhosa.

"Neil estava lá, Alex estava lá, e enquanto Geddy tocava teclado e gravava a voz, nós ficávamos numa outra sala criando essa banda como aquelas que tocam em casamentos. Então todo mundo ficava lá o tempo inteiro, quando Alex era o violinista e eu era o guitarrista, e Neil tocou 'Wipe Out'. Tocamos um set de dez músicas. A banda era chamada Ziv Orchestra, em homenagem a Živojinović, o sobrenome verdadeiro de Alex. São pessoas formidáveis, e como produtor e músico, facilita muito o trabalho quando se tem por perto gente que sabe mesmo tocar – músicos de verdade. Mas infelizmente você se acostuma a lidar com pessoas que são talentosas, e quando se depara depois com meros mortais de novo parece trabalho redobrado."

"Ele é um músico maravilhoso", diz Terry sobre Mink. "Produz um som muito poderoso. Tínhamos um lugar para que tocasse, pedimos que desenvolvesse algumas partes, e foi o que ele fez. Depois nós separamos o material de costume e pegamos o take certo, definitivo. A personalidade dele se revela no modo como ele toca."

"Losing It" só foi tocada ao vivo pela primeira vez na turnê *R40*, de 2015, a última do Rush. Mink se juntou a eles para uma apresentação ao vivo na cidade natal, Toronto, e numa outra ocasião. Nas outras três de cinco vezes em que a canção foi tocada ao vivo pela banda, o violino ficou a cargo de Jonathan Dinklage.

"Countdown" fecha *Signals* com sons sinistros e frenéticos do teclado parecidos com aqueles que abriram o álbum oito faixas antes. Alex toca acordes esparsos em meio a sons de helicóptero, e Neil sistematicamente chega a um ritmo com a bateria produzindo um som belíssimo. É possível que haja uma razão para isso. Depois de chamar "Countdown" como o "filho problemático", diante das ruínas do Le Studio, Neil afirmou: "Eu lembro que mudamos a bateria daqui para aquele outro lado da sala porque não conseguíamos acertar o som. Foi a última faixa que estávamos gravando para aquele álbum, e simplesmente nada dava certo. Trocamos todas as peles da bateria por outras. Qualquer técnico entende isso, não é? Apenas tentamos fazer coisas diferentes, portanto havia muita tensão e decepção. E tocar uma música centenas de vezes repetidamente acaba sendo dolorido depois de um tempo. Sempre que houver colaboração, haverá discordâncias. Mas, no geral, é uma lembrança muito especial para mim."

Depois dessa gradação através e além do primeiro verso, entramos num trecho pós-punk seguido de um rock progressivo pesado – um pouco de tudo que ouvimos ao longo desse disco provocativo e bem montado. Como bônus, no final da sequência, há até um legítimo solo de sintetizador, com Geddy tocando o Minimoog. Terry comenta: "Lembro que estive profundamente envolvido com 'Countdown' para tentar deixar a música o mais realista possível de modo que tivesse um valor agregado, não apenas à introdução, mas à música inteira".

Neil curiosamente achou que a canção "não deu muito certo", mas ele saúda a primeira tentativa de escrever uma música que em essência era um documentário de curta-metragem.

Ela foi inspirada por uma visita da banda ao Cabo Canaveral, na Flórida (especificamente ao Red Sector A, a área VIP, título escolhido para a faixa-título de *Grace Under Pressure*), para assistir ao lançamento do ônibus espacial Columbia em 12 de abril de 1981. Esse seria o terceiro e último single do disco, e o videoclipe é memorável por causa das imagens do espaço liberadas pela NASA. De modo adequado, Neil fala do álbum em geral como o primeiro que abordou explicitamente as pessoas reais e comuns, seus sonhos, seus ideais, seus ambientes. É possível dizer que astronautas estão muito além das pessoas normais, mas eles também começaram como uma criança observando o céu estrelado em "The Analog Kid" ou um adolescente em "Subdivisions" ou, possivelmente, ao longo do caminho, algo parecido com um homem digital. Neil dedicou a música a duas dessas pessoas, os astronautas John Young e Robert Crippen, e ao resto da equipe da agência espacial que ofereceu à banda uma "experiência única para a vida inteira".

"Foi uma experiência que nenhum de nós jamais vai esquecer", contou Alex para a *Hit Parader*. "Tínhamos sido convidados para ir até o Cabo Canaveral para assistir ao lançamento graças a algumas pessoas que trabalham na nossa gravadora. Quando chegamos lá, conhecemos um cara chamado Gerry Griffin, que trabalha para a NASA, e ele era muito divertido e nos deu muitas informações. Passou horas nos guiando numa visita VIP ao complexo e nos contando histórias sobre alguns dos lançamentos que aconteceram ao longo dos anos. Nós todos nos sentimos como garotinhos ouvindo tudo o que ele contava. Foi como se estivéssemos num sonho.

"Na verdade, quase não chegamos a tempo para ver o lançamento. Pegamos um voo para a Flórida logo depois de um show em Nashville, com outra apresentação marcada em Dallas para o dia seguinte. No dia do lançamento, houve um problema com um computador que acabou adiando o evento por um dia inteiro. Esperamos até o último minuto possível para deixar o Cabo Canaveral e pegar o avião para Dallas. Na verdade, nos atrasamos e o motorista da nossa limusine precisou entrar com o carro na pista do aeroporto para chegarmos a tempo. Conseguimos chegar a Dallas, mas tivemos que contratar um jatinho fretado para nos levar de volta ao Cabo Canaveral no dia seguinte – não perderíamos essa oportunidade. Felizmente, tudo deu certo e conseguimos ver o lançamento no dia seguinte. Foi com toda certeza um dos momentos mais incríveis da minha vida."

Como Howard explica: "Conhecemos Gerry Griffin, que era diretor da NASA, porque deixamos os filhos dele entrarem num show certa vez. E ele ficou tão grato que telefonou para a banda e disse: 'Estou convidando vocês todos para vir à base assistir ao lançamento do ônibus espacial', o que foi muito bacana. Fomos até lá e parecia o filme *Contatos Imediatos de Terceiro Grau*. Nós todos lá esperando no escuro para assistir àquilo. Estávamos o mais perto da plataforma que se podia ficar, cerca de quatro quilômetros. Ficamos bem na frente de Walter Cronkite. Os outros ficaram atrás de nós, e estávamos de pé bem na frente com todo o pessoal importante. No final, conseguimos ver o ônibus espacial decolando, e foi uma daquelas experiências realmente grandiosas de uma vida – estar lá e ver o foguete rasgando o céu. Ela inspirou a canção 'Countdown'. Toda noite que estivemos em turnê tocávamos essa música, e lançávamos esse ônibus espacial do palco".

A banda obteve filmagens exclusivas da agência espacial que foram projetadas tanto durante os shows das turnês quanto no videoclipe da canção.

"A NASA cooperou demais conosco", diz Alex. "Eles se dispuseram a nos dar essas filmagens especiais às quais o público nunca tem acesso. Tinha câmeras localizadas nas torres de lançamento, nos motores – praticamente em todos os lugares. A maioria das pessoas só pode ver o que passa na televisão. Em geral essas são outras fitas de gravação reservadas apenas para as autoridades administrativas e cientistas. Mas graças à ajuda do sr. Griffin, pudemos usar algumas dessas filmagens e incorporá-las num vídeo. Realmente valorizou muito a apresentação."

Neil resume a experiência geral de gravar *Signals*, sem focar nas dificuldades, mas sinalizando satisfação com o resultado. "Ah, nós mudamos muito ao longo dos anos 1980 de um modo formidável, e *Signals* foi um álbum muito feliz, porque o sucesso de *Moving Pictures* nos trouxe bastante confiança. De fato, criamos muitas ramificações naquele disco, em todas as áreas, estilo, ritmo, melodia e arranjos – crescemos imensamente ao longo daquele período."

Com grande velocidade por causa de dois singles fortes mais o vídeo de "Countdown", e uma parte considerável com o rastro de sucesso de *Moving Pictures*, *Signals* ganhou álbum de platina nos Estados Unidos, chegando ao número 10 da parada de álbuns da Billboard e sendo número 1 no Canadá e número 3 no Reino Unido. Ele veio um ano e meio depois de *Moving Pictures*, e no meio disso a banda tinha lançado um álbum duplo ao vivo. Levaria mais um ano e meio até que nos deparássemos com o álbum de estúdio seguinte que, para o choque de todos, não teria Terry Brown como produtor.

"As bandas com teclados e cabelos cor-de-rosa e esse tipo de coisa que estavam surgindo na Inglaterra faziam muito sucesso, e eu apenas não me interessava por esse estilo", conta Terry. "Realmente não entendia aquilo tudo muito bem, então não tinha a experiência e as manhas para ser capaz de dizer: 'Vamos fazer isso, vai ser ótimo', porque eu não gostava de bateria eletrônica. Aquilo não me descia. Então resolvemos dar um tempo. Bem, infelizmente o tempo foi longo demais. Mas foi necessário. Quero dizer, se pensarmos sobre isso, de qualquer maneira é bastante raro que as pessoas trabalhem juntas por um período tão longo – fizemos 10 álbuns juntos em sete anos. Foi uma época muito criativa, então me sinto feliz com tudo aquilo.

"Mas, em resumo, foi o fim do meu trabalho com eles. Não acho que seja assim tão difícil de entender. Eu já não estava mais lá. Eles queriam fazer uma coisa diferente, e foi o que fizeram nos últimos 10 álbuns. E foi ótimo. Chegamos a um ponto em que uma mudança se fazia necessária, e com certeza não seria com Geddy, Alex ou Neil. A única outra mudança possível seria com a relação a mim. Como Neil explicou, era como um namoro – precisávamos de um tempo longe uns dos outros – e quem sabe no futuro poderíamos voltar e fazer alguma coisa. Bem,  ele não chegou a cumprir essa parte da proposta, mas nós realmente nos separamos. Sem dúvida era o momento para uma mudança. Havia outras coisas que eu queria fazer, e de fato não queria fazer parte de uma banda eletrônica, que era o caminho para o qual eu achava que o Rush estava seguindo."

"De uma forma natural, honesta", é como Neil caracterizou a ruptura da banda com Terry. "Tivemos uma importante série formativa de projetos com ele que foram mutuamente gratificantes e divertidos. Éramos irmãos. Ao ponto em que se faz a analogia de que ele era o quarto membro do grupo. Mas que, é claro, significa que começamos a pensar como ele. E me lembro de *Signals*, quando nós três estávamos longe trabalhando nas canções e nos arranjos, podíamos sempre dizer: 'Bem, Broon vai nos dizer para cortar essa parte'. Já antecipávamos o que ele nos diria, e às vezes fazíamos a mudança prevendo isso. E tivemos a mesma coisa subsequentemente com Peter Collins – fizemos alguns álbuns juntos –, quando podíamos pensar o que ele diria.

"E a mesma coisa acontece entre escritores e editores. Aprendi com todos eles e percebi que quando estou escrevendo meu próprio material, penso: 'Bem, Paul vai me dizer para fazer isto, sei que vai, então já vou fazer e pronto'. Mas isso se torna perigoso quando se está tentando progredir e aprender. Um relacionamento tem que evoluir. Só havíamos trabalhado com ele, então naturalmente estávamos curiosos para ver o que outra pessoa poderia nos trazer, talvez nos levar para novos caminhos, assim como muitos já fizeram ao longo dos anos, até chegarmos a Nick Rasculinecz, que nos levou para rumos diferentes e exigiu que nos despíssemos de nossos hábitos, de nós mesmos e de muitas outras coisas. Tem sido um padrão cíclico que aconteceu com muitos outros produtores, não só com Terry. E era mesmo algo natural. Nós simplesmente sabíamos: 'Se não for agora, não vai ser nunca', tínhamos que fazer isso."

A ruptura e o fim aconteceram com um nível bem impressionante de maturidade e diplomacia – o encontro final aconteceu no ônibus da turnê depois de um show em Miami –, mas isso parece ser algo normal no quartel do Rush. Lealdade é algo profundo, e quando há um rompimento, ele sempre ocorre com civilidade e tato.

Neil diz que o período da banda com Terry foi "algo marcante, mágico. Porque crescemos juntos, evoluímos juntos, no sentido mais amplo da palavra. E nós realmente perdemos a mão como acontece com outras bandas, mas não insistimos no erro. Xingávamos uns aos outros, de certa forma, ou caçoávamos uns dos outros, numa brincadeira gentil. 'Não comece com essa atitude de estrela do rock, ok?'. Outros já eram sensatos o suficiente para pensar: 'Nossa, não quero ser essa pessoa'."

"Mais uma vez, nós mesmos nos corrigimos. Tem muito a ver com a dinâmica dessa banda, em crescer unida dessa forma. Nunca tentei negar que houve atritos ou discordâncias. É sobre a forma como lidamos com essas coisas. Esse é o ponto fundamental que talvez possamos ensinar. Poderia acontecer de nós todos explodirmos uns com os outros, mas honestamente, isso nunca aconteceu e não vai acontecer, não importa o quanto o desentendimento seja sério. Encontraremos um ponto em comum.

"Prefiro isso a ceder, porque nenhum de nós deveria fazer isso. Mas podemos encontrar um ponto em comum entre os três extremos que somos. Nós, às vezes, somos opostos uns aos outros, mas de um modo que nos permite manter o respeito mútuo – essa é a palavra mágica. Tudo se resume a não reagir com raiva à crítica ou sugestão de quem quer que seja. Só que às vezes acontece! Todos já vimos cenas de bastidores de alguém perdendo a cabeça totalmente por causa da mínima crítica. Uma banda não tem como sobreviver a esse tipo de coisa.

"Mas é possível sobreviver: se disser para alguém o que gosta em relação a algo, 'mas parece que você talvez esteja tentando buscar...' Aqui está um exemplo de uma dinâmica que vai dar certo. Vai ouvir uma música e eles vão dizer: 'Compreendo o que está tentando fazer aqui, e gosto disso, mas talvez seja um pouco exagerado. Esse riff não deveria se repetir tantas vezes'. Tudo não passa de discordância, pensando bem. Nós todos discordamos – mas de um modo produtivo.

"Quando mostro uma letra para Geddy, que precisa ser encaixada na música, ele me fala: 'Bem, gostei muito desses dois versos'. Ok, que ótima maneira para começar – ele adorou esses versos! Partir de uma posição de força e segurança, já que Geddy fez eu me sentir bem, para depois dizer: 'Entendo para onde você está indo aqui, mas não gostei muito dessa parte, então se pudermos acrescentar outros dois versos como aqueles...' E eu já penso: 'Sim, acho que pode ser'. Quero que ele goste dos versos. E quero que façam parte da música.

"Logo tudo isso é algo positivo – tudo mesmo. É essencialmente uma discordância, mas a letra não é um roteiro. Não é os Dez Mandamentos, é só um punhado de ideias. É ótimo que Geddy goste de alguns versos, e se dois deles entrarem na música, excelente. Não precisei abrir mão de nada. Em geral, fica muito melhor do que eu tinha antes.

Esse é o outro lado da história. Eleva o nível porque se pensa: 'Sim, esses dois versos poderiam ser melhores'. Em seguida eu os aprimoro, a coisa toda melhora em vez de tomar o que escrevi como um decreto, um mandado. 'Pega essa letra aqui porque não vou mudar uma palavra'. Quem iria sofrer? Eu mesmo."

"O desejo deve ser um fator subjacente", continua Neil, sobre fazer a arte e a personalidade caminharem juntas durante um longo período. "E essa palavrinha, que contém uma multitude de satisfação contínua, estímulo contínuo, o prazer de trabalhar juntos – e não se sentir diminuído por isso. Sinto que faço meu melhor trabalho ao lado desses dois caras. Então por que não iria querer, entende?

"Gosto do equilíbrio de um trio, honestamente, porque sempre percebemos que era difícil formar facções. No começo da carreira, fiz parte de bandas com cinco integrantes e sempre eram três contra dois. Dividiam-se dessa forma, em times. É muito difícil que isso aconteça com um trio. Teríamos dois contra um, e aquele um precisaria decidir, ok, quero mesmo ficar isolado, totalmente sozinho? Não sou eu e meu camarada contra aqueles outros caras. Ficar isolado pelos outros dois que estão de mal com você não é uma sensação boa. Preciso pensar que é parte disso. Se os outros dois sujeitos pensam que você está errado, talvez você de fato esteja. É uma dinâmica totalmente diferente. E exige maturidade e circunspecção para dar certo. Mas nunca houve um isolamento extremo assim. Quando menciono essas coisas, espero que entenda que são questões menores, aqueles pequenos solavancos no meio do caminho. Mas sempre houve contenção. Sempre há discordância quando se trabalha em grupo."

Paul Northfield também estava lá observando em tempo real a fissura criativa entre a banda e seu quarto membro não oficial, Terry. "Às vezes fiquei no meio do fogo cruzado porque eu podia ver a frustração e o fato de que queriam uma direção precisa e bastante clara. Às vezes, quando eles não tinham certeza, queriam ouvir claramente, 'Ok, vamos fazer deste jeito'. E acho que Terry naquela época não era capaz de for-

necer a eles os tipos de respostas que procuravam. No final do dia, havia certa tensão na gravação daquele disco, não há dúvidas quanto a isso. Parecia, de certa forma, que estavam se distanciando. Eu realmente tive a sensação de que seria o último álbum que fariam com Terry. Mas sabe, na mesma medida as coisas poderiam ter sido diferentes."

Dando continuidade às observações de Neil, Geddy também afirma: "Nós chegamos ao ponto em que podíamos predizer o que ele diria antes mesmo que dissesse. Os comentários dele, embora sempre fiéis e honestos à própria percepção, eram comentários que sabíamos estar a caminho. E, naquele ponto, olhamos uns para os outros e dissemos: 'Estamos aprendendo o tanto quanto podemos aprender?'. Estávamos ávidos por aprendizado para lidar com novas tecnologias, com novas maneiras de gravar. Realmente estávamos interessados nas novidades. E tínhamos a sensação de que isso não iria acontecer, a menos que fizéssemos uma mudança. Houve alguns outros incidentes durante a gravação daquele álbum que surgiram porque nos sentíamos mais seguros sobre o que fazíamos e tínhamos mais poder de decisão sobre nossa própria produção. É como aquelas discussões entre pais e filhos. O que queríamos fazer talvez fosse diferente do modo como ele fazia as coisas – é um crescimento natural."

"Estávamos totalmente ligados à mudança", confirma Alex. "Era o que vivíamos. Chegamos a um ponto em que queríamos mesmo trabalhar com outras pessoas só para viver a experiência disso. Não com uma outra pessoa, mas com várias outras. Nós crescemos, e era o momento de sair pelo mundo e passar para o próximo estágio. E isso significava abandonar a relação que tínhamos com Terry. Então ele veio nos acompanhar na turnê por alguns dias, e viajamos e conversamos sobre o que estávamos sentindo, e fomos bem sinceros sobre a nova direção que seguíamos. Ele era adulto, profissional e como um irmão para nós, então entendeu onde nos encontrávamos e para onde queríamos ir. Como qualquer ruptura, foi um pouco triste, mas ao mesmo tempo bem empolgante e libertador para nós. Eu sabia que era o que precisávamos fazer, e foi uma pena por ser essa pessoa com quem tínhamos aprendido tanto e que dedicou tanto tempo para nós, investiu em nós, e sabe, nos divertimos muito juntos. Mas era apenas hora de seguir em frente."

"Terry nos ensinou muito sobre como estruturar nossa música e trazer uma abordagem visual para o som", afirma Geddy. "E essa é uma das principais lições da minha vida, como alguém que faz discos, adotar essa abordagem visual. É como uma pintura que se está fazendo ao usar os sons como cores, como equilibrá-los e tudo mais. Ele era um pensador muito progressivo, sempre disposto a fazer um experimento, sempre disposto a tentar algo novo. Mas estávamos ávidos por uma opinião diferente, só que Terry era como nosso irmão mais velho em vários sentidos, então foi complicado. E realmente nos divertíamos juntos com quem estivéssemos trabalhando. Quero dizer, só vivemos uma vez, por isso é bom gostar do seu trabalho."

Ray afirma que não teve nada a ver com a decisão. "Não, essas decisões nunca partem de fora. Sempre vêm de dentro da banda. Nós conversamos o tempo todo sobre o que vamos fazer em seguida, e conversamos sobre a frustração que alguns tiveram ao fazer aquele disco e só sentimos que estávamos nos movendo para uma nova direção. Tínhamos uma nova tecnologia e queríamos uma abordagem totalmente inédita. Todos concordamos, ninguém precisou dar o braço a torcer."

Sobre o dia em que Terry foi informado da decisão, Geddy conta: "Acho que ele ficou surpreso. Não me lembro da reunião com muita clareza, mas sinto que ele ficou surpreso, e um pouco desapontado que tenhamos escolhido aquele caminho. Mas compreendeu totalmente. Pelo menos foi o que nos demonstrou. É boa pessoa, não ia ficar lá e nos fazer sentir mal por causa disso. É mesmo uma ótima pessoa. Mesmo se achasse que era uma péssima ideia, Terry não faria com que nos sentíssemos mal por causa disso. É simplesmente esse tipo de sujeito.

"É claro que ele ficou desapontado", continua Alex. "Nós tínhamos uma relação longa. Terry esteve lá desde o início. Esteve conosco no nosso primeiro disco, e rodamos muitos quilômetros juntos."

"Ele morava a poucos quarteirões da minha casa naquela época", diz Geddy. "Portanto nos encontrávamos socialmente. Então, é claro, foi difícil. Não se quer que essas coisas mudem. Mas no final do dia, a música vinha em primeiro lugar, e nós sempre colocamos a música como prioridade. Quase sempre [risos]."

Terry comenta: "*Fiquei* surpreso, porque parecia que daríamos um jeito naqueles atritos. Porque sempre resolvíamos tudo. Além disso, tínhamos criado um disco bem-sucedido. Não foi como se tivéssemos feito uma porcaria. O álbum foi lançado, demonstrou força, foi um grande sucesso comercial porque era uma ótima combinação de ideias criativas. A química era boa entre nós quatro – muito boa, de verdade. Acho que quando eles seguiram em frente e fizeram *Grace Under Pressure*, isso se tornou bem aparente. Contudo, sabe, é fácil falar depois de um período.

"Mas já se passaram tantas coisas desde então. Creio que com o tempo tem sido mais emotivo, para ser honesto. Basta ver o que está acontecendo com a carreira deles: os álbuns e o quanto gostei e não gostei de alguns, e senti que talvez não tivessem tomado as melhores decisões em termos de gravação. Porém, repito, é assim que eu me sinto, a partir da minha perspectiva. Eles estão obviamente felizes com os discos, e são eles que pagam as contas. Mas adorei trabalhar com os três – é claro que teria sido bom fazer o álbum seguinte e depois outro. Mas fiz mesmo um trabalho interessante com eles – e isso basta. Estou satisfeito. Houve momentos em que pensei que deveríamos ter corrigido alguns erros, mas, de novo, tudo é muito subjetivo."

A cada novo álbum, Geddy demonstrava mais interesse na produção dos discos. Após *Signals*, ele se envolveu com uma banda *new wave* de Toronto chamada Boys Brigade e em 1983 produziu o único álbum deles, um disco homônimo. Também produziu o terceiro e último disco da Wireless, *No Static*, de 1980. Howard Ungerleider tinha um contrato como agente da Boys Brigade, que depois transferiu para a SRO. Não foi o ideal para a banda: a sessão se arrastou por seis meses porque Geddy, é claro, precisava pegar a estrada para promover *Signals* – assim como tentar parar de fumar, o que ele conseguiu fazer durante esse período.

"Sim, estou metendo o nariz cada vez mais em todos os álbuns", ri Geddy sobre seu interesse na produção. "Estudei produção. Amo discos, ouço muita música, queria fazer álbuns e também queria ser produtor na época. Portanto eu estava participando cada vez mais. Na verdade, nós todos estávamos. Quero dizer, nós todos tínhamos ideias para a produção. Nós três nos interessávamos por isso em certo grau. Alex tinha um interesse especial por toda a parte de engenharia de som. Ele adorava colocar as mãos nos painéis e consoles. E eu estava ligado às ideias de produção e às maneiras diferentes de gravar as canções, as estruturas distintas para uma canção.

"Para mim foi difícil saber qual era o papel do produtor. E, de certa forma, como tínhamos Terry, ficamos um tanto mal-acostumados com um cara que era engenheiro e produtor e colaborava conosco. Foi só quando ele saiu de cena que realmente precisamos aprender que porra um produtor faz, porque todo mundo tem uma ideia distinta do que é ser produtor. Se conversar com muitos músicos, eles pensam que o produtor é um engenheiro de som. Bem, isso não é ser produtor na minha opinião. Um produtor é um cara que fica com a canção na cabeça – o tempo todo –, a estrutura, a performance, a força da música, a ressonância dela. Ele tem a canção como prioridade o tempo todo. Não no som do baixo ou da bateria – isso também é parte da produção, mas para mim é algo que fica entre os músicos e o engenheiro –, o produtor apenas supervisiona. Mas eu não sabia nada disso na época, e a trajetória depois de Terry Brown rumo ao disco seguinte foi um longo pesadelo. E nessa jornada eu aprendi muito – nós todos aprendemos – sobre o papel do produtor. Aprendemos mais conversando com 30 produtores diferentes do que fazendo qualquer canção em particular."

"Estávamos ganhando confiança. Tínhamos mais ideias e queríamos brincar com elas", continua Geddy. "Para mim, isso tem origem no fato de eu ser compositor. A produção é uma extensão natural da composição de uma música. Porque quando se começa a compor, você a ouve na cabeça de um modo particular e quer que ela combine com essa imagem. Quer que a gravação combine com a ideia que há na sua cabeça. Nunca pode fazer sem perdas ao longo do caminho, mas é algo que se busca. É como se começa. E acho que é por isso que me interessei em produção. Por volta daquela época, comecei a trabalhar com outras bandas, me envolver em projetos paralelos, ajudá-los com a produção e aprender o ofício de produtor, que é algo ingrato e muito difícil [risos]."

Geddy e Alex concordam que, por definição, Terry era um engenheiro/produtor, como Geddy explica: "O que a frustração com *Signals* nos levou a acreditar, de certo modo, é que queríamos ter alguém que fosse produtor/produtor – com uma formação diferente. Dito isso, Paul Northfield estava começando a trabalhar como engenheiro para nós, e Terry tinha se colocado atrás da mesa de som e se tornou produtor/produtor. Mas acho que ainda o víamos como engenheiro/produtor".

É necessário dizer que muitos "produtores/produtores" são apenas preguiçosos e incapazes de cuidar da parte de engenharia, ou que não fazem mais questão de ser engenheiros, tendo aparentemente superado essa fase (depois de ter superado a fase de cuidar das fitas e servir chá e café no estúdio). Em outras palavras, era um elogio e tanto chamar a maioria deles de produtor/produtor – produtor é o suficiente pelo que a denominação oferece, com a ressalva de que metade deles não produz nada além de vagas sugestões e dívidas por causa de cocaína. Na verdade, como Geddy afirma, o Rush ficou "mal-acostumado" com Terry, esse suposto engenheiro/produtor. Não é que os caras estivessem errados quanto à repentina ausência de ideias geniais por parte dele, mas um sólido engenheiro/produtor é uma commodity tão valiosa que poucas bandas terão a chance de se deparar com ela na carreira.

"Talvez eu tenha sido insistente demais", reflete Geddy, sobre seu crescente papel durante *Signals*. "Tenho certeza de que estava me sentindo mais confiante. No final do dia, quando se está numa banda, você se torna possessivo com suas coisas, com seu som. Mas nós nunca tivemos um ambiente de trabalho em que ideias não eram bem-vindas. Não importava quem estivesse na sala: se a pessoa tivesse uma ideia, ei, pode falar. Sempre nos consideramos bastante abertos e democráticos com relação a isso. Mas, sem dúvida, eu tinha cada vez mais ideias e, ao longo dos anos seguintes, me tornei bastante controlador quanto à produção. E algumas das minhas ideias não se alinhavam necessariamente com a visão de Terry. Tivemos momentos em que discordamos sobre o resultado final ou como chegar a ele. E isso acontece dentro de um estúdio. Não foi a primeira vez, e não será a última. Você tem a obrigação consigo mesmo de expressar suas ideias. É parte do processo. Às vezes será rebatido. Outras vezes as pessoas simplesmente se tornam educadas e reservadas demais para rebater. Prefiro que a ideia certa seja lançada do que todo mundo bancar o educado e fazer uma porcaria de disco."

A turnê *Signals* deu a largada no começo de setembro de 1982, com o velho amigo Rory Gallagher abrindo a maioria das datas até o final daquele ano. Retomando a estrada em meados de fevereiro, a abertura ficou a cargo da Golden Earring, com os veteranos holandeses aproveitando seu primeiro disco de sucesso nos Estados Unidos desde 1971, com o álbum Moontan – dessa vez com o single arrebatador "Twilight Zone". Em março, Jon Butcher Axis se juntou ao Rush. Abril chegou com três datas no Canadá, em que o trio fez seu papel de apoiar jovens bandas canadenses, apresentando Harlequin na cidade de Quebec e The Tenants em duas datas em Montreal. A turnê se encerrou na Inglaterra no final de maio, depois de algumas datas na Alemanha com a abertura de seus antigos mentores do Nazareth. *Signals* foi quando Neil começou a levar a bicicleta na estrada pela primeira vez, com seus planos de recreação ficando cada vez mais elaborados ao longo dos anos e culminando no motociclismo, que foi incorporado a sua rotina, como todo mundo já sabe.

"Na época realmente estávamos tentando desenvolver a projeção do telão no fundo do palco", lembra Alex, falando das turnês do começo dos anos 1980. "No final havia dois projetores, e sincronizar os dois foi um pesadelo – tivemos muitos problemas. A montagem do palco, é óbvio, mudava a cada turnê. A iluminação mudou, assim como os próprios instrumentos mudaram também. Havia elementos diferentes usados por Howard para aproximar o público do espetáculo, usando também som surround.

"O lance com Os Três Patetas que usamos, acho que foi apresentado em três turnês diferentes", confirma Alex, que continua a se referir aqui ao tema do claro senso de humor do Rush, que aparece com força total em todos os shows (embora os filmes ficassem cada vez mais elaborados). "Acho que nosso humor é pateta, um humor meio seco, tipicamente canadense, um cruzamento entre o Monty Python e o humor dos norte-americanos. Mas quando estamos fazendo um disco, seja na parte musical ou na arte de capa, ou alguma coisa boba, quase sempre, no fim, damos um passo atrás e falamos: 'Sabe? Isso vai ser engraçado durante duas semanas, mas em cinco anos provavelmente não terá muita graça'.

"Nós sempre temos a tendência de ficar um pouco mais sérios quanto aos shows e ao que vai compor o disco. Mas, entre os membros da banda, quando estamos juntos, passamos 80% do tempo apenas rindo, brincando e tirando onda uns dos outros. Como se fôssemos garotos. Porque, de muitas maneiras, ainda somos aqueles meninos que se juntaram e começaram uma banda. Eu realmente não tive que crescer. Sabe, estou sempre junto com pessoas mais jovens, a minha vida inteira. Nunca precisei ser sério de verdade sobre essas coisas da vida. Levo minhas responsabilidades a sério, mas você entende o que quero dizer."

Aprimorar-se enquanto indivíduos na parte pessoal ainda fazia parte da conjuntura. "Fazíamos coisas na estrada, nos desafiávamos de outras formas", conta Alex. "Na turnê *Signals*, nos matriculamos num curso de francês da rede Berlitz e tínhamos professores diferentes em cada cidade que visitávamos. Tínhamos nossos livros, nos sentávamos dentro do ônibus e falávamos francês uns com os outros, essas coisas. Infelizmente, como não usamos francês o tempo todo, ando meio enferrujado, acho. Provavelmente nós todos andamos – mas, cara, éramos muito bons naquilo. É apenas uma outra forma de ocupar um tempo perdido e ser um pouco mais construtivo com ele.

"Geddy e eu jogamos tênis durante as turnês nos últimos 25 anos. Esse era o grande esporte para nós. E cerca de dez anos atrás comecei a jogar golfe. Geddy adora visitar galerias de arte. Também vamos ao cinema." Neil, fiel a sua tenacidade, continuou com as aulas de francês por duas turnês (afinal, ele tinha uma casa em Quebec), enquanto Alex e Geddy abandonaram o curso depois da primeira. O interesse de Geddy de certa forma continuou porque o filho dele estudava francês no colégio.

Howard explica a evolução do show nesse ponto: "O que se tornou maior para a banda foi seu público. Fizemos três noites em Chicago. Isso meio que nunca tinha acontecido na época. Quando se começa a fazer várias noites na mesma cidade, sabe, três noites em Nova York ou Chicago, duas noites em Los Angeles, dá para saber que é um grande sucesso. E eu adorava tudo aquilo. Atuava em várias frentes naquele tempo – diretor de turnê, projetista de iluminação, agente de viagens, coordenador de turnê –, consegui aumentar o show de forma econômica sem que a banda se estressasse com orçamento e os fiz ter um visual incrível ao mesmo tempo em que oferecia uma apresentação de qualidade com um gasto médio, deixando todo mundo feliz. O que gosto de fazer é projetar estruturas de iluminação personalizadas. Então, em cada turnê que fiz com o Rush, havia um novo sistema de iluminação".

A campanha de *Signals* – chamada de Turnê do Novo Mundo – foi razoavelmente longa, nada breve, mas também não fora do controle. Isso foi muito bem pensado e iniciou uma tendência que continuaria em consonância com as prioridades da banda para além do rock 'n' roll.

"Estávamos todos vivendo essas experiências em outros sentidos", explica Geddy. "Essas discussões em casa, e não sei como isso foi abordado. Em geral é Neil quem insiste em ter tempo de folga primeiro, embora isso tenha mudado. Mas chegamos a um ponto em que concordamos que não poderíamos ser uma daquelas bandas que tentam conquistar o mundo. Simplesmente não podemos fazer tudo o que nos é oferecido, por mais triste que seja para os empresários. Nosso empresário chorava. Não podíamos ficar na estrada o tempo todo. Éramos gratos pelo que conquistamos, e queríamos fazer as coisas de um modo que fosse produtivo e solícito e satisfizesse nossos fãs da melhor forma possível. Mas não podemos ir a todos os lugares; se fosse assim, não sobraria tempo para nós. Havia casamentos ruindo. As rachaduras já estavam aparecendo. Precisávamos ir para casa consertar as coisas.

"Acho que só estávamos nos tornando adultos. E muitos músicos não fazem isso. Eles escolhem não amadurecer e, de alguma forma, conseguem viver assim. Eu gostaria de saber fazer isso. Talvez usem suborno, não sei. Não poderíamos fazer de outro jeito. Tem a ver com nossos valores de classe média. Estávamos formando famílias, nossos casamentos estavam em crise e tivemos que fazer a coisa certa. Estou me justificando para nossos fãs há mil anos. 'Quando vocês vão visitar nosso país?', 'Quando virão para a Inglaterra?' Sabe, é uma escolha. Você pode ser a banda mais bem-sucedida do mundo, ou pode ser uma banda bem-sucedida mantendo uma vida fora dela. Estávamos tentando fazer isso, tentando ser pais para nossos filhos, tentando ser maridos para nossas esposas.

"Não há dúvida alguma de que teríamos nos destruído – ou aberto caminho em meio àquilo tudo", acredita Geddy. "Se não tivéssemos tomado essa decisão, estou quase 100% convicto de que a banda teria ido pelo ralo. Porque nossos casamentos teriam terminado, e teríamos nos tornado pessoas diferentes de uma hora para outra, com outro estilo de vida, e a pressão não seria a mesma. Porque nós três não iríamos de repente começar a nos sentir de outra forma ao mesmo tempo. Quero dizer, quem sabe? É difícil adivinhar, mas sinto que era uma coisa que precisávamos fazer para sobreviver. O que eu costumava falar para nosso empresário era: 'É melhor isso do que a banda acabar, certo? Uma turnê a cada dois anos é melhor do que turnê nenhuma'. Sim, vá lá e ouça o lado dele da história. Tudo será ideia dele. 'Acho que eles estavam trabalhando demais'. Não acredite numa palavra que ele disser."

"HOUVE UN
DE DUAS A
SEMANAS E
TEMPERAT
PASSAVA D
35 GRAUS I

PERÍODO
TRÊS
M QUE A
RA NÃO
EGATIVOS."

CAPÍTULO 5

GRACE UNDER PRESSURE

Com a era da MTV já bem consolidada, e a música e a moda futuristas despertando a ira dos eruditos, o Rush parecia ter feito uma transição para a fase adulta moderna na hora exata, incluindo os cortes de cabelo. Ao longo da trajetória de um álbum e meio (o lado A de *Moving Pictures* e todo o álbum *Signals*), a banda conseguiu levar para o mainstream um som inventado por eles, totalmente autoral (em parte porque ninguém mais faria isso) graças a uma repaginada.

Em retrospecto, atraíam certos olhares desconfiados e conspícuos, operando praticamente sozinhos nesse zigue enquanto todas as outras bandas de heavy metal dos anos 1970 seguiam em zague. Mas, de fato, o Rush é esquisito. Sempre há um reforço na ideia de que é uma banda intelectualmente curiosa, que busca o novo com tanta coragem que seu legado acaba sendo menos debatido – para a banda, foi o que passou passou, o que vale é o agora.

"Sim, nós sabíamos que o Metallica existia", afirma Geddy. "Lembro a primeira vez que o Metallica tocou em Toronto. Meus amigos de Nova York me falaram que eles tocariam aqui, e eu fui assistir ao show e adorei a banda. Eram ousados. E progressivos à própria maneira, certo? Metal progressivo em certo sentido."

O Metallica tocou pela primeira vez em Toronto em 19 de janeiro de 1985 no Concert Hall, uma casa de shows grande e civilizada que Geddy conhecia muito bem.

"Mas não somos uma banda que planeja qualquer coisa muito adiante no futuro", continua Geddy, "e, para mim, essa é a beleza de fazer parte do Rush. Nós realmente não sabemos o que vamos fazer até que seja feito. Às vezes, tudo se encaixa e a composição é mais tranquila, ou talvez estejamos ouvindo alguma coisa diferente que nos deixa intrigados ou as letras não combinam com speed metal. Então seguimos uma direção ditada pelo momento. Essa é a coisa mais maravilhosa quanto ao processo criativo, apenas permitir o momento ser o que ele é. Portanto Alex, Neil e eu, naquele ponto, criamos um som nesse sentido pensando dessa maneira. É isso que os discos do Rush significam para mim. Às vezes eles não se colam no gênero, e é assim mesmo. Não há nada que possamos fazer a respeito. É como um âncora de noticiário  que diz: 'Neste dia, em 1982...' Era assim que trabalhávamos. É um reflexo do nosso modo de pensar criativo daquele momento."

Mesmo assim, como Terry observa com precisão, a guitarra ainda estava bastante presente em *Signals* e, surpresa, ainda haveria muita guitarra no álbum seguinte da banda, de parto complicado, chamado *Grace Under Pressure*. De modo sutil, nesse álbum, o Rush ainda era Rush, o agregado de todos os discos remontando a 1974. Vê-los ao vivo nesse momento não era diferente dos anos 1970. Dito de outra forma, coloque-os num cartaz com qualquer uma das bandas que puder imaginar e ainda será um show de rock 'n' roll do começo ao fim, a única diferença é que o Rush teria então alguns sons extras, bem sensatos e claros, cortando o típico ruído criado pela guitarra, baixo e bateria e rompendo o concreto.

Por mais estranha que fosse a existência dessa banda platinada de metal progressivo com uma pegada *new wave*, encontrava um paralelo com o Genesis da era Peter Gabriel. Rush e Marillion tocaram juntos por cinco noites em Nova York no final de setembro de 1983 em shows isolados no meio de dois discos.

"Eu lembro que foi uma ótima apresentação", recorda Geddy. "Alguém sugeriu que seria um lugar excelente para tocar, e às vezes você só quer mudar um pouco a forma de fazer as coisas. E pensamos: 'Uau, ótima ideia'. Quero dizer, para nós, fazer esse tipo de show era bem bacana, principalmente porque era mais do que só duas apresentações. Foi uma forma legal de agitar as coisas, além disso precisávamos nos aquecer um pouco para entrarmos no estúdio com *Grace*."

O interessante é que foi divulgado na imprensa daquela época que Alex e Geddy estavam ávidos para trabalhar em álbuns solo tão logo essa perna da turnê terminasse, e Neil estava prestes a trabalhar num livro de poesia e falava abertamente sobre escrever ficção.

"Nós excursionamos com o Rush algumas vezes", lembra o guitarrista do Marillion, Steve Rothery. "O que aconteceu foi que nos reunimos em 1983 e abrimos para eles no Radio City Music Hall, a renomada casa de shows de Nova York, por cinco noites. Foi antes de *Grace Under Pressure*. E foi um trabalho duro, era como ser atirado aos leões todas as noites. Mas demos conta do recado e depois voltamos a abrir para eles em 1986 e 1987, cerca de 12 ou 15 shows nos Estados Unidos e no Canadá. Os caras do Rush ficavam bem na deles. Provavelmente conversamos mais com Alex entre os três, mas todos pareciam muito legais."

Nessas apresentações do Radio City, a banda experimentou versões preliminares de "Kid Gloves", "Red Sector A" e "The Body Electric", produções das sessões de composição de agosto realizadas na pousada Horseshoe Valley, um retiro perto de Barrie, Ontário, uma hora ao norte de Toronto. Depois voltaram para o Le Studio, em Morin Heights. A procura por um produtor se encerrou quando os caras optaram por Peter Henderson. Durante uma curta passagem pelo Reino Unido na etapa final da turnê *Signals*, conversaram com Steve Lillywhite e Trevor Horn, do Yes. Lillywhite concordou em trabalhar com eles, mas depois recuou para fechar com o Simple Minds. Henderson não era a primeira escolha da banda, e eles tomaram a decisão rapidamente – um mau presságio que logo recairia sobre as rochas do gélido inverno canadense. Foi um esforço descomunal deixar o décimo álbum do Rush apresentável.

"*Signals* foi um ponto de virada", começa Alex, "o último álbum que gravamos com Terry Brown, e sentimos que precisávamos seguir adiante e ver como era trabalhar com outras pessoas. Tínhamos planejado fazer *Grace Under Pressure* com Steve Lillywhite, que concordou em trabalhar no disco. Nós nos reunimos com ele e tudo parecia bem. Então, no último segundo, o empresário dele nos telefonou e disse: 'Sinto muito, mas Steve não está mais disponível'. Isso foi devastador porque já tínhamos um planejamento, estávamos compondo e realmente ansiosos para começar a trabalhar com ele.

"Os produtores naquela época eram reservados com vários meses de antecedência para os projetos. Portanto, partimos para o banco de reservas, para ver quem estava disponível, e Peter Henderson tinha feito muitos trabalhos excelentes em engenharia de som, então decidimos contratá-lo. Foi um disco muito difícil de se fazer com Peter. Ele era um ótimo engenheiro e um cara divertido, mas parecia meio inseguro quando se tratava de tomar decisões importantes."

"E não queríamos ter que tomar certo tipo de decisão de produção quando estávamos gravando o disco", continua Alex. "Queríamos nos concentrar em tocar e no que estávamos fazendo. Nos quatro meses que levamos para fazer esse álbum, tivemos só um dia de folga, o primeiro sábado, e no resto do tempo trabalhamos feito loucos. Estávamos em Quebec, no Le Studio, e aquele inverno foi particularmente frio. A temperatura marcou 45 graus negativos durante três dias, e houve um período de duas a três semanas em que não passava de 35 graus negativos. Fazia muito, muito frio, e era difícil para trabalhar. Esse disco foi muito complicado de fazer. Mas conseguimos e permanecemos com essa ideia de trabalhar com outras pessoas."

Enquanto lidavam com um inverno fora do comum em Quebec e uma relação longe de ser a ideal com o produtor, os membros do Rush estavam tendo dificuldades com a tecnologia, ainda mais sérias do que havia acontecido com *Signals*.

"A tecnologia estava orientando a mudança", explica Paul North-field, a respeito da óbvia evolução no som do trio a qual se desenrolava diante de seus olhos. "Todo mundo estava apaixonado pelo desafio e pelas possibilidades da tecnologia. Ela oferecia uma nova paleta completa de sons para se trabalhar. Coisas como Frankie Goes to Hollywood, as produções de Trevor Horn... Esses são alguns discos extraordinários que estavam sendo feitos na época e foram revolucionários sonoramente e com relação aos arranjos. Acho que qualquer banda como o Rush, que tinha interesse em ser criativa em primeiro lugar em vez de só tocar o que já faziam bem, estava sempre avançando, sempre procurando novidades.

"Então a tecnologia por si só praticamente ditava os rumos e motivava os artistas. Eu me envolvi apenas de modo periférico com *Grace Under Pressure*. O álbum foi gravado no Le Studio, e eu era o engenheiro-chefe do estúdio na época, e eles tinham conversado comigo para trabalhar no novo disco. Mas isso foi depois que passaram por várias tentativas de mudar o produtor. Steve Lillywhite tinha deixado o Rush na mão no último minuto, então estavam pesquisando. Acho que a escolha final de produtor foi por mera conveniência.

"Conversaram para eu estar envolvido na produção do álbum – me lembro disso porque eles me pagaram uma passagem de avião até Toronto – mas sei que Alex em particular queria trabalhar com alguém que não conhecesse. Queriam algo completamente diferente. Ele trabalhou com Terry por dez anos ou mais e estava em busca do desafio de trabalhar com alguém que tivesse um ponto de vista totalmente diferente. E isso os levou a Peter Henderson. Em retrospecto, penso que teriam gostado de trabalhar com Steve Lillywhite ou alguém como Trevor Horn."

"Isso foi um grande passo, deixar a segurança de Terry Brown para trás e partir mundo afora", comenta Geddy a respeito da busca pelo novo produtor. Quanto ao motivo de achar que Steve Lillywhite teria sido uma boa escolha para o Rush, ele afirma que "ele tinha uma grande afinidade por música com guitarras, mas ainda assim buscava uma abordagem totalmente nova e moderna. A música que vinha da Inglaterra era o que estávamos ouvindo bastante, e sentíamos que ele fazia parte daquela nova leva de jovens produtores ingleses que eram mesmo inspiradores. Nós nos reunimos com ele quando saímos em turnê na Inglaterra, ele disse tudo o que queríamos ouvir e ficamos mais confortáveis com a ideia. Steve parecia um cara desafiador e interessante para trabalhar. Ficamos impressionados com o material do Big Country recém-produzido por ele, e o material da XTC realmente tinha um som original. Havia esse ótimo som de bateria ao vivo. Conheço de um ponto de vista sonoro, isso nos atraía. Era apenas algo cru, ainda assim moderno no sentido tecnológico, de que gostávamos nele".

"Todos os discos nos quais Steve trabalhou tinham essa energia incrível", afirma Alex. "Tanto sonoramente quanto a música em si. Nem todo som da Inglaterra era ótimo, mas havia alguma coisa com base no rock em seu trabalho, mas que ao mesmo tempo era muito moderna. Eu lembro quando nos reunimos com ele em Birmingham, estávamos todos muito, muito entusiasmados. E Steve saiu com a gente por dois dias, então estávamos só começando a nos sentir confortáveis."

Mas então, Geddy suspira: "Ele recebeu uma proposta para trabalhar com o Simple Minds e nos deixou de lado, basicamente. E nós achamos que isso não foi atitude de um cavalheiro e de um profissional. Sempre trabalhamos com caras muito bons que disseram uma coisa e cumpriram. Foi a primeira vez que trabalhamos com alguém cuja palavra obviamente não valia muita coisa. Acho que era sonho dele trabalhar com o Simple Minds, então, mesmo que tivesse se comprometido conosco, nos deixou na mão.

"Na verdade, ficamos em choque. Já estávamos na fase de pré-produção e bem encaminhados na composição, e tínhamos uma data em mente, e aí esse cara nos deixou completamente fodidos. E pensamos:

'Ok, o que vamos fazer agora?'. Era para estarmos fazendo um álbum, o primeiro na nossa carreira com um novo produtor, e na metade do processo de composição, o cara desaparece. Entramos em pânico. E começamos a procurar nomes – um depois do outro, e a maioria já estava ocupada naquele momento. Não é possível simplesmente pegar o telefone e conseguir os melhores produtores do mundo. 'O quê, você não pode?!' Era uma situação bem ruim. Já havíamos conversado com todos por quem tínhamos interesse, e todos já estavam sem agenda."

"Queríamos alguém interessante, alguém que tivesse algo interessante para contribuir", continua Geddy. "Que tivesse uma perspectiva interessante com relação às coisas. E começamos esse longo e tortuoso processo de entrevistas. Estávamos num local de ensaios nos arredores de Toronto. Hidden Valley, um resort de esqui, só que fomos na baixa temporada. Montamos nosso equipamento lá, nos hospedamos numa pousada e ensaiávamos na área de esqui. Um a um, vários produtores foram até lá conversar conosco. Foi realmente algo memorável. Tocamos para eles algumas coisas nas quais estávamos trabalhando, escutamos seus comentários, conversamos entre  nós e analisamos. Foi esquisito.

"O lado positivo foi que ouvimos falar sobre todos os modos de gravação, todos os tipos de ideias para fazer o disco. Opiniões diferentes sobre nossa música. Quase trabalhamos com Rupert Hine naquela época. Ele não pôde por problemas na agenda, então foi outra grande frustração, porque admirávamos seu trabalho. E então Peter Henderson chegou, ele tinha feito uns discos com o Supertramp que nós realmente tínhamos adorado e era da escola... da escola de engenharia de Geoff Emerick, Air Studios, Beatles, o mundo dos Beatles, o centro de treinamento dos Beatles para jovens engenheiros. E tinha coisas excelentes para dizer, mas no final fomos meio contrários a elas, mas falamos ok.

"Acho que era hora de conseguir um coprodutor, porque Peter era um engenheiro/produtor", conta Geddy sobre Henderson. "Ele não era o cara que realmente buscávamos, queria fazer sozinho toda a parte de engenharia. E era um ótimo engenheiro. Muito diferente de todos com quem havíamos trabalhado antes."

Porém, isso não seria bom o suficiente, como afirma Alex. "O coração dele pertencia à engenharia. E quando chegou o momento de tomar certas decisões sobre os rumos de uma canção, ou sugerir alguma coisa que pudesse criar algo diferente, ele nem sempre parecia disposto. Havia muito mais pressão sobre nós para ter ideias acerca do melhor arranjo para a música. Precisávamos de alguém que nos orientasse. Não queríamos alguém que trabalhasse para nós, mas que pudesse nos inspirar. Apenas aquela pequena faísca que leva a um lugar especial."

"Foi mais fruto do desespero, acho", afirma Paul Northfield sobre a contratação de Peter Henderson. "Não que ele tenha sido uma escolha desesperada – parecia alguém que se encaixava no projeto, tinha a experiência que procuravam e era alguém diferente. Acho que eles ficaram meio chocados com o processo de trabalhar com Peter. Houve muita indecisão no processo de gravação, uma coisa com a qual não estavam acostumados. Buscavam alguém que tomasse as decisões, alguém que os desafiasse, e não acho que Peter Henderson tenha sido capaz disso. Era um engenheiro muito respeitado, mas não creio que as habilidades dele como produtor eram o tipo de coisa que estivessem procurando. Foi bem frustrante."

Sobre o processo de mixagem do álbum com Henderson, Paul comenta: "Lembro que foi extraordinariamente longo, enquanto no passado, quando trabalhava com Terry, era raro nossas mixagens levarem mais que um dia – uma mixagem por dia, e algumas foram mais rápidas que isso. Acho que foi a primeira vez que se encontraram numa situação em que estavam mixando um disco e passaram quatro dias em uma única música. Era uma nova era de experimentação, com várias opções diferentes, e eles acharam tudo isso muito difícil. Esse disco os deixou exaustos. Geddy sabia que, quando terminassem o álbum e dessem adeus a Peter, não o veriam novamente, porque o processo de fazer aquele disco foi uma tortura."

"Nós aceitamos que estávamos acomodados de certa forma e que ele não era o tipo de produtor que tínhamos ido à procura", conta Geddy. "Peter era um cara legal, trabalhador, preciso dizer isso. Ele se sentava atrás da mesa de som e ficava lá para todo o sempre ['Tempo demais', acrescenta Alex]. Mas para nós não foi um líder. Não era alguém que podia nos ajudar a aprender as coisas que queríamos aprender. Era o tipo de produtor que não sabia com certeza do que gostava até que ouvisse, e tinha uma grande dificuldade para nos explicar o que ele achava que deveríamos fazer.

"E foi devastador para nós. Porque pensávamos: 'Puta merda, depois de tudo isso, basicamente estamos produzindo a nós mesmos'. Tivemos que produzir para ele nos produzir. Terminávamos um take e falávamos: 'Ei, Pete, como ficou esse take?'. E ele dizia: 'Não sei, vocês querem comparar?', 'Bem, você está aí, ouviu o take'. Então entrávamos lá junto à mesa de som e ouvíamos tudo de novo, e ele nos olhava e dizia: 'Bem, o que acham?'. E foi assim que as coisas se desenrolaram. Isso resultou numa sessão de gravação muito longa, muito difícil."

A sessão durou quatro meses e começou a prejudicar a vida pessoal dos rapazes. Geddy afirma: "A sessão de gravação quase custou meu casamento, porque fiquei tão obcecado com a produção daquele álbum que os poucos dias em que eu conseguia ir para casa ficava lá ao lado da minha esposa, mas não conseguia parar de pensar no disco".

Foi uma sessão dura também entre os integrantes da banda. "Foi intensa, nós brigamos", conta Geddy. "Acho que uma das pouquíssimas vezes que não nos entendemos muito bem foi durante aquela sessão. Lá estávamos nós, no Le Studio, todos caras legais, tentando fazer esse disco juntos, lá fora fazia 35 graus negativos, um inverno mortal, e aquilo simplesmente parecia interminável. Ficávamos implicando uns com os outros. Não era o trabalho. Estávamos unidos pela nossa frustração de fazer aquele disco, então quando precisávamos trabalhar, trabalhávamos. Não brigamos por causa disso. Havia músicas e ideias, mas no 50º dia ou algo assim, já tínhamos bebido vodca demais e ficávamos só implicando uns com os outros, sabe? Você meio que entra em colapso. A gente já não se divertia.

"E mesmo com as mixagens, fazíamos uma mixagem e cerca de 40 versos da canção ou um número absurdo assim, e a gente sabia que precisava ouvir aquilo de novo e encontrar a versão de que gostávamos. Esse não é o jeito certo de se fazer um disco. Foi difícil, mas um ótimo aprendizado: nos desligar de Terry e ter que lidar com isso. Acho que fizemos um bom álbum, mas pagamos um preço alto demais por ele."

"Há algumas canções incríveis naquele disco", concorda Alex, "e o álbum tem um som muito bom. Definitivamente se destaca entre nossos álbuns."

"Mas foi como, ok, esse é o mundo sem Terry e não é um mundo muito cortês", ri Geddy. "Vivendo e aprendendo. Acho que essa experiência terrível nos ensinou mais sobre o modo de se fazer um disco do que qualquer boa vivência poderia nos ensinar. A gente aprende na dor, infelizmente."

Ainda assim, nem Geddy nem Alex se arrependeram de ter escolhido mudar de produtor. "Acho que não", diz Alex, ao responder se eles se arrependeram da decisão de despedir Terry. "Até acho que falamos: 'O que foi que fizemos?'. Mas foi apenas um comentário de momento. Acho que estávamos comprometidos."

"Estávamos bem além daquilo", concorda Geddy. "Estávamos fartos de fazer discos. Francamente, éramos meio loucos. Foi uma dureza, de verdade. E lembro que depois levamos o álbum para ser masterizado com Bob Ludwig, chegamos lá e colocamos para tocar 'Red Sector A' e nos demos conta de que a mixagem não tinha nenhum pedal de baixo. Por alguma razão eu tinha deixado – ou nós tínhamos deixado – os pedais de baixo de fora daquela música. Quando tudo dá errado, acredite em mim, dá errado até o final."

Mas o disco foi finalizado, emergindo da hibernação em 12 de abril de 1984, envolto numa camada de gelo, cortesia da arte de capa impessoal e arrepiante de Hugh Syme, um pouco ficção científica, um pouco apocalíptica, definitivamente criodessecada. Fazendo um trocadilho com o título bem apresentado, Hugh também incluiu a imagem de um grampo de marceneiro tipo C prendendo um ovo. Para a foto da banda, o Rush chamou uma lenda canadense, Yousuf Karsh, que conduziu uma sessão de fotos de estúdio para usar na contracapa.

Como Alex contou a Geoff Barton: "Estávamos conversando em Horseshoe Valley, compondo material novo, e pensamos o que fazer com a capa do LP. Eu falei para Neil: 'Por que não fazemos um bom retrato em preto e branco na contracapa? Nunca fizemos nada desse tipo antes'. Geddy imediatamente comprou a ideia e disse: 'Sim, por que não chamamos Karsh?'. A reação de todos foi positiva, mas achávamos que não havia chance. Pensamos, bem, podemos tentar, mas ele não nos parece o tipo de fotógrafo disposto a fazer uma coisa dessas. Mas ele fez! Não sei se você já viu algum livro de Karsh, mas basicamente, ele é fotógrafo de estrelas de Hollywood e da realeza e de todo mundo que importa. Olhando para a foto, dá para ver que as imagens dele são muito honestas. Elas não embelezam você de forma alguma. Todo mundo na banda parece um pouco mais velho, um pouco mais bruto. Mas acho que ficou bom. Definitivamente não é uma imagem rock' n' roll, mas é um retrato muito verdadeiro e realista de nós três. Além disso há o poder inerente que se obtém com uma fotografia em preto e branco. Desperta bastante emoção."

Assim como os três discos anteriores, *Grace Under Pressure* abre com uma faixa alinhada pela indústria Rush Inc. para obter máximo impacto comercial, "Distant Early Warning", que ganhou um vídeo bem descolado para invadir as residências de quem queria sua MTV. Mas a música tem uma construção interessante, caminhando lentamente numa vibe reggae tão leve que Neil está acertando *rim shots*. Contudo, as coisas não continuam assim por muito tempo, porque um refrão poderoso leva a música para uma zona limítrofe de hino que se torna ainda mais impactante com uma introdução progressiva em força máxima. Não se trata de uma provocação nascida de sintetizadores, mas deixa espaço na mistura para a banda induzir uma atmosfera que lembra o Police, com Alex adotando uma pegada tanto de Andy Summers quanto do Fixx e do INXS.

"Foi quando comecei a usar minha coleção de gravatas estreitas nos anos 1980", brinca Neil, descrevendo o contexto em que o disco combina com o visual exibido no vídeo dessa canção. Ele de fato passou a usar gravatas estreitas ainda na era de *Permanent Waves*, mas nesse vídeo é Alex quem veste uma. "Noite após noite tentamos superar um ao outro com a gravata mais ridiculamente estreita, e eu usava gravatas com camiseta gola polo e essas coisas. Era divertido. Afinal, a moda é para ser divertida. Ainda éramos jovens, então não foi esforço algum. Não tivemos que contratar um consultor de imagem para nos dizer o que vestir nos anos 1970 ou 1980 ou 1990, e depois já não ligávamos mais para a moda sendo senhores de uma certa idade. Era apenas um reflexo honesto. Não precisamos tentar continuar relevantes ou escrever canções para pessoas mais jovens que nós ou nos diminuir em algum momento. Estávamos escrevendo sobre o que nos preocupava, e nosso público sempre foi capaz de acompanhar as mesmas inquietações."

Ao responder sobre os temas, Neil observa: "*Grace Under Pressure* não falava apenas de coisas metafísicas, era sobre meus amigos, pessoas que estavam com problemas. O verso principal em 'Distant Early Warning' é '*You sometimes drive me crazy, but I worry about you*' – 'Você às vezes me enlouquece, mas me preocupo com você'. Essa é a expressão máxima da compaixão. Usei um título de William Faulkner nela também, *Absalão, Absalão!* É a história da Bíblia em que o rei Davi permite que seu filho morra, e a súplica é '*Would God I had died for thee*' – 'Por que não morri eu em teu lugar'. Essa é a expressão máxima de compaixão. Quando descobri o que isso significava fiquei arrepiado – ainda fico na verdade –, a questão do 'Absalão, Absalão', afinal haveria presente maior do que dar sua vida? Todos nós provavelmente sentimos isso em nossa existência, amar alguém dessa forma. Para mim essa é a expressão máxima de compaixão que a canção está tentando expressar.

"Quando essas coisas se tornaram parte da composição, foi num sentido bastante humanista. Sim, já passei pela fase de escrever fábulas de ficção científica e contos fantásticos e tudo isso, mas era por diversão, entende? Muito daquilo foi por diversão. Quanto mais li e mais vivi, na verdade eu – até onde me cabe – me tornei um estudioso da natureza humana; e todas aquelas canções são sobre pessoas. Eu as via fazendo coisas e me lembrava do que aconteceu. Havia lido uma entrevista com um fotógrafo correspondente de guerra, e ele tinha começado como um jovem indo para o campo de batalha pensando que, se ao menos pudesse tirar a fotografia certa, essa foto mudaria as coisas. As pessoas veriam a guerra e veriam o desespero e a brutalidade humanos, e então elas mudariam. Bem, eu tinha a mesma ilusão quanto às canções. Pensava que se pudesse fazer a música certa, as pessoas entenderiam e mudariam. Então, se eu pudesse escrever sobre hipocrisia e pudesse escrever sobre como tratamos mal uns aos outros, os desentendimentos entre nós e todas essas coisas... Era isso que eu estava tentando realizar. Com certeza, de *Moving Pictures* em diante, tentei encontrar grandes metáforas para as pequenas coisas em vez de pequenas metáforas para grandes coisas."

Grandes metáforas para pequenas coisas: essa é uma boa pista para nos ajudar a decifrar a consideravelmente impenetrável letra de "Distant Early Warning". A grande metáfora aqui – e a imagística, com os elementos do cenário e as máquinas – vem da Guerra Fria, com certeza algo que estava na cabeça de todo mundo no começo dos anos 1980. Aqui, é uma metáfora sobre os relacionamentos pessoais, o abismo entre as pessoas (veja também "Different Strings" e "Entre Nous"). Apoiando essa linha de pensamento, há o refrão. O modo como Neil organizou as palavras faz parecer que o mundo o está deixando louco de preocupação, ou inversamente, é alguém íntimo em sua vida, sem nome, ou um íntimo universal que pode existir para qualquer um no mundo real. Não há metáfora maior do que o mundo e não há "nada" menor do que o que acontece entre dois desconhecidos numa cafeteria.

Essa canção também parece ter um pé em "New World Man" e "Digital Man", mais especificamente em relação ao refrão da primeira e as estrofes da segunda. E é impossível deixar de notar a influência do Police. Certa vez perguntei a Stewart Copeland se a dívida foi paga. "Efusivamente!", ele riu. "Somos bons amigos. E aqueles caras são tão canadenses. Não se importam com todos os ataques que eu costumava disparar na direção deles, que mais tinham a ver com os penteados que com a musicalidade. Encontrei os três há pouco, um mês atrás, na casa de Neil. E como rimos juntos, vou te contar. Mas Neil nunca deixa de mencionar, sabe, a dívida da inspiração. Mas eles são bem canadenses – é como fazem as coisas. Sabe do que estou falando."

"Sempre há alguma coisa interessante", diz Geddy sobre o catálogo do Police. "O modo como eles usam o ritmo, o modo como estruturam as canções, a atitude dele na bateria – é realmente interessante. Ou o modo como Sting expressa as emoções. Ele gravava a voz em multicanais de um jeito particular e criava esse som bacana de verdade. Eram coisas que repercutiam entre todos os outros músicos. Não queríamos parecer o Police, mas era possível buscar inspiração em todas essas bandas que estavam fazendo coisas boas. Às vezes é um cantor de um tipo de música que é muito diferente do seu. Mas eu ouço alguma coisa que o vocalista faz, seja vocal masculino ou feminino: 'Olha que bacana o modo como ela usa a voz. Posso aprender algo com isso'. Essas coisas influenciam. Você as acrescenta à sua própria receita, ao seu repertório, à sua caixa de ferramentas, seja lá como quiser chamar, e elas te inspiram."

Alex comenta ainda: "Ninguém quer realmente ouvir uma coisa para depois copiar. Como Geddy disse, é o lugar de onde a coisa vem que inspira quando se ouve determinada banda. Sabe, The Edge, adoro o modo como ele usa os delays. Não foi o primeiro cara a fazer isso, mas é muito eficaz no modo que incorporou como parte de seu estilo de tocar. E o mesmo acontece com o Police. Andy é um guitarrista incrível, um som realmente direto, mas ainda assim poderoso, o modo como ele tocava as cordas, o jeito que as atacava, os ritmos contrapostos. Foi uma grande influência e inspiração."

Mas em termos de descobrir como encaixar a guitarra naquilo que de repente se tornou uma banda de quatro instrumentos, Alex diz que tudo coube a ele. "Isso foi puramente uma questão de como aplicar no nosso grupo, como eu queria abordar aquele som. Não procurei em outro lugar para ouvir como outra pessoa fazia. Éramos únicos. Só que havia muitos componentes, outros que não apenas a guitarra e os teclados. Havia o baixo de Geddy, que era muito intrincado naquele momento. E seus vocais, as letras, o número de palavras e a bateria cheia de energia de Neil. Há muitas coisas complicadas nesse caldeirão."

"O que se busca não é exatamente o que já se sabe fazer", acrescenta Geddy, com sabedoria. "Eu não estava ouvindo muitas bandas de metal ou de rock progressivo. Porque meio que já sabia como fazer aquilo. Você procura ouvir coisas que não conhece. Quer algo novo. Está buscando aquelas ideias que não haviam passado pela sua cabeça, que podem ser aplicadas ao seu próprio estilo e som. Isso te torna um músico melhor."

Geddy admite que não sabe muito bem onde o Rush foi se encaixar nos anos 1980 depois de todas essas destemidas explorações e investigações. "Nós nunca conversamos sobre isso", diz ele. "Jamais. Não acho que sequer usamos as palavras 'Somos relevantes? Isso é relevante?'. Não, fazemos o que parece certo e tentamos manter a naturalidade e não pensar nessas coisas. É tudo muito grande – não tem como pensar. É imenso demais para se pensar a respeito. Não se pode pensar longe e estar dentro de si ao mesmo tempo, não acho que isso funcione. Então criamos um som, uma música ou uma ideia de que gostamos, e uma coisa leva à outra. Cada disco é como uma jornada que desconhecemos até que ela esteja concluída. Não sabemos realmente o que estamos fazendo até terminarmos de fazer. Depois olhamos para o resultado e pensamos: 'Uau, até que deu certo'. É uma cápsula do tempo, é o que representa um dado período. E eu amo isso a nosso respeito. Não sabemos para onde estamos indo até que estejamos ocupados fazendo, até que estejamos lá trabalhando e compondo, tudo se resume ao momento. É uma coisa muito gratificante para um escritor ou um músico – é um modo bom de se viver."

Assim como em *Signals*, a segunda faixa é um rock acelerado, embora o tema da música seja sombrio, lembrando a morte de Robbie Whelan, que fazia parte da equipe do Le Studio e morreu num acidente de carro perto do estúdio em maio de 1983, quando trabalhava no segundo álbum do Asia, *Alpha*. Ele tinha 31 anos e deixou a esposa, Carla.

"Robbie era engenheiro assistente aqui", recorda Neil, caminhando em meio às ruínas do Le Studio anos mais tarde. "Ele fez parte de todos os nossos jogos de vôlei, e escrevi a canção 'Afterimage' sobre ele. Falo das pegadas no gramado. Sabe, ficávamos lá jogando vôlei do outro lado deste lago, até o sol nascer. Então, sabe, aquele horário normal de músico – dormir até meio-dia, levantar e voltar ao trabalho. Depois fazíamos um intervalo na hora do jantar; jogávamos algumas partidas até que a neve começasse a cair. Tirávamos a neve da nossa quadra de vôlei porque era um exercício e uma válvula de escape necessária."

Geddy complementa: "'Afterimage' foi uma canção muito pessoal e na verdade fala da perda de um amigo. Então acho que tivemos um cuidado extra para garantir que fosse sensível e a gravação ocorresse bem".

Como Alex contou a Jas Obrecht, da revista *Guitar Player*, "a música 'Afterimage' é a história de um amigo muito querido que morreu num acidente de carro. Queríamos celebrar a vida dele, mas há certa tristeza na canção, e o solo de guitarra é uma tradução desse sentimento. Penso nele toda vez que tocamos essa música. Ele trabalhava no Le Studio, então estávamos gravando exatamente lá onde ele ficava. Diminuímos um pouco as luzes, e foi muito emocionante e inspirador. Não sei quantas vezes meus olhos se encheram de lágrimas quando aquele solo entrava enquanto ouvíamos a gravação. Na metade, eu ficava tão empolgado que saía do tempo, então voltávamos ao começo e eu pensava [voz embargada]: 'Ok, vamos tentar de novo'".

Na realidade, é possível ouvir a emoção dos três músicos, Neil tocando com toda força, Geddy articulando o baixo e Alex tocando praticamente um punk rock furioso com seus acordes. É interessante notar que, uma vez que termina o verso original condutor onde essa linha direta mágica acontece, não se ouve mais o arranjo. Muitas luas depois há outro verso apropriado, mas Alex muda para adotar um estilo de tocar parecido com Andy Summers. Dito isso, "Afterimage" pode ser considerada uma canção de metal progressivo, com várias partes organizadas de forma peculiar e dois versos que são diferentes entre si e separados por outros tantos. Talvez devido à dor que a música expressa, ela foi apresentada apenas na turnê subsequente e depois nunca mais foi ouvida ao vivo.

"Red Sector A" abre com a guitarra harmoniosa de Alex, estabelecendo o clima para Neil tocar seu melhor chimbal intrincado ao estilo de Stewart Copeland, atento também a um padrão borbulhante de sequenciador. Mas a melodia é sombria, assim como a letra.

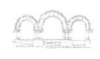

Como Neil explicou a Jim Ladd: "Eu li o relato em primeira pessoa de alguém que tinha sobrevivido a todo o sistema de trens e campos de concentração, Dachau e tudo mais – ela era uma garotinha de 13 anos quando foi enviada para lá, onde permaneceu alguns anos. E depois li os relatos em primeira pessoa de outros que saíram no final, todos felizes por estarem vivos, que foi a maior das graças. *Graça sob pressão* é isso. Eles nunca abandonaram a força de vontade para sobreviver, mesmo passando pelo horror extremo e por privações físicas de todos os tipos. Simplesmente sequer cogitavam ser fuzilados, sabe? Eram sempre os desafortunados, o que foi uma coisa importante que eu queria abordar.

"Também soube pelos relatos de não ficção narrados em primeira pessoa que esses sobreviventes mantinham pequenos rituais de suas religiões. Se fosse um dia de jejum, mesmo que já estivessem morrendo de fome, eles recusariam o pedacinho de pão e a pequena porção de mingau, porque era dia de jejuar. Precisavam se agarrar a alguma coisa, alguma noção de normalidade, sabe, isso era importante. E me comoveu. Foi intenso.

"Quis criar uma atmosfera atemporal, porque isso aconteceu, é claro, mais do que uma vez e com mais de uma etnia. Aconteceu inclusive neste país onde nos encontramos. Sabe, os britânicos fizeram isso, ninguém pode se colocar acima desse fato. A escravidão envolveu incontáveis países que comercializavam de tudo – pessoas eram traficadas como se fossem animais. Ninguém pode dizer que não participou, seja de um viés racial ou nacionalista. Então eu queria trazer isso à tona sem ser específico e simplesmente descrevendo as circunstâncias, tentando olhar para o modo como as pessoas reagiam a isso.

"Outra imagem de fato importante e, para mim, muito comovente que li nesses relatos foi que no final de tudo essas pessoas, é claro, ficaram totalmente isoladas do resto do mundo, de suas famílias, de qualquer notícia. E elas, nos casos que li, acreditavam que eram os últimos sobreviventes. Sabe, que as pessoas que as libertaram e eles próprios eram os últimos do mundo a sobreviver depois da guerra. Parece meio melodramático para se colocar numa canção, percebo, mas é verdade. Então não parecia que eu precisava evitar que a música fosse dramática em excesso porque ouvi e li mais do que aquele único relato."

Particularmente comovente, sem dúvida, há o fato de que Geddy canta as palavras de Neil, sendo que os próprios pais foram sobreviventes do Holocausto.

Fechando o lado A está "The Enemy Within", que é o mais próximo que o Rush chegou do ska na carreira. Depois de explicar a Jim Ladd o conceito da Trilogia do Medo (essa canção é a primeira parte; já abordamos as continuações, "Witch Hunt" e "The Weapon"), Peart afirma que "no final organizei meu pensamento e as imagens que queria usar para reuni-las e esse foi o resultado. 'The Enemy Within' foi mais difícil porque eu queria observar como isso me afeta, mas foi além de mim mesmo. Não gosto de ser introspectivo como regra. Penso que vou determinar como minha primeira regra: 'Nunca seja introspectivo!'. Mas ao mesmo tempo eu queria escrever sobre mim de um modo universal; queria descobrir coisas em mim que acho que fazem sentido".

A produção do vídeo de ficção científica caro mas meio brega criado para essa música faz eco à mensagem do clipe de "Distant Early Warning", argumentando que o Rush era uma banda futurista e moderna. Apesar da clara tentativa de afastar os telespectadores, com uma edição irregular sombria, closes cortantes e imagens distorcidas intencionalmente, esse vídeo foi escolhido como o primeiro a ser transmitido pela MuchMusic, a versão canadense da MTV, quando foi lançado em 31 de agosto de 1984. Sem surpresa alguma, o canal seria uma vantagem para a sem dúvidas maior e mais longeva banda de rock do Canadá. Como consequência, o Rush passou a se envolver com entusiasmo na criação de videoclipes para a televisão, uma busca em sinergia com todas as filmagens que emoldurariam as apresentações nos palcos. De fato, nessa época, Geddy chegou a comentar que a banda queria fazer um vídeo para cada uma das faixas do álbum.

"The Body Electric" também teve o mesmo tratamento distópico, até mesmo orwelliano, certamente com uma pegada de ficção científica, mas com mais foco na narrativa comparado aos videoclipes anteriores. Isso faz sentido graças à letra, e à música também, com os integrantes do trio parecendo robóticos em meio a uma colagem de sons mecanizada.

"Começamos a ficar obcecados com ritmo naquele período", conta Geddy, que faz uma observação importante – com *Grace* e os discos seguintes, por causa de todo o debate sobre os teclados, havia o mesmo tanto de estranheza rítmica acontecendo. "Principalmente comigo e com Neil. E até mesmo na forma de tocar de Alex. Ele é um dos melhores guitarristas rítmicos do planeta Terra, e eles não recebem a devida importância. Mas sim, estávamos tentando deixar nossa música com uma pegada mais rock e com mais *groove*, sabe? E isso não é fácil. Ainda mais para brancos canadenses.

"Portanto, é possível afirmar em certo sentido que nossa primeira influência foi o rock clássico, aventureiro, e então estávamos tentando unir rock e complexidade e fazer com que houvesse esse *groove*. Foi como ganhar um brinquedo novo e o trazer para dentro da nossa música. Estávamos progredindo e buscando nos tornar músicos melhores, e isso sempre incentiva a composição a dar um passo além. Quando nossa composição fracassa de tempos em tempos é porque damos atenção demais às nossas necessidades enquanto músicos. Às vezes o papel de músico dita o que se está compondo e o que é preciso fazer enquanto profissional, e esse é o resultado derradeiro. Por isso estou dizendo que há várias razões pelas quais os fãs se afastaram de nós em certos momentos da nossa carreira, e não há nada que possamos fazer a respeito."

Essa faixa é baseada num antigo episódio de *Além da imaginação* de 1962 chamado "I Sing the Body Electric" ["Eu canto o corpo elétrico"], mas é mais ou menos uma história básica sobre opressão. É "2112" para robôs, como se percebe, com o protagonista tentando se libertar dos padrões eletrônicos. No começo, pode-se dizer que é a história da capa do álbum, mas no final fica implícita uma narrativa intrigante. Ela questiona o que acontece à consciência da máquina quando ela mesma se desliga. Como 1001001 é o código de ASCII para I, é como  se, enquanto os bytes se quebram em bits, através dessa nebulosidade o android buscasse manter algum senso de si.

"Com o solo de 'The Body Electric', fiquei frustrado e com raiva", disse Alex em entrevista à *Guitar Player*. "Não conseguia encontrar um rumo, tentava isso, tentava aquilo. Trabalhava numa coisa durante algumas horas e depois pensava: 'Ficou uma merda. É a mesma coisa que já fiz um milhão de vezes'. Eu largava a guitarra e saía para ver uma partida de hóquei ou algo assim, tentava encontrar algum tipo de inspiração. Então voltei e pensei: 'Foda-se. Vou deixar rolar'. E de repente todo mundo se virou para mim dizendo: 'Ei, é isso aí! O que foi isso?'. Nós tocamos a fita e achamos bem curioso. É o que dá a faísca: ouve-se alguma coisa que é louca e curiosa. Era mais a minha personalidade, e tudo partiu dali. Depois disso, levou cerca de 40 minutos para fazer o solo inteiro. Há uma nota com a alavanca. Eu a uso muito agora – até demais. Reparei recentemente que a minha mão esquerda anda ficando bem mais preguiçosa. Meu vibrato é algo no qual trabalhei por muito tempo, mas ele ficou bem preguiçoso. É muito mais fácil voltar e usar a alavanca, e o vibrato fica muito bom. É para cima e para baixo em vez de para frente e para trás que se faz com a mão."

"Kid Gloves" é um dos rocks melódicos cativantes, guitarrísticos e inspiradores, com Alex duplicando os canais com a Telecaster em oposição à Gibson, praticamente um alvoroço de pátio de escola quando se trata de guitarras. Um verso irregular em 5/8 que traz um recompensador pré-refrão e um refrão com sintetizadores minimalistas.

"Foi difícil encontrar um ponto de partida nessa música", comentou Alex com relação ao solo de guitarra desnorteador em entrevista a Andrew MacNaughtan, um dos principais fotógrafos da banda, que infelizmente já nos deixou. "O modo como em geral componho os solos é brincando com algumas ideias diferentes e as tocando até que alguma coisa encaixe. Depois mantenho aquilo e experimento algo mais, então começo a combinar os pedaços, volto e refaço a coisa toda. É basicamente o que aconteceu com esse solo. Lembro que levou muito tempo. Passei quase dois dias e meio trabalhando nele. É engraçado, sabe, você pode passar horas e horas tentando encontrar um rumo e um ponto de partida. Mas assim que se obtém o ponto certo, o solo pode levar dez ou 20 minutos para ficar pronto. Em 'Kid Gloves' ele levou cerca de 45 minutos para terminar depois que eu enfim havia encontrado um rumo. A partir disso, tudo simplesmente se encaixou."

"Red Lenses" se alterna entre o jazz e o pós-punk, com Alex mais apagado e criando texturas e Neil sendo ao mesmo tempo tribal e eletrônico. Quanto à letra, ela aborda os problemas nas notícias, a canção talvez servindo como um microcosmo ou um resumo de um álbum que em geral traz Neil reagindo ao mundo em constante mudança ao seu redor.

"Há uma frase de um escritor francês", explica Neil, "talvez Flaubert, dizendo que um romance deve ser um espelho se movendo pelo caminho, um espelho viajante. E gosto de pensar assim também com relação à banda, como se talvez fôssemos fones de ouvido viajantes captando o que está acontecendo ao nosso redor e sendo um reflexo disso. De muitas maneiras, 1983 foi um ano bastante tenso por causa dos eventos daquela época, e estávamos em meio a uma revolta.

"Os soviéticos tinham derrubado o voo da Korean Airlines naquele ano, e muitos amigos meus estavam com problemas no trabalho ou em seus relacionamentos. Foi como um ano de angústia, e isso aparece com clareza na nossa música. Naquela época, não foi um dos nossos álbuns mais populares de forma alguma, mas as pessoas que gostaram na verdade o adoraram. E compreendo totalmente o porquê. Como a vida estava daquele jeito no momento, o disco se tornou sua trilha sonora.

"E, de novo, há muita emoção – toda aquela angústia está na música. Pode ser sentida ali. Às vezes é bem marcada, como em 'Distant Early Warning' ou em 'Red Lenses', mas outras vezes é apenas parte da tensão na faixa. Essas coisas subjacentes, como a raiva em '2112', elas transmitem isso. Então é assim que eu faço. Certa vez fiz a comparação com uma antena de satélite se movendo pela estrada. Talvez seja mais pertinente ao nosso tempo. Porque estávamos lá durante a era do vídeo, e mais tarde estávamos lá quando o rock redescobriu as guitarras nos anos 1990 com Guns N' Roses, Soundgarden e Pearl Jam, sendo que antes disso elas tinham sido relegadas às florestas petrificadas bem longe da civilização."

É difícil não pensar em King Crimson quando confrontados com a excêntrica "Red Lenses". Neil era fã de Bruford, e Bill passou pelo próprio processo de modernização radical. Afinal, isso também aconteceu com o King Crimson todo, convenientemente a partir de um álbum chamado *Red*, que foi o "álbum vermelho" do período vermelho, azul e amarelo do começo dos anos 1980. De fato, Alex tem muito em comum com Adrian Belew naquele disco – *Discipline*, de 1981 – e os vocais de Geddy aqui apresentam um pouco da experimentação conversacional daquele álbum, também cortesia de Adrian.

"Bateria eletrônica é uma desgraça", ri Geddy, sobre outro aspecto da faixa. "Mas sabe, Neil ainda tocava bastante a bateria convencional.

Não lembro em quanto desse disco ele usou a bateria eletrônica. Mas nós estávamos começando a nos mover em direção a essa área. Peter foi ótimo para gravar todas essas coisas. Ele sabia mesmo como gravar, e realmente tinha uma atitude diferente sobre compressão, o que acho que fez uma enorme diferença no som do álbum. De um ponto de vista técnico, era tudo o que queríamos. A questão era apenas o que foi necessário para atingirmos o resultado.

"Mas não é bateria de verdade!", afirma Lee sobre o som eletrônico. "É uma versão filtrada dela... Quero dizer, você tem ali o baterista do século. Tem um baterista monstruoso que faz os sons reais parecerem incríveis. E ouvir Neil tocar uma bateria eletrônica é meio decepcionante. Mas ele tem a ousadia de a usar como um instrumento completamente diferente, mérito todo dele. Neil criou uma sinfonia de sons e usa tanto a bateria eletrônica quanto a verdadeira. Só que, no começo, era divertido para ele tocar bateria eletrônica, assim como era divertido quando eu tocava os sintetizadores. Então era uma coisa que ele precisava experimentar. Conseguimos obter um som excelente, mas deu muito trabalho. Foi a mesma coisa quando comecei a tocar os sintetizadores. Na primeira vez que se pluga o equipamento, o som é terrível. É preciso realmente trabalhar neles. Porque, num primeiro momento, todos têm um som meio zoado. Então Neil passava pelas dores do crescimento com a bateria eletrônica, e eu passava pelo mesmo com os sintetizadores – parecia que estávamos travando um embate com a nova tecnologia."

Fechando *Grace Under Pressure* de forma claustrofóbica, "Between the Wheels" foi a primeira música que a banda criou durante as sessões de composição, seguida por "Afterimage" e "Kid Gloves". Alternando entre uma atmosfera taciturna e esperançosa musicalmente (comparável a "Cry Out for Your Life" da Max Webster), na letra não há quase esperança. Aqui Neil coloca tudo em reverso com relação a "Distant Early Warning" e usa uma metáfora menor para algo imenso, as engrenagens das guerras e a questão dos ciclos históricos.

"Esse álbum parece não ter baladas", repara Alex, conversando com Andrew MacNaughtan. "Sim, você está certo. Também não há violão nesse disco. Acho que apenas aconteceu dessa forma. Suponho que estávamos numa fase raivosa, musical e liricamente falando. Recebíamos o *Globe and Mail* na pousada onde ensaiávamos em Horseshoe Valley todas as manhãs. Todo o enrosco com o voo da Korean Airlines acontecendo e as conversas sobre armas nucleares. Era uma coisa depois da outra. Acho que isso realmente influenciou a escrita de Neil, e por esse motivo há tanta raiva. Acho que a música espelha essa raiva, assim como 'Between the Wheels' é uma canção forte, muito opressiva. Não acho que havia lugar para uma balada nesse álbum.

"Agora mesmo há muita coisa acontecendo que nos deixa raivosos, até mesmo preocupados. Neil apenas está se tornando mais um observador. Acho que as letras dele estão levantando questões muito importantes em vez de narrar uma história. Nesse sentido, sua composição mudou e se tornou mais condensada. Ele está obtendo mais valor das palavras. A música é uma coisa muito pessoal. Pode ser o que você quiser que seja. Se as pessoas aceitarem, ótimo. Se não aceitarem, não é um grande problema. Se tiver sorte de ser bem-sucedido financeiramente, ótimo, mas existe outro tipo de sucesso também – escrever uma boa canção. Isso é o que vem primeiro. Não acho que o tópico sobre o qual se escreve de fato importe. Se quiser fazer um manifesto político, a música é sua, vá em frente; sempre foi assim na música folk. Mas se quiser cantar sobre o quanto seu tapete é marrom, tudo bem também. Não acho que existem muitos parâmetros para o que se pode ou não escrever."

Assim que o disco chega ao final, de fato temos uma noção do som sólido e sensato que o Rush alcança ali, mais notadamente em termos de sintetizadores em contraponto às guitarras. "Between the Wheels" ilustra esse aspecto de forma particularmente impressionante. *Signals* também era superlativo, mas um pouco mais amadeirado e afetuoso de um modo analógico. Aqui os sintetizadores são mais cortantes, assim como as guitarras, e com as ocasionais peripécias da bateria eletrônica trata-se de um mundo inteiramente novo. Mas há uma amplitude de graves e agudos, apesar de tantas frequências com características de médio alcance prensadas contra nós.

"Tentávamos refinar a atitude de uma banda com guitarra/sintetizadores", acredita Geddy. "Queríamos ser aquele Rush de *Signals*, mas com uma base mais firme e sólida enquanto trio. Mais agressivos, principalmente quanto ao timbre de Alex, recuperando-o maior e mais rico e ao mesmo tempo fazendo uma permuta ao usar o som do sintetizador. Buscávamos mais. E alcançamos isso. Acho que há algumas canções excelentes naquele disco – 'Between the Wheels' e 'Distant Early Warning', acho que são verdadeiros sucessos quando olhamos para trás. Tivemos nossos momentos no álbum, sem dúvida."

"Fiquei muito mais feliz com o caráter do som da guitarra", concorda Alex. "Ficou mais próximo do que eu imaginava. Há uma visão em sua mente e é possível vê-la com clareza, e você luta para conseguir um som que combine com aquilo que tem na cabeça, e muito raramente se chega àquilo. Lembro que me senti muito melhor quanto à sutileza do som da guitarra naquele disco em relação aos teclados. Também usávamos teclados que tinham um caráter mais resplandecente com relação aos sons e que se colocavam para cima num alcance diferente, criando mais um efeito do que se tornando uma parte integral da musicalidade da canção. A guitarra podia desempenhar seu papel."

Contudo, era o mesmo setup geral que da vez anterior para Alex. Ele conta: "Sim, eu ainda usava a Hentor, a Strats com os captadores humbucker e a Flapsocaster. Não houve nenhuma mudança na verdade; eu sempre procurava equipamentos novos, sabe, os efeitos que surgiam". Observe que aqui Alex está falando de uma Hentor Sportscaster, rebatizada como Porkflapsocaster.

Geddy conta que era comum Alex entrar em discussões com os engenheiros. "A batalha entre ele e os engenheiros era por causa dos pedais", diz ele.

"Sim, eles sempre queriam colocar os pedais depois", ri Alex. "A discussão era... esse é meu som, é assim que eu ouço." O que ele quer dizer é que queria ter controle dos próprios efeitos diretamente da pedaleira. "É assim que eu gosto. Não quero que nada seja acrescentado depois. Ged fez um comentário sobre os engenheiros certa vez, algo como 'eu gostaria de simplesmente poder arrancar a cabeça deles'. Algo assim."

"Você não aguenta conviver com eles, não pode matá-los", diz Geddy. "Ele brigou com cada engenheiro que já trabalhou com a gente num álbum. E eu incitava a briga. Mas Peter era excelente. Quero dizer, esse disco ficou muito bem gravado, quando paro para pensar. Ele tinha um ótimo instinto para o som e uma base muito boa. Portanto, o álbum realmente tem um som poderoso, e o mérito é dele. Era um engenheiro estupendo. E um cara legal, mas..."

Apesar de o Rush continuar a desafiar, incitar e provocar sua base de fãs, *Grace Under Pressure* conquistou platina nos Estados Unidos, assim como *Signals*. O disco subiu ao número 10 nas paradas da Billboard, 5 no Reino Unido e 4 no Canadá. Quatro vídeos complexos foram lançados a partir desse álbum, já que a banda se esforçava a fim de se manter visível para a geração MTV, com uma estratégia de vendas agressiva para um som que não era mais particularmente adjacente ao heavy metal tradicional, e ainda assim não era *new wave* o suficiente para cruzar até o território de Duran Duran, Simple Minds ou A Flock of Seagulls, muito menos competir com The Cars, Huey Lewis, Michael Jackson, Bruce Springsteen ou Prince.

A turnê de *Grace Under Pressure* começou em 7 de maio de 1984 em Albuquerque, Novo México, com Gary Moore abrindo durante dois meses, seguido pela Pat Travers Band e Fastway. Para promover os compatriotas canadenses, o Rush também dividiu os palcos com Red Rider e Helix. Mais tarde, o Y&T substituiu a Fastway, que tinha sido a banda de abertura durante todo o mês de outubro. Dito isso, juntar-se a esses artistas mandava uma mensagem particular – os caras ainda queriam bandas de heavy metal limítrofes para deixar os fãs eletrizados. Em junho de 1984, fizeram uma rara participação num festival, o Texxas Jam, junto com 38 Special, Ozzy Osbourne, Bryan Adams e Gary Moore, que estava em meio a sua longa jornada com a banda. Não houve apresentações na Europa dessa vez, mas o Rush teve a oportunidade inédita de tocar no Japão e no Havaí.

"Tivemos uma situação terrível no Japão", lembra Geddy. "Depois do nosso show, acho que tivemos um dia de folga em Osaka e fomos até uma casa de banhos tradicional japonesa com massagem. Estávamos bem relaxados, tomando uns drinques no bar do hotel com os roadies, e ouvimos uma gritaria horrível. Neil estava metido numa discussão com um homem japonês que insistia em bater na esposa em público. E Neil, é claro, tentava fazer o cara se acalmar. Só que, quanto mais ele se esforçava para acalmar o cara, mais forte o homem batia na mulher. E é claro que nós todos fomos até lá com a cara cheia de uísque e raiva e tentamos apartar a briga. Mas os funcionários do nosso hotel nos trataram como se estivéssemos errados, como se estivéssemos interferindo num assunto pessoal, ao ponto de que nós é que fomos levados para longe. Aparentemente o tal japonês era membro da Yakuza ou algo assim. De qualquer maneira, eles não gostaram nada que tentamos ajudar a mulher. Quando a vimos pela última vez, ela estava caída no chão. Foi muito feio."

"Na verdade, fomos apenas uma vez e não dormimos um único dia lá", ri Alex, respondendo sobre sua impressão do Japão. "Foram apenas quatro shows. Foi algo único, o público não era nada parecido com qualquer outro, pareciam tão programados. Eles todos pulavam e batiam palmas ao mesmo tempo feito loucos, depois se sentavam e não se moviam mais. Quando saíram do local do show, não havia um pedacinho de papel sequer no chão, tudo estava impecável. Tinham esse sistema de luz no Budokan, era como uma luz de rua: se estiver verde, você pode se divertir e gritar; se estiver amarela, é hora de se sentar; se ficar vermelha, o show termina e todo mundo vai para casa. E eles se levantavam em grupos. Havia seis pessoas de pé, agitando e enlouquecendo,

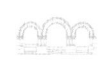

todas vestindo os mesmos agasalhos cor laranja. Depois um grupo ali adiante vestindo agasalhos verdes se levantava e agitava, e aí se sentava. Era a coisa mais bizarra. Depois o Havaí foi uma bagunça. Nós nos divertimos muito. Era simplesmente uma extensão de toda essa turnê maluca. Chegamos lá, e acho que tivemos alguns dias de folga, então fizemos o show. Foi como qualquer apresentação nos Estados Unidos."

Porém, Alex conta que havia uma razão para o Rush não se tornar uma verdadeira banda global, como o Iron Maiden ou o Deep Purple – carregada com tanta tecnologia tudo virou uma questão de mera economia.

"Acho que tocamos quatro shows no Japão, sabe, duas casas menores e duas maiores, e mesmo as casas maiores eram pequenas para os padrões norte-americanos. Havia muitas pessoas e um interesse por parte da gravadora de que fôssemos até lá para ver como seria. E foi realmente muito, muito bom. Mas, no final do dia, não sentimos como se estivéssemos abrindo um novo território lá, ou que fosse um novo espaço para conquistar que nos faria ganhar muito dinheiro. Porque obviamente perdemos muito dinheiro fazendo aquelas quatro apresentações."

"Só que, ao mesmo tempo, queríamos ter a experiência de estar no Japão", continua Lifeson. "Queríamos ver como era. Fomos para a China naquela viagem e para Hong Kong. Nós nos aventuramos um pouco e acabamos fazendo dois shows no Havaí. Foi uma experiência que valeu a pena. Foi muito divertido, mas era difícil de justificar diante de tais condições. Toda hora nos perguntam: 'Quando vocês virão ao Japão?', sempre que damos entrevistas ou conversamos com os fãs. E é difícil dizer. É muito complicado poder ir a todos os lugares quando se fica mais velho e se faz menos apresentações numa turnê. Quero dizer que de fato nos concentramos na América do Norte, particularmente nos Estados Unidos. Se estivermos fazendo 150 shows num ano, sim, com certeza, vamos tocar em qualquer lugar. Mas se estivermos fazendo cerca de 60 shows por ano, é difícil ir a muitos locais.

"Contudo, tivemos uma experiência maravilhosa lá [no Japão]. Nunca ajustamos nosso relógio. Era impossível. Portanto acordávamos às quatro da manhã e tínhamos que esperar, tomávamos café da manhã e começávamos a visitar pontos turísticos às seis horas quando não havia ninguém ao nosso redor e as cidades ainda estavam acordando. Era muito bacana porque oferecia uma perspectiva bem diferente. E lá estávamos nós, no palco, às seis da tarde para terminar o show às oito, ou oito e meia, e depois, é claro, era saquê e sushi pelo resto da noite."

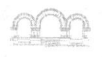

"ANTE MAIS GEDD VOZ."

S DE

NADA,

Y, SUA

CAPÍTULO 6

POWER WINDOWS

Agora que o Van Halen havia se reunido ao Rush fazendo coro em apoio aos teclados – "Jump" ajudaria a garantir a *1984* um disco de diamante, com vendas acima dos 10 milhões de cópias –, ficou comprovado que até mesmo o mais descolado roqueiro de cigarro na mão poderia explorar seu lado New Romantic. É claro que tudo começou com *In Through the Out Door*, do Led Zeppelin, e depois, por um tempo, continuou discretamente com o Rush em seu laboratório, validado ao longo do caminho tanto pelo Yes quanto pelo Genesis, ambos se conectando ao improvável e tendo sucesso apesar dos respectivos reposicionamentos radicais.

Em 1985, Geddy, Alex e Neil levariam o modernismo ao extremo, celebrando o sucesso de bandas como Tears for Fears, The Cure, Sting, Eurythmics, Talking Heads e a guinada repentina de Kate Bush em direção à música eletrônica, com o álbum *Power Windows*, um chocante passo para dentro da tecnologia e do marco temporal.

Ao responder sobre isso, Neil defende a era controversa prestes a ser iniciada, marcada pela combinação do disco de 1985 e seu sucessor, *Hold Your Fire*, destacando *Power Windows*: "Particularmente gosto muito desse álbum. Se tentarmos separar o músico do fã, como fã eu particularmente adoro esses dois álbuns, porque são um banquete e tanto para os ouvidos: há muitas texturas e muita variedade e exploração rítmica. Para mim continuam sendo obras muito gratificantes de se ouvir. Portanto acho que se trata do mais alto tributo que posso oferecer: são discos que gosto de ouvir enquanto fã.

"*Hold Your Fire* é de certa forma um pouco mais introvertido, tanto musical como liricamente, a música e as letras se alimentam umas das outras", continua Peart. "Fico bastante impressionado hoje em dia ao pensar no assunto. *Power Windows* é mais dinâmico e extrovertido, enquanto *Hold Your Fire* tem mais texturas e é mais introvertido. Mas gosto de ambos igualmente, cada um com sua personalidade. *Power Windows* sem dúvida se firma como um corpo de trabalho completo, acho, da forma como foi moldado. A ordem das faixas é uma coisa que sempre nos tomou muito tempo e suscitou muitos debates. Acredito que esse álbum tenha uma ótima ordem; do começo ao fim acho que é uma ótima apresentação da banda."

Com relação à tecnologia, "esses dois álbuns estão bastante entrelaçados. Estávamos trabalhando com Peter Collins, que era igualmente ambicioso tanto na produção quanto nos arranjos, de muitas maneiras era um projetista de som. E naquela época, na Inglaterra, trabalhávamos com um tecladista, Andy Richards, que era o rei dos floreios e momentos dramáticos".

"Éramos uma banda diferente, e parar de trabalhar com alguém como Terry Brown não era um reflexo do que ele fez ou de nossa relação com ele", continua Neil, sobre a mudança. "Quando se compartilha certo período de tempo e crescimento, depois ficamos inquietos em busca de algo diferente. Não é uma questão de mais habilidade, superioridade ou algo assim. Peter Collins se juntou a nós quando ficamos mais interessados nos arranjos da canção, que é absolutamente o ponto forte dele. Dessa forma, Peter contribuiu com esse elemento para nosso crescimento e foi ótimo trabalhar tendo ele como um amigo. Mas Terry Brown também era, naquele período éramos muito próximos, e ele tinha essa personalidade e caráter incríveis no estúdio. Não há comparação em termos de bom ou ruim. É simplesmente uma questão das pessoas que éramos naquele momento. Como acontece com qualquer relacionamento, eu acho."

Peter chegou recomendado com carinho por Gary Moore, do Thin Lizzy, que abriu alguns shows do Rush. Fora isso, como Geddy disse na época, trabalhos de Peter como Musical Youth e Nik Kershaw obviamente não tinham nada a ver com o estilo do trio. Acrescente-se Blancmange e Tracey Ullman à equação e a conexão fica ainda mais turva, exatamente o que Geddy queria. Por que não ter alguém que sabe coisas que não sabemos? Ou, dito de outra forma, por que se importar com alguém que é versado em habilidades que nós três já temos?

"*Power Windows* foi um disco muito importante para mim, e acho que foi um disco muito importante para a banda", acrescenta Geddy, "porque para o Rush foi a fusão final e essencial entre teclados e guitarra. No meu modo de ver, tudo o que havíamos mexido e experimentado durante anos finalmente fez sentido com *Power Windows*. É um dos meus álbuns favoritos porque tem essa combinação de texturas, o uso de fato criativo dos teclados, e ainda assim é um álbum de rock. E a guitarra de Alex traz um som poderoso e emocionante, e era isso que havia criado problemas em *Signals* e *Grace Under Pressure*, sabe, porque até aquele ponto tudo era experimentação. *Hold Your Fire* foi o disco que deixou claro para mim que toda essa questão de quatro instrumentos estava ficando cansativa. Houve uma mudança no modo como criamos aquele álbum. Ali começou uma transição lenta para o Rush. Mas acho que *Power Windows* é um disco realmente importante na nossa carreira. Se eu pudesse escolher os pináculos, seriam *2112*, *Moving Pictures* e *Power Windows*."

De modo significativo, para chegar a esse álbum que tanto Neil quanto Geddy colocam no ponto mais alto – embora ao chamar a guitarra de Alex de "poderosa e emocionante", fico pensando se Geddy está confundindo o disco *Power & Glory* do Saxon com *Power Windows* do Rush –, seria necessário um produtor modernista, alguém com opiniões radicais e distante do rock.

"Eu estava trabalhando com um artista chamado Gary Moore que abria para o Rush na turnê", começa esse alguém, Peter Collins, que iniciaria uma longa e produtiva colaboração com o Rush, a qual marcaria a carreira dele. "Chamei meu engenheiro de som de Londres e o levei comigo. Fomos para Los Angeles e gravamos um single com Gary chamado 'Empty Rooms'. A banda obviamente tinha ouvido a versão da música ao vivo antes que eu me envolvesse no projeto. Eles ouviram o que eu havia feito com a música em seguida e estavam entrevistando produtores na época. Está claro que gostaram do que fiz com a música de Gary e me convidaram para vê-los tocar em Providence, Rhode Island."

Collins diz que, como produtor de música pop, conhecia muito pouco o Rush: "Fui meio que mergulhando a pontinha dos dedos dos pés na água em termos de rock. Então comprei alguns álbuns da banda. Não era muito fã da voz de Geddy e achei que os discos tinham um som horrível. Pensei, bem, sabe, vou até lá ver o que eles querem. É claro  que quando cheguei a Providence, Rhode Island, tinha aquele estádio imenso lotado de garotos. Você sabe como são os shows do Rush. Eu não fazia ideia do que esperar. Fiquei completamente embasbacado.

"Depois encontrei todos os caras nos bastidores, e eles me perguntaram o que eu estava fazendo. E na época havia um artista chamado Nik Kershaw, com quem eu estava trabalhando na Inglaterra, meu primeiro álbum bem-sucedido, digamos assim, e acho que eles realmente curtiam Nik Kershaw. Me perguntaram quais seriam os principais pontos que eu abordaria se trabalhasse com eles. E eu disse: 'Antes de mais nada, Geddy, sua voz', porque parecia uma voz muito estranha para mim. Uma das minhas maiores qualidades era produzir os vocais, então queria colocar minhas mãos nos vocais dele, digamos assim.

"E eu disse: O som dos seus discos é terrível", continua Collins, admitindo que naquele ponto estava totalmente imerso na sonoridade dos anos 1980. "Trevor Horn era meio que o vanguardista daquilo, o som de Frankie Goes to Hollywood, o álbum *90125* do Yes, que pareciam bem *high-tech*. Todo aquele novo equipamento estava chegando, os novos *reverbs* digitais, os novos teclados, os Fairlights, Synclaviers, todas essas coisas. E na Inglaterra todo mundo estava ligado nesse tipo de som. Portanto, o som orgânico do Rush de fato não fazia muito sentido para mim. Não parecia sonoramente relevante no meu mundo. Fui totalmente sincero quando nos conhecemos. Só falei: 'Acho que seus discos poderiam ter um som muito melhor'. Não fui nada elogioso. Quero dizer, fiquei muito impressionado com eles enquanto indivíduos, mas, sabe, só disse o que eu realmente achava e consegui a vaga."

Há várias razões pelas quais Collins despertou o interesse da banda. Primeiro, os caras do Rush, naquele momento *superstars*, estavam acostumados que concordassem com eles com excessiva frequência, e um pouco de desafio provavelmente parecia revigorante. Segundo, tinham passado havia pouco por uma experiência difícil com um produtor que era o oposto, não exatamente um cara que sempre dizia sim, mas definitivamente alguém que não emitia opiniões contundentes. Em terceiro, sempre tinham fome de seguir em frente e estavam totalmente dispostos a usar novos sons, para não falar das últimas tendências. Por fim, também havia uma nova dinâmica – discutivelmente canadense e moderadamente admitida: não queriam passar vergonha. Assim como quando eram adolescentes, o Rush queria circular em meio à turma descolada, e o que era mais legal do que fazer a música mais futurista que pudessem? Isso os colocaria na órbita dos jovens, sem mencionar uma estética que se alinhava com os ideais da MTV.

"Não foram explícitos, mas queriam uma mudança de direção", continua Peter. "Na época em que os conheci, não estava tão ciente das dificuldades com *Grace Under Pressure*. Estava apenas sendo um tanto metido. Eu tinha todos esses sucessos na Inglaterra, singles, e sentia que estava no topo. Assim, falei o que achava que precisava acontecer, e eles acolheram muito bem o que eu disse. Acho que o Rush, diferente de bandas como o AC/DC – o AC/DC fazia o mesmo tipo de disco um depois do outro, o que seus fãs adoravam e esperavam –, o Rush sempre tentava se desenvolver numa nova área, numa nova dimensão, a cada disco que faziam. E acho que eu lhes dei munição para fazer isso."

Talvez como um prenúncio do que estava por vir, dessa vez as sessões de composição e ensaios foram conduzidas no Elora Sound Studio, noroeste de Toronto, em vez de um lugar afastado na zona rural. Como era de se esperar, Peart rabiscou suas sábias palavras numa casa de campo, e o estúdio com 24 canais onde Alex e Geddy esculpiram sua música foi montado num celeiro. Entre a composição e a gravação, os caras seguiram para uma turnê curta e ramificada na Flórida, com quatro apresentações e uma sessão de ensaios no palco. Versões prévias de "The Big Money" e "Middletown Dreams" foram apresentadas nesses shows. Seguindo um padrão adotado no passado, elas eram similares às versões finais, sem necessidade de mudanças significativas, principalmente em "The Big Money", já que "Middletown Dreams" era menos angular e mais roqueira na versão ao vivo.

Depois do "treino de primavera", era hora de voltar a Elora e compor um pouco mais. O primeiro fruto nascido da energia emanada ao vivo e que ainda pairava no ar foi "Emotion Detector", enquanto Neil fez significativos avanços tanto com "Territories" quanto com "Middletown Dreams". Na Flórida, seguindo recomendação de Peter, a banda se reuniu com o engenheiro australiano James "Jimbo" Barton. Como gostaram do que ouviram, o contrataram para o projeto.

Peter Collins recebeu uma imagem clara do que queriam produzir com ele no formato de uma demo com sete músicas estruturada no Elora. Essas demos também mostravam que a banda tinha muita clareza quanto à direção a seguir, embora, sem surpresa alguma, houvesse menos instrumentos eletrônicos e mais um som orgânico. Geddy também ainda estava tocando seu baixo Steinberger, resultando num som mais suave do que aquele que aparece no produto final, no qual faria uso do baixo Wal de Peter, embora tenha voltado para o Steinberger na turnê. Da mesma forma, Alex é mais preponderante, e Neil simplesmente arrasa. Até mesmo Geddy joga alguns licks extras – na verdade, são demos bem polidas, e com muita química para dar liga. De forma divertida, "The Big Money" é tocada de modo mais rápido na demo do que em *Power Windows*, como sua versão anterior ao vivo, e é precedida pelo som de uma máquina de escrever. Também seguem um caminho bem diferente ali, depois da seção de solo. O final também não tinha sido ainda muito bem trabalhado.

Gravar *Power Windows* não foi muito fácil. Lugares como os estúdios Manor and Air em Montserrat foram usados, assim como os Abbey Road – cinco estúdios no total. As faixas-guia foram gravadas numa residência de cinco semanas no Manor, onde também contaram com o auxílio de Andy Richards, que os ajudou com a programação além de tocar alguns trechos de sintetizadores.

"Na maior parte do tempo estávamos nos divertindo muito em Manor, Oxfordshire", lembra Peter. "Sabe, ficamos naquela mansão enorme que pertencia a Richard Branson, da Virgin. Quando chegamos, tinha uns cães de caça irlandeses no portão, e quando entramos lá, tinha uma sala de jantar baronial com todos aqueles serviçais – foi muito bom ficar lá. Então me lembro da parte divertida de fazer aquele disco em vez de toda a ansiedade."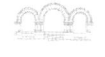

Em maio, a banda se mudou para o Montserrat a fim de gravar a guitarra e ter muitas longas horas de testes com amplificadores e microfones.

Collins adotou uma abordagem mais ativa na produção em comparação a Henderson, algo que parecia mais alinhado com o que o Rush buscava. Ele afirma: "Gosto de pensar em mim mesmo como alguém bastante decidido dentro do estúdio, já que me deram o título de Senhor Grandão em *Power Windows*. Lembro que eles contaram como sofreram com a indecisão na produção de *Grace Under Pressure*, e não queriam isso, então fiquei bem contente em entrar de cabeça no projeto e assumir o comando. Quando realmente não gostavam de alguma coisa, eles falavam, mas acabavam seguindo a direção para a qual eu sinalizava."

Quanto à impressão de Peter sobre os integrantes da banda, ele faz uma comparação interessante. "Sendo oriundo da Inglaterra e trabalhando basicamente com bandas jovens, as bandas jovens inglesas não tinham qualquer tipo de planejamento nem havia um senso verdadeiro de camaradagem, e eu nunca esperei isso. Havia um tipo de 'nós defendemos uns aos outros', mas num nível relativamente superficial. E quando conheci o Rush foi a primeira vez que vivenciei aquele tipo de profunda irmandade entre membros de uma banda, quando os integrantes de fato, genuinamente, amavam uns aos outros. Foi um fenômeno bem estranho para mim porque na minha vida na Inglaterra a relação com os músicos era extremamente superficial. Lá eles demitiam alguém de uma hora para outra, ao passo que esse tipo de senso de maturidade, de se sentir muito confortável uns com os outros, conhecer as limitações de cada um e aceitar, trabalhar e tentar manter todo mundo pra cima, testemunhar isso foi revigorante.

"E eu os aceitei como eles eram, bons músicos que pareciam ter uma ótima conexão entre si. *Power Windows* foi um projeto com seis meses de duração, e no decorrer desse álbum passei a conhecê-los melhor, muito melhor, e fui capaz de compreender algumas das inseguranças que havia entre os três."

"Lidar com Geddy... acho que ele estava procurando um outro som de baixo", afirma Peter, se referindo a quais inseguranças poderia haver. "Geddy tinha usado o Ricky e o Jazz, acho. Fazia pouco tempo que eu tinha comprado um Wal, que era o baixo da moda na Inglaterra naquele tempo, então consegui persuadi-lo a fazer a troca. Num primeiro momento acho que ele ficou inseguro, mas logo adorou o instrumento e deve ter usado em uns dois álbuns. Fui muito duro com ele quanto aos vocais na nossa primeira reunião, assim Geddy estava bem curioso para ver como eu iria lidar com isso. Neil não demonstrava qualquer tipo de insegurança – sabia exatamente o que queria fazer com a bateria, não havia dúvida alguma ali.

"E Alex, o som dele precisava de alguma atenção. Ele tinha uma pedaleira e uns controles – durante a gravação daquele álbum descobrimos que havia vários problemas elétricos no equipamento. Havia várias coisas fora de fase e outras coisas bizarras acontecendo que, olhando lá atrás, provavelmente foram boas. Mas na época tivemos que tentar trabalhar com aquilo. Houve certo conflito entre Alex e o engenheiro nesse álbum, o que foi bem difícil quando fomos para o Montserrat fazer os *overdubs* da guitarra. A questão da pedaleira vinha do fato de que ele tinha um problema de pele muito sério, e estar no Caribe só piorou a situação, porque os dedos ficavam muito doloridos quando tocavam guitarra. A banda tinha um problema com o som dele. Não posso dizer com certeza, mas ficaram felizes quando investiguei a fundo qual poderia ser o problema, eletricamente falando, com o som de Alex."

A missão era o pop – pop britânico.

"Sim, buscávamos música pop moderna. E para fazer isso eu estava usando referências que considerava boas e tentando trazê-las para dentro daquele mundo, o novo som gravado, a compressão SSL. Não sei se eles tinham trabalhado com placas de SSL antes, mas usar a compressão de barramento na bateria deixava mesmo tudo mais pop. Os 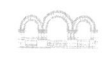 discos do Rush até aquele momento tinham um som bastante orgânico, e naquela época eu não compreendia o termo "orgânico". Subsequentemente, me tornei o Senhor Orgânico, mas naquele período tudo se resumia a modernizar o som ao máximo. Foi isso que deixou o álbum tão emocionante. Atribuímos a ele um tipo de qualidade irreal, e foi o que tentei fazer por eles. Nós usamos – como se pode ouvir – um monte de *reverbs*, um monte de compressões, e eu trouxe Andy Richards para complementar os teclados. Acho que foi a primeira vez que usamos música de orquestra, com Anne Dudley em 'Manhattan Project'. Foram coisas que pareceram naturais trazer para o som deles, o que eu achava que fosse contemporâneo."

O estúdio em Montserrat, palco de tantas sessões de gravação do rock e lembranças, infelizmente não existe mais: foi varrido do mapa pelo furacão Hugo em 1989.

"Havia uma atmosfera maravilhosa em Montserrat", conta Peter, trazendo mais memórias sobre o lugar. "Estávamos no Caribe e todo mundo estava se divertindo muito. Chegamos e lá estava Desmond com piña coladas nos aguardando no estúdio. Sabe, começávamos ao meio-dia, e tinha uma piscina magnífica. Você olhava pela janela da sala da mesa de som e lá estava o oceano. Era simples e completamente idílico.

"Bem, quando começamos a fazer os *overdubs*, Alex, como eu disse, tinha esse problema de pele que dificultava tocar guitarra. Então lá estávamos nós todos no paraíso, e Alex sofrendo de verdade para conseguir tocar porque era muito dolorido. Não havia muito que pudéssemos fazer a respeito a não ser, sabe, basicamente sentir que o estávamos torturando, passando por todos aqueles *overdubs* de guitarra. Era difícil. Eu tinha uma ideia fixa do que era bom e do que não era bom baseado na minha experiência como produtor na Inglaterra. Pensando agora, algumas das coisas que ele fazia, hoje entendo por que ele estava fazendo, mas na época não faziam sentido algum para mim. Então eu conduzia Alex para certas direções que ele não queria seguir, além dos problemas de pele nos dedos. O conceito de Wall of Sound era meio incompreensível para mim. Ou nem tanto, porque na Inglaterra eu tinha feito algumas produções no estilo de Phil Spector. Mas a Wall of Sound da guitarra, em que tudo se tornava piegas – para os meus ouvidos, ao menos – bem, eu queria consertar aquilo e clarear as coisas um pouco. E depois tivemos alguns problemas com os pedais dele."

Peter detectou o que foi quase um motivo de vergonha por parte de Alex com relação a essa aflição em Montserrat.

"Lá estávamos nós no Caribe, finalizando rapidamente as faixas. Tudo tinha ido muito, muito bem, conseguimos algumas faixas excelentes, e o material de Andy Richards tinha ficado muito bom. Quando chegou a hora de fazer as guitarras no Caribe, com os dedos de Alex inchados e levando bastante tempo, sendo difícil do jeito que foi, sabe, ele claramente parecia constrangido. Alex gostaria de ter fechado tudo da forma mais tranquila possível, assim como tinha sido até aquele momento. Mas a guitarra é muito contundente num trio. Quero dizer, tudo conta, mas particularmente as guitarras estabelecem toda a qualidade instrumental melódica. Elas deram muito trabalho, e acho que foi constrangedor para Alex, ainda mais sendo a primeira vez que trabalhávamos juntos.

"Fomos extremamente detalhistas quanto às partes", continua Peter sobre as exigências para Alex. "Sou uma cara que se guia muito pelos instrumentos, assim como Geddy, então tínhamos padrões bastante elevados em termos de estabelecer as partes e nos certificar de que elas funcionassem adequadamente em torno dos vocais. E por mais que tenhamos feito a pré-produção, ainda havia algumas seções a serem definidas assim que a voz tivesse sido gravada. Também havia o modo como os solos foram reunidos, eu não conhecia o processo – e descobri em *Power Windows*. Basicamente, Alex apenas tocava os solos, e Geddy os organizava e depois tocava de volta para ele. Os dois faziam os ajustes, eu fazia comentários, e foi assim que as coisas aconteceram. Acostumar-se a esse processo significava que o produtor se retirava e deixava rolar para só depois ver como tudo funcionava. Deve ter sido um pouco estressante para Alex ficar sob esse tipo de escrutínio."

Houve outros revezes também, incidentes que levaram a gravação de *Power Windows* a se prolongar tanto. "Uma das primeiras coisas que aconteceu, voltando ao baixo, foi que Geddy gostou do Wal, e quando o tocou disse: 'Acho que devemos tentar usar cordas novas'. Então um técnico tirou as cordas antigas do baixo Wal as cortando fora em vez de retirá-las. Com as novas cordas instaladas, Geddy disse: 'Não, acho que prefiro as cordas que estavam antes'. Não foi um bom momento. E Jack Secret, o técnico de Geddy, quando chegou a hora de fazer o primeiro *overdub* do teclado, plugou o equipamento de 115 volts numa tomada de 220 volts e o teclado explodiu."

Embora Peter, como produtor, tivesse se colocado no papel de líder, ele admirava as qualidades de liderança de Geddy em vez de entrar em algum tipo de disputa de poder com ele. "Se você o conhecer, verá que ele é muito preocupado com cada aspecto relacionado à banda, desde a arte dos álbuns, a projeção do telão, os sons de cada elemento e como tudo é reunido. É extremamente interessado em cada aspecto do Rush e está preparado para dedicar o tempo dele a isso, e os outros caras ficam felizes em deixá-lo assumir essa parte. E, é claro, Geddy é incrivelmente articulado, e isso é muito útil. Sabe como falar a linguagem dos produtores, engenheiros e músicos, então lidar com ele do ponto de vista da produção é ótimo. É muito analítico, lógico e está preparado para experimentar e conferir todas as opções, meio que rumina tudo e decide, humm, este é o melhor caminho a seguir."

Power Windows, o 11º álbum de estúdio do Rush, seria lançado em 14 de outubro de 1985, precedido por "The Big Money", lançada nas rádios em 26 de setembro daquele ano. Para a arte de capa, Hugh Syme criaria uma pintura meticulosa e tecnicamente realista, uma que é exibida com destaque nos escritórios da banda. O encarte traz retratos individuais de cada membro do trio capturados pelo renomado fotógrafo de Toronto Dimo Safaria, que registrou os integrantes em toda sua glória balaqueira dos anos 1980. O pai de Hugh havia morrido há pouco tempo, e ele sentia que criar uma capa ambiciosa seria terapêutico. E realmente foi – Hugh e Dimo tiveram de compor a cena toda com muito cuidado para obter uma fotografia com a qual pudessem trabalhar. Várias salas foram visitadas, assim como a busca pelos televisores vintage e, é claro, o garoto da capa, Neill Cunningham, descrito como um "estagiário da bolsa de valores".

"Ela simplesmente aconteceu", Peart fala sobre a arte da capa do álbum. "Naqueles dias eu escrevia um conjunto de canções sem uma ideia em particular ou um conceito em mente. E, várias vezes, tanto em *Power Windows* quanto em *Hold Your Fire*, havia esse fio em comum que emergiu ao longo do processo de escrita. E me dei conta, é claro, que o denominador comum aqui era poder, diferentes tipos de poder. Então foi uma espécie de ironia, janelas de poder, observar o poder, algo assim. E então Hugh Syme, o diretor de arte, sempre tinha um senso de humor peculiar, assim como em *Moving Pictures*, sempre tentava se desdobrar nas várias direções possíveis."

A mensagem que a capa passa é bastante presciente, dada a preocupação atual com nossos celulares. O garoto parece meio perplexo ao indagar se a realidade está em suas várias telas ou do lado de fora da janela, à medida que ele mira o controle remoto a esmo incontrolavelmente noite adentro. No contexto de 1985, a mensagem também era muito boa, dado o poder da televisão em geral e o poder da MTV em particular se tratando da indústria musical.

Faz sentido que "The Big Money" seja o primeiro single, assim como a primeira canção do álbum, já que é uma música impetuosa, de ritmo rápido, com mais guitarras do que vai haver ao longo do disco. Geddy e Neil também tocam com energia, brilhando, representados febrilmente pela explosão final num crescendo até fechar num dos famosos "falsos" finais do Rush.

Alex ama o que Geddy faz nessa canção, chamando-o de "mestre do funk". "Ali estão os anos 1980 resumidos. É interessante como ele incorpora partes de baixo que eram contemporâneas àquele período.  Também sei que isso começou com os pedais de baixo, mas é um bom exemplo do modo como tocaríamos as músicas ao vivo. Não se toca baixo quando os pedais de baixo estão acionados. Portanto, ele toca os pedais de baixo para depois o próprio baixo substituir os pedais quando essa parte termina. Isso era um tipo de regra que havia naquela época, que não faríamos nada que não pudesse ser reproduzido ao vivo. Muito funky. E o timbre é bem diferente, mas isso era um indicativo do estilo dele naquele período. Geddy usava o Wal e o Steinberger, e eles tinham esse tipo de som golpeante. Diferente das coisas mais recentes que ele faz com o baixo Fender Jazz, que tem um timbre mais profundo, mais circular."

Peter observa: "Lembro quando Alex disse: 'Bem, não há muito espaço para mim com todos esses teclados'. Mas, sabe, há partes de guitarra fantásticas ali, que foram apresentadas nos ensaios, então sempre estiveram presentes. Às vezes até podia ficar um pouco exagerado, mas gosto de pensar que encontramos um equilíbrio. A introdução de 'Big Money' foi orquestrada fortemente no teclado, e eu acho até hoje que é espetacular. E Alex, não consigo mesmo lembrar se ele gostou ou não. Para ser honesto com você, era uma democracia, se dois deles gostavam e um não, em geral a maioria vencia".

Sobre a evolução de "The Big Money" durante os shows da Flórida, Geddy diz: "Eu lembro que 'Big Money' melhorou consideravelmente depois disso. Pegamos a atitude roqueira certa nas partes certas da música – quando tocamos, alguns trechos dessa canção são aplaudidos na mesma hora. E esse tipo de coisa nos faz ganhar confiança".

Para o título da música, Neil se inspirou no romance homônimo de John Dos Passos, de 1936. Essa foi a segunda vez que ele fez referência à trilogia americana do autor, começando com "The Camera Eye". A canção faz observações inteligentes e rápidas sobre "dinheiro graúdo", mas há alguns versos particularmente curiosos, de forma mais notável *"Sometimes building you a stairway – lock you underground"* – "Às vezes construindo uma escada para você – te trancando no subsolo" e *"It's the fool on television getting paid to play the fool"* – "É o otário na televisão sendo pago para bancar o otário".

A profusão de teclados tornou necessário que grande parte do som fosse acionada por pedais quando tocada ao vivo. Em termos da gênese das partes, Geddy fez sua primeira tentativa em programação, depois Andy Richards assumiu e aperfeiçoou, tanto com programação adicional quanto com a própria performance.

A música foi objeto de uma superprodução em vídeo que usou imagens gravadas ao vivo – Alex resplandecente num terno azul-claro, Neil com o cabelo penteado num rabinho – e a animação computadorizada mais avançada da época. A banda toca sobre um tabuleiro iluminado do jogo *Banco Imobiliário* com as palavras "Big Money" no lugar de "Monopoly" (o nome em inglês do jogo) tendo ao fundo um cenário de alto padrão de uma cidade. Um carro passa voando com "Mr. Big", "Senhor Grandão", escrito na placa, uma referência ao produtor Peter Collins. Falando em produtores, a produção desse vídeo é do irmão de Geddy, Allan, que construiu uma carreira de sucesso como produtor audiovisual ao longo dos anos, tanto com o Rush quanto com outros artistas. O modelo para a pintura da capa criada por Hugh, o jovem de Toronto Neill Cunningham, faz uma aparição no começo do vídeo, espiando com os binóculos da mesma forma como é retratado na contracapa do álbum, e depois aparece em frames e sequências que flutuam pela tela.

"Grand Designs" (também uma referência a Dos Passos) encontra Neil emoldurando vários aspectos da não conformidade, exaltando a substância sobre o estilo, o precioso metal sobre "uma tonelada de rocha" e "nadar contra a corrente". Musicalmente, esse é outro exemplo de composição de reggae progressivo da banda, acelerado o suficiente para ser chamado de ska, com Alex dando punhaladas de acordes, mas não muito mais que isso.

Peter observa: "Com relação às jovens bandas inglesas, os guitarristas não gostavam de teclados, então era algo a que eu estava acostumado. Era o que se esperava de guitarristas. Não prestei muita atenção a isso. Geddy e Neil quase sempre gostavam do que estava sendo criado, e mesmo se não fosse uma unanimidade, iria para a edição final. Não me lembro de Alex ter ficado tão chateado com o material, para ser honesto; realmente não recordo".

Neil afirma, se não em defesa ao menos em reconhecimento, que os teclados não podiam ser ignorados em 1985: "Sim, aqueles dois discos, aquelas duas turnês, acho que representaram o apogeu desse envolvimento particular na música e nos arranjos. Éramos muito ambiciosos com os arranjos naquele tempo. Já fiz essa descrição antes, como um curso de estudos se torna parte do aprendizado. Você começa a tocar primeiro, depois aprende a escrever canções, depois procura aprender como fazer os arranjos e a produção. E o curso dos estudos quase sempre é linear – ao menos para nossa banda. Começamos nos concentrando em tocar e depois se tornou essa progressão de querer refinar nossas habilidades. A tecnologia se tornou mais confiável; essa é a questão. Por Deus, quando começamos com os sequenciadores no começo dos anos 1980, eles eram muito passíveis de falhas. *Signals*, e mesmo *Moving Pictures*, que tinha 'Vital Signs', baseada num sequenciador. Isso foi uma das coisas que precisei ouvir no palco todas as noites para ser capaz de acompanhar. E depois em *Signals* e *Grace Under Pressure*, tinha a ver com fazer experimentações com todos os avanços dos primeiros sintetizadores e todas as frustrações e falhas do operador."

O final disso foi bem curioso. Neil se inspirou para continuar tocando com a linha repetitiva do sequenciador, de modo que mantinham um trecho mais longo desses finais sobre outro final. Depois a banda teve de aprender como tocar todas essas mínimas variações na sequência, por assim dizer, a fim de apresentar a música ao vivo. O efeito alcançado é semelhante àquele de "The Big Money" e "Mystic Rhythms", é como se tivessem a chance de arriscar uma conclusão que fosse boa o suficiente para deixar prolongar.

A faixa seguinte, "Manhattan Project", abre de modo apropriado com um tarol militar de Neil antes de se tornar um tipo de balada, com Geddy cantando suavemente sobre a bateria e os sintetizadores. No segundo verso, Alex se insinua com uma guitarra estilo The Police, totalmente hábil em direção ao refrão poderoso quando as bombas nucleares são detonadas sobre o Japão. Nesse ponto ouvimos o que parecem ser licks de baixo sem trastes. São tocados por Andy Richards num Roland JP-8000 e sampleados ao vivo, apesar do desafio de alcançar o som certo com samples.

Há um princípio geométrico organizador na letra de Neil, que foi escrita depois que Peart fez uma profunda pesquisa sobre a invenção da bomba atômica e as detonações sobre Hiroshima e Nagasaki que encerraram a Segunda Guerra Mundial no Pacífico, dias antes do final da guerra em termos globais. Ele lembra que trabalhou na música numa escrivaninha que parecia uma carteira escolar na casa de campo em Elora, durante as sessões de composição e ensaios. O primeiro verso começa com "Imagine um tempo", e o segundo com "Imagine um homem" (J. Robert Oppenheimer), o terceiro com "Imagine um lugar", e o quarto de novo com "Imagine um homem", dessa vez se referindo a Paul Tibbets, o piloto do avião B-29 Superfortress *Enola Gay*, que soltou a primeira bomba, Little Boy, sobre Hiroshima.

Como a banda explicou numa série de entrevistas, tematicamente as canções falam do conceito de poder como se fossem janelas. Essa é sobre o poder da ciência, enquanto "The Big Money" fala do poder dos grandes negócios, "Emotion Detector" é sobre o poder dos relacionamentos e "Grand Designs" fala do poder das ideias.

"Criar a bomba foi um evento totalmente humano", observou Peart, em entrevista ao eminente jornalista canadense Keith Sharp. "Não se trata de um bando de homens poderosos e sem rosto do Pentágono ordenando a destruição de milhões de pessoas, é uma coisa um pouco mais complicada que isso. Estamos falando sobre os maiores cérebros científicos dos Estados Unidos recebendo a tarefa patriótica de ajudar a causa da liberdade, da democracia e do estilo de vida construindo uma bomba. Eles não podiam dizer não. Se dissessem, seriam marcados como nazistas e relegados ao ostracismo, talvez executados. Uma vez que tinham o poder, foram obrigados a usá-lo por causa do medo de que, se se acovardassem, o inimigo não faria o mesmo. Onde há poder, há sempre o perigo de fazer mau uso dele. Cada música se refere a ambos os lados do argumento, mas no geral acho que esse disco traz uma mensagem muito mais positiva do que *Grace Under Pressure*."

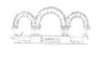

"Marathon" talvez seja uma metáfora sobre a ambição e a vida, mas na verdade de forma bastante direta fala de como é correr uma maratona. A música mais uma vez encontra o Rush redefinindo o reggae, com baixo, guitarra e bateria indicando alegorias desse estilo, enquanto a voz e os teclados são puramente nu-Rush. Com mais de seis minutos, há algumas partes extrínsecas, algumas colagens sonoras extras que poderiam ter sido deixadas de lado. Embora, sendo generoso, talvez elas sirvam como trechos localizados de uma trilha sonora que tenta simular os vários estágios fisiológicos vivenciados por um maratonista.

Como Alex explicou a Mark Putterford, da *Kerrang*: "Nós achamos que seria uma maratona num primeiro momento porque é feita de tantas partes e cada uma delas é bem diferente da outra. Mas, de um modo estranho, simplesmente seguimos, *bang*, *bang*, *bang*, e voamos durante as gravações. Todas as partes foram interligadas como um enorme quebra-cabeças e ficou ótimo. Já com 'Emotion Detector' foi o oposto – achávamos que seria fácil de fazer e acabamos tendo sérios problemas. Repito, essa canção fala de poder – o poder que temos dentro de nós para nos incentivar e seguir em direção aos objetivos que buscamos. Não é uma estrada fácil; na verdade, é sempre uma subida, mas depende de quanto da nossa força interior queremos usar para nos levar até o final da jornada."

"Acho que Neil tem uma ligação forte com essa música", continua Lifeson. "Ele começou a praticar ciclismo durante a última turnê. O maior inimigo que se tem na estrada é o tédio, e mesmo que tenhamos adoração pelo que fazemos, a rotina é desgastante. E o objetivo dele era fazer um trajeto de 150 quilômetros de bicicleta toda vez que tínhamos um dia de folga. Neil pegava a bicicleta às seis ou sete da manhã e simplesmente desaparecia até seis ou sete da noite. Ele tinha essa motivação dentro de si que o fazia seguir em frente o tempo todo, e 'Marathon' de fato tem relação com esse aspecto do caráter dele."

O provérbio chinês "Uma jornada de mil quilômetros começa com um único passo" também influenciou o pensamento de Neil nessa faixa. Peart declarou que a música tem a ver com alcançar objetivos através do processo de manter um ritmo sensato.

Há instrumentos de orquestra e coro em "Marathon". Provavelmente há uma mensagem não intencional nesse trecho, mas é possível imaginar o maratonista sucumbindo a um ataque cardíaco e sendo chamado para os céus, as endorfinas suavizando a travessia.

"Partes desse disco foram gravadas nos estúdios Abbey Road, o que foi uma grande emoção para nós", diz Geddy. "Grande parte da orquestra era formada por músicos da Sinfônica de Londres, e tudo aconteceu no maior estúdio do complexo Abbey Road, onde tantos discos importantes haviam sido gravados – essa foi a primeira vez que usamos uma orquestra numa música, acredito, então foi um prazer imenso. Nós todos chegamos ao estúdio e parecíamos garotos circulando por esse local famoso e nos acomodando naquele espaço magnífico. É claro, foi terrivelmente desconcertante ver todos esses músicos de orquestra sinfônica, e entre os takes eles ficavam lá de bobeira, meio entediados. Ouvimos aqueles típicos comentários depreciativos. Entende, há toda uma impressão sobre músicos de orquestra, mas então nos damos conta de que são apenas músicos como nós.

"Só que foi mesmo bem divertido. Eu ficava circulando pelo local e tirando fotos. Foi um momento muito bacana. Gravamos um coro para 'Marathon' e depois fomos para uma igreja em outra parte de Londres onde havia um coral maravilhoso cantando num lugar com um som realmente excelente. Peter queria gravá-los lá. Por estar numa banda de 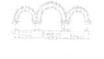 apenas três integrantes que só trabalharam entre si por tantos anos, foi gratificante trabalhar com Peter, ir de repente para todos esses lugares de Londres e trabalhar com outros músicos e arranjadores. Trabalhamos com Anne Dudley nesse disco, uma arranjadora maravilhosa. Ela fazia parte do Art of Noise e tinha feito muitos projetos com Trevor Horn. Foi uma ótima experiência nos darmos conta de que havia todas essas outras pessoas talentosas que podiam contribuir com nossa música, não tirar algo de nós, mas aprimorar nosso trabalho. Foi um verdadeiro despertar, tanto em termos de produção e arranjos como enquanto músicos."

"Territories", com seus matizes musicais asiáticos, talvez hoje colocaria o Rush sob a acusação de apropriação cultural. À medida que a canção avança, temos Alex tocando alguns de seus grandes *power chords*, ou ao menos tão grandes quanto podiam ser nesse álbum – como no resto, com seus sibilos e urros, os sons da guitarra parecem estrangulados, com dificuldade para respirar.

Tendo recentemente completado uma viagem de bicicleta pela China, Neil contou a Keith Sharp que "Territories" de fato foi inspirada por uma jornada recente. "O estilo de vida na China é diferente demais para compreendermos. Havia pouco em que eu pudesse encontrar algum paralelo com nosso estilo de vida. Então peguei uma imagem pequena e a traduzi numa imagem maior. A China se chama de Império do Meio e se coloca à parte de todo o resto. Essa mentalidade se reflete ao redor do planeta. Por exemplo, cada país que visito sempre alega ter a melhor cerveja do mundo. Acabou se tornando uma piada interna para nós – rimos toda vez que alguém diz isso porque sabemos que todos os outros dizem a mesma coisa."

Além disso, Neil explica o quanto é curioso que os chineses se considerem o Império do Meio: eles se colocam acima do resto da população da Terra, mas não tão alto quanto o que há no céu, um desdobramento interessante do conceito de modéstia. A viagem mais recente de Peart à China, uma pequena recompensa por ter terminado o álbum, o levou a  se reunir a uma dúzia de estranhos – canadenses, estadunidenses, australianos – para dar ainda mais amplitude ao hobby.

"Sem dúvida pudemos ver o lado negativo da China", contou Neil para Keith. "A superpopulação é um problema real, e as condições sanitárias deixam muito a desejar. O líder do nosso grupo adoeceu com disenteria e teve que ser hospitalizado em Pequim. Nós todos ficamos doentes com diferentes graus de disenteria, bronquites e resfriados – havia muitos germes vagando ao nosso redor. A parte física de pedalar também foi dura. Pedalávamos 120 quilômetros num dia, 100 no dia seguinte, depois nos hospedávamos em hotéis nos vilarejos onde não havia banheiro. Eu chegava ao hotel com calor e todo sujo e não podia sequer tomar um banho. Éramos uma novidade e tanto para os chineses. Não nos veem na televisão. Para eles, a cultura ocidental consiste em Richard Nixon, Coca-Cola, Wham! e Rambo. É bem triste pensar que essas coisas nos representem para a maioria do povo chinês."

A divertida piada interna da "melhor cerveja", vocalizada com um pouco de desconfiança, serve como uma metáfora para o que essa música aborda em sua totalidade — assim como a China. Usando o país como ponto de partida, Peart fala dos revezes de se pensar em termos de território. Quanto à bateria, Neil coloca a caixa de lado e adota um estilo tribal – rigidamente. O título da faixa foi inspirado pela área dos Novos Territórios perto de Hong Kong, com Peart visualizando um tema mais amplo nesse nome assim como a característica sonora da palavra *território* em si.

"Middletown Dreams" é outra semibalada marcante e atmosférica em que Neil usa a técnica de *rimshot* em vez dos golpes de caixa ao longo do verso de introdução. Os níveis de complexidade vão escalando e a música se torna outro desses reggaes de origami *high-tech* em que Geddy toca um *groove* elaborado com seu baixo Wal.

"Eu usei o exato alerta feito em 'Territories' como um recurso em 'Middletown'", contou Neil para Nick Krewen, da *Canadian Composer*.  "Escolhi a palavra 'Middletown' ('Cidade pequena') porque há uma cidadezinha chamada Middletown em cada estado dos Estados Unidos. Surgiu pelo fato de as pessoas se identificarem com um forte senso de vizinhança. É um modo de olhar o mundo com as lentes ao contrário. Eu passava meus dias de folga pedalando pelo interior dos Estados Unidos, olhando para essas pequenas cidades e as analisando. Quando se passa por esses lugares a 20 quilômetros por hora, você os vê de forma um pouco diferente. Assim, olhava para esses lugares e para as pessoas – ficava imaginando, talvez romantizando um pouco sobre suas vidas. Acho que até mesmo me tornei meio literário ao pensar o presente, o passado e o futuro desses homens, mulheres e crianças. Havia esse jeito romântico de olhar para cada cidadezinha.

"Mas também cada personagem dessa música é inspirado por alguém da vida real ou um personagem literário específico", continua Neil. "O primeiro personagem foi baseado num escritor chamado Sherwood Anderson. No final da vida, Anderson literalmente seguiu caminhando pelos trilhos de trem, deixando sua cidadezinha para trás, e foi para Chicago no começo dos anos 1900 a fim de se tornar um escritor muito importante de sua geração. Isso é um exemplo de homem de meia-idade que poderia ser visto pelos vizinhos, ou por um espectador objetivo, como alguém com a vida meio que acabada. Ele poderia estar estagnado em sua cidadezinha, mas não estava acabado na própria mente. Havia esse grande sonho, e nunca era tarde demais para ele, então esse homem foi embora e o tornou realidade.

"O pintor Paul Gauguin é outro exemplo que, bem tarde na vida, simplesmente se afastou de seu ambiente e foi embora. Ele também se tornou importante e influente. É a influência da mulher que aparece na canção. O segundo verso é sobre um garoto que quer fugir e se tornar músico, portanto é meio autobiográfico. Mas também reflete a maioria dos músicos de sucesso que conheço, a maior parte veio de lugares bem improváveis. Quase todos tinham esse sonho que era ridicularizado pelas pessoas em segredo – ou abertamente – e eles apenas foram embora e fizeram acontecer."

Alex enfatizou o modo como a canção se encaixa no tema *poder* em entrevista a Mark Putterford. "É o poder dos sonhos e desejos, de querer chegar a algum lugar onde não é fácil chegar. Essa não foi uma canção fácil para gravar. De certa forma, era nosso sonho que conseguíssemos terminar a música! Para mim, pessoalmente, nunca fiquei satisfeito com as partes de guitarra, e foram necessárias várias alterações para tudo de fato se encaixar. Mas, no final, é uma faixa bem gratificante para mim e todo o esforço foi válido."

Neil se dá ao luxo de fazer um jogo de palavras juvenil para o título de "Emotion Detector", uma canção sobre a psicologia dos relacionamentos, muito direta, com Peart habilmente inserindo a palavra "poder". Essa, "Territories" e "Mystic Rhythms" têm um traço do timbre musical chinês; contudo, quando se chega ao refrão, os rapazes criam um momento marcante com a música mais emotiva num disco que é quase opressivamente austero, duro e polido, para não mencionar caprichoso de forma dolorosa.

"Sempre há uma canção que você tem muito medo de fazer", opina Alex, num olhar bem amplo sobre o álbum para o jornalista Jas Obrecht, da *Guitar Player*, em 1986. "Você acha que vai ser bem difícil, e 'Marathon' foi essa música. Nós a compusemos e pensamos: 'Essa canção vai ser como extrair os dentes quando chegarmos ao estúdio'. É claro, chegamos ao estúdio e foi tudo muito tranquilo. Então uma música como 'Emotion Detector', que achávamos que seria tranquila, foi bastante complicada. Foi muito, muito difícil acertar o clima certo para ela.

"Ainda não estou totalmente convencido com aquela canção. Ela nunca ficou com o som que eu esperava. Metade de 'Emotion Detector' foi feita numa passada. Na verdade, essa música tinha um solo completamente diferente que deu bastante trabalho. Nós o deixamos de lado, seguimos para outras partes, convivemos com ele por quatro ou cinco dias, mas Neil não parecia muito convencido. Ele não achava que o solo oferecia o tipo adequado de posicionamento para a música, então o reexaminamos e eu tentei outra coisa. Foi duro. Uma coisa é reescrever uma parte da guitarra rítmica – há onde se apoiar. Mas foi tão difícil ter que se separar do que esteve na minha cabeça como solo durante três meses e criar alguma coisa que tivesse uma pegada totalmente diferente. Mas fiquei satisfeito com o resultado."

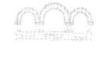

Sobre sua atitude no geral com relação aos solos naquela época, Alex explica: "Gosto de tocar oito ou dez solos, e depois sou chutado para fora da sala de controle. Todo mundo meio que mergulha no processo. Geddy realmente gosta de se envolver com isso. Ele e o engenheiro se sentam à mesa de som e Neil faz algumas sugestões. É claro que o produtor também está lá, e eles reúnem todas as partes do solo. Eu volto depois de algumas horas quando eles já têm alguma coisa montada e, se eu gostar, ou mantemos como está ou usamos aquilo como ponto de partida e fazemos outra coisa em cima das gravações anteriores".

Power Windows fecha com a força da envolvente e dramática "Mystic Rhythms". Ajustada às levadas fortes e hipnóticas de Neil, as punhaladas perfeitas dos teclados com um Alex bem-comportado e pensativo, essa canção parece mirar na era *Security* de Peter Gabriel. A letra de Peart é surpreendentemente clara e direta, e estando no final do álbum, percebe-se que se tratou de uma tendência consistente. A canção foi lançada como single, chegando ao número 21 na parada de Rock Mainstream nos Estados Unidos. O vídeo para essa faixa, produzido por Jerry Casale, do Devo, é uma cornucópia recheada de metáforas visuais, uma inundação de exploração e extrapolação para pessoas ousadas.

Geddy indica que quase tudo nessa música foi "sintetizado" de alguma forma – na verdade, Alex toca um violão Ovation, não que uma audição perspicaz fosse revelar tal som.

"Essa canção fala de algo próximo a um poder cósmico", disse Alex a Mark Putterford. "Um poder de que participamos com frustração e para o qual olhamos em desespero – como quando observamos as estrelas à noite e não conseguimos sequer formular uma ideia concreta de quanto poder há lá. É tudo tão desconhecido. É um poder interno que sempre esteve lá e ainda estará lá por muito tempo depois de nossa existência.

"Era uma luta porque havia muitas guitarras e muitas opções", recorda o produtor Peter Collins. "Realmente me lembro disso. Então, sabe, tivemos que analisar todas as alternativas, e foi um processo que nos tomou muito tempo. É claro que ter muitas opções às vezes se torna atordoante e se perde a visão do caminho que se estava seguindo. Era uma luta manter o foco com relação às guitarras. Em 'Mystic Rhythms' essas partes foram todas selecionadas na pré-produção e depois foi apenas uma questão de conseguir acertar o som. Mas foi uma luta, e também acho que Alex se sentiu particularmente mal porque estávamos numa ilha paradisíaca e lá estava ele com os dedos destruídos, repassando todas as opções possíveis com as guitarras. Além disso, ainda estávamos todos nos acostumando uns com os outros, a minha dinâmica como produtor ainda não havia sido estabelecida."

Porém, em termos de entrar em conflito com os membros da banda, Collins conta: "Fui meio covarde. Deixei o engenheiro, Jimbo, lidar com muitas daquelas questões sonoras. Sabe, eu apenas me escorava no ombro dele e dizia: 'Isso não está certo; dá um jeito', e era ele quem tomava a frente da conversa. Eu ficava lá fumando um cigarro, esperando que resolvessem o problema. Era eu quem daria a palavra final na cadeira de produtor. Eu tomava a decisão".

Contudo, pode-se perguntar se alguém deu um passo maior que a perna, por assim dizer. Geddy diz que "Mystic Rhythms" é a faixa mais sintética do disco, mas todas as outras estão apenas um traço menos sintetizadas.

"Estavam empolgados, mas também pareciam preocupados", admite Peter. "Havia a preocupação de que uma música como essa talvez estivesse indo longe demais. Só que 'longe demais' sempre era algo bom para eles. Para ser honesto com você, eu realmente não me importava – era o que faria de qualquer maneira. Tinha isto na minha cabeça: é o  que precisa acontecer, e embora eu os bajulasse, os seduzisse para seguirem naquela direção, era o que eu iria fazer. De início, Geddy relutou muito em ter outro tecladista participando do álbum – isso nunca tinha acontecido antes. E a única razão pela qual eu queria fazer aquilo era porque Andy Richards havia tocado em todos os discos de Frankie Goes to Hollywood, trabalhado no álbum do Yes e realmente fazia o tipo de som que tinha sentido para mim. E Geddy, graças a Deus, disse: 'Sabe, vamos dar uma chance, e se eu não gostar, não vamos usar'. Mas ele acabou adorando tanto que fez uma capa para Andy com uma enorme Estrela de Davi costurada nas costas e que ele vestia imitando Rick Wakeman.

"Mas fiquei empolgadíssimo quando tudo ficou pronto", continua Collins. "E depois quando o disco recebeu algumas críticas dos fãs hardcore do Rush, que preferiam o som antigo, o som mais orgânico, achei que tinha exagerado na produção. Eles acharam que estava refinado demais, e depois eu pensei com mais cuidado sobre o que tinha feito e determinei que era melhor recuar alguns aspectos para o álbum seguinte – se eu fosse convidado para fazer o seguinte."

Peter tinha essa tendência de fazer o ajuste fino, mas com o tempo, passou por uma evolução ainda mais profunda. "Sim, cerca de dez anos mais tarde eu passei mais tempo nos Estados Unidos e me envolvi de modo mais profundo com o rock americano. Não esqueço que estava vindo de uma formação realmente calcada em puro pop – folk e pop na Inglaterra –, então não tinha de fato um ponto de referência. Não ouvia muito rock. Ouvia Yes e Zeppelin, mas eu era um cara mais ligado ao pop. Então pensei que aquilo não fazia sentido. Com certeza, agora, realmente entendo o que eles estavam tentando me dizer. Seria difícil fazer um disco como *Power Windows* hoje em dia com meu gosto atual. Mas, na época, pensei: 'Esses caras estão completamente ultrapassados e precisam acordar'. Eu era jovem e tolo. Porém, repito, uma das razões pelas quais penso que consegui o emprego foi ter sido bastante crítico quanto ao som anterior deles – não fazia sentido para mim. Então alcancei o que eu queria fazer com esse álbum. E acho que eles ficaram animados e motivados com tudo aquilo."

E no fim *Power Windows* vendeu mais de um milhão de cópias nos Estados Unidos – e muito rapidamente chegou ao disco de ouro em dezembro de 1985, dois meses depois do lançamento, recebendo o de platina em janeiro de 1986. O Rush ainda era uma força poderosa tanto em venda de discos quanto na de ingressos para os shows, o que nem é necessário mencionar. Nas paradas, *Power Windows* foi o terceiro álbum seguido da banda a chegar ao número 10 na Billboard, alcançando número 2 no Canadá, onde também recebeu o disco de platina.

A turnê do álbum se restringiu à América do Norte. Começando em dezembro de 1985, eles avançaram pelos Estados Unidos, do leste ao oeste, com Steve Morse abrindo as apresentações. De fevereiro a março de 1986, tocaram algumas datas perto de casa no Canadá, com abertura dos neoprogressivos Marillion e FM. O Marillion continuou na turnê pelos estados do Cinturão da Ferrugem, e depois em abril a banda chamou a Blue Öyster Cult, numa troca de posição parecida com o que tinha acontecido com o Uriah Heep. Os últimos shows no final da turnê, em maio de 1986, tiveram a abertura incongruente do Fabulous Thunderbirds.

A banda enfrentava novos desafios tecnológicos, mas corajosamente superava todos – de fato, é necessário dizer que continuavam na liderança nessa área. Talvez não fosse o grupo mais computadorizado no circuito, mas em termos de um híbrido entre modernidade e uma identidade firme como um *power trio* legítimo, mas ainda assim complexo, não havia ninguém com um quadro tão completo quanto o Rush em 1985.

Como Alex explicou para Jas Obrecht, da revista *Guitar Player*: "Não foi um problema. Estávamos um pouco apreensivos. Quero dizer, queríamos esticar a corda com este álbum, mas não queríamos passar dos limites. Nunca fomos esse tipo de banda. Sempre mantivemos as apresentações ao vivo no palco como algo extremamente importante à medida que avançamos. Peter sugeriu irmos ainda mais longe, acrescentando mais canais ao disco. Exageramos um pouco nos teclados, sons e efeitos. Então, quando começamos a nos preparar para os ensaios dos shows, Geddy entrou com Jim Burgess, um programador de Toronto que nos ajudou em muitas coisas. Ele ajustou tudo de modo que várias partes sequenciadas estivessem no Emulator. Elas são constantemente programadas durante a noite para músicas diferentes. Nós colocamos todos os sons dos sintetizadores antigos, dos Oberheims e Minimoogs, no Emulator. Condensamos todo o setup dos teclados e os deixamos um pouco mais sofisticados. De fato não é um problema colocar todas essas coisas de volta ali. Apenas colocamos tudo num disquete e disparamos à medida que avançamos na canção."

Alex diz que também está tocando pedais do baixo. "Sim, faz tempo que estou tocando isso. 'Subdivisions', 'Spirit of Radio', 'Manhattan Project', 'Marathon' e 'Mystic Rhythms'. Diria que provavelmente 40% ou 50% das músicas. Muitas vezes, Geddy toca os pedais de baixo ao mesmo tempo, então não é como se eu estivesse assumindo o controle do baixo em todas as situações. Isso meio que restringe o seu posicionamento no palco. Tenho um vasto conjunto de coisas agora com os pedais Korg MIDI, os pedais de baixo Moog Taurus e meus dispositivos de efeito. Cobre cerca de um quinto do palco. Acho que, nesta turnê, Geddy realmente ficou sobrecarregado com muitas partes. Ele está sempre reclamando que não tem mais tempo suficiente para tocar baixo, que é na verdade seu primeiro instrumento. Ao longo dos anos, ele foi forçado a tocar teclado, a assumir toda essa parte."

Mas a banda iria manter a tradição orgulhosa de não incluir um quarto membro. "Nós conversamos sobre isso muito tempo atrás e decidimos que em vez de atrapalhar a química que existe entre nós três, simplesmente aprenderíamos sozinhos a tocar outros instrumentos. E o mundo dos sintetizadores estava em ritmo acelerado, mudando o tempo todo. É incrível o que se pode fazer com o dedão do pé, pode-se obter sons de cordas incríveis, todos os tipos de som. Não há limite para isso agora."

"Minha primeira conexão com esse assunto é: que tipo de bateria eu tinha?", conta Neil, que na época tocava sua Tama vermelha com uma caixa Slingerland. "Isso é um marco importante. E é claro que estávamos totalmente envolvidos com muita tecnologia naquele tempo. Portanto, a apresentação ao vivo era um desafio, um verdadeiro empreendimento. Ainda tentávamos expandir nosso som ao máximo, com Geddy assumindo todos aqueles teclados e ambos acionando tantas coisas com os pés e as mãos.

"E eu também estava me interessando em samples naquela época, então foi um tempo de fermentação e experimentação em tecnologia. Quando o The Who começou a fazer shows de *Who's Next* e Keith Moon tinha que tocar as fitas de 'Baba O'Riley' e 'Won't Get Fooled Again', e eles estavam tentando trabalhar na dianteira da tecnologia da época, tudo foi difícil e frustrante. *Quadrophenia* foi amplamente sabotado por tentarem fazer muitas coisas com as fitas e tudo mais. Isso foi nos anos 1970. Passaram-se dez anos até que os samples e o MIDI estivessem disponíveis. Como estavam disponíveis, é claro que queríamos usar. Tornou muitas coisas possíveis. Mas no contexto da apresentação ao vivo, principalmente, ficamos dependentes da tecnologia num nível angustiante quando tínhamos que ouvir certas sequências e certos disparos para nos mantermos em sincronia uns com os outros."

Neil sabia que seria difícil transpor esse álbum para a crueza acústica de arenas de hóquei, mas o desafio precisaria ser enfrentado. "Tínhamos que reproduzir aquilo", explica Peart. "Acho que isso é parte do ônus pessoal para nós. Realmente sentimos o desafio de querer reproduzir o que estava no disco. Sim, podíamos ter tocado uma versão mais minimalista, mas para mim, usar samples é um bom exemplo. Eu sempre gosto de usar coisas que posso tocar fisicamente. Então cada som é resultado de um toque ou chute; havia uma relação orgânica ali – isso era questão de honra para mim."

Seis meses no total, tocando metade de cada mês, a turnê *Power Windows* representou uma clara indicação de que a banda estava sendo assertiva com relação à sua independência diante da Federação Solar. Geddy, Alex e Neil estavam reservando um tempo para si de modo que pudessem ser homens de família, mas também se tornavam cada vez mais multidimensionais, não apenas músicos interessados por hobbies. Queriam se tornar, cada um a seu jeito modesto, homens renascentistas.

"Foi em meados dos anos 1980 que isso começou a acontecer porque eles estavam ficando mais maduros e tiveram filhos e essas coisas", explica o empresário Ray Danniels. "Concordamos em fazer 60, 65, 70 shows em algumas turnês. Quando o álbum *Roll the Bones* saiu, voltamos a fazer perto de 120 apresentações, e consequentemente foi um disco maior que havíamos lançado em algum tempo. Mas eles sempre adoraram estar no palco. Há um momento da vida em que não gostamos de viajar tanto. Adora-se a camaradagem, adora-se tudo com relação à turnê exceto viajar, porque se começa a sentir falta de estar em casa. Observei isso acontecendo com eles – eu testemunhei. Não acho que seja diferente do que acontece com atletas, que às vezes se aposentam mais cedo do que gostariam. Se ao menos pudessem ficar em casa e jogar apenas na sua cidade, teriam continuado por cinco anos ou mais. Mas não é assim que o negócio funciona. E, para um músico, há apenas três jogos em casa na temporada inteira, não metade da temporada."

No entanto não resta dúvida: a insanidade da agenda, tanto com relação às gravações quanto às turnês durante os primeiros dez anos, é o que levou a banda a chegar aonde chegou. "Eles tinham uma ética de trabalho fabulosa, e ela foi a chave para o sucesso. Se não tivessem excursionado como fizeram, não creio que teriam sido capazes de fazer isso por tanto tempo ou ter criado uma base de fãs como essa. Realmente fizeram sua carreira crescer por tocarem nesses lugares repetidas vezes."

Sobre a redução das datas, Ray afirma: "Entenda, uma das coisas que manteve essa banda unida por tanto tempo é que se um dos três tiver um problema de verdade, o problema é tratado de forma muito séria. Nunca houve um que fosse mais importante do que a própria banda ou a boa relação que eles sempre mantiveram. Quando se trata de turnê, Neil é quem menos gosta disso. Alex é o mais tranquilo. Se eu pudesse agendar uma turnê de 200 cidades, Alex provavelmente se mataria fazendo isso, mas faria um esforço. Ele simplesmente gosta de estar na estrada. E Geddy é a combinação perfeita porque está bem no meio. Gosta de viajar, não tanto quanto Alex talvez, mas gosta. Gosta de encontrar aquele número do meio que é sempre o número certo, então não fica faltando muito, mas não queima ambos os extremos da vela ao mesmo tempo".

Do mesmo modo que advogados desempenham seu papel, Ray afirma: "É sempre minha tarefa convencer Neil a fazer mais datas e dar razões para isso. Quero dizer, me sento e converso com ele, e não quero parecer uma banda britânica chegando aos Estados Unidos para fazer 35 datas. Isso não dá lucro. É preciso olhar para o tamanho das cidades que se está perdendo. Então, ao longo dos anos, aprendi a tentar encorajá-lo a fazer mais shows e a lhe dar o melhor que podia. Eu me esforçava muito para garantir que tocássemos no maior número de mercados possível, e que todo mundo nos Estados Unidos – não para quem morasse no Havaí ou Alaska – pudesse ir a um show se fizesse um esforço para isso.

"Você não pode lançar um disco de muito sucesso várias vezes seguidas, a menos que seja um artista pop", reflete Ray sobre o estado da banda nessa conjuntura. "E então quando isso termina, o projeto desaba. Acho que nos resignamos com o fato de que *Moving Pictures* seria esse disco imenso. E na cabeça deles, tentaram fazer álbuns interessantes, álbuns que achavam melhores. Mas quando se olha lá atrás, dez anos mais tarde, se pensa: 'Como vamos fazer algo melhor do que aquele álbum?'. Acho que o objetivo deles era fazer discos muito bons, não importava o que fosse acontecer. E no meu mundo, contanto que eu tivesse 50 ou 60 shows na agenda e pudéssemos ir à Europa de vez em quando, eu podia manter o *momentum*."

As gravadoras – a Mercury nos Estados Unidos e na Europa continental, a Vertigo no Reino Unido e a Sony no Japão – tiveram que se resignar com o fato de que a banda não iria se promover com shows tão arduamente como antes.

"Sempre, sempre", reflete Danniels. "As gravadoras no final se deram conta – e não são nada bobas – de que com os maiores álbuns se conseguem 120 shows, e com os álbuns nem tão grandes assim se fazem 60 shows, e se torna óbvio qual é o ingrediente principal. Então, é claro, a gravadora quer o dobro de apresentações do que se está fazendo. Meu objetivo era trabalhar com isso e me certificar de que fôssemos uma atração nacional nos Estados Unidos, e não regional. Ainda iríamos tocar em Nashville. Faríamos shows no sul dos Estados Unidos. E a teoria era que, se tocássemos em Nashville, o pessoal de Memphis – ou de outras três ou quatro cidades – poderia vir até nós. E tocar em Nashville com certeza não seria o mais lucrativo. Você deixaria grana na mesa em outros lugares que também não poderia chegar. Sabe, três shows nas Carolinas do Norte e do Sul não são exatamente as datas mais lucrativas para o Rush, mas há muito fãs que moram lá e queremos chegar até eles."

"Isso foi algo gradual, uma lição que aprendemos com as dificuldades", reflete Geddy. "Só aprendemos essas coisas quando a vida está se despedaçando e nos damos conta de que passamos tempo demais longe. Eu diria que de 1985 em diante começamos a aprender essas lições. Foi quando paramos de tocar fora dos Estados Unidos com tanta frequência. Depois da turnê japonesa, começamos a diminuir o ritmo, cortando datas nos Estados Unidos, nos certificando de instituir uma política em que ficávamos fora por três semanas e depois voltávamos para casa por dez dias seguidos. Começamos a tocar em menos cidades dos Estados Unidos, paramos de tocar na Europa todas as turnês. Tocávamos uma turnê sim e outra não, ou a cada três turnês, e no final meio que começamos a ignorar o continente.

"Então esse foi o começo. Nós todos fizemos um esforço mais concentrado para passar um tempo longe da banda e dar mais atenção às nossas famílias e nossos filhos e todas essas coisas. Nesse ponto, ainda viajávamos de ônibus. Pode-se ter o melhor ônibus do mundo, mas ainda assim é um ônibus, e é muito difícil no nosso sistema fazer o show, embarcar no ônibus, viajar 500 quilômetros, acordar no meio da noite, entrar num quarto de hotel e continuar o sono. Isso nos leva a abusos, porque se fica muito entediado dentro do maldito ônibus. Você bebe mais do que deveria, fuma mais do que deveria, todas essas coisas. É um ambiente complicado e acho que isso contribui muito para a deterioração física.

"Parece que, se tivéssemos continuado daquele jeito, havia um grande número de países para onde poderíamos expandir. E pensamos: teremos tempo para isso? Podemos pagar esse preço em nossas vidas, sermos uma banda 12 meses por ano? Nós nos demos conta de que não poderíamos mais fazer aquilo. Foi quando falamos: 'Veja bem, não estamos aqui para dominar o mundo. Somos gratos por alcançar esse tanto de sucesso. Vamos recuar um pouco, avaliar como estão nossas vidas neste ponto e tentar adotar uma atitude sensata perante a vida."

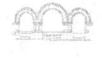

"BEM, N
FOI NOS
MELHO
MATERI
OU FOI

CAPÍTULO 7

HOLD YOUR FIRE

Em 1986, o Rush essencialmente tinha conquistado tudo: outro disco de platina, receitas de turnê polpudas, um crescente senso de equilíbrio e, falando sério, uma vitalidade criativa vigorosa saindo de sua mais radical transformação álbum a álbum até aquele momento. Reforçando sua reiterada satisfação com *Power Windows*, a banda não fez maiores alterações no processo ao se encaminhar para o que seria *Hold Your Fire*.

Talvez possamos enquadrar tudo isso como uma boa representação do amadurecimento dos membros do trio como indivíduos, mas depois das férias em família, cada um deles iniciou seu processo criativo em separado, Neil num chalé, Alex em seu estúdio caseiro e Geddy no software Digital Performer em seu computador Macintosh.

Ao se reunirem nos estúdios Elora Sound em 27 de setembro de 1986, os rapazes já tinham pedaços e recortes de músicas como "Time Stand Still", "Turn the Page", "Open Secrets" e "Mission". A criatividade na parte musical seria ativada por ideias cuidadosamente catalogadas nas passagens de som da turnê *Power Windows* junto com as fitas de Alex. Em novembro, eles tinham o esboço do álbum pronto – "Force Ten" seria a última faixa criada, no último dia em Elora, em 14 de dezembro. No mês seguinte, chamaram Peter Collins para o estúdio.

As maiores mudanças do produtor no material foram em "Mission" e "Open Secrets".

"Em primeiro lugar, eu tinha acabado de terminar um dos piores projetos da minha vida entre *Power Windows* e *Hold Your Fire*, que foi o disco de Billy Squier", lembra Peter Collins falando sobre como foi voltar a trabalhar com o Rush uma segunda vez. O álbum ao qual ele se refere é *Enough is Enough*, de 1986, em que trabalhou com Jim Barton. Seguindo três discos de platina e multiplatinados, esse álbum se posicionou um pouco abaixo de disco de ouro. "Isso realmente me deixou caidaço com esse tombo descomunal. Foi a primeira vez que eu de fato fracassei – o disco foi um fracasso total. Até aquele ponto, eu era uma espécie de estrela em ascensão no rock, e quando recebi o telefonema do Rush para fazer *Hold Your Fire* foi mesmo um estímulo para mim, porque eu pensava que minha carreira estava acabada por causa desse álbum do Billy Squier. Quando eles me ligaram, fiquei muito, muito contente e senti um grande entusiasmo para mergulhar nesse disco."

O trabalho pesado começou no Manor em Oxfordshire em 5 de janeiro de 1987 e utilizou técnicas de gravação digital para Geddy e Alex, enquanto Neil foi capturado analogicamente com uma conversão posterior para o formato digital. *Hold Your Fire* foi moldado para ser tão polido, duro, enxuto e temperamental quanto seu predecessor.

"Em termos de direção a seguir, não me lembro de ter havido qualquer discussão se o som deveria ser diferente de alguma forma", continua Collins. "Tenho a impressão de que não houve problema algum em se manter no mesmo caminho, e eles não tiveram problemas para chamar Andy Richards novamente".

Andy apareceu quando os rapazes estavam de mudança para Ridge Farm, onde tudo foi convertido para o formato digital. Depois, em 1º de março, voltaram para Montserrat e com o mesmo propósito (além de nadar e beber), ou seja, fazer os *overdubs* da guitarra de Alex.

"Não foi tão difícil", conta Peter, lembrando os problemas de pele de Lifeson na viagem anterior. "Voltamos para Montserrat, e não creio que tivemos o mesmo problema de novo. Todos desenvolvemos uma relação de trabalho aprimorada. Na época, já tínhamos resolvido as questões com a pedaleira, e a dinâmica entre nós todos parecia muito mais confortável. Portanto, Alex sabia o que esperar, e acho que estava um pouco mais preparado, assim não tivemos que repassar todas as opções de guitarra. Pelo que passamos com *Power Windows*, sabíamos o que poderia funcionar mais rápido e melhor, então foi bem menos estressante para ele. Jimbo, o engenheiro, também tinha uma aceitação melhor por parte deles. Tendo passado pelo processo de entender uns aos outros durante *Power Windows*, naturalmente seria mais fácil.

"Não creio que usamos Andy muito. Geddy participou mais de *Hold Your Fire*. Tínhamos esse som poderoso que Andy criou, mas não lembro que ele tenha feito muita coisa nesse disco, com certeza não tanto quanto em *Power Windows*. O elemento dos teclados foi sendo reduzido gradualmente. É provável que Alex estivesse com mais poder de voz sobre não precisar de tantos teclados. Além disso, meu filho nasceu no meio da produção. Eu tinha previsto que ele nasceria numa determinada semana, e nós estabelecemos que aquela seria a semana de folga, mas ele não nasceu na data prevista, de modo que precisei me ausentar no meio dos *overdubs* de Andy."

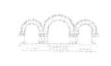

Em termos da sonoridade do disco, os caras estavam buscando um único ajuste – aumentar a presença do baixo.

"Tivemos um engenheiro muito bom, James Barton", conta Peter sobre o uso do baixo no disco. "Geddy se sentia confortável com ele. Mas os graves sempre foram um problema com Geddy, porque na percepção inglesa o grave não é tão grave quanto na percepção americana. Geddy sempre ficava preocupado com a real frequência do grave. Depois de *Power Windows*, decidimos tentar obter mais grave em *Hold Your Fire* na parte técnica. Geddy estava definitivamente à frente disso, assim como eu – eu estava ciente de que precisávamos fazer uma avaliação. Parte do som de Jimbo, contudo, era mais para o intermediário, não envolvia muito *low end*, ou seja, graves e subgraves. O *low end* apareceria em certos momentos, em especial quando Geddy usava os pedais Taurus para diferenciar do baixo tocado sem efeitos de pedal. Mas isso era um problema, e um problema também na masterização. Só que eu estava totalmente alheio a isso. Não significava nada para mim até que entendi melhor a percepção americana com relação ao baixo. Até mesmo hoje em dia há uma grande diferença entre a Inglaterra e os Estados Unidos."

Como Peter observa, no final eles não conseguiram chegar aonde queriam – *Hold Your Fire* foi um álbum notadamente agudo, com problemas no baixo da mesma forma que o disco anterior e os dois que se seguiram.

Geddy continuou a demonstrar interesse em todos os aspectos do processo de gravação. "Eu diria que ele sem dúvida foi meu coprodutor. Sabe, há sempre um crédito de coprodução com a banda, mas era Geddy quem tinha o maior interesse em produção. Ele era meu ponto de referência representando o trio. Mas, é claro, com a guitarra e a bateria, os outros dois falavam se houvesse algum ponto de vista a abordar. Mas em termos de envolvimento com a produção, a ordem seria Geddy, Alex e Neil."

"Ele tinha um bom equilíbrio entre espontaneidade e dedicação criteriosa", reflete Neil, oferecendo uma explicação bastante elucidativa sobre o papel de Geddy na banda. "Por exemplo, ele e Alex podem se sentar juntos e simplesmente ficar de bobeira por horas. Era Geddy quem se sentava lá, repassava as ideias e as organizava para dar forma. Quando apresento as letras para ele, só entrego um amontoado de coisas. Não é como se eu dissesse: 'Aqui está algo novo que escrevi e que realmente adorei'. Isso tira a pressão de nós dois. Geddy acha os versos de que gosta e vai encontrar uma parte da música que combina com eles, vai tirar um tempo para resolver as coisas desse jeito.

"E depois, é claro, temos que trabalhar a canção em muitos sentidos, como trechos da composição e arranjo, e a composição da música como um todo por parte da banda, ele tem que pensar como baixista, tecladista e vocalista. É interessante para nós dois, particularmente, não apenas como baterista e baixista – a relação mais próxima que se pode pensar na música –, mas como letrista e cantor, a relação mais próxima possível em composição. Portanto, necessariamente, tivemos que aprender muito cedo a ter respeito com relação aos sentimentos um do outro tanto quanto demonstrar apreço. É por isso que me sinto inspirado quando Geddy gosta de alguma coisa na letra da música ou num trecho da bateria, porque ele tem um alto padrão para si mesmo e, inevitavelmente, para nós todos. Se você tiver um alto padrão, vai aplicá-lo a todos os outros envolvidos.

"Mas esse é só um aspecto em que nós dois somos parecidos. Ambos somos muito metódicos e buscamos alcançar o mais alto padrão possível em nossos respectivos instrumentos. O tempo que ele dedicou para tocar baixo, por exemplo. Eu sei que Geddy sempre gosta de se considerar – e eu sempre o cito dessa forma nos créditos – como baixista em primeiro lugar. Essa é a coisa mais importante. Depois vem a voz, e só então os teclados e essas coisas. Todos tentamos contribuir, já que somos um trio. É uma ferramenta útil. O baixo sem dúvida é a maior paixão dele."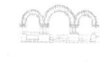

Porém, como Neil explica, Geddy também dedica muita reflexão e consideração ao canto e à interpretação respeitosa das letras de Peart.

"Quando entrego as letras para Geddy, cabe a ele reagir a elas musical e emocionalmente. Hoje em dia, com a maturidade, é claro que há bastante espaço para diálogo. O que ele busca para avançar é a essência emocional das palavras. Às vezes gosta de uma frase. E diz: 'Não me importo o que quer dizer; apenas gosto do jeito que me sinto quando canto, e o que posso despertar com isso'. Todo mundo sabe que há um aspecto subjetivo em cantar palavras – às vezes as palavras não importam tanto. Mas Geddy tem que sentir essa afinidade com elas, e à medida que trabalhamos no fraseado, vários pequenos ajustes são feitos para beneficiar a performance vocal. Melodia e fraseado são uma coisa, mas a entrega é outra parte importante dos vocais, e ele tem uma sintonia incrível com isso.

"Acho que Geddy constrói uma persona, como um ator, para interpretar uma canção. Ele se coloca em uma certa persona e até mesmo chega a adotar atributos diferentes daquele cantor, daquele cantor imaginário trazido para a interpretação de uma música, algo muito parecido com a interpretação de um papel. Uma coisa que nós três compartilhamos é a atuação cômica. Mas a atuação séria também é parte do que fazemos e como interagimos em nossas conversas. Geddy consegue habitar uma canção e viver aquela canção, de novo e de novo.

"Construímos esse clima entre nós, eu diria, desde o começo, pegando as palavras com as quais ele se sente confortável, às vezes não com o significado, mas com a tonalidade delas, o que é muito importante para ele. Muitas vezes estou tentando ajustar palavras e versos apenas para preencher certo ritmo, certa tonalidade que Geddy está procurando cantar. Esse é um desafio para mim – um desafio bem-vindo. Se ele disser que gosta de alguma coisa de primeira, eu topo, certo? É toda a inspiração de que preciso. Se eu tiver que voltar e reescrever tudo menos aqueles dois versos – tudo bem, entende? O fato de que ele tenha gostado, ou também no caso de Alex, se ambos gostam de um trecho da bateria ou se gostam da letra, eu não poderia ficar mais contente e faria qualquer coisa para fazê-los gostar mais ainda. Geddy oferece a mesma dedicação a todos esses aspectos analíticos do canto que apenas o cantor provavelmente precisa saber. É uma coisa importante."

Neil detalha esse seu ponto sobre Geddy fazer coisas que apenas os vocalistas precisam saber, dizendo: "Quando a arte é oculta, ela tem sucesso. É parte do que aprendemos sobre técnica ao longo do tempo, e o que ele aprendeu como cantor. Geddy tem uma conduta muito séria quanto a isso. Seu canto e sua voz, e o fato de que seu alcance tem se mantido por 40 anos de trabalho, é praticamente sobre-humano. Alex e eu precisamos reconhecer que, se ele não pudesse fazer isso, nós também não poderíamos mais tocar. Sabe, se Geddy não pudesse cantar – como acontece com vocalistas, principalmente quando cantam com

esse tipo de brio – estaríamos acabados. Se o vocalista não consegue cantar, a banda não consegue tocar."

Mas Neil não procura adivinhar o que Geddy quer em termos de metodologia de canto. Isso tudo vem depois. "Muitas vezes, quando entrego as letras, talvez um par de versos ou uma estrofe vá sobreviver, então tento não ser muito preciosista quanto a isso. Quando estou escrevendo uma letra de música, tenho um andamento e em geral uma melodia em mente, mas não conto isso a Geddy ou a Alex, porque quero ver o que eles vão fazer. E muitas surpresas maravilhosas aconteceram desse jeito. Às vezes, se Geddy está enfrentando problemas com o fraseado, por exemplo, é porque estou pensando em relação à bateria como um ritmo sincopado. Então falo: 'Bem, eu meio que imaginava isso combinando com esse tipo de fraseado'. O fraseado é um elemento que nós dois debatemos bastante. Se eu pensar num jeito com que um verso pode combinar durante a gravação da voz, mesmo se estivermos trabalhando juntos, há bastante interação em torno do fraseado. Se ele tiver problemas com um verso, posso sugerir uma solução ou reescrever. O que for necessário."

Com relação ao outro papel de Neil na banda, seu status de "o maior baterista do mundo", Peter diz que durante esse período Peart estava totalmente imerso nas possibilidades oferecidas pela combinação de música acústica de outra era e ferramentas das máquinas modernas.

Ainda assim, foi Geddy quem demonstrou mais interesse em como fazer um disco. Collins fez um comentário sarcástico quanto a isso durante a produção de *Hold Your Fire*: "Neil estaria fora correndo dez quilômetros ou algo assim, testando seus limites". E acrescenta: "Ele nos apresentava seus sons e aparecia no estúdio apenas para gravar. Alguns sons eletrônicos dele eram muito estranhos para nós porque achávamos que éramos os mestres dos sons eletrônicos na Inglaterra, e o que esses canadenses sabiam? Achávamos que eles estavam bem atrasados. E alguns dos sons pareciam, para ser honesto, nada descolados. Mas Neil tinha uma atitude bem positiva e dizia: 'Bem, se você não acha isso descolado, o que seria na sua opinião?'. E cabia a nós oferecer outras sugestões que às vezes ele aceitava, às vezes não. Porém, basicamente, quando entrávamos no estúdio, como é provável que você já saiba, ele estava absolutamente 100% ensaiado e sabia exatamente o que iria fazer e que sons usaria. Havia muito pouco espaço para oscilação quando estávamos lá dentro do estúdio."

"Neil ouvia muita música inglesa", conta Peter. "Ele passou muito tempo na Inglaterra quando era jovem. Acho que trabalhava na Carnaby Street. Portanto, era muito conectado ao som inglês. Ficou animado que estávamos incorporando um pouco da visão britânica em sua música, e da tecnologia de vanguarda e dos novos *reverbs*. Usamos vários efeitos na bateria e ele ficou muito feliz. Experimentávamos coisas, e algumas foram usadas, outras não. Mas os grandes *reverbs*, os efeitos, a compressão intensa da bateria... Neil parecia muito empolgado com isso na época.

"Mas acho que estavam mais interessados em consolidar seu som – com certeza não queriam perseguir os sons de outros artistas. Nunca disseram: 'Por que não podemos ter um som mais parecido com isso?', ou deram um exemplo de uma coisa que acharam que deveriam ser. Isso nunca aconteceu com o Rush, embora aconteça com muitas bandas. Mostram a banda favorita deles – 'Por que o nosso som de baixo não é assim?'. Não, eles queriam construir um gênero sonoro".

Um gênero sonoro. Isso é bem sugestivo, já que o Rush estava praticamente sozinho no espectro do rock com o tipo de discos que faziam naquela época. Ninguém dos anos 1970 tinha carregado os eletrônicos de forma tão radical, e ninguém tão eletrônico assim tinha as bases no heavy metal original como o Rush. Foi um casamento entre dois mundos totalmente divergentes. Mas teria sido um casamento às pressas? Havia alguma coisa que não funcionava muito bem? Muitos fãs pensam dessa forma. De modo bem objetivo, *Power Windows* e *Hold Your Fire* parecem bastante datados, completamente anos 1980, ao passo que o material dos anos 1970 da banda se tornou inegavelmente descolado e é provável que nunca mais perca essa característica. Se e quando os anos 1980 se tornarem descolados de novo, talvez esses discos sejam analisados com respeito renovado.

Contudo, a banda mantém uma defesa corajosa desse período. "*Hold Your Fire* foi um bom disco", afirma Alex. "Estávamos chegando ao final da nossa investida no mundo dos teclados. *Power Windows* tinha muitas camadas de teclados, e *Hold Your Fire* foi uma espécie de alívio, nós meio que recuamos um pouco no uso deles. Mas isso fazia parte do lance dos anos 1980, era o tipo de mentalidade em que nos encontrávamos." Sobre essa mentalidade, Alex faz uma pausa para dar uma gargalhada por causa das fotos daquela época usadas para divulgação à imprensa, apontando para as roupas brilhantes *new wave*, os cortes de cabelo mullet e os grandes óculos de Geddy. Detendo-se numa das muitas fotos tiradas de shows em que usava ternos estilo *Miami Vice*, Alex conta: "Logo depois disso, eu perguntava ao público: 'Posso anotar seu pedido?'"

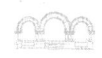

Depois de Montserrat, a banda e a equipe retornaram a Toronto, especificamente para os estúdios McClear Place a fim de fazer mais *overdubs* e algumas gravações requintadas com músicos de orquestra. Finalizado em 24 de abril, o disco foi mixado em Paris no estúdio William Tell. Após a masterização em Nova York, foram necessários cinco países diferentes para montar *Hold Your Fire*.

Para a arte de capa, optaram por algo tão austero quanto a música, mas que não era o que havia sido pensado de início. A intenção era que a capa fosse uma foto com muito mais ação, de um homem fazendo malabarismo com três bolas em chamas, montada por Hugh e pelo fotógrafo Glen Wexler, mas ela acabou sendo usada no encarte. Referências a álbuns do passado estão presentes na fotografia, e haviam pensado originalmente em chamar de volta Neill Cunningham, de *Power Windows*, para espiar por uma janela. Em vez disso, optaram pela fotografia menos óbvia de três bolas vermelhas flutuando sobre um fundo vermelho. É de fato uma foto de três bolas de bilhar pintadas de vermelho. Até mesmo o logo do Rush foi estilizado e depois fotografado. Wexler também criou a capa do álbum duplo *Reunion* do Black Sabbath e do álbum *Balance* do Van Halen, disco que foi lançado quando Ray Danniels agenciava a banda.

Assim como a produção do álbum, depois de 20 anos a foto do malabarista parece datada, a coisa toda uma orgia de imagens geradas por computador. Mas era um conjunto físico montado em detalhes, as bolas de basquete revestidas com goma e incendiadas, atores (era para Dennis Hopper fazer parte da cena, mas não havia data disponível), fragmentos pintados, um Frankenstein articulado de forma meticulosa por um fotógrafo extremamente talentoso.

Quanto ao encaixe da capa com os temas ostensivos do disco, trata--se de um desafio. Originalmente, *Hold Your Fire* seria um álbum sobre o tempo, antecipado por uma das primeiras composições, "Time Stand Still", mas depois a palavra "instinto" entrou na jogada. Ainda assim tudo é um pouco nebuloso. *Hold Your Fire* de fato se alinha à fotografia do malabarista, mas as bolas da capa não estão nem pegando fogo nem sendo jogadas no ar. Além do vermelho saturado e penetrante, não há fogo. Já foi explicado de forma um tanto vaga que primeiro alguém incendeia por instinto para depois fazer perguntas, mas isso também se trata de uma conexão forçada.

O álbum abre com uma curiosa colagem de sons industriais antes que "Force Ten" entre no campo de audição, do lado direito – é importante observar que essa seria a primeira canção a tocar no rádio. Bastante roqueira para o período, ela demonstra o desejo da banda de diminuir o uso dos teclados e preencher um pouco desse espaço com Alex, embora o timbre dele ainda seja austero, até mesmo anêmico. Geddy, inspirado pelo amigo e mago do baixo fusion Jeff Berlin, toca acordes de baixo na canção. A letra usa a escala Beaufort de medição de tempestades como um recurso para discutir o turbilhão de uma vida ativa, embora a canção seja um tanto obscura com Peart também sugerindo que ela trata de ter a coragem de falhar diante de um desafio. É

a segunda letra composta em parceria com o letrista da Max Webster, Pye Dubois, que colaborou com Neil em "Tom Sawyer". Como parte do processo dos dois, trata-se menos de uma colaboração e mais de Neil pegar esquemas e aforismos de Pye e moldá-los, acrescentando depois outros versos ao longo do caminho.

Em seguida vem aquela que seria a maior canção do disco, "Time Stand Still", servindo como um single de sucesso moderado nos Estados Unidos e no Reino Unido. A faixa ganhou um tratamento de vídeo completo, com Zbigniew Rybczynski dirigindo a banda, que flutua pela tela de forma cômica, embora não intencional. A música se destaca por uma convidada especial para os vocais: Aimee Mann, da Til Tuesday, foi chamada para compor um contraste angelical aos sentimentos melancólicos e ainda assim esperançosos de Geddy sobre a passagem do tempo (Mann também aparece no vídeo).

"Eles sempre queriam maximizar as canções", reflete Peter Collins, considerando o pop mais caseiro de "Time Stand Still", "e se comunicavam da forma mais poderosa possível. Em 'Time Stand Still', tínhamos  praticamente terminado de mixar a faixa quando eu tive a ideia de só criar uma pausa de uma batida na música, o que significava ter que remixar e passar por muitas dificuldades para dar conta disso, mas demos um jeito e funcionou muito bem. Várias outras bandas teriam dito: 'Ah, deixa assim mesmo, vamos adiante', mas eles ficaram interessados em explorar todas as possibilidades. E foi assim que trabalhamos com esse disco. Não pensei: 'Temos que mudar o som, temos que mudar o equipamento'. As músicas é que ditavam o tratamento dado a elas."

Quanto à participação especial de Aimee, Peter conta: "Os rapazes gostavam mesmo da voz dela [especificamente na faixa da 'Til Tuesday chamada 'What About Love'], e nós a convidamos para gravar. Uma das coisas de que me lembro é que ela estava gravando a voz e eu entrei pelo microfone da sala, porque ela parecia meio hippie, e disse: 'Aimee, é possível trazer um pouco mais de atitude?', e ela perguntou: 'Que tipo de atitude?'. Preciso dizer que foi Geddy quem insistiu na ideia do dueto. Ele sempre pensava em novas possibilidades, não que os outros não fizessem isso, mas Geddy provavelmente era mais eloquente que os outros dois."

Mann recebeu 2 mil dólares por sua participação na música. Chrissie Hynde e Cyndi Lauper também tinham sido consideradas para a participação – Lauper, é claro, já havia abordado o tema emocional e melancólico do tempo em "Time After Time", um sucesso imenso de Cindy lançado três anos antes.

Sobre "Time Stand Still", Peter diz: "Eu achava que seria um single, e todos eles riram da minha cara. Diziam: 'Bem, nunca tivemos um single de sucesso'. Portanto, estavam muito céticos. Não tinham problemas quanto a isso. Queriam chegar a esse marco, mas não estavam dispostos a ceder. Sabe, se acontecesse, ótimo. Mas não iriam mudar o que a música exigia ou sua percepção para criar um single. Eles escreviam melodias realmente fortes, e se a forma não precisasse ser muito longa para concretizar a canção, então haveria uma chance de extrair uma  faixa comercial dela. Eu sempre pensei que 'Limelight' tinha muito potencial como single. Esse é outro exemplo para mim de que, quando se tem melodias fortes e ideias líricas fortes e elas se unem e podem ser fechadas em três ou quatro minutos, há então uma oportunidade de transformá-las num single. Com certeza, os caras da banda se sentiam confortáveis em fazer algo assim. Tinham quebrado o gelo com *Power Windows*, e isso era uma consequência natural. A música apenas exigia esse tipo de tratamento no meu entender. E não houve qualquer discussão. Simplesmente saiu de modo bem comercial."

"Pop é uma palavra curiosa", ponderou Geddy na época, em entrevista a Chris Jones, da *Now*. "Significa popular, e nesse sentido sempre fomos uma banda popular – sempre fomos populares o suficiente para vender discos em grande quantidade. Mas como nossa música não é convencional e é difícil de categorizar, tem sido um tipo de pop cult. Eu diria que este disco é provavelmente nosso trabalho menos agressivo e mais melódico, e mesmo assim é provável que seja o disco de menor sucesso nas rádios que já fizemos. Acho que nossos arranjos ainda são muito incomuns e nossa música ainda é muito fora do centro para ser considerada convencional."

O videoclipe de "Time Stand Still" resultaria em muita zombaria ao longo dos anos – assim são as armadilhas de sempre querer estar na dianteira da tecnologia, mesmo se ela ainda não estiver pronta. De modo justificável, Geddy parece um pouco avesso ao meio. Verdade seja dita, neste ponto, o sucesso do Rush com o gênero pop tinha sido mediano, sendo otimista.

"Acho que sobrevivemos à era do vídeo", contou Geddy a Jones, "mesmo que com certo desconforto. Não somos o tipo de banda que embarca num projeto com facilidade, principalmente quando somos forçados a trabalhar tão próximos de outra pessoa, como um diretor. Eles sempre querem que atuemos, e não nos vemos como atores. So-mos músicos, por isso o desafio é sempre fazer de cada videoclipe uma apresentação mais interessante do que o clipe anterior. Os vídeos são  um meio muito estranho. Não estão à venda, então não se pode justi-ficar gastar uma fortuna com eles; são como comerciais de televisão. É esquisito porque não são filmes e ainda assim parecem filmes, e não são arte, mesmo assim parecem artísticos. Portanto sempre há um tipo de equilíbrio desconfortável entre a banda apresentar sua música e um di-retor concretizar o próprio ideal criativo. É questão de tentativa e erro."

Introduzido por um momento de jazz fusion, "Open Secrets" é um pop acelerado meio obscuro, arejado e cheio de energia, adiantando todos os marcos dessa era, incluindo as texturas etéreas do teclado e Alex fazendo intervenções em paralelo a uma canção que é dominada por baixo, vocal e sentimento lírico e fala de relacionamentos num fluxo temporal desnorteado entre "Different Strings" e "Cold Fire". De fato, a letra surgiu de uma conversa entre Neil e Geddy sobre conhecidos que deixaram problemas se agravarem – felizmente, no final da canção, Neil procura oferecer uma solução. Alex tomou para si a criação de um solo de guitarra frustrado e solitário que parece adequado ao tema.

"Second Nature" traz Neil suplicando pela diligência em vez da perfeição, o meio-termo como forma de progresso. Em entrevista a Malcolm Dome, da *Metal Hammer*, Neil observou: "Pessoalmente, continuo sendo um idealista em essência e não me tornei totalmente desiludido. Tão logo comecei a perceber que o mundo não era perfeito, decidi tentar ao menos tornar parte dele perfeita. Ainda assim, foi uma cruzada dolorosa e unilateral, infrutífera depois de certo tempo. O resto do mundo é cético e cínico em geral, então tem que existir um lugar no meio do caminho se eu quiser qualquer melhoria, e isso se estende desde uma moralidade musical à consciência ambiental.

"'Second Nature' expressa tal crença, porque para mim parece óbvio que devemos desejar que nossas cidades sejam tão agradáveis quanto nossas florestas e que as pessoas devem se comportar de maneira humanista – ainda assim é claramente uma suposição ingênua e ridícula. Quero um mundo perfeito e posso tentar fazer alguma coisa a respeito, mesmo assim não posso fazer isso sozinho. Portanto, mesmo se você  não quiser as mesmas coisas que eu quero, pelo menos que façamos um acordo e busquemos algum tipo de melhoria. Só que não basta urrar sobre isso numa canção. Se você realmente se importa com uma causa, deve se envolver com pessoas que estão fazendo alguma coisa a respeito dela, pessoas que são proativas e estão trabalhando de verdade para melhorar as coisas. É o que eu faço no meu tempo, sem qualquer clamor, por publicidade. Vou até lá onde o mundo é feio."

As palavras sábias de Peart são emolduradas por um espectro que fica entre o pop e a balada, com uma cadência tribal suave de Neil, em que definitivamente os teclados assumem o protagonismo no lugar de Alex, algo de que Geddy esteve bastante consciente.

"Começamos esse lance de disputa de território, porque eu estava compondo mais nos teclados. Me sentia mais confortável. Na época, fazia aulas de piano, e realmente é um som diferente. Havia muitas maneiras a mais de se tocar o mesmo acorde. Era apenas diferente, sabe, um ângulo. Como compositor, sempre se está procurando certo ângulo para entrar na música, para ter algo novo. Quando se fica cansado dos mesmos recursos, você pode trazer um novo dispositivo que vai oferecer ângulos diferentes, logo isso desperta sua criatividade. Os teclados foram uma centelha criativa para mim."

Geddy diz que, nesse disco, ele e Alex realmente brigaram por causa dos teclados, acrescentando: "Algumas discussões eram justificáveis, outras não. Parte tinha a ver com ego, outras com a música em si. Mas no final do dia não valia a pena brigar porque, de qualquer maneira, eu não estava feliz com os rumos que tomamos, para onde aquilo tudo estava me levando, então começamos a impor limitações, e acho que foi a melhor coisa que fizemos. Creio que reacendeu a chama do que fazemos de melhor, de verdade."

E quando há problema, ser um trio ajuda a encontrar uma maneira de resolver as diferenças, que de alguma forma é o tema de "Second Nature", ou seja, essencialmente procurar um caminho para fugir da inércia. "Eu gosto de três", conta Geddy. "É um bom número para nós. Três é um bom número porque não há frações em três. Se você tiver um senso inato de certo e errado, três é um bom número porque dois contra um não é justo. E se tiver a consciência de que está alienando a outra pessoa, sempre se procura um jeito de a trazer de volta ao grupo.

"Ao passo que quando há quatro integrantes, sempre surge um nós contra eles – cinco integrantes seria o caos. Gosto do fato de que nós três podemos jantar juntos todas as noites, e esse é o nosso momento de confraternização. Há tantas coisas em nossas vidas que estão separadas e outras que têm relação com o trabalho. Mas temos esses 15 minutos, e então quando Frenchie [o chef da banda] traz nosso jantar, todos nos sentamos ao redor de uma mesinha para dizer: 'E aí?' ou 'Aonde vocês foram ontem à noite?'. Descobrir o que Neil leu, perguntar: 'O que vocês fizeram no dia de folga?'. Sabe, investigar. 'Quem você é hoje?', 'Como você está – está doente?', 'Ah, pegou um resfriado?'. Era assim sempre que havia um jantar num dia de folga ou fazíamos algo nós três juntos. Agora, geralmente, isso acontece no local do show. Eu gosto desse número – dá certo para nós."

Porém, como já debatemos – outra lição de "Second Nature" –, os membros da banda estavam aprendendo a se desenredar uns dos outros o suficiente para que as decisões pudessem e continuassem a ser colocadas na mesa e então debatidas de modo eficiente. O Rush 2.0, para fazer música bem além de qualquer aspecto do circuito convencional e depois divulgar sem ter que fazer turnê de forma tão intensa quanto faziam, precisava encontrar um meio de manter alguma massa crítica para os impulsionar. Nesse aspecto, isso significava buscar desenvolvimento pessoal e perspectiva.

"Claro que foi por pura necessidade", pondera Geddy sobre tirar um tempo longe dos outros membros da banda. "Como passamos muito tempo juntos, quando vamos para casa, não importa o quanto você goste dos caras, passaram-se quatro meses intensos com essas pessoas, cinco, seis meses intensos, logo não quero ver esse pessoal por um tempo. Não quero ver Neil e não quero ver Alex, por mais que eu ame aqueles dois. Fico feliz de vê-los, mas na verdade não quero. Preciso me afastar daquilo e de tudo o que eles representam, e isso no final de tudo funciona bem. É como deixar de compor depois de passar por uma longa sessão de composição ou algo assim. Não se pode simplesmente começar a compor outro disco logo em seguida. Quero dizer, poderíamos fazer isso, mas acho que fazemos um trabalho melhor quando estamos ávidos. E vejo da mesma maneira nossas relações pessoais. Quando começo mesmo a ficar com saudade de Alex, é quando quero vê-lo e passar um tempo com ele. Não nos vemos muito fora da temporada. Embora, à medida que ficamos mais velhos, eu o veja mais porque ele mora a duas quadras da minha casa e jogamos tênis juntos, essas coisas. Mas de alguma forma está tudo bem. Ainda assim, precisamos ficar longe um da fuça do outro por algum tempo."

"Prime Mover" parece ser a música do álbum que explora mais detalhadamente o alegado conceito do instinto, com um grande número de

definições e proposições. É importante notar que Neil era um grande fã do programa *Além da imaginação,* e "Prime Mover" é o nome de um episódio que ele tinha assistido na juventude – devia ter nove anos de idade quando foi para o ar. Não se trata de jogar os dados como no episódio, e não se trata de Deus: "Prime Mover" parece defender o instinto como motor de partida, a urgência em direção ao primeiro passo. E quanto à música? Um pop alegre, às vezes dominado (mas nunca conduzido) por Alex, às vezes por Geddy, com linhas de baixo proeminentes. Como em muitas músicas desse período, Neil se livra das amarras e liberta as esperadas viradas autorais, mas se não houver drama para acentuar, qual é o sentido, de verdade?

"Lock and Key" combina com "Prime Mover" de maneira agradável, definindo uma forma de instinto com mais detalhes, no caso a violência e como a sociedade evoluiu para mantê-la sob controle. Essa canção tem um ritmo rock mais acelerado, com despejamento de acordes, licks e solos em contraponto aos timbres de teclados anteriormente ouvidos no álbum *Power Windows.* Quanto à melodia, a faixa é sombria, até mesmo ameaçadora, acompanhando o tema pesado. Uma curiosidade: nessa faixa, Geddy deixa de lado seu usual baixo Wal de quatro cordas para usar um Wal de cinco cordas, sendo a quinta um Si mais grave. A ideia era que a tecnologia dos sintetizadores tinha avançado ao ponto em que estava competindo com o mais grave dos graves no baixo e, ao menos nessa faixa, Geddy buscava um poder de fogo extra, mesmo que o brief fosse de difícil articulação sobre os timbres quentes e graves do instrumento.

As primeiras palavras do *tour de force* do álbum, "Mission", são "Hold Your Fire" – "Segure seu fogo", que faz sentido já que a canção é grandiosa o suficiente para ser o título do disco, apesar da construção ambiciosa e da letra particularmente comovente e perspicaz escrita por Neil.

Contudo, ela poderia ter sido ainda mais imponente, como conta Peter: "Eu queria que a banda usasse um conjunto de instrumentos de sopro dos distritos de mineração da Inglaterra, basicamente como a banda do Exército da Salvação. Eu já tinha o arranjo, estava pronto, mas no final acabamos não usando. Mas isso é outra coisa excelente a respeito do Rush – eles tentam de tudo. Se alguém tem uma ideia que parece oferecer alguma possibilidade, vão atrás dela."

Geddy concorda que "Mission" é um dos momentos especiais de *Hold Your Fire*. "É um álbum muito ambicioso, cheio de surpresas, cheio de mudanças de textura, mudanças rítmicas dramáticas. É bastante romântico em certo sentido melódico. Mas 'Mission' realmente é uma canção da qual sinto orgulho em termos de melodia e certa ousadia. Esse disco foi muito influenciado por Peter Collins, de modo que seu amor pela melodia e tudo o que passamos em *Power Windows* ainda estava repercutindo em nós. Algumas músicas foram muito difíceis de montar em relação à textura.

"'Mission' foi a canção que Peter Collins simplesmente amou", continua Lee. "E em certo ponto, na Grã-Bretanha, quando estávamos trabalhando no álbum, Peter realmente queria o que chamava de elenco completo – colocar orquestra e coro na música. E havia um som particular de uma banda inglesa de sopros, acho que era algo que ele cresceu ouvindo e com o qual não tínhamos relação alguma, o tipo de conjunto que se vê no parque num domingo, tocando no coreto. Ele meio que estava obcecado em encontrar o conjunto autêntico.

"E foi até o norte da Inglaterra para localizar esse grupo e queria que eles tocassem nessa faixa. Realmente estávamos trabalhando duro naquele disco, e havia um final de semana em que esse conjunto de sopros estava disponível. Era para pegarmos um avião até lá e gravá-los, até que falamos: 'Olha, Pete, vá você. Você sabe o que quer, estamos exaustos, por que não vai até lá e grava o grupo? Isso será um presente para você'. E ele foi. Quando voltou, estava todo animado com a gravação, é claro. E nós nunca realmente compartilhamos o mesmo entusiasmo que ele. No final, a versão da música que lançamos foi meio simplificada; não acho que usamos muito esse conjunto de sopros. Não usamos o arranjo inteiro. Então há uma outra versão dessa faixa que espero que lancemos um dia com o arranjo completo."

Também há em "Mission" um certo truque do velho Rush que eleva a música e a conecta à rica tradição de rock matemático da banda. Como Neil contou a Tim Ponting, da *Rhythm Magazine*: "Eu toco um quatro sobre o padrão de cinco que Geddy e Alex estão tocando. Ou acompanho a batida peculiar quando preciso ou apenas espero que se aproxime de mim. Tem a ver com o funk e o R&B, em que o pulso é mais importante e se quer fazer com que pareça quatro, semelhante ao que Peter Gabriel fez com 'Solsbury Hill' – está num longo padrão sete, mas tudo que o ouvinte casual sente é o pulso de um quatro. Dá para acompanhar o ritmo confortavelmente batendo o pé no chão. E essa é uma coisa mágica que conseguimos aprender – que esse tipo de coisa não precisa parecer esquisito para o público. O andamento estranho não é realmente 'estranho'; ele tem um compasso, um fluxo, uma cadência humana, mas é apenas algo que precisa ser aprendido. Nosso público não sabe como contar em sete, mas aceita essas reviravoltas peculiares que fazem parte de nossa música. Seria presunção dizer que educamos nossos ouvintes; em vez disso, deixamos que se acostumassem com a gente por vontade própria.

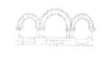

"Eu simplesmente exploro tudo o que ouço", continua Peart, com relação a sua abordagem quanto a um álbum mais amplo. "Tudo que é novo e surge na música pop acaba invadindo meu jeito de tocar bateria por osmose. É uma coisa da qual não me envergonho nem um pouco – tenho orgulho do fato de ser um grande fã de música e quero reagir a ela e adotar cada estilo como parte do meu. É uma capacidade de aquisição, creio, que se equivale à ganância. Tenho muita consciência do que outros bateristas ao redor do mundo estão fazendo e tenho tentado me manter em contato com a música mais complexa que posso ouvir, seja da América do Sul ou da China ou de uma região remota da África. Qualquer tipo de ritmo faz meu coração pulsar."

A letra apaixonada e multidimensional de "Mission" realmente se conecta com os fãs do Rush. Se pudermos nos arriscar a criar generalizações, os fãs mais ardorosos da banda formam um grupo ambicioso com relação aos mais variados sonhos – criativos ou empreendedores – e essa música cobre todos os tipos de território com relação a isso, de seu ócio num dos extremos à motivação e obsessão que são necessárias para torná-los realidade no outro.

"É claro que me agrada", pondera Neil sobre sua profunda conexão, levando a uma análise de "Mission". "Para ser apreciada, muitas vezes tenho que esmiuçar as coisas ao que parece quase um reducionismo. Mas é simples assim. É claro que gosto de receber elogios – quem não gosta? Seja com relação à bateria ou às letras, sim, é maravilhoso se conectar dessa forma. É claro que há uma zona limítrofe que não se conecta à mesma frequência que você está navegando porque os receptores são falhos. Há essa pequena extremidade que é minúscula, é a menor das minorias. Para a maioria das pessoas o compositor de letras de música é apenas uma parte do pacote de imagística.

"Eu lembro que quando era um jovem fã de música, muitas vezes eu não ouvia para valer as palavras *per se*. Elas eram parte da tapeçaria, e essas imagens ficavam comigo. Às vezes, quando estou andando de moto, alguma canção volta para mim, com a letra e tudo mais – como posso me lembrar dos versos de 'Monster Mash' ou seja lá o que for? Obviamente ficaram marcadas na época. E muitas, muitas outras canções – 'Good Vibrations' – que atravessam meu capacete e consigo me lembrar da letra ou no final reunir todos os versos enquanto piloto a moto.

"As palavras podem ter um peso diferente para pessoas diferentes, é claro", continua Peart. "Mas esses que realmente têm a sensibilidade de prestar atenção às letras e o que coloco nelas, essa é uma parte chave do nosso público. Na bateria também, sabe, há o sentimento de que não se está subestimando ninguém. Sempre tivemos a impressão de que as pessoas são tão inteligentes quanto nós somos. Então, se pudermos entender essas coisas, eles também podem. Essa música é sofisticada o bastante para nos satisfazer, mas não estamos exagerando, ou sendo aquela palavra terrível: pretensiosos. Não estamos tentando ser nada

que não sejamos. Isso é o que de fato nos interessava naqueles anos e o que escolhemos para escrever a respeito.

"Liricamente, sempre foi uma questão de refletir meu tempo e uma época do modo como a observo. Todas são um reflexo meu. Mas podem surgir de uma conversa. Geddy e eu às vezes temos conversas que levam a uma canção porque sei que é algo que ele gostaria de dizer. A colaboração entre nós é intensa, porque estou escrevendo para a voz dele. É claro que ele tem que se sentir não apenas confortável com a letra, mas inspirado por ela, e ser capaz de atribuir significado toda vez que canta."

"Mission" foi uma dessas canções de cuja essência Geddy fez parte desde o princípio. Neil lembra a discussão que gerou a letra. Os dois estavam falando sobre como ambos sempre tiveram a música como uma missão, enquanto muitas pessoas passam pela vida sem nunca ter sentido que havia uma missão para elas.

"Essa música surgiu de uma conversa que ele e eu tivemos em meados dos anos 1980, acho que tínhamos 30 e poucos anos", afirma Neil. "Muitos amigos nossos estavam neste período crucial da vida em que se está aprendendo a se acomodar, ou fazendo todos aqueles ajustes para aceitar, 'Ok, sou um cara de meia-idade agora'. E conversávamos com amigos que diziam coisas como: 'Quando você soube o que queria fazer?', entende, ou 'Com que idade você soube o que queria fazer, que tinha tudo planejado?'. Essas coisas. Bem, nós, é claro, sabíamos o que queríamos desde os 13 anos e passamos nossas vidas em busca disso.

"Mas nos demos conta de que havia esse outro grupo de pessoas – entre gente que conhecíamos, amávamos e respeitávamos e com quem nos importávamos – também lutando para seguir seu propósito. Repito, muitas vezes minhas letras refletem as pessoas com quem me importo – quero que a voz delas esteja lá. Então 'Mission' é cantada em primeira pessoa, mas se trata de outro alguém.

"Assim, Geddy e eu tivemos essa conversa sobre nossos amigos que estavam passando por essa crise de meia-idade que havíamos evitado porque tínhamos uma missão. Tomei isso e coloquei nas palavras de alguém que gostaria de ter tido uma missão. E também comparo – 'Tenha cuidado com o que deseja'. Há um verso que se conecta à ponte dessa música – '*We each pay a fabulous price for our visions of paradise*' ('Nós todos pagamos um alto preço por nossas visões do paraíso') e '*If their lives were exotic and strange*' ('Se as vidas deles fossem exóticas e estranhas')… Eu estava pensando no pintor Paul Gauguin, que passou a vida sofrendo daquele jeito para fazer o que fez. 'Ah, puxa, eu gostaria de ser um pintor e me mudar para o Taiti', e sabemos que não foi bem assim. Nunca é essa fantasia. É claro que *estamos* vivendo a fantasia de muitas pessoas, e me esforço para não tripudiar desnecessariamente. Mas minha vida não é fantasia alguma. É para valer. E minhas dores e batalhas e tristezas são reais. Não preciso fazer de conta de que se trata de outra coisa ou buscar compensações. E é por isso que até mesmo posso usar recursos ficcionais, como numa música igual à 'Mission'".

"Turn the Page" encontra a banda dando continuidade ao som pop rock furtivo, agitado e de frequências médias para altas desse disco – e do disco anterior – diferenciado graças ao baixo percussivo e ruidoso de Geddy e à guitarra acelerada de Alex tocada até sibilar.

Alex concorda que esses álbuns do final dos anos 1980 adotaram um timbre bem diferente daqueles rapidamente elaborados nos tempos de *power trio* puro. "Do ponto de vista da guitarra, meu som tinha mesmo mudado. Ficou muito mais potente e reluzente. A razão disso, de novo, é que havia muito atrito entre todas aquelas coisas de teclado que estavam acontecendo e o lugar onde a guitarra se encaixaria. A parte principal do problema é que, quando gravamos aqueles álbuns, decidimos fazer os teclados antes das guitarras. E isso foi mera questão de agenda mais do que qualquer outra coisa. Era mais conveniente fazer os teclados dessa forma. Quando chegava a hora de fazer as guitarras, era difícil pensar onde elas se encaixariam, porque havia tanta coisa acontecendo ao mesmo tempo. Acho que com *Hold Your Fire* meio que chegamos ao pico e foi isso. A partir desse disco, fomos gradualmente reduzindo os teclados álbum após álbum."

Neil concorda com a descrição de Alex do som da guitarra como "mais rijo", embora com uma ressalva. "Foi a escolha dele para as guitarras e o som que ele adotaria na época, sabe? Não há ninguém para culpar aqui. E se você ouvir outras músicas do mesmo período, esse era o som de guitarra prevalente. Bandas como The Fixx e outras tinham esse som altamente comprimido. Processado, digamos assim, sons de guitarra processados. Era o que ele queria! Uma visão retrospectiva não tem muita utilidade. Com relação à bateria, sempre quis um som convencional ótimo, com a adição de todos aqueles efeitos eletrônicos. Mas tem sido uma busca linear para mim, obter um excelente som de bateria convencional."

Com relação à letra de "Turn the Page", Neil contou a Malcolm Dome que ela "expressa a seguinte atitude: quanto você se permite ser sensível? Se estiver assistindo ao noticiário ou lendo um jornal, quanto pode se permitir sentir? Quanto pode se deixar envolver com o mundo sem querer se matar imediatamente? Outro tema recorrente e constante é tentar conciliar idealismo com a realidade pura e simples. Continuo uma pessoa idealista até hoje, às vezes para meu sofrimento. Fui  crescendo dessa forma até o ponto em que a vida me desiludiu por completo de forma repentina. Eu a imaginava muito mais bondosa do que ela de fato é, e a dificuldade, a estupidez e a desumanidade de tudo realmente se voltou contra mim. Foi tremendamente dolorido, e muito difícil de encarar. Além disso, a linha divisória entre as ilusões juvenis e a subsequente perda disso com a idade me atrai. Há preços e recompensas por isso – você troca suas ilusões e inocências pela experiência e pelo modo como as coisas de fato são. Se resistir emocionalmente, trata-se de uma troca justa. Eu enfrentei essa mudança de uma maneira extrema, e muito desse disco atual enfrenta esse dilema."

"Tai Shan" é uma canção da banda que lembra um diário de bordo, nesse caso sendo um tributo à China, admirando a vista de uma montanha sagrada a cujo topo se chega depois de subir sete mil degraus. Com suas flautas doces e o alaúde pipa de Alex, é tudo um pouco exagerado, e o tipo de coisa que hoje seria acusada de apropriação cultural. Além disso, o clima budista recai entre vazio, desonesto e condescendente vindo de ateus praticantes e intolerantes e um vocalista judeu.

Uma nota técnica: Neil explicou a Deborah Parisi que ele incluiu na canção "um antigo tambor chinês que é muito frágil e valioso para cogitar usar ao vivo. Eu o levei para nosso estúdio de ensaios e fiz o sample. Tenho uma variedade de instrumentos musicais antigos – principalmente asiáticos e africanos – cujo único modo de usar é por meio de samples. Portanto, permite essa liberdade, é o que mais gosto neles".

"Não sou pioneiro nisso de forma alguma", acrescenta sobre seu nível de conforto com a tecnologia mais recente em música. "Adotei a atitude da Rolls Royce de deixar outras pessoas serem as pioneiras, experimentarem, para só depois adotar a tecnologia – como a Rolls Royce usou a direção hidráulica da General Motors porque foram eles que criaram a melhor. Não é preciso ser pioneiro se outra pessoa já fez isso. É possível ficar atrás do líder e ter a vantagem da confiabilidade. Evita o aspecto fugaz de coisas como Syndrums, quando nos primórdios todo comercial de cerveja tinha esse som, e evita ter que se envergonhar de seu passado.

"Quando enfim me dei conta de que o sample digital tinha amadurecido e se tornado uma ferramenta que eu realmente queria ter, não pude mais resistir. Procurei Jim Burgess, da Saved by Technology, e disse: 'Aqui está o que quero fazer, e aqui está o que não quero fazer'. Então ele recomendou um setup e trabalhou comigo para obter o equipamento e a biblioteca de samples a partir dos meus discos mais antigos. É bom ter alguém assim para orientar quanto ao caminho certo."

Hold Your Fire termina 50 minutos depois de começar com o que parece uma versão mais bem-sucedida de "Tai Shan". "High Water" é tribal, envolvente e até mesmo um pouco espiritual em sua letra. Trata da reação instintiva que temos com a água, seja na forma do oceano, dos rios caudalosos, da chuva torrencial, das chuvas redentoras, das enchentes, das nascentes nas montanhas, até mesmo das "fontes de mármore".

Esparsa como é, há melodias fortes e até mesmo alguns novos (e melhores) sons de teclado. Uma ideia inédita aparece no final em adição ao tema unificado de 90% das faixas anteriores: compartilhamos uma ligação com a água porque muitas luas atrás a vida surgiu desse caldo efervescente e se arrastou pela terra – revelando ser a parte da equação que é nosso "lar". Uma observação musical curiosa: os acordes que Alex toca no minuto 2:12 marcam um som que lembra "Bacchus Plateau", remontando a *Caress of Steel*, que ficou lá atrás.

Então podemos considerar *Hold Your Fire* um sucesso? Pelo resto de toda a carreira do Rush, haverá um debate sobre esse período dos anos 1980 – que jamais vai mudar. Porém, a banda o defende com veemência e suas canções perduraram do disco para memórias vívidas lembradas com carinho pelos fãs.

"No final de *Hold Your Fire*, fiquei muito feliz com o disco", reflete Peter Collins. "Nós o mixamos em Paris, e foi uma experiência muito agradável. Quando terminamos parecia maravilhoso. Meu único arrependimento depois foi o fato de que não alcançou disco de platina.  Senti a responsabilidade pesar sobre mim e falei para Geddy como eu me sentia. Parecia que de alguma forma a culpa era minha, entende, porque foi o primeiro álbum da banda em muito tempo que não recebeu disco de platina. Do meu ponto de vista, por que não vendeu tão bem quanto *Power Windows*? Anos depois, quando tive essa conversa com Geddy, ele me falou: 'Bem, esse álbum é adorado por muitos fãs do Rush. Não tem nada a ver com isso. Ninguém sabe o porquê'. Mas eu levei muito para o lado pessoal.

"E quando Geddy me chamou para produzir o disco seguinte, eu disse: 'Geddy, vocês precisam de alguém que possa levá-los de volta ao disco de platina, ou seguir para o próximo nível. Sinto que os desapontei com esse álbum'. Ele não aceitou bem o que falei, mas era como eu me sentia. Achava que eles precisavam de alguém com ideias novas.

"Então, sim, eu basicamente me demiti. Porque na época eu tinha um afeto profundo por essa banda. Embora não pudesse me comparar a um irmão, me sentia muito próximo deles, e tenho muito carinho pelos rapazes até os dias de hoje. Eu realmente queria o melhor para eles. Achava que seria melhor para a banda. Depois *Presto* também não chegou ao disco de platina, então pensei que não era minha culpa, e assim quando recebi o telefonema para trabalhar com eles de novo, lá estava eu."

Outra prova de que a queda no sucesso da banda não era de fato culpa de Peter: quando ele se foi, o Rush não mudou o som significativamente por mais dois discos. "Acho que Geddy pode ter se dado conta disso mais tarde", diz Peter, sobre a ideia eventual de trazer mais guitarras, em essência algumas tentativas descompromissadas, avançando gradativamente até *Counterparts* dois álbuns mais tarde. Quanto a essa parte, contudo, Collins reafirma que "uma das principais questões sonoras, é claro, era o grave e onde a voz se posicionaria na mixagem. Porque, vindo da minha experiência, eu queria mais voz, e às vezes era uma luta quando chegava a hora de mixar com relação ao lugar que a voz ocuparia. Pelo que lembro, foi realmente um dos únicos contratempos que tivemos. A questão dos teclados nunca foi um problema grave para mim. Eu não era contra os teclados, nem precisava que estivessem no disco. Se era para ter teclados, só queria que o som deles fosse ótimo."

Fechando o ciclo na época, e retomando um dos primeiros comentários de Peter sobre a banda, havia a questão da voz de Geddy. Collins fala sobre o que aconteceu no final de tudo, dizendo: "Bem, eu queria trazê-lo mais para um alcance mediano, menos agudo, mais em direção ao grave da extensão vocal dele. É sabido que muitos fãs do Rush me odeiam por causa disso. É claro que anos depois, quando trabalhei novamente com eles e tentei fazer Geddy cantar mais agudo, ele já tinha se acostumado a cantar num registro intermediário. Com a plenitude do tempo, agora percebo como aquele som era importante. Mas na época eu realmente não queria que ele cantasse daquela forma. Eu apenas não gostava. Desde então mudei minha opinião a respeito disso."

Contudo, estava se tornando óbvio que mudanças precisavam ser feitas.

"Havia tensão", admite Geddy quanto ao papel de Alex na banda. "Às vezes não era evidente. Às vezes era engolido. Sabe, ele parecia totalmente a favor das mudanças que estávamos fazendo, ele adora novos sons e adora tecnologia. Aquele cara é um verdadeiro tecnocrata. Guitarristas em geral são assim. E adora equipamento, adora tocar com ele. É como aquela velha piada sobre guitarristas: quando você está gravando um e diz para ele 'Ficou ótimo', ele retruca 'Que bom, então vou fazer diferente'. Sabe, eles adoram se ocupar com besteiras.

"Ele não era contrário ao uso dos sintetizadores. Não ficava contra compartilhar o som. Acho que o que aconteceu foi que, depois do álbum concluído, Alex parecia feliz com o resultado e seguiu o fluxo. Mas então, sabe, ele ia para casa, o disco ficaria por ali durante algum tempo, e então ele ouviria uma determinada parte em que o som dele foi deixado um pouco de lado para dar lugar aos teclados. Acho que foi só mais tarde que isso começou a deixá-lo incomodado. Talvez parecesse como se ele não tivesse dado sua opinião na época, por isso veio a frustração. Chegou a um ponto em que Alex começou a firmar posição e dizer que os teclados estavam dominando nosso som e deveríamos voltar atrás. Era o jeito dele de dizer que não gostava da forma como a guitarra tinha que lutar o tempo inteiro para ser ouvida.

"Portanto, foi justo. Sintetizadores e tecnologia... são divertidos e não são divertidos. Naquele período, tudo parecia novidade, era emocionante trazer esse som para dentro de uma banda que já estava na estrada havia um longo tempo. Nos forçava a seguir um rumo diferente. Não importava que som era, simplesmente nos despertava. Bom ou ruim, só o tempo dirá. Assim, 20 anos depois, olhamos para trás e ok, seguimos aquela direção porque começamos a experimentar com eletrônicos, e então pensamos: 'Bem, não foi nosso melhor material... ou foi?'

"O lado ruim da eletrônica é que parece uma luta com uma enguia", continua Lee. "O som chega a todo lugar. Assim que se começa a adicionar camadas de sons sintéticos, se extrai todo o ar do som, então é sempre uma batalha. Foi quando começamos a trocar de produtores, quando começamos a procurar novos sons e novos modos de olhar para a música. Quero dizer, eu realmente me sinto satisfeito que tenhamos passado por tudo isso, porque resultou numa música interessante em todos aqueles discos. Se você ouvir *Power Windows*, que para mim é o casamento mais perfeito entre guitarra e sintetizador de todos os álbuns que fizemos, era exatamente o que buscávamos: um uso mais angular dos sintetizadores, ainda com muito espaço para as guitarras brilharem. Mas meio que se tornou um assunto predominante por um tempo. E mesmo quando havia guitarra suficiente, Alex dizia: 'Bem, é melhor você ter certeza de que haja espaço o bastante para a guitarra'. E isso era uma coisa perigosa, mas eu entendi.

"Dificultava nossa relação de trabalho, mas nunca levávamos isso para casa. Voltávamos e ficávamos nos engalfinhando, e às vezes era eu quem estava certo, às vezes era ele. E Neil era sempre a terceira parte objetiva sobre todas essas coisas. Há um produtor também, e é por isso que sempre temos um produtor. Porque precisamos desse árbitro, dessa pessoa a quem recorrer quando não se tem certeza. Ou quando você não tem certeza se seus próprios desejos estão se sobrepondo aos desejos da banda: 'Estou impondo minha opinião?'. Porque às vezes, numa banda, a voz mais exaltada vence. Mas isso não significa que seja a voz correta. E se aprende como agir uns com os outros, como conseguir que sua vontade prevaleça.

"Quanto a mim, sei que consigo me impor, mas não tenho certeza de que eu esteja certo. Por isso quero ter um produtor para perguntar 'Veja bem, estou maluco?' ou 'Esta coisa na qual estou insistindo é o que deveríamos estar fazendo aqui? Isso deixa a música melhor?'. Sempre faz parte do processo, essa coisa bilateral. Tem que haver algum tipo de discussão e tem que haver certa tensão, caso contrário a coisa toda estaria morta. As pessoas têm essa imagem de nossa relação porque somos amigos e damos risada, falamos: 'Não, depois de você', 'Faça como preferir'. Não é bem assim. Há vezes em que precisamos lutar por nossas ideias, e há vezes em que precisa ter uma discussão sobre o assunto para se certificar de que se está fazendo a coisa certa do jeito certo."

"*Hold Your Fire* foi outro álbum sem grande popularidade, mas os fãs adoram esse disco, realmente adoram", resume Neil. "Eu me incluo entre eles – amo esse álbum. Ainda tem um som excelente, e ainda há muita paixão naquele disco. Mas é um álbum estranho, e consigo entender por que as pessoas não o entendem; é como *Grace Under Pressure*, compreendo totalmente por que não é um disco para qualquer um. *Hold Your Fire* não é para qualquer um. *Power Windows* era, acho, muito mais aberto. Sim, extrovertido – é provável que essa seja a diferença. *Hold Your Fire* é um pouco introvertido, mesmo sonoramente por alguma razão. Embora tenhamos trabalhado com o mesmo coprodutor e as mesmas pessoas e tudo mais, havia uma diferença na personalidade deles, é interessante. Há provavelmente mil motivos de por que teve que ser assim. Mas nossos shows continuaram os mesmos. Os fãs compareciam porque sabiam que, mesmo não gostando tanto do último disco, ainda gostavam muito do disco anterior e dos nossos trabalhos mais antigos, por essa razão ainda vinham nos ver. Mantivemos nosso público e continuamos a aumentar nossas apresentações, o que ainda mais nestes tempos é a chave da nossa sobrevivência e provavelmente da sobrevivência de todos."

"ELE É MUIT[O]
DRAMÁTICO
MODO COM[O]
O PAINEL D[E]
COMO SE FO[SSE]
UM INSTRU[MENTO]
MUSICAL."

NO
TOCA
LUZES
SSE
ENTO

CAPÍTULO 8

A SHOW OF HANDS

Com mais quatro álbuns de estúdio em mãos, era hora de fazer outro disco duplo ao vivo. *A Show of Hands* apresentaria basicamente material da turnê *Hold Your Fire*, mais duas datas de *Power Windows*, 31 de março e 1º de abril de 1986, na Meadowlands Arena em Nova Jersey, com as faixas "Witch Hunt" e "Mystic Rhythms".

A campanha promocional de *Hold Your Fire* iniciou com o Rush mais uma vez promovendo pequenos artistas locais para abrir seus shows. Os rapazes tinham ouvido falar sobre Chalk Circle enquanto estavam compondo e gravando o último álbum nos estúdios McClear no centro de Toronto. Geddy e Neil tinham conversado sobre como era revigorante prestar atenção no que acontecia ao seu redor, sentir a pulsação de sua cidade depois de todas aquelas peregrinações pelos cenários rurais para criar as canções do Rush.

Após algumas datas na costa atlântica do Canadá, partiram para os Estados Unidos, tendo como banda de abertura o McAuley Schenker Group – o folclore do trio conta que Neil e Geddy pensaram em criar um projeto paralelo com o *blond bomber* Michael Schenker no começo dos anos 1980, mas isso nunca foi adiante. Quando questionado se ele tocou mesmo com Geddy e Neil, Michael conta: "Não, só conversamos a respeito, e eles disseram que queriam fazer alguma coisa. Acho que estraguei tudo porque fiz uma piada e disse que Alex podia ser nosso garoto do café. Isso foi longe demais, não sei. Não consigo lembrar exatamente o que aconteceu ou por que não deu certo".

Os shows da costa atlântica do Canadá foram resultado de uma petição que teve bastante divulgação na época para convencer o Rush a tocar lá. Sempre foi notoriamente difícil para as bandas fazer as contas fecharem nas apresentações nas províncias de Nova Escócia, Prince Edward Island, New Brunswick e Newfoundland. Mas Ray deu um jeito, e o Rush tocou em Moncton, New Brunswick, fez dois shows na Nova Escócia e mais duas datas no Memorial Stadium em St. John's, capital de Newfoundland e Labrador, de 29 de outubro a 4 de novembro de 1987, todas com abertura do Chalk Circle.

Em dezembro, excursionaram novamente com um antigo artista de sucesso, então em carreira solo: Tommy Shaw, do Styx, abriu para a banda até março de 1988. Depois disso, voltaram para o Canadá com a Chalk Circle. Três shows em janeiro e fevereiro de 1988 seriam gravados para serem aproveitados no novo álbum ao vivo. Três datas adicionais seriam gravadas em abril, todas em Birmingham, no Reino Unido, já que a banda seguiu para uma curta turnê europeia, fechada em 5 de maio na Alemanha com a abertura da Wishbone Ash. Birmingham seria registrada em filmes para o lançamento do vídeo platinado correspondente ao álbum.

A apresentação do Rush no palco era tão gigantesca quanto refinada neste ponto, mas ainda muito ligada ao estilo dos anos 1980.

"Howard realmente tinha aprimorado suas habilidades como diretor de iluminação", lembra Lifeson falando do sr. Ungerleider, naquele momento já há 14 anos com a banda. "Tenho que dizer, o modo como ele vê as coisas é simplesmente inacreditável. Ele tem uma habilidade criativa incomparável. As cores são líquidas, a aplicação da iluminação é dramática, única e emocionante. Eu já estive em outros shows que foram incríveis, mas há alguma coisa com relação ao estilo dele e o modo como ele vê as coisas que merece todos os prêmios que Howard conquistou.

"Passamos muito tempo conversando sobre aspectos da produção. Quero dizer, obviamente, a iluminação é algo que ele traz à mesa, dá sugestões, e sempre tem uma ideia fixa de como quer mudar de uma turnê para outra, depois na turnê seguinte, e na outra também. Tentamos mantê-lo um pouco nos trilhos por causa do orçamento, ou ao menos nosso diretor de turnê, Liam Birt, tenta fazer isso. Howard tem uma ideia, e depois conversamos sobre outras questões singulares em que queremos basear o que estamos promovendo naquela turnê, que álbum será, ou em que ponto da turnê estaremos. E depois trabalhamos esses conceitos juntos. Em geral ele traz as coisas a partir de um ponto de vista técnico. Sempre proporciona esses momentos visuais realmente maravilhosos.

"E está ali desde 1974", continua Lifeson. "Conhece nossa música tão bem quanto nós. Já ouviu essas canções o mesmo número de vezes que ouvimos. Então as conhece profundamente. E se você for até a  mesa de controle para vê-lo trabalhando, vai observar que ele é muito dramático no modo como toca o painel de luzes como se fosse um instrumento musical. É muito, muito eficaz. E como técnico, é incrível, comanda o espetáculo. Não sei como ele faz isso, porque trabalhamos com pessoas diferentes todas as noites, operadores de iluminação diferentes, países diferentes. Alguns deles sequer falam a mesma língua. É um verdadeiro desafio, e Howard sempre alcança um bom resultado."

Sobre como Howard acabou ficando com a banda desde 1974 até este momento (na verdade, até o final), Alex diz: "Bem, nós nos amamos, só para início de conversa. Somos ótimos amigos. Sempre foi parte do modo como o Rush trabalha. Ficamos próximos da nossa equipe e nos tornamos amigos. E isso tem um impacto na forma como o show inteiro é montado e desmontado e como ele funciona, e como todos se sentem compelidos a fazer uma boa apresentação, seja no próprio posto ou no posto de outra pessoa. Sabe, se alguma coisa acontece na produção, todo mundo aparece lá para ajudar. E é algo maravilhoso para se testemunhar em nossos shows. Howard está lá desde o início. Somos como irmãos. Então eu não poderia imaginar as coisas de outra forma, de verdade. E ele é uma figuraça. É absolutamente o melhor contador de histórias que já conheci. Pode contar uma história de um jeito que você acaba chorando. E quase sempre ele conta histórias sobre coisas e situações das quais eu participei, e a narrativa é totalmente diferente do que de fato aconteceu. Mas quem se importa? São histórias fenomenais.

"No mundo da iluminação, as coisas mudam depressa. Há grandes turnês sendo colocadas na estrada com orçamento ilimitado. Eles compram as últimas novidades em equipamento, conseguem um pessoal excelente para trabalhar nesses shows e se tornam uma *extravaganza* visual. É necessário abrir caminho em meio a todas essas coisas. Acho que Howard tem uma boa noção de não querer competir com essas apresentações grandiosas, em vez disso busca fazer em outra escala alguma coisa que seja emotiva, ou, veja bem, poderosa e profunda. Alguns dos movimentos dele são simplesmente impressionantes quando se assiste lá na frente. Quero dizer, eu não consigo assistir de verdade a muitos shows do Rush, mas durante os ensaios, quando a produção está completa, ele nos mostra algumas coisas em que está trabalhando. Ou se gravamos em vídeo, temos a chance de ver o tipo de ação que está acontecendo."

"Eu adoro multimídia", diz Howard, que obviamente já era uma parte significativa das apresentações ao vivo naquele ponto. "Para mim, quando estava na plateia assistindo ao Pink Floyd na juventude e via todo aquele deslumbre acontecendo, sabe, é muito bom que possamos entregar algo parecido. Ajuda a contar uma história. A primeira coisa que fiz com o Rush foi usar esses projetores Kodak S-AV e exibir a coruja de *Fly by Night*. Nós reproduzimos o bater das asas. Para mim, naquela época, foi 'Uau! Olha para isso, podemos fazer as asas baterem', e o público ficava louco quando fazíamos aquilo. Mas pensando lá atrás era um efeito bem simples. E tudo meio que se desenvolveu a partir daquilo."

Howard oferece um vislumbre do que esteve envolvido à medida que o show evoluiu. Ele conta: "Os painéis de vídeo ainda não existiam, então usávamos muitos projetores. Depois usamos projetores de 35mm, e mais tarde, para aumentar a dimensão de tudo, criei um monstro que montamos com um amigo nosso de Toronto chamado Norm Stangl, que trabalhava para a empresa Nelvana Films na época. E fazíamos cópias de filmes em Nova York para desenvolver conteúdo, e eu pensei numa ideia bem maluca: vamos levar três projetores e três rolos de filme, e vamos interligá-los para criar um falso IMAX.

"E, na época, não me dei conta do pesadelo que estava criando para mim mesmo, porque os três rolos de filme tinham que ficar sincronizados. Todos os cantos eram delicados, cada fotograma precisa rodar, eles precisam ter o mesmo ponto inicial de modo que, quando a projeção edita o filme, não se perca o fio da meada. Mas, mais importante que tudo isso, nunca nos demos conta de que precisávamos de codificadores – um dispositivo acoplado no projetor que fazia cada um deles rodar na mesma velocidade. Descobrimos isso quando tudo estava saindo dos trilhos, e esse guru da projeção de Nova York nos disse: 'Você precisa colocar codificadores nas suas máquinas'. Só depois finalmente alinhamos tudo e conseguimos fazer algumas projeções em *widescreen* muito boas."

A banda sentiu que era necessária grandiosidade em seus shows por algumas razões. Primeiro, como qualquer trio pode dizer, o público requer distrações, para começar, porque se está olhando para apenas três caras. Como trio, eles se mantêm ocupados o tempo todo, então é difícil para os membros da banda fazerem qualquer outro tipo de interação. No caso do Rush, dois integrantes também tinham que tocar pedais de baixo.

"Eu simplesmente acho que se trata de uma questão de entretenimento", acrescenta Howard. "Pouquíssimas pessoas faziam isso, e foi algo que adicionou outra dimensão. Tem uma música excelente tocando, então por que não contar a história por meio de elementos visuais? O visual entrega uma mensagem. Eu sempre me lembro das imagens que vi quando o Pink Floyd tocou "One of These Days", do álbum *Meddle*. Eles tinham um trecho calmo, uma parte etérea, depois havia uma explosão antes de uma voz falar: '*One of these days I'm going to cut you into a million pieces*' – 'Um dia desses vou te cortar em milhões de pedaços', e então as luzes de uma viatura policial acendiam e umas torres se erguiam no palco. Toda vez que eu ouvia essa música no rádio, era o que vinha à minha mente. Então acredito que os elementos visuais ajudam a recriar a experiência de uma apresentação ao vivo. Quando você ouve a canção no rádio e não está no show, em sua mente pode ver a imagem de que se lembra – é por isso que acho importante."

Sobre *A Show of Hands*, Howard conta: "Foi como produzir um espetáculo no colégio e então o levar para a Broadway. Tínhamos a habilidade, o dinheiro e a equipe para dar conta de tudo. Não é fácil fazer um show multimídia. Você está lidando com animadores, atores, editores incríveis e o pessoal da criação, e com o Rush temos um cartel de cérebros. Geddy realmente se interessa pelos elementos visuais, seu irmão Allan é um dos cabeças das nossas produções, e Geddy, Alex e eu nos reunimos para fazer um brainstorm. Geddy tem muitas ideias incríveis e depois leva tudo para as produtoras de vídeo que contratamos, e eles têm a própria equipe que vai acrescentar mais elementos a essas ideias. Se torna uma colaboração."

Assim como na produção dos discos, Geddy esteve profundamente envolvido na produção dos shows. "Eles todos se importam com a apresentação, mas Geddy em especial", diz Ungerleider. "Ele está tocando a música, mas agora também controla o que está acontecendo por trás dela. É interessante e divertido. Olhamos para isso como um projeto divertido. Embora dê muito trabalho, é muito bom, porque quem tem a chance de sonhar alguma coisa e tornar esse sonho realidade? Duas turnês atrás, eu estava no pátio de um chalé no norte de Ontário olhando os sinos dos ventos e disse: 'Uau! Seria ótimo se esses sinos dos ventos fossem pixels de vídeo em LED'. E projetei minha estrutura de vídeo seguinte para ficar pendurada como sinos dos ventos. Então, assim surgem as ideias. Às vezes estou dirigindo meu carro no meio da noite e cruzo uma floresta onde a luz do luar atravessa a névoa, parece uma coisa de um filme de ficção científica. Aí tento recriar isso no palco, reproduzir o mesmo visual.

"Mas o legal de Geddy é que ele é um cara que arregaça as mangas, porém respeita seu trabalho e dá liberdade para você fazer o que quiser. Nunca chega e diz: 'Sabe, odiei isso'. Mas conversamos sobre tudo. Ele não fica controlando cada aspecto da produção, apenas sabe especificamente o que quer, mas sempre pede sua opinião. Não se pode esperar que todo mundo saiba tudo. Certa vez um fã veio até mim e disse: 'Você deveria colocar essas luzes do fundo em azul, porque acho que ficaria melhor em azul, e agora você está usando vermelho, não acho que esteja dando certo'. Ouvi o que ele disse e fiquei pensando, certo, vou colocar azul. No dia seguinte, usei azul, dei uma conferida e falei: 'É, gostei mais do azul, vou deixar assim'. Portanto, ouço os conselhos das pessoas, desde que não seja algo estúpido. Acho que quando se concede a alguém liberdade criativa, há confiança ali. A banda sempre me deu liberdade criativa para projetar a iluminação. Eles nunca me falaram: 'Não, você não pode fazer isso, não pode fazer aquilo'. Bem, já me disseram 'Não, você não pode gastar todo esse dinheiro', mas nunca falaram que odiaram o que eu estava fazendo ou não acreditaram que poderia dar certo – confiavam em mim."

Embora o trabalho de Ungerleider seja lidar com toda essa tecnologia na estrada, ele é franco ao lidar também com os integrantes da banda. Abordando a personalidade de cada um, Howard observa: "Alex é o cara mais generoso e simpático que você vai conhecer na vida. Não tem como ficar entediado com Alex por perto, ele é uma festa pronta para acontecer, digamos assim. E é um ótimo cara, se envolve com várias coisas e se interessa por várias coisas. Alex é Alex – é extrovertido e pronto para se divertir. Quero dizer, todos eles são assim. Quando Neil começa a fazer brincadeiras é aquele clássico cara engraçado para

se ter por perto. Mas ele também é muito sério. E Geddy é muito sério porque sente a responsabilidade de manter todo mundo focado. Mas de vez em quando nos divertimos. Ged também se solta; todo mundo se solta, depende da ocasião. As pessoas pensam que você pega a estrada e fica fora de si, que todos os dias são uma festa. Não é verdade, porque nós todos estaríamos mortos se fosse assim.

"O segredo do Rush é a consistência", afirma Howard. "Ótima composição, produções excelentes, uma equipe confiável que dá apoio. A máquina é bem engrenada – funciona sem sobressaltos. Sabe, a gente assume riscos há muitos anos, nunca se tem um single de sucesso *bona fide*... O Rush nunca foi um artista Top 40, mas foi bem-sucedido apesar de tudo. Todo mundo costumava dizer que essa banda nunca faria sucesso. Não há um hit, não atrai plateias mais comerciais. Em vez disso, conquistaram seguidores underground que são incríveis. É o que se conquista por se arriscar todos esses anos e nadar contra a corrente. Há três gerações sólidas de fãs que eu observo nos shows todas as noites. É incrível.

"Quantas bandas por aí ainda fazem isso? Não são muitas. Há um punhado de artistas verdadeiros. Quando se vai assistir a David Bowie ou Elton John, percebe-se que ali há talento. Você vê o Rush e percebe que há talento. Quando se consegue fazer os fãs virem aos shows, a propaganda é boca a boca, é por isso que ainda podem compor músicas espetaculares e seguir em frente. Realmente fico aborrecido quando ouço fãs dizendo: 'Ah, quero só ouvir o material antigo'. Sim, você quer ouvir o material antigo, mas deveria ser grato que a banda está compondo material novo e seguindo em frente, oferecendo muito mais do que o material antigo. Quero dizer, sempre posso falar para alguém: 'Por que você não sai por aí agindo como se tivesse 18 anos de idade mesmo que tenha 35? Vai lá e tenha as mesmas atitudes de quando tinha 18 – eu gostava mais de você naquela época'. Sabe, é assim que parece."

Analisando mais a fundo o apelo único da banda, Howard comenta: "Talvez se possa chamá-los de banda cult, porque eles realmente têm essa base de fãs underground. É um público comercial? Talvez se torne isso. Mas acho que é mais um público cult hardcore. Muitas pessoas não saem por aí assoviando músicas do Rush. Elas realmente conhecem as canções e as letras."

Geddy concorda com as declarações de Howard sobre como os dois trabalham juntos: "Sim, eu me envolvo bastante com a apresentação visual quanto aos filmes. Mas as luzes são de Howard, 99%. Posso dar uma opinião no final, mas confio cegamente nele com relação à iluminação e só me envolvo quando há uma questão de orçamento para resolver, porque ele sempre quer uma coisa com o custo nas alturas. Gosto de oferecer tudo o que Howard quiser, mas há outras pessoas que não querem que ele tenha tudo o que quiser. Então preciso me colocar entre os livros de contabilidade e Howard para encontrar uma alternativa criativa de modo que sirva tanto para ele quanto para os contadores.

"Mas a parte divertida disso tudo para mim – e sempre foi uma diversão para mim – é a de filmes e animação. Sempre fui fascinado por filmes, sempre fui um grande fã de vídeo. Em certo momento da minha vida eu sonhava ser diretor de cinema. Abandonei isso há muito tempo, mas esse trabalho me traz muita satisfação porque consigo conviver com várias pessoas criativas, montar uma ótima equipe. Meu irmão me ajuda muito nesse sentido. Ele é um produtor talentoso e um ótimo caça-talentos. Há um número de pessoas com quem trabalhei ao longo dos anos, e continuamos descobrindo esses novos artistas e jovens animadores que são muito interessantes e dando a eles uma música para trabalharem. Tentamos encontrar diferentes abordagens, mais inovadoras, para se fazer os filmes exibidos no telão, e é tudo muito divertido. Você aprende muito e passa a conhecer animadores fabulosos e pessoas muito talentosas."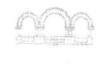

Os shows são, obviamente, o local e o momento em que o Rush consegue de fato interagir com seus fãs.

"Desejo o melhor para os nossos fãs todos os dias", conta Geddy. "Como grupo, são difíceis de analisar, porque são pessoas tão diferentes.

Temos esses fãs hardcore, os fãs das antigas que estão ali desde o início, e em geral são homens e muito intensos com relação à banda. Depois há essa nova leva de mulheres que estamos vendo, elas se sentem atraídas pelas letras, acho. Aí tem uns fãs que são muito jovens, todos jovens músicos, e ficam lá fazendo *air drumming*. Portanto, há músicos lá em meio ao público e há também pessoas que realmente se sentem tocadas pelo sentimento de uma canção que trouxe algum impacto profundo em suas vidas, em seu otimismo. Se há alguma coisa que serve de conexão entre todos eles é que algo que o Rush fez musical ou liricamente impactou suas vidas de um modo otimista, e isso os deixa agradecidos de um jeito insano.

"Fico sempre estupefato quando um fã ergue um cartaz para agradecer. Acho que isso não está certo. Sou eu quem tem que dizer obrigado, você é que veio me ver, investiu sua vida numa coisa que eu faço. Ainda assim, são eles que dizem obrigado para mim. Essa é a coisa mais comum que os fãs me dizem. Sempre me deixa surpreso.  Fico impressionado que estejam me agradecendo pelo que estamos fazendo. Quer dizer que ofereci a eles alguma coisa de que realmente precisavam ou que queriam de certa forma. Isso lhes traz algum conforto, talvez fuga, mas é uma coisa que tem sido interpretada como algo positivo em suas vidas.

"E também tenho muito apreço pelos nossos fãs, e não estou dizendo isso com segundas intenções. Todas as noites estou lá e não acredito que eles tenham vindo em número tão grande por nós. Fico mesmo comovido todas as noites. Faz com que eu queira fazer o melhor show possível. Não dá para me aprofundar nisso, porque leva a uma distorção sobre si mesmo. De certa forma, não é problema meu. A relação deles comigo é problema deles. Minha relação com eles é problema meu. E para refletir... Por exemplo, sei que há alguns caras em nossa empresa que entram nos chats e blogs, eu não consigo fazer isso. Sinto como se não fosse para mim. Sinto como se estivesse ouvindo e violando a confidencialidade de uma conversa da qual eu não deveria fazer parte."

"Ainda guardo essas lindas miniaturas de baixos que um fã fez para mim", continua Geddy sobre sua relação com os fãs. "São réplicas exatas de dois dos meus baixos. Foi feito com tanto cuidado, estão dentro de uma pequena caixinha de vidro. Tenho comigo desde então, e está sempre sobre a minha escrivaninha. É um dos presentes mais delicados que um fã já me deu.

"Uma vez ganhei um anel que usei por mais de 20 anos. Uma fã se aproximou de mim no Edgewater Hotel, em Seattle. Foi talvez na nossa segunda turnê, e era uma moça, e não, eu não dormi com ela. Uma fã simplesmente veio até mim do nada e disse: 'Quero que você fique com esse anel'. E era um anel pequeno com uma lira nele, sabe, aquele pequeno instrumento medieval. E achei a coisa mais fofa. De qualquer forma, coloquei no dedo, e não sei se achei que era um amuleto da sorte ou algum tipo de ícone ou totem, mas ficou comigo até que ano passado, por causa da gordura do meu dedo mindinho, tive que removê-lo. Ainda tenho a intenção de usá-lo pendurado ao redor do pescoço numa correntinha. Não faço ideia nem do nome daquela pessoa."

Os fãs são realmente muito dedicados. Chegaram até mesmo a criar a RushCon.

"Bem, Kiss, Star Trek e Rush – essas são as convenções, certo?", analisa Geddy. "Não sei, não consigo nem imaginar isso. É uma coisa impressionante. Não sei como a ideia surgiu entre eles. Havia uma revista na Inglaterra chamada *The Spirit of Rush*. Falavam de todos os tipos de coisa, e toda vez que íamos à Inglaterra, nos mandavam cópias da revista. Acho que o cara que a criou já faleceu – era um sujeito muito legal. Eles usavam a revista como um meio de reunir toda essa gente que pensava igual, e então conversavam sobre música, outras bandas e outras coisas que talvez essas pessoas pudessem gostar. Era como uma comunhão. Acho que agora a internet tornou a revista obsoleta, mas era um modo de reunir uma comunidade."

The Spirit of Rush foi publicada pela primeira vez no verão de 1987 e teve 64 edições, encerrando as atividades na primavera de 2003. Seu fundador, Mick Burnett, morreu de ataque cardíaco em julho de 2002. A banda enviou flores para o funeral dele.

"Remonta àquela sensação de conforto", continua Lee, "oferecia algum otimismo numa época de suas vidas em que precisavam disso. Todo mundo precisa disso, e se busca onde se pode encontrar. Seja de seus amigos, de sua família, dos livros que lê, dos filmes. Quero dizer, os filmes sempre tiveram uma forte influência em mim. Acho que para esses fãs, nossa música causa o mesmo impacto. Acredito que, se fosse um poema, seria menos eficaz, mas no ambiente certo, e se o trabalho for feito adequadamente para construir uma música que combine com as letras de Neil, como consequência estaremos passando essa mensagem de um modo mais emotivo.

"Tem uma revista – acho que se chama *Paste* ou algo assim – que falou sobre uma Geddycorn, uma criatura mítica, quase sempre feminina, que vai ao show do Rush e canta todas as letras, sem um namorado por perto. E eu estava contando uma história de quando vi um cara segurando um cartaz em que dizia: 'Minha esposa é uma Geddycorn, e ela não usa protetores de ouvido', e eu achei sensacional. Mas essa é uma nova tendência agora, temos mais e mais Geddycorns na plateia."

De volta aos trabalhos em 1989 e *A Show of Hands*. "Nossas produções se tornaram incrivelmente complicadas nesse ponto", explica Geddy, reiterando a intensa dependência da banda com relação à tecnologia, o que pode ser ouvido nesse álbum ao vivo.

"Foi o começo de anos terríveis para mim. Começamos a usar bancos de samplers e sequenciadores para tentar reproduzir todas as coisas que havíamos colocado nos discos. Havia álbuns em que talvez a maior diferença fosse uma guitarra extra numa canção ou um pouco de teclado aqui e ali, e agora havia também orquestra e coro. Como se entra num palco e se reproduz tudo isso? Tocar a canção de repente sem a presença de orquestra e coro? Assim tivemos que pensar num modo de fazer todas essas coisas. E o único jeito de se fazer isso era acrescentar esses sequenciadores e samplers. E naquela época não eram como são hoje. Agora se pode ter em mãos um conjunto de teclas e tocar a canção inteira – é ilimitado. Naqueles dias havia apenas certa quantidade de tempo de sample por dispositivo.

"Para evitar ter que tocar com o click e simplesmente automatizar a coisa toda – não queríamos fazer isso, queríamos que fosse uma performance –, teríamos essas sequências delegadas para cada nota ou cada acorde da música, então, para tocar ao vivo como uma banda tocaria, eu precisaria tocar no tempo certo. Isso significava tocar os pedais de baixo para manter o grave ali sem tocar o baixo numa parte particular da música e disparar tanto o padrão de acorde ou a sequência, o que fosse necessário. Em muitas dessas canções, havia várias camadas, então se estiver tocando um trecho de cordas, também está adicionando um pouco de acentuação na outra extremidade. Era muito complexo e exigia muita tecnologia e que tivéssemos alguém fora do palco carregando uma unidade de sequenciadores e samples separados para cada canção."

"Tivemos que projetar um sistema a prova de falhas", continua Ged. "O que aconteceria se um sampler falhasse? É tecnologia eletrônica, é muito falha. Naquele estágio, a tecnologia de computadores também era muito bugada. Então projetamos esse sistema que era literalmente duplicado. Cada música era carregada duas vezes, e tínhamos um interruptor gigante para que, se uma das unidades de sequenciadores falhasse, Tony Geranios, que cuidava dos teclados, poderia acioná-lo e ligar no mesmo instante a outra unidade de sample. Era coisa demais para eu ter que lidar sozinho, então dividimos uma parte com Alex de modo que ele disparasse algumas coisas. E depois passamos uma parte até mesmo para Neil, já que ele estava usando a bateria eletrônica, embora tivesse os próprios problemas com samples lá atrás. Às vezes havia um sample extra que nenhum de nós podia disparar, então o passávamos para Neil, e o troço acabava se tornando problema dele [risos]. Então estávamos realmente enrolados com esses arranjos complexos de teclados."

A versão em vídeo de *A Show of Hands* (VHS e Laser Disc, com o DVD lançado em 2006) incluiria faixas que não faziam parte do LP duplo ou do CD, para citar "Prime Mover", "Territories", "The Spirit of Radio", "Tom Sawyer" e o medley de "2112"/"La Villa Strangiato"/"In the Mood" usado como bis. "Lock and Key" apareceu nas primeiras edições do Laser Disc lançado nos Estados Unidos.

"*A Show of Hands* para mim é um álbum muito bom", diz Geddy, apesar dos desafios criados pelos computadores. "Aquele estilo de gravar um disco ao vivo, basicamente tomando um punhado de shows e escolhendo o melhor material que havia sido registrado, é uma boa amostra desse tipo de álbum. Em termos de produção, acho que a maior parte ficou comigo e com Paul Northfield."

É possível ouvir a música de desenho animado (incluindo "Three Blind Mice") antes da entrada panorâmica de "The Big Money", que fecha de modo menos grandioso, usando o riff heavy metal de "Earache My Eye", de Cheech & Chong. Fazendo jus ao preço, o disco contém apenas duas faixas da era pré-*Signals*, "Closer to the Heart" (incluída por causa de seu final explosivo e apoteótico) e a faixa obscura de *Moving Pictures*, "Witch Hunt", que aparece num álbum ao vivo pela primeira vez. O solo de bateria de Neil, que passou a ser chamado de "The Rhythm Method" na turnê *Hold Your Fire*, não estava previsto para entrar no disco, mas acabou entrando no final, mesmo que de forma abreviada, com os cortes feitos pelo próprio Neil Peart.

Embora Geddy estivesse envolvido em quase todos os aspectos da banda e turnê, ele teria ficado maluco se não houvesse alguma coisa não relacionada ao rock para manter a sanidade na estrada. Questionador como ele é – como os três são na verdade –, mergulhar num hobby foi algo que surgiu naturalmente.

"O beisebol se tornou um meio para eu me distrair durante a turnê", explica Lee. "Eu acordava ao meio-dia depois de ir para a cama às quatro ou cinco da madrugada, pedia meu café da manhã, depois de discutir com a pessoa do serviço de quarto sobre por que eles ainda deveriam servir café à uma da tarde. Eu ligava a televisão enquanto tomava meu café e, naquela hora, não havia nada passando a não ser novelas – e os jogos do Chicago Cubs. Assim, eu costumava procurar os jogos deles para assistir durante o café da manhã todos os dias.

"E quanto mais assistia, mais eu ficava ligado. Sempre tive um carinho pelo Chicago Cubs por essa razão, mesmo torcendo para o meu time local. Acho que era final dos anos 1970, começo dos anos 1980. E tão logo voltei para casa depois daquela turnê, comprei ingressos para assistir ao Toronto Blue Jays e me tornei um fanático por beisebol. Acabou se transformando numa maneira de manter minha cabeça longe do que eu estava fazendo, longe de toda aquela seriedade. Sabe, você pode se levar a acreditar que o que está fazendo é tão importante a ponto de se tornar uma criatura desagradável. Não gosto de fazer isso. Não quero que pensem que o que faço é muitíssimo importante. Sou só um músico. Prefiro muito mais ficar animado com outras coisas. É um  mecanismo de sobrevivência para mim. Por isso o beisebol é ótimo, e agora que sou maluco por beisebol Rotisserie e liga fantasia, a coisa não termina nunca e é maravilhoso. Então posso me esconder numa sala cheia de gente e escapar de qualquer coisa que a banda tenha que fazer só pensando no meu time da liga fantasia.

"Quanto mais hobbies se tem, acredito, mais interessante se torna a vida. Também passei a me interessar por arte e fotografia. Vinho é um troço interessante; é interessante saber como é feito, é interessante aprender de onde ele vem. No momento estou mais interessado em vinhos europeus, principalmente franceses, e isso me faz passar os verões no exterior com mais frequência, levo a família e passamos o verão no sul da França sempre que posso e também investigo outras partes do mundo. Isso me agrada, e agrada minha esposa. Ela adora viajar, eu amo viajar, e gosto que meus filhos viajem bastante porque quero que sintam que podem viver em qualquer parte do mundo. Acho que amo tudo que minha coleção de vinhos tem me proporcionado mais do que o vinho em si. Aprendi muito sobre diversos lugares, conheci pessoas maravilhosas, e é isso que a paixão significa.

"E a arte se estende ao infinito. Quero dizer, nunca se aprende o suficiente ou se cansa dela. Acho que meu desejo mais secreto é querer me expressar dessa forma mais do que com música, acho que esse é meu segredo mais profundo. Porque é algo solitário, e eu realmente admiro um artista solo. Acho que é maravilhoso. E tenho certeza de que, se conversar com um artista solo, ele vai dizer o exato oposto. Mas amo o fato de que não se precisa ter qualquer parceiro – estúdio, comitê, gerente de produção – para fazer o que precisa ser feito. Só é necessário luz disponível e sua tecnologia, as tintas. É uma fantasia. Nós sempre queremos ser outra pessoa, acredito. Não conheci ninguém que tenha ficado tão satisfeito consigo mesmo que não tenha imaginado ser outra coisa – eu sempre faço isso."

E Geddy tem outros sonhos para acrescentar a essa lista. "Eu queria ser arremessador na liga principal de beisebol por uns dois anos", diz. "Eu fantasiava sobre isso, mas nunca vai acontecer. O beisebol é muito interessante, há tantos jogos dentro de um único jogo. Adoro o fato de que seja um esporte do século 18. É por isso que as pessoas não conseguem assistir agora, porque é um completo anacronismo. Quero dizer, está fora de sua época, não faz sentido ser jogado no século 21. Mas é o que eu adoro a respeito desse esporte. Adoro que nenhum jogo seja igual ao outro, e amo o que acontece entre o arremessador e o apanhador, amo todo aquele jogo de enganar o rebatedor. Adoro o fato de que todos eles estejam o tempo inteiro tentando captar os sinais uns dos outros. Adoro que haja um alinhamento defensivo diferente para cada arremesso e que cada jogador dentro do campo esteja pensando no que fazer quando a bola chegar até ele.

"Mas ainda assim é algo orquestrado e tudo funciona num grande time, é um lindo balé atlético. É simplesmente uma fascinação interminável para mim e para todo esse meu lado que adora números. O beisebol é um ótimo jogo para quem curte números – é repleto de números absurdos. Além disso, adoro colecionar coisas e amo descobrir novidades nos meus variados hobbies. E a liga fantasia de beisebol é assim, encontrar um jogador em quem ninguém mais reparou, encontrar uma fotografia num leilão que ninguém mais encontrou, descobrir um diamante bruto."

"AS SI
RESPO
CERTA

EIS

OSTAS

AS."

CAPÍTULO 9

PRESTO

Penso que devam saber pelos registros, mas 1988 foi um ano de transição para o Rush, simbolizado por seu rompimento com a Mercury Records. Amplamente anunciado, com controle considerável, dada sua situação única com o próprio selo em casa, a Anthem Records, mesmo assim a banda tinha compromissos e prazos a cumprir quando se tratava de sua situação nos Estados Unidos. Sentindo que a Mercury não estava mais se esforçando por eles, Ray e o Rush romperam com a gravadora e foram em busca da Atlantic. O álbum ao vivo e o negócio encaminhado permitiram que a banda conseguisse tirar uma folga inédita de seis meses de duração enquanto planejavam o próximo conjunto de músicas e um som que combinasse com elas. Tinham na verdade terminado o disco antes de assinar o contrato com Doug Morris, da Atlantic, que havia anos queria assinar o Rush. Ele não iria deixá-los escapar sem um acordo atraente.

"Estávamos mudando maravilhosamente, e eu escolho a palavra com cuidado", reflete Neil, sobre a criação do que se tornaria *Presto*. "Foi uma década incrível para nós, com todas as mudanças pelas quais passamos, e depois mudamos de novo quando chegamos aos anos 1990 com *Presto*. É mesmo um tipo de disco diferente, e é aquele que nós todos gostaríamos de refazer, porque achamos que não atingimos todo o potencial que ele tinha.

"Há uma distinção curiosa entre nós e o modo como pensamos sobre o trabalho. Sou muito mais afeito à gratificação instantânea – minha parte favorita da gravação são as demos. Trabalhamos nas letras, avançando e retrocedendo, os outros caras sugerem coisas, e fico todo animado com isso porque significa que eles gostaram o suficiente do material a ponto de dar ideias. Então trabalho nas letras um pouco mais, a canção se desenvolve e só depois disso vou para a bateria. Então um dia você ouve uma música nova da banda pela primeira vez e isso, para mim, é o final do processo. O resto tem a ver apenas com torná-la verdadeira, torná-la real.

"Já Geddy se refere à mixagem, o último procedimento para se fazer um álbum, o mix final, como o fim da esperança. Porque ele fica o tempo todo pensando 'Ah, isso pode ficar melhor'. Há essa luta constante, e não tem como saber naquela hora. Estamos sempre fazendo nosso melhor. Sempre somos completamente sinceros, fazendo o melhor disco que podemos, com todas as influências e todo nosso progresso ao longo do caminho, tudo que aprendemos e tudo o que queremos fazer, nossas ambições. Isso é permanente. Mas não se pode predizer o resultado de alguma coisa que você sabe que é transitória, como uma época ou uma música. *Presto* foi bizarro."

Depois de dois discos com Peter Collins, o Rush mudaria as coisas novamente com relação à produção. Sentindo um forte ímpeto para se autoproduzir, mesmo assim decidiram que ter uma opinião de fora seria válido. E nesse papel estaria outro homem inglês – todo produtor do Rush até esse momento foi inglês –, Rupert Hine. Bastante progressivo em seus (obscuros) créditos ao longo dos anos 1970, Hine trabalhou com artistas como Howard Jones, Thompson Twins, Bob Geldof e The Fixx nos anos 1980, junto com a Saga, uma banda "baby Rush", em dois dos principais discos deles. Sua última colaboração antes do Rush foi com Stevie Nicks no disco *The Other Side of the Mirror*.

A banda tinha uma história com o produtor, ele era o nome que queriam para produzir *Grace Under Pressure*. "Isso é verdade", inicia

Hine. "Não fazia sentido que eles quisessem alguém como eu, que estava fazendo discos de synth pop na época. Não que fosse um pensamento consciente para mim, mas Thompson Twins, Howard Jones, The Fixx… eram todas bandas de eletropop. Eu realmente não via uma conexão. Portanto era um convite incompreensível para mim. Quero dizer, eu estava bastante ocupado na época, então não me manifestei até muito tempo depois. O convite surgiu por meio da gravadora e dos empresários. Não foi um pedido muito direto. Descobri mais tarde, é claro, por que pediram por mim, mas eu não sabia na época."

Acontece que, como Hine explica, o Rush queria alguém com um "background diferente. E eu não estava de fato no nível deles. Não tinha me dado conta de que já haviam transgredido do óbvio rock pesado para essa coisa nova. Quando parei e realmente prestei atenção, percebi que pareciam mais o Police do que uma banda de heavy metal. Pensei: 'Meu Deus, não é nada do que eu esperava do Rush'. Mas isso foi um pouco mais tarde, depois que me chamaram a primeira vez, talvez um ou dois anos depois."

Para surpresa de Rupert, parte da ligação foi seu trabalho solo: "Teve mais a ver com Neil, que gostava dos meus álbuns solo do que dos meus trabalhos como produtor, o que era a última coisa que eu achava que pudesse ser verdade. Meus álbuns tiveram um sucesso modesto no norte da Europa, e em certa medida na Inglaterra, um pouco no Canadá, mas zero nos Estados Unidos. Não imaginava que ele sequer soubesse que eu havia feito um disco sozinho. Foi interessante quando descobri mais tarde que essa era a conexão que ele tinha feito. Neil pensou: 'Bem, se Rupert consegue fazer esses discos, compor esse tipo de música, fazer esse tipo de arranjo e tocar quase tudo sozinho, é o tipo de influência que eu gostaria de ver agindo dentro da máquina Rush'."

Com Hine a bordo, ou pelo menos disposto a se entreter atuando junto à banda, era hora de arregaçar as mangas e começar os trabalhos.

"Fui convidado para ir até um local de ensaios que ficava a uma hora, uma hora e meia de Toronto. Era basicamente um estúdio, mas eles tratavam o local como uma sala de ensaios e podiam se hospedar lá se quisessem. Era divertido, percebi mais tarde que se tratava do *modus operandi* do Rush – você se muda para um lugar e toma posse do local, ficando livre para circular por lá sem restrições de tempo. Mas era ostensivamente um espaço para ensaiar.

"Num primeiro momento, meu ímpeto era dizer sim, mas achei que deveria ao menos me atualizar a respeito do que esperavam fazer com o álbum, conversar com eles e ouvir as músicas. Como sempre falo, não posso dizer sim baseado na sua história. Só posso dizer sim com base no que se espera fazer agora. E muitos grandes artistas acham isso praticamente um insulto. Eles pensam: 'Olha, estou apenas pedindo que faça meu próximo disco – vamos descobrir do que se trata mais tarde'. E se eu não gostasse das músicas? Que sentido haveria em me sentar ali para gravar e fazer os arranjos de canções de que não gosto?

"Lembro com clareza o primeiro dia em que o Rush tocou para mim. Lá estava essa banda extraordinária tocando suas músicas, já arranjadas de forma brilhante e com muitos detalhes, naquele estilo de detalhamento típico deles, e lá estava eu ouvindo tudo. Normalmente seriam rascunhos de canções, algumas talvez já finalizadas, mas com pouco ou quasc nenhum detalhe naquele momento, isso em geral vinha depois. Mas tudo pareceu praticamente pronto. E eles me disseram: 'O que você achou disso?'. E eu respondi: 'Bem, excelente, parece o Rush. O que querem que eu faça?'.

"Eu estava acostumado a fazer arranjos de discos nos quais já estava trabalhando há bastante tempo, e às vezes, como aconteceu com os álbuns de Tina Turner, também era responsável pela composição das músicas. Quase sempre eu trabalhava com artistas/compositores, mas eles nunca apareciam tão prontos no estúdio. Então falei: 'Não tenho certeza. Parece que querem um cara aqui que basicamente cuide do som. Como vou ajustar canções do Rush? As canções de vocês são o que são – é por isso que as pessoas as adoram. Eu me sentiria forçado a fazer mudanças para tornar minha presença válida de alguma forma'.

"Nós ouvimos as músicas e conversamos sobre essas coisas. E então Neil me lembrou do tipo de tons envolventes e das características e qualidades dos meus próprios álbuns, a trilogia que fiz para a A&M Records entre 1980 e 1983; ele gostava particularmente daquele trabalho. E percebi que ia muito além de apenas comentar sobre arranjos, detalhamento, canções e texto. Seria algo mais conceitual. É claro que isso era muito mais interessante para mim também. A coisa toda conceitual, sabe, com certeza começa com Neil."

O que intrigou Rupert foi o casamento entre o passado do Rush e o que então era moderno na indústria. "Eu não tinha percebido que eles haviam progredido a partir do rock pesado, que não era um gênero pelo qual me interessava. Não os via, de verdade, nesse sentido. Ainda assim, é claro, são brilhantes e absolutamente o epicentro do rock progressivo. Para mim, era fascinante a ideia de fazer no final dos anos 1980 alguma coisa que fosse rock progressivo na teoria e ainda assim fosse voltada ao pop. Como alguém poderia fazer algo que parecesse contemporâneo sem perder a essência do que o Rush é?"

Rupert se deu conta de que a banda queria trabalhar num nível de alto conceito, e estavam interessados no que ele, como artista, poderia trazer ao grupo. Hine afirma: "Acho que primeiramente se trata de um conceito de Neil, embora os três possam operar como um único organismo de qualquer maneira, de verdade. Muito do pensamento de Neil inflama os outros a pensar nessa mesma linha, e então eles vão contribuindo. Não era como se estivessem pedindo que eu entrasse e fizesse um som de Rupert Hine, ou seja lá o que pudesse ser. Nunca tive essa impressão. Era mais como 'Vamos acrescentar esse ingrediente à mistura e ver o que acontece'. E como sabiam que eu também era compositor, alguém que tinha feito, até aquele momento, sete ou oito álbuns como artista, gostavam da ideia de colocar alguém como eu na mistura, que também pudesse realmente mergulhar nos aspectos mais importantes de notação e arranjo, se fosse necessário, e que poderia ao menos comentar sobre isso e ter propriedade no que estava falando."

E quanto à impressão de Rupert sobre os rapazes? Ele observa: "São músicos impressionantes – não há dúvida quanto a isso. Não acho que eu tenha algum dia produzido um disco com qualquer outra banda – acredite ou não, até mesmo as bandas punk com que trabalhei – que não tenha citado pelo menos um membro do Rush como seu Top 3 melhores músicos do planeta. Não uma única banda, mas todas, de qualquer gênero musical e tão diferentes umas das outras quanto se possa imaginar. De longe o mais citado é sempre Neil – ele parece ser considerado o melhor baterista do mundo. É claro, há milhões de tipos de melhores bateristas, mas o nível técnico que ele alcançou é impressionante. Não creio que poderia encontrar outro músico que pudesse equiparar as habilidades extraordinárias de Neil Peart como baterista. É quase mágico.

"Então ali estava eu no décimo terceiro álbum deles, e tanto Alex quanto Geddy ainda se referiam a Peart como o novato. Vira e mexe eles se viravam para Neil e diziam: 'E aí, o que o novato achou?'. Peart só não tocou em um único álbum da banda, certo? Quando o segundo disco foi lançado, o grupo era esse e assim foi desde então, mas os outros dois ainda se referem a ele como o novato. Então há essa brincadeira amável, essa tiração de sarro que só é possível quando existe amor verdadeiro uns pelos outros.

"E Geddy sempre teve essa visão bem ampla quanto à criatividade, é uma mente bem instruída, fomentada por muitas leituras, criativa. É um imenso prazer conversar com ele, particularmente sobre filmes e esse lado de sua paixão criativa. Alex sempre foi tranquilo, divertido, parceiro, sabe, responsivo aos outros. Ficava mesmo saltitando entre os dois, e isso se tornou uma questão para eu lidar, porque percebi que, às vezes, na música, era exatamente o que estava acontecendo. De alguma forma ele ficava sendo atirado de um lado para o outro entre Neil e Geddy – eles meio que jogavam com Alex. E eu quis abordar isso."

Rupert explica melhor o que quer dizer aqui, afirmando que todo mundo parece ter sempre uma opinião sobre como o guitarrista deveria tocar: "Isso se tornou um problema. Quase fiquei sem fôlego, só para começar, na primeira vez que presenciei isso, vendo como a guitarra era meio que fabricada pelos três. Penso que, quando se trata de solos e outras coisas, isso deveria ser muito mais uma expressão individual. Penso que o solo é uma coisa que deveria simplesmente surgir no momento. E não era assim. Passava de mão em mão, e todo mundo opinava sobre ele. Alex estava incluído, mas parecia que todos estavam fazendo o solo de guitarra ao mesmo tempo. Aquilo me deixou frustrado, quero dizer, senti frustração por ele enquanto músico e pensei em quantos anos ou há quantos álbuns isso vinha acontecendo. Fiquei me questionando o que Alex tocaria se pudesse ser deixado em paz. Talvez esteja fazendo parecer que as coisas eram mais radicais do que foram de fato, mas essa era a impressão que eu tinha."

Hine sentiu que Alex também estava frustrado com a situação, mas que nunca falava abertamente sobre o assunto. "Acho que a razão por não termos falado sobre isso é que não foi necessário. Eu elaborei esse pequeno artifício, essa pequena manobra. Alex tinha uma mesa de oito canais dentro do quarto dele no estúdio em que estávamos gravando, em Morin Heights, no Canadá. E ele ensaiava suas ideias e criava as partes da guitarra literalmente dentro do quarto, mesmo quando estávamos no estúdio. E então as tocava para os outros, e todo mundo meio que mergulhava nelas e começava a separar uma a uma.

"Certa vez", continua Hine, "pedi a ele com antecedência: 'Se fizer alguma coisa para aquele solo, pode tocar para mim de manhã?'. Tentei não parecer incisivo demais. Então ele tocou para mim. Tinha esse mix bruto, num canal estéreo, e Alex tinha gravado essas ideias para um solo de guitarra que eram realmente excelentes, eram fantásticas, bem autorais. Levei o material para nossa mesa multicanal principal, copiei tudo na íntegra. Acho que talvez tenhamos feito alguma edição em dois solos, mas não ficamos selecionando partes, foram copiados de modo integral. Eu os inseri na faixa e depois guardei tudo, e continuamos com o trabalho quando o resto da banda chegou.

"Então, na vez seguinte que ouvimos aquela faixa de novo, com todos presentes, apareceu esse solo de guitarra que Alex tinha feito apa-

rentemente de forma invisível. Eu disse: 'Ah, isso faz pouco tempo, foi uma coisa que Alex fez e eu achei que ficou ótimo, quis usar o que ele gravou no quarto'. Dava para ver os outros dois pensando: 'Hum, o que ele gravou no quarto? Mas em termos de qualidade era apenas uma mesa pequena esquisita – temos que refazer'. E eu falei: 'Acho que o som ficou fantástico assim mesmo'. E os dois concordaram, e foi assim que nasceu uma nova metodologia.

"Dali em diante, pedia a Alex para fazer todas as partes que envolviam livre instrumentação, livre expressão, no quarto dele. Às vezes, regravávamos alguma coisa, mas tudo ficou bem claro. No que dizia respeito a solos, geralmente usávamos os que ele gravava sozinho, sem qualquer interferência. E os outros caras não tiveram qualquer problema com isso. Demorou um pouquinho, mas eles se renderam: também adoraram as partes de guitarra."

E depois havia ainda os vocais de Geddy, outra área em que Rupert desejava ter um impacto.

"Em *Roll the Bones*, Geddy tinha começado a incluir a ideia de cantar de forma bem mais grave, e acho que há muitas canções em ambos os álbuns que são lindamente únicas no universo do Rush porque podemos escutar Geddy, o homem – e ele é um homem interessante –, se pode ouvir isso na voz dele. Podemos escutar o texto de Neil com mais clareza. O texto meio que se declara em vez de termos que decifrá-lo por causa da voz muito aguda e estridente – não é de fato possível entender as palavras naquele registro.

"Outra coisa eram os teclados, ou a falta deles. Um terceiro e importante elemento foi o fato de que eles quiseram me agendar por um ano, ou 15 meses, para fazer o primeiro álbum. Eu disse que nunca tinha passado mais do que três meses fazendo um disco, nunca, com ninguém, e isso incluía álbuns multiplatinados. 'Bem, nós não trabalhamos assim. Temos um ritmo peculiar do Rush.' E depois de conversarmos bastante, concordamos em agendar seis meses, que para eles parecia um punhado de dias. Quero dizer, estavam em pânico total, dizendo:

'Mas não marque nada logo depois desses seis meses. Podemos ter uma margem de segurança?'.

"No final, fizemos o álbum em pouco mais de quatro meses, o que foi um choque para eles. Acharam um grande avanço. Enfim, realmente gostaram de não ter que conviver com esse disco pelo tradicional prazo de um ano. No segundo álbum, só para concluir essa linha de pensamento, disseram: 'Bem, não queremos fazer em apenas quatro meses'... e acabaram fazendo em três meses – *Roll the Bones* foi concluído em três meses."

Quando questionado sobre o que iria fazer musicalmente se tratando de *Presto* e em particular a respeito da contratação de Hine, Geddy conta: "Uma das razões pelas quais quis trabalhar com Rupert foi que ele era um ótimo produtor de cantores, de vocalistas. E isso me atraiu bastante, trabalhar para desenvolver e melhorar as diferentes maneiras de usar minha voz. Os projetos aos quais ele está ligado são sempre fortes melodicamente, e achei que isso era algo bom para nós. Com certeza combinava com meus interesses como compositor – é sempre meu interesse primordial, esse lado melódico das coisas. Para mim, individualmente, separado da banda, essa foi uma das grandes motivações para convidá-lo. Falando do álbum, do meu ponto de vista, houve muita experimentação em composição, de melodias no geral, de melodias para o refrão, e foi excelente trabalhar com ele a partir dessa perspectiva, aprendi muito. Do ponto de vista dos arranjos, tentávamos aperfeiçoar a ideia do quanto conseguiríamos realizar num tempo curto, cinco minutos, seis minutos, em vez de dez ou 20. E acho que a melodia foi a chave para isso."

Especificamente quanto à transição de Peter Collins para Rupert Hine, Geddy observa: "Bom, foi interessante. Achei que trabalhar com Peter foi muito, muito gratificante. E Rupert é suspeito, sempre, porque quase trabalhamos juntos tantas vezes no passado que foi uma escolha natural. Não tenho certeza se consigo me lembrar exatamente de qual foi minha motivação e qual era a visão da banda para esse álbum na época. Mas com certeza havia um forte desejo de nos concentrarmos em composição e, sem dúvida, no meu caso, buscar um refrão mais forte. É uma arte, tudo faz parte dessa arte, sabe? Para nós, à medida que o tempo passa, ser um músico é uma coisa, mas quando se começa a fazer um disco, sabemos que a parte musical é boa, é natural para nós. Mas lidar com composição de modo a encontrar um novo ângulo e tentar torná-lo mais palatável no contexto de três músicos hiperativos, isso é sempre algo importantíssimo.

"O fato de Rupert também ser tecladista e ter toda essa experiência com sons de teclado bem bacanas e diferentes maneiras de gravar com The Fixx e bandas desse estilo… Ele tinha tudo a ver com a *expertise* dos teclados, além de experiência com vocais e composição e arranjos. Era tudo o que eu queria com Rup. Acho que ele nos entregou tudo isso. É um cara muito legal também na hora de discutir, porque é absolutamente imperturbável. Então, se há uma diferença de opinião, vai ser a diferença de opinião mais cavalheiresca que se pode imaginar. O que me agrada muito, porque é também mais ou menos a forma como agimos."

"Para mim sempre foi apenas questão de seguir em frente", afirma Geddy, em termos da impressão geral do caráter da colaboração. "Houve um distanciamento das notas supercomplexas de som digital, um retorno aos sons mais analógicos, usando mais como ferramenta textual do que de orquestração, o oposto de um item em exibição. Isso foi abrandado, e provavelmente foi muito mais animador para Alex do que para mim. Acho que estávamos em páginas diferentes com relação a isso. Quero dizer, é óbvio que ele estava estressado com as experiências anteriores, portanto pareceu uma mudança monumental para ele, enquanto para mim não pareceu realmente uma grande mudança. A guitarra de Alex é sempre ostensiva, potente e muito presente em nossa música. Ela nunca esteve de fato ausente. Mas acho que, para um guitarrista, uma diferença sutil de nota de tensão [risos] é enorme."

E nunca foi um problema muito sério, porque Alex é desse jeito. Geddy explica: "Ele é muito bom em disfarçar o que está sentindo, porque gosta de deixar todo mundo alegre. Mas depois fica péssimo, entende? Alex tem aquela típica atitude sérvia do Leste Europeu, quero dizer, ele fica louco. Vai engolindo, segurando, segurando e ficando cada vez mais calado, e então de uma hora para outra fica bravo com você e há uma explosão de emoções. E todo mundo fala: 'Ok, vamos juntar os cacos dos pratos que você quebrou e descobrir o que aconteceu'.

"Mas, em geral, ele guarda muita coisa dentro dele nesse sentido. Não é o tipo de cara que vai falar só por falar, diferente de como eu sou. Alex não fala muito dentro do estúdio, a menos que alguma coisa realmente o esteja incomodando, ou quando fica muito empolgado com algo. Ele se contenta em deixar Neil ou eu conduzirmos a sessão até que alguma coisa se encaminhe para uma direção com a qual ele não concorda, ou se surge alguma ideia nova que queira tentar. Alex guarda tudo dentro dele, mas também explode de um jeito que Neil e eu nunca fazemos. Ele tem essa reação emocional e [faz um som de explosão] fica louco, e você pensa: 'Nossa, o que aconteceu?'. Depois ele fica tranquilo. Então é como uma tempestade rápida que logo passa.

"Acho que ele se sentiu culpado algumas vezes", explica Geddy. "Como aconteceu durante *Signals*... aquela coisa sobre Al que é tão frustrante de uma maneira que ele vai concordando com as coisas, parece estar de acordo, está tocando, assimilando, adorando a música, mas um mês depois do lançamento do disco, só então ele expressa a frustração sobre a forma como as coisas se desenrolaram! É como uma reação atrasada. Num primeiro momento, Alex adora experimentar. É o primeiro cara que quer continuar testando, experimentando. E não sei se isso é típico de guitarristas, mas todos os que conheci na vida são assim. Eles amam fazer testes, adoram manipular o som. Alex ama tocar com seus brinquedinhos, adora se sujar com os eletrônicos, também tem uma real disposição para experimentações. É aventureiro. Então acaba concordando com seja lá o que esteja empolgando todo mundo, e isso tem acontecido algumas vezes na nossa carreira, álbuns que são verdadeiros experimentos. Nunca temos 100% de certeza de qual disco vamos fazer até que fique pronto, então é uma coisa viva, cada álbum nosso. Com *Signals*, adoramos o resultado no final! Mas um mês mais tarde, Alex parecia meio chateado com o disco, porque sentiu que a guitarra foi tirada de foco de um modo que nunca tinha acontecido no passado. O que é verdade. A guitarra ainda estava lá, mas o papel do instrumento havia mudado. Então ele chegou para a sessão de gravação do álbum seguinte com essa coisa meio engasgada: 'Ok, não posso deixar isso acontecer de novo, porque fiquei incomodado'. Então a gente faz outro disco, ele vai embora e vai haver outra coisa que talvez Alex internalize. De novo, há essa reação tardia.

"E isso é normal para um músico, acho. Não é meu jeito de agir, mas talvez eu simplesmente fale o que se passa na minha cabeça à medida que as coisas vão acontecendo, entende? Sou bem eloquente, verbalizo tudo, e se eu for para casa no final da sessão e houver alguma coisa errada com uma faixa, fico acordado a noite toda. Vou ficar ouvindo a música, pensando nela, fico maluco. E mais tarde, quando Alex e eu entrarmos no estúdio na manhã seguinte, sou eu quem vai deixá-lo maluco porque fico ouvindo a música sem parar, repetidas vezes, e assim é nossa parceria. Jogamos as coisas um para o outro dessa maneira. Acho que é a razão de ser menos frustrante para mim, porque sei o que estamos fazendo no momento. Tenho mais consciência das mudanças que estão acontecendo, e às vezes ele meio que segue o fluxo, só um pouco mais tarde demonstra que não estava satisfeito."

"Acho que estávamos observando por ângulos diferentes", diz Lifeson sobre a experiência com *Presto*, "trabalhando com um produtor diferente que vinha de outra formação. É curioso, mas sempre trabalhamos com produtores ingleses. E Rupert parecia muito interessante. O trabalho que ele tinha feito com o The Fixx, por exemplo, sonoramente falando, foi uma coisa que achei bem interessante. Os sons da guitarra e os arranjos eram sempre ótimos em todos os trabalhos que ele havia feito. Tinha uma formação além dessa coisa dos teclados, ele mesmo era músico, e na época foi uma abordagem interessante mudar e trazer alguém como ele.

"O meu som estava fazendo uma transição entre aquele som reluzente e ativo que usei nos discos anteriores por causa da densidade dos teclados. Acho que, com *Presto*, houve uma combinação de ambos. Há um pouco mais de elementos acústicos naquele álbum, e a produção parece mais arejada. Há bastante espaço, há um som mais suave. Acho que, no final, ficou mais suave do que eu esperava, do que tínhamos antecipado. Mas existia essa dimensão interessante. Então, no cômputo geral do nosso trabalho, é um disco que se destaca.

"Os dois álbuns anteriores foram verdadeiras experimentações na questão dos teclados, e estávamos chegando ao final daquilo", afirma Alex – embora, ouvindo *Presto* hoje em dia, não pareça que as guitarras realmente estejam tão proeminentes. "E *Presto* recua com relação à densidade dos teclados, com muita ênfase aplicada na melodia e interação entre guitarra, voz e banda. Me pareceu um som mais limpo – e esse era nosso objetivo. Não havia a densidade que aqueles outros discos tinham. E trabalhamos com alguém diferente, trabalhamos com engenheiros diferentes, todo mundo tinha uma postura distinta. Geddy e eu tínhamos nos direcionado para uma forma mais objetiva na composição, e isso pareceu nos servir bem naquele ponto.

"Ainda assim, não acho que o álbum tenha o som de um *power trio*. Definitivamente não é um disco de hard rock. Na verdade, não é pesado de forma alguma. Acima de tudo, Rupert reduziu os teclados trazendo a guitarra de volta e fazendo um som mais de três integrantes, sabe, no sentido de Geddy e eu ao lado de Neil e tocando juntos. Foi parte da revitalização. Nós tiramos uma folga e ficamos com a família descansando, depois entramos direto em *Presto* gravando na Inglaterra, gravando no Canadá, mixando na Inglaterra, circulando por aí – foi bem divertido."

Afastando qualquer hipótese de um conflito sério com Geddy sobre seu papel, Alex comenta: "Sempre estivemos alinhados. Você pode estar em parágrafos diferentes, mas estamos sempre na mesma página. E é por isso que nossa relação funciona, por isso que nossa parceria dá certo. Podemos não concordar em todas as coisas, mas queremos seguir a mesma direção, e essa sinergia funciona entre nós dois. Conseguimos resultados melhores por causa disso. Olhando para trás, não tenho certeza se foi o início de nossa reaproximação. Não que houvesse qualquer distanciamento antes, entende? Acho que gradualmente trabalhamos nossa relação como compositores para ficar cada vez mais próxima. É uma questão de confiança. Sentir-se seguro de que você pode se retirar e saber que ainda assim vai ficar ótimo, ou que ainda assim vamos seguir uma boa direção. Acho que foi uma coisa que alcançamos particularmente ao longo dos últimos dez ou 12 anos.

"É confiar em si mesmo", continua Lifeson. "Você acha que sabe tudo, e suas ideias são as ideias mais preciosas, são as melhores ideias... São necessárias maturidade e experiência para aceitar que suas ideias nem sempre são as melhores. E você pode melhorá-las com a contribuição e a inspiração de seu parceiro. E isso é uma coisa na qual temos trabalhado, não conscientemente, mas aos poucos ao longo dos anos. Nós dois somos assim; somos ambos muito, não sei, insistentes quando se trata de querer que nossas ideias avancem, como na maioria das relações. Agora eu me ausento por um dia. Simplesmente deixo Geddy fazer o que ele tem que fazer, e ele faz o trabalho dele. Quase sempre, quando trabalhamos juntos, Geddy gosta de ficar até seis da tarde e depois ir para casa jantar com a família. Eu já não me importo em trabalhar até mais tarde. Fico até 11 da noite. Trabalho com Neil na bateria, enquanto estamos compondo, então há essa confiança fantástica entre nós. É como se disséssemos: 'Vejo vocês amanhã. Não posso esperar para ver o que fizeram – vão com tudo'. Acho que temos feito nosso melhor trabalho dessa forma."

Presto foi lançado em 21 de novembro de 1989, com uma elegante e ainda assim divertida capa com coelhos saindo de uma cartola mágica, um conceito iniciado pela banda e instantaneamente aperfeiçoado por Hugh Syme. A ideia escalonou de modo impressionante quando se tratou do visual da turnê, mas aqui a apresentação geral é bem restrita, até mesmo inovadora, dada a contínua e deliberada ausência de um logo do Rush e o caminho aberto para possibilidades tipográficas. O título em si estava na cabeça da banda há tempos, desde o recém-lançado álbum ao vivo. Os retratos fotográficos sofisticados do trio na contracapa foram feitos por Andrew MacNaughtan, que na época assumiu o posto de fotógrafo oficial da banda, dirigindo vídeos e também embarcando com o Rush nas turnês. Dentro do LP original em vinil há uma capa interna, de um lado as letras das músicas em fontes minúsculas, do outro os créditos e ilustrações do jogo "pedra, papel, tesoura" que se ligam à faixa do disco chamada "Hand Over Fist".

O disco abre de forma memorável. "Show Don't Tell" se anuncia com um floreado rítmico, um instrumental breve da banda, antes da calmaria quando o verso começa. Esse bombardeio musical que anuncia o álbum é um exemplo perfeito do Rush tornando o rock matemático bizarramente cativante: para qualquer fã com uma quantidade módica de noção de ritmo, esse trecho fica grudado na cabeça, ajudando a empurrar a música ao ponto de ela ser uma das favoritas do público, apresentada no setlist da turnê desse disco e também nas duas turnês seguintes, antes de ser abandonada para sempre.

Embora a canção tenha chegado ao número 1 na (secundária) parada de Hot Mainstream Rock Tracks, Rupert Hine diz que de forma alguma os integrantes do trio miravam tal resultado. "É difícil não rir disso porque eu nunca, nunca mesmo, me reuni com uma banda cujo membro dissesse para mim – logo na primeira reunião, e foi Neil Peart, óbvio – que há apenas duas palavras que não se pode mencionar na Rushlândia. Fiquei pensando em qual tipo de palavrão ele iria dizer. 'Singles e vídeos. Não falamos sobre isso.' Passamos para o tópico seguinte da agenda e foi isso. Não conversamos sobre singles na época e nunca falamos disso – era uma afirmação simples e ousada."

Nem singles ou vídeos foram tema de discussão entre Rupert e Ray Danniels. "Não", conta Rupert. "Quero dizer, a menos que tenha sido algo breve e passageiro que eu nem consiga lembrar. Mas não houve uma conversa proposital ou decisão sobre essa questão de modo algum. Quero dizer, nada que não fosse o processo em andamento, quando chegávamos a um novo tipo de ideia, ou um modo de fazer as coisas, que seria discutido ou conversado em geral durante o jantar. Mas numa perspectiva comercial, jamais. Eles eram essa entidade maravilhosa e rara que tinha chegado ao ponto de manter uma boa vida fazendo exatamente o que queria fazer. Por que então alguém iria mexer nisso? Tentar se tornar uma coisa que outros precisam de você, não apenas em termos de tentar se apossar de um público, o que nunca se consegue, mas de agradar os lojistas."

Fiel à forma, "Show Don't Tell" é um single que quebra todas as regras. Ainda assim, é traiçoeiramente cativante através de truques e deixas passageiras como os licks do baixo, um violão vigoroso e um refrão robusto que repete o título de forma fiel (embora aproximada). Liricamente, Neil explora o conceito de ação, sem palavras, aninhado na metáfora de uma sala de tribunal, criando com Geddy um agradável chamado e resposta no refrão.

"Acredito muito que o melhor disco que se pode fazer é o disco que só *você* pode fazer", continua Hine, "e o Rush é um ótimo exemplo disso. Não há um futuro Rush, embora possa haver vários aspirantes a Rush. Mas essa banda é algo completamente raro. É lindo. Quero dizer, é o que é, e não vejo sentido algum em mudar isso. A princípio, para mim, parecia peculiar, porque eu não conseguia mesmo compreender totalmente por que estava lá. Não parecia que mudaria qualquer coisa. Pensava: 'Bem, vou sentar ali e sorrir enquanto esses caras fazem um ótimo disco'. Toda vez que eles se dirigiam a mim, eu só podia dizer: 'Uau, parece o Rush'. Sabe, o que queriam que eu dissesse?"

Rupert comenta ainda sobre as palavras "singles" e "vídeo": "Acho que são palavras ruins para qualquer artista. Um single, para mim, hoje em dia, nem mais existe. Acho que há o que prefiro pensar como uma faixa preciosa, que é algo que representa intensamente tudo o que o artista busca. É uma síntese real, é um trailer, se preferir, mas um que parece aceitável em si mesmo por inteiro, não algo picotado em pedacinhos. Mas resume todos os melhores elementos idiossincráticos individuais daquele artista. Pode-se fazer isso agora porque é possível encontrar um ótimo visual para combinar com a música. E se isso vai para o YouTube, então se tem exatamente o que se precisa – uma joia preciosa que está voando ao redor do planeta como um incêndio incontrolável. Então não precisamos mais de singles, precisamos de alguma coisa que seja um exemplo intenso do que estamos fazendo nesse momento de nossas vidas, e sempre me senti dessa forma. Mas até mesmo na época em que trabalhei com o Rush, o single já era uma peça publicitária num mau sentido."

Tal conceito era um ponto sem sentido para a banda, porque, como Rupert explica, "eles tinham alcançado um ponto em que a base de fãs era grande o suficiente para sustentar a máquina pelo resto de suas vidas, e se deram conta de quanta sorte tiveram. Se continuassem a fazer ótimos discos do Rush e não jogassem nada fora, se certificassem de que cada faixa fosse lindamente executada como toda faixa é, os fãs continuariam ali porque já estava concretizado que se tratava de uma  música atemporal. Eles já estavam fora de moda porque de certa forma nunca estiveram na moda. É uma das áreas maravilhosas em que, se puder manter seu posto... Peter Gabriel fez isso por anos, por exemplo, até que 'Sledgehammer' arruinou tudo para ele. As pessoas diziam: 'O que você quer dizer? Era um sucesso imenso e fantástico e tudo mais'. Mas foi o que o fez parar. Parou o fluxo de criatividade e pelos 20 anos seguintes ele só fez dois álbuns."

"Para 'Show Don't Tell' eu adotei uma atitude e um personagem", contou Neil a Nick Krewen, da revista *Canadian Musician*. "Adotei um ponto de vista, uma boa atitude e a desenvolvi. Acho que é apenas uma ideia de um poder crescente na minha própria confiança e habilidade. Espero que isso se reflita também em técnica crescente. Acho que uma tendência para nós desde *Grace Under Pressure* tem sido cortar as abstrações."

"Chain Lightning" faz uma afirmação semelhante a "Show Don't Tell" com a banda avançando com menos teclados, embora mantendo o mesmo som enlatado. Rupert declara: "Como já contei, mesmo antes de chegarmos ao ensaio, eu queria aqueles teclados fora. Só disse para eles: 'Sou tecladista, seria o primeiro a querer inserir teclados ali. Mas quero tirar tudo'. Já tinham colocado algumas partes de teclado nas músicas por conta própria, mas realmente as mantivemos num nível mínimo. Falei que não iria trazer um arsenal dos meus teclados. Não queria que desenterrassem todos os teclados que tinham. Se tivéssemos qualquer som desse tipo naquele disco, queria minimizá-lo e apenas escolhermos um ou dois sintetizadores no máximo, usados como adição apenas, para não olharmos esse amontoado de tecnologia e nos perdermos nele.

"Portanto, realmente foi um retorno ao formato de trio. Só falei que achava maluquice que um trio de guitarra, baixo e bateria ficasse afogado em teclados. E ao observar como faziam ao vivo, ficou claro que era uma loucura acrobática – todo mundo com seus pedais Taurus, todo mundo com um teclado ao alcance, Neil disparando todas aquelas coisas de teclado –, era insano. Contratem um tecladista ou sejam um *power trio*. E foi o que fizemos. Em ambos os álbuns, foi crucial."

Sobre a receptividade dos integrantes da banda à ideia, Hine diz: "Totalmente. Quero dizer que compraram a ideia. Ela já passava pela cabeça de Geddy. Mas com certeza minha prioridade desde a primeira reunião era tirar aqueles teclados de cena. É provável que eu mesmo já estivesse cansado deles. Foi o timing perfeito. Os anos 1980 tinham sido extremamente orientados pelos teclados, na Inglaterra em particular. Na Europa quase era proibido ter uma guitarra em alguma coisa. Tudo se tornou extremo – se você tivesse guitarra em algum lugar, diziam: 'Ah, que fora de moda, o que estão fazendo?'. Então estávamos ali, redescobrindo as guitarras. Mas é claro que com Alex, de qualquer maneira, se obtém uma ampla variedade de sons. Só disse para ele que, se quiséssemos ter um suporte parecido com os teclados, tentaríamos extrair isso de Alex para esse disco, de modo que o apoio fosse transparente, modular e abstrato."

Hine traz um bom argumento aqui. Alex ainda é uma fonte de texturas angulares, de refrão e de *reverb*. O que Rupert indica é que a ideia era ter Alex ligado à presença de guitarra moderna e rígida que ele tinha desde 1985 e obter mais disso num agrupamento matemático e metódico extraído de alguns trechos de teclado. Essa transição é sutil, razão pela qual ninguém pode ser culpado por não perceber que *Presto* e *Roll the Bones* não foram tão radicalmente diferentes de *Power Windows* e *Hold Your Fire*.

"Ele estava procurando um drible", diz Rupert. "Sabe, não apenas tocaria as partes da guitarra, mas também tocaria as partes do teclado – mas na própria guitarra."

Em termos de arquitetura musical, "Chain Lightning" traz Geddy tocando alguns acordes de baixo e então fazendo a transição para o ska na hora do refrão – como um ponto de congruência temporal, o verso se aproxima de um *new wave* polido e guitarrístico derivado do punk rock. Realmente os tons mais proeminentes são na introdução, com algumas figuras musicais inocentes, que retornam mais tarde, mas nunca intervêm. Na letra, o Professor, um autodeclarado fanático pelo clima, nos dá uma previsão do tempo como se fosse uma "Jacob's Ladder" mais recheada de ação. Como aquela música, não se trata apenas de nuvens: há uma reflexão inspirada em todas essas coisas.

"The Pass" se revelou como o momento mais refinado de *Presto*, ou pelo menos a contribuição mais duradoura dessa era. É uma obra encorajadora e esperançosa contra o suicídio, pesquisada a fundo por Peart. Apesar de falar sobre suicídio adolescente, essa canção é vista como uma lição moral para um personagem tipo Tom Sawyer que vê sua chama em declínio, resultando numa epifania tardia. Alinhada com os temas de Neil sobre autoconfiança e responsabilidade, a letra sugere encontrar a construção do personagem em meio ao trauma.

"'The Pass' é uma das melhores canções que já escrevemos", concorda Geddy, que provou a apreciação da banda pela faixa com a orgulhosa presença dela no setlist desde sempre. "Eu simplesmente amo essa música. Há alguma coisa sobre a atmosfera e a natureza da letra; é um exemplo do melhor que Neil pode escrever, e ainda acho que há muita verdade nela. Lida com um tema muito difícil de uma forma bastante positiva. Essa música ficou comigo. Adoro tocá-la, adoro cantá-la, e acho que é uma daquelas grandes realizações como compositor. Sabe, os fãs nos veem de forma diferente de como nos vemos. Olham para nós basicamente como um grupo de músicos. Mas olhando de dentro para fora, as vitórias que tive lá atrás em geral aconteceram quando tive um grande salto como compositor, ou quando fui capaz de tratar alguma coisa de um ponto de vista de arranjo que era novo para mim. E essa canção é um daqueles saltos."

Realmente há uma razão para Geddy se demorar sobre a arquitetura de "The Pass". É uma música forte de melancolia pop, com muito da instrumentação agitada e arisca desse período sendo deixada de lado. Não obstante, os acordes de baixo estão de volta, e Peart ainda toca rock de arena no refrão, conduzindo o Rush para vocal, baixo e guitarra equilibrados.

Neil também justificadamente sente orgulho por essa música, percebendo que é um dos pilares do álbum e uma das razões pelas quais ele adoraria regravar *Presto* se pudesse. Tendo trabalhado por muito tempo e com muito esforço na faixa por causa de seu tema sensível, ele chegou até mesmo a incluir uma referência literária genial: uma citação de *O Leque de Lady Windermere*, de Oscar Wilde: "*We are all in the gutter, but some of us are looking at the stars*" – "Estamos todos na sarjeta, mas alguns de nós estão olhando para as estrelas". O delineamento do personagem na canção vem de histórias que Neil recolheu de estudantes universitários e não do Ensino Médio. No final da música, ele deliberada e cuidadosamente busca ser um pouco duro sobre suicídio, propondo com gentileza que não há nada de heroico a respeito disso.

"War Paint" se une aos temas recorrentes de *Presto*, incluindo teclados mínimos, um verso tranquilo com bateria tribal, em REM totalmente rock. Em relação à letra, Neil está falando sobre a guerra dos sexos, de garotos e garotas avançando em meio aos rituais para se tornarem atraentes, com uma divertida sugestão no final para que "pintem o espelho de preto" ("*paint the mirror black*"), seguida por um adicional "pinte de preto" ("*paint it black*").

"Com todas as músicas de *Presto*, eu tinha uma demo bruta gravada com bateria eletrônica", explicou Neil numa conversa com J.D. Considine, da revista *Musician*, com relação a "War Paint". "Tive a oportunidade de me sentar com essas demos sozinho e trabalhar todas as partes, refiná-las. Mas quase sempre trabalho de trás para a frente. Coloco tudo lá dentro e depois subtraio o que não funciona, por isso é melhor que eu trabalhe sozinho. Assim não enlouqueço todos ao redor. Basicamente gosto de começar com uma folha de papel em branco e tocar a música inteira, anotando tudo o que posso pensar que vá se encaixar naquele tempo e naquela estrutura rítmica. Depois vejo o que me parece bom de tocar, volto e ouço de novo para ver o que tem o som certo, e depois começo a eliminar coisas.

"Às vezes sou forçado a tocar coisas que são tão simples a ponto de serem idiotas, mas se funcionam, me obrigo a aceitar a realidade dos fatos. Mas encontro meios para equilibrar tudo. Em 'War Paint', a introdução e a ponte são estúpidas, são tão simples que me deixam enlouquecido. Porém, as seções de refrão me concedem elasticidade para tocar algumas coisas realmente gratificantes. Consegui encontrar modos de tocar uma coisa complexa, mas fazendo com que parecesse simples, que se encaixasse perfeitamente no fluxo da canção. Enquanto fico me debatendo durante a parte imbecil, sei que ali adiante haverá uma parte bem bacana que vou adorar tocar. Se for uma parte simples ritmicamente, em que só a levada importa, então a toco e encontro algumas pequenas inflexões bacanas que posso fazer com a mão oposta, ou alguma coisa para torná-la mais difícil de executar, alguma coisa que seja interessante ou complexa. Não é só no disco que estou pensando num contexto como esse. Com a turnê no horizonte, vou ter que tocar essa música várias vezes repetidas. Isso se torna parte do meu pensamento, esteja certo ou errado."

"Scars" coloca o Rush no terreno do Shriekback, um pop totalmente europeu e envolvente do começo ao fim com mudanças de acorde requintadas e hostis, e Neil tocando todos os tipos de superfícies futurísticas. Peart, por sua vez, foi influenciado por um ritmo que ele ouviu enquanto pedalava pela África e passou um dia inteiro desenvolvendo um método e um sistema para tocar isso, combinando percussão tradicional e eletrônica. Já Alex avançava além de uma pilha de efeitos, satisfeito que Rupert lhe permitiu dar vazão a seus desejos, enquanto Geddy toca um padrão pós-punk robótico e erudito. Outro ponto de comparação aqui pode ser o Talking Heads, dos discos três ao cinco.

Rupert explica que aproveitou todos os recursos: "Gosto de pensar em produção como uma combinação de consultas. Você pode trazer sua experiência de trabalhar em muitos outros gêneros e com muitos outros artistas e pode ter ideias, e esse pequeno conjunto de surpresas jogadas numa mistura, como um terapeuta. Com o Rush, devo dizer, não é tão importante, mas ainda assim importa. Você está lá para descobrir o que eles realmente estão tentando dizer. E isso é fundamental porque pode perder o foco no meio do caminho de um álbum ou no meio do caminho de uma canção. Precisa ser lembrado de como quer que o ouvinte se sinta quatro minutos mais tarde. Se você o deixar igual, qual é o sentido de fazer tudo isso?

"Ao pensar em como queremos transformar nossos fãs naqueles quatro ou cinco minutos, o que realmente estamos tentando fazer é chegar ao cerne de tudo. E isso tira todo mundo do simples floreio para focar no todo, ou do floreio exagerado para retomar o foco em como o público vai se sentir depois de ouvir a música – ali reside nossa tarefa.

"É como ser um editor, que é atualmente uma das minhas comparações favoritas, no sentido da publicação de um livro. Editores estão ali para oferecer resistência diante do escritor. Quando um editor diz coisas como: 'Este personagem que aparece no capítulo quatro, sabe, continuo achando inverossímil, não vejo o porquê...', e o escritor retruca: 'O quê?! Esse personagem é crucial. A ideia é...'. Então o autor percebe, mesmo se estiver apenas pontificando, que há alguma coisa naquele personagem que não parece certa no momento. Faz uma nota mental para si mesmo de que precisa consertar algo, não é? Esse é o tipo de resistência que o artista tem que enfrentar. Acho que fiz isso com o Rush, só para ver quantas coisas precisavam ser feitas, o quanto eles tinham que ser espertos, o que faz parte da banda. Eu não usaria a palavra "inteligência", mas você entende o que estou tentando dizer aqui. Esse tipo de instrumentação linda e inteligente é sem dúvida um traço forte da personalidade do Rush. Mas, como tudo, é uma questão de quanto usar e de usar no momento certo em busca do efeito certo."

A letra de Neil para "Scars" marca uma leve mudança da noção acerca de cicatrizes físicas ou até mesmo da ideia de que uma cicatriz seja totalmente negativa. Em vez disso, Peart fala tanto das marcas positivas quanto negativas de uma experiência – emocional e intelectualmente – adquiridas acima de tudo em suas viagens.

A faixa-título de *Presto* é um exemplo preliminar da preferência de Alex por criar camadas de canais acústicos sobre as partes elétricas, embora a mais memorável seja o acústico puro que acompanha os versos de  abertura, em meio a baixo e bateria mínimos. De novo, os tons estão ali apenas para acrescentar um pouco de cor enquanto os arranjos se desenrolam e evoluem. Essa canção fecha o lado A do álbum na edição original em vinil. Observe que *Presto* seria o último disco do Rush da chamada era do vinil, dada a mudança em larga escala que estava para acontecer em 1990. Contudo, a banda já tinha feito a transição ao oferecer uma maior quantidade de música, com o lado A abarcando 29 minutos de duração. De fato, os rapazes acharam necessário adicionar uma nota no final dos créditos indicando que o "Lado A é muito mais comprido que o Lado B, portanto não é tão alto. Então aumente o volume!".

Neil explicou para Nick Krewen, da revista *Canadian Musician*: "A canção 'Presto' reflete a mim e à vida como um tema, embora eu tenha inventado o cenário". Peart acrescenta que "a ironia também é uma ferramenta que usei neste álbum. Na maioria das vezes tive cuidado em não dramatizar a situação. Quando se pisa na ficcionalização do real, usa-se a ficção para explicar a verdade e a realidade. Ainda estou aprendendo como falar sobre temas pessoais de um modo eficiente – e vejo isso como um oceano vasto diante de mim. A princípio, nunca dei muita importância para as letras, interna e externamente. Mas lidar com as palavras mudou o modo como eu leio e me apresentou novos mundos. É também importante que se veja pontos de vista diferentes. Tenho lido muita literatura norte-americana dos anos 1920 e 1930, e é interessante que todos os escritores da época – Hemingway, Steinbeck, Fitzgerald e Faulkner – viam o mesmo período de modos tão diferentes. Ainda assim conseguiram abordar algum tema universal. É importante ser versado nas visões de outras pessoas, mesmo se não concordar com elas."

Não há tentativa de forçar essa canção como single, apesar de seu status de faixa-título. De fato, a faixa nunca foi tocada ao vivo até a turnê *Time Machine*, de 2010.

Abrindo o Lado B do disco original estava "Superconductor", uma música que alerta sobre o vazio do entretenimento superficial. Tem um ritmo rápido, o mais roqueiro possível, ou seja, dado o maquinário e a formação. Porém, sem dúvida isso é o mais *power trio* que a banda poderia ser no disco, com poucos teclados praticamente inconsequentes, sendo mais ressaltados na pausa que lembra o reggae.

"Com certeza não queríamos assumir o estilo Andy Richards total", diz Geddy, reiterando o mandato claro para *Presto*. "Não queríamos ter um grande show de teclados. Acho que ainda havia um papel para os teclados ali, mas estava sendo reduzido. A questão que se apresentava era: Precisamos deles aqui? Que contribuição eles trazem? Não estavam desaparecendo. Ainda faziam grande parte da nossa música, mas acho que estávamos procurando modos diferentes de usá-los, não tanto na dinâmica frontal, no *tour de force* que Andy Richards produziu em *Power Windows*. Como não adotamos a mesma abordagem que tivemos com Andy, dando tanta latitude aos teclados que acabavam ocupando muito espaço antes mesmo de acrescentarmos as guitarras, da mesma forma adotamos uma abordagem mais tradicional. Mas os teclados ainda estavam ali presentes, embora não tão ostensivamente."

Se isso ajudou no relacionamento da banda com seu guitarrista, Geddy fala: "Estou tentando voltar àquele tempo. Minha relação com Al é praticamente indescritível. É muito de irmão para irmão, no sentido de que há certo abuso no que acontece entre nós, mas não levamos como abuso de verdade, da mesma forma que aconteceria com seu irmão ou sua irmã. É como ficar dando cotoveladas. Eu não me lembro de qualquer atenção aparente a esse assunto, mas às vezes Alex guarda as coisas para si. Por isso ele talvez tenha ficado mais tenso com o papel da guitarra depois da experiência com os dois álbuns anteriores. Só recentemente me dei conta do quanto ele se sentiu frustrado naquele período. Mas talvez fosse eu quem não quisesse pensar no assunto. Eu tinha esquecido que talvez houvesse mais tensão do que eu gostaria de lembrar."

E, mais uma vez, na concepção de Rupert Hine, algo como "Superconductor" é realmente um tipo de hard rock, mas é provável que a maioria dos fãs vá discordar.

"Eu estava o tempo inteiro tentando concentrar o Rush em fazer o álbum mais Rush possível", conta Hine, "o que significava mínima interferência externa. Eu queria mesmo direcioná-los para a combinação mais intensamente Rush possível, que teria resultado em mais faixas hard rock. Elas estão presentes nesses álbuns. Não o tipo clássico de guitarra densa e muito pesada, mas em vez disso esses sons mais cortantes, mais ousados, que eu gostava e desenvolvi amplamente com o The Fixx, dos quais sei que eles também gostavam."

"Anagram (for Mongo)" é outro pop rock mid-tempo com guitarras, embora haja alguns teclados a mais e até mesmo alguns acordes adicionais de piano clássico. Quanto ao título, Geddy explicou a um ouvinte do programa *Rockline* que é uma referência à comédia *Banzé no Oeste*, de Mel Brooks. "Há uma cena, se você se lembrar do filme, em que – não consigo me lembrar do nome do ator que faz o papel principal – ele está vestido como mensageiro e bate na porta do *saloon* e diz: 'Telegrama para Mongo, telegrama para Mongo'. Mongo pega o telegrama, e é claro que tudo explode na cara dele. Foi daí que veio o título."

Definindo as letras de Neil nesse disco de forma mais geral, ele acrescenta: "Acho que é difícil descrever todas as coisas que fazem alguém querer escrever sobre aquilo que escreve. Sei que Neil é uma pessoa motivada pelo que está acontecendo ao redor dele e pelo que está acontecendo no mundo. Está constantemente viajando, pensando e analisando, e passa por coisas diferentes, nós todos passamos; é difícil dizer de onde essas coisas vêm. E, sim, há algumas músicas mais raivosas, e alguns assuntos, penso eu, que exigem raiva de tempos em tempos – e sempre imagino que isso é o que torna a música de rock tão boa. Portanto é difícil dizer de onde a inspiração vem para tantas músicas."

Os versos de Neil realmente são cheios de anagramas parciais e completos. Há palavras-chave em cada um que usam letras de outras palavras, ou outras palavras-chave, ou, resumindo, cada verso usa o mesmo conjunto de letras duas vezes. O trecho mais claro para conduzir o leitor a ver o que ele já suspeita é *"There is tic toc in atomic"* – "Há tic toc em atômico". A sacada mais inteligente é *"Image is just an eyeless game"* – "Imagem é só um jogo sem olhos", porque "image" em inglês sem o "i" (que tem o mesmo som da palavra "eye") faz com que sobrem as letras para formar a palavra "game", "jogo". Geddy dá um desconto para Neil pela mensagem nada coerente ao longo do todo da música, se divertindo com o fato de esse tipo de jogo de palavras resultar numa letra boa de cantar. Afinal, ao longo da proposta de redução de teclados, o Rush que se ouve com Rupert Hine, pensa Geddy, tem mais a ver com o canto, com uma sofisticação crescente de fraseados vocais – nessa música quase *tudo* tem a ver com fraseado, em que apesar dos pequenos biscoitos da sorte deixados em cada lugar, o jogo em si fala mais alto do que qualquer outro significado atribuído.

"Red Tide" é um rock 4/4 em essência com mudanças de acorde sombrias e sofisticadas, distinguidas pelo solo de guitarra ensandecido de Alex, que deliberadamente quer se equiparar à raiva expressa na letra

de Neil. Vale notar, nunca foi tocada ao vivo. Embora a maior parte da música fale das várias formas de degradação ecológica, o primeiro verso é sobre a aids. No final da canção, Neil traz as famosas palavras de Dylan Thomas: "*Do not go gentle into the good night*" – "Não adentre a boa noite com ternura", argumentando que é hora de mudar a direção da maré vermelha antes que seja tarde demais. Realmente, a poluição tem sido uma preocupação desde os tempos da Revolução Industrial – nada surpreendente aqui –, mas em 1989 já havia alertas dos cientistas com relação ao aquecimento global, portanto, neste momento, décadas depois, as palavras de Peart ganham um novo peso. Mesmo se encaradas literalmente, sua missiva final parece se referir às teorias populares da época sobre uma nova era do gelo. Também um tanto sombria é "Hand Over Fist", pelo menos as estrofes, em oposição ao refrão alegre e cativante. Alex experimenta alguns timbres adicionais – funk leve e meio distorcido – em cima de uma batida extra e de um arranjo em geral tranquilo.

Como Neil falou a Keith Sharp, da *Music Express*, "se há um traço lírico identificável aqui é o uso da ironia, reforçado pelo personagem que atua na letra. Por exemplo, em 'Hand Over Fist' há duas pessoas caminhando pela rua e discutindo, e o personagem principal fica dizendo coisas que supostamente são irônicas. Eu tinha consciência de que talvez dois dos nossos últimos álbuns estivessem mais inclinados a um estilo pesado em se tratando das letras. Com *Presto* adotei uma atitude um pouco mais solta. Essas músicas têm as próprias histórias e mensagens sem necessariamente estarem ligadas a algum tema central."

Peart faz uma observação divertida e saliente conversando com Keith sobre produzir material do Rush nessa conjuntura. "Não podemos ser mais criativos do que ao nos isolar numa casa de campo. Sei que há algo chamado inspiração, mas sei como tirar vantagem disso. Quando não estamos ensaiando ou compondo, eu coleto ideias e me preparo para quando começarmos a escrever. Na hora em que estamos prontos para trabalhar num álbum novo, estou completamente preparado. Tenho páginas e mais páginas de anotações para usar. Podem nos chamar de eficientes, de mecânicos. O ponto é que, quando temos que fazer alguma coisa, ela é feita. Só sabemos trabalhar desse modo. Talvez sejamos excepcionais nesse sentido. Mas na nossa cabeça apenas estamos agindo com profissionalismo."

Geddy observa, conversando com Bob Coburn, a ligação com a brincadeira à qual a letra se refere: "É um tipo de abstração. O jogo infantil, ou o que você quiser chamar, que se joga fechando o punho ou usando os dedos para transformar em tesoura ou a palma da mão representando papel... O papel cobre a pedra, essa brincadeira. Ela se transformou num versinho infantil que organizamos como uma canção. Acho que há várias analogias distintas que podem ser feitas com esse tipo de coisa. O que representa uma pedra na sua vida, o que é o papel, e todas essas coisas diferentes. Mas basicamente era – para mim de qualquer maneira – apenas uma questão rítmica de que todo o som daquela cantiga era uma coisa rítmica muito forte para compor uma música."

Em essência, aqui está Geddy mais uma vez, trabalhando com Neil para conseguir uma letra que pudesse ser cantada sem esforço e com um ritmo lógico, embora, de fato, "Hand Over Fist" tivesse inicialmente sido pensada para ser uma faixa instrumental.

Presto termina com a enigmática "Available Light", outra canção que implora para ser regravada, para ser nutrida. Mesmo que de certa forma se trate de uma balada, tem um balanço agradável. De fato, Geddy aplica timbres adequados e profundos de baixo enquanto a música acentua a parte do piano, tocado por Jason Sniderman, tecladista da Blue Peter e filho de Sam Sniderman, o Sam da rede de lojas de discos canadense Sam the Record Man. Liricamente, Neil apresenta uma mistura estranha de clima – imagens do sol e do mar – em oposição a algumas preocupações que um fotógrafo tem que resolver. Ambos estão ligados pelo conceito de "luz disponível", que também serve como o credo de uma vida, o desejo de viver sob uma luz desse tipo.

E era isso com relação a *Presto*. O álbum recebeu disco de ouro nos Estados Unidos quase que imediatamente, mas nunca conseguiu chegar à platina. Na verdade, o Rush continuava a operar bem apesar das circunstâncias, com uma direção sensível que pode estar alinhada a qualquer tipo de movimento musical.

Contudo, os objetivos com essa banda são inescrutáveis. Geddy pondera: "Acho que essa fase, esses dois discos que fizemos com Rupert e Stephen [Tayler, o engenheiro], foram basicamente experimentos em composição – aprender como nos tornarmos melhores compositores num período de tempo mais conciso. *Presto* foi o primeiro, mas descobri que, quando o terminamos, de certa forma eu estava um pouco insatisfeito. Gosto muito do som desse disco. Achei que foi uma boa produção, mas não senti que realmente acertamos o alvo na composição daquele álbum, tirando algumas faixas que se destacam e que, acho, se tornaram atemporais. Não creio que seja nosso trabalho mais relevante como compositores e acho que o disco seguinte que fizemos com Rupert foi exatamente o oposto. Acho que é um dos nossos trabalhos mais fortes em termos de composição, porém talvez não seja nosso disco com a sonoridade mais forte. Então nem sempre se pode ter tudo.

"Mas acredito sim que a composição em todo o álbum *Presto* foi mais fraca do que eu achava quando estávamos trabalhando nele. Em retrospecto, *Roll the Bones* é muito, muito mais forte. De fato, penso que se pode argumentar que é nosso álbum mais forte de um ponto de vista de composição, mas não de um ponto de vista sonoro. 'The Pass' se destaca em *Presto*, e não consigo pensar em qualquer outra faixa assim de cabeça. 'Red Tide' é uma canção interessante. Eram canções interessantes, mas não acho que sejam profundas em termos de composição."

"Acho que os outros caras já declararam que é um dos discos que realmente gostariam de refazer", acrescenta Neil. "É claro, há vários elementos que se juntam num disco – a composição, a instrumentação, o som, a orquestração, o produtor, tudo isso. E *Presto* é um álbum que me ocorre também, ele não atingiu todo o seu potencial, muito menos o nosso potencial. Ou o potencial que havia naquele material, não importa a razão. Foi como nos sentimos. Mas é inútil falar sobre isso porque alguém que gosta daquele disco vai pensar: 'O que vocês estão dizendo?! O que querem dizer?'. Essa é uma lição que aprendemos há muito tempo. Não ouse criticar nem mesmo seu próprio trabalho, porque alguém vai te condenar por isso. Ok, vocês que sabem das coisas!"

"Eu achava que era um direcionamento bem animador", diz Alex. "E fiquei feliz com os resultados. Só penso que é um disco mais leve do que talvez tivéssemos a intenção inicialmente. Mas há instrumentação muito boa ali, e há alguns arranjos bons, acho, boas canções. Porém, não sei, para mim, esse álbum foi um bom catalizador para me sentir revigorado e animado de novo. Estávamos voltando de uma fase muito difícil de turnê. Ficamos na estrada por muito tempo na turnê anterior e decidimos tirar nossas férias mais longas até então – acho que cerca de sete meses. E voltamos recarregados para o projeto, nos sentindo positivos e animados, e isso continuou na estrada. Acho que quando entramos no modo ensaio e nos preparamos para a turnê, estávamos bem animados para pegar a estrada e tocar de novo. Isso foi importante, porque terminamos os anos 1980 exaustos e não muito interessados em excursionar novamente.

"Acho que *Presto* talvez tenha sido o ponto inicial daquilo. Como eu disse, nunca houve atritos, mas havia esse jogo de empurra-empurra. Penso que entrar nos anos 1990 foi uma transição, tivemos nossas férias agradáveis, fechamos aquele capítulo e seguimos em frente em busca de algo novo. Todos aqueles discos têm o próprio clima particular. Em geral bem positivo. Acho que conversamos a respeito de *Grace Under Pressure* como um álbum muito estressante de se fazer, e foi mesmo. E *Moving Pictures* foi realmente uma ótima experiência, muito divertida. Mas na minha lembrança, *Presto* foi bem positivo. Rupert tinha uma energia maravilhosa. Ele era muito positivo o tempo todo, bem-humorado, e sempre trabalhamos bem juntos. Muito cavalheiresco."

"No final de *Presto*", pondera Rupert, "provavelmente no finalzinho da última mixagem, eu disse a eles: 'Não tenho certeza se fiz valer o dinheiro de vocês, camaradas. Mas me diverti demais. Não me entendam mal, mas o que acham que eu fiz de verdade?'. E mais uma vez foi Neil quem verbalizou tudo com clareza: 'Você estava aqui para responder às perguntas'. Eu meio que falei brincando: 'O que, ah sim, as seis perguntas', e ele disse: 'Sim, e as seis respostas certas'.

"Desde então já me perguntaram: 'Quais foram as seis perguntas?'. E eu digo: 'Bem, não foram realmente seis'. Eram coisas como uma conversa que tive com Geddy, bem no início, uma conversa difícil para se ter com um vocalista, ele disse: 'Por que você não quis nos produzir antes quando o convidamos?'. E eu respondi: 'Principalmente por falta de agenda, e não achava que era o cara certo para fazer discos de rock', e murmurei algumas coisas assim. Depois falei: 'E tinha um problema com sua voz. Mas estou fazendo o álbum. Essa não é uma razão para não fazer o álbum. Mas quando você está lá rompendo o teto o tempo todo, quero trazê-lo de volta para que possamos ouvir sua personalidade, então teremos uma noção de quem Geddy é' – porque agora o vejo como um ser humano. 'Acho que há muita coisa que nunca sai de sua voz porque não ouvimos enquanto você está lá nas alturas o tempo todo. Por que não fazemos alguma coisa para reduzir não dois tons, mas uma oitava inteira? Vamos pegar a canção exatamente como ela está agora, por exemplo, e baixar uma oitava inteira.' E Geddy disse: 'Bem, é provável que eu vá parecer estar cantarolando'. 'Bem, vamos tentar, e então podemos subir a oitava quando quisermos criar impacto.' Então, no final, essa conversa afetou muito aquele álbum e mais ainda *Roll The Bones*."

Rupert tem uma atitude diferente de Peter Collins quanto à preocupação do produtor com as vendas do disco quando chegar às lojas. "Não, para mim tudo se resume a estar no estúdio", diz ele. "No momento em que se faz o melhor álbum possível com seu artista, é uma pena, mas o produtor tem que passar o bastão para a próxima pessoa da fila, para o pessoal da promoção e do marketing. Quando tentei participar do processo, houve algumas ocasiões em que fiquei com o álbum finalizado e tentei fazer parte da promoção e do marketing num esforço de realmente me certificar de que fosse levado adiante, em geral isso só acontece com um artista desconhecido. Mas você meio que é posto de escanteio. Um produtor se torna muito impopular se sair do estúdio e começar a meter o nariz em outros departamentos, o que no final é a razão pela qual muitos produtores tentam criar as próprias gravadoras.

"Acho que fizemos um ótimo trabalho", acredita Hine. "Eu me lembro de ter ficado muito feliz no final, ver um ótimo equilíbrio de todas essas ideias que havíamos discutido ao longo do caminho. Não que houvesse esse plano bem claro desde o início – só queríamos experimentar. E dentro dessa experimentação e do foco criamos um ótimo equilíbrio em todas as canções, entre todos os aspectos diferentes da banda. Realmente acho que é muito coeso, como uma cápsula do tempo registrando onde os rapazes se encontravam naquele momento em todos os sentidos, fosse a partir do texto de Neil ou da melhora no alcance vocal de Geddy e a natureza do fluxo das canções ao longo de todo o disco. Eu me lembro de ter ficado muito feliz com ele, e ainda bem que os membros da banda também."

"Quando três caras já fizeram tantos discos como eles, é complicado", continua Hine, sobre essa busca constante que testemunhou no Rush e que incluía produtores diferentes. "Tenho visto poucas bandas que fizeram isso, sabe. E três pessoas não são muitas, o que é tanto um ponto forte quanto uma fraqueza. O forte é que três integrantes é o formato mais aberto e flexível para uma banda. Quero dizer, no formato clássico, todas as grandes bandas loucamente improvisadoras foram trios – Cream, Hendrix Experience. Todos os três podem tocar de modo tão enlouquecido quanto quiserem e ninguém vai pisar no pé de ninguém, é apenas um design básico e verdadeiro, o grupo de três pessoas.

"Tão logo haja um quarto membro, sempre vai ter esse atrito entre guitarra e teclados. É preciso chegar a algum acordo sobre quem faz o que, e ali o improviso voa pela janela. Então isso é a essência de um trio; é por isso que a palavra *power* – poder – cabe com tanta facilidade ali, porque os três membros podem criar uma força muito poderosa, totalmente improvisada, sem se tornar uma bagunça. Acho que era uma coisa que eles queriam mesmo manter, ainda que há pouco tenham passado por um momento de ter um quarto membro sombra, o tecladista, que na verdade não existia. Eles viveram um tipo de romance e tinham saído desse relacionamento pensando: 'Bem, foi praticamente umas férias'. E então estavam de volta ao trabalho de ser um *power trio* e continuar se renovando.

"É quando se retorna para fazer um novo álbum, quando se está ali, os três com bateria, baixo e guitarra. Para manter esse frescor, ao longo de tantos álbuns e tantas músicas, é necessário um pouco de inspiração. Provavelmente, em vez de tentar confiar nos mesmos três caras para despertá-la, a melhor coisa é conseguir alguém que possa agitar as coisas ali no meio. A pessoa não precisa necessariamente aparecer com uma grande ideia, mas precisa aparecer com o papel da provocação. E esse tipo de provocação pode ser em níveis bastante sutis, não tem que ser um confronto, embora isso também possa ser bom. Esse tipo de provocação constante, de ficar mexendo as coisas o tempo todo, dá uma renovada na banda. Senti isso desde o princípio, que eles queriam que as coisas fossem instigadas um pouco – por alguém de fora."

Era chegado o momento de levar o trabalho para fora, dar retorno para os membros da banda, suas famílias e toda a equipe, a receita que não viria desses discos incomuns feitos sem um público-alvo além de Geddy, Alex e Neil, e talvez Rupert.

Apenas cinco músicas do álbum – "Superconductor", "Show Don't Tell", "The Pass" e as duas que lembravam o The Police, "War Paint" e "Scars" – foram tocadas na turnê *Presto*, uma jornada de cinco meses que cobriria apenas os Estados Unidos e os mercados maiores do Canadá. A banda estava determinada a não ficar na estrada por muito tempo.

O show em Toronto iria levantar 200 mil dólares para a United Way, o pessoal do escritório da produção imprimiu camisetas que diziam

"Sobrevivi ao Rush tocando em Toronto", por causa dos inúmeros pedidos da banda por ingressos cortesia e outras coisas. Mr. Big, apresentando a lenda de Buffalo, o baixista Billy Sheehan (que também tocou com Talas e David Lee Roth), abriu a maioria dos shows. "Bons amigos, bons músicos, boas pessoas", fala Neil, com Geddy acrescentando que "Billy Sheehan é um baixista excepcional. Sempre gostei dele, e ele é simplesmente um monstro do baixo".

"Tenho fotos de Neil praticando arco e flecha com Pat Torpey", ri Billy se referindo ao baterista do Mr. Big, tristemente falecido em 2018 com 64 anos de idade. "Há uma foto minha com Jeff Berlin e Geddy nos bastidores. Sim, foram tempos maravilhosos com aqueles caras. Eu os encontrei algumas vezes aqui e ali ao longo dos anos, mas nunca os conheci muito bem, e então, quando estávamos em turnê com eles, não sabíamos o que esperar. São meio intelectuais, então achávamos que não seria muito divertido. Mas nós agitamos bastante. E eles eram simplesmente muito legais e generosos. Foi uma ótima experiência, de verdade."

O Voivod (Rush com presas?) foi chamado para tocar em Quebec e Toronto. Vale observar que o aclamado álbum da banda, *Angel Rat*, de 1991, seria produzido por ninguém menos que Terry Brown.

"Em 1990 fizemos uma turnê com o Rush com o álbum *Nothingface*", lembra Michel "Away" Langevin, explicando qual era a lembrança mais preciosa da banda até ganharem um prêmio Juno em 2018. "E é claro que o Rush foi uma grande influência, e Terry Brown também, queríamos tentar gravar com ele, embora o disco tenha ficado um pouco suave demais para o ouvinte médio do Voivod, tanto a mixagem quanto a performance. Conseguimos o show com nosso empresário, que nos tempos do *Nothingface* trabalhou para Donald K. Donald, um promotor famoso que marcava os shows nos estádios aqui em Montreal. E nosso empresário estava em contato com o empresário do Rush, e a música 'Astronomy Domine' ia muito bem no canal MuchMusic e no MusiquePlus, e então nos ofereceram dois shows no Maple Leaf

Gardens, um no Forum em Montreal e depois outro no Le Colisée na cidade de Quebec. Foi um ano incrível para nós, 1990, com aquela música conseguindo essas apresentações do Rush e também uma turnê nos Estados Unidos.

"Ambos os empresários tinham uma reunião agendada para nós", continua Michel. "Conhecemos a banda, e é claro que eram nossos ídolos, então nos sentimos bem intimidados. Mas eles foram muito, muito legais. Também ganhamos no primeiro show uma garrafa de champanhe com um bilhete assinado pelos três membros e o demos para Piggy [o guitarrista Denis D'Amour, morto de câncer de cólon em 2005], porque ele era o maior fã do Rush."

Voivod é considerado o Rush do trash metal da mesma forma que o trio Nomeansno é o Rush punk. Mas Langevin não tem muita certeza se os caras do Rush viram qualquer performance do metal matemático do Voivod nessas apresentações. "Provavelmente pegaram parte do show. Eu lembro que Blackie [o baixista] disse que os viu assistindo da lateral do palco. Mas eu nunca os vi. Estava muito focado, e era um público grande para nós, estávamos um pouco nervosos. Eu tinha visto algumas bandas sendo vaiadas quando abriram para o Rush. Mas quando tocamos 'Astronomy Domine', em todos os shows, o barulho do público era mais alto que a música, o que foi uma experiência nova para nós."

Michel fala como foi ver os profissionais dando conta do recado. "Eu lembro que Neil veio de trás do palco, Geddy veio da direita e Alex da esquerda, e eles pareciam ter um sistema ajustado com muita precisão. Era uma máquina gigantesca para se observar, e, é claro, assistindo a todas as apresentações, pude observar Neil dando tudo naquela bateria."

Contudo, a típica "baby band" jura que quase falhou miseravelmente em sua grande oportunidade de causar uma boa impressão. "Sim, quando fomos para o show em Toronto, saímos de Montreal e paramos em Kingston para abastecer, e o motor da van não dava mais a partida. Ficamos muito nervosos porque o show era naquela noite. O equipamento já estava a caminho de Toronto, então pegamos um ônibus em Kingston que ia de Montreal a Toronto, tivemos que viajar de pé no corredor por todo o trajeto, mas conseguimos chegar. Tivemos sorte que o motorista nos deixou entrar e viajar de pé. Estava completamente lotado. Deixamos a van numa oficina em Kingston. Depois do segundo show em Toronto, estávamos nos fundos do Maple Leaf Gardens, e havia fãs lá, e demos autógrafos, depois pulamos na traseira do furgão minúsculo que tínhamos alugado para transportar o equipamento e fechamos a porta. Eles não podiam acreditar naquilo. Sem explicação alguma. Era só uma piada. Mas nós realmente viajamos sentados sobre o equipamento, num furgão alugado, um caminhão de mudança, e tivemos que voltar até Kingston para pegar nossa van. Foi engraçado ver a cara de todos os fãs nos observando pular na caçamba do furgãozinho e fechar a porta."

"A coisa mais memorável foram os coelhões, aqueles coelhos gigantes infláveis", conta Neil sobre a turnê *Presto*, que, ao que parece pelos relatos, foi a mais divertida possível. "Foi engraçado, o coelhinho bom e o coelhinho mau. Porque o título era *Presto*, que eu tinha usado num sentido irônico, desejando ter poderes mágicos para acertar todas as coisas num passe de mágica na canção. Na verdade, eu simplesmente gostava da palavra. Então a escolhemos como título, e acho que Hugh Syme surgiu com a ideia dos coelhos saindo das cartolas por conta própria. Então, no projeto de produção daquela turnê, brincamos com o conceito usando objetos cênicos e conseguimos dois coelhos infláveis, com 12 metros de altura ou algo assim. Havia o bom e o mau, e havia um desenho animado do coelhinho malvado dando um tiro no coelhinho bom, que caía no chão. Era o teatro do absurdo."

Porém, o roteiro específico em torno do coelhinho bom contra o coelhinho mau, segundo Geddy, só surgiu mais tarde.

"Os coelhos foram o grande lance daquela turnê", conta Lee. "Todo mundo adorava os coelhos. Foi apenas uma questão de ter uma ideia, executá-la e trabalhar com o tempo certo de inflá-los e desinflá-los.

Depois de os usarmos em umas duas turnês, foi difícil deixá-los de lado porque o público os adorava. Mas depois que os usamos em duas turnês, pensamos: 'Cara, não podemos continuar carregando esses coelhões por aí'. E alguém disse: 'É hora de matar a piada', e eu falei: "Por que não fazemos isso?'.

"Eu tenho esse grupo de pessoas que trabalha na pré-produção todos os anos – Norm Stangl da Spin Productions e alguns outros –, e sempre me ajudam a montar uma equipe de animadores ou produtores visuais para debatermos ideias para os vídeos do telão. Estávamos lá sentados conversando. 'Há alguma coisa que podemos fazer com os coelhos?' Então decidimos que seríamos bem cruéis com eles, fazer um coelho bonzinho e o outro malvado, e iríamos literalmente matar a piada com um dos coelhos surgindo de repente, e em vez se ser aquela coisinha fofa, ser um coelho malvado com uma arma. Ele iria erguer a arma e disparar, e a bala acertaria o telão e seria animada, e nós entraríamos nessa pequena aventura animada com ela à procura do coelho bonzinho.

"E realmente se tornou uma animação bem inteligente, é uma das minhas favoritas. No final, o coelho bom se levanta, então o coelho malvado aparece, dispara a arma, há fumaça, e o desenho começa com a bala personificada passando por todo tipo de confusão... Era bem estilo *Looney Tunes*. E então ela acerta o coelho bom, que é desinflado. Dava para ouvir a multidão gritando 'Ohhh'. Quero dizer, não curtiram que matamos o coelho [risos]. Foi uma piadinha bem bizarra que surgiu dos cantos mais sombrios da nossa capacidade criativa. E até hoje me lembro do público ter ficado desapontado porque nós realmente demos um tiro no coelho em cima do palco."

A piada do coelho foi levada ainda mais além. Em cada cidade, o escritório de produção contratava algumas coelhinhas da "Playboy" não oficiais que surgiam na lateral do palco e davam um beijinho na bochecha de Alex e Geddy, limpavam o suor da testa dos músicos e lhes ofereciam as muito desejadas bebidas refrescantes. Em termos de visual, a banda também levava um conjunto completo de lasers, sendo o mais impressionante o maratonista de laser exibido durante "Marathon". "The Pass" usava imagens belíssimas em preto e branco exibidas no telão de fundo. "Subdivisions" apresentava o clipe clássico de sete anos antes.

Foi tarefa de Andrew MacNaughtan durante a turnê *Presto* – além de ser o fotógrafo oficial do grupo, atuando também como assistente pessoal e assumindo as filmagens adicionais à medida que o tempo passava – "cuidar do entretenimento da banda".

"Nós pegávamos vários filmes maravilhosos, comédias, filmes estrangeiros, coisa muito boa mesmo, para assistir no ônibus", contou MacNaughtan numa entrevista ao autor, antes de sua morte em 2012 aos 47 anos. "E também filmes bem idiotas. Usávamos uns chapéus bobos no ônibus. E lembro que, durante a turnê *Presto*, havia o filme *Luar sobre Parador*, com Richard Dreyfuss interpretando um presidente sul-americano ou algo assim. E ele tinha esses drinques chamados punas, que eram basicamente coquetéis de frutas deliciosos. Lembro que serviam a bebida num copo ou taça muito elaborado. Minha missão era conseguir copos interessantes para que pudéssemos tomar nossos drinques. Então sempre havia esse ritual de beber usando roupas esquisitas, e é claro que todos tínhamos que usar os chapéus ridículos. Coisas para ajudar o tempo a passar dentro do ônibus. Ficávamos meio doidões.

"Também na turnê *Presto*, Alex sempre insistia em ter com ele o conjunto de pintura. Eu tinha que arrastar aquilo para o quarto dele todas as noites, mas é claro que ele nunca usou. Então era meio engraçado. Também em *Presto*, Alex e Geddy jogavam tênis quase todos os dias de folga. Mas depois, em *Roll the Bones*, Alex começou a jogar golfe.

"Quanto a Neil, durante essa turnê ele andava de bicicleta por todos os lugares", continua MacNaughtan, "de um local de show para o outro. Nós todos pegávamos juntos o ônibus, o motorista parava cerca de uma hora antes de chegarmos à cidade seguinte, e Neil descia num hotel de beira de estrada bem barato. Era quase um jogo para ele, um desafio.

Estava numa missão para descobrir o hotel de beira de estrada mais barato dos Estados Unidos. Achava quartos por 26 dólares a noite. De qualquer maneira, nós o largávamos lá no meio da noite, uma hora de distância da cidade seguinte aonde chegaríamos de ônibus. Seguíamos em frente e fazíamos o check-in num hotel às cinco da manhã ou algo assim. E depois Neil passava o dia inteiro, ou um dia de folga, pedalando até chegar à próxima cidade.

"Eu lembro uma vez durante a turnê *Presto* em que o deixamos a uma hora de Salt Lake City. Quando ele chegou lá, já estava escuro, eram sete da noite ou algo assim. E foi muito duro para ele pedalar. Teve que pedalar na estrada coberta de neve. Neil resolveu atravessar as montanhas de bicicleta e foi um pesadelo para ele. Ficou exausto. Nunca vou esquecer isso. Só achei muito estranho querer pedalar e literalmente atravessar a neve sobre uma montanha. Era o passatempo dele.

"E depois, com *Roll the Bones*, eles começaram a fazer coisas um pouco diferentes. Alex estava totalmente envolvido com golfe nesse período. Geddy começou a jogar um pouco com ele, acho que foi Alex quem o atraiu para o esporte. Neil ainda estava com o lance da bicicleta, mas também começou a praticar arco e flecha com alguns caras da equipe. Eles montavam um grande alvo num canto da arena, num corredor ou do lado de fora, e ficavam praticando, até tirei fotos disso. Essas fotografias aparecem no programa da turnê de *Counterparts*, Neil praticando arco e flecha. Nós nos hospedamos num castelo em Birmingham, e ele montou esse alvo naquele castelo enorme e praticava durante toda a tarde. Mas o golfe: Alex jogou para valer em Turnberry, o famoso campo de golfe nos arredores de Glasgow. Ficava na costa, e nos hospedamos lá no dia de folga antes do show na cidade. Alex jogou golfe com o cara do som, Robert Scovill, e juro por Deus que estávamos na costa, era março, e fazia perto de zero grau lá. Estava muito frio e ventava muito."

Robert Scovill era o responsável pelo sistema de som surround que o Rush usava. MacNaughtan conta: "Correto. Foi em *Presto* e *Roll the*

Bones. Não sei se foi em todos os shows, mas era a coisa do momento. Dava realmente para ouvir o efeito completo em 'Force Ten'. Era um eco, com esse som de bateria eletrônica estranho no começo, e era também como a música terminava. Dava para ouvir na frente do palco e então, de repente, Robert fazia o som daquela bateria ecoar em 360 graus pelo estádio inteiro. Na verdade, um exemplo melhor seria o solo de bateria de Neil. Ele disparava esse som eletrônico, quando o kit estava girando no praticável, e esse som que ele disparava ficava se repetindo – *bang, bang* – fazia um giro de 360 graus em torno da arena."

"Também durante *Presto*", continua Andrew, "Neil e Geddy me levaram para algumas galerias de arte. Eu lembro que fomos a uma galeria em Richmond, Virgínia, que era bem legal. Visitávamos muitas galerias de arte. Nas turnês *Presto* e *Roll the Bones*, Geddy e eu passamos a colecionar fotografias artísticas. Íamos até as galerias para de fato comprar fotografias. É claro, ele tinha muito mais dinheiro que eu e comprou muitas obras de arte fotográfica dos maiores mestres.

"Em *Presto*, usaram cenas do vídeo de 'The Pass', com as imagens em preto e branco no telão ao fundo. E tinham uma cortina enorme que foi pintada para parecer um show de *vaudeville*, com um senhor usando uma cartola. Para 'Time Stand Still' havia cenas de Aimee Mann do vídeo da música na parte em que ela canta. Em 'Subdivisions' acho que usaram o mesmo videoclipe de muitos anos antes em todas as turnês. Posso estar errado. 'Marathon' tinha o maratonista projetado com o uso de lasers. Eles tinham um sistema completo de lasers em ambas as turnês. E também contrataram as coelhinhas da Playboy, foi em *Presto*, é claro, em todas as cidades. Havia uma garota vestida com a fantasia de coelhinha que servia drinques para eles. Não eram coelhinhas oficiais. Acho que isso foi organizado pela produção do Rush. O nome do produtor era Nick Kotas. Não sei qual era o cargo dele, mas basicamente ele trabalhava no escritório da produção."

Depois havia ainda os livros. "Sim! Neil e Geddy eram ambos colecionadores de livros sobre arte." Mas não de primeiras edições. "Não, nada assim. Neil tinha algumas primeiras edições, mas não era exatamente seu maior interesse. Mas os livros de arte sim, porque sempre visitávamos as galerias, e eles colecionavam muitos livros de arte. É claro que Neil era um leitor ávido. Ele lia um livro a cada dois dias basicamente, uma loucura. Ah, e outro passatempo durante as turnês de *Presto* e *Roll the Bones* – o lance favorito dele – era que Neil insistia em receber o *The New York Times* na porta todos os domingos. Não importava como. Não importava onde estivéssemos, mesmo que fosse Onde Judas Perdeu As Botas, o Buraco do Inferno, eu tinha que conseguir o *The New York Times* dominical para que ele pudesse fazer as palavras cruzadas. Geddy também fazia."

Foram muitas experiências de vida comprimidas numa turnê de meros seis meses, todos eles na América do Norte, todos eles com shows de abertura do Mr. Big. Seguindo a última apresentação da turnê – em Irvine, Califórnia, em 29 de junho de 1990 –, o Rush só tocaria ao vivo novamente um ano e quatro meses depois, ainda mais devotados ao juramento de tirar mais tempo livre para suas famílias, para si mesmos e para sua busca de desenvolvimento pessoal.

Houve, contudo, um único show encaixado no meio desse tempo para autocuidado longe da banda. Em 15 de setembro de 1990, Alex e Geddy fizeram uma aparição especial no Music & Tennis Festival, no North Ranch Country Club em Westlake Village, Califórnia, junto com vários artistas veteranos como Eddie Money, o companheiro canadense Kansas, e Kevin Cronin da REO Speedwagon, além da banda de abertura da turnê de *Presto*, Mr. Big. Seria o mais próximo de um circuito profissional de tênis que esses amigos de infância vestidos de branco chegariam. Mas eles sempre podiam sonhar… Como Alex continuaria a sonhar em se tornar um jogador de golfe profissional, assim como Geddy continuaria a sonhar em ser arremessador na liga principal de beisebol. Mas é claro que haveria mais Rush nos anos 1990, seguido por uma série de trágicos eventos para Neil Peart que transformariam todos os sonhos da banda num pesadelo sombrio e aparentemente interminável.

DISCOGRAFIA

Algumas observações: ofereci o maior nível de detalhamento para os álbuns de estúdio, e um pouco menos para os álbuns ao vivo (principalmente com o tempo de cada faixa). Note que esta é uma discografia norte-americana, com as posições e certificações das paradas dos Estados Unidos, e também quanto aos singles me refiro apenas aos compactos oficiais lançados nos EUA.

Lado A e Lado B são as denominações usadas para tudo aqui, *Presto* sendo o último álbum do Rush antes da marcante mudança de LP para CD em 1990. Quando possível, eu busquei evitar repetições (por exemplo, quando os álbuns ao vivo foram lançados tanto no formato de áudio quanto de vídeo). Os números de catálogo são originais, assim como os lançamentos e edições.

Resumindo, a ideia era limitar à discografia central e relevante (e, sim, incluindo a videografia). Também deixei de lado as paradas com relação aos vídeos. Acho que a classificação nas paradas mais significativa para ser mencionada é a Billboard 200 para os álbuns. Outra coisa – tenho certeza de que há mais alguns probleminhas na grafia original e depois reaparecem ocasionalmente, às vezes é grafado "Freewill" e outras vezes "Free Will".

A: ÁLBUNS DE ESTÚDIO

Permanent Waves
(Mercury SRM-1-4001, 1-4001, 1º de janeiro de 1980)
POSIÇÃO MAIS ALTA NAS PARADAS DOS EUA: #4
CERTIFICAÇÃO RIAA NOS EUA: Platina
PRODUZIDO POR: Rush e Terry Brown
   Lado A: 1. The Spirit of Radio 4:54; 2. Freewill 5:23; 3. Jacob's Ladder 7:50

Lado B: 1. Entre Nous 4:37; 2. Different Strings 3:50;
3. Natural Science – I. Tide Pools. II. Hyperspace, III.
Permanent Waves 9:27

Moving Pictures

(Mercury SRM-1-4013, 12 de fevereiro de 1981)
POSIÇÃO MAIS ALTA NAS PARADAS DOS EUA: #3
CERTIFICAÇÃO RIAA NOS EUA: 4x Platina
PRODUZIDO POR: Rush e Terry Brown

Lado A: 1. Tom Sawyer 4:33; 2. Red Barchetta 6:07; 3.
YYZ 4:23
Lado B: 1. Limelight 4:18; 2. The Camera Eye 10:55; 3.
Witch Hunt – Part III of 'Fear' 4:43; 4. Vital Signs 4:45
Observações: Primeiro álbum do Rush a ser lançado em CD.

Signals

(Mercury SRM-1-4063, 9 de setembro de 1982)
POSIÇÃO MAIS ALTA NAS PARADAS DOS EUA: #10
CERTIFICAÇÃO RIAA NOS EUA: Platina
PRODUZIDO POR: Rush e Terry Brown

Lado A: 1. Subdivisions 5:33; 2. The Analog Kid 4:46; 3.
Chemistry 4:56; 4. Digital Man 6:20
Lado B: The Weapon 6:22; 2. New World Man 3:41; 3.
Losing It 4:51; 4. Countdown 5:49
Observações: Último álbum do Rush lançado em fita de
oito canais. Segundo álbum do Rush a ser lançado em CD.

Grace Under Pressure

(Mercury 818 476-1, 12 de abril de 1984)
POSIÇÃO MAIS ALTA NAS PARADAS DOS EUA: #10
CERTIFICAÇÃO RIAA NOS EUA: Platina
PRODUZIDO POR: Rush e Peter Henderson

Lado A: 1. Distant Early Warning 4:59; 2. Afterimage 5:04; 3. Red Sector A 5:10; 4. The Enemy Within (Part One of Fear) 4:34

Lado B: 1. The Body Electric 5:00; 2. Kid Gloves 4:18; 3. Red Lenses 4:42; 4. Between the Wheels 5:44

Power Windows

(Mercury 826 098-1, 29 de outubro de 1985)
POSIÇÃO MAIS ALTA NAS PARADAS DOS EUA: #10
CERTIFICAÇÃO RIAA NOS EUA: Platina
PRODUZIDO POR: Peter Collins e Rush

Lado A: 1. The Big Money 5:36; 2. Grand Designs 5:05; 3. Manhattan Project 5:05; 4. Marathon 6:09

Lado B: 1. Territories 6:19; 2. Middletown Dreams 5:17; 3. Emotion Detector 5:10; 4. Mystic Rhythms 6:08

OBSERVAÇÕES: Primeiro álbum do Rush a ser lançado diretamente em CD.

Hold Your Fire

(Mercury 832 464-1, 8 de setembro de 1987)
POSIÇÃO MAIS ALTA NAS PARADAS DOS EUA: #13
CERTIFICAÇÃO RIAA NOS EUA: Ouro
PRODUZIDO POR: Peter Collins e Rush

Lado A: 1. Force Ten 4:28; 2. Time Stand Still 5:07; 3. Open Secrets 5:37; 4. Second Nature 4:35; 5. Prime Mover 5:19

Lado B: 1. Lock and Key 5:08; 2. Mission 5:15; 3. Turn the Page 4:53; 4. Tai Shan 4:14; 5. High Water 5:32

Presto

(Atlantic 82040-1, 21 de novembro de 1989)
POSIÇÃO MAIS ALTA NAS PARADAS DOS EUA: #16
CERTIFICAÇÃO RIAA NOS EUA: Ouro

PRODUZIDO POR: Rupert Hine e Rush

Lado A: 1. Show Don't Tell 5:01; 2. Chain Lightning 4:33; 3. The Pass 4:51; 4. War Paint 5:24; 5. Scars 4:07; 6. Presto 5:45
Lado B: 1. Superconductor 4:47; 2. Anagram (for Mongo) 4:00; 3. Red Tide 4:29; 4. Hand Over Fist 4:11; 5. Available Light 5:03
OBSERVAÇÕES: Primeiro álbum do Rush com a nova gravadora norte-americana Atlantic, todos os álbuns anteriores com a Mercury. Também último álbum da era do vinil. Único álbum do Rush lançado em vinil no Uruguai. Lançamento original em CD no formato longbox.

B: ÁLBUNS AO VIVO

Exit... Stage Left
(Mercury SRM-2-7001 29 de outubro de 1981)
POSIÇÃO MAIS ALTA NAS PARADAS DOS EUA: #10
CERTIFICAÇÃO RIAA NOS EUA: Platina

Disco 1
Lado A: 1. The Spirit of Radio; 2. Red Barchetta; 3. YYZ
Lado B: 1. A Passage to Bangkok; 2. Closer to the Heart; 3. Beneath, Between & Behind; 4. Jacob's Ladder
Disco 2
Lado A: 1. Broon's Bane; 2. The Trees; 3. Xanadu
Lado B: 1. Free Will; 2. Tom Sawyer; 3. La Villa Strangiato
OBSERVAÇÕES: "A Passage to Bangkok" foi omitida do lançamento original em CD, mas foi adicionada posteriormente quando a capacidade do CD passou para 80 minutos.

A Show of Hands
(Mercury 836 346-1, 10 de janeiro de 1989)
POSIÇÃO MAIS ALTA NAS PARADAS DOS EUA: #21
CERTIFICAÇÃO RIAA NOS EUA: Ouro

Disco 1
Lado A: 1. The Big Money; 2. Subdivisions; 3. Marathon
Lado B: 1. Turn the Page; 2. Manhattan Project; 3. Mission
Disco 2
Lado A: 1. Distant Early Warning; 2. Mystic Rhythms; 3.
Witch Hunt – Part III of 'Fear'
Lado B: 1. Force Ten; 2. Time Stand Still; 3. Red Sector A;
4. Closer to the Heart
OBSERVAÇÕES: Único álbum do Rush lançado em vinil na
Iugoslávia.

C: SINGLES SELECIONADOS

Os singles compactos talvez sejam o departamento que mais nos lembra de que se trata de uma discografia norte-americana. A história dos singles do Rush é bem apagada, dada a completa falta de faixas de estúdio que não fizeram parte de um LP. Uma nota adicional: eu incluí  todos os lançamentos comerciais nos Estados Unidos menos alguns compactos promocionais, já que alguns deles são mínimas variações uns dos outros, ou com algumas modificações com relação ao lançamento do compacto original (começando pelo mesmo número de catálogo). PS indica capa com design próprio.

Singles em Vinil 7"
The Spirit of Radio / The Spirit of Radio (76044) compacto promo
The Spirit of Radio / Circumstances (76044)
Entre Nous / Entre Nous (76060) compacto promo
Entre Nous / Different Strings (76060)
Limelight / Limelight (76095 DJ) compacto promo
Limelight / YYZ (76095)
Tom Sawyer / Tom Sawyer (76109) compacto promo
Tom Sawyer / Witch Hunt (76109) PS
Closer to the Heart (live) / Closer to the Heart (76124 DJ)
compacto promo

Closer to the Heart (live) / Freewill (76124)
New World Man / New World Man (76179 DJ) compacto promo, vinil marrom, PS
New World Man / New World Man (76179 DJ) compacto promo, PS
New World Man / Vital Signs (live) (76179) PS
Subdivisions / Subdivisions (76196) compacto promo
Subdivisions / Countdown (76196)
Red Sector A / Red Sector A (PRO 319 7) compacto promo, vinil vermelho
The Body Electric / The Body Electric (880 050 7 DJ) compacto promo
The Body Electric / Between the Wheels (880 050 7)
The Big Money / The Big Money (PRO 383 7 DJ) compacto promo
The Big Money / Red Sector A (live) (884 191 7) PS
Mystic Rhythms / Emotion Detector (884 520 7)
Time Stand Still / Time Stand Still (888 891 7 DJ) compacto promo
Time Stand Still / High Water (888 891 7) PS

Singles em Vinil 12", EPs, LPs (todos promos)
The Spirit of Radio / The Trees / Working Man (MK-125)
Entre Nous (edit) (MK-137) PS
Rush N'Roulette (MK-185) PS
A Passage to Bangkok / Freewill (MK-188) PS
New World Man / Vital Signs (live) (MK-216); vinil transparente
Distant Early Warning / Between the Wheels (PRO 276-1)
The Body Electric (PRO 290-1)
Red Sector A (edit) / The Enemy Within (PRO 320-1); vinil vermelho
The Big Money (PRO 382-1)
Mystic Rhythms (PRO 400-1)
Force Ten (PRO 532-1)
Marathon (live) (PRO 689-1)

Singles em Fita Cassete

The Pass / Presto (4-87986)

Singles em CD

Time Stand Still / Time Stand Still (edit) (CDP 05)
Show Don't Tell (PR 3082 2)
Show Don't Tell (edit) / Show Don't Tell (PR 3125 2)
The Pass (edit) / The Pass (PR 316 2)
The Pass (PR 3175 2)
Profiled! (PRCD 3200-2); entrevista de 55 minutos
Superconductor (PRCD 3331)

D: VIDEOGRAFIA

Exit... Stage Left

(Polygram PMV 60285, 1981)
CERTIFICAÇÃO RIAA NOS EUA: Ouro

> 1. Limelight; 2. Tom Sawyer; 3. The Trees; 4. Xanadu; 5.
> Red Barchetta; 6. Freewill; 7. Closer to the Heart; 8.
> YYZ; 9. Medley: By-Tor & the Snow Dog, In the End, In
> the Mood, 2112
> OBSERVAÇÕES: Originalmente lançado em Beta, VHS e
> LaserDisc pela RCA/Columbia Home Videos. Em 2006,
> foi em DVD como parte do box *Replay X3*, seguido de um
> lançamento independente em 2007. Gravado em março de
> 1981, em Montreal. Quase que inteiramente apresentações
> diferentes do álbum ao vivo *Exit... Stage Left*.

Through the Camera Eye

(Polygram PMV 60466, 1985)
CERTIFICAÇÃO RIAA NOS EUA: n/a

> 1. Distant Early Warning; 2. Vital Signs; 3. The Body
> Electric; 4. Afterimage; 5. Subdivisions; 6. Tom Sawyer
> (live); 7. The Enemy Within; 8. Countdown
> OBSERVAÇÕES: Esta coletânea de vídeos de 44 minutos foi
> originalmente lançada em VHS e LaserDisc (PMV PA-
> 85-112) pela RCA/Columbia Home Videos. Em 2006, foi
> lançada em DVD como parte do box *Replay X3*, seguido de
> um lançamento independente em 2007.

Grace Under Pressure Tour

(Polygram PMV 60607, 1986)

CERTIFICAÇÃO RIAA NOS EUA: n/a

1. The Spirit of Radio; 2. The Enemy Within; 3. The Weapon; 4. Witch Hunt; 5. New World Man; 6. Distant Early Warning; 7. Red Sector A; 8. Closer to the Heart; 9. YYZ; 10. The Temples of Syrinx; 11. Tom Sawyer; 12. Vital Signs; 13. Finding My Way; 14. In the Mood; 15. Bônus: The Big Money (vídeo da produção)

OBSERVAÇÕES: Este vídeo com 69 minutos de duração foi compilado de um show no Maple Leaf Gardens, em Toronto, em 21 de setembro de 1984. Foi originalmente lançado em VHS e LaserDisc (CDV 080 103-1) pela RCA/Columbia Home Videos. Em 2006, foi lançado em DVD como parte da Replay X 3, seguido de um lançamento independente em 2007. Uma versão em áudio também foi incluída no box *Replay X3* e depois lançada em CD em 2009.

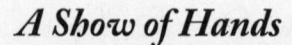

A Show of Hands

(Polygram PMV 041 760-3, 1989)

CERTIFICAÇÃO RIAA NOS EUA: Platina

1. The Big Money; 2. Marathon; 3. Turn the Page; 4. Prime Mover; 5. Manhattan Project; 6. Closer to the Heart; 7. Red Sector A; 8. Force Ten; 9. Mission; 10. Territories; 11. The Rhythm Method; 12. The Spirit of Radio; 13. Tom Sawyer; 14. 2112 / La Villa Strangiato / In the Mood

OBSERVAÇÕES: Este vídeo com 90 minutos de duração foi compilado de um show no National Exhibition Centre, em Birmingham, Reino Unido. Foi originalmente lançado em VHS e LaserDisc (PMV 082 575-1) pela Polygram. Em 2006, foi lançado em DVD como parte do box *Replay X3*, seguido de um lançamento independente em 2007.

© bill o'leary

O Professor, 10 de maio de 1980, no Palladium, Nova York.

© bill o'leary

11 de maio de 1980, último show de quatro noites no Palladium, Nova York.

© bill o'leary

© bill o'leary

Geddy com o Rickenbacker azul no Madison Square Garden, Nova York, 18 de maio de 1981.

Alex e seu visual clássico da turnê *Moving Pictures*, mesmo show no Madison Square Garden da foto ao lado.

© bill o'leary

Outra foto de Neil de 10 de maio de 1980 no Palladium.

© martin popoff

Neil, Maple Leaf Gardens, 17 de novembro de 1982. A banda de abertura da noite foi o grupo pós-punk de Vancouver The Payolas, com a participação do futuro lendário produtor Bob Rock.

© norman bouthillier

© norman bouthillier

Geddy, Providence Civic Center, Providence, Rhode Island, 5 de dezembro de 1982. O blues rocker irlandês Rory Gallagher abriu o show.

Alex e sua calça de couro, mesmo show em Providence da foto ao lado.

Geddy em um bom ângulo, Sporthalle, Böblingen, Alemanha Ocidental, em 6 de maio de 1983. O show teve a abertura do Nazareth, para quem o Rush abriu em 1974 e 1975.

Alex cantando! Mesmo show da foto ao lado.

Anúncios para *Moving Pictures, Exit... Stage Left* e *Signals*.

coleção de ray wawrzyniak

© wolfgang gürster

Imagem da banda completa em Sporthalle, Böblingen, Alemanha Ocidental, 6 de maio de 1983.

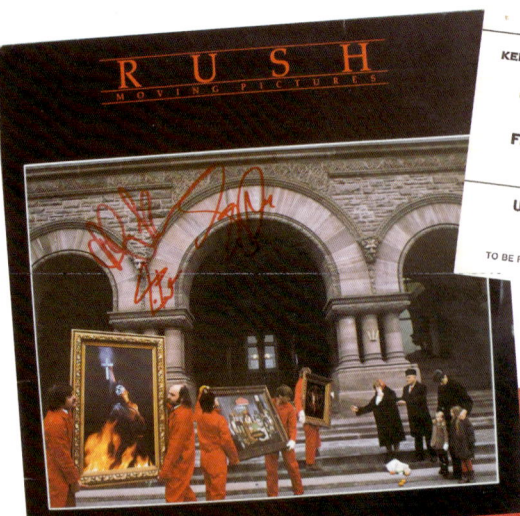

WELCOME
TO THE

Rush 1984
"Grace under pressure"
- tour -

as we all know, toronto is ☆RUSH'S☆
hometown...

Geddy Lee Alex Lifeson Neil Peart

invite you, their most loyal fans to be
- a part of -
the videotaping of their show!!!
you have the **3D** glasses,

you'll know when to wear them,
Smile & you'll be in everyone's
livingroom!

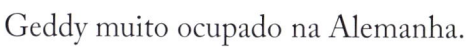

Geddy muito ocupado na Alemanha.

© rod dysinger

© rod dysinger

Richfield Coliseum, Richfield, Ohio, 5 de julho de 1984.
A abertura ficou a cargo de Gary Moore.

© rod dysinger

© norman bouthillier

© norman bouthillier

Providence Civic Center, Providence, Rhode Island, 7 de novembro de 1984. A data original seria 25 de setembro. A banda de abertura foi Y&T.

© norman bouthillier

© norman bouthillier

Perdidos em Lovecraft country.

Memorial Auditorium em Buffalo, 12 de julho de 1984. Este show, originalmente marcado para 7 de julho, teve como banda de abertura os canadenses da Red Rider.

© ray wawrzyniak

© ray wawrzyniak

Memorial Auditorium, Buffalo, estado de Nova York, 27 de fevereiro de 1986. O revival do rock progressivo britânico do Marillion foi o show de abertura.

© mark kurtzner

© mark kurtzner

Rush tocando na RPI Fieldhouse em Troy, estado de Nova York, em 12 de novembro de 1987. A abertura ficou a cargo do McAuley Schenker Group.

© george gonos

© ray wawrzyniak

ACIMA: Memorial Auditorium de Buffalo, 14 de novembro de 1987.

À ESQUERDA: Geddy dando autógrafos para os fãs.

© ray wawrzyniak

Memorial Auditorium de Buffalo, 14 de novembro de 1987.

© ray wawrzyniak

Dois anúncios da era *Hold Your Fire* da coleção particular do autor.

Outra foto do show de Buffalo em novembro de 1987.

© ray wawrzyniak

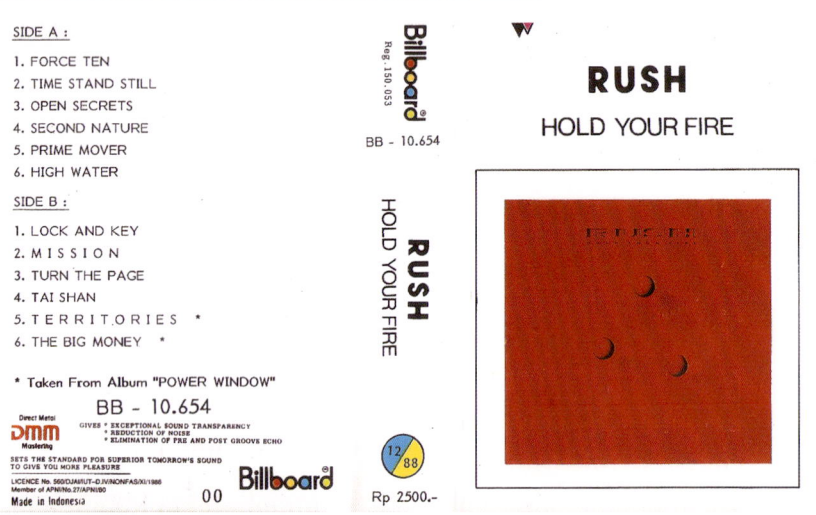

SIDE A :

1. FORCE TEN
2. TIME STAND STILL
3. OPEN SECRETS
4. SECOND NATURE
5. PRIME MOVER
6. HIGH WATER

SIDE B :

1. LOCK AND KEY
2. M I S S I O N
3. TURN THE PAGE
4. TAI SHAN
5. T E R R I T.O R I E S   *
6. THE BIG MONEY   *

* Taken From Album "POWER WINDOW"

BB - 10.654

Direct Metal
DMM
Mastering

GIVES * EXCEPTIONAL SOUND TRANSPARENCY
        * REDUCTION OF NOISE
        * ELIMINATION OF PRE AND POST GROOVE ECHO

SETS THE STANDARD FOR SUPERIOR TOMORROW'S SOUND
TO GIVE YOU MORE PLEASURE

LICENCE No. 560/DJ/IRUT-D.IV/NONFAS/XI/1986
Member of APN/No.27/APN/80
Made in Indonesia   00

Billboard

Reg. 150.053

Billboard®

BB - 10.654

RUSH
HOLD YOUR FIRE

RUSH
HOLD YOUR FIRE

12
88

Rp 2500.-

© ray wawrzyniak

Fita cassete indonésia de *Hold Your Fire*. Observe a inclusão de "Territories" e de "The Big Money" do álbum *Power Windows*.

© ray wawrzyniak

© ray wawrzyniak

Compactos da *Modern Drummer* e da *Guitar Player*.

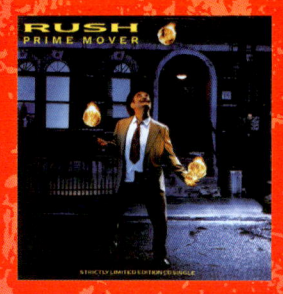

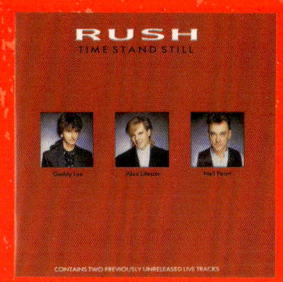

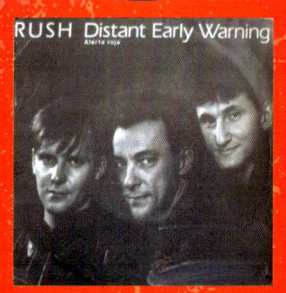

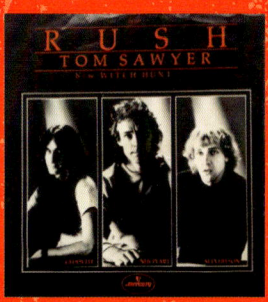

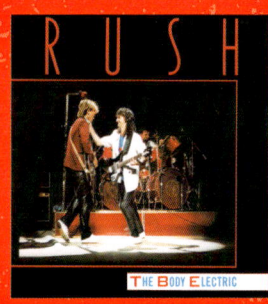

Singles do Rush lançados nos anos 1980.

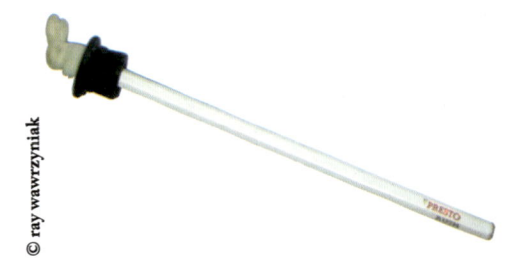

ACIMA: Raro lápis promocional de *Presto*.

À DIREITA: Credencial de acesso ao backstage de *Presto*.

Geddy e Alex com o colecionador e especialista em Rush Ray Wawrzyniak, nas sessões de mixagem de *A Show of Hands* em 17 de junho de 1988, nos estúdios McClear Place.

Geddy com seu time de softball Those Darn Fish, 1987.

DRIVEN
ANOS 90

INTRODUÇÃO

ESTA PARTE DO LIVRO MARCA A CONCLUSÃO DE UMA TRILOGIA, UMA LONGA JORNADA PELO CAMINHO DA GRANDIOSIDADE DO METAL PROGRESSIVO. COMEÇOU COM *ANTHEM: RUSH NOS ANOS 1970*, FOI IMORTALIZADA E INSTIGADA POR *LIMELIGHT: RUSH NOS ANOS 1980*, E É CONCLUÍDA, PARA ALÉM DE SENTIMENTOS CONTRADITÓRIOS, APÓS A MORTE DE NEIL PEART DECORRENTE DE CÂNCER NO CÉREBRO EM 7 DE JANEIRO DE 2020.

A triste notícia veio perto do final do processo de produção de *Anthem* e *Limelight*, portanto naquelas partes do livro Neil permanece vivo eternamente e transmitindo sua sabedoria como "o Professor". Porém, o final trágico de um dos maiores nomes do rock não pode mais ser evitado e, portanto, é parte desta história.

Contudo, de momento, se vocês me permitirem, trago algumas informações de bastidores sobre o tema deste livro. Se está se perguntando por que – ou na verdade como *Driven* surgiu, deixe-me explicar, citando textualmente a introdução de *Anthem*, escrita há muito tempo.

Lá escrevi:

Como você já deve saber, este é meu quarto livro sobre o Rush, seguindo *Contents Under Pressure: 30 Years of Rush at Home and Away, Rush: The Illustrated History* e *Rush: Album by Album*. Desde então, houve vários desdobramentos interessantes que me fizeram querer escrever este aqui. Para começar, só um dos três livros, *Contents*, era uma biografia tradicional – autorizada, devo dizer –, mas muito curta, e como saiu em 2004, antes da aposentadoria oficial da banda, precisava de uma atualização. Pensei em fazer isso, mas não tinha muita certeza, porque precisaria de alguns acréscimos importantes.

Isso, felizmente, acabou acontecendo. No começo de 2010, comecei a trabalhar com Sam Dunn e Scot McFadyen, da Banger Films, no premiado documentário *Rush: Beyond the Lighted Stage*. Quem trabalha com documentários sabe que entre os diferentes entrevistados e as imagens sem diálogo que entram na edição para se chegar a um filme de 90 minutos, apenas uma porcentagem mínima das gravações é usada: o restante acaba repousando num arquivo e é raramente visto ou ouvido por alguém. Para encurtar a história, consegui usar esse arquivo, junto com outras entrevistas que realizei ao longo dos anos, além de algumas citações na imprensa especializada, para fazer com que este livro chegasse ao ponto de trazer algo novo e significativo à prateleira de volumes do Rush.

Então, graças em grande parte àqueles caras – assim como ao gentil consentimento de Pegi Cecconi do escritório da banda – aqui está o livro que complementa *Contents Under Pressure* com competência e se apresenta como a análise mais detalhada e completa do catálogo do Rush em seus primórdios.

Agora, nos próximos capítulos, o que se pode pensar sobre o Rush nos anos 1990 e "no final", por assim dizer, nos anos 2000 e 2010 até a aposentadoria da banda em 2015, e a grande perda para a família e os amigos quando Neil foi levado de nós em 2020?

Obviamente chegaremos a esse tema, mas aqui é o lugar ideal para uma reflexão pessoal, então lá vai. Como um entusiasta fã de metal que estava mais animado com o que o Pantera andava fazendo naquele momento em que contavam com Phil e um contrato com uma grande gravadora, os timbres delicados de *Roll the Bones* me fizeram rapidamente deixar aquele álbum de lado. Com certeza, ainda havia empolgação diante de um novo álbum do Rush, e esse por alguma razão atraiu mais atenção do que o normal, mas ainda assim eu não estava satisfeito.

Quando *Counterparts* foi lançado, na minha cabeça, o Rush estava de volta – a música era encorpada, e as letras não ficavam para trás, mas não tinha mais aquela leveza que fez o trio já subestimado parecer ter 2,5 ou 2,25 integrantes. Eu amei o álbum, amei a ressonância do baixo, o estrondo da bateria, a autoridade do urro das guitarras. *Test for Echo* deu uma esfriada, assim como a capa do álbum, e logo em seguida nós todos tivemos de lidar com o choque do horror que foi a vida pessoal de Neil depois da morte da filha, Selena, e em seguida da esposa, Jackie. Talvez fosse o fim da banda: Alex e Geddy tinham um álbum solo cada (os quais soavam como o Rush dos anos 1990), e havia centenas de outras coisinhas. Sim, talvez fosse o fim.

Felizmente, não foi. Neil se reergueu da melhor forma que se poderia esperar diante das circunstâncias, e a banda retornou com um novo disco magistral, *Vapor Trails*. Não sei o que acontece com esse disco, mas deixando de lado a sabedoria sombria das letras, é possivelmente o melhor do cânone até o momento. Eu me senti como se fosse a primeira vez desde *Grace Under Pressure* que o trio surgiu com um novo estilo de música, que, ao mesmo tempo, parecia arte. Amei aquele disco – ainda amo –, a mixagem antiga, a remixagem. Sempre tenho tempo para *Vapor Trails*.

Então uma coisa esquisita aconteceu. Escrevi o livro *Contents Under Pressure* e depois trabalhei com a equipe da Banger no documentário. Acrescentei mais dois livros do Rush em seguida, fui entrevistado para alguns documentários sobre a banda e, de repente, o Rush virou sinô-

NÃO SEI O QUE ACONTECE COM ESSE DISCO, MAS DEIXANDO DE LADO A SABEDORIA SOMBRIA DAS LETRAS, É POSSIVELMENTE O MELHOR DO CÂNONE ATÉ O MOMENTO.

nimo de trabalho. Imagino que é o que acontece a qualquer momento, até mesmo quando penso em colocar um disco da banda para tocar (essa ressalva se desfez, felizmente). Mas, sim, lá estava eu morando em Toronto, e era Rush o tempo inteiro, e eu estava cheio. Só que então – Deus adora esses caras – *Snakes & Arrows* foi lançado, e tudo parecia renovado. Alguma coisa tinha mudado desde *Vapor Trails*. Fosse o novo produtor Nick Raskulinecz ou apenas o típico amadurecimento rápido da banda, de repente havia esse novo som, se eu puder generalizar, um som caracterizado por uma onda de calor e violões acústicos massageados com instrumentos elétricos.

Em seguida veio *Clockwork Angels*, e mal sabíamos nós que seria o último. Não apenas esse é um disco que surgiu com a mesma energia de seu predecessor, mas também havia um peso adicional devido à subtração dos instrumentos acústicos. E mais: o Rush entregou seu primeiro álbum conceitual depois de ter dado isso totalmente por encerrado no passado. Aqui eles se movimentam em alta velocidade através de um enredo desconcertante, mas que brilha com imagens ricas e o acréscimo da estética *steampunk* à receita, o que foi ainda mais enfatizado pelos elementos de palco durante a turnê.

Então tudo estava terminado com um adeus discreto, a banda divulgou o último disco com uma turnê e em seguida embarcou na chamada *R40*, a turnê que comemorava o quadragésimo aniversário do Rush e trouxe músicas do catálogo em ordem cronológica reversa, com o cenário do palco ficando cada vez mais modesto até que restassem apenas três garotos tocando rock em 1974.

Quatro anos e cinco meses depois do último show do trio, a notícia chocante reverberava pela comunidade do rock anunciando a morte de Neil Peart, e ficou terrivelmente claro a todos que a aposentadoria discreta da banda tinha sido definitiva. Infelizmente, sobre esse último tópico, ainda há mais coisas a dizer. É aqui que o Rush termina e é aqui onde se pode encerrar esta trilogia, com esta parte em particular cobrindo o maior espaço de tempo e os piores acontecimentos possíveis. O lado positivo é que há uma quantidade semelhante de álbuns àqueles que foram analisados tanto em *Anthem* quanto em *Limelight*. De qualquer maneira, obrigado pela leitura. Seja você alguém que caiu de paraquedas aqui com o Rush moderno ou alguém que acompanha essa história desde *Anthem*, fico feliz em compartilhar minha profunda admiração pela banda com você. Sem mais delongas, nas palavras imortais do Professor, "Por que estamos aqui? Porque estamos aqui. Rolem os dados" ("Why are we here? Because we're here. Roll the Bones.").

Martin Popoff

"CONTINUA BUSCANDO A MELHOR VERSÃO RUSH."

UAMOS

R

OR

DO

CAPÍTULO 1

ROLL THE BONES

Foi assim que os anos 1990 começaram para o Rush.

Uma semana depois que Geddy, Alex e Neil propuseram o austero (ou coisa parecida) *Roll the Bones*, o Guns N' Roses lançou dois discos duplos, *Use Your Illusion I* e *Use Your Illusion II*.

Passou-se mais uma semana e, em 24 de setembro de 1991, o Nirvana apresentou ao público seu segundo álbum, *Nevermind*, impulsionado por uma música chamada "Smells Like Teen Spirit".

Roll the Bones não se parecia em nada nem com o Guns N' Roses nem com o Nirvana, muito menos com qualquer outra coisa que havia por aí (o que não necessariamente é uma coisa boa) a não ser *Presto*, o álbum do Rush tão esquálido, brando e modesto quanto esse, lançado dois anos antes quando a banda enfrentava a mesma realidade: hair metal, grunge e trash à frente, e o pop progressivo, suave e que lembrava um bonsai ou um origami – uma coisa curiosa – do trio, mas vamos lá assistir ao show do Rush de qualquer maneira.

No entanto, para crédito dos caras, há este aspecto: eles acreditavam no caminho totalmente evolucionário e excêntrico que escolheram e não tinham medo de arriscar. Rupert Hine voltou para a produção, significando que achavam ter acertado em *Presto*. Rupert era uma espécie de quarto membro na aliança do Rush, o que ajudou a ressaltar a identidade do projeto.

"Sentíamos que estávamos deixando alguma coisa escapar", afirma Geddy sobre a importância dessa forte visão de fora. "Sentíamos que não estávamos aprendendo o suficiente. É como ir a um restaurante excelente, ver todos aqueles ótimos pratos e querer experimentar todos; nós éramos assim. Sentíamos que tínhamos esse ótimo começo. Houve essa sólida formação, e aprendemos muito sobre como fazer discos. Nascemos nesse mundo do rock, tínhamos algumas ferramentas e queríamos refiná-las. E o único meio de se fazer isso era trabalhar com mais pessoas, com pessoas diferentes.

"Por causa do estilo de música que tocávamos, havia um forte preconceito contra esse tipo de heavy metal progressivo, e tivemos dificuldades para trabalhar com todos os produtores com quem queríamos formar uma parceria. A cada pausa nas gravações e turnês, havia uma nova lista de produtores. Chegamos a procurar produtores que talvez fossem as pessoas mais improváveis para trabalhar conosco, mas que tinham esse vigor em produção. E foi assim que tudo começou. Quando chegava a hora de gravar um álbum, listávamos alguns nomes e selecionávamos alguém a partir daquela lista. Quem podemos descobrir? Quem está por aí? Quem tem uma personalidade marcante como produtor? Essa pessoa pode despertar entusiasmo na gente?

"No começo, buscávamos experiência. Hoje penso, e especialmente por causa de Nick, que buscamos uma energia jovial e atitude diferente de fazer discos, um modo de nos manter atualizados. Não podemos evitar sermos quem somos e não vamos trabalhar com mais ninguém na banda. Aqui estamos nós três e somos dedicados ao nosso trabalho, então qual seria a coisa mais fácil de mudar? As pessoas que nos cercam na hora de fazer um disco. Esse é o caminho mais fácil – e para mim o mais inteligente – para trazer nova energia e novas ideias para dentro de uma ideia antiga – o Rush –, sabe? Uma ideia com 40 anos de existência."

Rupert reflete: "Na hora, por causa da urgência de continuar inovando, buscamos modos de mexer as peças ao redor, alguma contribuição, uma contribuição aleatória. Uma marca da banda é querer permanecer juntos fazendo discos, porque poderiam se separar, poderiam ter formado três bandas independentes e fazer milhões de coisas com a base de fãs que têm, e ainda assim ganhar muito dinheiro. Mas eles nunca se sentiram tentados a isso, e um eventual álbum solo sempre foi um projeto paralelo e nada mais.

"Há essa vontade absoluta de permanecer juntos e descobrir até onde essas três pessoas podem ir. Não acho que seja uma dificuldade, não acho que seja desespero, creio que seja sempre por vontade deles, é sempre um pensamento elaborado, um cálculo em termos do momento em que pedem que essa contribuição aleatória seja trazida para seu mundo. É uma decisão calculada sobre um ponto que tem sido bem pensado entre eles. Estão no controle total de suas vidas e da direção da banda. Isso por si só é totalmente único – é uma das muitas coisas de fato únicas com relação a esse grupo."

Típico dos homens letrados e civilizados que eram, o Rush seguiu para um retiro antes de gravar o novo disco, se hospedando no Chalet Studio em Claremont, Ontário, durante dois meses e meio para compor, cada um desempenhando os próprios papéis de longa data. Quando não estavam observando pássaros ou consertando os alimentadores das aves, Geddy e Alex alinhavam sua música aos padrões rudimentares de bateria eletrônica de Alex, ambos se reunindo com Neil à noite para ver o que poderiam criar juntos. Assim como em *Presto*, a composição aconteceu com guitarra, baixo e bateria, e não com os teclados, também com uma forte ênfase nas melodias vocais – é comum afirmar que os anos de Rupert Hine foram a era do canto, quando Geddy mudou a atenção que dedicava aos teclados para tornar as melodias vocais mais marcantes, ou as melodias passaram a desempenhar um papel mais contundente na música, quase como uma narrativa de quarto instrumento.

"Parecia muito a continuação de um filme", concorda Rupert. "Mas a segunda parte se construiu a partir de como eles se sentiram com relação à parte um, o que significava que Geddy tinha gostado de como sua voz ficou nesses registros diferentes. Ele compreendeu por que eu achava que isso faria a diferença e gostou do resultado. Acho que foram encorajados pela ideia de voltar a ser um trio e minimizar os teclados. Continuamos fazendo isso, então provavelmente houve menos teclados ainda nesse disco, e já não havia muitos em *Presto*, com certeza nada comparado aos dois álbuns anteriores.

"Mas achei difícil não pensar neles como uma coisa única. Não estou certo se entrei no segundo álbum com qualquer coisa como os objetivos que tínhamos para o primeiro, porque parecia que os objetivos alcançados já haviam provocado mudanças suficientes – e a banda tinha ela própria se ajustado a essa mudança. Eu diria que as coisas foram amplificadas. Não houve realmente uma conversa do tipo: 'Bem, a única coisa que fizemos errado com *Presto* foi blá, blá, blá, então dessa vez vamos tentar isso'. Acho que tudo estava alinhado, o que foi encorajador da minha perspectiva. Pareceu o começo de um impulso entusiasmado."

Em outras palavras, os rapazes estavam felizes com o que tinham feito em *Presto*. Mesmo se houvesse menos teclados, ninguém se preocupava com o Rush pesado e roqueiro dessa vez. Alex estava explorando texturas, cores, ambientes, funk e sons acústicos, e todos esses cinco elementos tinham a tendência de colocar a guitarra num papel coadjuvante. Coadjuvante do quê? Bem, dos vocais, e de modo quase automático também das letras. O baixo podia ser meio complexo nessa caixinha, a bateria um pouco menos, bastante pareada com a guitarra. Tudo isso se reúne numa bolha hermeticamente fechada do próprio feitio da banda, até mesmo um mecanismo, embora algo que se movimenta ao longo da evolução. Esqueça o que está acontecendo com o novo maremoto musical: é isso o que estamos fazendo neste momento e gostaríamos que você ouvisse.

"Não me lembro de termos uma conversa individual com os integrantes do Rush sobre qualquer outra banda ou outro tipo de música", conta Rupert. "É claro que eu estava muito feliz de manter qualquer interferência sonora externa fora do caminho e simplesmente poder admirar a pureza do que a banda era capaz de criar. Mas isso não é toda a verdade, porque acabei de lembrar uma coisa: de fato recordo quando Neil falou do Living Colour, mas imagino que tivesse a ver com alguma questão ideológica, nada que afetasse diretamente o Rush. Quero dizer, eu ficava encantado com o fato de que Alex nunca tivesse me dito: 'Sabe essa música, quero que o som da guitarra fique um pouco parecido com isto...' Nunca aconteceu.

"E quase todas as bandas dizem: 'Sabe aquele som que faz parte da trilha tal e tal? Quando eles fazem aquilo?', e você começa o trabalho a partir dali. Sempre adorei a ideia de ter uma tela em branco para tudo, para cada música, para cada álbum, para cada trecho de uma canção. Você simplesmente começa: 'Bem, estou pensando no que poderíamos fazer para deixar essa parte realmente ressoar, realmente dar certo, sabem?', e não partir de fora, de qualquer estrutura de referência que não seja a sua própria, então pode desenterrar alguma demo incrível que você fez dez anos atrás e dizer: 'Aqui, olha, adorei isso' ou 'Ah, sim, vamos usar isso'. Era bem mais a cara do Rush pegar emprestado do próprio material.

"Não posso afirmar que *Roll the Bones* faça parte da era em que o som de Seattle tinha sido lançado. Parece que estávamos totalmente isolados disso, mas eu não iria encorajá-los de verdade a fazer qualquer outra coisa a não ser ficar atentos. Não se pode deixar de estar atento sendo musical. Não estou sugerindo que se vá morar numa ilha e não se ouça nada – é preciso absorver a musicalidade do planeta, sem dúvida –, mas vai fazer isso se seus olhos estiverem bem abertos e se você for musical."

"Não acho que algum dia eu soube onde o Rush se posicionava no cenário musical, para ser bem honesto", brinca Geddy. "Acho que nenhum de nós sabe. E isso é uma bênção, porque entramos no estúdio e fazemos o que achamos divertido fazer e o que é bacana fazer. Sim, ouvimos outras coisas e tentamos trazer coisas novas para nosso trabalho. Naquela época, era o começo do rap e do hip-hop e tudo mais, e Neil escreveu uma letra realmente engraçada nesse estilo, e pensamos, por que não colocamos isso numa música? E foi assim que toda aquela parte no meio de 'Roll the Bones' surgiu. Foi apenas nós brincando com essa seção rítmica meio pateta com um rap sobre ela.

"Basicamente não temos um plano. Acho que muitas bandas têm mesmo um grande plano, um plano master, e nós não temos isso. Quando começamos a criar um álbum novo, simplesmente não sabemos o que vai acontecer. Deixamos as coisas acontecerem. Com certeza eu queria melhorar a composição em *Roll the Bones*, porque eu tinha essa sensação de que apresentamos mais estilo do que conteúdo em *Presto*. Esse foi o tipo de resíduo que ficou daquele álbum. 'The Pass' era de fato poderosa, mas muitas das outras canções daquele disco não ficaram guardadas comigo do ponto de vista de ressonância musical. Então estávamos realmente concentrados na composição, e acho que acertamos no alvo nesse quesito. Muitas das músicas de *Roll the Bones* realmente têm força na minha opinião."

"Mas estamos sempre experimentando", continua Geddy. "Quero dizer, só porque tivemos sucesso não significa que vamos parar. É desse modo que vemos as coisas. Podíamos ter entrado no estúdio e continuado a fazer *Moving Pictures* repetidas vezes, mas isso não faz parte da nossa personalidade. Somos curiosos demais, insatisfeitos demais com o lugar onde nos encontramos, por isso sentimos que precisamos continuar avançando. Temos que encontrar o melhor Rush, sabe? Continuamos a buscar a melhor versão do Rush.

"E mesmo quando atingimos esse sucesso incrível – ah, que ótimo, temos sucesso, podemos ser a atração principal, podemos gastar mais dinheiro na produção –, tudo isso nos permitiu ter uma ampla latitude, mas não mudou o sentimento que temos quando nos reunimos para trabalhar

na nossa música: 'Ok, o que vai nos tornar melhores? O que vai nos tornar melhores compositores, melhores produtores e melhores músicos?'. Essa é a motivação. Talvez pareça que só começamos a experimentar depois de um tempo, mas se você olhar para o primeiro álbum do Rush e depois ouvir *Fly by Night*, são discos totalmente diferentes. O que 'By-Tor & the Snow Dog' tem a ver com 'Finding My Way'? São mundos diferentes. Foi quando começamos a experimentar. E veja *Caress of Steel*. Aquilo foi experimentação pura! Nós sempre fizemos isso.

"Também sempre fomos colocados de lado e rotulados. A maioria das bandas são, presumo. Mas eu sentia que sempre havia mais em nós do que os rótulos que nos colocavam. Eu sentia que havia mais coisas acontecendo, e fomos facilmente rotulados como um trio de metal, ou uma banda progressiva, ou uma banda de narrativas de fantasia. Talvez isso, de alguma forma, tenha servido de motivação para nós. Continuarmos tentando tirar esses rótulos, entende? No final, contudo, somos uma banda de hard rock – já falei isso inúmeras vezes. Eu me identifico dessa forma, e acho que nós todos vamos concordar – se tivermos que receber um rótulo, seria de banda de hard rock."

O trio estava tão preparado depois das sessões de composição de *Roll the Bones* que o desempenho dos músicos e os arranjos das demos foram usados como referência de forma bastante nítida, com Neil acertando meticulosamente as partes mapeadas para a bateria com uma eficiência implacável. O álbum foi gravado entre fevereiro e maio de 1991, usando o idílico e histórico Le Studio em Morin Heights, assim como o McClear Place em Toronto. Os agradecimentos no encarte do disco iriam para os pássaros, um reflexo do novo hobby de Geddy, e também para a CNN, que os rapazes assistiam com frequência para se manterem atualizados com as notícias. As coisas seguiram tranquilas – a bateria e o baixo foram gravados em quatro dias, as guitarras em oito –, e o trabalho foi finalizado com dois meses de antecedência, antecipando o lançamento do álbum em três meses com relação à data inicialmente proposta, janeiro de 1992.

"É o que costumamos fazer", diz Alex, sobre ter Rupert Hine uma segunda vez. "Gostamos de dar duas chances aos produtores. A experiência foi positiva, tudo parecia ir bem, o álbum foi bem, e não acho que tivemos qualquer dúvida sobre trabalhar com ele de novo. Achamos que poderia ser uma coisa boa, então apenas demos continuidade. Rupert tem um grande senso de musicalidade, arranjo, composição. Foi o que ele trouxe ao projeto como um todo. Nós realmente temos nosso próprio jeito. Sabemos o que queremos conquistar. É legal que tenhamos alguém ali para nos orientar durante o processo e tomar algumas decisões que não queremos tomar. E acho que esse disco é um pouco mais encorpado. Um pouco mais pesado, talvez mais duro. Há boas canções com bons arranjos.

"Mas é uma coisa engraçada, o fato de a gente trabalhar com produtores ao menos duas vezes. Talvez na primeira não nos demos conta da profundidade da relação ou do quão longe se pode avançar. Quero dizer, sempre aprendemos com todos com quem trabalhamos – é um ponto-chave. Fico pensando agora se nós simplesmente deveríamos fazer isso uma única vez e seguir em frente rumo ao desconhecido. É algo emocionante e desafiador. Com Terry, naqueles primeiros anos, gravávamos dois álbuns por ano, então era um ambiente diferente. Não havíamos alcançado o estágio em que incorporávamos outros instrumentos; a banda era mais simples em sua forma e estava muito confortável com Terry. Mas depois de nove discos, realmente era o momento para seguirmos adiante e trabalharmos com outras pessoas."

"Ninguém quer ficar no mesmo lugar para sempre", continua Lifeson. "É chato, e você começa a se sentir inquieto e angustiado, e quer mudar. Sempre tem sido assim conosco. É fácil repetir alguma coisa várias vezes, como fazem algumas bandas de hoje que são muito populares, com um som em particular e um vocalista muito fácil de identificar. Eles fazem o mesmo álbum repetidamente. É um grande sucesso, e está tudo bem, mas no final das contas tudo termina e não há evolução, não há desenvolvimento. Você pode olhar para trás e dizer, bem, ganhei muito dinheiro e está tudo bem, mas o que isso agregou à sua vida? Sempre foi fundamental para nós mudar e seguir em frente. Experimentamos muito. Nós nos arriscamos e tentamos algumas coisas, e nem sempre tivemos sucesso. Nossos fãs verbalizaram suas críticas, o que eles gostaram e o que não gostaram. E eu sinto certo orgulho das coisas de que não gosto, porque aprendemos com elas e estamos sempre seguindo em frente. Estamos sempre pensando sobre como abordar alguma coisa de um jeito diferente."

"Bem, não estou pensando em álbuns", ri Alex, se recusando a dizer quais discos fracassaram. "Algumas músicas sem dúvida são mais fracas. E, é claro, você sente isso no momento em que se distancia mais do álbum. Não tem como salvar. Nunca começamos com 20 músicas e gravamos apenas as 12 melhores. Sempre trabalhamos com aquelas 12 e é tudo o que temos. Portanto, damos um jeito de deixá-las 100%. Invariavelmente há algumas canções mais fracas que outras. Há muita informação, muita música para se trabalhar. É por isso que temos produtores, alguém que reflita sobre as ideias e nos ajude a ter mais foco. Há alguns arranjos que não deram certo, algumas músicas que não funcionaram, às vezes sons e pequenas coisas que simplesmente não me trouxeram 100% de satisfação."

Mais uma vez, essa inquietude era algo que Rupert Hine admirava imensamente na banda. Ele conta: "Eu me lembro de ter uma conversa – em especial com Neil, embora a banda inteira estivesse lá – sobre quanto admirávamos David Bowie por ser o exemplo mais perfeito de artista que arriscaria perder metade dos fãs – e ele geralmente perdia – a cada álbum. No entanto, sempre ganhava o mesmo número de fãs entre as pessoas que nunca tinham comprado um único disco dele na vida, álbum após álbum, durante todos os anos 1970 e ao menos metade dos anos 1980. Conversei com muitas pessoas que disseram: 'Nunca gostei de um disco de David Bowie antes, mas este novo álbum é fantástico, cheguei a comprar'. E você sabe que há outros como essa pessoa que não tinha comprado pela primeira vez. E Bowie continuaria esse processo, que o manteve inovador e no topo absoluto de sua arte por mais de 15, quase 20 anos."

"Neil adorava essa ideia", continua Rupert. "Com uma banda, é muito mais difícil fazer isso, alguns poderiam dizer que é quase impossível, com certeza fazer algo na mesma extensão que David Bowie fez. O Rush, provavelmente mais que qualquer outra banda, colocava essa ideia à prova, de se manter original. De dar um novo propósito à sua composição, principalmente Neil, que, afinal, era a voz textual do grupo. Era nele que recaía a responsabilidade de dar sentido a cada canção e ao álbum como um todo. É uma rota paralela contextual e bastante textual.

"Não estou dizendo que Geddy e Alex não contribuíram com as letras, mas Neil em geral escreve a letra completa, e ela é apresentada à banda como uma ideia plena, dentro de si e para além de si, o que é incomum e muito bom. Do ponto de vista do produtor, isso é o melhor a se fazer, porque desde o princípio se sabe exatamente o que se está tentando alcançar com essa canção, o que está sendo comunicado. Eu odeio quando estou trabalhando com uma banda que não tem as letras das músicas prontas – 'Temos um verso e um refrão, que começa assim, blá, blá, blá', e aí gravamos trechos arbitrários de uma canção que ainda não está dizendo nada."

Dada sua ligação com Neil sobre as letras, Rupert acredita que deve ter sido Peart dentre os três quem mais quis contratá-lo como produtor da banda.

"Pensando nisso agora, sim. Sei que foi Neil quem sugeriu. Geralmente as discussões mais conceituais sobre o álbum e a música – em contraponto aos arranjos e a produção – sempre partiam dele. Presumo ser porque ele é o cara responsável pelas palavras que saem da boca de Geddy. A peça vocal do Rush – a trombeta se preferir – é a voz de Geddy, mas o motor é Neil. Eu sinto que é ele quem está conduzindo a banda em geral, a ideologia da banda. É coletivo, é claro, cedo ou tarde, tudo é coletivo. Mas sinto que a essência da mudança provavelmente comece com Neil. Eles com certeza se sentiram dessa

forma nos dois álbuns em que trabalhei, mas imagino que seja provável ser sempre assim."

Se Neil é o motor de propulsão da ideologia do Rush, Hine acredita que "Geddy é o mestre da banda, o diretor musical. Está envolvido em tudo, mesmo nos solos de guitarra ou no que for – sempre com gentileza, nunca de modo desagradável ou provocador no mau sentido. Ele era o organizador, o equivalente a um diretor de turnê. Tinha esse lado pragmático. Mas, quanto a mim, sempre penso: 'O que estamos tentando alcançar com este disco a que fui convidado a fazer parte? Qual é o motivo de se fazer este álbum além de ser o 14º dessa longa história? O que vamos fazer que vai tornar este capítulo realmente significativo? O que vocês querem dizer?'. E tão logo se usa a palavra 'dizer' – e eu a usava o tempo todo, – se sente que todo mundo olha na direção de Neil. A voz do Rush é Neil. Ele sempre esteve no epicentro.

"As questões do dia a dia sempre ficavam com Geddy, e Geddy é um cara amável, uma pessoa fantástica para se trabalhar, inteligente, iluminado, muito engraçado. Guardo comigo o tempo todo a voz dele imitando a avó judia, era de morrer de rir. E eu diria que Alex se diverte mais fazendo um álbum do Rush do que os outros dois juntos. Ele simplesmente parece estar brincando num parquinho. É quando dá o seu melhor. Queria vê-lo no parquinho o tempo todo, sabe, sem a supervisão dos pais."

A arte de capa que Hugh Syme criou para *Roll the Bones* é impressionante. Visualmente atraente, com o nome da banda em destaque bem na frente e no centro – como é tradição, não há uma tipografia específica que tenha sido mantida desde o início, já que nunca houve uma tentativa de estabelecer um logo definitivo. Ainda assim, causa uma forte impressão o nome "Rush" misturado com letras maiúsculas e minúsculas e formado com dados pretos. Observe também que de cima para baixo o dado fica "mais escuro" à medida que o número de pontos brancos diminui de seis para dois. Tudo isso é montado numa parede de dados brancos, ou "bones" – "ossos", na gíria corrente, que têm esse nome porque originalmente eram feitos de marfim e porque sua aparência lembrava uma caveira. E, claro, há uma caveira na capa: Hugh sempre está disposto a uma brincadeirinha extra para os olhos e o cérebro. O menino na pintura realista de Syme lembra um jovem refletindo sobre seu papel na vida ao longo da discografia do Rush, incluindo o personagem na capa de *Power Windows* e o protagonista da canção (e do vídeo) "Subdivisions" – assim como as vinhetas imaginadas para "Tom Sawyer" e "New World Man". Nosso jovem Dennis, o Pimentinha está chutando uma caveira numa calçada estreita perto de um bueiro, que é renderizado nas mesmas cores da parede de dados, refletida na água. A caveira é um dos ossos que podem rolar, e também é o osso com maior significado. Trata-se de um *memento mori*, um objeto que serve para nos lembrar do fim, assim como a cena na íntegra: do garotinho que bravamente brinca com a morte às plantas que lutam para crescer em meio ao concreto, às evocações do destino e da aleatoriedade da vida representadas pelos dados.

A inspiração de Neil para o título foi um conto de ficção científica escrito por Fritz Leiber chamado "Gonna Roll the Bones" – "Que rolem os dados", que ele tinha lido nos anos 1970; não há uma influência direta da história no conceito ou nas letras de Peart, mas Neil havia gostado da expressão e anotou para referência futura.

Sem surpresa alguma, a faixa de abertura de *Roll the Bones* é uma das músicas mais aceleradas do álbum, e não perde tempo para mostrar a que veio. "Dreamline" também encontra Neil quase que imediatamente penetrando as profundezas e desenvolvendo os temas sugeridos no título e na arte de capa do disco. Depois de um salto acrobático da plataforma, passa a examinar o apelo da exploração geográfica: as viagens pelas estradas, a inquietude, a vitalidade plena de sair pelo mundo. Observações sobre a natureza efêmera do tempo e, portanto, da vida são reforçadas pela guitarra de Alex, que parece emular o som das batidas de um relógio. Mesmo o título da música proposto por Neil, uma palavra inventada, é calcado com significado suficiente para servir como um microcosmo para a canção na totalidade, assim como no sentido mais amplo do álbum.

"Há explicações diferentes", afirma Peart. "Eu realmente gosto de 'Dreamline' porque pude escrever versos que eram imagísticos e não rimavam, me libertando dos meus usuais hábitos de ordenação. *Roll the Bones* ainda parece muito gratificante para mim; é apenas uma boa seleção de músicas." Os versos de abertura trazem Neil fazendo referência à astronomia, assunto sobre o qual se propôs a escrever depois de assistir a um episódio do programa *NOVA* da PBS sobre imagens de satélite após um de seus conhecidos trechos de ciclismo entre os shows, dessa vez de Cincinnati a Columbus. A arte do CD que simboliza essa canção apresenta três ossos flutuando (um para cada membro da banda?) diante de um pôr do sol no oceano. Assim, há ossos, certa nostalgia e o senso de possibilidade de que alguém sente quando está diante de uma vista ampla. A fúrcula de galinha também é chamada de "osso da sorte" porque duas pessoas agarram as extremidades com o dedo mindinho, fazem um pedido e o partem em dois pedaços. Quem fica com a parte maior do osso terá o desejo atendido. De novo, aqui está o elemento do acaso, rolando os dados.

Nos anos seguintes, "Dreamline" se tornou a música favorita da banda para tocar ao vivo – a canção era forte o suficiente para servir de abertura do álbum ao vivo *Different Stages* – assim como chegar ao número 1 da parada Mainstream Rock Tracks dos Estados Unidos. Realmente, mesmo que o Rush não tivesse habilidade para o puro rock nessa conjuntura, "Dreamline" é formatada para ser tocada ao vivo, devido à pausa nas estrofes e ao ataque quando chega a hora do refrão. Mais uma vez, mesmo nessa parte "pesada" do álbum, os acordes de Alex são comportados e firmemente entrelaçados, a bateria de Neil é turbulenta e cheia de tons, e Geddy toca seu baixo Wal. Todos os três músicos parecem ainda mais suavizados por uma sonoridade similarmente tímida, de pontadas gritantes de teclados que, por falta de competição por parte do Rush, se tornam a assinatura do refrão, o ponto alto da canção que é destaque de *Roll the Bones*.

"Uma música que simplesmente adoro é 'Bravado', amo como a melodia e as palavras se casam com perfeição", diz Neil sobre a faixa seguinte do álbum, uma música pop calculadamente sombria e hipnótica moldada pelo padrão de chimbal de duas mãos. "É uma de nossas composições mais bem-sucedidas no geral – arranjos, interpretação, tudo o que foi combinado junto."

Alex adora o fato de que o solo de guitarra na faixa tenha sido criado bem tarde da noite: envolto em emoção, tocado com sua Telecaster na solidão e gravado direto na fita, completamente perfeito para combinar com a letra séria de Neil sobre pessoas que fazem a coisa certa, o heroísmo pessoal de heróis inauditos e a performance lenta e firme de Geddy.

Rupert acha que essa canção tem relação profunda com a emoção e a fragilidade despertadas por esse álbum. "Suponho que se você realmente mantiver as coisas tão originais quanto possível, isso significa perigo – tem que ser assim. Quero dizer, ser original de verdade é ir para algum lugar novo e avançar passo a passo ou dar um pequeno salto à frente, exatamente da forma como o Rush tem feito, ou um salto até maior no caso deles. Então há sim um risco que provavelmente leva certa fragilidade para alguns momentos. Com certeza senti que havia um elemento emocional brotando ali. Há pouco me referi ao parquinho de Alex, o que achei bem comovente. Havia alegria nisso.

"As pessoas ficam em cima do muro com o Rush. Respeitam muito a banda, mas acham que são técnicos demais, sabe, que não têm emoção suficiente. E geralmente Neil é um tanto narrativo, com uma visão objetiva em vez de criar um lamento de dentro para fora. Esses aspectos podem dar a impressão de que os rapazes sejam meio distantes na forma como se comunicam. Achei que superamos isso com 'Bravado', que ainda é minha música favorita entre todas as que fiz com eles. É a faixa menos 'Rush' de todas. É quase uma balada, com nada terrivelmente complicado. Fico arrepiado quando ouço essa canção. Eu de fato me arrepio. Adoro, é lindamente harmônica, melódica, expressiva, simples, mas com um texto cheio de significado. Esse é um conjunto de qualidades que talvez demonstrem um pouco dessa fragilidade."

Hine ficou particularmente impressionado com a bateria complexa de Neil no final da canção, quando ele se estende em mais uma rodada de um refrão hipnótico, quase melancólico.

"Havia sim alguns pontos, um em particular, enquanto eu ouvia na sala de controle. Eles estavam tocando todos juntos, e me virei para Stephen Tayler, o engenheiro de som, com quem trabalhei em ambos os álbuns, e disse: 'Você está reparando no que Neil está tocando? Dá para imaginar quantos braços e pernas ele têm? Dá para imaginar o que ele toca nessa parte?'. E era 'Bravado'. Prestando bem atenção, era impossível que somente dois braços e duas pernas pudessem tocar essa parte. Minha conta era que ele precisava de seis membros, não apenas quatro, mas seis.

"Então, no final, colocamos tudo para tocar em separado só para ver como ele fazia. Não estávamos nem mais checando os sons ou algo assim – estávamos obcecados em descobrir como, afinal, Neil tocava o que ele estava tocando. E, ao fim, tive que sair da sala de controle e ir até lá... Eles ainda estavam tocando, e eu precisei entrar no estúdio, tive que ir até ele e ficar bem diante da bateria para observar. Fiquei encarando e foi quando me dei conta de que mesmo assim eu não conseguia entender como ele fazia aquilo. E isso aconteceu apenas uma vez na minha vida – foi totalmente bizarro. Era um truque. Neil faz essas coisas incríveis, esses truques, que mesmo se o estivermos encarando, parece ilusionismo, é magia."

"Passei dias naquele trecho de bateria", explicou Neil para a revista *Powerkick*. "Eu só repetia, repetia, repetia. E por isso falo que tempo é um luxo... Quando terminamos a composição e todo o resto mais cedo, tive tempo para ensaiar as partes de bateria durante as duas semanas seguintes. Eu tinha uma demo que podia tocar várias vezes seguidas a mesma música até ficar exausto, e então começava a próxima faixa. Depois passava algumas horas todos os dias em cada canção durante duas semanas. 'Bravado' é um ótimo exemplo disso porque eu orquestrei cada seção com extremo cuidado, mas também deixei muita coisa livre. Muitas questões de tom, muitas viradas, por exemplo, não me permiti trabalhar nelas. Cada vez que surgiam, eu só fechava os olhos e deixava acontecer. Não queria que se tornassem uma grande parte da gravação, porque quando se ensaia exageradamente, um trecho que é tocado da mesma forma vezes demais se torna insípido. Eu queria manter um pouco desse sentimento de tensão.

"Com o passar do tempo, acho que se aprende que ambas as coisas é o que se quer, não apenas uma parte de bateria bem trabalhada, nem somente espontaneidade, mas ambos. Não deveria ser uma situação de ou isso ou aquilo. Quero ser orquestrado e improvisado ao mesmo tempo. É o modo como começo a trabalhar numa canção. Penso em tudo que vai caber nela e tento uma vez, e tudo que não gosto vou gradualmente eliminando. Às vezes se acaba com menos, porque no final é o que a música exigia, e por isso fico satisfeito.

"Por exemplo, com 'Bravado', é uma canção que me satisfaz tanto ao tocar quanto ao ouvir", continua Peart. "É falsamente simples, talvez para alguém que não está tentando tocá-la. Pode parecer fácil, mas, do meu ponto de vista, com relação aos refinamentos – e ao nível técnico –, é muito exigente. Para lidar com todas essas abordagens diferentes aos versos e manter suaves o tempo e todos esses outros elementos – incluindo sequenciadores quando tocamos ao vivo –, tudo isso torna desafiador. A consistência do tempo se torna crítica. No geral, não acho que seja uma questão de 'menos é mais', mas de 'melhor é mais'. Você fica buscando a melhor forma de fazer aquilo."

A parte de Neil foi mantida, mas muitas outras coisas foram cortadas. Para essa música, havia tantas opções que os membros da banda não sabiam o que fazer com elas, muitos trechos de qualidade, mas no final foram alinhados com um produto final sóbrio e resoluto. Geddy diz que "Bravado" é uma das suas músicas favoritas do Rush de todos os tempos, pela textura, pela emoção, pela letra de Neil que ele achou

comovente por causa da ideia de um dia termos que pagar o preço, embora, no presente, não calculemos o custo.

Como Neil explica no programa da turnê de *Roll the Bones*, esse sentimento foi inspirado por "uma frase do livro *The Tidewater Tales*, de John Barth (ele disse que eu podia usar), que ecoou dentro de mim por muito tempo depois que terminei de ler. Para mim, simplesmente significa 'vá em frente'. Não existem falhas no talento, apenas falhas no caráter. Acho que isso também é quase sempre verdade. Com certeza há muitas pessoas talentosas que não alcançam sucesso artístico ou fama, mas acho que em geral há uma razão – uma falha dentro delas. A coisa mais importante é: se você fracassa uma vez, ou se tiver azar dessa vez, o sonho permanece vivo. Um sonho só termina se você desiste dele – ou se ele se torna real. É uma ironia. Precisamos nos lembrar das palavras do oráculo de Nike, a deusa grega da vitória e dos tênis atléticos chamativos: Simplesmente faça. Nada de desculpas."

A próxima faixa é a canção-título do álbum, uma música destinada a permanecer no inconsciente coletivo dos fãs do Rush por tanto ou mais tempo que "Dreamline" e "Bravado". Curiosamente, as canções mais famosas desse disco vêm logo no início, apesar de que seis músicas no total seriam singles em vários lugares, já que o álbum marcaria um moderado e inesperado aumento nas vendas em comparação aos dois discos anteriores.

"Eu realmente gosto de 'Roll the Bones'", afirma Neil. "Faz parte de uma série de músicas em que tentamos entrelaçar vários estilos diferentes na mesma canção. Às vezes funciona, às vezes não, mas obviamente é uma coisa que nos interessa a todos como um padrão contínuo de construção musical. E me diverti muito fazendo a seção de rap na ponte dessa faixa. Foi em 1991 ou algo assim, então, é claro, o rap estava começando a se tornar o estilo predominante na época. Então fiz uma coisa meio irônica de que realmente gostei."

"Diversão – pura e inalterada diversão do Rush", diz Rupert ao responder sobre o rap rudimentar e não muito *funky* metido no meio da música, como uma calçadeira ajudando a colocar um sapato apertado. "Eles sabiam que Geddy não conseguiria cantar aquilo porque simplesmente seria um ultraje. E não me refiro à Geddy como indivíduo, mas ao estilo vocal dele. Estava cantando lá no alto o tempo todo, e pelo menos eu o trouxe um pouco mais para baixo. Mas parecia ridículo fazê-lo baixar o tom ainda mais e enfiar sua voz num estilo narrativo, numa característica rítmica do rap, ou algo a que eu frequentemente me refiro como 'talking blues', que para mim era o tipo de rap original dos anos 1950.

"Bem no início de nossas conversas, queriam que John Cleese fizesse o rap", continua Hine. "Agora se você o imaginar fazendo o rap, isso dá uma perspectiva bem clara de como estavam pensando na canção como um todo, certo? E se John Cleese tivesse participado, sem dúvida seria um momento ainda mais louco do Rush. De alguma forma teria sido menos controverso, porque claramente daria esse toque de originalidade, de brincadeira maluca. Meu argumento com eles foi – este era o problema – que seria visto como uma brincadeira apenas. Eu estava levando a ideia de John Cleese num sentido literal, estávamos conversando sobre isso e eu tentava acompanhar o raciocínio. Mas, ao mesmo tempo, eu tinha a sensação de que provavelmente ele não aceitaria. Sabe, eu não tinha certeza se essa era uma ótima ideia porque... Queremos mesmo uma faixa de brincadeira? E se ela de fato se tornar um sucesso com John Cleese? Quero dizer, que confusão seria. Talvez sim, talvez não. Foi um tema de debate. Consideramos alguns nomes, nenhum deles era rapper. Todos eram celebridades que não faziam parte da cena musical, então ainda estávamos procurando alguma coisa que fosse vista como original a menos que fôssemos inteligentes quanto a isso.

"Num dado momento disseram: 'Por que você não faz o rap, Rupert?'. Tenho esses raps nos meus próprios discos, eu tinha essas partes de fala bem rápida. E meu único single Top 3 foi uma música que fiz quando tinha uma banda chamada Quantum Jump, nos anos 1970, e

havia a palavra mais longa do mundo nela – com 96 letras –, que era cantada bem rápido, um rap que parecia uma metralhadora. Então eles disseram: 'Faz você'.

"Fiz um teste, e todos gostamos. Quero dizer, não sei se Alex gostou ou não, mas o resto da banda gostou. E então, do nada, eu falei: 'Geddy, por que você não tenta? Mas use um tom mais grave, naquele nível'. E ele disse: 'Eu não consigo cantar tão grave assim'. Então eu disse: 'Não se preocupe, mudamos depois. Apenas cante tão grave quanto puder, e nós deixamos ainda mais grave eletronicamente'. Foi o que fizemos. Foi apenas um teste, para todos os efeitos, e se nenhuma das ideias fosse adiante, poderíamos resolver isso entre nós mesmos. Se eu fizesse, ainda assim seria alguém de fora. Achava que era mais divertido se ficasse dentro do Rush. E se Geddy fizesse um vocal que a maioria das pessoas não acreditasse que era ele, também seria divertido. O truque era bem discreto, foi apenas forçar um pouco mais o grave para parecer uma coisa meio artificial."

"E ficou hilário", continua Rupert. "Nós nos divertimos muito fazendo o rap. Estávamos chorando de tanto rir. Isso sempre acontece num disco do Rush, damos muita risada. A música é geralmente tão intensa que muitos imaginam que o clima deve ser intenso durante as gravações. Fico feliz em dizer que eles são uma das bandas mais brincalhonas com quem já gravei. Sempre se divertiam muito. Lembro que chorava de tanto rir com os três em muitas ocasiões, e essa do rap foi uma delas."

"Não sei, falta de senso de humor, acho", ri Geddy, sobre a razão do rap de "Roll the Bones" ter sido motivo de descontentamento para muitos fãs do grupo. "Quero dizer, aos olhos deles, somos um tipo de banda séria, e sair do roteiro para fazer algo assim, que era completamente apropriado ao contexto da música, embora completamente inapropriado no contexto do Rush, é uma polarização. Você vai contentar alguns fãs que vão entender e gostar, e alguns fãs que acham que é um rap. Mas se você ouvir rap e depois ouvir esse trecho, não é a mesma coisa."

"E nós tivemos um problema com as rádios", continua Ged. "Algumas rádios de rock não tocavam a música porque havia um rap no meio, e elas não queriam ser associadas a isso. E pensamos: 'Cara, somos uma banda de rock, e isso é apenas uma parte esquisita da canção. Não é rap'. Não havia um rapper na face da Terra que acharia aquilo um rap legítimo. Mas talvez eu não tenha a objetividade necessária para perceber como esse trecho foi recebido pelas outras pessoas. Estou sempre olhando do lado de dentro para fora. A polarização provavelmente é uma combinação de todas essas coisas diferentes. Alguns fãs, creio eu, viram como um rap, e o que isso tem a ver com o Rush? Mas nós usamos todo tipo de ritmo imaginável em nossas músicas, todos os tipos imagináveis de sons de teclado, de guitarra, todos os tipos de vocais. Para mim é simplesmente a mesma coisa, outro elemento musical para acrescentar à nossa receita, a receita que é o Rush. Não é diferente de criar uma ponte que de repente se parece com jazz. Isso é mais aceitável, suponho, porque não tem uma conexão com outro estilo de música menos popular."

Contudo, naquela época, com o hip-hop explodindo, Geddy observa: "Você ouve a música, é o que se deve fazer. Todo músico ouve todos os tipos de música e tenta compreender. Gosto de rap ou de hip-hop? Não muito, mas aprecio quando é bem-feito. Aprecio um bom arranjo, não importa de qual estilo seja. Você ouve a música e pensa: 'Uau, muito bem-feita, bom arranjo'. É como quando se ouve alguma coisa do Kanye West, o modo como ele usa orquestração em parte do material, é muito inteligente, muito bem pensado.

"Como artista você tem que ouvir tudo, tem que analisar tudo da própria perspectiva e ver se há alguma coisa que possa aprender com aquilo. Há alguma coisa útil ali? E quando essa parte aparece em 'Roll the Bones' e esse ritmo começa, eu adoro. Adoro essa troca de marcha, essa mudança de realidade, onde se tem esse tipo de *groove*. Somos uma banda que não é de fato conhecida por manter um *groove* por mais de um minuto, mas a parte vocal e do rap eram para mim pura sátira."

"Se acham que genericamente seja um rap, então temos um problema", diz Rupert indo mais fundo na questão da reação dos fãs. "Porque, com certeza, vão dizer, bem, é rap, se referindo a todo o universo do rap, em essência o que agora chamamos de música urbana, uma palavra polida para música negra, Black Music. Mas se você voltar lá atrás, para outras formas que eu chamo de talking blues, que sempre estiveram por aí, uma poesia de jogo rápido, os ritmos do começo dos anos 1960, todos esses tipos de fala ritmada que estavam ali. Então chamar isso de rap, não sei, é como chamar um slide de guitarra que Alex fez certa vez de blue moon country. 'Veja só, agora estão fazendo música country.' Ninguém pode falar isso, então por que um trecho de palavra narrada seria rap? Quero dizer, é claro que lembra um pouco o rap, mas é de uma forma divertida, uma brincadeira. O Rush sem dúvida gosta de testar os fãs regularmente, então vamos chamar isso de um teste. É provável que tenha sido apenas o pavor de, ah meu Deus, eles estão mudando para o rap, para onde vão em seguida?!"

Deixando o rap de lado, "Roll the Bones" é um dos experimentos mais bem-sucedidos da banda nesse pop progressivo que ninguém mais estava fazendo na época. Esqueça os teclados estridentes e datados, esqueça Alex sendo obtuso, Rupert e os caras conseguiram um som pleno com o uso de violões, timbres sensíveis e orgânicos por todo lugar, estabelecendo uma base para as partes angulares da canção e fazendo com que as transições não parecessem rígidas demais. Como bônus, há um refrão que se torna memorável de modo imediato, sem esforço algum, e depois, se seu gosto pessoal se deixa levar por ritmos inovadores e levemente matemáticos, também há isso para digerir e assimilar.

Na verdade, Geddy declarou na época a admiração pelo Red Hot Chili Peppers e pelo Faith No More, e chegou ao ponto de opinar que a banda tinha mais ritmo e balanço na idade avançada. O rap é uma distração – e todo mundo parece não ver o elefante na sala aqui: é embaraçosamente sem ritmo, mais como se os caras vestidos com seus esquetes do seriado *Foi Sem Querer* nos anos 1970 tentassem fazer um rap – ou seja, brancos demais e nada engraçados. Contudo, o resto da canção tem uma pegada funk, amparada pela guitarra dançante de Alex e o baixo descolado de Geddy. É rock matemático sem dúvida, mas é um rock matemático com balanço.

Como Neil contou a Willebrord Elsing em entrevista à revista *Dutch*: "Em resumo, no começo de *Roll the Bones* decidi que queria fugir dos padrões familiares. Então alterei fisicamente o setup da minha bateria de forma radical, coloquei uma caixa que ficava aqui no outro lado, aquilo que costumava estar nesse lado agora estava ali, e assim por diante. Seja lá o que eu tenha feito, mesmo que fosse o mesmo movimento, o som seria diferente. E também com a caixa e os tom-tons em lugares distintos eu me encorajaria a fazer coisas distintas, o que também deu muito certo. Então o número e a escolha de elementos eram os mesmos, apenas foram trocados de posição. E eletronicamente falando, foi irônico que em *Roll the Bones* não houvesse qualquer sample de bateria, exceto na seção de rap de 'Roll the Bones', que era bateria eletrônica só pela característica particular desse trecho. Mas quando estávamos nos instalando no estúdio para fazer o disco, havia um kit de bateria pequeno e foi bom poder fazer isso."

Ao responder sobre se afastar das letras inspiradas em ficção científica, Neil diz: "Usei muito pouco, pelo tanto de atenção que as pessoas prestam nisso, e nunca passou de um veículo. Há na verdade 30 minutos de música que têm a ver com ficção científica: '2112' e 'Cygnus X-1', eu suponho. Mas em ambos os casos foi uma fase pela qual eu estava passando, de buscar usar alegorias e personagens como símbolos, mas depois cansei disso porque eu queria escrever sobre as pessoas como pessoas e não como símbolos."

"Ninguém é herói, ninguém é vilão, todo mundo é um pouco de cada", continua Peart. "Em certo ponto, passei a me interessar em ter mais clareza nos meus pensamentos sobre as coisas e pensar melhor sobre a diferença entre razão e paixão. Assim, usei símbolos e coloquei esses temas num mundo especulativo. Mas, na maioria dos casos, assim

como com Isaac Asimov, Frank Herbert ou Ray Bradbury, eles não estão escrevendo sobre ciência, não estão escrevendo sobre símbolos ou robôs: estão escrevendo sobre pessoas em circunstâncias extraordinárias. As boas letras de música sempre tratam desse tema. O drama de alguém com quem você se identifica enquanto uma pessoa presa a algo difícil de lidar.

"Para mim, foi apenas um período pelo qual passei, e aprendi com isso e superei essa fase. Foi há muito tempo e não deu muito trabalho. Nunca fui escritor de ficção científica, foi apenas um meio durante algum tempo. Foi a mesma coisa de antes, quando me envolvi com fantasia por causa dos aspectos decorativos das palavras, no senso gótico de arquitetura com muitas curvaturas e arquitraves e essas coisas. Mas em dado momento, despindo-se de tudo isso, o que resta são paredes e um teto."

Mais especificamente sobre o conceito e a letra de "Roll the Bones", Neil disse a Roger Catlin: "A ideia de acaso e aleatoriedade no álbum surgiu de uma imagem fortuita – um coringa de baralho. Eu me deparei com essa imagem várias vezes: como a aleatoriedade nos afeta como banda, e as pessoas em geral. Há tantas áreas diferentes. Há coisas para as quais não se tem explicação. A única resposta em que pude pensar foi: acontece porque acontece. E se as coisas acontecem, o que podemos fazer? É isso que continuou me motivando cada vez mais. São perguntas instigantes que faço aos meus amigos, um deles até me disse: 'Isso de 'Acontece porque acontece' até parece algo que meu pai diria'. As coisas terrenas não são fúteis, são apenas aleatórias. Tive que fazer malabarismo com tudo isso para ver se conseguia dizer alguma coisa. Já confessei que sou didático às vezes e não me expresso tão claramente quanto deveria. Mas uma vez Geddy me disse que eu estava apenas dando minha ideia, falando o que eu achava e perguntando: 'O que você acha?'. Não estou dizendo que algo seja preto ou branco. Só estou dizendo: 'Talvez isso seja algo para se pensar a respeito'".

Contudo, Neil também enfatiza um aspecto positivo em torno desse conceito: mesmo que seja um mundo aleatório e tudo possa acontecer, pode-se manejar o acaso segundo sua vontade ao se esforçar, dando ênfase à transpiração sobre a inspiração, através da preparação, da participação com entusiasmo no mundo. Em outras palavras, não se trata somente de seguir a corrente, mas de encarar com energia a correnteza e pensar como remar até a margem. Como ele assinalou: "Espere pelo melhor, mas se prepare para o pior".

"'Face Up' é uma das canções que achamos que não alcançou o potencial que achávamos que alcançaria", afirma Neil, preocupado que essa faixa de rock tenha ficado quase invisível, não tanto pelo desempenho da banda, mas pela curiosa produção insossa. Não que a canção seja "tocada" como pop (além do vocal sóbrio de Geddy); em vez disso, os sons escolhidos para a guitarra de Alex, o baixo de Geddy e a bateria de Neil são esquálidos, enclausurados, histéricos – três puxões de cueca num *power trio* do tipo que a vítima fica urrando de dor enquanto é pendurada pela roupa de baixo na porta do armário do colégio.

O canto "sóbrio" foi algo premeditado, que remonta às escolhas tanto de Geddy quanto de Rupert enquanto gravavam *Presto*. "Não foi apenas um momento, mas uma sequência de momentos", lembra Hine. "Escutando Geddy cantar nesse registro mais grave, eu estava ouvindo Geddy de verdade, o homem. Quero dizer, é exatamente o que eu queria ouvir, em vez daquele impressionante canto com todos os agudos estridentes. Lembro que pude ouvir e sentir mais emoção de Geddy, mas não de uma forma teatral. Não é como interpretar para a plateia, nada disso, é justamente o oposto. A voz dele ficou mais grave e contida. Estava mais dentro do texto, eu estava entendendo melhor, e sentindo melhor, e ele também sentia mais. De certa forma esses momentos em geral são emotivos, sendo que quando Geddy está cantando daquele jeito maluco e acrobático não seria possível. São habilidades, são talentos impressionantes, mas não há uma conexão emocional, não a meu ver."

"Fragilidade" é uma palavra que me vem à mente, mas então, de novo, dada a personalidade de Geddy, junto com o mesmo tipo de auto-

ridade paternal nas palavras que ele recebe para cantar, é mais um senso de reflexão resoluta e otimista do banco do carona.

"Apesar dessas mudanças que aconteceram particularmente durante *Presto*, talvez haja mesmo um processo de suavização, um tipo de ingrediente que amacia a carne", descreve Rupert. "Quando você é amaciado, é óbvio que fica muito mais perto de se abrir a coisas que antes ficavam atrás de uma muralha. Não me pareceu que havia quaisquer muralhas ao redor daquele disco. Ninguém tinha qualquer bloqueio de verdade. Alguns hábitos foram quebrados, mas não eram realmente muralhas. Eram apenas coisas que não tinham percebido, e assim que comentava, eles diziam: 'Ah, ok, sabe, não precisamos fazer assim'. Era imediato se alguém sugerisse alguma coisa, uma mudança. Jamais ficavam na defensiva. Outra coisa realmente ótima sobre os três é que sempre estão abertos à mudança. Nunca me deparei com uma banda assim – como os três são tão abertos às possibilidades? Porque se você disser 'abertos à mudança', as pessoas podem interpretar errado e dizer: 'Bem, então quer dizer que não havia foco?'. Nada disso – o trem do Rush está bem consolidado em seus trilhos. Mas a qualquer momento havia uma possibilidade de seguir numa nova direção. Os trilhos podiam seguir outros rumos; bem, vamos até ali e ver como é."

Liricamente, "Face Up" encontra Neil fazendo um balanço entre uma narrativa sobre um relacionamento e injeção da imagística da carta coringa, que joga com os temas de acaso e aposta do disco. Ainda assim, há uma vaga insatisfação com a escolha dos verbos e um tipo de movimento confuso, como se houvesse algumas metáforas misturadas, só que não se tem certeza de que sejam realmente metáforas, mas se sabe que estão misturadas – ou embaralhadas.

No programa da turnê de *Roll the Bones*, Peart explica que um verso de "Face Up" ("Turn it up – or turn that wild card down"; "Vire para cima – ou vire esse coringa para baixo") deu início a tudo. "Num dia chuvoso no final do verão, frio o suficiente para me fazer chegar mais próximo do fogo, eu me sentei no chão do meu chalé com uma pilha de papéis ao meu redor – anotações dos dois anos anteriores, versos e expressões coletadas na estrada ou num momento em estado alfa, pouco antes de dormir. Comecei a brincar com as expressões 'turn it up' e 'turn it down', pensei em virar uma carta de baralho para baixo. Comecei a pensar mais sobre a ideia de um 'coringa'. Acho que é isso que chamam de inspiração. Recebemos muitas cartas na vida – quando nascemos, os genes que temos, as pessoas que conhecemos ao longo do caminho e as circunstâncias do mundo ao nosso redor.

"Às vezes até mesmo escolhemos um coringa; o destino é assim e da mesma forma é a confiança. Um dos maiores riscos que se pode correr na vida é confiar em alguém, e ainda assim a maioria de nós se arrisca pelo menos uma ou duas vezes. Alguns de nós vão em busca de suas ambições quando as chances de ter sucesso são mínimas (e quando se pode permanecer na adolescência durante a vida inteira). Isso se chama bravata. Há verdade em predicados como 'quanto mais me esforço, mais sorte tenho' e 'sorte é quando o preparo encontra uma oportunidade', mas são apenas tendências, e não leis. Os planos mais cuidadosamente elaborados etc. Não importa o quanto somos inteligentes, talentosos e lindos, ainda assim não sabemos o que afinal vai acontecer em seguida. Mas podemos melhorar nossas chances de sucesso pelas escolhas que fazemos. Não sou um existencialista, sou um homem livre!"

Na metade do disco, "Where's My Thing?" serve como outra seleção em apoio à insistência de Geddy para que a banda tivesse mais balanço. De novo, se Neil é o baterista mais branco do planeta, e se Rupert Hine é um produtor muito branco, Alex e Geddy trazem trechos de funk que se contrapõem corajosamente à rígida grade de encaixes construída pelos outros dois. Quanto ao subtítulo da música, "Part IV, 'Gangster of Boats' Trilogy", não passa de uma piadinha interna de quando Geddy e Alex ameaçaram dar o nome de *Gangster of Boats* para um dos álbuns caso Neil não pensasse num título melhor. A canção foi mantida propositadamente simples pelos dois, com uma estrutura padrão de verso/refrão.

Como Geddy explicou a Dan Neer da WNEW, Neil se absteve de propósito de submeter uma letra para apreciação, de modo que Geddy e Alex fossem forçados a compor uma música instrumental.

"Bem, normalmente não se compõe a quarta parte de uma trilogia, então achávamos que podíamos fazer isso", diz Alex caindo na gargalhada, com Geddy solícito acrescentando que "a maioria não se dá conta de que é possível ter uma quarta parte de uma trilogia. Mas é muito divertido fazer isso. Tentamos fazer uma parte instrumental em *Presto*, e toda vez que começávamos a escrever, sabe, tocávamos essa música e falávamos: 'Ah, essa letra combina perfeitamente com ela'. Então continuávamos, roubávamos essa faixa instrumental e ela se tornava mais uma canção. E isso continuou a se repetir. Por fim, Neil disse: 'Ok, vocês sempre prometem fazer uma instrumental, e não vou mais dar letra alguma até que escrevam essa coisa'. Então nos reunimos e compusemos."

Alex ri: "Na verdade, esse álbum inteiro é um álbum instrumental. Mas depois acrescentamos alguns versos". Quando Dan compara o começo da música a James Brown, Geddy concorda que é "o mais *funky* que canadenses conseguem ser, eu presumo".

Na entrevista promovida pela Anthem para o lançamento do CD, Neil declarou sua satisfação com "Where's My Thing?" estar num single, mesmo que fosse comedidamente. "Tenho muito orgulho da nossa gravadora, pois lançaram 'Dreamline' como faixa principal e então colocaram em seguida 'Where's My Thing?' para as rádios alternativas ou basicamente qualquer um que tivesse coragem de tocar aquilo. E isso se revelou uma ótima alternativa para as rádios universitárias nos Estados Unidos ou rádios independentes de qualquer parte do país. Mas ao mesmo tempo era algo criativo para a gravadora fazer, na minha visão. Não estava apenas preocupada com 'Ok, aqui está nossa estratégia de marketing', mas disseram: 'Vamos fazer isso porque vai ser divertido e incomum, e a música está ali'. Portanto, achei que foi muito bom. Um amigo nosso diz que é só uma outra versão de 'Telstar', como todas as faixas instrumentais são, o que é engraçado. E bem verdade!"

"The Big Wheel" contribui para a tese discutível de que o álbum é mais solto e mais guitarrístico do que o disco anterior com Rupert e os dois anteriores com Peter Collins na produção. A guitarra de Alex é bem distorcida, e a música é simples e dominada pelos acordes, parecida com o The Who. Além disso, Neil toca uma parte com o chimbal aberto, enquanto em outros trechos toca vários pratos, dominando o de condução, executando as viradas casualmente e mandando ver numa atitude bem roqueira.

Peart observou em entrevista a John Derringer: "Não sou muito de referir a mim mesmo nas letras, e quando realmente escrevo sobre essa dicotomia entre inocência/experiência, ou sobre a infância ou algo parecido, em geral parto do ponto de vista de um personagem. 'The Big Wheel' é um bom exemplo neste álbum, ela parece ser autobiográfica, mas na verdade não é. Busquei algo universal nessa troca entre inocência e experiência, e essa canção com certeza aborda isso. Não nas circunstâncias da minha própria vida, ou se for o caso, não é importante que seja autobiográfica – é apenas incidental. Muito do que quero encontrar são questões universais com que os outros possam se identificar, e é uma coisa que faz parte da vida de todos. Provavelmente é a razão pela qual me sinto atraído por isso. Muitos temas surgem da observação das pessoas ao meu redor, então se torna um fator: como respondem à vida e como recebem o que acontece. Como se adaptam a essa coisa de inocência e experiência."

Em seguida vem "Heresy", que tem um clima meio Celtic/Big Country/U2. Com o sintetizador e a bateria cortante, com o verso tranquilo, mas pulsante e tribal, essa faixa é quase um retorno a *Power Windows* e *Hold Your Fire*.

Geddy observou em entrevista a Dan Neer, da WNEW: "Parecia que havia tanta coisa acontecendo que era difícil sair da frente da televisão enquanto eu escrevia. Algumas músicas do disco foram, acho, meio mundanas no que estavam descrevendo. Parecia que se encaixavam de um jeito esquisito". Especificamente em "Heresy", Geddy ajustou o

tema da canção, a queda do comunismo, com "esse momento horrível e maravilhoso todo mesclado numa coisa única quando nos damos conta de que eles tiveram sua liberdade removida por tantos anos e finalmente a estavam conquistando de volta. Deve ter sido um momento bonito, mas difícil. Todos esses anos, todas essas vidas que foram perdidas e toda a luta, todas as pessoas que lutaram. Tantos anos, e de repente tudo acabou. E o que se pode fazer com todas as pessoas que não sobreviveram, que não tiveram sorte o suficiente de estar ali quando o muro caiu? É uma questão impossível de responder, mas com certeza algo para se pensar a respeito. É um tema muito atual, é óbvio, porque está acontecendo neste exato momento. É o ápice de todo aquele movimento".

Com "Ghost of a Chance" voltamos à narrativa bastante consistente proposta pela banda, aquela que diz que *Roll the Bones* é essencialmente um diálogo entre guitarra, baixo e bateria. De novo, a canção está só um passo aquém de um hard rock por escolhas deliberadas da produção. De qualquer forma, o trio está tocando bem solto aqui, evocando um pouco do clima acelerado do The Police, completo com a guitarra cromática de Andy Summers, que se não é sombria ao menos parece "traiçoeira".

"A música 'Ghost of a Chance' é uma das nossas melhores de todos os tempos", conta Neil. "Gosto de pensar que, na verdade, é uma técnica adquirida, são dez anos de prática e aprendizagem. Sempre fugi de canções de amor ou até mesmo de mencionar tal palavra numa letra porque é muito clichê. Até achar que tinha encontrado uma nova forma de abordar o assunto, ou uma nova nuance para expressá-lo, eu não iria escrever uma daquelas canções. 'Ghost of a Chance' se encaixa perfeitamente no meu tema geral da aleatoriedade e eventualidade e assim por diante. Mas, ao mesmo tempo, era uma chance de escrever sobre o amor de um jeito diferente, de dizer: 'Aqui estão todas essas coisas pelas quais passamos na vida e as pessoas que encontramos – e tudo é por acaso. E as esquinas que dobramos e os lugares aonde vamos e as pessoas que encontramos lá'. Todas essas coisas são totalmente aleatórias e ainda assim, em meio a isso tudo, as pessoas de fato se encontram, e se elas se dedicarem, podem fazer esse encontro durar. Portanto, estou dizendo aqui que há uma chance fortuita de isso acontecer. As adversidades são muitas, mas ao mesmo tempo essa chance fortuita às vezes surge e as pessoas se conhecem e permanecem juntas.

"Nessa canção, há coisas excelentes na guitarra, ao meu ver, mas não conte ao Alex que eu disse isso", brinca Neil no programa da turnê (observe, Alex toca uma PRS nessa aqui). "Esse é o tipo de canção que sempre pensamos que deveria ser um sucesso estrondoso, mas dessa vez sabemos que não será, porque somos esquisitos demais."

Previamente na cultura pop, *Neurotica* era uma revista da era beat e "Neurotica" era uma música do álbum *Beat* do King Crimson, que vagamente celebrava os escritores desse movimento. Porém, "Neurotica" do Rush não é nada disso. Neil explica: "Algumas pessoas não conseguem lidar com o mundo da forma como ele é, ou como elas próprias são, se sentem impotentes para mudar as coisas e então ficam totalmente loucas. Desperdiçam suas vidas em desilusões, paranoia, raiva inconsequente e neuroses, e no processo em geral tornam a vida de quem está ao redor delas uma tristeza. Amigos que se distanciam, casais que se separam, crianças negligenciadas. Acho que nada disso deveria existir. Mas é o que chamam de pensamento positivo."

Na parte musical, essa é outra canção isolada num posto de hard pop que só o Rush sabe ocupar. Guitarra, baixo e bateria gravados de forma polida e tocando um pop meio progressivo, "Neurotica" também sustenta a narrativa de que Geddy está cantando num alcance confortável, sendo um bônus o que se pode chamar de backing vocal.

Concluindo *Roll the Bones* temos "You Bet Your Life", que abre incisivamente, lembrando o pós-punk antes de se acomodar em algo parecido com o Fixx ou o INXS. Em todas essas canções temos Neil dando a propulsão ao fundo de um modo ostensivo. À medida que revisitamos o álbum em redemoinhos oceânicos, não há nada vigoroso no som, mas também não há nada vigoroso na instrumentação – exceto na parte de Neil. Ele está indo com tudo porque em sua cabeça imaginava uma

canção de rock? Talvez, porque toca de modo complicado quando ninguém mais está tocando. Um toque bonito, contudo, é o modo como o delay é aplicado na guitarra de Alex e cria um efeito que lembra o The Edge, guitarrista do U2. Lifeson atribui isso ao engenheiro de som e braço direito de Rupert, Stephen Tayler, que criou o padrão de delay trazendo mais vida à faixa.

"Eu particularmente gosto da letra dessa música", afirma Neil. "Entrelacei todas essas religiões diferentes, esses estilos musicais diferentes e tudo mais. É mesmo divertido e gratificante. Sim, gosto dessa canção." Vale observar, Geddy disse que "You Bet Your Life" tinha sido uma das faixas mais difíceis de montar no álbum, especificamente na fase de mixagem, por causa da densidade do refrão.

"Não importa que tipo de canção se escolhe tocar, você está apostando sua vida nisso, pelo bem ou pelo mal, e o que acredita é o que você é", escreveu Neil no programa da turnê do disco – documentos esses que cada vez mais serviam como o meio definitivo pelo qual ele poderia dar sua opinião sobre as músicas, deixando Alex e Geddy lidarem com a imprensa.

"Então é isso. Por mais que se analise, você está se arriscando, e pode *não* estar certo (apenas dessa vez). Ninguém jamais poderá ter *certeza*, mesmo no melhor de todos os possíveis universos aleatórios. É por isso que a essência dessas músicas é a seguinte: se há uma chance, ela deve ser agarrada. Então que importância tem se algumas partes da vida são arriscadas? Vá fundo e se arrisque. Um universo aleatório não tem que ser *fútil*; podemos mudar nossa sorte, pegar os dados e jogar novamente. E não há como escapar dos dados. Mesmo se tentar amenizar a aleatoriedade do universo abraçando uma estrutura de fé pré-fabricada, mesmo assim é preciso apostar que se trata da fé *certa*. Diga a palavra secreta e ganhe 100 dólares. Para qualquer um que não tenha visto o *game show* de Groucho Marx chamado *You Bet Your Life*, me refiro ao fato de que ninguém mais a não ser Groucho sabia a palavra secreta, portanto um palpite é tão bom quanto qualquer outro. Você pode ter vivido uma longa e boa vida como um cristão exemplar e acabar sendo recebido nos portões do Paraíso por *Maomé*. Tudo pode acontecer. Isso se chama destino."

E assim termina *Roll the Bones*. Com 20 anos a mais de perspectiva, onde esse álbum se encaixa no catálogo do Rush? Peart diz: "Eu adoro *Roll the Bones* por sua variedade e tantas canções boas que voltam para nós. 'Bravado' sempre foi ótima de tocar. 'Dreamline' está na nossa turnê atualmente. Faz pouco tempo que trouxemos 'Ghost of a Chance' de volta depois de termos deixado de tocar por muitos anos – ah, é realmente uma música muito boa. Como qualquer um, com o tempo você deixa seu trabalho do passado de lado e passa a pensar menos nele. E então, pouco antes de sairmos para a segunda perna da turnê *Snakes & Arrows*, estávamos trocando uma ideia a respeito de quais canções mais antigas gostaríamos de mudar. Sabíamos que queríamos mudar cerca de quatro das músicas mais antigas, e Geddy sugeriu 'Ghost of a Chance' para entrar no setlist, e eu disse, com certeza, seria ótimo. E temos mais uma do álbum *Roll the Bones*, que é um disco que passa pela peneira, acho, de qualquer lista sobre os álbuns favoritos do Rush. É um pouco quebradiço sonoramente e tudo mais, mas, de novo, a gente aprende."

"Quebradiço", uma descrição perfeita e um reconhecimento.

"Nós nos demos conta, depois de um tempo, de que havia um núcleo da nossa base de fãs que tinha curiosidade sobre nossos rumos", ri Ged, pensando nessa era, quando o Rush confeccionou a antítese monumental e total de um álbum grunge. "E esses foram os fãs que nos sustentaram durante todos esses anos. Há uma parcela do público que vai e volta dependendo do estilo de cada álbum em particular. Acho que é verdade. *Moving Pictures* nos levou para um mundo mais amplo de fãs de rock, mas havia alguns desses fãs que queriam nos ouvir apenas fazendo esse tipo de música. E depois que lançamos *Signals*, houve uma mudança, e perdemos algumas daquelas pessoas, mas outros continuaram nos acompanhando. Nosso público está em constante transformação. Eles estão sempre evoluindo, assim como nós. É bom. Quero dizer,

eu gosto de olhar lá para o público e ver uma completa variedade da vida humana diante do palco, de crianças a caras tão velhos quanto nós, ou até mais velhos.

"Sempre procuramos razões para explicar por que numa turnê os ingressos esgotaram, e depois na turnê seguinte só tivemos 70% da lotação máxima", continua Geddy. "O que é isso? E então você analisa o que acha que está acontecendo. Acredito que seja por isto: continuamos mudando nosso estilo um pouco, o que não foi aceito por todo mundo. Há certas fases do Rush que são mais universais que outras. Certos álbuns que tiveram melhor receptividade. Agora, de um lado, pode-se dizer que são discos melhores – talvez o melhor da banda, os mais populares. Mas nossos fãs tendem a discordar entre si. Acho que é só uma questão de estilo. Certos álbuns têm um apelo maior que outros. O motivo disso realmente não sei dizer. Eles é que podem dizer. Os fãs vão te atualizar sobre isso."

Geddy continua expressando uma pontada de arrependimento com o tipo de som do Rush na época de *Roll the Bones*. "Acho que houve algumas questões. Sonoramente, creio termos sentido que poderíamos ter um som melhor. Acho que nós todos concordamos que o álbum podia ter um som maior. Ele ficou com um som tímido, e queríamos um som mais ousado. Adoramos as músicas, como eu disse, e adoramos a nossa performance – não houve problema algum nisso. Mas, no final, Rupert e Stephen eram um time. Você contrata um e trabalha com os dois, e eles tinham um som próprio deles. E queríamos um outro som, por isso seguimos em frente. Mas se eu tivesse que escolher os cinco melhores álbuns do Rush, *Roll the Bones* sem dúvida alguma seria um deles. Acho que é um dos nossos discos de maior sucesso – quero dizer, bem-sucedido criativamente."

Ampliando a análise, Geddy acrescenta que "Peter Collins e Rupert Hine eram ambos o que eu chamaria de produtores clássicos – talvez tradicionais seja uma palavra melhor: produtores tradicionais. No sentido de que se concentravam em melhorar as canções. E eu adorava tudo aquilo. Como compositor, como cantor, aprendi muito trabalhando com os dois, sobre como montar uma canção, sobre a dinâmica da canção, sobre levar em consideração o papel do vocalista. E não importava se você tinha uma grande música, uma nota errada ou o compasso errado e se podia perder o impacto do que o vocalista faz. As canções são ou não vendidas pelo vocalista. Aprendi muito sobre isso com esses dois caras.

"Trabalhei com os dois novamente por essa razão, porque eles tinham esse som fundamentado. Mas ambos tinham a própria maneira de fazer as coisas, e sendo o Rush, sentimos que precisávamos continuar em frente. Acho que há uma parte de nós que nunca quer ficar de novo naquela situação confortável de trabalhar com o mesmo produtor por dez anos seguidos, como fizemos com Terry. Estávamos sempre buscando não chafurdar na complacência."

Quanto a Alex, ele diz: "Nunca mudamos o cerne do que o Rush é e do que queríamos fazer, e isso torna a música tão envolvente, emocionante e desafiadora, em mudança constante. Perto da época de *2112*, ou logo depois de *2112*, acho, e *Farewell to Kings*, realmente começamos a brincar com os teclados e os pedais de baixo e coisas assim. Isso foi o começo de toda aquela fase experimental. E talvez tenha se elevado ao ápice com *Moving Pictures* e *Signals*, mas podia ter parado ali e não ingressar nos anos 1980. Poderíamos ter feito *Rush*, o primeiro álbum, várias vezes seguidas. Sobre *Caress of Steel*, este foi o tipo de crítica que recebemos naquele tempo: 'Bem, talvez vocês devessem voltar a fazer o que faziam antes, aquele tipo de banda de rock parecido com Led Zeppelin'.

"Mas nos reerguemos e demos um basta nessas críticas com *2112*, e deu muito certo para nós. Sempre mantivemos isso ao longo dos anos. Sempre quisemos ser nossa própria banda, e *2112* foi o começo. Apenas seguimos o que parecia certo, e instintivamente experimentamos tudo que podíamos. Mas ainda mantivemos a essência do que a banda é, um trio de hard rock. E de muitas formas brincamos com esse formato e não ficamos só na mesma trilha estreita."

"É sempre uma surpresa que as pessoas continuem nos acompanhando com o passar do tempo", conta Alex, dando uma gargalhada. "Quero dizer, uau, acho que passamos por pelo menos duas gerações. Há pessoas nos nossos shows que estão lá com um cara que é pai, e o filho está lá com o próprio filho. E é o primeiro show do Rush do menino – o neto. É incrível conseguirmos fazer isso e manter esses fãs por tanto tempo. É interessante para mim que nosso público seja bem eclético e variado em termos de uma banda como a nossa – eles aceitam as mudanças. Muitos fãs que estavam lá desde o começo ficaram desapontados na época de *Moving Pictures*. Queriam um heavy metal mais headbanger, algo que nunca pensei ser uma grande parte da nossa personalidade. Ficaram desapontados quando entramos nessa coisa toda – mas ganhamos um novo público. Ainda temos muitos desses fãs mais antigos, mas é uma coisa que nos intriga."

Especulando sobre o motivo de os fãs terem paciência ao longo dessas mudanças radicais, Lifeson afirma: "O fato de que conseguimos existir por todo esse tempo, viemos deste pequeno país cortês chamado Canadá, somos apenas uma banda de três integrantes, não há atrito entre nós… Não é uma relação volátil – estamos numa espécie de casamento feliz. Acho que as pessoas olham para essas coisas, como trabalhamos juntos, como alcançamos o sucesso por conta própria, como nos estabelecemos bem cedo, e num caminho em particular que realmente parecia o nosso caminho. E na maior parte do tempo conseguimos evitar as armadilhas da indústria. Nunca tivemos um representante da gravadora dentro do estúdio nem por um segundo em todos esses anos. Sempre fizemos tudo conforme nossos próprios termos, e acho que esses são elementos do Rush que de fato impactaram tantas pessoas. Acho que lhes dá esperança de que podem fazer coisas em suas vidas assim como nós fizemos na nossa carreira, ter o controle e viver uma existência proveitosa. Pelo menos é o que leio em algumas correspondências que recebo, é a minha percepção. Acho que, quando músicos falam do Rush como uma inspiração, não ouço nossa música na música deles, a não ser em algumas bandas. Essas bandas de que estou falando pensam, bem, se esses caras conseguem ter sucesso por conta própria, então nós também podemos fazer isso – lhes dá esperança."

Principalmente se referindo ao status da banda quando *Roll the Bones* foi lançado, Alex diz: "Acho que éramos um tipo de árvore solitária na encosta da montanha. Porque todo aquele movimento grunge estava mesmo no auge, e era o que todo mundo queria ser e o som que todo mundo queria ter. Mas, sabe, sendo teimosos ou apenas muito individualistas, continuamos na mesma direção de *Presto*. Era um som um pouco mais encorpado e um pouco mais pesado, mas no final era a mesma coisa, basicamente trabalhamos nas mesmas condições. Era um lugar solitário para se estar, mas ainda éramos muito fortes. Felizmente, sempre demos muita atenção aos nossos shows, em particular em como tocávamos, e sempre conseguimos fazer nosso público vir nos assistir.

"Mas voltar a um som mais pesado era uma coisa bem importante para mim. De meados dos anos 1980 em diante, houve um certo dilema ao querer voltar para esse rock pesado, só que num novo formato, revigorado, não uma coisa que parecesse velha e datada. Sempre combinei sons limpos com outros mais sujos e busquei fazer alguma coisa interessante nesse sentido, mas essencialmente sempre quis voltar para esse lado mais hard rock. Queria trazer de volta esses acordes grandes e pesados e esse som denso, massivo e pesado, mas de um jeito diferente.

"Acho que, quanto à sonoridade da minha guitarra, sempre fiquei um pouco retraído. Então quis repor um pouco de força, tocar mais forte com a mão direita, atacar as cordas com mais vigor... Pete Townshend foi o melhor exemplo disso. Ele consegue fazer o som do violão ficar muito pesado e potente. O movimento grunge trouxe todas essas bandas que estavam começando a distorcer e amplificar ao máximo, com um som denso e muito pesado. Eu não queria fazer parte desse jogo. Já tínhamos estado lá antes, e nos anos 1990 todos tinham esse som. Mas eu adorava! Adorava! Era sombrio e pesado, e eu gostava muito, mas não era para nós. Poderíamos facilmente ter seguido essa direção, poderíamos ter criado camadas de uma dúzia de canais de guitarra e chegado àquele ponto, mas tínhamos um aspecto melódico. Houve também uma articulação na forma de tocar bateria de Neil, deixando ar e espaço ao redor das batidas. Foi uma atitude de real compensação.

"Era possível forçar naquela direção", continua Alex, se referindo à guitarra, "mas havia muitos aspectos complexos quanto ao modo como criamos nossos álbuns, como compomos e o que queremos apresentar nos shows. A interação entre Geddy e Neil é bastante complexa – é uma seção rítmica muito ativa. E você não quer se perder no meio disso com sons de guitarra densos demais, exagerados, esse não é meu estilo. Embora eu realmente goste de ouvir – e com certeza, quando estou por aí praticando com minha guitarra, tenho minha dose necessária de distorção e volume – para a banda, havia outras coisas que eram mais importantes."

É certo que Alex estava atento ao que acontecia com o grunge. O hair metal – outra moda que o Rush educadamente ignorou – estava despencando no precipício, e todos os olhos então se voltavam para Seattle, com o acréscimo de Smashing Pumpkins, Faith No More e Jane's Addiction.

"Naquele período, as coisas estavam mudando de forma muito rápida e drástica", lembra Lifeson. "Qualquer membro das gravadoras só falava em ir para Seattle e descobrir o próximo Nirvana ou Pearl Jam. Vimos muitas tendências e sobrevivemos a várias delas, e sempre foi tentador apenas embarcar no mesmo trem. Mas a longo prazo é bem mais gratificante permanecer no próprio caminho, na própria trilha, e achar seu espaço em meio a todas essas coisas que estão acontecendo. Quero dizer, conversamos sobre isso. Conversamos sobre compor músicas num timbre diferente com uma abordagem mais pesada, e então nos demos conta, quer saber? A gente simplesmente pareceria outra banda. Quero dizer, eles já estavam parecendo um pouco com a gente, então por que faríamos aquilo?"

Os teclados também estavam saindo de cena – com o grunge ou a música alternativa, tudo se resumia a guitarras. "Sim, é verdade", concorda Lifeson. "Os teclados meio que cumpriram seu destino. Depois dos álbuns com Peter, cada vez mais começamos a reduzir a presença dos teclados. Usamos sons de pad bem básicos, órgão ou piano. Os tipos de som sintetizados sumiram. E isso vem diminuindo ainda mais desde então. É interessante, recentemente tive uma conversa com Geddy sobre voltar a trabalhar, que deveríamos nos reunir e compor, e isso trouxe de volta o tema dos teclados. E falei que poderíamos talvez incorporar um pouco mais deles, só para acrescentar algumas coisas interessantes ritmicamente. E ele disse: 'De jeito nenhum! Não quero teclado nenhum', o que eu achei fantástico. Demorou 20 anos, mas aconteceu...

"Veja, acho que foi bom para ele, porque esse fardo acaba recaindo sobre seus ombros, não acho que Geddy queira continuar preso atrás daquela coisa. E não o culpo por isso. É muito limitante tocar ao vivo e estar lá disparando teclados ou tocando partes de teclado. Você fica preso àquele espaço e gostaria de estar um pouco mais livre e se movimentar pelo palco. Mas eles realmente trazem uma boa dimensão ao som. Eu não imaginava que um dia iria ver aquela coisa de uma forma positiva."

"Não sei como poderia resumir, em termos de curva de desenvolvimento", diz Alex, convidado a analisar as mudanças na banda de *Signals* a *Roll the Bones*. "Sabe, acredito que nossa especialização em produção estava se movendo para uma direção específica. Acho que nossa consciência sobre produção foi muito mais rica durante aquele período. Tínhamos trabalhado em vários níveis em termos de nossa produção. Tínhamos ouvido mais música na nossa própria música."

Porém, pergunte aos fãs do Rush ou ardorosos seguidores de sua música, e a maioria vai dizer que esses são os piores álbuns da banda – ninguém reclama dos discos entre *2112* e *Signals*, ou até do primeiro álbum ou de *Fly by Night*. Esses têm um som robusto, elétrico, atemporal. Quando os fãs hardcore e os críticos musicais colocam esses álbuns sob escrutínio, ninguém jamais levanta a mão para falar primeiro sobre a produção. Mas *Power Windows*, *Hold Your Fire*, *Presto* e *Roll the Bones*... A primeira coisa que qualquer um diz é: a produção é fraca, uma opi-

nião que parece desviar de críticas às canções, aos *integrantes da banda*, como se o fato de não gostar desse período pudesse advir de algo trivial, ou pelo menos de nada pessoal.

"Acho que também nos tornamos um pouco mais sofisticados como compositores", continua Alex, indo além na comparação. "Ouvimos outras coisas que funcionavam em termos de harmonia, melodia e tudo mais. Enquanto em 1982 tudo parecia mais direto. Os sons eram mais diretos e as partes, embora complexas, também eram mais diretas. Eram mais tradicionais, acho, na forma de compor. No momento em que chegamos a *Roll the Bones*, estávamos realmente transitando por outras áreas. Para mim, o tipo de acordes que eu estava tocando, o tipo de espaço que via ao redor das coisas, o espaço que queria ocupar, o que queria deixar mais aberto, foi uma curva de aprendizagem bem evidente nesse período. Também deixamos de ser jovens de 29 anos para nos tornar homens de 39 anos – há muitas experiências nesse período."

E, mais uma vez, com relação aos teclados, Alex diz: "O momento em que realmente mergulhamos nisso foi durante *Grace Under Pressure*. Depois atingiu o pico e começou a recuar nos últimos dois discos daquela era, *Presto* e *Roll the Bones*. Com certeza, quando chegamos a *Counterparts*, já tínhamos superado aquela fase".

Rupert é inflexível ao dizer que o Rush tinha adquirido o direito de mudar de forma, e de mudar rapidamente, comparando a banda ao Radiohead. "O Radiohead inventou um mundo em que eles existem e ninguém consegue copiá-los – ninguém. É um mundo onde batalharam por cada cantinho numa cadeia de eventos que se tornou o que conhecemos como o fenômeno absoluto que é o Radiohead. À própria maneira, ao longo da carreira o Rush fez a mesma coisa. Ganharam o direito, a partir dessas peças de Lego de sucesso, a mudança e imprevisibilidade, levando os fãs a lugares que talvez não queiram conhecer, mas sempre os levando até lá com gentileza e respeito.

"No disco *Roll the Bones*, seja Lado A ou Lado B, sempre há uma faixa que os fãs querem ouvir. 'Ah, não gosto muito dessa. Ah, mas logo em seguida vem essa música ótima', porque todos temos um senso de humor perverso, há muito jogo e muita brincadeira num álbum do Rush. Essa inventividade constante está sem dúvida no centro de tudo, assim como a vontade absoluta de não ser sugado pela síndrome do single de vídeo, que sempre se pode entender como uma volúpia para ser mais comercial. Tão logo você se torna o número 1 com um sucesso massivo, como Peter Gabriel com 'Sledgehammer', tudo muda. É muito melhor, como Avis certa vez disse sobre a Hertz nos anos 1960: tenha orgulho de ser o número 2. Se ficar no segundo patamar, como o melhor da segunda divisão, pode continuar crescendo eternamente. Tão logo chega ao número 1, o único caminho a seguir é para baixo."

Na trilha promocional de *Roll the Bones*, Alex explicou que estava mais do que satisfeito que a banda tivesse sido capaz de fazer o álbum tão rápido, na verdade concluindo os trabalhos dois meses antes do planejado, quando anteriormente, um dia ou dois antes do prazo final já era algo para se comemorar. A data de lançamento do álbum foi antecipada em alguns meses como consequência, e dessa vez houve menos conversas sobre parar de fazer turnê. Na verdade, os integrantes da banda tinham um planejamento bem desenvolvido para o lançamento do álbum seguinte. Mas, primeiro, havia o que ainda era o árduo trabalho, um trabalho que, como dizem sobre o oceano, merecia respeito e cautela.

Entraram numa campanha robusta de oito meses de duração, começando em Hamilton, Ontário, em 25 de outubro de 1991, com Andy Curran da banda Coney Hatch – que fazia parte do catálogo da Anthem – abrindo os shows, exceto em uma data. Anos mais tarde, Andy assumiu um papel importante no escritório central da banda. *Roll the Bones* ganhou disco de ouro nos Estados Unidos no mesmo dia em que chegou ao número 3 da Billboard, o lugar mais alto do Rush nas paradas até aquela data. Além disso, a turnê incluiu um punhado de outras datas no centro do Canadá, apenas Vancouver no Oeste, e depois a costumeira cobertura do território dos Estados Unidos. Um período reduzido de um mês na Europa incluiu uma divisão de datas entre a Alemanha e o Reino Unido, com Rotterdam e Paris adicionadas no meio da turnê.

O fotógrafo da banda e diretor de vídeo Andrew MacNaughtan (que tragicamente morreu aos 47 anos de idade devido a um ataque cardíaco enquanto trabalhava com o Rush em 2012) se juntaria ao grupo para acompanhá-los na estrada no começo dessa turnê. Segundo seu relato: "A banda insistiu em se hospedar em Berlim Oriental só pela experiência. O muro havia caído havia pouco tempo, dois anos antes. Então achei que seria bem interessante e bacana, e foi o que fizemos – nos hospedamos num hotel em Berlim Oriental".

Pouco antes disso, o Rush teve um dos piores shows da carreira. "Nunca vou esquecer", conta Andrew. "Acho que foi num local ao ar livre em Sacramento. De alguma forma, passou batido para os rapazes que se tratava de uma apresentação sem lugares marcados. A banda não faz mais shows sem lugares marcados. Jamais. E de alguma forma não tiveram conhecimento disso. O Primus se apresentou primeiro, e às vezes os fãs agiam de forma estúpida e atiravam garrafas de água no palco, e uma delas atingiu Les, e Les foi a primeira pessoa a parar de tocar, bem no meio da música, e dizer: 'Olha, não se pode fazer isso'. Ele sempre faz uma cena em vez de apenas ignorar. Isso acabou incitando os fãs ainda mais. As coisas realmente começaram a voar por todo lado, garrafas, bolas de praia, sapatos – tudo começou a cair em cima do palco.

"Na hora que o Rush entrou no palco – como era uma pista sem lugares marcados, os fãs se aglomeraram junto à grade e se tornaram brutos, virou uma loucura –, acho que Geddy em dado momento foi atingido por uma banana ou um sapato que caiu bem em cima dos painéis dos teclados. Por causa disso, bem no meio de uma música como 'Spirit of Radio' ou sei lá qual foi, era uma das canções mais antigas, de repente o painel disparou um som de uma música diferente da que estava sendo tocada. E os caras já estavam furiosos quando entraram no palco. Completamente enraivecidos, muito, muito aborrecidos. Alex espumava de raiva, bastante irado. Porque eles tinham sido bem específicos quanto a não fazer shows em locais sem lugares marcados. Não é seguro para ninguém envolvido na situação, deixa os fãs incontroláveis.

"Não tem nem por que contar o resto da história", continua Andrew, "mas, vocês sabem, sou gay, e é claro que sou alvo de brincadeiras, porque somos amigos muito próximos já há muitos anos. Naquela situação, Alex saiu do palco e estava gritando e batendo as portas dos armários no camarim, furioso. 'Aqueles merdas, meu Deus, e aquele chupa-rola lá, ele jogou a… Sem querer ofender, Andrew.' Tão logo ele falou aquilo – 'Sem querer ofender, Andrew' –, os caras caíram na gargalhada. E isso simplesmente mudou o ambiente pelo resto da noite. Não estavam tendo uma boa noite. Estavam furiosos o tempo todo porque não era um bom show, mas depois que Alex disse aquilo, às minhas custas, todos começaram a rir e tudo ficou mais leve."

De volta aos trabalhos, os ídolos canadenses do Tragically Hip foram chamados para uma apresentação na cidade natal em 16 de dezembro de 1991, um evento beneficente para a United Way, com o Banco de Alimentos arrecadando cerca de sete toneladas de comida doada pelo público. O guitarrista Vinnie Moore abriu alguns shows, assim como o Mr. Big. Depois da apresentação de Andy Curran, o guitarrista Eric Johnson continuou pelo resto da primeira perna da turnê, enquanto o anti *power trio* de vanguarda, Primus, acompanhou o Rush na estrada pelas próximas duas etapas.

"Eu assistia ao Eric quase todas as noites", lembra Alex. "Ele toca de uma forma muito articulada, mas ainda assim cheia de sentimento. Ele e eu fazemos aniversário com apenas um ano e um dia de diferença, então temos esse lance de virginianos. Fizemos algumas jams na sala de controle e passamos algumas noites conversando sobre outros assuntos. Ele é um cara espiritualizado. Dei para ele de presente minha double-neck, e cerca de um mês depois um dos caras da equipe dele teve um problema com drogas e ficou tão mal que roubou o instrumento e o vendeu, e foi muito triste. Quero dizer, era um presente especial."

Com relação ao setlist, a faixa de *Grace Under Pressure* "Distant Early Warning" foi deixada de lado na turnê europeia, sendo substituída por "Red Sector A". "Subdivisions" foi substituída por "Vital Signs" na mesma época, "The Pass" trocada por "The Analog Kid". No final da turnê, a banda adicionou um trecho de "Cygnus X-1" ao fim do show, com "The Trees" incluída nas datas norte-americanas depois da etapa europeia, uma terceira perna, já que a segunda poderia ser chamada de apêndice, começando em 18 de janeiro de 1992, depois de quase um mês de folga. Para o bis, havia um medley que apresentava "The Spirit of Radio", "Overture" de "2112", "Finding My Way", "La Villa Strangiato", "Anthem", "Red Barchetta" e finalmente retomava "Spirit". De *Roll the Bones*, "Ghost of a Chance" foi a última a chegar, se unindo a escolhas óbvias como "Dreamline", "Bravado", "Where's My Thing?" e "Roll the Bones".

"O vídeo no telão era uma grande atração nessa música, com uma caveira cantando o trecho de rap", conta Neil, ao responder sobre outras características memoráveis da turnê *Roll the Bones*, com o Rush elevando o nível da produção audiovisual com sucesso. "Não acho que tenha havido qualquer outra coisa particularmente com relação à produção, pelo que me lembre. Ainda tínhamos os coelhões naquela turnê, acho; não os havíamos removido ainda."

Geddy, sempre o cara do audiovisual, aponta uma dimensão adicional. "Foi nessa época que entramos nessa coisa de computadores, a revolução de CGI, com a computação gráfica. E a grande coisa de se estar envolvido na produção visual é que se aprende muito sobre as diferentes técnicas de animação. Experimentamos diferentes animadores com o passar do tempo. Mesmo lá atrás, nas primeiras coisas que fizemos, no período de *Power Windows* e *Hold Your Fire*, contratamos vários jovens animadores de Toronto para fazer nossos vídeos. Para 'Manhattan Project', havia uma animação realmente muito boa. Mesmo com 'Red Lenses' tínhamos um desenho animado bem maluco. É uma coisa que me intrigava de verdade.

"Então, quando chegou a vez de fazer alguma coisa para *Roll the Bones*, não consigo me lembrar de onde veio a ideia, mas toda a parte do rap da caveira surgiu. Foi uma produção imensa com o pessoal que poderia animá-la do jeito certo, fazer os gráficos no computador mais a animação em tempo real. Usamos três ou quatro estilos diferentes de animação no vídeo. Aquilo também nos forçou a tocar a música ao vivo de um jeito diferente. Para que a animação entrasse na hora certa e o esqueleto fizesse o rap, tínhamos que tocar acompanhando o click, de modo que o tempo se encaixasse perfeitamente, o que foi meio complicado para Neil. Mas isso foi o início de várias coisas que faríamos no futuro. Tínhamos feito um pouco disso no passado, quando tocávamos 'Time Stand Still' e Amy aparecia no vídeo quando começava a cantar a parte dela, todas as noites, como mágica."

Uma coisa da qual os integrantes da banda recordam com carinho é o tempo que passaram com o Primus, Les Claypool e companhia, promovendo uma ampliação de perspectiva tanto nas turnês *Roll the Bones* quanto na subsequente *Counterparts*. "Les é incrível, um grande estilista da música", observa Geddy. "Gosto do modo como ele toca e admiro sua criatividade. Não é um cara de riffs tradicionais, e eu em geral adoro caras de riffs tradicionais. Mas ele propõe esse estilo totalmente diferente e incrivelmente inventivo de se tocar baixo."

"O acordo era: você tem que ir até lá e pegar um instrumento ou instrumentos que não sabe tocar", brinca Alex, falando das lendárias jam sessions na estrada entre os membros do Rush e do Primus. "Era o que fazíamos. Depois da passagem de som, voltávamos ao camarim para jantar. Eles faziam a passagem de som deles, depois voltavam. E das seis às sete, fazíamos nossas jams. Compramos uma flauta, uma gaita, um clarinete, uma bateria esquisita, tudo coisa barata de loja de penhores. E tocávamos por uma hora. Fazíamos isso todos os dias, era um caos. Era a música mais bizarra que se poderia imaginar. E começamos a gravar parte dessas jams. Não sei que fim essas fitas levaram. Mas sei que há fitas dessas por aí com 20 horas de gravação dessas jams malucas, de

Berlim, dos Estados Unidos. Provavelmente estão no fundo de algum case. A gente não pensa nisso na hora…"

"Tínhamos uma bateria pequena para aquilo", acrescenta Neil. "Alex ia até as lojas de penhores e voltava com uma flauta ou um violino. E havia bicicletas, gaitas; todo mundo tocava alguma coisa. Praticamente todos os dias a gente tinha esse momento de bagunça e livre expressão."

MacNaughtan testemunhou algumas dessas jams enquanto cumpria seu dever não oficial de manter a banda entretida. "Se tornou um hábito deles tocarem juntos todas as noites, nem que fosse no vestiário ou algo assim. E o acordo era que cada um deles não podia tocar o instrumento que normalmente tocaria. Tirei fotos de Geddy tocando bateria, de Alex tocando acordeom. Geddy tocava violão, Neil trazia os bongôs dele, Alex tinha outro instrumento bobo, tipo um triângulo ou algo parecido. Ele achava tudo que era coisa. Se fosse no vestiário, ele tocava gaita. Seja lá o som que produzisse, Alex ficava de bobeira. Até comprou uma flauta."

"Não me lembro de gostar realmente de Rush até começar o Ensino Médio", explica Les Claypool, que se tornou um dos principais artistas dos anos 1990 ao promover o baixo como forma de arte, e fazendo isso diante de uma plateia de rock alternativo em geral confusa, em algum daqueles festivais debaixo do sol repletos de artistas mais palatáveis. Em essência, Les foi para os anos 1990 o que Geddy foi nos 1970, ou o que Billy Sheehan e talvez Steve Harris foram nos anos 1980. "O que aconteceu foi que me associei ao clube do disco da RCA, em que você conseguia seis discos por um centavo ou dez discos por 25 centavos, e um deles era *All the World's a Stage*, que cheguei a gastar de tanto ouvir – e irritei meus pais no processo. Além do poder da música e da bateria e tudo mais – eu não tocava baixo na época –, aquelas letras eram tão profundas, porque era essa coisa de fantasia estilo capa e espada no espaço, esse tipo de coisa pela qual enquanto jovenzinho você acaba se interessando muito.

"E então no final acabei me tornando baixista, bem, Geddy Lee era meu ídolo quando eu tinha 14 anos. Havia apenas meia dúzia de caras que tocavam baixo e realmente estavam na linha de frente do rock. Eu estava aprendendo a tocar Zeppelin e Aerosmith, e então aparece o Rush, e o baixo era muito proeminente na mixagem, com um timbre bem distinto. O timbre era tão irresistível quanto sua forma de tocar, e por muitos anos me esforcei muito para reproduzi-lo. Infelizmente, sendo um jovem de recursos limitados, eu não fazia ideia de como se alcançava aqueles timbres. Só tentava improvisar com as porcarias dos meus amplificadores minúsculos. E eu tinha um baixo com cordas flat-wound. Eram as cordas que tinham vindo com ele, e não havia jeito de eu chegar nem perto do timbre de Geddy Lee com aquilo. Era uma coisa meio desleixada."

"Eu me lembro de assistir àqueles caras ao vivo", continua Claypool. "Foi o primeiro show que fui na vida, com Pat Travers abrindo para o Rush no Cow Palace em São Francisco. E me lembro de arrumar um ingresso com um cambista, mesmo que não estivessem esgotados, porque eu não entendia dessas paradas. Imaginei que estava lotado. Então paguei o ingresso provavelmente duas vezes mais caro do que o preço normal. Tomei três cervejas e vomitei no estacionamento. Depois entrei e vi Pat Travers, que foi incrível, porque Mars Cowling é um baixista fenomenal, e depois Tommy Aldridge tocou o solo de bateria dele. E então veio o Rush. Eu me lembro de ver o Rickenbacker preto. Eu costumava desenhar Rickenbackers… Copiava das revistas. Queria um Rickenbacker mais do que tudo na vida, mas não tinha dinheiro. E tinha um cara do meu lado. Era outro baixista que também tocava na minha escola, tinha dinheiro e um amplificador grande e chique, e fazia pouco tempo que havia ganhado um Rick. Antes que os caras do Rush entrassem no palco, o baixo estava lá num canto, e os roadies estavam organizando tudo. E o cara me disse: 'O meu é igualzinho a esse ali, o preto'. E eu lá sentado pensando: 'Seu puto'.

"De qualquer forma, esse show foi praticamente uma experiência religiosa para um garoto de 14 anos, ou seja lá que idade eu tinha. Foi fenomenal. Era a turnê de *Hemispheres*, então eles tinham 'Cygnus' e as naves passando pelo buraco negro e os dois hemisférios, o cérebro estava vindo atrás da gente – foi impressionante, inacreditável. Assim, desse momento em diante, não havia ninguém que pudesse superar Geddy Lee. Eu tinha amigos com grandes coleções de discos – eu não tinha –, e eles estavam sempre tentando me convencer a gostar mais de outros caras como Larry Graham e Stanley Clarke. E eu pensava: 'Não, Geddy Lee é o melhor baixista do planeta'. Eu simplesmente nem ouvia outra coisa, até que fiquei mais velho e descobri esses outros. Mas Geddy e Chris Squire foram os dois caras que foram capazes de pegar o baixo e dar um timbre distinto ao instrumento, que te atravessava. Mesmo John Entwistle, que era fabuloso e tinha um timbre fabuloso, não era tão presente quanto o timbre de Geddy. E é claro, anos depois, entrei na mente de Ged para descobrir como ele fazia aquilo. Tenho só alguns segredos. Não creio que ele tenha me passado todos."

Mais além, o que torna Geddy especial, segundo Claypool, é que "seu fraseado tem muita personalidade, e ele é muito melódico, e você não ouvia esse tipo de coisa naquele tempo. Um pouco aqui e ali – Paul McCartney é um músico bastante melódico, mas não tão agressivo quanto Geddy. E, é claro, Chris Squire. Só que a interação entre Neil e Geddy era tão intensa, parecia que cada nota mais grave que Geddy tocava era acentuada por uma batida de Neil e vice-versa. Então, entre eles dois, e com todo mundo no público fazendo *air drumming* e *air bass*, pareceu uma coisa espetacular. E penso muito que a presença de Neil e Geddy também contribuiu para Alex criar todas aquelas texturas. Sabe, Alex não é um roqueiro de riffs. Ele toca essas partes de guitarra completas com muitas camadas, muitas texturas, e isso permite que haja um movimento subjacente que é bem bacana e muito característico. É como se houvesse um cupcake, e Alex fosse a cobertura desse cupcake.

"Geddy definitivamente é muito mais que só um baixista. A coisa em relação à voz dele sempre foi algo que repeliu todas as garotas para quem eu tocava Rush. Toda namorada que cheguei a ter não era muito fã da banda. Boa parte disso acontecia porque a voz de Geddy naquela época era muito peculiar e cortante. Era uma coisa do tipo ame ou odeie. E eu mesmo, como artista, aprendi que há também uma relação ame/odeie com pessoas que ouvem o que faço ou evitam ouvir o que faço. Então eu entendo. Mas minha esposa na verdade cresceu em Iowa, e tanto ela quanto a irmã ouviam Rush. Foi assim que soube que tinha me deparado com uma mulher incomparável quando a conheci."

Do estudo intenso sobre Geddy na juventude, corte para Les e Primus perambulando pelos Estados Unidos e a Europa abrindo para o Rush. Les conta: "Quando saímos em turnê com eles, estávamos todos muito animados. De fato, foi uma das razões pelas quais contratamos Tim Alexander como baterista; quando começamos a fazer audições e tocar algumas músicas do Rush, ele apareceu e foi tipo 'uau, alguém com quem nos conectamos'. Mas quando saímos em turnê com aqueles caras, principalmente quando excursionamos com o Rush pela Europa, as bandas descoladas da época, os Nirvanas e as bandas alternativas fizeram pouco caso. E parte da imprensa britânica dizia coisas como 'ah, o Primus devia ser essa jovem banda descolada, porque estão em turnê com o Rush?'. Havia um estigma colado neles. O que eu agora venho observando é que isso está lentamente se dissolvendo. Lembro que o Nirvana iria excursionar com eles. Foi conversado, e eles mal podiam acreditar que nós iríamos fazer o show de abertura. E foi tipo, bem, o Rush era minha banda favorita no colégio. Por que eu não iria aproveitar uma oportunidade como essa? Foi ótimo. Foi ótimo musicalmente, e foi ótimo conhecer os caras e nos tornarmos amigos.

"Quero dizer, aqui estavam os sujeitos que, na minha juventude, quando eu estava no colégio, eram o meu mundo, eram a minha banda favorita. Então, conhecer os caras… Acho que Alex foi o primeiro que conheci, caminhando pelo corredor nos bastidores. E eles tinham um diretor de turnê naquela época que era um cuzão, não era muito legal nem muito simpático – até que de repente ficamos amigos dos caras

da banda, e ele começou a puxar o saco. Mas não era muito chegado. Porém, não sei, eles ficaram nossos amigos por alguma razão. O santo bateu. Não lembro exatamente quando nos sentamos juntos pela primeira vez e começamos a conversar, mas foi surreal, porque eles tinham sido muito importantes na minha adolescência."

Quanto às lembranças das jams com o Rush, Les conta: "Ah, sim, tenho ótimas lembranças de tocar com os caras do Rush nos bastidores. Tínhamos essa bateria pequena, às vezes Tim tocava a bateria ou às vezes eu tocava, e lembro que Neil ficava batendo nos armários, e Geddy tocava baixo, e eu tocava baixo, e ficava observando o que Geddy fazia. E pensava: 'Puta merda, esse cara ainda manda bem demais', tocava coisas incríveis sem fazer esforço. E isso acontecia todos os dias. E Alex entrava, pegava a guitarra e tocava com um Doritos no lugar da palheta. Infelizmente, naquele dia eu estava bem chapado, então tudo parece um borrão, mas me lembro de pensar comigo mesmo, ei, se eu tivesse 16 anos e pudesse enxergar o futuro e ver isso, eu literalmente iria cagar nas calças."

"Todos os três ficaram bem amigos da gente", continua Les. "Somos bons amigos. Sabe, Neil é mais de ficar na dele. Meio que fica no mundinho dele. Mas houve ocasiões em que ele pegava a moto e ia até algum lugar na Flórida para fazer outro show, e Larry e nosso diretor de turnê o acompanhavam.

"Geddy simplesmente é Geddy. Um cara muito afetuoso, tem um senso de humor afiado. Nós saímos juntos em Berlim para um café com mesinhas na calçada e jantamos, e me lembro de sentar lá tomando uns drinques com ele. 'Vocês têm que tocar 'By-Tor', têm que tocar 'Cygnus', sabe?' Porque estávamos na era *Roll the Bones* e eles estavam se afastando de algumas dessas músicas mais antigas. E posso me identificar com isso, com algumas das minhas próprias canções, é como seu corte de cabelo da época do colégio. O que eu estava pensando? Mas nós realmente estávamos botando pilha neles para trazer de volta algumas daquelas músicas no estilo capa e espada. E, no fim das contas, eles começaram a tocar nos shows. Não sei se os influenciamos nisso de alguma forma, mas com certeza estávamos botando pilha.

"Alex é simplesmente Alex. Às vezes é apenas o Big Al, mas é um cara de um bom humor incrível. Ele seria um excelente ator. Tem essa persona, na verdade múltiplas personas. Uma das vezes que fiquei mais bêbado na minha vida foi na casa dele. A gente estava na cidade para participar do Lollapalooza de 1993. Alex tinha nos convidado para jantar na casa dele. Tinha preparado um belo jantar regado a vinhos muito bons. Nenhum de nós entendia nada de vinhos na época, então lá estávamos nós tomando vinho, nos divertindo. E quando terminamos de jantar, Alex pegou umas vodcas congeladas direto do freezer. E ficamos tomando uns martelinhos e todo mundo estava meio zonzo, e de alguma forma falaram que Ler, Larry, o nosso guitarrista do Primus, precisava cortar o cabelo. E Alex disse: 'Ah, só precisamos de uma tigela!'. Então pegamos uma tigela, colocamos na cabeça do Larry, e Alex tentou cortar o cabelo dele. E era uma tigela de vidro, acabou escorregando e caindo no chão e se estilhaçou, cortou o pé do Alex.

"Então eles acabaram terminando o corte com uma tigela diferente. Nesse ponto, Ler estava acabado, e Alex tinha ligado… Bem, ele tinha um controle remoto para a jacuzzi, e a jacuzzi tinha uma cachoeira, de repente estávamos lá fora na jacuzzi com taças de champanhe flutuantes. E eu estava usando o chapéu favorito da esposa de Alex, não sabia que era o favorito dela, e o destruí entrando debaixo da cachoeira, bêbado imbecil.

"Ler saiu da jacuzzi, ficou tentando puxar o calção de banho para cima, rolava no chão, totalmente pelado, sem sequer se dar conta, tentando colocar o maldito calção, e Alex estava lá de pé servindo champanhe e pensando 'Puta merda, Ler'. Passamos a noite na jacuzzi, Ler acabou desmaiado em algum lugar e vários outros tinham entregado os pontos. Eu não sei que horas eram. Acabei no estúdio com Alex, Tim 'Herb' Alexander, nosso baterista, que não bebeu nada na nossa festa, e tentamos gravar alguma coisa. E eu estava tão bêbado que não

conseguia tocar baixo. Nunca tinha ficado bêbado ao ponto de sequer conseguir tocar.

"Só lembro depois que acordei e ouvi uma voz, 'Trous, Trous', o nome do nosso diretor de turnê. Então dei uma olhada ao redor, eu estava sentado num sofá num quarto qualquer. Saí do quarto e fui até a escada, e lá estava Ler no andar de baixo, completamente pelado, com uma toalha enrolada na cintura. E ele só olhou para mim, nem mesmo reparou na minha existência, e deu meia-volta. 'Trous, Trous'. Ele estava chamando nosso diretor de turnê. 'Onde estão minhas roupas? E quem cortou meu cabelo?' E depois nós tocamos no Lollapalooza naquela noite em Toronto, estávamos acabados."

Les passou sua admiração pelo Rush para a geração seguinte. "Sim, acontece que agora meu filho, que tem 12 anos, toca contrabaixo na orquestra da escola já há três anos, e só recentemente eu comprei um baixo elétrico, ele não tinha interesse algum no instrumento. Ainda prefere o contrabaixo e sempre teve gostos bem ecléticos. A banda favorita dele, se perguntasse um ano atrás, era o Parliament, e ele sabe tocar 'Flashlight' e 'Atomic Dog'. Era um garoto bem precoce e, sério, estava aprendendo sobre astronomia na escola e falava de buracos negros, aí eu perguntei: 'O que você sabe sobre Cygnus?'. 'Ah sim, Cygnus, o buraco negro que é o mais próximo do nosso sistema solar', e ele ficou despejando toda essa informação para mim.

"Eu disse: 'Olha isso', e mostrei *Farewell to Kings* e toquei 'Cygnus X-1'. Ele leu a letra, e depois mostrei para ele a introdução, a primeira parte da música no baixo, aí ele começou a se interessar pelo Rush, o que é algo fenomenal. Então agora ele gosta de Rush, The Residents e Parliament. É incrível! E estou vendo cada vez mais crianças que estão se interessando por bandas com músicos que são um pouco mais proficientes tecnicamente do que esses músicos populares dos últimos 15 anos, estão gostando de Rush, de Yes, do velho King Crimson, é algo empolgante."

Isso significa que o Rush voltou a ser bacana? Algum dia o Rush foi *cool*?

Les diz: "Não me lembro de as palavras "Rush" e "*cool*" estarem na mesma frase quando eu era jovem. Mas, repito, nós éramos os caras que não estavam buscando esse tipo de coisa. O que era legal na época? Eram coisas como Eddie Money, qualquer merda dessas. Quem se importa? É tudo muito subjetivo."

"Para mim, é incrivelmente *cool*", continua Les, apontando para a foto da banda na contracapa de *2112*. "Eu queria que eles ainda usassem essas roupas. É fenomenal, é inacreditável. É um posicionamento. Olha essa ereção! Olhe para Alex – ele tá de pau duro! É fenomenal. Eu gostaria de ter esse visual. Faria isso num piscar de olhos. Embora não tenha um equipamento como o de Alex.

"A questão é – e falo isso para os meus filhos o tempo todo: as pessoas que realmente são descoladas são as que não sabem que são descoladas nem fazem esforço para ser. Para mim, essa é a máxima definição de ser alguém bacana. É se sentir confortável consigo mesmo, e vestindo o que você veste, usando o penteado que usa, sua aparência, seu perfume, todas essas coisas. É se sentir confortável consigo mesmo. E sempre tentei projetar isso. Se olhar as fotos do Grateful Dead... São descolados? Para os fãs deles, sim, são extremamente descolados e amados. Mas há muitas pessoas que não acham que eles sejam bacanas. Eu me lembro de ouvir comentários dos Beastie Boys dizendo que não achavam o Rush nada legal. E aqui estão os Beastie Boys, muita gente os acha muito bacanas. Mas tem muita gente que não os acha muito legais também. Então depende de sua perspectiva.

"Acho que, se você passar a vida inteira tentando ser descolado, vai apenas se tornar um poço de insegurança, porque é tudo muito subjetivo. E há muitos elementos nessa subjetividade: em que lugar é percebido, em que momento é percebido, por qual grupo, por qual faixa etária, faixa demográfica, por qual gênero. Falo isso aos meus filhos o tempo todo: apenas seja você mesmo e se sinta confortável com isso. Esse é o modo de ser uma pessoa feliz. E para esses caras, eles fazem o tipo de música em que acreditam, e têm feito música em que acreditam já há muito tempo.

"Tenho certeza de que, como todos nós, eles têm fases diferentes que despertam menos entusiasmo pelo que fizeram. Porque na época ficávamos dizendo para eles: 'Vocês têm que tocar 'By-Tor', têm que tocar 'Cygnus'. E os caras diziam: 'Ah, tá, Claypool, menos'. Eles achavam que estávamos malucos. Por que iriam querer voltar lá atrás e tocar aquela coisa estilo capa e espada? Bem, retomo a comparação com o corte de cabelo que usávamos nos tempos de colégio. Você olha para suas fotos e seu cabelo num dado ponto da vida e pensa: Onde eu estava com a cabeça? Então esse tipo de coisa acontece. Eu tenho de novo o mesmo corte de cabelo dos tempos de escola. E, para esses caras, eles estão com ingressos esgotados em todos os lugares, são reverenciados... Ocupam um lugar de honra na história da música. Ano passado, quando saiu a primeira matéria de capa com eles na *Rolling Stone*, fiquei estupefato. Pensei: 'Puta merda'. Levou cerca de 30 anos. Mas eu não tenho uma assinatura da *Rolling Stone* – obviamente essa revista não é muito descolada para mim."

"DISCERN
É ENTUSI
GENUÍNO
É EGO E C
É DISPUT
TERRITÓ

IR O QUE

ASMO

O QUE

QUE

A POR

IO."

CAPÍTULO 2

COUNTER-PARTS

Se tem uma coisa que Geddy, Alex e Neil guardaram da experiência com *Roll the Bones*, foi o raro e mágico senso de espontaneidade do "simplesmente aconteceu" – a criatividade captada do ar. Não é uma coisa associada ao Rush, e nem mesmo muito detectável pelo ouvinte, mas não se pode ignorar: se fosse algo que despertasse os integrantes da banda, que tornasse o processo de gravação do disco mais agradável, então iria acontecer.

Por duas razões: (1) a banda tinha bastante certeza de que isso tornava a música melhor; e (2) neste ponto da carreira, eles certamente precisavam de motivos para seguir em frente. Pode ser um exagero, mas de modo imperceptível e invisível, ao se entrar nos anos 1990 observando o Rush, havia uma sensação crescente de que se a banda terminasse por uma ou outra razão não seria porque alguém havia cedido a emoções abruptas. Sendo canadenses, grande parte do motivo de continuar o trabalho neste ponto da carreira teve a ver com a responsabilidade dos rapazes com relação às próprias famílias e às famílias de quem trabalhava com eles para manter a estrutura toda operando em máxima capacidade. Não havia um desejo inflamado ou uma obsessão para crescer, era algo mais no sentido de "não seria legal se pudéssemos continuar fazendo isso?". E se não pudessem, havia golfe, beisebol, ciclismo, álbuns solo, arte, vinho, aviões, arco e flecha, aulas de francês, viagens, família, o Canadá.

A música era o hobby favorito, não o único. E para se permitir tal hobby, voltaram ao Chalet Studio, na área rural de Ontário, para as sessões de composição, os mesmos deveres demarcados, o retorno para casa nos finais de semana a fim de visitar a família, então inspirados não só pela diversão com o Primus – criatividade pura, mesmo que não exatamente funcional –, mas também pelo som pesado que vinha de Seattle.

"Nós fizemos aquele disco em casa", afirma Geddy. "Foi legal porque, fazendo um disco em casa, dava para voltar todas as noites. E nos dias que a gente não precisava trabalhar podíamos ficar com a família. E isso é muito bom para manter a família unida."

Quanto à música, Geddy diz: "Estava começando a ter uma pegada mais jazz, uma área de timbre mais suave que era menos gratificante para mim, porque no fundo sou um roqueiro e quero tocar rock. Estava ficando suave demais... Basicamente com a cor errada. É por isso que *Counterparts* se tornou um disco tão importante, porque de certa forma voltamos ao passado. E voltamos a pensar no futuro – muitas coisas coincidiram com o que estava acontecendo na época em Seattle, onde as bandas de rock estavam prosperando de novo. Foi delicioso testemunhar isso, de sairmos de repente de um período estranho para esse em que havia bandas de rock por todo lugar. Adorei, foi ótimo. O Soundgarden e todos esses grandes grupos eram inspiradores. Foi um exemplo de ouvir o que estava tocando ao redor e dizer: 'Sabe, perdemos o rumo um pouco aqui, estamos sendo levados pela corrente para esse outro destino'. Quero dizer, foi difícil colocar qualquer tipo de teclado nesse disco."

Os dois meses em Claremont foram amaldiçoados por problemas técnicos, mas os rapazes deram um jeito de obter bastante material gravado digitalmente numa mesa de oito canais, usando o Cubase Audio para capturar e manipular as ideias que surgiram nos ensaios. Eles tiveram longas conversas sobre o bicho-papão na sala, os teclados, que resultaram numa trégua incômoda na qual a guitarra tinha que ser mais

proeminente na mixagem. Enquanto isso, Neil estava longe escrevendo as letras, trabalhando dessa vez sem um conceito. Contudo, ele logo descobriu o tema da dualidade em algumas das canções, o que levou o 15º álbum do Rush a se chamar *Counterparts* (mas só depois que o disco já estava pronto).

Dada tal premissa, e dados os padrões do passado, fazia pouco sentido que a banda retornasse a Peter Collins – o homem do momento em *Power Windows* e *Hold Your Fire* – para produzir o novo disco. Mas durante seu tempo afastado – e não esqueçamos que da primeira vez Peter basicamente se demitiu –, Collins tinha produzido o álbum de Alice Cooper *Hey Stoopid* (heavy hair metal), *After the War*, de Gary Moore (o último álbum pesado dele antes de partir para o blues) e a obra-prima de metal progressivo do Queensryche, o platinado *Operation: Mindcrime*, de 1998. Ele também produziu o álbum seguinte do grupo, *Empire*, que recebeu disco triplo de platina, tornando o Queensryche a primeira banda a fazer sucesso comercial aproveitando a plataforma construída pelo Rush nos anos 1970. Foram um rolo compressor de vendas em comparação aos seus predecessores.

Ainda mais impressionante em termos de peso, assim como de um inesperado clamor das ruas, Collins trabalhou no disco mais acessível e popular do Suicidal Tendencies, *The Art of Rebellion*, de 1992, que garantiu um improvável disco de ouro à banda. De repente, "Mr. Big" estava com tudo em cima novamente, o que foi importante para Peter, que tinha ficado meio abatido com o fato de *Hold Your Fire* ter sido o primeiro disco do Rush em muito tempo a não receber disco de platina.

Os rapazes mantiveram contato com Collins desde então, e uma conversa confirmou que ambas as partes estavam na mesma página e seguindo em frente. Peter não tinha gostado da sonoridade da banda nos dois discos mais recentes e havia adotado um protocolo que ajudaria a fazer a diferença: estava trabalhando com um novo engenheiro, Kevin "Caveman" Shirley, que seria muito prestativo ao auxiliar a banda e o produtor a irem em busca do que queriam – não parecer uns fracotes.

"Todos os nossos experimentos foram pontuados por falhas", admite Neil. "E quando isso não acontece? As coisas podem ir longe demais numa determinada direção, e só então nos corrigimos. No final do caminho pensamos: 'Uau, tentamos seguir esse caminho, mas fomos um pouco longe demais'. E a questão da guitarra/teclado se tornou isso, ainda mais ao longo dos anos 1980, primeiro sonoramente, e depois eu diria que de modo textual e criativo, porque Andy Richards e Peter Collins tinham algumas ideias, e todos nós adoramos o que elas trouxeram para o nosso som. Gosto muito daqueles discos pelo que são, mas também entendo o fato de Alex querer resgatar o próprio som.

"Os bateristas também sofrem com esse problema, ficam sufocados debaixo de um som de guitarra opressivo. Acrescente-se a isso um som de teclado imenso e a bateria acaba perdendo a intensidade e a dinâmica que ela tem sonoramente. Geddy e eu sempre falamos quando fazemos as faixas-guia, apenas o baixo e a bateria juntos: 'Nunca vai ficar tão bom assim de novo'. É uma coisa que nós dois temos. E lembro que houve um álbum nos anos 1990, quando estávamos fazendo a mixagem, e o engenheiro assistente disse para Alex e para mim: 'Só quero oferecer duas opções para vocês, garotos – mais guitarra e mais bateria'. Então todo mundo tem ciúme de seu território sonoro. E é apenas sonoramente falando. Não é que sua parte deva ter um som mais alto, trata-se apenas das nuances da ressonância de tom e do prato de condução dos quais você odeia ter que abrir mão.

"Não é uma coisa massiva de ego, de que a bateria deva soar mais alta ou que a guitarra deva soar mais alta. Acontece essa perda de som, uma noção de que... Bem, guitarristas gostam de guitarra. Eu gosto de bateria! Se mixasse um álbum, eu deixaria a bateria bem alta porque a adoro. Não porque sou eu quem está tocando, mas porque é a bateria. Amo bateria nesse nível. Amo ouvir bateria. E adoro ouvir um disco em que a bateria é mixada num volume alto. Então está tudo entrelaçado

nisso também. É por esse motivo que é preciso ter cuidado numa parceria, para discernir o que é entusiasmo genuíno, o que é ego e o que é disputa por território.

"O que estou tentando explicar com todos esses comentários é que, ao longo dos anos, houve essas pequenas correções para resolver problemas. Então, sim, essa época existiu, mas existiu ao longo de vários álbuns e ao longo de vários palcos, todos os quais acredito terem seus bons momentos musicalmente falando. Então era inevitável e era o certo, e funcionou na hora certa do jeito que precisava ser. As guitarras se tornaram mesmo mais predominantes do jeito que Alex queria. E os teclados continuaram nos servindo num sentido MIDI, como pano de fundo, textura e enriquecimento do som."

Neil evita tocar no assunto quando questionado sobre as discussões entre Alex e Geddy: "Bem, como poderia haver uma parceria criativa sem discordâncias? O que importa é como se lida com essas discordâncias. Todo mundo tem diferenças criativas. Não se pode questionar o outro com raiva ou insultos – 'Como você ousa?' –, nenhuma parceria consegue sobreviver a algo assim. Portanto, é claro que houve atritos e discordâncias até encontrarmos uma solução aceitável para todo mundo. Afinal, a mixagem é isso, mais bateria, mais guitarra, mais voz! É um concurso em certo sentido. E onde há competição envolvida, haverá conflitos. Parte do que faz um relacionamento ser duradouro é saber lidar com os atritos."

"Achei muito difícil trabalhar com o modo como os teclados estavam se desenvolvendo, particularmente em *Power Windows* e *Hold Your Fire*", conta Alex. "Quero dizer, eles ocupavam várias camadas e eram feitos antes das guitarras, então eu precisava encontrar espaços para ocupar, me esgueirando, separando as partes. Nunca me senti confortável fazendo isso. Eu sentia como se a guitarra estivesse se tornando um instrumento secundário ao que os teclados estavam fazendo, e acho que Geddy também reconheceu essa questão.

"Em *Hold Your Fire*, tentamos reduzi-los um pouco. Busquei um som mais limpo, forte, num tom mais agudo apenas para atravessar as camadas massivas de notas de teclados que ocupavam as mesmas frequências dos timbres de guitarra mais densos. Então foi muito desafiador, e não sei se foi inteiramente gratificante. Não tenho nada contra aqueles álbuns e a sonoridade deles. Acho que têm um ótimo som. E há canções naqueles dois discos que estão entre as minhas favoritas de todos os tempos, acredito que do ponto de vista da produção há dinâmicas bem interessantes ali. Mas quando vejo para onde nos direcionamos e o tipo de esforço que fizemos para retornar ao nosso centro, fico muito satisfeito."

Quando questionado se houve atritos entre ele e Geddy, Alex, assim como Neil, é reticente e busca uma resposta diplomática: "No final dos anos 1980, eu estava cansado daquilo, de verdade. Virou um processo de arrancar as ervas daninhas do gramado, a cada álbum subsequente um pouco menos".

Lifeson enfatiza que Geddy também aprovou as mudanças: "E Ged também começou a sentir a mesma coisa. Acho que ele não gostava muito da pressão de tocar teclado ao vivo. Queria ter mais liberdade. Tocar teclado, tocar baixo, cantar, tudo isso dá muito trabalho. Acima de tudo, queríamos voltar às raízes do nosso som. Tínhamos feito todas aquelas coisas, e era o momento de nos reagrupar e voltar a ser nós mesmos. Foi uma coisa natural para Ged. Ele tinha meio que se desligado dos teclados, então não teve que pensar muito a respeito."

"Dei uns tapas nele [em Geddy], mas acho que já superou", brinca Alex, de novo fazendo pouco caso do impasse entre os dois. "Acho que Ged se deu conta de que eu não estava feliz. Não que estivesse terrivelmente infeliz, era mais uma frustração do que qualquer outra coisa. Mas quer saber? No final do dia, se você se sente daquele jeito, tem que se levantar e fazer alguma coisa a respeito. Acho que antes eu não fazia isso. Só seguia o fluxo em vez de tumultuar. Pensava: "Bem, vou aprender a driblar isso".

"Sabe, talvez aquilo tenha me tornado o músico que sou hoje. Foi um enorme desafio me encaixar naquilo que eu considerava obstáculos na época. Aprendi a ter uma noção melhor do papel da guitarra rítmica, sem dúvida. Acho que isso é um dos meus pontos fortes. É uma área da guitarra na qual tenho trabalhado com afinco ao longo dos anos. Talvez sem aquela tensão não tivesse alcançado esse posto.

"Eu me senti mais confiante comigo mesmo e com meu jeito de tocar ao longo dos anos 1990, e acho que mantive um posicionamento mais ousado dentro do contexto mais recente da banda. Tem muito a ver com confiança e respeito uns pelos outros. E tanto Ged quanto eu temos muito respeito e confiança um pelo outro, com o passar dos anos fomos trabalhando nisso, como acontece com qualquer relacionamento. Acho que, quando compomos, quando gravamos, nos sentimos 100% seguros do que está acontecendo com o álbum. Sabemos que podemos deixar o estúdio e tudo vai ficar ótimo.

"Para mim, nesse ponto, eu ouvia trechos de guitarra na minha cabeça que podiam ter sido partes de teclado. Por que não fazer assim em vez de usar teclados? Porque a tecnologia tinha se encaminhado para o mundo do sample. Por que não compor a parte na guitarra, tocar e gravar? Se quisermos tocar ao vivo, podemos disparar essa parte enquanto eu estiver tocando a parte principal. Era uma questão de usar do mesmo modo que estaríamos usando um teclado ou um sample, mas ter a parte organicamente gravada, de forma mais natural. Mais tarde, mergulhamos mesmo nisso, o que ajudou Geddy e eu a desenvolvermos a relação entre a voz e a guitarra ao longo dos anos em termos de substituir as partes do teclado. Essa realmente foi a chave."

"Parecia suficiente", continua Alex, sobre o porquê de substituírem Rupert Hine. "Não parecia que poderíamos aprender mais com ele, e não era mais a direção que queríamos seguir. Vemos esses discos como suaves demais se comparados ao que tínhamos a intenção de fazer. São totalmente aceitáveis, e parece que deram certo na época, mas com certeza estávamos buscando um caminho mais pesado como *power trio*. Queríamos mesmo voltar às nossas raízes, foi um esforço consciente. Por isso trabalhamos com Kevin, porque ele tinha a reputação de ser um engenheiro de muita força, de muito peso. E quanto a Peter, nós o amamos. Nossas experiências com ele sempre foram ótimas. Queríamos muito trazê-lo de volta naquele ponto. Peter está em constante crescimento e sempre teve ótimos instintos sobre música, além da parceria com Kevin, que era meio selvagem e bruto. Achávamos que formavam uma equipe muito boa.

"Peter é um produtor muito, muito esperto – e sabe disso. Não importa se a música é pop ou metal, ele tem um *feeling*, tem ótimos instintos. É confortável e divertido trabalhar com ele. Há muita estabilidade em sua presença no estúdio e na sala de controle. Está sempre lá e nunca encosta na mesa de som, exceto para pegar o cinzeiro quando está fumando um daqueles grandes charutos. É simplesmente ótimo tê-lo ali, é muito reconfortante. Ele está de olho em tudo, faz anotações, é bastante organizado, e isso diminui a pressão quando se está trabalhando."

"Foi bem diferente", diz Alex, comparando os detalhes práticos da gravação de *Counterparts* com relação a *Roll the Bones*. "Neil montou a bateria num estúdio grande e gravou, como sempre faz. Geddy talvez tivesse um amplificador montado que era direto, mas ficava na sala de controle, e havia contato e comunicação imediatos, o que é um bom jeito de se trabalhar. No geral, trabalho da mesma forma. Monto um rack na sala de controle, me sento atrás do engenheiro e toco todas as minhas partes, faço os *overdubs* bem ali, com um longo cabo ligado ao estúdio onde ficam todos os amplificadores.

"Kevin queria que eu entrasse no estúdio e tocasse na frente dos amplificadores, que ficasse lá dentro de modo que a guitarra pudesse vibrar com o volume das caixas de som. Era difícil porque o volume é bem alto, e é preciso ficar com os fones de ouvido e fazer um esforço para escutar tudo, para tocar com precisão. E a comunicação se torna difícil porque você fica dentro do estúdio olhando pelo vidro lá longe. Mas sabe, ele estava certo. Há uma ressonância na guitarra quando se está lá dentro e isso sustenta o som e dá mais personalidade ao instrumento.

ELE ESTÁ DE OLHO EM TUDO, FAZ ANOTAÇÕES, É BASTANTE ORGANIZADO, E ISSO DIMINUI A PRESSÃO QUANDO SE ESTÁ TRABALHANDO.

Não fizemos tudo desse jeito, mas a maior parte foi comigo tocando dentro do estúdio. Foi divertido voltar lá e sentir aquilo, estar cercado por todos aqueles amplificadores grandes vibrando e chiando.

"Eu me lembro bem de que tínhamos opiniões diferentes. Percebi que Kevin vinha de uma escola específica e talvez tivesse um pensamento mais estreito do que o lugar de onde eu vinha, ou o tipo de coisas que eu ouvia. Mas como esse disco estava seguindo para uma direção mais pesada, acabamos cedendo. Entendi o que Kevin estava tentando fazer, e ele estava certo. Tomamos muitos drinques juntos e acertamos as diferenças. Com Kevin, de novo, era um tempo em que todas as gravações eram bem simples. Passamos pelos anos 1980, quando havia muitos *reverbs* e outras coisas acontecendo, e eu sempre amei um *reverb* natural, particularmente no som da guitarra, desde que combinasse com a canção. Mas Kevin era o tipo de cara que não queria saber disso. Não queria qualquer efeito nos vocais, nem na bateria, nada, e gosto de ter um pouco de brilho na mixagem. Mas isso não foi um grande problema. E ele é um cara muito, muito seguro de si."

Quanto a Geddy, "Kevin queria que ele usasse um antigo amplificador Ampeg e conseguiu achar um na lixeira de alguém num armazém de um estúdio em algum lugar, e aquela coisa chiava e estalava. Mas queria que Geddy usasse um amplificador, porque Geddy tinha esse som bem reluzente e ativo, menos direto, menos amplificado. Sei o que Kevin estava encarando. Ele apenas queria aquele som triturado das caixas de som, aquele magnetismo, o movimento do ar para dentro do microfone, e tinha razão. É uma questão de gosto. Para o disco, era a coisa certa a se fazer.

"Esse amplificador ajudou Geddy a extrair mais força do grave, mas ele também usou um baixo Fender Jazz em vez do baixo Wal, o que deu certo com cordas mais pesadas. O amplificador resgatado do lixo passou por alguns reparos e foi usado para a condução das caixas de contrabaixo Trace Elliot, com bastante *overdrive*. Às vezes se fazia dessa forma, às vezes voltávamos para algo mais direto desviando das caixas,

usando o Palmer Speaker Simulator como tinha sido feito na etapa de gravação das demos."

"Recebi uma ligação de Geddy perguntando se eu estaria interessado em trabalhar com eles de novo, e eu disse: 'Com certeza'", lembra Peter "Mr. Big" Collins sobre a retomada da parceria com o Rush, que seguiria até um quarto álbum juntos, *Test for Echo*, de 1996. "E conversamos sobre como o rock tinha mudado com a chegada do Nirvana e do som de Seattle. Mesmo que não estivéssemos exatamente em busca daquele som, tanto ele quanto eu estávamos atrás de um som mais orgânico para a banda. Sons mais naturais, menos exagerados, as caixas da bateria com menos compressão, menos *reverb*, sons mais densos, guitarras com menos canais múltiplos, o que talvez criasse um som mais simples, com menos camadas. E, para se chegar a isso, concordamos em trabalhar juntos mais uma vez e procurar um engenheiro.

"Devo ter liderado o projeto a partir dali nesse sentido, porque percebi – olhando para os quatro discos anteriores deles – que era hora de tomar uma direção mais orgânica, e Geddy se mostrou totalmente favorável a essa ideia. Conversamos sobre como poderia ser feito, e com certeza começaria com o engenheiro e a percepção dele da engenharia de som. Eu tinha ouvido um disco produzido por Mike Chapman, do Baby Animals, uma banda australiana, e tinha gostado muito do som. Era meio amadeirado. E Kevin Shirley, acho que ele soube que eu tinha gostado do disco. Ele me ligou e conversamos um pouco."

Shirley, que é sul-africano, tinha começado a carreira no país natal, mas depois se mudou para a Austrália em 1986, onde trabalhou com todo tipo de artista. Ele fez a engenharia de som do álbum de estreia do Baby Animals, que ganhou oito discos de platina no país e se tornou o álbum de estreia de uma banda australiana de maior vendagem da história até que *Get Born*, do Jet, foi lançado em 2003.

Collins continua: "Ele estava procurando trabalho, e eu disse o quanto tinha gostado do disco e peguei alguns detalhes. Então fui para Toronto conversar com a banda sobre engenheiros e falei: 'Conversei com esse cara, Kevin Shirley, e acho que vale a pena bater um papo com ele'. Toquei o disco do Baby Animals para eles, que gostaram – não adoraram, mas meio que viram por que eu tinha gostado. Concordaram em pagar a passagem de avião para que Shirley viesse a Toronto participar de uma reunião. E eu estava presente, tocamos algumas coisas antigas do Rush, algumas coisas que eu tinha feito e que Rupert tinha feito. E ele disse: 'Bem, a caixa da bateria parece muito esquálida, e não gosto de todo esse *reverb*'. Sabe, estava apenas dizendo o que não gostava.

"E é claro que, para qualquer engenheiro ou produtor em potencial a trabalhar com o Rush, quando está sendo entrevistado pela banda e diz para eles o que não gostou nos álbuns, provavelmente vai conseguir o cargo. Porque os rapazes ficam fascinados por saber o que você faria diferente, o que poderia ser melhor. Quando os conheci, disse que os vocais poderiam ser melhores, que o som inteiro do disco podia ser melhor, e consegui a vaga. Caveman foi contratado porque, basicamente, detonou o som do Rush. E porque também disse para Neil que poderia obter um som de bateria com ele em 20 minutos. O que, sabe, foi como um corredor polonês, e Neil adorou a possibilidade. Na verdade, acho que Caveman levou meia hora, 40 minutos, para obter um som básico de bateria de Neil."

"Eu estava quebrado, falido, morando em Nova York, e ficava mandando fitas para todo mundo tentando conseguir algum trabalho", explica Kevin. "Mandei uma fita para Peter Collins e ele disse: 'Vem conhecer a banda'. Então peguei um voo para Toronto e conheci a banda. Tentei voltar para minha casa nos Estados Unidos, mas as autoridades norte-americanas não me deixaram mais entrar nos EUA. Fiquei preso em Toronto, sendo que meu filho de dois anos tinha ficado em Nova York. Então liguei para eles e perguntei: 'Consegui o emprego?'. Eles disseram: 'Bem, te avisamos em duas semanas'. Então falei: 'Olha, preciso saber agora, porque estou preso em Toronto'. Eles responderam: 'Ligaremos de volta para você em uma hora'. Então fiquei no aeroporto, não tinha dinheiro nem para comprar uma passagem para outro lugar, e uma das comissárias veio até mim e disse: 'Você pode ficar na minha casa'. Então liguei para o Rush e eles disseram: 'Ok, o emprego é seu'.

"Aí falei: 'Ok então, só tem mais uma coisa: preciso de grana'. E disseram que tudo bem. Era uma sexta à noite, e no sábado a Pegi me mandou um dinheiro, consegui alugar uma casa e fiquei preso no Canadá durante um mês antes de começarmos a trabalhar no álbum."

"Acho que eles estavam à procura de algo diferente", continua Kevin, tentando explicar por que foi contratado. "Tinham ouvido minha fita, e acho que Neil ficou impressionado com o som da bateria. Ele me fez perguntas: 'Por que a bateria tem esse som?', e eu respondi: 'Bem, sabe, ela é analógica e nós gravamos num Neve, não gosto de equalizar os pratos'. Então ele disse: 'Adorei isso'. Depois finalmente começamos a trabalhar. Usamos uma mesa SSL que ia direto para o digital e tudo que eu não fazia. 'É assim que gosto do som da minha bateria.' Aí eu falei: 'Uau, ok, com certeza'."

Quando pergunto se ficou surpreso quando o Rush quis trabalhar com ele, Kevin Shirley responde: "Não, não fiquei, por que ficaria? Eu não sabia nada sobre a banda. Eu conhecia *Power Windows*, para ser honesto — é tudo o que sabia. E conhecia Peter Collins por causa do trabalho dele com Gary Moore. Principalmente 'Out in the Fields', que eu adorava. Achava o som excelente. Mas não, eu estava numa batalha tão árdua para conseguir ganhar a vida que não me impressionava com isso. Pensava que, se me pagassem, não importava quanto, eu ia aceitar o trabalho. Em certa medida, era fã de *Power Windows*. Sempre fui obcecado por Led Zeppelin, Deep Purple, então eu gostava muito desse rock mais tangível, em que dá para identificar a performance pelo estilo dos músicos. E o Rush sempre foi um pouco mais técnico do que isso para mim, um pouco mais progressivo, então eu não era um grande fã. Mas, como disse, gostava de *Power Windows*. Achei um disco muito bacana, eu tinha o vinil, mas não era um grande fã — e isso precisa ser dito.

"*Presto* e *Roll the Bones* para mim eram indícios do que estava acontecendo nos anos 1980. E quando me chamaram já estávamos no começo dos anos 1990. Na minha visão, pareciam Flock of Seagulls, Men Without Hats, até mesmo Duran Duran e Depeche Mode – eram todos farinha do mesmo saco. Sei que há fãs de Duran Duran que me matariam por dizer isso, mas eu achava todos iguais. Não era algo de que gostava de forma alguma. E *Presto* e *Roll the Bones* tinham esse tipo de teclado meia-boca. Eu não gostava daquilo. Uma das coisas que é uma das grandes qualidades de Peter Collins é que ele reúne pessoas com opiniões fortes e as deixa resolverem as coisas. Não há essa visão geral grandiosa como Mutt Lange tem. Peter chama as pessoas para o projeto e as observa trabalhar cada uma com seus pontos fortes. Assim, quando entrei lá, eu estava bem decidido a fazer um disco pesado. Eles ainda não estavam em sintonia quanto a isso, mas também não se colocavam diametralmente opostos. Havia um elemento que queriam introduzir na música. Pegaram o que era possível a partir desse elemento e do que eu estava propondo e aplicaram no álbum."

Segundo Peter Collins, Geddy tinha uma agenda que também se alinhava a esse plano: "O grave era um problema para Geddy", afirma Peter. "Ele queria um grave ainda maior. Tinha trabalhado com dois produtores ingleses em sequência, um engenheiro inglês e um australiano, e acho que estava ainda descontente com a sonoridade do grave. Portanto, era uma questão que seria abordada no disco seguinte."

Mas, como sempre acontecia com as questões criativas, não houve interação entre Collins e o empresário do Rush, Ray Danniels, no escritório da Anthem em College Street. "Não, nunca. Eu mal via Ray", conta Collins ao responder se trabalhou muito ao lado do empresário. "Basicamente nos víamos nos shows. E ele aparecia algumas vezes no estúdio quando estávamos em Toronto. Mas nos apoiou muito."

Falando sobre as letras, "elas tinham mudado", continua Collins, que repassa os registros do processo de construção. "Neil trazia menos canções com histórias, essa foi uma das coisas que reparei. Havia mais ideias abstratas que ele estava colocando no formato de uma canção. Parecia um pouco mais místico, talvez baseado em relacionamentos,

em vez do tipo de material que gerou 'Red Barchetta' ou 'Manhattan Project'. O processo era assim: a banda trabalharia sozinha até que dessem forma às canções e pudessem tocá-las para mim. Depois eu ficava com eles por uma semana, geralmente, de uma semana a dez dias, e tinham algumas demos básicas para tocar. Eu me sentava lá e ouvia fazendo anotações – ambos os locais de ensaio tinham estúdios – e trabalhávamos naquele material, ajustávamos as coisas e conferíamos os detalhes fazendo algumas mudanças e criando algo que pudéssemos gravar. Tínhamos todos os tempos marcados, os tons e timbres, todas as mudanças básicas."

Quanto ao material, "parecia uma progressão natural. Eu não pensava, ah meu Deus, isso é uma mudança completa. Pegava o material como chegava até mim e trabalhava com ele, tentava maximizá-lo. Não reparei em qualquer diferença significativa no direcionamento da composição. Percebia uma diferença gradual, um distanciamento das canções narrativas. E algo como 'Stick It Out', suponho que tenha combinado com a direção geral de usar Caveman e um som mais orgânico e mais próximo do rock clássico."

Quanto ao peso concomitante, "muito disso foi encorajado por Kevin", acredita Peter. "Partiu da banda, mas era largamente apoiado e incentivado por Kevin. Ele era um grande fã de Led Zeppelin, gostava de gravar tudo de forma muito simples, de ter Alex lá dentro do estúdio tocando em vez de estar junto à mesa de som dentro da sala de controle, o que a princípio deixou Alex contrariado, mas depois ele adorou a ideia. E havia todo o conceito da bateria ser um instrumento mais mono, em que se podia vê-la como um instrumento único, em vez de caixas, pratos, tons espalhados por todo lugar no estéreo."

Detalhando esse conceito de Alex livre do confinamento da sala de controle, Peter observa: "Kevin acreditava que a guitarra precisava estar na sala onde os instrumentos eram tocados, porque não apenas o guitarrista estaria em contato mais próximo com o som, também acreditava que o som da bateria e o vazamento da captação da guitarra constituíam uma parte importante do som do instrumento. Eu nunca tinha ouvido falar nesse tipo de filosofia antes, mas gostei. Acho que Alex também gostou. Sem dúvida Kevin nos convenceu. Porque na sala de controle, depois que Alex tocava alguma coisa, havia uma discussão sobre o som, sabe, se tinha ficado bom, o que precisava ser refeito e blá-blá-blá. Mas se não estivesse conosco, Alex não participaria dessas discussões sobre seu desempenho. Podia simplesmente ler um livro e esperar até que pedíssemos para tocar de novo. E não teria que lidar com qualquer tipo de crítica quanto ao trabalho dele. No início foi difícil, mas ele passou a gostar disso, e depois em *Test for Echo* adotamos o mesmo procedimento, embora Kevin não fosse mais o engenheiro de som."

Peter diz que os membros da banda ficaram um pouco surpresos com o fato de Kevin ser muito direto, com sua confiança e franqueza. "Sim! Acho que ficaram surpresos. Não estavam acostumados a isso, esse tipo de atitude arrogante. Estavam acostumados com engenheiros muito detalhistas, que se deixam guiar pelas minúcias, o que não é o caso de Kevin. Ele quer ver o quadro amplo e que isso cause impacto. Vai tomar decisões bem rápido, e pelas expressões do rosto fica claro se é para seguir em frente ou não. Adoro isso a respeito dele, mas exigiu um pouco de esforço por parte da banda para se acostumar. Não tenho certeza se Neil ficou contente com o som da bateria na época. Ele deve ter questionado isso, porque no álbum seguinte voltou a usar microfones individuais para cada elemento da bateria."

Quanto a deixar os teclados de lado, "eu também achava que era hora de saírem de cena", afirma Collins. "Gosto de pensar a meu respeito como um produtor comercial, e no meio-tempo que se passou entre concluir *Hold Your Fire* e trabalhar em *Counterparts*, minha percepção mudou, e eu estava totalmente atento ao som de Seattle, a todo aquele movimento, e percebi que os teclados em particular não faziam parte disso. No meu entendimento, uma parte essencial do som do Rush era manter tudo isso naquela simples área analógica. Convidamos John

Webster para tocar em *Counterparts*, mas não foi uma participação muito ampla". Webster, tendo trabalhado com Stonebolt, Red Rider e Tom Cochrane como artista solo (e uma variedade de outras sessões de gravação, junto com Peter em *Hey Stoopid*), é creditado como "teclados adicionais", enquanto Geddy tem um crédito simples de sintetizadores.

Esse olhar em direção a Seattle, reflete Peter, "precipitou uma mudança de direção no sentido de retomar o som com raízes nos anos 1970. Estava no ar. Eles tinham produzido um som mais badalado e estavam prontos para fazer outra coisa, um som mais orgânico, e para incorporar de vez em quando alguns elementos mais progressivos da gravação e dos sons digitais, combinando os dois."

E felizmente, diz Peter, Alex e Kevin "eram farinha do mesmo saco. Ambos tinham essa percepção do que era o verdadeiro rock 'n' roll. Por mais que Alex preferisse incorporar mais efeitos do que Kevin acabaria usando, ambos tinham uma atitude bem básica com relação ao rock, enquanto Geddy e Neil estavam num espectro mais cerebral. Alex só queria tocar rock. E é fato que ele ficou afastado disso... Bem, não afastado, mas o tipo de música que o Rush faz é bem complexo. E a percepção de Caveman não tem muito a ver com música complexa. Kevin era bem raiz, então se conectou com Alex nesse sentido. Alex realmente gostava de seus timbres de guitarra, e não houve tanto estresse como quando trabalhamos juntos nos anos 1980. Não fizemos intermináveis guitarras em múltiplos canais. Mantivemos uma guitarra, deu certo, e fizemos desse jeito. Eu lembro que também usamos mais violão acústico."

Depois de uma guerrinha particular por causa de *reverb*, Kevin e Alex foram para um bar certa noite encher a cara com "cinco garrafas de uísque" e resolveram suas diferenças. "Depois disso, Alex ficou bem mais à vontade", conta Peter. "E, repito, era a primeira vez em muito tempo que ele gravava fora da sala de controle. Montamos os amplificadores e todo o equipamento dentro do estúdio de gravação, ele tinha um banquinho e fones de ouvido, ficou alheio a toda aquela conversa que acontecia junto à mesa de som. Geddy ficava lá junto à mesa conversando com Peter – Neil não ficava muito no estúdio –, assim Alex não tinha que ouvi-los dizer 'ficou bom?'. Ficava lá dentro e tocava. Ele deixou as guitarras PRS de lado por uns tempos. Eu disse para ele: 'São guitarras lindas, deveriam servir de mesinha de centro da sala de estar. Por que você não toca com a Les Paul? Por que não toca de novo com a Telecaster?'. Então ele pegou essas guitarras antigas novamente e adorou a ideia. Lá na sala de ensaio em Quebec, pegava a Les Paul, plugava num Marshall, ajustava o som num volume bem alto e tocava, e acho que se divertiu muito."

"Muitos músicos, à medida que ficam mais velhos, tendem a confiar nos efeitos de pedal para disfarçar algo que entendem como inadequações na própria forma de tocar", afirma Shirley. "Vejo isso o tempo todo. Não quis dizer músicos mais velhos, mas os mais experientes, eles se afastam de suas raízes, quando nunca tinham a opção de maquiar certas coisas usando pedais de delay, chorus ou *reverb*, esse tipo de coisa, e passam a depender cada vez mais disso. Acontece principalmente quando há um guitarrista só na banda e é preciso preencher um vazio, um estádio inteiro noite após noite, para poder tocar apenas uma corda e fazer 'ga-zing, ga-zang, ga-zung', é algo fantástico. Mas, no estúdio, parece coisa de jingle de comercial de TV a meu ver. E ainda não gosto muito dessas coisas, é uma batalha constante com todos os artistas de 'legado' com quem trabalho.

"Mas senti que depois da nossa noite regada a uísque no hotel Four Seasons, em Toronto, onde simplesmente nos acabamos de tanto beber, Alex aceitou o rumo que estávamos seguindo e o fato de que iríamos deixar o passado para trás em termos do som da guitarra dele. Então entrou no estúdio e aproveitou. Talvez a princípio tenha apenas se resignado, mas depois embarcou na jornada. Pensou, sou um garoto de novo, estou tocando minha guitarra, tocando todas as minhas guitarras antigas, sabe, é divertido. Era criativo, tudo o que deveria ter sido desde sempre. Havia novas músicas sendo adicionadas, havia 'Between Sun & Moon', quando a Tele apareceu, 'Animate' e 'Stick it Out', quando Alex trouxe as Les Pauls grandes e empoeiradas. Foi emocionante para ele não ter o mesmo velho tipo de distorção, como uma abelha presa dentro de um pote de vidro, que era o som da PRS que ele vinha obtendo nos últimos cinco ou seis anos."

E depois havia Geddy, que tinha sumariamente desistido de usar o baixo para as frequências de baixo muito tempo atrás, talvez desde *Signals*, em 1982. De propósito, é claro – as escolhas que o Rush faz são sempre muito deliberadas. Mas isso não significa que é toda vez em prol de boa música. E em geral a banda reconhece isso, demonstrando arrependimentos ocasionais, mudando com o passar dos anos, variando em intensidade.

"Geddy é um dos maiores piadistas de todos os tempos", conta Kevin. "Ele é muito divertido, realmente um arraso. Nós começamos a gravar em Quebec, e Geddy estava com os Gallien-Kruegers, ele tinha umas enormes caixas de som em formato de cone pintadas de preto e verde. Nunca gostei do som delas – sabe, por que me contratou para fazer esse trabalho se eu nem sou muito fã do que você faz? Mas Geddy tinha essas caixas de som grandes, e quando tocava o baixo, produzia uma nota poderosa e grave tocada num piano. E foi 'ding, ga-zing, ga-zing', e achei aquele som horrível. Nunca gostei das linhas de baixo da Level 42.

"Então entramos numa sala que ficava nos fundos do estúdio, e havia umas coisas que eles estavam jogando fora. E tinha um velho... Como chamam? B2 ou algo assim? Era esse velho Ampeg onde a cabeça se transforma numa caixa deste jeito – você a desdobra. E era horrível; o alto-falante estava todo cortado e destruído. Eu peguei aquilo e disse: 'Geddy, vamos tentar isso'. Então levamos para a sala e plugamos o troço, e a caixa de som era toda distorcida porque estava desconjuntada e tudo mais. E Geddy disse: 'Isso é inútil, é uma porcaria, não vou...'. 'Ok, vamos tentar'. E foi o que fizemos. Entrei na sala de controle e ouvi o som, pareceu fenomenal. Tinha essa distorção natural, mas ainda parecia encorpado e quente. Não era tão alto quanto um sistema grande, mas era uma sessão de gravação, não um show. E eu podia ouvir esse baixo grave, grande e denso, e falei: 'Você tem que gravar com esse amplificador, tem um som fenomenal'. Então gravamos o baixo do álbum inteiro com esse pequeno Ampeg que estava indo para o lixo."

"Bem, era como usar nosso equipamento das antigas", lembra Geddy, falando das sessões de gravação de forma meio depreciativa. "Acho que precisei usar cada baixo que tinha em certo ponto, experimentar tudo. Porque ele queria essa vibe de rock raiz. Passamos por toda aquela coisa, sabe, de ficar de picuinha com os engenheiros – isso acontece. Porque os engenheiros... Nunca conheci um que estivesse errado. Eles têm razão. Como você vai discutir com eles? Mas, ao mesmo tempo, sempre há uma guerra por território com o engenheiro, porque ele quer que o som seja assim, e você quer o som seja assado. E pode ser o mesmo som, mas se não estiverem falando a mesma língua, não se tem muita certeza se é o mesmo som até que ouçam o resultado. Por isso há essa queda de braço. Sou conhecido por ter minha cota de discussões com engenheiros por causa de som. Mas não me lembro de qualquer discussão séria com o Caveman. Lembro que fiquei frustrado com algumas das habilidades dele para usar equipamentos que não fossem analógicos, porque ele era como uma fera analógica. Tenho certeza de que isso mudou, porque houve uma revolução no som desde então. Foi meio frustrante desse ponto de vista. Na época, Kevin sofria com um problema terrível nos dentes, sentia muita dor. Mandei alguém cuidar dos dentes dele, mas isso é outra história."

"Eu queria me livrar do baixo Wal", confirma Kevin. "Queria me livrar dos efeitos do Alex, queria me livrar dessas coisas que pareciam o Flock of Seagulls. Era totalmente antiteclados naquele ponto da minha vida, não suportava ouvi-los nos discos. Estávamos saindo dessa fase DX7, e o MIDI tinha chegado e todo mundo tinha bancos e mais bancos de teclados em todos os estúdios do planeta, e eu odiava aquilo, detestava mesmo aquilo. Quero dizer, houve uma época em que não havia mais guitarra na música. Era um instrumento que estava morren-

do, era meio esquisito. E como um fã de Blackmore, Page, Beck – todos eles – isso era horrível para mim. É provável que esteja suavizando as coisas um pouco, mas ainda não gosto de teclados.

"Mas eles não eram uma parte importante do todo. Terminamos todas as faixas basicamente sem teclados e então chamamos John Webster, que tocava teclado no Aerosmith. Mandamos para ele as músicas, e ele nos mandou de volta as faixas-base, um deleite para os ouvidos, como Peter Collins dizia, coisas fazendo *zing, zing, zing* por todo lado. Mas eram apenas para dar um toque de classe na sonoridade do rock. Havia alguns espaços em que os teclados tinham sido colocados, mas não foram gravados realmente como parte de nossas sessões. Ele ficou no estúdio por um ou dois dias apenas para acrescentar pedacinhos que tinham sido trabalhados antes. 'Vamos colocar teclado nessa seção, depois naquela seção.'

"Com certeza não fizeram parte das sessões. Podem ter sido parte da composição e parte da pré-produção, mas assim que começamos a gravar no Le Studio, se tornou um projeto de hard rock. Quero dizer, a mixagem bruta era muito pesada, com guitarra bem pesada, muito baixo distorcido. A bateria era bem ambiente e ampla, do jeito que gosto que o som seja. E ele era bem robusto, principalmente em faixas como 'Stick It Out' e 'Animate' – essas tinham um som superforte. Eles deram uma arrumada nelas antes do lançamento, para meu desgosto."

Geddy hesitou em dispensar os teclados por completo. "Eu ficava pensando: bem, se há um trecho que está implorando por isso, por que dizer não? Acredito mesmo que as regras existem para serem quebradas. Você pode ter uma regra, nada de teclados, mas se há um trecho de uma música que simplesmente ficaria melhor se tivesse um pouco de melodia ali, é difícil deixar pra lá. Mantivemos alguns teclados em duas ou três músicas aqui e ali, mas nada muito relevante. E foi muito bom para Alex, no sentido de aumentar o controle dele sobre o som da banda."

"A natureza do estilo de gravação que eles têm é meio impecável e obsessiva", continua Kevin, "mas eu disse para Geddy, 'espera até ouvir isso em meio às guitarras. Vai ouvir que elas te rasgam com os dentes. Seu baixo é tão fácil de ouvir através delas sem fazer com que seja mais alto do que todo o resto. Pode conseguir um *groove* muito profundo com essa coisa e ainda assim escutar todas as notas'. Assim, quando fizemos alguns testes na primeira gravação, ele percebeu isso e disse: 'Sabe, está realmente dando certo', e se sentiu bem mais confortável. No estúdio, Geddy era muito divertido, muito tranquilo e fácil de lidar, bem direto ao ponto, se preocupava com os detalhes e as minúcias, enquanto Alex estava mais preocupado com o lugar que ocupava num quadro mais amplo. Alex era mais ríspido no estúdio – tudo parecia sempre uma ameaça para ele, o processo era mais difícil. E Neil, a gente nunca via Neil. Ele chegava, tocava bateria e voltava para sua salinha – e fumava baseados."

"Com certeza parecia haver uma rachadura entre Geddy e Neil naquele ponto", observa Kevin. "Sabe, não sei se cheguei a ver Geddy e Alex conversando com Neil. Ele fazia o lance dele sozinho, e trabalhavam cada um na sua, eram como duas facetas diferentes da mesma coisa. Neil tinha a própria sala onde ficava escrevendo. Aparecia e fazia as partes dele, e não ficava junto à mesa de som onde gravávamos, e não sei o motivo. Talvez Geddy quisesse que as pessoas ao redor se comprometessem com a mesma visão que ele tinha, realmente não sei. Quero dizer, fomos até a casa dele, assistimos a jogos de beisebol, vimos a coleção de beisebol dele. Geddy sem dúvida foi o mais simpático e amistoso de todos, foi quem aproveitou e curtiu a gravação mais do que os outros. Há uma versão maravilhosa de 'Stick It Out' em que ele colocou a voz da própria mãe. Fez essa voz de senhorinha judia rabugenta, reescreveu a letra e gravamos uma versão disso que devo ter guardado em algum lugar – é hilária. 'Geddy, Geddy, venha cá, venha cá.' Muito engraçada.

"Nós nos divertimos muito. Estávamos hospedados em Morin Heights, e me lembro de sairmos, Alex e eu, e bebermos pra valer. Entrei no estúdio no dia seguinte, e Peter Collins me disse: 'Ei, Caveman, temos que falar dessa manguaça'. E pensei, ok, entendi. 'Caveman, temos que falar da manguaça.'"

Então era uma batalha, e Kevin afirma que houve "muitas brigas". No final das contas, passada a guerra das vontades, os membros da banda fizeram as coisas do jeito deles durante todo o percurso, e para acrescentar um ponto de exclamação nisso, fizeram um processo de limpeza na mixagem que ajudou a garantir que, no final, Kevin não obtivesse exatamente a sonoridade que queria.

Geddy fala sobre a bateria: "Do ponto de vista de Neil sobre toda aquela abordagem analógica, que lembrava John Bonham, adotada por Caveman para gravar a bateria, fez com que ele tivesse medo de não haver nuances suficientes, sutilezas suficientes no som. Essa é uma das razões pelas quais nunca mais fizemos a mesma combinação de pessoas na equipe: essa coisa da mão pesada. Neil achava que Caveman pegava pesado demais. Eu não me sentia dessa forma, embora seja um pouco cético – precisei entender que voltar lá atrás era seguir em frente. Já Alex assimilou tudo com mais facilidade. Eu me lembro de algumas canções em que queríamos uma seção de cordas, e houve certa frustração em encontrar um local porque nos limitamos a trabalhar em Toronto, e havia poucos estúdios disponíveis.

"Fazer um disco é uma dinâmica estranha, emocionalmente falando. Sim, ao fazer qualquer disco, se houver mudanças, com certeza haverá dificuldades. Alex não poder usar seu equipamento e apenas gravar o som direto foi duro, mas todo engenheiro com quem já trabalhamos queria que ele fizesse isso, talvez com exceção de Nick. Não tenho problema algum em falar quando me sinto contrariado. Só não me lembro de me sentir assim. Quero dizer, não fui evasivo quando discutimos com Peter Henderson sobre todas aquelas frustrações, então por que seria evasivo com relação a Caveman?"

"Acho que pensaram que eu estava avançando o sinal desde o princípio", reflete Shirley. "Mas também acho que, secretamente, Peter Collins gostava que eles se sentissem pressionados, e creio que Geddy gostou da pressão e iria superar os obstáculos porque sabia que Peter me mandaria recuar se fosse necessário. Mas Peter me deixava solto. Ele ficava lá sentado na sala enquanto Alex e eu tínhamos uma briga séria por causa do som – e não fazia absolutamente nada. Ficava lá com a cigarrilha na boca e as pernas balançando na cadeira, apenas nos deixava discutir até que fosse apropriado interferir.

"Então dizia: 'Ok, rapazes, vamos fazer uma pausa para o almoço, alguém tem dinheiro?'. E lá íamos nós almoçar em algum restaurante chique e maravilhoso. Mas, sim, acho que pensavam que eu estava me metendo demais. Como falei, Alex me levou para o bar do hotel a fim de nos embebedarmos e queria me dar um esporro. Ele queria dizer 'a propósito, caso não tenha notado, pertenço à nobreza artística e você é um funcionário, então se eu disser alguma coisa, vai ser do meu jeito'. E eu pensava: 'E se eu tiver uma opinião diferente? Vou falar o que penso'. E meio que resolvemos tudo. Acho que um dos benefícios de não saber nada sobre o legado da banda nem ser tão familiarizado com a música deles é que é difícil entrar num estado de adoração, que obviamente merecem. Eu não tinha muito esse senso de veneração por eles. Não ficava boquiaberto, então era fácil me impor. Não era arrogância... Bem, talvez fosse um pouco, sim."

A dinâmica de Kevin com a banda era diferente da relação entre eles e Mr. Big. Kevin explica: "Peter e os rapazes sempre foram cordiais, tinham um relacionamento muito respeitoso. Nem sempre eu entendia a natureza do produtor que ele era porque nunca tinha visto aquilo antes. Peter gosta de deixar as forças criativas acontecerem em torno dele e arbitrar os conflitos. Não era como se houvesse um elefante na sala, o grande músico que ninguém vê – apenas tinha uma visão mais geral. Enxergava quando as coisas não estavam funcionando, quando não pareciam certas. Neil tocava uma música; Collins a repassava inteira, e depois Neil perguntava: 'Como ficou?'. Peter dizia: 'Vamos fazer mais uma – acho que você tem algo melhor dentro do bolso'. Então Neil respondia: 'Ok, lá vamos nós de novo', e tocava a faixa inteira mais uma vez. E eu pensava: 'Ah, é isso? Você vai falar 'olha o bolso' toda vez que alguém tocar bateria? Por que não diz para consertar aquela virada ou aquela batida no bumbo? Mandar olhar os bolsos? O que é isso, *Oliver Twist*?'.

"Para começo de conversa, acho que o termo 'produtor' é usado de forma muito imprecisa. Seja lá onde esteja agora, penso que Terry Brown a princípio era mais um guia. Com o passar do tempo e dez anos de estrada, a banda buscava inspiração. Produtores estão fazendo discos e quebrando recordes uma década depois, a natureza da indústria mudou. Há pessoas que estão construindo canções, e o rádio está levando essas músicas a níveis diferentes, e elas vendem milhões e milhões de cópias. E pensam: 'Bem, talvez a gente precise olhar um pouco mais em volta'. Terry é ótimo, é amistoso, nos damos muito bem com ele, confiamos no que ele faz, nos entendemos no estúdio. Talvez nunca tenham se sentido pressionados ou desafiados. Talvez nunca tenham se sentido exigidos musicalmente, seja em termos de desempenho ou criatividade. E então pode ser que estivessem em busca daquele chute no traseiro de quando um cara novo aparece. Quero dizer, se Peter disse quando os encontrou pela primeira vez que tinha odiado todos os discos anteriores, talvez fosse o que quisessem ouvir. É tipo, ótimo, adivinha, nos sentimos dessa mesma forma agora, porque convivemos com esse álbum desde sempre – nos mostre para onde você pode nos levar. Mostre se tiver uma direção, mostre se tiver uma visão, mostre se tiver um plano para nós – esse é o modo como vejo as coisas.

"Mas eles obviamente tinham essa confiança de que Peter traria todos esses elementos que fez aflorar. Eu não estava lá no processo de pré-produção – fizeram isso num estúdio em Toronto, quando fui encontrá-los pela primeira vez –, então não sei quanto ele se envolveu nessa etapa. Tudo o que vi foi o ambiente do estúdio. Alex e Geddy tinham as partes pré-gravadas e algumas demos com os vocais, acompanhando um click, e depois Neil chegava e tocava em cima desse click, e isso seria a base para o começo da canção. Construíam a canção com esses instrumentos e o click, e depois colocavam Neil e só então reconstruíam a parte instrumental. Às vezes, Alex não conseguia combinar um solo com o que havia nas demos, quando tinha cortado alguma coisa e simplesmente achava que não conseguiria repetir. Então na verdade extraímos essas partes das demos dos ensaios em Toronto e as usamos na versão final do álbum.

"Acho que muitas bandas estão abertas à mudança", reflete Kevin. "É provável que descubra que a maioria quer mudar. Há poucas que se mantêm fiéis a antigas fórmulas. Mas acho que o Rush não era como os outros. Estavam vendendo consistentemente um milhão de álbuns, um milhão de álbuns, um milhão de álbuns. Quase vendem o mesmo número de cópias todas as vezes – a base de fãs é bem sólida. Então tudo o que mudam, sabem que têm uma base de fãs e estão sempre procurando algo a mais nela. Talvez possamos fazer um entrecruzamento, talvez nós consigamos trazer esses caras, talvez os motoqueiros, talvez possamos alcançar garotas adolescentes histéricas, qualquer coisa. Não me surpreende que estivessem fazendo isso. Não acho que eles impõem limites a si mesmos. Talvez *Power Windows* e parte do material com Rupert Hine tenham sido um esforço sério e consciente de tentar ganhar espaço nas rádios e expandir o mercado para além do que já era uma grande e consistente base de fãs.

"Também penso que o começo do Rush foi um experimento para eles, e era muito divertido, apenas três garotos tendo a chance de suas vidas, sendo progressivos e fazendo o que podiam, o tempo muda, isso muda, aquilo muda. Acenos ocasionais ao Zeppelin, acenos ocasionais a isso, àquilo e à próxima novidade. Mas acredito que em cinco anos, quando se tornou um emprego, começaram a prestar atenção nas vendas de discos e, sabe, já não estavam mais realmente por aí apenas se divertindo da mesma forma. Havia mais do que cerveja Molson na lista de pedidos para o camarim naquele ponto. Penso que damos a eles muito crédito, se pensar em como estão estruturando a carreira. Acho que apenas tocam música – tocam, crescem, têm filhos, e o ímpeto é diferente. É como, sabe, hoje à noite, em vez de jogar sinuca vamos tomar uma cerveja, e de alguma forma a composição muda quando se faz isso.

Ou vamos sair e jantar com meus pais ou fazer outra coisa; tudo muda à medida que se fica mais velho, e não é necessariamente ruim, mas acredito que isso acaba aparecendo na composição."

Geddy é o primeiro a ter uma visão positiva sobre a mudança, assim como a extirpar seu mistério. "Não sei, apenas pensamos num modo de gravar e no tipo de equipamento que estávamos usando, a atitude que tínhamos, e nós todos queríamos fazer esse modelo de disco. E nos demos conta, bem, ele quer que usemos esse amplificador e que o baixo fique realmente distorcido, sabe, que mude. Uma coisa é conversar sobre mudar, outra coisa é mudar de verdade. Acho que se resume a isso. Foi um pouco difícil para mim ter que pegar o Fender e os amplificadores antigos, e para Alex foi duro fazer o que teve que fazer para mudar. É preciso provar coisas a si mesmo. Você pode dizer: 'Ok, vou tentar. Me mostre que toda essa mudança vale a pena'.

"E depois parte para ação. Grava algumas faixas e elas ficam ótimas! E as frustrações e os medos se dissipam. É curioso aprender. Trabalhar com vários engenheiros diferentes é um aprendizado, porque toda vez que se tem um novo engenheiro, sente-se a necessidade de explicar novamente seu som para ele, educá-lo, de modo que a pessoa não destrua seu som, não o mude. Mas no final do dia, o som sai de seus dedos. O modo como toca diz tudo sobre como ele é, que é algo que nós todos aprendemos ao longo do caminho. Mesmo depois de trabalhar com todas essas pessoas diferentes em seis ou sete álbuns, o som ainda parecia nosso. No final de tudo, seu som é algo indelével. Não pode ser destruído com facilidade. Kevin Shirley... Encontrar um engenheiro foi resultado de uma busca interessante. Não consigo lembrar como acabamos contratando Caveman, mas ele com certeza se encaixou perfeitamente. Era uma figuraça."

Como Kevin observa, a banda tinha um modo de trabalhar peculiar e direto, usando as demos de oito canais como guias para desenredar as partes de Neil, que só eram executáveis porque tocavam acompanhando um click. Essas gravações eram passadas para 24 canais, e pelo visto não era algo inteiramente necessário, exceto pelo fato de que alguns trechos foram mantidos e usados. Neil trabalhou em 11 músicas ao longo de três dias e depois foi embora, o que é bem comum entre bateristas depois que gravam sua parte. Assim que terminaram, tiveram dificuldade em ordenar as canções do álbum, com Alex tomando a frente usando um quadro magnético de modo que a banda pudesse refletir sobre a ordem das canções. No final decidiram colocar as faixas mais pesadas no começo e uma faixa lenta no fim.

Para a arte da capa de *Counterparts*, Hugh Syme adotou um visual austero típico dos anos 1990 – de fato, Syme foi um dos designers que ajudou a definir a estética das capas daquela década, junto com Dave McKean, que fez a mesma coisa com as bandas de metal mais pesado. Syme oferece uma imagem simples em preto, azul real e falso dourado. O nome da banda é grafado inteiro em caixa-baixa, e o título do álbum não está incluído na arte. Discretamente sexual (afinal, se trata de uma banda de rock 'n' roll), há um diagrama de um parafuso entrando numa rosca. O encarte do CD, que parece um mapa de estrada, reforça esse tema relacionado a itens que são contrapartes uns dos outros. De fato, a *verdadeira* capa do disco consiste em todas essas grandes sacadas divididas em partes que Syme reuniu e considerou como um todo.

Neil escreveu no programa da turnê: "O Dicionário Conciso Oxford define 'contraparte' como 'duplicata' e como 'oposto', no sentido de 'formar um complemento natural para o outro'. Foi o que achei mais interessante sobre a palavra: considerando esse sentido, os contrários são reflexos mútuos, números opostos, e não necessariamente contraditórios, inimigos, O Outro. Polaridades não existem para serem resistidas, mas reconciliadas. Alcançar a margem desconhecida. Dualidades como gênero ou raça não são opostos, mas verdadeiras contrapartes, a mesma coisa e ainda assim diferentes, mas não para serem tomadas como alguma competição existencial – podemos viver sem isso. Melhor ainda: podemos conviver bem sem isso."

Mais tarde, Peart traz o tema mais perto de si afirmando: "Contrapartes. Palavras e música. Guitarra, baixo, bateria. Compor, ensaiar e gravar. Pegar um voo e a estrada e trabalhar e rir. Os lampejos de espontaneidade desconcertante de Alex, o humor escrachado e as emoções exaltadas; o instinto melódico de Geddy, a sagacidade irônica e a paixão meticulosa; minha própria motivação obsessiva e bombardeio rítmico. Sinergia real, creio eu: o todo maior que as partes – que são, afinal, *nós* mais velhos e humildes."

Depois de todas as dores do crescimento, das rugas, dos custos e do tempo gasto, *Counterparts* abre com autoridade, Neil com um balanço que não tinha havia anos, se permitindo sair do quadradinho aconchegante de modo que ele e os fãs pudessem respirar novamente. Essa bênção surge com "Animate": a bateria de Peart parece sofisticada, mas menos preciosista, é gutural como o motor de um de seus carros potentes em vez das batidinhas leves num estojo de joias à procura de relógios. Então surge Geddy e todas as guitarras ponderadas de Alex, criando uma confusão dominada pelo baixo que é quente e aveludada. Uma melodia misteriosa e magnética que transporta o ouvinte para a floresta densa do que é considerada por muitos a melhor faixa do Rush de *Signals* até o final da banda.

"Eu amo ['Animate']", afirma Geddy sem demonstrar qualquer dúvida. "Acho que é uma das melhores canções que criamos. Há uma coisa sobre a bestialidade dessa música, a perseverança dela." Bestialidade talvez tenha sido um exagero, mas vale lembrar que, nos últimos tempos, o Rush vinha criando coelhinhos. Mas perseverança com certeza – não apenas a banda redescobriu a produção panorâmica e apropriada, mas a explorou com plenitude, preenchendo o som com performances que são magnificentes, ousadas e inspiradoras. Afinal, mesmo a letra parece uma invocação misteriosa de forças ocultas, reforçada pelo cântico roqueiro de Neil no começo, uma inesperada contagem, absolutamente casual e bem-vinda.

Enquanto Peart aplica conceitos sobre a dualidade masculina/feminina tanto de Carl Jung quanto de Camille Paglia à ideia de uma intrigante canção de amor, Geddy traz complexidade com o amplificador Ampeg "à beira da morte" que Kevin o obrigou a usar. Também há uma mudança de compasso bacana quando Neil escapa do *groove* e cria um ritmo tribal inspirado pela música africana. A quebra continua com uma batida regular, Alex inventando texturas ao fundo, o baixo de Geddy ousado. Fugindo com uma virada poderosa de Neil, voltam para outro verso sublime, sintetizadores interessantes borbulhando ao fundo. Um sucesso criativo absoluto, que na verdade não é uma ruptura total dos ideais recentes do Rush, apenas foi gravada com grave suficiente.

Como Peart explica no programa da turnê: "['Animate'] não se trata de dois indivíduos, mas de um homem se dirigindo à sua *anima* – seu lado feminino, como definido por Carl Jung. Dentro dessa dualidade, 'um homem deve aprender a dominar *a si mesmo* com gentileza' , seu próprio 'traço submisso', enquanto também aprende a 'dominar gentilmente' o *animus* – o lado masculino – e outras questões orientadas por hormônios como agressão e ambição. Dominamos por não nos submeter seja ao instinto bruto, à raiva violenta ou à ganância visceral. Quanto ao resto (me referindo ao restante das músicas do álbum), podemos todos dominar ou nos submeter como manda a ocasião, tentando reconciliar as duplicatas e os opostos, e sonhar em viver a vida na velocidade do amor (a 304 mil quilômetros por segundo se acreditar em amor à primeira vista). Todo mundo deseja o ideal de 'formar um complemento natural para o outro'. Uma contraparte. Amizade, amor ou parceiros de vida e trabalho são as recompensas por costurar o rasgo entre 'duplicata' e 'oposto'".

O single principal do álbum poderia até mesmo ser uma faixa mais pesada, sem deixar espaço para o ouvinte recuperar o fôlego. "Stick It Out" se coloca diante de nós com um riff de heavy metal gigantesco tocado ao mesmo tempo por Alex e Geddy, sem que Neil apareça até que um padrão de chimbal se apresente docilmente. Geddy demora um pouco para elogiar essa faixa: "Em retrospecto, eu amo o riff – ele é ótimo nessa canção. Adoro tocar, ela tem um baixo bem pesado, o que sempre

me deixa feliz. Quanto à letra, é bem mais ou menos para nós. Não sei, acho que a melhor coisa dessa música é o astral dela e o fato de que se despe para ser simplesmente um trio tocando um riff de rock. Acho que é a coisa mais importante. 'Animate' é mais próxima do que estávamos buscando, essa combinação de trazer de volta atitudes rítmicas diferentes enquanto, ao mesmo tempo, tentamos acrescentar um pouco mais de balanço, também dar mais corpo e agressividade ao grave."

Neil concorda, dizendo: "Obtivemos um som mais profundo, cru e bruto, porque era o começo dos anos 1990 e as guitarras estavam de volta – sabíamos que tínhamos companhia. Guns N' Roses, Soundgarden, Pearl Jam... Todas essas bandas surgiram e honraram nosso legado, com as últimas duas afirmando terem sido influenciadas por nós – é como uma legitimação. Porque os anos 1980 tinham sido basicamente uma 'terra de ninguém'. Sim, é uma boa expressão, uma terra devastada para uma banda de rock. Eu me lembro de pensar na época: 'De onde virá a próxima geração de bateristas?'. Todo mundo estava usando bateria eletrônica. Não conhecia ninguém que estivesse fazendo aula de bateria – nenhum garoto, ninguém mesmo – e me lembro de pensar principalmente nisso. Bem, eles apareceram, eram os anos 1990. Nosso legado foi concretizado por causa disso, divulgado e, em troca, influenciado por tudo aquilo. E *Counterparts* foi a resposta perfeita."

De fato, em apoio à ideia de que, naquele momento, o Rush não poderia ser direcionado ou levado a uma mudança brusca – não por Tad, Mudhoney, Melvins ou Kevin Shirley –, "Stick It Out" é o mais próximo do grunge que a banda chegaria. É viril, ameaçadora e se impõe. Ainda que esteja meio deslocada e solitária numa extremidade do espectro, faz parte das 11 faixas do álbum, sendo 9% de *Counterparts*.

Mesmo assim, Neil descobriu um modo de tornar a bateria interessante nessa música e acerta bem no meio do alvo, fazendo uma pergunta retórica ao jornalista William F. Miller, da *Modern Drummer*: "Como eu poderia abordar essa música adequadamente e ainda assim dar o toque de elegância que buscava num riff de rock? Não queria que fosse o mesmo tipo de coisa ouvida numa rádio de rock. Então comecei a trazer influências latinas e de fusion. Há um verso onde busquei um efeito parecido com uma previsão do tempo. Usei algumas reviravoltas complicadas no padrão do prato de condução, que vai de batidas lentas para rápidas – qualquer coisa em que pudesse pensar para tornar mais autoral. Essa canção se aproxima de uma paródia para nós, então tivemos que ir tateando com cuidado. Reagimos ao poder do riff e ainda assim encontramos algumas maneiras de retorcer tudo para criar algo a mais."

"Stick It Out" tinha um vídeo meio grunge e sombrio, que captou a atenção de Beavis & Butt-Head, a única vez em que o Rush foi mencionado pelos garotos do desenho animado da MTV, com os críticos de sofá se questionando se o cara amarrado à cadeira era Lenny Kravitz ou "nosso senhor, Jesus Cristo" (podia muito bem ter sido Chris Cornell). A música estreou em primeiro lugar na parada de rock da Billboard, representando o disco de forma um pouco enganosa dado seu peso incomum. Quanto à letra, Neil é tão desdenhoso quanto Geddy, dizendo que a canção é só um pouco divertida, com algum jogo de palavras, e a contraparte sendo nesse contexto o duplo significado de *stick it out*, "ostentar" ou "aguentar firme", especificamente a arrogância versus a perseverança.

"Cut to the Chase" manda o recado de que o Rush fala sério sobre tocar com mais peso, mais pedal de distorção, mais frequências graves e ambientação de bateria. Ainda assim a arquitetura dessa faixa é mais parecida com os últimos discos, com a disposição de ser mais tranquila nos versos e no dedilhado de Alex. Mas as coisas começam a aquecer na ponte e depois são *power chords* em grande extensão. "Foi um solo que fiz sozinho, no meu pequeno ADAT", contou Alex em entrevista a Jon Chappell. "Foi bastante espontâneo. Originalmente, eu tinha criado um bem diferente para essa canção e pensei: 'Bem, agora que tenho uma imagem do que é o álbum e de como são os solos, não tenho nada muito rápido. Talvez faça um solo aqui que seja bem rápido'. Essa foi a

ESSA CANÇÃO SE APROXIMA DE UMA PARÓDIA PARA NÓS, ENTÃO TIVEMOS QUE IR TATEANDO COM CUIDADO. REAGIMOS AO PODER DO RIFF E AINDA ASSIM ENCONTRAMOS ALGUMAS MANEIRAS DE RETORCER TUDO PARA CRIAR ALGO A MAIS.

real motivação por trás do solo nessa música. Foi simples assim. Apenas para fazer um contraste com as outras coisas."

Como evolução, "Nobody's Hero" abre com um violão melancólico, seguido por acordes quentes enquanto Geddy canta uma ode aos reais heróis do mundo, a maioria deles desconhecida (até agora), em geral porque seu heroísmo foi infinitamente intenso a ponto de ser imensurável, ou talvez insondável no meio limitado de uma tela de televisão.

Como Neil explicou na estreia do álbum a Steve Warden, lenda do rádio de Toronto: "Eu estava pensando muito sobre a natureza do heroísmo, e o que era bom e ruim quanto a isso, e a ideia de um modelo e de pessoas que conheci na minha vida que foram importantes para mim como influências, mas que não foram importantes para o resto do mundo. Portanto, há esse conceito de modelo, mas não de um herói, como preferir. 'Nobody's Hero' foi uma das primeiras, porque esse era um tema que esteve no meu pensamento nos últimos dois anos e em muitas conversas com amigos pelo país e assim por diante, acaba-se falando sobre a natureza do heroísmo. Então essa música foi um cristal em formação, acho, durante um ano e meio ou dois anos, e depois brotou com vários acréscimos."

"Para muitos jovens", continua Neil, "se seus heróis estão nos esportes ou no mundo do entretenimento, tendem a ser propagandeados e tomados como perfeitos. Acho que foi provavelmente Hollywood que inventou a ideia de semideuses e da divindade de uma atriz ou de um ator. Depois os esportes também assumiram esse papel, as divindades dos esportes: até que fiquem velhos ou doentes ou outra coisa, são super-humanos. Na verdade, isso parece aceitável e não causa prejuízo a ninguém – e talvez inspire os jovens –, mas também acho que é desencorajador. Porque quando você está amadurecendo, fica consciente das próprias falhas e limitações num processo doloroso, e acho que talvez possa se sentir distante demais de qualquer ideal de perfeição.

"Um modelo para mim é o oposto de um herói de certa forma, ou é uma contraparte se preferir, no sentido de definição de 'contraparte' tanto como duplicata quanto oposto. É uma das razões pelas quais fi-

quei tão intrigado com essa palavra. Portanto, um modelo a se seguir é bom, porque não há o aspecto de perfeição de uma divindade ou sobre-humano. É apenas algo como: 'Essa é a direção que quero seguir, e aqui está uma pessoa fazendo as coisas do jeito que eu gostaria de fazer'. Achei isso muito mais saudável.

"E há a questão da natureza do heroísmo. Uma coisa que abordei antes em músicas como 'Limelight' e mais recentemente em 'Superconductor' foi a natureza da fama e como ela afeta as pessoas. É claro que estou envolvido nesse mundo há muito tempo e observo outras pessoas afetadas pela natureza da fama e pela natureza desse tipo de endeusamento. Tampouco é saudável para eles, por isso comecei a pensar: 'Bem, talvez essa ideia de heroísmo do mundo ocidental moderno do século 20 não seja lá muito boa'.

"E, como sempre digo, uma ideia nunca é suficiente", continua Peart. "Eu tinha outro conceito por causa de pessoas que haviam sido importantes em minha vida e que, para mim, eram dignas do conceito de heroísmo. Elas tinham me mudado e me impediram, talvez no caso do primeiro personagem em 'Nobody's Hero' – a primeira pessoa gay que conheci e foi um grande exemplo para mim, ocupando um espaço de heroísmo na minha vida –, porque foi quem me impediu de me tornar homofóbico ou pensar que houvesse algo doentio ou problemático com isso, porque eu o conhecia, e trabalhávamos juntos quando morei em Londres, e fui para as festas dele, e era tudo muito casual. Acho que eu era jovem o suficiente para estar livre de qualquer preconceito, então ele teve um papel importante na minha vida. E depois, como a música narra, nos distanciamos geograficamente – seguimos rumos diferentes – e quando eu soube que ele tinha morrido de aids foi como um buraco que se abriu, e ainda assim, restava esse exemplo importante que ele tinha me dado. Sem dúvida a vida dele não foi em vão, mas seu heroísmo aconteceu numa arena muito pequena."

Peter Collins chamou Michael Kamen para fazer os arranjos, acrescentando uma dose extra de drama no que já era uma canção muito emotiva, repleta de histórias de heroísmo. De modo admirável, Geddy também trouxe uma grande colaboração aqui. "A orquestração de 'Nobody's Hero' ficou mesmo muito boa", diz Collins. "Particularmente amei essa faixa. Acho que é uma canção bastante incomum. Eu não tinha ouvido nada parecido antes no Rush. É uma letra incrivelmente comovente. Michael Kamen fez o arranjo de cordas para ela, que não parece muito alto na faixa, mas eu adorei. Adoro o modo como Neil tocou nessa música, e adoro como todo o arranjo funciona, é fabuloso. E no geral gostei da incorporação de mais violões, algo que queria fazer. Adoro o som enérgico que obtivemos, particularmente no mix, que sem dúvida alcançou outra dimensão. Quando peguei a primeira mixagem e comparei ao que tínhamos ouvido antes, sabe, *tracking* e *overdubs*, houve uma mudança significativa e de um modo positivo."

Neil também afirmou que o modo como o Rush tinha conduzido a carreira até aquele ponto, mesmo que não fossem necessariamente pessoas que deveriam ser idolatradas, ao menos serviam de bom exemplo como uma banda de ideais louváveis. Numa observação mais séria, Peart escreveu sobre médicos e pilotos e depois, de forma respeitosa e velada, criou um memorial para Kristen French, uma das vítimas do estuprador e assassino em série Paul Bernardo, cujos crimes horrendos estavam presentes no noticiário de Ontário naquela época. Neil conta que conhecia a família dela: Kristen era meia-irmã de seu amigo Brad French. Peart observa que as pessoas comuns não são heróis no sentido típico e superficial, elas em geral são forçadas a serem heroicas em silêncio. Aqui, confrontado com um "pesadelo de brutalidade", a pequena vitória, o ato de heroísmo incógnito, é em certa medida um ato de "fé na bondade da humanidade".

"Between Sun & Moon" é outra música de rock pesado (o suficiente), com lubrificações percussivas bem-vindas de Peart potencializando uma terceira colaboração entre Neil e o letrista Pye Dubois, da banda Max Webster e de Kim Mitchell, que sabidamente escreveu o esqueleto de "Tom Sawyer" para depois Neil fazer as alterações mais

profundas. É a última peça de Pye do que ele chamou de "canções da Lua". Para a Max Webster, escreveu "Coming off the Moon", "In Context of the Moon", "Beyond the Moon" e "Moon Voices", embora essa última seja instrumental.

"Realmente gosto do estilo de composição dele", explicou Peart a Steve Warden, falando sobre o trabalho com Dubois. "É inescrutável para mim às vezes, como penso que seja também para outras pessoas, mas ao mesmo tempo há certo poder em suas imagens e sua escrita. E havia uma estranha simbiose que parecia impactar as canções. Quando Pye colaborou com 'Tom Sawyer' e 'Force 10', de alguma forma as deixou um pouco diferentes musicalmente, sabe, sua percolação através de mim. Eu pegava as ideias dele e depois acrescentava as minhas e as estruturava como uma canção do Rush, e então passava o material para os outros. Mesmo em meio a essa cadeia de eventos, de alguma forma havia uma influência externa que era boa, então sempre mantivemos a porta aberta para as ideias de Pye. A qualquer hora que ele tivesse algo para nos apresentar, me mandava o material, em geral rabiscado num caderno. E nesse caso nós todos reagíamos a algumas das imagens na apresentação dele. Novamente fiz minhas alterações na letra, a moldei dentro de uma estrutura com a qual gostamos de trabalhar, e depois acrescentei alguns de meus próprios ângulos e imagens. E foi assim que aconteceu."

Sempre que Alex fala dessa música, dá uma risadinha e conta que seus acordes casuais e penetrantes foram inspirados por Keith Richards, uma de suas primeiras influências, e diz que a ponte lembra Pete Townshend, outra grande influência. Alex sempre ficou impressionado com o modo como Townshend conseguia atacar as cordas num violão e produzir um som poderoso. Quanto à bateria, Neil emprega os itens do prato de condução contrapostos aos usados em "Animate" e "Stick It Out", e no geral reage ao espírito da canção com algumas viradas bastante espirituosas, também adotando a pegada do The Who com levadas ao estilo de Keith Moon.

"Alien Shore" mostra que os temas musicais de *Counterparts* (o som de guitarra abundante) são tão fortes quanto os temas líricos sobre dualismo. De fato, há provavelmente mais foco musical deliberado aqui (junto com uma meia-volta brusca) do que em qualquer outro disco desde *Power Windows*. Tudo antes daquele álbum parecia mais um processo evolutivo, assim como *Hold Your Fire*, *Presto* e *Roll the Bones*. Ainda assim, a música no verso é construída por meio de texturas, de modo que nem tudo mudou – é o refrão que faria essa faixa candidata à música de abertura num disco anterior. No campo literário, a canção contribui com o tema de "contraparte" como algo vivo, que respira e se expande, uma questão que ganha vida própria. Esse parece ao menos se equiparar ao foco bem amarrado do tema do acaso em *Roll the Bones* – e, antes daquele disco, Neil não havia tentado de verdade adotar um tema central e sincero assim.

Peart disse ao jornalista Peter Hamilton, da revista *Canadian Musicians*, que "com 'Alien Shore' eu estava pensando nessas conversas entre amigos quando falávamos sobre as diferenças de gênero ou diferenças de raça, como se pode conversar sobre elas sem paixões porque somos pessoas normais, em juízo perfeito, pessoas generosas e viajadas que podem contar em seu círculo de amizades com pessoas distintas entre amigos e colegas. Tenho ciência de que esses assuntos são perigosos demais para ser discutidos em muitos casos porque estão carregados de preconceito e incompreensão. Eu queria pegar essa letra e a inserir num contexto pessoal de diálogo que dissesse: 'Você e eu somos diferentes, mas não temos problemas com isso'. Infelizmente, muitas pessoas, se não a maioria delas ao nosso redor, têm."

Houve alguns poucos momentos de leveza até este ponto do álbum, mas "The Speed of Love" é bem menos agressiva do que todas as faixas que a precederam. A bateria de Neil é vibrante, Alex toca um estilo meio pós-punk e Geddy canta em meio a isso, os três com uma performance mais parecida com o que haviam feito em *Roll the Bones*. Como Neil explicou para a *Modern Drummer*: "'The Speed of Love' é um tipo

de canção de ritmo meio lento, mas sensível. Provavelmente essa música tenha sido a que me tomou mais tempo para encontrar os elementos certos que eu queria ter na bateria. Isso acabou sendo um desafio porque buscava perfeição no ajuste da levada e das transições entre as seções. Toquei essa canção várias vezes seguidas, fazendo as mudanças necessárias até que ficasse satisfeito. Não acredito que um ouvinte vá captar todo o trabalho que foi empregado nessa faixa. Quando entramos no estúdio para gravar, não economizo esforços e autoflagelação para tocar as músicas várias vezes até acertar. E é a mesma coisa antes de uma turnê: passo semanas ensaiando sozinho antes de começarmos a ensaiar como banda. Mas sei que é um tempo bem gasto porque esse trabalho me dá confiança para seguir rumo ao desconhecido mantendo algum tipo de base.

"Quando entrei no estúdio para gravar minhas partes de *Counterparts*, estava preparado", continua Peart. "É por isso que consegui gravar toda a bateria com o primeiro ou o segundo take. Juntamos as partes e aprendemos a tocar o material, trabalhamos com Peter Collins refinando tudo, e depois pratiquei por mais uma semana para me sentir totalmente confortável com as músicas e as mudanças dessas canções. Gravei toda a bateria desse disco em um dia e duas tardes – foi o suficiente porque eu estava preparado. Minha atitude diante da vida é que as coisas acontecem sem sabermos se foram planejadas ou não. Tudo o que faço tem que ser muito bem-organizado, ou acabo me sentindo desconfortável. Mas, ao mesmo tempo, dentro dessa estrutura de organização, me sinto mesmo confortável com as contingências, porque estou preparado. É uma coisa interessante porque muitas pessoas dizem que é melhor ser espontâneo, deixar fluir e acontecer do jeito que for. O que descubro com elas é que não estão preparadas para aproveitar as oportunidades quando surgem."

"Double Agent" cria o pano de fundo para *Vapor Trails* com essa ideia de texturas em vez de reparos, criando um *wall of sound*, todo mundo tocando rock com tudo. Com a parte narrada, os padrões de acordes demoníacos, a poluição sonora que surge na hora do solo e o chimbal meio "trash", essa música evoca imagens do período "red, blue and yellow" do King Crimson, embora o Rush entrelace certa composição moderna mais convencional da banda nessa "selva de espelhos".

"Estávamos ficando malucos", brinca Geddy, falando sobre essa canção a Steve Warden. "'Double Agent' foi um total exercício de autoindulgência, e realmente foi uma das últimas coisas que escrevemos para o álbum. Havíamos escrito todas essas canções estruturadas de modo tão forte que foram fabricadas em detalhes e trabalhadas nota por nota. E esta é uma música em que só queríamos soltar nossos *yah-yahs* e criar uma espécie de rave. Sem dúvida, na minha opinião, é uma das canções mais bobas que já escrevemos, mas fiquei bem feliz com o resultado. À própria maneira, acho que é uma interessante obra sobre a loucura."

Falando a Dan Neer, da MediaAmerica Radio, Neil explicou: "Estive lendo Carl Jung ano passado e fiquei interessado pela ideia do inconsciente, comecei a observar como o meu inconsciente funcionava. Percebi que, às vezes, se tivesse uma decisão difícil para tomar, eu ficava pesando os prós e contras, e minha mente consciente estaria pensando e se preocupando muito, para então de repente, certa manhã, eu acordar e saber o que fazer. Um amigo meu estava escrevendo um livro sobre uma guerra secreta entre a CIA e o FBI e me pediu para fazer a leitura crítica à medida que ele avançava na escrita. Então, lendo aquilo, e li vários livros sobre os bastidores da CIA e da KGB, fiquei muito interessado no mundo da espionagem. Portanto, pensei em usar essa imagística, de todo tipo de romance de espiões e o terceiro homem, para ilustrar a noção de inconsciente. Assim espionagem e Carl Jung se misturaram na minha cabeça a estados de sonho e pesadelo e assim por diante, e se tornaram um perfeito veículo musical. À medida que os anos passam descobrimos em muitos contextos diferentes que os sonhos são um ótimo veículo para se levar adiante ideias musicais e verbais".

"Na verdade, não toco nota alguma nessa música!", contou Alex à revista *Guitar for the Practicing Musician*. "Toco alguns acordes e foi assim que o solo surgiu. Aquela música de certa forma lembra nosso material mais antigo, tipo a era *Hemispheres*. É uma canção meio esquisita para nós. Ela não tem uma fluição real. A composição tem se tornado uma coisa mais importante para mim do que simplesmente ser um guitarrista. Quando se pensa num contexto de um disco inteiro ou uma canção inteira, não é apenas um tipo de afirmação que se quer fazer como um instrumentista individual na faixa. Na verdade, é o que quer fazer com outros músicos e o que faz pela canção que é o principal."

"Leave That Thing Alone" nos traz uma das linhas de baixo de Geddy Lee mais memoráveis de todos os tempos, uma que é essencialmente a linha vocal da canção até Alex tomar a frente e desempenhar esse papel sobre a bateria tribal de Neil. Depois é puro rock progressivo, completo com sons de órgão de igreja e melodias sublimes que lembram o Yes. O funk ajustado e disciplinado da abertura se torna uma memória distante até retornar, dessa vez com Neil ganhando mais liberdade. No fade, Geddy mostra que havia novas possibilidades guardadas na manga. Na verdade, essa é a peça complementar de "Where's My Thing?", que apresenta um funk meio desconstruído de Alex, assim como uma transição para a melodia padrão do Rush dos anos 1980 e começo dos anos 1990 para que não esqueçamos onde estamos. Ambas contêm pontes que são puro improviso progressivo, embora "Where's My Thing?" tenha até se aproximado mais do fusion.

Enquanto afirma que o álbum continha "muitos experimentos obscuros", Neil diz que "Leave That Thing Alone" é "nosso melhor instrumental de todos os tempos, portanto não acredito que possa ser superado". Falando a William Miller, da *Modern Drummer*, Peart afirma que "a natureza das canções nesse álbum trouxe à tona grande parte da minha formação R&B, e não creio que seja uma área pela qual eu seja reconhecido. Mas todas as primeiras bandas em que toquei eram de garotos brancos que tocavam soul. Toquei muitas músicas de James Brown e Wilson Pickett, porque na região de Toronto isso era popular na época. Todos crescemos tocando 'In the Midnight Hour', R&B faz parte das minhas raízes, e como banda acho que todos tocávamos isso e gostávamos desse tipo de música. Mas, à medida que nos desenvolvemos, tomamos outros rumos além dos estilos predominantes nos anos 1960, e quando as bandas progressivas britânicas surgiram seguimos essa direção."

"'Leave That Thing Alone' é construída em torno da influência mútua de baixo/bateria de R&B", continua Peart. "Mas para tornar original, tive que mudar as partes. No segundo verso entro numa batida nigeriana, como algo que se ouviria num disco de King Sunny Adé. Mais tarde na música entro num padrão *quasi-jazz*, e todas essas coisas são introduzidas para meu entretenimento, assim como para deixar a canção mais interessante.

"Quando ouço as demos de Geddy e Alex, às vezes as influências ficam muito claras para mim. Acho que temos segurança o suficiente para usá-las de forma direta. Se os dois trazem um som que tem uma seção parecida com o álbum *Live at Leeds*, do The Who, sem dúvida vou adotar minha postura de Keith Moon e seguir aquilo. Se há uma música com uma parte grunge dos anos 1990, temos segurança o bastante para seguir naquela direção. Todas essas coisas nos divertem, mas também estão disponíveis para criarmos algo inovador a partir dessa inspiração."

"Geddy tinha essa coisinha no teclado para os refrãos, e eu tinha outra coisa limpa para o verso desde a última turnê", lembrou Alex, em entrevista a Matt Resnicoff, da *Guitar Schoool*. "À medida que a canção foi sendo desenvolvida, pensamos: 'isso ficou legal'; não é coisa de grande palco para ficar se exibindo como muitas das nossas faixas instrumentais. É uma música que passa por vários climas e cria cores bem bonitas. O solo veio da minha versão original gravada no ADAT, era apenas um solo que joguei ali, mas que encaixou. Tem quase um toque celta. Essa é a coisa que adoro sobre as faixas instrumentais – nós as criamos, depois damos a Neil e ele pensa nas partes de bateria."

Geddy contribui para o conceito dessas faixas: "São algo que nos permitimos fazer, mas também são, de certo modo, nosso estado mais natural. Elas são a coisa mais fácil para compor e a coisa mais prazerosa para tocar. É a nossa recompensa. Pensamos assim: 'Se conseguirem fazer todas aquelas oito músicas, tem essa pequena faixa instrumental aguardando vocês lá no final'. Então é um modo de reagir à quantidade absurda de restrições e 'gostos' que é preciso ter quando se está criando uma canção de quatro minutos e meio; quando se chega à instrumental, podemos deixar tudo isso de lado e realmente curtir."

"Cold Fire" é outro enorme sucesso desse álbum do Rush, por vezes subestimada e esquecida. Cada um dos integrantes da banda tem a própria relação complexa e particular com essa faixa. Ela reforça o tema do álbum: o verso é o típico "REM pesado" do trio desta fase (mas melhor por causa da produção), e o refrão explosivo valida a suavidade do verso através de um senso de contraste combinado.

"'Cold Fire', para mim, é uma das faixas mais gratificantes, musical e liricamente falando", reflete Neil, "embora esteja ali na penúltima posição do disco. É claro que ninguém mais compartilhou da minha opinião altamente favorável sobre essa música, mas é uma que adoro de verdade. E, repito, adora-se uma canção por causa das pequenas coisas. Eu me inspirei, creio, numa música do Paul Simon. Queria criar uma letra com diálogo – ele disse, ela disse, essas coisas. Simon tem uma canção, talvez no álbum *Rhythm of the Saints*, que acontece num diálogo. Ela disse blá-blá-blá, e eu disse blá-blá-blá. Achei a ideia bacana, queria tentar algo assim.

"E 'Cold Fire' alcançou o objetivo", continua Peart. "Pensei sobre isso por alguns anos, e com essa canção finalmente consegui. Gosto da natureza dela; é uma música sobre um relacionamento bem maduro. E canções sobre relacionamentos nunca são fáceis de fazer ou convincentes de qualquer maneira em comparação a canções de amor. Músicas sobre relacionamentos são por definição muito mais clínicas, mas essa foi uma, pensei, que conseguiu tratar do tema com maturidade, o cara atônito e a garota inteligente. Gosto do subtexto – o cara é meio bobo, e ela é bastante inteligente e cínica". Ainda assim, há aqui um uso enfático da ideia de contraparte: esperto e tolo, e o contraponto por excelência, masculino e feminino.

Neil reflete sobre a escrita: "Assim como na música, posso olhar para trás e ver os experimentos e as coisas que não deram certo como eu gostaria. Mas todas alimentaram algo e cresceram, e posso ver onde tentei chegar liricamente. E sobre essa canção do Paul Simon, onde ele construiu um diálogo, pensei: 'Ah, que recurso bacana'. Em 'Cold Fire' consegui usar o mesmo recurso."

"Essa faixa passou por muitas permutações", contou Geddy a Steve Warden. "A presença de Peter Collins realmente a organizou. Ele chegou e apontou alguns pontos fortes de versões anteriores que tínhamos e nos ajudou a reorganizá-la. Foi só quando ele chegou, penso eu, que enfim acertamos na pegada desses versos, que permitiram a Alex tocar essas ótimas linhas de guitarra e que eu me abrisse mais harmonicamente."

"Eu estava enfrentando dificuldades com eles", continua Ged. "É uma música difícil quando se está lidando com essa questão dos relacionamentos homem/mulher, que é um assunto meio estranho para abordarmos. Se quer ter certeza de que não vai ficar banal ou trivial... Quem precisa de mais uma canção sobre isso? Demoramos um tempo para acertar o clima, e fiquei feliz com aquele que colocamos nos versos. Por mais estranho que pareça, quase um pesadelo, essa música para mim, quando ouço o disco hoje em dia, penso que os versos dela são um dos pontos mais fortes do álbum."

Alex concorda: "Acho que há um excelente equilíbrio entre o quadro romântico de um lado, e como a canção simpatiza com a letra, e depois o outro ponto de vista, muito mais frio, mais calcado na realidade. E o contraste entre letra e música, e como elas dão suporte uma à outra, creio que realmente deu muito certo aqui. Como Ged disse, era uma canção muito difícil para se trabalhar. É uma das que tivemos problemas para inserir a letra e trabalhar do ponto de vista musical. É isso mesmo! Nós a reescrevemos algumas vezes."

Counterparts fecha com "Everyday Glory", quando Neil exerce o dever autoral, oferecendo um raio de esperança depois que o fogo se extingue. Mas primeiro as brasas se apagam por completo, na casa, por toda a cidade. Então, quando o álbum termina, ele nos diz para sacudir a cabeça e retomar o controle. Estilisticamente, de um ponto de vista musical, a canção cumpre o decreto vago em termos de sequência, nos levando para um caminho mais confortável e previsível – isto é, se o ouvinte entrou no estado de aceitação proposto pelo cantor/compositor nos dois discos anteriores produzidos por Rupert Hine. Mas "Everyday Glory" parece música de verdade, neste caso ironicamente porque é resultado de uma mixagem analógica, em que Geddy afirma ter suavizado a dureza da frequência média. Ainda assim, obstinado e específico sobre os próprios gostos, Lee é meio arredio quanto à ideia e seu efeito, alertando que é melhor ser seletivo com relação a tais coisas – na verdade, dito isso, Geddy é um homem digital.

De fato, o estágio final da criação de um disco é a mixagem, e Lee garantiria que seus gostos em termos de produção fossem mantidos até o final. Havia também os gostos de Neil, o que provavelmente é o motivo de o Rush nunca ter se separado. Um tanto fascinante, na verdade, mas por causa de toda a ressonância amadeirada da ideia tanto do baixo quanto da bateria, Geddy e Neil se mantinham alinhados no amor minoritário pelas frequências médias, tons agudos e quebras rítmicas.

"Estavam inseguros quanto à capacidade de Kevin de ser tão detalhista quanto eles na hora de mixar, e por causa da aversão dele pelo *reverb*", reflete Peter Collins. "Sem dúvida, queriam *reverb* nos vocais e nas guitarras. Não queriam que houvesse um veto e sabiam o quanto Kevin era contra efeitos de pedal na época. Então acho que isso os levou a querer alguém com o estilo de Jim Barton para mixar. Michael Letho vinha da mesma escola que Jimbo. Já estavam cheios do Kevin quando chegou essa etapa. Pareceu uma decisão unânime da banda. Alex talvez fosse o único que queria Kevin participando."

Mas Kevin tem certeza de que o plano sempre foi ter outra pessoa para mixar.

"Acho que havia uma estratégia antecipada. Cheguei mais tarde, depois que eles decidiram onde iriam gravar, quando iriam gravar, quem seria o produtor e quem faria a mixagem, e fui o último membro a entrar na equipe. 'Quem vai gravar isso?', 'Bem, queremos alguém que seja radical, e talvez alguém que goste de trabalhar com instrumentos táteis e obtenha sons orgânicos e brutos, nada muito processado e *hi-fi* ou seja lá o que for.'

"E lembro que em 6 de junho de 1992 fui visitar Peter, e ele estava com um charuto enorme, se recostou na poltrona e disse: 'Adoro quando um quadro se completa'. Ele ficou animadíssimo com o resultado do disco e como estava de acordo com o esquema de obter esses sons crus, naturais e de tirar a banda da zona de conforto. Porque sei ser uma pessoa áspera, e acho que quando perceberam isso, Collins deixou rolar. Mas o clima de instrumentos reais das minhas gravações, o som orgânico, era algo que queriam trazer de volta. E fugir daquela coisa dos anos 1980.

"Foram muito claros desde o princípio, mesmo antes de eu começar, que haveria outra pessoa para mixar porque não queriam que ficasse tão cru quanto eu teria feito. Antes mesmo de eu assinar a papelada, eles já tinham um engenheiro de mixagem com contrato assinado, alguém responsável pelo polimento do álbum. Era um plano imenso, um grande esquema. E fiquei mortificado ao saber que outra pessoa faria a mixagem. Quero dizer, eu tinha uma ligação emocional com todos aqueles instrumentos, e aí vem esse cara para deixar o som mais suave. E pensei: 'Por que estão fazendo isso?'. Fiquei contrariado porque sou mais do que um engenheiro, simplesmente pela natureza da minha personalidade – sou mais do que um engenheiro em qualquer projeto.

"Peter me dava espaço e ficava observando o desenrolar das coisas. Ele dizia: 'Isso está chegando a algum lugar, vou deixar fluir, vou deixar tudo se assentar em meio à animosidade'. Era como se pensasse: 'O que tenho a perder? A banda não vai se separar. O pior que pode acontecer é demitirmos o engenheiro. O melhor que pode acontecer é a banda ser incentivada a chegar a outro patamar'. Então ele deixava fluir, e houve situações no estúdio em que brigávamos e Peter ficava sentado num cantinho da mesa de som e deixava as coisas se resolverem por si mesmas. Sem dúvida me via como o cara do quadro geral. Tudo que eu sabia é que não importava onde eu encostasse, queria criar o som do disco de rock mais pesado da história. Não importava se fosse Olivia Newton-John ou qualquer outra pessoa, minha simpatia reside no som pesado – gosto de coisas pesadas.

"Assim, quando chegou o processo de mixagem, fiquei um pouco chateado porque sabia que iria perder um pouco do aspecto bruto que alcançamos em algumas das gravações, aquela crueza belíssima, as cores lindas, vistosas e sombrias. E, sabe, meus medos não eram infundados. O som acabou parecendo um cruzamento entre Black Sabbath e *Presto*. E eu teria preferido que parecesse mais Sabbath do que *Roll the Bones*. Era isso que estava buscando."

Mas isso não significou que a mixagem ocorreu tranquilamente. Alex comenta sobre Geddy: "Ele não parecia feliz quando chegamos à fase de mixar. Havia alguma coisa que o incomodava, e não consigo lembrar o que era. Ele estava muito tenso e parecia muito estressado durante aquela mixagem. Tivemos alguns problemas com o estúdio onde estávamos trabalhando, e tudo parecia incomodá-lo na época. Lembro que Ged chegava quase todos os dias meio tenso e impaciente. Pode ser que, após um longo projeto, todo mundo esteja cansado e todo mundo queira que termine logo. Imaginei que ele tinha achado ok, mas sei que teve alguns problemas também na masterização quanto ao grave. Ged em geral tem muitos problemas com o grave – talvez seja por causa da formação dele como baixista."

"Uma das coisas de se estar numa banda é que você diz adeus muitas vezes", reflete Kevin sobre *Counterparts* ter chegado ao final. "Então não é tão difícil para eles. Mas quando chegamos ao final do projeto, depois de três meses trabalhando nele, quando se esteve convivendo uns com os outros todos os dias, acho que estavam ávidos para ver o final daquilo e passar para a fase seguinte. Mas o ambiente no final era bem amistoso. Certamente não ficaram tristes em me ver partir, mas talvez já tivessem sido provocados o suficiente até aquele momento. E, sabe, o disco era o que era. Fiquei muito feliz por ter feito parte dele e ainda me sinto feliz por ter me tornado amigo daqueles caras. Não nos vemos com muita frequência, mas quando nos encontramos, sabe, tenho muito carinho por eles. Eu falo mais com Neil do que com os outros dois, e ele quase nunca está por perto, logo..."

"Não gostei muito de fazer aquele álbum, mas gosto demais do resultado", conclui Neil, falando de *Counterparts*. "Repito, nem tudo sobrevive ao tempo, mas ainda gosto de 'Animate'. 'Nobody's Hero' era boa. 'Alien Shore', gosto dessa letra em particular, assim como de 'Speed of Love'."

"Acho que *Counterparts* foi uma experiência de aprendizagem essencial", acredita Geddy, olhando para trás, embora nesse momento já tenha esquecido a parte ruim. "E é um disco com um som excelente. É um retorno àquele tipo de rock com uma atitude de *power trio*. Fiquei muito feliz em fazer isso. Ele nos colocou de volta em contato com algumas das maneiras com que costumávamos gravar, e usamos equipamentos que há anos não usávamos e nos afastamos bastante do som digital. Kevin Shirley é um produtor de mão cheia, que eu talvez consideraria como alguém sem sofisticação alguma em termos do tipo de rock que quer fazer. Ele não quer que você tenha um som supersofisticado. Gosta daquele som roqueiro encorpado, com colhões. Foi ótimo. Quero dizer, foi uma mudança muito boa para nós. *Roll the Bones* tinha uma sonoridade mais tímida e *Counterparts* foi uma reação completamente oposta àquilo. Passamos de algo acanhado para um som grandioso. E mesmo dentro disso houve batalhas. Sempre há essa batalha entre os engenheiros e Alex quando chega a hora de gravá-lo, por causa da pureza do som dele. Com Caveman, tudo era à moda antiga, e quer saber? Kevin estava certo. Eu me apaixonei pelo meu Fender fazendo aquele álbum. E nunca mais voltei atrás."

Quaisquer disputas entre Geddy e Kevin parecem ter sido esquecidas – realmente, parece que Lee era o mais mente aberta dos três, confrontado com os mesmos pedidos de Shirley para ter permissão de meter o nariz. "Houve brigas técnicas, mas não me lembro de qualquer questão pessoal", diz Geddy. "Por Deus, não sei, era coisa do dia a dia. Você entra no estúdio e tem um dia duro lá dentro, e então tem que sair e dar uma entrevista, e assim a frustração acabava sendo extravasada ali. Portanto, não houve qualquer dano permanente."

Mas Peter acha que o chefe talvez tenha sido condescendente com o que Kevin estava dizendo – na verdade, talvez Lee não pensasse que a banda tinha ido longe o suficiente. "Geddy pode ter questionado a posição deles no rock diante do que estava acontecendo no cenário musicial", diz Collins. "E se o que havíamos feito era mesmo relevante, dada a mudança dramática no ambiente da música roqueira na época. Talvez tenha existido essa sensação de 'será que alcançamos o que nos propusemos a fazer? Ou foi mais uma absorção do movimento que está acontecendo?'. Geddy está sempre analisando cada aspecto de todas as coisas. E estávamos com certeza tentando nos encaixar melhor no que acontecia. Nunca havíamos feito isso. Eu não tinha sequer considerado a possibilidade, mas esse provavelmente foi o caso.

"Como sempre, quando se termina um disco, há certo volume de exaustão envolvido. Convive-se com essas músicas por tempo demais, e quando o álbum é finalizado, a cria é solta sozinha no mundo, e isso de certa forma acaba com os nervos, ficar pensando em como será recebido. E *Counterparts* foi um disco com uma sonoridade muito diferente comparado aos que haviam feito com Rupert. Havia um pouco de ansiedade, mas estávamos animados para lançá-lo e ver como as pessoas o receberiam. Abrir mão das mixagens finais e não ajustar nada na fase de masterização é desapegar para valer. Então havia um pouco de ansiedade, mas estávamos confiantes. Havia uma filosofia diferente para aquele disco, completamente diferente. Os fãs sempre me culparam por mudar o som deles de modo tão radical em *Power Windows*, então pensei que iria me redimir com esse álbum."

"Um dos pontos fortes do Rush é que não se importam de verdade com a forma como o som é percebido", continua Collins. "Estão interessados apenas no que lhes interessa. Mas esperam que os fãs os acompanhem. Ainda assim intuitivamente farão o que acreditam ser o melhor para eles. Então nunca senti que isso estivesse em consideração. Com muitas bandas é assim. Sabe, nossos fãs não vão gostar então não podemos fazer dessa forma. Mas isso não parece ser um critério do Rush."

"Havia muito mais força, e os teclados foram reduzidos um pouco", resume Alex, que descreve as músicas como mais cabeludas. "Estávamos todos muito felizes quando terminamos. Com *Counterparts* é realmente bom voltar a alguma coisa mais orgânica, mais semelhante a um *power trio*. Geddy começou a adotar mais camadas na voz, e eu comecei a adotar mais camadas nas guitarras e a fazer as coisas que os teclados fariam."

A turnê *Counterparts*, marcando os 20 anos da banda desses quarentões, seria rápida e organizada conforme os padrões do Rush, abrangendo em essência quatro meses pelos Estados Unidos, do final de janeiro de 1994 até o começo de maio, fechando com duas datas em Quebec e um show na cidade natal. Estavam na verdade prontos para pegar a estrada imediatamente, mas houve um atraso porque ninguém tinha vontade de entrar em turnê.

De fato, o álbum foi bem recebido, conquistando o disco de ouro tanto nos Estados Unidos quanto no Canadá. A abertura contou com os *noisniks* do Melvins para algumas apresentações na Califórnia, e o Primus cumpriu uma dúzia de datas no Meio-Oeste. O Candlebox fechou a turnê como banda de abertura por todos os Estados Unidos. Neil se lembra da banda de grunge levinho de Seattle: "Nós pegamos a estrada com eles por um tempo, eram caras legais. Também gosto muito das músicas deles. Não sei que fim levaram". A turnê fechou com um

show em Montreal tendo o punk pop dos Doughboys na abertura e um em Toronto no Maple Leaf Gardens com a I Mother Earth, banda local pós-grunge que teria um sucesso nacional considerável em 1996 com o álbum duplo platinado *Scenery and Fish*. O Reino Unido e a Europa ficaram fora da turnê promocional de *Counterparts*.

As apresentações da turnê começavam com a melodia de "Assim Falou Zarathustra", de Strauss, que depois abria caminho para uma faixa de *Roll the Bones* e uma das favoritas dos fãs, "Dreamline". Do novo álbum, "Stick It Out" e "Double Agent" eram potencializadas com pirotecnia. Outras faixas que faziam parte da lista foram "Animate", "Cold Fire", "Nobody's Hero" e "Leave That Thing Alone", deixando de lado "Cut to the Chase", "Between Sun & Moon", "Alien Shore", "The Speed of Love" e "Everyday Glory", que ficaram no banco de reservas – essencialmente uma questão circunstancial.

"Sempre há essa emoção no começo da turnê", conta Alex, "e um tanto de trepidação. É uma tarefa complicada aprender a tocar as músicas com outras coisas, os gatilhos e onde nos encontramos naquele momento. Depois de duas, três, até quatro semanas de ensaios, estamos familiarizados e não é problema algum, mas é muito desafiador e recompensador chegar a esse ponto. Mas todas as nossas canções ganham uma vida nova quando pegamos a estrada. Podemos ficar felizes no estúdio, mas só depois de trabalharmos duro nas músicas... Sabe, é uma coisa que mantemos na nossa cabeça. Poderia valer a pena compormos um disco e tocá-lo – ou até mesmo levá-lo para a estrada – e só depois gravá-lo. Porque as faixas simplesmente se desenvolvem de um jeito poderoso a partir dos benefícios de tocá-las ao vivo – com certeza com *Counterparts* foi assim. Organizar essas canções foi uma tarefa difícil, mas estávamos dispostos a trabalhar, sempre estamos. Fizemos isso com *Grace Under Pressure*. Tocamos quatro ou cinco músicas ao vivo, no Radio City Music Hall, antes de gravar o álbum para valer."

O fotógrafo da banda, Andrew MacNaughtan, que os acompanhava na estrada com frequência, lembra: "O logo na capa é um parafuso e uma rosca. Então tinham esses parafusos e roscas enormes, com quase dois metros de altura, que ficavam posicionados em torno do palco. E então, quando o show começava, eu tinha o parafuso e a rosca que havia fotografado para a capa, eles pegaram essas duas coisas e recriaram digitalmente para que parecessem perfeitos. E tocavam a música de *2001: Uma odisseia no espaço* [ele cantarola a canção], e o parafuso e a rosca começavam a se fundir como um só à medida que eram aparafusados. É um tanto fálico, na verdade."

"A dinâmica da banda na época era um pouco diferente", reflete Kevin, presciente, dado o quão curta foi a turnê de *Counterparts* e o tanto que o Rush demoraria para voltar a gravar no estúdio de novo. "Neil tinha essa propriedade na zona rural. Todo tipo de coisa estava acontecendo com Alex. Geddy e a esposa estavam esperando uma nova integrante na família, fora o beisebol. Eles definitivamente tinham menos coisas em comum naquele momento do que jamais tiveram. Só posso imaginar que, com dinheiro no bolso e o desejo de viver outras coisas que não fossem a vida de um músico sempre na estrada, havia muito mais a fazer. E talvez fazer o disco e irromper fronteiras não tenha sido confortável – talvez tudo isso tenha se somado. Geddy com o nascimento da filha, a bebê, a vida nova, tudo novo... Pode-se ter filhos e ficar na estrada, mas acaba-se sentindo muita falta deles – talvez isso tenha sido uma das grandes razões. Sou pai e estava longe enquanto meus filhos cresciam. Agora tenho mais um bebê. Quero ver esse crescer. Talvez queira sair por aí e fazer anjos na neve e não me apressar para chegar à passagem de som."

"Golfe tem tudo a ver com tempo e ritmo, e não se esforçar demais, não atropelar o processo de seus movimentos, é bem parecido com tocar um instrumento", conta Alex sobre sua válvula de escape de preferência – ele logo acrescentaria um álbum solo às atividades não relacionadas ao Rush. "Você abre caminho e apenas deixa o instinto tomar a dianteira, deixa as mãos assumirem o controle e tocar. Todo mundo tem as próprias pequenas obsessões, particularmente na estrada, porque é mesmo

uma parte importante para manter a sanidade e se distrair. Depois de muitos anos em turnê, aprendemos como fazer isso de maneira adequada, nos manter saudável; essa é a chave, e é sempre uma luta.

"É fácil se distrair e é fácil cair num padrão de comportamento e se entediar, e basicamente se luta contra isto: o tédio. Quando comecei a jogar golfe no começo dos anos 1990, foi perfeito. E acho que, se conversar com outras bandas, elas nunca se permitem esse tipo de coisa. É bem comum hoje em dia eu deixar o quarto do hotel, ir até um campo de golfe e ficar lá por quatro ou cinco horas, acertar umas tacadas, almoçar; se for um dia de folga, dá até para jogar uma segunda rodada. É simplesmente uma fuga maravilhosa em vez de ficar preso num quarto e fazer sempre a mesma coisa. Adoro jogar algumas rodadas num dia de folga. Janto, assisto a um filme se conseguir ficar acordado, durmo bem e acordo cedo no dia seguinte. Me sinto bem, vou lá fora, conheço outras pessoas, é uma distração maravilhosa, de verdade. Tanto que estou comprando um clube de golfe. Sou sócio com um grupo de camaradas num clube bem prático que estamos construindo. Sendo sincero, a ideia surgiu da nossa insatisfação com experiências frustrantes ao jogar golfe em outros clubes. Gosto de dizer que ser dono de um clube de golfe é como se um viciado em heroína comprasse uma fazenda no Afeganistão. Penso, sim, estou com a vida ganha, vou ficar bem aqui."

Geddy previne os camaradas que pensam que os membros da banda nesse ponto não se importavam com as finanças. Falando da trajetória desde o sucesso após *Moving Pictures*, Lee explica: "Tudo para nós não mudou do nada. Não deixamos de ser pobres para nos tornar ricos de repente, ou de não ter sucesso algum para nos tornar incrivelmente bem-sucedidos. Foram passos pequenos e passos irregulares. A gente tinha mais fãs num determinado disco, depois perdia alguns, e mais tarde talvez perdesse ainda mais no disco seguinte. Nossa carreira, se olhar para o gráfico, é uma grande montanha-russa. E isso é uma coisa muito boa para a vida. Porque não nos tornamos uma sensação do dia para a noite. Tivemos tempo para nos ajustar a cada nível de sucesso que apareceu.

"Em termos de sucesso na minha vida pessoal, sim, é claro. À medida que ganhamos mais dinheiro, pude quitar minha casa e pagar certas contas, e mandar meus filhos para colégios particulares e me dar ao luxo de ter hobbies ridículos e comprar mais coisas. Sim, isso é ótimo, e esse tipo de segurança é o que todo mundo quer. Foi bom. Em termos de como a grana impactou a banda, nos proporcionou fazer apresentações maiores, planejar efeitos mais extravagantes, nos divertir mais e tentar dar ao público mais retorno pelo ingresso. É o modo como vejo as coisas, e tenho certeza de que os outros concordam. Nunca nos apertamos quando se tratou de produzir nosso show. Mas se você falar com nosso diretor de iluminação, ele provavelmente irá discordar: 'Vocês nunca me davam tudo o que eu queria!'"

O relato de Geddy é importante porque, de fato, os shows do Rush foram se tornando cada vez maiores enquanto as vendas de discos foram diminuindo. Felizmente, uma apresentação pode ser elaborada até certo ponto antes de ficar ridícula, e as vendas caíram pouco a pouco durante um longo tempo. Mas ainda assim, o valor que a organização oferece aos fãs é a principal razão pela qual Lee, Lifeson e Peart não são tão ricos quanto as projeções mais otimistas. Muito diferente do adorado Blue Jays de Geddy, em que todo o dinheiro vai para o bolso dos jogadores.

"Eu realmente tive muita sorte", continua Ged, "de que tenhamos sido capazes de ganhar a vida, mesmo quando não éramos muito populares, sabe? Éramos um tipo de banda regional no começo e ganhamos o suficiente para quitar nossas dívidas e comprar mais equipamento. Foram passos lentos, pequenos, e pudemos nos ajustar a cada estágio, e à medida que tivemos filhos, passamos mais tempo com a garotada e garantimos que fossem bem ajustados ou o mais bem ajustados que poderiam ser nesse estilo de vida. Para mim, pessoalmente, sempre tentei enfatizar a normalidade e nunca quis que meus filhos morassem na maior casa da rua. Tentei reduzir a alienação deles por causa do trabalho de seu velho pai. Mas às vezes isso é impossível. Meu filho cresceu na época em que éramos mais populares, e muitos dos nossos fãs tinham a idade dele, então foi difícil. Ele enfrentou muitas coisas que jamais me contou. Não deve ter sido fácil.

"Não sei se Alex e Neil têm a mesma atitude em casa com os filhos e as próprias vidas, mas para nós sempre foi uma questão de enfatizar a normalidade. Matriculá-los numa boa escola, tentar manter uma rotina. Eu queria que eles estudassem nos melhores colégios. Não queria que fossem mimados... Alguns artistas levam as famílias para a estrada. Para mim, isso é muito errado. Dessa forma, meus filhos não teriam uma vida normal – isso os transformaria num anexo da minha vida. Queria que crescessem e sentissem que tinham as próprias vidas, as próprias prioridades, que o que faziam era tão importante quanto o que eu fazia.

"E minha esposa concordou totalmente com isso. Mas foi difícil para ela, porque significava que precisava segurar as pontas sozinha, e também tinha a carreira dela. Fez muitos sacrifícios para manter a rotina da nossa família. É provável que tenha feito mais sacrifícios ao longo do caminho do que eu fiz. Porque há essa coisa toda, bem, ele é quem traz o dinheiro para casa, vamos deixá-lo em paz. É quem tem que ficar longe de casa por dois meses. Enquanto isso, ela tentava equilibrar uma carreira e o cuidado com os filhos; tivemos apenas um de cada vez, então foi fácil. Mas também foi complicado. Minha esposa teve que ser mãe solo por muito tempo. Mas o resultado está aí. Tenho dois filhos maravilhosos de que me orgulho muito, então seja lá o que fizemos deu certo para nós, e até agora, deu certo para as crianças também."

"E não creio que tenha a ver com sucesso tanto quanto tem a ver com ser absorvido por uma carreira", continua Lee. "Eu geralmente observava os produtores e engenheiros. Eles têm dificuldade em manter as famílias e uma vida juntos porque precisam estar lá todos os dias. Sabe, posso tirar um dia de folga quando Alex está gravando as guitarras ou Neil está trabalhando em alguma coisa. Posso ir para casa e ficar com a minha família. Consigo oferecer alguma coisa que seja uma figura paterna no lar, enquanto esses caras ficam no estúdio o tempo todo.

E se analisar a taxa de divórcios no mundo da produção e engenharia de som, e até mesmo entre os roadies, acho que é muito mais alta do que entre os músicos.

"Porque temos o luxo – e talvez aí entre o sucesso na equação – de nos dizer: 'Olha, vamos tirar um dia de folga, deixar para lá. Vou para casa e ver a família'. Esse é o benefício do sucesso comercial, determinar que a cada três semanas podemos ir para casa e ficar uma semana lá. Enquanto isso, o empresário fica gritando: 'Mas, mas, mas... Como não pode continuar em turnê por mais uma semana?! Olha quanto dinheiro está deixando de ganhar!'. Penso, sim, ok, estamos deixando de ganhar dinheiro, mas estou investindo na minha família e na minha sanidade mental. Temos muita sorte que aprendemos essa lição na metade da nossa carreira, o que, hoje, parece ter acontecido muito tempo atrás.

"E isso nos salvou – acho que realmente nos salvou. É difícil para muitas bandas não fazer turnê, ou limitar o tempo na estrada. Há tanto dinheiro sendo esfregado diante do nariz delas, e têm toda uma organização dependendo do fato de estarem na estrada. E elas seguem em frente – estar lá fora em turnê é o afago no ego por excelência. É por isso que continuam com os shows. Com muitas bandas, se questiona: 'Por que ainda estão na estrada? Com certeza não é pelo dinheiro'. Bem, sim, claro, não precisam de dinheiro, mas adoram fazer isso. Está no sangue. É difícil dizer não. Simplesmente adoram tocar diante do público. Adoram compor música, tocar música. Pegar a estrada é um estilo de vida tão surreal e bizarro que acaba se tornando um vício."

"A menos que você seja Neil", complementa Geddy dando risada. "Ele tem dificuldades em lidar com a fama, muito mais que Alex e eu. E sempre digo para ele que isso acontece porque eu e Alex somos mais burros. Somos capazes de lidar com mais facilidade. É difícil para Neil. Ele é super, ultraconsciente de tudo em que está envolvido. Há essa realidade hipersensível com relação a ele. E é um cara relativamente tímido. Portanto, quanto mais a banda faz turnê, quanto mais temos sucesso, mais exigências recaem sobre Neil para estar diante dos olhos do

público. Ele não se sente confortável com isso. Você até pode achar uma coisa estranha. Como pode um cara se sentir desconfortável diante da plateia quando é um músico de rock que se apresenta diante de dez mil pessoas todas as noites? Mas quando Neil está atrás da bateria, está em casa. É o jogo dele, fica totalmente confortável lá porque está fazendo seu trabalho e o que adora fazer. Mas se o tirar de lá e o colocar dentro de uma festa com *paparazzi* ou seja lá o que for, é tudo muito estranho. Ele se sente muito desconfortável com aquilo. E não se pode obrigar um cara a gostar dessas coisas. Isso é apenas a natureza inata dele.

"Tentamos facilitar o máximo possível e não fazer tantas exigências para que ele participe das coisas, então Neil lida com o que pode. E de vez em quando aparece alguma coisa que pode ser divertida para ele, e se acharmos que será divertido, Neil nos acompanha e aproveita e é ótimo. O lado comercial das coisas é o que mais o afeta. O sucesso é o que mais o afeta, simplesmente em termos da noção de si mesmo como uma pessoa discreta tendo um trabalho que é público. Tem sido duro para ele lidar com isso. É difícil para nós todos, mas temos habilidades diferentes. Houve um período em que eu ficava meio revoltado contra as exigências públicas e me sentia muito desconfortável com tudo aquilo. Mas me dei conta de que precisava dar um jeito, lidar com isso. Como esse é meu meio escolhido para ganhar a vida, é o emprego que eu queria, então aceito os ossos do ofício."

"Estávamos simplesmente exaustos", diz Geddy, sobre o motivo de a banda optar por um longo intervalo, 18 meses, depois de *Counterparts*. "Muitos álbuns, muitas turnês. Todo mundo tinha questões familiares para tratar. Foi difícil seguir em frente sem ter uma pausa. Achávamos que já teríamos ido pelo ralo naquela época, ninguém tinha planejado fazer isso por tanto tempo. É como ser um idoso que não achava que viveria até os 70 anos e não guardou dinheiro, entende? Esse tipo de coisa. Quantas bandas continuaram por tanto tempo? Então é preciso ir compensando à medida que segue em frente. Tem que aprender ao longo do caminho, e estávamos ficando exaustos demais. Estávamos cansados da companhia uns dos outros e estávamos cansados do trabalho pesado na estrada.

"Tão logo a turnê terminou, *vupt*, nos despedimos e não nos vimos muito, quase nada. Não é como agora que eu e Alex nos vemos com frequência. Naqueles dias, acho que as frustrações de estarmos na companhia uns dos outros mais do que qualquer coisa era um teste. Não importa o quanto goste do cara com quem está lado a lado, vê-lo todo dia, trabalhar com ele todo dia, a tensão dos shows, a tensão das gravações, tudo isso acaba corroendo a relação, então é difícil. E graças a Deus somos unidos por nosso bom humor, que nos ajuda a superar tudo. Todas essas risadas não são uma coisa sem importância. Acho que isso nos salvou como banda e como amigos."

"Todo mundo queria descansar um pouco", continua Ged. "Estávamos todos meio cansados de fazer parte de uma banda de rock, para ser honesto. É um ótimo trabalho, mas pode consumir você, pode dominar toda sua existência. E não somos esse tipo de pessoa. Somos os sujeitos mais improváveis para fazer parte de uma banda de rock, porque temos outros interesses, outras coisas que poderíamos ter feito, que teríamos feito, ou simplesmente outros aprendizados que queremos ter na vida, outras experiências que queremos compartilhar. Eu estava cansado de não ser sócio do clube de tênis onde eu poderia jogar com alguém uma partida normal toda quinta à noite. Eu odiava aquilo!

"Então foi uma das nossas primeiras oportunidades para começarmos a nos integrar em nossas próprias comunidades. E depois se tornou mais difícil sair de lá e voltar à estrada. Era dizer adeus a uma vida bem divertida que se define como normal, sabe, um jantar normal com os filhos, levá-los para a escola, estar lá para discutir, estar lá na parte ruim da vida cotidiana. Ao mesmo tempo, essa é toda a parte divertida à qual as pessoas no geral não dão a devida importância. Ficar mais tempo longe era autodefesa, sobrevivência. Era como um alarme de sobrevivência inato que iria disparar dizendo, sabe, faça uma pausa de cinco minutos."

"Também há o lance criativo", segue Ged, talvez dando um indício de que a arte de criar álbuns estava perdendo a cor. "Não se pode ser uma banda durante 40 anos e simplesmente entrar no estúdio a cada seis meses para fazer um disco. Não vai existir a mesma emoção. Para mim, é muito importante deixar a poeira assentar, ter fome de novo. Estar ávido para trabalhar. Estou começando a entender isso agora, quando penso em trabalhar mais e mais todos os dias. Todo dia isso invade meus pensamentos. Começo a ouvir música na minha cabeça, e isso é um sinal muito positivo para mim. Penso, ok, estou entediado, estou pronto para deixar minhas outras coisas de lado e mergulhar no trabalho, e quando fizer isso, vai ser emocionante e divertido. E quando voltar a me reunir com aqueles dois caras, vai ser ótimo, vamos arregaçar as mangas. Isso é parte da sobrevivência de uma banda que existe há 40 anos. É preciso respeitar esses 40 anos. Tem que dizer, olha, não temos mais 18 anos de idade. Não podemos simplesmente entrar lá e tocar rock 'n' roll 365 dias por ano – não tem como. Então agora, quando chega o momento, estamos prontos para o trabalho, estamos animados com isso."

Mapeando o que fizeram depois de *Counterparts*, Geddy explica que "Alex tinha uma outra mentalidade naquela época. Ele tinha um estilo de vida fora da banda bem diferente do meu. E é preciso permitir um ao outro esse tipo de benesse, o respeito de dizer: 'Olha, passamos a vida inteira juntos, e somos duas pessoas bem diferentes', então isso é expresso no modo como conduz sua vida pessoal. Não é nada saudável ficar impondo limites o tempo todo, pelas exigências do trabalho ou das relações profissionais."

"Ele estava lá fora muito animado em fazer as próprias coisas, deixar a própria marca musical", continua Ged, uma motivação que resultou no primeiro álbum solo fora do Rush, o projeto de Alex lançado em 1996 de forma modesta com o nome de uma banda fictícia chamada Victor, uma incursão o mais solo possível que um guitarrista não vocalista pode fazer. "Ele estava convivendo com outros músicos na época e curtindo mesmo aquilo. E isso foi muito bom para ele. Alex tinha um estúdio em casa, e realmente queria enfim usar o espaço para os próprios objetivos. Ele mergulhou de cabeça no mundinho do Alex.

"E eu estava construindo um ninho. Retornei àquela ideia de formar uma família, planejando a chegada de um novo membro, comprando uma casa nova, me preparando para a chegada do bebê. Estava num estado de espírito bem doméstico. Não poderia estar numa situação mais diferente do que o estado de espírito de Alex. E Neil estava por aí, sabe, viajando, pedalando. Ele sempre foi muito bom nisso. No minuto em que a turnê acaba, Neil descansa um pouco e então, *pop*, encontra alguma outra coisa incrível para fazer. Ele sempre leva muito a sério as crônicas de viagem. Estava se preparando para essa outra carreira criativa. Alex estava fazendo música, e eu estava fazendo bebês. Parece muito bom, em retrospecto."

Geddy conta que, embora essa tenha sido uma manifestação extrema de dispersão pós-turnê, o sentimento tinha sido praticamente o mesmo após cada período na estrada ao longo dos anos 1970 e 1980. Contudo, "houve um ponto em particular em 1989, quando encerramos a turnê *Hold Your Fire* e tínhamos feito um giro imenso pelos Estados Unidos, que foi massacrante. Nós estávamos mesmo cansados daquilo. Tínhamos ido à Europa por um tempo, depois gravamos um álbum e só então voltamos para casa. Não creio que chegamos a ter uma semana de folga e fomos direto para o estúdio mixar esse álbum [Geddy está se referindo ao álbum ao vivo *A Show of Hands*]. Estávamos tão exaustos que isso transparecia tanto física quanto emocionalmente.

"Estávamos sentados nos fundos do estúdio em McClear Place, e só queríamos fazer as malas e ir embora. Neil em especial. Ninguém estava a fim de discutir. Então meio que deixamos as coisas como estavam, 'vamos embora antes que alguém diga algo de que possa se arrepender depois'. Vamos embora descansar. Tirar umas longas férias. Não nossas costumeiras seis semanas e aí de volta para a estrada. Vamos tirar meses de folga. Não lembro quanto durou esse intervalo, acho que foi cerca

de seis meses. Foram as férias mais longas que já havíamos tirado até aquele momento."

Ressaltando esse potencial ponto de ruptura, Alex lembra o mesmíssimo incidente ao responder se achou que a banda como unidade funcional já esteve em perigo, desconsiderando os eventos trágicos futuros que se sucederam. Ele conta: "Na minha lembrança, foi quando estávamos mixando *A Show of Hands*. Eu me lembro de estarmos sentados lá no estúdio, numa poltrona nos fundos, e todos estávamos cansados e desanimados. Completamente exaustos, de saco cheio. Foi quando achei que a banda poderia acabar. Achei que todo mundo estava pensando o mesmo. Chega. Só queríamos ir para casa."

Geddy continua: "Depois do intervalo, todos nos sentimos rejuvenescidos e motivados, e voltamos querendo dar alguns passos atrás e observar o que era importante para ganhar uma perspectiva dos rumos que a banda seguiria. Demos esses passos, buscamos o que tínhamos como trio e começamos a compor dessa forma. Mas aquele foi provavelmente o ponto mais crítico da trajetória do Rush, fora o que aconteceu mais tarde com Neil."

Ao falar sobre a turnê de *Hold Your Fire*, Alex diz: "Sim, bem, houve dias em que eu só queria chorar. A gente se sentia frustrado e exaurido, abalado demais por qualquer coisa. Ficávamos longe de casa nessas datas intermináveis. Tocamos múltiplos shows, shows consecutivos, muito diferente do que fazemos hoje. Fazíamos quatro ou cinco apresentações em sequência, tirávamos um dia de folga, além de todas as viagens. Os sets ficaram mais longos, e o material do Rush não é algo fácil de tocar. Não que eu realmente saiba como tocar qualquer outra coisa, mas é desafiador e exaustivo, ainda mais ao longo da turnê."

E, afirma Alex, a exaustão atingiu seu ápice "no começo dos anos 1990. Antes disso, sempre ficávamos conversando no quarto um do outro. 'Vem cá, ei, o que está fazendo?' A gente se sentava lá, tomava uma cerveja, assistia a um jogo de hóquei, ficava lá conversando, saía para jantar – sempre havia essa interação. E talvez essa conexão tenha a ver com o começo da carreira, quando compartilhávamos os quartos e éramos uma equipe pequena. Sempre tivemos essa coisa bem de família, de estar juntos o tempo todo."

Mas quando vieram *Roll the Bones* e *Counterparts*, "havia menos visitas uns aos outros. Agora nunca nos visitamos em nossos quartos. E me lembro de pensar na última turnê como isso era estranho, mas já não fazíamos mais. Ged pode estar no quarto ao lado e eu mando um e-mail, que ele responde, ou talvez a gente ligue um para o outro, mas nunca vou até lá fazer uma visita. Foi a primeira vez que ficamos assim separados e não passávamos o dia de folga juntos, todo mundo saía cada um para um lado e curtia as próprias coisas. Isso não afetou nosso trabalho nos shows, nada disso, mas parecia que queríamos muito ter nosso próprio momento de independência e estávamos simplesmente cansados da coisa toda, de verdade.

"Isso acabou se refletindo também na vida pessoal. Convivemos na estrada por meses e meses a fio, então todo mundo queria ter privacidade em casa. Hoje sempre me encontro com Ged. Jogamos tênis juntos e saímos para jantar ou almoçar, então não sei se estamos tão separados assim. É claro que com Neil há uma distância maior. Não o vemos muito. Mas é sempre o mesmo quando nos reencontramos, como se nunca tivéssemos nos afastado."

"Acho que há uma telepatia, algo que não se vê", ri Alex, "porque nunca me sinto longe ou distante ou desconectado de Ged. Mas sei que temos essas pequenas zonas individuais, e ele fica conferindo os placares do beisebol, e eu fico fazendo sei lá o quê, e não temos muita interação. Mas estamos sempre conectados. Não é uma coisa consciente. Estamos apenas lá, confortáveis com nossa relação. Sabe, com seus amigos mais próximos e mais queridos, dá para passar horas lado a lado sem dizer uma palavra e se sentir totalmente à vontade e conectado."

Mas naquela época, precisaram de algumas mudanças, como conta Alex: "Decidimos ficar um tempo longe, acho que foi cerca de um ano. Geddy e a esposa dele estavam esperando um bebê, e ele disse: 'Não vou fazer isso de novo. Não vou perder o crescimento da minha filha. Quero estar em casa e quero ficar lá por um ano'. E isso foi divertido para todo mundo – nós todos queríamos um tempo de folga. Eu me mantive ocupado com o projeto Victor. Me ocupei durante todo aquele tempo, e acho que todos precisávamos disso. Na época, eu estava cansado, mas sempre disposto a voltar para o trabalho. Geddy estava à espera do nascimento da filha e acho que ele era o mais estressado entre nós. E Neil está sempre disposto a tirar uma folga."

"GEDDY,
COMO S
INTERES

TEM

R MAIS

SANTE?"

CAPÍTULO 3

TEST FOR ECHO

"Gosto do fato de Neil nunca ficar parado", diz o pai dele, Glen Peart. "Nunca está satisfeito com o que está fazendo. Sempre quer seguir em frente. Ele se envolveu bastante com aquela coisa do Buddy Rich, da *big band* de jazz. E por mais que Neil já tenha tocado bateria e seja reconhecido no mundo inteiro por isso, queria muito fazer aquele álbum do Buddy Rich. Se juntou com outro baterista em Los Angeles, e dizia que queria aperfeiçoar sua habilidade como baterista, principalmente bateria de jazz, dar mais um passo. E Peter Erskine, é claro, trabalhou com ele, o ouviu tocando e disse, meio de brincadeira: 'Você vai fazer umas aulas, não é, Neil?'. E Neil respondeu: 'Ok, vou mesmo', e fez aulas antes de continuar o projeto. E é claro que adoro a música 'Love for Sale', de Buddy Rich. É mais próxima do tipo de música que gosto, e todo aquele álbum, o modo como foi pensado, simplesmente amo aquilo. Mas Neil apenas continua em movimento. Ele não fica satisfeito em permanecer onde está. Sempre tem um novo desafio, não importa o que seja, em alguma direção ou outra. E acho que é uma coisa sobre a qual conversamos muito sempre que estamos juntos. Em geral é algo pelo qual nós dois nos interessamos, e com certeza tenho orgulho de Neil, desse fato de que sempre há um novo desafio diante dele. Mas nunca se sabe que mundos vão colidir."

Uma vez que o Rush tinha decidido dar um tempo e entrar num período de reflexão, os rapazes estavam mais livres para explorar outras vertentes. O sr. Peart falava do projeto paralelo de Neil naquela época: produzir e dirigir um álbum que era um *showcase* de bateria chamado *Burning for Buddy: A Tribute to the Music of Buddy Rich*, lançado em outubro de 1994. Neil toca uma faixa no álbum, "Cotton Tail". Há também 17 outras faixas tocadas pelo que possivelmente tenha sido o maior elenco de lendas da bateria reunido na história – um testemunho do respeito e apreço que Peart havia conquistado na indústria musical. Um segundo volume feito do mesmíssimo modo viria três anos depois, com um DVD de cinco horas de duração lançado em 2006.

Neil também estava se dedicando ao motociclismo com afinco, e uma das viagens épicas dele (até Yellowknife) inspiraria a arte de capa do álbum seguinte do Rush (mas falaremos mais sobre isso a seguir).

"Passei a praticar ciclismo no começo dos anos 1980, durante as turnês", conta ele sobre como começou esse hobby. "Estava buscando alguma forma de fugir dessa bolha controlada em que parece que nos isolamos. Então comprei uma bicicleta em Salt Lake City e comecei a pedalar entre as cidades, e fui levando o esporte cada vez mais a sério, comprei capacete e luvas, comecei a pedalar entre um show e outro. Às vezes chegava a pedalar 150 quilômetros num dia de folga. Combinava com o motorista do ônibus para me largar a essa distância da cidade, ou em dias de apresentações pedalava cerca de 70 quilômetros.

"Pedalei por todas as cidades dos Estados Unidos e explorava o centro das cidades nos dias de show, muitas vezes visitava museus de arte e coisas assim. E fiz várias viagens de bicicleta pela China, África, Europa, cruzei as Montanhas Rochosas, os Alpes e os Pirineus pedalando. Certa vez no Mali, na África Ocidental, fazendo um esforço enorme percorrendo a estrada de bicicleta, vi dois caras de turbante rodando com suas BMWs em perfeita formação – *vruuumm!* –, eram motos GS iguais àquela que tenho hoje, e aquilo me trouxe uma luz. Sempre gostei de acelerar, gostava de carros e dizia que quando crescesse teria uma motocicleta, sempre quis. E de alguma forma sabia que precisava crescer um pouco.

"Quando entrei na casa dos 40 anos, passei a desejar ter uma BMW, porque parece exatamente o que uma motocicleta deve ser. Isso estava enraizado em mim antes mesmo de comprar uma moto. A primeira viagem que fiz foi para o leste do Canadá, até Newfoundland e Labrador, com um grupo de motociclistas, e aquilo me conquistou por inteiro. Era como viajar de bicicleta multiplicado por mil. As distâncias que dava para percorrer e as coisas que se podia ver num único dia, e os lugares aonde se podia chegar... Não era fácil ir até Labrador. De bicicleta não tem como fazer isso porque levaria tempo demais. Já com a moto, em duas semanas, dava para ir tão longe quanto St. Lawrence e Quebec.

"Depois fiz uma viagem de moto pelo México, mais tarde outra pelo leste do Canadá, e em seguida fui até Yellowknife para ver o sol da meia-noite. Meu amigo Brutus e eu. Fazia só dois anos que andávamos de moto naquela época. Tínhamos motos totalmente inadequadas para uma viagem daquelas, eram BMWs esportivas, mas fomos até Yellowknife para ver o sol da meia-noite, percorremos 1.500 quilômetros de estrada de terra na chuva e na lama, caímos, erguíamos um ao outro do chão. Tenho fotos em que estou coberto de lama da cabeça aos pés. Por que gosto disso? Porque é incrível. E depois fomos para a Europa e a Tunísia, e certa vez para o deserto do Saara, voltando pela Sardenha, e foi uma aventura em grande escala que adorei."

"A curiosidade muitas vezes de saber o que tem ali dobrando a esquina", explica Neil respondendo sobre o motivo que o leva a fazer isso. "Ou às vezes há um lugar onde já estive antes, como a Floresta Negra na Alemanha, quando excursionamos lá nos anos 1970, mas naquele momento tem a ver com conhecer os melhores lugares para se andar de moto. Quantos anos fui à Grã-Bretanha sem conhecer o Yorkshire Dales ou as Highlands da Escócia, ou ainda as ilhas junto à costa, ou as montanhas do País de Gales e tudo mais, e agora sei que tudo aquilo faz parte da minha Grã-Bretanha.

"E o que faremos amanhã? Isso é outra coisa. Só torna o meu dia muito mais interessante. Com as turnês a gente fica preso, às vezes há um dia de folga em alguma cidade que não interessa a você. O que se pode fazer? Tenho todas essas possibilidades. Às vezes fico pensando: 'Ok, tenho um dia de folga amanhã, como posso passá-lo da melhor maneira possível?'. Se estou no sudeste, por exemplo, quero ir até as Montanhas Apalaches, viajar de moto cruzando aquela região. Se estou no oeste, as opções são praticamente ilimitadas. Tivemos dois dias de folga na última turnê e fui até o Monument Valley no primeiro dia, consegui ir até Taos, Novo México, no segundo, e estar em Albuquerque, Novo México, para o show do dia seguinte. Esse é o melhor modo possível de se passar o tempo.

"É fácil exagerar no glamour, porque muitas vezes prefiro ir para casa. Depois que se passam meses, isso é o que faço para deixar as turnês mais interessantes – e talvez até mesmo suportáveis – para mim. Mas ultimamente, é claro, ainda viajamos mês após mês, e muitas vezes quando tiro a moto do trailer de manhã, depois de dormir dentro de um ônibus numa parada de caminhões, só quero mesmo ir para casa. Mas dito isso, realmente tenho o privilégio de passar meu tempo entre os shows do jeito que quero, e chegar lá do jeito que quero com relação à rota. Isso alimenta minha adoração por belezas naturais, velocidade e aventura – muitas coisas que me dão entusiasmo são providas pelas viagens de moto."

A moto também ajudou Neil com seu surpreendente segundo emprego numa fase mais madura da vida, a de escritor best-seller de crônicas de viagem, por meio de uma série de livros aclamados que transformou o membro mais fechado do Rush, de repente, num livro aberto.

"Mesmo numa escala menor... Tendo a funcionar melhor de manhã, com meu trabalho de escrita criativa e tudo mais, e às vezes, estando no sul da Califórnia, posso sair para um passeio de moto de duas horas, e lá há alguns dos melhores trechos do mundo, nos cânions de Santa Mônica e todo o resto. Isso é insuperável. Há uma questão existencial. Com o motociclismo, se está no limite de seu próprio controle e de sua própria física, e nessas estradas sinuosas, cheias de curvas com cascalho, o limite é o alcance de sua visão. Você está totalmente envolvido na atividade, e sua sobrevivência depende dessa concentração e percepção. É exigente e envolvente ao máximo.

"E quando se volta de um passeio de moto – com a turnê e o esforço físico para tocar no nível que tocamos –, as viagens se tornam um antídoto. A vibração da motocicleta durante o dia inteiro é relaxante, quase uma massagem. Fico cansado e dolorido, mas é generalizado. É terapêutico e físico e transportador. Você está exposto ao tempo e pode sentir a diferença de dois graus na temperatura. O aroma das flores emana da estrada, através dos cânions, invade o capacete. É uma carga de energia extra, como um amigo meu descreveu. A fragrância da natureza vem dos eucaliptos, da sálvia, e transportam você de uma outra forma. Os pássaros e os animais e a paisagem ao redor da estrada... Fico pensando sobre geologia: como se formaram essas colinas? De volta à placa do Pacífico e entrando em Sierra Nevada, parece neve acumulada numa pá.

"Essas coisas podem passar por sua mente e não perturbar a concentração no que você está fazendo. Há lacunas. É parecido com entrar no palco – envolvimento e concentração totais, mas há lacunas: 'Ok, em três segundos vou fazer isso'. Porque o cérebro está funcionando numa velocidade tal que três segundos é um tempo considerável, na música tudo se resume a milissegundos; quando se está falando sobre mudanças de tempo, se está lidando com uma realidade em milissegundos. Numa motocicleta, o mundo vem a você também dessa forma. E percebi numa viagem pelo deserto que ele vem até você gradualmente. Quaisquer perigos estão longe e são vistos a distância antes que cheguem perto. Já numa estrada sinuosa, se está numa outra situação.

"E há também nisso tudo uma metáfora musical, porque é muito parecido com tocar ao vivo. A habilidade de pensar que alguma outra coisa vem e vai. Estarei no palco olhando para o público, e alguma coisinha vai chamar minha atenção, uma camiseta ou um rosto. É registrado, mas em milissegundos: 'Ok, pense nisso; está chegando a hora daquilo'.

"E há uma outra coisa boa comparando as duas: se eu estiver tocando e pensando no trecho seguinte da música, não quero pensar no que estou fazendo naquele momento. Se estou chegando a uma ponte, tenho que me ajustar a ela física e mentalmente, pensar no compasso, e quero que a transição seja suave ali. Há todo tipo de planejamento que precisa acompanhar isso. Com a motocicleta é a mesma coisa. Se eu não estiver pensando na próxima curva, ou no mais longe que possa ver, terei problemas. Não se pode pensar no mundo debaixo das rodas, porque ele está passando a muitos metros por segundo.

"Há analogias também quanto a esse estado de espírito. É necessária enorme concentração e disciplina mental sobre uma moto. Mas há outro tipo de estímulo, uma atividade mental completamente diferente, muitas ideias ótimas e reflexão sobre trabalho e possibilidades porque a mente está em alta velocidade. E muitas vezes eu parava, e sempre tinha esse caderno ou diário comigo com anotações nos mapas e nomes de músicas. Porque se eu estava comprometido a esse ponto – 'Ok, pare no acostamento, anote isso aí no mapa agora mesmo antes que esqueça' – é provável que se tratasse de algo importante. Antes de começar a anotar as coisas com critério, eu diria que havia esses três elementos: ok, lembre-se dessas três coisas, observações sobre a paisagem ou alguma reflexão que queria anotar antes de esquecer, antes que outra coisa ocupasse a mente. Tudo é parte de um mecanismo."

De volta ao mundo da música. Como mencionei, em 9 de janeiro de 1996, Alex lançava seu primeiro – e até o momento único – álbum solo, chamado *Victor*, com uma banda conceitual também chamada Victor. Chegou às lojas assim que os rapazes mergulharam no álbum seguinte do Rush, trabalhando debaixo de nevascas que pareciam nunca dar trégua. Embora tenha usado um conjunto de músicos desconhecidos na maioria, Alex também convidou seu novo camarada Les Claypool para tocar baixo em uma faixa e Lisa Dal Bello para cantar em outra. Edwin,

COM A MOTOCICLETA É A MESMA COISA. SE EU NÃO ESTIVER PENSANDO NA PRÓXIMA CURVA, OU NO MAIS LONGE QUE POSSA VER, TEREI PROBLEMAS.

da banda I Mother Earth, foi o colaborador mais presente, gravando os vocais em cinco faixas.

"Eu sempre quis fazer uma coisa como *Victor*", contou Alex, fazendo a divulgação na imprensa com *nossa revista* no começo de 1996. "Sempre quis trabalhar num dito projeto solo. Por causa do Rush eu sabia o quanto uma gravação exige de alguém. E precisava mesmo de bastante tempo, que foi quase igual ao que levava com a banda. Normalmente oito ou nove meses, da concepção à mixagem final. Geddy queria tirar um ano de folga por causa do nascimento da filha; Neil tinha coisas na agenda para mais seis meses. Olhei para aquele período de 18 meses e pensei: 'Aí está minha oportunidade de fazer alguma coisa'. No total, levou dez meses para fazer toda a gravação e enfim completar o projeto em setembro [de 1995]. Depois tirei algumas semanas de férias, e começamos o álbum seguinte do Rush. Foi bom, porque fico entediado com facilidade e descobri que preciso estar concentrado em alguma coisa para ser feliz.

"Suponho que o mundo cínico é cheio de raiva", reflete Alex quanto ao clima... não exatamente sombrio do disco, mas de certa forma tenso e claustrofóbico. "Mas eu queria fazer um álbum que fosse soturno, perturbador e inquietante. Assim que determinei o tema do projeto, foi mais fácil concretizá-lo. Não porque era o que eu sentia ao meu redor, era um pouco mais direto. A abordagem mais pesada, mais dura do meu disco com relação a coisas que fiz no passado é apenas o que eu queria ouvir. Queria ter um álbum que tivesse esse tipo de impacto e essa força. Em especial das guitarras.

"Quando se trabalha com outras pessoas, sempre há concessões. O Rush já está na estrada há muito tempo, e fazemos o que fazemos. Estou completamente satisfeito com isso. Não fiz esse disco porque não estava feliz com os rumos que o Rush estava tomando ou com o meu relacionamento com Geddy e Neil. Mas ainda assim há concessões. É assim que funciona uma democracia. Espera-se que, no final de tudo, se consiga criar uma coisa com a qual todos fiquem contentes.

Quando se é o chefe, você pode fazer o que quiser – e no meu caso eu fiz. Queria ter uma música ou duas que pudessem ser consideradas bem pesadas, duras e sombrias, e outros momentos mais tristes e solitários. Queria tentar criar uma narrativa numa canção que não tivesse guitarra. Isso foi uma coisa que começou unicamente no meu cérebro e no meu coração e continuou adiante sem levar o Rush em consideração."

Mas Alex ficou longe de um tipo de álbum com muito *shredding*, sendo que havia vários exemplos em meados dos anos 1990, alguns com bastante sucesso. Em vez disso, há um senso de humor apesar do barulho frenético e inquietante – humor ácido, se preferir.

"Esperava-se que o guitarrista do Rush fizesse uma demonstração de suas habilidades com o instrumento", diz Alex. "Sendo sincero, não suporto aqueles discos de masturbação guitarrística. Quero dizer, esses músicos são maravilhosos e brilhantes, mas grande coisa! Você ouve uma vez e não tem vontade de ouvir de novo. Não há nada lá que conquiste o ouvinte de verdade, emocionalmente falando. É apenas uma mostra de talento e habilidade. Eu queria fazer um disco que de fato tivesse alguma substância. Queria compor canções, trabalhar com pessoas diferentes e dirigi-las, compor algumas coisas que outros músicos iriam tocar."

Dando alguns exemplos, Alex fala: "A faixa 'Strip and Go Naked' foi mais um exercício em que Bill Bell e eu decidimos colocar o máximo de elementos possível dentro da música. Começando com um pouco de violão de 12 cordas e guitarras, depois um pouco de *bottleneck*, de modo que alcançasse essa coisa blueseira com uma pitada de música folclórica celta para depois entrar nessa linha de guitarra ascendente. Só queríamos criar várias texturas e níveis diferentes. É bastante honesta e pura, e chegamos a ela de forma bem rápida. Basicamente compusemos e gravamos num único dia. Em geral não tenho a oportunidade de tocar daquele jeito, portanto não iria desprezar a chance de fazer um disco totalmente instrumental.

"Em 'Mr. X.', eu estava brincando com os teclados lá no andar de baixo, e Pete Cardinal entrou com essa linha de *walking bass* durante toda a música. Só acrescentei algumas guitarras e pensei: 'Essa é a minha chance de tocar um pouco sozinho'. 'Mr. X' é mesmo uma música divertida, que me anima. Há tantos pontos sombrios nesse disco que eu só queria um pouco de claridade aqui e ali. Essa e 'Shut Up Shuttin' Up' se tornaram as duas coisas para dinamicamente levantar o todo de modo que não se comece a chorar no final do álbum!"

De forma divertida, com tudo ao mesmo tempo sendo alternativo aqui e alternativo ali, ao falar sobre a situação do show principal em 1996, Alex disse: "Ainda somos uma banda cult depois de tantos anos. Falando em alternativo, acho que sempre fomos a banda alternativa por definição. Eu costumava pensar que era sorte. Agora sinto que as oportunidades surgiram num certo ponto, e simplesmente nos esforçamos muito. Tivemos sorte porque fazemos o que fazemos. Se gostarem, ótimo, e se não gostarem, problema de vocês. Felizmente, para nós, há muitas pessoas que adoram de verdade nossa música e cresceram com a gente, nos respeitam por isso. Eles aceitaram que estamos sempre seguindo em frente e fazendo alguma coisa diferente a cada álbum."

"Quando comecei a trabalhar em *Victor*, se tornou um trabalho em tempo integral para mim", conta Alex, 15 anos depois. "Eu não conseguia parar de pensar nele. Gravei aquele disco no meu pequeno estúdio em casa, então estava lá todos os dias. Eu saía e fazia alguma coisa, depois voltava correndo para casa pensando: 'Nossa, tenho que tentar fazer isso', por menos importante que fosse. Estava muito focado. Não pensava muito sobre a banda. Sabia que estávamos num hiato, e seja lá o que fosse acontecer no final desse intervalo, tudo estaria bem. Eu estava fazendo minhas coisas, assim como Geddy estava fazendo as coisas dele, e Neil também. E, de fato, não tivemos muito contato pela maior parte daquele tempo, não até o final daquele período."

"Eu só queria me divertir com música", continua Lifeson. "Queria tocar com outras pessoas, e não teve nada a ver com qualquer tipo de vazio que sentia no Rush – o Rush era o Rush. Mas pareceu uma ótima oportunidade de investir em alguma coisa que não demandasse todo meu tempo e esforço, e eu só precisava seguir até o fim, ou de outra forma seria um fracassado total. Isso teve muito a ver com o disco. Eu estava num ponto da minha vida em que sentia falta de confiança. Não sabia para onde estava indo, e me deu vontade de fazer um projeto desses, que exigiu muito trabalho e muita atenção e foi exatamente o que eu precisava para provar a mim mesmo o que eu poderia fazer.

"Eu fiz. Sabe, compus algumas coisas em colaboração, mas basicamente escrevi tudo, toquei tudo, mixei, gravei, trabalhei na arte de capa, sabe, fiz tudo naquele disco. E fiquei muito orgulhoso do fato de ter dado conta de tudo. Não importa quantos discos foram vendidos. No final, se vendesse só um álbum, estaria tudo bem. Fui em busca da realização de objetivos pessoais, e foi o que fiz. Mas às vezes parecia meio assustador. Às vezes eu me sentia cansado e desencorajado, mas no geral me senti muito bem por estar no controle da coisa toda, saber que as decisões que tomei estavam entre fracassar e não fracassar. De um ponto de vista musical, me deu a oportunidade de diversificar minhas atividades e fazer coisas diferentes, desde coisas mais pesadas em comparação ao que o Rush faz até coisas acústicas e um tipo de música dançante eletrônica. Eu me encontrei experimentando todos esses tipos distintos de música, foi bem divertido."

"Nunca fui uma pessoa muito segura de si", afirma Alex, reiterando a natureza terapêutica e introspectiva de *Victor*, de certa forma capturada na arte da capa. "Como todo mundo, sinto insegurança em certos aspectos da vida, de certas habilidades que tenho. E naquela época eu só precisava de uma pequena injeção de ânimo. Saí dessa experiência muito mais forte para enfrentar o que aconteceu depois com o Rush. E acho que muito disso fica evidente em nossa relação, e na relação entre mim e Geddy como compositores. Acho que ele aprecia o fato de eu ter passado por aquela experiência e de eu me sentir mais forte e mais confiante com as coisas que faço, as coisas que trago para a mesa, e o tipo de controle que estou disposto a assumir. Isso me deixou mais aliviado, ou menos preocupado, acho, quanto a não estar lá. Porque ele é um tipo de cara bastante controlador, sempre foi."

Realmente é bem bacana – também surpreendente e inspirador – que o primeiro álbum solo saído do Rush tenha sido de Alex. Também é surpreendente que depois haveria apenas mais um disco (sem contar os projetos de Neil), *My Favorite Headache*, de Geddy, que foi lançado quatro anos depois de *Victor*.

"Sou uma pessoa bastante gregária", continua Alex, explicando a ironia em torno de suas questões de insegurança. "Posso me colocar em qualquer situação e me sentir confortável, ou assumir algum tipo de controle dentro do contexto. E sempre fui desse jeito, o palhaço da turma. Mas sempre houve essa insegurança latente. E quanto à guitarra, sempre me senti meio inseguro em relação a ela, sempre achei que poderia ser melhor e há muitas pessoas bem melhores que eu. É uma coisa que sinto até hoje, talvez um pouco menos. Eu me preocupo com essas situações quando elas surgem e quando realmente sou confrontado por elas. Penso: 'Com o que estou preocupado mesmo?'. Por exemplo, me colocar na situação de fazer uma jam ou tocar no palco com outra banda ou outro artista.

"Comecei a fazer essas coisas no Orbit Room, um bar do qual sou sócio, e tocava com a banda residente de lá. Isso foi 12 anos atrás, e pelos primeiros quatro ou cinco anos, eu tocava com certa regularidade, provavelmente duas vezes por mês nos finais de semana, e foi uma ótima experiência, porque eram músicas que eu conhecia de quando era mais jovem, mas que nunca tinha tocado. Tipo soul, R&B, funk dos anos 1960. Era isso que estava tocando no Orbit Room naquela época.

"E os caras do Dexters eram todos músicos fantásticos. Então é bem fácil ir até lá e se preparar pouco a pouco para acompanhar o que estavam construindo. Lembro a primeira vez que toquei com eles, tocamos para 90 pessoas que estavam no bar, não é um bar muito grande, e eu estava muito nervoso e assustado. Nunca fico nervoso num show do

Rush, seja o primeiro ou o último – é muito normal. E, em casa, estando naquele palco, essa plataforma de 20 centímetros de altura no fundo do bar, cercado por todas aquelas pessoas sentadas lá tomando cerveja, quero dizer, eu estava muito, muito nervoso. Mas foi ótimo, nos divertimos bastante e foi demais, e me dei conta do tanto de tempo que desperdicei de forma estúpida ficando nervoso por causa de algo assim, quando é só diversão, uma coisa gloriosa que sou capaz de fazer, ter essa habilidade. Para mim pessoalmente foi um ponto de virada. Me sinto muito mais confortável com isso agora, mas nós todos temos nossas inseguranças."

Victor e *My Favorite Headache* confirmaram algo curioso: tanto Geddy quanto Alex tocam o que gostam como uma parte do Rush. Ambos os álbuns têm um som parecido, lembram o Rush de *Presto* até *Test for Echo*. Alex é um pouco mais louco e sombrio, e Geddy atua mais como cantor/compositor numa pegada alternativa, mas, quase de forma decepcionante, eles se parecem com o Rush.

Enquanto isso, Neil, fiel à própria personalidade, estava trabalhando nos bastidores em sua música, aprendendo os fundamentos da bateria do jazz com o lendário Freddie Gruber, que transformou completamente o modo como Peart encarava o instrumento. "Toda a abordagem de Neil com relação à bateria ficaria diferente, e de modo bastante significativo", observa o produtor Peter Collins, chamado mais uma vez para reprisar seu papel em *Counterparts*. "Eu não sabia disso realmente até chegarmos à pré-produção. Toda a linguagem corporal dele tinha mudado quando estava tocando bateria, havia um movimento mais circular se comparado com o modo como costumava tocar. E Neil tentava incorporar climas diferentes, porque sua percepção sempre tinha sido meio direta e controlada. Então ele estava experimentando colocar a batida um pouco mais atrás. E acho que alcançou isso, a habilidade de transitar entre ambas as coisas."

"Vi quase de imediato", continua Collins a respeito do novo estilo de Peart. "A linguagem corporal anterior dele era quase estreita, consistente com o som da bateria e o *feeling*, muito precisa na batida, às vezes até adiantada. Em geral ele se colocava antes da batida, em vez de atrás dela, e nesse momento ele realmente tinha dominado a habilidade de usar ambas as estratégias, o que era muito interessante. Quando entrava no fundo da batida, as coisas orientadas pelo ritmo, eu podia ver o movimento circular do corpo, o que era muito legal. Para certas músicas, acho que foi muito eficaz, as escolhas para as viradas e levadas e tudo mais. Mas Neil estava repensando a bateria, o que foi muito interessante para mim, e quis explorar um pouco mais. Fiquei muito feliz em conduzir isso o máximo que pudemos para essa direção."

"Os anos 1990 foram um período de grande crescimento para nós", diz Neil. "Em meados daquela década, quando Geddy e a esposa dele estavam com um bebê, houve essa parada. Tivemos um hiato de cerca de um ano, então comecei a fazer aulas e reinventei completamente meu modo de tocar bateria antes do álbum *Test for Echo*. Eu gosto mesmo desse disco. Como fã, é provável que seja meu álbum favorito dos anos 1990. Ainda assim há algumas circunstâncias especiais. Comecei a trabalhar com meu professor de bateria, Freddie Gruber, pouco antes disso e fiz o tributo a Buddy Rich, estava trabalhando com todos esses outros grandes bateristas, conheci Freddie graças a Steve Smith.

"Então comecei a estudar com Freddie. Passei a praticar todos os dias com esses exercícios diferentes que ele tinha me dado para o conceito de movimento na bateria e assim por diante. Passei mais de um ano, 18 meses, acho, tocando todos os dias. Quando chegamos para fazer *Test for Echo*, eu estava tocando num estilo totalmente diferente. Essa é uma das coisas que fiz de boa vontade com Freddie. Pensei: 'Ok, depois de 25 anos, 30 anos talvez, é hora de tentar uma coisa nova'. Eu me entreguei e voltei à pegada tradicional, virei as baquetas e passei a tocar com elas do modo adequado, aprendi todas essas técnicas sobre movimento.

"Entrei nessa fase não apenas num altíssimo nível técnico, mas também como uma criatura musical reinventada. E o momento mais significativo foi quando comecei a tocar acompanhando as demos, e

Geddy e Alex falaram: 'O som não parece muito diferente'. E o produtor, Peter Collins, disse: 'Ainda parece você'. Mas quando gravei as partes de bateria, e eles tocaram acompanhando o material, perceberam que o relógio estava diferente. Tiveram que ajustar o modo como tocavam. De novo, essa coisa sutil que mencionei antes, a questão de acertar o *feeling* e os compassos e assim por diante; eu havia sutilmente mudado meu relógio, meu metrônomo, no giroscópio de toda a minha forma de tocar bateria. Isso os forçou a mudar o próprio modo de tocar. Então esse é um exemplo de como as sutilezas podem chegar longe – todas as sutilezas. Por isso esse foi um disco bem importante para mim."

"Gravei um vídeo instrutivo depois disso chamado *A Work in Progress*", continua Neil, "e falei sobre o conceito de criar uma obra-prima no sentido mais verdadeiro, do modo como era, nos tempos de aprendiz. Se quisesse ser aceito como um mestre entre seus pares, seria preciso criar uma obra, fosse um pedreiro ou um ourives ou um escultor, essa seria sua obra-prima. Colocar-se diante dos mestres para ser aceito entre eles e encerrar seu aprendizado. Eu estava falando nesses termos, sempre tentando alcançar alguma coisa que fosse digna do julgamento ideal, se fosse determinar um mestre entre seus pares para aprovar ou não seu trabalho, então seu trabalho era necessariamente, dentro de sua arte, uma tentativa de alcançar tal maestria."

"Acho que eu estava pronto para trabalhar", diz Geddy sobre voltar ao estúdio. "Mas não creio que estivéssemos tão interligados assim um ao outro como havíamos estado em outros discos. Alex ainda estava com aquela atitude de 'ser dono do próprio nariz'. Nós alugamos um lugar para compor o álbum. Alex tinha feito esse grande projeto, *Victor*. Trabalhou demais, tinha saído do limbo e meio que estava numa fase diferente, ficou exausto com aquilo. E lavou a alma. Mas é claro que fiquei muito feliz em voltar a trabalhar. Por causa de toda aquela atmosfera doméstica, estava louco para voltar a produzir."

Ajustando a cena um pouco mais detalhadamente, Geddy explica que "a experiência solo de Alex foi muito turbulenta; já eu estava saindo de um momento mais tranquilo, mais reservado. Ele estava vindo desse mundo de alta pressão, de alto poder do tipo 'eu sou o chefe nesse disco'. Foi duro, foi muito difícil, porque atuou como engenheiro de som, fez tudo naquele álbum. Tirou um grande peso dos ombros quando voltou para fazer *Test for Echo*. Alex se sentiu feliz em poder fazer um trabalho colaborativo de novo, feliz por não carregar sozinho o fardo de toda aquela responsabilidade.

"Ao fazer aquele disco solo, aprendi que é bom ter um parceiro, sabe? Tive um parceiro no meu álbum solo, mas ainda assim, é seu nome que vai estar na capa e há muita pressão em se fazer alguma coisa excelente. Não que não houvesse isso no Rush, mas na banda esse peso é compartilhado. Conversei com amigos que são escritores e amigos que são pintores, e há uma coisa que eles sempre invejam sobre minha situação – meus dois parceiros, que tenho dois parceiros nesse esforço colaborativo, nesse mundo criativo. Porque é difícil, há momentos de grande dúvida sobre si mesmo. Mas quando se tem dois parceiros, eles ficam no seu pé, puxam você para cima de novo. Então passa-se por momentos difíceis, mas se tem um ao outro para reforçar a confiança e dizer: 'Não, ficou ótimo, cara!' ou 'Não, isso ficou uma merda!', desse modo sabemos com o que estamos lidando.

"Mas caras que trabalham sozinhos ficam muito isolados, é difícil tomar a decisão certa o tempo todo. Acho que ele passou por tudo isso. É por essa razão que as lembranças dele são tão positivas e as minhas tão... Eu estava voltando de um momento muito tranquilo. Estava feliz em trabalhar de novo em vez de trocar fraldas."

Geddy diz que Alex superou alguma coisa dentro de si, mas parece estar esquecendo uma parte da equação. Alex tinha demonstrado sua insegurança constante, e como parte dela contribuiu para a decisão de fazer um projeto solo, então com certeza *Victor* deve ter sido também uma gigantesca injeção de confiança. A respeito disso, Geddy diz: "Nunca percebi nele essa falta de confiança. Mas, sabe, talvez eu tenha interpretado mal seu silêncio. Achava que ele estava tranquilo com tudo.

"E certamente havia algumas grandes personalidades envolvidas durante aquele período. Havia Peter Collins, que é muito decidido; na verdade, foi por esse motivo que ganhou o apelido de Mr. Big, porque acendia aquele charuto e tomava uma decisão. E eu adorava tudo aquilo. Também tenho muitas opiniões sobre tudo, Neil sempre dá a opinião dele, e tínhamos Andy Richards no estúdio de tempos em tempos, que é como um *tour de force*. E então talvez Alex se sentisse intimidado por tudo isso. Talvez sentisse que estávamos nos movendo para uma determinada direção sem ele. É possível.

"Honestamente, nunca achei que ele sofresse de falta de confiança. Sim, talvez Alex entenda dessa forma, mas pode ser mais no sentido do benefício da dúvida. Sabe, não é ele quem começa uma ideia criativa. Isso se sente de fato no estúdio, quando há um punhado de ideias sendo discutidas e com as quais se pode discordar, ninguém quer ser a voz dissonante. É duro se levantar e dizer: 'Olha, sei que vocês estão todos superanimados com essa ideia, mas é uma merda'. É difícil fazer isso porque há um tipo de pensamento do grupo que toma conta e empurra o projeto para uma direção em particular.

"Então talvez ele esteja se referindo a isto: não sentir que podia mudar o fluxo de todas essas ideias que surgiam. E com certeza faz sentido quando se pensa por que Alex, no final, foi fazer um álbum solo. Mas nunca percebi isso como algo dramático, talvez fosse um conflito acontecendo dentro dele. Quero dizer, todos nós temos nossos momentos de insegurança, principalmente no estúdio. Se você entra num take e não sai do jeito que gostaria, a primeira pessoa a culpar é você mesmo. Então se esforça mais, cobra mais de si. É um momento sensível porque a fita não mente. Então, se tocou mal e depois ouviu a fita, lá está você sendo horrível na frente de todo mundo dentro do estúdio. 'Obrigado, senhoras e senhores, fui mal hoje!' A menos que seja um cuzão, fica meio inseguro. Todas as melhores pessoas se sentem assim, acho. Porque isso faz você continuar tentando se aperfeiçoar, faz com que tente conseguir acertar."

E no processo de não ter certeza do que se está tocando, de como é o seu som, Geddy analisa: "É por isso que precisamos de produtores, e é por isso que precisamos de companheiros de banda. O processo criativo é assim. É um momento de insegurança, porque você despe a alma. Sabe, está pegando as ideias do ar. Não tem nada pior do que dizer: 'Ei, que tal isso?' e todo mundo ao redor ficar olhando como se você fosse de outro planeta. E depois sentir 'ok, talvez não seja tão bom, sabe'. Mas é preciso fazer isso de qualquer forma, dizer o que pensa. Pode ser que eu tenha aprendido essa lição mais cedo do que Alex – certa ou errada, a ideia tem que entrar em discussão. Sempre encorajamos isso com qualquer pessoa que estiver no estúdio. Se estiver lá sentado, seja o engenheiro ou o produtor, você é parte da produção. Se tem uma ideia, mesmo que não seja usada, ei, cara, fala. É assim que funciona um ambiente criativo."

Com o processo criativo em andamento, os caras se reuniram novamente no Chalet Studio, em Claremont, em outubro de 1995. Nesse lugar (que fica bem no interior), dada a altitude, Neil conta que podia avistar o lago Ontário. Peart escrevia num canto da casa, e Alex e Geddy faziam barulho no outro, oferecendo a Neil ideias do que estavam criando mais cedo do que de costume. Peter lembra: "Fomos até o local onde estavam ensaiando, essa fazenda em algum lugar de Ontário, e todo mundo estava bem contente em estar lá, o ambiente era ótimo. Neil estava no quarto escrevendo as letras freneticamente, e Alex e Geddy ainda estavam trabalhando nos arranjos. Cheguei e havia esse clima agradável, não havia tensão alguma.

"Percebi de verdade que eles queriam ficar mais no Canadá, assim não viajamos tanto. As bases para *Test for Echo* foram feitas em Woodstock, Nova York. Mas foi um período relativamente curto, e depois voltamos para o Canadá. Eles com certeza queriam passar mais tempo em casa com as famílias em vez de ir para longe na Inglaterra, na França ou em Montserrat. Geddy tinha uma filha pequena – foi quando Kyla nasceu – e presumo que teve muito a ver com isso. E chegando ao ponto onde

eles realmente queriam passar mais tempo curtindo a vida que tinham criado a partir da riqueza produzida. Chega-se a um ponto em que só se quer aproveitar e sair de férias, ir para uma cabana e pescar, andar de bicicleta e fazer todas essas coisas por mais tempo do que costumava fazer."

Foi o que Alex declarou na época: "Ao longo dos anos, viajamos para todos os lugares a fim de gravar, evitávamos trabalhar aqui. Dessa vez queríamos estar aqui pelo maior tempo possível. Nós todos gostamos de estar em casa. Depois de 21 anos de turnê e estarmos fora o tempo todo, é bom ficar em casa o máximo possível. Só tivemos um ano e meio de folga, todos tiveram a chance de fazer outras coisas e esse gostinho de vida normal. Acho que queríamos continuar assim o quanto fosse possível."

Woodstock abrigava o histórico estúdio rural de Bearsville, reconhecido pelo selo de mesmo nome, ambos de propriedade do empresário de Bob Dylan, Albert Grossman (Grossman faleceu em 1986, e naquele momento o estúdio era comandado pela esposa dele, Sally). Foi escolhido por causa da ideia de ganhar mais presença de som para a bateria de Neil, e Bearsville tinha uma sala de bateria cavernosa – foi a primeira vez que a bateria de Neil foi gravada nos Estados Unidos. (Na verdade, essa foi a razão principal das sessões de Bearsville.) A locação, considerada um retiro bucólico próximo a Manhattan (pouco mais de duas horas de carro), abrigou vários artistas importantes, mas é mais associada a aqueles residentes em Bearsville, como Foghat e Todd Rundgren. Depois disso, foram para o Reaction Studios em Toronto a fim de gravar mais sessões, seguidas pela mixagem no McClear, na mesma cidade.

"Certamente nosso processo de composição foi o mesmo", lembra Alex. "A gente escrevia no mesmo lugar, na verdade. Mudamos os horários um pouco, então isso teve certa influência no modo como trabalhamos. Tirávamos os finais de semana de folga, e no passado não fazíamos isso. Geddy saía do estúdio e ia para casa. É um estúdio residencial nos arredores de Toronto. Ele ia para casa todas as noites durante a semana e voltava na manhã seguinte. Então isso mudou a dinâmica de estarmos lá juntos o tempo todo. Foi positivo. A questão de *Counterparts* e a questão pós-*Counterparts* – foi aquilo e só. Foi superado com o tempo, e depois Geddy pôde ficar com a filhinha e a família, isso consertou muitas coisas. Nós todos passamos por questões pessoais naquele período. E foi bom voltarmos a nos reunir e compartilhar nossas experiências daquele ano e meio e seguirmos em frente juntos. Me lembro claramente de quando estávamos trabalhando na mixagem no estúdio McClear, havia esse ambiente positivo. Todo mundo estava se sentindo muito bem."

No começo de 1996, quando tudo ainda era um trabalho em andamento, Alex explicou: "Em dezembro estávamos na pré-produção, repassando todo o material, os arranjos, ajustando as coisas. E enfim entramos nos ensaios oficiais. Para mim, é difícil fazer uma conexão com qualquer outra coisa. Acho que é um grande passo adiante em comparação ao último álbum. Abordamos algumas coisas em *Counterparts* que tem uma força real, mas ao mesmo tempo uma ótima pegada e um senso de melodia. E isso vem principalmente de Geddy, é o ponto forte dele. Enquanto eu fico mais no lado pesado."

Quanto ao processo, Alex diz: "Geddy e eu trabalhamos no material durante o dia, e à noite trabalho com Neil, fazendo a engenharia de todas as coisas da bateria, à medida que trabalha as partes dele para as músicas. Ged passa muito tempo trabalhando nas melodias vocais nesses estágios iniciais. O nível de complexidade com o qual ele vem trabalhando nos vocais realmente se destaca. Acho que Ged se tornou consciente dessa preparação e do valor agregado. Estamos mais experientes dentro desse aspecto. Quando ouço as gravações ao vivo do disco da última turnê, o material ao vivo acaba surpreendendo. Acho que é preciso ter consciência de que se está tocando o material como uma banda, é bem importante antes de gravar. Simplesmente nunca tivemos tempo para fazer isso no passado."

De certa forma, contrário à lembrança atual, na época Alex disse que os caras ficavam "trabalhando por algumas semanas e depois tiravam uma semana de folga", indicando um intervalo de duas semanas em março. "Mas a questão do calendário realmente não importa. Não há data limite, e vamos trabalhar num ritmo mais tranquilo. Somos muito meticulosos em nossa preparação. Neil e eu somos virginianos. Somos sempre muito obsessivos enquanto nos preparamos. Tudo estava muito organizado. Chegamos a um ponto na nossa carreira em que podemos nos dar esse luxo por razões puramente financeiras. Ao mesmo tempo, impomos certas demandas e restrições sobre nós mesmos."

De volta ao começo de 1996, contudo, as coisas não pareciam tão cor-de-rosa como eles dizem anos depois. Na época, Alex afirmou em público: "Tornou-se um casamento conturbado ao longo dos anos. Principalmente nos últimos cinco ou seis anos, sair em turnê tem sido muito difícil. Nós todos adoramos tocar por duas horas. O problema tem a ver com as outras 22 horas do dia esperando aquelas duas horas. É muito mais difícil lidar com isso. Entendemos que faz parte do jogo. Quando se é jovem, é a melhor coisa da vida. E eu certamente me sentia assim nos primeiros dez, 12 anos. Quando se chega a uma certa idade, olha-se para a própria vida e reconhece-se que teve uma oportunidade que a maioria das pessoas só sonha. Eu tinha 19 anos quando comecei a sair em turnê. Mas você sente falta de certas coisas boas da vida que a estrada não pode oferecer. Sente falta de estar com as pessoas que ama, da família. Sente falta dos amigos. A vivência na estrada é difícil. Você está com, no nosso caso, 50 pessoas, mas se sente sozinho na maior parte do tempo em que está viajando. Então se questiona: 'Preciso mesmo disso? Já realizei muitas coisas. O que mais vou conquistar fazendo isso?'.

"Mas ao mesmo tempo, reconhecemos que é uma parte importante de se estar no Rush e temos que equilibrar essas coisas. Sentiria falta de tocar ao vivo. O mesmo vale para os outros caras. Neil provavelmente é quem menos tem interesse em sair em turnê. Ele estabelece mesmo um estilo de vida rigoroso na estrada. Anda bastante de bicicleta, sua válvula de escape. Num dia de folga, levanta-se às cinco da manhã, toma café e pedala 150 quilômetros. Volta tarde da noite, tem um bom jantar e depois apaga. É como preenche o dia dele, em vez de ficar sentado em frente à TV trocando de canal ou frequentando bares, o que é um estilo de vida bem destrutivo. É tudo uma questão de equilíbrio e disciplina."

Mesmo depois de se reunirem para fazer o novo álbum em 1996, com todos em diferentes lugares, houve uma conversa séria sobre o futuro da banda. Alex diz: "Eu não sabia. Não tinha certeza durante nossa primeira semana se queria continuar. Ainda estava animado porque havia alcançado recentemente meu álbum solo, e não sabia se queria voltar à mesma coisa de sempre que o Rush representava. Ged e eu passamos aquela primeira semana apenas conversando sobre onde queríamos chegar como seres humanos em nossas vidas. Tivemos uma discussão sobre várias coisas. Meio que deixamos a conversa no ar: 'Vamos ver como se desenrolam as duas primeiras semanas, e se meu coração não estiver nisso, vou ter que dizer que não posso continuar'.

"Então começamos a tocar, e coisas ótimas começaram a surgir. Compusemos quatro ou cinco canções em duas semanas, quando em geral criávamos apenas duas. Tudo simplesmente fluiu, e ficamos muito animados. Para mim foi a melhor sessão de composição de que posso me lembrar em muito tempo. Não havia ego envolvido, nenhum estranhamento. Nós nos elevamos acima de todos aqueles sentimentos e estávamos compondo de um jeito mais maduro, e o resultado ficou mesmo aparente. Havia paixão e sentimento de novo, coisas que eu não via há tempos em nossos discos. Nesse ponto, todas as peças se encaixaram muito bem. Acho até que pode ter sido um pouco mais duro e pesado."

Os membros da banda podem ter demonstrado mais confiança na composição do álbum, mas a ansiedade começou a bater quando se depararam com a necessidade de encontrar uma nova equipe de produção. "Eles estavam ansiosos para encontrar outra pessoa e gravar o disco", conta Peter Collins sobre a substituição de Kevin Shirley por Clif Nor-

rell na cadeira de engenheiro. Clif tinha tocado músicas do Rush na própria banda em tributo e era um grande fã; foi o primeiro engenheiro estadunidense que a banda já teve. Seria "um pouco mais duro e pesado" como Alex ameaçou? Só o tempo diria. "Trabalhei com Clif e tinha sugerido o nome dele, e não lembro como eles concordaram", continua Peter. "Acho que mandaram uma passagem de avião para ele, gostaram do cara e do som que ele obtinha. Além disso, Caveman, naquele ponto em particular quando trabalhamos juntos, estava com a vida pessoal extremamente fragmentada. Ele tinha uma babá e uma criança que o acompanhavam, e não sei se os rapazes queriam passar por tudo isso de novo. Para ser honesto, se dependesse de mim, teria contratado Caveman na hora. E realmente o contratei para trabalhar com o Bon Jovi por um tempo depois disso, e tivemos um ótimo resultado. Mas penso que teve a ver com a questão do caos que o acompanhava..."

Não que a banda quisesse reverter os jatos pesados que obtiveram com Kevin. "Não, não tive essa impressão de forma alguma", continua Peter. "Eles queriam levar as coisas ainda mais além; por isso trouxe Andy Wallace para fazer a mixagem, porque ele tinha essa reputação de conseguir um som bem seco, mais animado. E Alex, depois do disco solo, quando pôde fazer as coisas totalmente do jeito dele – trabalhou com o filho, e foi muito bom para ele –, alcançou certo nível de confiança sobre o que iria fazer que não havia demonstrado no disco anterior, em especial com a chegada de Caveman, que mudou totalmente o som da guitarra.

"Dessa vez ele estava mais seguro de como queria o som das guitarras. E no estágio de pré-produção, Alex e Geddy estavam mais unidos, com certeza mais em sincronia, e Alex pareceu mais proativo nos arranjos como um todo. Achei tudo isso muito bom. Eu não queria saber sobre o processo pelo qual ele tinha passado para fazer o álbum solo, mas Alex falava disso o tempo todo e queria discutir o assunto. E então se sentavam em torno do computador onde as demos tinham sido gravadas, e em vez de Ged lidar com aquilo, ambos estavam fazendo tudo em conjunto. No passado, era mais Geddy quem cuidava dessa parte. Ainda tenho essa visão. Posso vê-los na sala meio se encarando, trabalhando, conversando. Geddy tinha um baixo nas mãos e Alex uma guitarra, e trabalhavam muito próximos."

Quanto às outras mudanças, Peter diz: "Foi a primeira vez que não trouxe um tecladista extra, e definitivamente houve certa resistência. Mas, fora isso, estávamos todos muito mais confortáveis uns com os outros. Alex tinha feito o álbum solo. Fui ao bar dele em Toronto, e ele tocou jazz e essas coisas. Então foi algo bem incomum. Quero dizer, Alex estava confortável e havia essa cena *groovy* naquele lugar, e ele parecia bem confortável indo até lá e tocando com outras pessoas. Nunca o tinha visto nesse contexto. Acho que ele se abriu para diferentes tipos de música e, repito, isso o ajudou a ganhar mais confiança e ter mais atitude em *Test for Echo*.

"Eles todos tinham desenvolvido entidades musicais e estavam mais seguros quanto ao que queriam fazer. Quando trabalhamos juntos em *Power Windows*, estavam completamente abertos, prontos para fazer alguma coisa diferente naquele ponto. Mas em *Test for Echo*, estavam seguindo um caminho – levar esse aspecto orgânico um pouco mais além. E ficaram animados com a ideia de trabalhar com Andy Wallace. Usamos mais violões, e Geddy tinha muito a dizer sobre isso, como deveríamos usar as texturas e quais guitarras e violões deveriam ser usados. Também, é claro, naquela época, eles me conheciam muito bem, conheciam meu gosto. Em *Power Windows*, não faziam ideia. Queriam descobrir. Mas na época em que chegamos a *Test for Echo*, quase podiam adivinhar o que eu iria dizer. É o que acontece quando se trabalha com pessoas inteligentes. Então era provável que houvesse menos coisas para eu fazer em *Test for Echo* enquanto produtor."

É interessante esse comentário de Peter, já que em essência foi o motivo pelo qual Terry Brown nunca mais retornou, mesmo depois de produzir todos os álbuns do Rush até *Signals*: em qualquer momento de decisão, podiam adivinhar o que ele iria dizer e não estavam contentes com essa situação. E realmente, ninguém diria que houve qualquer

grande novidade em *Test for Echo*, como havia acontecido com *Power Windows* e *Counterparts*. Em vez disso, a banda criou alguma coisa que ficava entre o álbum anterior e *Presto* ou *Roll the Bones*. Em outras palavras, mediana. Se os esforços de Kevin Shirley foram de certa forma frustrados, seja lá o que o Rush ou Peter imaginavam alcançar com Andy Wallace seria inexistente, e Clif não trouxe mais peso.

Isso parece encaixar com as lembranças de Peter sobre Norrell: "Clif era um engenheiro de primeira linha que tinha trabalhado com Andy Wallace, eles tinham feito muitos álbuns juntos e formavam uma boa equipe. E Clif era mais receptivo para encontrar o que era exigido sonoramente, enquanto Caveman tinha uma ideia fixa de como achava que o som deveria ser e iria fazer do jeito que ele achava que deveria ser. Clif tinha uma abordagem diferente, que a banda pareceu gostar nesse disco em particular.

"Eu sempre tinha algo a dizer, fosse certo ou errado", afirma Peter Collins, confessando que o trio apreciava seu poder de decisão – reconhecidamente, essa tinha sido a maior reclamação deles com relação a Peter Henderson, produtor de *Grace Under Pressure*. "Eu tinha uma opinião. E minha ideia de realizar coisas com uma maneira própria e em tempo hábil dentro do estúdio agradava a banda. Eu tinha uma noção de ordem e, ao mesmo tempo, uma noção de diversão. Nós nos divertimos muito fazendo esses discos, e acho que eles gostavam de ter o Mr. Big por perto, qualquer que fosse o motivo. Tenho certas frases de impacto que me orientam, coisas como: 'Se você não ama, nem deveria estar aqui'; 'Se não é obviamente ótimo, está errado'; 'Quando em dúvida, deixe pra lá'. E então íamos direto ao assunto bem rápido se houvesse qualquer discussão. 'Isso está funcionando? Deveríamos nos deter nisso? Ficou ótimo ou não?' Se não, já era. Era tudo muito preto no branco – acho que esse é meu estilo de produção. Se não estiver ótimo, nem deveria estar ali. Estamos aqui para criar uma obra-prima. E acho que isso sempre esteve à frente de tudo o que faço, mas particularmente com o Rush. A grandeza é algo muito importante para eles."

Peter também se considera das antigas, quer dizer, "nós não encostamos na mesa. Fui treinado no Decca Studios, em Londres, onde a parte de engenharia era sindicalizada, e a parte na produção não era. E como não estávamos no sindicato como 'produtores', não podíamos encostar nas mesas. Havia operadores de fita – eu não tinha permissão para encostar nos gravadores ou na mesa de som como produtor em treinamento. Invadia o estúdio depois do horário e mexia no equipamento para aprender como operar, mas não era meu interesse. Via os produtores mais antigos chegando com ótimos engenheiros, ou usando os da casa, e entendi a distinção. Entendi que devia ser uma distração terrível ficar mexendo no equipamento, muito difícil para realmente se concentrar nos músicos tocando e nos arranjos. Era coisa demais. No começo dos anos 1980, o engenheiro/produtor não era uma figura tão comum como hoje, havia mais um produtor com um engenheiro em separado. Terry Brown era engenheiro/produtor.

"Eu tenho TDAH", continua Collins, "e só consigo me concentrar numa coisa de cada vez. Então, para me sentar, relaxar e de fato ouvir a música, se tem alguma coisa sonora me incomodando, digo para todo mundo: 'Não gosto desses sons de chute na bateria; tem como fazer algo a respeito?'. E eles me dizem: 'Bem, o que tem de errado?'. E eu falo: 'É muito pontiagudo', ou seja lá que termo genérico e nada técnico eu uso. Preferia falar em termos genéricos com alguém muito habilidoso em manipular o som. Não dizia: 'Não tenho muita certeza sobre essa quinta'. Eu dizia: 'Acho que esse acorde ali precisa ficar mais sombrio'. Há muitos produtores que gostam de meter a mão na massa e dizer: 'Bem, preciso que você toque uma linha de *walking bass*', e pegam o baixo para mostrar como se faz para os músicos. É um estilo que realmente admiro, mas como já disse, [o Rush] gosta do desafio de alguém deixando as coisas no ar, mesmo um tanto abstratas, e depois de interpretá-las. Parte do meu estilo de produção é não comprometer o estilo dos artistas com quem estou trabalhando, então seja lá o que alcançarmos estilisticamente é escolha deles, não minha; é o que sai deles, não o que sai do produtor. Posso estimulá-los a criar alguma coisa, mas é o som e a arte deles que vai para a fita."

Para a arte de capa de *Test for Echo*, Hugh pensou numa homenagem divertida ao Canadá e à neve incessante que atormentou as sessões de composição e gravação. Congelante como *Fly by Night* e *Grace Under Pressure*, essa arte apresenta uma cena no norte longínquo, onde um *inuksuk*, uma escultura em rocha do povo inuíte usada como marco, se posiciona no canto de um vasto canal oblíquo. Quando examinada em detalhes, sua real escala é revelada: dá para ver minúsculos ecoturistas escalando a escultura, uma cena que evoca lembranças da arte de capa do Blue Öyster Cult no azul e bem-humorado *Cultosaurus Erectus*, em que um jato passa voando diante da cabeça de um monstro revelando as proporções gigantescas da criatura. Do outro lado, estão três antenas parabólicas, que lembram o Very Large Array, outro marco do Blue Öyster Cult, assim como o Rush em "Distant Early Warning". Dentro do encarte, quase todas as referências imagísticas contribuem para o tema do norte do Canadá. Embora a fonte escolhida para os caracteres não tenha envelhecido bem, nem a imagem fractal do CD, vamos reservar os comentários sobre como "Virtuality" envelheceu para mais tarde neste mesmo capítulo (alerta de spoiler: grita, mas sai surpreendentemente incólume).

Test for Echo começa com a faixa-título, a guitarra de Alex reconhecida de imediato despejando acordes, licks e solos com seu toque. Também temos um exemplo da suavidade e fidelidade que vamos obter do "Very Large Array" de pratos de Neil. O letrista da Max Webster, Pye Dubois, retorna, oferecendo alguns materiais brutos, tendo tido crédito no último álbum – a ideia original de Pye, "Test the Echo", também inspirou o título.

Uma escolha interessante para abrir o disco, quando chega no verso é uma das canções mais blueseiras do Rush. Há muitos encaixes difíceis, partes discutivelmente incongruentes aplicadas em torno dessa brava seção musical, abençoada com alguns ótimos licks de Alex do início da carreira como um adolescente sem muitos recursos. Com seis minutos, a música parece um pouco longa, como se os músicos estivessem se arriscando ao tentar vender transições deselegantes. Esses efeitos são elevados pela modulação no último verso, que soa desesperada. Não para ficar batendo na mesma tecla, mas parece ter havido muitas oportunidades ali para a banda jogar fora coisas que não eram "nem interessantes, nem ótimas" a fim de compor um clássico absoluto construído em torno de uma ideia de verso fúnebre.

"Você pode ter uma resposta diferente de Neil", explica Geddy sobre o conceito do título. "Para mim, é um chamado e uma resposta. Sabe, 'há alguém aí?', e não apenas no sentido do espaço sideral. É como a frase que Will Ferrell usou naquele filme: 'Estou tomando pílulas de maluco?!'. Sabe, sou o único que vê a insanidade disso? Tem um pouco a ver com esse tópico, e um pouco com 'Alguém está ouvindo?'. Para mim, é o que a música diz. É como uma visão das coisas que estão acontecendo na nossa cultura pelos olhos da mídia instantânea, as coisas que vemos e não estão certas. E ainda assim continuam, ainda assim são exploradas. É sobre muitas coisas, mas para mim, é uma cultura de mídia fora de controle."

Como Neil explicou ao jornalista de Toronto John Sakamoto, o conceito explorado na faixa-título inteligentemente se liga à arte de capa: "Estive em Yellowknife junho passado numa viagem de motocicleta cruzando o país, e [havia um] *inuksuk* bem lá no alto com vista para a cidade, fiquei muito impressionado com aquilo. Comprei um cartão-postal com a exata imagem que se vê na capa do álbum, embora essa última tenha sido recriada com cuidado para incorporar os outros elementos. Eu tinha acabado de voltar com esse cartão-postal e pensei em 'teste para eco'. Pensei que era exatamente isso que aqueles homens queriam dizer quando estavam lá fora na vastidão. Eu tinha um amigo que estava fazendo trilha na ilha Baffin, e ele me contou que, quando se está seguindo a trilha por alguns dias e se depara com uma dessas esculturas, é uma afirmação inequívoca de que há vida ali. De novo, a

mesma coisa: é um eco, a palava *inuksuk* significa 'à semelhança de um homem', e é esse o sentimento que um viajante pelo Ártico deve ter, é um sinal de vida. O mesmo acontece com as antenas parabólicas. Estava me referindo à busca por inteligência extraterrestre e o teste para eco indo naquela direção."

"Há alguém aí?", escreveu Peart no programa da turnê do álbum, acrescentando mais informação à explicação. "O título é sobre isso. Todo mundo precisa de um 'eco', de alguma afirmação, para saber que não está sozinho. Às vezes isso pode ser a descoberta mais preciosa da vida – alguém aí fora que sente a mesma coisa que você. Aí se pergunta: 'Estou louco?', 'Sou esquisito?', e precisa de alguma afirmação: o eco. Enquanto a resposta a esses questionamentos pode ainda ser 'sim!', no fundo é bom saber que não se é o único. Você não está sozinho. Nem nós estamos. Durante a produção deste álbum, meus colegas Geddy e Alex colocaram algumas 'frases inspiradoras' bobas nas paredes do estúdio. Como esta aqui: 'Individualmente, somos uns babacas; mas juntos, somos gênios'. Como a maioria das frases inspiradoras, é hiperbólico (e bobo), mas expressa uma verdadeira humildade. Outra descoberta antecipada para se fazer na vida: fizemos o melhor trabalho juntos. E nos divertimos mais (essa é a parte do 'gênio')."

Alex, que toca uma Les Paul Custom na música, gosta bastante de "Test for Echo", chamando a canção de "esquisita" e "puro Rush": "Há uma coisa bem dinâmica nesse disco do ponto de vista rítmico", acrescenta. "Houve algumas músicas nele que tinham essa energia frenética, coisas em que tentamos ser bem pesados e brutos, e que foram um desdobramento de *Victor*."

"Driven" abre com um riff de puro metal circular e sinistro de Alex, mas então a banda equilibra tudo com um *beat* de jazz e um trabalho de oitava de Geddy no baixo. Há também um trecho acústico completo no pré-refrão, depois um refrão que é uma estranha fusão de pop-punk e um clima hispânico – o violão lembra vagamente uma guitarra flamenca. Há também uma quebra pesada e sinistra, deslocada por completo, que é ressaltada por modulação e depois texturizada com um barulho agressivo e descompassado de Alex. Neil contraria a importância da premissa central também com as batidas fora de padrão do prato de condução, algo que estava se tornando uma marca registrada de Peart nos anos 1990. Alex definiu o que a bateria estava fazendo ali como algo atrás da batida, reflexo do treinamento com Freddie Gruber. Lifeson afirma que ele e Geddy tiveram que se ajustar ao que tinham em mente depois que Neil adicionou as partes dele, mas o clima geral foi tirado do título "Driven" – "Impulsionado".

Há também modulação de temas anteriores, uma guinada em dupla velocidade no refrão e depois no final, a versão de carros potentes da premissa superpesada original, com Geddy e Neil tocando um rock tão pesado quanto Alex, que também acrescenta uma camada de barulho de guitarra extraordinário.

Geddy comenta: "Alex não teve a mesma frustração dos discos anteriores quanto a se posicionar com mais firmeza com a guitarra. Houve certas canções, como 'Driven', em que eu estava experimentando e compondo partes bizarras e as reunindo, e acho que pela primeira vez durante a composição e a criação dos arranjos da música, Alex realmente deixou a sala por um momento e disse: 'Sabe, vou ali dar uma descansada'. Ele voltou, e eu meio que juntei essa música maluca, na qual ele acabou se envolvendo. Havia uma confiança, uma atitude mais tranquila. Acho que Alex estava feliz em dividir a responsabilidade. Toda a experiencia com *Victor* foi muito boa para ele. Tinha controle total do álbum, mas estava feliz em poder compartilhar o controle de novo, entende? Lembro que a sessão de composição foi tranquila, nos divertimos muito. Não tenho certeza de que seja nosso melhor trabalho, mas há algumas músicas muito boas ali."

"Unicamente do ponto de vista do baixista", contou Geddy a Paul Myers, "compus essa música com três canais de baixo. Eu a mostrei para Alex e disse: 'Aqui está ela, usei três canais de baixo, mas acho que só fiz isso para preencher o espaço da guitarra'. E ele respondeu: 'Va-

mos manter os três baixos'. Então falei: 'Amo você'. Foi bem legal ter a bênção dos meus colegas de banda para colocar três canais de baixo nela. Quero dizer, quem deixa um cara fazer isso hoje em dia?" Geddy descreveu sua parte como a raiz, uma harmonia, e depois mais uma frequência de grave – o efeito é algo que parece acordes de baixo.

"Em 'Driven', acho, a linha de baixo de Geddy chega, e eu fico levando mais além. É assim que vejo meu papel", diz Collins. "Pude insistir com ele para criar coisas que normalmente não faria. Tínhamos espaço para uma parte de baixo: 'Geddy, tem como ser mais interessante?'. Eu o desafiava. Não falava: 'O que você precisa tocar tem que ser um si bemol na terceira batida do compasso', ou seja lá o que fosse. Dizia: 'Faça algo extraordinário', e ele fazia. O mesmo com os outros caras. Adoravam ser desafiados, adoravam ser instigados, e se eu via uma oportunidade, agarrava-a com as duas mãos."

Em seguida vem "Half the World", que representa o meio, o mediano e a média do disco, já que avança montada entre guitarras e violão – um hemisfério de eletricidade de sonhos – e mistura rock alternativo com pop alternativo. Provavelmente é a faixa construída de maneira mais convencional do disco, com poucas seções e surpresas, e Neil apenas mantendo o ritmo!

Como Geddy falou a Paul Myers, definindo a palavra "montada": "'Half the World' é um dos nossos melhores momentos como compositores no que diz respeito a criar uma canção concisa sem ser molenga ou doce demais. Tem um pouco de tudo – boa melodia, e ainda assim agressividade. É difícil compormos esse tipo de canção, de verdade. É preciso voltar a 'Closer to the Heart' para encontrar um exemplo."

"Acho que de um modo essa canção se liga ao que 'Hemispheres' se referia", afirma Geddy, abordando a "contraparte", a dualidade da letra, "embora 'Hemispheres' fosse bastante introspectiva. 'Half the World' é mais um recorte através da lente da câmera do mundo. Elas se relacionam da mesma maneira. Adoro essa música, adoro as melodias, adorei compô-la. Para mim, é um dos tipos de faixa que realmente gosto de trabalhar. O Rush está sempre dividido entre o lado mais complexo e agressivo e o lado mais suave. Mesmo que essa canção não seja suave, e sim melódica, então a coloco nessa outra categoria. Para mim, é um exemplo de como fomos capazes de casar um som um pouco mais ousado com essa coisa melódica e agradável, então fiquei realmente satisfeito com essa música."

Você pode ouvir na resposta por que chegamos a – e o que ganhamos com – *My Favorite Headache*.

"Acho que descobrimos uma zona de conforto e recuamos um pouco", reflete Alex, demonstrando o mesmo sentimento. "Não creio que tenhamos chegado ao extremo, como poderíamos ter feito. E não sei por que isso aconteceu. Não sei se era possível ou se foi Peter, ou se foi a condição de gravação ou o modo como nos sentíamos. Mas alguma coisa realmente aconteceu que não exageramos nesse disco."

O estúdio era um mundo de maravilhas, resultando num instrumento do Oriente Médio aplicado em uma das pontes da canção: "Sim, lá havia também um Mellotron, que eu tive muita dificuldade para tocar na verdade", lembra Lifeson. "Estava em péssimas condições. Era um estúdio muito bacana. O cara que administrava o lugar havia comprado todo aquele equipamento antigo, ele era muito rico. Na cozinha, não sei, acho que tinha umas 200 guitarras. Violões dos anos 1920 e todos os modelos de guitarras elétricas que se pode imaginar. Usei um bouzouki que havia lá e um antigo amplificador de órgão... Não um Farfisa, mas um amplificador pequeno que foi projetado para um órgão elétrico. Produzia uns sons muito bacanas e tinha todo esse ar de sofisticação. Acho que chegamos até mesmo a estragar o instrumento. Era velho e barato, mas era muito legal. Quero dizer, tinha violinos lá e todos os tipos de instrumentos, até uma cítara.

"Eu só queria experimentar", explicou Alex em entrevista para a *Allstar*. "Então só fucei por aí para sentir o clima, e mudou toda a personalidade da música. Lembro que Geddy, quando ouviu pela primeira vez, disse: 'Ei, não sei não'. Era tão incomum para uma canção do Rush ter esse tipo de textura, mas logo ele se deixou levar. Acho que é provavelmente a parte favorita do álbum para ele."

"Foi a primeira vez que tivemos um tempo de sobra depois de terminar um álbum", concorda Geddy, na mesma entrevista, "então ainda fiquei lá pelo estúdio fazendo uns cortes, editando e brincando com o material. Mas a verdade é que eu continuaria fazendo modificações até o dia da minha morte – estou sempre buscando o arranjo perfeito. E, como se sabe, quando houve arranjo perfeito para uma música do Rush? De qualquer forma, acabou bem esquisito. Não se pode julgar por padrões convencionais. É por isso que ter uma data de lançamento é algo muito importante, porque tira o álbum das minhas mãos."

Os artistas nunca terminam um projeto – apenas o abandonam.

"Embora, quando finalizamos um álbum, eu sempre esteja meio enebriado com ele em certa medida. Mas também fico puto porque não soou exatamente como eu ouvia às vezes na minha cabeça. Isso se deve em parte ao processo democrático e em parte ao fato de que leva seis meses para fazer a droga de um disco, então quando termina você já está em outra página."

Em entrevista a John Sakamoto, Neil afirmou: "No caso de 'Half the World', há um verso que li em algum lugar que dizia: 'Metade do mundo odeia o que a outra metade está fazendo', e apenas pensei que esse verso específico era lindo. Em muitos casos, há uma citação ou um verso do qual parte toda a construção do álbum, e provavelmente reflete um período de sensibilidade com relação ao que estava acontecendo ao meu redor. Então o fio que você está buscando pode existir, mas com certeza eu não tinha consciência disso."

Quanto ao violão tão ricamente elaborado nessa faixa, "foi apenas meu gosto", diz Peter Collins dando de ombros. "Comecei a transitar pelo mundo da produção de cantor/compositor, e só queria ouvi-los, para esse disco em particular. Achei que seria uma boa mudança de personalidade para o álbum. Eu não ia inserir um violão onde não fosse apropriado, mas achei que havia uma oportunidade ali, vamos fazer isso – só um som acústico natural, queria retomar isso."

Da mesma forma, "The Color of Right" é outro exemplo de música alternativa pop e elétrica que não é nem uma coisa nem outra, mas tenho certeza de que Kevin Shirley não aprovaria. Versos sem batida, com Neil participando pouco – tem acontecido bastante desde *Power Windows*, e aconteceu aqui. Como uma concessão – há muitas concessões em *Test for Echo* –, é apenas metade do verso, metade do mundo. Não há violão, apenas guitarra elétrica, embora Alex faça algumas harmonias, dedilhe um pouco – tem como uma música ser polidamente barulhenta? Um trecho de teclado parece um pouco distante. A letra de Neil é inescrutável, ou melhor ainda, é matéria de hemisférios, de relacionamentos versus ciência, ou da metafísica versus a física.

"Time and Motion" é uma das grandes músicas de *Test for Echo*, cheia de integridade, mais "Double Agent" e King Crimson do que "1979" e Collective Soul ou Garbage. Não fica muito longe de Soundgarden, embora seja mais matemática, pelo menos para nós, nerds. É uma música que se originou alguns anos antes das sessões e foi rejeitada e retrabalhada. Nascida primeiro da letra, enfim emergiu como uma das favoritas de Geddy, mesmo que o som se aproxime mais de *Victor*. Os temas de abertura são retomados no final, mas o último verso traz Peart duplicando a batida, como em "Driven".

Como Neil contou a John Sakamoto: "Um amigo meu certa vez me escreveu uma carta dizendo que tinha se dado conta de que a vida não é o quanto se consegue realizar num dia, mas o quanto se consegue colocar na bagagem. Achei isso muito bacana e usei ao longo da canção 'Time and Motion': '*Like boxcars in a train/ Fill them up with precious cargo*' – 'Como vagões de carga num trem/ Preencha com carga preciosa'".

"Time and Motion" abriga o que talvez seja o solo mais descolado de Alex desde os vários solos bacanas de *Grace Under Pressure*. Carnal, cortante e barulhento como Alex deve ser, mas exatamente perfeito no curto espaço. Peter Collins entende que "Alex, para mim é Alex 'Diamante Bruto' Lifeson – você pode lapidar esse diamante bruto de

coisas fantásticas, que às vezes parece um pouco com minerar onde as pedras preciosas estão. Geddy também era ótimo fazendo essas coisas maravilhosas – só era preciso observar e lá estava Alex livre para tocar, e depois iríamos lapidar os diamantes brutos. Eu achava que era um processo bastante viável, e não senti qualquer resistência da parte dele. Mas Alex entrava e ouvia o que tínhamos compilado, e se não gostasse de alguma coisa, então teríamos outra opção. Mas ele precisava explodir e simplesmente ser o Big Al.

"Ged se envolvia, mas não me lembro de Neil se engajar com os solos de guitarra", continua Collins. "Neil, Alex e eu nos envolvíamos com os compilados de vocais de Geddy, e não sei se com Rupert também era assim, mas eu fazia Geddy sair da sala quando compilava e ele vinha até nós e ouvia um pouco, e se não gostasse, voltávamos para o estúdio. Mas, sendo sincero, não me lembro de Neil estar lá para ouvir as partes de guitarra.

"Às vezes Alex tocava umas coisas bem abstratas, algumas davam certo, outras não. O fato de que ele é mentalmente livre para apenas deixar o fluxo de consciência agir na forma como toca guitarra é uma coisa linda – eu adorava. Tomava muito tempo nosso, mas valia a pena. Geddy podia ouvir coisas que eu não pensava que dariam certo de modo algum, mas na hora que eram reunidas, faziam todo o sentido. Ele tinha uma boa visão de como organizar aqueles diamantes brutos."

Essa análise atual de Peter casa perfeitamente com o modo como Alex via a si mesmo em 1996. Falando da tendência de apenas tocar e ver o que funciona, ele diz: "Isso é uma coisa que reconheci em mim mesmo, mas os outros caras também viam em mim. Acho que sentem ser parte do meu trabalho quando estamos compondo, de ter consciência disso. É o que esperam de mim. Eu podia criar um riff ou algo espontâneo, e depois Ged levava o material para outro patamar. E essa é a razão pela qual o Rush funciona tão bem. Essas conexões hoje parecem muito mais fluidas e limpas do que eram no passado. A música às vezes tem a tendência de parecer um pouco massuda. Dessa vez há muito mais fluidez no material."

"Durante a era *Signals* fiquei frustrado, mas foi culpa minha", continua Lifeson, meio que resumindo a história de como encontrou seu lugar na época de *Test for Echo*. "Eu deveria ter me posicionado com relação ao que sentia. Para ser justo, estávamos experimentando coisas diferentes, experimentando mais com os teclados, que era algo relativamente novo. Essa tecnologia toda era nova e a aplicação dela também. Não queria manter a mente fechada para isso de forma alguma. Em retrospecto, *Signals* foi um dos meus discos menos favoritos por muitas razões, e não só porque as guitarras pareceram fracas.

"O período de *Power Windows* e *Hold Your Fire* foi elaborado. Mudei o som da minha guitarra naquela época, buscando algo mais diluído, mais aguçado. Parte disso foi porque não conseguia me encaixar na mesma frequência dos teclados. Cometemos o erro de fazê-los antes das guitarras, só porque era mais conveniente. Estávamos gravando as faixas-base na Inglaterra, e fiquei muito tenso com esse material porque tive que pensar onde encaixar o instrumento. E achava que era uma das pessoas-chave ali. Estava acostumado a entrar no estúdio com 30% do material preparado e fazer tudo no dia, e isso era a parte divertida de gravar. Esse tipo de densidade na música não permitia mais essa abordagem, então precisei me preparar muito melhor.

"Nos últimos álbuns que fizemos, entrei no estúdio muito mais preparado. Tenho todas as minhas partes trabalhadas. Tenho um mapa muito claro do rumo das coisas e se elas vão dar certo. Podemos experimentar um pouco no dia, mas tenho uma visão muito mais clara do material. Agora eles sentem que as partes da guitarra já estão prontas. Isso porque saí do meu projeto solo com mais confiança e uma ideia melhor de como quero montar tudo antes de gravar para valer. Certamente é um grande sinal de aprovação de que as guitarras estão bem poderosas."

Com "Totem" estamos de volta ao clima feliz, cantante mas de certa forma elétrico de "Driven", "Half the World" e "The Color of Right", só que há mais violões e mais uma evocação de um astral celta. Alex concordou, em entrevista à *Canadian Musician*: "Os refrões em 'Totem' são bem interessantes. Criei uma paisagem sonora usando harmonias com um tipo de melodia celta sobre elas que é bem distante. Na canção, em termos de dinâmica, é uma alternância muito bonita. Ouvindo já pronta para lançar, tem o verso 'anjos e demônios dentro da minha cabeça', que é muito visual para mim – praticamente angelical. Dá para ver essa imagística rodopiando. Eu queria uma característica bem diferente no modo de encarar as guitarras dessa vez. Queria combinar instrumentos acústicos com o peso elétrico. Queria que o aspecto rítmico das guitarras se destacasse um pouco mais. Usei quase um toque de sabor para o disco inteiro. Acho que há cerca de três ou quatro canções em que usamos teclados, o resto são apenas guitarras."

"Alex redescobriu o quão pesado um instrumento acústico pode ser", acrescenta Lee. "Um instrumento acústico bem tocado pode ser bem pesado, não precisa ser sempre um sonzinho bonitinho. Alguns dos meus discos favoritos do The Who têm esses violões poderosos. Pete Townshend sempre foi o compositor de rock por excelência, o Paul Simon do rock. E estávamos em busca de um som mais seco, mais direto, uma espécie de retomada dos primeiros álbuns. As guitarras desempenharam seu papel muito bem. Jogamos fora os pads e usamos teclados como melodias contrapostas, e não apenas para preencher espaços. Há teclados em 'Limbo' e em 'Test for Echo', mas são muito sutis. Acho que em certo sentido eliminamos a questão das texturas porque descobrimos que estavam sugando o espaço da guitarra."

Alex analisa: "Com *Test for Echo*, estávamos voltando ao *power trio* por excelência, com ainda menos teclados, mas também tentávamos criar arranjos interessantes para as músicas – e 'Totem' é um bom exemplo disso. Realmente se destacou como uma canção muito bacana, bem ritmada. Grande parte do disco é bastante rápida, do tipo rítmico. E, sabe, quando concluímos, ficaram alguns buracos. Havia algumas áreas fracas... Em retrospecto, quando hoje penso nesse assunto, lembro que Peter tinha comentado algumas coisas, e ele estava certo."

"Sempre fui curioso sobre todas as religiões", contou Neil a John Sakamoto, "e a ideia de 'Totem' veio do livro de Freud, *Totem e Tabu*, que li no Chalet Studio enquanto trabalhávamos, o exemplar estava lá na biblioteca da sala de estar. Eu estava meio que redescobrindo Freud por causa de Jung e passando a entender as coisas profundas com as quais ele estava lidando em contraste com a psicologia pop de que nos alimentávamos quando éramos jovens. E achei *Totem e Tabu* um título lindo, porque é o que tememos e adoramos, o totem sendo o que adoramos e o tabu sendo o que tememos. Que metáfora linda e acolhedora."

"Houve um tempo em que a música 'Resist' se chamou 'Taboo', porque queríamos que houvesse duas músicas para combinar com o tema", continua Peart. "Com 'Totem' eu estava tentando abrigar todas as religiões, porque observando religiões diferentes e sistemas diferentes descobri que todos têm algo bom. Então pensei: por que não termos todos? O 'sorriso de Buda' é uma coisa boa, e eu gostaria de ter 12 apóstolos – é tudo ótimo. Era realmente uma brincadeira, com todas as coisas boas de religiões distintas. E os elementos dos anjos e demônios surgiram de um autor que certa vez traçou um ótimo paralelo entre o bom Pateta e o mau Pateta, como retratado nos desenhos animados da Disney. Havia um bom Pateta no ombro dizendo para ele fazer coisas boas, e um mau Pateta dizendo para fazer coisas ruins. No que diz respeito a anjos e demônios, sem dúvida acho que nós todos temos."

"Dog Years" encontra a banda aumentando a temperatura, criando uma *wall of sound* mas mergulhada em melodia graças a uma atitude equilibrada de Geddy. De fato, através desse círculo único de escolhas de produção e arranjo que foram feitas, o Rush cria mais uma vez espaço para si que ninguém mais poderia – ou iria – ousar comprimir. Todos os tons são suaves, ainda assim tecnicamente ouvimos um *power trio* tocando com energia. É intrigante.

NO QUE DIZ RESPEITO A ANJOS E DEMÔNIOS, SEM DÚVIDA ACHO QUE NÓS TODOS TEMOS.

Quanto à letra, Neil não se desculpa por seu poema mais ridicularizado, muito além de saborear a doçura do orvalho ou beber o leite do paraíso ao lado de "Tai Shan". Verdade seja dita, há bastante diversão aqui, mas pontuada por observações entremeadas com trocadilhos ruins. E se não conseguir entender, procure ter um pouco de senso de humor.

Como Neil disse a Jill Robinson, pensando em seu husky de sete anos de idade, Nick: "Tento entrelaçar isso em várias camadas, então certamente o ouvinte é bem-vindo a tomar essa letra como uma bobagem qualquer. Isso está ali. Mesmo a história de como compus a música é divertida, porque foi quando nos reunimos pela primeira vez, nós três, depois de um longo período afastados. Estávamos fazendo essa pequena comemoração na primeira noite, e no dia seguinte eu estava com um pouco de ressaca e meio lento, e pensei: 'Credo, não vou conseguir fazer muita coisa hoje, mas sou um profissional, melhor tentar'. Então me sentei com a cabeça meio zonza e comecei a escrever algumas frases – afinal de contas, estava lá para isso.

"'Dog Years' é o que saiu desse tipo de estado mental e nasceu de observações colhidas ao longo dos anos também, de eu olhar para o meu cachorro e pensar: 'O que está passando no cérebro dele?'. E pensava: 'Só um zzz em baixa frequência, estática', 'Comida', 'Caminhadas', os elementos básicos. Quando olho para o meu cachorro, é como vejo as ondas cerebrais dele se movimentando. Outros elementos que estão lá são comportamento canino, e tive essa conversa com outros tutores de cães também: 'O que você acha que seu cão realmente está pensando?', e falo: 'Não acho que ele esteja pensando em muita coisa.'"

Ao responder a John Sakamoto sobre o verso "*We get it backwards/ And our seven years go by like one*" – "Andamos para trás/ E nossos sete anos passam como um", Peart explica: "Isso veio de uma colunista do *The New York Times*. Ela estava tecendo comentários sobre várias coisas e disse estar cansada de viver em anos de cachorro, quando sete anos pareciam passar como um. Achei uma bela imagem."

Neil acrescenta que, refletindo sobre a letra pela primeira vez na confusão da ressaca, "eu não tinha certeza ao final se era boba ou inteligente, mas gostei e definitivamente me fez sorrir, então passei para os outros caras, que tiveram a mesma reação. Foi só um exemplo de não estar no estado mental certo para o trabalho criativo, mas me forçar a passar pelos movimentos necessários de qualquer forma e algo diferente saiu disso."

"O aspecto humorístico foi ótimo", ri Peter. "Aquela sobre o cachorro, 'Dog Years'. Sabe, em geral o humor é reservado para as faixas instrumentais e os textos do encarte, mas havia algumas músicas bem-humoradas de verdade."

Há todos os tipos de piadinhas nessa aí, incluindo uma série de clichês, vários trocadilhos e um rápido tributo a *Signals*, com o verso "Uma cheirada no hidrante". A melhor, contudo, é a referência "*In the dog days, people look to Sirius*" – "Nos dias de cão, as pessoas ficam Sirius".

"Virtuality" não tem o respeito que merece porque Neil estava compondo uma canção sobre a internet quando ela mal estava começando. Típico do Rush, sempre os primeiros a aderirem à modernidade. Às vezes eles vencem com essa fórmula (*Signals*), mas às vezes acabam sendo criticados por isso (*Hold Your Fire*). Um tanto admirável, Neil escreveu naquela época uma letra que hoje não pode ser considerada datada, apesar dos vários campos minados em que poderia ter pisado. Não há tons de fax, nenhuma menção ao AOL ou ao MySpace, apenas uma mensagem ponderada que parece ainda mais verdadeira hoje em dia. Ele até mesmo incluiu uma referência do roqueiro punk inglês Elton Motello, cujo single "Jet Boy, Jet Girl" foi uma sensação em Toronto em 1979, porque o álbum *Victim of Time* teve uma larga distribuição como lançamento da Attic Records.

Quando Jill Robinson perguntou se Neil passava muito tempo surfando na internet (fico surpreso que essa linguagem era usada em 1996), ele disse: "Não, ironicamente, ou talvez não ironicamente, tendo captado a mensagem da própria canção. Mas com certeza me interesso por qualquer coisa nova que surja e passei um tempo me conectando e explorando para ver o que era possível fazer. Não pude resistir a dar uma cutucada divertida em suas pretensões."

A música alerta as pessoas para não substituírem a realidade por essa tecnologia da moda.

"Era ali onde residia minha bronca", continua Peart, "porque acho que vai ser o melhor videogame do mundo quando coisas assim se tornarem disponíveis. Quando penso sobre viajar a lugares e penso como traduzir Palermo, Sicília, ou Abidjan, Costa do Marfim, para a realidade virtual, a primeira coisa que precisariam extrair seriam os aromas, o lixo, tirar o fedor de tudo, tornar tudo disneyficado. Isso pode criar o videogame definitivo, mas não chega nem perto das minhas experiências nesses lugares. Nenhuma realidade virtual pode levar você ao topo do Kilimanjaro ou à Praça da Paz Celestial, ou ao coração do Saara. Nenhum desses locais é acessível de qualquer outra forma a não ser que se sofra por eles.

"Na minha visão, fingir que há um caminho fácil para algo que aproxima as pessoas desses lugares não pode ser mais que um livro ou um filme ou um documentário de televisão, a não ser que seja realidade aumentada, é claro. Talvez se possa acrescentar aromas e sons, e talvez se possa acrescentar a sensação do vento, e assim por diante. Isso seria ótimo, não tenho problema com isso, adoro essas coisas. Seria uma grande experiência sensorial. Minha única questão surge quando as pessoas tendem a fingir que isso é tão bom quanto a realidade, e nada é tão bom assim.

"Vejo o maravilhamento sem problema algum", explica Neil. "Entendo por que tudo isso é mesmo bacana e muito divertido. Apenas essa diferenciação entre realidade e realidade virtual, como eu disse antes, não tem como ser igualmente boa. E às vezes não tem como ser tão ruim. Já tive algumas experiências bem desagradáveis em partes do mundo que poderiam ter sido um pouco disneyficadas para o meu

agrado, mas o fato é que as coisas são como elas são. Essa é parte da experiência: parte do sofrimento de se chegar a esses locais e que precisa ser encarado.

"Mencionei Palermo, Sicília, porque foi um lugar que visitei recentemente. As pessoas eram ótimas, o lugar em si tinha lá seu charme. Quando eu estava voltando para a cidade depois de passear pela Sicília durante o dia, fiquei pensando: 'Uau, esse lugar é sujo, fedorento, mas adorei!'. O lugar me conquistou apesar das falhas, e esse pode ser um caso em que a realidade é repleta de si mesma, onde todos os lados obscuros estão muito presentes, para serem encarados ou apenas como parte do pacote. Todos esses lados de Palermo, por exemplo, só tornaram o local mais charmoso para mim. Era apenas o jeito que era."

Refletindo sobre o verso "Eu posso sentir o perfume dela, saborear seus lábios, sentir a voltagem da ponta dos dedos", Neil diz: "Esse é o trecho perfeito para analisar, porque aponta o tanto de ironia que eu estava tentando passar. O que acontece num relacionamento por e-mail ou alguma coisa imaginária, é claro, é um apelo para se tornar vivo. A imaginação é algo maravilhoso, mas é também um pouco perigosa porque é um convite a ilusões. Amo a imagem que abre o verso, ver o rosto de uma mulher através de uma janela na chuva, que é bem romântica. Já tive essa experiência, de ver uma mulher passando por mim dirigindo um carro, ou se estou dirigindo e vejo uma mulher pela janela, é uma coisa linda. A mesma experiência acontece se estou andando de bicicleta pela estrada e um carro passa por mim. Às vezes sinto o perfume de uma mulher. A imaginação, contudo, tem um pouco de informação de sentidos, mas o resto, se quiser acrescentar mais ao tema, é apenas imaginação. Tudo o que estou observando é: aqui está uma imagem romântica imaginária, então não vamos fingir que é real. Não tem como sentir a voltagem do toque dela, mas é possível imaginar. Isso é tudo o que estou tentando dizer."

Na outra ponta, "Resist" é uma balada rara, exuberante para os padrões do Rush, a banda sem medir esforços para evitar qualquer estereótipo. Em vez disso, a música se encontra no mesmo espírito passional de "The Pass" ou "Bravado", talvez melhor porque não tenta ser uma canção de rock. Neil afirmou, em entrevista a John Sakamoto: "Tomei uma citação de Oscar Wilde ('Posso aprender a resistir a tudo menos à tentação') e acrescentei o que posso aprender a resistir. Em outras palavras, o exercício da vontade é uma arma contra a futilidade ou o desamparo. Talvez eu não possa resistir à tentação, mas posso aprender a conviver com o que não conheço, e achei que essa era uma distinção importante."

Alex ficou muito contente com essa música, dizendo que é uma de suas favoritas do Rush. No começo, ele toca um dulcimer. Na turnê *Vapor Trails*, Geddy e Alex surpreenderam todo mundo ao decidir tocar a música só com violão depois do solo de Neil, uma apresentação que se tornou popular entre os fãs – na verdade, é uma canção linda do Rush, com uma estrutura bastante inovadora para a banda.

Em seguida temos uma faixa quase instrumental chamada "Limbo", ou Rush "Limbo", com o perdão do trocadilho. Os efeitos de som no início vêm de "Monster Mash", assim como o verso entranhado *"Whatever happened to my Transylvania twist?"* – "O que aconteceu com o meu twist da Transilvânia?". A canção foi uma montagem de partes soltas que os três tinham perdidas por aí e realmente não vai a lugar algum. Com certeza não se trata de uma sequência de "Where's My Thing?" e "Leave That Thing Alone" – é casual e esfarrapada demais.

Test for Echo fecha com "Carve Away the Stone", outro construto difícil, mas vagamente espiritual, melódica mas também séria e pesada. Certa lentidão é mantida por meio de características irregulares que lembram uma jam, sem falar da substituição feita por Neil de caixa para tons, as muitas alternâncias de batida e o pendor espirituoso por viradas de compasso. Alex também surge gloriosamente barulhento, transformando a canção em algum tipo de incursão psicodélica. A qualidade exaustiva da faixa musical faz sentido, dado que Neil está em essência fazendo uma releitura da história de Sísifo, que rola uma pedra até o

topo da montanha, embora com uma reviravolta – a música encoraja o engajamento para aliviar os fardos, dizendo para o personagem mítico "*chip away the stone*", ou "lasca a pedra". Esse tema de fazer a própria sorte por meio da preparação é um tipo de reprise de uma das maiores lições de *Roll the Bones*.

Assim que *Test for Echo* foi para a fita, todos os 50 minutos, era hora de mixar. "Não tenho certeza se fechei com Andy Wallace nesse ponto da mixagem", diz Peter. "Mas isso era realmente importante para mim, dar um passo adiante com esse som orgânico enérgico. Andy Wallace era providencial na minha cabeça para chegar a esse ponto. E para pensar nos arranjos, tentar mantê-los como... Não vou dizer o mais simples possível, porque isso vai contra todo o credo deles, mas queria trazer mais violões acústicos. E então procuraria oportunidades nos arranjos para fazer isso."

"Com o Rush, dentro do que fazem, o objetivo sempre foi deixar o mais pesado possível", acrescenta Collins, o que de certa forma não parece muito crível – não sei como acrescentar violão os ajudaria a chegar lá e nem tenho certeza, francamente, de que Andy Wallace tenha feito qualquer coisa para que o som do disco ficasse mais pesado. Duas coisas estavam acontecendo: (1) os caras da banda estavam cheios de ouvir essas músicas. Como Alex declarou, tinham convivido com elas por seis ou sete meses e queriam uma audição objetiva; e (2) a preocupação era, como foi dito para Wallace, que o álbum não tivesse uma sonoridade com muitas camadas e, portanto, densa. Embora *Test for Echo* pareça tão denso quanto qualquer outro álbum do Rush, a última vez que ouvimos a banda apresentar um som realmente elétrico e distinto, que lembra um *power trio*, foi em partes de *Moving Pictures*, todo o Lado A exceto "Tom Sawyer".

Alex lembra que a mixagem aconteceu em abril de 1996. "Acho que foi a primeira vez que Ged não sentiu que precisava ficar na sala de controle o tempo todo, e não ficou. Acho que isso foi bom para ele. Acho que o deixou bastante leve. Sempre foi difícil para Ged estar no estúdio porque ele é muito intenso quanto à mixagem e para onde o trabalho está sendo conduzido, então nesse disco ele enfim relaxou. E acho que está muito mais tranquilo."

É difícil encontrar muita coisa boa ou ruim a dizer sobre a mixagem de *Test for Echo*. Seria possível afirmar que é luminoso e animado, até mesmo elétrico e sibilante, mas há alguma coisa que cada um dos músicos escolheu tocar em algum ponto determinado que garante que o disco não obtenha peso, apesar do que foi ou não foi feito nessa etapa. Há melodia pop, sem dúvida, mas também há todas essas seções de versos que mal produzem uma batida, ou têm uma batida esparsa... Oras, até mesmo há batidas meio indecisas, coisas diferentes que são experimentadas ao longo das músicas. Às vezes é quase como se fossem demos que mal tinham começado a ter decisões tomadas sobre elas. Há também várias paradas e recomeços e alternâncias de humor, o que contribui para esse clima de indecisão. A modulação pode parecer o resultado da busca por alguma coisa. E então, como microcosmo, de volta à mixagem, ainda assim parece evasivo.

Dito isso, há algumas lindas passagens, algumas passagens pesadas e alguns ótimos sons, principalmente os violões e os pratos de Neil. E é preciso elogiar a banda por fazer um disco bem diferente de *Counterparts*, ou até mesmo de qualquer disco antes ou depois desse. E, como sempre acontece com o Rush, a história de por que ser diferente é longa e complicada.

"Ainda havia muita coisa acontecendo com a banda em termos criativos e de expressão nas canções que estávamos escrevendo", resume Neil. "Gosto das letras. Já disse antes que para mim o primeiro álbum do Rush foi mesmo *Moving Pictures*. Comecei a gostar das letras provavelmente naquela época. E depois, a partir de *Test for Echo*, há uma maturidade maior e muito mais controle das técnicas e da arte de reunir as palavras de modos interessantes, assim como jeitos eficazes de não ficar martelando na cabeça das pessoas, mas da mesma maneira garantir que o martelo estivesse ali. Isso também é positivo."

"Acho que parte disso teve a ver com ser produtivo", responde Geddy, ao responder por que sentiu a necessidade de retornar depois do tempo afastado para se dedicar à família. "Foi difícil para Alex voltar, porque ele teve muito controle fazendo *Victor*, então *Test for Echo* foi um disco complicado. Foi um disco complicado para compor, um álbum meio sem foco. E isso talvez tenha se refletido na diversidade de onde nossas cabeças estavam na época. Não quero dizer que não estivéssemos nos esforçando, mas foi o mais próximo que chegamos de não fazer muito esforço. Houve alguns ótimos momentos, e houve partes de instrumentação bastante inspiradoras nesse álbum, mas de certa forma não ficou satisfatório na totalidade. Não é um dos meus períodos favoritos, criativamente falando, para o Rush.

"Houve um pouco de resquício daquele cansaço generalizado. É provável que precisássemos de mais um ano antes de voltar. Quero dizer, *Test for Echo* foi um tipo de projeto aventureiro, e a ideia geral dele era muito estimulante, mas nunca consegui ter o sentimento de que realmente acertamos nesse disco. É um daqueles projetos que ficam ótimos no papel, mas já há muito tempo não ouço esse álbum. É uma coisa pessoal. Meus sentimentos sobre o disco são meus, sabe? Acho que é decente, mas não creio que seja um dos nossos melhores trabalhos. E o motivo disso, não sei. Talvez eu estivesse muito envolvido com trocas de fraldas."

"Mas gostamos do disco quando terminamos", continua Ged. "Ficamos contentes com ele na época, e a turnê foi divertida, então não havia qualquer crise grave na banda. Quando se olha para trás e se conversa sobre a progressão de Alex como guitarrista e as coisas que o forçamos a mudar, faz sentido passar pela criação do álbum solo dele e ter a experiência de controle absoluto. Fez muito sentido para ele fazer aquele disco. Depois foi como uma bolha que estourou, e Alex ficou bem feliz. Na gravação de *Test for Echo*, ele estava num bom estado de espírito, e naquela turnê ele também estava num bom estado de espírito.

"*Counterparts* foi um disco muito gratificante de se fazer no final, em termos do que fizemos com nosso som. *Test for Echo* seguiu, creio eu, um pouco daquele status quo. Não parece que quebramos quaisquer grandes barreiras com esse disco. Não acho que levamos o Rush para cima, subimos um degrau significativo. Mas, ao mesmo tempo, as coisas em termos pessoais estavam bem. Eu tinha uma bebezinha em casa, estava muito feliz, havíamos nos mudado havia pouco tempo para uma casa nova. Alex estava se sentindo mais confiante enquanto músico – esteve trabalhando com muitos outros artistas. Neil estava vivendo um bom momento também."

"Você termina um disco e passa para o álbum seguinte", reflete Peter Collins, que nunca mais produziu outro álbum do Rush. "E você mantém contato, aquele telefonema ocasional, um e-mail de vez em quando. Assim, depois da masterização, voltei para casa e eles seguiram fazendo as coisas deles. Realmente não senti outra coisa que não fosse uma atmosfera muito positiva quando terminamos o disco, e todo mundo parecia muito feliz. Fui para Londres fazer alguns projetos, e foi isso."

A turnê *Test for Echo* levou a banda a ficar de outubro de 1996 até o final do ano cobrindo um território amplo da América do Norte, com as festas de fim de ano em Ontário e Quebec (em 18 de dezembro, tocaram num clube com patrocínio da cerveja Molson em Toronto como parte da promoção de encontro às cegas da empresa). Em maio de 1997, houve uma etapa semelhante, de novo por todas as regiões dos Estados Unidos, chegando até o centro do Canadá para fechar a turnê no final de junho e começo de julho. As datas de *Test for Echo* foram anunciadas como "Uma Noite com Rush", o que significava que não havia banda de abertura: o Rush tocava de duas horas e meia até três horas sobre-humanas todas as noites, viajando de jatinho privado pela primeira vez na história, um privilégio merecido dado o esforço noturno.

"Foi a primeira vez que fizemos a turnê desse jeito", diz Geddy, "quando não houve banda de abertura e tocávamos dois sets. Podíamos realmente nos dar ao luxo e tentar inventar alguma coisa dramática ou um começo mais elaborado para o segundo set. Usamos 'Test for Echo'

para abrir o segundo set, acredito. Um exemplo de produção grandiosa para essa turnê foi o vídeo que fizemos para a canção. Nós nos divertimos usando um tipo de multimídia, explorando o conceito da música num combo sofisticado de vídeo e som. Foi uma boa turnê. Nós nos divertimos muito, o clima era bem melhor do que nas turnês anteriores. Realmente tenho boas lembranças daquela turnê.

"Fazer shows mais compridos foi bom, e tocamos muito bem. Foi a melhor decisão que já tomamos. Sabe, temos muitos álbuns, é muita música. Sempre fico muito frustrado. Colocamos o nosso corpo e a nossa vida nessa tortura e fazemos todas essas viagens. É o yin e yang da turnê, subir no palco, tocar um pouco e tudo está terminado. Parece uma ilusão. Não parece que vai receber o dinheiro pelo que vale. 'Uma Noite com Rush' é receber pelo dinheiro investido, e o público recebe pelo que pagou. Você pode tocar muito mais material e entrar no ritmo para valer.

"Principalmente com dois sets. Ambos às vezes trazem sensações diferentes. Com um intervalo de 20 minutos no meio, se tiver uma primeira metade difícil, há esse intervalo de 20 minutos para se recompor, pode voltar lá e ter um ótimo segundo set. De certa forma são como dois shows diferentes, e realmente adoro isso. É como uma turnê estendida para nós porque entramos no palco mais cedo, então há muito menos tempo perdido nos bastidores e muito menos desgaste por causa disso, bem menos tédio. É difícil para Neil, por todo o empenho com que ele trabalha, é mais duro para minha voz, mas no final vale a pena."

"Nossos fãs adoram porque podemos retomar os álbuns do passado", continua Ged falando dos benefícios. "Podemos resgatar essas preciosidades do passado e mudar os arranjos de algumas canções, realmente ir além. Essa foi a primeira vez que pudemos tocar um monte de músicas e apresentar '2112'. Isso nos ajudou a fazer as pazes com quem éramos e quem somos, e acho que de uma forma bem positiva e equilibrada. É bom para os fãs, é bom para nós. Adoramos tocar. E é bom entrar mais cedo, é um fator de motivação para mim."

"Nosso empresário não gostou muito", ri Ged falando de Ray Danniels, que, se pensar bem, sofre da maldição do papel de "policial ruim" com a banda se estiver fazendo o trabalho dele direito. "Ele pode dizer para você que gostou da ideia. Assim como minha mãe, não se lembra das coisas. Não, nenhum empresário gosta disso porque, se há uma banda de abertura que pode vender alguns ingressos a mais, sabe, é como um seguro de que vai ter lotação máxima. Mas acho que o convencemos de que poderíamos ficar muito mais contentes e ele poderia conseguir mais datas de nós. E no final, isso é melhor para Ray, então ele meio que aceitou a ideia. E é verdade – *é mesmo* melhor para nós, nos deixa mais felizes.

"Mas Neil sempre teve dificuldades em pegar a estrada, e naquela turnê não foi diferente. Ele mal podia esperar que terminasse. Mas não influenciava no modo como tocava noite após noite. Neil certamente ficou feliz ao voltar para casa no final da turnê. Mas lembro que foi muito positiva – tocamos bem, nosso som era bom, com mais foco na banda e repassando todo nosso repertório."

Peart tinha encontrado o próprio método inovador de tornar a estrada algo espetacular, tendo havia pouco tempo se tornado um motociclista aficionado por longas distâncias. "Quando chegou a hora da turnê, o motor foi ligado", explica Neil. "Como eu poderia combinar esse tipo de excursão aventureira com os shows? Pensei: 'Ok, se eu tivesse um ônibus com um trailer e um amigo comigo para cuidar das motos e da navegação, e planejar os dias de folga... Meu amigo Brutus se juntou a mim na turnê *Test for Echo*, e percorremos 64 mil quilômetros só nos Estados Unidos, rodando todos os dias; 750 quilômetros num dia de folga, 500 quilômetros num dia de show, quase morrendo porque dormíamos pouco.

"Eu já estava pensando em me deslocar de moto. Mas a logística de se fazer isso... No passado, nós três sempre viajávamos juntos no ônibus, e naquele momento os outros dois queriam pegar um avião. Não gosto mesmo de voar, então foi um acordo fácil. 'Ok, agora vocês vão de jatinho, e eu viajo de moto."

"Mas como fazer isso? Como eu disse, peguei um ônibus com um trailer de modo que depois do show pudesse dormir nele em alguma parada de caminhoneiros ou algo assim, e depois desembarcava a moto de manhã e dizia ao motorista: 'Ok, quero pegar essa estradinha aqui'. É claro, ninguém quer viajar só nas interestaduais e nas rodovias. Gosto das estradas secundárias, das cidadezinhas, das estradinhas, dos destinos mais remotos, de tudo isso.

"Então, no final das contas, envolvia a logística de tornar isso possível e dormir o suficiente no meio, acordar cedo e rodar o dia todo e tocar no show. E quando seu dia termina às 23h, não se dorme logo em seguida. Raramente consigo dormir antes das 2h da manhã, mas gosto de me levantar às 8h e passar o dia viajando de moto, então o sono tem que ser recuperado em algum momento. Algumas turnês atrás não tínhamos tantos dias de folga como temos agora, então eu ficava no camarim antes da apresentação, e se tivesse 20 minutos livres ajustava o despertador para tocar após esse intervalo e dormia durante aqueles 20 minutos, acordava, fazia o aquecimento e ia para o palco. Meu motorista podia dormir a qualquer hora. Ele simplesmente se jogava no beliche e dormia oito horas. No meio do dia, no meio da noite, não importava, porque era o que ele tinha que fazer."

"Mas é uma imensa fonte de aventura para mim", continua Peart. "Todo dia é uma aventura. Eu só tenho essa fome de ver como a estrada do mapa é na vida real. Nas últimas quatro turnês, já passei de 100 mil quilômetros rodados, tenho ido de um local de show para o outro, aqui e na Europa, de motocicleta. Preenche meu dia de um jeito saudável. Há uma plenitude de estímulos e informações o dia todo, estou ali fora lidando com o mundo real. Minha vida está em jogo, e é o mais existencial que pode ser sobre uma motocicleta. Se estiver chovendo, ou se estiver frio, ou com bastante vento, sou o primeiro a saber disso.

"Há também o aroma das flores, e nos últimos dias cruzando Saskatchewan e Alberta, o aroma do esterco, o aroma do feno recém-cortado e dos cavalos nos campos... Já estamos na metade de maio, então é final de primavera e começo do verão, e as cores vibrantes do verão canadense dessa época particular do ano... As lilases estão florescendo um pouco mais ao sul, em Dakota do Norte e Minnesota, e um dos meus perfumes favoritos do mundo todo é dessas flores.

"É um modo tão pleno de passar o tempo e tão livre – saio do show no ônibus e estou sozinho. Tenho meu motorista e meu companheiro de estrada, e vamos até alguma parada de caminhoneiros, e depois fico numa cidadezinha e durmo num hotel de beira de estrada barato. Desde que eu apareça no trabalho no dia seguinte, ninguém se importa e ninguém sabe onde estou naquela noite. Essa é uma das melhores sensações. No começo da turnê *R30* – e escrevi sobre isso em *Roadshow: Paisagens e Bateria* –, no primeiro dia de folga estávamos no Tennessee e rodamos o dia inteiro, e naquela noite fiquei num hotel Best Western em Sweetwater. E meu pensamento foi que ninguém sequer sabia onde eu estava.

"É libertador, principalmente quando há esse tipo de insularidade esmagadora com relação a turnês. Você está viajando por aí com um grupo de 50 pessoas que ficam juntas o tempo todo, todos os dias. E as picuinhas e a inevitável política de escritório são, é claro, uma parte desse estilo vida como qualquer outro. É uma empresa itinerante, sempre em movimento. Eles costumavam chamar de empresa itinerante no sentido teatral, e é pura verdade. E as expectativas das pessoas que gostariam de invadir minha vida, sabe, de se tornar meu novo melhor amigo e essas coisas, fico livre de tudo isso.

"Por outro lado, não preciso me isolar. Não tem que ser como Roger Waters escreveu a respeito em *The Wall*, aquele senso de alienação. Estou ali fora convivendo com pessoas todos os dias, mas sou uma delas, nada de 'Ei, você é aquele cara famoso?'. Estou em postos de gasolina, hotéis de beira de estrada e restaurantes. Converso com pessoas todos os dias, de indivíduo para indivíduo, e isso é maravilhoso. Por mais que seja tímido e reservado, isso não se aplica a estranhos. Fico totalmente feliz de parar para conversar com alguém num posto de gasolina."

"Ser anônimo é ótimo, ainda mais se você se considera um escritor", explica Neil. "Gosto de observar, gosto de ouvir as conversas dos outros sem que me notem ou fazer parte de conversas casuais. Escrever minhas crônicas para o site. Como quando estávamos em Illinois no verão passado, em algum posto de gasolina no interior, uma cidade numa encruzilhada. Lá havia uma senhora idosa enchendo o tanque do Buick dela, e ali estavam dois caras meio desajeitados indo abastecer as motos, com macacões de couro, o mais intimidadores que poderiam ser. E a senhorinha, de cabelos brancos, olhou para nós e disse: 'Eu pago a gasolina de vocês se pagarem a minha'. E isso foi simplesmente o comentário mais encantador. Eu me apego a coletâneas de coisas assim, quase diárias, quando me deparo com uma pessoa comum, e adoro isso.

"Parecem artificiais para mim esses encontros em que alguém me reconhece. Robert Redford descreveu isso certa vez: 'Eles ficam apenas bobos, sabe?'. E depois fico envergonhado. Quem precisa se sentir assim? Ninguém. Os outros caras obviamente se sentem confortáveis com isso e participam de *meet-and-greets* todas as noites. Ficam bem mais confortáveis do que eu, e tudo bem, sabe, eles conseguem fazer isso, e eu posso me esconder atrás da bateria ou dentro do meu capacete e ficar longe de situações embaraçosas."

A motivação principal para as viagens de moto de Neil, em vez de usar a bicicleta, foi a possibilidade de preencher esses dias cansativos das turnês com experiências, e talvez alguns deles pudessem ser extraordinários.

"Lembro uma vez", conta Neil como exemplo, "que tivemos um intervalo na turnê e estávamos em Durango, Colorado, precisávamos ir até Cincinnati para o show seguinte. Ficamos lá com nossas esposas por alguns dias e tínhamos três dias para fazer o percurso de moto. Estávamos olhando para o mapa, e fiquei encarando o Monte Rushmore e pensando: 'Brutus, você acha que podemos sair de Durango, ir até o Monte Rushmore e depois para Cincinnati?'. 'Sim, acho que podemos fazer isso.' Precisávamos dar um jeito porque queríamos ir até lá. Quando tenho um dia de folga, quero que seja a coisa mais maravilhosa possível. Eu costumava dormir 20 minutos entre a passagem de som e o jantar, e depois 20 minutos entre o jantar e o aquecimento antes do show – o máximo de sono que pudesse conseguir. Porque acordávamos cedo todos os dias e percorríamos vastas distâncias, mas víamos tantos lugares.

"E isso é outra coisa que eu disse sobre os shows: não se sabe se vai ser a única vez que vai fazer isso, então você não quer perder nada. Quer visitar todos os estados, ver todas as atrações, do Grand Canyon ao Monte Rushmore e a represa Hoover. Pela primeira vez, nada estava fora do meu alcance.

"Aprendi como fazer isso da melhor forma, é claro, e desde então sempre viajo desse jeito a cada turnê. Sempre tenho um companheiro de estrada com outra moto. Então nada jamais aconteceu, mas se acontecer, ainda posso pegar a moto do meu parceiro e conseguir chegar a tempo. Essa é a única grande responsabilidade. Há muitas pessoas esperando que eu apareça para trabalhar. Não dá para ficar de brincadeira. Tenho que ficar de olho nas distâncias no dia do show e me certificar de que é possível percorrer o trajeto, esse tipo de coisa. Mas a liberdade de alimentar minha curiosidade, e o mundo natural da América do Norte e da Europa enquanto estamos em turnê, é simplesmente fenomenal poder fazer isso."

E como todo mundo fala, Neil sempre teve verdadeira aversão pela estrada. "Sim, bem, não consigo imaginar sair em turnê sem estar com a minha motocicleta, sendo sincero. *Test for Echo* foi em 1996, e o número de turnês que fizemos desde então, e o número de viagens independentes que fiz de moto desde esse período... Devo admitir que, quando recebo o itinerário, já olho os dias de folga. O dia de folga no meio de dois shows é ótimo, posso andar de moto. Porque de novo, não sou muito fã de turnês. Adoro me preparar para uma, adoro ensaiar e entrar nesse estado de me apresentar ao vivo. E quando começamos a nos reunir no ensaio, é mágico. Eu não faria de outra forma, adoro tudo isso."

"Mas, para mim, ter feito um bom show parece 'Ok, feito'", ri Neil. "É a repetição que me incomoda. E, é claro, já viajamos pelos Estados Unidos muitas vezes, e nas minhas viagens de bicicleta ao longo de 20, 25 anos atrás, e depois andar de moto nos últimos 12 ou 13 anos, já vi muitas dessas estradas. Geralmente é uma estrada desconhecida que se torna mais atraente. Assim, quando estamos na costa leste, por exemplo, se há um dia de folga entre Pittsburgh e Boston, pode ser desafiador encontrar caminhos diferentes. E fico pensando na rota que pegaria. Atravessaria o parque Appalachia, ao noroeste de Massachusetts. É assim que penso no itinerário. Eu olho o mapa. Certa vez descrevi a estrada como um livro dos sonhos. E é verdade para mim, fico pensando: 'Onde posso conseguir chegar hoje?'"

De volta ao escritório, além de preencher o espaço deixado pela banda de abertura, o Rush também usou um conjunto cada vez mais sofisticado de filmagens ao vivo, vídeos complexos, lasers e luzes estroboscópicas. Os shows abriram mais uma vez com a música de introdução "Assim Falou Zarathustra", seguida de "Dreamline". As faixas do novo álbum que compuseram o primeiro dos dois sets da banda foram "Driven", "Half the World", "Limbo" e "Virtuality". Seguiu-se o intervalo, apresentando trailers de filmes B e o clássico onipresente dos cinemas drive-in: "Let's All Go to the Lobby and Have Ourselves a Snack" – "Vamos Todos Para o Lobby e Pegar Um Lanche". As canções de *Test for Echo* para o segundo set foram a faixa-título, "Time and Motion" e "Resist", embora as duas últimas apenas numa ocasião. "The Big Money" seria substituída por "Limelight" para a segunda metade da turnê, e a *impromptu* "Wipeout!" foi trocada por "Stick It Out". "Subdivisions" seria deixada de lado na segunda etapa, com "Red Sector A" passando do primeiro para o segundo set.

"*Test for Echo* foi uma turnê dura, mas gratificante", lembra Neil. "Achei que tocamos muito bem e lembro que documentei essa turnê em diários: planejava escrever um livro sobre ela, então tenho muitas anotações. Lembro que fiz anotações no meu diário sobre ouvir os shows e o quanto Geddy estava cantando bem, como nós todos estávamos tocando bem. Foi bastante gratificante nesse sentido, mas ao mesmo tempo foi fisicamente extenuante. Foram muitas apresentações, e tive um problema no cotovelo perto do final, então estava sentindo dores. Mas tocamos mesmo muito bem."

Neil explica melhor sua lesão: "Durante toda a última etapa da turnê *Test for Echo*, usei uma cotoveleira porque eu estava desenvolvendo uma tendinite. Mas estava muito feliz porque conseguia tocar bem. Sabe, doía, mas seria muito pior se eu não pudesse tocar direito – teria sido um terror. E, ainda bem, nunca enfrentei nada que fosse fisicamente debilitante, ou senti que não pudesse fazer meu trabalho. Isso teria sido algo horrível para se encarar, muito pior do que uma limitação de equipamento ou lesão. Essa lesão doía muito, mas eu ainda conseguia tocar, certo? Era isso que importava. Fiz uma anotação no diário na época sobre isso."

Felizmente, o cotovelo se curou, para alegria de Peart. "Ah, sim! Precisei mesmo abusar do cotovelo por meses, noite após noite. Quantas vezes ao longo de um show eu bato em alguma coisa com o máximo de força que posso com a mão direita? Sabe, milhares, dez milhares de vezes. Então sim, havia uma dor residual e a recuperação e tudo mais. Mas fiquei contente de poder fazer meu trabalho, ao menos para minha alegria, não importasse o quanto eu parecesse idiota com aquele enorme suporte de cotovelo e o quanto aquilo doía. Não era o mais importante, eu não estava lá para me sentir bem. Não estava lá para me divertir, sabe?"

Naquele ponto, sobre a evolução de seu já famoso solo de bateria, Neil explicou que "ele é reestruturado a cada turnê e largamente recomposto, pelo menos como uma estrutura. Lembro que, no começo de *Vapor Trails*, voltei e ouvi o solo que eu estava fazendo em *Test for Echo*. E pensei, bem, ainda não terminei aquela estrutura. Pelo que sei, tudo bem, posso seguir com isso e ainda representar um veículo de expressão e exploração para mim. Depois pensei: 'Não, não, não posso fazer isso'. Então desmontei tudo, e as partes que mantive, reconfigurei e orquestrei ou sei lá o que mais.

"Para mim, é uma peça de apresentação que em cada turnê tem uma estrutura diferente, mas sempre com uma estrutura que se possa construir sobre ela. E sinto que é desenvolvida à medida que evoluo certas ideias e experimento outras, no curso da criação. Porque, diferente de uma canção, o solo tem uma estrutura fixa de pontos de virada e transições e movimentos, mas o conteúdo não é estruturado. Não é lembrado na totalidade. Sei quando tenho que mudar – ok, essa parte de caixa e bumbo, ok, entra nisso. Mas seja lá o que sair, há um meio de ser estruturado e flexível ao mesmo tempo.

"Tenho feito isso no estúdio nos últimos discos. Por exemplo, em 'Resist', de *Test for Echo*, trabalhei e ensaiei, depois ensaiei de novo essa canção, testei todo tipo de virada possível que pudesse funcionar. Mas não me permiti orquestrar, de modo que, quando toquei no estúdio, eu não sabia. Sabia que daria certo, mas não sabia o que iria sair. Isso é um exemplo de como é o solo de bateria. Trabalhei numa estrutura, nos arranjos e nas transições – isso continua constante –, mas o conteúdo dos movimentos é essencialmente o que sair de mim naquela noite."

Um ponto alto da carreira para a banda aconteceria em 26 de fevereiro de 1997, quando Alex, Geddy e Neil receberam a maior honraria do país, a Ordem do Canadá, por arrecadar (discretamente) mais de um milhão de dólares para instituições de caridade ao longo dos anos e (em alto e bom som) ser o Rush. Os rapazes, havia muito tempo, eram ídolos do rock que promoviam suas raízes, mas naquele momento estavam sendo reconhecidos como canadenses estabelecidos e exemplares num reino muito mais amplo, fora do simples entretenimento, parte do tecido nacional do país que se tornou mais do que um lugar de trabalho para os pais imigrantes de Geddy e Alex.

Um marco patriótico semelhante aconteceria em maio de 2012, quando a banda foi conduzida ao Rideau Hall para receber o prêmio Governor General's Performing Arts Award for Lifetime Artistic Achievement. Essa premiação foi seguida pela criação, no ano seguinte, de seu próprio selo do serviço postal canadense com o Starman de *2112*.

"Não creio que depois de *Test for Echo* a intenção fosse fazer um intervalo muito longo", diz Alex, sem conseguir evitar aludir às tragédias que aconteceriam com Neil e, necessariamente, com a banda. "Gostamos de fazer *Test for Echo*, foi um disco bem divertido de construir, havia um clima bom no estúdio. A turnê foi ótima, fazer 'Uma Noite Com Rush' foi bem legal para nós. Deu uma chance de tocarmos coisas como '2112' na íntegra ['Natural Science' também teve seu retorno]. A turnê foi muito, muito boa. Estávamos sadios durante todo o tempo e chegamos bem ao final da turnê. Acho que planejávamos tirar um curto período de folga, depois voltar para o estúdio e gravar o álbum seguinte. Ninguém poderia imaginar que iria acontecer o que aconteceu."

O que aconteceu foi que, em 10 de agosto de 1997, a única filha de Neil na época, Selena Taylor, morreu num acidente de carro. Depois, algo inimaginável: a esposa inconsolável de Neil, Jackie, sucumbiu para um câncer menos de um ano depois. Subsequentemente, Neil expressou que o sentimento de tristeza impensável de fato fez com que Jackie tenha morrido por causa do coração partido.

"Aquela turnê foi agradável, foi muito boa", reflete Geddy. "Por isso que tudo aquilo veio do nada... Fomos acertados por um raio. Destruiu tudo. Quero dizer, não existe hora boa para algo assim acontecer, mas estávamos num momento tão bom... Talvez isso tenha ajudado, de certa forma, porque não havia amargura, não havia animosidade, não havia qualquer intriga entre nós. Então, quando aquele momento terrível aconteceu, só conseguimos pensar nele e estar lá por ele como nosso amigo. Sabe, não havia uma frustração do tipo 'Ei, o que podemos fazer? O que podemos fazer por ele? Podemos aliviar a dor de alguma forma?'"

Alex concorda: "Estávamos saindo de uma turnê muito positiva, de um disco que nos trouxe uma sensação boa. Estávamos todos com boa saúde e num bom estado de espírito. Acho que saímos com um pouco de energia reserva. Estávamos realmente nos sentindo positivos sobre qualquer coisa que iríamos fazer em seguida. Então isso fez a coisa toda que se seguiu parecer muito mais devastadora."

Alex se lembra de receber uma mensagem para ligar com urgência para o escritório. "Acho que Geddy estava fora, no chalé dele, então estava fora de alcance. Eu liguei para um amigo muito próximo que tinha passado pela mesma coisa anos antes e pedi conselhos. E ele foi importantíssimo para me ajudar a lidar com isso e encontrar as coisas certas para dizer e as coisas certas para fazer. Porque é algo terrível, simplesmente terrível para se viver. Então fui visitá-los naquela noite. Não entrei. Enfiei um bilhetinho debaixo da porta, só para saberem que eu estava ali e estava ali por eles, e entraram em contato comigo na manhã seguinte. E daquele ponto em diante, passei lá todos os dias durante duas semanas. E nós todos assumimos nossas responsabilidades dentro daquela casa de dor. Foi horrível, foi muito, muito difícil.

"O mais curioso é que a banda parecia nem existir mais naquele momento. A coisa toda se resumia a estar lá e fortalecer Neil e Jackie, torná-los capazes de sobreviver. Realmente teve a ver com sobrevivência. E, naquele ponto, eles não conseguiam fazer nada, como se pode imaginar. Então formamos um grupo de pessoas que ia até lá e montamos um quartel-general e lidamos com tudo, fizemos nosso melhor para tornar a vida deles o mais tranquila possível."

Geddy soube da notícia por Ray: "Eu estava no meu chalé. Lembro que minha esposa tinha ido ao mercado. Recebi a ligação, e quando contam uma notícia dessas não tem como processar até que se converse sobre o assunto, até que se fale em voz alta. Então minha esposa chegou, e contei para ela o que tinha acontecido, e nós dois estávamos compartilhando isso, ficamos lívidos. Sentimos a perda, não sabíamos o que fazer. Acho que é uma experiência comum quando há uma perda repentina. Você não sabe o que fazer consigo mesmo. Há uma coisa atávica com relação a isso. Quando se perde um filho, ou se perde alguém da família ou do clã, procura-se algo para fazer, procura-se a reação certa para encontrar a pessoa perdida.

"Então liguei para Alex e perguntei: 'O que está acontecendo? Estou aqui no chalé, onde você está?'. 'Estou na cidade, mas vou até lá. Eles estão voltando para cá.' Estavam em Quebec, mas retornando para Toronto. E Alex disse: 'Bem, não sei se vão querer receber visitas, mas vou até lá'. E eu disse: 'Ok, me mande notícias', e acho que primeiro ele só deixou um bilhete na porta: 'Estou por perto, vocês podem me ligar'.

"Aquelas primeiras semanas foram de partir o coração. Chocantes. Não conseguimos ficar lá no chalé. Estávamos sentidos e não sabíamos se seria melhor estar lá com ele. No final, só olhei para Nancy e disse que precisava estar com Neil. Não havia resposta certa num momento como aquele. Então é claro que simplesmente fomos até lá, e os meses seguintes foram muito dolorosos. Foi difícil. Era difícil saber o que fazer por ele, como estar lá por ele e Jackie, e como confortá-los.

"Nas semanas seguintes havia gente na casa deles todos os dias, e foi muito triste, uma coisa chocante. E então eles enfim se cansaram. Acho que as pessoas estando lá os deixavam ainda mais deprimidos de certa forma. A dor era tão evidente. Quero dizer, era difícil demais para eles. Poderíamos distraí-los e tentar fazê-los contar histórias sobre Selena, mas no final, decidiram ir embora. Foi o plano deles – era doloroso demais olhar para todas as coisas que ela tocava, e todas as coisas que eram parte dela, então foram para a Inglaterra e moraram lá por alguns meses para tentar superar o trauma. Levou muito tempo. E tudo só começou a piorar cada vez mais. Ficava melhor e pior ao mesmo tempo."

Howard Ungerleider, basicamente contratado pela banda na mesma época que Neil, crucial para as turnês desde o começo, lembra o dia que ouviu a notícia. "Eu estava na minha casa em Toronto na época e foi um choque. Aquilo me fez chorar quando fiquei sabendo. Nós todos conhecíamos Neil e a família dele muito bem, e fomos direto para a casa deles e passávamos um tempo lá por uns dias, levávamos comida, fazíamos o que era necessário. Você se sente impotente. Não há nada que se possa fazer. Bem lá no fundo sentimos... Sentimos sua dor, e não dá nem para descrever o que ele devia estar sentindo. Sei que o que estávamos sentindo era horrível, sabe, simplesmente vê-los sofrer daquele jeito.

"Lembro que fui até a casa de Neil, e eles estavam com as famílias French e Mahaffy lá [ambos tiveram as filhas estupradas e assassinadas por Paul Bernardo], ajudando-os como podiam. Porque tinham passado por aquela tragédia absurda, e só de estar cercado por tudo isso, como um amparo para Neil, era tudo que podia ser feito. Mas foi horrível. É o tipo de coisa que faz você refletir muito sobre a vida, pensar sobre ela. Lembro que Neil naquela época disse: 'Eu achei que a vida era ótima e as pessoas não prestavam, por um longo período, mas agora percebo que são as pessoas que são ótimas e a vida é que não presta', o que me tocou fundo, sabe? Ainda fico triste só de falar nisso.

"Não posso falar por Geddy e Alex, mas sei como aquilo afetou a mim e a minha esposa. E os afetou ainda mais. Foi horrível. Ninguém deveria passar por isso em sua vida, mas infelizmente acontece, e quando acontece você é forçado a lidar com a situação. Traz à tona várias dores psicológicas e conjura todos os demônios enquanto se processam os pensamentos – você começa a traçar paralelos com sua própria vida, a se ver como uma cara muito sortudo porque isso não aconteceu com você. Acaba pensando que é sortudo sim, não tem como. Mas não queria que ninguém passasse por algo assim, muito menos alguém com quem trabalha há anos. Só fico muito feliz em ver que, embora tudo isso tenha acontecido, Neil tenha chegado a um outro momento da vida dele, e que tenha sobrevivido. Mas a que custo?"

"Sei como ele era próximo da filha, então todos ficaram devastados", lembra Ray. "Foi devastador ver como Neil estava sofrendo, e particularmente como a esposa dele estava sofrendo, e ele tentava dar suporte a ambos durante a perda. E, é claro, o luto é aumentado quando é um filho único. Ela era tudo. Fosse lá o que ele quisesse que eu fizesse... No final, quando as coisas se acalmaram, a casa foi vendida, assumi essa responsabilidade. Mais que tudo Neil precisava de espaço, precisava estar longe. Fui visitá-lo em Los Angeles algumas vezes. Acho que, na verdade, uma das primeiras coisas que fiz quando o vi foi levá-lo para um jogo do L.A. Kings e tentei garantir que ninguém o importunasse ou o reconhecesse.

Saímos e conversamos, e ele veio a Toronto e nós dois nos reunimos. Porque é claro que os pais dele estavam ali, e havia responsabilidades, e foi duro. Ainda posso sentir até hoje. Foi muito, muito duro."

"Parece que seu espírito... que alguma coisa vai embora", diz Alex. "E você se sente tão sufocado pela profundidade do luto e da dor que vê, particularmente com seus amigos, a dor que sente, e isso muda você, te transforma para sempre. Passa a ver as coisas de um jeito diferente. Eu me importo com as coisas de muitas outras formas hoje do que me importava na época. Sempre fui uma pessoa amorosa, e por natureza gosto de ajudar os outros e deixá-los felizes, mas isso levou tudo a um outro patamar. Trouxe um senso de propósito para mim. Tive muitos amigos que ficaram doentes nos últimos tempos e lido com isso de uma forma muito melhor. Amadurecer faz parte do processo, com certeza, mas é baseado nas experiências que se teve... Cara, uma coisa como aquela traz muitos aprendizados.

"Acho que o escritório fez algum tipo de nota para a imprensa, mas não nos envolvemos com qualquer site ou conversamos com qualquer pessoa diretamente", explica Alex, ao responder se na época aquilo talvez tivesse sido o fim da linha para o Rush. "O que aconteceu, aconteceu, e foi uma coisa pessoal. Amamos o apoio dos nossos fãs, e foi lindo ver a reação deles ao que aconteceu, o apoio que nos deram. Mas, se nunca mais houvesse músicas novas, se tivesse sido o final de tudo, então que fosse, é a vida. Não se pode fazer nada com relação a isso. Fazemos isso por nós mesmos. Não fazemos por nossos fãs, *per se*, não fazemos pelo dinheiro. Acima de tudo, fazemos por nós mesmos. Acho que é uma coisa excelente sobre nosso relacionamento com os fãs, eles esperam isso da gente."

"Quando Neil e Jackie moraram na Inglaterra, eu costumava ir até lá de vez em quando", continua Geddy. "Sabe, as pessoas apareciam para visitá-los, pegavam um avião, e mantínhamos contato uns com os outros. 'Quem vai esta semana?' 'Eles estão bem?'. Nós nos certificávamos de que ele estivesse bem. Só queríamos sempre garantir que houvesse al-

guém com eles. Tinham bons amigos; Liam [Birt], nosso diretor de turnê e um de nossos amigos mais próximos, ficou bastante ao lado de Neil. Foi surreal. De qualquer maneira, nem sei como descrever tudo isso. Foi terrivelmente sombrio. Levou a gente para um lugar muito tenebroso."

E depois Jackie foi diagnosticada com câncer, sucumbindo à doença dez meses após a morte de Selena. "E tudo ficou ainda mais surreal", continua Geddy, "era parte da mesma coisa, do mesmo *continuum*. Eles voltaram e nós os visitávamos, e ela estava surpreendentemente tranquila quanto a estar doente, porque ficou tão afetada pelo luto com a morte da filha, e acho que estava rezando por isso. Coitado dele... Depois que Jackie morreu, Neil ficou perdido, e sabe, ele descreve tudo isso no livro."

E então começou a odisseia de Neil com a motocicleta, narrada no lendário livro *Ghost Rider – A Estrada da Cura*. Geddy recebia cartões-postais, com o amigo usando um de seus muitos apelidos: "E tentávamos manter o contato, mandávamos uma carta para esperar por ele em algum lugar. Neil passou pelas coisas que tinha que passar", afirma Geddy, indicando que o jogo seguiria as regras do amigo, a certa distância, mas que manteriam as linhas de comunicação abertas caso ele quisesse conversar um pouco mais.

"Quero dizer, ele escreveu um excelente livro sobre isso", concorda Ray. "Foi doloroso. É doloroso ter alguém de quem você é próximo há anos passando por tudo isso. Ainda é doloroso para mim saber que Neil teve que passar por aquilo. Nunca mais será a mesma pessoa. Como poderia ser? A gente conversava. E gosto de dizer, se tivesse um motivo para ir a Los Angeles de vez em quando, eu ia visitá-lo. E sempre que ele vinha a Toronto, eu ia visitá-lo. Almoçávamos juntos, jantávamos, assistíamos a um jogo de hóquei, qualquer coisa, havia esse diálogo. E, é claro, estava em contato com ele porque era eu, naquele momento, quem tentava vender a casa dele e dava conta de quaisquer outras responsabilidades que surgissem. A única coisa que não fazíamos era bater na porta dele para falar de oportunidades de negócios."

"A COISA
SOLITUD
EXCESSO
NÃO SE
SOZINHO

SOBRE
E EM
É QUE
RI MUITO
."

CAPÍTULO 4

DIFFERENT STAGES

"Basicamente estamos falando sobre uma jornada que se estendeu por 88 mil quilômetros", começa Neil, falando de seu processo de luto numa viagem de motocicleta após a morte da filha e da esposa, "começando em Quebec, depois subindo em direção ao Ártico, até Inuvik, e cruzando o meio do Alasca, depois contornando o Alasca, descendo até o México, cruzando todo o território mexicano, desde a parte alta até Belize, e em geral parando à noite em hotéis de beira de estrada. Foi naquela época que aprendi que era possível viajar sem muito planejamento. Eu tinha o meu equipamento de camping comigo, uma coisa que aprendi com quem faz trilhas, porque assim não é necessário se preocupar com acomodações. Se o hotel onde eu quisesse me hospedar estivesse lotado, podia acampar ali perto. Nunca precisei fazer isso, incrivelmente pude encontrar onde me hospedar em todos os lugares que visitei. Acampei algumas vezes por vontade própria, no deserto do Arizona, onde é mais agradável para se fazer isso.

"Mas na maior parte, na América do Norte, com certeza é possível simplesmente perambular sem rumo: 'Ah, ok, estou ficando cansado, gostaria de tomar alguma coisa, acho que vou parar, a cidade mais próxima fica a 40 quilômetros, vou tentar lá'. É o mesmo que faço agora em turnê com a banda. É um modo de estar ali fora no mundo, interagindo com ele. Em toda aquela jornada de *Ghost Rider*, viajei por estradas secundárias, até hoje passo por cidades pequenas rodando pelas estradas vicinais, busco me hospedar em hotéis independentes, restaurantes independentes, aqueles restaurantes e pousadas administrados pelo vovô e pela vovó, para manter toda a tradição – a tradição do viajante – viva. Aprender o quanto se pode improvisar também é um modo de viajar.

"São lições formadoras de caráter", continua Neil. "É interessante observar nesse mesmo processo como também passei a abordar meu modo de tocar bateria. Adotei mais improviso e perdi o medo de deixar o itinerário de lado. Quando começamos a sair em turnê, planejávamos até nossos dias de folga, onde passaríamos a noite, e fazíamos as reservas, achávamos que precisava ser assim. É o tipo de viagem que eu tinha aprendido. E depois vi que não é necessário fazer isso. É possível improvisar. Se fica com vontade de seguir por aquele caminho ou parar um pouco mais cedo ou um pouco mais tarde, você pode. Então eu tinha esse tipo de liberdade. Peguei meu equipamento de camping se precisasse ou quisesse acampar, e um galão extra de gasolina preso à moto, só aprendendo a arte de viajar pelo caminho. E os pequenos interlúdios com outras pessoas à beira da estrada eram muito reconfortantes e sem dúvida traziam leveza aos meus dias.

"A coisa sobre solitude em excesso é que não se ri muito sozinho. Então é ótimo quando alguém como o sr. Correio Aéreo lhe garante algumas gargalhadas. E às vezes, quando estou viajando, seres humanos reais me fazem rir mais do que qualquer outra coisa, é como um pequeno presente. Como no posto de gasolina no Oregon: a cidade se chamava Irrigon, Oregon, porque era irrigada, então Irrigon, Oregon – era engraçado. Parei no posto de gasolina, e tinha uma daquelas placas que geralmente diz: 'Mecânico em serviço, autorizado'. Bem, a placa desse cara dizia: 'Maníaco em serviço, autorizado'. Achei aquilo hilário. 'Quantas pessoas reparam nisso?', 'Não muitas. Só pendurei a placa ali para dar risada'. Sim, obrigado! Obrigado pela risada inesperada. Esses são os momentos que se somam a outras coisas, principalmente quando

se está tentando voltar à vida, gostar de seres humanos, em oposição ao ressentimento pela mera existência deles.

"Foi uma viagem longa e desesperada, mas as lições foram aprendidas como sempre, além das experiências inesquecíveis coletadas ao longo do caminho e de tantos limites superados. E quando eu disse que minha estrada eram paisagens e rodovias, cruzar aquelas paisagens e observar a vida selvagem em torno delas, esse tem sido o caminho desde então. Mais e mais natureza. Todas as crônicas que escrevo e mesmo todos os livros são sobre a natureza. Até falo das minhas viagens, e pareço falar de motociclismo e exploração, mas é o mundo natural que me empenho para descrever. Pensando em como colocar isso em palavras, em como posso descrever para alguém que não está ali.

"Isso se tornou minha motivação na escrita. Não quis mais escrever ficção. Não quis mais inventar histórias. Quis capturar o que eu via nas minhas viagens e o que sentia, e, se eu pudesse, como as outras pessoas descreveriam aquilo, e qualquer diálogo que eu quisesse manter. Lembre-se daquele momento, lembre-se de como essa conversa ocorreu e como passá-la para o leitor. Então os instintos que estavam latentes, destilados até que só restassem esses três elementos, isso se tornou o caminho pelos 14 anos seguintes. Toda a minha escrita – e até mesmo meu pensamento criativo – cresceu a partir das paisagens, das rodovias e da vida selvagem."

O anonimato foi importante para Peart, como sempre, mas ainda mais desta vez. "Sem dúvida, mas de capacete você é anônimo de qualquer maneira. E naqueles 88 mil quilômetros, não sei se fui reconhecido uma única vez que fosse, numa cidadezinha, num posto de gasolina, num hotel ou lanchonete. Porque eu só era um cara qualquer sentado de boné lendo um livro. Se você não deseja ser conspícuo, na maioria das vezes não será. Se eu não estiver numa cidade onde a banda fará um show, onde as pessoas não esperam que eu esteja, muitas vezes passo despercebido e sou só um cara qualquer. E é tudo o que desejo quando estou viajando – só quero ser um cara qualquer. Amo sua cidadezinha, amo sua pequena lanchonete, amo ficar nesse hotel de beira de estrada, amo a estrada onde estamos hoje, e isso é vida suficiente para mim. Não preciso que alguém de repente fique superanimado ao me ver."

Ver a vida em ação, todas as formas de vida, tornou-se parte do processo de cura de Peart: "Quando estava no norte do Canadá viajando de moto, de repente, 'Olha, tem um urso nadando no rio ali; olha, tem um rebanho de alces logo acima no acostamento', e isso restaurou meu espírito. Foram essas coisas que me trouxeram plenitude, a paisagem em torno de mim, à medida que eu seguia para o oeste e o norte, no norte do Canadá, Yukon e Alasca, e depois para o sul, cruzando o oeste canadense e o oeste dos Estados Unidos, todas aquelas paisagens majestosas. Eu não me sentia atraído por esse tipo de metáfora profunda antes, mas é algo que é preciso fazer. Sua minúscula existência dentro de um contexto diferente.

"E como eu disse, um mapa para mim é como o livro dos sonhos. Desde que eu era garotinho e andava de bicicleta: 'O que será que tem lá em cima daquela colina? E depois daquela trilha no meio da floresta?'. Nada era mais atraente do que um caminho que adentrava as matas. E isso permaneceu comigo até hoje, mesmo durante o inverno: andar com minhas botas de neve, praticar esqui cross-country – o mesmo fascínio. Olho para o mapa e penso: 'Ei, o que será que tem ali?'. Ou quando estou fazendo caminhadas com minhas botas de neve ou desço por uma trilha esquiando. Tenho minhas conhecidas e antigas preferências, mas não há nada mais estimulante ou emocionante do que um lugar novo onde você nunca esteve. As estradas são assim, as paisagens são assim, e quando se combinam com a magia da vida – a Santíssima Trindade –, eu sabia que era importante. Mas agora, quando penso na ressonância do que isso significa, o mundo permanente, o movimento por meio dele e a magia das águias, do alce e do urso-negro, todas essas coisas ao redor são um lembrete de que a vida continua, de um modo muito evocativo e primordial. Veja bem, para um garoto amante da natureza – portanto talvez seja um pouco idiossincrático. É o tipo de pessoa que sou, essas coisas me estimulam."

Mas sempre houve, apesar dos recessos lá atrás, Geddy, Alex e o Rush. A comunicação era mínima e, quando gerada, acontecia via pombo-correio ou sinal de fumaça.

"Bem, tudo isso aconteceu num período em meados dos anos 1990, quando os meios de comunicação portáteis eram raros", explica Neil. "Acho que eu tinha um celular do tamanho de um tijolo para o caso de uma emergência, mas era do tipo que não funcionava em metade dos lugares que visitei, principalmente no norte e no oeste. Então peguei o hábito – do meu avô, que morreu com 93 anos de idade, na virada de 1999 para 2000, e ele era bem recluso no final da vida – de onde quer que eu fosse, nas minhas viagens de bicicleta pela África ou Europa, mandar um cartão-postal. Com piadinhas. Lembro que na viagem de *Ghost Rider* eu estava numa cidadezinha linda chamada Loreto, em Baja, Califórnia, e fiquei lá por uns dias. Era tão agradável, com um hotel de 50 dólares a diária e uma rede na sacadinha, o mar de Cortez à minha frente, e eu ficava lá lendo na rede. Então escrevi para o meu avô e disse: 'Venha até aqui, é bem barato, pode se deitar numa rede e ler o dia inteiro'.

"Então comecei a mandar cartões-postais também para Geddy e Alex durante minhas viagens. Na verdade, o título *Ghost Rider* veio de um desses postais. Alex e eu temos uma linguagem escrita especial chamada "burrês", e começou certo ano com nossa lista de compras quando estávamos todos juntos e trabalhando. Ele anotava nossa lista de compras do jeito fonético, sabe, e tentávamos superar um ao outro. Pensávamos em qual era o jeito mais óbvio que determinada palavra poderia ser escrita. Pão ficava "pâum", morangos, hummm, então a gente dava asas à imaginação.

"Mandei um cartão-postal para Alex da cidade onde ele nasceu, Fernie, na Colúmbia Britânica. Escolhi um postal e olhei bem para a foto, tinha uma montanha fenomenal, com as nuvens agrupadas no topo e se desprendendo do cume, e os moradores locais a chamavam de *"ghost rider"*, o viajante fantasma. E tive um estalo, sou eu – estou viajando com todos esses fantasmas e me sinto como um, estou alheio a todo o resto do mundo: Sou o viajante fantasma. Então escrevi em burrês para Alex: '*Eyeemthugostrydur*' – 'I am the ghost rider' ('Eu sou o viajante fantasma'). Bingo! Sim, eu sou. Era o exemplo perfeito.

"E lembro que estava fazendo trilha no Parque Nacional Glacier em Montana, e acho que todo mundo que mora lá sabe, há muitos ursos-pardos naquela região, e não se deve fazer trilha sozinho. Mas eu estava sozinho, e a única coisa que me disseram foi: 'Faça sons humanos'. Então eu caminhava pela trilha cantando todas as canções clássicas que eu conhecia, todas do Sinatra, todas do Tony Bennett, essas coisas. Quando parei para comer, ficava batendo o pé para assustar os ursos. E consegui ver a trilha deles, dava para sentir o cheiro no ar, era um dia meio nebuloso, de céu fechado, com chuva. E eu carregava uma pedra grande comigo. Sempre digo que, mesmo se houver uma onça-parda por perto, nunca vou me entregar sem lutar. Então eu sempre tinha uma pedra pontiaguda nas mãos. Escrevi um cartão-postal para Geddy e contei: 'Fui fazer trilha com uma pedra grande em mãos, se um urso-pardo me atacar, posso revidar'. Sim, claro. Então esses são dois exemplos. Estes foram meus dois meios de comunicação com as pessoas enquanto eu viajava: cartões-postais e telefonemas, mas mesmo naquela época havia poucos telefones públicos. Recentemente, precisei encontrar um, e é estranho como em uma década as coisas tenham mudado tanto."

Neil estava ciente de que sua rede de amigos andava preocupada com ele. "Sem dúvida. *Eu* estava preocupado comigo. Por que não estaria? No estado em que me encontrava, é claro que estavam preocupados comigo."

De volta ao escritório em College Street – não uma área particularmente legal de Toronto, mas quem gosta de se mudar? –, os funcionários passavam o dia olhando uns para os outros e depois procuravam alguma coisa para fazer. Sempre houve essas fases. O Rush é um negócio, e um negócio precisa de um produto. E o escritório não lida com a morte muito bem, nas palavras imortais de Pegi Cecconi. De fato, Ray, no desagradável papel do pai que tem a chave do cofre, do administrador, de quem dá o choque de realidade, "daquele advogado que é uma pessoa horrível, mas fico feliz que esteja do meu lado e não da outra parte", de todos esses papéis – começou a se preocupar que Neil gastaria todo o dinheiro dele e acabaria decretando a falência. Peart sempre teve gostos caros, e naquela época só gastava, sem ganhar. Pareceu uma boa hora para fazer outro álbum ao vivo, um momento óbvio, um momento de desespero, a única opção na verdade, nem precisavam pensar muito. Sendo realista, o Rush tinha se separado. Ninguém falava nisso formalmente ou articulava até que ponto era um fato dado como certo, mas não importava qual era a realidade, isso não significava que a marca não continuaria, e um bom empresário protege, guarda e tenta elevar a marca quando possível. E se fosse mesmo o fim do Rush, ninguém lá fora precisava saber disso. Um disco ao vivo poderia significar – se todos estivessem dispostos a isso – que o Rush estava vivo.

Em 10 de novembro de 1998, apesar do autoexílio de Neil e das declarações de que a banda não poderia ser pressionada a produzir, o baile continuou com *Different Stages*, um box com três CDs de versões ao vivo das músicas do trio. Além de ser uma coletânea convencional, o álbum incluía ainda um CD com a íntegra de um show gravado no Hammersmith Odeon para uma transmissão de rádio (depois abortada), no final da turnê *A Farewell to Kings*. Os outros dois CDs incluíam três faixas da turnê *Counterparts*, um punhado de outros incidentes isolados e afortunados, mas basicamente seleções do show de 23 de junho de 1997 em Chicago para a turnê *Test for Echo*. Geddy na época achou isso bastante divertido, dado que mais de uma centena de apresentações foram gravadas para uma audição criteriosa. O álbum *Test for Echo* está representado por apenas três faixas, com o disco parecendo uma compilação de hits, com aclamados sucessos dos álbuns dos anos 1990 além de *Presto*, de 1989.

"Tínhamos material de duas turnês gravado", explicou Geddy ao autor em 1998. "Estávamos reunindo uma biblioteca bem impressionante, na verdade, e junto com a descoberta das fitas de 1978, ficou óbvio que precisávamos organizar um box. E na minha concepção, ao ver que isso estava vindo à tona no aniversário de 25 anos da banda, achei que era um momento oportuno para organizar uma retrospectiva, em essência, de músicas ao vivo. E como grande parte da responsabilidade por esse projeto acabou vindo para o meu lado, simplesmente decidi o conceito que seguiríamos."

Geddy fala um pouco mais da fita com o show gravado em 1978, no Reino Unido: "A qualidade que encontramos nessa apresentação em particular é incrível para uma gravação em fita analógica com 20 anos de existência. Foi um esforço para entrar no reino do ideal. Gravamos tantos shows que pude escolher apresentações que ficaram tão boas ou melhores que as versões de estúdio, ou quando havia um nível de emoção ao vivo, ou quando havia algo realmente novo sendo trazido para a versão do palco, em vez de selecionar apenas a melhor disponível. 'Animate', por exemplo, evoluiu para algo diferente ao vivo. Então havia uma missão ou um objetivo mais ambicioso. Alcançamos um resultado muito gratificante. Em termos de intervenções, não há nenhuma nesse álbum. O propósito era registrar o máximo possível de shows para que não tivéssemos que fazer um."

Mais precisamente, ouvir "2112" na íntegra é um dos pontos altos de *Different Stages*. "Mudamos um pouco a ênfase e mudamos um pouquinho a afinação da canção para dar mais peso", observa Geddy sobre o clássico conceitual de 1976. "Mas, fora isso, é uma reinterpretação bem precisa da música, 22 anos depois. Fiquei muito satisfeito com o resultado. Foi bem mais divertido tocar ao vivo do que eu jamais pensava que seria."

A banda toma como ponto de honra reproduzir as canções bastante próximas de como as conhecemos e as adoramos. "Para a maioria das nossas músicas, na verdade, sempre tentamos manter os arranjos", confirma Neil. "Os arranjos são tão cuidadosamente elaborados que ficamos bem felizes em tentar acertar no show, sabe? E outros são um

pouco mais flexíveis desde a concepção da música. Há também uma consistência na apresentação ao vivo que é importante mesmo para nós. Sempre me lembro de um show do Grateful Dead no começo dos anos 1990. Eu tinha adorado o livro de Mickey Hart, *Drumming at the Edge of Magic*, e havia escrito uma carta para demonstrar meu apreço pela obra, trocamos correspondências por um tempo. Certa noite estávamos em Atlanta durante uma folga, então fui ver o Grateful Dead. E Mickey me disse de cara: 'Bem, não vai ser um show muito bom esta noite, porque fizemos uma boa apresentação noite passada, e em geral é um bom show a cada quatro'. E esse era o tipo de inconsistência que a apresentação deles exigia e o público deles perdoava. Então, ok, nós realmente gostamos de mais consistência, portanto toda noite vai ser boa. E se acontecer de ir mais além, sempre há espaço para isso. Percebemos uma diferença e nosso público percebe a diferença quando é uma noite especial."

Num nível mais pontual, Peart mantém as estruturas originais de estúdio para a maioria das viradas de bateria. "Faço isso, com prazer. Repito, me esforcei muito em todas aquelas canções, é um reflexo meu e da minha personalidade, é como gosto de ver as coisas construídas e como gosto de tocar, então por que faria diferente? Parece um tanto óbvio. Há sempre pequenos detalhes que escuto na versão final e penso: 'Gostaria de ter sabido antes que esse acento ou esse vocal alongado estariam ali. Tudo é construído e desenvolvido no caminho. Há pequenas coisas assim que acrescentei depois e que gostaria de ter feito no álbum. Mas são detalhes." E no final, há as expectativas de todos aqueles *air drummers*... "Bem, eles podem fazer o que quiserem. Não, não, tem a ver estritamente comigo. As partes de bateria são feitas para me agradar, e como consequência, são tocadas para minha satisfação."

Mesmo assim, em última análise, com certeza há uma insatisfação filosófica, ou deficiência, com o conceito de ir lá fora e tocar ao vivo versus a permanência de um disco que se pode ter em mãos – um se dissipa pelo ar, o outro se torna história.

"Bem, essa é a diferença", confirma Neil, "entre o temporário e o permanente. De alguma forma, sair em turnê é uma parte evolutiva importante do nosso progresso. Sem dúvida eu sentia no final que estava tocando melhor e a banda estava tocando melhor do que no início. E à medida que se está aprendendo, evoluindo e refinando a técnica e todos esses aspectos diferentes de ser um músico, não há teste ou modo de comprovação melhor do que se apresentar ao vivo, quando é posto à prova todas as noites.

"Tocar as mesmas músicas tentando corrigir falhas, ou aperfeiçoar trechos delas, pegar as inflexões, acompanhar o que os outros caras estão tocando e incorporar isso, ouvir a gravação depois do show, ouvir onde se poderia ter reduzido o andamento um pouco, ou quando estava tocando alguma coisa que podia despertar alguma reação. Então muitas coisas como essas acontecem no decorrer de uma turnê, principalmente nos primeiros anos, quando tudo é acelerado e há muito a aprender, então você aprende mais rápido.

"Descobri que a partir de certo ponto há apenas recreação", continua Peart. "Adoro ensaiar para a turnê, toda a preparação, ver que a banda vai ficando bem-ajustada musicalmente, trabalhando e tudo mais através dos ensaios. Então, quando se faz um show muito bom mesmo, ele estabelece um padrão que se torna bem difícil de se equiparar noite após noite. E é claro, se você fizer um show realmente ótimo, há a experiência de sair do palco em júbilo para depois sentir essa nuvem de desapontamento pairando no ar ao pensar: 'Se foi, acabou'. Então se torna cada vez menos gratificante.

"Penso em criar uma obra nos detalhes, seja na escrita, na música ou na bateria, particularmente, está pronta e está lá e você pode apreciá-la mais tarde. Há um sentimento não apenas de esforço, mas de realização, como se tivesse feito algo concreto. Um show não parece algo concreto. Essa é a diferença. Ao apresentar alguma coisa, ela pode ser gratificante ou não, depende do quão bom foi seu desempenho. Mas, em essência, ei, você não produziu nada concreto de verdade."

E quanto a Neil sair para assistir a um show, ele diz: "Eu diria que para mim é mais uma experiência teatral, na verdade. Não acho que as apresentações ao vivo tenham transformado minha experiência com a música. Tudo que obtenho dela, posso obter de um álbum. Adoro sair e assistir a uma banda se apresentar, é claro, mas essa é a essência; é apresentação, é teatro, do mesmo modo como gosto de uma boa peça ou de uma ópera. É esse tipo de experiência, acredito, mais do que a experiência íntima com a música que pode ter com as caixas de som ou os fones de ouvido ou dentro do carro."

De volta aos palcos do Rush, Geddy se refere ao tópico de sua postura sutil, alguns definem como mansa, nos palcos. "Não costumo falar muito no palco. Ao longo dos anos, fui me soltando um pouco mais, me sinto mais confortável. Quando eu era jovem, ficava muito nervoso. Mas à medida que fui amadurecendo, isso se tornou algo bem menos importante para mim. Quando falo, me sinto totalmente à vontade. Mas não me lembro, a menos que alguém tenha atirado um sapato ou outra coisa na minha direção, de ter ficado puto e xingado o público. Há uma ou outra vez, quando se tem uma situação de plateia sem lugares demarcados, em que as pessoas ficam num empurra-empurra e então você tem que conversar e tentar acalmar os ânimos."

"Geddy foi quem sempre falou com o público, e ele fala muito pouco", observa Alex, que ao longo dos anos assumiu a função de soltar uma série de piadinhas espontâneas, fazendo imitações e comentários sarcásticos em determinadas noites. "Sabe, nada além de apresentar as canções. Ele nunca foi o tipo de anfitrião como alguns são. Tudo se resumia a ir direto ao ponto, tocar. E acho que sempre fomos desse jeito. Nunca trabalhamos nossa movimentação no palco. Apenas reagimos à música do jeito que sempre fizemos, todo mundo era muito independente."

O resplandecente encarte triplo de *Different Stages* contém uma bela colagem de *memorabilia* do Rush. "Na verdade, são coisas de todos nós", conta Geddy, "e acho que de alguns fãs. Nosso fotógrafo, Andrew Mac-

Naughtan, foi quem a organizou. Guardo coisas; não que eu demonstre muito, mas sim, sou um pouco acumulador. Quando vejo algo que acho bacana, jogo dentro de uma caixa e guardo em algum lugar do porão."

Finalmente, *Different Stages* tem outro bônus: um programa de computador, explica Geddy, que permite ao fã criar uma escultura musical. "Alguém na Atlantic me ligou e disse que tinham entrado em contato com um artista japonês que havia desenvolvido um programa interessante chamado Cluster Works, e havia algo naquilo que estavam ansiosos para aplicar num álbum de rock. E alguma coisa nesse software lembrava os tipos de criação que fazemos com nossas luzes e nossos shows, usando laser e assim por diante.

"Ele achou que nossa música encaixava perfeitamente com a qualidade etérea dessa arte visual. Pegou um avião e veio mostrar o material para mim. Eu nunca tinha botado fé nessa coisa de CD turbinado, porque no passado era apenas o encarte com as letras, essas coisas, e depois tentaram fazer parecer que era um bônus quando na verdade se estava recebendo algo que de qualquer maneira estaria ali. Nunca realmente achei que era um grande negócio para o público. Mas isso era algo diferente, e imaginei que havia muitos fãs que gostariam de brincar com aquilo. Então, para quem quisesse brincar, estava lá."

Com o futuro do Rush ainda incerto, em 14 de novembro de 2000, dois anos após o lançamento de *Different Stages*, Geddy apresentou para a apreciação dos fãs seu primeiro disco solo. *My Favorite Headache* é o único trabalho solo dele até o momento, assim como *Victor* é a única incursão solo de Alex até agora.

"Esse disco foi muito recompensador em dois níveis", explicou Geddy para mim na época, quando eu estava fazendo a cobertura de imprensa. "Primeiro, tenho muito orgulho desse álbum no aspecto musical; e segundo, fiquei muito feliz em poder trabalhar com Ben Mink, que sempre foi meu amigo. A razão desse projeto veio do meu desejo de que nós dois trabalhássemos juntos. E foi um grande feito termos trabalhado juntos e ainda assim continuarmos amigos no final.

Fico muito feliz com isso. Mas musicalmente o álbum é construído com primor em camadas de melodia, comparado ao que em geral faço. E tem uma atitude um pouco diferente no rock, com mais *groove*. É uma música um pouco mais arredondada, mais orientada pelo ritmo em comparação ao que fazemos no Rush. Quanto às letras, acho que depois de superar a timidez inicial, tornou-se uma experiência pessoal muito gratificante, em termos de me conhecer melhor. Eu me senti bem ao clarear meus pensamentos sobre certas coisas e colocar tudo no papel. E o fato de que posso traduzir isso para o mundo musical também fez com que eu me sentisse mais completo.

"Bem, penso sobre muitas coisas", ri Lee, ao responder sobre o que aprendeu acerca de si mesmo enquanto escrevia as letras. "E embora meus pensamentos possam ser meio abstratos, acho que também têm algo em comum com o que outras pessoas pensam. Há algumas linhas comuns ao longo disso. 'Slipping' é sobre falibilidade e vulnerabilidade apesar das melhores intenções do mundo. 'Working at Perfekt' trata da angústia criativa e de como é difícil materializar o que você ouve na própria cabeça, seja musical ou visualmente. Tem a ver com conseguir fazer sua arte ficar do modo como quer que ela seja. É como aquela velha frase de Woody Allen: é muito difícil acertar as coisas na vida real, então tentamos acertar na arte. 'The Present Tense' fala de angústia existencial, pela falta de uma descrição melhor. Sabe, aqueles momentos em que a vida parece um pouco opressiva demais, e mesmo assim não se tem escolha a não ser superar os obstáculos. A faixa-título, 'My Favorite Headache', fala da recorrência e prevalência do intelecto apesar dos nossos melhores esforços para nos esquivarmos dele. Ele ressurge. Então esses são alguns temas."

O fraseado não foi realmente um problema, diz Ged. Afinal, só havia um armazém onde se precisava encontrar tudo – sem Neil. "Bem, apenas por um momento. Esse é o tipo de coisa que estive fazendo por 30 anos. Essa é a parte fácil, é só uma questão de ir tentando até dar certo. Isso é arte; e não é tão difícil. A parte complicada é conseguir alguma coisa para cantar que pareça valer a pena.

"Eu apenas levo meu caderno comigo", explica Geddy, sobre seu *modus operandi* para escrever letras de música, "e o deixo ao lado da cama à noite. Muitas vezes, antes de me deitar, os resíduos do dia se acumulam. E quando tudo fica tranquilo e quieto, eu começo a colocar as ideias no papel. Quase nunca estão completas. São apenas coisas em que estava pensando. Eu olho para elas no dia seguinte e odeio quase tudo, mas em geral há alguma coisa, uma semente, um broto germinando, que vale a pena usar. E descobri que não sei se posso compor letras com um prazo, porque existe mesmo um longo período de gestação para mim nessas canções. Preciso me permitir muito tempo para ficar insatisfeito antes de chegar a algo que dê certo. E no geral não acontece nada até que haja um trecho de música que faça a letra ganhar vida." Se é corajoso nas letras, ou brutal e honesto, Ged diz: "Não particularmente. Mas me dê um tempinho e eu vou ferir os sentimentos de alguém."

Quanto à composição, foi um trabalho para Geddy e Ben, ambos com violões, "só sentados ali", ri Mink, que compartilha os créditos com Lee em todas as faixas. "Sim, ficamos tocando juntos e depois editando e tocando de novo, refinando o material. Costumávamos comparar versões para criar uma canção, era isso. Sabe, apenas continuar moldando, sofisticando."

Os créditos de produção do álbum foram para Geddy, Ben e David Leonard, que esteve mais envolvido com a mixagem. Foram usados estúdios em Vancouver e Seattle (o baterista principal foi Matt Cameron, do Soundgarden), alguns em Toronto, além do complexo do Triumph, Metalworks, em Mississauga, Ontário. Mink conta como foi se sentar na cadeira de produtor: "Às vezes Geddy dizia, 'O que você acha? Acha que eu deveria duplicar o baixo?', ou 'Acha que deveria tentar uma frequência mais grave?'. Mas ele também tem uma memória fenomenal. Eu o observava fazendo improvisos numa ótima linha de baixo e depois Geddy dizia: 'Que tal se eu duplicar aqui no refrão?'. E ele ouvia mais uma ou duas vezes, e as partes dele não são fáceis. Não é um baixo levezinho – mas Ged ia lá e duplicava tudo de ouvido. Nota a nota.

"E esse cara sequer sabe ler partitura. Sabe, uma vez o chamei para um trabalho... Ele foi gentil o suficiente e aceitou tocar baixo num disco de Marie-Lynn Hammond, uma artista folk – eu costumava tocar com uma seção de cordas. E pedi que tocasse para nós, disse: 'Sim, você sabe quando toca um Si bemol?'. E ele me perguntou: 'O quê?', e eu repeti: 'Si bemol'. E ele me respondeu: 'Não conheço um Si bemol'. 'Ok, é sua corda mais encorpada e mais grave, a sexta no braço, aquilo é um Si bemol' . E continuei: 'Quando chegar lá, só não toca muito forte'. Geddy realmente não sabia. Esses caras são gênios. Criaram o próprio modo musical de se comunicar através de riffs complicados. É tudo de ouvido, muito detalhado, muito complicado, e criam essa música incrível baseada nos próprios hieróglifos, por assim dizer e, sabe, é uma atitude de aprendizagem contínua. É fascinante observar esses músicos trabalhando. Já estive em alguns dos ensaios deles, e é tão interessante observá-los fazendo jams e riffs e ver o resultado desses anos todos de intuição, porque é simplesmente inacreditável."

"Mas foi muito natural", continua Mink, sobre compor o disco. "O projeto apareceu e Geddy veio aqui para Vancouver uma vez, e estávamos no meu estúdio, ele só pegou um baixo acústico, sabe, um baixo que parece um violão, e eu tinha um violão normal. Começamos a tocar e me dei conta de que era quase o mesmo jeito que toco com Nancy Wilson. O modo como atacamos as cordas, o modo como tocamos é muito, muito semelhante. Músicos que pensam igual vão reconhecer isso bem rápido um no outro e captar que é muito natural. Tentamos isso algumas outras vezes e foi como andar de bicicleta. Nem pensávamos muito. Simplesmente dava certo."

Comentando como Geddy era na guitarra, Ben diz: "Ele é bom – toca guitarra como se fosse um baixo. Ataca a corda como um baixista faria... Não sabe usar palheta muito bem. Mas toca de trás para frente, então puxa as cordas como se fosse um violonista clássico. Quero dizer, pode dedilhar acordes básicos, mas na verdade o lance dele é o baixo. E sua habilidade de criar as partes... Geddy tem um modo complicado e lindo de construir melodia. Pode criar várias melodias para um único trecho. Várias vezes seguidas ele surgia com lindas melodias, e muito rápido. Depois ajustava ao que a canção precisava. É capaz de separar o instrumento das outras funções. Muitos não conseguem fazer isso. Compõem uma melodia que parece exatamente uma parte de baixo. Mas Geddy consegue deixar de lado o baixo, pensar na melodia, pensar num teclado. Ele tem essa noção bem definida de cada parte."

My Favorite Headache inclui uma lista ampla no elenco, mas, como Geddy diz: "Basicamente éramos Ben e eu trabalhando. Esse projeto foi mesmo o resultado de horas e horas na sala de composição só nós dois. E a maior diferença é apenas a casualidade da abordagem. Com o Rush, nos divertimos, rimos, mas há essa silenciosa... Que palavra seria melhor para descrever? Essa estrutura discreta ao nosso redor, que é a banda e os trabalhos da banda. E embora sejamos muito bons em não prestar muita atenção a isso, está lá.

"E trabalhar com Ben foi completamente separado disso. Foi casual, era sobre a música, não havia um ponto de referência como numa banda. Mesmo quando se está compondo apenas por compor, ou fazendo música pela música, ainda assim somos eu, Alex e Neil, e as personalidades de nossos instrumentos que são impostas no trabalho. Quando se está longe disso, são apenas dois caras sentados numa sala tentando compor canções que eles consideram cativantes, estão fora da caixa. E por mais discreta que a caixa seja, se está fora dela. Isso fez uma grande diferença para mim."

Uma lição que Geddy aprendeu fazendo o disco tem a ver com alguns arrependimentos com relação à mixagem. "Não acho que vou me colocar numa situação em que eu tenha um prazo determinado para mixar um disco. Acredito que o processo de mixagem seja a parte mais delicada. Realmente dá para destruir uma canção na mixagem. E acredito muito em conceder a si mesmo a oportunidade para mixar e remixar, porque você não tem nada a perder remixando. É claro que acaba ficando louco, mas isso vai muito além. Em termos de qualidade, as canções que remixei nesse projeto, sem dúvida, foram aperfeiçoadas. Então é uma coisa que aprendi para uso futuro."

"Não vejo por que não", arrisca Geddy, ao responder se faria outro álbum solo. "Foi muito divertido e muito gratificante. Contanto que seja razoavelmente bem aceito, acho que continuaria a experimentar. Havia alguns músicos que eu gostaria de ter convidado, mas faltou um momento adequado para isso. Então vou deixar guardado para a próxima vez. E depende do material. Depende da direção que vou seguir na composição. Há algumas coisas que eu gostaria de tentar no futuro. Gostaria de tentar alguns experimentos apenas com instrumentos acústicos. Acho que seria divertido reunir algumas canções só usando instrumentos acústicos de cordas: violões, alaúdes, bandolins, contrabaixo, esse tipo de coisa. Tenho curiosidade sobre isso. Além do mais, tenho muitas coisas guardadas que sobraram de outros trabalhos e vamos ver o que se pode fazer com aquilo. Há algumas coisas gravadas, mas que não foram terminadas. E há algumas canções que eu gravava e, no final do dia, não achava que tinham ficado boas do ponto de vista da composição. Então só as deixei na geladeira para algum dia retomá-las."

Portanto, a porta ficou entreaberta, e a continuação da história do Rush estava brilhando lá do outro lado.

Ged diz: "Eu precisava compor, me manter produtivo, foi quando fiz o meu álbum solo e todo mundo tentou encontrar uma forma de se manter são. Sempre mantivemos contato, e um dia Neil disse que estava com vontade de voltar a trabalhar."

"Acho que fiquei sem tocar guitarra durante uns seis meses", lembra Alex, nos levando de volta aos primeiros dias após a morte de Selena e quando havia apenas Neil e Jackie. "Sabe, até gosto de ficar um tempo fora da estrada, mas não era nada como aquilo. Não havia amor, não havia amor em muitas coisas. Foi muito doloroso. Todo dia estávamos vivendo o que eles viviam, e tentando dar apoio. Os dois viajaram para muitos lugares. Lembro que costumava enviar fax naquele período, para Neil, e recebia uma resposta de volta, apenas enviava alguma coisa para o deixar mais animado, piadinhas, coisas engraçadas, sempre que eu podia. E depois de dez meses, quando a esposa dele morreu, Neil caiu num imenso vazio. Comecei a trabalhar com outras bandas, fazer alguns trampos de produção, alguns projetos para a TV, e Geddy fez o disco solo dele. Parecia que a banda tinha acabado. Quero dizer, estávamos planejando seguir em frente quando Neil se estabilizou e disse que talvez consideraria voltar ao trabalho."

"Acho que eu era a pessoa que não acreditava que estava tudo acabado", diz Ray. "E não acho que era apenas um desejo sem muita esperança de concretizar. Mantive contato com Neil e passamos algum tempo juntos. Os três são essas pessoas incríveis, com uma lealdade gigante e uma ética imensa. Se fosse como a maioria das outras bandas, já teriam começado a procurar outro baterista depois de três anos, ou depois de dois anos e meio. Eu estava convencido de que iriam esperar o tempo que fosse necessário, e acho que se Neil tivesse precisado de mais dois anos, mesmo assim os outros teriam esperado por ele. Eles se importam uns com os outros profundamente e têm muito respeito uns pelos outros. O que teria acontecido com Neil se tivessem seguido em frente sem ele? Sem chance. Na verdade, houve discussões apenas sobre o quanto era importante ter os três juntos ali. Não importava quem estivesse com problemas ou as razões pelas quais não poderiam estar reunidos: esperariam. Teriam esperado Alex e teriam esperado Geddy. São os Três Mosqueteiros."

Danniels se lembra de servir de ponte de comunicação: "Sim, na época acho que provavelmente quase tudo passava por mim, e fui eu quem disse a eles que Neil queria voltar, que tinha me dado indícios de que estava pensando nisso. Ele tinha conhecido uma garota maravilhosa, com quem depois se casou, e ela não sabia nada sobre a banda. Não era fã do Rush, não sabia nada sobre o grupo. Eu sabia que ela estava curiosa e queria ver Neil tocar algum dia, e que isso seria uma influência positiva para ele. Como pode se casar com um cara que todos dizem ser o melhor baterista do mundo se nunca o viu tocar? Você casaria com o melhor pintor do mundo sem nunca ver o cara pintando um quadro? Ou o melhor escultor ou o melhor em qualquer coisa? Talvez com a exceção de um atleta já em idade avançada que não pudesse mais competir, não existiria essa curiosidade? Então acho que ela também foi uma boa influência para ele".

E depois havia toda a família do Rush esperando, pensando, com Howard Ungerleider e mais alguns funcionários do topo. "É uma das coisas para as quais não tem como se preparar. Não há nada que se possa fazer. Todo mundo tem que dar o melhor, e foi uma coisa triste na época em que tudo aconteceu, mas aconteceu, e é preciso seguir em frente. Tem que seguir. Portanto, o futuro de todo mundo estava em jogo. Comecei meu próprio negócio em 1994, aqui, e está caminhando desde então, tenho uma coisa para a qual retornar. Mas ainda assim, o que se pode dizer? Nada. Era apenas uma questão de esperar. E é incrível que Neil tenha conseguido voltar depois de tudo. Não sei se eu teria a capacidade de voltar do modo como ele fez. É incrível – ele tem uma motivação impressionante."

"Sabe? Quando parei de viajar, eu estava pronto", explica Peart. "Um ano e meio depois. Voltei para Quebec, fiquei uns tempos lá no inverno e mais um pouco durante o verão. Mas, basicamente, viajei sem parar, e com certeza foi questão de um ano e meio, viajando o tempo todo."

Como Ray mencionou acima, Neil conheceu a fotógrafa Carrie Nuttall. Eles se casaram e depois tiveram uma filha, Olivia Louise Peart, em 2009, e fixaram residência em Santa Mônica, na Califórnia. "Foi quando finalmente descansei e me mudei para lá. Eu tinha uma mala, um aparelho de som e uma bicicleta. Esses eram os meus pertences. Eu me mudei para o sul da Califórnia no ano 2000, porque de novo estava sem raízes. Num bom sentido. Costumava escrever muitas cartas e dizia que era o mais livre que qualquer homem deveria ser ou gostaria de ser. Nada me prendia e não havia nada para me prender. Então, adotar uma nova vida num novo lar na Califórnia, com apenas aqueles pertences – música, viagens, bicicleta, e uma mala pequena com roupas e coisas – era o mais básico que a vida poderia ser, mas foi um lugar maravilhoso para se recomeçar."

Neil diz que Carrie o ajudou a ter alguma noção de estabilidade, e foi então que ele começou a pensar em voltar ao trabalho. "Na verdade, nunca ficamos distantes por muito tempo", conta Peart, falando de Geddy e Alex. "Quando eu voltava a Toronto, sempre me reunia com eles. Naquele ano, Alex e uns caras vieram ficar comigo durante o verão. E fui visitá-lo em Santa Fé, ele tinha uma casa em Santa Fé, Novo México. E nós dois e um outro amigo nosso nos encontramos lá. Assim, nunca ficamos afastados, de verdade; mantivemos contato o tempo todo. Nós nos encontrávamos com alguma frequência."

"Como o tempo afetou nossa banda não posso realmente saber porque não foi apenas o tempo", reflete Alex. "E não se trata apenas de longevidade; é o impacto do que acontece nesse meio-tempo. De verdade, todos nós questionamos se poderíamos ou não fazer outro disco, se algum dia trabalharíamos juntos de novo. Quando isso tudo ocorreu, a banda era a última coisa que passava pela nossa cabeça. Quero dizer, não parecia apropriado sequer pensar no assunto. Música tem a ver com celebração, e não havia qualquer sentimento de celebração naquele tempo. Tínhamos que nos manter unidos e nos ajudar o máximo possível. Era nossa prioridade. Não toquei guitarra. Neil não tocou bateria, óbvio, durante quatro anos. Muitas coisas mudaram; levou algum tempo para sair daquilo."

"Tudo se resumiu a ele – foi Neil quem entrou em contato", diz Geddy. "Foi tudo meio formal de um jeito bizarro, porque ele estava começando uma vida nova na Califórnia, e acho que entrou em contato com Ray. Penso que ele estava nervoso. Estava nervoso e parecia tímido ao tocar no assunto. Acho que parte dele queria voltar, mas Neil estava com medo e tinha passado por tanta coisa. Ray foi um ótimo amigo para ele durante todo aquele período. Foi um tipo de terceira parte interessada e segura. Então Neil ligou para Ray e disse: 'Por que você não chama os outros caras e vamos jantar?'. Assim, ele veio até a cidade, conversamos, e Neil disse: 'Bem, se voltarmos mesmo ao trabalho, como seria? Como poderíamos no organizar?'.

"Ele não tinha muita certeza", continua Geddy. "Haveria algum modo de fazermos isso sem que ele se sentisse preso ou apavorado? Então o que fizemos foi o seguinte, falamos para ele: 'Olha, faremos do jeito que você precisar que seja feito'. E foi quando surgiu a ideia de alugarmos um estúdio pelo período de um ano. Vamos encontrar um estúdio pequeno, montar a bateria numa sala, organizar uma área onde você possa escrever, e Alex e eu vamos ocupar outra parte onde possamos tocar. E aí você pode ensaiar todos os dias sem nos perturbar e assim recuperar sua confiança, voltar ao trabalho. E Neil adora ensaiar. Quero dizer, nunca conheci um músico que adore ensaiar como esse cara. Eu odeio ensaiar. Depois de um tempo, preciso de um público ou alguma coisa para me manter motivado. Mas ele pode ensaiar até que a vaca tussa. Foi muito difícil, mas deu certo – *Vapor Trails* foi um álbum bastante doloroso, quase impossível de ser feito."

"DEPENDE DELE PRO A SI MESM QUE PODE RECOMEÇ VIDA."

A APENAS

VAR

O

RIA

AR SUA

CAPÍTULO 5

VAPOR TRAILS

"Neil teve que fazer o que precisava fazer, apenas encontrar alguma paz", diz Alex, começando a recapitular os eventos de reconstrução que levaram ao retorno do Rush – novo disco, nova turnê, novo Neil.

"Ele tinha embarcado nessa longa jornada, longa e muito dolorosa, em sua motocicleta, apenas rodando sem parar, sem nunca saber realmente para onde estava indo. Mas era o que precisava fazer. O processo inteiro levou alguns anos, e Geddy e eu ficamos sem fazer muita coisa até o último ano dele. Comecei algumas coisas com outras bandas, fiz alguns trabalhos com a 3 Doors Down e alguns vídeos, e Geddy gravou o álbum solo dele. Gradualmente nos tornamos um pouco mais ativos musicalmente.

"Houve uma reunião, Neil veio até Toronto, e nós conversamos. Discutimos como seria passar por esse processo. Ele não tinha certeza se conseguiria dar conta, mas estava disposto a tentar. Sabe, Neil não tocava bateria havia quatro anos, então foi um período muito difícil. Ele estava meio apreensivo e tinha medo, acho. Não tinha certeza de como se sentiria, mas era um recomeço em sua vida. Neil estava começando a reencontrar pela primeira vez depois de muitos anos aquele pouquinho de felicidade. Ele precisava passar por aquilo."

Numa entrevista comigo em 2002, quando tudo ainda era muito recente, Lifeson me explicou: "Meus amigos diziam para mim na época, sabe, você acha que nunca mais vai sorrir de novo. Sente que nunca mais terá um momento feliz ou uma época feliz em sua vida de novo. E todos os terapeutas vão dizer: pode não acreditar nisso agora, mas um dia vai encontrar a felicidade novamente. Vai aprender a viver sua vida de novo, por mais que não quisesse viver na época. Acho que foi o que aconteceu com Neil. Mas ele estava um pouco nervoso. Fazia muito tempo que não tocava bateria, e não sabia se seu coração se abriria para a música como antes. Porque ele não olhava mais para a música daquele jeito. Tinha perdido muita coisa. Desde o começo, naquela reunião, tudo era muito frágil, apenas uma tentativa.

"Então entramos no estúdio, só nós três", continua Lifeson. "Quatro reservas renovadas por meses e meses. Ficamos naquele estúdio de janeiro de 2001 até basicamente o Natal, e depois fomos para outro estúdio mixar e passamos mais alguns meses lá – o projeto levou um total de 13 ou 14 meses. Foi um período bastante delicado, e tudo aconteceu bem devagar. Neil praticou muito e tocava muito enquanto estávamos compondo numa outra sala.

"Sabe, Geddy e eu estávamos um pouco fora de forma. Muita coisa que a gente compunha, em revisão, era bem ruim, nada interessante. As primeiras três ou quatro semanas foram desse jeito. Estávamos lutando e nos esforçando, mas parecia realmente que não conseguiríamos fazer dar certo. Tiramos uma semana de folga e depois voltamos para o estúdio, e então tivemos muito mais clareza sobre as direções que tomaríamos. Começamos a filtrar e a tocar mais, mas uma das coisas que aconteceu foi que ficamos muito presos às nossas demos. Havia certa espontaneidade, e é provável que 60% daquele álbum tenha vindo das demos. O que se ouve é a primeira vez que aquela ideia foi tocada. Não é como se tivesse sido composta para depois aprendermos a tocar e entrar no estúdio para gravar – só gravamos. Nem tudo foi desse jeito, mas a maior parte do álbum foi assim. Como consequência, acho que falta um pouco de produção nele. Provavelmente é um dos nossos discos com o som mais fraco. Tenho amigos que discordam, porque adoram o fato de que seja um álbum cru e tenha esse elemento. Mas em geral somos muito meticulosos quanto ao modo como gravamos.

"Precisávamos de quatro a seis meses para fazer um disco, seis para ser mais exato. Passar 14 meses num álbum é muito, muito tempo. Mas Geddy, depois de se dedicar um ano ao álbum solo, acreditava mesmo que não deveríamos determinar qualquer prazo. Sempre fomos muito obsessivos quanto à forma com que trabalhamos; sabe, seis semanas para compor, uma semana para a bateria, cinco dias para o baixo, duas semanas para a guitarra, duas semanas para os vocais, mixagem. Sempre foi assim. Fizemos isso por décadas, e com seu álbum solo Geddy falou: 'Toquei várias vezes as minhas canções e pude realmente ver como elas se desenvolviam e como isso é importante para o material evoluir'. Ele disse que com *Vapor Trails* tínhamos que fazer a mesma coisa, não nos preocupar com prazos, levar o tempo que fosse necessário para trabalhar. Fiquei impaciente nos dois primeiros meses; eu tinha essa coisa de quatro a seis meses na cabeça, e demoramos três meses só para ao menos colocar algo no papel. Nesse ponto, me dei conta de que Geddy estava certo – esqueça os prazos, esse disco vai levar o tempo que for necessário."

"Havia uma mentalidade completamente diferente quando entramos nesse projeto em comparação a *Test for Echo*", continua Alex ao responder sobre a tensão acerca da produção do álbum. "Estávamos saindo de um período sombrio que durou cinco anos. Tomamos decisões de produção bem no início. Decidimos que nós mesmos iríamos produzir o disco o máximo possível. E, apesar de não ter uma direção quando começamos, ela surgiu depois de um tempo, e quando isso aconteceu, ganhou uma energia própria. Esse projeto era muito intenso, mesmo que a agenda fosse mais flexível.

"*Test for Echo* foi muito parecido com outros discos do passado, quando trabalhamos num ambiente profissional, fizemos pré-produção, ensaiamos, basicamente aprendendo as músicas antes de entrar no estúdio e gravar o álbum inteiro. Já este disco estava apenas evoluindo, crescendo, parecia um organismo vivo ao longo de todo o processo. Como Geddy disse, muitas performances no álbum foram o que tocamos naquelas primeiras jams. Sabe, foram tocadas uma única vez."

"Foi catártico para Neil", continua Alex. "Quando começamos, em janeiro de 2001, ele veio de carro de sua propriedade em Quebec, pela mesma estrada onde a filha dele sofreu o acidente. Foi se aproximando de Toronto, num final da tarde, um dia meio cinzento, já era quase noite. A cidade é cinza, estava chovendo e havia neve derretida no asfalto, e o peso de tudo aquilo era demais para suportar. Foi difícil para ele – só essa única parte – e tudo isso antes de sequer começarmos os trabalhos. Neil teve que se empenhar muito para ganhar força, e concedemos a ele bastante tempo, espaço e amparo, mas realmente dependia apenas dele provar a si mesmo que poderia recomeçar sua vida; na verdade, tudo se resumia a isso.

"Ao final do disco, eu não diria que ele era o mesmo cara que tinha sido seis anos atrás, mas estava muito mais forte, mais feliz e mais determinado. Neil é uma pessoa bastante determinada, muito forte, mas toda essa força e determinação tinham sido estraçalhadas.

"Ele está num processo de reconstrução e de começar uma nova vida", explicou na época Lifeson. "Se não quiser conversar com alguém, posso entender completamente, porque seria muito constrangedor. De qualquer maneira, Neil é muito reservado, sempre foi. Conversamos sobre isso antes, quando terminamos o disco, e ele nos disse: 'Já é difícil para mim sequer pensar no que aconteceu, imaginem ter que falar com estranhos sobre o assunto, então, por favor, não me coloquem nessa situação, ok?'. É claro que respeitamos esse posicionamento sem pensar duas vezes."

"Essa é a melhor coisa de sermos amigos muito próximos", contou Peart, lembrando aquele período. "O senso de humor nunca deixou de existir entre nós. E isso é o grande dom de Alex. Outras pessoas que conheço já passaram pelas tragédias mais horríveis... esse humor ácido do universo sempre está à espreita. As piadas ruins começaram cedo, e

nos nutriram de certa forma – e eram notáveis. Recebi apoio integral da parte deles. Nunca houve qualquer estranheza. Nunca pensei em nada a não ser que eram meus melhores amigos e me desejavam o melhor. E esse apoio – por menos que qualquer coisa significasse para mim naquela época – importava tanto quanto o resto, e não havia qualquer estranheza nisso.

"Tudo isso fez parte da cura, é claro, poder trabalhar novamente. Adorei ir até Toronto e ficar lá, trabalhar com os outros caras todos os dias, socializar pelo menos uma vez por semana, apesar de estarem em suas casas, com suas famílias e tudo mais. Nós nos reuníamos e jantávamos juntos – havia toda essa parte social também que ajudou a me estabilizar. Tudo foi importante. E, sendo sincero, esses dois caras, desde o começo, foram a coisa mais estável que eu tive, são minha família e meus entes queridos, eles e todos que tiveram a coragem de ficar por perto de mim naquele tempo. Era tudo tão difícil que eu mesmo teria me afastado."

Sobre a mecânica de fazer o que se tornaria *Vapor Trails*, Neil traz a seguinte consideração: "Temos esse sistema de controle de qualidade internalizado: se não gostamos de alguma coisa, apenas paramos de trabalhar naquilo. Vi Geddy comentar sobre esse assunto recentemente – de que não existe um catálogo do Rush que não tenha sido lançado. Se encaramos todas as dificuldades de se concluir alguma coisa, vamos lançar esse material! E se não nos demos ao trabalho de fazer isso, descartamos. Ou roubamos – pegaremos as melhores partes e seguiremos a partir dali para fazer outra coisa. Muitas canções foram reescritas várias vezes, algumas delas basicamente desde o início. Com 'Earthshine', a letra continuou a mesma, mas cada nota da música foi substituída por completo, e houve outras assim também. Então o disco estava em constante revisão. E, de novo, esse senso de compartilhamento e de energia mútua, é ali onde está o brilho, em lugares como esse. 'Acho que essa aqui ainda não está pronta', 'Não, também acho', concordamos em questões como essas."

Paul Northfield, profissional de confiança desde os tempos do Le Studio, fez uma reaparição no quartel do Rush, dessa vez como coprodutor do álbum.

"Eu me encontrei com eles em Toronto", conta Paul. "Estavam compondo no Reaction Studios, que era como a segunda casa deles. Bem, ficava perto e era um ambiente muito confortável para o processo de composição. Tinham feito a pré-produção de alguns álbuns ali antes. Nesse ponto, acho que já estavam lá havia três ou quatro meses compondo e retomando o contato uns com os outros, porque estavam afastados da música por provavelmente cinco anos. É óbvio que havia muita coisa para ser retomada. Não era mais apenas uma simples questão de ativar o mesmo tipo de percepção que tinham no passado. Descobriram novos meios de compor as canções, escrevendo sozinhos, ou mesmo no caso de Geddy e Alex, que compuseram seus álbuns solo e descobriram coisas de que tinham gostado como parte desse processo, e não estavam prontos para abrir mão da possibilidade de fazer as mesmas coisas na criação do álbum seguinte do Rush. Então também havia isso, além da reunificação deles, e de Neil voltar a tocar bateria.

"Aconteceu que fui fazer uma visita no estúdio na época", continua Northfield, "e começaram a me encher de perguntas sobre o que eu achava do local e se lá seria um lugar legal para gravar, porque parecia muito confortável para eles. Era um estúdio bastante agradável, mas era pequeno para gravar a bateria. Estavam acostumados a gravar em alguns dos melhores estúdios para bateria do mundo, e isso era parte importante do processo. Em vários dos álbuns anteriores, a bateria foi gravada num período relativamente curto. Neste, esperavam estar prontos para fazer isso ao longo do processo de gravação do disco, porque o álbum foi feito de um jeito totalmente diferente.

"Então minha primeira reunião com eles foi mesmo apenas dar uma passada e um oi, e em seguida fui convidado para conversar sobre a possibilidade de fazer o disco. Conversamos a respeito de gravar o álbum ali mesmo no Reaction Studios. Eles preferiam ficar por lá porque po-

deriam voltar para suas casas à noite. Queriam passar mais tempo com a família. Ou seja, era a vontade de Alex e Geddy, mas Neil estava na cidade com Carrie e se sentia bem, embora ainda um pouco fragilizado. Foi um período muito, muito duro."

Como fazia parte do ânimo da banda na época, da dinâmica de trabalho, Paul diz: "Quando me envolvi no projeto, já fazia cinco ou seis meses que estavam juntos. Compondo. Era confortável; tinham uma rotina de chegar ao estúdio, pedir o almoço e passar o dia trabalhando juntos. Neil possuía uma sala nos fundos onde escrevia as letras e, ao mesmo tempo, trabalhava no livro dele. Quando Geddy e Alex terminavam suas ideias nos computadores, o que tinham se acostumado a fazer quando gravaram seus projetos solo – ótima ferramenta de composição –, Neil entrava e gravava, com Alex no leme. Isso foi nos dias de pré-produção, porque nesse ponto Alex estava realmente curtindo o processo de gravação e, portanto, assumiu a engenharia de som das demos.

"Quando me envolvi, o desejo era, em essência, continuar fazendo o mesmo tipo de coisa, e queriam saber se isso seria possível. Será que o estúdio poderia proporcionar um som de bateria apropriado, tendo em mente que era um estúdio relativamente menor e que abafava mais o som, ou seria necessário se mudar, uma coisa que não queriam mesmo fazer? Sugeri que reconstruíssemos o interior do lugar: tirando todos os materiais à prova de som e dando mais vida a ele. Então foi o que fizemos, porque eu tinha bastante confiança de que o tamanho do estúdio era bom o suficiente; o problema era apenas que parecia um estúdio muito abafado. Em vez de nos mudarmos, construímos um estúdio conforme nossas especificações, sem tentar enlouquecer no processo.

"Deu muito certo, e obtivemos os resultados que buscávamos. Conseguimos dar continuidade ao trabalho com o mesmo espírito. A coisa mais importante nesse disco é que a composição estava praticamente pronta com as jams de Geddy e Alex, tanto de modo individual quanto coletivo, brincando com o computador, pegando recortes de riffs, editando e transformando-os em canções, e depois com Neil tocando bateria e fazendo seus experimentos.

"Ao mesmo tempo, Neil estava mesmo precisando entrar no ritmo. Lembro quando cheguei para as primeiras sessões e fui conversar com eles, fiquei observando-o tocar bateria. Como o testemunhei como baterista em seu auge, tinha consciência do quanto ele era intenso e poderoso como músico, e na época Neil não estava tocando nem perto daquele nível. Mesmo que as partes dele fossem interessantes, não havia força ali. E eu meio que sabia haver uma forma de se chegar lá. Em resumo, ninguém toca naquele nível, para de tocar e depois simplesmente pega um par de baquetas e recomeça na mesma hora de onde parou. Como o próprio Neil disse, leva um tempo para criar calos nas mãos.

"Foi um processo longo para ele entender o que precisava ser feito, o que queria fazer. E acho que ter feito isso no computador... Quero dizer, ouvi certas críticas aqui e ali, questionamentos de por que não gravamos aquele disco sem usar um computador. Qual foi o motivo de simplesmente não voltarmos às fitas de duas polegadas ou algo assim? A questão é que esse álbum não teria sido feito sem um computador porque esse processo permitiu à banda fazer experiências e reunir ideias, e depois ir introduzindo a bateria aos poucos no quadro geral à medida que Neil voltava a alcançar sua performance no instrumento. Se as canções tivessem sido todas escritas para depois eles apenas entrarem no estúdio no meu primeiro dia e tentarem tocá-las juntos, acho que os resultados não teriam sido o que almejavam – talvez nem mesmo tivessem obtido qualquer resultado na época. Havia uma distância enorme entre onde eles precisavam estar e onde estavam de verdade naquele momento.

"Para mim, fazer aquele álbum se resumia a tentar captar toda a inspiração... Porque algumas partes nas demos tinham inspiração, não há dúvidas quanto a isso. E acredito firmemente em fazer uso de coisas que são inspiradoras, e não apenas fazer tudo de novo 'porque sim...'. Quando fizer uma coisa que é espontânea e fica ótima, use-a. Isso foi parte da filosofia daquele disco: tentar capturar a emoção e a inspiração

das primeiras tentativas, em vez de apenas fragmentá-las e refazê-las mais uma vez.

"Quanto a algumas partes daquele álbum, Alex e Geddy provavelmente diriam que não conseguiriam tocar igual de novo porque nem lembram o que estavam fazendo. Eram apenas algumas ideias que tinham encontrado entre tudo que haviam gravado e capturado para transformá-las em canções, às vezes repetindo uma seção. Ou havia alguma coisa esquisita no som que o deixava realmente interessante. Então a decisão de usar aquele material foi fundamental. Gosto de pensar nele como um disco que foi feito a partir de todos os pedacinhos de inspiração, emoção e força com que a banda se deparou no processo de composição. Além disso, permitiu-se que Neil tivesse o máximo de tempo possível para fazer seus experimentos e voltar à sua melhor forma, para poder tocar o que ele quisesse tocar."

Paul descreve o passo seguinte: "Depois que as estruturas das músicas estavam de acordo entre todos, ou seja, eu e a banda, Neil começava a trabalhar em uma ou duas canções de cada vez. Éramos só eu e ele. Uma vez que chegávamos ao ponto em que nós dois estávamos confiantes de que Neil tinha criado algo válido para submeter à consideração dos demais, então chamávamos Alex e Geddy – com vinho, invariavelmente – de modo que pudéssemos tocar e ver o que eles achavam. E, em geral, havia três partes ótimas que queríamos que ouvissem para nos ajudarem a escolher, no caso de haver modos diferentes de abordar seções distintas.

"Isso era uma parte do que o uso de um computador contribuía para o processo. No passado, seria impossível porque haveria uma única versão, era pegar ou largar. Nesse caso, Neil podia mostrar diferentes modos de abordar uma canção, e eles simplesmente poderiam escolher juntos depois qual ficava melhor. Uma coisa que caracterizou a produção desse disco foi que cada estágio, até chegarmos à mixagem, foi meu trabalho individual com cada um deles. Estavam todos lá no estúdio, quase sempre, e na primeira parte do dia eu trabalhava com Geddy.

Assim que todas as canções estivessem concluídas, as estruturas e tudo mais no computador, à noite em geral eu trabalhava com Neil. E depois que obtínhamos as faixas-guia da bateria nos reuníamos. Às vezes eu trabalhava com Alex à noite também.

"Praticamente não houve um momento em que os três membros da banda e eu sentamos todos juntos para trabalhar. Não foi por causa de qualquer tipo de tensão, tinha a ver com o fato de que todos eles precisavam de um pouco de espaço para experimentar as próprias ideias. Em seguida nos reuníamos de tempos em tempos para ouvir os resultados, analisávamos como todos se sentiam em relação ao material. Mas não me lembro de gravar Alex com Neil e Geddy no estúdio ao mesmo tempo, e não me lembro de gravar Geddy com Alex no estúdio ao mesmo tempo – e a bateria gravei apenas com Neil."

"Então é um disco bem diferente", reflete Paul. "Acho que o motivo pelo qual quiseram que eu me envolvesse foi porque os conheço há muito tempo e trabalhei com o Rush em diversas circunstâncias diferentes – além de ser um amigo próximo de Neil. Essas coisas se somaram para ajudar a colar todos os pedaços. Neil tinha passado por algo a que pouquíssimas pessoas sobreviveriam e estava tentando retomar sua vida como um dos maiores bateristas do mundo, além de ser capaz de fazer alguma coisa que fosse extraordinária por esse ponto de vista. Foi igual ou melhor do que qualquer coisa que ele fez antes – esse era o objetivo. É por isso que se grava um disco. Não se faz um disco só porque é o momento de se fazer um disco. Principalmente no caso deles. Fazem porque querem que seja interessante e que os desafie, e que adorem o resultado, e que os fãs também adorem."

Northfield trouxe muito mais à mesa. Falando especificamente sobre por que o queriam, Paul analisa: "Sabiam que se escolhessem um produtor que fosse apenas um produtor, também precisariam de um engenheiro, e isso significaria que haveria mais duas pessoas na sala, num ambiente que era muito pessoal. Era uma família se reunindo de novo para fazer um álbum, e acho que me viam como parte da família.

Eles se sentiam seguros comigo e sabiam que eu falaria o que pensava com sinceridade. Sentiam que eu tinha algo interessante para oferecer do ponto de vista da produção, porque estive trabalhando sem parar desde que atuei com eles antes, e estava trabalhando com artistas que eles achavam interessantes.

"Acho que foi por isso que me escolheram, mas também porque sabiam que não precisariam aprender a lidar com alguém novo ainda por conhecê-los. Eu tinha um ponto de referência quanto ao modo como tocavam no mais alto nível, o modo como tocavam juntos, o jeito como Neil tocava. Provavelmente a maior preocupação que tiveram, que demonstraram, foi que, como amigo de Neil, será que eu poderia criticá-lo de modo direto se não achasse que estava fazendo a coisa certa? Essa foi a única preocupação significativa que tiveram. 'Se não concordar com algo, vai poder falar isso para Neil?'. E eu respondi: 'Sim, claro, faz parte do meu trabalho'."

Paul faz um comentário interessante sobre as letras do disco: "Apesar de ser um processo complicado no sentido de que estavam todos trabalhando de forma individual, não houve muitos conflitos. A única coisinha séria – e totalmente compreensível, na verdade – é que, nas letras, Neil estava escrevendo algo que era quase uma expressão de sua vida, do que ele tinha passado. E sei que Geddy gostou delas e compreendeu, mas ao mesmo tempo queria se certificar de que o disco fosse algo que pudesse cantar, que também tivesse significado para ele, e não uma coisa que fosse realmente muito específica de Neil.

"Foi uma simples questão criativa e artística que Neil compreendeu do mesmo modo. Geddy ficava desconfortável em cantar alguma coisa que fosse bastante pessoal para Neil e preferia que as canções tivessem uma pegada mais universal. Então houve algumas vezes em que conversamos sobre isso. Mas, na maior parte, o processo de gravação ocorreu relativamente tranquilo, embora tenha sido longo, porque já tinham passado quase seis meses compondo, e depois passei mais cinco meses gravando com eles."

Northfield diz que também havia um obstáculo entre Geddy e Alex quanto a preferências musicais, fruto do tinham vivenciado com os projetos solo.

"Provavelmente a maior contradição em *Vapor Trails* foi que, na época, Geddy queria focar mais na melodia e nas harmonias do ponto de vista de criação e composição. Já Alex queria um tipo de metal agressivo que lembrasse Nine Inch Nails/Marilyn Manson. Assim, de um lado havia Geddy talvez errando por ser meio... não suave demais, mas melódico, e do outro Alex talvez insistindo muito numa agressividade que não pertencia ao Rush. Isso foi difícil, mas ao mesmo tempo já estavam juntos havia tantos anos e tinham tanto respeito um pelo outro que se esforçaram para chegar a um meio-termo e fazer tudo dar certo. Houve momentos de grande inspiração, mas foi um álbum difícil. No começo não parecia tão complicado, mas quando nos aproximamos do final se tornou um monstro que precisávamos tentar domar."

"Mas, sem dúvida, a visão predominante de Geddy era a melodia", reitera Paul. "E ele estava fazendo mais experimentos com harmonias vocais, dando um espaço para elas que não existia no passado. Na época, tentei conversar com ele, enfatizar que achava uma boa ideia voltar a cantar num tom mais agudo. Porque, ao longo dos anos, Geddy foi pouco a pouco cantando num registro mais grave. Para tentar capturar aquela atitude de *power trio*, cantar agudo na verdade era um benefício, porque a voz podia se destacar. Assim que se começa a cantar mais e mais grave, isso fica bem mais difícil. Há mais obstáculos para fazer a voz ser ouvida nesse tipo de registro.

"Durante parte da era icônica do Rush, Geddy obviamente canta num registro bem lá em cima. E houve momentos, como em *Hemispheres*, quando compuseram o álbum inteiro sem se dar conta dos limites do alcance vocal dele, aí foi um pesadelo para Geddy cantar naquele disco. Não participei daquele trabalho, mas quando chegaram a *Permanent Waves*, disseram que não iriam mais deixar aquilo acontecer. Com o passar dos anos, ele foi baixando o registro pouco a pouco.

Então, quando decidiram que estavam buscando retomar um pouco daquela energia mais bruta, foi importante trazer de volta o canto mais agudo de novo não lá na estratosfera, mas quase.

"Geddy havia trabalhado com Ben Mink no disco solo, ele também é músico, arranjador e multi-instrumentista, e os dois compartilham do mesmo senso de humor. Ambos têm esse gosto pelo absurdo, mas também há uma seriedade parecida com relação à música. Assim, quando chegava para trabalhar com ele, geralmente Geddy já tinha feito grande parte dos vocais sozinho. Havia trabalhado as partes e as harmonias. Depois, quando eu estava presente, trabalhávamos direto no computador. Ele me disse: 'Me acostumei a fazer muita coisa sozinho'. É meio que... Não é uma muleta onde se apoiar, mas uma boa posição para se sentar e ficar brincando com o computador, ouvindo – isso mantém você ocupado. Há grande valor nisso às vezes.

"Só para contextualizar, quando estou produzindo discos, ainda curto fazer a parte da engenharia. E a razão principal é que, quando se está ocupado, não se sente que há uma grande pressão para dizer alguma coisa sem motivo. Porque você está envolvido, é parte do processo de fazer o álbum.

"E às vezes isso é algo difícil para um produtor fazer, ou seja, ficar fora do caminho. Se as coisas estão indo muito bem, não é preciso dar uma opinião. Pode-se simplesmente deixar rolar. Quando estou produzindo, gosto de me manter ocupado. Quando algo parece importante para dizer, você fala, em vez de só ficar lá sentado sem dizer nada por 15 minutos; é melhor ter uma opinião.

"De qualquer maneira, acho que Geddy sentia que gostava daquilo quando estava trabalhando sozinho – ele se mantinha ocupado. Então dizia: 'Você se importa se eu fizer isso, e você fica ali sentado para me dizer se está bom?'. Era o exato oposto da minha zona de conforto. Mas eu dizia: 'Sim, ok, tudo bem'. Era um desafio, mas eu estava pronto. Então, basicamente, só tinha que verbalizar o que estava pensando. E, bem ao estilo de Geddy, quando ele grava o baixo, eram três takes e os três pareciam bons. Então ele dizia: 'Vou colocar um para tocar, e você me diz de qual gosta mais e quais partes são melhores dentro de cada um'. Ele ficava tocando esses trechos, e eu precisava escolher. Ou Geddy concordava comigo ou discordava de mim.

"Mas o mais curioso era que eu não tinha consciência na época de que ele só estava me testando, às vezes tocava o mesmo trecho duas vezes apenas para ver se minha opinião mudava. Era uma completa subversão da tradição de se estar num estúdio, lugar onde produtores e engenheiros tendem a pressionar os músicos – aconteceu com o Rush, particularmente na época de *Moving Pictures* – para tocar a mesma coisa várias vezes seguidas até chegar à perfeição. Repetindo tudo sem parar, de novo e de novo, às vezes era absurdo."

"Foi quase uma vingança", ri Paul. "Porque Geddy podia tocar a mesma versão mais de uma vez só para ver se eu mantinha a mesma opinião. De certa forma tenho orgulho de achar que consegui passar no teste. Dois dias depois, Geddy me disse: 'Você é muito bom; eu estava testando você'. Ele é bem inteligente e ficava de olho aberto para embromação, por assim dizer, nas áreas técnica ou musical e outras coisas. Tem um olhar bem aguçado para perceber quando alguém tenta passar a perna nele.

"Minha opinião sobre Geddy era que, quando tudo estava indo muito bem e pareciam fazer o trabalho que ele esperava que fosse feito, era um cara muito tranquilo e bem-humorado. Mas, a qualquer momento, se sentisse que alguém estava desligado ou que não estava fazendo seu trabalho nem prestando atenção, ele mudava rápido e adotava uma atitude mais enérgica. Era uma mudança chocante. Passava-se de um clima de brincadeiras para, de repente, 'Eita, ok!'. Há uma repentina seriedade que domina a interação dele com as pessoas. Fundamentalmente, gosta de brincar, mas se em algum momento não sentir que as coisas estão sendo feitas de forma adequada, Geddy é a primeira pessoa a adotar uma postura mais acalorada. Felizmente, na maior parte do tempo em que trabalhei com ele e os outros caras, fui um profissional

bem dedicado. Mas houve algumas raras vezes em que fiquei um pouco desatento no que estava fazendo, e de repente o clima mudava, sabe."

Emergindo das profundezas em 14 de maio de 2002, *Vapor Trails* mostrou-se um álbum do Rush bem diferente dos demais – bruto, nervoso, confuso, barulhento, claustrofóbico, carregado e pesado, cheio de significado. O arsenal completo é usado logo de cara na artilharia da abertura. Primeiro, temos Neil apresentando um ritmo inédito, assim como tinha acontecido em *Counterparts*. Em seguida, Alex adota sua melhor postura de Dick Dale – logo nas primeiras duas faixas –, enquanto Geddy introduz de maneira gloriosa um timbre mais grave, que combina perfeitamente com a bateria retumbante e grave de Neil. Por conseguinte, "One Little Victory" tem dois começos, mas com o mesmo tema, com mais foco e propósito que muitas canções da banda que recomeçam duas ou três vezes, em geral sem muita lógica na costura. Algumas ondas de um tema da surf music logo abrem espaço para um riff consideravelmente pesado que se coloca entre o *boom and doom* do blues britânico, ouvido pela última vez em "What You're Doing" e "Working Man", algo que retornaria mais uma vez em alguns trechos de *Clockwork Angels*.

Um single de abertura apropriado e bastante sensível (há uma uniformidade conceitual e sonora no álbum que resulta no seguinte: todas as faixas são candidatas a singles, e ao mesmo tempo nenhuma é), "One Little Victory" começa o disco numa nota esperançosa, antes que a introspecção taciturna se instale. O disco inteiro é uma treliça de pequenas vitórias, uma dando sustentação à outra, levando adiante uma nova turnê e mais álbuns. A escolha dessa canção para a pole position também faz sentido, sendo que é um tipo de showcase para Neil. Mesmo que se refira a certa quantidade de "raiva e confusão" nessa parte, ele realmente cria algo interessante, usando dois bumbos como um brinde extra. O plano era que essa parte fosse inserida no final, mas Geddy convenceu Neil a fazer logo na abertura do disco, como se fosse um solo. Além disso, como Paul mencionou, Geddy tira da caixa seu registro vocal agudo, cantando o primeiro verso em meio-alcance para depois pular uma oitava no segundo ato.

E continua tirando todas as armas do arsenal em "Ceiling Unlimited", em que toca acordes de baixo assim como algumas harmonias. Um rock acelerado como a faixa de abertura, nessa música Alex apresenta as texturas características dele, com Neil recuando um pouco e Geddy sem dedilhar muito, apenas marcando o tom. Os baixistas em geral odeiam quando lhes falta articulação, e realmente há muito a se arrepender quanto à mixagem do álbum, o que acabou resultando num raro remix, com *Vapor Trails Remixed*, lançado em 27 de setembro de 2013, com uma nova arte de capa, mixado pelo habilidoso engenheiro do rock progressivo moderno David Bottrill.

Acrescente esse título de música a um dos integrantes do séquito de títulos sobre clima que Neil escreveu, mesmo que a letra em si não trate de meteorologia. Quero dizer, em essência, há uma névoa, um termo que Neil aprendeu enquanto viajava de ônibus durante uma turnê, com a televisão sintonizada no canal da previsão do tempo. A letra de Peart para a canção é tomada por conceitos reflexivos, muito social, equilibrada (no encarte, literalmente) contra versos inescrutáveis que poderiam se aplicar às circunstâncias marcantes por que ele passou.

Alex continua explorando seu lugar, onde ele se encaixa em meio às densas camadas do som do Rush mais uma vez, escolhendo notas individuais como geralmente faz, além dos acordes.

"Isso me deu a oportunidade de explorar dimensões da guitarra que eu poderia usar para criar texturas, o tipo de coisa que os tecladistas faziam no passado", afirma Lifeson. "E adoro isso, é divertido fazer esse instrumento ter o som que deve ter. E foi o que fizemos com *Vapor Trails*. O disco mais recente é sempre aquele que combina mais com você, mas mesmo tentando ser o mais objetivo possível, é provável que esse seja meu disco favorito entre todos que já fizemos."

Ainda assim, como Alex explica, o álbum emerge como absolutamente inescrutável na questão da relação com a guitarra. "A direção que eu queria mesmo seguir para esse álbum era uma direção bastante anti-rock. Geddy toca muito mais acordes e combinações de sons, e isso veio de seu disco solo. Ele compôs várias dessas canções no baixo. Os acordes são tocados para serem acompanhados cantando, e Geddy naturalmente gravitou para esse estilo. E quando conseguiu fazer algo assim, acabou me direcionando para outro lugar. Eu podia tocar linhas de uma nota só, tocar uma parte mais de baixo quando ele estivesse tocando uma parte mais alinhada com a guitarra-base. Assim ficamos intercambiando papéis, e isso despertou meu interesse, eu gosto muito de tentar aproveitar essas brechas quando posso."

Na questão da letra, Peart descreve com disciplina e beleza o processo de cura sobre a motocicleta, criando uma trilha sonora para seu celebrado livro, que estava sendo escrito naquele exato momento. Alex observa: "Tudo tinha esse peso, cada nota, cada ideia, e é claro que escrever liricamente foi muito terapêutico para Neil. Foi uma oportunidade para ele tirar muitas coisas de dentro do peito. De diversas maneiras, foi bastante honesto, assim como foi em *Ghost Rider – A estrada da cura*, o livro que escreveu sobre tudo isso e as coisas que estavam acontecendo ao redor. Ele é um cara muito reservado, mas falou muito abertamente sobre questões muito íntimas que em geral guarda dentro de si."

Ghost Rider serve como um microcosmo de um álbum mais amplo que precisava ser escrito, da arte que estava gritando para vir à luz apesar da dificuldade de seu parto. Se, no passado, faziam um disco só porque o Rush era formado por adultos responsáveis que precisavam trabalhar, o álbum *Vapor Trails* inteiro parece uma obra de arte, uma que é conceitualmente cheia de propósito mesmo do ponto de vista musical. Em outras palavras, marca uma mudança de direção, frágil e hermética demais para ser repetida. É uma canção estranha, contudo, mas que funciona, graças à urgência de Alex na guitarra repleta de licks, acordes e solos, com Geddy demonstrando paixão e empenho. Neil mais tímido com um chimbal aberto, atacando vários outros pratos, se debruçando em viradas impetuosas. E ainda há a melodia forte. Até se pode achar que se trata de algum tipo de balada pós-punk de 1983.

"'Peaceable Kingdom' é uma das minhas favoritas porque acho um ótimo exemplo de todos esses elementos diferentes, de mudanças de compasso e trocas de ritmo e melodia", observa Alex. "Para mim, o mais importante era deixar às vezes o som da guitarra dissonante e muito mais rico harmonicamente, com um monte de barulho ao fundo de qualquer melodia, contrapondo tanto quanto possível o que Geddy estava tocando e, por vezes, o que Neil estava tocando, não apenas em termos de ritmo, mas também de textura e melodia.

"Quase toda 'Peaceable Kingdom' veio de uma jam que fizemos, depois montamos a canção a partir daquilo, acrescentamos alguns detalhes e, é claro, a bateria. Mas basicamente a guitarra e o baixo são daquela jam – daquela única vez que a tocamos. Adoro mesmo esse conceito."

Quando peço para explicar melhor o que isso significa, ou seja, que grande parte do álbum se originou dessa interação ao vivo entre Geddy e ele próprio, Alex diz: "Bem, eu não diria que quase todas as músicas, mas ao menos metade delas foram criadas assim. Geralmente, nós dois tocávamos juntos, eram três dias fazendo jams. E depois passávamos alguns dias compilando o material, separando o que não prestava do que achávamos bom, e dali em diante começávamos a montar as canções. O acordo era o seguinte: se conseguíssemos melhorar o desempenho, ótimo; se não conseguíssemos, tudo bem também. E músicas como 'Peaceable Kingdom' tinham essa pegada, essa energia. Sabe, você entra no estúdio, começa a tocar e a pensar demais – tudo é desse jeito –, e assim se arrisca menos. Quando não se fica pensando e só se toca, as coisas surgem de um lugar diferente; você não dá muita bola e apenas segue adiante. E é um lindo reflexo de onde estava naquele exato momento. É isso que adoro nesse álbum."

De novo, há um fio condutor do que foi tentado em músicas anteriores, Geddy cantando num agudo moderado (contudo, de volta à mixagem, a voz não ficou tão nítida com o chimbal aberto e os próprios acordes de baixo), juntamente com um rock bem pesado dos tempos de Caveman, apenas possível quando o baixo está em frequência bem grave, e Neil destruindo na bateria com liberdade, como também faria mais tarde em *Clockwork Angels*.

O tema engenhoso e sutil das cartas de tarô que Hugh usou no encarte do CD (em contraste com a disposição aleatória de imagens em *Test for Echo* e *Counterparts*) revela a carta da "Torre" quando chegamos a "Peaceable Kingdom". Na verdade, nessa letra Neil se refere aos então recentes ataques terroristas de 11 de Setembro. Totalmente honesta, nebulosa e repleta de ação, há até mesmo uma referência às terras do reino para seguir o tema das cartas de tarô.

"The Stars Look Down" mantém o alinhamento em termos da banda criar uma sonzeira marcante. Há partes de guitarra invertida com elementos acústicos, acordes de baixo obscuros, mas a corredeira o atravessa de forma densa, Alex com muita eletricidade e Neil mais retraído abusando dos pratos. "Essa surgiu quando eu e Alex simplesmente fizemos alguns riffs juntos numa pegada mais funkeada", explicou Geddy a Karl Coryat, da *Bass Player*. "Quando chegamos ao refrão, tudo muda; eu entro num padrão dedilhado de baixo, com três ou quatro acordes que apresentam movimentos circulares em torno de si. Alex se junta a mim no final da canção, fazendo a mesma coisa num violão de cordas de nylon, o que resulta numa orquestração interessante."

O título da música vem de um livro de A.J. Cronin, de 1935 (e do filme subsequente de 1939), mas é realmente apenas uma rampa para saltar. De novo, Neil é enigmático quanto ao que está tentando dizer nos versos, mas o refrão é muito claro, com Peart olhando para um cosmos indiferente enquanto questiona: "Foi algo que eu disse?" e "O que você está tentando fazer?".

"How It Is" é uma canção curiosa, uma espécie de guinada. Estruturalmente, voltamos à era de *Roll the Bones* e *Presto*, ou *My Favorite Headache*, devido à carga de melodia enfatizada pela suavidade da guitarra de Alex. Ainda assim o verso tem uma pegada *new wave*, lembrando as ardentes explorações de sons dos anos 1980 para descobrir novos e contrastantes modos de se combinar guitarra, baixo e bateria. Como Geddy disse a Coryat, "essa música se encaixou facilmente; a melodia simplesmente saiu da minha boca e funcionou muito bem com a letra. Mas toda vez que tentávamos 'produzi-la', perdíamos alguma coisa, então decidimos que o melhor era voltar atrás e trabalhar com as jams originais que inspiraram a melodia. Alex acrescentou um pouco de mandola no começo e no meio, mas no geral essa faixa foi diretamente da 'jam para o disco'. Apenas tentei encontrar um riff de baixo mais elaborado e furioso para as estrofes – um pouco exagerado – a fim de contrastar com a natureza doce e melódica do refrão."

Essa canção contém um dos muitos acenos às fontes literárias de Neil, que cita algumas no programa da turnê de *Vapor Trails*. "Liricamente, não havia um conceito geral, mas eu posso citar algumas fontes interessantes para alguns versos em particular, como Thomas Wolfe em 'How It Is' (*foot upon the stair, shoulder to the wheel*' – 'suba um degrau, faça o primeiro esforço') e 'Ceiling Unlimited' (o título de Wolfe, *Of Time and the River* – Sobre o tempo e o rio, além da visão do mapa do delta do Mississippi, como sugerem os versos '*winding like an ancient river*' – 'serpenteando como um rio antigo'). 'Ceiling Unlimited' também oferece uma leitura divertida do lamento vitoriano às avessas de Oscar Wilde, 'beber é a maldição da classe trabalhadora', enquanto *Victory*, de Joseph Conrad, trouxe o verso '*secret touch on the heart*' – 'um toque secreto no coração'. '*There is never love without pain*' – 'Nunca há amor sem dor' ecoa da minha própria experiência e do romance *Sister of My Heart* – Irmã do meu coração, de Chitra Banerjee Divakaruni, além de W.H. Auden e Edward Abbey (Black Sun) que influenciaram certos versos de 'Vapor Trail'."

Continuando com o método de essencialmente criar o posicionamento oficial dos álbuns à medida que eram divulgados na turnê, Neil explicou o seguinte: "Um artigo na revista *Utne Reader* chamado 'What Do Dreams Want?' – 'O que os sonhos querem?' contribuiu para mi-

nhas ideias em 'Nocturne', assim como o mantra enigmático *'The way out is the way in'* – 'O caminho para fora é o caminho de dentro' contribuiu para 'Secret Touch'. E fiquei impressionado com a abordagem psicológica para análise e interpretação do sonho, *'without memory or desire'* – 'sem memória ou desejo'. O artista tradicional quaker do século 19 Edward Hicks pintou não menos do que 60 versões da mesma cena bíblica, 'Peaceable Kingdom', enquanto uma série de obras do pintor canadense Paterson Ewen ajudou a inspirar 'Earthshine'."

A (quase) faixa-título do disco se move musicalmente como uma combinação de "One Little Victory" e "Test for Echo", uma parte conduzindo de maneira surpreendente à parte seguinte, a bateria tribal saindo do nada, a melodia sofisticada e seu contraponto aguçando os sentidos. Em algum momento, alguém pode se perguntar "por que não a grafia canadense e britânica 'vapour' em vez de 'vapor'? Foi decisão de Neil encurtar para a grafia do inglês estadunidense, enquanto Geddy e Alex teriam preferido seguir com "vapour". O mesmo problema aconteceu com o álbum solo de Geddy, quando a decisão foi por "Favourite" para cópias vendidas no Canadá e no Reino Unido, e "Favorite" para aquelas vendidas nos Estados Unidos.

A letra de Peart para "Vapor Trail" parece nitidamente autobiográfica. O verso *"All the stars fade away from the night/ The oceans drain away"* – "Todas as estrelas perdem o brilho longe da noite/ Os oceanos se esvaziam" é de partir o coração. É um tributo ao poema de W.H. Auden "Funeral Blues", lido pelo irmão de Neil, Danny, no velório de Selena.

"Definitivamente foi obra de Paul Northfield", diz Alex a respeito do som amplificado da bateria no disco, também dominante em "Vapor Trail". "Paul embarcou no projeto cerca de seis meses depois que havíamos começado. Não tínhamos certeza quanto ao arranjo de algumas músicas, e ele era bem objetivo na audição. Ajudou muito na sintonia fina de áreas das canções que nos deixavam inseguros, já que estávamos trabalhando nelas há tanto tempo. Fomos para o Reaction Studios, que tinha a fama de não ter um bom estúdio para gravar bateria. Na verda-

995

de, era uma sala bem abafada. Um lugar mais para o jazz, muito seco. Paul chegou e reconstruiu o lugar para ficar de acordo com as expectativas dele – colocou gesso por tudo. Cada espaço aberto que encontrava foi reconfigurado com gesso. Ele realmente deu uma vida nova ao estúdio, e acho que fez um ótimo trabalho na bateria em si. Logo de cara a bateria alcançou um som que me impactou. Parecia que estávamos lá dentro da sala de gravação, o que não é uma coisa fácil de se fazer."

Alex fala também da temática das letras intensas de Neil, ainda assim um tanto misteriosas: "É óbvio, tendo passado por tudo o que ele passou, e pelo que nós todos passamos, definitivamente impactaria nos rumos desse álbum. Para mim, trata-se de um disco bastante otimista. Fala de recuperação e esperança, de um futuro, renascimento e seguir em frente. Há alguns momentos sombrios, alguns momentos tristes, mas em geral é sobre todas essas coisas que mencionei. Claro que as letras necessárias para passar essa mensagem cobrem um amplo território, de uma experiência bem pessoal a uma representação mais universal de tudo isso. Geddy e Neil trabalharam muito próximos para transmitir essa ideia. Neil sempre foi, acho, um autor que escreve do ponto de vista do observador. Ele não impõe uma coisa nem outra, mas deixa seus sentimentos de fora para adotarem um caráter mais universal. Com esse disco, foi uma experiência bastante pessoal, e eles trabalharam bem próximos de modo que a ideia que Neil tentava passar pudesse ser apresentada por outra pessoa, neste caso Geddy – que precisa cantar as letras com convicção. Então os dois trabalharam juntos e tudo foi feito de modo muito profissional. Não há dúvidas de que há algo bem pessoal ali. Era questão de encontrar a melhor maneira de passar essa mensagem."

Na opinião do autor, o momento mais artístico, mágico e emocionante de qualquer disco do Rush depois de *Signals* acontece no minuto 3:44 de "Vapor Trail". Na reta final de uma passagem *new wave* dos anos 1980, impressionante e original – que lembra Waterboys, que lembra Big Country, que lembra Midnight Oil –, há um crescendo massivo

impulsionado pela bateria. Assim que a tensão se dissipa, a banda colapsa num *groove* triste, que quase lembra Black Sabbath, sobre a repetição contínua de Geddy cantando *"in a vapor trail"* – "num rastro de vapor". Rapidamente é normalizado por Alex acrescentando dedilhados elétricos que lembram o REM, mas por um breve instante, na saída, do minuto 3:44 até cerca de 3:53, temos apenas notas épicas e tristes de Alex e Neil tocando em alta complexidade. Não se tem muita certeza de que há baixo ali, e se houver, está apenas dando apoio a acordes terríveis de "Working Man" que emergem de Alex, escurecendo consideravelmente o que já é uma combinação lúgubre de música e palavras.

É difícil de acreditar que "Secret Touch" tenha sido escolhida como o segundo single do álbum. Chegando à posição 25 da parada de rock mainstream dos Estados Unidos, essa é uma música um pouco mais desafiadora ao ouvinte. Há acordes de baixo na abertura, uma parede sonora dissonante na estrofe e explosões chocantes que quase lembram o peso do Voivod.

Contudo, não há nenhum solo de guitarra de verdade. "Não fico solando tanto quanto costumava fazer", explica Alex, conversando comigo na época. "Acho que eu costumava ter um solo em quase todas as canções de todos os álbuns que já fizemos, mas deixei isso de lado por algum motivo. Adoro fazer solos e acredito relativa e objetivamente que eu seja um bom guitarrista quando se trata de composição de solos. Mas por alguma razão, nesse disco em particular, eu não sentia entusiasmo para isso. Há alguns, mas não acho que sejam importantes. Achava que seria ótimo se essas tais seções de solo fossem mais uma seção da banda inteira em que simplesmente mergulhássemos no instrumental e ficássemos todos criando um ritmo, respondendo uns com os outros. Isso foi muito mais gratificante."

Sem dúvida "Secret Touch" tem uma parte dessas, em que cada um dos músicos se mantém dentro de seus limites, mas podendo sair um pouquinho do combinado ou oferecer uma variação. Aqui há uma colagem de sons enlouquecedora que abre caminho para um riff de metal sinistro de Alex e para o baixo distorcido de Geddy no que só pode ser chamado de um intervalo casual ou espontâneo, antes que a banda retome os temas melódicos já estabelecidos para a canção.

"A meu ver, essa música foi uma ótima plataforma para exploração", continua Alex. "As guitarras ficaram altas no disco, sem dúvida. Tudo ficou. O baixo é alto, a bateria é alta, a guitarra é alta. Conseguimos capturar isso, e esse foi mesmo nosso objetivo desde o princípio. Tentei criar partes de guitarra que fossem simples e ainda assim parecessem mais complicadas ou complexas do que realmente eram. Entrei de cabeça nessa ideia da dissonância e com exploração de acordes, usando notas que são em geral dissonantes e criando tensão por meio disso. Nos últimos tempos, Geddy vinha tocando muitos acordes de baixo, e neste disco, eles se tornaram um pouco mais dominantes com todo esse outro barulho de guitarra ao fundo. Criaram-se um senso de profundidade e uma dimensão maior fazendo isso."

"Essa faixa é meio uma *extravaganza*", explicou Geddy, novamente em entrevista a Karl Coryat. "Construímos a canção em torno desses acordes de baixo repetitivos que eu achava parecidos com trompas. O tom traz uma sensação hipnótica, e como não nos contentamos em apenas curtir essa sensação, tivemos que entrar com um pouco mais de força. Quando chegamos à ponte e os portões do inferno são abertos, há essas pontuações de baixo entrecortadas. Dupliquei-as, mas num dos canais entrei e trunquei as notas digitalmente para fazê-las parecerem abruptas e enérgicas de verdade. Há outro ponto em que estou tocando notas diretas em semicolcheia, e quando estávamos tocando juntos a princípio, podíamos ouvir o som dos meus dedos atacando as cordas, mas quando ouvimos a gravação não havia essa mesma 'pegada'. Então colocamos um microfone e gravamos o som dos meus dedos enquanto gravávamos as partes, e sutilmente usamos na mixagem. Não sei o quanto disso sobreviveu debaixo de todas aquelas guitarras, mas está lá."

"Earthshine" é outra faixa roqueira intensa, com Geddy cantando agudo, Alex enfatizando mais e de modo claro a distorção no pedal em comparação a outras músicas do disco. O baixo de Geddy tem mais daquela articulação *old school* do Rush aqui, significando uma retomada de *Moving Pictures* ou até anterior a ele e não tanto a hiperarticulação do final dos anos 1980 e começo dos anos 1990. O peso sombrio abre caminho para um dos refrões levemente célticos da banda, adjetivo que também de alguma forma é apropriado para descrever o ganido de um solo substituto mais no final da canção e que depois retorna ao clima em elevação que quase parece um Mellotron.

"Reescrevemos por completo 'Earthshine', que justamente tinha sido a primeira canção que compusemos", observa Alex. "Até mesmo a letra mudou um pouco. Em termos musicais, virou uma canção completamente diferente do que era, e já era uma música completa no início. Tínhamos todas as partes, a letra; havíamos trabalhado nela, estava tudo ali. Mas havia algo com relação a essa faixa que não nos deixava impressionados."

Em certo sentido, foi uma revelação para a banda: sem qualquer prazo limite – e mesmo sem um resultado ou futuro previsível – eles podiam se dar ao luxo de descartar as ideias geradas no primeiro período longo de composição, cerca de cinco ou seis meses. Na visão de Geddy, a música original não fazia jus à letra majestosa de Neil. Não se tratava realmente de um fenômeno climático, mas na época se encaixava na concepção da inspiração de Peart pela natureza, "Earthshine" sendo um efeito que ocorre cerca de uma vez por mês, quando o lado escuro da Lua fica iluminado pelo "brilho da Terra", que é, na verdade, nada mais que a luz do Sol refletindo a partir do nosso planeta.

"Sweet Miracle" é uma canção convencional no disco se comparada às outras, um hard rock melódico, coisa de cantor-compositor. É uma faixa que surgiu bem no início dos trabalhos, com Geddy particularmente comovido pela letra quase espiritual de Neil. Lee canta num registro mais grave e confortável, embora acrescente algumas harmonias mais agudas ao fundo. Mais uma vez, Peart fica apenas atacando seu conjunto de pratos, criando um rock casual de bar que lembra uma balada.

Geddy diz que "Nocturne" surgiu no finalzinho das sessões de composição, as quais resultaram em cinco ou seis canções criadas rapidamente a partir das jams que ele e Alex faziam e que consideram algumas das melhores que já realizaram. É um tanto crua e centrada no baixo e na guitarra com selvageria – o verso é construído de duas ou até mesmo três faixas distintas de baixo, sem guitarra, com Neil tocando basicamente o chimbal. Mas à medida que o drama se desenrola, há os elementos de guitarra intrusivos e malévolos de Alex, e depois um intervalo que vira quase um punk rock. Em apoio à letra de Neil – essencialmente uma exploração temerosa de um estado onírico –, o acompanhamento musical é ao mesmo tempo nebuloso e agitado. De forma interessante, a ameaça da narrativa não tem tanto a ver com pesadelos, mas com o fato de os sonhos serem poderosos demais, uma mineração noturna ameaçadora para a sanidade no estado desperto.

"Freeze" recebe um subtítulo indicando que se trata da quarta parte da Tetralogia do Medo, "Fear", com o Rush rompendo as regras das trilogias. Das quatro canções, é a que mais aborda o medo em si, literalmente ficar congelado pelo temor, nominalmente durante algum tipo de confronto no centro da cidade de manhã cedo. Para recapitular: a primeira parte da trilogia é a música "The Enemy Within", de *Grace Under Pressure*; a segunda é "The Weapon" do disco anterior, *Signals*; e a terceira é "Witch Hunt", do disco anterior a *Signals*, *Moving Pictures*.

Na questão musical, temos o modo mais experimental do Rush. O que se tem é o Primus sem o cachimbo de marinheiro, embora um King Crimson dos dias atuais também seja evocado. Dito isso, é uma joia escondida no final de um álbum que tem quase 70 minutos de duração. Os acordes de baixo criam boa música? É discutível – em todo caso, ao longo do disco, as canções poderiam ter adquirido mais força sem eles. Mas "Freeze" é um exercício de *noise-prog* completo, todas as circunstâncias da ansiedade do álbum vindo à tona, quase como se os integrantes estivessem executando um último arranque dos motores.

Como Geddy revelou à revista *Bass Player*: "Estávamos loucos para trabalhar em algumas mudanças de compasso esquisitas porque não fazíamos nada disso havia algum tempo, então fizemos uma jam que tocamos em sétima. Mas então tive a ideia de formatá-la digitalmente em torno da letra da canção. Quanto mais eu tocava acompanhando a faixa no computador, mais esquisito o tempo ficava. Decidi que o baixo e a guitarra deveriam ser repetitivos e hipnóticos, mas desconsiderei qualquer regra para o tempo; moldei os compassos de cada seção de estrofes conforme o número de batidas que eu precisava para encaixar o vocal de forma adequada. É por isso que a contagem ficou difícil nessa música. Não há qualquer norma quanto ao momento em que uma batida é deixada de lado ou acrescentada. A ponte é uma jam de baixo e guitarra que deixamos virtualmente como era."

A última faixa de *Vapor Trails* é "Out of the Cradle", com o retorno dos acordes de baixo, embora Geddy diga que a intenção era usar o instrumento para criar o que seria um piano tradicional. Neil segura um ritmo prestes a se libertar, usando o recurso de substituir os esperados golpes na caixa pelo tom-tom e depois uma típica pausa por uns instantes. Mas, é claro, como quase sempre é o caso, isso serve para a criação da base das estrofes e refrões seguintes quando a batida retorna. A música se encaixa na parte alegre do álbum, e o mesmo vale para a letra, com Neil celebrando o milagre que é a vida, num rock interminável (até o fim). Peart se inspirou num poema de Walt Whitman chamado "Out of the Cradle Endlessly Rockin" – "Do berço que balança sem cessar", o qual é bem mais longo e cobre um território muito maior. Contudo, ainda mais distantes estão os dias em que Neil essencialmente resumia Coleridge – essa letra é muito mais uma abstração que pega uma ideia inicial e a explora ao máximo. Em entrevistas, Peart explicou que apelou para o motociclismo a fim de ser embalado e acalentado, portanto se trata de um resumo adequado dos eventos. É claro que há entrelaçamentos entre o conceito e a música de verdade, laços que Whitman também fazia com regularidade.

Alex encerra "Out of the Cradle" com um som de guitarra que parece um urro, mas não é o fim de *Vapor Trails*. Como já mencionado, o álbum receberia um remix completo, os integrantes da banda estimulados por críticas favoráveis à remixagem de duas faixas, "One Little Victory" e "Earthshine", executada por Richard Chycki para a compilação *Retrospective III*.

"Até chegarmos à mixagem, tudo estava indo bem", explica Paul Northfield. "As dificuldades – as grandes dificuldades – de *Vapor Trails* surgiram durante a mixagem. Mixamos o álbum no Metalworks. Comecei o processo, e antes do Natal fomos para o estúdio maior, que é uma sala de controle muito ampla, com uma mesa novinha, e inicialmente tudo foi bem tranquilo. Antes do Natal, eu já tinha mixado dois terços do disco, e todo mundo parecia bem contente. Pensávamos 'Uau, essa foi a sessão de mixagem mais fácil que já fizemos'.

"Depois do feriado, voltei e recebi um telefonema de Geddy dizendo: 'Olha, precisamos conversar'. Ele falou: 'Estivemos ouvindo o material, fora do estúdio; o som parece muito comprimido, não parece certo'. Geddy queria me mostrar alguns discos de que gostava, e ouvimos todos na sala de controle, e me pareceu, bem, bastante diferente do lado de fora. As diferenças entre os discos tocados na sala de controle e o que estávamos fazendo não eram tão perceptíveis, e então começamos a questionar a sala de controle em si, ou o lugar onde estávamos mixando, o que foi frustrante, para dizer o mínimo.

"Então decidimos – ou melhor, eu decidi – nos mudar para uma das outras salas do Metalworks, onde eu já tinha experiência, e recomeçamos do zero. Essencialmente estava tudo indo muito bem, mas foi difícil. Alex se demonstrava interessado numa abordagem mais intensa e agressiva para a mixagem do que talvez... Eu não diria que aconteceu algo entre Geddy e Alex, porque não foi assim. Também não estava me sentindo confortável em deixar o disco com a guitarra tão agressiva da forma como Alex queria. Mas acho que, de certo modo, foi uma frustração dele. Então o processo se tornou difícil, e a decisão tomada foi que procurariam outra pessoa para mixar, alguém que não estivesse tão envolvido com o trabalho. Essa foi a decisão, e não posso discordar deles. Quero dizer, foi o que aconteceu.

"Assim Dave Leonard foi chamado para mixar, alguém com quem Geddy tinha trabalhado. Achei que ele trouxe uma musicalidade interessante para algumas partes, mas ironicamente, no final de tudo, as mesmas críticas que tínhamos quanto à mixagem no começo, que estava comprimido demais, acabaram sendo o problema com o álbum na totalidade. Fosse a mixagem ou a masterização em maior parte, o problema era esse. Nesse ponto, eu já não estava mais envolvido com o disco. Na época estava ocupado com outro álbum, do Porcupine Tree. Então, no último mês da mixagem e masterização, eu estava em casa, na Inglaterra, trabalhando em outro projeto.

"Fazer aquele disco tinha sido uma jornada tão longa que, quando ficou pronto, acho que todo mundo estava cansado de tudo, a ponto de não estarem prontos para um posicionamento crítico. Como consequência, a masterização exageradamente agressiva, em retrospecto, está clara para todo mundo ver. Acho que todos concordam com isso neste momento. Na época ficou claro o que estava acontecendo, mas acho que era tarde demais. Os caras da banda estavam exaustos com o processo todo."

"Ao mesmo tempo, havia muito entusiasmo pelo disco", continua Paul. "Para cada pessoa que demonstrou preocupação com a qualidade sonora, havia um grupo que estava bastante entusiasmado com a energia dele, com o fato de que era um álbum poderoso. Quanto ao aspecto musical e à composição, havia mesmo um material excelente ali. Mas fico contente que tenha sido remixado. Ele se beneficiou de verdade com alguém de fora repassando tudo. Porque há ótimas performances e uma excelente musicalidade nesse álbum. Foi um tempo e um lugar – um tempo muito difícil emocionalmente – para aquele disco ser feito, e isso fica aparente."

Como Neil explica no programa da turnê de *Vapor Trails*, "no universo autossuficiente do nosso trabalho, tudo andava bem tranquilo, e foi apenas quando passamos para a etapa final da mixagem que ficamos sem saída. Parecia que todos nós, inclusive Paul, tínhamos nos mantido tão profundamente imersos no material que não podíamos mais dar um passo atrás e ouvir as canções como um todo. Depois de algumas tentativas insatisfatórias, chamamos um especialista, David Leonard, que conseguiu navegar pelas partes e fazê-las brilharem e se renovarem, encontrando as dinâmicas e texturas ocultas e destacando as sutilezas da música e dos instrumentos. E foi assim que de repente nos demos conta de estar há mais de um ano trabalhando nesse projeto."

"Enquanto dedicávamos tanto tempo e cuidado a cada detalhe do conteúdo e da execução das músicas", continua Peart, "não prestávamos atenção à duração delas, e começamos a nos preocupar se todas as 13 iriam caber num CD, que pode ter apenas 74 minutos. Havia conversas sobre deixar algumas canções para uma coletânea posterior ou algo assim, mas o Rush nunca tinha deixado qualquer 'faixa previamente não lançada' para que alguém a capitalizasse depois, e não começaríamos a fazer isso naquele momento. Todas as canções tinham exigido muito tempo e esforço, e não podíamos cogitar deixar qualquer uma delas para trás. Felizmente, somaram pouco menos de 67 minutos, então fomos poupados de decisões dolorosas.

"O último grande desafio que enfrentamos, como sempre, foi estabelecer a ordem das faixas, e ficamos embromando até o último minuto. Contudo, nunca duvidamos de qual música abriria o álbum, já que 'One Little Victory' se tornou o anúncio estrondoso de 'eles voltaram!'. Sabendo que nossa música não é nada a não ser idiossincrática e não se importa de verdade em agradar o 'gosto' popular, também imaginávamos slogans de propaganda com os seguintes dizeres: 'Se você já não gostava antes, agora vai realmente odiar!' ou 'E aqui está um pouco mais daquilo tudo que vocês sempre odiaram no Rush!'."

As reclamações de Alex quanto à mixagem de *Vapor Trails* tinham a ver com o fato de que certas nuances da guitarra, e em especial do violão, se perderam, mas também de que havia distorção, sons crepitando e excesso de compressão. As mudanças mais salientes no remix são que o bumbo e a caixa de Neil ganham mais ataque e força, algo que também se aplica ao baixo de Geddy. Isso acrescentou solidez, energia e vitalidade às músicas. Num alívio e de modo impressionante não se perdeu força alguma – a nova versão simplesmente parece mais rock de arena e ainda mais valiosa, menos lamacenta, já que Bottrill não desligou o baixo e transformou *Vapor Trails* em *Presto*.

"É um dos meus discos favoritos entre todos que fizemos", resume Geddy. "Tem uma coisa nele que é verdadeiramente crua e apaixonada. De certa forma, mesmo que não se pareçam, há um tipo de foco que me lembra de *2112*, de certo modo, essa coisa de tocar com atitude, de ter colhões. É um verdadeiro álbum de música bem tocada. Alex e eu compusemos durante muito tempo. O primeiro material que escrevemos não estava muito bom, e descartamos várias coisas. Quase precisamos escrever um disco de treino antes de chegarmos ao álbum para valer. Longos anos se passaram até que voltássemos a compor juntos. Mas tínhamos que tirar muita coisa de dentro de nós, sacudir a poeira.

"Porém, quando finalmente começamos a extrair bons resultados, eram só jams, coisas que tocamos juntos e acabaram sendo gravadas. Deixamos as máquinas rodando, gravamos e modelamos as canções a partir dessas performances espontâneas. Aprendemos uma lição bem importante com isso. É preciso respeitar uma performance, principalmente se for improvisada. E acho que muito do espírito desse disco vem do fato de que algumas partes vinham dessas jams originais. Muitas dessas músicas, ou as partes finais de guitarra e baixo, eram apenas coisas que surgiram das nossas jams. Há uma honestidade real nisso."

Alex acrescenta: "Acho que *Vapor Trails* requer mesmo quatro ou cinco audições antes que se tenha uma noção do que é o álbum e para onde está seguindo. Requer um comprometimento por parte do ouvinte para ser entendido. Há muito conteúdo para digerir. Para nós, música é isso. Na nossa, gostamos de desafiar o ouvinte e criá-la de modo que, toda vez que a ouvir, escute algo a mais ou tenha uma reação emocional diferente que não havia sentido antes com relação a uma determinada canção."

As expectativas estavam elevadíssimas para a primeira turnê do Rush depois de cinco anos de pausa. Os ingressos foram vendidos rapidamente, oferecendo à banda um vislumbre do que pode acontecer diante de uma demanda reprimida, coisa que apenas haviam conjecturado no passado, fosse com relação a turnês, discos ou até mesmo entrevistas. Alguém deve ter lembrado também que esse hiato poderia ser um tiro pela culatra – poderiam ter caído no esquecimento –, o que com toda a certeza não foi o que aconteceu aqui. Memoravelmente, a turnê *Vapor Trails* provou que o Rush podia lotar arenas durante duas décadas, de fato, em todas as turnês desde 1980, algo bastante incomum, mais parecido com um prolongamento gentil e tranquilo do ciclo álbum/turnê que começou no início dos anos 1990, apenas com alguns hiatos moderados.

Com relação a fazer grandes shows em vez de pequenas apresentações em bares, na época da turnê *Vapor Trails* Alex fez a seguinte observação: "Sabe, fizemos um show pequeno na Alemanha na última turnê. Capacidade para 1.200 pessoas, um tipo de clube modesto. E sempre nos perguntam isto: 'Você sente saudade de quando tocava em bares? Estar bem ali pertinho do público?'. E não, não sinto. Estamos tocando em grandes arenas já há tanto tempo que é o lugar onde nos sentimos confortáveis. Para nós, *esse é* o nosso palco mais íntimo. Há um senso maior de poder, acho, dentro de uma arena. A iluminação pode ser mais dramática; a fumaça no palco pode acrescentar um ar de mistério ao que está acontecendo."

No final, Alex e a banda se depararam com uma grande agitação em todos os lugares com a chegada de *Vapor Trails*. Era necessário desenferrujar, um novo show precisava de planejamento e, é claro, muitas entrevistas tinham que ser concedidas para contar ao mundo que os ícones canadenses do rock progressivo estavam de volta. "É um pouco arrebatador", observou Alex. "Sempre demos muitas entrevistas antes de um lançamento, mas a carga de trabalho dessa vez é quatro vezes maior

do que jamais foi. Acho que o motivo é porque estivemos ausentes por cinco anos. Os tempos mudaram. A internet se tornou bem mais importante, então agora há muitas entrevistas para websites. Acho que fizemos um disco muito bom, e as pessoas estão ou surpresas ou muito interessadas nele. Simplesmente elevou a quantidade de trabalho."

"Isso significou um tempo difícil para todos nós", explica Neil, com certo distanciamento. "Havia as batalhas sonoras no lado melódico da banda, e Alex e Geddy tinham feito um álbum solo cada um nesse ínterim. Então voltaram como pequenos ditadores. Não acho que se importam que eu diga isso, e sabendo que fizeram tudo sozinhos, compuseram a música, estiveram no controle de tudo, da produção, da direção de arte e tudo mais, fizeram do jeito que queriam. Então estavam vindo desse lugar.

"E eu estava vindo de um lugar perdido. Adoro a imagem do motociclista fantasma e das trilhas de vapor, era um meio para eu poder processar toda aquela experiência horrível e o que devo ter aprendido com aquilo. Portanto, também foi muito difícil, para todos nós, encontrar um equilíbrio, um ponto em comum, como descrevi, de que precisávamos. A energia em comum, mesmo que nós concordássemos com alguma coisa. Então, se puder encontrar um ponto central, ótimo, é isso que vai satisfazer a todos nós. E não é uma concessão, escolho essa palavra cuidadosamente.

"Foi um período difícil quando nos reunimos. Eu me senti inquieto ao começar a escrever as letras, sabe, escreveria a respeito de quê? Estando daquele jeito, com raiva e confuso. É algo que vem à tona. Mas fiquei muito intrigado, anos mais tarde, ao ouvir tudo isso no modo como tocava bateria. Posso ouvir o que construí a partir daquilo e soube de onde estava vindo na época. Tratava-se de um reflexo de quem eu era naquele tempo. Depois, fiquei seis ou sete anos sem ouvir *Vapor Trails*. Saímos desse álbum e fizemos *Snakes & Arrows*, que surgiu de um momento muito diferente em nossas vidas. E, no final das contas, era um momento bom."

"Mas *Vapor Trails*, assim como *Hemispheres*, tinha que ser feito", continua Peart. "Um dos meus ditados favoritos é: 'O que não pode ser mudado deve ser encarado'. Esse foi o caso – tivemos que passar por *Vapor Trails* para chegar a *Snakes & Arrows*. Esse foi o preço a pagar. E tivemos que passar por *Hemispheres* para nos libertar. E, só para voltar um pouco mais ao passado – porque é um ciclo lindo –, na época em que fizemos o disco, já havíamos decidido que nunca mais faríamos outro *Hemispheres* de novo. Aquele álbum nos exigiu tanto que nos demos conta de que, ok, já chega. Sabíamos que estávamos seguindo em frente, com relação ao estilo e à longa duração das canções, nossa abordagem deixava de lado aquela coisa de grandes temáticas. E o mais interessante é que, naquele momento, foi tudo orgânico. Ok, chega!

"E com *Vapor Trails* também foi uma luta para conseguirmos acertar e tivemos que superar os mesmos obstáculos que em *Hemispheres*. Nada parecia se encaixar com facilidade, e levamos muito mais tempo do que qualquer outro álbum porque gravamos à medida que as coisas surgiam, fizemos demos e gravamos o disco inteiro no mesmo país, o que foi bom. Hoje posso ver o que deu certo e o que deu errado, quais falhas existem ali e por que minha raiva e confusão às vezes eram boas e às vezes não para o modo como toquei bateria – posso ver isso com clareza. Mas não exclui o fato de que esse disco seja muito importante e, no geral, um passo muito positivo."

Como mencionei, em paralelo à gravação de *Vapor Trails*, Neil estava lidando com o livro *Ghost Rider – A estrada da cura*. Em sua obra, Peart realmente se abre a respeito de si mesmo. Embora seja avesso ao processo de entrevistas, através da escrita, ele é franco do começo ao fim. Sendo um notório recluso desde sempre, com seu livro Neil supera até mesmo as estrelas do rock que com regularidade interagem com os fãs e sempre concedem muitas entrevistas: de modo impressionante, ele é mesmo um livro aberto, literalmente.

"Bem, há uma ironia dupla nisso tudo, acredito", ri Peart. "Apesar de ser bastante reservado e introvertido, adoro falar sobre minha vida – mas sou eu quem decide o que será revelado. E, sabe, as crônicas no meu site são um exemplo perfeito disso. Minha válvula de escape criativa tem sido a escrita já há algum tempo. A cada intervalo na turnê, escrevo um ensaio ilustrado por fotografias que descreve minhas experiências e pequenas histórias, como a da senhora idosa e seu Buick, pequenos incidentes e observações que faço sobre a natureza, o clima, ou qualquer outra coisa – está tudo lá. Mas não é algo privado, entende? Não há fotos com meus amigos, ou da minha esposa, ou da minha casa, nada disso. É sobre minha vida profissional. Há uma distinção muito clara para mim entre o que é público e o que é privado. E, sim, meus livros são sobre minha vida, e todos que já publiquei são livros de viagem autobiográficos, que não deveriam ser nada reservados, mas ainda assim de certa forma são. É uma coisa de escritor para leitor, como qualquer um dos meus escritores favoritos. Nunca me senti tentado nem mesmo desejei fazer parte das vidas deles. Devo admitir que o culto às celebridades nunca me afetou, nem mesmo quando eu era garoto. Por exemplo, nunca quis forçar minha presença na vida de Keith Moon, entende? Eu podia tocar as músicas dele na minha mesa na escola, e isso me bastava."

Assim que a turnê *Vapor Trails* começou – para muitos fãs algo difícil de acreditar –, as multidões carentes de Rush foram agraciadas com cinco faixas do novo disco, sendo elas "Earthshine", "One Little Victory" e "Secret Touch", além de "Ceiling Unlimited" e "Ghost Rider" em noites alternadas.

"Geddy e eu ouvimos muito material", explicou Alex na época, sobre como chegaram a um conjunto satisfatório de canções. "Decidimos que queríamos dar uma chacoalhada no setlist: renovar, deixar de fora aquelas músicas que talvez uma parte do nosso público já estava acostumada a esperar, e misturar de tudo um pouco, tocar faixas que nunca havíamos tocado antes ao vivo ou que fazia muito tempo que não tocávamos. Isso nos exigiu repassar todos os álbuns e ouvir tudo de novo. Ouvimos *Caress of Steel*, *Hemispheres* e, cara, fazia muito tempo que não escutávamos esses discos.

"Nosso sentimento no geral foi de que ainda eram discos muito bons", continua Lifeson. "Nossa lembrança deles era bastante diferente do que acabamos redescobrindo. *2112* também continua bom, foi um período excelente. Há muita raiva naquele álbum, e acho que se destaca como uma ideia, assim como uma obra musical. *Hemispheres* foi um disco de transição para nós, o último daquela nossa fase de grande obra conceitual. Houve sempre uma questão de saber se foi um grande trabalho nosso ou se talvez não tenha sido lá essas coisas de fato, mas acho que se destaca musicalmente. Há algumas canções que não podemos evitar de apresentar, como 'Tom Sawyer' ou 'Spirit of Radio', são ótimas para se tocar de qualquer maneira, então tudo bem. Mas ficamos mesmo cansados de tocar repetidas vezes algumas músicas. Seria interessante nos desafiarmos um pouco mais, particularmente com o material mais antigo que já era desafiador de se tocar naquele tempo."

Dando mais detalhes sobre o processo de retomar os discos mais antigos, Alex conta: "Minha lembrança é de que as coisas eram bem menores e mais amadoras. Quando ouvimos todos aqueles álbuns antigos, *Fly by Night*, *Caress of Steel*, *A Farewell to Kings* em especial, *Hemispheres*, todos eles ainda são muito bons. Havia grande energia, força e espírito no jeito como tocávamos. Quando se ouve uma coisa que fizemos há 25 anos, depois de 20 anos sem escutar de novo, torna-se uma experiência reveladora. Nós nos sentimos bem melhor quanto ao nosso catálogo nesse ponto. Percebemos que algumas dessas canções realmente melhoraram com a maturidade. Vamos abordá-las de um modo um pouco diferente do que fazíamos quando tínhamos 20 e poucos anos, quando compusemos tudo isso. Sem dúvida tocaremos com uma percepção diferente de pegada e ritmo."

O primeiro show da turnê foi em Hartford, Connecticut, em 28 de junho de 2002, isso depois do último show da turnê *Test for Echo* em Ottawa, em 4 de julho de 1997, quase cinco anos antes.

"Hartford, Connecticut. Uau, aquilo foi incrível", reflete Ray, contando que depois da apresentação Neil parecia muito feliz. "Ele veio até

mim e me deu um abraço, e dizia: 'Foi bom, foi bom'. Certa autoconfiança estava de volta. É por isso que estávamos em Hartford, um mercado secundário, e não num lugar grande. Esse é o estilo do Rush de fazer as coisas. A banda poderia ter capitalizado com o retorno e usado o primeiro show como um grande acontecimento em algum lugar, mas não é o modo como trabalham."

"Ele tem um pouco de medo de palco de qualquer maneira", lembra Geddy, que tomou para si a tarefa de manter Neil engajado e animado durante o set. "Faz parte das atribuições do meu cargo. Mas foi muito duro para ele. Foi duro para todos nós nos mantermos tranquilos, porque havia várias emoções envolvidas. E não acho que esperávamos que fosse tão intenso até entrarmos no palco. Acho que Neil esperava, mas eu não fazia ideia. Pensei, 'de volta ao trabalho', e Alex também. Houve um momento quando nos reunimos ao redor da bateria, na primeira música. Sabe, de olhar bem dentro dos olhos. Temos esses pequenos recursos que usamos para fazer contato uns com os outros, e isso nos faz sorrir. E depois de três ou quatro músicas estávamos todos bem."

"Você pode se tranquilizar na composição ou gravação, e se não der certo, tenta de novo", observa Neil. "Um show não funciona dessa maneira. Há uma ressonância completamente diferente e outro tipo de vulnerabilidade. Tentamos dar o nosso melhor no palco e falhamos. Sempre. Ninguém está o tempo todo no seu melhor. Então há uma autoavaliação subjacente constante e certa insegurança, você está literalmente vulnerável, não só por dentro como por fora. E assim voltamos àquela noite, houve vários momentos em que olhamos uns para os outros, e se o rosto pudesse falar, os nossos falariam bem alto. A carga emocional de tudo isso, e tendo que atravessar as chamas para voltar à essência... Mas nos bastidores estávamos muito ansiosos, focados, intensos. Era um estado mental marcante, não exatamente nervosismo, mas havia aquela tensão, sabe? Eu estava bastante focado numa única coisa: 'Tenho que fazer esse show agora'."

"Devo admitir que senti sim", conta Neil ao responder se sentiu a pressão de todos os olhares sobre ele naquela noite. "Mais uma vez, naquele tempo todo, eu estava vulnerável. E não gosto que as pessoas saibam tanto sobre a minha vida. Era inevitável, é claro, naquela época, então tive que lidar com aquilo. Mas há um lugar interno em que me coloco quando estou tocando, e o lado externo se torna um luxo. Quando estou concentrado, fico tão imerso nesse mundo interior de milissegundos e tons e expressões e tudo mais, de esforço. Sabe, ter que trabalhar numa habilidade física intensa tanto quanto mental. Então, quando tenho a oportunidade de sair e observar os outros, é um luxo. Mas aquela noite foi assim."

Alex recorda: "Foi interessante porque, sendo o primeiro show, havia muitos amigos e convidados lá. O camarim parecia uma colmeia movimentada, e gostamos de ter um camarim bem tranquilo, um lugar pacífico. E, é claro, eles realmente queriam fazer parte daquilo. Entramos no palco, e me lembro de olhar para o público e ver pessoas chorando, sabe, naquelas primeiras fileiras, porque estavam tão felizes que havíamos saído daquele período sombrio e estávamos ali. Acho que isso lhes deu algo ao que se agarrar, saber que em nossos piores períodos havia uma luz em algum lugar. E me lembro de alguns momentos, nós três, quando Geddy e eu ficamos bem ali com os pés no praticável de Neil, totalmente conectados, foi um sentimento maravilhoso. Sentimos vários nós na garganta naquela noite."

"Foi difícil porque todo mundo sentia a tristeza que Neil vivenciou", explica Howard, membro da equipe sênior que recebeu a tarefa de tornar suave uma experiência como essa. "Foi difícil no que diz respeito ao que fazemos. Tivemos que subir no cavalo e galopar, mas é algo familiar para nós, para a banda, para todos. Quero dizer, é hora de ir. Vejo tudo isso como um tipo de acampamento bacana. Principalmente quando eu era mais jovem, quando embarcava numa turnê, ficávamos animados porque parecia que estávamos reunindo nossa turma para ir acampar. Você sabe que vai se divertir, e era assim com a gente. Entrávamos no ônibus e visitávamos todas aquelas cidades, e parecia uma grande excursão de colégio. A camaradagem, a estrada e o incentivo pelo que realizamos mantêm a motivação. Você apenas volta lá e faz o que tem que ser feito. É fácil para todos fazer isso. A parte difícil foi lidar com a questão emocional de tudo o que aconteceu, ter sensibilidade quanto a isso."

"Depois de cinco anos, não se sabe", reflete Howard Ungerleider, sobre a possibilidade real de o que estava acontecendo em Hartford acontecer novamente. "Quem poderia saber? Mas um pintor nunca deixa de pintar seus quadros, e um músico nunca deixa de tocar. Trabalhei para um cara chamado Brian Auger, um músico incrível com seu Hammond B3, e ele foi um dos que ensinaram Keith Emerson a tocar teclado. Esse cara deve ter 70 anos e ainda toca; nunca para. Quando se é ótimo em alguma coisa, não vai parar a menos que seja obrigado por algum problema físico. Mesmo Oscar Peterson, que sofria de artrite no final da vida, pouco antes de falecer; mas quando se é músico, continua tocando. Se é criativo, vai continuar criando. E esses caras parecem ser uma rica fonte de criatividade, principalmente quando se trata de composição. Você tem o melhor baterista do mundo tocando bateria. Quero dizer, é muito bacana."

"Mas ainda era inacreditável", continua Howard, contando sobre o momento em que soube do retorno de Neil. "Não fazíamos ideia do que iria acontecer. E não esperávamos que fosse acontecer um dia, porque o Rush é o Rush. Tem três caras na banda. É preciso três caras para que ela exista. Mas, claro, ele realmente voltou, e não apenas voltou, voltou com garra, o que foi inacreditável. Recebi um telefonema de Geddy dizendo: 'Ei, vamos voltar para a estrada'. E Alex disse a mesma coisa: 'Vamos voltar, gravar um álbum', e fiquei tão feliz quando ouvi isso. Não estava feliz por mim, estava feliz por eles. Foi uma das melhores notícias que recebemos. Só o processo de Neil superar tudo aquilo já foi incrível. E é por isso que é preciso respeitar a vontade dele. Tem que lhe dar privacidade, tranquilidade e tempo, o que ele quiser fazer – dar espaço porque merece."

"Ver a força e a musicalidade de volta, sim, foi simplesmente maravilhoso", continua Howard sobre Hartford. "Era um show numa arena aberta, em Meadows, e foi uma sensação muito boa. A primeira apresentação de qualquer turnê é meio tensa porque não fazíamos isso há algum tempo. Memoriza-se todas as deixas, e eles têm que lembrar todas as letras e tudo mais. É possível traçar um paralelo. É como um casamento entre iluminação, coreografia e música. Mas foi realmente, realmente muito bom, e desse ponto em diante as coisas só fluíram."

"Quero dizer, o legado deles tem a ver com uma banda com três dos melhores músicos que já existiram", diz Howard. "Pode ser que alguém discorde, mas reconheço um talento porque estou ali testemunhando todos os dias. Desafio quem está aí fora a tentar fazer o que esses caras fazem no palco todas as noites, e fazer tão bem quanto eles. O Rush é uma banda que será lembrada por várias gerações, e o fato de que já existem três gerações de fãs é muito impressionante."

Parte dessa base de fãs ao longo dos anos incluiu um número cada vez maior de celebridades. "Ah, com certeza, há muitas celebridades que são fãs do Rush", concorda Ungerleider. "É surpreendente porque há muitos atletas. Randy Johnson esteve no palco com a fantasia de galinha, junto à máquina de assar frangos. Há muitos jogadores profissionais de golfe que vêm aos shows. Jack Black também aparece. Vemos outras bandas presentes – elas estão constantemente assistindo ao show. Sabe, as bandas mais jovens idolatram o Rush. Os caras do Tool também já apareceram. Minha empresa faz produção de design, e fazemos muitas outras turnês. Fazemos os lasers para o Tool, então somos amigos deles. Maynard tem uma vinícola, e ele trouxe o vinho para Las Vegas e presenteou o Rush – um cara muito legal. Eu soube que Will Ferrell esteve no nosso show. Pessoas que não esperávamos que viessem. Parece que mais gente está vindo agora."

Com a ajuda de Howard e outros especialistas, um deles Geddy Lee, que nesse ponto já tinha se tornado um ávido profissional de artes visuais com algum conhecimento técnico, o Rush criou uma grandiosa experiência cinemática para a turnê *Vapor Trails*, oferecendo uma sinfonia de imagens (as principais em torno do tema do dragão) para operar em sincronia com efeitos pirotécnicos imensos e absolutamente precisos ("essa turnê está um calor de matar, isso posso te dizer", ri Alex), sem mencionar uma coleção de máquinas de secar brancas, com as roupas girando a noite toda durante o show.

"George Steiner, da nossa equipe, foi quem comprou as secadoras", conta Alex. "Ele foi atrás das máquinas e as ajustou um pouco, tirou a parte do aquecimento para que funcionassem sem ar quente. E instalou luzes de aterrissagem de aviões dentro delas, de modo que, quando as abrissem, elas brilhassem. Tínhamos que colocar moedas de 25 centavos de dólar canadense para fazê-las funcionar. Todas as noites chamávamos convidados até o palco para colocar as moedas nas máquinas e mantê-las em funcionamento." Quanto às tarefas domésticas, Alex comentou que a cozinha também era muito bem equipada: "Trouxemos nosso próprio chef para essa turnê. Nossa comida era sempre fresca, orgânica. E podíamos elaborar os cardápios conforme nossas preferências individuais. Então foi ótimo tê-lo conosco".

Geddy dá uma cor especial à história do celebrado vídeo ao vivo do Rush, sendo o da turnê *Vapor Trails* o mais caro até aquele momento: "Tenho um grupo de animadores com o qual trabalho. Norm Stangl, da Spin Productions aqui de Toronto, tem sido meu braço direito nesse campo há 20 anos para criar animações esquisitas e todo nosso material do telão de fundo. Todos os anos tentamos fazer algo diferente ou inventar algum efeito interessante ou piada, e nos divertimos muito criando essas coisas. Em geral usamos animadores de estilos distintos todas as vezes só para obtermos um visual diferente. É realmente uma das partes mais divertidas do meu trabalho, e é algo pelo qual eu estava ansioso durante a preparação da turnê, poder me sentar com a equipe de criação e ter uma dessas reuniões onde apenas jogamos todo tipo de ideia maluca no ar."

"Dessa vez eu queria fazer uma coisa bem inovadora e espontânea", continua Ged. "Entramos em contato com um cara chamado Greg

Hermanovic, da Derivative, que inventou esse software touch muito bacana que nos permitia ter um VJ ao vivo na estrada conosco. E o que fizemos foi criar conceitos ao vivo para cerca de 15 canções, ele elaborou elementos que se misturavam em tempo real todas as noites. Alguns deles eram puramente abstratos, outros eram representativos, e demos mesmo início a uma nova era.

"Como resultado, nenhum show era igual ao outro porque Jim Ellis, que era nosso operador, tinha a capacidade de improvisar noite após noite. E às vezes a combinação ficava simplesmente fantástica. Era possível assistir a dois shows que realmente não seriam iguais, embora os elementos fossem os mesmos. Dependendo de como ele estivesse percebendo o clima e de como a banda estivesse se sentindo naquela noite, a apresentação ao nosso redor variava. E, é claro, quanto mais a turnê avançava, mais ele vinha com novas ideias, então o show continuava crescendo visualmente. Foi fantástico de verdade, achei que deu supercerto, melhor do que eu esperava. Foi um acréscimo maravilhoso ao show."

Geddy deu corpo ao conto do dragão, predominante no filme, e depois falou sobre a embalagem do subsequente memento ao vivo do DVD *Rush in Rio*: "No design original de *Vapor Trails*, Hugh Syme tinha uma versão em que, na contracapa, bem pequeno num canto, havia um dragão minúsculo que era a fonte de uma grande trilha de vapor. E durante a pré-produção para a turnê, eu estava buscando ideias de animação para usarmos ao vivo. Fiquei pensando como seria explorar um pouco mais aquele pequeno dragão, transformá-lo num personagem, o que a equipe da Spin Productions acabou desenvolvendo numa figura impressionante que usamos durante 'One Little Victory' nos shows. Foi um modo bacana e divertido de usar aquela criatura. Depois, mais uma vez, o dragão foi escolhido por Hugh para ser o representante do show no Rio e, é claro, apareceu vestido como Carmen Miranda."

"A experiência ao vivo e a experiência no estúdio sempre foram coisas diferentes para mim", conta Alex, lembrando a turnê. "O tipo de energia que se requer dentro do estúdio é bem diferente de uma apresentação. Olhando para trás, a parte ao vivo de toda essa experiência fechou um ciclo, falo da turnê *Vapor Trails* em particular. Tocamos melhor do que jamais havíamos tocado, estávamos realmente afiados. Acho que o nível de satisfação noite após noite foi o mais alto que já tivemos. Poucos shows são nota dez, mas acho que dessa vez tivemos muitos que foram nota nove. E o nível de energia parecia estar elevado desde o começo. Acho que deve ter sido porque *Vapor Trails* foi mais um tipo de álbum de trio, e também fechamos um ciclo nesse sentido."

"Também trouxemos de volta músicas como 'By-Tor' e 'Working Man'", continua Lifeson. "Eram versões truncadas, mas muito fiéis à forma original. Eu diria que sempre tivemos orgulho de tocar bem próximo do que está no álbum, mas com o elemento adicional da execução ao vivo, com a energia que se cria em cima do palco. Sempre ficava desapontado quando minhas bandas favoritas faziam um show e não tocavam as versões originais das canções. Isso sempre me pareceu um tipo de enganação. Então, desde cedo, decidimos reproduzir o que fizemos no estúdio com bastante fidelidade. Podemos eliminar algumas coisas de teclado aqui e ali, ou algumas harmonias vocais que Geddy faz. Tento ajudar o máximo que posso nesse sentido, e fizemos alguns samples. Mas ele realmente adora colocar os vocais em camadas e faz um trabalho maravilhoso com isso. Essas são algumas das coisas dispensáveis ao vivo. Não acho que fazem falta dada a energia de uma apresentação.

"Com certeza 'Resist' ficou diferente nessa turnê, saindo de uma versão elétrica para uma versão acústica. Sempre quisemos fazer uma música acústica, mas não tínhamos muita certeza. Sempre resistimos a essa vontade. Não queríamos algo desplugado, que parecia estar na moda o tempo todo. Mas achávamos que poderia ser um intervalo agradável num show com três horas de duração. Além disso, daria a Neil, dependendo do posicionamento dele, uma oportunidade para recuperar o fôlego depois do solo de bateria. Foi uma mudança de dinâmica bem significativa. Então trabalhamos numa versão folk da canção e achamos que ficou muito boa. Geddy e eu nos divertimos muito simplesmente quebrando o ritmo naqueles poucos minutos."

Comentando sobre as notáveis mudanças no setlist da turnê *Vapor Trails*, Alex reitera sobre "Working Man": "Foi um verdadeiro prazer trazê-la de volta. Não tínhamos certeza, é uma canção de rock tão simples e direta, mas acabou sendo uma ótima oportunidade de fazer uma jam e tocar de coração, para todos nós. O mesmo com 'By-Tor'. Algumas das músicas dos anos 1990 vêm e vão. Elas entram no set durante algumas turnês e depois saem para outra coisa entrar. 'The Pass', para todos nós, é uma das favoritas, se não nossa canção favorita de tocar. E com 'Bravado' a mesma coisa; fazia tempo que não a tocávamos, e trazê-la de volta foi um prazer porque tem um astral muito bom."

"E todo material novo, no geral, requer mais concentração", acrescenta Geddy. "Porque, como baixista e vocalista, essas canções não estão tão firmemente entrincheiradas na minha memória, então em geral requerem grande concentração para que me lembre de manter as linhas de baixo acompanhando a bateria, me certifique de disparar todos os samples com o pedal na hora certa e cantar afinado. Mesmo perto do final da septuagésima data da turnê, ainda é um desafio. Músicas como 'One Little Victory', 'Earthshine' e 'Secret Touch' são de longe a parte mais difícil do show para mim."

Com relação ao extensivo uso de acordes de baixo no novo disco, Geddy afirma: "Isso não foi um problema, de forma alguma. O problema é tocar, cantar e disparar os samples tudo ao mesmo tempo. Algumas dessas músicas têm efeitos de *backing vocal* muito complexos, loops no sintetizador que preciso disparar na hora certa, caso contrário o som fica todo fodido. Então basicamente estou disparando alguns efeitos vocais enquanto canto e enquanto toco baixo. Às vezes as coisas se complicam lá em cima do palco. E se não conseguir ouvir tudo, vai se meter em uma grande encrenca. Em termos de faixas mais antigas, acho que a mais aguda para cantar é '2112', trechos dela. É provável que seja a mais difícil para os vocais. 'Red Sector A' é uma daquelas que

ENTÃO BASICAMENTE ESTOU DISPARANDO ALGUNS EFEITOS VOCAIS ENQUANTO CANTO E ENQUANTO TOCO BAIXO. ÀS VEZES AS COISAS SE COMPLICAM LÁ EM CIMA DO PALCO.

adoro tocar porque me dá uma folga no baixo e posso só ir até o teclado e entrar num mundo completamente diferente. Além disso, acho que para nós se trata de uma mudança de textura excelente ao vivo. É uma das canções atemporais. Mas, entre as novas, acho que 'Secret Touch' é a minha favorita do álbum e adoro tocá-la ao vivo. Tem uma ótima intensidade nela."

"Estamos fazendo 'Bravado' e 'The Pass', e ambas são impossíveis de tocar sem que eu sinta a emoção delas", diz Neil, dando sua perspectiva quanto a certos destaques do setlist. "É uma coisa bacana. Muitas vezes pode ser só a execução, quando se pensa: 'Ok, aqui está uma música que preciso tocar, e todos esses elementos de sutileza se resumem a tocar bem, então vou fazer o seguinte'. Ao passo que, em outras vezes, me deixo arrebatar pela própria canção e ouço a letra e observo a reação do público. Esse é outro aspecto especial de uma apresentação ao vivo, na questão emocional. Além da animação, dos aplausos e da adrenalina, quando se vê uma resposta emocional para músicas como essas e as pessoas se deixando levar por elas – e você mesmo sente isso – é uma parte que nem sempre recebe a devida atenção e glamour do que um show pode ser."

"Neil pratica cerca de 20 minutos a meia hora, pouco antes do show", conta Alex, sobre como se preparam para subir ao palco. "Ele tem um desses kits de prática com cinco peças que são apenas pads. Mas detona aquilo, e é o jeito dele de se aquecer. É basicamente Neil tocando um solo de bateria durante 20 minutos. Ele bate mesmo naquilo com toda a força. Gosto de fazer o mesmo e me aquecer por no mínimo meia hora antes da apresentação. Dependendo do meu humor, às vezes é uma hora. Geddy nem tanto. Acho que nunca o vi ficar praticando na turnê antes de um show. Mas perto do final ele teve tendinite, então lembro, de verdade, que ele passava um tempinho só aquecendo a mão direita."

Fora isso, "vocês ficariam bastante surpresos. Os bastidores antes de um show do Rush – e quando digo bastidores me refiro ao camarim

– parecem uma biblioteca. É muito silencioso. Neil geralmente está sentado num canto lendo. Não há loucura. Trocamos de roupa, conversamos um pouco sobre qualquer coisa, e alguém chega e nos diz para irmos até o palco. Não há abraço ou prece em grupo, nada disso. A gente só fica fazendo nossas coisas."

"Não sou muito difícil de agradar", acrescenta Neil sobre os pedidos no camarim, cardápio, *rider*, etc. "Gosto de amendoins torrados e salgados, de tônica e sanduíche de atum no ônibus. Mas tem uma coisa. Sempre gostamos de ir para o show à tarde, por exemplo, fazer a passagem de som e já ficar por lá. Sentimos certa inquietude em sair de lá. Há um tipo de superstição, pensamos que não vamos conseguir voltar a tempo para a apresentação. Então esse é um padrão que estabelecemos desde muito cedo e sempre mantivemos. Não acho que qualquer um de nós tenha deixado o local do show depois que chegamos lá à tarde, ao passo que a maioria dos artistas faz isso. Basicamente sempre nos sentimos mais confortáveis indo para o trabalho e ficando por lá.

"Só de poder jantar e ter uma sala de ensaios... É o tipo de coisa de que preciso. Poder jantar quando quisermos, entre a passagem de som e o show, e ter uma sala para aquecer. E depois sair direto do palco e ir embora, para todo o resto não me afetar. Contudo, há certo protocolo para dias assim, e a sensação é de se envolver cada vez mais com o passar das horas. É dia de show, que é diferente de qualquer outro. Vamos para a arena e fazemos a passagem de som... Quando fizemos aquela grande apresentação em Toronto no verão passado, eu não tinha meu kit para aquecer nos bastidores, e isso atrapalhou todo o ritmo das coisas, por assim dizer. É o tipo de coisa que se torna uma parte realmente importante do dia, apenas entrar lá por meia hora e me aquecer no meu pequeno kit de prática. Não tem nada a ver com superstição, é óbvio, mas é importante."

Enfim, perguntei a Alex se houve qualquer momento na turnê em que a banda vivenciou uma pane musical real, devido a falhas na comunicação ou algo assim: "Na verdade não. Usamos fones intra-auriculares, então estamos bastante conscientes do que está acontecendo, de onde todo mundo está caso o trem descarrilhe, que é como chamamos isso. De fato, não consigo me lembrar disso na última turnê. Mas acontece. Eu diria que aconteceu talvez duas ou três vezes, quando de repente alguém faz alguma coisa e todo mundo se perde, e fica parecendo um jazz bem underground, e logo em seguida tudo volta para a canção."

Antes de seguirmos em frente, devemos mencionar que, embora não fizesse parte de qualquer turnê *per se*, como já mencionado por Peart, o Rush acabou tocando para o maior público de sua história oito meses após o final da campanha de *Vapor Trails*. A ocasião foi o festival Toronto Rock em 30 de julho de 2003, anunciado como uma injeção na economia da cidade que se recuperava da má temporada no turismo devido à epidemia de um vírus infeccioso chamado SARS e da diminuição geral de viagens devido ao 11 de Setembro.

Tendo como atração principal os Rolling Stones, mas com o AC/DC recebendo a maior atenção da imprensa, o festival com duração de um dia inteiro recebeu 400 mil pessoas numa antiga base militar em perfeitas condições climáticas no verão canadense. O Rush foi o antepenúltimo a tocar – um set de 35 minutos –, já que eram os ídolos locais da cidade natal, embora a banda Guess Who (que entrou logo antes) também fosse muito apreciada. Mais cedo naquele dia, a Tea Party tocou sua bem conhecida cover de "Paint It Black", e de forma divertida o Rush participou da artilharia com uma versão *impromptu* e meio jazzística do clássico venenoso dos Stones, depois entrando na última música do dia – o set apropriado consistiu em "Tom Sawyer", "Limelight", "Dreamline", "YYZ", "Freewill", "Closer to the Heart" e "The Spirit of Radio", nessa ordem. A banda surgiu impressionante em preto, e sim, as secadoras de roupas sobreviveram ao SARStock.

Como Neil está habituado a dizer, à medida que os anos passaram, sua vida "ficou maior". Da mesma forma que com todos na banda. Em turnê, quaisquer atividades preenchiam os dias dos rapazes. Respondendo se Geddy tinha se tornado um aficionado colecionador de livros,

Alex responde: "Acho que em certa medida ele é sim, não sei. É um colecionador e ponto final. Coleciona vinhos, coleciona coisas de beisebol, livros. É o tipo de cara que fica muito interessado em alguma coisa e gosta de realmente aprender tudo que pode sobre o assunto."

"Tenho vários interesses", diz Geddy, sobre o mesmo tópico de levar uma vida plena. "Jogo tênis, viajo muito com minha família e sozinho. Vamos para a França uma vez por ano, até Borgonha, para fazer degustação de vinhos, essas coisas, me ocupo bastante. Eu me interessei muito por ciclismo verão passado, então andei várias vezes de bicicleta, inclusive longas distâncias. Procuro planejar pelo menos duas viagens de bicicleta por ano em algum lugar do mundo. Sou um grande colecionador de vinhos, é uma paixão que tenho. Literatura, é claro. Filmes, adoro cinema. Sempre foi uma coisa que me interessou bastante."

"Tenho 50 anos, é difícil perder peso!", me contou Alex na época. "Realmente é bem difícil. Sempre procurei cuidar da alimentação. Não como pão, batatas, nenhum carboidrato vazio. Só de *pensar* em perder peso, eu perdia – mas isso não acontece mais. Faço ioga uma hora e meia uma vez por semana e tento fazer outros dias também, mas em geral é uma vez por semana. Vou à academia duas vezes semanalmente. Faço duas aulas de tênis pelo menos; uma de duas horas de duração, a outra de uma hora. Tento jogar tênis mais um dia por semana. Sabe, faço bastante coisa, e não está dando resultado!

"Mas me sinto melhor, me sinto mais forte, e isso é importante para entrar em forma para a turnê. Isso é mesmo sentido na estrada, nem tanto nos primeiros dois meses, mas depois o impacto é real. Você fica cansado, já não tem mais o mesmo nível de energia. É difícil viajar, seus horários ficam todos esculhambados. Acaba se recolhendo às duas ou três da manhã, quando enfim vai para a cama. E não consegue dormir até mais tarde. Na estrada, de verdade, na primeira metade da turnê, já estou de pé às 6h30min ou 7h da manhã. Gosto de acordar cedo, principalmente no verão. Como eu disse, tento fazer minha ioga diária na estrada e adoro jogar golfe. Da metade da turnê em diante, o ritmo fica mais pesado, e no final da última turnê eu dormia até as 11h da manhã. Ficamos sem combustível.

"Neil é igual a Geddy", continua Alex, comparando os dois colegas de banda e o que fazem para manter a sanidade. "Se Neil está fazendo alguma coisa, faz isso até a exaustão antes de se interessar por outra coisa. Quando ele começou a se interessar por motocicletas, por exemplo, *realmente* entrou de cabeça naquilo. Agora viaja de moto quando estamos na estrada. Percorre 50 mil quilômetros numa turnê, escreve no diário dele, baseado na experiência sobre a moto. Fez a mesma coisa com ciclismo – ficou obcecado com aquilo. Para ele, escrever esses diários de viagem se tornou algo muito importante. Neil publicou um livro pela primeira vez na última turnê, mas tem escrito essas coisas há muitos anos. Imprimiu uma edição limitada de talvez 150 livros para os amigos. Então está aprendendo a fazer isso e ganhar confiança para enfim ter um grande lançamento. Com o livro mais recente dele, *Ghost Rider – A estrada da cura*, o material que havia para trabalhar era muito poderoso. Mas acho que ele realmente aprendeu a editar e publicar fazendo todas essas outras coisas. Neil sempre foi superfocado, muito disciplinado.

"Nas últimas duas turnês – *Test for Echo* e *Vapor Trails* –, ele estava viajando de motocicleta", explica Alex sobre o itinerário extenso de Peart. "Antes disso, acho que pedalou por pelo menos duas, senão três turnês, e fez outras excursões de bicicleta. Para Neil, é perfeito. Ele não é muito ligado a esportes. Não pratica esporte algum. É meio descoordenado, o que é ótimo para um baterista, mas não tanto para um jogador de tênis. Ele é bem atrapalhado. Mas o ciclismo é o esporte dele, porque é um tipo de cara solitário... Talvez menos agora, mas no passado Neil realmente gostava de passar um tempo consigo mesmo. Ele pegava a bicicleta e pedalava 80 quilômetros ida e volta, sozinho, sem mais ninguém por perto. Podia se concentrar em sua – seja lá como poderíamos chamar – cadência, no tempo da pedalada."

"Um pouco parecido com o motociclismo", continua Alex. "Ele se desligava do resto do mundo e se concentrava em se manter na pista, sabe, prestar atenção nos outros carros. Esse é o tipo de válvula de escape dele e a forma como Neil lidou com o fato de ter que pegar a estrada. É preciso tentar lidar com a turnê de formas positivas e construtivas. Porque é muito fácil sair da linha e adquirir maus hábitos. E temos sorte. Demos um jeito de nos manter longe dessas armadilhas. Mas seria mentira dizer que, ocasionalmente, não estivemos perto disso."

"VOCÊS DEIXAR ARREP

NOS
AM
ADOS!"

CAPÍTULO 6

RUSH IN RIO

Após a volta olímpica em torno da América do Norte durante apenas cinco meses, o Rush iria coroar a turnê *Vapor Trails* de forma extraordinária – tocando no Brasil pela primeira vez na história. Três shows triunfantes, o resultado capturado num CD ao vivo e num box de DVDs chamado *Rush in Rio*, lançado com enorme aclamação em 21 de outubro de 2003 e que ganhou o prêmio Juno de melhor DVD em abril de 2004. Causando espanto na curta turnê no verão e no outono, a ida ao Brasil simbolizava o fenômeno global que discretamente haviam se tornado. E isso sem ostentar tal status – apesar de os integrantes serem viajantes do mundo na vida pessoal, Geddy, Alex e Neil nunca exploraram muito outros lugares com a banda.

Rush in Rio captura toda a loucura que foram os três shows no país, consistindo em apresentações nos dias 20 de novembro, no antigo Estádio Olímpico de Porto Alegre, 22 de novembro, no Estádio Morumbi em São Paulo, e 23 do mesmo mês no Estádio do Maracanã, no Rio de Janeiro.

Até aquele momento, o Rush tinha apenas excursionado pelo Japão uma única vez, dançado hula-hula no Havaí duas vezes, viajado pela Europa com poucas oportunidades para explorar o território um pouco mais e feito um único show no México na turnê *Vapor Trails*. E isso resume a exploração do globo deles. É importante pontuar que a América do Sul adora hard rock, heavy metal e rock progressivo, sendo esse último a mistura perfeita de duas convergências naturais dos três gêneros: power metal e metal progressivo. Levar o Rush abaixo da linha do Equador aconteceu sob condições incendiárias que se provariam explosivas.

Geddy oferece um vislumbre das maquinações que se sucederam para que algo dessa magnitude acontecesse: "Quase todo ano recebemos convites para tocar no festival Rock in Rio, em janeiro. Toda vez que o festival aconteceu, fomos convidados, mas estávamos ou no estúdio gravando – e não se pode simplesmente fazer uma pausa na gravação só para fazer um único show no exterior – ou não estávamos em turnê na época, então foi apenas um problema de agenda. E o produtor local estava determinado a nos levar lá naquele ano, então manteve uma negociação conosco, implorando que fôssemos até o Brasil, dizendo: 'Vocês não fazem ideia do quanto são populares aqui', o que, é claro, era verdade. As vendas de discos eram consideráveis lá, mas os números em si não podiam dar uma noção exata para nós porque há um mercado de pirataria bem forte por lá, assim não tem como saber o quanto está mesmo vendendo."

É óbvio, para isso acontecer deveria haver algumas garantias: "Ah, sim, eles nos prometeram que pagariam determinada quantia por show e cobririam todas as nossas despesas, além de nos mandar o pagamento adiantado. Nosso empresário, sendo excessivamente xenofóbico e paranoico, queria ter certeza de que todos esses itens fossem cumpridos antes de nos mandar para lá. Não podia ficar fora de questão. E não sei se tínhamos muita dúvida quanto a isso, sendo bem honesto, porque nosso agente na América Latina é o mesmo que temos na Europa e no resto do mundo, e ele é bem experiente. Não tinha como nos colocar em contato com alguém de lá que não nos pagaria, isso realmente nunca foi questionado. Nossa dúvida na época era se éramos mesmo tão populares quanto ele dizia que éramos, ou se haveria assistência técnica disponível do tipo que precisávamos para produzir um show do modo

como fazemos. Mas eu tinha conversado com alguns amigos meus que tocaram lá com outras bandas, além de outros empresários e pessoas assim. Muitos vinham fazendo apresentações por lá já há algum tempo, então, de verdade, acho que não tínhamos receio algum."

"Durante anos recebemos ofertas para tocar na América do Sul e nunca realmente deu certo, ou nunca parecia adequado de alguma forma", confirma Ray direto de seu escritório. "Neil é um aventureiro e preferia ir numa aventura sozinho do que carregar essa coisinha chamada Rush. Já é complicado o suficiente levar esses caras até a Europa com certa regularidade. Então, quando surgiu a oportunidade, eu os deixei sabendo no que estavam se metendo, e Alex e Geddy disseram que queriam mesmo ir e que estavam prontos. Tinha esse produtor que tentava levar o show do Rush para lá fazia uma década pelo menos, coisa de 15 anos. E eu ficava enviando exigências, pedidos, queria escolta, essas coisas, tudo o que seria necessário para levá-los até o Brasil. Esse produtor estava muito engajado no projeto e só nos dizia sim, sim, sim e sim, então acabamos indo. E, para nossa surpresa, foi tão imenso quanto ele dizia que seria."

"Mas entenda, o Brasil já tinha recebido outros shows grandiosos", continua Danniels. "Eles produzem o Rock in Rio há anos. Falaram para mim, ao longo dos últimos cinco ou dez anos ou seja lá o que for, que seríamos a maior banda que já havia estado lá. E isso em si era algo bem atrativo. O U2 tinha estado lá, além disso os Rolling Stones, Red Hot Chili Peppers, Iron Maiden – bandas que aparentemente eram maiores que o Rush e já haviam estado lá como atrações do festival ou shows externos. Então havia essa questão com a banda, de que nunca tínhamos tocado lá.

"E só quando chegamos ao Brasil, eu entendi. Para começar, estávamos indo para um país com 200 milhões de habitantes. É muita gente, um país enorme, e São Paulo era um lugar com mais de 20 milhões de pessoas, 17 milhões na cidade em si, mas cerca de 20 milhões na região toda; no Rio havia provavelmente 6 milhões de habitantes na época.

São cidades grandes. E as estações de rádio lá parecem as rádios dos mercados secundários da América do Norte – tocam de tudo. Como estávamos indo para lá, ganhamos tempo de radiodifusão extra. Estive em São Paulo por alguns dias e escutava Rush tocando em meio a Chili Peppers, Rolling Stones, The Yardbirds, Eric Clapton, Tool e o que mais estivesse na programação do dia. Só tocavam rock. Tocavam Bob Marley na mesma estação de rádio. Então entendi. Estando lá, entendi tudo. Um show era um grande evento, tínhamos alguns fãs, mas acabou se tornando algo bem maior do que isso. E promoveram as apresentações muito bem – os produtores fizeram um ótimo trabalho de divulgação. Havia propaganda massiva na televisão, nos jornais, nas rádios, o que puder imaginar."

Mas trazendo um pouco mais de perspectiva para a visão idealizada de Ray, Geddy balança a cabeça e conta: "Todo dia era uma loucura lá. Nunca se sabe com o que vamos ter que lidar quando se vai para um país como o Brasil. Quando perguntam, você explica aquilo que precisa em termos técnicos e eles dizem: 'Ah, claro, entendemos'. Mas isso não quer dizer que vai conseguir exatamente o que pediu. Significa apenas que entenderam o que você disse. Essa era a linha tênue de semântica que descobrimos.

"Então todo dia havia uma nova surpresa, em termos técnicos, de conseguir montar o show, sem falar em instalar 20 câmeras e o caminhão de unidade móvel, que, pelos padrões contemporâneos normais, era bem básico. Acho que o mesmo vale para o equipamento de fotografia que estavam usando. Mas tinham cinegrafistas muito bons e um ótimo diretor, a equipe era muito boa de verdade e com bastante experiência em externas.

"Mas, repito, simplesmente não dava para saber o que iria acontecer. Não contávamos, por exemplo, com uma rota tão movimentada entre São Paulo e Rio. Os caminhões levaram cerca de oito horas para se deslocar. E é por isso que os shows no Brasil acontecem tão mais tarde... Quero dizer, só entrávamos no palco na América do Sul por volta das 22h30min,

e fazíamos apresentações com três horas de duração, então imagina! E é claro que o show de São Paulo, na noite anterior ao do Rio, aconteceu inteirinho debaixo de chuva, então o equipamento estava todo molhado. Por isso tivemos que carregar os caminhões no meio da noite, debaixo do temporal, e depois percorrer um trajeto de oito horas na rodovia. Quando o equipamento começou a ser instalado no palco do Rio, já eram duas da tarde. Em geral, chegamos às seis da manhã e tudo já está pronto às seis da tarde. Definitivamente, parecia que nada dava certo."

Howard lembra muito bem o pesadelo que foi a logística daquela viagem, mas tudo era compensado pela animação dos fãs: "O público brasileiro é apaixonado, eles amam mesmo a banda", explica Ungerleider. "Nunca nos demos conta do quanto os brasileiros amavam o Rush até que fomos lá pela primeira vez. Quero dizer, me lembro de estar sentado ao lado de Geddy e olharmos um para o outro, e Geddy me dizer: 'Quem poderia imaginar? Olha só isso'. Tinha gente que vinha nos ver no hotel, com lágrimas escorrendo pelo rosto, chorando. Os brasileiros diziam '*you gave us goose puppies*', 'vocês nos deram cachorrinhos'. Na verdade, queriam dizer '*you gave us goosebumps*', que seria '*vocês nos deixaram arrepiados*'. Eu achava aquilo muito engraçado. Num hotel em que nos hospedamos, o sushiman esculpiu o Starman num rabanete e colocou sobre o prato, não só porque a banda estava lá, mas porque ele adorava o Rush. Havia toda essa paixão.

"Por outro lado, o Brasil não tem arenas adequadas para shows além dos estádios de futebol. Observando onde as pessoas entram, os portões são minúsculos. Não tinha como colocar o equipamento lá dentro. Os caminhões não conseguiam entrar nesses estádios, então era preciso transportar tudo dos veículos até o interior dos estádios, carregando as caixas por até 500 metros, passando pelas tábuas de compensado que cobrem o gramado, atravessando um fosso onde geralmente os caras mijam durante as partidas de futebol... Pensa só o fedor daquilo.

"Então tivemos que carregar o equipamento passando por tudo isso, e quando choveu virou um lamaçal. Depois, quando chegamos ao palco, precisamos abrir caminho na área que parece um labirinto subindo escadas de quatro metros de altura. Tudo teve que ser carregado através do gramado, sobre a lama, e depois içado para cima do palco. Levou muito tempo. E o pessoal da equipe estava imundo. Houve um momento em que chegamos a pensar que a apresentação do Rio não aconteceria. Tudo estava atrasado, e a equipe de apoio tentava nos entender, mas sem dúvida havia problemas de comunicação. Mas o show aconteceu e foi mágico. Essa coisa de magia acontece, resultado dessa conexão incrível e brilhante entre o público e a banda.

"Mas sim, choveu durante a primeira parte do show, choveu o dia inteiro, havia toda aquela lama e foi mesmo difícil. Eu me lembro de arrastar os cabos pela lama, e as coisas estavam sujas e todo mundo estava estressado. Ninguém realmente tinha dormido na noite anterior porque tivemos que sair de São Paulo e viajar até o Rio de Janeiro de ônibus, e não era um ônibus de turismo, mas sim um ônibus de linha que era desconfortável e sacolejava muito. Ninguém dormiu. Ficamos acordados por 40 horas, e depois tivemos que fazer tudo isso. Mas conseguimos montar o show e ele foi filmado. Lembro as primeiras cinco músicas, quando eu normalmente uso dez holofotes, mas só havia dois, porque os geradores falharam bem na hora de começar – ninguém sabia disso além de nós. Ainda assim, todo mundo ama aquele DVD até hoje. Eles dizem: 'Uau, é o melhor de todos!'. E a multidão era maravilhosa, inacreditável."

Um antigo membro da equipe, Tony Geranios, corrobora o relato angustiante de Howard e admite: "Fiquei meio preocupado. Na verdade, fugi de um dos caminhões que eu era responsável por carregar. Meio imaturo da minha parte. Mas aqueles caras não falavam inglês, e tínhamos que ter alguém lá no caminhão. Carrego o equipamento da banda todas as noites. Não faço o trabalho físico em si – apenas dou as orientações. Temos um pessoal sindicalizado que faz isso. E eu estava tentando falar para aqueles caras – deveria ter um intérprete no local, mas não tinha – 'Isso precisa ser colocado dessa forma, uma pessoa em

cada canto, erguendo juntos'. E lá estava eu erguendo o equipamento, tentando levantar aquela coisa. E os dois caras na outra ponta acabaram saindo justamente quando eu estava erguendo o case, que caiu em cima de mim. Não chegou a me machucar, mas meus óculos caíram no chão.

"Fiquei puto e disse: 'Vão se foder. Tô saindo daqui'. O diretor de turnê ficou furioso comigo. Mas, como Howard estava dizendo, tínhamos esses caminhões menores para tirar o equipamento das carretas maiores porque elas não cabiam dentro do estádio, os portões eram muito baixos. Tudo foi tirado das carretas e transportado para os caminhões menores, depois levado até o palco e descarregado lá. E naquele dia não parava de chover. Levamos oito horas para descarregar todos os nossos caminhões e nem tínhamos tantos assim. Oito horas só para chegar ao palco."

Mas, de novo, o resultado valeu todo o esforço: "Fiquei totalmente embasbacado", ri Tony. "Não fazia ideia. Não tinha noção alguma. Foi muito impressionante. Ficamos bastante orgulhosos, sabe?"

Ainda assim, Tony entende o motivo por que esse tipo de coisa não é um acontecimento usual: "Claro, quero dizer, só para conseguirmos fazer o show no Brasil tivemos que alugar um Boeing 747 por duas semanas. E metade do tempo o avião nem estava em voo – ficava lá parado no aeroporto. É preciso ter caminhoneiros diferentes. Tivemos que transportar o equipamento quando fomos para o México, por exemplo. Imagine só o custo de produção. Por isso não fomos para a Austrália, por isso não fomos para a Rússia, por isso não vamos a muitos países: a banda não despacha os instrumentos e vai para um festival qualquer usar o equipamento alugado no local. Para eles, cada show que fazem precisa ser exatamente o que estão produzindo no momento, não importa onde aconteça. É a marca registrada deles.

"Além disso, não se pode mudar muito o show por causa do modo como os sintetizadores e samples estão programados. Por muito tempo, não tivemos flexibilidade de poder mudar as coisas ou simplificá-las porque uma música entra depois da outra. Eu faço a troca. Os samples da última música ainda estão tocando enquanto faço a troca para a canção seguinte, porque estão ligados ao mesmo tempo. A única coisa que distingue o que está sendo ouvido é a saída. Tenho oito saídas discretas para 32 entradas. Há 32 entradas indo para oito saídas na mesa. Então é uma questão de fazer a troca. De qualquer maneira, o ponto é o seguinte: quando se troca de música, a outra máquina ainda está rodando."

"O público foi incrível, é um público de final de campeonato", lembra Ray, sobre enfim ver os shows acontecendo. "Foi algo imenso, um evento gigante. Tradicionalmente, na América do Sul, não colocam um show seguido de outro. Em geral planejam um intervalo de três a seis semanas entre apresentações dessa magnitude. Então a coisa ganha vida própria. Dito isso, uma grande parte do público era formada por fãs fervorosos do Rush que tinham esperado por isso durante muito tempo, e alguns deles tinham 25 anos, outros 45 anos. Era um público bem diverso."

Neil comenta: "Não tínhamos qualquer número de vendas de discos ou métricas convencionais de sucesso. Isso nos levou a acreditar que tínhamos poucos fãs leais lá no Brasil. Era o que estávamos esperando."

Em vez disso, tocaram para um dos maiores públicos de sua história (com exceção do Toronto Rocks em 2004), e no palco, a maior preocupação de Peart era "a congruência mental das coisas. Tentamos filmar os shows durante aquela turnê e nunca tinha dado certo. Então pensamos, ok, vamos filmar a última apresentação. Ok. E essa história já foi contada antes: a chuva, os caminhões chegando atrasados e assim por diante, não houve passagem de som e nada foi testado até literalmente o último minuto antes de entrarmos no palco. E só pensávamos, 'Está bem, não temos nada a perder. Não tem como piorar'.

"Mas foi uma ascensão mágica. Não tem como dizer 'Ok, é o último show, vou ser melhor', esse é o tipo de profecia de autoderrota. Porque não tem como desejar isso para si mesmo. É preciso fazer acontecer, foi assim que agimos. Só entramos no palco e tocamos contra todas as probabilidades de dar certo, não podíamos nos culpar se desse errado.

Nosso pensamento era: 'Está bem, vamos fazer isso da melhor forma que qualquer um faria nessas circunstâncias'. E foi uma noite mágica.

"Mais tarde, retornando para o hotel, nós três juntos, com nossas esposas nos acompanhando, havia uma sensação que quase nunca acontece no final de uma turnê. Houve tempo para refletir e celebrar o momento coletivamente. Na turnê *Snakes & Arrows Live*, lembro, em Indianápolis, voltamos para casa separados. Foi tudo ótimo, mas no Brasil, depois do show, estávamos juntos e com nossas famílias. 'Sim, conseguimos.' Foi uma das raras ocasiões em que pudemos curtir mesmo o momento e nos orgulhar de termos realizado alguma coisa. Não apenas essa apresentação foi excelente, mas aquela turnê toda e tudo mais que tinha nos conduzido até aquele instante. Foi um daqueles momentos lindos para nós três e as pessoas que amamos compartilharmos. De qualquer modo, o primeiro show daquela turnê foi mais para marcar 'estamos de volta', e na época estávamos recomeçando as apresentações ao vivo, sobrevivendo noite após noite, e depois tocamos no Brasil pela primeira vez na nossa história, naqueles estádios de futebol imensos. Tudo foi tão incomum que era perfeitamente aceitável apenas sobreviver."

Mais uma vez, grande parte da empreitada de "apenas sobreviver" tinha a ver com enfrentar o clima. Já ouvimos falar sobre como foi preparar o equipamento debaixo de chuva, mas depois a banda tinha que se apresentar e entrar no palco.

"Tivemos chuva nas primeiras duas noites", diz Alex. "Em Porto Alegre, que foi nosso primeiro show no sul do Brasil, estava chovendo forte. Na hora em que entramos no palco a chuva parou, mas tudo estava molhado. O palco estava molhado, nosso tapete estava molhado, parte do equipamento estava molhada. Havia um problema com a mesa de som, que estava molhada. Conseguimos fazer tudo funcionar, foi um verdadeiro milagre. O show seguinte foi em São Paulo, fizemos uma apresentação de três horas dividida em dois sets com um pequeno intervalo no meio. Perto do fim do primeiro set, começou a chover. E durante o segundo set choveu o tempo todo. Não quer dizer que chovia só sobre o público e ficamos sequinhos vendo a galera se molhar – chovia em toda parte. E o vento estava soprando na direção do palco. Assim, realmente, nós todos, até mesmo Neil, ficamos encharcados, com a água nos acertando em cheio."

"O advento do sistema via rádio deixou as coisas menos perigosas lá em cima do palco", explica Alex sobre a preocupação de que alguém fosse eletrocutado. "Então não havia a preocupação de fazer uma conexão de um ponto ao outro com cabos elétricos, como dos amplificadores da guitarra até o PA, então apenas seguimos em frente. Mas, no final da primeira metade do show, minha pedaleira começou a dar pane. Parte da bateria eletrônica de Neil começou a dar pane também, mas conseguimos terminar o set."

"No dia seguinte, que era o show no Rio, houve aquele longo percurso na estrada", continua Lifeson. "Começaram a montar o equipamento quando normalmente já estaríamos fazendo a passagem de som. Então nada de passagem de som, nada de checagem de equipamento, nada de checagem de vídeo. Houve problemas com a energia elétrica, requisitos que não foram cumpridos. Houve problemas com a montagem do palco. Tudo que poderia ter dado errado deu errado. A unidade móvel para gravar o DVD... Cara, aquilo era uma peça de museu. Mas conseguimos entrar às 22h30min, e o show ocorreu sem maiores problemas. A instalação das câmeras para a gravação deu certo. Foi maravilhoso que tudo tenha funcionado no final. Todos os problemas com o equipamento que tivemos na noite anterior milagrosamente haviam se resolvido graças à nossa equipe maravilhosa.

"Mas, sem dúvida, jamais esperávamos aquele tipo de reação. Não fazíamos ideia da nossa popularidade no Brasil ou em qualquer lugar na América do Sul. Ouvíamos falar de algumas coisas, mas estar lá e viver a energia daquelas multidões foi marcante. Além disso, fizemos esse disco que não foi fácil de fazer, e tínhamos feito uma turnê relativamente longa, considerando tudo o que havia acontecido. Então terminar dessa forma... foi um show incrível."

Geddy ri por causa de um incidente durante a filmagem do evento: "Alex estava tendo problemas com um cinegrafista no primeiro set e começou a ficar incomodado, perdeu a concentração e cometeu um erro numa das canções, durante um dos solos. Depois do primeiro set, tivemos que acalmá-lo e dizer para que esquecesse aquilo, que não se pode deixar algo assim perturbar um show que está sendo filmado. Porque não faz sentido algum parecer puto na gravação."

"Há um pouco mais dessa influência latina", ri Alex. "Coisas que consideramos importantes aqui – trabalho, eficiência, esse tipo de coisa – existem num grau um pouco menor lá. As prioridades deles são a família, os amigos, se divertir, comer bem, apreciar a companhia uns dos outros, muito parecido com ir para a Itália ou a Espanha, algo assim. Aprendemos uma lição bem importante."

"Ele entendeu a mensagem, mas foi bem difícil", continua Ged. "Havia muitas coisas acontecendo naquele dia. Estávamos apreensivos, todo mundo estava. E, para aumentar a confusão, havia todas essas luzes extras que a equipe de filmagem colocou no palco sem nos informar com antecedência. Então tinha cabos cruzando a frente do palco que impediam que fôssemos até a beirada para interagir melhor com a multidão. E isso foi bem desconcertante para mim, porque estou acostumado a ficar correndo de um lado para o outro e me divertir um pouco. Quando me arrisquei até a beirada do palco, tive que olhar para os pés e me certificar para não tropeçar naqueles cabos estúpidos. O modo como se quer gravar um show deveria ser o ideal, e a última coisa em que se deveria estar pensando é nessa porcaria toda, então foi bem complicado em termos de nos manter calmos, tranquilos e centrados."

Com relação à chuva, Neil afirma: "Algumas coisas não estavam funcionando, e eu só fiquei dando um jeito a noite toda... De qualquer forma, pense na mecânica mental de tocar bateria, e então estar em dois lugares mentalmente do jeito como aconteceu e pensar: 'E quando eu chegar àquela música? Isso não vai dar certo. O que eu deveria usar em vez do som eletrônico e como posso disfarçar *isso*?'. Também imaginava todo meu solo de bateria. Em algum outro momento do set, eu estava tocando uma música, mas pensando ali na frente: 'Ok, meu solo não vai funcionar, então vou fazer isso e isso'. Ficava reestruturando tudo na minha cabeça enquanto continuava tocando. Em geral eu falo sobre a bateria – ou provavelmente de qualquer instrumento – que se você não estiver ao menos oito compassos adiante, vai acabar tendo problemas. Se tiver que pensar no que está fazendo naquele exato momento, é provável que esteja metido numa encrenca. E esse é o tipo de distração que, quando algo dá errado, abala seus nervos. De repente está apenas pensando onde está e tentando acompanhar o ritmo. Isso atrapalha a apresentação e traz menos satisfação com ela.

"Portanto, no curso geral das coisas, estou bem à frente para a próxima transição, por exemplo, me ajustando mental e fisicamente para me mover dentro desse fluxo, manter o nível e acertar o tempo com precisão – todas essas pequenas questões de técnica. Todo esse fluxo de pensamento atravessa sua cabeça no decorrer do show. Se alguma coisa dá errado, afeta tudo, e depois se fica apenas resolvendo equações mentalmente. Comparo o ato de tocar bateria no Rush a correr uma maratona ao mesmo tempo que resolve equações. Quando se está resolvendo equações em tempo real e no tempo futuro também, não tem como ser agradável, entende? Pode fazer isso, sobreviver e pensar: 'Ufa, consegui', mas não é divertido! Esse é o único modo de descrever – não é divertido."

E essa viagem foi mesmo só para negócios, conta Alex, nada de diversão: "No Brasil não deu, porque foi sempre uma loucura. Fomos até lá, houve alguns dias de folga, mas precisávamos nos deslocar em grandes distâncias. Também tivemos que dar muitas entrevistas. Sempre participamos dos encontros com fãs, *meet-and-greet* antes do show, damos autógrafos, tiramos fotos com eles. Tinha uma agenda bem cheia para nós por parte da produtora e da gravadora, que nos manteve ocupados. E depois tinha jantares todas as noites; queriam nos levar a todo tipo de restaurante e coisas assim. Então ficamos muito ocupados

o tempo todo lá. Mas no decorrer da turnê *Vapor Trails*, joguei bastante golfe; Geddy saía e jogava comigo pelo menos metade do tempo. Também jogamos bastante tênis. Ged gosta de visitar galerias de arte e ir ao cinema. Sabe, só tentar fazer coisas normais e se manter ocupado."

"Para nós todos, quando entramos no palco, ativamos nossa mente no modo apresentação", continua Alex, se referindo ao que Neil dizia sobre a concentração necessária durante um show. "Quando se está tocando, vamos direto ao assunto. Com a gente, não há muito espaço para perder o foco, fica-se realmente imerso no que está acontecendo. É tudo muito movimentado no palco, e descobri que, se conseguir entrar no fluxo, então tudo fica bem. Pode se colocar acima de tudo aquilo. Mas há distrações, problemas técnicos, e nesse caso fica bem difícil manter a concentração.

"Mas em termos do público e desses outros pensamentos externos, você acaba deixando-os de lado para mais tarde. Em vez disso, fica pensando que talvez esteja acelerando em certa música ou em coisas para se prestar atenção do último show. Gravamos todas as apresentações, então estamos constantemente analisando o que está acontecendo. Acho que nossa atuação é profissional e orientada pela performance antes de entrarmos no palco. Outras vezes, subimos lá e pensamos: 'Uau, não acredito que tem pessoas me pagando para fazer isso'. É uma alegria imensa e muito divertido. Particularmente, a turnê *Vapor Trails* foi ótima. Tivemos momentos maravilhosos. Acho que toquei muito bem, de verdade, e a reação do público foi tremenda. Foi muito bom fazer uma turnê no verão. Nunca havíamos feito isso. Estávamos deixando para trás cinco anos bastante difíceis, quando não tínhamos nem certeza se iríamos voltar a excursionar de novo, o que tornou tudo ainda mais especial. Valorizamos cada segundo."

"Nossas esposas viajaram conosco", acrescenta Geddy. "Pegi [Cecconi, uma gestora importante na Anthem que resolve todas as questões envolvendo o Rush] também nos acompanhou. Forçamos Ray a acompanhar a turnê inteira, só para provar que não há problemas em tocarmos em outros países. Nós nos divertimos muito e foi um período maravilhoso. O pessoal da América do Sul nos tratou muito, muito bem."

Quanto aos encontros com os fãs, Geddy confirma que o Rush manteve *meet-and-greets* todas as noites na turnê *Vapor Trails*. O Brasil, de certa forma, foi o ponto final daquela turnê: "Posamos para fotos e demos autógrafos, havia também os vencedores de um concurso. São 15 minutos curtos, mas recebemos todos os tipos de fãs que se pode imaginar. Conhecemos pessoas que batizaram os filhos de Alex, Geddy e Neil. A maioria eram fãs apaixonados que simplesmente estavam extasiados por ter a oportunidade de conversar com a gente por alguns minutos. Então é um momento doce, e não me importo de participar."

Estendendo essa experiência pelos últimos anos, Geddy diz: "Acho que autografamos de tudo, de capas de discos a fotos de bebês e peitos de mulheres. Não tem como saber o que será colocado diante da sua cara para assinar". Alex fala ainda dos presentes que a banda recebeu: "Alguns fãs pintam quadros enormes, outros quadros pequenos. A gente ganha coisas que são quase como trabalhos de colégio elaborados, como diagramas e desenhos baseados em alguma música. Os fãs japoneses nos mandam leques, caixas de incenso. Lembro que ganhei uma taça de cristal com inscrições de um fã de Manchester, Inglaterra. Humm... Nos últimos tempos, não ganhei nada. Acho que os fãs estão ficando muquiranas". Outro presente memorável foi um conjunto de bonecos (isso foi no começo dos anos 1990, antes dos Bobbleheads – o Rush tem os próprios bobbles agora), que tanto os caras da banda quanto os membros da equipe acharam meio assustadores porque se pareciam muito com os músicos.

A memória mais carinhosa e duradoura da temporada no Brasil foi o modo como os fãs participavam do show.

"Pareciam muito entusiasmados e sabiam de cor cada música e cada nota", explica Neil. "Eles estabeleceram um precedente para todos os outros públicos que viriam depois. Esse é o maior tributo que posso prestar ao público brasileiro. Cantavam junto com as faixas

instrumentais e nas passagens instrumentais, até mesmo faziam uma melodia contraposta às partes. Fico pensando, talvez no final de 'Natural Science' há um contraponto que desenvolveram e cantaram no vídeo e que todo mundo começou a imitar dali em diante. E 'YYZ', mesmo sendo instrumental, cantaram cada nota daquela música. Desde aquela época, outros públicos na América do Norte e na Europa assistiram ao DVD e aprenderam o jeito brasileiro de curtir um show.

"Às vezes uma multidão como aquela pode ficar irascível, e isso pode ser assustador. Você vê o desenrolar dos acontecimentos, talvez uma briga comece, uma onda de agitação. Costumávamos tocar sem assentos marcados, antigamente chamavam isso de plateia de festival, e a gente via as pessoas sendo puxadas pelas pernas, todo aquele caos era mesmo doloroso de assistir. Mas com o público brasileiro nada disso aconteceu. Havia sorrisos, um entusiasmo caloroso, uma ótima conexão, cantavam o tempo todo. Provavelmente seja a melhor plateia da história – todo mundo quer ser o melhor público de rock do mundo, mas ali estava um público roqueiro que elevou o patamar a ser alcançado por todos depois deles. Não acho que se possa elogiar mais os brasileiros do que isso."

"Naqueles shows, 'YYZ' foi um dos pontos altos do público", confirma Geddy. "Tão logo começamos a tocar essa música, a multidão inteira começou a pular no ritmo. Em certo ponto, estavam agitando os braços e se curvando, fazendo o gesto de 'Não merecemos isso' em sincronia. E o que foi maravilhoso com o público brasileiro: quando tocamos nossas partes instrumentais, eles cantavam mesmo assim, como se fosse uma letra sobre o instrumental. Não sei se eram cânticos de torcida de futebol ou algo assim. Foi maravilhoso ver que cantavam tão bem e acrescentavam essas partes à nossa música. Também fiquei impressionado porque o público era bem jovem. Havia muitos jovens e várias garotas lindas, o que era um deleite para os olhos. Sempre uma boa surpresa num show do Rush.

"Mas, sim, criavam os próprios acompanhamentos musicais, eram muito criativos. E depois fãs de outros países começaram a fazer o mesmo. Adoro isso. Aconteceu nos Estados Unidos e aconteceu na Europa, e tudo por causa do exemplo dos brasileiros, que escreveram uma parte de 'YYZ' que outros fãs mais tarde começaram a cantar quando tocávamos essa música. Acho que em 'Natural Science' também compuseram uma parte, que depois os outros acompanharam. Acho que isso mostrou para Neil como é divertido desbravar novos lugares. Não tem que ser um pesadelo. Ele precisava ver isso, e acho que se divertiu. Pode até não admitir, mas acho que se divertiu bastante."

"Era uma coisa difícil de se fazer", conta Ray, sorrindo e lembrando a repentina aparição dos vocais em "YYZ". "Ainda não consigo imitar. O passo seguinte depois disso é aprender a dançar ouvindo essa música, imagino."

"É surpreendente como são afinados em tudo, com todas as formas de música", acrescenta Alex. "No Brasil, não falam tanto inglês, ainda assim o público canta a noite inteira. E acompanhavam as músicas de *Vapor Trails* com facilidade, assim como as de *2112* ou *Moving Pictures*. Fui até lá imaginando como seria o Brasil... Não de um modo negativo, mas sim como se algo faltasse, mas foi exatamente o oposto. É uma cultura muito avançada. Estão por aí há mais tempo do que nós. E acho que de várias maneiras são o orgulho da América do Sul; sem dúvida uma cidade como São Paulo é avançada em termos tecnológicos e é o centro do comércio e da tecnologia do Brasil."

O Rush tocou para 25 mil pessoas em Porto Alegre, 40 mil no Rio e impressionantes 60 mil em São Paulo, sendo esse o show com o maior público da história da banda como atração principal. A maior plateia antes do Brasil havia sido de 20 mil pessoas no Gorge, em Washington, durante a turnê *Test for Echo*.

Embora tenham realizado três shows, como Geddy explica, acabaram gravando apenas um deles: "Foi questão de puro acaso. Na verdade, era a última apresentação da turnê e não tinha sido nossa primeira escolha. Originalmente, estávamos agendados para gravar um show nos Estados Unidos, na costa leste, mas no último minuto tivemos problemas

com a arena e ele foi cancelado. E pensamos: 'Bem, o que vamos fazer?', porque tínhamos planejado fazer o DVD mais como um experimento de cinematografia de alta definição usando equipamento de ponta.

"Depois mudamos para uma ideia completamente diferente e sugerimos 'Por que não gravar um dos shows na América do Sul?'. Seriam apresentações com mais cor, um tipo de conceito. Bem melhor do que apenas a banda se apresentando num ambiente de controle técnico, portanto seria um recorte interessante da vida na estrada. Então deixamos todo mundo em pânico, como os caras da produtora. Na verdade, meu irmão, que atua no ramo de produção de vídeo e já tinha feito vários trabalhos com a gente e outras empresas, assumiu a posição de executivo, uma espécie de gerente de projeto, coordenando vários departamentos. E montaram toda a produção no Brasil, o que foi bem interessante, uma combinação de nosso próprio pessoal e câmeras além do uso do que pudéssemos encontrar lá. Havia mais de 20 câmeras envolvidas na filmagem."

Como já mencionado, o resultado veio envolto de uma sensação de vitória. Alex conta: "Depois do show, voltamos para o hotel. Nós nos reunimos de tempos em tempos na estrada, todos juntos, principalmente quando as garotas estão nos acompanhando. Saímos para jantar e tentamos fazer alguma coisa, mas como Neil viaja separado, nem sempre é fácil coordenar as agendas. Então, no final dessa turnê, nossas esposas nos acompanharam na viagem ao Brasil. Ficamos no hotel Sheraton, no Rio, e estávamos sentados juntos à mesa, tinha muita gente lá. Foi uma grande celebração. Os rapazes da equipe chegaram depois que tinham terminado suas atividades, e foi uma chance de nos despedirmos e darmos um abraço, essas coisas todas. Mas nós seis estávamos juntos ao redor da mesa, e nos sentimos bastante conectados, havia muito amor uns pelos outros. Foi realmente um jeito marcante de concluir uma jornada emocionante."

"Para mim, o Rio representou uma vontade de aceitar novas experiências", reflete Geddy, "e expandir nossa visão de mundo com relação às turnês do Rush. Chegar lá e viver essa nova experiência maravilhosa nessa cultura diferente... Lembro que Neil timidamente me disse depois de um dos shows, enquanto voltávamos ao hotel: 'Ei, isso me fez sentir bastante internacional', ou algo nesse sentido. E acho que foi um bom sinal. Isso fez nos darmos conta de que tínhamos nos estreitado muito em termos de onde estávamos tocando e do que estávamos fazendo. Então foi quando eu soube, no meu íntimo, que precisávamos continuar avançando."

Os pontos altos do CD e DVD *Rush in Rio* são muitos. O vídeo está repleto de material de bastidores, incluindo uma filmagem no hotel e todo o ritual de aquecimento de Neil, a montagem meticulosa do palco, além de tomadas da viagem em si. Musicalmente, o box se distingue pela inclusão do material de *Vapor Trails* (mais frenético e rápido que as versões originais), incluindo "Earthshine", "One Little Victory", "Ghost Rider" e "Secret Touch". O terceiro disco do CD triplo é um paraíso retrô (e bem engraçado, já que Alex assume o microfone), terminando com "The Board Bootlegs", uma versão elétrica e arrebatadora de "Between Sun & Moon" gravada em Phoenix, e uma versão mais intimista e *new wave* de "Vital Signs" gravada na cidade de Quebec. Obscuramente, "Driven" e "Resist" são incluídas, a última, como já mencionado, num elegante formato acústico. "Leave That Thing Alone" se infiltra de modo enlouquecido, conduzindo para a *extravaganza* do solo de Neil, então batizado como "O Baterista". A multidão se parece com ondas do mar quebrando na beira da praia – sendo que raramente não estão cantando cada sílaba de cada letra.

Alex traz alguns comentários sobre a produção do DVD, descrevendo como "trabalho duro": "Quando saímos da estrada, Geddy e eu meio que decidimos que, se houvesse muitas decisões a tomar sobre o vídeo, ele cuidaria disso. E todas as decisões sobre o áudio que precisassem ser tomadas ficariam sob minha responsabilidade. Começamos a mixar tudo, e achei que precisaria ir para o estúdio a cada dois dias e permanecer lá só algumas horas. Fui todos os dias, ficava lá do almoço

até as quatro da manhã, e isso durou oito semanas. Deu muito trabalho. A intenção original era fazer apenas o 5.1, e então a Atlantic decidiu que queria lançar o CD, portanto houve esse acréscimo, e foi um show inteiro de novo na versão estéreo. Não paravam de empilhar trabalho. Assim, trabalhei demais naquele verão, um verão em que eu esperava poder somente descansar. Os dois anos anteriores tinham sido bem movimentados e caóticos para nós, então foi bom ter o outono de folga."

Em 29 de junho de 2004, o Rush surpreendeu a todos lançando *Feedback*, um EP de covers, com 27 minutos de música e oito canções. A matemática é frustrante porque as oito canções estão perto do limite necessário para ser considerado um LP, ao passo que 27 minutos... Bem, pelo menos, nos anos 1970, se acrescentassem mais dez minutos, teríamos um LP. Fazendo essa conta, 16 faixas nem chegariam a ser um CD particularmente longo – 54 minutos –, ficando bem abaixo do limite aproximado de 74 minutos da tecnologia do *compact disc*. Mas isso presumiria que um LP é o formato universal preferido por todos. Talvez essa tenha sido apenas uma mensagem de que *Feedback* não era para ser levado tão a sério. Além disso, com a duração de um EP, é mais fácil deixá-lo de fora das discussões a respeito do catálogo "oficial" da banda: o de LPs (que claramente são distinguidos com mais detalhes por englobarem o material original do Rush).

"Sempre ignoramos esses aniversários", disse Geddy para Michael Mehle, da *Rocky Mountain News*, referindo-se ao fato de que já fazia 30 anos desde o lançamento do álbum *Rush*. "O empresário é o cara que quer tirar o maior proveito de cada lançamento. Meio que senti isso dessa vez também. Preferia que o trigésimo aniversário tivesse passado com tranquilidade, mas os outros caras pensaram: 'Sabe, isso é um grande feito. Talvez devêssemos fazer uma pausa e apreciar tudo o que já vivemos. Talvez tudo se resuma a ter um momento de nostalgia e reflexão'. Pode ser que estivessem certos quanto a isso."

"Ao longo dos últimos dez anos, conversamos a respeito de fazer uma versão cover para um dos nossos números de bis nos shows", continua Ged, "portanto a ideia não veio assim do nada. Quando começamos, todo mundo disse: 'Ei, isso é divertido'. Tudo o que experimentamos tocar acabou ficando excelente. O critério era que precisava ser alguma coisa que pudéssemos chamar de nossa, mas ao mesmo tempo queríamos prestar uma homenagem aos artistas de que gostávamos sem arruinar a música deles. Esta era a regra número um: não podíamos arruinar a música.

"Queríamos fazer uma canção do Jimi Hendrix porque ele era uma grande influência", conta Geddy. Há rumores de que a banda teria considerado seriamente tocar King Crimson e Jethro Tull. "Mas não tem como chegar perto de Jimi, cara. Ele é intocável. Fizemos uma versão meio crua de 'Manic Depression', que é uma canção maravilhosa. Mas quando se coloca a minha voz nela, tudo soa apenas errado. Esse cara branco e magrelo ali do Canadá não tem a mesma atitude. E foi a mesma coisa com as músicas do Led Zeppelin. Tem muito a ver com o músico que toca essas canções. Mas podíamos ter feito um álbum inteirinho só com músicas do The Who. Podíamos ter feito um álbum só com músicas do Yardbirds. Voltamos e brincamos um pouco com algumas canções, mas basicamente só adicionamos momentos ótimos de feedback. Tentamos obter feedback, aquela retroalimentação do som, em cada uma delas."

Por isso a banda escolheu esse título para o álbum. Além disso, a palavra também engloba a ideia de que o Rush estava nos oferecendo um feedback sobre suas raízes, um diálogo aberto, além das informações publicadas em entrevistas, em essência constituindo um tributo.

E como Geddy explicou a Brad Parmerter, não havia risco algum em apenas tentar: "Um amigo meu, um dos meus amigos mais próximos, foi quem me sugeriu a ideia. É o tipo de coisa que surge assim bem aos poucos. Fiquei pensando nisso um tempo e falei: 'Quer saber? Talvez seja uma ideia divertida'. E conversei com Alex e Neil, e ambos reagiram positivamente na hora. Nossa abordagem foi do tipo 'nada garantido, nada perdido'. Pensamos: 'Bem, vamos tocar essas músicas e,

se ficarem ótimas, tudo bem, e se não ficarem, então tudo bem também, não precisamos lançá-las. Podemos descartá-las'. Como ninguém sabia que esse álbum seria lançado, não havia expectativa. Adotamos uma atitude bem casual nesse projeto."

"Quanto aos vocais, em *Feedback* há uma quantidade de arranjos diferentes com relação aos originais", observa Geddy, na mesma entrevista ao site FYE.com. "Não dá para entrar no estúdio com a ideia de apenas copiar uma canção de forma direta, embora 'The Seeker' não seja lá muito diferente da original. Há algumas dinâmicas distintas e harmonias diversas flutuando ali. De qualquer maneira, é necessário tomar as canções para si, caso contrário não se consegue realmente cantar de forma convincente. Assim que preparamos o arranjo inicial, toquei de um jeito que combinava comigo para poder cantá-la."

Deixando de lado os vocais e nos concentrando na guitarra, no baixo e na bateria – e mesmo nas escolhas das músicas mais populares –, percebe-se certa falta de imaginação, certa hesitação. As incontáveis covers e álbuns "tributo" que surgiram na indústria musical a partir de meados dos anos 1990 até os dias de hoje tinham coletivamente elevado o nível para tais empreendimentos – *Feedback* meio que decepciona em todos os sentidos. Os fãs torceram o nariz ao ler a lista de canções do disco e depois não ficaram nada impressionados com as versões do trio. Conversando com fãs mais ardorosos, sem dúvida apreciariam uma reverência ao Led Zeppelin, mas um Zeppelin mais *obscuro*. O mesmo vale para King Crimson – afinal trata-se do Rush, então seja mais nerd! Como os caras são conhecidos fãs de The Who, alguma coisa mais ousada do que "The Seeker" teria sido bacana. E por que não Kansas, Queensryche, Dream Theater, The Police ou mesmo Primus – uma expressão do muito conhecido senso de humor autodepreciativo da banda? Ou, pelo menos, mais próximo da lista de influências: Yes, Genesis, talvez um gostinho de Taste.

"Nossa visão foi de 1966, quando éramos adolescentes", explicou Neil em entrevista a Don Zulaica. "Decidimos escolher apenas as músicas da nossa juventude de que mais gostávamos e fazer um álbum tributo para quem cresceu ouvindo isso. Por exemplo, tocamos 'Summertime Blues' e meio que combinamos os arranjos de Blue Cheer e The Who, e tocamos 'For What It's Worth', de Buffalo Springfield, e outra de uma banda meio obscura dos anos 1960 chamada Love, a canção 'Seven and Seven Is'. Todos adoramos a liberdade que esse material nos trouxe – em outras palavras, adoramos não ter o peso de ficar pensando demais. E fizemos do nosso jeito, é claro, mas demonstramos o devido respeito à época. Batizamos o projeto de *Feedback* porque, quando Geddy e Alex estavam trabalhando nas demos, decidiram colocar feedback e reverse na guitarra em todas as músicas."

"Quando entramos no estúdio, decoramos com várias velas e luminárias de lava, e trouxemos alguns tapetes", contou Alex a Doug Elfman em entrevista ao *Las Vegas Review-Journal*. As sessões foram produzidas por David Leonard, todo mundo trabalhou no Phase One em Toronto durante duas ou três semanas entre março e abril de 2004. Leonard tinha trabalhado com Geddy no álbum solo. Aqui ele obtém um som elétrico e vigoroso que parece ser vítima de uma guerra de volume, a demência da compressão que estava fazendo os CDs ficarem hostis naquela época. Entrando no espírito do disco, foi usado equipamento vintage, embora manipulado por computadores.

"Nós nos instalamos na sala, gravamos tocando ao vivo direto do estúdio, nós três juntos. Brincamos com a ideia de incluir uma música dos Beatles, ou duas músicas deles – talvez 'I Feel Fine' ou 'Day Tripper'. Ficamos fazendo jams por um tempo. Havia coisas que pareciam sagradas, que não soavam certas, e 'Manic Depression' era uma delas sem dúvida – é uma música muito pessoal para Hendrix. E instrumentalmente, pareceu bem boa, mas com a voz de Geddy ficou estranha demais.

"Achamos que era mais divertido e apropriado prestar um tributo a algumas músicas que tocávamos quando tínhamos 12 ou 13 anos de idade, quando estávamos aprendendo a tocar, antes do Rush, época das

ENTRANDO NO ESPÍRITO DO DISCO, FOI USADO EQUIPAMENTO VINTAGE, EMBORA MANIPULADO POR COMPUTADORES.

nossas bandas de porão", continua Alex. "Ao repassar todo esse material para *Feedback*, me dei conta de quanta influência tenho de Jeff Beck e, principalmente, de Pete Townshend. Quando cito músicos que me inspiraram quando eu era garoto, em geral falo de Eric Clapton e Jimmy Page em especial. Mas, na verdade, acho provável que Townshend tenha sido uma das minhas maiores influências – ele realmente me ensinou tudo sobre acordes e como criar um som de guitarra potente sem ter que aumentar demais o volume."

O EP abre forte com "Summertime Blues", e como Geddy explicou a J.D. Considine, "essa música já foi gravada por muitas pessoas, a primeira versão que todos adoramos foi feita pelo Blue Cheer. De fato, tocávamos algumas canções deles lá atrás. Eram nossos ídolos porque foi o *power trio* mais barulhento da história dos *power trios*. Adorávamos mesmo aquilo!"

"Para ser sincero, nunca ouvi a versão de Eddie Cochran", confessou Lee para Michael Mehle. "Minha primeira experiência foi com a versão do Blue Cheer. Foi um momento muito marcante na minha vida, ouvir essa ruidosa banda de três integrantes com todo esse feedback."

Em seguida, temos "Heart Full of Soul", do Yardbirds, em que Geddy aplica um falsete ameno – a canção inteira é suave, tanto a original quanto essa versão. "Mudamos a música um pouquinho", explicou Ged em entrevista a Considine. "Os versos são bem simples, e os refrãos meio que ganham um impulso com um bloco de harmonia que compus. Acho que é uma das melhores coisas que já gravamos em nossa carreira. Tão logo ela começa, soa contemporânea, mas também tem essa pegada anos 1960. Parece ao mesmo tempo que deveria estar num filme de Austin Powers."

Alex diz que "For What It's Worth", de Buffalo Springfield, é sua canção favorita de todos os tempos, então há uma razão pela qual essa faixa está presente no álbum, mesmo que seja legítimo que todos nós tenhamos ficado surpresos com o fato de que o Rush se importa com uma música da máfia do abacate do Troubadour. Lifeson se lembra de

estar no carro com o pai, ainda antes do Rush existir. "Estávamos indo para o shopping ou algo assim", contou Alex para Doug Elfman, com a lembrança nítida de ouvir essa música no rádio. "Era uma tarde ensolarada de verão. Eu estava com meus óculos de lentes azuladas. Simplesmente senti uma conexão com aquele momento. Não foi a primeira vez que ouvi essa canção, mas acho que estava tomando consciência de estar numa fase de transição na minha vida. E tudo ficou tão ligado a isso, aquele verão, aquela música."

A faixa número quatro das oito de *Feedback* é "The Seeker", uma escolha mais óbvia para o álbum, portanto... uma unanimidade. Como Geddy explicou a Considine: "Havia tantas canções do The Who que queríamos tocar, mas tinha uma coisa em 'The Seeker' de que nós todos gostávamos, e acho que é porque em nossas próprias músicas nunca tocamos devagar assim! Somos sempre tão acelerados, e há uma coisa nessa canção que a faz parecer tão clássica."

"Mr. Soul", de Neil Young (para Buffalo Springfield, por volta de 1967), é completamente incongruente, mas há esse ar sombrio nela que combina com o Rush. Geddy a gravou num túnel de vento, adicionando um senso de urgência. O lado positivo é que o arranjo parece coerente com o material mais roqueiro do EP, e o resultado é um arrebatamento alto e uniforme – até mesmo barulhento – pelas raízes adolescentes da banda (mesmo que ninguém tenha pedido tal exercício).

"Uma das canções mais esquisitas já escritas", disse Geddy a respeito de "Seven and Seven Is", em entrevista a Arthur Lee. "Puro surrealismo. Alex e eu adorávamos essa música quando éramos garotos, principalmente a progressão dos acordes. É provável que a letra seja a coisa mais boba que já cantei na minha vida. Nós nos divertimos muito porque é rápida como um raio, e Neil toca só um rulo de caixa do começo da música até o final."

Esses rulos de caixa continuam no clássico dos Yardbirds "Shapes of Things", mais uma canção de *Feedback* tocada sem ironia, estranheza, obscuridade ou extrapolação. Ainda assim, ouvimos o solo de Neil profusamente, ou pelo menos ouvimos o baterista fazendo muito barulho. E depois, é claro, há feedback. Por que o Rush não fez uma cover de Amboy Dukes?

O EP fecha com "Crossroads", e de novo, se pode especular que os fãs teriam preferido ouvir uma música do Cream. Geddy explicou a J.D. Considine: "É uma versão bem simples da canção, bastante diferente de todo o resto em *Feedback*. Apenas montamos o equipamento e a tocamos ao vivo, depois, fiz só um canal com a voz. Quando mixamos, chegamos a montar o campo estéreo para que a guitarra ficasse de fora num lado, e o baixo de fora do outro".

Além de causar certa irritação aos fãs mais fiéis do Rush, *Feedback* também serviu como novo produto da banda, preenchendo o corolário antigo de promoção de que o propósito de uma turnê é dar visibilidade para um disco novo. Tecnicamente, o Rush estava apresentando um disco, portanto criando uma desculpa para pegar a estrada. A campanha de divulgação, assim como o EP, foi toda montada em torno do trigésimo aniversário da banda. Tocaram de maio de 2004 até o primeiro dia de outubro do mesmo ano, e gravaram o show em Frankfurt, na Alemanha, em 24 de setembro, para lançar um elegante box com CD e DVD chamado de *R30*.

"Foi um estouro tocar aquilo", contou Geddy a Brad Parmerter, falando das covers. "Adoro tocar essas músicas. Queria que pudéssemos tocar todas, mas há uma linha tênue quanto à minha visão do que os fãs do Rush querem ouvir e o que queremos tocar. Perder quatro canções que o público estava esperando ouvir de nossos álbuns anteriores em troca de quatro covers já é um salto, mas tocar mais quatro seria meio entediante para eles. O pessoal está gostando delas. Acho que é um tipo de frescor no set, dá uma arejada, para ser honesto."

A turnê *R30* primeiramente seguiu pelos Estados Unidos, depois fizeram dois shows no Canadá e passaram cerca de três semanas na Europa. A aventura da ida ao Brasil abriu passagem para o pragmatismo e a praticidade.

Alex explica: "Se houvesse um lugar que pudéssemos ir onde tivéssemos o mesmo tipo de acolhimento que tivemos no Brasil – onde, sendo franco, não fazíamos ideia da nossa popularidade –, então valeria a pena visitar. Mas neste estágio da nossa carreira, ir a um país mais exótico e tocar para duas mil pessoas não era algo que realmente nos interessava. Nosso show é grande, custa muito dinheiro; não queremos nos comprometer com isso, não gostamos de participar de festivais ou algo desse tipo. Um evento especial de vez em quando é uma coisa, ok, mas preferimos manter o controle das coisas e gostamos de apresentar a banda de certa maneira. Portanto, precisávamos estar no lugar certo."

De fato, não se sabia para onde exatamente levariam a turnê, e o Rush logo decidiu fazer um novo álbum de estúdio. Como já estavam a caminho, acumularam vários shows, mesmo que os Estados Unidos tenham recebido a maioria das datas.

Em 22 de novembro de 2005 foi lançado o *R30*, outro álbum ao vivo de duração monstruosa, seguido depressa por mais alguns que vieram não muito mais tarde. A raridade desse tipo de disco se perdeu, principalmente por causa da linha difusa entre CD e DVD. Começando com *Different Stages*, os álbuns ao vivo do Rush se tornaram o cimento entre os tijolos e não mais eventos autossuficientes como *All The World's a Stage, Exit... Stage Left* e *A Show of Hands*. Mas seguimos, porque, felizmente, o trio ainda não tinha parado por aí.

"COM E
DISCO,
PRECIS
LEMBR
QUEM S

STE
VOCÊS
AM
AR
ÃO."

CAPÍTULO 7

SNAKES & ARROWS

Depois da experiência dolorosa de fazer *Vapor Trails* – mas também depois de anos de apresentações ao vivo em busca de reafirmação –, em 2007, o Rush se encontrou de novo em circunstâncias mais próximas da normalidade: voltaram ao estúdio para trabalhar num novo álbum. O que se tornaria *Snakes & Arrows* rompeu o casulo enquanto Geddy e Alex trabalhavam em casa nos próprios estúdios, e Neil trabalhava remotamente, tendo se mudado e começado uma vida nova na Califórnia. O método moderno de enviar e receber arquivos seria usado com bastante frequência. Neil só aparecia quando necessário e depois retornava para casa.

"Houve um intervalo de cinco anos entre os álbuns de estúdio, mas nos mantivemos muito ocupados naquele período", relata Alex. "Lançamos dois DVDs e fizemos duas turnês mundiais. Como é comum para Geddy e eu, não fizemos nada até aquele primeiro dia da sessão de composição. Não trouxemos coisas em que trabalhamos individualmente. Na verdade, não fazemos mais isso. Anos atrás costumava ser assim, mas é muito mais emocionante e muito mais divertido chegarmos naquele primeiro dia e tocarmos o primeiro acorde juntos."

Alex, inspirado depois de ter assistido a um show de Dave Gilmour, optou por compor num violão e até agradeceu à lenda do Pink Floyd no encarte do álbum pelo comentário de que o temperamento de uma canção pode ser comprovado na possibilidade de tocá-la de forma acústica ou não. O violão se tornaria uma figura proeminente na mixagem do disco, de modo enigmático mesmo que fosse uma faixa mais roqueira – muitas delas são – ou não.

"Ficamos muito bons em criar camadas, densidade e complexidade", contou Geddy a Philip Wilding, concordando com essa premissa. "Mas tínhamos esquecido que essa pegada abertamente roqueira é uma curtição para tocar e compor. Fazer covers de canções de artistas como Cream e Yardbirds [em *Feedback*] nos fez lembrar disso. E dessa vez Alex queria compor no violão porque se uma música é piegas, ela fica claramente piegas no acústico. Com a guitarra você pode se iludir porque há distorção, há energia, essa extensão toda e essa tecnologia que podem enganar despertando uma falsa satisfação."

"Acho que tínhamos cinco músicas quando Nick chegou", explica Lifeson sobre como foi começar uma relação com um novo produtor, Nick Raskulinecz. "Entramos em contato com alguns produtores, e na época estávamos em negociações com um em particular, mas muitos desses profissionais precisam ser agendados com bastante antecedência, gente como Bob Rock ou Rick Rubin, que também estavam na nossa lista. De fato, Nick soube do projeto por meio de Rick, que é claro já estava com trabalhos marcados há anos e não podia embarcar no projeto por mais dez meses ou algo assim. Então Nick entrou em contato e quis conversar conosco para fazer o disco. Na época, não tínhamos decidido com quem iríamos trabalhar, ou ao menos se iríamos trabalhar com alguém, ou talvez fôssemos fazer tudo por conta com Rich Chycki.

"E então Nick apareceu em maio de 2006, depois que passamos algumas semanas com Neil no estúdio atualizando-o do material e adiantando algumas coisas sobre os arranjos, as músicas e tudo mais. Nós nos reunimos e conversamos a respeito de várias coisas: música, construção de canções, composição, o valor do refrão, todos esses assuntos, assim como a guerra no Iraque, família e tudo mais. Conhecemos Nick muito

bem nessa conversa. E ele simplesmente estava tão entusiasmado que falou todas as coisas certas. Era jovem e sua lista de discos produzidos era bem diversificada. Tinha feito muitas coisas pesadas assim como Foo Fighters, que na minha opinião tem bastante força. Pensamos que poderíamos mesmo dar uma chance pela juventude dele e pelas coisas que nos disse."

Ged fez a seguinte observação a respeito de Nick em entrevista a J.D. Considine, da *Bass Guitar*: "Nick realmente foi revigorante, porque é um ser humano muito positivo, e eu de fato já não trabalhava com um produtor que trouxesse tantas ideias tão rápido quanto ele há muito, muito tempo. Foi mesmo uma grata surpresa, E o modo como ele apareceu nas nossas vidas foi meio estranho, porque meio que estávamos acertados para trabalhar com outro produtor. Mas as negociações não estavam avançando, então pensamos em dar mais uma olhada por aí."

Ao ouvir o trabalho de Nick com o Foo Fighters, Geddy observou: "Era impressionante, perceptível que se tratava de um trabalho de verdadeiro amor e muito conhecimento sobre música. Não importa a canção ou o estilo, o resultado mostrava um bom material, um bom som e uma boa produção ao passo que várias coisas que ouvimos por aí não trazem canções tão boas. E pensei: 'por que iria querer contratar um cara que não consegue diferenciar uma boa canção de uma ruim e que acaba colocando uma música medíocre no portfólio só por ser uma mixagem que ele fez?'"

Além disso, conta Lee, Raskulinecz "se ofereceu para pagar o próprio voo, coisa que é inédita na indústria musical. Então pegou um avião, e o recebi na minha casa junto com Alex. Ele é um cara simpático, impossível não gostar dele. De qualquer forma, tocamos algumas de nossas músicas e ele pirou – mas não nos contou que era um grande fã do Rush. Disse apenas que era fã da banda, mas eu não sabia o quanto ele *realmente* era nosso fã."

À medida que as sessões foram acontecendo, Geddy conta como era trabalhar com Nick e o engenheiro Rich Chycki: "De vez em quando ouvíamos esses dois caras cantando versos de músicas que até eu já havia esquecido de ter escrito. Cantavam aos berros a letra de 'Chemistry', do álbum *Signals*. E eu ficava pensando: 'Chemistry?', nossa, essa é bem obscura. E isso acontecia o tempo todo. Às vezes, quando estávamos gravando as faixas-guia, Nick queria fazer uma jam todas as noites. Então todo mundo ficava lá tocando junto, e é claro que aqueles dois sempre queriam tocar músicas do Rush. Na verdade, era uma coisa bem fofa. Nunca imaginei que iríamos trabalhar com alguém que fosse nosso fã. Mas encontramos o cara certo para isso. E fazer esse álbum significou muito para ele. Nick colocou todo o coração nesse trabalho. Lembro que, quando ele saiu depois da nossa primeira reunião, nos disse: 'Não vou desapontá-los'. E não nos desapontou."

Depois que Steven Wilson, da Porcupine Tree, leu uma entrevista com Alex em que o guitarrista afirmava ser um grande fã da banda (Neil e o baterista da Porcupine, Gavin Harrison, também se tornariam amigos), Wilson o convidou para fazer uma participação especial no disco.

"Eu queria perguntar a Steven se ele não se importaria que eu tocasse no álbum inteiro", disse Lifeson na época em entrevista a Philip Wilding, da *Classic Rock*, mas acabou tocando apenas numa faixa chamada "Anesthetize". "Estava no processo de composição e pré-produção de *Snakes & Arrows*, mas adorei a música e ela me deu espaço para ir além. A Porcupine Tree é uma ótima banda e foi um prazer ter uma pequena participação em *Fear of a Blank Planet*."

Como Wilson me disse na época: "Alex estava gravando o álbum do Rush enquanto estávamos na Inglaterra gravando *Fear of a Blank Planet*. Então tudo na verdade foi feito por e-mail. Para ser sincero, não acho que algo teria sido diferente se estivéssemos juntos dentro do mesmo estúdio. Porque, se pensar sobre isso, se vai convidar alguém como Alex Lifeson para tocar num novo álbum, não vai querer ficar dando instruções em demasiado para ele. O melhor de se ter alguém assim é que você já ama o trabalho da pessoa, e ama a maneira como

encara a música. Sem dúvida, adoro a visão dele sobre as coisas. Ele sempre me surpreendeu. Assim, fora um pouco de direção no sentido de 'esta é a parte que queremos que você toque', não queria lhe dizer o que tocar ou como tocar. Alex tocou algumas músicas, mas até o momento só lançamos aquela que está no álbum. De fato, ele fez um solo maravilhoso – fizemos quatro ou cinco takes – e tocou tão lindamente que, quando pegamos os arquivos, estendemos as seções para dar mais espaço para o solo."

De volta ao mundo do Rush, a banda acampou no Cherry Beach Sound em Toronto para a pré-produção durante o mês de maio, depois mais tarde em setembro e outubro, antes de se realocarem no Allaire Studios, em Shokan, Nova York, para fechar o ano. Saindo de Toronto, os caras pareciam renovados depois de uma folga no verão e traziam oito músicas. Raskulinecz, nascido no Tennessee, com 32 anos de idade na época, tinha coproduzido dois álbuns do Foo Fighters – *One by One* e *In Your Honor* –, mas na verdade estava só começando a carreira como produtor musical. Foram os trabalhos com o Foo Fighters e o Rush que o tornaram conhecido, e Nick continuou a acumular uma lista ilustre de créditos incluindo Alice in Chains, Ghost, Evanescence, Deftones, Mastodon, Korn e um segundo álbum de estúdio com o Rush, o disco que seria o último da banda.

"Nick era muito bom em engenharia de som, segundo o que tínhamos ouvido falar", continua Alex. "Ainda queríamos contar com Rich, porque a minha relação com ele era um pouco mais heterogênea. Tínhamos feito alguns projetos independentes juntos, e simplesmente o considero um engenheiro espetacular. Ele é muito, muito bom. Tem habilidades intuitivas e uma sólida base em engenharia, assim como Nick. Mas isso tirou um pouco o peso dos ombros de Nick de modo que pudesse se concentrar apenas na música e no caminho que estávamos seguindo, além da performance."

"Neil tinha algumas coisas em que estava trabalhando", diz Alex, trazendo o passo a passo de *Snakes & Arrows*. "Porque ele nos enviava o material. Geddy e eu trabalhamos de maneira bem casual nesse disco. Trabalhávamos alguns dias por semana durante cinco ou seis horas, e conseguimos continuar com nossas vidas normalmente. Tínhamos equilíbrio e ficávamos animados em chegar ao trabalho. Não era como um emprego cansativo de cinco dias por semana, do almoço até a meia-noite. Você força a si mesmo para ser criativo, e as coisas não funcionam dessa maneira."

"Está tudo aqui", esclarece Alex, se referindo a Toronto. "De fato, trabalhamos na casa de Geddy. E moro a apenas cinco minutos da casa dele. Ged tem uma salinha de composição bem aconchegante. Não é exatamente um estúdio, mas uma pequena sala de música, com vista para o jardim. E foi ótimo trabalhar lá, de verdade, foi bem casual, bastante tranquilo. Começamos em março e pegamos as coisas de Neil, que depois veio para cá em meados de abril, fomos até a casa dele em Quebec e passamos um tempo juntos para analisar todo o material. Mais tarde ele veio a Toronto, e trabalhamos durante um mês num estúdio local, depois tiramos uma folga no verão e retomamos os trabalhos em setembro. Entre setembro e outubro, voltamos ao mesmo estúdio e simplesmente continuamos a trabalhar nas demos, compor e nos familiarizar com todo o material.

"Em seguida fomos para o Allaire. A intenção era passarmos 12 dias lá para gravar a bateria. Neil já tinha trabalhado naquele local e estava ciente das vantagens daquele grande e lindo estúdio de bateria. Mas uma coisa surpreendente aconteceu: também nos apaixonamos pelo local quando chegamos e decidimos ficar e fazer toda a gravação do álbum naquele estúdio. Então acabamos ficando cinco semanas lá."

Refletindo sobre o que os outros produtores poderiam ter contribuído, Alex observa: "Bem, eles são muito diferentes. Brian Eno seria uma escolha interessante para nós porque teria sido algo totalmente diferente. E é esse tipo de coisa que procuramos. Essa é a vantagem de trabalhar com um cara novo, em especial com alguém como ele. Meio que já sabíamos o que queríamos fazer com o disco, havia uma direção,

que é um pouco diferente de quando um produtor assume mesmo o controle do projeto inteiro. Mas Brian Eno, por exemplo, nos levaria para uma área completamente diferente e despertaria em nós certas coisas que jamais levaríamos em consideração. É sempre muito interessante trabalhar desse jeito. Bob Rock também é um produtor bastante habilidoso. Ele tem feito trabalhos excelentes, muitas coisas diferentes. Sabe, vários desses caras são bem seletivos com relação ao tipo de trabalho que fazem e suas agendas, particularmente se estiverem no primeiro escalão. E muitos precisam de um longo tempo para fazer um disco. Nick não parecia ser esse tipo de pessoa. As coisas iriam acontecer bem mais rápido; ele tem muito mais energia."

E felizmente deu certo: "Sim, as sessões de gravação foram fantásticas. Nós nos divertimos bastante, e ele era uma pessoa muito inspiradora e motivadora. Uma das melhores coisas a respeito de Nick trabalhar conosco é que ele foi a um show nosso quando tinha 11 anos de idade. Foi o primeiro da vida dele [Nick diz que tinha 12 anos e que esse tinha sido seu segundo show, na turnê *Moving Pictures*]. A mãe dele o levou, ela era uma grande fã da banda e ainda é, o que é mesmo incrível, especialmente para Nick, porque é como se duas pontas da vida se encontrassem. Mas ele é um cara bem extrovertido e gregário, e conhecia bem a banda. Uma das coisas interessantes que Nick falou foi: 'Caras, às vezes vocês esquecem quem são. Com este disco, vocês precisam lembrar quem são. Há muitas coisas boas em sua história que são deixadas de lado ou ignoradas'. E acho que ele tem razão. Quando ficamos por conta própria, a tendência é deixar tudo para trás e seguir em frente, quase ao ponto de perdermos a noção das nossas raízes. E Nick queria de verdade que mantivéssemos isso em mente, quais foram os pontos fortes da banda nesses anos todos. Ele trouxe isso à tona. Desafiou todo mundo a tocar no melhor da habilidade de cada um e alcançou seu objetivo."

O Allaire Studios, nas montanhas Catskill, foi escolhido por sugestão de Neil; ele tinha trabalhado lá em seu DVD instrucional *Anatomy*

of a Drum Solo. Como Alex diz, o plano era concluir as faixas-guia em duas semanas (ou pelo menos fazer metade do baixo de Geddy), mas a banda gostou tanto do lugar que decidiu gravar as guitarras lá também, deixando de lado o plano original de trabalhar no estúdio da casa de Alex. A voz também foi gravada no Allaire, prolongando a estadia para cinco semanas.

Neil, por sua vez, gostou da ideia de os três estarem longe de casa trabalhando e tocando juntos como faziam antigamente, fosse no Le Studio ou, de forma mais extravagante, torrando dinheiro no Reino Unido. Foi ele quem insistiu no Allaire, embora Geddy resistisse à ideia, dizendo que tinha se tornado um velho ranzinza que preferia poder ir para casa depois de passar um dia inteiro no estúdio. Alex, como sempre, foi mais flexível e se rendeu ao local logo no segundo dia.

"É difícil dizer", contou Alex em 2007, quando pedi a ele que comparasse esse álbum ao resto do catálogo da banda. "Para mim, meio que engloba toda nossa história. Quando ouvi o disco, escutei diferentes aspectos da nossa composição e diferentes abordagens no modo como gravamos, como construímos nossas canções. Mas tudo está nessa embalagem de som inovadora. É o disco mais pesado que fizemos em muito tempo. E tem a sonoridade mais rica entre todos. Sem dúvida, *Counterparts* foi uma engrenagem propulsora. *Grace Under Pressure* tinha essa coisa também, porque é meio sombrio, meio cinzento, não é um álbum imerso na escuridão total, mas é bem cinza-escuro [risos]. Tem um pouco dessa característica pesada nele. Sim, não sei se algum dia vamos realmente fazer um disco pesado, para ser honesto. *Counterparts* seria o álbum daquele período – não é o caso nem de *Presto* nem de *Roll the Bones*.

Lifeson está certo quanto a isso e também está ciente de que *Counterparts* se destaca. É interessante que tenha comentado o fato de que o Rush nunca gravou um álbum pesado. Sem dúvida, há tons de peso no catálogo, das primeiras guitarras distorcidas até os ritmos castigantes passando pelas letras sombrias, mas ele está certo: nada disso esteve

junto ao mesmo tempo. Nem mesmo em *Snakes & Arrows*, principalmente por causa de dois fatores: o violão e as letras cheias de esperança que fazem bem à alma, com toques de nostalgia surgindo amarrados por melodias que lembram o álbum *My Favorite Headache*.

Alex faz a seguinte observação, preocupado com o vaivém criativo entre Neil e Geddy: "Às vezes, as letras se acumulam. Não é incomum que Neil traga sempre alguma coisa: 'Ouça isso agora' ou 'Dá uma olhada nisso'. Mas somos atraídos por aquilo que nos atrai. E geralmente ele estava escrevendo a respeito de alguma coisa mais moderna ou atual. Obrigo-me a dizer que Geddy e Neil trabalhando juntos é uma maravilha, é impressionante como conseguem encaixar tudo. Há muito profissionalismo e respeito. Contudo, deve ser difícil para Neil passar todo esse tempo compondo uma letra da qual Geddy talvez pegue um único verso e diga: 'Gostei mesmo deste aqui. Podemos criar uma canção só com esse único verso como ponto de partida?'."

"Ah não, cara!", eu digo. "Entende?", diz Alex caindo na gargalhada. "E tenho certeza de que a reação de Neil é essa! Aí Neil fala: 'Sim, vou dar uma olhada e ver o que posso fazer'. Depois Geddy entra e diz: 'Esse refrão inteiro faz sentido. Mas podemos apenas fazer uma alteração? E se tirássemos daqui e movêssemos para ali?'. Ele é ótimo nesse sentido. Não acontece com todas as letras. Por exemplo, 'Far Cry' foi quase literal. Quero dizer, é perfeita! Mas acho que é sempre pelo melhor. E desse modo Geddy pode cantar com mais convicção."

Ao responder se Neil sugere uma melodia vocal, Alex diz: "Não. Acho que ele confia em nós. Deixa isso por nossa conta. Pode até fazer algum comentário sobre um arranjo ou uma parte instrumental que talvez sinta não estar tão boa quanto as outras, mas não, ele meio que se concentra na letra e em ensaiar as partes de bateria."

Ser um trio sempre ajudou o Rush a cruzar esses campos minados em segurança. "De todas as coisas, essa parte provavelmente é a mais fácil", reflete Lifeson. "Sabe, é muito mais fácil convencer uma pessoa quanto ao mérito de suas ideias do que se houvesse três integrantes contra dois, ou dois contra dois, ou qualquer outra combinação. Sempre funcionou assim com a gente. Se não for unânime, não vai rolar."

E quando chegou a vez de gravar *Snakes & Arrows*, um dos principais obstáculos, o uso dos teclados e o colapso de outras características datadas dos anos 1980, já tinha ficado para trás, segundo Alex. "Geddy sabia que eu sempre tive problemas com os teclados, então mais brincávamos com isso do que qualquer outra coisa. Mas quando chegamos a um ponto de atrito e houve discussões sérias sobre o assunto, todo mundo estava aberto ao debate. Para mim, provavelmente o disco mais difícil de todos foi *Signals*. A guitarra foi mesmo relegada à posição de coadjuvante. Uma canção como 'Subdivisions', por exemplo, hoje em dia escuto e percebo que os teclados estão extremamente altos nessa faixa em particular, e a guitarra sofre para aparecer. Por que estou buscando um lugar diferente? Eu não deveria estar buscando um lugar diferente. O que está acontecendo com todos esses teclados? Não são nem mesmo reais — não são um instrumento real, se entende o que quero dizer. Era assim que eu estava me sentindo sobre eles na época, porque acho que a guitarra é o coração e a alma de um trio de rock, ou de qualquer banda de rock. É o lugar de onde todas as emoções surgem. Sabe, ao tocar com Geddy e Neil, que na época eram músicos realmente complexos, eu tinha que ser a cola, era eu quem precisava manter tudo grudado. Houve uma inversão parcial de papéis. Agora acho que estamos tocando numa formação mais tradicional, em que a seção rítmica está de volta ao fundo, e as guitarras assumem a frente."

É fato. Ao longo de *Snakes & Arrows*, Alex oferece uma carga redobrada de compassos na guitarra: violões tocados com alegria acompanhando o instrumento, enquanto Geddy e Neil adotam uma pegada roqueira com mais frequência, tudo analógico e mais quente graças ao trabalho de Nick e do engenheiro Rich.

"Ele *é* mandão, mas faz parte de sua natureza", ri Alex, acrescentando uma nota positiva na autoavaliação de Geddy de que a cada álbum ele agia mais como o líder da banda. "Isso é uma coisa boa. Ged quer que as coisas sejam feitas do jeito certo, do jeito que ele considera certo, e se esforça para que isso aconteça. Quanto à nossa relação, fico um pouco na outra extremidade. Perco o interesse rapidamente, tenho dificuldade em prestar atenção por muito tempo. Sou bem espontâneo, mas depois sigo em frente. Ele é mais focado e supera os obstáculos. Criamos um ótimo equilíbrio nesse sentido. Ged sabe o que usar de mim, levando em conta minha personalidade, e aplica isso ao modo como lida com as coisas. Assim, quando compomos juntos, acaba sendo um modo maravilhoso de se trabalhar. Eu me solto totalmente nas minhas pequenas coisas, e ele pega todas essas coisinhas, trabalha nelas e acrescenta as dele, encaixa tudo, e para nós é um ótimo modo de trabalho. Fico livre para fazer o tipo de coisa de que gosto do jeito como gosto de fazer e confio em Geddy para organizar."

"*Snakes & Arrows* foi escrito com muito amor, emoção e confiança", continua Lifeson. "Na época, esse álbum surgiu de maneira perfeita. Não houve obstáculos ou dificuldades que não pudéssemos superar. Tudo estava bem – 'Vamos chegar lá' – e mal podíamos esperar para voltar ao trabalho no dia seguinte. Era ousado e confiante em todos os aspectos, enquanto em *Vapor Trails* havia delicadeza e certa fragilidade em cada característica daquele disco. Quero dizer, agora o que mais fazemos é gravar direto do estúdio, o que não fazíamos há muito tempo, desde os nossos primeiros álbuns, e há um clima bem diferente e uma energia distinta no modo como essas músicas se traduzem quando estamos todos lá tocando juntos. Toquei muito nos últimos anos. Tenho um estúdio em casa e compus bastante coisa. Para mim, é como ir à academia, são exercícios. E não me refiro a tocar escalas: tem a ver com explorar o som e o que ele pode fazer quando emitido por uma guitarra. Para mim não é tão desafiador quanto é libertador. Realmente me deu uma chance de buscar as coisas que gosto de fazer. Gosto de procurar outros caminhos e criar coisas bem esquisitas. Em grande parte deste disco há uma dissonância que é muito agradável aos ouvidos. Parecem três ou quatro guitarras ao mesmo tempo, quando na verdade há apenas uma ou duas."

Mas Alex se diz encantado com o que Geddy já havia realizado nesse ponto: "Acredito que muito vem do treinamento inicial dele, dos músicos que ouvia como professores. Mas também acho que muito se deve ao fato de que é vocalista e quer criar uma boa base para seus vocais. Então há uma boa conexão entre a melodia vocal e a melodia do baixo. Como seção rítmica, Ged e Neil têm um grande entendimento um do outro. É excepcional assisti-los quando estão trabalhando nas partes, porque entram em sintonia naturalmente. Sabe, como as coisas devem funcionar para eles. Mesmo nas jams durante a passagem de som, até os dias de hoje, quando começamos a tocar, os dois se encaixam na hora; são muito naturais nesse sentido. É uma combinação desses dois elementos: basicamente, a melodia vocal é o que orienta a do baixo, e depois a questão rítmica é uma pequena fuga, um momento divertido."

Em termos de composição nesse contexto, enquanto Alex explora o violão, diz: "Ged se senta para compor no baixo; ele toca muitas combinações de sons. Porque fica bloqueando as melodias vocais e sabe que é o que a guitarra vai fazer, então toca esses acordes. Depois, quando chegamos à fase de fazer mesmo os arranjos, é óbvio que vou substituir essas combinações de sons com a guitarra, e ele vai desenvolver a linha de baixo. Mas várias vezes Ged incorpora esses acordes às partes que está tocando, principalmente como ocorreu nos últimos álbuns. É um ponto de partida bem interessante para mim porque tenho que criar alguma coisa que se encaixe ao redor da densidade desses acordes, que podem ser exaustivos num sentido sonoro. Então escrevo uma parte que é mais uma linha única ou mais elevada num registro alto para trabalhar em torno dela. É interessante quando estamos compondo e essas partes surgem, e isso acontece com frequência. Principalmente se ele só estiver ali sentado dedilhando alguma coisa sozinho. É o ponto de partida. Assim, sabemos muito bem compreender e ler um ao outro nesse sentido."

Os temas de Peart com relação à fé estão refletidos de modo oblíquo e abundante na arte de capa do álbum. Alex explica: "A capa veio de um jogo de tabuleiro chamado Leela. É um jogo antigo indiano. É a origem do que conhecemos hoje como *Snakes and Ladders*, ou Serpentes e Escadas. É um jogo de sorte ou azar, e assim você avança nos quadrados e sobe pelas setas. Conforme o número que sair nos dados, o azar o leva para baixo deslizando pelas costas da serpente. Grande parte do disco lida com essa dualidade de ocidente/oriente, bom/ruim, amor/ódio, e se trata mesmo da vida. Para mim, tematicamente, é um pouco mais amplo do que os últimos que fizemos. Sempre trabalhamos com algum tipo de temática, mas esse aqui toca em vários aspectos diferentes da condição humana e de como convivemos, as coisas em que acreditamos e as coisas em que não acreditamos."

O extremismo religioso era um assunto com o qual Neil se ocupava na época, e o resultado é que o cânone lírico é o trabalho de um ateu autossuficiente lidando com os aspectos positivos e negativos da fé religiosa. O tema dominante vem da canção "Armor and Sword", em que apresenta o posicionamento de que a fé num sentido positivo pode se manifestar como uma armadura, ao passo que com frequência é usada para justificar a violência, o uso da espada. O visual não poderia ser mais intelectualmente rico: um cruzado ou guerreiro medieval (tanto na tradição oriental quanto na ocidental, armadura e espada eram usadas por toda parte), "matar em nome de", concomitante ao ato, consciente ou inconsciente, de acreditar que a proteção está imbuída com o apoio espiritual por trás do aço.

Alex admite de imediato que a mensagem é dirigida tanto para o terrorismo islâmico quanto para o paroxismo da direita religiosa nos Estados Unidos, já que Neil particularmente questionava os slogans religiosos que via em outdoors enquanto rodava pelo país de motocicleta. "Sim, são ambas as coisas, com certeza. São tão fanáticos quanto os outros no Oriente, pelo menos em termos do que lemos nos jornais. A minha experiência diz que é preciso olhar para ambos os lados de uma história antes de assumir um posicionamento, mas tem muito a ver com isso. Tem a ver com a bondade que a religião pode trazer e a negatividade que ela gera."

Neil faz a seguinte observação: "Em *Snakes & Arrows*, há uma conversa com o mundo, eu a descrevi com as palavras do epitáfio de Robert Frost: 'Tive uma briga de casal entre mim e o mundo'. Em muitas canções do álbum, usei temas de relacionamento de propósito, mas não se trata de conexões entre duas pessoas, de modo algum. Trata-se da minha briga enquanto amante do mundo, mas dentro do que parecem ser situações românticas. É um modo de colocar o particular num contexto geral – faz parecer pessoal. Essa é claramente a chave para se conectar com um público em muitas formas de arte: fazer alguma coisa ter sentido para alguém num nível pessoal."

"Sempre nos importamos de verdade com a apresentação do álbum como um todo", diz Lifeson, quando questionado a respeito do encarte do disco e como ele oferece uma "arte de capa" para cada uma das faixas. "Quero dizer, somos velhos, então lembramos como é ter esses álbuns em mãos, olhar para eles e ouvi-los, e ler toda a capa e o encarte, virar de um lado para o outro – tudo se torna parte do processo. E isso mudou ao longo dos anos. Acho que no iTunes é possível fazer o download das capas e olhar para elas enquanto se ouve a música, então está voltando. Mas sempre foi importante para nós oferecer algo tangível que o ouvinte pode pegar e olhar. Fazer uma arte em separado para cada uma das canções – e apenas para as músicas com letra – é um modo legal de dar uma plataforma para as letras, em primeiro lugar para torná-las legíveis de um jeito fácil, mas também para buscar um visual bonito para ser olhado enquanto se está mergulhando no álbum. E criar o pacote completo com o jogo e o DVD, o documentário e tudo mais, é um modo interessante de compor um quadro."

Quanto ao título, Neil também se inspirou na frase de Hamlet "*slings and arrows*" – "fundas e flechas". Peart fez algumas pesquisas on-line para se certificar de que o título não tinha sido usado em um disco antes e foi ali que descobriu o jogo de tabuleiro Leela, de Harish Johari, e mostrou para Geddy e Alex. Eles aprovaram a ideia, e o conceito foi passado para Hugh Syme converter na capa para o álbum.

Snakes & Arrows, o 18º álbum do Rush, surgiu como pacote digital em CD em 1º de maio de 2007, com cores vibrantes e ousadas. No mesmo instante, já nos movimentos de abertura da primeira faixa, "Far Cry", ficou claro que esse era o disco mais ricamente analógico da banda em termos de tons de produção desde os anos 1970. É claro que os fãs já tinham recebido a música como um gostinho do que estava por vir, pois "Far Cry" tinha sido lançada como single em 12 de março daquele ano. A música chegou ao número #22 na parada Mainstream Rock Tracks, ganhando uma produção de vídeo completa e sendo tocada em todas as turnês desde então até o fim.

"É uma sonoridade muito mais rica e mais impetuosa", concorda Alex sobre o trabalho de produção, "e é mais pesada, mais forte, menos pessoal. Acho que não tem muito em comum com *Vapor Trails*. Talvez algumas faixas... 'Earthshine' consigo ver como parte deste disco. Mas aquele foi um álbum bem mais pessoal, muito mais difícil de fazer, com certeza. Este foi puro deleite. Não houve um único momento difícil na gravação deste álbum."

Sem dúvida, esse foi o caso de "Far Cry". A música surgiu numa jam particularmente gratificante entre Geddy e Alex. Neil havia deixado uma letra para os outros avaliarem, e Geddy ficou impressionado com o modo como as palavras de Peart se alinhavam com esse fragmento de música que ele e Alex haviam acabado de criar na jam, em especial o refrão que Neil havia destacado. O resultado é uma celebração rítmica e contundente do rock de um *power trio*, além do violão acústico adicional. O mais notável, contudo, era a potência em todos os cantos e ausência total de teclados.

"Levamos as experimentações com os teclados o mais longe que podíamos", diz Alex sobre a transição que começou no início dos anos 1990. "Mas pareceu natural chegar a um fim. Descobrimos que o coração da banda era o trio e que queríamos retornar àquilo. Não foi como se disséssemos 'teclados nunca mais'; foi mais no sentido de voltar às nossas raízes e encaixá-los em torno desse centro. Seguimos a partir disso: compusemos mais partes de guitarra e menos partes de teclado, e achei tudo mais do que recompensador. Foi bem mais divertido criar partes de *pads*, uma atmosfera. E agora, é claro, basicamente não há teclados."

Embora não houvesse mais atritos por causa desse tópico, as tensões continuaram quanto à sonoridade e às texturas em discos como *Counterparts* e *Vapor Trails*. E no meio disso, também *Test for Echo* não havia sido totalmente satisfatório, tanto no aspecto sonoro como em termos das canções, da composição. Naquele momento o Rush tinha chegado a um novo som, que em *Vapor Trails* não passava de uma proposta, essa sensação de trio de "ataque" mais violão que os conduziria até o final, *Snakes & Arrows* e *Clockwork Angels* compondo uma suíte com dois projetos.

E nada de baixo Wal. Raskulinecz fez Geddy tocar o Fender Jazz, junto com os pedais Taurus usados em quase todas as faixas. Peart tocou num kit da Drum Workshop e Alex usou várias guitarras, mas principalmente uma Les Paul, uma Stratocaster e uma Gibson ES-335 semiacústica. Mas foram o uso majoritário do Fender Jazz de Geddy e a ausência de bateria eletrônica de Neil que ajudaram a banda a alcançar um som atemporal, assim como questões práticas como o uso de takes gravados ao vivo tocando juntos dentro do estúdio. Nick também instigou Neil a se soltar um pouco mais e a buscar um *swing*, sugerindo algumas viradas, o que levou os integrantes a apelidar o novo produtor de Booujze, um apelido tão engraçado e difícil de pronunciar quanto seu sobrenome. As palavras inventadas se referem a um som que Nick costumava descrever como uma virada de encerramento de compasso que queria que Neil fizesse em "Far Cry", implorando que o baterista enlouquecesse com pedaços de acordes monotônicos tipo "YYZ", algo com que Peart concordou logo de cara.

Com relação à letra, "Far Cry" é em essência um microcosmo do tema geral do álbum, se tornando a faixa porta-voz desse disco. É a faixa-título por direito. Geddy se apaixonou na mesma hora pelo conceito

dela, que passou facilmente pelo teste de ser alguma coisa com que o próprio se identificasse. Há negatividade ali, a ideia de que os ideais da geração hippie fracassaram, mas também uma espécie de esperança exasperada de que se pode aprender a lidar com as adversidades e "voltar ao jogo". As desgraças são apenas sugeridas, desgraças como pobreza e extremismo religioso, assim como, poeticamente embora tão rápido que pode passar batido, fala-se de males perceptíveis como a nova geração presa a eletrônicos, algo que só começou a se tornar um problema real em 2007.

Em entrevista a Phil Roura, Geddy definiu "Far Cry" como "total e indomável otimismo. Tem a ver com o idealismo que temos pelo mundo. Trata das coisas com as quais nos deparamos e temos que lidar – e tudo bem". Em geral, ao longo do álbum, Ged observa: "Queríamos refletir bastante sobre os problemas da atualidade, como nossas vidas são impactadas pelo comportamento religioso extremo – tanto aqui perto quanto lá longe. O ponto que Neil está tentando abordar nas letras é que não se trata apenas do mundo do Islã. Qualquer comportamento religioso extremo é ruim, seja no Oriente Médio seja no Meio-Oeste norte-americano. É só passar por um aeroporto e ver o que estão obrigando pessoas comuns a fazer. Esse é o mundo que enfrentamos. Esse álbum é bem atual. O mundo mudou muito num período bem curto. Tem havido muitos debates, publicaram vários livros sobre religião nos últimos tempos sobre o papel que Deus desempenha na vida das pessoas."

"O que escrever letras de música significa para mim?", perguntou Neil retoricamente, logo após o lançamento do álbum. "É autoexpressão, assim como tocar bateria – é perfeito. E acredito que isso importa, penso eu. Uma das máximas que meu pai diz sobre a vida é que se uma coisa vale a pena ser feita, que valha a pena ser feita direito. Então isso me motivou como baterista, sem dúvida, e é óbvio que quando escrevo letras de música, tenho que escrever o melhor que posso. Outra das máximas que meu pai me dizia sempre na época em que eu trabalhava na loja de implementos agrícolas, se ele me mandasse fazer um serviço, limpar prateleiras ou organizar peças, depois eu voltava e dizia: 'Pronto, terminei; ficou bom o suficiente?', e ele me falava: 'Se estiver perfeito, está bom o suficiente'. Portanto são essas palavras que me orientam. Repito, são pistas para desvendar minha personalidade, o tanto que me dedico na busca pela excelência.

"Tocar bateria tem sido uma odisseia e tanto para mim, uma odisseia de influência e refinamento, compreensão e trabalho, prática e ensinamento, aprendizagem. Tudo isso – um ciclo que nunca termina. E compor letras de música é exatamente assim: à medida que me interessava mais por isso, aprendia mais, lia com mais profundidade sobre o tema e aprendia a entender as metáforas e o ritmo das palavras. Uma coisa que penso ser importante como baterista é que o ritmo das palavras me vem com bastante naturalidade. Tocar bateria tem muito a ver com construir frases, o modo como gosto de orquestrar as partes num formato conversacional, mais arquitetado. Elas se tornaram isso também, eu podia me concentrar nelas nesse senso rítmico.

"E depois há a sensibilidade que acredito ser necessária para ter o poder das palavras, das imagens e da comunicação, de dizer o que você quer e transmiti-las de fato. Porque normalmente você não pode dizer em poucas palavras qual é o assunto da canção, precisa melhorar o aspecto delas. Essa é a analogia perfeita também para a bateria. Não vou apenas tocar a batida; vou melhorar o aspecto dela. Grande parte da minha vida é construída em torno da ideia de 'não será apenas o que tenho que fazer – será o melhor que posso fazer'. É isso. E assim como aconteceu com a bateria, as letras também evoluíram nesse sentido.

"Mencionei anteriormente a ideia do diálogo, de compor uma música como se fosse uma conversa entre as pessoas. Em *Snakes & Arrows*, de novo, temas mundanos são expressos num nível pessoal de um para o outro. Esses são os recursos, mas bem no fundo, ainda sou eu dizendo essas coisas e me importando o suficiente para escrever a respeito delas, seja inspirado pela raiva ou pelo ultraje, pela paixão ou pela natureza.

Sempre gostei de colocar o clima nas canções, e gosto de colocar a natureza nas canções, porque amo essas coisas. Por exemplo, a velocidade... Já escrevi sobre carros, escrevi sobre motocicletas, porque também adoro isso. Tudo que amo na bateria está lá na forma como toco, e tudo que amo na vida está lá nas letras. Essas coisas estão genuinamente ali.

"Assim, quando reagem desse jeito, de uma forma genuína, e quando dizem... Há uma expressão que uso: 'a trilha sonora da minha vida', quando falam que são fãs do Rush há 20, 30 anos, ao longo de uma vida inteira e de todas as mudanças que surgem, ter filhos e conseguir um emprego e se tornar responsável e ainda assim vir aos nossos shows, é perfeito. Essa espécie de continuidade de todas as pessoas que vejo noite após noite, que têm essa alegria de se identificar conosco e ficam tão contentes de compartilhar tudo isso numa apresentação ao vivo com todas essas outras pessoas que obviamente sentem a mesma coisa, e cantar junto e fazer *air drumming* ou apenas estar lá, me sentir parte desse espírito... essa é a minha satisfação.

"Mas muito maior que isso, é claro, é o significado que tem em suas vidas. Quando alguém me diz que nossa música ou minhas letras e meus livros ajudaram de alguma forma, é óbvio que sinto algo maravilhoso. Tenho que admitir... honestamente, não tenho nem como começar a lidar com o fato de impactar a vida de alguém, de ser uma influência positiva. Eu? Sério isso? Mas é legal. Sinto que qualquer influência que atribuem às minhas letras ou aos meus livros já existia dentro das pessoas. Talvez só precisassem de afirmação. Porque passei por essa experiência, quando li alguma coisa e pensei: 'Sim, é bem assim que me sinto'. E isso é afirmação e tem muito valor. Mas não é o mesmo que inspiração. O que recebo em retorno, sem parecer pretensioso, é simplesmente que há uma identificação, certo? E não que eu tenha elevado suas vidas. Não acredito nisso – eles próprios elevaram suas vidas. Mas se puderem se identificar com minha paixão, minha luta ou minha raiva, é uma forma de afirmação. Por exemplo, tenho amigos em todos os lugares, e não nos vemos com muita frequência. Mas são uma afirmação constante para mim com relação ao que faço e por que faço. Porque sei que há poucas pessoas que seguem suas vidas da mesma maneira que eu."

Realmente, "Far Cry" é tão jubilosa na bateria quanto na letra cheia de significado. O senso de ritmo imposto na canção e no decorrer do álbum emergiu da relação com o novo produtor da banda e a direção que ele buscava.

Como Neil explicou a Jonathan Mover, da revista *Drumhead*, "eu já tinha visto isso em estúdios, onde multicanais seguiam o esquema de fita, inserção, fita, inserção, fita, inserção, fita, inserção. Aceitaria tal realidade se tivéssemos uma música de dez minutos de duração ou se houvesse dois ou três takes para concluí-la; então ok, tudo certo. Mas, na maioria das vezes, mesmo hoje em dia, gosto de sentir que sempre posso produzir um bom take, todas as vezes que toco, e só depois buscar algo especial neles.

"Houve uma vez em que Nick Raskulinecz me deixou maluco. Estávamos nós dois procurando viradas únicas, e há algumas ali em que se pode ouvir um *rimshot* que eu mal conseguia executar, mal consegui voltar para o início. E isso é muito emocionante, mas não é replicável. Portanto a sugestão de Nick de capturar um bom take me deu a satisfação como músico de fazer meu trabalho bem-feito. Há dois lados nessa história. Sim, é possível consertar tudo, mas aí o baterista tem a sensação de 'bem, eu realmente não tive muito o que fazer aqui'. Isso acaba destruindo a confiança – e a satisfação – dele no trabalho. E todas essas coisas intangíveis são muito importantes no longo prazo: como você se sente com relação ao que tem feito e à música que criou. Assim, gosto de ter tudo isso para depois sentir o prazer de ouvir alguma coisa que ficou tão perto do limite, bem ali no limite. É algo que me traz um sorriso no rosto. Há certas viradas nesse álbum e certos movimentos que ouço e me fazem sorrir. Penso: 'Não consigo acreditar que me safei nessa!'"

Neil continua explicando a logística que permitiu que isso acontecesse: "Estávamos nos estúdios Allaire, e do jeito como organizamos o local, a sala de controle ficava num canto de onde não dava para ver Nick. Eu disse: 'Quero ver você. Fique ali onde eu possa vê-lo'. Em uma das faixas, ele saiu de lá do aquário e ficou junto à bateria comigo, dentro do estúdio. Dava para ver pela reação dele, mesmo olhando pelo vidro, que estava muito animado. Portanto há esse barômetro de emoção ali, e muitas vezes todos percebem. Todo mundo fica em volta quando estamos gravando as faixas-guia, então todos estão ali curtindo o som ou não. Quando entro lá na sala de controle, falam: 'Você arrasou!'".

"Armor and Sword" continua nesse espírito de bateria ritmada, com muitos pratos – sem falar que no local havia um amontoado de metal destruído! – e a química entre os músicos do trio. É uma música estranha, discutivelmente com partes não muito bem encaixadas, mas bastante criativa. Além disso, ela se soma à ideia de que o Rush estivesse construindo um novo som arcano de propósito, que iria perdurar ao longo desse disco e *Clockwork Angels*. Neil atribui a assinatura polirrítmica da abertura da canção a algo que Buddy Rich faz em "Mercy, Mercy, Mercy". Uma cover dessa música, com o baterista do Chick Corea, Dave Weckl, foi incluída no projeto tributo de Neil, *Burning for Buddy*, de 1994.

Neil fala de "Armor and Sword": "Lembro que depois de terminarmos algumas músicas, certo dia cheguei ao estúdio e parecia que não conseguíamos sair do lugar. Estávamos trabalhando em 'Armor and Sword' sem chegar a lugar algum. E eu pensava: 'Não consigo mais fazer isso, sou um fracasso', só queria desistir de tudo e ir para casa. Depois voltei no dia seguinte, encarei a música de novo, fiz uma pequena mudança. Parece que toda a existência se resumia a isso. Se você é capaz de colocar toda sua alma no trabalho, como se nada no mundo fosse mais importante do que conseguir acertar aqueles dois versos da letra, vai se esforçar. E, finalmente, no terceiro dia, *bum*, tive um estalo e escrevi o resto daquela música e parte de outra, 'Far Cry'. Sim, essa emergiu daquele bloqueio criativo. Perseverança, nesse caso, era o que eu precisava. *Vapor Trails* apresentou várias dificuldades, mas eram existenciais e interiores. O tempo não era parte do problema. E o mesmo aconteceu com *Snakes & Arrows* – conseguimos trabalhar e reescrever como queríamos sem ter uma arma apontada na nossa cabeça."

Peart explica no programa da turnê de *Snakes & Arrows*: "Enquanto eu estava trabalhando nas letras, a imagem de um campo de batalha me lembrou de um verso, 'Onde os exércitos ignorantes colidem à noite', de um poema do qual tinha a lembrança de apenas algumas partes. Acontece que era o magnífico poema 'Dover Beach', de Matthew Arnold, e fiquei tão entusiasmado pelo sincronismo com minhas próprias preocupações em muitas dessas canções que precisei inserir na letra um dos versos do poema como tributo, '*Confused alarms of struggle and flight*' – 'Alertas confusos de luta e fuga'."

"Também estava pensando", continua Neil, "como Richard Dawkins em *Deus um delírio*, sobre como crianças em geral são marcadas com uma fé em particular, junto com outras bênçãos e cicatrizes, bem no começo de suas vidas. São poucas as pessoas que, de forma ativa, escolhem a própria fé, a maioria simplesmente a recebe, assim como recebe o leite materno, a língua e os costumes. Pensando também em pessoas que são moldadas por todo tipo de abuso na infância, senti uma conexão com amigos que tinham adotado cães abandonados ainda filhotes e lhes deram amor infinito, cuidados e segurança. Se esses filhotinhos tivessem sido 'machucados' pela forma como foram tratados desde o nascimento, se alguém os deixou tensos, acuados ou coisa pior, sempre agiriam assim, não importa o quão tranquilo o resto de suas vidas possa ser.

"Parece que o mesmo acontece com as crianças. Para expressar tal conceito, escrevi '*The snakes and arrows a child is heir to/ Are enough to leave a thousand cuts*' – 'As cobras e as flechas que uma criança herda/ São o suficiente para deixar milhares de cortes'. Achava que só estava combinando o trecho de Hamlet, 'fundas e flechas', com o jogo infantil *Cobras e Escadas*, para fazer uma coisa menos clichê. E realmente, quando estávamos pensando em *Snakes & Arrows* como um possível

nome para o álbum, Geddy observou: 'Gosto porque parece algo familiar, mas não é'."

A terceira faixa do disco, e talvez a segunda mais celebrada, "Workin' Them Angels", pega o título de algo que Neil ouviu durante suas viagens de motocicleta. Uma senhora estava brigando com o marido porque ele dirigia em alta velocidade, dizendo que o homem estava *"workin' them angels"* – "dando trabalho aos anjos", ou seja, provocando o destino, um dos temas do álbum. A letra tem muito a ver com essa ideia, mas aplicada a Neil, por causa de todas as horas de estrada, dos voos e das longas viagens de motocicleta durante as turnês.

Na parte musical, essa canção é outro exemplo entusiasmado da nova proposta de hard rock progressivo do Rush, do barulho combinado dinamicamente com instrumentos acústicos.

Peart falou à *Modern Drummer* sobre tomar as rédeas e fazer a própria composição: "Essa música transita entre 3/4 e 4/4 várias vezes. Logo no começo dos arranjos, foi sugestão minha mudar os refrãos para 4/4 e assim tirar a 'cadência' por um minuto. Contudo, assim que fizemos isso, descobri como às vezes é surpreendentemente difícil sentir a transição. O ponto que Alex e Geddy escolheram para fazer a mudança de quatro para três, por exemplo, às vezes fazia sentido na estrutura, mas podia ser uma dor de cabeça para mim. Ainda assim, me obrigou a encontrar maneiras criativas de fazer a ponte nessa mudança – pular a cerca –, como no final da passagem instrumental, depois de tocar a caixa com uma mão só e fazer uns truques no tom nas tercinas (inspiradas por uma virada que Matt Johnson tocou em 'Last Goodbye' do eternamente brilhante álbum *Grace*, de Jeff Buckley). Eu me conformei em pedir 'um tempo', jogando uma sequência linear de bumbo duplo e surdo, subindo para um flam na caixa a fim de entrar no último verso. Quando Geddy me ouvia tentando criar um troço assim, sacudia a cabeça e dizia: 'Agora parece comédia!'.

"E nesse tempo todo, Booujze sempre encorajava nós dois a 'pirar' até decidirmos que essa era 'a seção rítmica mais engraçada do mundo'. Começamos a pensar que esse álbum deveria se chamar *Não tente fazer isso em casa*. Mas, de qualquer maneira, essa música tem a ver com pegada, com o desprendimento certo para os versos e uma energia inesgotável para os refrãos, depois um ritmo mais gentil na passagem instrumental."

"Não há solo em 'Workin' Them Angels'", observou Alex em entrevista a Joe Bosso, da *Guitar World*. "O que aconteceu foi o seguinte: originalmente, gravei um solo por cima dessa seção de bandolins com sonoridade bem celta. Era um solo bem bacana, não tinha nada de errado com ele, mas pouco antes de mixarmos o álbum, chamei Nick e disse que não achava o solo necessário, que ficava melhor apenas com os bandolins. Eu estava preparado para encarar uma longa discussão, mas Nick disse: 'Cara! Com toda certeza. Estava pensando a mesmíssima coisa'. Odeio desapontar os fãs de guitarra que ficam esperando os solos, mas às vezes não precisamos deles."

O solo de guitarra como um evento integrado retorna em "The Larger Bowl", mas, de novo, a assinatura predominante é o uso do violão acústico. Alex define essa canção como "experimental" e diz que é orientada "acusticamente; há uma coisa bem cíclica a respeito dela. Quanto à letra, é um pantum. Acho que toma os versos dois e quatro de cada estrofe de quatro versos e os transforma no primeiro e no terceiro da estrofe seguinte. Ou o primeiro e o segundo da próxima. Nunca entendo isso direito. É o tipo de coisa em que Neil estava trabalhando liricamente já há muito tempo, aprendendo a usar esse recurso. E a música é composta de um jeito que parece um looping. Tem apenas quatro acordes, mas eles ficam se repetindo durante a canção inteira. Acho que, da nossa parte, é uma abordagem bem interessante para uma música."

Ampliando o contexto do uso de instrumentos acústicos, Alex me diz: "Antes de começarmos a compor para valer, falei para Geddy que achava revigorante termos uma abordagem acústica na composição. Ele achou uma ótima ideia. De fato, nós dois começamos a tocar o violão, durou cerca de cinco minutos e então Ged já pegou o baixo elétrico. Era

assim que ele fazia as composições antigamente, mas fazia décadas que não tocava violão. De fato não é a melhor maneira. A melhor maneira é como acabamos fazendo no final: eu tocando violão, e ele tocando baixo elétrico. E com todo o processo de compor de forma acústica, acho que nem peguei a guitarra... não toquei guitarra nem uma única vez enquanto estávamos compondo. E é claro que o álbum tem muitas partes acústicas, tanto num papel principal quanto como coadjuvante. Adoro usar instrumentos acústicos como apoio. Acho que acrescenta um refinamento ao peso desse disco em particular. E sem dúvida caras como Townshend e David Gilmour eram mestres em usar o violão como um posicionamento marcante."

Falando sobre outras inspirações acústicas, Alex conta: "Fui assistir a Tommy Emmanuel algumas vezes e fiquei impressionadíssimo. Ele fez um set acústico, só ele e o violão, e foi espetacular, realmente inspirador. Fui assistir a Stephen Bennett e depois nos encontramos. Nunca tinha falado com ele antes, e tomamos alguns drinques, tocamos juntos por uns instantes e conversamos sobre *harp-guitar*, e ele tentou me mostrar algumas coisas. Era impossível. E me deu um capotraste que acabei usando em algumas coisas. Me dei conta de que, em casa, estava tocando muito mais violão. Meus amigos apareciam lá, tomávamos um vinho e ficávamos no meu quintal tocando por horas e horas, e é mesmo bem divertido. Comecei a brincar com afinações diferentes. Eu estava com esse tipo de mentalidade quando começamos a trabalhar."

É também perceptível a presença de um pandeiro real e um pandeiro sampleado tocados por Neil. Quanto ao solo, é o típico Alex obtuso, carregado com muitos refrãos, tocado sobre uma faixa de guitarra elétrica e outra de violão.

O destino é abordado mais diretamente em "The Larger Bowl", em que Neil traz uma reflexão sobre a disparidade econômica – quem acaba ficando com a tigela maior. A estrutura de pantum adiciona uma característica hipnótica, como se fosse um cântico ou uma canção de blues, ambas as quais usam a repetição para se concentrar numa ideia ou num pensamento. Peart explica no programa da turnê: "O título 'The Larger Bowl' veio de uma viagem de bicicleta que fiz pela África Ocidental, como contei no livro *The Masked Rider – O Ciclista Mascarado*, quando uma canção com esse nome surgiu em meio a um sonho febril e alucinatório provocado por um 'delírio de disenteria'.

Isso aconteceu em 1988 no Happy Hotel, em Camarões, onde Neil participava de uma excursão de bicicleta com quatro amigos. O sonho delirante o levou de volta a Toronto num helicóptero de combate e depois de caminhão para Halifax, onde deu uma entrevista pelo telefone dentro de uma loja de roupas, e lá estava tocando uma canção chamada "The Larger Bowl". O título também é parcialmente inspirado pela visão das mulheres africanas carregando grandes tigelas e vasos sobre a cabeça.

"Acordei numa poça de suor e lençóis retorcidos, e só me lembrava do título, mas sabia que precisava escrever essa canção. Tornar o sonho realidade. De volta ao começo dos anos 1990, dei esse título a algumas palavras em parte inspiradas pelo local do sonho, a África, sobre 'fortunas e destinos' desiguais da vida. As primeiras páginas do meu dicionário de rimas tinham um índice com padrões de versificação tradicionais, e tentei escrever alguns, como um exercício, como se estivesse resolvendo palavras cruzadas. Entre sonetos, villanelles e sextinas, particularmente gostei de uma forma malaia chamada de pantum e escrevi várias letras usando esse esquema, incluindo 'The Larger Bowl'. Contudo, nunca cheguei a submetê-la aos meus colegas de banda até este álbum – 15 anos depois.

"Deve ter sido o momento certo porque, para minha alegria, Alex e Geddy aceitaram o desafio da canção e sua construção incomum. Musicalmente, ela parece se beneficiar de influências estilísticas que descobrimos, ou resgatamos, durante nosso projeto *Feedback*, quando gravamos várias covers das nossas primeiras influências. Esse espírito de entusiasmo juvenil, e o espírito dos anos 1960, está vivo em várias dessas canções, de seções de blues em 'The Way the Wind Blows' ao

'solo com feedback' em 'Far Cry', até a simples seção rítmica apoiando o solo de guitarra melódico em 'The Larger Bowl'."

"Spindrift" é outra daquelas letras sobre clima de Neil, ondas que se quebram sobre Peart enfrentando uma crise existencial. A música ominosa ecoa o sentimento literário, assim como aconteceu com "Jacob's Ladder".

Como Neil descreveu para a *Modern Drummer*, "começando com acentos e uma levada no chimbal, ela passa por vários movimentos diferentes, e as partes são enganosamente simples. Quem rege tudo são os detalhes. O primeiro verso, por exemplo, usa apenas oitavas no bumbo, enquanto o segundo introduz semicolcheias para dar um pouco mais de força. A música inteira é uma performance 'de força', e precisei me concentrar bastante em dar uma boa base e encadear tudo com os vocais. Às vezes essa é uma parte subestimada da bateria e de ser um acompanhante: se estiver tocando uma canção, com letra e música, o vocal geralmente é considerado... ah, vamos dizer, 'importante'. Por essa razão, e talvez porque sou eu quem escreve as letras, presto bastante atenção aos vocais, tentando emoldurar a letra de modo efetivo e discreto enquanto a reforço ritmicamente sempre que posso.

"Anos atrás assisti a um documentário sobre a produção de *Who's Next*, e Roger Daltrey falava do quanto Keith Moon, apesar da aparente selvageria da bateria, na verdade tinha muita percepção e sensibilidade para os vocais. Daltrey demonstrou essa qualidade tocando um pouco da fita multicanal de 'Behind Blue Eyes', primeiro com a bateria isolada e depois acrescentou a voz. Keith estava claramente fazendo o que descrevi – emoldurando os vocais, reforçando a voz com acentos –, mesmo que no caso dele isso deva ser atribuído à musicalidade instintiva e natural em vez da minha abordagem estudada.

"Entre as linhas de voz nos refrãos, pude criar mais dessas viradas a partir do surdo esquerdo (mesmo repetindo de propósito uma delas, para surpresa de Booujze, mas ei, às vezes a repetição pode ser eficaz). Foi ideia de Nick reprisar a introdução depois do falso final, e mais uma vez ele me pediu para me soltar por completo, e foi o que fiz. Raramente usamos *fade-outs* hoje em dia, mas nessa música parecia inevitável, e fiquei contente em saber que Booujze estava satisfeito, como eu sempre estive, por causa dessa ideia de colocar uma virada 'cômica' bem no final de um *fade*."

O final falso de "Spindrift" faz parte da tradição do Rush de canções como "The Spirit of Radio" e "The Big Money" – por causa da predileção progressiva da banda, esse recurso sempre surgiu com reviravoltas e partes extras. Nessa música, só se ouve o violão durante o intervalo, quando Alex entra de mansinho na ideia de fazer um solo, mas depois recua. Há também um pouco de dedilhado individual – ao estilo de King Crimson –, mas executado na guitarra elétrica. A canção como um todo é contínua e turbulenta como as ondas agitadas do mar; é uma faixa mais pesada, muito ao estilo de *Clockwork Angels*, particularmente semelhante a "Seven Cities of Gold", e nesse sentido também lembra "Earthshine", de *Vapor Trails*.

Fazendo uma observação sobre a contribuição de Raskulinecz, Alex diz que "Nick apareceu e se jogou de cabeça na situação. Ele sequer mexeu em algumas canções. Com outras, moveu algumas coisas, e havia essa canção chamada 'Spindrift' em que fez mudanças radicais. Ficamos bastante impressionados com Nick; ele não tinha medo de nos dizer que havíamos errado totalmente a canção. Muitos produtores têm medo de fazer isso com bandas consagradas. E nos permitia regravar qualquer coisa que quiséssemos, quantas vezes desejássemos. Vários produtores hoje em dia só querem reunir partes no Pro Tools."

Em seguida vem "The Main Monkey Business", a primeira faixa instrumental da banda desde "Limbo", em *Test for Echo*. Essa explora um pouco mais a ideia do instrumento acústico sobre a pancada de ritmos. Também lembra as conexões entre a música celta e a indiana, através de violões zunindo, a bateria exótica e polirrítmica de Neil, os teclados etéreos. Há ali uma pegadinha na noção de instrumental, com Geddy cantando um pouco, espelhando as partes de teclado. Mesmo

o solo de Alex compartilha os traços melódicos do Oriente longínquo, lembrando Adrian Belew, do King Crimson, e Robert Fripp – incidentalmente, Fripp é outro guitarrista e artista aclamado que Steven Wilson convidou para o álbum *Fear of a Blank Planet*.

Como Alex me contou na época: "Lembro que quando estávamos fazendo 'Main Monkey Business' eu pensava que nunca tocaríamos isso ao vivo. Então vamos apenas gravar e fazer algo bem divertido, uma coisa ótima para se ouvir. E é claro, não tem como não tocar ao vivo – então com certeza está lá na nossa lista! Vamos tentar tocar no show sete ou oito músicas do disco. Mas até que realmente possamos tocá-las, não sabemos se vamos ter problemas com isso. É sempre difícil no começo, mas a gente dá um jeito. Muitos desses pequenos detalhes, como o tracking dos instrumentos acústicos, por exemplo, só conseguimos fazer uma aproximação ao vivo. Mas a energia do show compensa vários desses pequenos detalhes que podemos deixar passar. Penso que quando começarmos a ensaiar e nos sentirmos mais confortáveis com as músicas, elas ficarão ótimas ao vivo."

Na verdade, a banda tocaria a maior parte do álbum até o final, e como Alex afirmou, as faixas de *Snakes & Arrows* foram apresentadas como rock avassalador, se beneficiando da eletricidade e vibração que acontecem dentro de uma arena, algo que também foi aperfeiçoado nas escolhas de *Power Windows* até *Roll the Bones*.

Lifeson trouxe mais explicações sobre isso numa entrevista à *Guitar World*: "Queríamos fazer uma faixa instrumental que tivesse substância de verdade, mas já estávamos na fase final de conclusão do álbum. Então um dia começamos a fazer uma jam e a música começou a surgir. Primeiro, parecia muito complicada – provavelmente tinha cerca de 12 partes diferentes –, e Nick de fato nos ajudou a desmembrá-la e a simplificar as coisas. O único problema é que, para tocar essa música ao vivo, tenho que pegar a double-neck. Cara, chega a me dar um pavor: aquela coisa pesa uma tonelada! No dia seguinte fico todo dolorido no pescoço e nos ombros. Acho que estou ficando velho."

A banda realmente tocou "The Main Monkey Business" ao vivo, mas Alex optou por um violão acústico montado sobre um tripé com a Les Paul – que ele toca na maior parte do tempo – pendurada no pescoço. Não que fosse o foco principal: "The Main Monkey Business" se pareceu mais com uma exibição de percussão do que qualquer outra coisa.

O nome da faixa surgiu a partir de algo que a mãe de Geddy certa vez disse para descrever uma pessoa mal-intencionada: "What kind of monkey bussiness?" – "Que tipo de macaquice é essa?", Geddy perguntou a ela. "The *main* monkey business" – "A macaquice *principal*", respondeu a mãe, o que Ged achou engraçado. Para ser construída, a música exigiu um trabalho nível *Hemispheres*. Toda a macaquice em torno dela levou a uma odisseia interminável que originalmente tinha 18 minutos de duração. No começo, Neil desafiou a si mesmo tocando a canção sem caixa para reforçar a pegada *world music*, mas no final acrescentou uma caixa piccolo no ponto do solo de Alex. Há também todo tipo de sons de percussão sampleados, incluindo guizos de trenó.

"Em *Snakes & Arrows*, entre todas as coisas, a faixa instrumental 'The Main Monkey Business' demorou mais para sair do que qualquer outra", lembra Peart, "porque tínhamos altas expectativas do que queríamos que estivesse presente e o que queríamos tirar de lá. Ficamos reescrevendo sem parar durante todo o processo. Mas não foi tão árduo quanto *Hemispheres*. Era o que queríamos fazer – não estávamos pressionados pelo tempo."

"The Way the Wind Blows" caminha lentamente como um blues 3/4 das antigas antes de manter essa estrutura e se aproximar do heavy metal, ou para chegar a um meio-termo, de uma reminiscência hard blues de "Whipping Post". Mas logo na hora do refrão, entramos nas cordas acústicas celtas exuberantes, a melodia ensolarada nesse ponto nos conduzindo de volta a *Test for Echo* ou *My Favorite Headache*. O intervalo do solo encontra Alex e a faixa de fundo criando um arco que remonta aos toques orientais (ou marroquinos, ou turcos). Acrescente a isso as claras referências ao Oriente Médio e ao Meio-Oeste norte-

-americano nas letras de Neil, junte com versos que exploram ainda mais o tema do destino e se tem ao longo do disco um conceito encorajador: a religião através das fronteiras e culturas e o livre-arbítrio versus predestinação. Tudo isso é construído sobre um fundo musical que também entrecruza o Oriente com o Ocidente.

Alex fez a seguinte observação sobre "The Way the Wind Blows" e "Bravest Face", em entrevista a Mac Randall: "O material mais blueseiro nessas duas canções era muito revigorante e divertido de tocar, e é verdade que eu raramente toco dessa forma, portanto foi uma ótima oportunidade para me exercitar. Em ambos os casos, a ideia e o tom surgiram ao mesmo tempo. Parte disso se deve ao fantástico conjunto de amplificadores que há no Allaire". Existem alguns precedentes para esse tipo de instrumentação por parte de Alex, embora sejam raros. O começo de "Available Light" e o solo *outro* em "Ghost of a Chance" são bons exemplos.

Geddy Lee, em entrevista a Philip Wilding, explicou como Nick Raskulinecz foi fundamental para que a canção ficasse dessa forma: "Ele tinha uma expressão que era 'eu ficaria curioso em ouvir...' Aí você sabia que voltaríamos para o estúdio. Estávamos trabalhando em 'The Way the Wind Blows" e muito próximos de chegar à versão final. Entrei na sala, Neil estava tocando bateria, e vi o rosto de Nick. Ele parecia estar coçando o queixo, sabe? Então pediu para Neil entrar na sala de controle e disse a ele: 'Ficaria curioso em ouvir você tocando...' e descreveu o que queria. Neil respondeu: 'Então está me pedindo para reescrever os dois versos?'.

"Estava com aquela cara de quem iria explodir a qualquer momento. Mas não explodiu – ele sabia que Nick estava certo. Confiava nas ideias dele, não se sentia ameaçado por elas. Estava meio puto porque as mãos estavam doloridas demais, mas disse: 'Vou voltar lá', e enquanto caminhava até a bateria pensava 'Puta merda, o que vou tirar da cartola?'. Então se deu conta de que tinha uma parte que talvez funcionasse, portanto tentou aquilo, e vocês tinham que ver o clima da sala. Ela se iluminou. Eu estava dançando – é isso! Ele transformou a música completamente. Nick tinha aquele sorriso enorme no rosto e chamou Neil para escutar depois, que disse: 'Bem, quando você tem razão, tem razão'."

Na sequência temos outra instrumental, "Hope", com Neil tirando o título da canção de um verso de "Faithless": "*I still cling to hope*" – "Eu ainda me agarro à esperança". O número acústico com violão de 12 cordas e um solo de dois minutos de duração traz Alex se aprofundando ainda mais em seu novo amor pelo violão, compondo em essência um tributo a personagens do *revival* acústico britânico como John Renbourn, Bert Jansch e Davy Graham, sem esquecer Jimmy Page em "White Summer".

Alex contou a Mac Randall que a canção é em ré-lá-ré-lá-lá-ré, acrescentando que ele esteve "brincando com algumas afinações alternadas diferentes em casa, e durante as sessões de composição, sempre que Geddy trabalhava nos vocais – e eu não estava dormindo no sofá –, me sentava num canto e ficava dedilhando o violão. Simplesmente me apaixonei pelo som daquele instrumento e por aquela afinação em particular, e foi dali que surgiu 'Hope'. Foi bacana fazer alguma coisa sozinho para um de nossos discos; já fazia muito tempo que eu não fazia isso. O que se ouve no álbum é o primeiro take completo que mixamos logo depois da gravação, portanto se encontra no estado mais puro que se poderia obter. Rich Chycki tinha essa medida de fita e do setup do microfone ajustadas milimetricamente, e foi bastante eficaz – parece que se está sentado em frente ao violão."

"As coisas são assim com Al", observou Geddy em entrevista a Philip Wilding. "Ele é tão espontâneo que se você entrar na sala e ele estiver tocando alguma coisa, temos que correr e apertar o botão de gravar, temos que registrar. Três minutos depois a gente pergunta o que ele estava tocando, ao que ele vai dizer: 'Tocando o quê?'. Essa é a história da minha vida com ele: 'O que era isso aí, Al?', 'O que era o quê?'. Ele fez 'Hope' ao vivo, deixamos que tentasse duas vezes. Na verdade, achei

que o primeiro take já estava bom o suficiente. Eu estava lá na mesa de controle dizendo 'É isso!'."

Neil concorda com o sentimento de Geddy: "Alex simplesmente consegue pegar a guitarra e não prestar atenção ao redor, e logo Ged diz: 'O que é isso que você tocou agora?'. E Alex responde 'não sei'. No sentido mais bonito possível, não sabe o que está fazendo."

Geddy confirma: "Sim, quando estou junto à mesa editando ou gravando a voz dá para ouvir Alex ao fundo ou dedilhando no violão ou dormindo no sofá. Tenho as demos que fizemos para esse disco e dá para ouvi-lo ao fundo, ou dedilhando o violão ou roncando."

Uma versão ao vivo de "Hope" foi incluída no box de *Songs for Tibet: The Art of Peace*, lançado em 2008. Era uma versão diferente daquela incluída no álbum da banda, *Snakes & Arrows Live*, quatro meses antes.

"Faithless" é uma das expressões mais diretas de Neil sobre o ateísmo, e para enfatizar suas palavras duras, a música é séria e bem lenta, em especial para os padrões do Rush.

"Usar o Mellotron foi bacana", acrescenta Alex. "E parece que havia um lá parado no estúdio. É interessante, no Allaire há uma sala cheia de equipamento, principalmente guitarras e violões. Eles devem ter uns 150 instrumentos lá. Quero dizer, não são instrumentos ruins, são lindos! O lugar fica perto de Woodstock. O dono do estúdio é um colecionador aficionado. Ele tem amplificadores e teclados, tudo, então havia esse Mellotron lá, e discutimos a ideia de orquestrar algumas coisas, como 'Faithless', por exemplo, e em vez de colocar uma orquestra, tentamos o Mellotron, que criou esse clima de cordas dos anos 1970 muito bacana. É um mamute gigantesco e desajeitado, meio desafinado, mas ainda assim é maravilhoso. Casou bem com aquela música. E também chamamos Ben Mink para tocar violino, trazer cordas reais. Então ficou realmente muito bom. Usei um bouzouki numa música e também bandolins."

"Isso é outro *tour-de-force* para um arranjo, fazendo bem mais combinações de 3/4 e 4/4", escreveu Neil para a *Modern Drummer*. "Logo no início da composição, Geddy se queixou brincando: 'Por que todas as nossas músicas têm que ser tão rápidas?!'. Apesar da óbvia associação com nosso nome (e nossa natureza – sempre fomos honestos quanto a isso), decidimos tentar alguma coisa um pouco menos frenética. Essa canção alcança uma majestade grandiosa, principalmente nos refrãos. De fato, eles são desacelerados ainda mais, para duas batidas por minuto, a primeira vez que tentamos esse recurso. O ouvinte mal percebe, e até mesmo eu não percebo enquanto toco, mas dá mais peso na chegada. Um andamento mais lento também me deu uma estrutura diferente para preencher a construção e o posicionamento, me permitindo explorar algumas direções inovadoras nesse sentido.

"Alguns trechos com o chimbal antes da ponte do vocal foram particularmente divertidos como experimentação, e acho que essas pontes fazem referências estilísticas aos primeiros trabalhos de Bill Bruford e Phil Collins. Um pouco de Nick Mason retorna nos versos e refrãos, embora talvez haja também um pouco de 'mim' ali, sendo passivo-agressivo mais uma vez. E outro ótimo baterista para mencionar: recentemente ouvi 'Purple Haze' no rádio, e no mesmo instante me lembrei da influência que Mitch Mitchell sempre teve no meu trabalho. Acho que se pode ouvir com bastante clareza essa inspiração em algumas viradas que toquei perto do final dessa canção. Gostei da ideia de Booujze quanto à caixa militar delicada seguindo até o fim. Nós bateristas chamamos isso de 'metáfora existencial' (não é mesmo?)."

"Faithless" serve como uma rara incursão nos quadros das músicas não tocadas imediatamente depois do lançamento do disco, mas que apareceram mais tarde nos shows. Outros membros desse clube incluem "A Passage to Bangkok", "Entre Nous" e "Between Sun & Moon". Nesse caso, "Faithless" seria uma surpresa na turnê *Time Machine*.

"Bravest Face" é um tipo de balada acelerada, em que os instrumentos acústicos se sobrepõem aos elétricos, embora no refrão haja uma ousada reviravolta. Como Alex disse a Joe Bosso, ele tinha assistido a um show de Stephen Bennett, e "Stephen me deu um capo-

traste diferente que eu nunca tinha visto antes, e achei muito bacana. Dá para movê-lo e ainda assim manter algumas cordas livres. Que coisinha maravilhosa! Usei em 'Bravest Face'. Como este álbum foi composto no violão, eu estava louco para testar. Conversamos a respeito de *Moving Pictures* e como toquei os solos sem pensar muito. Este disco foi o contrário: eu sabia exatamente o que queria de antemão. Compor no violão me trouxe um modo maravilhoso de delinear o álbum; sabia que se as coisas funcionassem no acústico, tudo ficaria dez vezes mais poderoso na guitarra."

"Esta música aqui é outro banquete para um baterista", escreveu Neil em seu artigo para a *Modern Drummer* com a análise faixa a faixa do disco. "A dinâmica varia de, bem, nada até um delicado trabalho duplo na caixa, acompanhando o andamento sutilmente e emoldurando a voz, com toques de *staccato* por todo o caminho até chegar às viradas semicaóticas que parecem uma metralhadora (pelo menos nesse caso não foram inspiradas por Booujze, mas ajustadas na minha composição). A bateria seguia a voz de pertinho mais uma vez, tanto na moldura quanto nos acentos, e de fato, no último refrão, quando Geddy canta *'There's no magical place'* – 'Não há lugar mágico', Booujze sugeriu essa mudança lírica de *'magic'* para *'magical'*, porque a sílaba extra poderia encaixar melhor com a bateria. Portanto, às vezes funciona nos dois sentidos.

"Em geral, deixo de lado os splashes clássicos neste disco, porque por mais que goste deles, parecem ter se tornado meio 'comuns' demais ultimamente, para não dizer exagerados (Booujze concordou). Contudo, há um pequeno capricho que sempre quis usar: encontrar um lugar para um *staccato*, um número de splash clássico que Gene e Buddy costumavam fazer. Coloquei um no começo do segundo verso e sempre dou um sorriso cada vez que escuto."

"Good News First" é o exemplo mais bem acabado dessa premissa curiosa de Neil – de se referir a conceitos universais por meio de vinhetas das relações entre as pessoas. A camada extra de significado faz dessa uma das letras mais enigmáticas do álbum. Demarcada por uma música vigorosa e linear, mas ainda assim comovente e angustiante, "Good News First", jogada lá no final da lista, talvez seja a joia oculta do disco.

Composta por Peart, há na parte da bateria um ritmo tribal que quase nos distrai sob versos que são praticamente uma balada. "Quando Alex e Geddy começam a montar uma canção, sentados no estúdio com guitarra, baixo e microfone, usam uma bateria sintética para acompanhamento e marcação do tempo. Alex faz a programação, às vezes criando partes bem incomuns que me inspiram com a visão de um não baterista – em especial a de um músico que toca bateria tão mal como Alex! Os versos 'Neandertal' da canção surgiram dessa forma, e naturalmente usei pratos trogloditas e tambores de Einstein.

"Os toques de chimbal que se alternam na introdução, e de novo mais tarde, são o tipo de coisa meio funk que Vinnie Colaiuta parece tocar sem esforço algum. Para mim, são o resultado de muito trabalho e experimentação, e neste caso, tocar com a mão esquerda se mostrou bem complicado (usei esse recurso novamente também na canção seguinte, porque era algo novo para mim). Minha abordagem mais solta para tocar atrás do solo de guitarra e a ponte depois disso conectava-se ao espírito do 'blue-eyed soul' de Toronto dos anos 1960, com um toque de Keith Moon, um estilo conhecido como 'Wholiganism'. Essas tercinas penetrantes [também encontradas em] 'Workin' Them Angels' retornam quando entro no último refrão e são resultado do Tao de Booujze: 'Se solta!'."

A parte "Neandertal" resultou em boa música? Discutível. Serve como metáfora para a exasperação impotente e exaustão emocional da letra? Sem dúvida alguma. Este autor pode ouvir "blue-eyed soul" e Keith Moon na bateria por trás do solo de guitarra? Nem pensar!

"Malignant Narcissism" ou "MalNar" tem sido considerada quase como um discurso em esperanto pelos fãs (e depois, comicamente, pelos próprios membros da banda), se tornando a quinta indicação e a quinta derrota na categoria Melhor Performance Instrumental de Rock no Grammy. Curta como "Hope", mas barulhenta como "The Main

Monkey Business", essa faixa é um exercício de bateria e baixo, com Alex tocando acordes monótonos demarcados por sons rodeados de uma atmosfera sombria. Desde 1980, a incansável exploração de texturas de Lifeson tem resultado num som característico do guitarrista, junto com um aspecto secundário, um tipo de abordagem cortante para os arranjos que se inspira em Pete Townshend, um traço também ouvido nesta breve passagem. Como outras músicas de *Snakes & Arrows*, vagamente adentra uma zona de King Crimson, mas mais conectada à(s) era(s) Adrian Belew.

Faz sentido que Alex pareça desconectado do processo. "Malignant Narcissism" foi gravada em menos de um dia e, como era a última faixa do álbum, Alex já estava na Flórida. As partes dele foram adicionadas depois.

Geddy toca um baixo Fender Jaco Pastorius Jazz nessa música, que significantemente é um baixo *fretless*, sem trastes. O baixista falou desse instrumento a J.D. Considine: "É um dos mais incríveis que já toquei. Peguei o baixo e em cerca de meia hora já o dominava. Ficava tocando sozinho entre os takes de voz, tocando esse riff que parecia divertido. Nosso produtor estava ouvindo e começou a gravar aquilo com o microfone da voz, acusticamente. Ele disse: 'Cara, você acabou de compor uma música bem ali'. Neil estava por lá, com esse kit de bateria de quatro peças ainda montado. Então, no dia seguinte, pegamos aquele baixo e o amplificador, nos acomodamos lá e fizemos o arranjo juntos."

Ged achou o baixo *fretless* "assustador. Tocar um baixo sem trastes é, por Jeosafá, esperar que não haja outros instrumentos, porque a afinação nesse caso seria bem complicada. Imaginei que, se tocasse depressa o suficiente, não haveria tempo para ouvir as notas erradas. Elas passariam rápido demais. Acho que deu certo porque é um baixo tão maravilhosamente lindo de tocar e ouvir. Agora todo mundo lá do estúdio quer que eu consiga um para eles. É um bom sinal. A Fender foi gentil a ponto de fazer uma versão dele com trastes. Vou tocar com esse baixo também e levar ambos comigo na turnê."

Quanto à contribuição enérgica de Neil Peart, com uma pegada funk, o baterista afirma que foi inspirado pelo estilo de músicos como Terry Bozzio, Steve Gadd, Buddy Rich e Tony Williams. Nesse estágio final das gravações, Neil já tinha guardado a bateria, o que resultou no uso daquele kit de quatro peças a que Geddy se referiu. Ele queria deixar um instrumento básico para Nick usar quando Peart fosse embora, assim estava lá disponível para Neil moer sem dó nessa exibição de dois minutos – mal se dá falta do conjunto de tom-tons, com o disparo de combinações que, por causa da confusão da fusão, nos lembra de como John Bonham e Mitch Mitchell eram capazes de ser bateristas tão interessantes apesar dos kits pequenos.

Há um trecho curto e praticamente indecifrável de narração na metade da música, retirado de *Team America: World Police*, que a banda mostrou para Nick, o qual nunca tinha visto o filme. Uma voz feminina explica que "em geral, um caso de narcisismo maligno surge durante a infância", se referindo a Kim Jong-il.

Neil fecha o disco com outra canção sobre relacionamentos, "We Hold On", voltando aos temas de "Good News First" e "Cold Fire", de *Counterparts*. Semelhante às duas últimas, as mudanças de acordes são melancólicas e sinistras, uma faixa mal-ajustada ao tom de *Snakes & Arrows*, com Neil tocando com pouca inspiração enquanto Alex abandona o acústico. Há barulho demais em toda parte, mesmo que a canção apresente uma das características quedas abruptas para um verso sem muita vibração, escorregando para a zona da balada, embora com mais aceleração.

Mas está tudo dentro do plano, como Neil explicou para a *Modern Drummer*: "Esse verso começa num formato simples, os últimos acentuam com 'tatuagens' impetuosas nos tons agudos. O primeiro irregular com uma mão só é outra dedicatória a Mark Craney, enquanto as outras acenam para vários bateristas de reggae e músicos de timbale latinos, mais Stewart Copeland, Nick Mason, Kevin Ellman (o primeiro cara que já vi usando 'tom-tons de orquestra' com *Utopia*, de Todd

Rundgren) e – ei – eu de novo! É sempre ótimo encontrar um lugar para uma virada que se eleve até os tom-tons como esta última aqui.

"Os refrãos têm influência das ideias de Booujze (como aquela escapadinha na caixa), enquanto as viradas de pedal do bumbo duplo que se repetem (embora diferentes a cada vez) entre as seções foram desenvolvidas em apresentações ao vivo – no meu solo, a costumeira prova de fogo para o desenvolvimento de algo novo, mas também em uma de nossas músicas mais antigas, 'Working Man'. Durante as últimas duas turnês, introduzir um novo estilo para as viradas de uma canção mais antiga ajudou a mantê-la interessante para mim. Outras variações desses recursos aparecem também como uma motivação que se repete em 'Far Cry'.

"Posso também traçar o progresso dessa abordagem nos últimos dois álbuns do Rush, nos padrões rítmicos de pedal duplo que usei nas canções 'Test for Echo' e 'One Little Victory'. Começando nessa base, eu abria tais padrões e os movimentava em torno da bateria, encontrando novas variações o tempo todo.

"Foi um encaixe bom e divertido o fato de que essa última faixa conclui com um tipo de 'floreio rock' que podemos usar no final de uma música nos shows. Ao me dar conta disso, e de outras observações que fiz, não posso deixar de perceber algo que me tortura: ao que parece, tocar ao vivo é bom para meu desempenho como baterista."

Com a gravação finalizada, "mixamos em Los Angeles", explica Alex, "a primeira vez que realmente fizemos um álbum nos Estados Unidos em todos esses anos. Mixamos em Los Angeles porque tinham essa mesa específica que queríamos usar no Ocean Way [uma Neve 88R]. Há pouquíssimas mesas como essa por aí. Nick morava em Los Angeles, e Neil morava lá também. Então foi bom, ainda mais para Neil trabalhar perto de casa para variar. E tudo funcionou muito bem. Foi divertido passar um mês lá, e tiramos o melhor proveito da situação. Los Angeles é mesmo uma cidade esquisita. É como um subúrbio gigantesco. Não há um centro. Ela apenas se estende até perder de vista."

O local de que Alex fala era o Ocean Way Recording, e a mixagem de quatro semanas começaria em janeiro de 2007, comandada por Rich Chycki, com assistência de Nick e Scott Moore.

"Curiosamente, mixar e encontrar o equilíbrio certo para nossas músicas é sempre, de longe, a coisa mais difícil durante a gravação", explicou Geddy em entrevista a J.D. Considine na época. "Passamos por essas fases em que ficamos paranoicos porque as guitarras não estão aparecendo o suficiente ou com volume suficiente, e foi assim com *Vapor Trails*, tudo era demasiado, 'Vamos deixar as guitarras mais cruas, mais furiosas, mais rock'. Neste álbum, depois que as canções foram compostas, a equipe de produção de Nick e Rich – Nick em particular – estava inclinada a colocar a guitarra no próprio espaço, de modo que a seção rítmica pudesse ser impactante, ousada e linda, e as guitarras pudessem estar presentes sem ofuscar todos esses outros elementos. E o que trouxe à tona foi minha interação com Neil, e o fato de que conseguimos criar uma seção rítmica que mantivesse a melodia – e que fosse o coração da canção, com a guitarra livre para tocar todas essas lindas inversões e acordes incomuns que são o forte de Alex. Achei muito maduro da parte de Alex recuar dessa coisa de guitarra pesada e massiva de modo a resgatar certas nuances de som no estilo dele."

A turnê de *Snakes & Arrows* fez um movimento de expansão e fechamento em si mesma para que depois uma segunda turnê fosse lançada após um intervalo curto de cinco meses, dessa vez divulgando o álbum *Snakes & Arrows Live*, não apenas um simples disco ao vivo, mas um álbum que trazia nove das treze faixas de estúdio. Em outras palavras, o que o Rush fez entre abril e julho de 2008 por toda a América do Norte foi continuar a divulgar seu 18º álbum de estúdio, do qual se orgulhavam imensamente.

Com relação ao setlist, a turnê veria a maior reestruturação desde que a banda deu uma sacudida com *Signals*. Nos últimos anos, o Rush vinha admitindo que faria um novo set trocando um punhado de coisas, mas mantendo praticamente a mesma estrutura. Abrir com

"Limelight" foi novidade, assim como o começo enérgico com "Digital Man" como segunda opção. "Entre Nous" fez sua estreia ao vivo, além de tocarem nove faixas do álbum mais recente.

A primeira perna da turnê ocorreu entre junho e setembro na América do Norte, com as datas europeias começando em 3 de outubro em Glasgow e terminando em 29 de outubro em Helsinque. Os shows de 16 e 17 de outubro no Ahoy Rotterdam, na Holanda, foram gravados para usar em *Snakes & Arrows Live*, e a versão em DVD ainda contém material extra do show de 22 de julho em Atlanta, estado da Geórgia, da campanha de 2008.

O disco *Snakes & Arrows Live* pareceu trazer ainda mais evidências de que o Rush estava em algum tipo de volta olímpica, inundando o mercado com produtos. Não apenas o álbum ao vivo tinha 27 faixas, mas também havia o DVD. Depois vieram várias compilações: *Gold* em 2006, *Retrospective III: 1989-2008* e *Working Men* em 2009, *Time Stand Still: The Collection* e *Icon* em 2010, depois *Icon II* em 2011. Finalmente, antes de termos outro álbum de estúdio da banda, produziram a turnê *Time Machine* (quando tocaram pela primeira e única vez na Irlanda!), coroada com outro souvenir ao vivo, *Time Machine 2011: Live in Cleveland*, que trazia *Moving Pictures* na íntegra. Mais uma vez o box foi lançado com CD, Blu-Ray e DVD, com o show em Cleveland dirigido pela Banger Films, a qual tinha, é claro, produzido o documentário *Beyond the Lighted Stage* em 2010. Para encerrar, houve lançamentos em vinil e box sets. Tudo para tirar dos holofotes a provável razão por trás disso: faltavam músicas novas para um álbum de estúdio.

Contudo, a questão logo seria resolvida, com os primeiros indícios aparecendo bem ali no disco ao vivo *Time Machine* de 2011, com "BU2B" ("Brought Up to Believe") e "Caravan", duas novas faixas impressionantes com sua poluição sonora progressiva. As pilhas de material reconstituído e reembalado do Rush foram deixadas de lado, abrindo espaço para nos sentarmos com conforto – e uma taça de conhaque na mão – e saborearmos o álbum épico e totalmente conceitual que surgiria na sequência.

"COMO HA

MUITA FÚ

ACONTEC

ANTES DE

PRECISA

PAUSA M

RIA

ENDO

SO, VOCÊ

E UMA

NTAL."

CAPÍTULO 8

CLOCKWORK ANGELS

Depois de um ano cheio em 2007 e muitos dias de trabalho em 2008, o Rush tirou um ano e meio de férias, sem tocar ao vivo entre julho de 2008 e junho de 2009. Em dezembro de 2009, a banda se reuniu na Califórnia, território de Neil, para conversar a respeito do que fazer em seguida. Planos vagos sobre um álbum conceitual lentamente começaram a tomar forma, e Geddy e Alex voltaram para casa a fim de trabalhar em músicas.

A única alteração no plano dessa vez, além da opção por um álbum conceitual, foi que o trio tinha concluído e lançado duas canções inéditas – "BU2B" e "Caravan" – bem antes do álbum em si, e nesse ínterim, interromperam as sessões de composição para pegar a estrada de novo.

Como Alex explicou a Jeb Wright, "estendemos os trabalhos neste disco ao longo de dois anos, o que acabou sendo um modo muito bom de se trabalhar. Tivemos tempo para recuperar o fôlego enquanto escrevíamos grupos de canções. Acho que isso sempre nos ajuda a obter um pouco de variedade. Quando se entra no estúdio e grava tudo de uma vez só, consegue-se dar mais consistência ao material. Mas acho que realmente criamos uma dinâmica interessante aqui. Temos muitas músicas que são diferentes umas das outras. Acho que várias canções são bastante cinemáticas e fazem parte da história. O primeiro conjunto que fizemos consistia em cinco músicas que escrevemos há vários anos. Quando penso nas faixas do álbum, penso em pequenos grupos que compusemos para submeter à análise. Mas em geral tentei manter o mais simples possível. Esse foi um dos aspectos revigorantes do disco. Há muito espaço nele, e é possível ouvir a bateria claramente, é possível ouvir o baixo e a guitarra – tudo pode estar com o volume lá no alto ao mesmo tempo."

Comparando a gravação de discos nos anos 1970 com o modo como *Clockwork Angels* nasceu, Alex faz a seguinte reflexão: "A juventude é uma coisa bem volátil. Quando somos mais jovens, pensamos de forma diferente sobre como compomos e o modo como tocamos. Impusemos um nível bastante alto para nós mesmos e sempre quisemos alcançar nossos objetivos. Nós nos pressionávamos muito e trabalhávamos bem rápido. Geralmente, havia pouquíssimo tempo para trabalhar nos nossos discos porque estávamos sempre em turnê. Tudo que acabamos fazendo tinha esse campo de energia gigante em torno do material. Hoje, sentimos uma confiança bastante tranquila em nossa música e em nossa composição, e também na forma como tocamos. Agora temos respeito e confiança absoluta uns nos outros, mais do que jamais tivemos. É um aspecto muito importante para trabalhar do jeito que trabalhamos e conceber os álbuns. Precisamos ser capazes de confiar uns nos outros e não encarar as próprias ideias como as melhores. Todos tentamos fazer o melhor trabalho que podemos como banda. Não há uma pessoa que seja mais importante que o todo. Aprendemos ao longo de 40 anos que essa é a chave do nosso sucesso e da nossa integridade."

"Originalmente, planejamos a turnê e não pareceu certo pegar a estrada sem ter nenhuma composição nova", contou Geddy a Jerry Ewing, com relação à turnê *Time Machine*, de 2012. "Porque o que gostamos sobre tocar ao vivo tem a ver com manter nossa vitalidade tocando músicas novas diante do público. Debatemos a ideia para o álbum e decidimos que nos dedicaríamos a compor. Tivemos uma ótima sessão de composição e gravamos duas músicas ['BU2B' e 'Caravan']

bem rápido. A princípio essa turnê duraria apenas três meses, mas foi tão boa que acabamos tocando *Moving Pictures* na íntegra, e não era certo deixar de levar esse show para a Europa e América do Sul. Era uma apresentação especial, e não estávamos preparados para diminuir essa turnê. Então decidimos colocar o álbum em pausa. Alex e eu fizemos uma jam no meio da turnê e compusemos 'Headlong Flight' e 'Carnies'. Quando a *Time Machine* terminou e retomamos os trabalhos, estávamos bem próximos de concluir o álbum, então redescobri essas jams e essas duas canções surgiram de lá. Portanto é estranho que esse disco seja feito de músicas que foram compostas ao longo de um período de dois anos e meio."

Com relação à decisão de fazer um álbum conceitual, Geddy disse a Chris Neal: "Foi uma ideia de Neil que achamos intrigante. Começamos a conversar a respeito da estética *steampunk* e de como gostávamos daquilo. Achamos que seria divertido fazer um projeto em torno disso, o que levava a reflexões que ele tinha sobre a história. A ideia era interessante, e quando Alex e eu começamos a compor a música para ele, nos certificamos de que era um tipo diferente de álbum-conceito – em certo sentido, era mais parecido com uma ópera rock. Queríamos que cada canção se destacasse individualmente, que tivesse uma visão e algo a dizer que pudesse ser removido do contexto das outras e ainda assim ser válido."

A narrativa *Clockwork Angels* de Neil foi construída do zero, não havia nada, embora ele tenha afirmado no programa da turnê que a inspiração veio da obra *Fogo sobre a Terra*, de William Manchester, um tratado sobre a Idade Média, junto com as obras *The Sot-Weed Factor*, de John Barth, e *Cândido*, de Voltaire. Mais especificamente, Peart também cita "Michael Ondaatje e Joseph Conrad para 'The Anarchist', Robertson Davies e Herber Gold para 'Carnies', Daphne du Maurier para 'The Wreckers' e Cormac McCarthy e os primeiros exploradores espanhóis no sudoeste norte-americano em 'Seven Cities of Gold'."

Mais intrigante ainda é a introdução da alquimia, um tópico ou hobby que já tinha terminado com a chegada da era *steampunk*, substituída por todo tipo de assunto relacionado a fantasmas. Peart jurou manter as canções praticamente alheias ao enredo do livro, diante das preocupações de Geddy, o cara que precisava cantar tudo isso, o qual insistia na força e independência das músicas por elas próprias. Como indicado antes, Geddy não queria que ficassem dependentes, de um ponto de vista literário, para que o resto das letras pudesse ser entendido. Seguindo essa visão, Neil tinha notas pessoais sobre o enredo, tinha o aspecto visual em mente, e depois, no final, no encarte, ofereceu algumas direções úteis com relação à letra de cada canção.

No começo de 2010, Peart havia composto versos suficientes para Alex e Geddy completarem as duas canções que seriam apresentadas na turnê *Time Machine*. A banda também tinha "The Anarchist" e "The Garden" escritas na época em que pegaram a estrada, mas não foram apresentadas ao vivo. Depois de quatro datas da turnê *Time Machine*, com o trio tocando em São Paulo, Rio de Janeiro, Buenos Aires e Santiago, houve um intervalo de cinco meses e então retomaram os trabalhos do disco. Mas o progresso foi lento, prejudicado pelas dificuldades de alinhar as palavras de Neil com as jams que Geddy e Alex tinham feito. Ainda assim, a maior parte de "Headlong Flight" e "Carnies" já estava concluída nesse ponto.

Dada a extensão da turnê *Time Machine*, a banda mudou o plano de voltar ao Blackbird Studios, em Nashville, onde em abril de 2010 as primeiras duas músicas tinham sido gravadas, tendo Nick Raskulinecz retornado como produtor e Richard Chycki finalizando a mixagem no Sound Kitchen, também no Tennessee. Em vez disso, acabaram acampando no Revolution Recording, na zona leste de Toronto.

"Toronto é o nosso lar, para Ged e eu", disse Alex, em entrevista a Chris Neal, "assim o estúdio ficava a apenas dez minutos de casa. É um lugar recém-inaugurado, e mal tinham terminado a construção na época em que estávamos prontos para entrar e gravar. Mas o lugar tinha um som excelente e uma ótima mesa, e foi bacana poder voltar para casa todas as noites depois do trabalho e passar os finais de sema-

na com a família. Antigamente, passávamos muito tempo longe das nossas famílias enquanto gravávamos, e é bom estar com eles agora. Mixamos em Los Angeles, onde Neil vive hoje em dia, então foi meio que uma troca. Ele veio até Toronto e passou alguns meses conosco lá, e depois invertemos."

"O mais engraçado é que tudo parecia tão espalhado", disse Alex, em entrevista a Mick Burgess. "Fizemos uns trechinhos aqui e ali, mas assim que chegamos ao centro de tudo, foi mesmo uma grande satisfação. Nós nos divertimos muito fazendo esse álbum, e o clima era bem animado no estúdio. Foi ótimo trabalhar com Nick Raskulinecz. Ele é um cara apaixonado por música, demonstra grande entusiasmo pelas coisas. É ótimo estar na companhia dele. Com este disco, nós realmente queríamos tocar e queríamos avançar um pouco. Queríamos nos divertir, mas também remover parte dos exageros. Em retrospecto, acho que *Snakes & Arrows* ficou meio denso porque foi composto com violão, que desempenhou um papel mais importante na produção. Criamos várias camadas de instrumentos acústicos e elétricos, e as coisas ficaram um pouco nebulosas às vezes. Eu gosto mesmo do disco, mas agora, com a perspectiva de ter convivido com o material por um tempo, nos demos conta de que exageramos na dose um pouquinho. Então realmente queríamos simplificar e ter mais aquela pegada de trio neste disco. Não há guitarra rítmica durante os solos de guitarra ou algo assim, que são coisas que acabamos fazendo porque gostamos da sonoridade e de todas as nuances. Mas não é sempre necessário, e acho que o álbum acabou ficando muito mais poderoso assim."

A essa altura, a banda também tinha trocado a Atlantic nos Estados Unidos pelo irascível selo de metal Roadrunner. Alex comenta a troca: "A indústria está mudando bastante, e acho que a Atlantic Records também mudou muito. A Atlantic costumava ser *o selo* de rock, e não acho que seja mais. A Roadrunner se tornou esse tipo de gravadora. Está na família, é prima da Atlantic. Acho que a sensação era – e era um sentimento compartilhado – a de que receberíamos

mais atenção na Roadrunner dentro de uma indústria meio complicada. Posso dizer que foi a decisão certa. Estar na Roadrunner é muito diferente de estar na Atlantic. Tínhamos inúmeros amigos lá que
adorávamos, mas várias pessoas que conhecemos ao longo dos anos
já não trabalham mais na empresa. A Roadrunner estava bem ali do
lado trabalhando arduamente, em especial no Reino Unido. Estamos
muito felizes em trabalhar com eles."

Contrato assinado, as sessões no Revolution ocorreram de outubro
a dezembro de 2011. Enquanto isso, até meados de 2012, o escritor de
ficção científica Kevin Anderson, amigo de Neil, escreveu um romance
a partir da história criada por Peart, e o livro foi lançado em 4 de setembro daquele ano – uma continuação chamada *Clockwork Lives* sairia três
anos mais tarde. Resumindo *Clockwork Angels*, Anderson escreve: "Um
jovem, em meio à jornada em busca de seus sonhos, fica preso entre as
forças grandiosas da ordem e do caos. Ele viaja por um mundo exuberante e colorido de *steampunk* e alquimia, de cidades perdidas, piratas,
anarquistas, parques de diversões exóticos e um rígido Relojoeiro que
impõe precisão a cada aspecto da vida cotidiana."

Neil explica no programa da turnê: "Meu amigo Kevin J. Anderson
está entre os pioneiros do gênero de ficção científica que passou a ser
chamado de *steampunk* – uma reação mais romântica e idealista do que
os futuristas do *cyberpunk*, com seus cenários de sociedades distópicas,
alienadas e desumanas. Nossas próprias incursões anteriores pelo futuro, em '2112' e 'Red Barchetta', tinham como pano de fundo esse tipo de
fantasia mais sombria, para efeitos alegóricos e dramáticos. Desta vez,
pensei na definição de *steampunk* como 'o futuro como deveria ter sido'
ou 'o futuro como era visto no passado' – da forma como foi imaginado
por Júlio Verne e H.G. Wells no final do século 19."

O mundo que Neil criou é "movido por vapor, engrenagens intrincadas e alquimia. Esse último elemento me veio à cabeça porque fiquei
intrigado com o uso de Diane Ackerman de alguns símbolos alquímicos como cabeçalhos nos capítulos de *An Alchemy of Mind*. Pareciam

elegantes, misteriosos e poderosos. Tão logo tomei conhecimento de um conjunto inteiro de hieróglifos rúnicos para elementos e processos, e como as cartas de tarô de *Vapor Trails* e o jogo hindu Leela para *Snakes & Arrows*, fiquei fascinado por essa tradição antiga. À medida que os 'capítulos' líricos iam tomando forma, eu escolhia um símbolo para representar cada um deles, fosse um personagem ou um estado de espírito, os quais foram parar no relógio da capa, usado no single de 'Caravan'/'BU2B' no começo de 2010. Desde então mudaram um pouco, conforme a história foi se ampliando, mas você pode encontrar enxofre a uma hora em ponto para a questionadora 'BU2B', ouro às seis para 'Seven Cities of Gold', terra às 11 para 'The Garden', e assim por diante (o 'U' em Rush significa amálgama)."

Ao fundo do relógio com os símbolos alquímicos estão nuvens de tempestade num vermelho vibrante, mas pode-se facilmente imaginá-las como um tipo de pó colorido que os alquimistas usavam para impressionar a nobreza, que lhes pagava um bom dinheiro para obter ouro – e se isso não desse certo, talvez um pouquinho de pirotecnia da era Renascentista. O relógio marca 9:12, o que num relógio no formato de 24 horas seria 21:12. No encarte, o designer de longa parceria Hugh Syme retoma alguns pontos da história aqui e ali, enquanto em outros momentos continua mais abstrato. Há várias referências visuais ao *steampunk*, incluindo o dirigível – pertinentemente, ao longo da era vitoriana na América, havia o "mistério do dirigível", ou seja, vários casos de avistamento de OVNIs. No aspecto mais gráfico, Syme nos mostra a "mais famosa Cidade do Ouro", Cibola, uma imagem que conjura os pensamentos de outro passatempo vitoriano-fortiano, a teoria da terra oca.

Passando para o disco, *Clockwork Angels* abre com "Caravan", o choque do peso da música sendo amortecido pelo fato de que os fãs já tinham ouvido esse som, tanto numa versão de estúdio quanto naquela apresentada nos palcos. A canção não foi regravada para o álbum, mas passou por uma remixagem, com Alex observando que quando os ouvintes suspeitam que escutam partes diferentes, é porque algumas coisas subiram de volume na mixagem enquanto outras foram diminuídas. De imediato ouve-se um trabalho de produção dos mais poderosos em anos com o Rush, talvez o mais pesado em termos de baixo e guitarra, mesmo que Alex não tenha usado a mesma distorção sem sentido dos anos 1970. Na verdade, Geddy abriu mão da articulação do baixo como frequência, e Neil foi colocado um pouco atrás, ainda chamando a atenção, mas sobrepujado pelos outros dois instrumentos. Alex tinha abandonado os experimentos com violão acústico manipulado com a guitarra elétrica de *Snakes & Arrows* – o que ele tinha descrito anteriormente como "exagero". Outro modo de descrever isso é que parece um *woofer* com um rasgo no meio. O canal de distorção do pedal está correto, mas esse zunido permanece.

A segunda faixa, "BU2B", com certeza se encontra na mesma zona de impacto que "Caravan". Liricamente, enquanto "Caravan" trata com moderação do embarque numa jornada, "BU2B" levanta questões sobre fé, destino, karma e a personificação disso tudo no personagem do Relojoeiro. O herói de nossa história, Owen Hardy (um Cândido ingênuo para todos os efeitos), está vivendo uma transição como aconteceu com Neil, ambos deixando a infância na zona rural (neste caso com uma praia e navios) rumo a "Crown City". Ambos também, concomitantemente à viagem, adotam como hobby intelectual a filosofia da religião.

No preâmbulo para "BU2B", em meio a reflexões sobre predestinação, Neil oferece uma abordagem nova e divertida para a alquimia. Antes de dispor a ideia de um homem barbudo laborando em vão numa torre para tentar criar ouro a partir de objetos comuns, Peart traz uma equipe de alquimistas como os heróis inventores da eletricidade.

Perguntado sobre ela em entrevista a Jeb Wright, Alex observou que usou suas "Les Pauls e Telecasters, que são um combo que eu costumava usar com bastante frequência. Realmente há o peso da sobreposição de guitarras, que era a ideia para aquela canção". Raskulinecz disse em contraponto que "Caravan" fez uso de duas Gibsons, a

"Les Paul Goldtop e a Sunburst 335 tabaco. Nós as passamos por um Marshall e um Bogner".

Diferente de "Caravan", essa tem um componente extra adicionado à versão que saiu antes. Alex explicou a Joe Bosso: "Gravei uma abertura nova que não estava na versão de 'BU2B' que lançamos no ano anterior. Mixar pode ser terrivelmente entediante. É melhor entrar no estúdio quando a mixagem está pronta, de modo que possa ter um olhar bem objetivo quanto ao resultado. Assim passamos muito tempo lá sentados e 'Hum, o que vou fazer hoje?'. Eu tinha um conjunto Logic montado no meu quarto de hotel e fiquei brincando e compondo algumas coisas. Tinha algumas guitarras – havia uma das minhas Gibson Axcess e uma Martin que peguei emprestada do Guitar Center – e um microfone. Tínhamos conversado a respeito de fazer essa pequena transição, então colocamos o microfone na sacada e gravamos alguns sons de fundo: Los Angeles pela manhã, os carros passando, coisas desse tipo. Com a porta da sacada aberta, gravei essa passagem curta de guitarra e depois Ged fez a voz. Brincamos um pouco com alguns efeitos e criamos a música. Tudo ficou pronto em poucos minutos, de modo bem espontâneo."

Nick chama a canção de "um sucesso pesado. É sombria e foge um pouco das características do Rush. Passou por algo como uma revisão geral em comparação à versão que tinha sido lançada no ano anterior. Adicionamos a seção de introdução que Neil sempre tinha imaginado. Na verdade, Alex e Geddy a gravaram no quarto de hotel deles. Como 'Caravan', essa foi concluída bem depressa. Passamos um dia com a bateria, em seguida imediatamente gravamos o baixo e as guitarras. Depois fizemos os *overdubs*. Usamos pedais Taurus e gravamos também com um teremin. Foi muito bacana, aquela parte que sobe um pouco distorcida no meio da música é Geddy tocando um teremin. Eles tinham um desses no estúdio, estava lá jogado num canto do Blackbird; é um lugar incrível, esse é o tipo de coisa que se acha por lá. Pegamos o teremin, plugamos num amplificador, acrescentamos um pouco de delay e um phaser nele, e Ged fez o solo. Acho que ele deve ter tocado um lá nos anos 1970. O resultado ficou bem legal. Ele tocou uma única vez e ficou ótimo."

"Espero que esteja no setlist dos shows para sempre", observou Peart sobre a terceira faixa, "Clockwork Angels", em entrevista a Philip Wilding. "Alex nos deu uma demo bem antes de começarmos a compor, e logo de cara observei que nunca tínhamos feito nada com essa pegada na bateria, então eu queria muito tocar. É bem incomum da nossa parte, mas ainda assim tem todas as coisas intrincadas e técnicas, um desafio para nós enquanto músicos." De fato, Nick diz que Neil tocou essa música uma única vez e o solo de guitarra de Alex foi extraído das demos.

"Há uma verdadeira pegada mais direta neste disco", contou Alex para Mik Gaffney, da *Powerplay*. "Sabe, Geddy e Neil sempre formaram uma seção rítmica muito bem ajustada, mas aqui eles realmente tocam de forma solta, como dizem, numa abordagem mais ritmada e funkeada na forma de tocar. Boa parte disso se deve ao modo como Neil gravou a bateria. Em geral, ele trabalhava nos arranjos durante semanas e depois ensaiava repetidas vezes, sem parar, absorvendo a música, e só depois gravava. Desta vez foi bem mais espontâneo. Teve tudo a ver com o momento. Acho que isso fica aparente na forma como Neil toca. Ele foi muito criativo e muito mais dinâmico neste disco, mesmo para um baterista do nível dele."

"Geddy realmente reagiu a isso", continua Lifeson. "Mesmo quando nós dois trabalhávamos nas demos, estávamos mesmo encaixados nas músicas; a essência estava lá desde o princípio. Neil é um baterista fantástico, considerado o melhor baterista de rock do mundo, e as coisas que ele consegue fazer são incríveis, mas acho que às vezes, enquanto músico, quando se trabalha demais em certas coisas, se acaba perdendo algo, fica parecendo mais um tipo de exercício acadêmico. Perde-se a espontaneidade, o instinto primitivo de bater no prato naquele momento ou partir para aquela virada específica, e isso fica mais aparente neste disco, acho. Realmente não penso que Neil esperava curtir as coisas tanto quanto curtiu. Ele é uma verdadeira cria da ordem e do padrão, típico virginiano nesse sentido. E gosta de ter tudo numa linha reta, então algo assim foi uma revelação para ele. Neil pensou: 'Vou apenas tocar qualquer coisa e aprender depois, em vez de fazer o inverso'. Penso que isso fez muito bem a ele."

"Essa canção começa com um som instrumental e experimental que Alex compôs com auxílio da tecnologia, resultando em algumas texturas incríveis", explicou Geddy sobre a faixa-título, em entrevista a Chris Jisi, da *Bass Player*. "Quando recebemos a letra, vi um jeito de quebrar em várias seções o que Alex tinha feito e compor algumas melodias sobrepostas, e em pouco tempo havíamos criado essa canção rock/eletrônica interessante. O truque, tanto na gravação quanto na mixagem, foi reter os sons confusos e misteriosos sem perder a característica urgente e de certa forma orgânica da canção. Neil tinha em mente esse *groove* mais suingado e embaralhado quando ouviu a demo pela primeira vez, e quando enfim concluíram a música, nós dois mal podíamos esperar para tocar com essa pegada."

Na letra de "Clockwork Angels", os papéis do Relojoeiro ("Watchmaker") e dos Anjos do Tempo ("Clockwork Angels") ficam meio obscuros, e em meio a isso, é difícil dizer onde os Guardiões do Tempo ("Timekeepers") e os Reguladores ("Regulators") se encaixam. Basta dizer que, passado esse preâmbulo, Neil adota um estilo simples e descritivo no sentido visual, de modo que entendemos como a trama se desdobra – os anjos estão lá no alto, além das órbitas reluzentes. Além disso, concentra a letra principalmente na dinâmica deles e de como glorificam e tranquilizam as massas que os adoram em retribuição.

A forte sensação de ritmo tribal, junto com a melodia e a textura encontradas ao longo de "Clockwork Angels", é reprisada em "The Anarchist". De fato, o disco inteiro até esse momento borbulha com energia e petulância, arranjos semelhantes cruzam as primeiras quatro faixas, com deleites exóticos adicionados com regularidade. Tudo parece estranhamente antigo, evocando imagens do universo *steampunk*, que fica implícito, mas não é descrito com exatidão e em termos concretos.

"É uma das minhas favoritas, mas eu poderia dizer o mesmo de todas as músicas", explicou Nick em entrevista a Joe Bosso, da *Music Radar*. "Para mim, tudo se resume ao riff, e esse me transporta ao passado. Isso foi uma das coisas mais legais de se trabalhar neste disco, ajudar o Rush a ver que não tinha problema algum se expressar desse jeito: 'Vocês podem fazer isso. Já fizeram a mesma coisa muito tempo atrás; podem fazer novamente. É direito seu!'. Há bastante interação acontecendo entre todos os integrantes da banda. Havia uma demo, mas acrescentamos teclado e cordas – uma metamorfose. Quanto à voz, tudo se resumiu em fazer com que Geddy subisse lá no alto no registro mais agudo, onde é o lugar dele. Seu nível de energia é muito bacana aqui. Falo isso há anos: Alex Lifeson é o camaleão da guitarra no rock. Ele demonstra tanto sentimento quando toca. Me faz chorar quando toca; na verdade, ele mesmo chora enquanto está tocando! Alguns de seus solos saíram direto das demos, outros tocou algumas vezes no estúdio, e houve alguns que gravou múltiplas vezes. Em todas as situações, era pura emoção."

"O padrão de bateria nessa canção é um que eu criei, e Neil se conectou com ele", observou Lifeson, entrevistado por Jeb Wright. "Acho que vem de um lugar diferente comparando ao que é feito por Neil, que às vezes descobre uma abordagem interessante adotada por mim que ele jamais teria pensado sozinho. Eu lhe ofereci um ponto de partida."

Mas Geddy estava sobrecarregado. Como contou a Phil Ashcroft, da *Fireworks*: "Tão logo gravei a linha de baixo para 'The Anarchist' e depois a voz, olhei para Nick e disse: 'Esta música vai ser foda de tocar ao vivo!'. E ele respondeu: 'Como é? Sério? Nem é tão complicada assim'. A questão é que não se trata de ser complicada; se trata da direção para a qual estão seguindo – o baixo está indo para uma direção, e a voz para outra. Vou ter que tocar essa porra tantas vezes que nem consigo mais pensar nela, e é por isso que nos concedemos mais tempo de ensaio antes desta turnê do que em qualquer outro álbum, porque acho que vamos precisar – pelo menos, sei que eu vou!"

Alinhadas às especificações de Lee quanto às letras, as canções do disco continuaram substancialmente independentes – a referência usada foi *Tommy*, do The Who – e "The Anarchist" não traz quaisquer amarras de enredo com o que veio antes, Neil pintando uma descrição psicológica de um anarquista amargo. Não muito propenso à anarquia através da política ponderada, esse indivíduo específico quer explodir tudo porque nada tem dado certo para ele – a anarquia é um modo satisfatório de trazer os mais afortunados para seu nível. O preâmbulo de Peart coloca em evidência o personagem do vendedor ambulante, que faz a seguinte pergunta: "O que falta a você?". Quando o anarquista ouve isso, responde "vingança", evocando imagens de James Dean em *Juventude transviada* ou Holden Caulfield em *O apanhador no campo de centeio*.

"Carnies" ressalta outro sentimento que vai se acumulando ao longo da primeira metade de *Clockwork Angels* – quando a banda é agressiva e pesada nesse disco, há um elemento dos primórdios do boom do blues e hard rock no riff, começando com Led Zeppelin e Free, respingando no começo da carreira do King Crimson. "Carnies" oscila entre essas passagens rolo-compressor, que lembram um pós-punk de Killing Joke e depois ficam mais aceleradas e melódicas como o Rush em *Permanent Waves* ou *Grace Under Pressure*.

No final da narrativa, Owen Hardy arruma um emprego no parque de diversões itinerante, mais uma vez como Neil, que trabalhou na juventude num parque semelhante em sua terra natal, St. Catharines, durante o verão. A diferença é que Peart cuidava de uma banquinha antes da viagem para a cidade grande, e Owen faz isso já *na cidade*. Neil admitiu prontamente os paralelos em entrevista a Mike Doherty: "Ah, o clássico sonhador, e uma das distinções adoráveis que Kevin e eu entrelaçamos no personagem como um reflexo da nossa própria história. Quando eu fazia parte da banda J.R. Flood, em St. Catharines, onde estávamos indo muito bem, falei para os meus colegas de banda: 'Vamos para Londres'. Acabei indo, sozinho, mas até hoje me surpreendo com o fato de que ninguém quis ir comigo. Passei fome, não alcancei fama e fortuna tão rápido quanto nas minhas fantasias, mas não havia nada que me desencorajasse na época. Como Owen, me deparei com as coisas e uma sequência de eventos que não poderia ter acontecido de outra forma e me conduziu para que eu me tornasse quem sou hoje. Estava morando longe de casa pela primeira vez, consegui um emprego de verdade e me provava numa situação de trabalho durante o dia, e então nunca mais tive medo. Quando surgiram problemas mais tarde, 'Ah, temos que ceder porque a gravadora quer fazer tal coisa', eu disse: 'Não, ninguém pode me obrigar a isso'".

Owen confronta o Anarquista, que está prestes a levar adiante um ato de terrorismo no Midsummer Festival, em Crown City. O Anarquista joga o detonador para Hardy, que então foge da cidade, acusado de ser o terrorista. Na letra, Peart relata sem deixar dúvidas esse conto ímpar sobre o conceito de destino: Hardy deseja sair desse trabalho barulhento e opressivo, e então as preces dele são atendidas pelos anjos, mas de modo maquiavélico, de um jeito radical.

Embasando a natureza opressiva da estrutura da canção, Alex apresenta muitas armas. Como Nick contou à *MusicRadar*: "Geddy canta e, depois que ele termina, é hora das paisagens sonoras aparecerem. Temos três canais de guitarras – uma guitarra à esquerda, uma à direita e outra no meio – e todas têm amplificadores limpos diferentes com efeitos de áudio tremolo, panning e phasers, caixas de som Leslie e pequenos sons filtrados. Alex na verdade não fala o que está pensando antes de executar. Ele grava as partes dele e depois me chama na sala de controle. Tanto posso dizer 'ficou incrível!' quanto 'dá para melhorar' ou 'está pronto, ficou perfeito'. Em nove de cada dez vezes digo 'ficou perfeito'. Esse solo é incrível por causa do clima de parque de diversões, e isso é completamente Alex. Ele fez esses sons e fez todo esse trabalho brilhante na guitarra – Al tem uma visão diferenciada e muitas ideias. Foi bastante inspirador vê-lo criar tudo isso."

"Adoro o riff de abertura com essas harmonias", contou Alex a Joe Bosso. "Tem um pouco de Hendrix e Robin Trower. Os refrãos são fortes. O clima de parque de diversões itinerante e os sons os deixam bem diferentes das seções de estrofes e das pontes. A ponte ascendente lembra alguma coisa, mas não sei o que é. Muitos momentos do álbum são assim: eu me lembrava de alguma coisa, mas não conseguia saber de que canção ou de que época era. Contudo, é algo ótimo – as pessoas se sentem atraídas por essas coisas."

Fora o caso especial de "BU2B2", a sexta faixa das 12, "Halo Effect" é a canção mais curta do álbum (com 3min14seg). É também a que mais se aproxima de uma balada e é consistente com o Rush mais suave desde *Test for Echo*, já que tem um som vagamente celta. "Há na verdade apenas duas músicas mais curtas", observa Ged. "Uma é 'Halo Effect', que é uma música muito bonita e incomum. É mais curta, mas não sei se dá para definir como acessível. Suponho que seja até certo ponto, mas para mim essa foi apenas uma coisa de que o disco precisava para dar fôlego ao ouvinte. Como há muita fúria acontecendo antes disso, você precisa de uma pausa mental só para alcançar certa dinâmica."

Acompanhando a bateria mais casual e aberta de Neil com predominância dos pratos, Geddy toca o baixo com potência (articulado de forma incomum para esse disco) e Alex dedilha o violão (também raro aqui), e temos a seção de cordas, adicionada na Califórnia.

"É difícil porque você passa a ouvi-las em todo lugar", observa Lee sobre essa tentação. "No começo, queríamos cordas apenas em 'The Garden'. Então pensamos em 'Halo Effect' e em como ela ficaria linda. E depois imagina nas outras músicas... Foi uma coisa do Nick, que sempre as quer em tudo. Mas então você começa a pensar: 'Bem, há um trecho ali em 'The Anarchist' que ficaria ótimo com cordas'. E antes que se dê conta, elas aparecem no disco todo, se não tiver cuidado. Acho que está tudo bem em nos permitirmos esse recurso em certa medida, e me senti tão confiante na força e na estrutura sólida das canções que acho que podiam receber esses acréscimos sem perder a essência."

A primeira tentativa de usar instrumentos de cordas partiu de Alex, que acrescentou uma seção eletrônica delas em sua demo. A orquestra real usada no álbum foi de fato conduzida por David Campbell, um cientologista de longa data, pai do renomado talento do rock alternativo Beck Hansen e arranjador de mais de 450 discos de ouro e platina. Nick fez a seguinte observação sobre o trabalho com o violão: "Alex tocou um Gibson Dove. Usamos dois canais, microfonando Al com um valvulado U47. Coloquei o microfone a cerca de um metro de distância, de modo que captássemos o corpo do instrumento. Ficou um som belíssimo".

Liricamente, Geddy fez mesmo prevalecer sua vontade com essa música. "Halo Effect" pode ser interpretada como uma simples canção de amor desvinculada por completo da narrativa. Com certeza, é nosso personagem principal, Owen, que é menosprezado por seu interesse amoroso da trupe do circo, mas, diferentemente de "Carnies", não há sinalização à história com questões do destino, muito menos um grande debate sobre religião. O que é impressionante na letra é justamente o quanto ela não impressiona em nada – ou pelo menos o quanto é simples; no quesito estilístico, ninguém suspeitaria que Neil Peart está por trás da composição.

"Outro riff épico", observa Nick, falando de "Seven Cities of Gold". "Ele determina o tom para toda a canção. Sabe, não há nada no mundo como uma música do Rush totalmente descolada como essa. Há muita coisa acontecendo, então, como produtor, sempre quero me certificar de não perdermos a essência. Adoro o modo como ela se estrutura, saindo desse funk caótico, e depois Neil arrebenta com tudo. Me faz querer dirigir em alta velocidade. Criamos vários espaços no meio. Para o solo, Alex tocou ao vivo direto do estúdio sem cortes. Nós o colocamos lá dentro com os fones de ouvido, e ele ficou bem na frente do amplificador. Queríamos ter o feedback dele ali naquela hora. Acho que Alex acertou num único take. Foi um imenso privilégio ter testemunhado isso – e muitos outros momentos como esse."

Ao responder a Chris Jisi, da *Bass Player*, sobre o baixo esquisito que abre a faixa, Geddy dá uma risada. "É um tipo de *white funk* retrô misturado com licks de guitarra malucos que lembram Robin Trower. Fico atacando as cordas com a esquerda enquanto abafo com mão direita. Parece a abertura de um antigo filme pornô suave! Uma parte é rígida e sem muito gingado, ainda assim tento colocar um pouco mais de funk nela. É um momento esquisito de que simplesmente gostamos, então mantivemos. Adoro a música – ela tem um andamento agradável em que se pode meio que segurar e tocar num clima de blues."

Quanto à inspiração para a letra, Neil se diverte com a ideia de que exploradores hispânicos percorreram o que hoje é o sudoeste norte--americano em busca da Cidade de Ouro, o Eldorado. Em essência, nosso protagonista, nosso explorador global, encontrou sua segunda cidade resplandecente, essa bem diferente da primeira. Nenhuma aeronave *steampunk* poderia alcançá-la, então ele chega até lá pela água e depois por uma trilha cruzando o deserto Redrock (uma referência sutil ao celebrado local de shows). Há uma ótima referência às "minas de alquimia", outro conceito que Neil criou. Seria a primeira cidade abastecida com energia gerada pelos minérios desse lugar? Seriam as cidades de ouro construídas por minerais inferiores extraídos ali e depois transformados por um grupo de alquimistas? Musicalmente, é uma faixa de rock colossal, barulhenta, perfeita para tocar ao vivo nos estádios com um *groove* hard rock matador. De novo, embutida no riff está a história de como o *boom* do blues britânico pariu o heavy metal, algo que Alex tinha entendido já lá no início com "What You're Doing", do primeiro disco da banda.

"É muito cinemática", refletiu Lifeson, em entrevista à *Total Guitar* e falando dessa faixa. "Dá para ouvir o perigo da cidade grande à medida que nosso viajante se aproxima dela. Então, quando Neil entra e soltamos o riff, você está lá – está dentro da cidade com todas as emoções, oportunidades e problemas. A canção apresenta certa arrogância. Ficou exatamente como eu imaginava. Amo o final... A guitarra guinchando e apunhalando enquanto você deixa a cidade para trás."

"The Wreckers" parece uma homenagem da banda a The Who – nem que seja pelos primeiros 15 segundos! Neil é Keith, Geddy é John, Alex é Pete e ninguém interpreta Roger. Depois entramos numa composição recarregada de Rush pop e andamento médio, muita guitarra elétrica, Lee cantando num registro confortável. As cordas se infiltram, mas nada tira o papel principal do refrão cativante dessa balada poderosa.

"É bem bacana o modo como ela surgiu", contou Alex a Mik Gaffney. "Estávamos com um pouco de tempo ocioso no estúdio, e Ged pegou um dos meus violões. Sempre levo todos para a gravação – é como uma reunião de família. Posso até nem usar 90% deles, mas todos gostam de estar presentes. De qualquer maneira, eu tinha esse velho violão ali, com afinação Nashville, que é a afinação das oitavas num violão de 12 cordas, então há um som mais leve, mais arejado. Ged começou a tocar com ele, pegou parte da letra e perguntou: 'O que você achou?'. Começou a tocar a melodia de uma estrofe e eu disse: 'Uau, ficou ótimo!'. Ged queria tocar bem rápido dentro do estúdio, então peguei o baixo e o acompanhei, e foi assim que acabamos compondo essa música: ele na guitarra, e eu no baixo. Foi bastante interessante, porque Ged toca guitarra usando um dedo e atacando as cordas para a frente e para trás, bem do jeito como toca baixo, e eu não faço isso, então ele estava obtendo um som e uma pegada diferentes. Toco baixo totalmente diferente de como ele toca. Então a música inteira tinha um outro ar, o que foi muito revelador para nós."

Refletindo um pouco mais sobre isso, numa conversa com Jeb Wright, Alex contou: "Na demo original, Geddy tocou guitarra, e eu toquei baixo. Quando gravamos, ele tocou baixo, mas aprendeu a minha parte do instrumento. Falou: 'Nunca tocaria esta canção deste jeito'. Aprendi algumas coisas a partir do modo com que ele palheta para cima no violão, já eu costumo palhetar basicamente para baixo. Descobri com a afinação Nashville usada por Geddy que a palhetada para cima tinha um efeito particular na música e na característica do timbre. A canção no final evoluiu e se tornou outra coisa, mas ainda assim é ótimo quando podemos desenvolver e influenciar um ao outro nos instrumentos apenas olhando através de um ângulo diferente.

"Só de falar sobre essa canção me dá um nó na garganta", observou Nick sobre "The Wreckers" em sua análise da faixa para a *MusicRadar*. "Ela tem o espírito dos anos 1960 e 1970, há uma pureza verdadeira. Tentei fazer os dois trocarem para a gravação – Alex no baixo e Geddy na guitarra –, mas decidiram continuar com seus instrumentos designados. Essa música é colossal, tem muito embalo e suingue, mas nos exigiu bastante esforço. A guitarra na estrofe foi provavelmente a coisa mais difícil de encontrar nesse disco. Alex teve certa dificuldade para tocar a parte que Geddy tinha escrito – ficou ótima, mas não parecia certa tocada por ele. Al teve que procurar a parte que encaixava, e passou o dia inteiro comigo dizendo 'Não, não é isso; não, não é isso'. Enfim ele se deparou com um tipo de dedilhado, e Geddy e eu nos levantamos e falamos: 'É essa! Essa é a parte!'. A música foi construída bem rápido depois disso. É uma canção bem melancólica. Tem quase um pesar, mas de um jeito positivo. Acho que essa faixa tem a ver com confiança. Veja, 'the wreckers', os saqueadores, eram os criadores dos faróis falsos no litoral e nas praias que levariam os navios mercantes direto para os rochedos, a fim de que naufragassem e assim os habitantes da ilha pudessem pilhar a carga."

Neil pegou a ideia de um livro de Daphne du Maurier chamado *Jamaica Inn*, que descreve as operações dos saqueadores na costa da Cornualha, no sudoeste da Grã-Bretanha. Peart define os crimes dessas pessoas como um "exemplo chocante de falta de humanidade". Na letra de "Seven Cities of Gold", Neil mostra Hardy escapando da morte no deserto para seguir em sua próxima aventura. Depois do naufrágio, ele é o único sobrevivente e, na letra, reflete sobre como as coisas às vezes são boas demais para serem verdade, nesse caso, a salvação da luz fantasmagórica. No fundo, todo mundo quer ouro: os alquimistas e seus patronos querem conjurá-lo do nada, Hardy quer ver uma cidade feita disso, e os náufragos querem roubar e pilhar, extrair ouro do fundo dos oceanos, de preferência sem sobreviventes do navio para atrapalhar.

Na sequência, o rock explosivo de "Headlong Flight", que foi lançado como o segundo single do disco, dois meses antes do álbum na íntegra. A faixa chegou ao número 84 nas paradas canadenses e 23 na parada de Rock Mainstream da Billboard – nem se esperava algo além disso. "Headlong Flight" discutivelmente é a música mais pesada do Rush desde "Stick It Out" e é ao mesmo tempo densa e caótica ao extremo, à medida que apresenta algumas das viradas mais inspiradas de Neil até aquele momento, mas centrada em toques rápidos na caixa em vez da afinação de tom-tons. Geddy diz que a canção veio à tona como uma faixa instrumental que seria chamada de "Take That Lampshade Off Yo Head!". Mas Peart providenciou uma letra que se encaixou muito bem, e tiveram que transformar no tardio – último urro? – hino de heavy metal que acabou se tornando. Há vaga similaridade em alguns números de guitarra com "Bastille Day". No caso de alguém não ter notado, Neil chamou a atenção para isso fazendo referências diretas na bateria ao clássico de 1975.

Como Geddy contou a Jerry Ewing, "há acenos ao nosso passado, mas especificamente quando serve à narrativa. Por exemplo, 'Headlong Flight' é a história do nosso protagonista repassando a vida dele, então pareceu apropriado fazer o mesmo em termos musicais. Portanto olhamos para o passado e algumas coisas que fizemos musicalmente, e houve uma releitura nisso só por um momento antes de nos atirarmos em outra direção."

Quanto ao baixo, Geddy contou a Chris Jisi: "Estou tentando criar melodias que funcionem ao redor do que está acontecendo para acrescentar uma camada de orquestração. Faço isso de ouvido em oposição a seguir a harmonia especificamente. 'Headlong' é interessante; o principal riff de abertura é um número que se repete por toda a música, mas em diferentes formas e compassos. É assim que a canção avança, a partir dessa jam furiosa que fiz com Alex. Eu estava tocando num registro mais grave, e ele começou a fazer riffs sobre o meu riff, então tive que subir no braço e Alex foi para outro lugar. Quando chegamos a essa linha, parecia um riff clássico e circular, com muita propulsão. Eu sabia que quando Neil colocasse as mãos nisso, chegaria a algum lugar."

Na questão da letra, Geddy captou a mensagem de "Headlong Flight" para ser o que Hardy tinha visto sobre o que aconteceu de positivo e negativo em sua vida, chegando à conclusão de que se precisasse viver tudo novamente, não mudaria nada, um sentimento corroborado pela letra introdutória e acessível de Neil. Trata-se de uma espécie de exercício intelectual nietzcheano, ou numa visão mais leve, também um enigma conjurado por Bill Murray no filme *Feitiço do tempo*. O ouro é mencionado, e há reflexões sobre a ideia de destino. Fredrich Gruber também aparece, uma referência tanto a Friedrich Nietzsche quando ao professor de bateria de Neil nos anos 1990, Freddie Gruber.

Raskulinecz fala de como a canção surgiu pouco depois que Peart, animado e entusiasmado à sua maneira "tudo ou nada", expôs durante 20 minutos o que queria fazer de um ponto de vista literário com o disco, que enfim tinha aceitado chamar de álbum conceitual. Isso aconteceu no intervalo entre as duas pernas da turnê *Time Machine*, e a estética *steampunk* desses shows o ajudou a encontrar a inspiração – e os ventos favoráveis que impulsionariam todo o disco, sempre presentes, de fato, mas raramente descritos.

Em seguida temos a décima faixa oficial, um ponto tanto de sequência quanto de reprise, numa tradição de longa data em álbuns conceituais. "BU2B2" é uma reinterpretação da faixa anterior, no minuto 1:28, com arranjos parecidos com os de John Cale no Velvet Underground, comprimidos em essência de um vocal de Geddy em cima de cordas *avant-garde*.

"Não há baixo nem guitarra aqui", disse Nick a Joe Bosso. "Ela foi construída usando elementos diferentes dos instrumentos. Alex compôs uma ótima parte de cordas e colocou teclado ali. É uma espécie de sequência. O vocal de Geddy é quase um blues. É muito especial.". Alex acrescenta: "Este é um momento que faz parte da história para Neil; ele realmente queria colocar isso no álbum".

E o motivo é compreensível: Neil mergulha de cabeça tanto no preâmbulo quanto na letra breve, tornando essa faixa tranquila e fugaz, algo central no panorama vertiginoso. A vida pode ser triste, sem sentido, às vezes até mesmo horrível, mas Hardy escolhe viver. Somos transportados de imediato aos sons e sentimentos bipolares de *Vapor Trails*. Ficamos desorientados porque não sabemos o que pensar, mas estamos mais sábios. Hardy em sua fibra sente o que o anarquista fez, mas prefere não detonar a bomba.

À medida que nos aproximamos do final, impregnado em Cândido, chegamos a "Wish Them Well", em que a banda cria um rock vibrante e otimista, combinando com a letra de Neil. Woodstock e o EP *Feedback*, além de The Who, são todos conjurados mais uma vez; Geddy, Alex e Neil redescobrindo a fonte da juventude.

Como Lee contou a Phil Ashcroft: "Acho que 'Wish Them Well' é provavelmente a canção mais acessível do álbum, e é uma faixa que quase não aconteceu. Eu continuava compondo; Alex e eu trabalhávamos nela, e então meio que soava uma porcaria, então jogávamos tudo fora e recomeçávamos do zero, e ficava menos ruim, mas ainda assim parecia ruim, então descartávamos tudo de novo. E então, no último segundo, fizemos uma última jam e chegamos a essa música. É mais um tipo óbvio de canção de rock clássica, e realmente penso que é uma lufada de ar fresco quando aparece lá quase no final do disco. Tudo precisa ter um propósito dentro do contexto geral, mas não deveria ser dependente das outras canções para ser válido".

"Pegamos o conjunto das letras de Neil de que gostávamos de verdade e tentamos desenvolver algumas ideias musicais, mas não parecia estar dando certo", disse Alex em entrevista a Mick Burgess. "Com a primeira versão, havia partes de que realmente gostávamos, mas quanto mais tempo investíamos na canção, menos gostávamos dela. Fomos adiante com outras duas músicas e fizemos a turnê, depois quando voltamos para ela decidimos começá-la do zero. Sentíamos que a letra era forte e importante para a história. A música não estava funcionan-

E ENTÃO, NO ÚLTIMO SEGUNDO, FIZEMOS UMA ÚLTIMA JAM E CHEGAMOS A ESSA MÚSICA. É MAIS UM TIPO ÓBVIO DE CANÇÃO DE ROCK CLÁSSICA, E REALMENTE PENSO QUE É UMA LUFADA DE AR FRESCO QUANDO APARECE LÁ QUASE NO FINAL DO DISCO.

do, então desenvolvemos uma coisa completamente diferente e convivemos com ela por um tempo, mas ainda não estávamos convencidos. Enfim, partimos para a versão que pode ser ouvida agora e é muito mais estridente."

Questionado se "Wish You Well" era material para um single, uma proposição válida dadas as efusivas explosões de riff e viradas ao longo da canção, Alex objetou: "Não sou o cara a quem deve perguntar se essa faixa devia ser um single, já que o primeiro single extraído desse disco é uma música com sete minutos de duração! [Ele está se referindo a 'Headlong Flight', tecnicamente o segundo single, mas o primeiro no espaço temporal do lançamento do álbum em si.] É o jeito certo de ser. Um single do Rush deve ter sete minutos e meio de duração. A questão em 'Wish Them Well' é que nossa visão está embasada numa canção de rock bem clássica, com um som mais tradicional. A bateria é bem estridente e marcial, e a natureza das cordas e das progressões delas cria um som de rock clássico."

Geddy explicou em entrevista a Jerry Ewing: "Adoro a letra e adoro o sentimento por trás dessa canção, e senti que ela era realmente importante para o conceito do álbum. Tem a ver com o modo de olhar para as pessoas sem julgar, e achei que isso era importante como parte do amadurecimento e de se chegar à fase adulta. As primeiras duas versões não faziam jus à letra. Então continuei compondo com Alex, e esse é o luxo de ter dois anos e meio para trabalhar no material de um disco. Tivemos sorte na terceira tentativa."

Neil escreveu no programa da turnê: "Sempre houve a 'criança problemática'. De todas as canções aparentemente mais complicadas, a música para 'Wish Them Well' foi composta e descartada duas vezes, e quase foi abandonada. Mas Geddy gostava da letra o suficiente para continuar tentando (obrigado!), e a terceira versão agradou todo mundo. Essa faixa também trouxe problemas para Booujze e para mim na bateria, bem mais do que qualquer outra, exceto 'Headlong Flight' – essa por sua perversa complexidade, em vez da simplicida-

de exata de 'Wish Them Well'. Booujze e eu passamos muitas horas experimentando padrões básicos diferentes e fazendo malabarismos com os arranjos. Os caras sempre riam quando eu saía do estúdio resmungando: 'Odeio essa música estúpida e ignorante!'. Eles caíam na gargalhada, porque tinham sido os responsáveis por fazer a música daquele jeito. 'Wish Them Well' era também elusiva nos vocais – ou pelo menos liricamente. O dia em que Geddy e Booujze gravaram a voz em Toronto, eu estava na minha casa na Califórnia, e passamos o dia trocando mensagens e e-mails sobre as mínimas alterações, verso a verso, às vezes palavra a palavra. No final ficou muito boa, mas admito que ainda tenho certo ranço dela."

Como o próprio Neil contou a Mike Doherty, da *Macleans*: "Há bastante experiência de vida nesta história – não é apenas uma fantasia. 'Wish Them Well' [oferece] uma resposta muito madura ao mundo que eu mesmo levei tempo demais para aprender. Em vários materiais do início da nossa carreira, minha inspiração era a raiva, sem dúvida. Ainda há muita coisa que me deixa com raiva, comportamentos humanos que são desprezíveis e horrendos, mas cada um escolhe suas batalhas. Sempre penso que se eu simplesmente pudesse colocar as palavras de um jeito quase perfeito, as pessoas entenderiam a ideia e mudariam as coisas. É um conceito inofensivo. O mesmo vale para os outros, você pensa o tempo todo: 'Se eu for bom para eles e tratá-los bem, vão apreciar minha atitude e se comportar melhor'. Mas não vão fazer isso. De qualquer maneira, não é um jeito ruim de se levar a vida."

Enfim, chegamos a "The Garden", o ápice de tudo que veio antes, mais orquestração de cordas do que antes, mais violão do que antes, mais melodia pungente do que antes, uma conclusão em todos os sentidos, e talvez para o próprio Rush, embora não soubessem na época, a conclusão do cânone de estúdio da banda.

Essencialmente entramos na zona das baladas, assim como em "Halo Effect", mas o rock está lá, do início ao fim. Além disso, Geddy nos lembra do forte papel do baixista nesta banda, falando a Chris Jisi sobre a introdução: "Aquilo sou eu dedilhando, como um clássico violão de cordas de nylon. Essa parte me surgiu enquanto eu fazia uma jam com Alex. Gosto de tocar esses trechos de dedilhado, mas é raro encontrar um lugar para isso no Rush, porque não é penetrante. 'The Garden' é delicada o suficiente para eu poder fazer isso. Da primeira vez, usei um tom puro e limpo e, quando a parte retorna, acrescento um pouco de som amplificado para dar dimensão. É provavelmente a música de que mais me orgulho nesse álbum. A letra abraça o sentimento da história de vida desse personagem e tem uma sensibilidade universal com a qual todos podem se identificar. Queríamos que a voz e a canção fossem sinceras e tranquilas, sem ser piegas ou melosa. É difícil para uma banda de rock que gosta de potencializar as coisas tocar esses momentos mais gentis e deixá-los autênticos. Contudo, senti que atingimos nosso objetivo."

Num bate-papo com a *Metal Express Radio*, Alex falou de "The Garden": "Pegamos o teclado, um sample de cordas, e realmente gostamos do resultado, mas achávamos que em vez de usar cordas sampleadas deveríamos usar uma orquestra de verdade. Geddy e eu insistimos nisso. Ele adora mesmo esse tipo de coisa. David Campbell fez um ótimo trabalho. Toca o coração da gente para valer. Há uma coisa que é clássica de verdade nesse arranjo e bastante emocionante. A canção funciona muito bem como fechamento, o capítulo final da história. Aquela única nota de violoncelo no final é muito comovente."

Como Geddy contou a Philip Wilding: "'The Garden' é uma canção bem diferente para nós; é um lado da banda que eu sempre quis incentivar mais. O lado melódico, a orquestração, talvez mais pensativo e reflexivo. A letra parecia perfeita. Adorei o fato de que ela se destaca desse conceito, lida com verdades universais, então queria que ficasse emocionante. Simplesmente fluiu, e tivemos um dia muito bom, como dizemos; obtivemos bons seis minutos."

Com relação à orquestração da canção, Lee explicou a Chris Neal: "Queríamos ver do que a música precisava e sentimos que essas canções se beneficiariam de uma orquestração diferente – e não cordas de sintetizador, que poderíamos ter feito com facilidade. Queríamos alguma coisa com uma característica mais orgânica e emotiva."

Quanto ao piano, foi obra de Alex, que passou a Jason Sniderman, da Sam the Record Man (uma instituição do comércio canadense, cortesia de seu pai), que tocou nesse álbum. Raskulinecz falou à *Music Radar*: "O camaleão do rock, Alex Lifeson, compôs um trecho realmente lindo no piano e fez uma demo. Chamamos um dos melhores amigos de Geddy, Jason Sniderman, que tocou esse trecho num lindo Steinway. O solo de guitarra de Alex Lifeson que se ouve no disco é o solo original que ele gravou na demo – é o solo de guitarra da demo. O que se ouve é Alex sozinho. Ele estava na casa de Geddy, tarde da noite – acho que Geddy estava dormindo no sofá –, e simplesmente criou esse solo de guitarra. Quando se consegue algo tão maravilhoso, não se trata mais de uma demo. Nem sequer houve uma discussão sobre tentar fazer aquilo de novo."

Acrescente seis violinos e dois violoncelos conduzidos por David Campbell e se tem um *tour de force* poderoso e ainda assim suave e agradável, um fechamento estridente e apropriado para esse álbum entrecruzado por viagens e aventuras.

"É provável que seja a canção mais linda do disco", observa Nick. "É uma reflexão. É o fim da jornada e tem essa longa conclusão. A princípio, iríamos fazer um *fade out*, mas havia tanta força intrínseca a ela que decidimos não fazer isso."

Quanto à letra, assim como Neil relata no prólogo, é puro *Cândido*. Cruelmente abatido pela vida, o personagem de Voltaire dá de ombros e diz: "Agora devemos cuidar do nosso jardim". E Owen Hardy faz em essência o mesmo. Passado o preâmbulo que claramente lembra Hemingway, a letra de Peart vai além, propondo isso e muito mais à medida que fecha o conto de uma forma tão compacta e intensa que nos deixa com mais questionamentos, todos relacionados a questões filosóficas da narrativa, e nenhuma delas conectada à materialidade da história. Deixamos o enredo de lado e somos levados a ponderar a respeito de assuntos universais ricos e profundos – que nos arrebatam mesmo que supostamente tenhamos encerrado a jornada.

O Rush fechou 2012 embarcando no que seria a primeira perna da turnê para divulgação de *Clockwork Angels*, fazendo uma dúzia de shows por mês na América do Norte, de setembro a 2 de dezembro. Depois de um longo intervalo, os músicos retornaram aos holofotes em grande estilo, em 18 de abril de 2013, com uma participação na cerimônia de indicação ao Rock and Roll Hall of Fame, no Nokia Theatre em Los Angeles. Essa indicação em particular já era folclórica como uma das mais flagrantemente tardias da história da música, e hoje é considerada uma das grandes vitórias do povo contra os guardiões do templo.

Em 23 de abril de 2013, cinco dias após a festa de indicação ao Rock and Roll Hall of Fame, o Rush esteve em Austin, Texas, para finalizar a turnê de divulgação do álbum. O setlist era encorpado, depois de tocarem apenas "Tom Sawyer" e "The Spirit of Radio" na cerimônia, além de participarem de uma jam cheia de estrelas tocando "Crossroads" e abrindo com "Overture", acompanhados de Dave Grohl, Taylor Hawkins e Nick Raskulinecz.

Como esperado e sendo parte de seu dever – foram os Estados Unidos, em particular o Meio-Oeste, que transformaram a banda num sucesso –, o Rush tocou em todos os cantos dos EUA e também fez shows na Inglaterra e algumas datas na Europa continental: duas na Alemanha, uma na Finlândia, uma na Holanda e uma na Suécia, essa última numa rara aparição em festival. É importante observar que a França não recebeu um show, sendo o último no país em 1992 com a turnê *Roll the Bones*. A banda tocou mais no Canadá do que de costume, fechando os trabalhos em 4 de agosto, em Kansas City. Em 24 de julho, tiveram que se realocar para Red Deer, Alberta, depois da enchente severa em Calgary quando o Red River transbordou.

Em 19 de novembro de 2013, a Anthem e a Roadrunner lançaram o último disco de uma sucessão de álbuns ao vivo do Rush, chamado

Clockwork Angels Tour, produzido a partir de três apresentações que haviam acontecido exatamente um ano antes em Phoenix, Dallas e San Antonio, que adora o hard rock canadense. O cenário para a turnê era maravilhoso, a tecnologia usada para o vídeo era a mais recente da época e a filmagem – o conjunto também foi lançado em DVD – capturava cada detalhe *steampunk*, a estrutura organizada pela banda sobre aquela premissa, já em andamento desde a turnê *Time Machine* e inspirada então pelo álbum e seu discreto futuro subjacente, como imaginado há mais de 100 anos.

O Rush tocou dez das 12 faixas de *Clockwork Angels*, deixando de fora "BU2B" e "BU2B2", acompanhado de uma orquestra de cordas com nove músicos e o maestro David Campbell – as cordas também aparecem em algumas músicas que não fazem parte desse álbum. O restante do set é temático, quase inteiramente composto de canções dos anos 1980 em diante, e algumas delas bem surpreendentes, como "Force Ten", "Grand Designs", "The Body Electric" e "Bravado". O bis apresentou "Tom Sawyer" e o destaque jubilante da banda, oito minutos de "2112".

"TRÊS JOVE
QUE CRESC
JUNTOS NA
NA VIDA, PA
POR TODAS
QUE A MÚS
PODEM JOC
ALGUÉM."

NS RAPAZES
RAM
MÚSICA E
SSANDO
AS COISAS
CA E A VIDA
AR EM

CAPÍTULO 9
"IN THE END"

Como mencionado no último capítulo, o Rush finalmente foi indicado ao Rock and Roll Hall of Fame em 18 de abril de 2013, por Dave Grohl e Taylor Hawkins, do Foo Fighters. Quando chegou a vez de discursarem, Neil e Geddy foram os típicos canadenses educados em seus pronunciamentos, mas Alex fez o famoso discurso do "blá-blá-blá", em que tudo o que falou, repetidas vezes e com vários gestos e caretas, foi "blá-blá-blá". O efeito final foi que ele conseguiu dizer o que precisava ser dito – embora por meio de uma pegadinha –, enquanto os outros dois pareciam meio desconfortáveis com o que estava acontecendo.

Pode-se reclamar o quanto quiser – e de fato a relevância do Rock and Roll Hall of Fame gera debates intermináveis –, mas nos domínios da indústria musical é algo muito importante, a maior glorificação, como Neil mencionou no discurso dele. Por todas as críticas ruins na imprensa ao longo do caminho, geralmente por causa de quem entrava e quem não entrava, o Hall da Fama se tornou uma força de tração indiscutível. Depois de todos os discos de ouro e platina, seu triunfo no Rio, uma estrela na Calçada da Fama em Hollywood, o celebrado documentário *Beyond the Lighted Stage* e a condecoração com a Ordem do Canadá, a indicação do Rush acabou sendo a realização máxima da carreira deles, como é para qualquer banda.

"Já devo ter contado a história sobre o autor Tom Robbins", reflete Neil acerca do tema da validação, tanto interna quanto externa. "Ele publicou um livro chamado *Skinny Legs and All*, que recebeu a crítica mais insultante, estúpida e mordaz no *The New York Review of Books*. E, como um admirador do trabalho dele, escrevi uma carta para Robbins dizendo apenas 'Olha, isso não representa seus leitores. Ao que me diz respeito, seu trabalho é melhor a cada livro publicado'. E Tom me respondeu com uma carta bem bacana que dizia: 'Se há uma coisa que aprendi...'. Há muito tempo ele parou de ler as críticas. Deu-se conta de que, se acreditasse nas boas críticas, também teria que acreditar nas ruins.

"E realmente guardei isso dentro de mim. Foi a hora certa para que eu também aprendesse essa lição. Parei de ler – e continuei não lendo – críticas, boas ou ruins, e tentei não me deixar afetar por elas. Porque são perniciosas quando são ruins, e talvez possam nos deixar orgulhosos de forma enganosa se forem boas. O que Tom Robbins disse é verdade. A aprovação é um tipo de desagravo, mas creio que Geddy tenha comentado certa vez: nossos fãs foram recompensados por sua fé em nós durante esse tempo todo. Tivemos a música, a carreira e o sucesso, sabe, isso de fato nos basta. Sempre precisamos continuar trabalhando e tudo mais, e sem dúvidas nunca fomos uma banda gigantesca em qualquer nível. Tivemos uma carreira realmente longa e bem-sucedida, e não posso reclamar. E o quanto significa a aprovação da crítica? Se você não lê, não significa nada. Então as resenhas positivas é claro que são boas, mas concordo com Geddy nesse sentido. Também é legal porque é uma coisa para os fãs, que se sentem melhor com relação à banda que admiram, que ela seja apreciada um pouco mais. Sempre apreciamos a nós mesmos."

"Honestamente, acho que é uma questão geracional", continua Neil, falando da lista de prêmios e do reconhecimento tardio na carreira que estavam recebendo. "Reparamos nisso já há algum tempo, ao longo dos últimos 20 anos ou mais, à medida que nossos fãs se tornaram adultos e mais participativos no mundo. De repente havia fãs do Rush trabalhando em programas de televisão ou produtoras de cinema e editoras ou criando design em teatros. Ouço falar de pessoas que tiveram todo tipo de caminho interessante. Eles agora têm as próprias vidas.

"E se eles podem encontrar um caminho para suas vidas que cruze com o nosso... Por exemplo, se alguém estiver trabalhando para *The Colbert Report* e puder convidar o Rush para participar do programa, vai querer fazer isso. Muito do que tem acontecido se resume a esse tipo de coisa. É bastante divertido porque traz o tal sentimento de apreciação do que já fizemos, e repito, é também um tipo de validação dos próprios fãs, que chegaram a um ponto na vida em que podem se conectar a nós criativamente. Tem acontecido bastante com o passar do tempo. Várias pessoas com as quais trabalhamos são apenas jovens o suficiente para terem sido fãs da banda na adolescência. Há um equilíbrio intrigante nisso. É claro, agora esses fãs entendem como as coisas funcionam na vida real e não há mais aquele tipo de adulação envolvida – podem apenas ser nossos amigos. Existe esse sentimento compartilhado de realização."

Sobre o que a atenção causa, "desconforto é a palavra certa", ri Neil. "Sendo honesto, é sempre desconfortável. Sempre fico acanhado. E essas são as palavras certas. Nunca se trata de uma reação do tipo 'Como você ousa me importunar? Ah, o que querem comigo agora?'. Alguns são mais extrovertidos que outros, e quem não é tímido não compreende a timidez. Essa é uma coisa que se aprende no Ensino Médio. Qualquer um que seja tímido parece arrogante. Voltando àquele tempo, julgavam as pessoas dessa forma. Vendo-os agora como adultos, são apenas mais quietos e acanhados. Ninguém pensa que é especial aos 16 anos. Todo mundo é um fracassado. Mas se você for quieto e tímido, é o que precisa ser explicado, as reais emoções que esses indivíduos sentem são desconforto e vergonha. É isso. Gosto do trabalho que faço, tenho orgulho dele e fico contente que outras pessoas também gostem. Mas alguns passam dos limites, e eu simplesmente não me sinto confortável com isso. Não é grande coisa, é apenas uma questão de personalidade. Acontece que sou tímido e reservado, não sou extrovertido, então sou desse jeito. Como já disse, as pessoas são diferentes, e Alex é um ótimo exemplo."

Peart fica impressionado e ri da forma como Lifeson lida com a fama, de um jeito oposto ao dele. Depois, no meio-termo, há Geddy, que parece ter aprendido seu lugar com o tempo e de modo orgânico.

"A fama não me incomoda", observa Lee. "Houve uma época, quando começaram a nos reconhecer na rua, que fiquei meio apreensivo com tudo isso. Lembro certa vez, foi no final de uma turnê, e estávamos fazendo um show na Alemanha. Eu estava completamente exausto por conta da turnê, e minha esposa tinha viajado para me encontrar. Alugamos um carro e eu estava dirigindo, só queria tirar uma folga, saímos de férias depois disso. E num canto distante do estacionamento havia um grupo de fãs da Itália, nosso fã-clube italiano, e meio que estavam bloqueando a saída. E, sabe, eu não queria ter que lidar com eles. Estava cansado. Dei meia-volta e me dirigi até a outra saída.

"E não tenho como explicar, mas perdi o sono por causa daquilo. Eu me senti um babaca! Sabe, aquelas pessoas tinham viajado horas para nos ver, tinham vindo da Itália... E sei que talvez não seja tão longe assim – todo mundo tem um jeito diferente de avaliar distâncias. Talvez tenha sido uma viagem divertida para aquele pessoal. Mas me senti mal por não ter parado um minuto e agradecê-los por virem de tão longe. Eu estava exausto e tinha minhas razões, mas durante aquelas férias comecei a pensar sobre a fama e como lidar com ela. E disse a mim mesmo, não é assim que se lida. Porque tudo o que fiz foi criar uma experiência negativa para eles e para mim! E posso garantir a você, foi muito mais negativa para mim do que para eles. Fiquei pensando naquilo por bem mais tempo. Nem mesmo esperavam que eu parasse. Sabe, por que eu pararia? Estava correndo para algum lugar."

"Então foi um tipo de epifania", continua Ged. "Falei para mim mesmo, não vou viver desse jeito. Posso viver minha vida e ir para onde eu quiser ir, e se alguém me abordar, for legal comigo e quiser um autógrafo, vou arrumar um tempo. Não é grande coisa. Vou transformar o que poderia ser uma experiência negativa numa experiência positiva. Foi realmente um ponto de virada na minha vida e no modo como passei a lidar com várias coisas. Apenas decidi que vou em busca do lado positivo em vez do lado negativo.

"E Alex meio que compartilha esse modo de pensar comigo, já Neil não é esse tipo de pessoa. Ele tem certas questões com os fãs. Não é nada pessoal – é apenas uma questão de timidez. Neil não consegue ficar tão confortável em meio a estranhos como Alex e eu. É só isso. Ele entendeu seu jeito complexo de racionalizar e justificar, mas resumindo, Neil se sente desconfortável e não sabe o que falar, o que pode ser constrangedor para ele. Não gosta do modo como se sente, então evita. Fica acanhado. E é engraçado quando ele está comigo, diz: 'Preciso de todos esses seguranças para me proteger'. E eu digo: 'Tudo bem, sou seu segurança, está tudo certo. Deixa comigo'. Um fã vem até mim e digo para ele: 'Aqui, assina isso'. Neil me devolve e eu entrego para o fã. Juro, deixe-o comigo e com Alex durante dois meses, só andando por aí juntos e damos um jeito nele! Mas ele é assim. Não quer magoar ninguém. Só está tentando não ser rude; apenas não se sente confortável. É o jeito dele."

"Ele sempre foi muito sensível com essa questão", concorda Alex a respeito de como Neil lida com a adulação. "E acho que, infelizmente, às vezes fica parecendo que é rude, apenas porque se sente bastante envergonhado por causa dessa bajulação. Ele se sente muito desconfortável com essa coisa de celebridade, então evita esse tipo de situação. Eu sou bem tranquilo. Sempre fui. Consigo levar numa boa, sorrir e conversar um pouquinho. Entendo que são nossos fãs e amam o que fazemos. Houve um momento em suas vidas em que nossa música ou algo que falamos foi bem importante para eles e lhes trouxe novos caminhos, ouvimos esse tipo de coisa com frequência. E acho que acontece o mesmo com diversos músicos, as pessoas encontram alguma coisa na música que é muito importante para sua alma. Tirar alguns minutos e só conversar, apertar a mão ou dar um abraço, não é incômodo algum. Para mim, é fácil lidar com isso.

"Acho que com a nossa banda tivemos bastante sorte por não ter esse tipo de fama meio louca, em que se teme pela própria vida. Quero dizer, moro meio afastado da cidade, então isso não acontece o tempo todo. Com Geddy é um pouco mais comum, porque ele tem essa identidade mais marcante. Mas em geral o pessoal é bem-educado. Não exigem muito de você. Mas chegamos a esse ponto das nossas vidas em que há um pouco mais de respeito por pessoas mais velhas. Então tudo é mais tranquilo. Deixa as coisas mais brandas; não nos incomoda. Nunca tivemos que sair com guarda-costas ou algo assim, ou outras armadilhas da fama que fazem as pessoas acharem que são mais importantes do que de fato são.

"Acredito que, quanto mais você viaja, mais percebe que é uma coisa bem canadense. É como isso de Neil se sentir envergonhado diante de toda essa adulação. É muito 'sou canadense'. Não conseguimos entender esse tipo de coisa. Somos educados e dizemos obrigado e até mesmo 'desculpe-me por não gostarem de mim', e adoro isso. Quando estamos na estrada, em especial nos Estados Unidos, temos a real noção da diferença entre os dois países. É totalmente diferente do outro lado da fronteira, é algo notável. Mas há uma coisa com relação a crescer dentro do rock 'n' roll que leva você a ganhar o respeito de quem antes o criticava, porque se consegue sobreviver a isso, dá um jeito de alcançar o sucesso. E conseguimos chegar lá com a mesma equipe por todo o caminho, o que é bem incomum. Talvez isso também seja algo típico dos canadenses."

Sem dúvida, há um traço canadense nessa questão de manter os dois pés no chão, mas Alex também menciona as origens familiares de classe média, "principalmente do Leste Europeu. Tanto Geddy quanto eu concordamos que, quando se cresce num lar de uma família do Leste Europeu, tudo é bem rígido na maior parte do tempo, ou até mesmo antiquado, no modo como nossos pais querem nos educar e querem que a gente se comporte e demonstre gentileza e acredite nas coisas que de fato importam. Mas a humildade é uma coisa canadense, então é natural que seja meio constrangedor quando recebemos toda essa atenção."

"Fãs psicóticos, há sim. O tempo todo, constantemente", conta Neil ainda sobre o tema da atenção. "Essa é a realidade da vida. Não é nada extraordinário, diga-se de passagem. Estar cercado pela loucura, pelo crime organizado, pela corrupção de sindicatos e corrupção de todos os tipos na indústria musical, gravadoras, estações de rádio... Quero dizer, faz parte da nossa época, então como consequência é parte das nossas vidas."

"Mas é divertido", afirma Geddy, refletindo no presente sobre onde a banda se encaixa no mundo, dentro do contexto do Hall da Fama. "É sempre esquisito o modo como percebemos as coisas. No Canadá, somos bem conhecidos, embora em diferentes partes do país sejamos vistos de um jeito diferente. Acho que nos Estados Unidos também. Quero dizer, em todo lugar que eu vá, sou reconhecido. No Brasil também [risos]. Mas cada país é diferente. Porque não temos muitos sucessos pop e não tocamos no Top 40 das rádios, podemos ser incrivelmente populares num lugar e ainda assim a maioria das pessoas que moram lá não saber quem somos. A maior banda cult do mundo? Sim, acho que é verdade. Há uma coisa que nos mantém longe do mainstream. Mas parece que somos filtrados. Mesmo de um jeito nada convencional, estamos penetrando em áreas diferentes. Porque o que está acontecendo é que muitos dos nossos fãs cresceram e hoje têm carreiras dentro da mídia. São pessoas que trabalham nas rádios, na TV, são escritores, compositores, e cresceram com a gente. Para eles, somos só mais uma das bandas que adoram, então sempre ficam felizes em compartilhar esse segredo com outras pessoas."

Como mencionado, em 25 de junho de 2010, o Rush ganhou a própria estrela na Calçada da Fama em Hollywood (a número 2412!). Já havia uma estrela na Walk of Fame do Canadá, em Toronto, adicionada em 1999. Entre os convidados para discursar estava o líder do Smashing Pumpkins, Billy Corgan, que fez um discurso apaixonado sobre a banda no documentário *Beyond the Lighted Stage*, junto com Donna Halper, a celebridade do rádio de Cleveland que ajudou a colocar o trio nos holofotes.

"Acho tudo muito legal!", afirma Geddy dando risada. "Sabe, fico feliz em saber que algum coitado vai dormir sobre nosso nome no Hollywood Boulevard. Veja bem, essas coisas de fato importam para mim? Na verdade, não. Mas é legal quando isso acontece? Sem dúvida! É bom ser reconhecido por algo que você faz. Isso alegra nossas famílias, e fico numa boa posição aqui em casa. Isso lembra a todos por que têm que me respeitar."

"A criatividade deles não conhece amarras", afirma o produtor Peter Collins, com relação ao motivo pelo qual a banda merece essa aclamação no final da carreira. "Não há limites para eles. E não estão nada preocupados com o que o público vai achar. Estão ali para agradar a si mesmos e fazer o tipo de música que os satisfaz, e esperam que o público os acompanhe. O que, obviamente, aconteceu. E, diferente de outras bandas que se seguiram, criaram um gênero próprio. No meu mundo da produção, se estou produzindo uma banda jovem, falo: 'Vamos fazer um trecho tipo Rush'. Tornaram-se um gênero musical."

"Ninguém faz o que eles fazem", responde Peter falando da razão de os fãs continuarem ao lado do trio até o fim, sem falar no sucesso arrebatador quando foram indicados ao Hall da Fama. "Neil faz uma observação extremamente interessante quanto ao modo como vê o mundo. A musicalidade sempre é única de um jeito incrível. A postura deles diante de qualquer coisa é única. E posso ver por que jovens músicos continuam interessados no que eles têm a dizer, tanto nas letras quanto na música. Você pega uma banda como o AC/DC e o mantra deles é fazer o mesmo disco repetidas vezes; é para isso que estão ali. Por outro lado, o Rush simplesmente tinha uma filosofia diferente. Queriam desenvolver uma nova direção a cada álbum. Queriam que parecesse inovador. Ficariam entediados fazendo o mesmo disco várias vezes seguidas porque são esse tipo de gente. Continuaram crescendo ao longo da vida e queriam que sua música e suas letras também crescessem."

"Também há o fato de que claramente há uma irmandade entre os membros do Rush, o que chama muito a atenção", continua Peter, que sempre fica feliz em contar o quanto se divertiu com a banda ao longo dos quatro álbuns que produziu com eles, quatro discos que são de duas eras completamente diferentes dentro do desenvolvimento do grupo. "São três caras que de fato se amam muito. Nunca vivenciei isso com os outros artistas com quem já trabalhei. Com bandas, sempre há essa imensa rivalidade e certa tensão entre os integrantes que a qualquer momento faz o grupo implodir – era o tipo de coisa com a qual eu estava acostumado. Não estava acostumado com três caras que se importavam mesmo uns com os outros e cuidavam uns dos outros. E acho que os fãs também sentem isso, em especial quando os três estão no palco se divertindo. Eles conseguem realmente deixar o ego e tudo mais de lado em nome de uma causa maior. E todos compreendem isso. Eles se importam uns com os outros de verdade. Importam-se com o fato de que sejam, física e mentalmente, como três irmãos."

Mas Collins também entende que, mesmo diante de tanto sucesso, o Rush nunca foi popular entre os críticos: "É porque os rapazes não seguem qualquer estilo. Insistem em fazer apenas o que fazem. São imprevisíveis. Eu diria que são coisas que a imprensa, no geral, deveria gostar. Amam o Rush ou odeiam o Rush – não há meio-termo. E para os verdadeiros fãs da banda, não houve uma mudança tão significativa no som. Ainda é, sabe, Neil tocando o que toca, e o estilo de Alex na guitarra, e a voz de Geddy e o jeito dele de tocar baixo. Todos esses elementos permanecem verdadeiros de álbum para álbum, não mudam tanto assim. Nós nos referimos mais a mudanças de decoração. Pensando em som, mudaram um pouco, mas não é radicalmente diferente, não vejo dessa forma. E é óbvio que a composição evoluiu ao longo dos anos, mas ainda assim é o Rush. Acho que há poucas pessoas que ficam numa zona intermediária: 'Bem, meio que gosto deles; até que são bons'. Isso não existe."

Peter resume: "O elemento central é um trio que toca música potente. É precisa, interessante e técnica, e não penso que seja uma palavra negativa para se usar dentro do contexto da banda. Eles são músicos muito habilidosos, extremamente sofisticados. Mas sim, acho que a crítica enfim se rendeu e percebeu que há bem mais neles por terem sobrevivido tantos anos, lotando estádios e sendo tão populares – é inegável."

"Tem a ver com o material", explica Terry Brown, o produtor favorito antes de Peter, sobre o porquê de o Rush merecer o lugar mais alto neste ponto. "A banda ocupa um espaço especial na psiquê de muitas pessoas. Elas cresceram ouvindo Rush, e quando se cresce com uma banda, é difícil abandoná-la. Vários desses sujeitos que vão aos shows têm família, então levam os filhos junto. Também acho que permanecer juntos é uma coisa que os fez tão bem-sucedidos. Não vemos na banda uma rotatividade de músicos, algo que pode ser bem prejudicial. Ainda são os mesmos caras tocando muito bem e entretendo milhares de pessoas no mundo inteiro. Tornou-se uma marca registrada."

"É perseverança", concorda Les Claypool, o baixista do Primus – que, como já se sabe, tocou como banda de abertura em turnês dos rapazes e hoje é amigo deles –, "continuar fazendo o que fazem e bem-feito. Há um conforto em saber que esses caras estão ali, os mesmos três caras, saindo em turnê a cada dois anos e pouco. Há uma sensação gloriosa de conforto nisso. O Pink Floyd não pode fazer isso. The Police fez pela primeira vez em 20 e tantos anos ou algo assim. Não há muitas bandas que podem voltar com a formação original e continuar se apresentando. Portanto, a perseverança é algo grandioso.

"Tendências e irrelevâncias, elas vêm e vão como ondas no mar. Mas há esse elemento da juventude que quer ver músicos que são excepcionais em seus instrumentos, porque faz um tempo que não se vê isso. E agora com o [jogo] *Guitar Hero* e essas coisas, em que se

pode realmente ser recompensado por tocar coisas mais complicadas, a garotada está procurando esses caras que de fato elevaram o nível às alturas. E esses três elevaram o nível. Estão inspirando garotos a subirem ainda mais alto."

"São uma espécie de heróis anônimos", continua Les, que concorda com a narrativa da aparente desconexão da banda diante dos ideais presumidos da classe crítica do Rock and Roll Hall of Fame. "Em certas regiões dos Estados Unidos, eles são reverenciados, e em outras nem tanto. Quero dizer, o punk rock foi uma rebelião direta contra bandas como o Rush. Então, em muitas dessas áreas metropolitanas costeiras, era difícil encontrar fãs deles. Não recebiam a atenção de revistas como a *Rolling Stone* ou qualquer uma dessas publicações. Não eram os queridinhos da MTV.

"Tenho certeza de que, quando Stewart Copeland se juntou ao The Police, ele tirava sarro dos caras do Rush. Conheço Stewart, tenho certeza de que a banda era o oposto completo de qualquer coisa que ele achasse bacana ou impressionante. Abriram o próprio caminho – e parte disso não foi necessariamente uma questão de escolha. Alguns desses atrativos que são colocados diante de você enquanto artista... Não acho que receberam muitos. Então, em essência, continuaram firmes no que estavam inclinados a fazer. Não receberam atenção da mídia como a próxima grande estrela do rock, então não acho que houve um tempo para o Rush em que precisaram atingir tal expectativa. Em certo sentido, foi uma bênção para eles, não ter todas essas pessoas dizendo: 'Se fizerem isso, vão vender X discos' ou 'Podem aparecer no programa do Jay Leno' ou qualquer outra coisa. Meio que conseguiram avançar fora do radar. Essa ideia de ser consistente e fazer o que se quer, acho que os fãs se identificam com isso e respeitam a banda por esse motivo e estarão lá para apoiá-los."

O executivo que assinou o Rush com a Mercury em Chicago no ano de 1974, Cliff Burnstein – que mais tarde se tornou um pináculo de agenciamento de bandas com a Q-Prime –, tem uma perspectiva interessante sobre a notável atenção inédita que o trio passou a receber a partir do ano de 2010.

"Não tenho bem certeza, mas acho que é benéfico quando se é meio ignorado no começo da carreira. Depois as pessoas que embarcam com você na jornada militam mais pela causa porque têm algo especial em mãos. Têm algo especial que outros talvez faziam pouco caso ou rejeitavam, ou nem conheciam. Quando se tem essa forte negatividade, ela cria uma positividade ainda mais forte do outro lado. Talvez seja por isso que os fãs do Rush são tão firmes nesse sentido. Além da questão musical – que é o que qualquer fã de heavy metal ou de rock progressivo gostaria –, há pessoas que se tornaram obcecadas pelas letras de Neil. Isso significava muito para várias pessoas; era como uma dimensão extra que levou o trio bem além do que algumas das outras bandas estavam fazendo naquela época."

"E como não ganhar pontos pela longevidade nesse mundo?", continua Cliff. "Tem muito a ver. Além disso, há várias pessoas – vamos dizer caras – que tinham 18 anos em 1978 e eram loucos pelo Rush. Agora esse pessoal produz programas de TV e são editores de revistas, ou estão em todas essas profissões que têm poder. Se eu não estiver errado, na coletiva de imprensa de que o Metallica participou para o Rock and Roll Hall of Fame, quando a princípio foram oficialmente anunciados como indicados, Kirk Hammett falou em especial de como o Rush havia sido esnobado pelo Hall da Fama. E ele não era o único que se sentia assim."

Com certeza não. No mesmo ano que o Metallica foi indicado e Kirk mencionou o trio, Gene Simmons, do Kiss, também disse que o Rush merecia estar lá. "É claro que merecem. Por que ainda não estão? Por causa do Ramones?! Isso me mata. Há bandas que estão lá que não são dignas de sequer recolher meu lixo. Grandmaster Flash. Como assim?! Há artistas de rap lá! E esse é o exemplo perfeito. Rock and Roll Hall of Fame. São 20 caras da indústria musical que decidem quem vai fazer parte. Mas se conversar com o povo, nunca

votaram no Grandmaster Flash ou no Run-DMC, gente que não tem nada a ver... que não sabe sequer tocar guitarra. Madonna está no Rock and Roll Hall of Fame. E o Rush não?! Me dá uma faca aqui. Vou cortar os pulsos. Isso me mata. Só mostra que quem decide essas coisas não tem qualificação para limpar minha bunda. Mas os fãs sabem. A questão é: isso importa de verdade? Acho que não. O Rush é gente fina demais para falar isso, mas vou dizer do meu jeito: sou rico demais para me importar."

E Cliff Burnstein com certeza entende por que levou tanto tempo, fazendo coro a algumas das opiniões de Gene: "É um grupo de interesse diferente. Não há muitos votantes no Rock and Roll Hall of Fame, e certamente constitui um grupo de interesse bem diferente do que o fã médio do Rush. Muitos deles na verdade devem ser as mesmas pessoas que talvez nos anos 1970 tenham escrito críticas negativas sobre o Led Zeppelin. Não se deixarão convencer com tanta facilidade para dizer que o Rush foi importante, quando na época não levavam a banda em alta conta. Acho que o problema realmente seja esse – que ainda estejam amarrados às convicções do passado."

Mas Cliff retoma a curiosa premissa original de que certo silêncio cultural sobre as origens do Rush reveste a história deles com um pouco de pó mágico extra. Citando a falta de sucessos nas paradas Top 40, Burnstein propõe que "quando não se tem essas coisas, então o que resta é esse tipo de memória imaculada para as pessoas. Elas não pensam que o artista se vendeu, estão mais dispostas a estender a mão e ampará-lo por um período mais longo de tempo; seria diferente se fosse alguém de quem apenas gostassem por causa de alguns sucessos, artistas que depois passaram a ser ruins porque suas tentativas de fama se tornavam cada vez mais constrangedoras, e então seria como 'ah, não vou mais ouvir isso'. Quem ouve simplesmente se cansa – e tira da playlist. Mas isso nunca aconteceu com o Rush. Portanto, sempre houve orgulho da banda e as músicas deles continuaram sendo ouvidas. E ainda há qualidade no trabalho, além do fato de que faziam álbuns com rapidez, então há um grande catálogo de altíssima qualidade. Todas essas coisas levaram à longevidade."

Como nossos outros entrevistados, Cliff também gosta do line-up sólido, tipo ZZ Top. "Essencialmente temos os três membros originais – afinal, Neil esteve ali desde o primeiro show nos Estados Unidos. Quando se tem um trio e não há mudanças na formação ao longo de 40 anos, penso que os fãs se identificam com a banda de uma forma ainda mais forte enquanto indivíduos. Além do mais, isso demonstra algo, uma força de caráter, prova que sobreviveram a tempos difíceis e não houve uma versão falsa do Rush durante esses períodos. Os fãs apreciam esse tipo de coisa."

Citando outra qualidade admirável da banda de três membros felizes, Cliff nos lembra que "o formato de *power trio* é bastante implacável. Porque há apenas três músicos, cada um deles deve ser realmente bom, caso contrário todo o grupo vai desmoronar. O resultado disso, nos maiores *power trios*, é que as pessoas sabem quem são cada um dos três. Como cada um está suportando muito peso, tornam-se famosos por si só. E é claro que nos anos 1970, quando o Rush surgiu, as pessoas de fato se importavam mais com quem fazia a música. É curioso porque não existia MTV, o pessoal realmente sabia quem fazia parte da banda lendo sobre ela ou as informações do encarte e batendo papo com os amigos. Como a informação era mais difícil de se obter, talvez fosse mais preciosa. Mais tarde, com a MTV e a internet, a informação se tornou mais acessível e, portanto, menos preciosa."

Cliff faz mais uma observação curiosa, em essência dizendo que o Rush conseguiu chegar aonde chegou hoje por uma confluência de duas coisas que remontam àquela época: os fãs de rock aceitaram Geddy assim que a banda ficou boa.

"Acho que, no geral, o pessoal se acostumou com a voz de Geddy", explica Burnstein, "enquanto ao mesmo tempo, assim como aconteceu com várias outras bandas, o Rush encontrou um formato musical que era consistente com o que estavam fazendo, mas levemente mais pala-

tável para o rádio. Eu diria que as músicas mais tocadas no radio hoje vêm dos álbuns sete, oito ou nove, ou algo assim. Isso vem com a experiência. Tornaram-se compositores mais hábeis e melhores com o tempo, e essas habilidades são colocadas em uso à medida que as pessoas se acostumaram com a voz de Geddy e o estilo dele. Então se chega a esse clássico de rock monstruoso como 'Tom Sawyer', que se tornou parte da cultura de uma geração."

Empresário desde o início, Ray Danniels concorda com esse folclore da indústria de que, de alguma forma, este foi enfim o momento de o Rush receber o reconhecimento merecido.

"Você quer que eu descreva os fãs do Rush?", ri Ray. "Eles são 99% do sexo masculino, mas recentemente vão da faixa dos 20 e poucos anos até os 50. Nos últimos tempos tem havido certa mudança nisso, em parte por causa do jogo *Guitar Hero*, já que há uma geração mais nova descobrindo a banda. De repente, falam: 'Pai, podemos ir ao show do Rush quando eles vierem?'. Então há um número considerável de pais com os filhos de 15 a 19 anos, o que não era uma coisa que se via já há muito tempo. O público cresceu por causa disso. E não é um público do metal, não é um público nerd, é um entrecruzamento mainstream.

"Mas provavelmente a maior razão é que, se você perguntar a 100 pessoas no show, entre 80% e 90% delas vai dizer: 'Esta é minha banda favorita. Esta é a banda mais importante para mim'. A maioria das bandas não têm isso. Vou a muitos shows todos os anos. Sou um fã de música, mas assisto a shows de bandas que não são minha favorita. A maioria dos fãs que vão aos shows do Rush é porque se trata de sua banda favorita. Ou, na pior das hipóteses, é a segunda ou terceira banda favorita deles."

"Os fãs do Rush são bastante dedicados e estão por dentro do que acontece com o nosso trio", concorda Alex. "A lealdade é uma coisa realmente impressionante. Alguns deles estão nos acompanhando há muito, muito tempo. E mesmo aqueles que são mais jovens e não estavam ali desde o começo demonstram a mesma paixão. É de fato algo incrível. No começo era um público bem masculino, quase 100% homens. Ficamos mais velhos e depois de um tempo alguém trazia a namorada ou a esposa ou alguém que odiava estar ali, e isso era engraçado.

"Mas agora o que percebemos, sem dúvida eu tenho percebido, é quantas crianças estão ali, com oito, nove, dez anos de idade. Há muitos adolescentes e jovens, mas também há crianças, e não cantam apenas as músicas mais novas, também cantam as mais antigas. Fizemos um show e havia uma garotinha que não devia ter mais que nove anos ali na primeira fileira com a mãe dela e cantou todas as músicas. E não era como se estivesse tentando se exibir. Ela simplesmente estava curtindo o som. Dava para ver a menina acompanhando as letras e meio que fazendo os acentos – aquilo me deixou impressionado. Quero dizer, sei que vários desses jogos como *Rock Band* e *Guitar Hero* tiveram bastante influência, e esses garotos estão ouvindo nosso som por causa dos pais, mas é tão estranho olhar para a plateia e ver essas crianças ali para curtir a banda. Ainda temos muitos fãs da nossa idade, com 40, 50 anos, e tem essa demografia mais abrangente de fãs de 20 a 40 anos, mas são os mais novinhos que se destacam."

"Acho que, se você ficar na ativa por tempo suficiente, no final vão reconhecer que só pode estar fazendo alguma coisa certa", resume Ray. "Tenho minhas próprias teorias. Acho que há menos de cinco bandas influentes que ainda estejam juntas, que ainda mantêm os membros originais ou uma formação bem próxima da original. Se fizer o checklist do que é necessário para ser uma grande banda de rock, com uma linda carreira que dure um longo tempo, o Rush é uma delas. E acho que estamos descobrindo que a geração mais jovem de críticos e jornalistas, os caras que questão com 30 e poucos anos, os entendem melhor do que os caras entendiam 20 anos atrás e que provavelmente hoje estão na casa dos 60 anos. Essa geração de jornalistas de 30 anos gosta da banda e gosta muito, respeita demais o Rush. Eles os entendem enquanto músicos.

"Mas leva tempo. Observe o ressurgimento que o AC/DC teve. Muito diferente do Rush, muito simples. O Rush é complexo. Várias pessoas hoje vão aos shows de ambas as bandas. Nunca houve uma abundância de bandas de rock boas de verdade. Isso se tornou aparente, e acho que eles percebem o benefício disso. São reconhecidos enquanto tais hoje em dia."

"Realmente não há regras nesta indústria", observa o companheiro de turnê e gravadora, e amigo próximo do Rush desde o começo dos anos 1970, Kim Mitchell. "Quem pode saber? Não dá para explicar nada disso, o porquê de acontecer, por que uma banda tem sucesso e se conecta com tantas pessoas. Apenas acho que o fato de que as gravadoras pedem para fazer isso, os empresários pedem para fazer aquilo, há demandas de todo tipo de pessoa, 'se vocês só mudassem tal coisa...'. Mas o Rush nunca mudou nada – eram apenas os três. Esta é nossa vida, cara, esta é a nossa banda, esta é a nossa música, isso é o que queremos fazer, e esta é forma como vamos conduzir as coisas.

"Talvez seja algo que fique aparente na música deles, essa atitude perante a vida. Talvez essa seja a razão de sua longevidade. E por causa disso continuaram a procurar coisas novas para fazer. Lembro quando a fase dos teclados começou, e muitos fãs mais radicais da banda começaram a dizer 'Ugh [polegar para baixo], teclados!'. E eu só conseguia pensar, uau, isso é incrível. Estão buscando coisas novas. Que lindo isso! Como certos fãs podem ter a mente tão fechada? Quero dizer, se não gostam, tudo bem, mas é preciso continuar em busca de algo, e foi o que fizeram."

Isso requer coragem e convicção, afirma Kim: "Bem, as gravadoras querem vender discos e isso é a única coisa com a qual se preocupam. Então quando se deparavam com alguma coisa que vendia, queriam mais daquilo. 'Quando vocês fazem isso, vende.' E o Rush tinha uma atitude mais do tipo: 'Sim, isso é ótimo, mas é aqui onde estamos neste exato momento. Nós nos reunimos, conversamos sobre o assunto no ônibus durante a turnê, tocamos juntos e Alex está compondo este riff, e é este caminho que vamos seguir a partir de agora'. Não se importavam se o chão iria se abrir sob seus pés, se os equipamentos seriam desligados. Não era uma preocupação deles, e esse é o melhor modo de se levar a vida."

Ray concorda: "O Rush é a única banda com a qual trabalhei que sempre mediu seu sucesso internamente. Não olham as paradas. Se digo a eles que o disco é número 1, falam 'Que bom'. E sempre tiveram discos nos três mais vendidos quando lançavam. Mas sempre mediam o sucesso do lado de dentro, então nunca havia atrito ou desapontamento ou qualquer sensação de fracasso. É como se os picos nunca fossem tão altos, nem os vales tão profundos. Há esse senso de integridade ao longo da carreira, em que 'este é um disco que fizemos, estamos felizes com ele, não lançaríamos se não estivéssemos contentes' e endossam o resultado e trabalham. Já vi outros artistas com os quais trabalhei que, no minuto em que há uma queda nas vendas, tudo parece uma catástrofe. O Rush já teve discos que venderam cinco milhões de cópias e discos que venderam meio milhão, e sempre fiquei impressionado com como isso não os afetava. Essa é uma grande parte da razão pela qual continuaram juntos por mais de 40 anos.

"E isso me deu uma licença para eu buscar sucesso aonde quer que eu vá, e eles me darão suporte, mas não serei julgado por isso", continua Danniels. "Não se é julgado pelo sucesso comercial. Você é julgado pelo sentimento de estar bem artisticamente. E sabe, os caras estão aptos a fazer mais shows porque estamos num ciclo de sucesso, sendo quem são. Se eu for até eles e disser: 'Precisamos de mais apresentações porque o disco não está indo bem', teremos uma conversa de qualquer maneira. De forma bem realista isso."

De repente, estávamos em 2014, e as pessoas se deram conta de que fazia 40 anos desde o lançamento do álbum de estreia *Rush*, da banda que emulava Led Zeppelin, com uma estreia melhor que a do Bad Company, um disco tão bom que precisaram batizá-lo duas vezes. Assim, que forma melhor de começar a festa do que um relançamento

de luxo em vinil? Isso aconteceu em abril, comandado pelo arquivista da Universal e lenda da indústria da música de Toronto Ivar Hamilton, trabalhando ao lado de Pegi Cecconi e Meghan Symsyk, no escritório da Anthem, e um especialista sobre a banda, Ray Wawrzyniak, de Buffalo. Ray também havia sido consultor em vários dos meus livros sobre o Rush e colaborador em tempo integral na obra *Rush: Album by Album*, de 2017. Ele tem sido de valor incalculável para Hamilton ao longo dos anos, oferecendo material generoso de seu arquivo pessoal para reprodução, assim como recentemente contribuindo com textos para os encartes.

O relançamento de *Rush* incluía um pôster, três reproduções das fotos promocionais da época, a reprodução de uma fita original de gravação e da árvore genealógica da banda, junto com o álbum reimpresso com o logo vermelho original da Moon Records (no lançamento norte-americano era rosa) e o selo azul da Moon Records no disco em vinil remasterizado.

A celebração continuou em novembro de 2014, com *R40*, um box colossal com seis discos de blu-ray, dez DVDs e um livro, em essência um volume capa dura em edição luxuosa de fotos com os DVDs enfiados numa extremidade e texto de introdução. O conjunto incluía os DVDs lançados anteriormente: *Rush in Rio, R30, Snakes & Arrows Live, Time Machine: Live in Cleveland* e *Clockwork Angels Tour*, assim como os registros encontrados durante a produção de *Beyond the Lighted Stage*, o Rush apresentando oito músicas na Escola Secundária Laura Secord, em St. Catharines, Ontário, em 1974. Há também vídeos ao vivo de 1976 e 1997, junto com filmagens da indicação da banda ao Rock and Roll Hall of Fame.

Em 8 de maio de 2015, o trio embarcou no que seria sua derradeira turnê. Chamada de *R40*, com shows apenas na América do Norte, em cidades de todos os tamanhos, de sul a norte dos Estados Unidos mais cinco datas no Canadá, fechando no Forum, em Los Angeles, a casa de Neil, em 1º de agosto de 2015.

Pouco antes da largada da turnê, Alex forneceu pistas à imprensa de que essa poderia ser a última, ou pelo menos a última em grande escala, por causa de sua artrite psoriásica e da tendinite crônica e dolorosa de Neil. Lifeson disse que vinha sofrendo desse problema já há dez anos e estava de fato começando a sentir nas mãos e nos pés, enquanto a doença persistente de Neil atacava o cotovelo em especial, chamada de "cotovelo de tenista", notoriamente difícil de curar.

Como Peart falou a Ilya Stemkovsky, da *Modern Drummer*: "Como pode ver, em geral me refiro ao que faço como algo atlético. Não é de baixo impacto. Neste ponto da turnê não há reservas. Então uma coisa dessas ataca e vai destruindo sua resistência de todas as maneiras. E não tem como melhorar. Tive tendinite num cotovelo na turnê *Test for Echo* entre 1996 e 1997, e depois tive de novo durante 15 anos – só que no outro cotovelo. Pelo resto da turnê precisei usar uma tipoia para tocar, e uso uma todas as noites. As pessoas me falam: 'Ah, você só precisa de descanso', 'Ok, vou fazer isso. Só teremos que mandar dez mil pessoas para casa esta noite enquanto eu descanso'."

Neil também começou a achar cada vez mais difícil deixar a esposa e a filhinha de seis anos em casa depois de receber uma segunda chance que muitas estrelas do rock desejam em termos de poder acompanhar o crescimento dos filhos estando próximos deles e não na estrada, mesmo usando a tecnologia que era moderna na época, como celular ou Skype, ou um telefone público na esquina de um hotel e, sim, até mesmo cartões-postais e cartas.

Ninguém queria usar o termo "despedida", observando os desastres na indústria musical nesse sentido. Mais tarde, olhando para trás, Geddy contou a Eddie Trunk que os membros da banda não queriam lucrar em cima dessa palavra. Na verdade, nem tinham como ter certeza de que era mesmo o fim, mas à medida que a turnê avançava parecia que a dor de Neil não teria fim, então ficou claro que iriam parar depois de Los Angeles, mesmo que a dúvida permanecesse no ar por algum tempo depois.

Havia outra dinâmica. Nunca esquecerei algo que Pegi me falou certa vez no escritório da Anthem, como ninguém era bom com despedidas e como não lidavam muito bem com a morte. Ouvimos como Neil preferia não fazer a parte social e falar sobre amenidades. Imaginem-no tendo que dizer adeus a 30 ou 50 pessoas da equipe em cada cidade. Imaginem até mesmo Geddy e Alex tendo que fazer isso. Imaginem quantos nomes em todas essas cidades precisariam lembrar. Não todos ou a maioria deles, obviamente, mas sempre há esse limiar acima de qualquer um, em cada uma de suas situações únicas, de expectativa de que saibam um pouquinho sobre quem você é. O estresse de parecer egoísta ou ingrato demais sempre esteve presente nesses caras. Pense sobre todas aquelas personalidades do rádio e jornalistas, donos de lojas de discos (e se não acha que isso é importante o suficiente, que tal todos os donos de *redes* de lojas), representantes locais das gravadoras, operadores das arenas de shows, promotores. Se a imprensa soubesse que a última vez seria em Columbus, ou Dallas, ou Detroit, imaginem o quão longo e desconfortável seria o adeus para todas essas pessoas.

Além disso, sempre havia a esperança de que os corpos se curassem, sem falar na vontade de ficar mais um pouquinho nesse trabalho divertido. Neil sempre ficava feliz trabalhando menos, e neste ponto da vida mais ainda – apesar do que estava por vir, ele sempre falava sobre fazer outras coisas. Geddy e Alex talvez teriam feito outra turnê, até duas, mas as mãos de Alex estavam doloridas e, vamos combinar, nem sempre Geddy estava conseguindo cantar bem. Não é algo para ser debatido, eu sei, mas no geral era o que se comentava por aí. David Coverdale, Ian Gillan, Rob Halford, Paul Stanley, David Lee Roth, Vince Neil, Don Dokken, Stephen Pearcy, Ozzy Osbourne... Eles todos pareciam melhores diante dos fãs por agitarem com tudo numa noite para depois, na noite seguinte, cantarem muito mal. O nome de Geddy passou a entrar nesse tipo de lista com certa regularidade.

Em termos de itinerário, a Europa, também deixada de lado nas turnês de *Counterparts*, *Test for Echo* e *Vapor Trails*, ficou sem shows de novo, embora a banda tenha feito um bom trabalho levando para os fãs europeus a turnê de *Clockwork Angels* dois anos antes. Também deixadas de fora estavam Pittsburgh e Cleveland, provavelmente as primeiras duas cidades que vêm à cabeça quando se pensa onde o Rush fincou sua bandeira nos Estados Unidos, embora St. Louis, que recebeu um show em 14 de maio, pudesse também ser incluída nesse trio. A curiosa falta de ligação com Miami continuou, assim como a falta de conexão com o leste do Canadá, embora a banda tenha marcado duas noites consecutivas no Metro Centre, em Halifax, na turnê anterior.

Para dar ainda mais combustível à teoria de que a turnê em questão poderia representar algo a mais, os caras vieram com a ideia inovadora de um setlist que cronologicamente iniciava com o último álbum, *Clockwork Angels*, e seguia todo o caminho em reverso até o álbum homônimo de estreia e depois ainda mais além, com um sampling de "Garden Road" da era pré-LP. Houve um salto de *Roll the Bones* para *Grace Under Pressure* – nada de *Presto*, *Hold Your Fire* e *Power Windows*. Contudo, mais uma vez, esse período foi coberto surpreendentemente bem durante a turnê *Clockwork Angels* e, é claro, havia muitos sucessos que precisavam ser tocados, em especial se tudo isso significava o fim.

Reforçando o conceito com brilhantismo, a banda desnudou o cenário do palco à medida que regressava para o passado, numa reflexão de quais ferramentas teriam usado na época para a apresentação inaugural de cada canção. O número de amplificadores foi reduzido, a bateria se contraiu, instrumentos vintage foram colocados em cena e o telão – o melhor do mercado – refletia essas marcações históricas e sinais.

Também foi especial nessa turnê tocarem o clássico de *Signals* "Losing It", trazendo o violinista da gravação original, Ben Mink, como convidado para se apresentar com a banda em 19 de junho, em Toronto, e em 17 de julho, em Vancouver. Jonathan Dinklage, que fazia parte do conjunto de cordas de *Clockwork Angels*, tocou a música em três shows adicionais, em Phoenix, Irvine, Califórnia, e na última apresentação da banda na história: no Forum, em Los Angeles.

E com relação ao show em L.A.: o aceno final. No fim da apresentação, Neil raramente sai de trás da bateria e faz um aceno abraçado aos companheiros de banda do jeito que fez naquela noite, além de tirar fotos de trás de seu kit antes de ir até o centro do palco. Neste ponto, os sussurros tinham aumentado até se tornarem murmúrios sobre esse ser o show derradeiro, uma informação passada sensivelmente pelo acúmulo de pistas dos empresários e da banda. Assim, o que aconteceu no final da apresentação no Forum se revestiu de uma ressonância adicional.

Depois que a turnê já tinha encerrado, em dezembro Neil concedeu uma entrevista dizendo que estava se aposentando, rindo ao contar que a filha tinha passado a se referir a ele como baterista aposentado. Mas Geddy fez pouco caso da afirmação, sendo que tanto ele quanto Alex diziam à imprensa que várias coisas relacionadas ao Rush ainda poderiam acontecer. Até mesmo Neil se uniu aos dois e deixou tudo muito vago. Mas logo o cenário ficou mais claro, e para nossa imensa tristeza, soubemos o porquê. Alex confirmou em 2016 que não haveria mais "turnês em grande escala", com Geddy na sequência afirmando que não havia "planos" ou "chance alguma", mais tarde admitindo que Neil não tinha apenas se aposentado do Rush, mas parado de tocar bateria.

Num quase ato de profecia autorrealizada, em novembro de 2016, um segundo documentário de alta qualidade sobre o trio surgiu, chamado *Rush: Time Stand Still*. Com uma cinematografia dramática, belíssima e comovente, o filme documentava a turnê *R40* com um sentimento predominante de conclusão que quase tornava o fim algo bom.

O fluxo de produtos do Rush continuou, mesmo que os integrantes da banda observassem tudo de fora do campo. Em 20 de novembro de 2015 houve o lançamento de *R40 Live*, documentando os últimos shows em Toronto, significando, é claro, que a apresentação de Ben Mink fazia parte do material. Um ano depois, chegou o box de relançamento dos 40 anos de *2112*, seguido de *A Farewell to Kings* e *Hemispheres* em 2017 e 2018, com mais relançamentos planejados à medida que os aniversários acontecessem.

Em 2015, a Anthem foi comprada pela Ole Media Management, com todo tipo de negociações de direitos envolvidas no processo, milhões de dólares mudando de mãos. Em junho de 2019, a Ole passou a se chamar Anthem Entertainment, com um novo logo. Dos três integrantes da banda, Geddy se demonstrou o mais ativo, organizando uma celebração de sua coleção e produzindo o livro *Geddy Lee's Big Beautiful Book of Bass*, fazendo uma turnê de sessões de autógrafo incluindo palestras.

Em 2019, Lee deu uma entrevista a Jane Stevenson, do jornal *Toronto Sun*, a respeito do livro e das novidades criativas que viriam pela frente, e contou: "Tento ir até meu estúdio [em casa] duas ou três vezes por semana e usar os instrumentos um pouco mais, colocar algumas ideias em prática, mas não sei o que virá disso, se é que virá alguma coisa. O tempo vai dizer. Vão me manter ocupado [referindo-se às sessões de autógrafo do livro] até o Natal, depois estarei livre para voar, e provavelmente na primavera comece a olhar mais de perto para algumas dessas músicas."

Respondendo se tinha saudade das turnês, Geddy disse: "Não sinto saudade de deixar minha família, mas sinto saudade daquelas três horas em cima do palco com meus amigos. Isso, principalmente nos últimos dez anos de turnê, foi muito divertido e muito gratificante."

Em L.A., Lee explicou, "Neil insistiu que aquele fosse o último show. E sabe, Alex e eu olhamos um para o outro e pensamos: 'Sim, sim, ele fala isso da boca para fora'. Então acho que meio que sabíamos, deveríamos saber que era o último show. Mas penso que, sendo eternos otimistas, esperávamos voltar aos palcos depois de um intervalo. Isso nunca aconteceu."

Quanto ao que os outros integrantes estavam fazendo, Geddy observou que "Alex está se transformando nesse supermúsico de estúdio. Ele adora tocar nos álbuns de outras pessoas sem a responsabilidade de ter que compor qualquer coisa além do solo dele. Sei que está curtindo isso para valer. Estou trabalhando neste projeto, mas conversamos bastante. Nós nos vemos com muita frequência. E visitamos Neil frequentemente. Então estamos todos próximos, mas não acho que faremos um projeto juntos, nós três. É possível que Alex e eu façamos alguma coisa mais adiante. Não vejo nós três fazendo alguma coisa na verdade.

"Tenho várias ideias de como manter a música do Rush presente para o público, então estamos ouvindo. Mas não há nada que se possa anunciar neste momento. Porém, como eu disse, reluto em deixar minha família de novo. Então, para que eu faça parte de outro projeto musical que envolva turnês e coisas assim, teria que ser algo que de fato me conquistasse. Não posso dizer que não embarcaria num projeto desses. Mas eu precisaria estar tão entusiasmado que a distância da família valesse a pena."

As observações de Geddy são um indício de que ele respeitosamente guardava o segredo que abalaria o mundo naquele 10 de janeiro de 2020 – o anúncio da morte de Neil Peart devido a um glioblastoma, um câncer no cérebro bastante agressivo, que o levou no dia 7 de janeiro aos 67 anos de idade. É a mesma doença que matou outro ícone canadense, Gordon Downie, da banda Tragically Hip, e acabava de levar um homem aclamado como "o maior baterista do mundo", depois de um longa batalha degenerativa que se seguiu depois do diagnóstico três anos e meio antes. Geddy, Alex e a família Rush, muito tempo antes da morte de Peart, já sabiam que não haveria mais nenhum outro álbum ou show da banda. Eles ajudaram a organizar a papelada de Neil com viagens a Los Angeles, conseguindo manter a situação fora do noticiário até aquele chocante dia de inverno. Por respeito a Neil e à família dele, posso apenas dizer que os meses finais foram muito difíceis. Em 7 de janeiro de 2020, o mundo do rock entrou em choque, e homenagens surgiram de todo o globo nos dias e nas semanas que se seguiram.

"Sei que levei uma vida bem incomum", me contou Alex em 2003, dando sua perspectiva do que ele, Neil e Geddy tinham conquistado, ainda saliente à luz das notícias. "E sabe, tenho me perguntado há tempos por que fui abençoado com tudo isso. É um tipo incomum e especial de presente, acho, que recebemos de forma bastante generosa." Admitindo que se pudesse fazer tudo de novo, teria tido quatro filhos (ele tem apenas dois, Justin e Adrian). Contudo, o guitarrista afirmou que "a criatividade é de fato importante para mim, mas não está na parte consciente da minha cabeça. Quando me sento para fazer algo criativo, é uma coisa muito poderosa para mim, é fisicamente poderosa. Eu me sinto, bem... diferente do normal quando passo por esse tipo de experiência.

"Por exemplo, tenho um estúdio e meu filho compõe música eletrônica, essas coisas de *trance*. E final de semana passado, no domingo, ele quis que eu tocasse guitarra. Queríamos recriar um tipo de pegada árabe. Então peguei o banjo, que se parece bastante com um violão, dependendo da afinação. E é uma afinação esquisita, então sua cabeça tem que entrar num certo modo, e meio que me perdi naquilo. Passamos horas fazendo música, e pareceu que se passaram apenas alguns minutos! Tudo estava meio esculhambado. A afinação estava louca, tocar banjo não é fácil, mas obtivemos um ótimo resultado! Ficou realmente incomum. E no final da noite eu estava tremendo de emoção.

"Às vezes, à medida que fico mais velho, não sinto mais esse tipo de vibração. Quando eu era mais jovem, sempre me sentia assim. Mas era tudo parte da minha vida, e eu meio que não valorizava essas coisas. Sabe, sempre fui um tipo de cara que 'segue o fluxo'. Nunca fui muito bom em fazer planos. Quando trabalhamos, sou o mais espontâneo. Meu melhor trabalho sempre acontece naqueles primeiros takes. Geddy é o oposto. Ele gosta de desenvolver uma ideia, experimentar, tentar tudo antes de tomar a decisão final sobre o que acha bom com relação ao que está fazendo. E o jeito dele talvez seja uma atitude mais inteligente, enquanto a minha é mais instintiva. E acho que é por isso que complementamos um ao outro e trabalhamos tão bem juntos. Creio que, se eu não tivesse essa válvula de escape criativa, seria muito infeliz. Mas como digo, não fico pensando tanto assim no assunto. É uma parte natural da minha vida e de quem sou. E acho que isso acontece porque me permitiram ser desse jeito."

Quanto ao futuro, Alex diz: "Adoro tocar com outras pessoas. É realmente fácil e ótimo apenas ser um músico e adicionar camadas de uma cor na obra-prima dos outros – isso é bastante agradável. Eu gostaria talvez de fazer alguns trabalhos de produção, mas é um compromisso imenso produzir uma banda, principalmente uma banda jovem. E as recompensas, além da satisfação de ajudar um grupo novato, são irrisórias hoje em dia. É duro nos dias de hoje, a menos que você tenha um amor verdadeiro pela música e não se importe de deixar sua família e todo o resto que já está deixando de lado por pegar a estrada durante oito meses no ano. É como era para nós no passado, tudo se resume a cumprir uma agenda e temos pouquíssimo tempo."

Anos mais tarde, Alex refletiu que "sempre foi pela música, não era pelo estilo de vida. Fora algumas coisas aqui e ali, nunca tivemos tanta notoriedade assim ou aparecemos em muitas revistas. Passaram-se décadas até sermos capa da *Rolling Stone*, mas para ser honesto, gosto disso. Gosto do fato de que ficávamos nos fundos e não estávamos em evidência o tempo todo. Isso permitiu que fôssemos para casa e curtíssemos nossos netos, e fôssemos ao clube jogar tênis e fizéssemos essas coisas normais que todo mundo faz, e ainda assim nos sentíssemos conectados ao mundo normal. Sempre foi assim com a gente. Parte disso tem a ver com o fato de termos constituído família bem cedo. Nós três casamos e tivemos filhos cedo – relacionamentos que começaram quando éramos muito jovens."

"Integridade e ética de trabalho", responde Ray Danniels, falando de como manter o pé na realidade permitiu a realização de tantas coisas. "Esses dois fatores. E nada interrompeu isso. Todas essas histórias horríveis que se ouve de bandas de rock que se separaram, quanto a namoradas, esposas, drogas, vícios, distrações – isso nunca aconteceu. Jamais aconteceu. Passamos pelas coisas horríveis que aconteceram na vida de Neil, mas, com exceção disso, nunca houve qualquer tipo de problema. Eles são pessoas bem normais, muito gentis. Sua ética de trabalho excelente e integridade apenas refletem quem são na vida pessoal.

"E são os Três Mosqueteiros. Seja lá o que for bom para um deles, é bom para os três, e é maravilhoso de observar. É raro – conseguiram manter o mesmo empresário durante toda a carreira. Passamos por três agentes em 40 anos. Não usamos as pessoas para depois descartá-las. Tiveram o mesmo diretor de turnê e o mesmo diretor de iluminação desde que começaram lá atrás, no primeiro disco. Oferecem lealdade e pedem lealdade em troca, e não sei quantas outras bandas podem afirmar isso."

Alex concorda: "Sempre fizemos o trabalho que amamos, em que acreditamos, mas fora disso, temos individualmente um núcleo familiar forte. Tenho dois netos e daria tudo por eles. São a coisa mais importante da minha vida agora. Amo guitarra, amo o Rush e amo tocar com esses caras, mas aqueles dois pequenos significam tudo para mim. E acho que é importante ter esse tipo de equilíbrio na vida e saber o que é de fato importante, ter essa perspectiva."

Como Geddy já declarou em entrevistas, com Alex de volta a Rosedale, no centro de Toronto, vivem a cerca de cinco minutos de distância um do outro e se encontram o tempo todo.

"Bem, Ged é um amigo muito querido, é meu melhor amigo de verdade", diz Lifeson. "É um cara muito inteligente, muito atencioso. Ele é tão generoso e é... Como posso explicar? É bastante intenso com relação às coisas que ama, e é um verdadeiro sucesso nas melhores coisas da vida. É um *gourmet*, coleciona vinhos com um conhecimento que deixa qualquer um embasbacado, tem uma coleção de beisebol, outra coisa pela qual é apaixonado.

"Tudo que ele ama de paixão – arquitetura, arte, qualquer coisa – se deixa absorver por aquilo completamente, e eu respeito muito isso porque não consigo ser assim. Sou mais avoado e tenho déficit de atenção. Mas Ged se dedica de verdade às coisas que ama, e respeito mesmo isso. Ele tem um ótimo senso de humor e é uma companhia bem divertida. Neil é um cara muito reservado. Quero dizer, é bem aberto com os amigos, mas gosta de manter seu grupo de amigos mais restrito, acho. Ele é

muito inteligente, brilhante, e lê bastante, como todos sabem. Mas Neil também tem essa ótima personalidade para dar boas risadas e é muito aberto nesse sentido, muito gentil e generoso."

Em dezembro de 2015, pouco depois do último show em Los Angeles, Peart tomou para si a responsabilidade de explicar por que era hora de parar, em um dos próprios artigos, dessa vez para a *Drumhead*.

"Não sendo uma pessoa que gosta de celebrar 'ocasiões' pessoais'", escreveu, "sempre fico contente em marcar eventos importantes como aniversários de forma mais tranquila e privada. Não que eu os renegue – todo mês de setembro me sinto orgulhoso e grato por ter sobrevivido a mais um ano, e ultimamente, com a idade de 63 anos, de estar na minha sétima década. Só não quero transformar isso num grande acontecimento, ou que outras pessoas criem um burburinho. Por essa razão, só foi alguns dias mais tarde que me dei conta de onde passei meu 50º aniversário como baterista – num show no Hollywood Bowl. Tendo tocado lá algumas vezes com o Rush ao longo dos anos, foi a ocasião perfeita. Mas dessa vez eu estava com minha esposa Carrie e minha filhinha de seis anos de idade, Olivia, para assistir ao Psychedelic Furs e B-52s. Mais tarde Olivia estava me apresentando para os amiguinhos de escola, dizendo: 'Este é meu pai, ele é baterista aposentado'. Pura verdade, muito engraçado de se ouvir."

Neil continuou: "Quarenta anos com uma banda, três jovens rapazes que cresceram juntos na música e na vida, passando por todas as coisas que a música e a vida podem jogar em alguém. E o tempo todo estávamos fazendo o que queríamos, do jeito que queríamos fazer. Essa é a qualidade da qual mais me orgulho, de verdade – apenas pudemos nos colocar como um exemplo, diante do que parece frequentemente um entretenimento corporativo fabricado. Em resumo, mostramos que é possível construir uma carreira na música sem abandonar – ou vender – nossa alma. Só é preciso ser determinado. E, é claro, ter sorte.

"Agora, depois de 50 anos de devoção a bater em coisas com baquetas, me sinto orgulhoso, grato e satisfeito. A realidade é que meu estilo como baterista é amplamente um esforço atlético, e não me causa tristeza perceber que, como todos os atletas, há um momento de... se retirar do jogo. Sem dúvida prefiro deixar de lado a encarar a aflição descrita na nossa canção 'Losing It'. Nos dois versos da música, uma bailarina e um escritor que estão envelhecendo encaram seus talentos se perdendo com dor e desespero (*'Sadder still to watch it die/ Than never to have known it'* – 'Mais triste ver isso morrer/ Do que nunca ter conhecido').

"É preciso saber quando se está no topo da própria montanha, creio eu. Talvez não o cume, mas o mais alto que se pode chegar. Penso numa frase de Buddy Rich que usei num livro, *Roadshow*, sobre nossa turnê *R30*, longos dez anos atrás. No final da vida, perguntaram a Buddy Rich se ele se considerava o maior baterista do mundo, e ele deu uma resposta inspiradora: 'Vamos colocar desse modo: tenho essa ambição. A grandeza não é de fato alcançada. Alcança-se certa quantidade de excelência, e se levar isso a sério de verdade, vai continuar tentando ser ótimo. Nunca cheguei a um ponto da minha carreira em que estivesse totalmente satisfeito com o que fiz, mas continuo tentando'.

"Nos últimos tempos anotei outra ótima frase, desta vez de Artie Shaw. Como muitos leitores vão saber, ele foi um renomado líder de *big band* e clarinetista que ficou famoso quando desistiu de tocar aos 44 anos. Esses argumentos finais da carreira dele realmente fazem sentido para mim agora: 'Eu tinha que ser melhor, cada vez melhor. Sempre podia ser melhor. Quando desisti, foi porque não poderia fazer melhor'."

Não havia necessidade de se provar mais nada, era a hora para Geddy, Alex e Neil repartirem mais tempo e esforço com a normalidade. Seja lá o que planejassem fazer para seguir em frente, nunca mais haveria alguma coisa como *Rush in Rio*, mas aquelas montanhas particulares a que Neil se referiu, bem, essas já haviam sido conquistadas.

"Apenas somos naturalmente assim, de qualquer forma", acredita Alex, confiante de que ele, Geddy e Neil nunca fizeram o tipo que espirala fora de controle assim que as luzes se apagam. "Vejo muitas pessoas com seguranças e toda essa bobagem de celebridade, e conseguimos ficar fora disso. Assim que começa a se cercar de pessoas como essas, que ficam dizendo o tempo todo o quanto você é importante, passa a acreditar. É um caminho sem volta. Mas nós todos celebramos o fato de que somos caras bastante normais. Sabe, me casei quando era jovem, apresentei Geddy à esposa dele quando éramos adolescentes, tivemos filhos cedo. Como eu disse, tenho netos que adoro e são a coisa mais importante na minha vida. Amo o fato de poder ser avô e lhes dar todo o meu amor e passar todo o tempo que posso com eles. Aí está a minha perspectiva, e é muita sorte poder viver algo assim.

"E é raro, entendo isso", continua Alex. "Reconheço e aprecio o quanto é especial e fantástico. Adoro tocar ao vivo, mas não é a coisa mais importante da minha vida, e não acho que qualquer um de nós pense que seja o mais importante. Talvez seja o que torne tudo bem normal. Não é uma coisa da qual dependemos ou de que precisamos para alimentar nossos egos ou algum tipo de desejo louco que possamos ter. Temos orgulho do que fizemos, trabalhamos duro, estabelecemos um alto nível e grandes objetivos para nós enquanto músicos. Sempre fizemos isso – é bom ir para o trabalho e fazer algo bem-feito, faz a gente se sentir muito bem. Mas é ainda melhor ir para casa depois do trabalho."

DISCOGRAFIA

Algumas observações: coloquei o maior nível de detalhamento para os álbuns de estúdio, e um pouco menos para os álbuns ao vivo e compilações. Além disso, esta é a discografia lançada nos Estados Unidos, com as posições nas paradas norte-americanas, certificações norte-americanas e, quando chegarmos aos singles, também cito apenas aqueles oficiais lançados nos EUA (exceto o importantíssimo lançamento independente de estreia).

Não há Lado A e Lado B porque todos esses discos foram lançados originalmente depois da troca de vinil para CD. Quando possível, me empenhei em reduzir a repetição (por exemplo, para álbuns ao vivo que foram lançados tanto no formato em áudio quanto em vídeo). Os números de catálogo são originais, assim como as edições – não separei em primeira, segunda ou terceira edição em CD, remasterizações, gravações para audições especiais, entre outros.

Resumindo, a ideia era limitar à discografia central e relevante (assim como, sim, a videografia). Tudo que foi lançado apenas no formato digital (sem versão física) também não está incluso. Além disso, deixei de lado a posição nas paradas para vídeos e DVDs. Pensei que a única posição nas paradas que ainda detém algum significado para ser mencionada é a Billboard 200 para álbuns. Mais uma coisa – e tenho certeza de que haverá outros desses gremlins por aí – originalmente e depois ocasionalmente, aparece escrito "Freewill" e outras vezes "Free Will".

A: ÁLBUNS DE ESTÚDIO

Roll the Bones
(Atlantic 82293-2, 3 de setembro de 1991)
POSIÇÃO MAIS ALTA NAS PARADAS DOS EUA: #3
CERTIFICAÇÃO RIAA NOS EUA: Platina
PRODUZIDO POR: Rupert Hine e Rush
> 1. Dreamline 4:38; 2. Bravado 4:35; 3. Roll the Bones 5:30; 4. Face Up 3:54; 5. Where's My Thing? (Parte IV, Gangster of Boats Trilogy) 3:49; 6. The Big Wheel 5:13; 7. Heresy 5:26; 8. Ghost of a Chance 5:19; 9. Neurotica 4:40; 10. You Bet Your Life 5:00
> OBSERVAÇÕES: Lançado em vinil apenas em alguns territórios.

Counterparts
(Atlantic 7 82528-2, 19 de outubro, 1993)
POSIÇÃO MAIS ALTA NAS PARADAS DOS EUA: #2
CERTIFICAÇÃO RIAA NOS EUA: Ouro
PRODUZIDO POR: Peter Collins e Rush
> 1. Animate 6:04; 2. Stick It Out 4:30; 3. Cut to the Chase 4:47; 4. Nobody's Hero 4:59; 5. Between Sun & Moon 4:39; 6. Alien Shore 5:46; 7. The Speed of Love 5:01; 8. Double Agent 4:51; 9. Leave That Thing Alone 4:06; 10. Cold Fire 4:29; 11. Everyday Glory 5:11
> OBSERVAÇÕES: Lançado em vinil apenas em alguns territórios.

Test for Echo
(Atlantic 7 82925-2, 10 de setembro de 1996)
POSIÇÃO MAIS ALTA NAS PARADAS DOS EUA: #5
CERTIFICAÇÃO RIAA NOS EUA: Ouro
PRODUZIDO POR: Peter Collins e Rush

1. Test for Echo 5:56; 2. Driven 4:27; 3. Half the World 3:41; 4. The Color of Right 4:48; 5. Time and Motion 5:04; 6. Totem 5:00; 7. Dog Years 4:56; 8. Virtuality 5:43; 9. Resist 4:22; 10. Limbo 5:28; 11. Carve Away the Stone 4:05
OBSERVAÇÕES: Último álbum do Rush lançado nos EUA em fita cassete.

Vapor Trails

(Atlantic 83531-2, 14 de maio de 2002)
POSIÇÃO MAIS ALTA NAS PARADAS DOS EUA: #6
CERTIFICAÇÃO RIAA NOS EUA: n/a
PRODUZIDO POR: Rush e Paul Northfield

1. One Little Victory 5:08; 2. Ceiling Unlimited 5:28; 3. Ghost Rider 5:41; 4. Peaceable Kingdom 5:23; 5. The Stars Look Down 4:28; 6. How It Is 4:05; 7. Vapor Trail 4:57; 8. Secret Touch 6:34; 9. Earthshine 5:38; 10. Sweet Miracle 3:40; 11. Nocturne 4:49; 12. Freeze (Parte IV de "Fear") 6:21; 13. Out of the Cradle 5:03
OBSERVAÇÕES: Lançado nos Estados Unidos também como LP duplo (83531-1) e no exterior em fita cassete (83531-4).

Snakes & Arrows

(Atlantic 135484-2, 1º de maio de 2007)
POSIÇÃO MAIS ALTA NAS PARADAS DOS EUA: #3
CERTIFICAÇÃO RIAA NOS EUA: n/a
PRODUZIDO POR: Nick Raskulinecz e Rush

1. Far Cry 5:21; 2. Armor and Sword 6:36; 3. Workin' Them Angels 4:47; 4. The Larger Bowl (a Pantoum) 4:07; 4. Spindrift 5:24; 6. The Main Monkey Business 6:01; 6. The Way the Wind Blows 6:28; 8. Hope 2:03; 9. Faithless 5:31; 10. Bravest Face 5:12; 11. Good News First 4:51; 12.

Malignant Narcissism 2:17; 13. We Hold On 4:13

Observações: Lançado também em edição bônus para o Walmart e como álbum duplo em vinil (79980-1).

Clockwork Angels

(Roadrunner 1686-176562, 12 de junho de 2012)

POSIÇÃO MAIS ALTA NAS PARADAS DOS EUA: #2

CERTIFICAÇÃO RIAA NOS EUA: n/a

PRODUZIDO POR: Rush e Nick Raskulinecz

1. Caravan 5:40; 2. BU2B 5:10; 3. Clockwork Angels 7:31; 3. The Anarchist 6:52; 5. Carnies 4:52; 6. Halo Effect 3:14; 7. Seven Cities of Gold 6:32; 8. The Wreckers 5:01; 9. Headlong Flight 7:20; 10. BU2B2 1:28; 11. Wish Them Well 5:25; 12. The Garden 6:59

Observações: Também lançado como LP duplo nos Estados Unidos (1686-17656-1) e um pacote especial da revista *Classic Rock* incluindo uma revista de 132 páginas mais CD na íntegra.

B: ÁLBUNS AO VIVO

Different Stages

(Atlantic 83122-2, 10 de novembro de 1998)

POSIÇÃO MAIS ALTA NAS PARADAS DOS EUA: #35

CERTIFICAÇÃO RIAA NOS EUA: Ouro

CD1: 1. Dreamline 2. Limelight 3. Driven 4. Bravado 5. Animate 6. Show Don't Tell 7. The Trees 8. Nobody's Hero 9. Closer to the Heart 10. 2112

CD2: 1. Test for Echo 2. The Analog Kid 3. Freewill 4. Roll the Bones 5. Stick It Out 6. Resist 7. Leave That Thing Alone 8. The Rhythm Method 9. Natural Science 10. Force

Ten 11. The Spirit of Radio 12. Tom Sawyer 13. YYZ
CD3: 1. Bastille Day 2. By-Tor & the Snow Dog 3. Xanadu
4. A Farewell to Kings 5. Something for Nothing 6. Cygnus
X-1 7. Anthem 8. Working Man 9. Fly by Night 10. In the
Mood 11. Cinderella Man

Rush in Rio

(Atlantic 83672-2, 21 de outubro de 2003)
POSIÇÃO MAIS ALTA NAS PARADAS DOS EUA: #33
CERTIFICAÇÃO RIAA NOS EUA: Ouro

CD1: 1. Tom Sawyer 2. Distant Early Warning 3. New
World Man 4. Roll the Bones 5. Earthshine 6. YYZ 7. The
Pass 8. Bravado 9. The Big Money 10. The Trees 11. Free
Will 12. Closer to the Heart 13. Natural Science
CD2: 1. One Little Victory 2. Driven 3. Ghost Rider 4.
Secret Touch 5. Dreamline 6. Red Sector A 7. Leave That
Thing Alone 8. O Baterista 9. Resist 10. 2112
CD3: 1. Limelight 2. La Villa Strangiato 3. The Spirit
of Radio 4. By-Tor & the Snow Dog 5. Cygnus X-1 6.
Working Man 7. Between Sun & Moon 8. Vital Signs

Snakes & Arrows Live

(Atlantic 442620-2, 15 de abril de 2008)
POSIÇÃO MAIS ALTA NAS PARADAS DOS EUA: #18
CERTIFICAÇÃO RIAA NOS EUA: n/a

CD1: 1. Limelight 2. Digital Man 3. Entre Nous 4. Mission
5. Freewill 6. The Main Monkey Business 7. The Larger
Bowl 8. Secret Touch 9. Circumstances 10. Between the
Wheels 11. Dreamline 12. Far Cry 13. Workin' Them
Angels 14. Armor and Sword
CD2: 1. Spindrift 2. The Way the Wind Blows 3.

Subdivisions 4. Natural Science 5. Witch Hunt 6. Malignant Narcissism – De Slagwerker 7. Hope 8. Distant Early Warning 9. The Spirit of Radio 10. Tom Sawyer 11. One Little Victory 12. A Passage to Bangkok 13. YYZ

Grace Under Pressure 1984 Tour

(Mercury B0013252-02, 11 de agosto de 2009)
POSIÇÃO MAIS ALTA NAS PARADAS DOS EUA: n/a
CERTIFICAÇÃO RIAA NOS EUA: n/a

1. Intro 2. The Spirit of Radio 3. The Enemy Within 4. The Weapon 5. Witch Hunt 6. New World Man 7. Distant Early Warning 8. Red Sector A 9. Closer to the Heart 10. YYZ/2112: The Temples of Syrinx/Tom Sawyer 11. Vital Signs 12. Finding My Way/In the Mood

OBSERVAÇÕES: Relançamento de CD de áudio que apareceu na primeira vez no box *Replay X3*.

Moving Pictures: Live 2011

(Roadrunner 016861766016, 8 de novembro de 2011)
POSIÇÃO MAIS ALTA NAS PARADAS DOS EUA: n/a
CERTIFICAÇÃO RIAA NOS EUA: n/a

1. Tom Sawyer 2. Red Barchetta 3. YYZ 4. Limelight 5. The Camera Eye 6. Witch Hunt — Parte III de "Fear" 7. Vital Signs

OBSERVAÇÕES: Relançado apenas em formato digital e vinil.

Time Machine: Live in Cleveland 2011

(Roadrunner 1686-176655, 8 de novembro de 2011)
POSIÇÃO MAIS ALTA NAS PARADAS DOS EUA: #54
CERTIFICAÇÃO RIAA NOS EUA: n/a

CD1: 1. The Spirit of Radio 2. Time Stand Still 3. Presto 4. Stick It Out 5. Workin' Them Angels 6. Leave That Thing Alone 7. Faithless 8. BU2B 9. Free Will 10. Marathon 11. Subdivisions 12. Tom Sawyer 13. Red Barchetta 14. YYZ 15. Limelight
CD2: 1. The Camera Eye 2. Witch Hunt 3. Vital Signs 4. Caravan 5. Moto Perpetuo (Featuring Love for Sale) 6. O'Malley's Break 7. Closer to the Heart 8. 2112: Overture/ The Temples of Syrinx 9. Far Cry 10. La Villa Strangiato 11. Working Man

Clockwork Angels Tour

(Anthem/Zoe Vision 1686-175982, 19 de novembro de 2013)
POSIÇÃO MAIS ALTA NAS PARADAS DOS EUA: #33
CERTIFICAÇÃO RIAA NOS EUA: n/a

CD1: 1. Subdivisions 2. The Big Money 3. Force Ten 4. Grand Designs 5. The Body Electric 6. Territories 7. The Analog Kid 8. Bravado 9. Where's My Thing?/Here It Is! (solo de bateria) 10. Far Cry
CD2: 1. Caravan 2. Clockwork Angels 3. The Anarchist 4. Carnies 5. The Wreckers 6. Headlong Flight/Drumbastica 6. Peke's Repose (solo de guitarra)/Halo Effect 8. Seven Cities of Gold 9. Wish Them Well 10. The Garden
CD3: 1. Dreamline 2. The Percussor (I) Binary Love Theme (II) Steambanger's Ball (solo de bateria) 3. Red Sector A 4. YYZ 5. The Spirit of Radio 6. Tom Sawyer 7. 2112: Overture/The Temples of Syrinx/Grand Finale 8. Limelight (gravação da passagem de som) 9. Middletown Dreams 10. The Pass 11. Manhattan Project

R40 Live

(Anthem/Zoe 01143-38256-02, 20 de novembro de 2015)
POSIÇÃO MAIS ALTA NAS PARADAS DOS EUA: #24
CERTIFICAÇÃO RIAA NOS EUA: n/a

> CD1: 1. The World Is... The World Is... 2. The Anarchist 3. Headlong Flight 4. Far Cry 5. The Main Monkey Business 6. How It Is 7. Animate 8. Roll the Bones 9. Between the Wheels 10. Losing It 11. Subdivisions
>
> CD2: 1. Tom Sawyer 2. YYZ 3. The Spirit of Radio 4. Natural Science 5. Jacob's Ladder 6. Hemispheres: Prelude 7. Cygnus X-1/The Story So Far (solo de bateria) 8. Closer to the Heart 9. Xanadu 10. 2112: Overture/The Temples of Syrinx/Presentation/Grand Finale
>
> CD3: 1. Mel's Rockpile 2. Lakeside Park/Anthem 3. What You're Doing/Working Man 4. One Little Victory 5. Distant Early Warning 6. Red Barchetta 7. Clockwork Angels 8. The Wreckers 9. The Camera Eye10. Losing It

C: COMPILAÇÕES SELECIONADAS

Chronicles

(Mercury P2 38936, 4 de setembro de 1990)
POSIÇÃO MAIS ALTA NAS PARADAS DOS EUA: #51
CERTIFICAÇÃO RIAA NOS EUA: Platina dupla

> CD1: 1. Finding My Way 2. Working Man 3. Fly by Night 4. Anthem 5. Bastille Day 6. Lakeside Park 7. 2112: (a) Overture (b) The Temples of Syrinx 8. What You're Doing (ao vivo) 9. A Farewell to Kings 10. Closer to the Heart 11. The Trees 12. La Villa Strangiato 13. Freewill 14. The Spirit of Radio
>
> CD2: 1. Tom Sawyer 2. Red Barchetta 3. Limelight 4. A Passage to Bangkok (ao vivo) 5. Subdivisions 6. New World

Man 7. Distant Early Warning 8. Red Sector A 9. The Big
Money 10. Manhattan Project 11. Force Ten 12. Time
Stand Still 13. Mystic Rhythms (ao vivo) 14. Show Don't Tell

Retrospective I: 1974-1980

(Mercury 314 534 909-2, 6 de maio 1997)
POSIÇÃO MAIS ALTA NAS PARADAS DOS EUA: n/a
CERTIFICAÇÃO RIAA NOS EUA: n/a

> 1. The Spirit of Radio 2. The Trees 3. Something for
> Nothing 4. Freewill 5. Xanadu 6. Bastille Day 7. By-Tor &
> the Snow Dog 8. Anthem 9. Closer to the Heart 10. 2112:
> Overture 11. The Temples of Syrinx 12. La Villa Strangiato
> 13. Fly by Night 14. Finding My Way

Retrospective II: 1980-1987

(Mercury 314 534 910-2, 3 de junho de 1997)
POSIÇÃO MAIS ALTA NAS PARADAS DOS EUA: n/a
CERTIFICAÇÃO RIAA NOS EUA: n/a

> 1. The Big Money 2. Red Barchetta 3. Subdivisions 4.
> Time Stand Still 5. Mystic Rhythms 6. The Analog Kid 7.
> Distant Early Warning 8. Marathon 9. The Body Electric
> 10. Mission 11. Limelight 12. Red Sector A 13. New World
> Man 14. Tom Sawyer 15. Force Ten

The Spirit of Radio: Greatest Hits 1974-1987

(Mercury 440 063 335-2, 11 de fevereiro de 2003)
POSIÇÃO MAIS ALTA NAS PARADAS DOS EUA: #167
CERTIFICAÇÃO RIAA NOS EUA: Ouro

> 1. Working Man 2. Fly by Night 3. 2112: Overture/The
> Temples of Syrinx 4. Closer to the Heart 5. The Trees 6. The
> Spirit of Radio 7. Freewill 8. Limelight 9. Tom Sawyer 10.

Red Barchetta 11. New World Man 12. Subdivisions 13. Distant Early Warning 14. The Big Money 15. Force Ten 16. Time Stand Still

OBSERVAÇÕES: Uma edição limitada dessa coletânea incluiu "Mystic Rhythms" como faixa bônus mais versões em DVD de "Closer to the Heart", "Tom Sawyer", "Subdivisions" e "The Big Money". Também havia encarte com as letras das 16 faixas.

Gold

(Mercury B0006322-02, 25 de abril de 2006)

POSIÇÃO MAIS ALTA NAS PARADAS DOS EUA: n/a

CERTIFICAÇÃO RIAA NOS EUA: n/a

OBSERVAÇÕES: *Gold* é essencialmente uma reembalagem de *Retrospective I* e *Retrospective II*, trocando "Something for Nothing" por "Working Man".

Retrospective III: 1989-2008

(Atlantic 515813-2, 3 de março de 2009)

POSIÇÃO MAIS ALTA NAS PARADAS DOS EUA: #160

CERTIFICAÇÃO RIAA NOS EUA: n/a

1. One Little Victory (remix) 2. Dreamline 3. Workin' Them Angels 4. Presto 5. Bravado 6. Driven 7. The Pass 8. Animate 9. Roll the Bones 10. Ghost of a Chance (ao vivo) 11. Nobody's Hero 12. Leave That Thing Alone 13. Earthshine (remix) 14. Far Cry

OBSERVAÇÕES: Uma versão deluxe também foi incluída com um DVD. As faixas são: 1. Stick It Out 2. Nobody's Hero 3. Half the World 4. Driven 5. Roll the Bones 6. Show Don't Tell 7. The Pass 8. Superconductor 9. Far Cry 10. Malignant Narcissism 11. The Seeker (ao vivo) 12. Secret Touch 13.

Resist (ao vivo), mais uma entrevista bônus e "Tom Sawyer" ao vivo.

Working Men

(Atlantic 7567895641, 17 de novembro de 2009)

POSIÇÃO MAIS ALTA NAS PARADAS DOS EUA: n/a

CERTIFICAÇÃO RIAA NOS EUA: n/a

> 1. Limelight 2. The Spirit of Radio 3. 2112 4. Freewill 5. Dreamline 6. Far Cry 7. Subdivisions 8. One Little Victory 9. Closer to the Heart 10. Tom Sawyer 11. Working Man 12. YYZ
>
> OBSERVAÇÕES: *Working Men* foi lançado em CD e DVD e essencialmente é uma compilação de *Rush in Rio*, *R30* e *Snakes & Arrows Live*. Apenas "One Little Victory" não havia sido lançada antes.

Icon

(Mercury B0014654-12, 31 de agosto de 2010)

POSIÇÃO MAIS ALTA NAS PARADAS DOS EUA: n/a

CERTIFICAÇÃO RIAA NOS EUA: n/a

> 1. Working Man 2. Fly by Night 3. The Necromancer 4. The Twilight Zone 5. Closer to the Heart 6. Circumstances 7. Freewill 8. Limelight 9. The Analog Kid 10. Red Sector A 11. Marathon 12. Force Ten

Icon 2

(Mercury B0015674-02, 29 de julho de 2011)

POSIÇÃO MAIS ALTA NAS PARADAS DOS EUA: n/a

CERTIFICAÇÃO RIAA NOS EUA: n/a

CD1: 1. Working Man 2. Fly by Night 3. The Necromancer 4. The Twilight Zone 5. Closer to the Heart 6. Circumstances 7. Freewill 8. Limelight 9. The Analog Kid 10. Red Sector A 11. Marathon 12. Force Ten

CD2: 1. Bastille Day 2. 2112 3. The Spirit of Radio 4. Tom Sawyer 5. La Villa Strangiato 6. Closer to the Heart 7. New World Man 8. Vital Signs 9. The Big Money 10. Mystic Rhythms 11. Time Stand Still

OBSERVAÇÕES: O CD1 é o *Icon* original do ano anterior; o CD2 consiste em faixas ao vivo.

D: SINGLES SELECIONADOS

Os singles talvez sejam o departamento que mais nos lembra de que se trata de uma discografia dos EUA. Também, sendo a era do CD, tornaram-se um instrumento para divulgações promocionais exclusivas, já que o CD comercial de formato single na América do Norte era raramente explorado (e de modo algum pelo Rush), em contraponto a, digamos, o Reino Unido e a Europa, com seus EPs finos e engraçados. Pensei que ainda assim seria um exercício interessante, contudo, porque demonstra as faixas que eram enviadas para as rádios. Mais uma vez, excluí alguns itens que pareciam repetitivos ou mudavam pouco, assim como os CDRs.

Singles em vinil de 7"
Caravan/BU2B (527398-7) edição limitada; vinil branco

Singles em cassete
Ghost of a Chance/Where's My Thing?, entrevista (4-87498)
Nobody's Hero/Stick It Out (4-87267)

Singles em CD

Dreamline (PRCD 4120 2)

Where's My Thing? (PRCD 4126 2)

Roll the Bones (PRCD 4260 2)

Ghost of a Chance (edit), Ghost of a Chance (PRCD 4458 2)

Bravado (PRCD 4580 2)

Stick It Out (PRCD 5314 2)

Nobody's Hero (PRCD 5430 2)

Double Agent (PRCD 5431 2)

Nobody's Hero (edit) (PRCD 5497 2)

Test for Echo (PRCD 6853 2)

Test for Echo (edit), Test for Echo (PRCD 6885 2)

Half the World (PRCD 6930 2)

Driven (PRCD 8009)

Virtuality (edit), Virtuality (PRCD 8139)

The Spirit of Radio, 2112 (PRCD 8690)

Closer to the Heart (PRCD 8804)

One Little Victory (PRCD 300749-2)

Secret Touch (PRCD 300863)

One Little Victory, Earthshine (PRCD 300857)

Sweet Miracle (PRCD 300930)

Rush in Rio Sampler (PRCD 301227) digipak

Resist (acústica) (P1ZOE 1279P)

Summertime Blues (PRCD 301512)

Tom Sawyer, R30 Overture, Working Man (011431082-9 PSI-01)

Far Cry (edit), Far Cry (PRCD 133692)

Spindrift (edit), Spindrift (PRCD 260476)

The Larger Bowl (PRCD 294844)

Workin' Them Angels (edit), Workin' Them Angels (live), Workin' Them Angels (PRCD 454780)

E: VIDEOGRAFIA

Chronicles

(Polygram PMV 082 765-3, 1990)

CERTIFICAÇÃO RIAA NOS EUA: Platina

1. Closer to the Heart 2. The Trees 3. Limelight 4. Tom Sawyer (ao vivo) 5. Red Barchetta (ao vivo) 6. Subdivisions 7. Distant Early Warning 8. Red Sector A (ao vivo) 9. The Big Money 10. Mystic Rhythms 11. Time Stand Still 12. Lock and Key

OBSERVAÇÕES: Também lançado em LaserDisc (CDV 082 765-1) ao mesmo tempo que em DVD (827659), em maio de 2001. Duração: 63 minutos. A versão em DVD inclui duas faixas extras: "The Enemy Within" e "Afterimage". O LaserDisc omite "Red Sector A".

Rush in Rio

(Rounder 66825 1099 9, 21 de outubro de 2003)

CERTIFICAÇÃO RIAA NOS EUA: 7x Platina

OBSERVAÇÕES: O mesmo que o CD exceto que o DVD omite "Between Sun & Moon" e "Vital Signs", adicionando o documentário "The Boys in Brazil", um filme de Andrew MacNaughtan, captação de múltiplos ângulos em MX de "YYZ", "O Baterista" e "La Villa Strangiato", mais *easter eggs* (o filme de "By-Tor" e "Anthem").

R30: 30th Anniversary World Tour

(Rounder 01143-1083-9, 22 de novembro de 2005)

CERTIFICAÇÃO RIAA NOS EUA: 5x Platina

DVD 1 : R30 Overture: Finding My Way/Anthem/Bastille Day/A Passage to Bangkok/Cygnus X-1/Hemispheres 2.

The Spirit of Radio 3. Force Ten 4. Animate 5. Subdivisions 6. Earthshine 7. Red Barchetta 8. Roll the Bones 9. The Seeker 10. Tom Sawyer 11. Dreamline 12. Between the Wheels 13. Mystic Rhythms 14. Der Trommler 15. Resist 16. Heart Full of Soul 17. 2112/Xanadu/Working Man 18. Summertime Blues 19. Crossroads 20. Limelight
DVD2: Entrevistas. 1. 1979: Hamilton, Ivor Wynne Stadium 2. 1981: Le Studio, Quebec 3. 1990: Artist of the Decade Interviews 4. 1994: Juno Hall of Fame Induction 5. 2002: Vapor Trails Tour Interview, the Anthem Vault 6. Fly by Night 7. Finding My Way (mpeg-1 do Rock Concert) 8. In the Mood (mpeg-1 do Rock Concert) 9. Circumstances 10. La Villa Strangiato 11. A Farewell to Kings 12. Xanadu 13. The Spirit of Radio (Passagem de som – 1979 Ivor Wynne Stadium) 14. Freewill (do Toronto Rocks — 2003) 15. Closer to the Heart (do Canada for Asia – 2005)
CD1/ 2: Mesma lista do DVD1
OBSERVAÇÕES: Lançado quatro anos depois em Blu-ray (01143-1132-9).

Replay X3
(Mercury B0006649-50, 13 de junho de 2006)
CERTIFICAÇÃO RIAA NOS EUA: Platina dupla

> OBSERVAÇÕES: *Replay X3* é um relançamento dos DVDs de *Exit... Stage Left*, *Grace Under Pressure Tour* e *A Show of Hands*, apresentado com um remix de som 5.1 surround. Também inclui uma versão em áudio do box de *Grace Under Pressure*. Uma edição limitada de *Replay X3* foi vendida com exclusividade pela rede de lojas Best Buy e continha quatro faixas bônus acrescentadas ao CD de áudio *Grace Under Pressure Tour*: "Limelight", "Closer To the Heart", "The Spirit of Radio" e "Tom Sawyer".

Snakes & Arrows Live

(Rounder 01143-1124-9, 24 de novembro de 2008)
CERTIFICAÇÃO RIAA NOS EUA: 5x Platina

OBSERVAÇÕES: Mesmo que a edição em CD com acréscimos. No DVD1: What's That Smell estrelando Jerry Stiller, 2007 Tour Outtakes, What's That Smell outtakes, Far Cry – Alternate Cut com o vídeo do telão de fundo, The Way the Wind Blows – Alternate Cut com o vídeo do telão de fundo, Red Sector A da turnê *R30*. No DVD3: Oh, Atlanta! The Authorized Bootlegs. Ghost of a Chance, Red Barchetta, The Trees, 2112/The Temples of Syrinx.

Working Men

(Rounder 01143-1135-9, 17 de novembro de 2009)
CERTIFICAÇÃO RIAA NOS EUA: n/a

OBSERVAÇÕES: O mesmo que a versão em CD.

Time Machine: Live in Cleveland 2011

(Roadrunner 01143-1156-9, 8 de novembro de 2011)
CERTIFICAÇÃO RIAA NOS EUA: n/a

OBSERVAÇÕES: O mesmo que a versão em CD, mas com o seguinte material adicional: 1. Partes da gravação de *History of Rush*, episódios 2 e 17; 2. Tom Sawyer com o elenco de *History of Rush*, episódio 17; 3. Need Some Love ao vivo na Escola Secundária Laura Secord; 4. Anthem ao vivo em Passaic New Jersey.

Clockwork Angels Tour

(Anthem/Zoe Vision 01143-1153-9, 19 de novembro de 2013)

OBSERVAÇÕES: O mesmo que a versão em CD, mas com o seguinte material bônus: o filme documentário da turnê, "Can't Stop Thinking Big", Behind the Scenes (apresentando Jay Baruchel), gravações do vídeo de introdução e pós-show, entrevista com Dwush, Family Goy, Family Sawyer, The Watchmaker (vídeo de introdução do segundo set), Office of the Watchmaker (video de pós-show).

R40 Live

(Anthem/Zoe 01143-38256-02, 20 de novembro de 2015)

OBSERVAÇÕES: O mesmo que a versão em CD, menos as quatro faixas bônus finais: "Clockwork Angels", "The Wreckers", "The Camera Eye" e "Losing It". Anúncios em vídeo de "No Country for Old Hens" e "Exit Stage Left".

F: ÁLBUNS SOLO SELECIONADOS

Victor – Victor

(Atlantic 82852-2, 9 de janeiro de 1996)

POSIÇÃO MAIS ALTA NAS PARADAS DOS EUA: #99

CERTIFICAÇÃO RIAA NOS EUA: n/a

PRODUZIDO POR: Alex Lifeson

1. Don't Care 4:04; 2. Promise 5:44; 3. Start Today 3:48; 4. Mr. X 2:21; 5. At the End 6:07; 6. Sending Out a Warning 4:11; 7. Shut Up Shuttin' Up 4:02; 8. Strip and Go Naked 3:57; 9. The Big Dance 4:14; 10. Victor 6:25; 11. I Am the Spirit 5:31

OBSERVAÇÕES: Projeto solo de Alex Lifeson. Também lançado em fita cassete. Esse álbum também originou três singles promocionais em CD.

Geddy Lee – My Favorite Headache

(Atlantic 83384-2, 14 de novembro de 2000)
POSIÇÃO MAIS ALTA NAS PARADAS DOS EUA: #52
CERTIFICAÇÃO RIAA NOS EUA: n/a
PRODUZIDO POR: Geddy Lee, Ben Mink, David Leonard

1. My Favorite Headache 4:45; 2. The Present Tense 3:25; 3. Window to the World 3:02; 4. Working at Perfekt 5:00; 5. Runaway Train 4:30; 6. The Angels' Share 4:33; 7. Moving to Bohemia 4:25; 8. Home on the Strange 3:46; 9. Slipping 5:06; 10. Still 4:30; 11. Grace to Grace 4:59

OBSERVAÇÕES: Também lançado em fita cassete. Esse álbum ainda deu origem a três singles promocionais em CD.

G: MISCELÂNEA

Feedback

(Atlantic 83728-2, 29 de junho de 2004)
POSIÇÃO MAIS ALTA NAS PARADAS DOS EUA: #19
CERTIFICAÇÃO RIAA NOS EUA: n/a
PRODUZIDO POR: David Leonard e Rush

1. Summertime Blues 3:52; 2. Heart Full of Soul 2:52; 3. For What It's Worth 3:30; 4. The Seeker 3:27; 5. Mr. Soul 3:51; 6. Seven and Seven Is 2:53; 7. Shapes of Things 3:16; 8. Crossroads 3:27

OBSERVAÇÕES: Esse EP de covers também foi lançado nos EUA em vinil (83728-1).

© tom wallace

© tom wallace

© tom wallace

Uma parada na turnê *Roll the Bones*, 3 de junho de 1992, no anfiteatro Irvine Meadows, em Irvine, Califórnia. O trio tocou no mesmo local na noite seguinte. A banda de abertura foi o Mr. Big.

coleção de martin popoff

Era *Roll the Bones* – credenciais de bastidores, canhotos de ingresso e um boné.

© arjan mulder

Dia 3 de maio de 1992, no Ahoy Sportpaleis, em Roterdã, Holanda. Foi o último show da perna europeia da turnê *Roll the Bones*. A banda de abertura foi o Primus.

© ray wawrzyniak

© ray wawrzyniak

Neil de bicicleta em Detroit, 26 de junho de 1992.

Alex se apresentando no Kumbaya Festival, 4 de setembro de 1994.

À ESQUERDA: Single promocional de "Nobody's Hero" lançado em CD.

ABAIXO: Single promocional de "Stick It Out" lançado em CD.

© tom wallace

© tom wallace

© tom wallace

Show de *Counterparts* na arena San Diego Sports, em San Diego, Califórnia, 7 de fevereiro de 1994.

Itens de *Test for Echo*: boné, anúncio, cartão-postal, encarte do álbum, single promocional e credencial de bastidores.

© tom wallace

© tom wallace

© tom wallace

Show da turnê *Test for Echo* na arena San Diego Sports,
23 de novembro de 1996.

© tom wallace

Show ao ar livre no Hospitality Point, em San Diego, 7 de maio de 1997.

© tom wallace

Single promocional em CD do álbum solo de Geddy, *My Favorite Headache.*

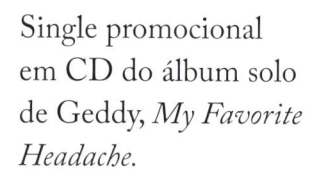

collection of martin popoff

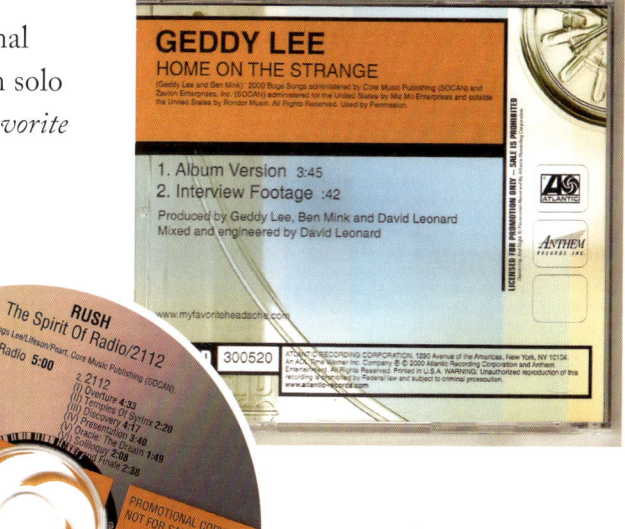

coleção de martin popoff

Amostra promocional do álbum ao vivo *Different Stages.*

© steve truglio

© steve truglio

28 de junho de 2002, em Meadows Music Centre, Hartford, Connecticut. O primeiro show da banda depois do hiato de cinco anos, após as perdas familiares trágicas de Neil Peart.

© steve truglio

Quarto show da turnê *R30*, 31 de maio de 2004, no Post-Gazette Pavilion em Burgettsown, Pensilvânia, subúrbio de Pittsburgh.

© steve truglio

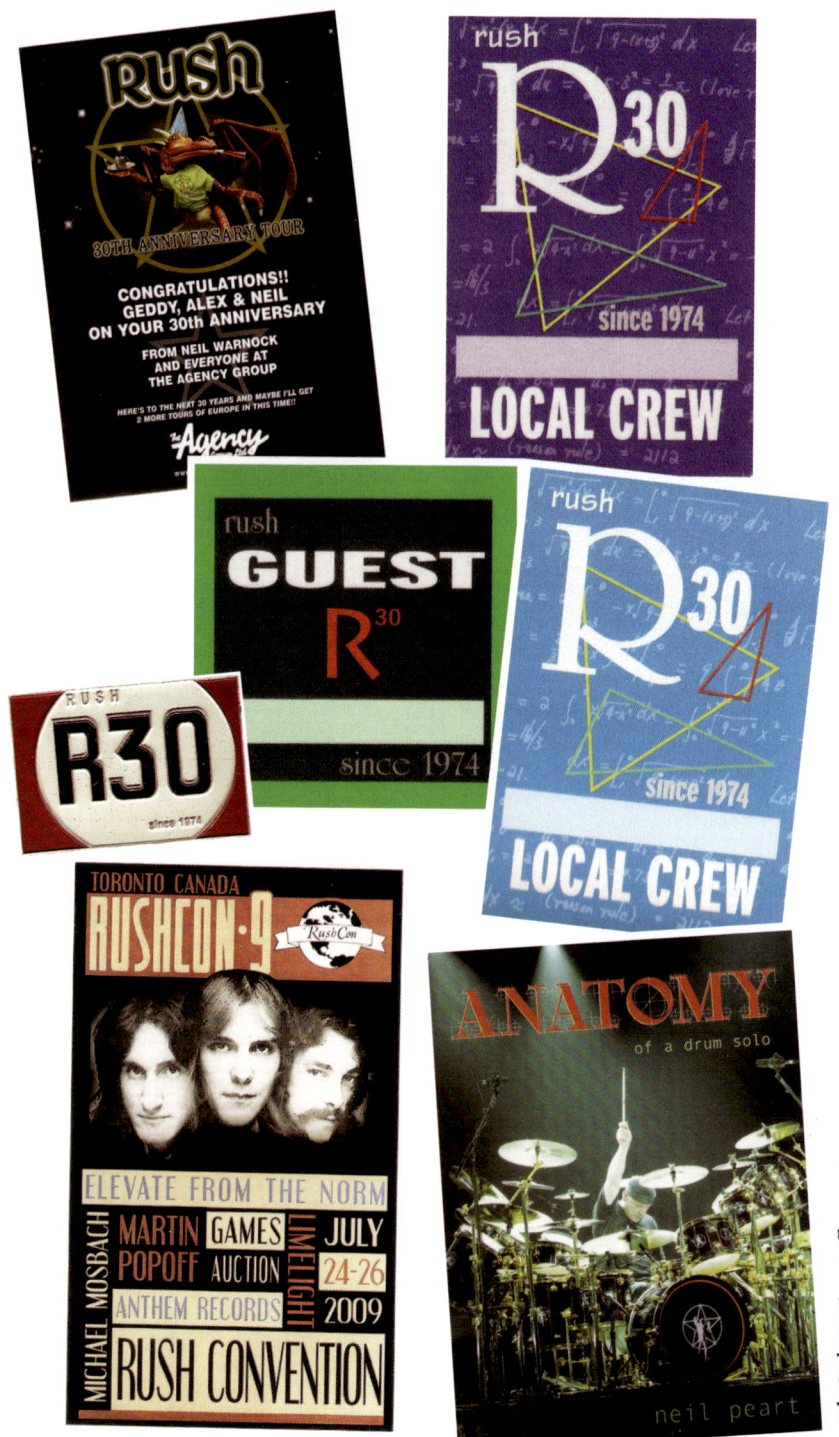

coleção de martin popoff

Itens da *R30*: pôster comemorativo, botton, amostra promocional e duas credenciais.

© patryk pigeon

15 de setembro de 2007 no Centre Bell, em Montreal, Quebec, Canadá.

© arjan mulder

17 de outubro de 2007, Ahoy Sportpaleis, em Roterdã, Holanda. Esse show, assim como o da noite anterior, foi gravado para o álbum e DVD ao vivo de *Snakes & Arrows*.

© steve truglio

13 de junho de 2007, no anfiteatro Hi-Fi Buys em Atlanta, Geórgia, Estados Unidos. Foi o primeiro show da turnê *Snakes & Arrows*.

ABAIXO: 19 de outubro de 2007, na arena Konig-Pilsener, em Oberhausen, Alemanha.

© arjan mulder

© patryk pigeon

© patryk pigeon

© patryk pigeon

12 de junho de 2008, no Centre Bell, Montreal, Quebec, Canadá.

© donald gadziola

© donald gadziola

17 de julho de 2010, Air Canada Centre, Toronto, Ontário, Canadá.

© greg olma

5 de julho de 2010, Charter One Pavillon, Chicago, Illinois, Estados Unidos.

© greg olma

© greg olma

18 de junho de 2013, anfiteatro First Midwest Bank, Tinley Park, Illinois, Estados Unidos.

© greg olma

© donald gadziola

19 de junho de 2015, Air Canada Centre, Toronto, Ontário, Canadá.

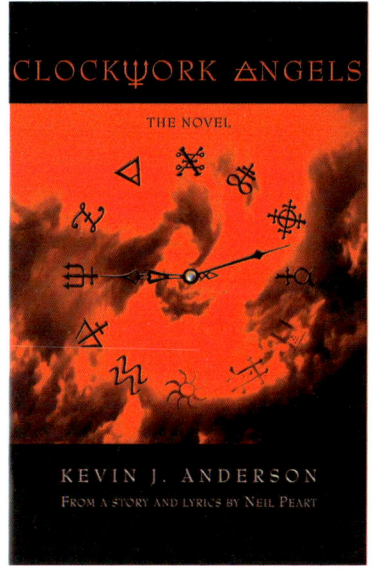

ACIMA: Cartão-postal da Rushcon 15.
À DIREITA: Edição promocional
de amostra do romance *Clockwork
Angels – Anjos do Tempo*, de Kevin J.
Anderson, com 32 páginas.

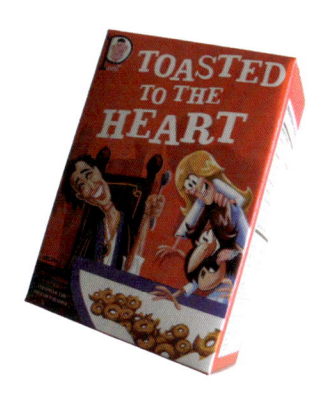

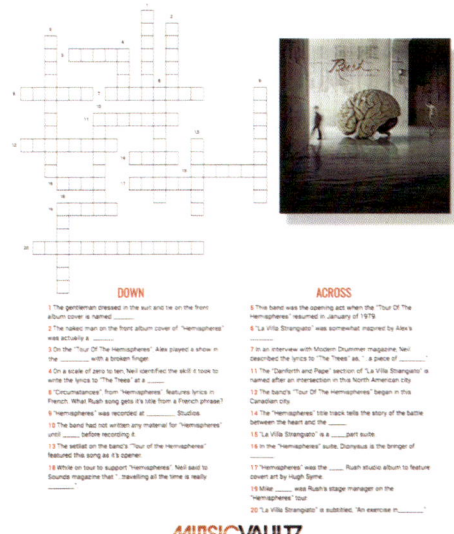

RUSH HEMISPHERES FORTIETH ANNIVERSARY
CROSSWORD

DOWN

1 The gentleman dressed in the suit and tie on the front album cover is named ____.
2 The naked man on the front album cover of "Hemispheres" was actually a ____.
3 On the "Tour Of The Hemispheres" Alex played a show in the ____ with a broken finger.
4 On a scale of zero to ten, Neil identified the skill it took to write the lyrics to "The Trees" at a ____.
8 "Circumstances" from "Hemispheres" features lyrics in French. What Rush song gets it's title from a French phrase?
9 "Hemispheres" was recorded at _____ Studios.
10 The band had not written any material for "Hemispheres" until ____ before recording it.
12 The setlist on the band's "Tour of the Hemispheres" featured this song as it's opener.
18 While on tour to support "Hemispheres", Neil said to Sounds magazine that "... travelling all the time is really ____."

ACROSS

6 This band was the opening act when the "Tour Of The Hemispheres" resumed in January of 1979.
6 "La Villa Strangiato" was somewhat inspired by Alex's ____.
7 In an interview with Modern Drummer magazine, Neil described the lyrics to "The Trees" as, "...a piece of _____."
11 The "Danforth and Pape" section of "La Villa Strangiato" is named after an intersection in this North American city.
13 The band's "Tour Of The Hemispheres" began in this Canadian city.
14 The "Hemispheres" title track tells the story of the battle between the heart and the ____.
15 "La Villa Strangiato" is a ____ part suite.
16 In the "Hemispheres" suite, Dionysus is the bringer of ____.
17 "Hemispheres" was the ____ Rush studio album to feature cover art by Hugh Syme.
19 Mike ____ was Rush's stage manager on the "Hemispheres" tour.
20 "La Villa Strangiato" is subtitled, "An exercise in _____."

MÜSICVAULTZ

Itens da festa do estúdio para a
audição da edição de 40º aniversário
de *Hemispheres*.

coleção de martin popoff

© trevor shaikin

O último show do Rush na história, 1º de agosto de 2015, The Forum, Inglewood, Califórnia.

© trevor shaikin

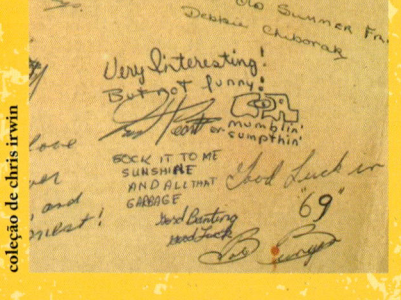

coleção de chris irwin

Anotações do álbum de formatura do Ensino Médio de Neil Peart – a caminho da grandeza.

CRÉDITOS

ANTHEM
ANOS 70

ENTREVISTAS PARA O AUTOR

Pete Agnew, Terry Brown, Bun E. Carlos, Dennis DeYoung, Pye Dubois, Tony Geranois, Scott Gorham, Ian Grandy, Paul Kersey, Geddy Lee, Alex Lifeson, Gary McCracken, Kim Mitchell, Neil Peart, Mark Reale, Mike Tilka, Howard Ungerleider

ENTREVISTAS PARA SAM DUNN E SCOT MCFADYEN

Liam Birt, Terry Brown, Mick Box, Cliff Burnstein, Ray Danniels, Donna Halper, Geddy Lee, Alex Lifeson, Kim Mitchell, Betty Peart, Glen Peart, Neil Peart, Gene Simmons, Howard Ungerleider, Mary Weinrib, Vic Wilson, Milla Živojinović

FONTES ADICIONAIS

Barton, Geoff. "A Farewell to Kings Record Review." *Sounds*, setembro de 1977.

Barton, Geoff. "This Man Has Nightmares." *Sounds*, 30 de setembro,1978.

Hamblett, John. "Rock Against Right-Wing Rock Being Called Fascist." *New Musical Express*, 5 de maio de 1979.

Harrison, Tom. "Canada's Most Successful (and Least Recognized) Rock Band." *The Georgia Straight*, 8-15 de setembro, 1977.

Johnson, Rick. "Rush: Pebbles & Bam-Bam in Alphaville." *Creem*, março de 1976.

Nooger, Dan. "Rush Goes into Future Shock: 'Music Will Not Exist in 2112.'" *Circus*, 27 de abril, 1976.

Peart, Neil. "Rush: World Tour 77-78 Exclusive Concert Edition: A Condensed Rush Primer." Programa da turnê, 1977.

Rush. "Live at Massey Hall: June 11-13, 1976 — Rush 2112. The Story of '2112.'" Folheto da turnê, junho de 1976.

Smith, Robin. "Power Pop?" *Record Mirror*, 4 de março, 1978.

LIMELIGHT
ANOS 80

ENTREVISTAS PARA O AUTOR

Terry Brown, Stewart Copeland, Steve Dawson, Pye Dubois, Tony Geranois, Ian Grandy, Geddy Lee, Alex Lifeson, Steve Loeb, Gary McCracken, Kim Mitchell, Neil Peart, Mark Reale, Steve Rothery, Billy Sheehan, Howard Ungerleider, Rick Ventura

ENTREVISTAS PARA SAM DUNN E SCOT MCFADYEN

Liam Birt, Terry Brown, Cliff Burnstein, Peter Collins, Ray Danniels, Rupert Hine, Geddy Lee, Alex Lifeson, Ben Mink, Paul Northfield, Betty Peart, Glen Peart, Neil Peart, Howard Ungerleider, Vic Wilson

FONTES ADICIONAIS

Canadian Composer. "Surviving with Rush" de Nick Krewen. Abril de 1986.

Canadian Musician. "Presto Change-O" de Nick Krewen. Abril de 1990.

CHUM-FM. Entrevista com Geddy Lee por Rick Ringer. 2 de fevereiro 1981.

Free Press. "Interview with Alex Lifeson" por Andrew MacNaughtan. Junho de 1984.

Guitar Player. "Playback: The Making of an Album – Rush Grace Under Pressure" por Alex Lifeson para Jas Obrecht. Agosto de 1984.

Guitar Player. "Alex Lifeson of Rush: The Evolving Art of Rock Guitar" por Jas Obrecht. Abril de 1986.

Hit Parader. "Leaps & Bounds" por Andy Seeber. Março de 1983.

Innerview. Entrevista com Neil Peart por Jim Ladd. 2 de junho de 1981.

Innerview. Entrevista com Geddy Lee por Jim Ladd. Fevereiro de 1983.

Innerview. Entrevista com Neil Peart por Jim Ladd. 1984.

In the Studio with Redbeard. Episódio #28. 2 de janeiro de 1989.

Kerrang! "The Pressure Principle" por Geoff Barton. Nº. 67. 3-16 de maio de 1984.

Kerrang! "Pane and Pleasure" por Mark Putterford. Nº. 107. 14-27 de novembro de 1985.

Metal Hammer. "All Fired Up" por Malcolm Dome. 25 de abril de 1988.

Modern Drummer. "Notes on the making of Moving Pictures – Part I" por Neil Peart. Dezembro de 1982.

Moving Pictures tourbook. "A Rush Newsreel" por Neil Peart. 1981.

Music Express. "Neil Peart: New World Man" por Greg Quill. Setembro/Outubro de 1982.

Music Express. "A Parallax View" por Keith Sharp. Dezembro de 1985.

Music Express. "Something Up Their Sleeves" por Keith Sharp. Vol. 14, Nº. 144. 1990.

Music Technology. "Fire in the Hold" por Deborah Parisi. Fevereiro de 1988.

Musician. "Rush Screwing Up Pop – On Purpose" por J.D. Considine. Abril de 1990.

Now. "Time Rewards Rock's Underdogs" por Christopher Jones. 3 de março de 1988.

Record Mirror. Resenha crítica de Permanent Waves por Malcolm Dome. 26 de janeiro de 1980.

Rockline. Entrevista com Geddy Lee por Bob Coburn. 4 de dezembro de 1989.

Rhythm. "Neil Peart: Mystic Rhythms" por Tim Ponting. Agosto de 1988.

Signals radio premiere. Setembro de 1982.

Signals tour program por Neil Peart. 1982.

DRIVEN
ANOS 90

ENTREVISTAS PARA O AUTOR

Tony Geranios, Geddy Lee, Alex Lifeson, Neil Peart, Howard Ungerleider, Steven Wilson

ENTREVISTAS PARA SAM DUNN E SCOT MCFADYEN

Liam Birt, Les Claypool, Peter Collins, Ray Danniels, Donna Halper, Rupert Hine, Geddy Lee, Alex Lifeson, Ben Mink, Glen Peart, Neil Peart, Kevin Shirley, Howard Ungerleider

FONTES ADICIONAIS

Allstar online music magazine. Entrevista com Geddy Lee e Alex Lifeson por Greg Edwards. 31 de outubro de 1996.

Bass Guitar. "Working, Man!" por J.D. Considine. Agosto/Setembro de 2004.

Bass Guitar. "Back to Basics" por J.D. Considine. Julho de 2007.

Bass Player. "Track by Track: Geddy Lee on Rush's *Vapor Trails*" por Karl Coryat. Julho de 2002.

Bass Player. "Full Steam Ahead: Geddy Lee & Rush Transcend Time on *Clockwork Angels*" por Chris Jisi. Agosto de 2012.

Brave Words & Bloody Knuckles. "Sweet Miracles!" por Tim Henderson. Julho de 2002.

Canadian Musician. "The Whole Is Greater Than the Sum of Its Parts: An Interview with Neil Peart" por Peter Hamilton. Fevereiro de 1994.

Canadian Musician. "Rush Put Themselves to the 'Test' (And End Up Even Closer to the Heart)" por Paul Myers. Dezembro de 1996.

Classic Rock. "Following the Arrows" por Philip Wilding. Julho de 2007.

Classic Rock Revisited. Entrevista com Alex Lifeson por Jeb Wright. 2012.

Clockwork Angels tourbook. "The Future as Seen From the Past (Or: 'Yesterday's Tomorrowland')" por Neil Peart. 2012.

Counterparts tourbook. "Reflections in a Wilderness of Mirrors" por Neil Peart. 1993.

Drumhead. "A Conversation with Neil Peart" por Jonathan Mover. Setembro/Outubro de 2007.

Drumhead. "Neil Peart Reflects on 50 Years of Hitting Things with Sticks" por Neil Peart. Dezembro de 2015.

Fireworks. "Rush: Working Like Clockwork – An Interview with Geddy Lee" por Phil Ashcroft. Julho/Agosto de 2012.

FYE.com. "Geddy Lee Discusses *Feedback*, the 30th Anniversary Tour and More!" por Brad Parmerter. 9 de julho de 2004.

Guitar for the Practicing Musician. "Alex Lifeson's Attitude Adjustment" por Jon Chappell. Fevereiro de 1994.

Guitar One. "Alex Lifeson: Rock's Gold Standard" por Mac Randall. Junho de 2007.

Guitar School. "Back to the Future: Alex Lifeson and Geddy Lee Return to Their Roots with *Counterparts*, Rush's Nineteenth Album" por Matt Resnicoff. Março de 1994.

Guitar World. "Vital Signs" por Joe Bosso. Agosto de 2007.

Jam! Showbiz. "Ready to Test Echo on the Road" por John Sakamoto. 16 de outubro de 1996.

Las Vegas Review-Journal. "New Album of Covers, and Covers of Covers, Celebrates Band's 30th Anniversary" por Doug Elfman. 16 de julho de 2004.

M Music & Musicians. "Full Steam" por Chris Neal. Junho de 2012.

Maclean's. "Neil Peart on Introverts, Learning to Improvise and Why People Should Be Nicer to One Another" por Mike Doherty. 13 de agosto de 2012.

MediaAmerica Radio. "Rush: Up Close," a three-hour radio interview/music profile, por Dan Neer. Janeiro/Fevereiro de 1994.

Metal Express Radio. Entrevista com Alex Lifeson por Mick Burgess. 21 de maio de 2012.

Modern Drummer. "Neil Peart: In Search of the Right Feel" por William F. Miller. Fevereiro de 1994.

Modern Drummer. "The Drums of *Snakes & Arrows*: What Went Into What Came Out" por Neil Peart. Agosto de 2007.

Modern Drummer. "An Interview with Neil Peart" por Ilya Stemkovsky. 40th Anniversary Issue. Janeiro de 2016.

MusicRadar.com. "Producer Nick Raskulinecz on Rush's *Clockwork Angels*" por Joe Bosso. 11 de junho de 2012.

Needle. "Getting in Gear" por Philip Wilding. Junho de 2012.

NYDailyNews.com. "It's Rush Hour Again" por Phil Roura. 9 de julho de 2007.

Powerkick: The Rock Drummer's Quarterly. "Rush's Neil Peart" Vol. 2, Nº 3. Verão de 1992.

Powerplay. "Rush: Groovy New Album *Clockwork Angels* Is a Revelation" por Mik Gaffney. #144. Julho de 2012.

Prog. "Angelic Upstarts" por Jerry Ewing. #26. Junho de 2012.

Rocky Mountain News. "Rush for Cover" por Michael Mehle. 28 de junho de 2004.

Roll the Bones radio special promo CD; entrevista com John Derringer. 1991.

Roll the Bones tourbook por Neil Peart. 1991.

SI. "Just a Few Years Ago We Were a Pariah, an Outcast Dinosaur, a Bunch of Weirdos'" por Willebrord Elsing. Junho de 1992.

Snakes & Arrows tourbook. "The Games of Snakes and Arrows: Prize Every Time" por Neil Peart. 2007.

SoundSpike.com. "Interview: Neil Peart of Rush by Don Zulaica". 30 de julho de 2004.

St. Louis Post-Dispatch. "Trio Rolled the Dice and Came Up a Winner" por Roger Catlin. 11 de junho de 1992.

Toronto Sun. "'I Miss My Buddies': Geddy Lee Reflects on Rush and His Love of Bass" por Jane Stevenson. 21 de maior de 2019.

Total Guitar. "Track by Track: Rush *Clockwork Angels*" por Joe Bosso. Agosto de 2012.

Vapor Trails tourbook. "Behind the Fire – The Making of *Vapor Trails*" por Neil Peart. 2002.

WKSC-FM. *Test for Echo* world premiere. Entrevista com Rush por Jill Robinson. 5 de setembro de 1996.

WNEW. *Roll the Bones* CD launch. Entrevista com Geddy Lee e Alex Lifeson por Dan Neer. 29 de agosto de 1991.

World album premiere of *Counterparts* por Steve Warden. 14 de outubro de 1993.

SOBRE O AUTOR

Martin Popoff escreveu, não oficialmente, mais resenhas de discos do que qualquer outra pessoa na história da música, totalizando aproximadamente 7.900 resenhas em todos os gêneros musicais. Além disso, Martin escreveu 85 livros sobre hard rock, heavy metal, classic rock e coleção de discos. Ele foi editor-chefe durante 14 anos da agora extinta *Brave Words & Bloody Knuckles*, a principal publicação de metal do Canadá, e também contribuiu para *Revolver, Guitar World, Goldmine, Record Collector,* bravewords.com, lollipopmagazine.com e hardradio.com, além de ter inúmeras biografias de bandas e notas de encarte de gravadoras em seu currículo. Além disso, Martin foi um colaborador regular da Banger Films e trabalhou por dois anos como pesquisador no premiado documentário *Rush: Beyond the Lighted Stage*, na equipe de redação e pesquisa dos onze episódios de *Metal Evolution* e nos dez episódios de *Rock Icon*s, ambos para a VH1 Classic. Martin também é o autor do infográfico original de gêneros do metal usado em *Metal: A Headbanger's Journey* e ao longo dos episódios de *Metal Evolution*. Martin atualmente reside em Toronto e pode ser contatado através do e-mail martinp@inforamp.net ou pelo site martinpopoff.com.

Este livro foi composto em Adobe Caslon pólen 70 g pela gráfica BMF em setembro de 2023.